2014 해외콘텐츠시장 동향조사

③ 유럽·중동·아프리카 편

한국콘텐츠진흥원

Jinhan M&B

일러두기

1. 본 보고서는 세계 26개 주요 국가들의 콘텐츠시장 규모, 분야별 향후 전망, 소비실태 및 정책, 유통 플랫폼 및 주요 기업 등 해외 콘텐츠시장에 대한 포괄적인 정보를 제공하고자 작성되었다. 보고서는 '총괄편' 1권과 미주, 유럽·중동·아프리카, 아시아·태평양 3개 권역으로 구분하여 작성된 '권역편' 3권, 총 4권으로 구성되었다.

2. 올해 보고서는 전년대비 2개 국가가 증가한 26개 국가를 조사하였으며, 국내 시장의 현 수준을 파악하기 위하여 장르별로 국가 시장 규모 비교 시 한국시장 규모도 함께 작성하여 세계 시장과 비교가 용이하도록 구성하였다. 조사 분야는 전년과 동일하게 출판, 만화, 음악, 게임, 영화, 애니메이션, 방송, 광고, 캐릭터·라이선스, 지식정보 등 10개 분야의 콘텐츠시장을 대상으로 하였으며, 뮤지컬시장의 경우 자료의 한계로 인해 '총괄편'에서 미국, 영국, 중국, 일본시장에 대해 간략하게 다루었다.

3. 올해 보고서는 보다 유용한 정보 제공을 위하여 작년 보고서와는 다르게 다음의 내용들을 추가 조사·분석하였다.
   - '해외 콘텐츠 소비 실태'를 신설하여 주요 국가들의 콘텐츠 소비 실태를 파악하였으며, 특히 최근 콘텐츠 소비의 디지털 이행이 부각됨에 따라 각 국가별로 디지털(스마트) 기기를 활용한 콘텐츠 소비 실태 및 행태 등을 중점적으로 파악하였다.
   - '해외 콘텐츠 유통 현황'을 추가하여 산업별 유통 플랫폼과 주요 기업 현황을 파악하였다.

4. '총괄편'과 '권역편' 보고서의 세부 구성은 다음과 같다.
   - '총괄편'은 본 보고서의 주요 내용을 종합적으로 다루고 있으며, 전체 5장으로 구성되었다. 제1장에서는 콘텐츠시장의 분류체계와 통계 산출 방법론을, 제2장은 시장통계와 주요 트렌드 및 정책동향을 소개하였으며, 제3장에서는 콘텐츠 소비실태 현황을 정리하였다. 제4장에서는 해외 콘텐츠 유통현황을 파악하기 위하여 분야별 주요 유통 플랫폼 및 기업현황을 기술하였다. 마지막으로 제5장에서는 본 조사결과 요약 및 시사점을 도출하였으며, 별도 부록으로 콘텐츠 분야별 글로벌 10대 주요기업 현황을 정리하였다.
     - 특히 '총괄편'은 전반적으로 3개 권역편의 요약이라 할 수 있으며, '요약 및 시사점'을 별도로 정리하여 해외 콘텐츠시장에 대한 전체적인 이해를 돕는데 유용하도록 하였다.
   - '권역편'에서는 지역별 시장개요와 더불어 26개 국가들의 콘텐츠시장 규모 및 전망, 주요 이슈 및 트렌드, 콘텐츠 소비와 유통실태, 주요 지원제도 및 정책동향 등으로 내용을 구성하였다.

일러두기

5. 본 보고서의 콘텐츠시장 규모 및 전망에 대한 통계자료는 데이터의 일관성을 갖추기 위하여 글로벌 컨설팅기관인 PwC(Price Waterhouse Coopers, 이하 PwC)의 'Global entertainment and media outlook, 2014-2018' 자료를 근간으로 산출하였으며, PwC에서 커버하지 않는 만화, 애니메이션, 캐릭터·라이선스산업은 글로벌 리서치기관인 Barnes, Digital Vector, EPM 자료 등을 활용하여 산출하였다.

6. 본 보고서의 세계 콘텐츠시장 범위는 PwC에서 커버하는 주요 53개국 및 1지역(중동·북아프리카)으로 한정하였기 때문에, 이를 감안한 보고서 이용이 필요하다.

7. PwC는 매년 보고서를 발간하나, 연도별 보고서 발간 시 기존 국가 데이터의 업데이트나 신규 국가 추가로 인하여 전년 보고서와 차이가 발생한다. 이로 인하여 2014년 본 보고서 역시 동일 기준년도라 할지라도 전년 발간되었던 '2013년 해외 콘텐츠시장 동향조사'와는 시장 규모의 차이가 존재한다.

8. 광고, 애니메이션, 만화시장은 유관 시장과 통계 값이 중복되기 때문에 전체 시장 규모 산출 시 각 산업별 중복 값을 제외한 순합계를 기준으로 기술하였다.

9. 캐릭터·라이선스시장 규모는 글로벌 리서치기관인 EPM의 'International Licensing' 자료를 근거로 산출하였으며, 엔터테인먼트, 패션, 스포츠, 기업·브랜드 등에 대한 라이선싱을 통해 파생되는 상품시장을 포함한 소비시장 규모를 대상으로 산출하였다.

◎ 권별 조사대상 국가

구분	조사범위	조사대상 국가
1권	총괄	PwC 기준 53개 국가, 1개 지역 (중동·북아프리카)
2권	미주 (6개 국가)	미국, 캐나다, 멕시코, 브라질, 아르헨티나, 칠레
3권	유럽·중동·아프리카 (12개 국가)	영국, 독일, 프랑스, 이탈리아, 스페인, 터키, 러시아, 스웨덴 이집트, 아랍에미리트, 사우디아라비아, 남아프리카공화국
4권	아시아·태평양 (8개 국가)	일본, 중국, 인도, 태국, 인도네시아, 베트남, 호주, 대만

Contents

제7장 유럽·중동·아프리카 콘텐츠시장 동향

제1절 유럽·중동·아프리카 콘텐츠시장 ·· 1

1. 영국 ·· 6

　1) 콘텐츠시장 개요 ·· 6
　2) 산업별 콘텐츠시장 규모 및 전망 ·· 9
　3) 주요 이슈 및 트렌드 ·· 61
　4) 콘텐츠 소비 실태 및 동향 ·· 87
　5) 콘텐츠 유통 현황 ·· 108
　6) 주요 지원 제도 및 정책동향 ·· 118

2. 프랑스 ·· 131

　1) 콘텐츠시장 개요 ·· 131
　2) 산업별 콘텐츠시장 규모 및 전망 ·· 134
　3) 주요 이슈 및 트렌드 ·· 179
　4) 콘텐츠 소비 실태 및 동향 ·· 192
　5) 콘텐츠 유통 현황 ·· 207
　6) 주요 지원 제도 및 정책 동향 ·· 216

3. 독일 ·· 221

　1) 콘텐츠시장 개요 ·· 221
　2) 산업별 콘텐츠시장 규모 및 전망 ·· 224
　3) 주요 이슈 및 트렌드 ·· 267
　4) 콘텐츠 소비 실태 및 동향 ·· 279
　5) 콘텐츠 유통 현황 ·· 294
　6) 주요 지원 제도 및 정책동향 ·· 306

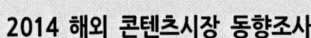

4. 스페인 ··· 312

1) 콘텐츠시장 개요 ··· 312
2) 산업별 콘텐츠시장 규모 및 전망 ··· 315
3) 주요 이슈 및 트렌드 ··· 359
4) 콘텐츠 소비 실태 및 동향 ··· 369
5) 콘텐츠 유통 현황 ··· 383
6) 주요 지원 제도 및 정책 동향 ··· 393

5. 러시아 ··· 400

1) 콘텐츠시장 개요 ··· 400
2) 산업별 콘텐츠시장 규모 및 전망 ··· 403
3) 주요 이슈 및 트렌드 ··· 444
4) 콘텐츠 소비 실태 및 동향 ··· 460
5) 콘텐츠 유통 현황 ··· 472
6) 주요 지원 제도 및 정책 동향 ··· 478

6. 이탈리아 ··· 481

1) 콘텐츠시장 개요 ··· 481
2) 산업별 콘텐츠시장 규모 및 전망 ··· 484
3) 주요 이슈 및 트렌드 ··· 528
4) 콘텐츠 소비 실태 및 동향 ··· 535
5) 콘텐츠 유통 현황 ··· 550
6) 주요 지원 제도 및 정책 동향 ··· 558

Contents

7. 스웨덴 ··· 563

   1) 콘텐츠시장 개요 ·· 563
   2) 산업별 콘텐츠시장 규모 및 전망 ·· 566
   3) 주요 이슈 및 트렌드 ·· 608
   4) 콘텐츠 소비 실태 및 동향 ·· 614
   5) 콘텐츠 유통 현황 ·· 624
   6) 주요 지원 제도 및 정책동향 ·· 632

8. 터키 ··· 634

   1) 콘텐츠시장 개요 ·· 634
   2) 산업별 콘텐츠시장 규모 및 전망 ·· 637
   3) 주요 이슈 및 트렌드 ·· 678
   4) 콘텐츠 소비 실태 및 동향 ·· 681
   5) 콘텐츠 유통 현황 ·· 691
   6) 주요 지원 제도 및 정책 동향 ·· 698

9. 중동·아프리카 ··· 699

   1) 콘텐츠시장 개요 ·· 699
   2) 산업별 콘텐츠시장 규모 및 전망 ·· 702
   3) 주요 이슈 및 트렌드 ·· 743
   4) 콘텐츠 소비 실태 및 동향 ·· 747
   5) 콘텐츠 유통 현황 ·· 768
   6) 주요 지원 제도 및 정책 동향 ·· 774

※ 참고문헌 ··· 781

2014 해외 콘텐츠시장 동향조사

● 표 목차

[표 1-1] 유럽·중동·아프리카지역 콘텐츠시장 규모 및 전망, 2009-2018 ········· 3
[표 1-2] 유럽·중동·아프리카지역 국가별 콘텐츠시장 규모 및 전망, 2009-2018 ········· 5
[표 2-1] 영국 콘텐츠시장 규모 및 전망, 2009-2018 ········· 6
[표 2-2] 영국 출판시장 규모 및 전망, 2009-2018 ········· 9
[표 2-3] 영국 도서시장 규모 및 전망, 2009-2018 ········· 11
[표 2-4] 영국 신문시장 규모 및 전망, 2009-2018 ········· 14
[표 2-5] 영국 잡지시장 규모 및 전망, 2009-2018 ········· 15
[표 2-6] 영국 만화시장 규모 및 전망, 2009-2018 ········· 18
[표 2-7] 영국 음악시장 규모 및 전망, 2009-2018 ········· 21
[표 2-8] 영국 디지털 음원시장 규모 및 전망, 2009-2018 ········· 24
[표 2-9] 영국 공연 음악시장 규모 및 전망, 2009-2018 ········· 25
[표 2-10] 영국 게임시장 규모 및 전망, 2009-2018 ········· 26
[표 2-11] 영국 영화시장 규모 및 전망, 2009-2018 ········· 31
[표 2-12] 영국 애니메이션시장 규모 및 전망, 2009-2018 ········· 36
[표 2-13] 영국 방송시장 규모 및 전망, 2009-2018 ········· 40
[표 2-14] 영국 광고시장 규모 및 전망, 2009-2018 ········· 45
[표 2-15] 영국 인터넷 광고시장 규모 및 전망, 2009-2018 ········· 50
[표 2-16] 영국 캐릭터·라이선스시장 규모 및 전망, 2009-2018 ········· 53
[표 2-17] 영국 캐릭터·라이선스 부문별 시장 규모, 2009-2013 ········· 54
[표 2-18] 영국 캐릭터·라이선스 제품별 시장 규모, 2009-2013 ········· 56
[표 2-19] 영국 지식정보시장 규모 및 전망, 2009-2018 ········· 56
[표 2-20] 영국 음악시장 포맷별 판매 수입, 2012-2013 ········· 63
[표 2-21] 2013년 영국 흥행수익 상위 애니메이션 ········· 71
[표 2-22] 리메이크 계획 중인 영국의 어린이 애니메이션 프로그램 ········· 73
[표 2-23] 영국 유·무선 인터넷 보급률 및 전망, 2009-2018 ········· 87
[표 2-24] 영국 매출 10위내 출판사 현황 (2014.상반기) ········· 110
[표 2-25] 영국 영화산업 기초 지표 (2013) ········· 111
[표 2-26] 영국 영화 배급사 점유율 현황 (2013) ········· 111

Contents

[표 2-27] 영국 애니메이션시장 주요 스튜디오 ································ 112
[표 2-28] 영국 디지털 음악 플랫폼 현황 (2014) ······························ 113
[표 2-29] 영국 음악시장 주요기업 ··· 113
[표 2-30] 영국 지상파 방송국 ··· 115
[표 2-31] 영국 케이블 및 위성방송사업자 ······································ 116
[표 2-32] 영국 IPTV 주요사업자 ·· 116
[표 2-33] 영국 광고시장 주요기업 ··· 117
[표 2-34] 영국 주요 통신사 ·· 117
[표 2-35] Digital Britain의 영역별 주요 프로젝트 ··························· 119
[표 2-36] 문화 테스트 콘텐츠 부문 ··· 121
[표 2-37] 문화 테스트 콘텐츠 부문 배점 ······································· 121
[표 2-38] 해외 법인 형태에 따른 과세 규정 ·································· 124
[표 2-39] 5개의 등급 표시 ··· 128
[표 2-40] 표기 마크 내용 ·· 128
[표 3-1] 프랑스 콘텐츠시장 규모 및 전망, 2009-2018 ······················ 131
[표 3-2] 프랑스 출판시장 규모 및 전망, 2009-2018 ························· 134
[표 3-3] 프랑스 도서시장 규모 및 전망, 2009-2018 ························· 136
[표 3-4] 프랑스 신문시장 규모 및 전망, 2009-2018 ························· 139
[표 3-5] 프랑스 잡지시장 규모 및 전망, 2009-2018 ························· 140
[표 3-6] 프랑스 만화시장 규모 및 전망, 2009-2018 ························· 140
[표 3-7] 프랑스 음악시장 규모 및 전망, 2009-2018 ························· 143
[표 3-8] 프랑스 디지털 음원시장 규모 및 전망, 2009-2018 ·············· 146
[표 3-9] 프랑스 공연 음악시장 규모 및 전망, 2009-2018 ················· 147
[표 3-10] 프랑스 게임시장 규모 및 전망, 2009-2018 ······················· 148
[표 3-11] 프랑스 영화시장 규모 및 전망, 2009-2018 ······················· 153
[표 3-12] 프랑스 애니메이션시장 규모 및 전망, 2009-2018 ·············· 158
[표 3-13] 프랑스 방송시장 규모 및 전망, 2009-2018 ······················· 162
[표 3-14] 프랑스 광고시장 규모 및 전망, 2009-2018 ······················· 166
[표 3-15] 프랑스 인터넷 광고시장 규모 및 전망, 2009-2018 ············ 170
[표 3-16] 프랑스 캐릭터·라이선스시장 규모 및 전망, 2009-2018 ······ 172

[표 3-17] 프랑스 캐릭터·라이선스 분야별 시장 규모, 2009-2013 ·················· 174
[표 3-18] 프랑스 제품별 캐릭터·라이선스시장 비중, 2009 vs. 2011 vs. 2013 ············· 175
[표 3-19] 프랑스 지식정보시장 규모 및 전망, 2009-2018 ·················· 175
[표 3-20] 프랑스 애니메이션 프로그램 시간 추이. 2004-2013 ·················· 184
[표 3-21] 프랑스 애니메이션 해외투자액 추이 2008-2013 ·················· 185
[표 3-22] 프랑스 극장에 상영된 지역별 애니메이션 개봉 편수 추이 2003-2013 ·········· 185
[표 3-23] 프랑스 유·무선 인터넷 보급률 및 전망, 2009-2018 ·················· 192
[표 3-24] 프랑스 영화산업 기초 지표 (2013) ·················· 208
[표 3-25] 프랑스 영화시장 주요 제작 및 배급사 ·················· 209
[표 3-26] 프랑스 디지털 음악 플랫폼 현황 (2014) ·················· 210
[표 3-27] 프랑스 애니메이션 스튜디오 및 제작사 ·················· 213
[표 3-28] 프랑스 지상파 방송국 ·················· 214
[표 3-29] 프랑스 케이블 및 위성 방송사 ·················· 214
[표 3-30] 프랑스 IPTV사업자 ·················· 215
[표 3-31] 프랑스 광고시장 주요기업 ·················· 216
[표 3-32] Digital Fracne 2020의 4대 전략 목표별 주요 내용 ·················· 217
[표 4-1] 독일 콘텐츠시장 규모 및 전망, 2009-2018 ·················· 221
[표 4-2] 독일 출판시장 규모 및 전망, 2009-2018 ·················· 224
[표 4-3] 독일 도서시장 규모 및 전망, 2009-2018 ·················· 226
[표 4-4] 독일 만화시장 규모 및 전망, 2009-2018 ·················· 229
[표 4-5] 독일 음악시장 규모 및 전망, 2009-2018 ·················· 232
[표 4-6] 독일 디지털 음원시장 규모 및 전망, 2009-2018 ·················· 235
[표 4-7] 독일 공연 음악시장 규모 및 전망, 2009-2018 ·················· 236
[표 4-8] 독일 게임시장 규모 및 전망, 2009-2018 ·················· 237
[표 4-9] 독일 영화시장 규모 및 전망, 2009-2018 ·················· 241
[표 4-10] 독일 애니메이션시장 규모 및 전망, 2009-2018 ·················· 246
[표 4-11] 독일 방송시장 규모 및 전망, 2009-2018 ·················· 250
[표 4-12] 독일 광고시장 규모 및 전망, 2009-2018 ·················· 254
[표 4-13] 독일 인터넷 광고시장 규모 및 전망, 2009-2018 ·················· 258
[표 4-14] 독일 캐릭터·라이선스시장 규모 및 전망, 2009-2018 ·················· 260

Contents

[표 4-15] 독일 캐릭터·라이선스 분야별 시장 규모, 2009-2013 ·········· 262
[표 4-16] 독일 캐릭터·라이선스 제품별 시장 규모, 2009-2013 ·········· 263
[표 4-17] 독일 지식정보시장 규모 및 전망, 2009-2018 ················ 263
[표 4-18] 2014년 상반기 독일의 영화 순위 (2014. 08) ················ 271
[표 4-19] TV 장치 보급 현황 ·· 274
[표 4-20] 도이치 텔레콤 분기별 성과 ································ 278
[표 4-21] 독일 유·무선 인터넷 보급률 및 전망, 2009-2018 ············ 279
[표 4-22] 독일 주요 음반 제작 및 배급사 ···························· 298
[표 4-23] 독일 영화산업 기초 지표 (2013) ··························· 298
[표 4-24] 독일 극장 및 스크린 현황 (2013) ·························· 299
[표 4-25] 독일 영화시장 주요 제작 및 배급사 ························ 300
[표 4-26] 독일 디지털 음악 플랫폼 현황 (2014) ······················ 300
[표 4-27] 독일 주요 게임개발사 및 유통사 ··························· 302
[표 4-28] 독일 주요 애니메이션 스튜디오 및 배급사 ·················· 303
[표 4-29] 독일 지상파 방송국 ······································· 304
[표 4-30] 독일 케이블 방송국 ······································· 304
[표 4-31] 독일 위성방송사업자 ······································ 305
[표 4-32] 독일 IPTV 사업자 ·· 305
[표 4-33] 디지털 독일 2015 추진 전략별 주요 내용 ··················· 306
[표 4-34] 문화창조산업 이니셔티브의 주요 정책 수단 ·················· 307
[표 5-1] 스페인 콘텐츠시장 규모 및 전망, 2009-2018 ················· 312
[표 5-2] 스페인 출판시장 규모 및 전망, 2009-2018 ··················· 315
[표 5-3] 스페인 도서시장 규모 및 전망, 2009-2018 ··················· 318
[표 5-4] 스페인 신문시장 규모 및 전망, 2009-2018 ··················· 319
[표 5-5] 스페인 잡지시장 규모 및 전망, 2009-2018 ··················· 321
[표 5-6] 스페인 만화시장 규모 및 전망, 2009-2018 ··················· 321
[표 5-7] 스페인 음악시장 규모 및 전망, 2009-2018 ··················· 324
[표 5-8] 스페인 디지털 음원시장 규모 및 전망, 2009-2018 ············ 327
[표 5-9] 스페인 공연 음악시장 규모 및 전망, 2009-2018 ·············· 328
[표 5-10] 스페인 게임시장 규모 및 전망, 2009-2018 ·················· 329

[표 5-11] 스페인 영화시장 규모 및 전망, 2009-2018 ·········· 334
[표 5-12] 스페인 애니메이션시장 규모 및 전망, 2009-2018 ·········· 338
[표 5-13] 스페인 방송시장 규모 및 전망, 2009-2018 ·········· 342
[표 5-14] 스페인 광고시장 규모 및 전망, 2009-2018 ·········· 347
[표 5-15] 스페인 인터넷 광고시장 규모 및 전망, 2009-2018 ·········· 350
[표 5-16] 스페인 캐릭터·라이선스시장 규모 및 전망, 2009-2018 ·········· 353
[표 5-17] 스페인 캐릭터·라이선스 분야별 시장 규모, 2009-2013 ·········· 354
[표 5-18] 스페인 제품별 캐릭터·라이선스시장 비중, 2009 vs. 2011 vs. 2013 ·········· 355
[표 5-19] 스페인 지식정보시장 규모 및 전망, 2009-2018 ·········· 355
[표 5-20] 스페인 유·무선 인터넷 보급률 및 전망, 2009-2018 ·········· 370
[표 5-21] 스페인 주요 음반 제작 및 배급사 ·········· 385
[표 5-22] 스페인 영화산업 기초 지표 (2013) ·········· 385
[표 5-23] 스페인 영화시장 주요 제작 및 배급사 ·········· 386
[표 5-24] 스페인 디지털 음악 플랫폼 현황 (2014) ·········· 387
[표 5-25] 스페인 주요 게임개발사 및 유통사 ·········· 390
[표 5-26] 스페인 주요 애니메이션 스튜디오 및 배급사 ·········· 391
[표 5-27] 스페인 지상파 방송국 ·········· 391
[표 5-28] 스페인 케이블 방송국 ·········· 392
[표 5-29] 스페인 위성방송사업자 ·········· 392
[표 5-30] 스페인 IPTV 사업자 ·········· 393
[표 5-31] 제 1·2기 플랜아반자 정책의 전략 목표 ·········· 394
[표 5-32] 디지털 아젠다의 주요 전략 목표 ·········· 395
[표 5-33] 비디오 게임 관련 자금 지원 내역 ·········· 396
[표 5-34] ICAA 제작지원 제도 세부사항 ·········· 397
[표 6-1] 러시아 콘텐츠시장 규모 및 전망, 2009-2018 ·········· 400
[표 6-2] 러시아 출판시장 규모 및 전망, 2009-2018 ·········· 403
[표 6-3] 러시아 도서시장 규모 및 전망, 2009-2018 ·········· 405
[표 6-4] 러시아 만화시장 규모 및 전망, 2009-2018 ·········· 408
[표 6-5] 러시아 음악시장 규모 및 전망, 2009-2018 ·········· 411
[표 6-6] 러시아 디지털 음원시장 규모 및 전망, 2009-2018 ·········· 414

Contents

[표 6-7] 러시아 공연 음악시장 규모 및 전망, 2009-2018 ·············· 415
[표 6-8] 러시아 게임시장 규모 및 전망, 2009-2018 ·············· 416
[표 6-9] 러시아 영화시장 규모 및 전망, 2009-2018 ·············· 420
[표 6-10] 러시아 애니메이션시장 규모 및 전망, 2009-2018 ·············· 424
[표 6-11] 러시아 방송시장 규모 및 전망, 2009-2018 ·············· 429
[표 6-12] 러시아 광고시장 규모 및 전망, 2009-2018 ·············· 433
[표 6-13] 러시아 인터넷 광고시장 규모 및 전망, 2009-2018 ·············· 436
[표 6-14] 러시아 캐릭터·라이선스시장 규모 및 전망, 2009-2018 ·············· 438
[표 6-15] 러시아 캐릭터·라이선스 분야별 시장 규모, 2009-2013 ·············· 440
[표 6-16] 러시아 지식정보시장 규모 및 전망, 2009-2018 ·············· 440
[표 6-17] 러시아 연방 TV 방송 발전 계획 ·············· 455
[표 6-18] 러시아 유·무선 인터넷 보급률 및 전망, 2009-2018 ·············· 460
[표 6-19] 러시아 영화산업 기초 지표 (2013) ·············· 473
[표 6-20] 러시아 영화시장 주요 제작 및 배급사 ·············· 474
[표 6-21] 러시아 디지털 음악 플랫폼 현황 (2014) ·············· 475
[표 6-22] 러시아 지상파 방송국 ·············· 475
[표 6-23] 러시아 케이블 방송국 ·············· 476
[표 6-24] 러시아 IPTV 사업자 ·············· 477
[표 6-25] 러시아 주요 통신사업자 ·············· 477
[표 6-26] 러시아 디지털 방송 전환 계획 및 단계별 추진 내역 ·············· 478
[표 6-27] 러시아 연방 문화부 공개 계획 2013-2018 ·············· 479
[표 7-1] 이탈리아 콘텐츠시장 규모 및 전망, 2009-2018 ·············· 481
[표 7-2] 이탈리아 출판시장 규모 및 전망, 2009-2018 ·············· 484
[표 7-3] 이탈리아 도서시장 규모 및 전망, 2009-2018 ·············· 486
[표 7-4] 이탈리아 신문시장 규모 및 전망, 2009-2018 ·············· 487
[표 7-5] 이탈리아 잡지시장 규모 및 전망, 2009-2018 ·············· 489
[표 7-6] 이탈리아 만화시장 규모 및 전망, 2009-2018 ·············· 490
[표 7-7] 이탈리아 음악시장 규모 및 전망, 2009-2018 ·············· 493
[표 7-8] 이탈리아 디지털 음원시장 규모 및 전망, 2009-2018 ·············· 496
[표 7-9] 이탈리아 공연 음악시장 규모 및 전망, 2009-2018 ·············· 497

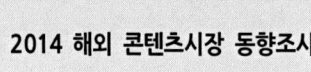

[표 7-10] 이탈리아 게임시장 규모 및 전망, 2009-2018 ·················· 498
[표 7-11] 이탈리아 영화시장 규모 및 전망, 2009-2018 ·················· 503
[표 7-12] 이탈리아 애니메이션시장 규모 및 전망, 2009-2018 ·················· 507
[표 7-13] 이탈리아 방송시장 규모 및 전망, 2009-2018 ·················· 512
[표 7-14] 이탈리아 광고시장 규모 및 전망, 2009-2018 ·················· 516
[표 7-15] 이탈리아 인터넷 광고시장 규모 및 전망, 2009-2018 ·················· 520
[표 7-16] 이탈리아 캐릭터·라이선스시장 규모 및 전망, 2009-2018 ·················· 522
[표 7-17] 이탈리아 캐릭터·라이선스 분야별 시장 규모, 2009-2013 ·················· 523
[표 7-18] 이탈리아 지식정보시장 규모 및 전망, 2009-2018 ·················· 524
[표 7-19] LCN계획에 따른 번호 설정 내용 ·················· 532
[표 7-20] 이탈리아 유·무선 인터넷 보급률 및 전망, 2009-2018 ·················· 536
[표 7-21] 이탈리아 영화산업 기초 지표 (2013) ·················· 551
[표 7-22] 이탈리아 영화 배급사 시장점유율 현황 (2013) ·················· 552
[표 7-23] 이탈리아 디지털 음악 플랫폼 현황 (2014) ·················· 553
[표 7-24] 이탈리아 만화 출판사 ·················· 554
[표 7-25] 이탈리아 게임기업 ·················· 555
[표 7-26] 이탈리아 주요 애니메이션 스튜디오 및 배급사 ·················· 556
[표 7-27] 이탈리아 지상파 방송국 ·················· 557
[표 7-28] 이탈리아 위성방송사업자 ·················· 557
[표 7-29] 이탈리아 IPTV 사업자 ·················· 558
[표 7-30] 디지털 아젠다의 세부 실행 전략 ·················· 558
[표 7-31] 지역별 영화 관련 인센티브 제도 ·················· 559
[표 7-32] 해외 영화 세금지원 지급 기준 ·················· 561
[표 8-1] 스웨덴 콘텐츠시장 규모 및 전망, 2009-2018 ·················· 563
[표 8-2] 스웨덴 출판시장 규모 및 전망, 2009-2018 ·················· 566
[표 8-3] 스웨덴 도서시장 규모 및 전망, 2009-2018 ·················· 568
[표 8-4] 스웨덴 신문시장 규모 및 전망, 2009-2018 ·················· 570
[표 8-5] 스웨덴 잡지시장 규모 및 전망, 2009-2018 ·················· 571
[표 8-6] 스웨덴 만화시장 규모 및 전망, 2009-2018 ·················· 571
[표 8-7] 스웨덴 음악시장 규모 및 전망, 2009-2018 ·················· 575

Contents

[표 8-8] 스웨덴 디지털 음원시장 규모 및 전망, 2009-2018 ··················· 577
[표 8-9] 스웨덴 공연 음악시장 규모 및 전망, 2009-2018 ······················ 579
[표 8-10] 스웨덴 게임시장 규모 및 전망, 2009-2018 ···························· 580
[표 8-11] 스웨덴 영화시장 규모 및 전망, 2009-2018 ···························· 585
[표 8-12] 스웨덴 애니메이션시장 규모 및 전망, 2009-2018 ················· 589
[표 8-13] 스웨덴 방송시장 규모 및 전망, 2009-2018 ···························· 593
[표 8-14] 스웨덴 광고시장 규모 및 전망, 2009-2018 ···························· 597
[표 8-15] 스웨덴 인터넷 광고시장 규모 및 전망, 2009-2018 ··············· 601
[표 8-16] 스웨덴 캐릭터·라이선스시장 규모 및 전망, 2009-2018 ········ 603
[표 8-17] 스웨덴 지식정보시장 규모 및 전망, 2009-2018 ···················· 605
[표 8-18] 스웨덴 유·무선 인터넷 보급률 및 전망, 2009-2018 ············· 615
[표 8-19] 스웨덴 영화산업 기초 지표 (2013) ··· 625
[표 8-20] 스웨덴 영화시장 주요 제작 및 배급사 ···································· 626
[표 8-21] 스웨덴 디지털 음악 플랫폼 현황 (2014) ································ 627
[표 8-22] 스웨덴 주요 음악기업 ·· 627
[표 8-23] 스웨덴 주요 게임개발사 및 유통사 ··· 629
[표 8-24] 스웨덴 주요 애니메이션 스튜디오 ··· 629
[표 8-25] 스웨덴 지상파 방송국 ·· 630
[표 8-26] 스웨덴 케이블 방송국 ·· 631
[표 8-27] 스웨덴 위성방송사업자 ·· 631
[표 8-28] 스웨덴 IPTV 사업자 ·· 632
[표 9-1] 터키 콘텐츠시장 규모 및 전망, 2009-2018 ····························· 634
[표 9-2] 터키 출판시장 규모 및 전망, 2009-2018 ································· 637
[표 9-3] 터키 도서시장 규모 및 전망, 2009-2018 ································· 640
[표 9-4] 터키 만화시장 규모 및 전망, 2009-2018 ································· 642
[표 9-5] 터키 음악시장 규모 및 전망, 2009-2018 ································· 645
[표 9-6] 터키 디지털 음원시장 규모 및 전망, 2009-2018 ···················· 648
[표 9-7] 터키 공연 음악시장 규모 및 전망, 2009-2018 ························ 649
[표 9-8] 터키 게임시장 규모 및 전망, 2009-2018 ································· 650
[표 9-9] 터키 영화시장 규모 및 전망, 2009-2018 ································· 654

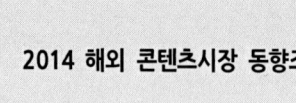

[표 9-10] 터키 애니메이션시장 규모 및 전망, 2009-2018 ·················· 658
[표 9-11] 터키 방송시장 규모 및 전망, 2009-2018 ························· 663
[표 9-12] 터키 광고시장 규모 및 전망, 2009-2018 ························· 667
[표 9-13] 터키 인터넷 광고시장 규모 및 전망, 2009-2018 ··············· 670
[표 9-14] 터키 캐릭터·라이선스시장 규모 및 전망, 2009-2018 ········· 672
[표 9-15] 터키 캐릭터·라이선스 분야별 시장 규모, 2009-2013 ········· 674
[표 9-16] 터키 지식정보시장 규모 및 전망, 2009-2018 ··················· 674
[표 9-17] 터키 유·무선 인터넷 보급률 및 전망, 2009-2018 ·············· 682
[표 9-18] 터키 영화산업 기초 지표 (2013) ··································· 691
[표 9-19] 터키 영화시장 주요 제작 및 배급사 ······························· 691
[표 9-20] 터키 디지털 음악 플랫폼 현황 (2014) ···························· 692
[표 9-21] 터키 주요 출판사 ·· 693
[표 9-22] 터키 주요 음악기업 ··· 694
[표 9-23] 터키 주요 게임사 ·· 694
[표 9-24] 터키 주요 애니메이션 스튜디오 및 배급사 ······················ 695
[표 9-25] 터키 지상파 방송국 ··· 695
[표 9-26] 터키 케이블 방송국 ··· 696
[표 9-27] 터키 위성방송사업자 ··· 697
[표 9-28] 터키 IPTV 사업자 ·· 697
[표 10-1] 중동·아프리카지역 콘텐츠시장 규모 및 전망, 2009-2018 ··· 699
[표 10-2] 중동·아프리카지역 출판시장 규모 및 전망, 2009-2018 ····· 702
[표 10-3] 중동·아프리카지역 도서시장 규모 및 전망, 2009-2018 ····· 704
[표 10-4] 중동·아프리카지역 신문시장 규모 및 전망, 2009-2018 ····· 705
[표 10-5] 중동·아프리카지역 잡지시장 규모 및 전망, 2009-2018 ····· 707
[표 10-6] 중동·아프리카지역 만화시장 규모 및 전망, 2009-2018 ····· 707
[표 10-7] 중동·아프리카지역 음악시장 규모 및 전망, 2009-2018 ····· 710
[표 10-8] 중동·아프리카지역 디지털 음원시장 규모 및 전망, 2009-2018 ··· 713
[표 10-9] 중동·아프리카지역 공연 음악시장 규모 및 전망, 2009-2018 ···· 714
[표 10-10] 중동·아프리카지역 게임시장 규모 및 전망, 2009-2018 ···· 715
[표 10-11] 중동·아프리카지역 영화시장 규모 및 전망, 2009-2018 ···· 719

Contents

[표 10-12] 중동·아프리카지역 애니메이션시장 규모 및 전망, 2009-2018 ·············· 723
[표 10-13] 중동·아프리카지역 방송시장 규모 및 전망, 2009-2018 ······················· 728
[표 10-14] 중동·아프리카지역 광고시장 규모 및 전망, 2009-2018 ······················· 732
[표 10-15] 중동·아프리카지역 인터넷 광고시장 규모 및 전망, 2009-2018 ············· 736
[표 10-16] 중동·아프리카지역 캐릭터·라이선스시장 규모 및 전망, 2009-2018 ·········· 737
[표 10-17] 중동·아프리카지역 캐릭터·라이선스 분야별 시장 규모, 2009-2013 ········· 738
[표 10-18] 중동·아프리카지역 제품별 캐릭터·라이선스시장 비중, 2009 vs. 2011 vs. 2013 · 739
[표 10-19] 중동·아프리카지역 지식정보시장 규모 및 전망, 2009-2018 ··················· 740
[표 10-20] 남아프리카공화국 유·무선 인터넷 보급률 및 전망, 2009-2018 ·············· 748
[표 10-21] 사우디아라비아 유·무선 인터넷 보급률 및 전망, 2009-2018 ················· 749
[표 10-22] 아랍에미리트(UAE) 유·무선 인터넷 보급률 및 전망, 2009-2018 ············ 750
[표 10-23] 이집트 유·무선 인터넷 보급률 및 전망, 2009-2018 ···························· 751
[표 10-24] 중동지역 선호 국가(지역) 영화 조사 ··· 764
[표 10-25] 중동지역 선호 영화 장르 조사 ··· 764
[표 10-26] 중동지역 선호 국가(지역) TV 방송 조사 ··· 765
[표 10-27] 중동지역 선호 TV 장르 조사 ··· 765
[표 10-28] 중동지역 선호 SNS 서비스 조사 ·· 766
[표 10-29] 중동지역 선호 온라인 비디오 장르 조사-1 ·· 766
[표 10-30] 중동지역 선호 온라인 비디오 장르 조사-2 ·· 766
[표 10-31] 중동 유료 온라인 비디오 서비스 이용률 조사 ··································· 767
[표 10-32] 중동지역 온라인 상 대화 소재 조사 ··· 767
[표 10-33] 중동지역 평균 비디오 게임 플레이 시간(주당) 조사 ··························· 767
[표 10-34] 중동지역 엔터테인먼트 소비에 영향을 미친 요소 ······························ 768
[표 10-35] UAE와 사우디아라비아 디지털 음악 플랫폼 현황 (2014) ··················· 768
[표 10-36] 이집트 디지털 음악 플랫폼 현황 (2014) ·· 769
[표 10-37] 남아프리카공화국 디지털 음악 플랫폼 현황 (2014) ···························· 769
[표 10-38] 남아프리카공화국 주요 출판사 ··· 770
[표 10-39] 남아프리카공화국의 주요 음악기업 ··· 771
[표 10-40] 남아프리카공화국의 주요 게임기업 ··· 772
[표 10-41] 남아프리카공화국 주요 애니메이션 스튜디오 및 배급사 ···················· 773

[표 10-42] 서비스 인프라 별 세부 프로젝트 운영 개요 ······················· 775
[표 10-43] 'YESSER' 프로그램의 세부 운영 계획 ····················· 777
[표 10-44] NMC 서비스 영역 ······································· 778

Contents

● 그림 목차

[그림 1-1] 권역별 콘텐츠시장 비중 비교, 2009 vs. 2013 vs. 2018 ·················· 1
[그림 1-2] 유럽과 중동·아프리카 시장 비중 비교, 2009 vs. 2013 vs. 2018 ·················· 2
[그림 1-3] 유럽·중동·아프리카지역 콘텐츠시장 규모 및 성장률, 2009-2018 ·················· 2
[그림 1-4] 유럽·중동·아프리카지역 콘텐츠시장 연평균성장률 ·················· 3
[그림 2-1] 영국 콘텐츠시장 규모 및 성장률, 2009-2018 ·················· 6
[그림 2-2] 영국 콘텐츠별 시장점유율, 2009 vs. 2013 vs. 2018 ·················· 7
[그림 2-3] 영국 콘텐츠별 연평균성장률 추정 2013-2018 ·················· 8
[그림 2-4] 영국 출판시장 규모 및 성장률, 2009-2018 ·················· 10
[그림 2-5] 영국 출판시장 비중 비교, 2009 vs. 2013 vs. 2018 ·················· 10
[그림 2-6] 영국 도서시장 규모 및 성장률, 2009-2018 ·················· 12
[그림 2-7] 영국 도서시장별 비중 비교, 2009 vs. 2013 vs. 2018 ·················· 13
[그림 2-8] 영국 신문시장 규모 및 성장률, 2009-2018 ·················· 14
[그림 2-9] 영국 신문시장별 비중 비교, 2009 vs. 2013 vs. 2018 ·················· 15
[그림 2-10] 영국 잡지시장 규모 및 성장률, 2009-2018 ·················· 16
[그림 2-11] 영국 잡지시장 매체별 비중 비교, 2009 vs. 2013 vs. 2018 ·················· 17
[그림 2-12] 영국 만화시장 규모 및 성장률, 2009-2018 ·················· 18
[그림 2-13] 영국 만화시장 매체별 비중 비교, 2009 vs. 2013 vs. 2018 ·················· 19
[그림 2-14] 영국 인쇄 만화시장 규모 및 성장률, 2009-2018 ·················· 19
[그림 2-15] 영국 디지털 만화시장 규모 및 성장률, 2009-2018 ·················· 20
[그림 2-16] 영국 음악시장 규모 및 성장률, 2009 - 2018 ·················· 21
[그림 2-17] 영국 음악시장 분야별 비중 비교, 2009 vs. 2013 vs. 2018 ·················· 22
[그림 2-18] 영국 오프라인 음반시장 규모 및 성장률, 2009 - 2018 ·················· 23
[그림 2-19] 영국 디지털 음원시장 규모 및 성장률, 2009 - 2018 ·················· 24
[그림 2-20] 영국 공연 음악시장 규모 및 성장률 ·················· 25
[그림 2-21] 영국 게임시장 규모 및 성장률, 2009 - 2018 ·················· 26
[그림 2-22] 영국 게임시장 분야별 규모 및 성장추이, 2009 - 2018 ·················· 27
[그림 2-23] 영국 게임시장 분야별 비중 비교, 2009 vs. 2013 vs. 2018 ·················· 27
[그림 2-24] 영국 콘솔 게임시장 규모 및 성장률, 2009 - 2018 ·················· 28

[그림 2-25] 영국 온라인 게임시장 규모 및 성장률, 2009 - 2018 ··············· 29
[그림 2-26] 영국 PC 게임시장 규모 및 성장률, 2009 - 2018 ··············· 29
[그림 2-27] 영국 모바일 게임시장 규모 및 성장률, 2009 - 2018 ··············· 30
[그림 2-28] 영국 영화시장 규모 및 성장률, 2009 - 2018 ··············· 31
[그림 2-29] 영국 영화시장별 규모 및 전망 추이, 2009 - 2018 ··············· 32
[그림 2-30] 영국 영화시장 분야별 비중 비교, 2009 vs. 2013 vs. 2018 ··············· 32
[그림 2-31] 영국 박스오피스시장 규모 및 성장률, 2009 - 2018 ··············· 33
[그림 2-32] 영국 홈비디오시장 규모 및 성장률, 2009 - 2018 ··············· 34
[그림 2-33] 영국 디지털배급시장 규모 및 성장률, 2009 - 2018 ··············· 35
[그림 2-34] 영국 애니메이션시장 규모 및 성장률, 2009 - 2018 ··············· 36
[그림 2-35] 영국 애니메이션시장 분야별 비중 비교, 2009 vs. 2013 vs. 2018 ··············· 37
[그림 2-36] 영국 영화 애니메이션시장 규모 및 성장률, 2009 - 2018 ··············· 38
[그림 2-37] 영국 방송 애니메이션시장 규모 및 성장률, 2009 - 2018 ··············· 38
[그림 2-38] 영국 홈비디오 애니메이션시장 규모 및 성장률, 2009 - 2018 ··············· 39
[그림 2-39] 영국 디지털배급 애니메이션시장 규모 및 성장률, 2009 - 2018 ··············· 40
[그림 2-40] 영국 방송시장 규모 및 성장률, 2009 - 2018 ··············· 41
[그림 2-41] 영국 방송시장 분야별 비중 비교, 2009 vs. 2013 vs. 2018 ··············· 42
[그림 2-42] 영국 TV 수신료시장 규모 및 성장률, 2009 - 2018 ··············· 43
[그림 2-43] 영국 TV 광고시장(방송) 규모 및 성장률, 2009 - 2018 ··············· 43
[그림 2-44] 영국 라디오시장 규모 및 성장률, 2009 - 2018 ··············· 44
[그림 2-45] 영국 광고시장 규모 및 성장률, 2009 - 2018 ··············· 46
[그림 2-46] 영국 광고시장별 규모 및 전망 추이, 2009 - 2018 ··············· 46
[그림 2-47] 영국 광고시장 분야별 비중 비교, 2009 vs. 2013 vs. 2018 ··············· 47
[그림 2-48] 영국 TV 광고시장 규모 및 성장률, 2009 - 2018 ··············· 48
[그림 3-49] 영국 TV 광고시장별 규모 및 전망 추이, 2009 - 2018 ··············· 48
[그림 2-50] 영국 인터넷 광고시장 규모 및 성장률, 2009 - 2018 ··············· 49
[그림 2-51] 영국 인터넷 광고시장별 규모 및 전망추이, 2009 - 2018 ··············· 50
[그림 2-52] 영국 신문 광고시장 규모 및 성장률, 2009-2018 ··············· 51
[그림 2-53] 영국 신문 광고시장별 규모 및 전망 추이, 2009-2018 ··············· 51
[그림 2-54] 영국 옥외 광고시장 규모 및 성장률, 2009-2018 ··············· 52

Contents

[그림 2-55] 영국 캐릭터·라이선스시장 규모 및 성장률, 2009-2018 ·················· 53
[그림 2-56] 영국 캐릭터·라이선스 부문별 시장 비중 비교, 2009 vs. 2011 vs. 2013 ······ 54
[그림 2-57] 영국 캐릭터·라이선스 제품별 시장 비중 비교, 2009 vs. 2011 vs. 2013 ······ 55
[그림 2-58] 영국 지식정보시장 규모 및 성장률, 2009-2018 ······························ 57
[그림 2-59] 영국 지식정보시장 분야별 비중 비교, 2009 vs. 2013 vs. 2018 ············ 58
[그림 2-60] 영국 인터넷접근시장 규모 및 성장률, 2009-2018 ··························· 59
[그림 2-61] 영국 전문정보시장 규모 및 성장률, 2009-2018 ······························ 60
[그림 2-62] 주문형 비디오를 통한 수익 ··· 69
[그림 2-63] 슈퍼배드 2 이미지 ··· 70
[그림 2-64] 애니메이터들이 작업 중인 프로젝트 종류 ·· 72
[그림 2-65] 영국 OTT서비스사업자별 순방문자 추이 ··· 75
[그림 2-66] 플랫폼별 라디오 청취시간 비중 ··· 77
[그림 2-67] 전 세계 인앱 광고 지출액 현황 및 전망 2013-2018 ································ 78
[그림 2-68] 영국 기기별 디지털 광고 노출 현황 (2014. Q2) ······································· 79
[그림 2-69] 소셜 네트워크 광고 지출 ··· 80
[그림 2-70] 페파피그 이미지 ··· 81
[그림 2-71] Ben and Holly's Little Kingdom 이미지 ·· 82
[그림 2-72] So So Happy ··· 82
[그림 2-73] Tree Fu Tom과 Waybuloo ··· 83
[그림 2-74] Candy Crush Saga 부엉이 패턴의 의류 ·· 85
[그림 2-75] 영국인들이 선호하는 디지털기기 ··· 88
[그림 2-76] 영국인들의 인터넷 이용 빈도 ·· 89
[그림 2-77] 인터넷 이용 시 선호하는 스마트기기 ··· 89
[그림 2-78] 상품 및 서비스 구매 시 인터넷이 도움이 된 분야 ································· 90
[그림 2-79] 영국 스마트폰 이용 행태 조사 응답자 특성 ·· 91
[그림 2-80] 영국인이 스마트폰을 가장 많이 이용하는 장소 ······································ 91
[그림 2-81] 영국인이 스마트폰 이용 시 주로 이용하는 서비스 ································ 92
[그림 2-82] 오프라인 광고에 노출된 후 모바일로 검색을 실행하는 비율 ················ 92
[그림 2-83] 영국 사람들이 스마트폰에서 모바일 광고를 보는 위치 ························· 93
[그림 2-84] 영국인이 스마트폰을 이용하면서 다른 활동을 하는 비율 ······················ 94

[그림 2-85] 영국 오프라인 매체별 뉴스콘텐츠 이용률 현황 (2014) ·················· 95
[그림 2-86] 영국 온라인 매체별 뉴스콘텐츠 이용률 현황 (2014) ···················· 95
[그림 2-87] 영국 오프라인 브랜드별 뉴스콘텐츠 이용률 현황 (2014) ·············· 96
[그림 2-88] 영국 온라인 브랜드별 뉴스콘텐츠 이용률 현황 (2014) ·················· 97
[그림 2-89] 영국 소셜네트워크별 뉴스콘텐츠 이용률 현황 (2014) ···················· 97
[그림 2-90] 영국 신문 온·오프라인 매체별 이용률 현황 (2014) ······················· 98
[그림 2-91] 영국 종이 신문 구입방법 현황 (2014) ································· 99
[그림 2-92] 영국 모바일 단말별 뉴스콘텐츠 이용률 추이 2012-2014 ··············· 99
[그림 2-93] 영국 스마트기기별 온라인 비디오 시청 횟수 ···························· 100
[그림 2-94] 영국인이 온라인 비디오 시청 시 주로 이용하는 플랫폼 ················ 101
[그림 2-95] 영국인이 온라인 비디오를 시청하는 이유 ································ 101
[그림 2-96] 온라인 비디오 시청 시 주요 장르 ··· 102
[그림 2-97] 영국인이 디지털 플랫폼을 통해 라디오를 청취한 시간 ················· 103
[그림 2-98] 영국 연령에 따른 디지털 스트리밍 청취율 ······························· 104
[그림 2-99] 영국인이 선호하는 영화 장르 ·· 104
[그림 2-100] 영국인이 선호하는 대여 비디오 장르 ···································· 105
[그림 2-101] 영국 사회 계층에 따른 영화관람도 ······································· 106
[그림 2-102] 영국 컴퓨터 기기 소유 가정 현황 ·· 107
[그림 2-103] 게임 내 상점을 통해 수익을 만들어내는 게임사 ······················· 126
[그림 3-1] 프랑스 콘텐츠시장 규모 및 성장률, 2009-2018 ·························· 132
[그림 3-2] 프랑스 콘텐츠별 시장점유율, 2009 vs. 2013 vs. 2018 ················· 132
[그림 3-3] 프랑스 콘텐츠별 연평균성장률 추정, 2013-2018 ························ 133
[그림 3-4] 프랑스 출판시장 비중 비교, 2009 vs. 2013 vs. 2018 ··················· 135
[그림 3-5] 프랑스 도서시장 규모 및 성장률, 2009-2018 ···························· 136
[그림 3-6] 프랑스 도서시장별 비중 비교, 2009 vs. 2013 vs. 2018 ················ 137
[그림 3-7] 프랑스 신문시장 규모 및 성장률, 2009-2018 ···························· 137
[그림 3-8] 프랑스 신문시장별 비중 비교, 2009 vs. 2013 vs. 2018 ················ 138
[그림 3-9] 프랑스 잡지시장 규모 및 성장률, 2009-2018 ···························· 139
[그림 3-10] 프랑스 만화시장 규모 및 성장률, 2009-2018 ·························· 141
[그림 3-11] 프랑스 만화시장 점유율 비교, 2009 vs. 2013 vs. 2018 ··············· 141

Contents

[그림 3-12] 프랑스 인쇄 만화시장 규모 및 성장률, 2009-2018 ·················· 142
[그림 3-13] 프랑스 디지털 만화시장 규모 및 성장률, 2009-2018 ················ 143
[그림 3-14] 프랑스 음악시장 규모 및 성장률, 2009 - 2018 ······················ 144
[그림 3-15] 프랑스 음악시장 분야별 비중 비교, 2009 vs. 2013 vs. 2018 ········ 144
[그림 3-16] 프랑스 음반시장 규모 및 성장률, 2009 - 2018 ······················ 145
[그림 3-17] 프랑스 디지털 음원시장 규모 및 성장률, 2009 - 2018 ··············· 146
[그림 3-18] 프랑스 공연 음악시장 규모 및 성장률 ································ 147
[그림 3-19] 프랑스 게임시장 규모 및 성장률, 2009 - 2018 ······················ 148
[그림 3-20] 프랑스 게임시장 분야별 비중 비교, 2009 vs. 2013 vs. 2018 ········ 149
[그림 3-21] 프랑스 콘솔 게임시장 규모 및 성장률, 2009 - 2018 ················· 150
[그림 3-22] 프랑스 온라인 게임시장 규모 및 성장률, 2009 - 2018 ··············· 151
[그림 3-23] 프랑스 모바일 게임시장 규모 및 성장률, 2009 - 2018 ··············· 152
[그림 3-24] 프랑스 PC 게임시장 규모 및 성장률, 2009 - 2018 ·················· 152
[그림 3-25] 프랑스 영화시장 규모 및 성장률, 2009 - 2018 ······················ 154
[그림 3-26] 프랑스 영화시장 분야별 비중 비교, 2009 vs. 2013 vs. 2018 ········ 154
[그림 3-27] 프랑스 박스오피스시장 규모 및 성장률, 2009 - 2018 ················ 155
[그림 3-28] 프랑스 홈비디오시장 규모 및 성장률, 2009 - 2018 ·················· 156
[그림 3-29] 프랑스 디지털배급시장 규모 및 성장률, 2009 - 2018 ················ 156
[그림 3-30] 프랑스 애니메이션시장 규모 및 성장률, 2009 - 2018 ················ 157
[그림 3-31] 프랑스 애니메이션시장 분야별 비중 비교, 2009 vs. 2013 vs. 2018 ·· 158
[그림 3-32] 프랑스 영화 애니메이션시장 규모 및 성장률, 2009 - 2018 ··········· 159
[그림 3-33] 프랑스 방송 애니메이션시장 규모 및 성장률, 2009 - 2018 ··········· 160
[그림 3-34] 프랑스 홈비디오 애니메이션시장 규모 및 성장률, 2009 - 2018 ······· 161
[그림 3-35] 프랑스 디지털배급 애니메이션시장 규모 및 성장률, 2009 - 2018 ····· 162
[그림 3-36] 프랑스 방송시장 규모 및 성장률, 2009 - 2018 ······················ 163
[그림 3-37] 프랑스 방송시장 분야별 비중 비교, 2009 vs. 2013 vs. 2018 ········ 164
[그림 3-38] 프랑스 TV 수신료시장 규모 및 성장률, 2009 - 2018 ················ 164
[그림 3-39] 프랑스 TV 광고시장(방송) 규모 및 성장률, 2009 - 2018 ············ 165
[그림 3-40] 프랑스 라디오시장 규모 및 성장률, 2009 - 2018 ···················· 166
[그림 3-41] 프랑스 광고시장 규모 및 성장률, 2009 - 2018 ······················ 168

[그림 3-42] 프랑스 광고시장 분야별 비중 비교, 2009 vs. 2013 vs. 2018 ·············· 168
[그림 3-43] 프랑스 TV 광고시장 규모 및 성장률, 2009 - 2018 ························· 169
[그림 3-44] 프랑스 인터넷 광고시장 규모 및 성장률, 2009 - 2018 ····················· 170
[그림 3-45] 프랑스 신문 광고시장 규모 및 성장률, 2009-2018 ·························· 171
[그림 3-46] 프랑스 옥외 광고시장 규모 및 성장률, 2009-2018 ·························· 172
[그림 3-47] 프랑스 캐릭터·라이선스시장 규모 및 성장률, 2009-2018 ················· 173
[그림 3-48] 프랑스 분야별 캐릭터·라이선스시장 비중, 2009 vs. 2011 vs. 2013 ····· 173
[그림 3-49] 프랑스 제품별 캐릭터·라이선스시장 비중, 2009 vs. 2011 vs. 2013 ····· 174
[그림 3-50] 프랑스 지식정보시장 규모 및 성장률, 2009-2018 ···························· 176
[그림 3-51] 프랑스 지식정보시장 분야별 비중 비교, 2009 vs. 2013 vs. 2018 ········ 177
[그림 3-52] 프랑스 인터넷접근시장 규모 및 성장률, 2009-2018 ························· 178
[그림 3-53] 프랑스 전문정보시장 규모 및 성장률, 2009-2018 ···························· 178
[그림 3-54] 2013년 프랑스에서 번역된 언어별 권수 ·· 179
[그림 3-55] 프랑스 IPTV 서비스 가입자 추이 ·· 188
[그림 3-56] Raving Rabbids ·· 189
[그림 3-57] 'Super 4'의 캐릭터 ·· 191
[그림 3-58] 프랑스인들이 선호하는 디지털기기 ·· 193
[그림 3-59] 프랑스인들의 인터넷 사용 빈도 ·· 194
[그림 3-60] 프랑스인이 인터넷 사용 시 선호하는 스마트기기 ·························· 194
[그림 3-61] 프랑스인이 상품 및 서비스 구매 시 인터넷이 도움이 된 분야········· 195
[그림 3-62] 프랑스의 스마트폰 이용 행태 조사 응답자 특성 ···························· 196
[그림 3-63] 스마트폰을 가장 많이 이용하는 장소 ··· 196
[그림 3-64] 프랑스인 스마트폰 이용 시 주요 이용 서비스 ······························· 197
[그림 3-65] 오프라인 광고에 노출된 후 모바일로 검색을 실행하는 비율 ·············· 197
[그림 3-66] 프랑스 사람들이 스마트폰에서 모바일 광고를 보는 위치 ················ 198
[그림 3-67] 스마트폰을 이용하면서 다른 활동을 하는 비율······························· 198
[그림 3-68] 프랑스 오프라인 매체별 뉴스콘텐츠 이용률 현황 (2014)················· 199
[그림 3-69] 프랑스 온라인 매체별 뉴스콘텐츠 이용률 현황 (2014) ·················· 200
[그림 3-70] 프랑스 오프라인 브랜드별 뉴스콘텐츠 이용률 현황 (2014) ············ 200
[그림 3-71] 프랑스 온라인 브랜드별 뉴스콘텐츠 이용률 현황 (2014) ··············· 201

Contents

[그림 3-72] 프랑스 소셜네트워크별 뉴스콘텐츠 이용률 현황 (2014) ·················· 201
[그림 3-73] 프랑스 신문 온·오프라인 매체별 이용률 현황 (2014) ····················· 202
[그림 3-74] 프랑스 종이 신문 구입방법 현황 (2014) ····································· 203
[그림 3-75] 프랑스 모바일 단말별 뉴스콘텐츠 이용률 추이 2012-2014 ············· 203
[그림 3-76] 스마트기기별 온라인 비디오 시청 횟수 ······································ 204
[그림 3-77] 온라인 비디오 시청 시 주로 이용하는 플랫폼 ······························ 204
[그림 3-78] 온라인 비디오를 시청하는 이유 ··· 205
[그림 3-79] 온라인 비디오 시청 시 주요 장르 ··· 205
[그림 3-80] 2014년 1, 2월 달 프랑스 영화 관람객 변화 ································ 206
[그림 3-81] LA BOX Videofutur 외형(좌)과 Videofutur 서비스 UI(우) ············ 212
[그림 3-82] FilmoTV의 서비스 UI ·· 212
[그림 4-1] 독일 콘텐츠시장 규모 및 성장률, 2009-2018 ······························· 222
[그림 4-2] 독일 콘텐츠별 시장점유율, 2009 vs. 2013 vs. 2018 ······················ 223
[그림 4-3] 독일 콘텐츠별 연평균성장률 추정 2013-2018 ······························ 223
[그림 4-4] 독일 출판시장 규모 및 성장률, 2009-2018 ·································· 225
[그림 4-5] 독일 출판시장 비중 비교, 2009 vs. 2013 vs. 2018 ························ 225
[그림 4-6] 독일 도서시장 규모 및 성장률, 2009-2018 ·································· 227
[그림 4-7] 독일 신문시장 규모 및 성장률, 2009-2018 ·································· 227
[그림 4-8] 독일 잡지시장 규모 및 성장률, 2009-2018 ·································· 228
[그림 4-9] 독일 만화시장 규모 및 성장률, 2009-2018 ·································· 229
[그림 4-10] 독일 만화시장별 비중 비교, 2009 vs. 2013 vs. 2018 ···················· 230
[그림 4-11] 독일 인쇄 만화시장 규모 및 성장률, 2009-2018 ·························· 230
[그림 4-12] 독일 만화시장 규모 및 성장률, 2009-2018 ································· 231
[그림 4-13] 독일 음악시장 규모 및 성장률, 2009 - 2018 ······························· 232
[그림 4-14] 독일 음악시장 분야별 비중 비교, 2009 vs. 2013 vs. 2018 ············· 233
[그림 4-15] 독일 오프라인 음반시장 규모 및 성장률, 2009 - 2018 ·················· 234
[그림 4-16] 독일 디지털 음원시장 규모 및 성장률, 2009 - 2018 ····················· 235
[그림 4-17] 독일 공연 음악시장 규모 및 성장률 ·· 236
[그림 4-18] 독일 게임시장 규모 및 성장률, 2009 - 2018 ······························· 237
[그림 4-19] 독일 게임시장 분야별 비중 비교, 2009 vs. 2013 vs. 2018 ············· 238

[그림 4-20] 독일 콘솔 게임시장 규모 및 성장률, 2009 - 2018·················· 239
[그림 4-21] 독일 온라인 게임시장 규모 및 성장률, 2009 - 2018·················· 239
[그림 4-22] 독일 PC 게임시장 규모 및 성장률, 2009 - 2018·················· 240
[그림 4-23] 독일 모바일 게임시장 규모 및 성장률, 2009 - 2018·················· 241
[그림 4-24] 독일 영화시장 규모 및 성장률, 2009 - 2018·················· 242
[그림 4-25] 독일 영화시장 분야별 비중 비교, 2009 vs. 2013 vs. 2018 ·················· 243
[그림 4-26] 독일 박스오피스시장 규모 및 성장률, 2009 - 2018·················· 243
[그림 4-27] 독일 홈비디오시장 규모 및 성장률, 2009 - 2018·················· 244
[그림 4-28] 독일 디지털배급시장 규모 및 성장률, 2009 - 2018·················· 245
[그림 4-29] 독일 애니메이션시장 규모 및 성장률, 2009 - 2018·················· 246
[그림 4-30] 독일 애니메이션시장 분야별 비중 비교, 2009 vs. 2013 vs. 2018 ·················· 247
[그림 4-31] 독일 영화 애니메이션시장 규모 및 성장률, 2009 - 2018·················· 247
[그림 4-32] 독일 방송 애니메이션시장 규모 및 성장률, 2009 - 2018·················· 248
[그림 4-33] 독일 홈비디오 애니메이션시장 규모 및 성장률, 2009 - 2018·················· 249
[그림 4-34] 독일 디지털배급 애니메이션시장 규모 및 성장률, 2009 - 2018·················· 250
[그림 4-35] 독일 방송시장 규모 및 성장률, 2009 - 2018·················· 251
[그림 4-36] 독일 방송시장 분야별 비중 비교, 2009 vs. 2013 vs. 2018 ·················· 252
[그림 4-37] 독일 TV 수신료시장 규모 및 성장률, 2009 - 2018·················· 252
[그림 4-38] 독일 TV 광고시장(방송) 규모 및 성장률, 2009 - 2018·················· 253
[그림 4-39] 독일 라디오시장 규모 및 성장률, 2009 - 2018·················· 254
[그림 4-40] 독일 광고시장 규모 및 성장률, 2009 - 2018·················· 256
[그림 4-41] 독일 광고시장 분야별 비중 비교, 2009 vs. 2013 vs. 2018 ·················· 256
[그림 4-42] 독일 TV 광고시장 규모 및 성장률, 2009 - 2018·················· 257
[그림 4-43] 독일 인터넷 광고시장 규모 및 성장률, 2009 - 2018·················· 258
[그림 4-44] 독일 신문 광고시장 규모 및 성장률, 2009-2018 ·················· 259
[그림 4-45] 독일 옥외 광고시장 규모 및 성장률, 2009-2018 ·················· 260
[그림 4-46] 독일 캐릭터·라이선스시장 규모 및 성장률, 2009-2018 ·················· 261
[그림 4-47] 독일 캐릭터·라이선스 부문별 시장 비중 비교, 2009 vs. 2011 vs. 2013 ···· 261
[그림 4-48] 독일 캐릭터·라이선스 제품별 시장 비중 비교, 2009 vs. 2011 vs. 2013 ···· 262
[그림 4-49] 독일 지식정보시장 규모 및 성장률, 2009-2018 ·················· 264

Contents

[그림 4-50] 독일 지식정보시장 분야별 비중 비교, 2009 vs. 2013 vs. 2018 ·············· 265
[그림 4-51] 독일 인터넷접근시장 규모 및 성장률, 2009-2018 ··························· 266
[그림 4-52] 독일 전문정보시장 규모 및 성장률, 2009-2018 ····························· 267
[그림 4-53] 업체별 TV 서비스 이용 고객 수 (Q2/2013) ································· 273
[그림 4-54] 독일 VOD시장 기술별 매출 점유율 2014-2019···························· 274
[그림 4-55] 독일인들이 선호하는 디지털기기·· 280
[그림 4-56] 독일인들의 인터넷 사용 빈도··· 281
[그림 4-57] 인터넷 사용 시 선호하는 스마트기기 ·· 281
[그림 4-58] 상품 및 서비스 구매 시 인터넷이 도움이 된 분야·························· 282
[그림 4-59] 스마트폰 이용 행태 조사 응답자 특성 ·· 282
[그림 4-60] 스마트폰을 가장 많이 이용하는 장소··· 283
[그림 4-61] 스마트폰 이용 시 주요 이용 서비스 ·· 284
[그림 4-62] 오프라인 광고에 노출된 후 모바일로 검색을 실행하는 비율············ 284
[그림 4-63] 독일 사람들이 스마트폰에서 모바일 광고를 보는 위치 ··················· 285
[그림 4-64] 스마트폰을 이용하면서 다른 활동을 하는 비율 ······························· 285
[그림 4-65] 독일 오프라인 매체별 뉴스콘텐츠 이용 현황 (2014) ······················ 286
[그림 4-66] 독일 온라인 매체별 뉴스콘텐츠 이용률 현황 (2014) ······················ 287
[그림 4-67] 독일 오프라인 브랜드별 뉴스콘텐츠 이용률 현황 (2014) ················ 287
[그림 4-68] 독일 온라인 브랜드별 뉴스콘텐츠 이용률 현황 (2014)···················· 288
[그림 4-69] 독일 소셜네트워크별 뉴스콘텐츠 이용률 현황 (2014) ····················· 289
[그림 4-70] 독일 신문 온·오프라인 매체별 이용률 현황 (2014)························· 290
[그림 4-71] 독일 종이 신문 구입방법 현황 (2014) ·· 290
[그림 4-72] 독일 모바일 단말별 뉴스콘텐츠 이용률 추이 2012-2014 ············· 291
[그림 4-73] 스마트기기별 온라인 비디오 시청 횟수··· 292
[그림 4-74] 온라인 비디오 시청 시 주로 이용하는 플랫폼································ 292
[그림 4-75] 온라인 비디오를 시청하는 이유··· 293
[그림 4-76] 온라인 비디오 시청 시 주요 장르 ··· 293
[그림 5-1] 스페인 콘텐츠시장 규모 및 성장률, 2009-2018································ 313
[그림 5-2] 스페인 콘텐츠별 시장점유율, 2009 vs. 2013 vs. 2018······················ 313
[그림 5-3] 스페인 콘텐츠별 연평균성장률 추정, 2013-2018 ····························· 314

[그림 5-4] 스페인 출판시장 규모 및 성장률, 2009-2018 ·················· 316
[그림 5-5] 스페인 출판시장 비중 비교, 2009 vs. 2013 vs. 2018 ·················· 317
[그림 5-6] 스페인 도서시장 규모 및 성장률, 2009-2018 ·················· 318
[그림 5-7] 스페인 신문시장 규모 및 성장률, 2009-2018 ·················· 319
[그림 5-8] 스페인 잡지시장 규모 및 성장률, 2009-2018 ·················· 320
[그림 5-9] 스페인 만화시장 규모 및 성장률, 2009-2018 ·················· 322
[그림 5-10] 스페인 만화시장별 비중 비교, 2009 vs. 2013 vs. 2018·················· 322
[그림 5-11] 스페인 인쇄 만화시장 규모 및 성장률, 2009-2018 ·················· 323
[그림 5-12] 스페인 만화시장 규모 및 성장률, 2009-2018·················· 324
[그림 5-13] 스페인 음악시장 규모 및 성장률, 2009 - 2018 ·················· 325
[그림 5-14] 스페인 음악시장 분야별 비중 비교, 2009 vs. 2013 vs. 2018 ·················· 326
[그림 5-15] 스페인 음반시장 규모 및 성장률, 2009 - 2018·················· 326
[그림 5-16] 스페인 디지털 음원시장 규모 및 성장률, 2009 - 2018 ·················· 327
[그림 5-17] 스페인 공연 음악시장 규모 및 성장률·················· 328
[그림 5-18] 스페인 게임시장 규모 및 성장률, 2009 - 2018·················· 329
[그림 5-19] 스페인 게임시장 분야별 비중 비교, 2009 vs. 2013 vs. 2018 ·················· 330
[그림 5-20] 스페인 콘솔 게임시장 규모 및 성장률, 2009 - 2018·················· 331
[그림 5-21] 스페인 온라인 게임시장 규모 및 성장률, 2009 - 2018·················· 332
[그림 5-22] 스페인 모바일 게임시장 규모 및 성장률, 2009 - 2018·················· 332
[그림 5-23] 스페인 PC 게임시장 규모 및 성장률, 2009 - 2018·················· 333
[그림 5-24] 스페인 영화시장 규모 및 성장률, 2009 - 2018·················· 334
[그림 5-25] 스페인 영화시장 분야별 비중 비교, 2009 vs. 2013 vs. 2018 ·················· 335
[그림 5-26] 스페인 박스오피스시장 규모 및 성장률, 2009 - 2018·················· 336
[그림 5-27] 스페인 홈비디오시장 규모 및 성장률, 2009 - 2018·················· 336
[그림 5-28] 스페인 디지털배급시장 규모 및 성장률, 2009 - 2018 ·················· 337
[그림 5-29] 스페인 애니메이션시장 규모 및 성장률, 2009 - 2018·················· 338
[그림 5-30] 스페인 애니메이션시장 분야별 비중 비교, 2009 vs. 2013 vs. 2018 ·················· 339
[그림 5-31] 스페인 영화 애니메이션시장 규모 및 성장률, 2009 - 2018·················· 340
[그림 5-32] 스페인 방송 애니메이션시장 규모 및 성장률, 2009 - 2018 ·················· 340
[그림 5-33] 스페인 홈비디오 애니메이션시장 규모 및 성장률, 2009 - 2018·················· 341

Contents

[그림 5-34] 스페인 디지털배급 애니메이션시장 규모 및 성장률, 2009 - 2018 ············· 342
[그림 5-35] 스페인 방송시장 규모 및 성장률, 2009 - 2018 ··· 343
[그림 5-36] 스페인 방송시장 분야별 비중 비교, 2009 vs. 2013 vs. 2018 ···················· 344
[그림 5-37] 스페인 TV 수신료시장 규모 및 성장률, 2009 - 2018 ································· 344
[그림 5-38] 스페인 TV 광고시장 규모 및 성장률, 2009 - 2018 ······································ 345
[그림 5-39] 스페인 라디오시장 규모 및 성장률, 2009 - 2018 ·· 346
[그림 5-40] 스페인 광고시장 규모 및 성장률, 2009 - 2018 ·· 348
[그림 5-41] 스페인 광고시장 분야별 비중 비교, 2009 vs. 2013 vs. 2018 ···················· 348
[그림 5-42] 스페인 TV 광고시장 규모 및 성장률, 2009 - 2018 ······································ 349
[그림 5-43] 스페인 인터넷 광고시장 규모 및 성장률, 2009 - 2018 ······························· 350
[그림 5-44] 스페인 신문 광고시장 규모 및 성장률, 2009-2018 ····································· 351
[그림 5-45] 스페인 옥외 광고시장 규모 및 성장률, 2009-2018 ····································· 352
[그림 5-46] 스페인 캐릭터·라이선스시장 규모 및 성장률, 2009-2018 ·························· 353
[그림 5-47] 스페인 분야별 캐릭터·라이선스시장 비중, 2009 vs. 2011 vs. 2013 ········· 353
[그림 5-48] 스페인 제품별 캐릭터·라이선스시장 비중, 2009 vs. 2011 vs. 2013 ········· 354
[그림 5-49] 스페인 지식정보시장 규모 및 성장률, 2009-2018 ······································· 356
[그림 5-50] 스페인 지식정보시장 분야별 비중 비교, 2009 vs. 2013 vs. 2018 ············· 357
[그림 5-51] 스페인 인터넷접근시장 규모 및 성장률, 2009-2018 ··································· 358
[그림 5-52] 스페인 전문정보시장 규모 및 성장률, 2009-2018 ······································· 358
[그림 5-53] 2011-2013년 종별 & 분야별 출간 도서 타이틀 ·· 359
[그림 5-54] 기존출판물이 미디어 매체로 재출간 되는 비율 ·· 360
[그림 5-55] 2014년 상반기 스페인 영화 순위 ··· 363
[그림 5-56] 스페인 IPTV 가입자 수 변화 추이 ··· 365
[그림 5-57] 모바일을 통한 디지털 광고 지출 ··· 367
[그림 5-58] 스페인인들이 선호하는 디지털기기 ··· 370
[그림 5-59] 스페인인들의 인터넷 사용 빈도 ··· 371
[그림 5-60] 인터넷 사용 시 선호하는 스마트기기 ··· 372
[그림 5-61] 상품 및 서비스 구매 시 인터넷이 도움이 된 분야 ······································ 372
[그림 5-62] 스마트폰 이용 행태 조사 응답자 특성 ··· 373
[그림 5-63] 스마트폰을 가장 많이 이용하는 장소 ··· 374

[그림 5-64] 스마트폰 이용 시 주요 이용 서비스 ································· 374
[그림 5-65] 오프라인 광고에 노출된 후 모바일로 검색을 실행하는 비율 ················· 375
[그림 5-66] 스페인 사람들이 스마트폰에서 모바일 광고를 보는 위치 ··············· 376
[그림 5-67] 스마트폰을 이용하면서 다른 활동을 하는 비율 ························ 376
[그림 5-68] 스페인 오프라인 매체별 뉴스콘텐츠 이용률 현황 (2014) ··············· 377
[그림 5-69] 스페인 온라인 매체별 뉴스콘텐츠 이용률 현황 (2014) ················· 378
[그림 5-70] 스페인 오프라인 브랜드별 뉴스콘텐츠 이용률 현황 (2014) ············· 378
[그림 5-71] 스페인 온라인 브랜드별 뉴스콘텐츠 이용률 현황 (2014) ··············· 379
[그림 5-72] 스페인 소셜네트워크별 뉴스콘텐츠 이용률 현황 (2014) ················ 380
[그림 5-73] 스페인 신문 온·오프라인 매체별 이용률 현황 (2014) ················· 380
[그림 5-74] 스페인 종이 신문 구입방법 현황 (2014) ···························· 381
[그림 5-75] 스마트기기별 온라인 비디오 시청 횟수 ····························· 381
[그림 5-76] 온라인 비디오 시청 시 주로 이용하는 플랫폼 ························ 382
[그림 5-77] 온라인 비디오를 시청하는 이유 ···································· 382
[그림 5-78] 온라인 비디오 시청 시 주요 장르 ································· 383
[그림 5-79] Wuaki. TV 서비스 UI ··· 388
[그림 5-80] Yomvi 서비스 UI ··· 388
[그림 6-1] 러시아 콘텐츠시장 규모 및 성장률, 2009 - 2018 ···················· 401
[그림 6-2] 러시아 콘텐츠별 시장점유율, 2009 vs. 2013 vs. 2018 ················ 401
[그림 6-3] 러시아 콘텐츠별 연평균성장률 추정 2013-2018 ······················ 402
[그림 6-4] 러시아 출판시장 규모 및 성장률, 2009-2018 ························ 404
[그림 6-5] 러시아 출판시장 비중 비교, 2009 vs. 2013 vs. 2018 ················· 404
[그림 6-6] 러시아 도서시장 규모 및 성장률, 2009-2018 ························ 406
[그림 6-7] 러시아 신문시장 규모 및 성장률, 2009-2018 ························ 406
[그림 6-8] 러시아 잡지시장 규모 및 성장률, 2009-2018 ························ 407
[그림 6-9] 러시아 만화시장 규모 및 성장률, 2009-2018 ························ 408
[그림 6-10] 러시아 만화시장별 비중 비교, 2009 vs. 2013 vs. 2018 ··············· 409
[그림 6-11] 러시아 인쇄 만화시장 규모 및 성장률, 2009-2018 ··················· 409
[그림 6-12] 러시아 디지털 만화시장 규모 및 성장률, 2009-2018 ················· 410
[그림 6-13] 러시아 음악시장 규모 및 성장률, 2009-2018 ······················· 411

Contents

[그림 6-14] 러시아 음악시장 분야별 비중 비교, 2009 vs. 2013 vs. 2018 ·············· 412
[그림 6-15] 러시아 오프라인 음반시장 규모 및 성장률, 2009 - 2018 ················413
[그림 6-16] 러시아 디지털 음원시장 규모 및 성장률, 2009 - 2018 ················· 414
[그림 6-17] 러시아 공연 음악시장 규모 및 성장률 ··· 415
[그림 6-18] 러시아 게임시장 규모 및 성장률, 2009 - 2018 ······································ 416
[그림 6-19] 러시아 게임시장 분야별 비중 비교, 2009 vs. 2013 vs. 2018 ·············· 417
[그림 6-20] 러시아 콘솔 게임시장 규모 및 성장률, 2009 - 2018 ·························· 417
[그림 6-21] 러시아 온라인 게임시장 규모 및 성장률, 2009 - 2018 ······················· 418
[그림 6-22] 러시아 PC 게임시장 규모 및 성장률, 2009 - 2018 ······························ 419
[그림 6-23] 러시아 모바일 게임시장 규모 및 성장률, 2009 - 2018 ······················· 419
[그림 6-24] 러시아 영화시장 규모 및 성장률, 2009 - 2018 ····································· 420
[그림 6-25] 러시아 영화시장 분야별 비중 비교, 2009 vs. 2013 vs. 2018 ·············· 421
[그림 6-26] 러시아 박스오피스시장 규모 및 성장률, 2009 - 2018 ························ 422
[그림 6-27] 러시아 홈비디오시장 규모 및 성장률, 2009 - 2018 ···························· 423
[그림 6-28] 러시아 디지털배급시장 규모 및 성장률, 2009 - 2018 ························ 423
[그림 6-29] 러시아 애니메이션시장 규모 및 성장률, 2009 - 2018 ························ 425
[그림 6-30] 러시아 애니메이션시장 분야별 비중 비교, 2009 vs. 2013 vs. 2018············ 425
[그림 6-31] 러시아 영화 애니메이션시장 규모 및 성장률, 2009 - 2018 ··············· 426
[그림 6-32] 러시아 방송 애니메이션시장 규모 및 성장률, 2009 - 2018 ··············· 427
[그림 6-33] 러시아 홈비디오 애니메이션시장 규모 및 성장률, 2009 - 2018 ········ 428
[그림 6-34] 러시아 홈비디오 애니메이션시장 규모 및 성장률, 2009 - 2018 ········ 428
[그림 6-35] 러시아 방송시장 규모 및 성장률, 2009 - 2018 ····································· 430
[그림 6-36] 러시아 방송시장 분야별 비중 비교, 2009 vs. 2013 vs. 2018 ·············· 430
[그림 6-37] 러시아 TV 수신료시장 규모 및 성장률, 2009 - 2018 ························· 431
[그림 6-38] 러시아 TV 광고시장(방송) 규모 및 성장률, 2009 - 2018 ··················· 432
[그림 6-39] 러시아 라디오시장 규모 및 성장률, 2009 - 2018 ································ 432
[그림 6-40] 러시아 광고시장 분야별 비중 비교, 2009 vs. 2013 vs. 2018 ·············· 434
[그림 6-41] 러시아 TV 광고시장 규모 및 성장률, 2009 - 2018 ····························· 435
[그림 6-42] 러시아 인터넷 광고시장 규모 및 성장률, 2009 - 2018 ······················· 436
[그림 6-43] 러시아 신문 광고시장 규모 및 성장률, 2009–2018 ············· 437

[그림 6-44] 러시아 옥외 광고시장 규모 및 성장률, 2009-2018 ·················· 438
[그림 6-45] 러시아 캐릭터·라이선스시장 규모 및 성장률, 2009-2018 ·········· 439
[그림 6-46] 러시아 캐릭터·라이선스 부문별 비중 비교, 2009 vs. 2011 vs. 2013 ········ 439
[그림 6-47] 러시아 지식정보시장 규모 및 성장률, 2009-2018 ·················· 441
[그림 6-48] 러시아 지식정보시장 분야별 비중 비교, 2009 vs. 2013 vs. 2018 ········· 442
[그림 6-49] 러시아 인터넷접근시장 규모 및 성장률, 2009-2018 ·················· 442
[그림 6-50] 러시아 전문정보시장 규모 및 성장률, 2009-2018 ·················· 443
[그림 6-51] 브콘탁테의 음악 검색횟수 ·· 446
[그림 6-52] 러시아에서 제작된 모바일 게임 ·· 448
[그림 6-53] 러시아와 동일언어권 국가의 온라인 게임 검색률 추이 ··············· 448
[그림 6-54] 마샤와 곰, 스페이스독, 천하무적 키코리키, 럭키 ······················· 450
[그림 6-55] 천하무적 키코리키 황금용의 전설 (Kikoriki: Legend of the Golden Dragon) ······· 451
[그림 6-56] 눈의 여왕 (The Snow Queen) ··· 452
[그림 6-57] 퀘이커즈 (Quackerz) ··· 454
[그림 6-58] 러시아 OTT시장의 단말별 서비스 이용자 수 ···························· 456
[그림 6-59] 얀덱스의 광고지출 여력 비교 ·· 457
[그림 6-60] 러시아인들이 선호하는 디지털기기 ·· 461
[그림 6-61] 러시아인들의 인터넷 사용 빈도 ·· 462
[그림 6-62] 러시아인들이 인터넷 이용 시 선호하는 스마트기기 ···················· 462
[그림 6-63] 상품 및 서비스 구매 시 인터넷이 도움이 된 분야 ···················· 463
[그림 6-64] 러시아인 스마트폰 이용 행태 조사 응답자 특성 ························· 464
[그림 6-65] 러시아인이 스마트폰을 가장 많이 이용하는 장소 ······················· 464
[그림 6-66] 러시아인이 스마트폰 이용 시 주요 이용 서비스 ························· 465
[그림 6-67] 오프라인 광고 노출 후 모바일로 검색을 실행하는 비율 ············· 465
[그림 6-68] 러시아 사람들이 스마트폰에서 모바일 광고를 보는 위치 ············ 466
[그림 6-69] 러시아인이 스마트폰을 이용하면서 다른 활동을 하는 비율 ·········· 466
[그림 6-70] 러시아인의 스마트기기별 온라인 비디오 시청 횟수 ···················· 467
[그림 6-71] 러시아인이 온라인 비디오 시청 시 주로 이용하는 플랫폼 ··········· 467
[그림 6-72] 러시아인이 온라인 비디오를 시청하는 이유 ································ 468
[그림 6-73] 러시아인이 온라인 비디오 시청 시 주요 장르 ···························· 468

Contents

[그림 6-74] 러시아인들이 가장 좋아하는 액션 게임 ·················· 469
[그림 6-75] 2014년 상반기 러시아 영화 순위 ······················· 470
[그림 6-76] 러시아인이 전자책 구독 시 선호하는 리더 ················ 471
[그림 7-1] 이탈리아 콘텐츠시장 규모 및 성장률, 2009-2018 ········· 482
[그림 7-2] 이탈리아 콘텐츠별 시장점유율, 2009 vs. 2013 vs. 2018 ··· 483
[그림 7-3] 이탈리아 콘텐츠별 연평균성장률 추정, 2013-2018 ········· 483
[그림 7-4] 이탈리아 출판시장 규모 및 성장률, 2009-2018 ··········· 485
[그림 7-5] 이탈리아 출판시장 비중 비교, 2009 vs. 2013 vs. 2018 ···· 485
[그림 7-6] 이탈리아 도서시장 규모 및 성장률, 2009-2018 ··········· 486
[그림 7-7] 이탈리아 신문시장 규모 및 성장률, 2009-2018 ··········· 488
[그림 7-8] 이탈리아 잡지시장 규모 및 성장률, 2009-2018 ··········· 489
[그림 7-9] 이탈리아 만화시장 규모 및 성장률, 2009-2018 ··········· 490
[그림 7-10] 이탈리아 만화시장별 비중 비교, 2009 vs. 2013 vs. 2018 ·· 491
[그림 7-11] 이탈리아 인쇄 만화시장 규모 및 성장률, 2009-2018 ······ 491
[그림 7-12] 이탈리아 디지털 만화시장 규모 및 성장률, 2009-2018 ···· 492
[그림 7-13] 이탈리아 음악시장 규모 및 성장률, 2009 - 2018 ········· 493
[그림 7-14] 이탈리아 음악시장 분야별 비중 비교, 2009 vs. 2013 vs. 2018 ········· 494
[그림 7-15] 이탈리아 오프라인 음반시장 규모 및 성장률, 2009 - 2018 · 495
[그림 7-16] 이탈리아 디지털 음원시장 규모 및 성장률, 2009 - 2018 ··· 496
[그림 7-17] 이탈리아 공연 음악시장 규모 및 성장률 ················· 497
[그림 7-18] 이탈리아 게임시장 규모 및 성장률, 2009 - 2018 ········· 498
[그림 7-19] 이탈리아 게임시장 분야별 비중 비교, 2009 vs. 2013 vs. 2018 ··· 499
[그림 7-20] 이탈리아 콘솔 게임시장 규모 및 성장률, 2009 - 2018 ···· 500
[그림 7-21] 이탈리아 온라인 게임시장 규모 및 성장률, 2009 - 2018 ·· 501
[그림 7-22] 이탈리아 모바일 게임시장 규모 및 성장률, 2009 - 2018 ·· 501
[그림 7-23] 이탈리아 PC 게임시장 규모 및 성장률, 2009 - 2018 ····· 502
[그림 7-24] 이탈리아 영화시장 규모 및 성장률, 2009 - 2018 ········ 503
[그림 7-25] 이탈리아 영화시장 분야별 비중 비교, 2009 vs. 2013 vs. 2018 ··· 504
[그림 7-26] 이탈리아 박스오피스시장 규모 및 성장률, 2009 - 2018 ··· 505
[그림 7-27] 이탈리아 홈비디오시장 규모 및 성장률, 2009 - 2018 ····· 506

[그림 7-28] 이탈리아 디지털배급시장 규모 및 성장률, 2009 - 2018 ·················· 506
[그림 7-29] 이탈리아 애니메이션시장 규모 및 성장률, 2009 - 2018 ·················· 507
[그림 7-30] 이탈리아 애니메이션시장 분야별 비중 비교, 2009 vs. 2013 vs. 2018 ········ 508
[그림 7-31] 이탈리아 영화 애니메이션시장 규모 및 성장률, 2009 - 2018 ·················· 509
[그림 7-32] 이탈리아 방송 애니메이션시장 규모 및 성장률, 2009 - 2018 ·················· 510
[그림 7-33] 이탈리아 홈비디오 애니메이션시장 규모 및 성장률, 2009 - 2018 ············· 510
[그림 7-34] 이탈리아 디지털배급 애니메이션시장 규모 및 성장률, 2009 - 2018 ············ 511
[그림 7-35] 이탈리아 방송시장 규모 및 성장률, 2009 - 2018 ·················· 512
[그림 7-36] 이탈리아 방송시장 분야별 비중 비교, 2009 vs. 2013 vs. 2018 ········ 513
[그림 7-37] 이탈리아 TV 수신료시장 규모 및 성장률, 2009 - 2018 ·················· 514
[그림 7-38] 이탈리아 TV 광고시장(방송) 규모 및 성장률, 2009 - 2018 ·················· 515
[그림 7-39] 이탈리아 라디오시장 규모 및 성장률, 2009 - 2018 ·················· 516
[그림 7-40] 이탈리아 광고시장 규모 및 성장률, 2009 - 2018 ·················· 518
[그림 7-41] 이탈리아 광고시장 분야별 비중 비교, 2009 vs. 2013 vs. 2018 ········ 518
[그림 7-42] 이탈리아 TV 광고시장 규모 및 성장률, 2009 - 2018 ·················· 519
[그림 7-43] 이탈리아 인터넷 광고시장 규모 및 성장률, 2009 - 2018 ·················· 520
[그림 7-44] 이탈리아 신문 광고시장 규모 및 성장률, 2009-2018 ·················· 521
[그림 7-45] 이탈리아 옥외 광고시장 규모 및 성장률, 2009-2018 ·················· 522
[그림 7-46] 이탈리아 캐릭터·라이선스시장 규모 및 성장률, 2009-2018 ·················· 523
[그림 7-47] 이탈리아 지식정보시장 규모 및 성장률, 2009-2018 ·················· 525
[그림 7-48] 이탈리아 지식정보시장 분야별 비중 비교, 2009 vs. 2013 vs. 2018 ········ 525
[그림 7-49] 이탈리아 인터넷접근시장 규모 및 성장률, 2009-2018 ·················· 526
[그림 7-50] 이탈리아 전문정보시장 규모 및 성장률, 2009-2018 ·················· 527
[그림 7-51] 이탈리아 브로드밴드 가입자 수, 성장률, 보급률 추이 2009-2013 ············· 533
[그림 7-52] 이탈리아인들이 선호하는 디지털기기 ·················· 537
[그림 7-53] 이탈리아인들의 인터넷 사용 빈도 ·················· 537
[그림 7-54] 이탈리아인이 인터넷 이용 시 선호하는 스마트기기 ·················· 538
[그림 7-55] 상품 및 서비스 구매 시 인터넷이 도움이 된 분야 ·················· 538
[그림 7-56] 스마트폰 이용 행태 조사 응답자 특성 ·················· 539
[그림 7-57] 스마트폰을 가장 많이 이용하는 장소 ·················· 540

Contents

[그림 7-58] 이탈리아인이 스마트폰 이용 시 주요 이용 서비스 ···················· 540
[그림 7-59] 오프라인 광고 노출 후 모바일로 검색을 실행하는 비율 ·············· 541
[그림 7-60] 이탈리아 사람들이 스마트폰에서 모바일 광고를 보는 위치 ············ 542
[그림 7-61] 이탈리아인이 스마트폰을 이용하면서 다른 활동을 하는 비율 ·········· 542
[그림 7-62] 이탈리아 온라인 매체별 뉴스콘텐츠 이용률 현황 (2014) ·············· 543
[그림 7-63] 이탈리아 오프라인 브랜드별 뉴스콘텐츠 이용률 현황 (2014) ·········· 544
[그림 7-64] 이탈리아 온라인 브랜드별 뉴스콘텐츠 이용률 현황 (2014) ············ 544
[그림 7-65] 이탈리아 소셜네트워크별 뉴스콘텐츠 이용률 현황 (2014) ············· 545
[그림 7-66] 이탈리아 신문 온·오프라인 매체별 이용률 현황 (2014) ··············· 546
[그림 7-67] 이탈리아 종이 신문 구입방법 현황 (2014) ·························· 546
[그림 7-68] 이탈리아 모바일 단말별 뉴스콘텐츠 이용률 추이 2012-2014 ·········· 547
[그림 7-69] 이탈리아인의 스마트기기별 온라인 비디오 시청 횟수 ················· 548
[그림 7-70] 이탈리아인이 온라인 비디오 시청 시 주로 이용하는 플랫폼 ··········· 548
[그림 7-71] 이탈리아인이 온라인 비디오를 시청하는 이유 ······················· 549
[그림 7-72] 온라인 비디오 시청 시 주요 장르 ································· 549
[그림 8-1] 스웨덴 콘텐츠시장 규모 및 성장률, 2009-2018 ······················ 564
[그림 8-2] 스웨덴 콘텐츠별 시장점유율, 2009 vs. 2013 vs. 2018 ················ 564
[그림 8-3] 스웨덴 콘텐츠별 시장점유율, 2009 vs. 2013 vs. 2018 ················ 565
[그림 8-4] 스웨덴 출판시장 규모 및 성장률, 2009-2018 ······················· 567
[그림 8-5] 스웨덴 출판시장 비중 비교, 2009 vs. 2013 vs. 2018 ················· 567
[그림 8-6] 스웨덴 도서시장 규모 및 성장률, 2009-2018 ······················· 568
[그림 8-7] 스웨덴 신문시장 규모 및 성장률, 2009-2018 ······················· 569
[그림 8-8] 스웨덴 잡지시장 규모 및 성장률, 2009-2018 ······················· 570
[그림 8-9] 스웨덴 만화시장 규모 및 성장률, 2009-2018 ······················· 572
[그림 8-10] 스웨덴 만화시장별 비중 비교, 2009 vs. 2013 vs. 2018 ·············· 572
[그림 8-11] 스웨덴 인쇄 만화시장 규모 및 성장률, 2009-2018 ·················· 573
[그림 8-12] 스웨덴 디지털 만화시장 규모 및 성장률, 2009-2018 ················ 574
[그림 8-13] 스웨덴 음악시장 규모 및 성장률, 2009 - 2018 ····················· 575
[그림 8-14] 스웨덴 음악시장 분야별 비중 비교, 2009 vs. 2013 vs. 2018 ········· 576
[그림 8-15] 스웨덴 음반시장 규모 및 성장률, 2009 - 2018 ····················· 577

[그림 8-16] 스웨덴 디지털 음원시장 규모 및 성장률, 2009 - 2018 ·········· 578
[그림 8-17] 스웨덴 공연 음악시장 규모 및 성장률··································· 578
[그림 8-18] 스웨덴 게임시장 규모 및 성장률, 2009 - 2018 ····················· 579
[그림 8-19] 스웨덴 게임시장 분야별 비중 비교, 2009 vs. 2013 vs. 2018 ·········· 581
[그림 8-20] 스웨덴 콘솔 게임시장 규모 및 성장률, 2009 - 2018 ············ 582
[그림 8-21] 스웨덴 온라인 게임시장 규모 및 성장률, 2009 - 2018 ········· 583
[그림 8-22] 스웨덴 모바일 게임시장 규모 및 성장률, 2009 - 2018 ········· 583
[그림 8-23] 스웨덴 PC 게임시장 규모 및 성장률, 2009 - 2018 ·············· 584
[그림 8-24] 스웨덴 영화시장 분야별 비중 비교, 2009 vs. 2013 vs. 2018 ·········· 586
[그림 8-25] 스웨덴 영화시장 규모 및 성장률, 2009 - 2018 ····················· 586
[그림 8-26] 스웨덴 박스오피스시장 규모 및 성장률, 2009 - 2018 ············ 587
[그림 8-27] 스웨덴 홈비디오시장 규모 및 성장률, 2009 - 2018 ·············· 588
[그림 8-28] 스웨덴 디지털배급시장 규모 및 성장률, 2009 - 2018 ············ 588
[그림 8-29] 스웨덴 애니메이션시장 규모 및 성장률, 2009 - 2018 ············ 589
[그림 8-30] 스웨덴 애니메이션시장 분야별 비중 비교, 2009 vs. 2013 vs. 2018 ········· 590
[그림 8-31] 스웨덴 영화 애니메이션시장 규모 및 성장률, 2009 - 2018 ········· 591
[그림 8-32] 스웨덴 방송 애니메이션시장 규모 및 성장률, 2009 - 2018 ········· 591
[그림 8-33] 스웨덴 홈비디오 애니메이션시장 규모 및 성장률, 2009 - 2018 ········ 592
[그림 8-34] 스웨덴 디지털배급 애니메이션시장 규모 및 성장률, 2009 - 2018 ······· 593
[그림 8-35] 스웨덴 방송시장 규모 및 성장률, 2009 - 2018 ····················· 594
[그림 8-36] 스웨덴 방송시장 분야별 비중 비교, 2009 vs. 2013 vs. 2018 ··········· 595
[그림 8-37] 스웨덴 TV 수신료시장 규모 및 성장률, 2009 - 2018 ············ 595
[그림 8-38] 스웨덴 TV 광고시장(방송) 규모 및 성장률, 2009 - 2018 ········· 596
[그림 8-39] 스웨덴 라디오시장 규모 및 성장률, 2009 - 2018 ·················· 597
[그림 8-40] 스웨덴 광고시장 규모 및 성장률, 2009 - 2018 ······················ 599
[그림 8-41] 스웨덴 광고시장 분야별 비중 비교, 2009 vs. 2013 vs. 2018 ·········· 599
[그림 8-42] 스웨덴 TV 광고시장 규모 및 성장률, 2009 - 2018 ················ 600
[그림 8-43] 스웨덴 인터넷 광고시장 규모 및 성장률, 2009 - 2018 ············ 601
[그림 8-44] 스웨덴 신문 광고시장 규모 및 성장률, 2009-2018 ················ 602
[그림 8-45] 스웨덴 옥외 광고시장 규모 및 성장률, 2009-2018 ················ 603

Contents

[그림 8-46] 스웨덴 캐릭터·라이선스시장 규모 및 성장률, 2009-2018 ·············· 604
[그림 8-47] 스웨덴 분야별 캐릭터·라이선스시장 비중, 2009 vs. 2011 vs. 2013 ········ 604
[그림 8-48] 스웨덴 지식정보시장 규모 및 성장률, 2009-2018 ····················· 606
[그림 8-49] 스웨덴 지식정보시장 분야별 비중 비교, 2009 vs. 2013 vs. 2018 ········ 606
[그림 8-50] 스웨덴 인터넷접근시장 규모 및 성장률, 2009-2018 ··················· 607
[그림 8-51] 스웨덴 전문정보시장 규모 및 성장률, 2009-2018 ····················· 608
[그림 8-52] 스웨덴의 디지털 신문&잡지 인쇄 머신 ································ 609
[그림 8-53] 영국 지질연구소의 마인크래프트 지도 ······························· 610
[그림 8-54] 데드브리드 시연장면 ··· 611
[그림 8-55] 스포티파이 로열티 지불구조 ··· 612
[그림 8-56] 스웨덴인들이 선호하는 디지털기기 ··································· 615
[그림 8-57] 스웨덴인들의 인터넷 사용 빈도 ······································· 616
[그림 8-58] 스웨덴인들이 인터넷 이용 시 선호하는 스마트기기 ················ 616
[그림 8-59] 상품 및 서비스 구매 시 인터넷이 도움이 된 분야 ················ 617
[그림 8-60] 스웨덴 스마트폰 이용 행태 조사 응답자 특성 ······················ 618
[그림 8-61] 스웨덴인이 스마트폰을 가장 많이 이용하는 장소 ················· 618
[그림 8-62] 스웨덴인이 스마트폰 이용 시 주요 이용 서비스 ··················· 619
[그림 8-63] 오프라인 광고 노출 후 모바일로 검색을 실행하는 비율 ·········· 620
[그림 8-64] 스웨덴 사람들이 스마트폰에서 모바일 광고를 보는 위치 ········ 620
[그림 8-65] 스웨덴인이 스마트폰을 이용하면서 다른 활동을 하는 비율 ······ 621
[그림 8-66] 스웨덴인의 스마트기기별 온라인 비디오 시청 횟수 ··············· 622
[그림 8-67] 스웨덴인이 온라인 비디오 시청 시 주로 이용하는 플랫폼 ········ 622
[그림 8-68] 온라인 비디오를 시청하는 이유 ······································· 623
[그림 8-69] 온라인 비디오 시청 시 주요 장르 ···································· 623
[그림 9-1] 터키 콘텐츠시장 규모 및 성장률, 2009-2018 ·························· 635
[그림 9-2] 터키 콘텐츠별 시장점유율, 2009 vs. 2013 vs. 2018 ···················· 636
[그림 9-3] 터키 콘텐츠별 연평균성장률 추정 2013-2018 ·························· 636
[그림 9-4] 터키 도서시장 규모 및 성장률, 2009-2018 ······························ 638
[그림 9-5] 터키 출판시장 비중 비교, 2009 vs. 2013 vs. 2018 ······················ 638
[그림 9-6] 터키 도서시장 규모 및 성장률, 2009-2018 ······························ 639

[그림 9-7] 터키 신문시장 규모 및 성장률, 2009-2018 ··· 640
[그림 9-8] 터키 잡지시장 규모 및 성장률, 2009-2018 ··· 641
[그림 9-9] 터키 만화시장 규모 및 성장률, 2009-2018 ··· 642
[그림 9-10] 터키 만화시장별 비중 비교, 2009 vs. 2013 vs. 2018 ································ 643
[그림 9-11] 터키 인쇄 만화시장 규모 및 성장률, 2009-2018 ·· 643
[그림 9-12] 터키 디지털 만화시장 규모 및 성장률, 2009-2018 ···································· 644
[그림 9-13] 터키 음악시장 규모 및 성장률, 2009-2018 ··· 645
[그림 9-14] 터키 음악시장 분야별 비중 비교, 2009 vs. 2013 vs. 2018 ······················ 646
[그림 9-15] 터키 오프라인 음반시장 규모 및 성장률, 2009-2018 ································ 646
[그림 9-16] 터키 디지털 음원시장 규모 및 성장률, 2009-2018 ···································· 647
[그림 9-17] 터키 공연 음악시장 규모 및 성장률, 2009-2018 ·· 649
[그림 9-18] 터키 게임시장 규모 및 성장률, 2009-2018 ··· 650
[그림 9-19] 터키 게임시장 분야별 비중 비교, 2009 vs. 2013 vs. 2018 ······················ 651
[그림 9-20] 터키 콘솔 게임시장 규모 및 성장률, 2009-2018 ·· 652
[그림 9-21] 터키 온라인 게임시장 규모 및 성장률, 2009-2018 ···································· 652
[그림 9-22] 터키 PC 게임시장 규모 및 성장률, 2009-2018 ·· 653
[그림 9-23] 터키 모바일 게임시장 규모 및 성장률, 2009-2018 ···································· 654
[그림 9-24] 터키 영화시장 규모 및 성장률, 2009-2018 ··· 654
[그림 9-25] 터키 영화시장 분야별 비중 비교, 2009 vs. 2013 vs. 2018 ······················ 655
[그림 9-26] 터키 박스오피스시장 규모 및 성장률, 2009 - 2018 ··································· 656
[그림 9-27] 터키 홈비디오시장 규모 및 성장률, 2009 - 2018 ······································· 657
[그림 9-28] 터키 디지털배급시장 규모 및 성장률, 2009 - 2018 ··································· 658
[그림 9-29] 터키 애니메이션시장 규모 및 성장률, 2009 - 2018 ··································· 659
[그림 9-30] 터키 애니메이션시장 분야별 비중 비교, 2009 vs. 2013 vs. 2018 ············ 659
[그림 9-31] 터키 영화 애니메이션시장 규모 및 성장률, 2009 - 2018 ·························· 660
[그림 9-32] 터키 방송 애니메이션시장 규모 및 성장률, 2009 - 2018 ·························· 661
[그림 9-33] 터키 홈비디오 애니메이션시장 규모 및 성장률, 2009 - 2018 ··················· 661
[그림 9-34] 터키 디지털배급 애니메이션시장 규모 및 성장률, 2009 - 2018 ················ 662
[그림 9-35] 터키 방송시장 규모 및 성장률, 2009 - 2018 ·· 663
[그림 9-36] 터키 방송시장 분야별 비중 비교, 2009 vs. 2013 vs. 2018 ······················ 664

Contents

[그림 9-37] 터키 TV 수신료시장 규모 및 성장률, 2009 - 2018 ·················· 665
[그림 9-38] 터키 TV 광고시장(방송) 규모 및 성장률, 2009 - 2018 ············· 665
[그림 9-39] 터키 라디오시장 규모 및 성장률, 2009 - 2018 ······················ 666
[그림 9-40] 터키 광고시장 규모 및 성장률, 2009 - 2018 ·························· 667
[그림 9-41] 터키 광고시장 분야별 비중 비교, 2009 vs. 2013 vs. 2018 ········ 668
[그림 9-42] 터키 TV 광고시장 규모 및 성장률, 2009 - 2018 ···················· 669
[그림 9-43] 터키 인터넷 광고시장 규모 및 성장률, 2009 - 2018 ················ 670
[그림 9-44] 터키 신문 광고시장 규모 및 성장률, 2009-2018 ····················· 671
[그림 9-45] 터키 옥외 광고시장 규모 및 성장률, 2009-2018 ····················· 672
[그림 9-46] 터키 캐릭터·라이선스시장 규모 및 성장률, 2009-2018 ············ 673
[그림 9-47] 터키 캐릭터·라이선스 부문별 시장 비중 비교, 2011 vs. 2013 ··· 673
[그림 9-48] 터키 지식정보시장 규모 및 성장률, 2009-2018 ······················ 675
[그림 9-49] 터키 지식정보시장 분야별 비중 비교, 2009 vs. 2013 vs. 2018 ··· 676
[그림 9-50] 터키 인터넷접근시장 규모 및 성장률, 2009-2018 ···················· 677
[그림 9-51] 터키 전문정보시장 규모 및 성장률, 2009-2018 ······················ 677
[그림 9-52] 터키 브로드밴드 가입자 수 추이 ··· 679
[그림 9-53] 터키인들이 선호하는 디지털기기 ··· 682
[그림 9-54] 터키인들의 인터넷 사용 빈도 ··· 683
[그림 9-55] 터키인이 인터넷 이용 시 선호하는 스마트기기 ······················ 684
[그림 9-56] 상품 및 서비스 구매 시 인터넷에서 도움이 된 분야 ··············· 684
[그림 9-57] 터키 스마트폰 이용 행태 조사 응답자 특성 ··························· 685
[그림 9-58] 터키인이 스마트폰을 가장 많이 이용하는 장소 ······················ 686
[그림 9-59] 터키인이 스마트폰 이용 시 주요 이용 서비스 ······················· 686
[그림 9-60] 오프라인 광고 노출 후 모바일로 검색을 실행하는 비율 ··········· 687
[그림 9-61] 터키 사람들이 스마트폰에서 모바일 광고를 보는 위치 ············ 687
[그림 9-62] 스마트폰을 이용하면서 다른 활동을 하는 비율 ······················ 688
[그림 9-63] 터키인의 스마트기기별 온라인 비디오 시청 횟수 ··················· 689
[그림 9-64] 온라인 비디오 시청 시 주로 이용하는 플랫폼 ······················· 689
[그림 9-65] 터키인이 온라인 비디오를 시청하는 이유 ····························· 690
[그림 9-66] 터키인이 온라인 비디오 시청 시 주요 장르 ··························· 690

[그림 10-1] 중동·아프리카지역 콘텐츠시장 규모 및 성장률, 2009-2018 ·················· 700
[그림 10-2] 중동·아프리카지역 콘텐츠별 시장점유율, 2009 vs. 2013 vs. 2018 ············· 701
[그림 10-3] 중동·아프리카지역 콘텐츠별 연평균성장률 추정, 2013-2018 ················ 701
[그림 10-4] 중동·아프리카지역 출판시장 규모 및 성장률, 2009-2018 ················ 703
[그림 10-5] 중동·아프리카지역 출판시장 비중 비교, 2009 vs. 2013 vs. 2018 ············· 703
[그림 10-6] 중동·아프리카지역 도서시장 규모 및 성장률, 2009-2018 ················ 704
[그림 10-7] 중동·아프리카지역 신문시장 규모 및 성장률, 2009-2018 ················ 706
[그림 10-8] 중동·아프리카지역 잡지시장 규모 및 성장률, 2009-2018 ················ 706
[그림 10-9] 중동·아프리카지역 만화시장 규모 및 성장률, 2009-2018 ················ 708
[그림 10-10] 중동·아프리카지역 만화시장별 비중 비교, 2009 vs. 2013 vs. 2018 ············· 708
[그림 10-11] 중동·아프리카지역 인쇄 만화시장 규모 및 성장률, 2009-2018 ············ 709
[그림 10-12] 중동·아프리카지역 디지털 만화시장 규모 및 성장률, 2009-2018 ········· 710
[그림 10-13] 중동·아프리카지역 음악시장 규모 및 성장률, 2009 - 2018 ············· 711
[그림 10-14] 중동·아프리카지역 음악시장 분야별 비중 비교, 2009 vs. 2013 vs. 2018 ·· 711
[그림 10-15] 중동·아프리카지역 음반시장 규모 및 성장률, 2009 - 2018 ············· 712
[그림 10-16] 중동·아프리카지역 디지털 음원시장 규모 및 성장률, 2009 - 2018 ······· 713
[그림 10-17] 중동·아프리카지역 공연 음악시장 규모 및 성장률 ····················· 714
[그림 10-18] 중동·아프리카지역 게임시장 규모 및 성장률, 2009 - 2018 ············· 715
[그림 10-19] 중동·아프리카지역 게임시장 분야별 비중 비교, 2009 vs. 2013 vs. 2018 ·· 716
[그림 10-20] 중동·아프리카지역 콘솔 게임시장 규모 및 성장률, 2009 - 2018 ········· 717
[그림 10-21] 중동·아프리카지역 온라인 게임시장 규모 및 성장률, 2009 - 2018 ······· 717
[그림 10-22] 중동·아프리카지역 모바일 게임시장 규모 및 성장률, 2009 - 2018 ······· 718
[그림 10-23] 중동·아프리카지역 PC 게임시장 규모 및 성장률, 2009 - 2018 ··········· 719
[그림 10-24] 중동·아프리카지역 영화시장 규모 및 성장률, 2009 - 2018 ············· 720
[그림 10-25] 중동·아프리카지역 영화시장 분야별 비중 비교, 2009 vs. 2013 vs. 2018 ·· 721
[그림 10-26] 중동·아프리카지역 박스오피스시장 규모 및 성장률, 2009 - 2018 ········ 721
[그림 10-27] 중동·아프리카지역 홈비디오시장 규모 및 성장률, 2009 - 2018 ·········· 722
[그림 10-28] 중동·아프리카지역 디지털배급시장 규모 및 성장률, 2009 - 2018 ········ 723
[그림 10-29] 중동·아프리카지역 애니메이션시장 규모 및 성장률, 2009 - 2018 ········ 724
[그림 10-30] 중동·아프리카지역 애니메이션시장 분야별 비중 비교, 2009 vs. 2013 vs. 2018·· 725

[그림 10-31] 중동·아프리카지역 영화 애니메이션시장 규모 및 성장률, 2009 - 2018 ····· 725
[그림 10-32] 중동·아프리카지역 방송 애니메이션시장 규모 및 성장률, 2009 - 2018 ··· 726
[그림 10-33] 중동·아프리카지역 홈비디오 애니메이션시장 규모 및 성장률, 2009 - 2018 · 727
[그림 10-34] 중동·아프리카지역 디지털배급 애니메이션시장 규모 및 성장률, 2009 - 2018 ··· 727
[그림 10-35] 중동·아프리카지역 방송시장 규모 및 성장률, 2009 - 2018 ···················· 729
[그림 10-36] 중동·아프리카지역 방송시장 분야별 비중 비교, 2009 vs. 2013 vs. 2018 ·729
[그림 10-37] 중동·아프리카지역 TV 수신료시장 규모 및 성장률, 2009 - 2018 ············· 730
[그림 10-38] 중동·아프리카지역 TV 광고시장(방송) 규모 및 성장률, 2009 - 2018 ········ 731
[그림 10-39] 중동·아프리카지역 라디오시장 규모 및 성장률, 2009 - 2018 ················· 731
[그림 10-40] 중동·아프리카지역 광고시장 규모 및 성장률, 2009 - 2018 ····················· 733
[그림 10-41] 중동·아프리카지역 광고시장 분야별 비중 비교, 2009 vs. 2013 vs. 2018 ···· 734
[그림 10-42] 중동·아프리카지역 TV 광고시장 규모 및 성장률, 2009 - 2018 ················ 735
[그림 10-43] 중동·아프리카지역 인터넷 광고시장 규모 및 성장률, 2009 - 2018 ··········· 735
[그림 10-44] 중동·아프리카지역 신문 광고시장 규모 및 성장률, 2009-2018 ················ 736
[그림 10-45] 중동·아프리카지역 캐릭터·라이선스시장 규모 및 성장률, 2009-2018 ······· 737
[그림 10-46] 중동·아프리카지역 분야별 캐릭터·라이선스시장 비중, 2009 vs. 2011 vs. 2013 ·· 738
[그림 10-47] 중동·아프리카지역 지식정보시장 규모 및 성장률, 2009-2018 ················· 740
[그림 10-48] 중동·아프리카지역 지식정보시장 분야별 비중 비교, 2009 vs. 2013 vs. 2018 ·· 741
[그림 10-49] 중동·아프리카지역 인터넷접근시장 규모 및 성장률, 2009-2018 ··············· 742
[그림 10-50] 중동·아프리카지역 전문정보시장 규모 및 성장률, 2009-2018 ················· 743
[그림 10-51] 남아프리카공화국인들이 이용하는 모바일기기 개수 ································ 751
[그림 10-52] 남아프리카공화국인들의 인터넷 사용 빈도 ·· 752
[그림 10-53] 남아프리카공화국 스마트폰 이용 행태 조사 응답자 특성 ························· 753
[그림 10-54] 남아프리카공화국인들이 스마트폰을 가장 많이 이용하는 장소 ················· 753
[그림 10-55] 스마트폰 이용 행태 ··· 754
[그림 10-56] 오프라인 광고 노출 후 모바일로 검색을 실행하는 비율 ·························· 754
[그림 10-57] 남아프리카공화국 사람들이 스마트폰에서 모바일 광고를 보는 위치 ········· 755
[그림 10-58] 사우디아라비아 스마트폰 이용 행태 조사 응답자 특성 ···························· 756
[그림 10-59] 사우디아라비아인이 스마트폰을 가장 많이 이용하는 장소 ······················· 756
[그림 10-60] 오프라인 광고 노출 후 모바일로 검색을 실행하는 비율 ·························· 757

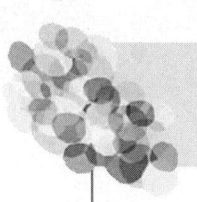

[그림 10-61] 사우디아라비아 사람들이 스마트폰에서 모바일 광고를 보는 위치 ········· 757
[그림 10-62] 아랍에미리트인들이 이용하는 모바일기기 개수 ···················· 758
[그림 10-63] 아랍에미리트인들의 인터넷 사용 빈도 ························· 759
[그림 10-64] 아랍에미리트 스마트폰 이용 행태 조사 응답자 특성 ················ 759
[그림 10-65] 아랍에미리트인들이 스마트폰을 가장 많이 이용하는 장소 ············ 760
[그림 10-66] 스마트폰 이용 행태 ······································ 760
[그림 10-67] 오프라인 광고 노출 후 모바일로 검색을 실행하는 비율 ·············· 761
[그림 10-68] 아랍에미리트 사람들이 스마트폰에서 모바일 광고를 보는 위치 ········ 761
[그림 10-69] 아랍에미리트인이 스마트폰을 이용하면서 다른 활동을 하는 비율 ······· 762
[그림 10-70] 남아프리카공화국인의 기기별 온라인 비디오 시청 횟수 ·············· 763
[그림 10-71] 아랍에미리트인의 기기별 온라인 비디오 시청 횟수 ················· 763

제7장
유럽·중동·아프리카 콘텐츠시장 동향

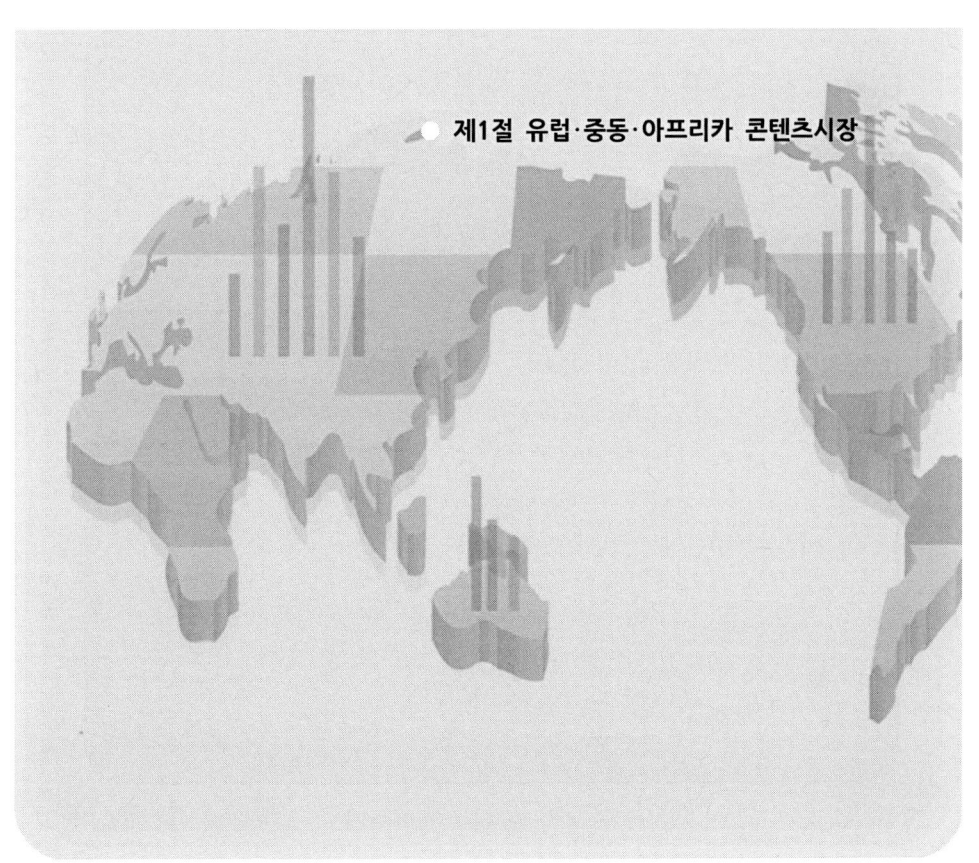

제1절 유럽·중동·아프리카 콘텐츠시장

제1절 유럽·중동·아프리카 콘텐츠시장

유럽지역은 그리스, 스페인, 이탈리아의 재정위기 확산으로 인해 장기간의 경기침체를 겪으면서 전반적인 콘텐츠시장이 2009년의 33.4%보다 하락한 31.3%의 비중을 차지하였다. 비록 중동·아프리카지역은 정부의 국가개발계획 실행으로 공공부문에 대한 투자 확대가 큰 폭으로 이루어지고 있지만 시장 규모가 작아 전체적인 유럽·중동·아프리카 콘텐츠시장의 활성화에 큰 기여를 하지는 못했다. 그럼에도 유럽의 경제회복과 중동·아프리카지역의 안정적인 성장에 힘입어 2013년 전년대비 2.9% 증가한 5,760억 달러로 집계되었다.

[그림 1-1] 권역별 콘텐츠시장 비중 비교, 2009 vs. 2013 vs. 2018

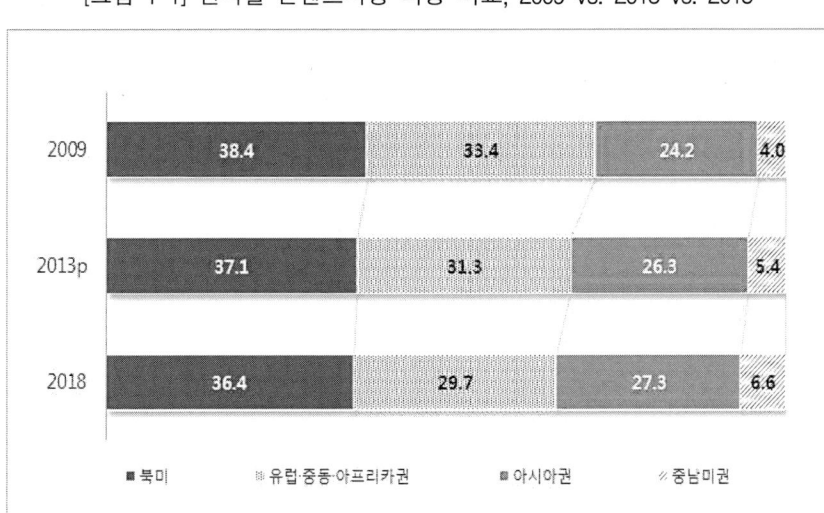

출처: PwC(2014), ICv2(2013, 2014), Barnes report(2013, 2014), SNE(2013), Box Office Mojo(2014), Digital Vector(2013), EPM(2013, 2014)

유럽·중동·아프리카시장은 크게 유럽시장과 중동·아프리카시장으로 나누어 볼 수 있다. 두 시장의 비중을 보면, 2009년 유럽시장은 97.2%, 중동·아프리카시장은 2.8%로 유럽시장의 비중이 압도적으로 높았다. 두 시장의 차이는 향후 크게 달라지지는 않을 것으로 보이나 중동·아프리카시장이 조금씩 성장하여 2018년에는 5.4%로 시장의 비중이 다소 증가할 것으로 전망된다.

[그림 1-2] 유럽과 중동·아프리카 시장 비중 비교, 2009 vs. 2013 vs. 2018

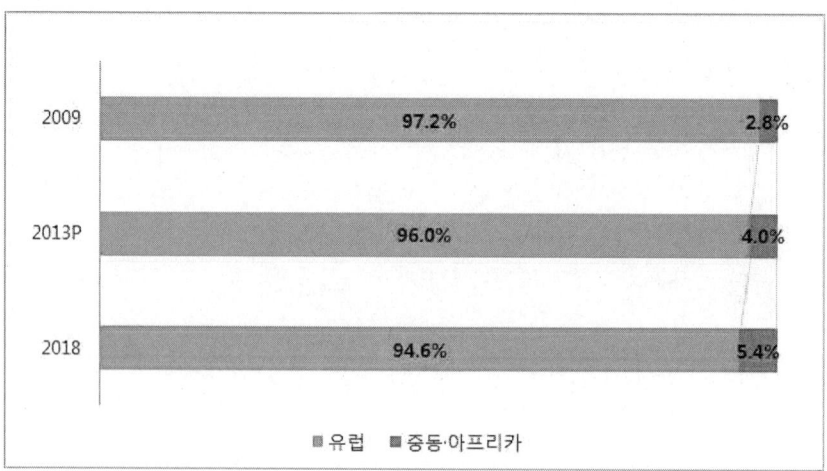

출처 : PwC(2014), ICv2(2013, 2014), Barnes report(2013, 2014), SNE(2013), Box Office Mojo(2014), Digital Vector(2013), EPM(2013, 2014)

향후 유럽·중동·아프리카지역의 콘텐츠시장은 경기회복에 따라 소비시장이 점차 확대되고, 모바일 인터넷 이용 수요가 빠르게 증가될 것으로 예측되면서 2018년까지 연평균 3.7% 성장한 6,920억 달러에 달할 것으로 전망된다.

[그림 1-3] 유럽·중동·아프리카지역 콘텐츠시장 규모 및 성장률, 2009-2018

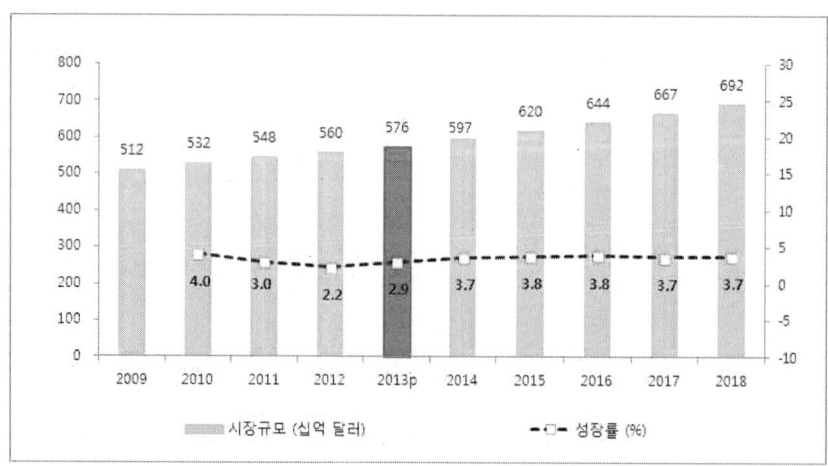

출처 : PwC(2014), ICv2(2013, 2014), Barnes report(2013, 2014), SNE(2013), Box Office Mojo(2014), Digital Vector(2013), EPM(2013, 2014)

2009년부터 최근 5년간 유럽·중동·아프리카시장은 유로존의 경제위기에도 불구하고 연평균 3.0%의 성장을 보였다. 특히 애니메이션과 지식정보 분야에서 매우 높은 성장을 하였으며, 그 다음으로 게임과 만화시장도 평균 성장률 보다 높은 것으로 나타났다.

경기침체로 소비심리가 위축되면서 마이너스 성장을 보였던 음악과 캐릭터·라이선스시장은 경기회복에 힘입어 향후 플러스 성장을 보이며 회복될 것으로 전망된다.

반면, 인쇄 출판물의 퇴조로 하락세를 나타내고 있는 출판시장은 향후 5년간 지속적인 하락세를 보이며 시장이 위축될 것으로 보인다. 2018년까지 향후 5년간 지식정보와 게임시장이 높은 성장세를 나타내면서 연평균 3.7%의 안정적인 성장률을 보일 것으로 전망된다.

[그림 1-4] 유럽·중동·아프리카지역 콘텐츠시장 연평균성장률

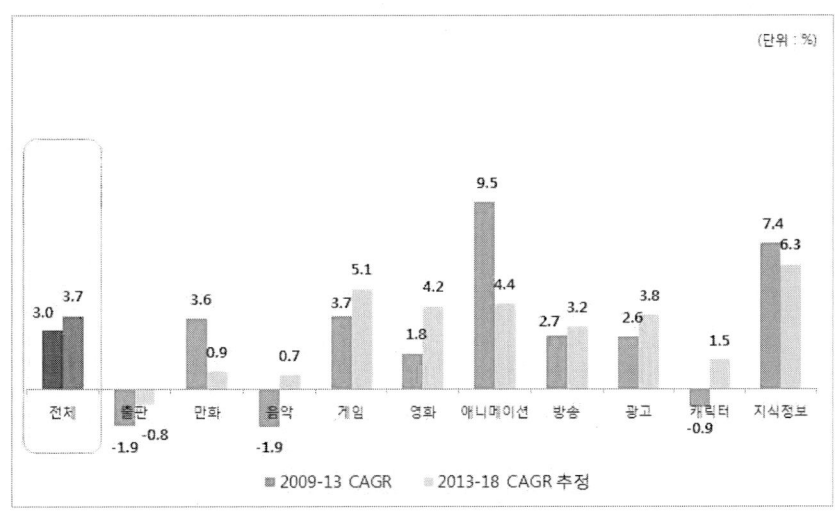

출처 : PwC(2014), ICv2(2013, 2014), Barnes report(2013, 2014), SNE(2013), Box Office Mojo(2014), Digital Vector(2013), EPM(2013, 2014)

[표 1-1] 유럽·중동·아프리카지역 콘텐츠시장 규모 및 전망, 2009-2018

[단위 : 백만 달러, %]

구분	2009	2010	2011	2012	2013p	2014	2015	2016	2017	2018	2013-18 CAGR[1]
출판	150,636	149,623	146,698	142,467	139,694	137,952	136,673	135,743	134,933	134,078	△0.8
만화	1,890	2,030	2,167	2,155	2,160	2,173	2,189	2,206	2,222	2,239	0.7
음악	21,704	20,534	20,373	20,057	20,111	20,192	20,321	20,472	20,632	20,837	0.7
게임	17,510	18,216	18,977	19,198	20,271	21,666	22,768	23,827	24,826	25,936	5.1
영화	24,200	25,111	25,346	25,696	26,000	26,798	27,795	28,962	30,285	31,939	4.2

[단위 : 백만 달러, %]

구분	2009	2010	2011	2012	2013p	2014	2015	2016	2017	2018	2013-18 CAGR[1]
애니메이션	1,168	1,263	1,375	1,506	1,650	1,796	1,958	2,125	2,309	2,443	8.2
방송	117,361	124,175	127,680	128,817	130,695	134,289	138,121	142,810	147,305	152,868	3.2
광고	124,661	131,696	135,477	135,379	138,407	143,349	148,492	154,323	159,874	166,404	3.8
캐릭터	33,976	33,455	33,010	32,971	32,743	33,212	33,711	34,226	34,717	35,229	1.5
지식정보	147,591	159,653	171,598	183,930	196,349	209,579	223,904	238,298	252,606	266,734	6.3
산술합계	640,697	665,756	682,701	692,176	708,080	731,006	755,932	782,992	809,709	838,707	3.4
합계[2]	511,536	531,897	547,676	559,889	576,168	597,216	619,836	643,664	667,230	692,210	3.7

출처 : PwC(2014), ICv2(2013, 2014), Barnes report(2013, 2014), SNE(2013), Box Office Mojo(2014), Digital Vector(2013), EPM(2013, 2014)

　유럽·중동·아프리카지역을 구성하는 국가들은 다양한 언어와 문화권으로 콘텐츠의 소비 또한 다양한 패턴을 보이고 있다. 단지 시장 규모만 보았을 때는 2013년 기준으로 독일이 1,040억 8,200만 달러로, 유럽·중동·아프리카지역에서 가장 큰 시장을 형성하고 있다.
　뒤이어 영국 882억 2,600만 달러, 프랑스 702억 6,000만 달러, 이탈리아 410억 3,800만 달러, 러시아 267억 2,700만 달러, 스페인 247억 2,700만 달러, 스웨덴 115억 2,700만 달러, 터키 115억 2,700만 달러의 시장 규모를 보이고 있다.
　중동·아프리카지역의 경우 조사대상 국가 중 남아프리카공화국이 2013년을 기준으로 106억 300만 달러의 시장 규모를 보이고 있고, 사우디아라비아가 60억 9,100만 달러, 아랍에미리트가 32억 2,000만 달러, 이집트가 25억 9,600만 달러의 콘텐츠시장 규모를 형성하고 있다.
　최근 몇 년처럼 금융위기와 같은 대외적 불안정성이 촉발되지 않는 한 향후 5년간 유럽·중동·아프리카지역의 콘텐츠시장은 지속적인 성장세를 보일 것으로 예상되면서 2018년까지 연평균 독일 1.8%, 영국 3.1%, 프랑스 3.0%, 이탈리아 3.0%, 러시아 9.5%, 스페인 2.7%, 스웨덴 3.8%, 터키 8.7%, 남아프리카 공화국 10.7%, 사우디아라비아 10.7%, UAE 7.2%, 이집트 9.4%의 성장세를 나타낼 것으로 보인다.

1) 2013년부터 2018년까지 연평균성장률
2) 중복 시장을 제외한 시장 규모임
　　- 출판의 신문/잡지 광고, 게임의 게임 광고, 영화의 극장광고, 방송의TV /라디오 광고, 지식정보의 디렉토리 광고는 광고시장에 포함
　　- 만화, 지식정보의 전문서적/산업잡지는 출판시장에 포함
　　- 애니메이션은 영화시장에 포함

[표 1-2] 유럽·중동·아프리카지역 국가별 콘텐츠시장 규모 및 전망, 2009-2018

[단위 : 백만 달러, %]

구분	2009	2010	2011	2012	2013p	2014	2015	2016	2017	2018	2013-18 CAGR[3]
독일	91,862	94,266	97,473	99,699	101,970	104,082	106,086	108,072	109,838	111,733	1.8
영국	76,199	78,707	80,624	82,755	85,395	88,226	91,048	93,916	96,690	99,268	3.1
프랑스	61,193	64,932	67,037	68,296	70,260	72,526	74,750	76,964	79,059	81,268	3.0
이탈리아	40,905	42,123	42,417	41,123	41,038	41,948	43,135	44,511	46,005	47,601	3.0
러시아	17,733	19,391	21,688	24,234	26,727	29,649	32,685	35,665	38,737	42,094	9.5
스페인	27,361	27,869	27,153	25,705	24,727	24,732	25,327	26,117	27,101	28,291	2.7
스웨덴	13,896	14,347	14,618	14,438	14,753	15,162	15,657	16,248	16,974	17,750	3.8
터키	6,714	7,948	9,361	10,348	11,527	12,649	13,803	15,007	16,168	17,469	8.7
남아프리카공화국	6,605	7,552	8,380	9,456	10,603	11,832	13,163	14,593	16,011	17,601	10.7
사우디아라비아	2,667	3,371	4,214	5,290	6,091	6,913	7,731	8,524	9,262	9,960	10.3
UAE	2,571	2,673	2,834	2,999	3,220	3,426	3,696	3,985	4,261	4,554	7.2
이집트	1,916	2,079	2,167	2,380	2,596	2,885	3,205	3,506	3,791	4,060	9.4

출처 : PwC(2014)

* 캐릭터·라이선스를 제외한 시장 규모를 기준으로 작성됨
* 만화, 애니메이션, 광고시장의 중복값을 제외한 순 합계 기준으로 작성됨

3) 2013년부터 2018년까지 연평균성장률

1. 영국

1) 콘텐츠시장 개요

2013년 영국의 콘텐츠시장은 비록 출판과 만화시장의 규모가 감소하였지만 음악, 게임, 영화, 애니메이션, 방송, 광고, 캐릭터, 지식정보 부문이 소폭의 성장세를 이루면서 전년대비 3.2% 성장한 922억 9,100만 달러로 집계되었다. 영국정부는 유로지역의 경제위기 완화를 위하여 새로운 일자리를 창출해내는 콘텐츠산업에 많은 투자를 하고 있어 향후 콘텐츠시장이 큰 폭으로 성장할 것으로 예상되고 있다. 이러한 영국정부의 창조산업 육성 지원 계획으로 콘텐츠산업은 향후 5년간 연평균 2.9%의 성장률을 보이며 2018년까지 1,065억 7,500만 달러에 달할 것으로 전망된다.

[그림 2-1] 영국 콘텐츠시장 규모 및 성장률, 2009-2018

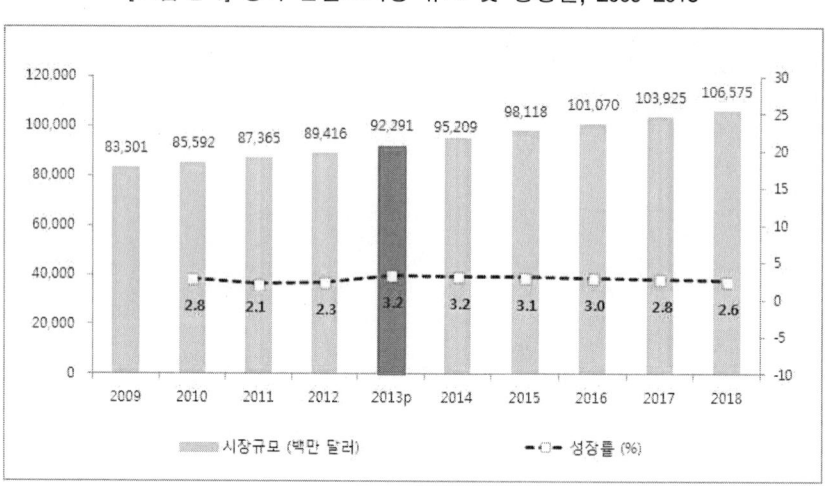

출처 : PwC(2014), ICv2(2013, 2014), Barnes report(2013, 2014), SNE(2013), Box Office Mojo(2014), Digital Vector(2013), EPM(2013, 2014)

[표 2-1] 영국 콘텐츠시장 규모 및 전망, 2009-2018

[단위 : 백만 달러, %]

구분	2009	2010	2011	2012	2013p	2014	2015	2016	2017	2018	2013-18 CAGR
출판	18,755	18,468	17,698	17,439	17,032	16,817	16,645	16,515	16,359	16,130	△1.1
만화	405	433	451	448	443	441	438	436	433	430	△0.6
음악	4,675	4,365	4,325	4,070	4,110	4,121	4,131	4,137	4,140	4,139	0.1
게임	4,459	4,514	4,632	4,674	4,967	5,309	5,600	5,867	6,111	6,367	5.1

[단위 : 백만 달러, %]

구분	2009	2010	2011	2012	2013p	2014	2015	2016	2017	2018	2013-18 CAGR
영화	5,372	5,663	5,722	5,992	6,088	6,222	6,394	6,602	6,864	7,186	3.4
애니메이션	194	200	206	210	214	219	223	234	246	258	3.8
방송	17,952	18,798	19,353	19,638	19,947	20,431	20,889	21,458	21,949	22,777	2.7
광고	19,418	20,588	21,259	21,946	22,972	24,049	25,077	26,234	27,279	28,255	4.2
캐릭터	7,102	6,886	6,742	6,661	6,895	6,984	7,070	7,155	7,235	7,304	1.2
지식정보	23,025	24,118	25,091	26,283	27,300	28,304	29,339	30,282	31,255	31,927	3.2
산술합계	101,357	104,033	105,479	107,361	109,968	112,897	115,806	118,920	121,871	124,773	2.6
합계4)	83,301	85,592	87,365	89,416	92,291	95,209	98,118	101,070	103,925	106,575	2.9

출처 : PwC(2014), ICv2(2013, 2014), Barnes report(2013, 2014), SNE(2013), Box Office Mojo(2014), Digital Vector(2013), EPM(2013, 2014)

[그림 2-2] 영국 콘텐츠별 시장점유율, 2009 vs. 2013 vs. 2018

출처 : PwC(2014), ICv2(2013, 2014), Barnes report(2013, 2014), SNE(2013), Box Office Mojo(2014), Digital Vector(2013), EPM(2013, 2014)

영국의 지식정보시장은 2013년 29.6%로 가장 높은 시장점유율을 보였는데 인터넷 환경과 스마트기기의 발달로 2018년에는 해당 시장의 규모가 30.0%에 이를 것으로 전망된다. 광고시장 역시

---

4) 중복 시장을 제외한 시장 규모임
 - 출판의 신문/잡지 광고, 게임의 게임 광고, 영화의 극장광고, 방송의TV /라디오 광고, 지식정보의 디렉토리 광고는 광고시장에 포함
 - 만화, 지식정보의 전문서적/산업잡지는 출판시장에 포함
 - 애니메이션은 영화시장에 포함

지식정보산업의 발달로 공항, 항만, 정류장 등에 디지털 옥외 광고 플랫폼이 빠르게 도입될 것으로 나타나 2018년까지 26.5%의 시장점유율을 보일 전망이다.

앞서 밝힌 바와 같이 출판시장은 전자책 리더의 보급률과 스마트폰과 같은 대체 기기의 등장, 저렴한 전자도서의 온라인 유통으로 인하여 2018년에는 15.1%의 시장점유율로 감소할 전망이다. 방송, 영화, 음악시장은 2009년 이래로 지속적으로 성장해 왔지만, 지식정보시장과 광고시장의 성장률에 비하여 상대적으로 낮은 진전을 보여 2018년까지 동일한 수준의 점유율을 가질 것으로 보인다.

[그림 2-3] 영국 콘텐츠별 연평균성장률 추정 2013-2018

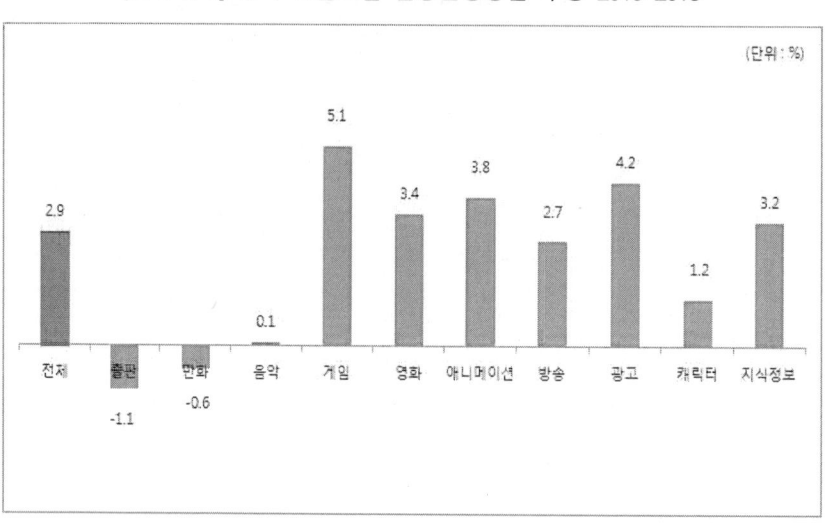

출처 : PwC(2014), ICv2(2013, 2014), Barnes report(2013, 2014), SNE(2013), Box Office Mojo(2014), Digital Vector(2013), EPM(2013, 2014)

향후 5년간 영국의 콘텐츠시장은 게임, 애니메이션, 광고, 지식정보시장의 성장에 힘입어 2.9%의 성장률을 보일 것으로 전망된다. 3D 그래픽산업이 상당 부분 발달해 있고 프로그래머들이 많은 영국은 게임시장이 5.1%의 성장률을 기록할 전망이며, 뒤이어 애니메이션시장이 3.8%, 광고시장이 4.2%, 지식정보시장이 3.2% 성장할 것으로 전망된다. 반면 출판시장과 만화시장은 디지털로 이행하는 출판 환경으로 인하여 마이너스 성장을 보일 전망이다.

2) 산업별 콘텐츠시장 규모 및 전망

(1) 출판

영국의 출판시장은 유럽에서 세 번째로 큰 시장 규모를 보이고 있는데 디지털 출판물의 증가로 인한 인쇄 출판시장의 축소로 전년대비 2.3% 하락한 170억 3,200만 달러로 집계되었다. 영국의 도서 출판시장은 디지털 도서시장으로 이행 중이다. 영국인들의 전자책에 대한 선호도가 높은 편인데다 '스마트 교육'과 같은 정부의 관심과 투자가 확대되고 있어 조만간 디지털 출판시장이 인쇄 출판시장을 앞지를 것으로 전망된다. 그러나 디지털 출판물의 수익이 인쇄 출판물의 수익감소분을 완전히 상쇄되는 시점까지는 전반적인 시장 규모가 축소될 것으로 나타나 향후 5년간 1.1%의 하락세를 보이며 2018년에는 161억 3,000만 달러의 출판시장으로 위축될 것으로 전망된다.

[표 2-2] 영국 출판시장 규모 및 전망, 2009-2018

[단위 : 백만 달러, %]

구분		2009	2010	2011	2012	2013p	2014	2015	2016	2017	2018	2013-18 CAGR
도서		5,003	4,972	4,923	5,036	5,061	5,142	5,228	5,296	5,329	5,326	1.0
	인쇄5)	4,773	4,665	4,468	4,320	4,155	3,981	3,797	3,599	3,381	3,150	△5.4
	디지털	5,003	4,972	4,923	5,036	5,061	5,142	5,228	5,296	5,329	5,326	1.0
신문		7,995	7,674	7,259	7,029	6,718	6,530	6,375	6,295	6,243	6,189	△1.6
	광고	3,489	3,529	3,268	3,201	2,943	2,814	2,710	2,640	2,591	2,569	△2.7
	지면	3,246	3,238	2,968	2,859	2,596	2,452	2,330	2,237	2,161	2,106	△4.1
	디지털	243	291	300	341	347	362	380	403	430	462	5.9
	구독	4,506	4,145	3,991	3,828	3,775	3,716	3,665	3,655	3,652	3,620	△0.8
	지면	4,506	4,121	3,911	3,608	3,361	3,163	3,004	2,876	2,771	2,682	△4.4
	디지털	0	25	80	219	414	553	661	778	881	938	17.8
잡지		5,757	5,822	5,516	5,374	5,253	5,145	5,042	4,924	4,787	4,615	△2.6
	광고	2,671	2,631	2,538	2,511	2,455	2,394	2,337	2,272	2,209	2,137	△2.7
	지면	2,524	2,400	2,201	2,057	1,954	1,844	1,736	1,621	1,507	1,388	△6.6
	디지털	147	231	337	454	501	550	601	651	702	749	8.4
	구독	3,086	3,191	2,978	2,863	2,798	2,751	2,705	2,652	2,578	2,478	△2.4
	지면	3,085	3,169	2,950	2,770	2,627	2,487	2,352	2,215	2,067	1,912	△6.2
	디지털	1	22	28	93	171	264	353	437	511	566	27.0
합계		18,755	18,468	17,698	17,439	17,032	16,817	16,645	16,515	16,359	16,130	△1.1

출처 : PwC(2014)

---

5) 오디오북 포함

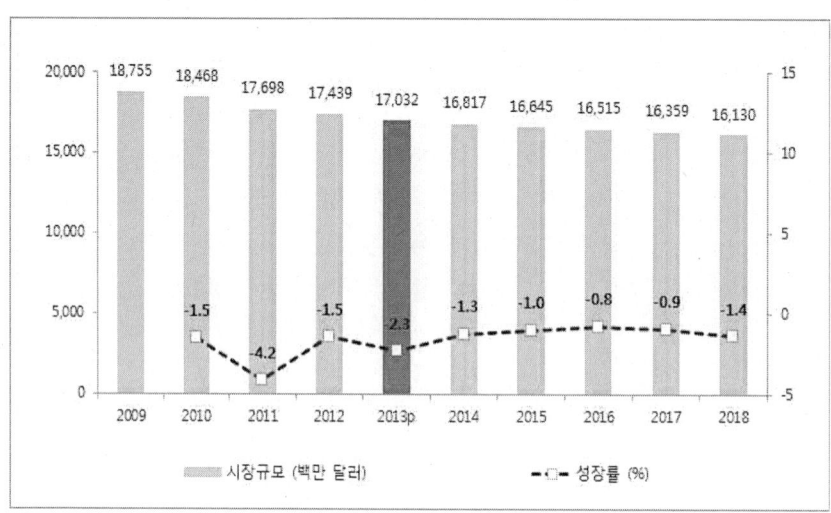

[그림 2-4] 영국 출판시장 규모 및 성장률, 2009-2018

출처 : PwC(2014)

영국의 출판시장은 인근 유럽국가에 비해 하락률이 상대적으로 낮은 모습을 보이고 있다. 달리 말하면 2013년 29.7%의 시장점유율을 보이는 도서 출판시장이 인쇄 출판과 디지털 출판이 균형을 이루고 있음을 의미한다.

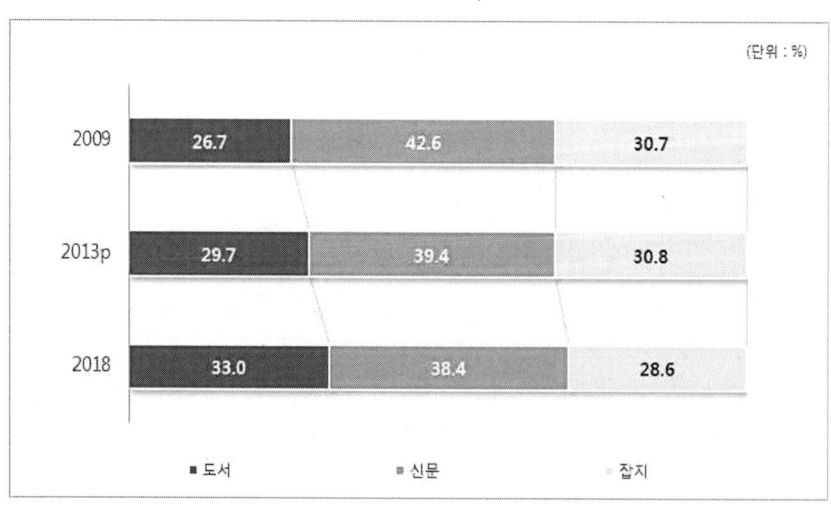

[그림 2-5] 영국 출판시장 비중 비교, 2009 vs. 2013 vs. 2018

출처 : PwC(2014)

때문에 2018년까지 디지털 출판물의 시장 규모가 크게 증가하여 전체 도서시장은 33.0%의 규모를 형성할 것으로 전망된다. 반면 신문시장은 2009년 42.6%의 비중을 보일 정도로 높았으나 구글(Google)과 야후(Yahoo)의 기사 재인용 서비스 증가와 인쇄 신문의 선호도 하락으로 2018년까지 38.4%로 감소할 전망이다. 2013년 30.8%의 시장점유율을 보이던 잡지시장은 스마트폰과 태블릿을 비롯한 인터넷 접속 저변 확대로 인쇄 잡지의 수요가 감소하면서 2018년에는 2.2%p 감소한 28.6%의 시장점유율을 보일 것으로 예상된다. 비록 잡지사들이 앱을 이용한 무료콘텐츠 공급과 부분 유료 기사 방식으로 소비자들에게 접근하고 있지만 아직까지는 인쇄 잡지의 매출 감소를 대체하기에 역부족인 것으로 보인다.

가. 도서

교육용 도서와 아동 도서 출판량이 대단히 큰 영국의 도서 출판시장은 전 세계에서 다섯 번째로 큰 도서 출판시장을 형성하고 있다. 2013년 총 도서시장 규모는 전년대비 0.5% 증가한 50억 6,100만 달러로 집계되었다.

인쇄 도서시장의 규모는 2011년까지 감소세를 보였으나 디지털 도서시장의 성장이 빠르게 증가하면서 2018년까지 5년간 연평균 1.0%의 성장을 보이며 53억 2,600만 달러의 규모를 보일 것으로 전망된다.

영국의 디지털 도서 인기는 교육용 도서시장에서도 나타나고 있는데, '스마트교육'에 대한 관심과 투자 확대로 교육용 디지털 도서시장 규모는 2018년까지 연평균 15.9%의 성장률을 보일 것으로 예상된다. 이로 인해 인쇄 도서시장의 하락에도 불구하고 영국의 전체 교육 도서시장은 2018년까지 연평균 2.2%의 연평균 성장률을 기록하며 15억 5,000만 달러 규모까지 성장할 전망이다.

반면, 전문 서적시장은 2013년 8억 6,000만 달러 규모를 형성하였으나 2018년까지 연평균 0.8% 감소하면서 8억 2,500만 달러로 축소될 것으로 전망된다. 그러나 일반도서와 마찬가지로 전문 서적 역시 디지털 매출은 연평균 13.7%의 높은 성장률을 보일 것으로 예측된다.

[표 2-3] 영국 도서시장 규모 및 전망, 2009-2018

[단위 : 백만 달러, %]

구분	2009	2010	2011	2012	2013p	2014	2015	2016	2017	2018	2013-18 CAGR
인쇄	4,773	4,665	4,468	4,320	4,155	3,981	3,797	3,599	3,381	3,150	△5.4
전문	911	854	799	745	693	647	606	569	536	507	△6.1
일반	2,644	2,589	2,464	2,334	2,224	2,089	1,942	1,781	1,602	1,409	△8.7
교육	1,218	1,222	1,205	1,241	1,238	1,245	1,249	1,249	1,243	1,234	△0.1
디지털	230	307	455	716	906	1161	1431	1697	1948	2176	19.2

[단위 : 백만 달러, %]

구분	2009	2010	2011	2012	2013p	2014	2015	2016	2017	2018	2013-18 CAGR
전문	58	74	99	132	167	202	237	268	295	318	13.7
일반	141	189	286	476	588	762	953	1,153	1,352	1,542	21.3
교육	31	44	70	108	151	197	241	276	301	316	15.9
합계	5,003	4,972	4,923	5,036	5,061	5,142	5,228	5,296	5,329	5,326	1.0

출처 : PwC(2014)

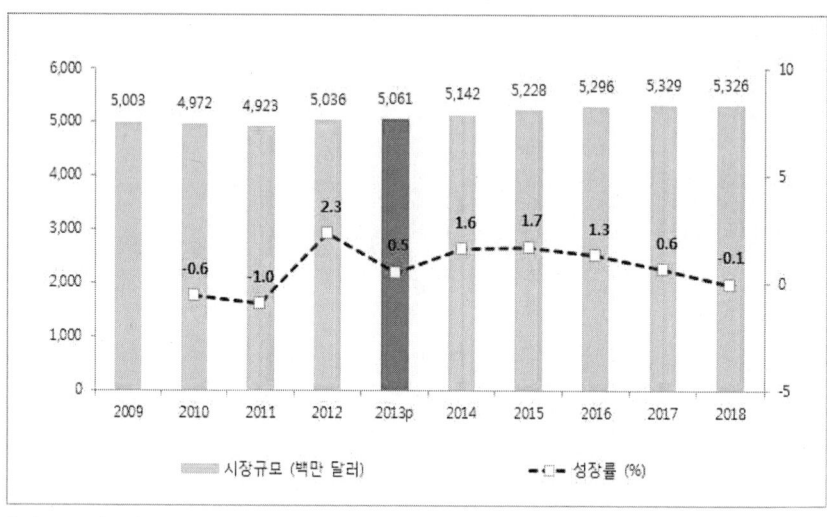

[그림 2-6] 영국 도서시장 규모 및 성장률, 2009-2018

출처 : PwC(2014)

    2009년 전체 도서시장에서 95.4%의 비중을 보이던 인쇄 도서시장은 2013년 82.1%로 감소하였다. 이후 영국의 인쇄 도서 출판시장은 디지털 도서의 시장 규모가 크게 증가하면서 2018년경 59.1%까지 축소될 것으로 전망된다.

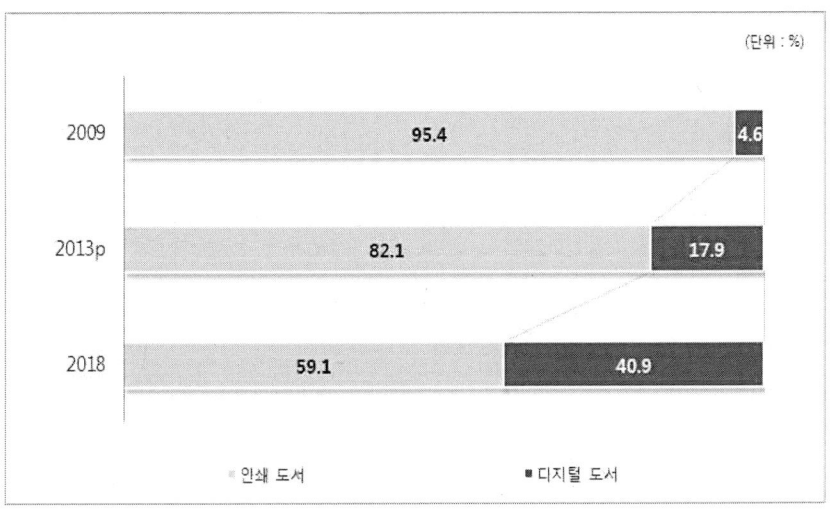

[그림 2-7] 영국 도서시장별 비중 비교, 2009 vs. 2013 vs. 2018

출처 : PwC(2014)

나. 신문

경기 악화 및 디지털 기조의 확산에 따른 인쇄 신문 독자 수 감소로 영국의 신문 출판 수익구조는 상당한 위기에 직면해 있다. 2013년 영국의 신문시장은 전년대비 4.4% 감소한 67억 1,800만 달러에 머물렀다. 영국의 신문사들은 유럽의 타 국가들과 마찬가지로 디지털콘텐츠 혁신과 글로벌 독자 확보, 글로벌 수익모델 개발 등을 통해 인쇄 매출의 감소를 만회하고자 하고 있으나 신문시장의 하락세는 당분간 지속될 전망이다. 영국의 신문시장은 하락세가 다소 둔화되지만 2018년까지 연평균 1.6% 감소한 61억 8,900만 달러의 규모로 축소될 것으로 전망된다.

반면 스마트폰과 태블릿 이용률의 상승과 더불어 신문시장의 디지털화가 가속도를 내고 있는데, 2013년 일 평균 디지털 신문 발행 부수가 69.1% 성장한데 이어 매출 역시 88.7%의 성장세를 기록했다. 디지털 신문은 전체 신문 매출의 감소세를 저지하는 역할을 하고 있지만 전체 일 평균 발행 부수에서 차지하는 비중은 4.2%이며 전체 신문 발행 매출에서 차지하는 비중은 11%에 불과하다.

[표 2-4] 영국 신문시장 규모 및 전망, 2009-2018

[단위 : 백만 달러, %]

구분	2009	2010	2011	2012	2013p	2014	2015	2016	2017	2018	2013-18 CAGR
광고	3,489	3,529	3,268	3,201	2,943	2,814	2,710	2,640	2,591	2,569	△2.7
지면	3,246	3,238	2,968	2,859	2,596	2,452	2,330	2,237	2,161	2,106	△4.1
디지털	243	291	300	341	347	362	380	403	430	462	5.9
구독	4,506	4,145	3,991	3,828	3,775	3,716	3,665	3,655	3,652	3,620	△0.8
지면	4,506	4,121	3,911	3,608	3,361	3,163	3,004	2,876	2,771	2,682	△4.4
디지털	0	25	80	219	414	553	661	778	881	938	17.8
합계	7,995	7,674	7,259	7,029	6,718	6,530	6,375	6,295	6,243	6,189	△1.6

출처 : PwC(2014)

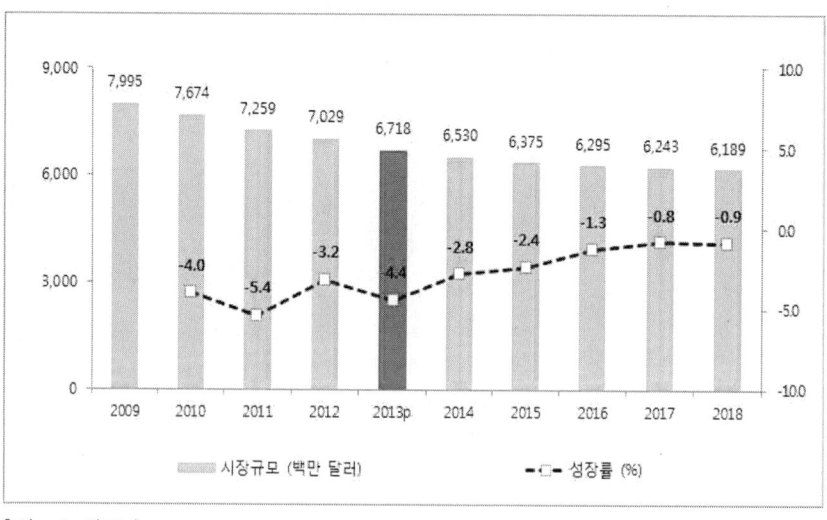

[그림 2-8] 영국 신문시장 규모 및 성장률, 2009-2018

출처 : PwC(2014)

향후 디지털 신문시장은 2018년까지 연평균 17.8%의 높은 성장률을 보일 것으로 전망되고 있으나 여전히 전체 신문시장에서 차지하는 비중은 30%에 미치지 못할 것으로 예측되면서 신문시장의 위축은 당분간 지속될 것으로 보인다.

2009년 영국 신문시장에서 약 43.6%의 점유율을 보이던 광고시장은 2018년 41.5%로 다소 감소될 전망이다. 이는 인쇄 광고시장이 축소될 것으로 보이기 때문인데, 향후 신문시장에 유료콘텐츠와 가입형 크로스 플랫폼(cross-flatform)이 도입되면서 광고보다는 유료 독자에게 의존하는 형태로 변화될 것으로 보여 광고시장의 축소가 가시화될 것으로 전망된다.

한편, 구독시장은 2009년 56.4%의 점유율에서 점차 비중이 늘어나 2018년에는 58.5%의 점유율을 보일 것으로 전망된다.

[그림 2-9] 영국 신문시장별 비중 비교, 2009 vs. 2013 vs. 2018

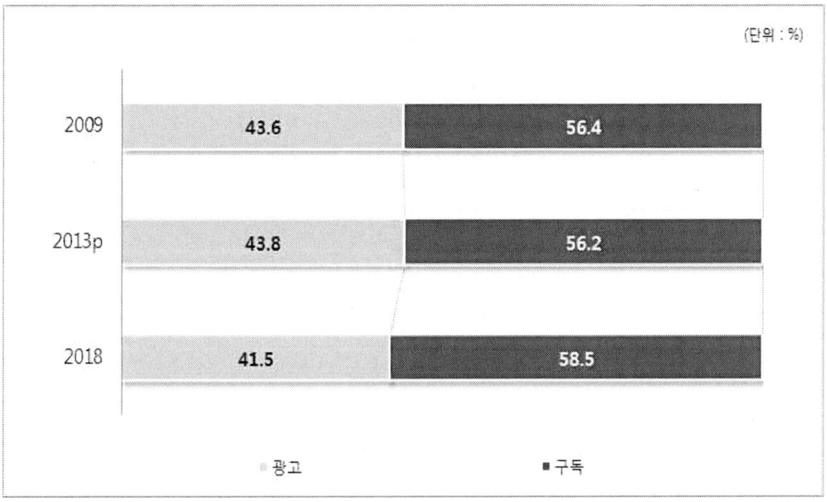

(단위 : %)

연도	광고	구독
2009	43.6	56.4
2013p	43.8	56.2
2018	41.5	58.5

출처 : PwC(2014)

다. 잡지

영국의 총 잡지 매출은 2013년 52억 5,300만 달러로 전년대비 2.3% 감소한 것으로 나타났다. 이는 잡지 매출의 대부분을 차지하고 있는 인쇄 잡지 발행 부수의 감소에 따른 인쇄 잡지 매출 감소에서 비롯되었다. 이러한 경향은 향후 지속되어 2018년까지 5년간 연평균 2.6%의 감소세를 보이며 46억 1,500만 달러로 잡지시장 규모가 축소될 것으로 보인다.

[표 2-5] 영국 잡지시장 규모 및 전망, 2009-2018

[단위 : 백만 달러, %]

구분	2009	2010	2011	2012	2013p	2014	2015	2016	2017	2018	2013-18 CAGR
광고	2,671	2,631	2,538	2,511	2,455	2,394	2,337	2,272	2,209	2,137	△2.7
지면	2,524	2,400	2,201	2,057	1,954	1,844	1,736	1,621	1,507	1,388	△6.6
디지털	147	231	337	454	501	550	601	651	702	749	8.4
구독	3,086	3,191	2,978	2,863	2,798	2,751	2,705	2,652	2,578	2,478	△2.4
지면	3,085	3,169	2,950	2,770	2,627	2,487	2,352	2,215	2,067	1,912	△6.2
디지털	1	22	28	93	171	264	353	437	511	566	27.0
합계	5,757	5,822	5,516	5,374	5,253	5,145	5,042	4,924	4,787	4,615	△2.6

출처 : PwC(2014)

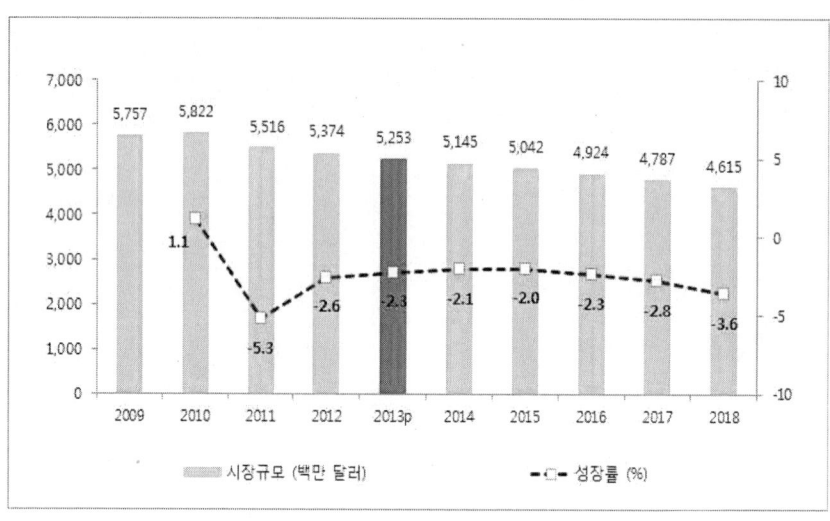

[그림 2-10] 영국 잡지시장 규모 및 성장률, 2009-2018

출처 : PwC(2014)

2009년 전체 잡지시장의 97.4%의 점유율을 보였던 인쇄 잡지시장은 2013년 87.2%로 축소된 반면, 디지털 잡지시장은 높은 성장률을 기록하며 2009년 2.6%에서 2013년 12.8%의 비중을 보이며 확장되고 있는 추세이다. 이러한 경향은 향후 지속되어 디지털 잡지시장은 2018년 전체 잡지시장의 28.5%까지 확대될 것으로 전망된다.

그러나 디지털 플랫폼에 적합한 비즈니스모델을 발견하지 못할 경우 전망은 그리 밝지 않다. 무료콘텐츠의 이용과 업로드가 자유로워지면서 잡지사들의 웹사이트 경쟁이 치열해지고 있으며 인쇄 잡지와 디지털 잡지에 대한 가격 불평등6)은 일부 광고주가 디지털 잡지 광고를 꺼리게 하는 요인으로 작용하고 있다.

[그림 2-11] 영국 잡지시장 매체별 비중 비교, 2009 vs. 2013 vs. 2018

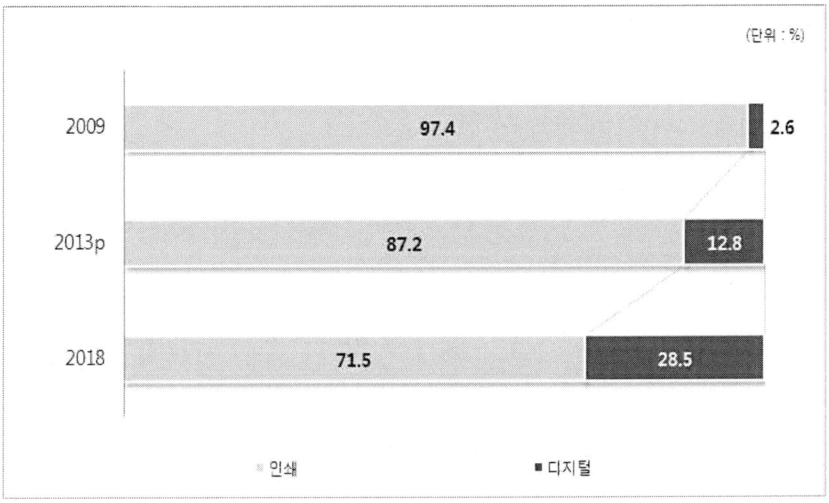

(단위 : %)

연도	인쇄	디지털
2009	97.4	2.6
2013p	87.2	12.8
2018	71.5	28.5

출처 : PwC(2014)

(2) 만화

2013년 영국의 만화시장은 4억 4,300만 달러로 전년대비 1.1% 감소한 것으로 나타났다. 그간 영국의 만화는 동일 언어권 국가인 미국과 달리 종이 만화책에 대한 수요가 그다지 높지 않았는데, 영국의 대형 출판사들이 그래픽 노블(Graphic Novel)의 인쇄를 늘리고 있고 영국정부 주도의 만화 관련 전시회와 대학들의 만화 학술대회가 개최되면서 만화산업이 활기를 얻고 있다. 그러나 디지털로의 이행으로 인하여 다수의 만화들이 처음부터 인쇄가 아닌 디지털 방식을 채택하고 있어 디지털 만화의 성장세가 높아질 것으로 예상된다. 향후 디지털 만화시장은 높은 성장세를 보일 것으로 예측되나 인쇄 만화시장의 감소가 계속되면서 2018년까지 연평균 0.6%의 감소세를 보이며 4억 3,000만 달러의 시장으로 위축될 전망이다.

---

6) 영국은 인쇄 잡지와 디지털 잡지에 대해 각각 0%와 20%의 VAT를 부과하고 있으며, 이는 EU 국가들에게서 공통적으로 나타나는 문제점이기도 함

[표 2-6] 영국 만화시장 규모 및 전망, 2009-2018

[단위 : 백만 달러, %]

구분	2009	2010	2011	2012	2013p	2014	2015	2016	2017	2018	2013-18 CAGR
인쇄 만화	395	417	428	418	406	396	387	378	369	359	△2.4
디지털	10	15	23	30	37	45	52	58	65	71	13.5
합계	405	433	451	448	443	441	438	436	433	430	△0.6

출처 : ICv2(2014), Barnes(2014), PwC(2014), SNE(2013)

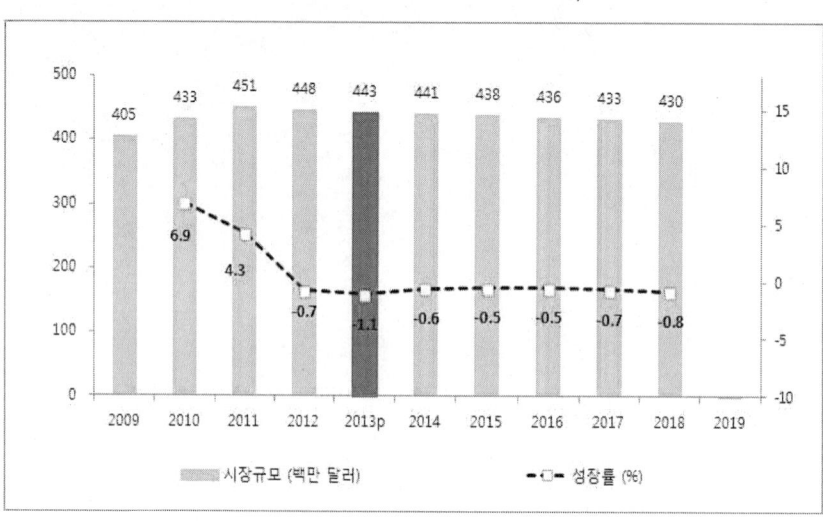

[그림 2-12] 영국 만화시장 규모 및 성장률, 2009-2018

출처 : ICv2(2014), Barnes(2014), PwC(2014), SNE(2013)

2013년 영국의 만화점유율은 인쇄 만화가 97.5%로 가장 높은 비중을 차지하고 있다. 향후 디지털 만화 유통업체들의 새로운 서비스 출시가 예상되면서 디지털 만화에 대한 소비가 더욱 빠르게 증가하여 2018년에는 영국 전체 만화시장의 83.5%를 점유할 것으로 전망된다.

[그림 2-13] 영국 만화시장 매체별 비중 비교, 2009 vs. 2013 vs. 2018

출처 : ICv2(2014), Barnes(2014), PwC(2014), SNE(2013)

가. 인쇄 만화

2013년 영국 인쇄 만화시장은 전년대비 2.9% 하락한 4억 600만 달러를 기록했다. 영국은 런던 도서전(London Book Fair)을 다양한 지역에서 진행함으로써 런던 외에서도 만화에 대한 관심을 가지도록 유도하고 있다.

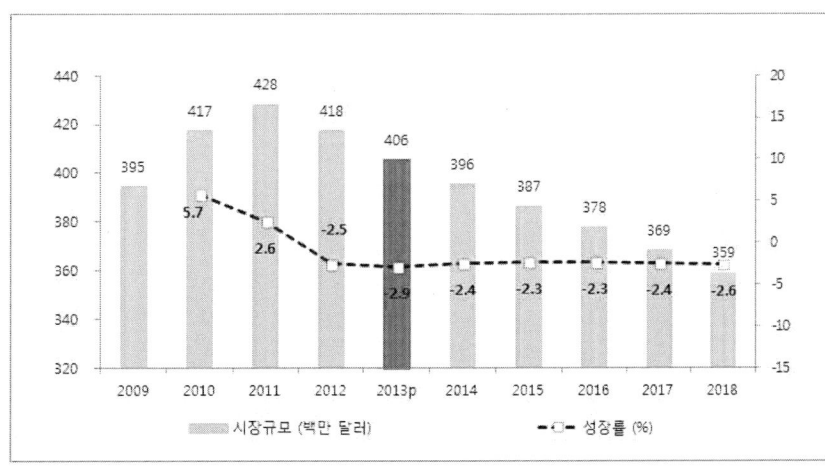

[그림 2-14] 영국 인쇄 만화시장 규모 및 성장률, 2009-2018

출처 : ICv2(2014), Barnes(2014), PwC(2014), SNE(2013)

게다가 만화가 인재 양성을 위해 'Graphic Short Story Competition', 'Manga Jiman Competition'도 개최하고 있으며 영국 왕립예술대학교(Royal College of Art)에서도 만화콘텐츠의 다양성을 알리고자 강의를 하고 있다.

이러한 노력은 다양한 만화를 생산하는 원동력이 되고 있지만 인터넷 월드와이드웹(World Wide Web)의 개발 국가답게 다수의 만화들이 디지털 유통 플랫폼으로 빠르게 이전되고 있다. 이에 따라 가격 경쟁력과 소비자로의 접근성 모두를 잃은 인쇄 만화시장은 2018년까지 2.4%의 하락세를 보이며 3억 5,900만 달러로 감소할 것으로 전망된다.

나. 디지털 만화

2013년 디지털 만화시장은 전년대비 23.7%의 높은 성장률을 나타내며 3,700만 달러를 기록하였다. 영국 디지털 만화의 성장은 2009년 본격적으로 보급되기 시작한 스마트폰과 2010년 태블릿의 등장으로 급격한 성장세를 보였다. 영국의 'Comicology.co.uk'는 영국에 출간되는 다양한 만화를 소개하며 판매도 하고 있고 무료 만화도 공개 중이어서 인기가 높은 편인데, 이러한 웹 형태의 디지털 만화 웹사이트가 한 동안 인기가 많을 것으로 보인다. 기존의 만화들이 디지털로 전환되고 있을 뿐만 아니라 새로운 만화도 전자책 형식으로 출간되면서 영국의 디지털 만화시장은 2018년까지 13.5%의 성장세를 보이며 7,100만 달러에 이를 것으로 전망된다.

[그림 2-15] 영국 디지털 만화시장 규모 및 성장률, 2009-2018

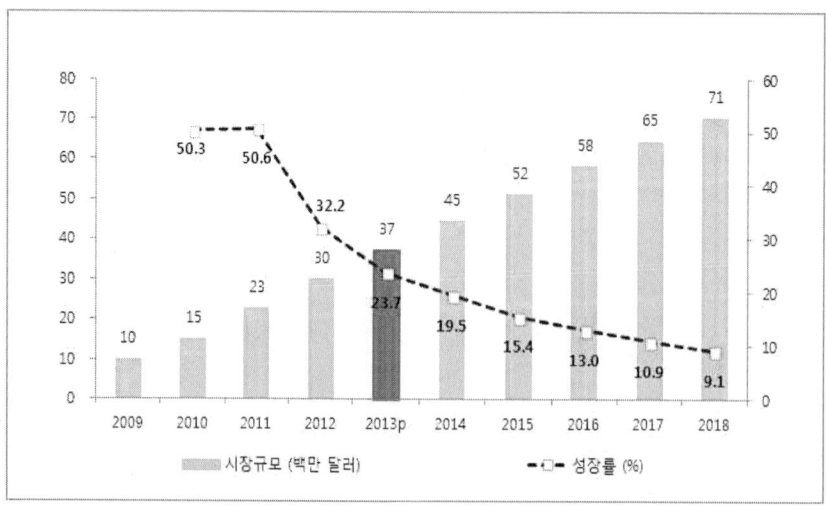

출처 : ICv2(2014), Barnes(2014), PwC(2014), SNE(2013)

(3) 음악

영국 음악시장은 2009년 이후 지속적으로 감소하다가 2013년 전년대비 1.0% 증가한 41억 1,000만 달러의 규모를 보이며 다소 회복되었다. 오프라인 음반시장의 급격한 매출 감소에도 불구하고 디지털 음원시장의 성장에 힘입어 전체적인 음반시장은 회복세로 돌아서 안정적으로 유지될 것으로 보이며, 공연 음악시장 또한 경기회복으로 소비시장이 살아나면서 안정세를 유지할 것으로 전망된다. 향후 5년간 음악시장은 연평균 0.1%의 성장률을 나타내며 2018년에는 41억 3,900만 달러의 규모를 보일 것으로 전망된다.

[표 2-7] 영국 음악시장 규모 및 전망, 2009-2018

[단위 : 백만 달러, %]

구분	2009	2010	2011	2012	2013p	2014	2015	2016	2017	2018	2013-18 CAGR
음반	2,203	2,044	1,970	1,756	1,763	1,766	1,769	1,771	1,770	1,766	0.0
오프라인 음반	1,707	1,447	1,245	926	828	748	687	638	596	560	△7.5
디지털 음원	496	597	726	831	935	1,018	1,082	1,133	1,174	1,207	5.2
공연 음악	2,472	2,322	2,355	2,314	2,346	2,355	2,362	2,367	2,370	2,373	0.2
합계	4,675	4,365	4,325	4,070	4,110	4,121	4,131	4,137	4,140	4,139	0.1

출처 : PwC(2014)

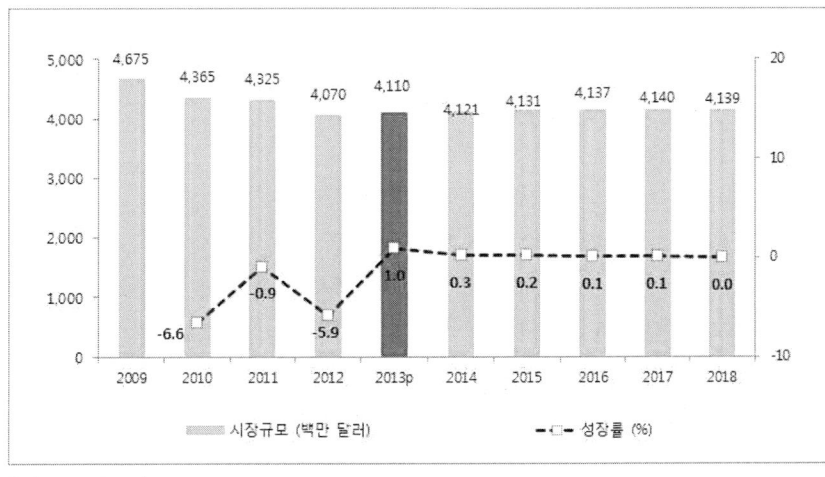

[그림 2-16] 영국 음악시장 규모 및 성장률, 2009 - 2018

출처 : PwC(2014)

영국 음악시장의 절반 이상을 차지하고 있는 공연 음악시장은 음반시장의 감소와 2012년 런던 올림픽으로 취소 및 연기되었던 페스티벌이 2013년 다시 열리면서 2009년 대비 4.2%p 증가한 57.1%의 점유율을 보이며 영국 음악시장을 이끌었다. 특히 2009년 전체 시장의 36.5%를 차지하고 있었던 오프라인 음반시장은 지속적으로 감소하면서 2013년에는 20.1%의 비중을 보였으며, 이러한 경향은 계속되어 2018년에는 13.5%의 시장점유율을 보이며 음악시장에서의 영향력이 매우 줄어들 것으로 전망된다. 이에 반해 2009년 10.6%에 불과하던 디지털 음원시장은 이후 급격하게 증가하여 2013년 2배 이상 증가된 22.7%의 시장점유율을 보였으며, 향후 디지털 스트리밍 서비스 수요가 늘어날 것으로 예측되면서 2018년에는 전체 음악시장의 약 30%의 점유율을 보일 것으로 예상된다.

[그림 2-17] 영국 음악시장 분야별 비중 비교, 2009 vs. 2013 vs. 2018

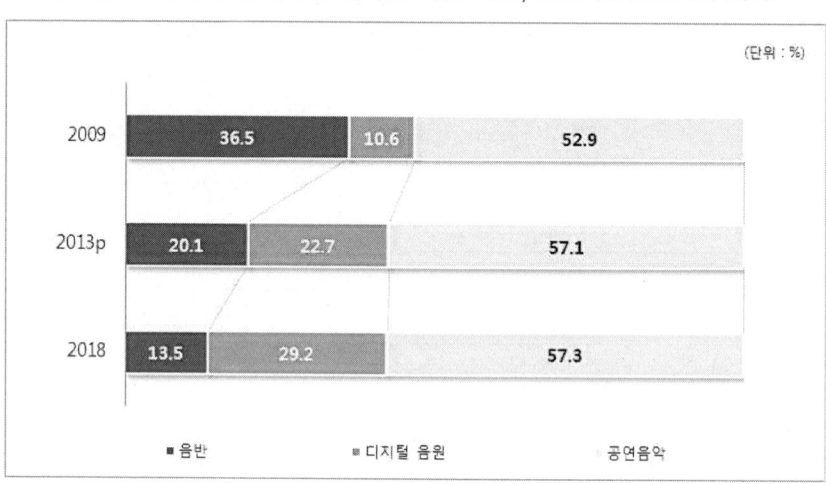

출처 : PwC(2014)

가. 오프라인 음반

스트리밍 서비스의 이용 증가로 타격을 받은 영국 오프라인 음반시장은 2009년 17억 700만 달러에서 급격하게 하락하여 2013년에는 2009년의 절반에도 못 미치는 8억 2,800만 달러에 불과하였다. 특히 영국 오프라인 음반시장의 감소는 영국과 아일랜드에서 최대 규모를 자랑하던 엔터테인먼트 체인점인 HMV의 파산을 불러왔다. HMV는 힐코(Hilco)에게 인수되어 전국적으로 여러 매장이 폐쇄되었으며 이로 인해 많은 소매점들은 계속해서 어려움을 겪고 있다. 영국의 오프라인 음반시장은 2018년까지 연평균 7.5%의 감소를 보이며 5억 6,000만 달러 규모까지 줄어들 것으로 예상된다.

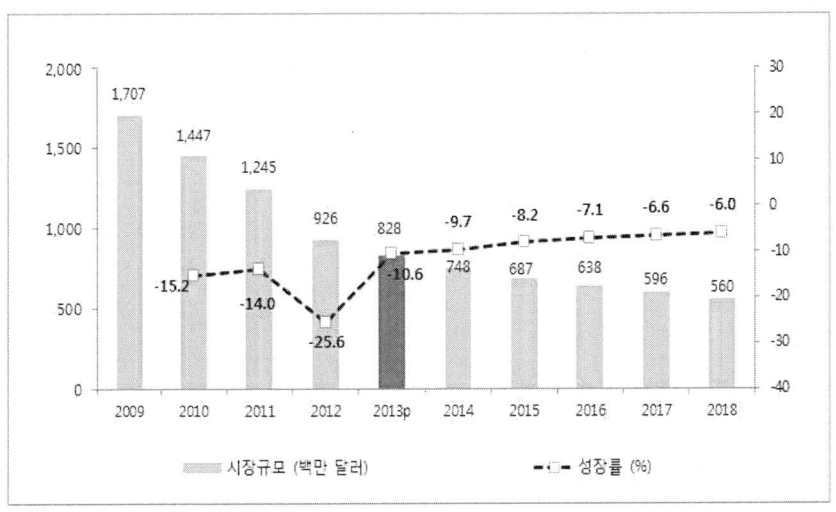

[그림 2-18] 영국 오프라인 음반시장 규모 및 성장률, 2009 - 2018

출처 : PwC(2014)

나. 디지털 음원

2009년 4억 9,600만 달러에 불과하던 영국의 디지털 음원시장은 급격하게 성장하면서 2013년 2배에 달하는 9억 3,500만 달러를 기록하였다. 아이튠즈(iTunes), 스포티파이(Spotify), 디저(Deezer)등 많은 스트리밍 음원사이트가 무료로 음원을 일부 또는 전체를 공개하면서 디지털 음원의 소비가 늘어났고 스마트폰과 MP3를 이용해 편리하게 청취할 수 있다는 점을 무기로 디지털 음원시장은 빠른 성장세를 보이고 있다. 향후 다운로드시장의 안정적인 성장과 스트리밍 서비스에 대한 수요 증가로 영국의 디지털 음원시장은 2018년까지 연평균 5.2%의 성장을 보이며 12억 700만 달러에 이를 것으로 전망된다.

2013년 구독 기반형(subscription-based)과 광고지원형(advertising- supported) 디지털 음원 스트리밍시장은 1억 7,000만 달러로 전년대비 30%나 증가하였다. 이는 영국 음악시장에서 스포티파이(Spotify), 디저(Deezer), 알디오(Rdio), 엑스박스 뮤직(Xbox Music) 등의 서비스에 대한 수요가 높아졌기 때문으로 보인다. 월 9.99달러로 무제한 음악을 청취할 수 있는 구글플레이 뮤직 액세스(Google Play Music Access)도 영국시장에 진입하였는데, 이러한 디지털 음원시장은 향후 5년간 연평균 8.0%의 성장률을 기록하며 2018년 1억 7,400만 달러에 이를 것으로 예상된다.

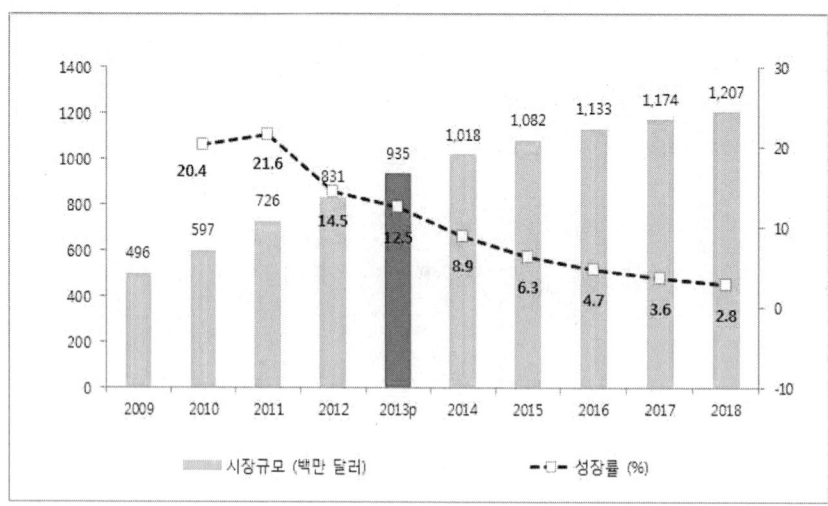

[그림 2-19] 영국 디지털 음원시장 규모 및 성장률, 2009 - 2018

출처 : PwC(2014)

특히 스포티파이는 버진 미디어 및 보다폰(Vodafone)과의 제휴를 통해 자사의 스트리밍 서비스 제공을 시작하였으며, 통신사업자인 BT 또한 유니버설 뮤직과 제휴를 통해 자사의 고객들에게 유니버설 앨범 스트리밍 서비스를 제공하기로 하는 등 치열한 경쟁이 예측되면서 스트리밍시장의 전반적인 성장폭은 점차 완화될 것으로 전망된다.

[표 2-8] 영국 디지털 음원시장 규모 및 전망, 2009-2018

[단위 : 백만 달러, %]

구분	2009	2010	2011	2012	2013p	2014	2015	2016	2017	2018	2013-18 CAGR
다운로드	430	517	624	706	797	864	917	961	998	1,029	5.2
스트리밍	23	33	59	90	117	139	154	164	170	174	8.0
모바일	43	47	43	34	22	15	10	7	5	4	△29.2
합계	496	597	726	831	935	1,018	1,082	1,133	1,174	1,207	5.2

출처 : PwC(2014)

다. 공연 음악

영국 음악시장의 절반 이상을 차지하고 있는 공연 음악시장은 2013년 전년대비 1.4% 증가한 23억 4,600만 달러를 기록하였다. 영국에는 1970년대부터 꾸준한 인기를 받아온 글래스톤베리

페스티벌과, 1961년부터 시작된 리즈 앤 레딩 페스티벌, 티 인더 파크 페스티벌을 통해 많은 공연이 이루어 졌고 더 나아가 연중 언제나 공연 음악을 즐길 수 있는 환경으로 발전하였다.

영국의 공연 음악시장은 안정적인 수익을 바탕으로 2018년까지 5년간 0.2%의 성장률을 보이며 23억 7,300만 달러의 규모에 이를 것으로 예상된다.

[표 2-9] 영국 공연 음악시장 규모 및 전망, 2009-2018

[단위 : 백만 달러, %]

구분	2009	2010	2011	2012	2013p	2014	2015	2016	2017	2018	2013-18 CAGR
후원	575	561	566	576	590	600	609	616	621	625	1.2
티켓판매	1,896	1,761	1,789	1,737	1,757	1,755	1,753	1,751	1,749	1,748	△0.1
합계	2,472	2,322	2,355	2,314	2,346	2,355	2,362	2,367	2,370	2,373	0.2

출처 : PwC(2014)

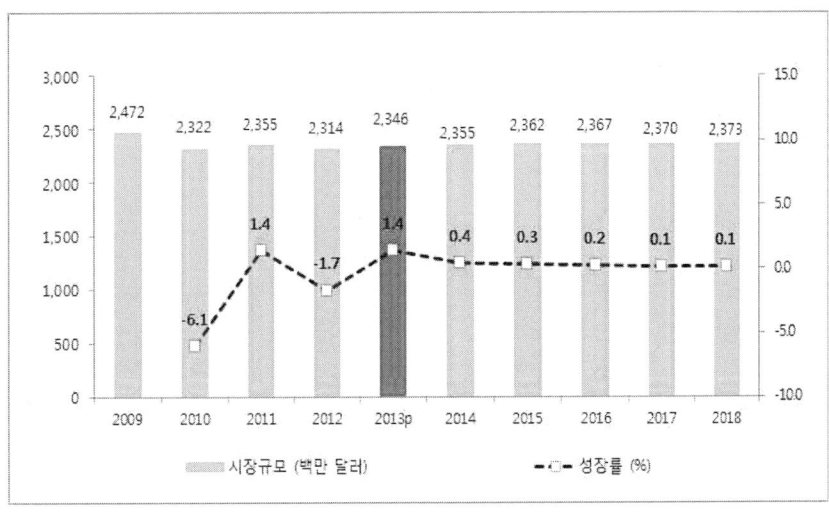

[그림 2-20] 영국 공연 음악시장 규모 및 성장률

출처 : PwC(2014)

(4) 게임

지속적인 침체기에 빠져있던 영국 게임시장은 2013년 말 소니의 플레이스테이션 4(PS4)와 마이크로소프트사의 엑스박스 원(Xbox One)의 론칭에 힘입어 성장세를 회복하면서 2013년 전년대비 6.3% 증가한 49억 6,700만 달러로 집계되었다. 향후 영국 게임시장은 정부의 세금감면 혜택과 콘솔 게임시장의 회복, 모바일과 온라인 게임에 대한 수요 증가가 지속되면서 2018년까지 향후 5년간 연평균 5.1% 성장한 63억 6,700만 달러에 달하는 게임시장이 형성될 것으로 전망된다.

[그림 2-21] 영국 게임시장 규모 및 성장률, 2009 - 2018

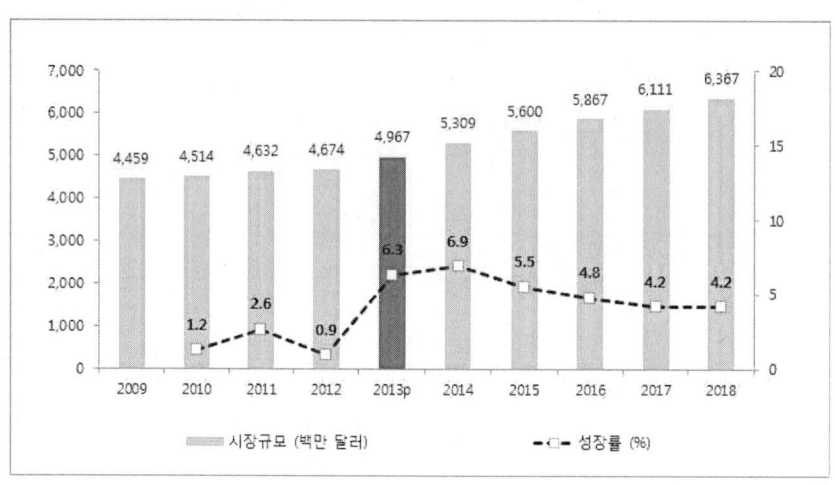

출처 : PwC(2014)

[표 2-10] 영국 게임시장 규모 및 전망, 2009-2018

[단위 : 백만 달러, %]

구분	2009	2010	2011	2012	2013p	2014	2015	2016	2017	2018	2013-18 CAGR
게임 광고	147	161	178	195	212	239	271	303	338	378	12.2
콘솔 게임	2,815	2,710	2,630	2,482	2,613	2,792	2,932	3,055	3,142	3,226	4.3
디지털	309	469	543	623	767	912	1,028	1,143	1,253	1,373	12.3
패키지	2,505	2,241	2,087	1,859	1,846	1,880	1,905	1,912	1,890	1,853	0.1
온라인 게임	540	610	689	769	843	910	969	1,015	1,063	1,112	5.7
PC 게임	343	335	349	353	351	350	342	334	329	327	△1.4
디지털	250	212	236	260	271	291	302	305	309	313	2.9
패키지	93	122	113	93	80	58	40	29	20	13	△30.1
모바일 게임	616	699	787	875	947	1,018	1,086	1,159	1,239	1,325	6.9
합계	4,459	4,514	4,632	4,674	4,967	5,309	5,600	5,867	6,111	6,367	5.1

출처 : PwC(2014)

[그림 2-22] 영국 게임시장 분야별 규모 및 성장추이, 2009 - 2018

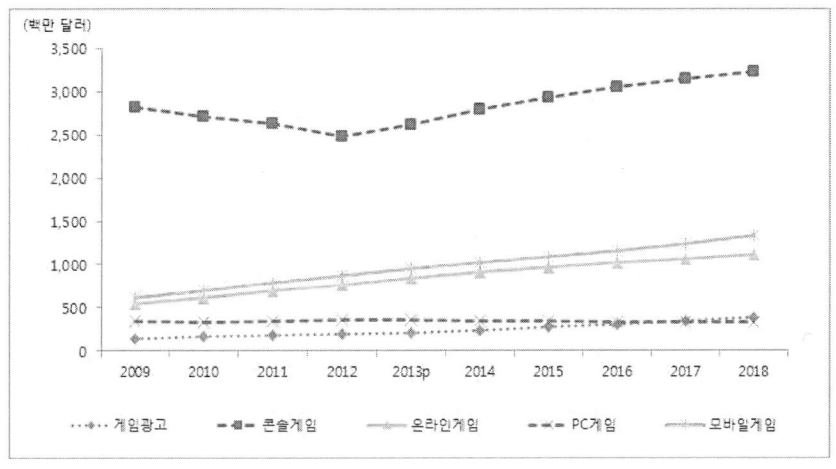

출처 : PwC(2014)

2009년 영국 전체 게임시장에서 63.1%의 점유율을 보인 콘솔 게임시장은 새로운 콘솔 게임기 등장으로 전년대비 시장 규모가 증가하였으나, 온라인과 모바일 게임이 빠르게 성장하면서 시장이 확대되어 2013년에는 10.5%p 감소한 52.6%의 점유율을 보였다. 이후 온라인과 모바일 게임의 지속적인 성장과 게임 광고시장의 활성화가 예측되면서 2018년 콘솔 게임시장의 점유율은 50.7%로 다소 축소될 전망이다.

[그림 2-23] 영국 게임시장 분야별 비중 비교, 2009 vs. 2013 vs. 2018

출처 : PwC(2014)

가. 콘솔 게임

2013년 영국 경제가 회복에 들어서고 콘솔 게임사들의 신규 콘솔 게임 등장에 힘입어 콘솔 게임시장은 성장세를 회복하여 전년대비 5.3% 증가한 26억 1,300만 달러를 기록하였다. 영국 회계법인 딜로이트(Deloitte)의 조사에 의하면 영국에서 콘솔 게임을 즐기는 사람들은 빠르게 증가하고 있고 관련 시장의 전망이 밝은 것으로 나타났다. 게다가 플레이스테이션 4(PlayStation 4), 엑스박스 원(Xbox One), 닌텐도 위(Nintendo Wii)의 구매율이 10%이상 증가했고, 신작 메탈기어 솔리드(Metal Gear Solid), 헤일로(Halo), 파이널 판타지(Final Fantasy) 등이 선보이면서 콘솔 게임을 즐기는 사람들이 오히려 증가했다고 보도되었다. 이처럼 콘솔 게임에 대한 선호도가 증가하면서 영국 콘솔 게임시장은 2018년까지 5년간 4.3%의 성장률을 바탕으로 32억 2,600만 달러의 시장 규모에 이를 전망이다.

[그림 2-24] 영국 콘솔 게임시장 규모 및 성장률, 2009 - 2018

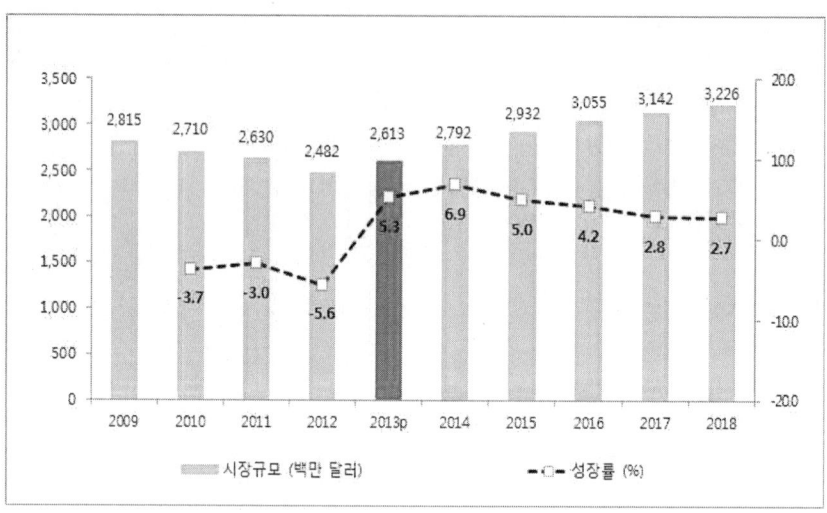

출처 : PwC(2014)

나. 온라인 게임

영국의 온라인 게임시장은 2013년 8억 4,300만 달러로 전년대비 9.6% 성장한 것으로 집계되었다. 영국도 MMO 온라인 게임이 많은 인기를 얻었고 소셜 네트워크와 연결된 캐주얼 온라인 게임에도 수요가 크게 늘어나고 있어 온라인 게임시장은 2018년까지 연평균 5.7%의 성장률을 보이며 11억 1,200만 달러에 달할 것으로 전망된다.

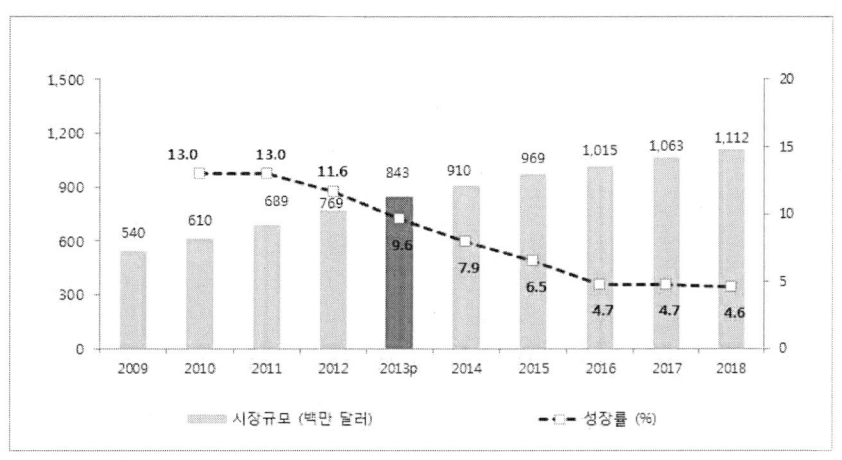

[그림 2-25] 영국 온라인 게임시장 규모 및 성장률, 2009 - 2018

출처 : PwC(2014)

다. PC 게임

영국 PC 게임시장을 보면, 여전히 게임시장을 주도하고 있는 콘솔 게임과 온라인·모바일 게임 성장, 거실형(living-room-friendly) 단말에 대한 선호 증가 등의 영향으로 PC 게임에 대한 소비가 감소했다.

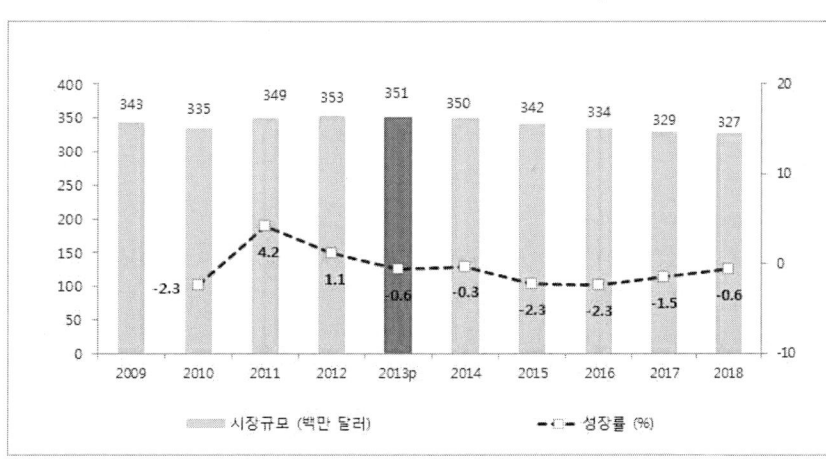

[그림 2-26] 영국 PC 게임시장 규모 및 성장률, 2009 - 2018

출처 : PwC(2014)

2013년 영국 PC 게임시장은 전년대비 0.6% 감소한 3억 5,100만 달러로 집계되었는데, 2018년까지 연평균 1.4%의 하락세를 보이며 3억 2,700만 달러로 더욱 축소될 것으로 전망된다.

라. 모바일 게임

2013년 영국 모바일 게임시장은 전년대비 8.2% 성장한 9억 4,700만 달러를 기록했다. 이후 스마트폰과 태블릿 이용자 증가, 신규 모바일 게임 론칭 등이 활발하게 이루어지면서 2018년까지 13억 2,500만 달러 규모를 육박하며 영국 게임시장의 약 21%를 점유할 것으로 전망된다.

[그림 2-27] 영국 모바일 게임시장 규모 및 성장률, 2009 - 2018

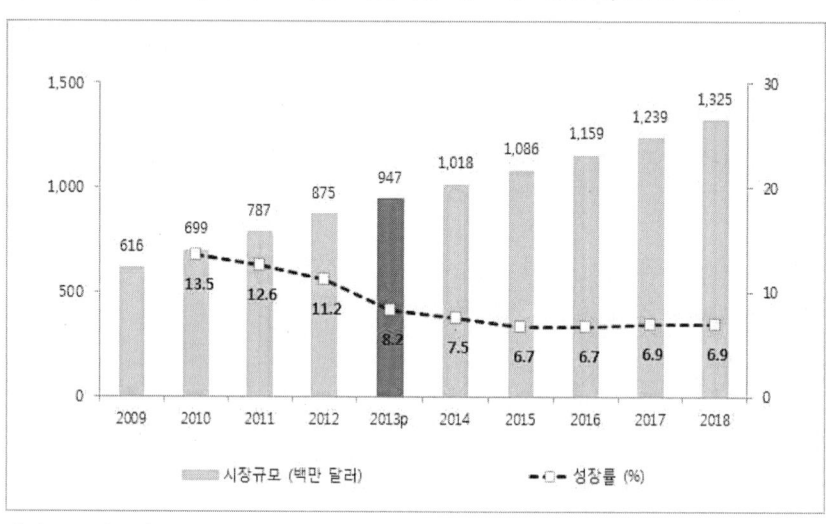

출처 : PwC(2014)

(5) 영화

영국 영화시장은 전 세계 최대 영화시장 중 하나로 2013년 기준 60억 8,800만 달러로 전년대비 1.6% 증가하였다. 향후 홈비디오시장의 하락세에도 불구하고 디지털배급시장의 급격한 성장과 박스오피스시장의 안정적 성장에 힘입어 영국 영화시장은 2018년까지 5년간 연평균 3.4% 성장한 71억 8,600만 달러에 달할 것으로 예상된다.

[그림 2-28] 영국 영화시장 규모 및 성장률, 2009 - 2018

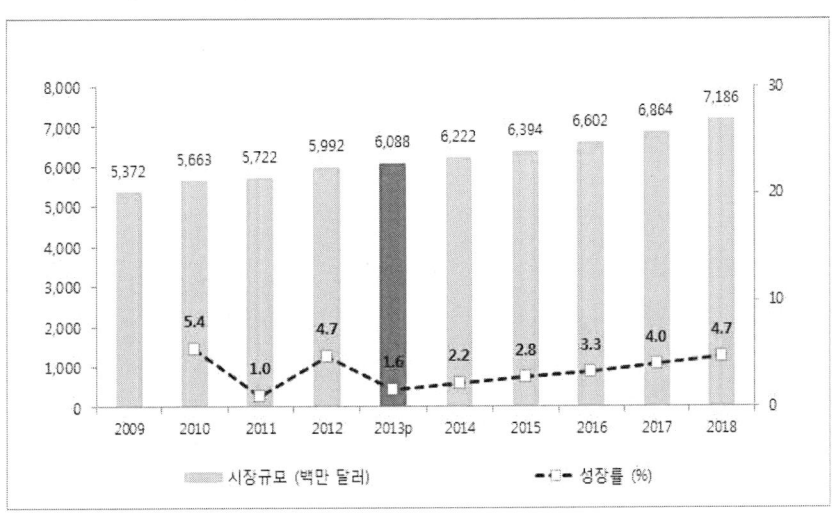

출처 : PwC(2014)

[표 2-11] 영국 영화시장 규모 및 전망, 2009-2018

[단위 : 백만 달러, %]

구분	2009	2010	2011	2012	2013p	2014	2015	2016	2017	2018	2013-18 CAGR
극장	1,715	1,790	1,856	2,084	2,150	2,217	2,283	2,349	2,414	2,457	2.7
박스오피스	1,459	1,528	1,607	1,822	1,878	1,936	1,994	2,055	2,117	2,159	2.8
극장광고	256	262	248	261	272	281	288	294	296	299	1.9
홈비디오	3,344	3,489	3,359	3,234	3,112	2,995	2,883	2,774	2,667	2,565	△3.8
대여	301	320	300	281	263	247	233	219	206	195	△5.9
판매	3,043	3,169	3,060	2,953	2,849	2,748	2,651	2,555	2,461	2,370	△3.6
디지털배급	312	384	507	675	825	1,009	1,228	1,479	1,783	2,164	21.3
OTT/스트리밍	67	117	210	356	485	647	845	1,082	1,370	1,737	29.1
TV 구독	245	267	298	319	341	362	383	398	412	427	4.6
합계	5,372	5,663	5,722	5,992	6,088	6,222	6,394	6,602	6,864	7,186	3.4

출처 : PwC(2014)

[그림 2-29] 영국 영화시장별 규모 및 전망 추이, 2009 - 2018

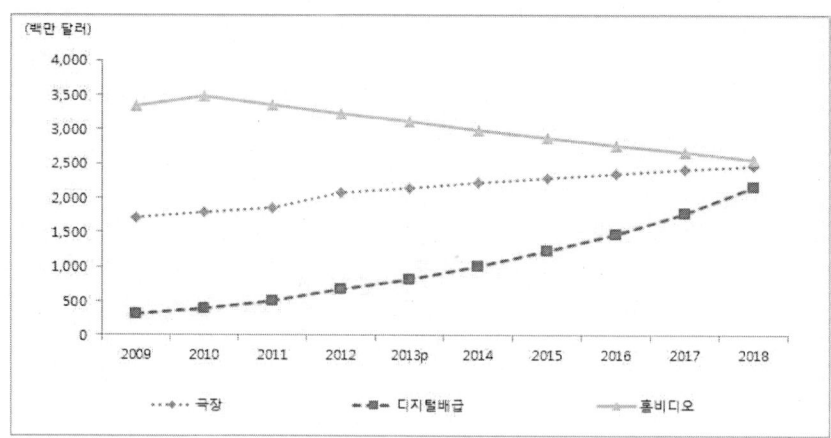

출처 : PwC(2014)

2009년 영국 영화시장에서 56.6%로 가장 높은 점유율을 보이던 홈비디오 판매시장은 2013년 46.8%로 9.8%p나 축소되었다. 이는 유로존 위기로 인한 경기악화로 대여 체인점 및 소매점 등 유통 매장들이 경영난으로 문을 닫고 디지털배급시장으로 소비자 이탈이 가속화되었기 때문이다. 이후 OTT(over-the-top)/스트리밍 서비스가 확산되면서 2018년 홈비디오 판매시장은 33.0%까지 위축될 것으로 전망된다. 반면 OTT/스트리밍시장은 24.2%까지 확대되면서 영국 영화시장에서 영향력이 커질 것으로 기대된다.

[그림 2-30] 영국 영화시장 분야별 비중 비교, 2009 vs. 2013 vs. 2018

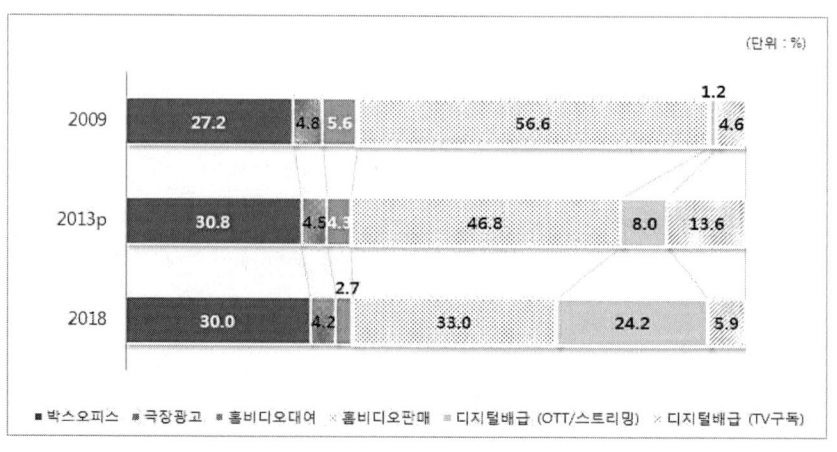

출처 : PwC(2014)

가. 박스오피스

20여 년간 큰 변화 없이 성장한 영국의 박스오피스시장은 2013년 기준 전년대비 3.1% 증가한 18억 7,800만 달러를 기록하였다.

향후 영국 영화시장은 정부의 영화 제작에 대한 세금감면 혜택으로 더 활성화 될 것으로 기대되고 있으며, 영화 수출 진흥을 위해 중국과의 영화 공동 제작 조약이 체결되면서 해외 시장진출 또한 활발해 질 것으로 예측된다. 미국 영화사들이 계속해서 영국의 영화 배급시장을 지배하고 있지만, 엔터테인먼트 원 필름(Entertainment One Films UK : eOne UK), 라이온스게이트(Lionsgate), 스튜디오카날(StudioCanal UK), 엔터테인먼트(Entertainment UK) 등의 독립업체들과의 경쟁 또한 치열해지고 있다. 영국 영화시장은 2018년까지 향후 5년간 연평균 2.8% 성장한 21억 5,900만 달러에 육박할 것으로 기대된다.

[그림 2-31] 영국 박스오피스시장 규모 및 성장률, 2009 - 2018

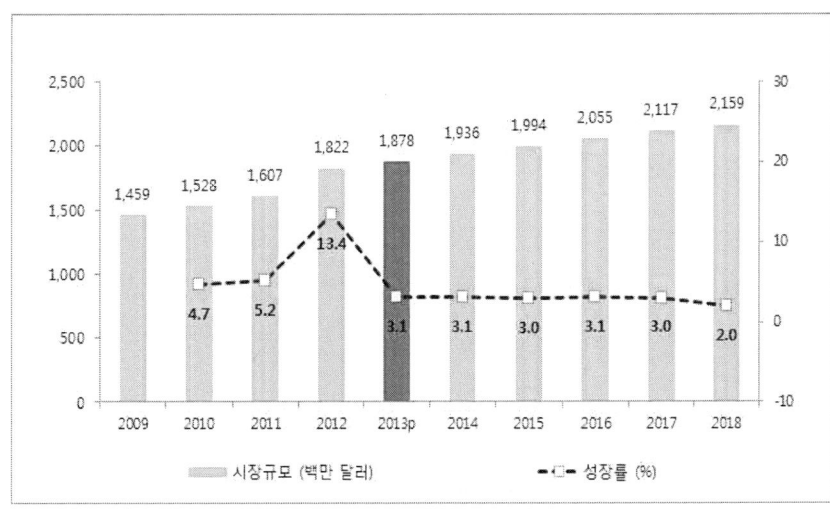

출처 : PwC(2014)

나. 홈비디오

유로존 위기로 인한 침체가 지속되면서 오프라인 홈비디오 대여점과 소매점이 잇따라 폐쇄되고 있으며 OTT/스트리밍 서비스의 빠른 확산으로 인하여 계속해서 시장이 축소고 있다. DVD/블루레이 등 영국의 오프라인 홈비디오시장은 2013년 기준 전년대비 3.8% 감소한 31억 1,200만 달러로 집계되었다.

2013년 초 법정관리에 들어갔던 영국 최대 미디어 유통 소매 체인인 에이치엠브이(HMV)가 힐코(Hilco)에 인수[7]되면서 살아남으나 많은 수의 매장이 폐쇄되었으며, 2013년 말에는 대여 체인점인 블록버스터(Blockbuster)가 영국에 남아 있는 91개의 모든 매장의 문을 닫을 것이라고 발표하면서 홈비디오시장이 침체기를 맞이했다. 그러나 2013년 영국에서는 소비자들의 시청패턴이 바뀌면서 블루레이 판매가 10% 증가했으며, TV시리즈 박스세트가 인기를 끌면서 오프라인 홈비디오시장이 다소 회복될 것으로 기대되고 있으나 오프라인 홈비디오 판매 하락을 상쇄시키기에는 역부족일 것으로 예상된다. 따라서 영국 홈비디오시장은 2018년까지 향후 5년간 연평균 3.8%의 하락한 25억 6,500만 달러까지 축소될 것으로 전망된다.

[그림 2-32] 영국 홈비디오시장 규모 및 성장률, 2009 - 2018

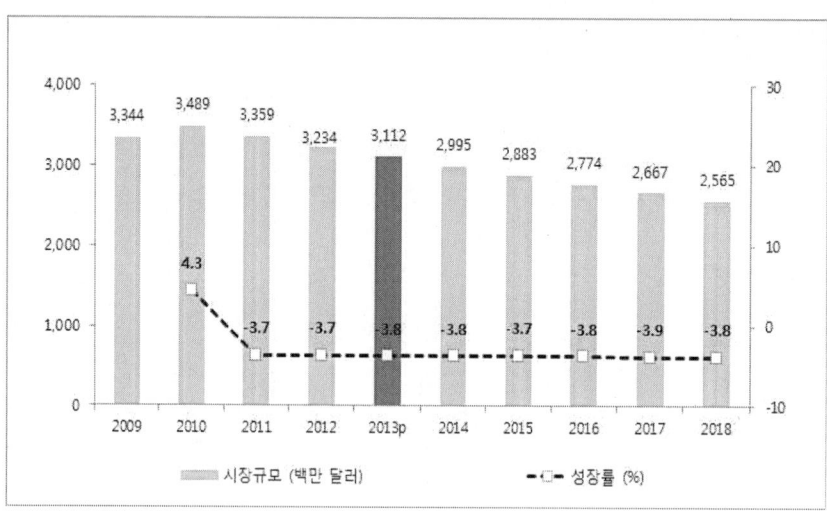

출처 : PwC(2014)

다. 디지털배급

2009년 3억 1,200만 달러에 불과하던 디지털배급시장은 급격한 성장세를 보이며, 2013년 기준 거의 3배에 달하는 8억 2,500만 달러에 육박하였다.

향후 영국 디지털배급시장에서는 OTT 서비스업체와 케이블TV 회사 간의 경쟁이 심화되면서 다양한 플랫폼에서의 서비스 제공이 이루어질 것으로 기대되며, 이는 디지털 동영상에 대한 소비 증가에 영향을 미칠 것으로 예상된다.

---

7) 연합뉴스, "영국 음반업체 HMV, 미국 힐코에 매각", 2013. 4. 5

현재 영국인이 가장 많이 이용하고 있는 주문형 비디오시스템(VOD)은 구글플레이(Google Play)와 블링크박스(Blinkbox)를 이용하여 다운로드 대여(Download to rent:DTR)하는 방식과 아이튠즈(Itunes) 또는 엑스박스 비디오(Xbox Video)를 이용하여 다운로드(Download to own: DTO) 방식이다. 이외에도 영국인들은 아마존 프라임 인스턴트 비디오(Amazon Prime Instant Video)와 넷플릭스(Netflix)의 무제한 접속방식 그리고 영국방송(BBC)의 아이플레이어(iplayer)를 이용한 무료 시청을 선호하고 있는 것으로 나타났다[8]. 향후 영국의 디지털배급시장은 OTT/스트리밍 서비스가 시장의 성장을 주도하면서 2018년까지 연평균 21.3%의 높은 성장세를 보이며 2013년의 2배가 넘는 21억 6,400만 달러에 육박할 것으로 전망된다.

[그림 2-33] 영국 디지털배급시장 규모 및 성장률, 2009 - 2018

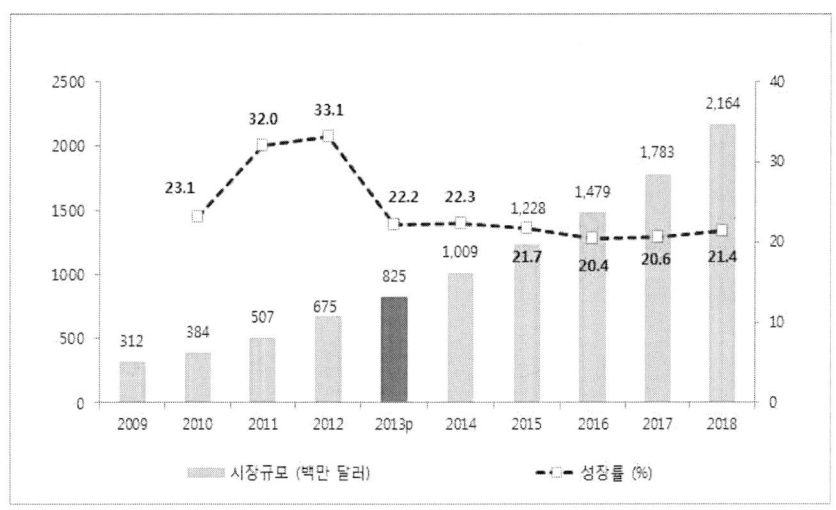

출처 : PwC(2014)

(6) 애니메이션

영국의 애니메이션 제작사들은 유럽 금융위기를 맞이하면서 파산하거나 글로벌 애니메이션 배급·유통사에게 흡수되었다. 다사다난한 해를 맞이하며 2013년 경제적 어려움을 겪은 영국의 애니메이션시장은 전년대비 1.9% 성장한 2억 1,400만 달러를 기록하였다. 영국의 애니메이션산업이 어려움을 겪기는 하였으나 토마스와 친구들(Thomas and Friends)의 후속작이 출시되었고 5편의 애니메이션을 생산하기도 하였다. 게다가 과거 인기가 많았던 만화들이 리메이크되면서 새로운

---

8) BFI StatisticalYearBook, 2014

부흥기를 맞이한 영국의 애니메이션산업은 향후 5년간 3.8%의 성장세를 보이며 2018년까지 2억 5,800만 달러의 시장으로 성장할 전망이다.

[표 2-12] 영국 애니메이션시장 규모 및 전망, 2009-2018

[단위 : 백만 달러, %]

구분	2009	2010	2011	2012	2013p	2014	2015	2016	2017	2018	2013-18 CAGR
영화	53	54	58	64	66	68	70	73	76	77	3.2
극장광고	9	9	9	9	10	10	10	10	11	11	2.3
디지털배급	2	4	8	12	17	23	29	38	49	62	29.6
방송	9	9	11	11	12	13	13	14	15	15	5.0
홈비디오	121	123	121	113	109	105	101	98	96	92	△3.4
합계	194	200	206	210	214	219	223	234	246	258	3.8

출처 : PwC(2014), Digital Vector(2013)

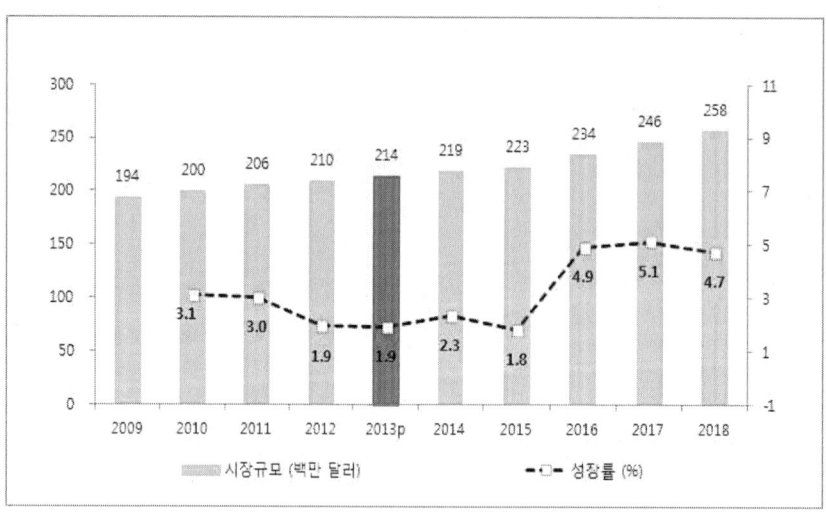

[그림 2-34] 영국 애니메이션시장 규모 및 성장률, 2009 - 2018

출처 : PwC(2014), Digital Vector(2013)

2009년 27.2%의 시장점유율을 보이던 박스오피스 애니메이션시장은 2013년 30.8%로 소폭 증가하였다. 반면 홈비디오시장은 2013년 51.5%의 비중을 보였는데 2018년까지 35.7%의 비중으로 감소할 전망이다. 디지털 산업이 발달하고 소비자들이 편리한 방식의 콘텐츠를 선호하게 되면서 스마트폰이나 태블릿을 이용하여 접속이 가능한 디지털 만화의 수요가 급격히 늘고 있어 인터넷을 이용한 디지털배급시장은 2013년 8.0%에서 2018년까지 24.2%의 점유율로 대폭 성장할 것으로 전망된다.

[그림 2-35] 영국 애니메이션시장 분야별 비중 비교, 2009 vs. 2013 vs. 2018

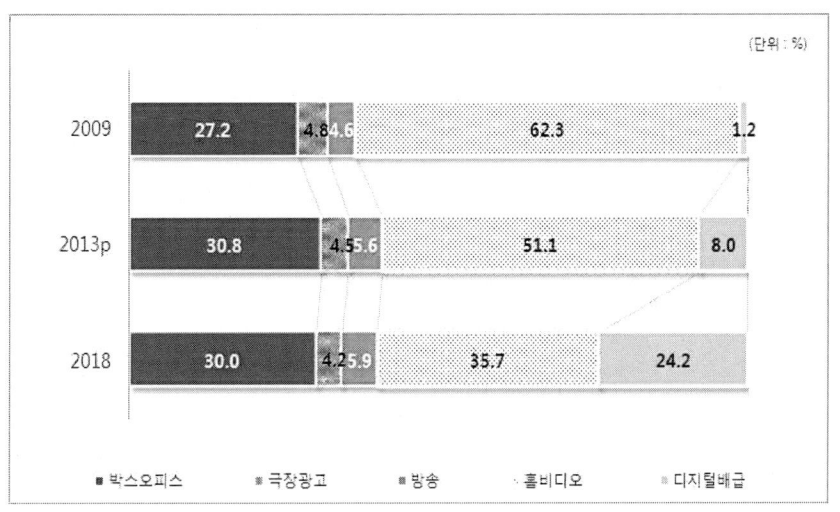

출처 : PwC(2014), Digital Vector(2013)

가. 영화 애니메이션

2013년 영국에서는 영화 애니메이션이 인기가 많은 장르로 떠오르면서 전년대비 3.4% 성장한 6,600만 달러의 시장으로 집계되었다. 비록 많은 영화 애니메이션 제작사들이 문을 닫거나 매각 되었지만 다수의 업체들이 해외 제작사와 공동 제작으로 방향을 전환하면서 활로를 찾았다. 2011년 이후 특별한 영화 애니메이션의 제작은 없었지만 최근 영국과 미국, 호주가 공동 제작하는 퓨전 풀 3D 극장용 애니메이션 '다이너소어 어드벤처 3D(Walking with Dinosaurs 3D)'가 연말에 개봉될 예정이고 '행복 배달부(Postman Pat: The Movie)'가 미국과 공동 제작중이어서 영국의 애니메이션산업이 활발해질 것으로 전망된다. 향후 영화 애니메이션시장은 2018년까지 연평균 3.2%의 안정적인 성장세를 보이면서 7,700만 달러의 규모를 보일 것으로 전망된다.

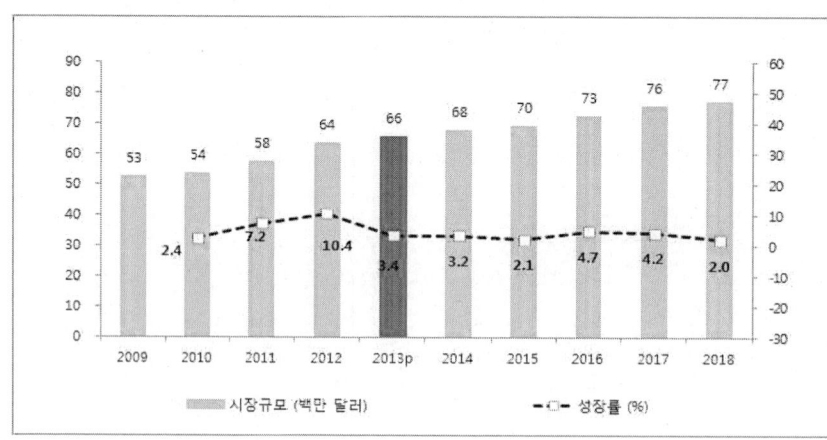

[그림 2-36] 영국 영화 애니메이션시장 규모 및 성장률, 2009 - 2018

출처 : PwC(2014), Digital Vector(2013)

나. 방송 애니메이션

2013년 영국의 방송 애니메이션은 전년대비 7.2% 성장한 1,200만 달러의 시장으로 집계되었다. 방송 애니메이션 역시 해외 제작사와 공동 제작을 활로를 찾았는데 애니메이션 제작사 HIT는 '토마스와 친구들(Thomas & Friends)', '용사 마이크(Mike the Knight)'등을 캐나다에서 외주제작하였고 '초리온(Chorion)은' 'Mr Men'을 미국에서 외주제작하여 시장을 개척하였다.

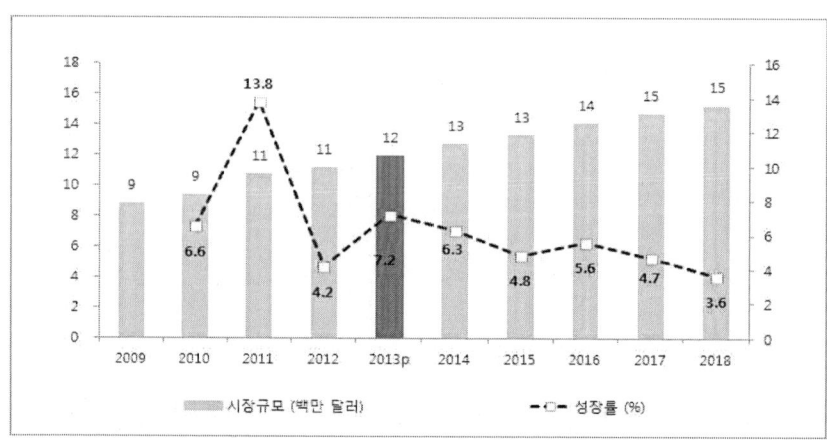

[그림 2-37] 영국 방송 애니메이션시장 규모 및 성장률, 2009 - 2018

출처 : PwC(2014), Digital Vector(2013)

게다가 HIT는 '레인보우 매직(Rainbow Magic)'을 일본에서 제작하기도 하였다. 향후 영화 애니메이션시장은 2018년까지 연평균 5.0%의 안정적인 성장세를 보이면서 1,500만 달러의 규모를 보일 것으로 전망된다.

다. 홈비디오 애니메이션

2013년 영국 홈비디오 애니메이션시장은 OTT 스트리밍 서비스의 증가로 인해 전년대비 3.5% 감소한 1억 900만 달러로 집계되었다. OTT 스트리밍 서비스의 증가와 함께 가정에서 월 정액제로 시청 가능한 유료TV 애니메이션과 시장 경쟁을 하면서 가격이 다소 높고 접근성이 떨어지는 홈비디오 애니메이션시장은 하락세를 보이고 있다. 이러한 플랫폼 전환에 맞물려 유럽 경제위기는 영국의 홈비디오 대여 체인점과 유통 소매점들을 무너뜨리면서 홈비디오시장의 종말이 시작되었음을 알렸다. 향후 5년간 3.4%의 하락세를 보이며 영국의 홈비디오 애니메이션시장은 2018년까지 9,200만 달러의 규모로 축소될 것으로 보인다.

[그림 2-38] 영국 홈비디오 애니메이션시장 규모 및 성장률, 2009 - 2018

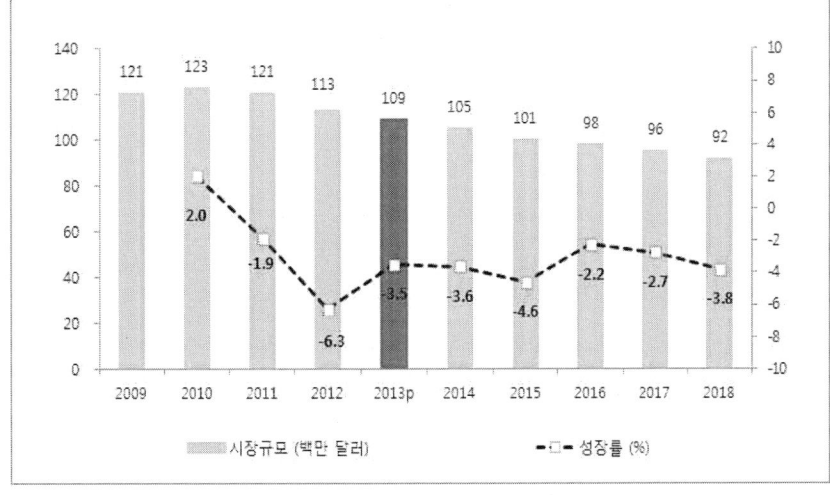

출처 : PwC(2014), Digital Vector(2013)

라. 디지털배급 애니메이션

2013년 영국의 디지털배급 애니메이션시장은 스마트 단말기 보급 확대와 디지털 서비스에 대한 수요 증가에 힘입어 전년대비 36.6% 증가한 1,700만 달러 규모로 집계되었다. 스마트폰의 보급률 증가와 모바일 인터넷 서비스, 고정 브로드밴드의 고도화는 수준 높은 OTT/스트리밍 서비스를 가능하게 하고 있어 디지털배급 애니메이션시장은 향후 5년간 29.6%의 성장률을 바탕으로 6,200만 달러의 시장 규모에 이를 것으로 전망 된다.

[그림 2-39] 영국 디지털배급 애니메이션시장 규모 및 성장률, 2009 - 2018

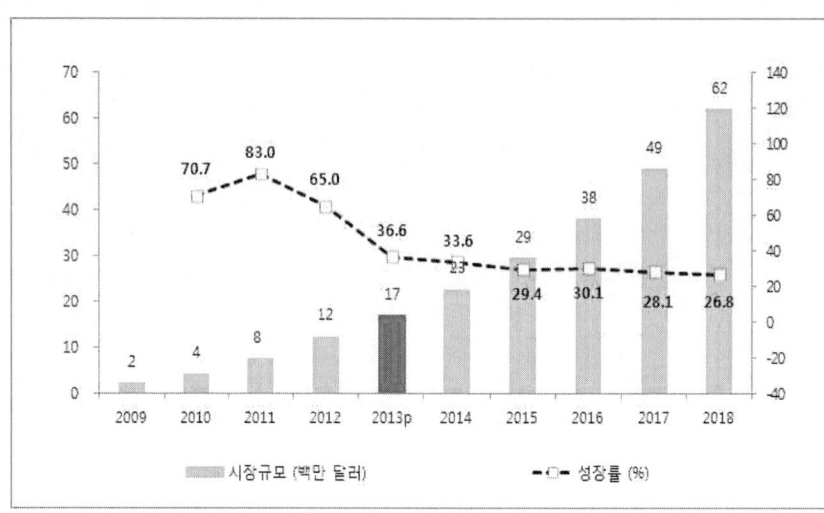

출처 : PwC(2014), Digital Vector(2013)

(7) 방송

영국 방송시장은 서비스와 비즈니스모델에서 뚜렷한 혁신을 일궈낸 고도로 경쟁적인 시장이다. 영국에서 등장한 트렌드의 대부분은 유럽에서 유사한 발전을 선도하는 것으로 입증되었고, 지역 TV시장의 미래변화를 평가할 때 참고할 수 있는 핵심적인 시장이라고 볼 수 있다.

2013년 영국 방송시장은 전년대비 약 1.6% 증가한 199억 4,700만 달러로 집계되었다. 향후 방송시장은 연평균 2.7% 성장하며 2018년에는 227억 7,700만 달러에 이를 것으로 전망된다.

[표 2-13] 영국 방송시장 규모 및 전망, 2009-2018

[단위 : 백만 달러, %]

구분	2009	2010	2011	2012	2013p	2014	2015	2016	2017	2018	2013-18 CAGR
TV 수신료	11,550	11,821	12,158	12,475	12,692	12,963	13,274	13,559	13,855	14,346	2.5
공영방송	5,401	5,327	5,430	5,574	5,651	5,704	5,781	5,858	5,936	6,016	1.3

[단위 : 백만 달러, %]

구분	2009	2010	2011	2012	2013p	2014	2015	2016	2017	2018	2013-18 CAGR
유료방송	6,149	6,494	6,728	6,901	7,041	7,259	7,494	7,701	7,918	8,330	3.4
TV 광고	4,865	5,423	5,666	5,584	5,652	5,842	5,965	6,225	6,395	6,707	3.5
다중 채널	1,915	2,074	2,255	2,308	2,386	2,514	2,586	2,711	2,786	2,919	4.1
지상파	2,932	3,314	3,338	3,175	3,123	3,133	3,118	3,164	3,148	3,193	0.4
온라인	18	35	73	101	142	194	261	350	461	595	33.2
라디오	1,537	1,554	1,529	1,579	1,603	1,626	1,650	1,674	1,699	1,724	1.5
라디오 광고	781	808	823	854	868	884	899	912	927	942	1.6
공영 라디오	756	746	706	725	735	742	751	762	772	782	1.3
위성 라디오	-	-	-	-	-	-	-	-	-	-	-
합계	17,952	18,798	19,353	19,638	19,947	20,431	20,889	21,458	21,949	22,777	2.7

출처 : PwC(2014)

[그림 2-40] 영국 방송시장 규모 및 성장률, 2009 - 2018

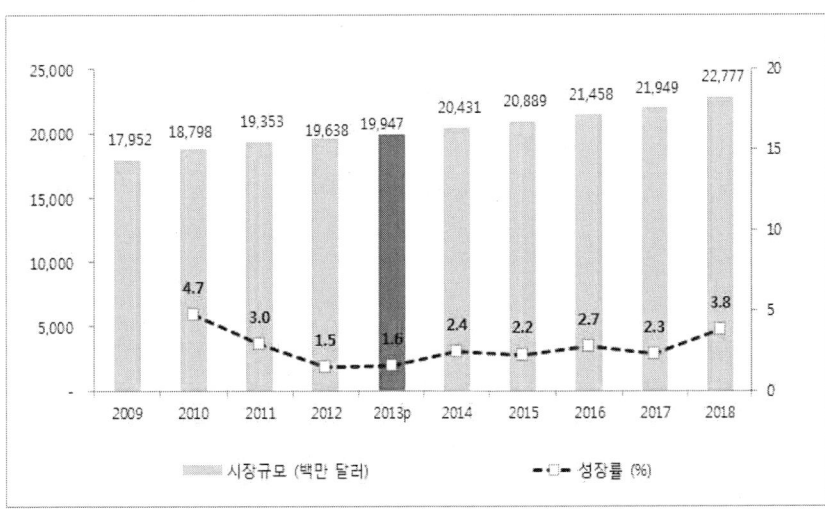

출처 : PwC(2014)

영국의 방송시장은 TV 수신료시장이 약 60%로 가장 큰 비중을 차지하고 있으며 TV 광고시장이 약 30%의 비중을 보이고 있다. 2009년 대비 2013년에도 시장점유율의 큰 변화는 없었으며, 이후 2018에도 비슷한 비중을 보이며 유지될 것으로 전망된다.

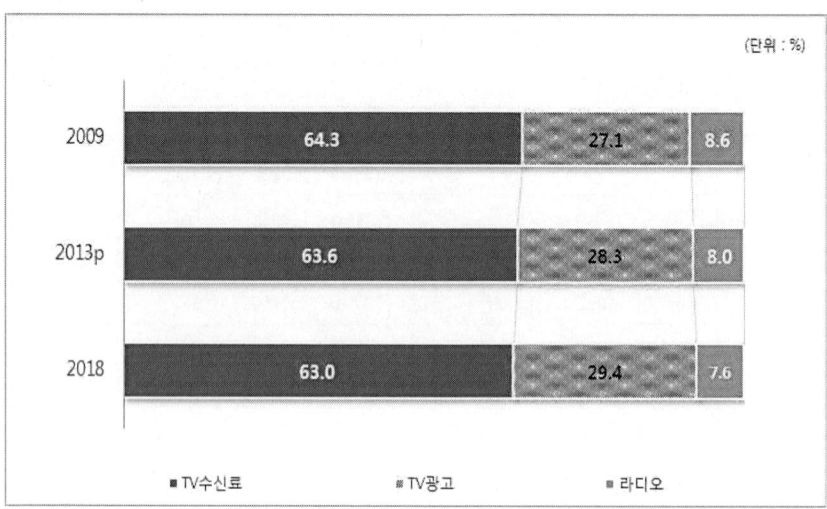

[그림 2-41] 영국 방송시장 분야별 비중 비교, 2009 vs. 2013 vs. 2018

출처 : PwC(2014)

가. TV 수신료

2013년 TV 수신료시장은 전년대비 1.7% 증가한 126억 9,200만 달러로 집계되었다. 향후 2018년까지 평균 2.5%의 성장률을 보이며 143억 4,600만 달러에 이를 것으로 전망된다. 이 중에서 유료TV 가입자는 2013년 말 1,510만에서 2018년 말 1,760만 가입자로 증가할 것으로 보이며, 수신료 수입은 70억 달러에서 83억 달러로 연평균 3.4%의 성장을 보일 것으로 예측된다.

그렇지만 같은 기간 가입자당 평균 수익(Average Revenue Per Unit : ARPU)은 39.56달러에서 39.99달러로 매우 작은 성장을 보일 것으로 예상되는데, 그 이유는 프리미엄 부문의 가격 상승이 저가격대 옵션 비중의 증가로 상쇄되기 때문인 것으로 분석된다. 최근 가입자 성장의 둔화로 주요사업자들은 새로운 가입자를 유치하기 위한 전략을 찾는 동시에 기존 가입자들로부터 수익을 높이는 전략을 모색하고 있다.

[그림 2-42] 영국 TV 수신료시장 규모 및 성장률, 2009 - 2018

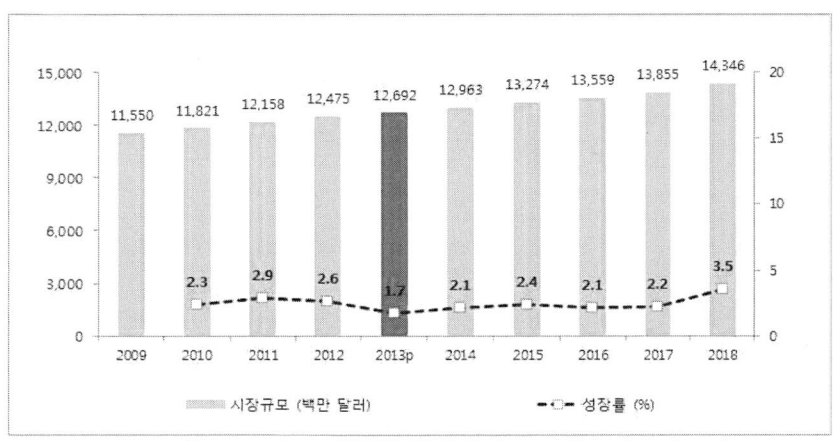

출처 : PwC(2014)

나. TV 광고

영국의 방송 광고시장은 2008년과 2009년의 글로벌 금융위기로 인한 침체에서 회복되었다고 볼 수 있지만, 2013년부터 2018년까지의 성장은 국가가 '트리플 딥' 불황을 해결하는 과정에서 다소 더디게 나타날 수도 있을 것으로 보고 있다. 영국의 TV 광고는 2013년 전년대비 1.2% 성장한 56억 5,200만 달러를 기록함으로써 회복세에 들어섰다.

[그림 2-43] 영국 TV 광고시장(방송) 규모 및 성장률, 2009 - 2018

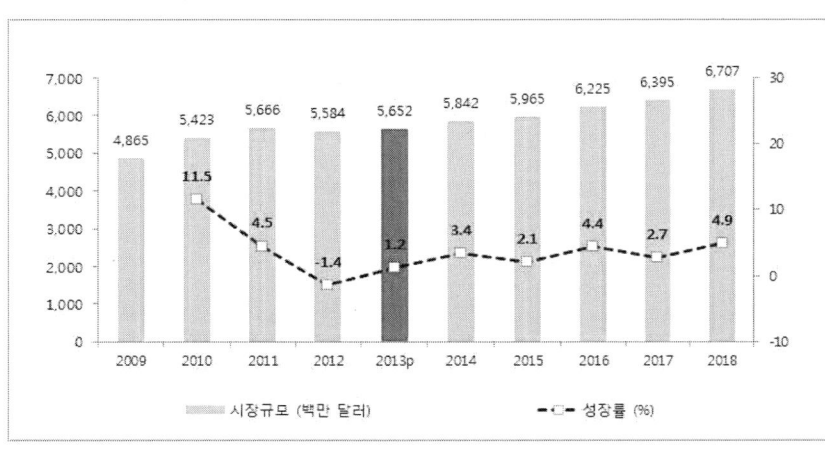

출처 : PwC(2014)

영국은 세계적으로 경쟁력이 높은 온라인 비디오 시장을 형성하고 있다. 현재 온라인TV 광고는 TV 광고시장의 2.5%를 차지하고 있는데 2018년에는 8.9%까지 성장할 것으로 보인다. 지상파 채널은 2013년 총 텔레비전 광고 수입의 55.3%를 차지하고 있지만 다중 채널 광고와 온라인 광고 시장의 성장으로 2018년에는 47.6%의 비중으로 감소할 것으로 예상된다. 전반적인 TV 광고시장은 2018년까지 연평균 3.5% 성장하여 67억 700만 달러에 이를 것으로 전망된다.

다. 라디오

영국은 독일과 프랑스의 뒤를 이어 유럽에서 세 번째로 큰 라디오 시장이며 세계에서는 6번째로 큰 시장이다. 2009년 세계적인 경기침체가 라디오 광고 수익을 9.8%나 감소시켰다. 이후 2010년 광고 수익의 완만한 증가에도 불구하고 공공 라디오 라이선스 수익 하락은 2011년 라디오 시장 총 수익 하락으로 이어졌다. 이후 2012년에는 3.3%, 2013년에는 1.5%의 성장률을 보이며 안정화되었다. 영국 라디오 시장은 향후 연평균 1.5%의 완만한 성장률을 보이며 안정적인 시장 규모를 형성할 것으로 보인다.

[그림 2-44] 영국 라디오시장 규모 및 성장률, 2009 - 2018

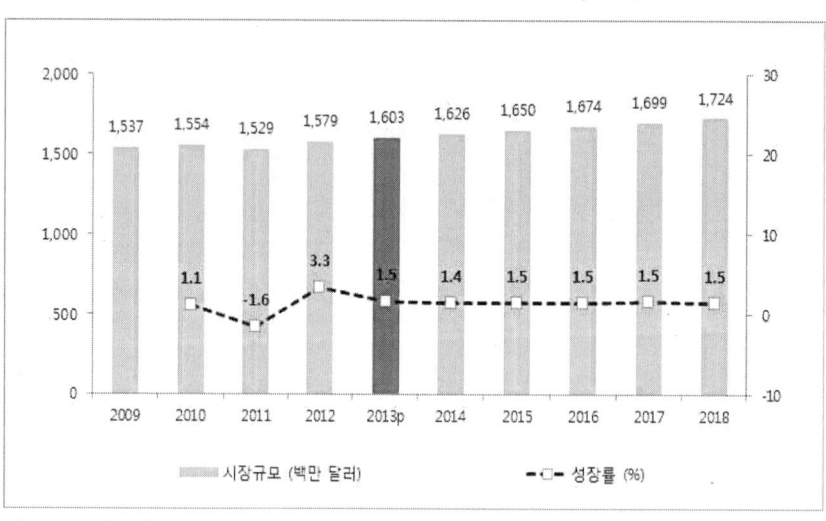

출처 : PwC(2014)

(8) 광고

영국 광고시장은 글로벌 금융위기에도 불구하고 인터넷 광고의 성장에 기인하여 전년대비

4.7% 증가한 229억 7,200만 달러로 집계되었다. 높은 광대역 보급률과 스마트폰 보급 증가로 SNS에 기반한 모바일 광고시장이 보다 빠르게 성장할 것으로 예측된다. 이에 세계의 많은 국가들이 런던을 디지털 광고 도시로 인식하면서, 런던을 유럽 진출을 위한 교두보로 여기고 있다. 향후 인터넷 광고는 높은 성장을 보이면서 영국 광고시장을 이끌 것으로 예상되며, 2018년까지 연평균 4.2%씩 성장하면서 282억 5,500만 달러에 육박할 것으로 전망된다.

[표 2-14] 영국 광고시장 규모 및 전망, 2009-2018

[단위 : 백만 달러, %]

구분	2009	2010	2011	2012	2013p	2014	2015	2016	2017	2018	2013-18 CAGR
디렉토리 광고	1,427	1,222	1,097	1,052	1,023	1,005	995	992	992	997	△0.5
디지털	328	380	420	476	534	590	645	698	746	792	8.2
인쇄	1,098	843	677	576	489	415	350	294	246	205	△16.0
잡지 광고	1,328	1,319	1,279	1,258	1,240	1,222	1,207	1,192	1,176	1,160	△1.3
디지털	59	93	137	186	210	236	264	294	326	359	11.4
인쇄	1,269	1,226	1,142	1,072	1,030	987	943	898	850	800	△4.9
산업잡지 광고	1,343	1,312	1,259	1,253	1,215	1,170	1,130	1,080	1,033	978	△4.3
디지털	88	138	200	268	291	314	337	357	376	390	6.0
인쇄	1,255	1,174	1,059	985	924	857	793	723	657	588	△8.6
극장광고	256	262	248	261	272	281	288	294	296	299	1.9
신문 광고	3,489	3,529	3,268	3,201	2,943	2,814	2,710	2,640	2,591	2,569	△2.7
디지털	243	291	300	341	347	362	380	403	430	462	5.9
인쇄	3,246	3,238	2,968	2,859	2,596	2,452	2,330	2,237	2,161	2,106	△4.1
라디오 광고	781	808	823	854	868	884	899	912	927	942	1.6
TV 광고	4,865	5,423	5,666	5,584	5,652	5,842	5,965	6,225	6,395	6,707	3.5
다중 채널	1,915	2,074	2,255	2,308	2,386	2,514	2,586	2,711	2,786	2,919	4.1
지상파	2,932	3,314	3,338	3,175	3,123	3,133	3,118	3,164	3,148	3,193	0.4
온라인TV	18	35	73	101	142	194	261	350	461	595	33.2
인터넷 광고	5,309	6,127	7,202	8,161	9,489	10,616	11,736	12,843	13,922	14,781	9.3
모바일	59	121	308	795	1,570	2,086	2,499	2,862	3,190	3,458	17.1
유선	5,250	6,006	6,894	7,366	7,919	8,531	9,238	9,980	10,732	11,323	7.4
옥외 광고	1,209	1,362	1,369	1,499	1,582	1,672	1,763	1,855	1,948	2,042	5.2
디지털	0	482	540	650	744	844	944	1,044	1,143	1,239	10.7
오프라인	1,209	880	829	849	838	828	819	811	805	803	△0.8
게임 광고	147	161	178	195	212	239	271	303	338	378	12.2
산술합계9)	20,154	21,525	22,389	23,318	24,496	25,745	26,964	28,336	29,618	30,853	4.7
합계	19,418	20,588	21,259	21,946	22,972	24,049	25,077	26,234	27,279	28,255	4.2

출처 : PwC(2014)

[그림 2-45] 영국 광고시장 규모 및 성장률, 2009 - 2018

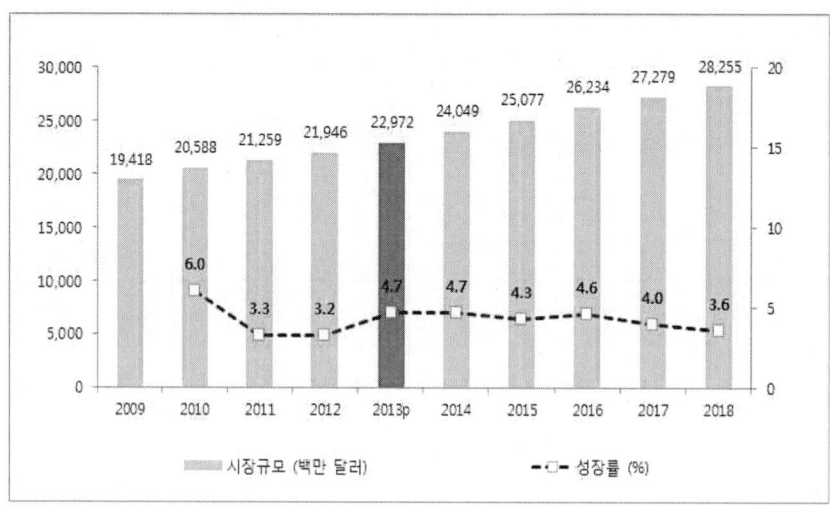

출처 : PwC(2014)

[그림 2-46] 영국 광고시장별 규모 및 전망 추이, 2009 - 2018

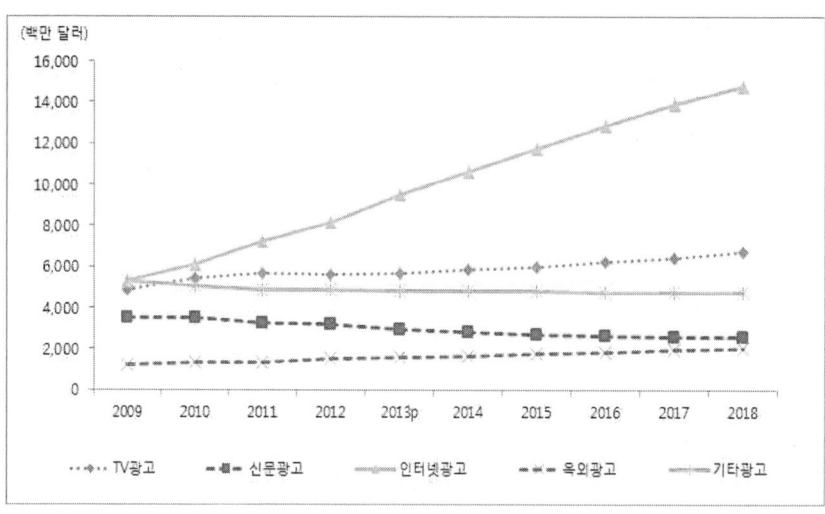

출처 : PwC(2014)

---

9) 산술합계에는 디렉토리 광고, 잡지 광고, 산업잡지 광고, 신문 광고의 디지털 광고와 온라인TV 광고, 지상파 라디오 온라인 광고가 인터넷 광고시장 규모에 포함되어 있어 합계에서는 중복되는 부분을 제외함

영국은 다른 국가들과는 달리 전통적인 매체인 TV나 신문보다는 인터넷 광고가 큰 영향력을 차지하고 있다. 2009년 26.3%의 점유율을 보이며 TV 광고시장과 비슷한 비중을 보인 인터넷 광고시장은 광대역 인터넷과 스마트폰의 보급, SNS 이용 증가 등에 힘입어 급속도로 성장하면서 2013년에는 전체 광고시장의 40%에 달하는 영향력 있는 시장으로 성장하였다.

향후 영국 인터넷 광고시장은 검색광고와 디스플레이 광고의 꾸준한 성장과 더불어 모바일 광고가 빠른 속도로 성장하면서 2018년에는 약 50%에 달하는 매우 중요한 광고 매체로 영향력을 행사할 것으로 전망된다.

[그림 2-47] 영국 광고시장 분야별 비중 비교, 2009 vs. 2013 vs. 2018

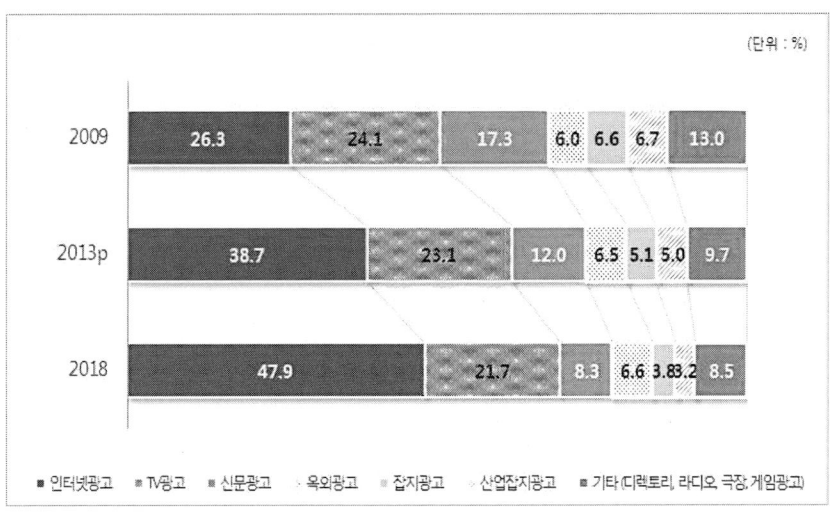

출처 : PwC(2014)

가. TV 광고

영국 TV 광고시장은 지상파 채널 광고수익 하락에도 불구하고 다중 채널과 온라인 방송광고의 성장으로 2013년 전년대비 1.2% 증가한 56억 5,200만 달러로 집계되었다. TV 광고 지출이 온라인 광고를 포함하여 증가세를 보이고 있어 TV 광고시장은 2018년까지 67억 700만 달러가 될 것으로 전망된다.

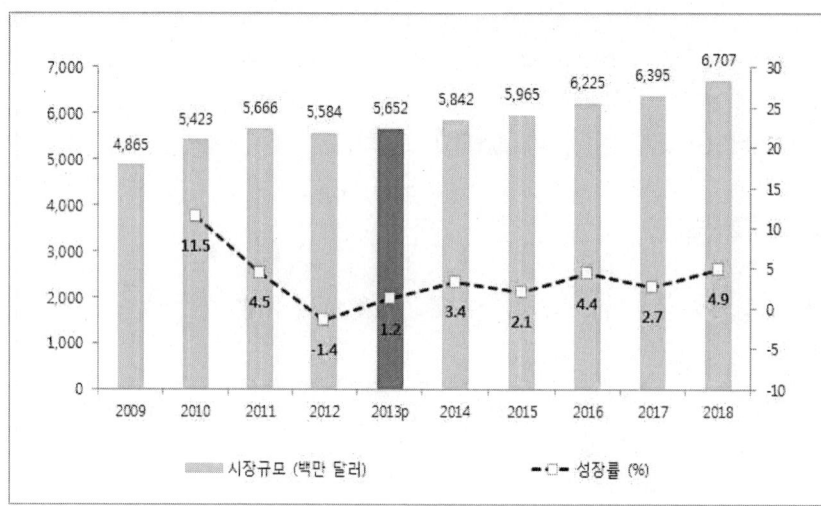

[그림 2-48] 영국 TV 광고시장 규모 및 성장률, 2009 - 2018

출처 : PwC(2014)

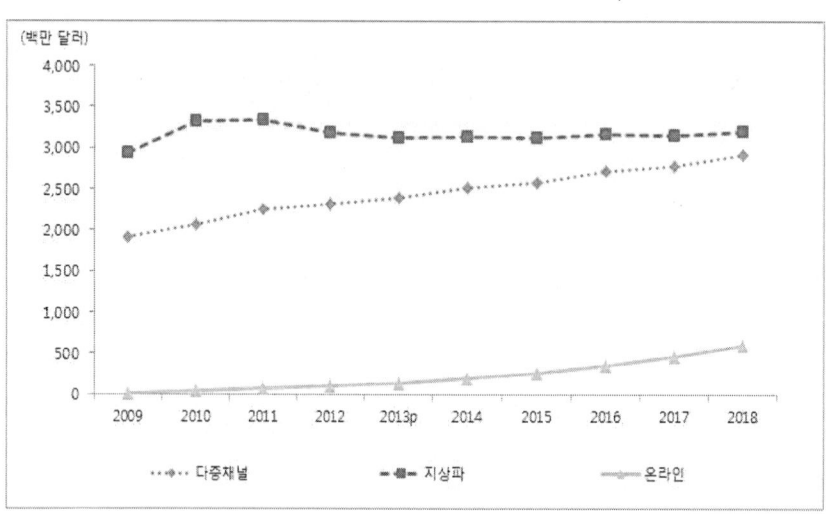

[그림 3-49] 영국 TV 광고시장별 규모 및 전망 추이, 2009 - 2018

출처 : PwC(2014)

나. 인터넷 광고

영국은 현재 유럽에서 가장 큰 인터넷 광고시장을 가지고 있을 뿐만 아니라 웹에 대한 관심도가 가장 큰 국가 중 하나로 2012년 일본을 추월하여 현재 중국과 미국의 뒤를 이어 세 번째로 큰 인터넷 광고시장으로 대두되었다. 2013년 현재 전년대비 16.3% 증가한 94억 8,900만 달러로 집계되었으며, 향후 2018년까지 연평균 9.3% 성장하면서 147억 8,100만 달러까지 시장 규모가 확대될 것으로 전망된다.

[그림 2-50] 영국 인터넷 광고시장 규모 및 성장률, 2009 - 2018

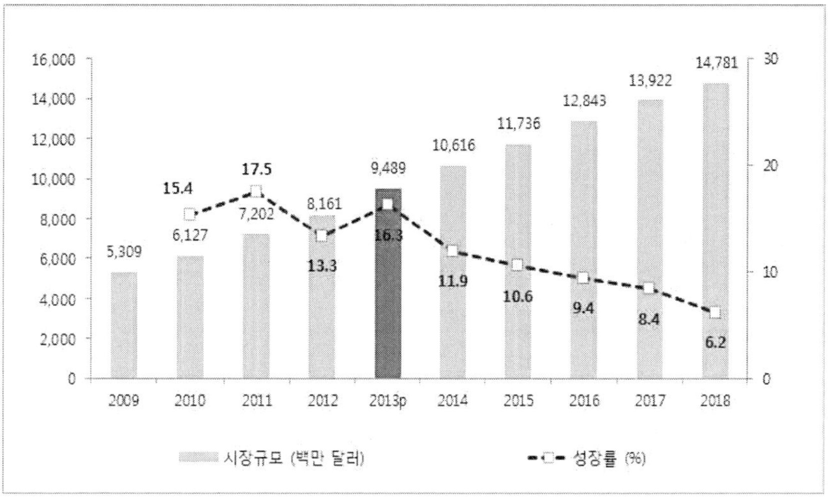

연도	시장규모(백만 달러)	성장률(%)
2009	5,309	
2010	6,127	15.4
2011	7,202	17.5
2012	8,161	13.3
2013p	9,489	16.3
2014	10,616	11.9
2015	11,736	10.6
2016	12,843	9.4
2017	13,922	8.4
2018	14,781	6.2

출처 : PwC(2014)

2013년 기준 유료검색 광고는 전체 인터넷 광고시장에서 가장 높은 점유율을 보이고 있으며, 그 다음으로 디스플레이 광고, 모바일 광고, 안내 광고, 비디오 광고 순으로 나타나고 있다.

향후 8년간 유료검색 광고는 여전히 영국 인터넷 광고시장을 주도할 것으로 보이며, 그 뒤를 이어 모바일 광고시장이 빠르게 성장하면서 디스플레이 광고를 앞지르며 제2의 인터넷 광고 매체로서 영향력이 커질 것으로 전망된다.

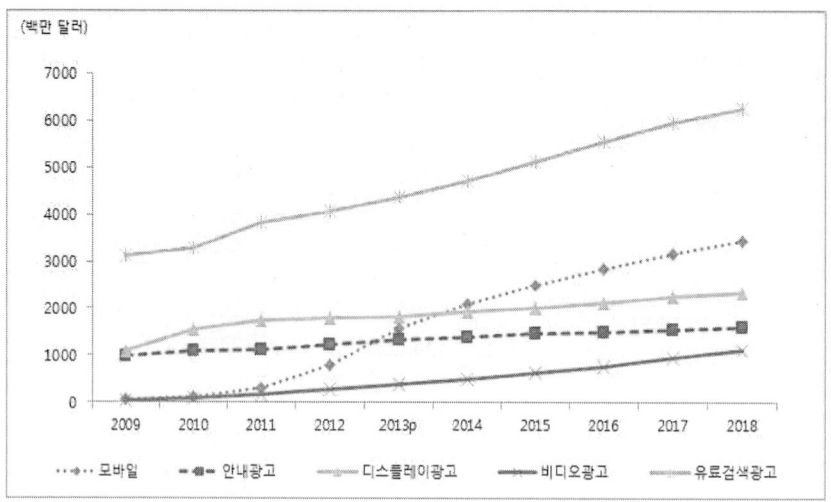

[그림 2-51] 영국 인터넷 광고시장별 규모 및 전망추이, 2009 - 2018

출처 : PwC(2014)

[표 2-15] 영국 인터넷 광고시장 규모 및 전망, 2009-2018

[단위 : 백만 달러, %]

구분	2009	2010	2011	2012	2013p	2014	2015	2016	2017	2018	2013-18 CAGR
모바일	59	121	308	795	1,570	2,086	2,499	2,862	3,190	3,458	17.1
유선	5,250	6,006	6,894	7,366	7,919	8,531	9,238	9,980	10,732	11,323	7.4
안내광고	981	1,080	1,132	1,222	1,328	1,394	1,461	1,512	1,564	1,596	3.7
디스플레이 광고	1,098	1,558	1,749	1,794	1,833	1,921	2,017	2,125	2,245	2,345	5
비디오	41	78	175	273	380	489	622	776	952	1,107	23.9
유료검색	3,129	3,291	3,838	4,076	4,378	4,727	5,138	5,567	5,970	6,274	7.5
합계	5,309	6,127	7,202	8,161	9,489	10,616	11,736	12,843	13,922	14,781	9.3

출처 : PwC(2014)

다. 신문 광고

영국의 신문 광고는 경기악화 및 디지털 기호 확산에 따라 인쇄 신문의 독자 수가 감소하면서 상당한 위기에 직면해 있다. 영국 신문 광고시장은 2010년 이후 계속 감소하여 2013년에는 전년 대비 8.1%나 하락한 29억 4,300만 달러로 집계되었다. 향후 영국 신문 광고시장은 디지털 신문 광고의 성장에도 불구하고 전체 신문시장에서 차지하는 비중이 낮아 인쇄 신문 광고 수익을 상쇄하지 못하면서 2018년에는 25억 6,900만 달러까지 시장이 축소될 것으로 전망된다.

[그림 2-52] 영국 신문 광고시장 규모 및 성장률, 2009-2018

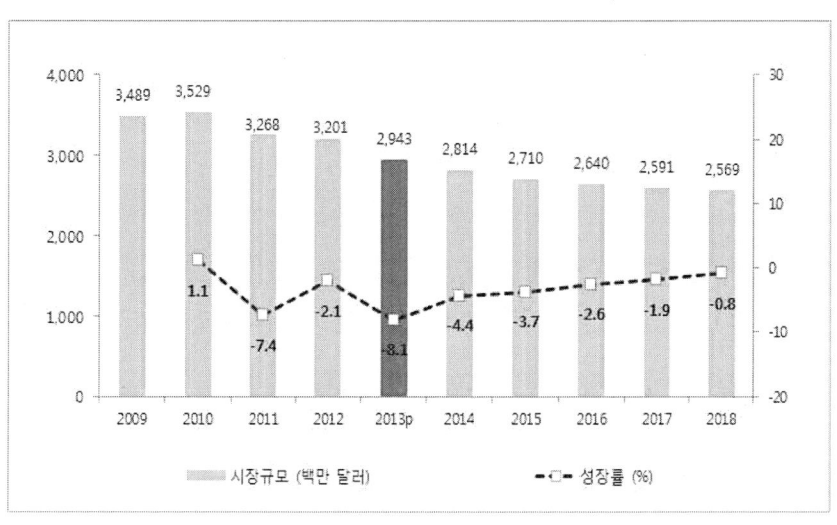

출처 : PwC(2014)

[그림 2-53] 영국 신문 광고시장별 규모 및 전망 추이, 2009-2018

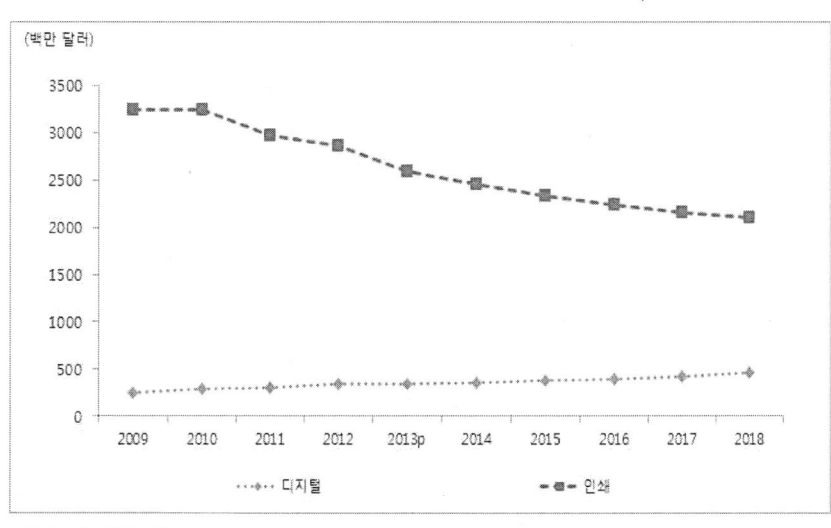

출처 : PwC(2014)

라. 옥외 광고

영국 옥외 광고시장은 프랑스에 이어 유럽에서 2번째로 큰 규모를 가지고 있으며 전 세계에서 5번째로 큰 옥외 광고시장을 형성하고 있다.

2013년 현재 영국 옥외 광고시장은 전년대비 5.5% 증가한 15억 8,200만 달러로 집계되었다. 영국의 옥외 광고 규모는 매우 큰 편으로 십만 개 이상의 길거리 패널이 있고, 5만 개의 패널이 공항에 있으며, 버스 외부에 7만개, 지하철에는 5만 5천개의 광고 패널이 있는 것으로 보고되고 있다. 특히 영국은 다른 국가에 비하여 디지털 옥외 광고의 도입을 서두른 결과, 디지털 옥외 광고 시장이 빠르게 성장하면서 2018년 영국의 옥외 광고시장은 총 20억 4,200만 달러의 시장을 형성할 것으로 전망된다.

[그림 2-54] 영국 옥외 광고시장 규모 및 성장률, 2009-2018

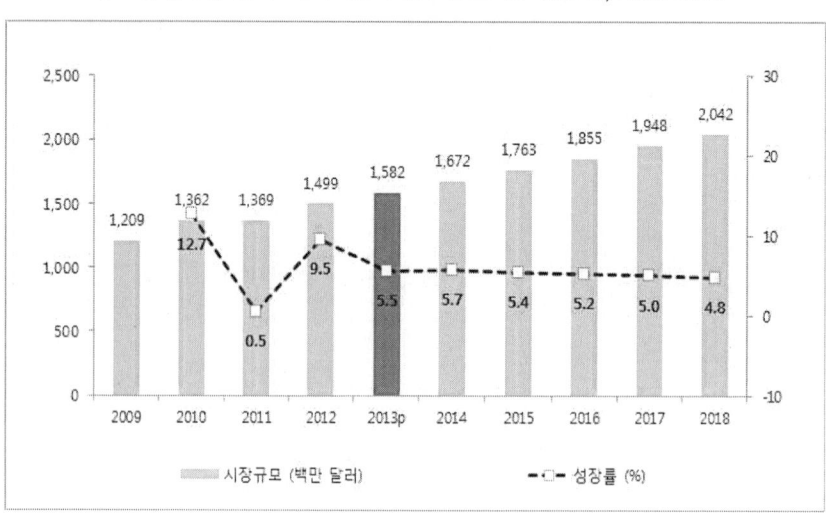

출처 : PwC(2014)

(9) 캐릭터·라이선스

영국의 캐릭터·라이선스시장은 유로존 위기로 많은 생산업체들이 파산하거나 경쟁사에 의해 흡수 합병되면서 계속 위축되어 있었다. 그러다가 2013년 경제회복과 애니메이션의 인기에 힘입어 전년대비 3.5% 증가한 68억 9,500만 달러의 규모를 보이며 회복세에 들어섰다.

그러나 전통적으로 강세를 보였던 영국의 캐릭터시장은 자국 회사들이 파산하거나 미국 경쟁 기업으로 인수되면서 자국시장 약화에 대한 우려를 낳고 있다. 미국의 마텔(Mattel)은 '밥 더 빌더

(Bob the Builder)'와 '토마스와 친구들(Thomas & Friends)로 유명한 영국의 히트 엔터테인먼트(HIT Entertainment)를 매입하였으며, '인 더 나이트가든(in the Night Garden'과 '텔레토비(Teletubbies)'로 유명한 디에이치엑스 미디어(DHX Media)의 봉제인형 글로벌시장 판권을 획득하기도 하였다. 글로벌 캐릭터 중 디즈니, 헬로키티, 심슨 등이 강세를 보이고 있으며, 최근 '페파피그(Peppa pig)와 '트리 푸 톰(Tree Fu Tom)', '웨이불루(Waybuloo)' 등도 캐릭터시장에 나와 판매되고 있다. 향후 영국 캐릭터·라이선스시장은 2018년까지 연평균 1.2%의 완만한 성장세를 보이며 73억 400만 달러의 시장 규모를 형성할 것으로 전망된다.

[표 2-16] 영국 캐릭터·라이선스시장 규모 및 전망, 2009-2018

[단위 : 백만 달러, %]

구분	2009	2010	2011	2012	2013p	2014	2015	2016	2017	2018	2013-18 CAGR
캐릭터·라이선스	7,102	6,886	6,742	6,661	6,895	6,984	7,070	7,155	7,235	7,304	1.2

출처 : EPM(2013, 2014), PwC(2014)

[그림 2-55] 영국 캐릭터·라이선스시장 규모 및 성장률, 2009-2018

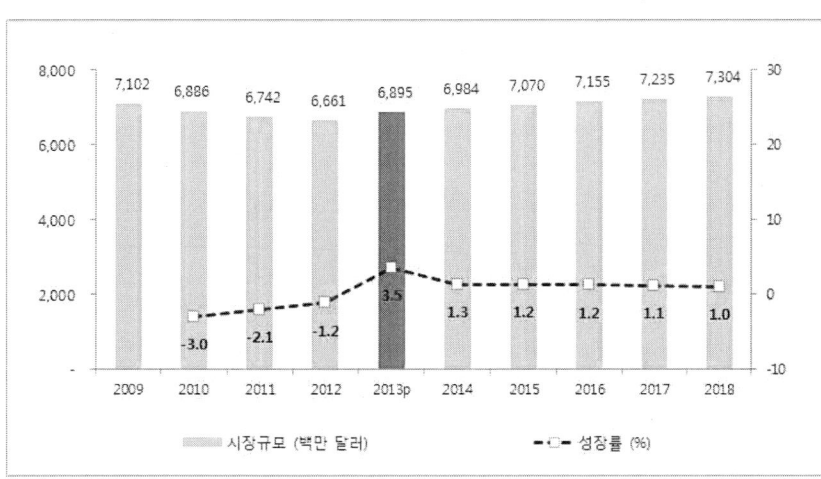

출처 : EPM(2013, 2014), PwC(2014)

영국 캐릭터·라이선스시장 분야별로 보면, 연도별로 큰 차이를 보이고 있지는 않으나 패션과 기업브랜드·상표 부문이 미미하나마 조금씩 비중이 높아지고 있는 반면, 엔터테인먼트·캐릭터 부문은 다소 감소되는 경향을 보였다. 2013년 패션라이선스 부문이 31.7%로 가장 높은 비중을 차지하고 있고, 엔터테인먼트·캐릭터가 20.1%, 기업브랜드·상표가 16.0% 순으로 나타났다.

[그림 2-56] 영국 캐릭터·라이선스 부문별 시장 비중 비교, 2009 vs. 2011 vs. 2013

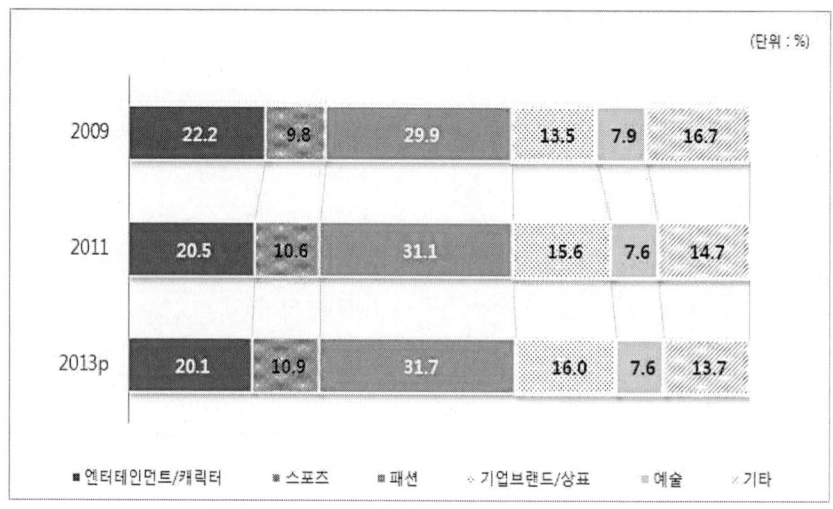

출처 : EPM(2013, 2014), PwC(2014)

2013년에 경제가 회복되면서 기타 부문을 제외하고 모든 부문에서 증가한 것으로 나타났다. 특히 스포츠와 기업브랜드·상표 부문에서 전년대비 5% 이상의 증가를 보였다.

[표 2-17] 영국 캐릭터·라이선스 부문별 시장 규모, 2009-2013

[단위 : 백만 달러, %]

구분	2009		2011		2013	
	시장 규모	비중	시장 규모	비중	시장 규모	비중
엔터테인먼트·캐릭터	1,578	22.2	1,382	20.5	1,386	20.1
증감율			△12.4		0.3	
스포츠	696	9.8	715	10.6	754	10.9
증감율			2.7		5.4	
패션	2,126	29.9	2,097	31.1	2,184	31.7
증감율			△1.4		4.1	
기업브랜드·상표	960	13.5	1,049	15.6	1,103	16.0
증감율			9.3		5.1	
예술	559	7.9	510	7.6	522	7.6
증감율			△8.8		2.4	

[단위 : 백만 달러, %]

구분	2009		2011		2013	
	시장 규모	비중	시장 규모	비중	시장 규모	비중
기타	1,183	16.7	990	14.7	947	13.7
증감율			△16.3		△4.4	
합계	7,102	100.0	6,742	100.0	6,895	100.0
증감율			△5.1		2.3	

출처 : EPM(2013, 2014), PwC(2014)

2013년 영국 캐릭터·라이선스 제품별 시장점유율을 살펴보면, 의류·신발·잡화가 41.7%로 가장 큰 점유율을 보이고 있으며, 그 다음으로 게임·완구 13.0%, 건강·미용 8.1%의 순이었다. 연도별로 시장 비중의 큰 차이는 없으나 2009년에 비하여 건강·미용 분야의 비중이 높아졌다. 건강·미용 분야 제품의 경우, 전체 시장에서 차지하는 비중은 낮지만 2013년 전년대비 7.2%나 증가하였다.

[그림 2-57] 영국 캐릭터·라이선스 제품별 시장 비중 비교, 2009 vs. 2011 vs. 2013

출처 : EPM(2013, 2014), PwC(2014)

[표 2-18] 영국 캐릭터·라이선스 제품별 시장 규모, 2009-2013

[단위 : 백만 달러, %]

구분	2009		2011			2013		
	시장 규모	비중	시장 규모	비중	증감율	시장 규모	비중	증감율
의류·신발·잡화	3,057	43.0	2,803	41.6	△8.3	2,875	41.7	2.6
게임·완구	941	13.2	882	13.1	△6.3	896	13.0	1.6
출판	578	8.1	470	7.0	△18.6	474	6.9	0.8
가정용품·가구·침구	490	6.9	441	6.5	△10.0	459	6.7	4.0
문구·제지	519	7.3	323	4.8	△37.7	299	4.3	△7.6
선물	353	5.0	186	2.8	△47.3	174	2.5	△6.3
식음료	323	4.5	245	3.6	△24.1	276	4.0	12.8
건강·미용	196	2.8	519	7.7	165.0	557	8.1	7.2
기타	654	9.2	872	12.9	33.4	883	12.8	1.2
합계	7,111	100.0	6,742	100.0	△5.2	6,893	100.0	2.2

출처 : EPM(2013, 2014), PwC(2014)

(10) 지식정보

영국 지식정보시장은 2009년 이후 디렉토리 광고와 산업잡지의 감소, 비즈니스 정보시장의 정체에도 불구하고 인터넷접근의 높은 성장으로 2013년 전년대비 3.9% 증가한 273억 달러로 집계되었다. 향후 모바일 인터넷 가입자 증가와 가정의 고정 광대역 서비스 성장에 힘입어 2018년까지 연평균 3.2% 증가한 319억 2,700만 달러에 달할 것으로 전망된다.

[표 2-19] 영국 지식정보시장 규모 및 전망, 2009-2018

[단위 : 백만 달러, %]

구분	2009	2010	2011	2012	2013p	2014	2015	2016	2017	2018	2013-18 CAGR
비즈니스 정보	6,276	6,282	6,302	6,303	6,310	6,320	6,333	6,344	6,357	6,370	0.2
디렉토리 광고	1,427	1,222	1,097	1,052	1,023	1,005	995	992	992	997	△0.5
디지털	328	380	420	476	534	590	645	698	746	792	8.2
인쇄	1,098	843	677	576	489	415	350	294	246	205	△16.0
전시회	1,590	1,522	1,541	1,541	1,558	1,577	1,593	1,614	1,633	1,656	1.2
전문서적	969	929	897	877	859	849	843	837	832	825	△0.8

[단위 : 백만 달러, %]

구분		2009	2010	2011	2012	2013p	2014	2015	2016	2017	2018	2013-18 CAGR
전자		58	74	99	132	167	202	237	268	295	318	13.8
인쇄		911	854	799	745	693	647	606	569	536	507	△6.1
산업잡지		1,851	1,830	1,738	1,708	1,660	1,616	1,585	1,545	1,503	1,447	△2.7
광고		1,343	1,312	1,259	1,253	1,215	1,170	1,130	1,080	1,033	978	△4.3
	디지털	88	138	200	268	291	314	337	357	376	390	6.0
	인쇄	1,255	1,174	1,059	985	924	857	793	723	657	588	△8.6
구독		507	518	479	455	445	446	455	465	470	469	1.0
	디지털	-	2	3	12	25	44	68	91	110	122	37.5
	지면	507	516	476	442	420	402	387	374	360	347	△3.8
인터넷접근		10,912	12,333	13,516	14,802	15,890	16,937	17,990	18,950	19,938	20,632	5.4
모바일		3,345	4,421	5,448	6,281	7,206	8,015	8,891	9,722	10,612	11,225	9.3
고정 브로드밴드		7,567	7,911	8,069	8,521	8,683	8,922	9,098	9,228	9,326	9,406	1.6
합계		23,025	24,118	25,091	26,283	27,300	28,304	29,339	30,282	31,255	31,927	3.2

출처 : PwC(2014)

[그림 2-58] 영국 지식정보시장 규모 및 성장률, 2009-2018

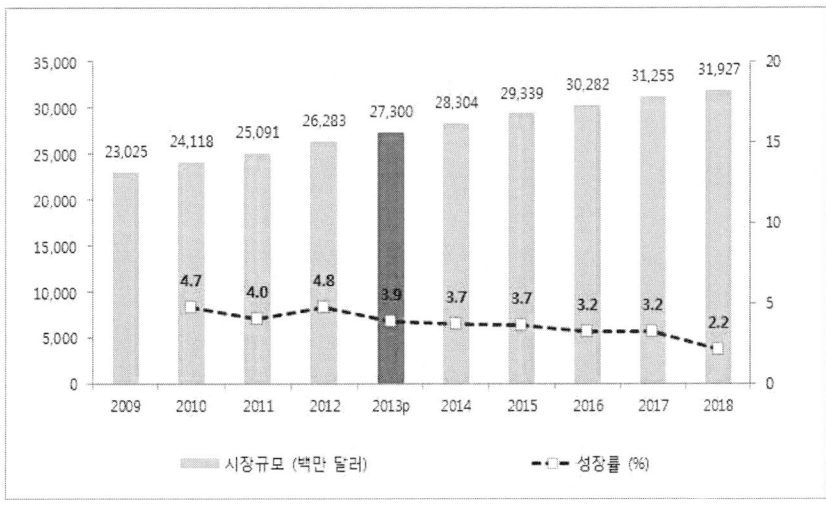

출처 : PwC(2014)

2013년 영국 지식정보시장의 58.2%를 점유하고 있는 인터넷접근시장은 높은 고정 광대역 서비스와 모바일 인터넷 가입 증가, 공공 Wi-Fi 서비스 확대 등으로 2018년까지 연평균 5.4%의 성장이 이루어질 것으로 보이면서 시장점유율 또한 64.6%에 달할 것으로 전망된다.

[그림 2-59] 영국 지식정보시장 분야별 비중 비교, 2009 vs. 2013 vs. 2018

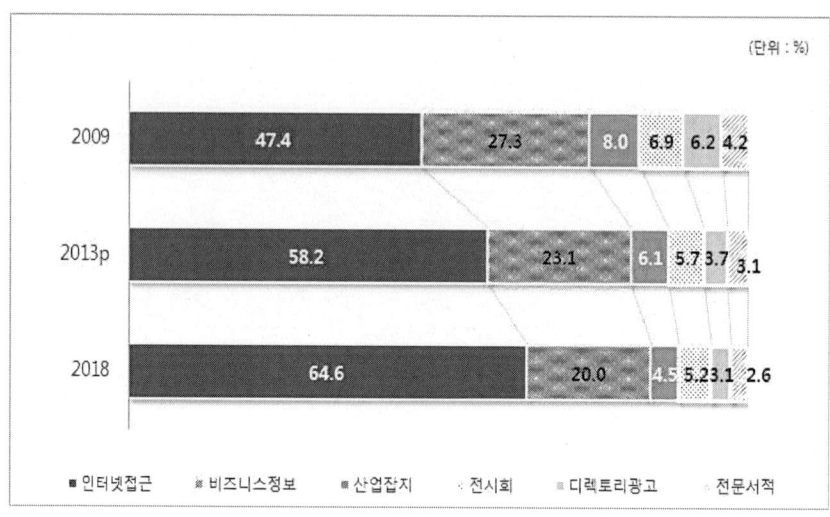

출처 : PwC(2014)

또한 지식정보시장에서 두 번째로 큰 비중을 차지하고 있는 비즈니스 정보시장은 인터넷접근시장의 확대로 2009년 대비 4.2%p 감소한 23.1%의 비중을 보였다. 향후 비즈니스 정보시장의 정체 상태가 한동안 계속될 것으로 예측되면서 2018년 시장점유율은 20.0%까지 떨어질 것으로 예상된다.

가. 인터넷접근

영국의 인터넷접근시장은 성숙단계에 있는 고정 광대역시장과 빠르게 성장하고 있는 모바일 인터넷시장의 영향으로 2013년 전년대비 7.4% 증가한 158억 9,000만 달러를 기록하였다.

향후 고정 광대역시장의 완만한 성장과 모바일 인터넷시장의 빠른 성장이 지속될 것으로 예측되면서 영국의 인터넷접근시장은 2018년까지 연평균 5.4% 증가한 206억 3,200만 달러에 육박할 것으로 전망된다.

2013년 고정 광대역 가입자는 82만 명 늘어난 2,260만 명이었고, 이는 전체 가구 수의 79.3%에 달하는 수치였다. 향후 2018년까지 연평균 2.3% 성장하여 2018년에는 2,540만 가구가 가입할 것으로 예상된다.

2012년 4G 서비스가 시작되어 경쟁이 심화되면서 2013년 모바일 인터넷 가입률은 연평균 8.5%에 달했으며 2018년까지 5,800만 명이 가입할 것으로 예상된다. 모바일 인터넷시장은 향후 2018년까지 연평균 9.3%의 높은 성장을 보이며 112억 2,500만 달러에 육박할 것으로 전망된다.

[그림 2-60] 영국 인터넷접근시장 규모 및 성장률, 2009-2018

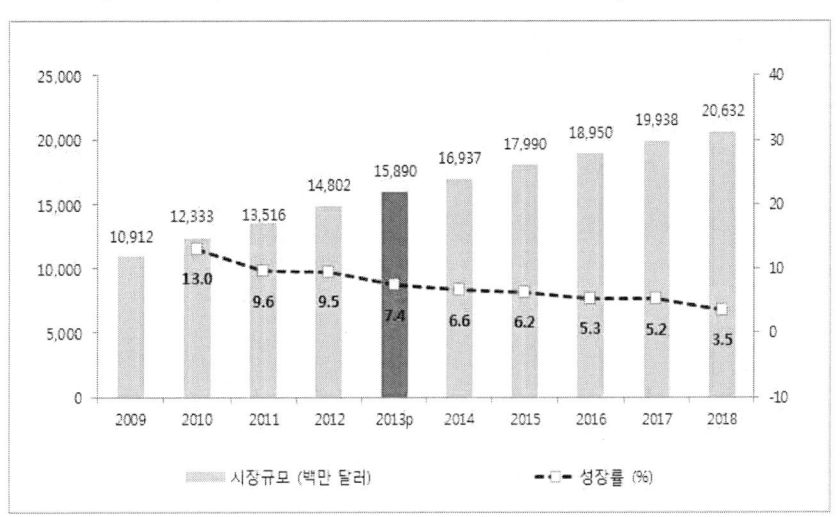

출처 : PwC(2014)

나. 전문정보[10]

2013년 영국의 전문정보시장은 다른 시장과 비교할 때 현재 성숙단계에 있는 시장으로 전년대비 0.6% 하락한 114억 1,000만 달러에 그쳤다.

---

10) 전문정보시장은 인터넷접근을 제외한 지식정보시장(비즈니스 정보, 디렉토리 광고, 전문서적, 산업잡지, 전시회)을 의미함

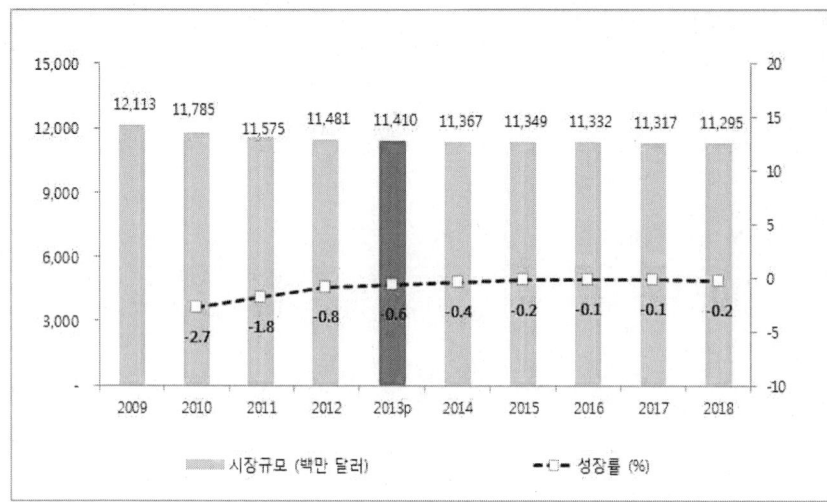

[그림 2-61] 영국 전문정보시장 규모 및 성장률, 2009-2018

출처 : PwC(2014)

　　비즈니스 정보와 전시회 분야가 성장하더라도 디렉토리와 업계지 분야의 구조적 변화로 인한 손실을 상쇄하지 못할 것으로 보이면서 낙관적으로 보더라도 2018년까지 연평균 0.2% 감소한 112억 9,500만 달러에 머물 것으로 전망된다.
　　2013년 비즈니스 정보시장은 63억 1,000만 달러로 영국 전문정보시장에서 55.3%의 가장 큰 점유율을 보이고 있다. 영국의 비즈니스 정보시장은 경기 침체에서 완전히 회복되지 않았고 전통적으로 시장조사가 경제회복에 비해 뒤쳐진다는 점에서 당분간은 정체 상태가 계속될 것으로 보인다. 그러나 현재 영국기업들이 자사의 내부 정보를 분석하고 트렌드를 이해하려는 움직임을 보이고 있고, 빅 데이터의 잠재력을 이용함에 있어 중심지가 되는 것을 목표로 다양한 혁신활동과 서비스를 만들어 내는 노력들의 영향으로 2018년까지 연평균 0.2% 성장한 63억 7,000만 달러 수준을 유지할 것으로 전망된다.
　　디렉토리 광고는 2009년 약 14억 2,700만 달러에서 2013년 10억 2,300만 달러로 하락하였다. 디지털 디렉토리 광고의 빠른 성장으로 2013년 인쇄 광고 수익을 앞질렀지만 급속도로 하락하는 인쇄 광고의 손실을 상쇄하지 못하면서 전년대비 2.8% 감소하였다. 향후 디지털 광고의 빠른 성장에도 불구하고 인쇄 디렉토리 광고 하락이 보다 더 가속화 될 것으로 예상되면서 2018년까지 전체 디렉토리 광고시장은 연평균 0.5% 감소한 9억 9,700만 달러에 머물 것으로 전망된다.

3) 주요 이슈 및 트렌드

(1) 출판

가. 유통업체의 전자출판시장 진출

영국의 대표기업이자 세계 3대 유통업체인 테스코(Tesco)는 '블링크박스 북스(Blinkbox Books)' 서비스를 시작하면서 전체 출판시장의 83%를 점유하고 있는 아마존과 경쟁에 돌입했다. 블링크박스는 2006년 설립된 음악, 게임, 비디오 등을 대여해 주는 온라인 서비스 회사로 2011년 테스코그룹이 지분의 80%를 인수하였다. 이후 테스코는 블링크박스를 통하여 디지털콘텐츠 유통을 대폭 증가하였으며, 2014년 3월 25일 전자책 플랫폼 '블링크박스 북스'의 론칭을 시작하였다. 테스코는 '블링크박스 북스'를 통해 판매하는 전자책의 가격을 인쇄 출판책 보다 30% 할인된 가격에 판매하고 있으며 테스코 회원이 전자책을 구매할 경우 매장 포인트를 획득할 수 있도록 하였다. 현재 테스코는 아마존의 전자책 킨들(Kindle)과 유사한 전자책을 허들(Hudl)이라는 이름으로 판매 중이며 2013년 허들의 매출은 전년대비 245%나 증가한 것으로 발표되고 있다. 영국의 소매서점과 출판업계는 블링크박스 북스가 아마존에 대항하는 업체로 성장할 것으로 전망하였다.[11]

(2) 만화

가. 그래픽 노블(graphic novel)에 대한 관심 증대[12]

현재 영국에서는 해당 분야에 특화된 개인 회사들이 증가하며 대형 출판사들이 그래픽 노블(graphic novel) 목록을 추가하고 있다. 따라서 코믹스와 그래픽 노블에 대한 관심이 높아지고 있으며 만화가들의 활동 범위가 넓어져 서적, 영화, 전시 등을 통해 관중들과 직접적인 소통을 할 기회가 많아지고 있다.

영국은 다른 유럽 국가들과 미국에 비해 코믹스 기반이 강하지 않은 국가였으나 오히려 이로 인해 더욱 다양한 혁신과 독특한 개발을 할 수 있게 되었다. 현재 영국정부는 더욱 폭넓은 구독자들이 관심을 가질 수 있도록 많은 신인 작가들과 협력 중에 있다.

---

11) 한국출판문화산업진흥원, '테스코(Tesco) 전자책 사이트 블링크박스 북스 론칭하다', 2014. 3. 28
12) 한국콘텐츠진흥원, 유럽콘텐츠산업동향, 2014. 4호

나. 다양한 활동을 통해 코믹스에 대한 관심유도

영국은 코믹스와 관련된 다양한 이벤트를 계획 혹은 진행 중에 있다. 국제적인 이벤트들인 Comica festival, London's Expo Comic Con MCMEXPO, Internation Alternative Pres Festival, BICS(British International Comics Show)는 버밍햄(Birmingham)지역에서 주기적으로 진행되며 브리스톨(Bristol)의 Comic Expo, 리즈(Leds)의 Thought Buble 등 영국 각지에서 진행되고 있다. 옥스퍼드의 Caption을 포함해 다양한 이벤트와 London Book Fair를 진행하는 런던 외에 지방에서 진행함으로 독자층이 런던에만 집중되지 않고 영국 각지에서 코믹스에 관심을 가질 수 있도록 유도 중에 있다. 또한 코믹스를 영화로 개작한 포시 시몬즈(Posy Simmonds)의 '타마라드류(Tamara Drewe)', 마크 밀러(Mark Milar)의 '킥애스(Kick As)' 등의 작품들도 영국 관객들이 코믹스에 관심을 가질 수 있도록 도움이 되고 있다.

이와 더불어 다양한 대회를 통해 새로운 인재 양성을 주도하고 있다. 영국 옵서버(the Observer)와 조나단케이프출판사(Publishing House Jonathan Cape)가 개최하는 Graphic Short Story Competition, Manga Jiman Competition 등을 통해 새로운 인재들을 선출하고 있다. 특히 영국정부는 다양한 전시회를 통해 코믹스에 대한 폭넓은 영향을 주고 있다. 링컨(Lincoln)지역에 새로 세워진 화랑에는 훌륭하게 설명된 코믹스 전시회 'Silent Witnesses'가 진행되었으며, 테이트 브리튼(Tate Britain) 예술 박물관에는 'Rude Britania: British Comic Arts'를, 런던 펌프하우스갤러리(Pumphouse Galery)에서는 아담 단트(Adam Dant), 다니엘 멀린 굿브리(Daniel Merlin Godbrey), 데이브 맥킨(Dave McKean), 워런 플리스(Waren Plece)를 초청해 'Hypercomics: The Shapes of Comics to Come'전시를 진행하였다.

포시 시몬즈(Posy Simmonds)와 레이몬드 브릭스(Raymond Briggs)는 최근 왕립문학협회에 가입되었으며 이로 인해 코믹스에 대한 인지도와 평판이 높아질 것으로 예상되고 있다. 지난 2001년 크리스 웨어(Chris Ware)의 '지미코리건(Jimmy Corigan)'이 그래픽 노블 최초로 영국의 주요 문학상인 '가디언 최고 서적상(The Guardian First Bok Award)'를 수상하였으며, 이후 킥 혼비(Nick Hornby), 자디 스미스(Zadie Smith)등의 작가들의 다양한 작품들이 신문 및 문학 서적에 실리게 되면서 인지도와 평판을 높이는데 긍정적으로 작용하고 있다.

또한 영국 내 다수의 대학교들이 코믹스를 주제로 한 강의와 학술대회를 개최하고 있다. 특히 최근 영국에서 여성 작가들에 대한 인식이 개방되며 '코믹스 속의 여자들'이라는 주제를 깊이 다루었으며, 문학, 시각 예술, 영화 등의 다양한 분야에서 코믹스를 자주 다루기 시작하고 있다.

런던 내에서는 데이비드 로이드(David Lloyd)가 가르쳤던 런던카툰센터(London carton centre), 버벡(Birbeck), 왕립예술대학교(Royal Colege of Art)가 시각 편집, 삽화 과목을 시작하였다.

(3) 음악

가. 음악산업의 디지털화[13]

영국은 유럽 국가 중 디지털화에 빠르게 적응해가며, 70개 이상의 합법 음악 온라인 서비스를 운영하는 등 디지털 음악시장에서 빠른 성장세를 보이고 있다.

레코드 레이블의 경우도 디지털 유통 채널을 통해 온라인과 모바일 음악 서비스를 유럽 다른 나라들보다 빠르게 시작하였으며, 디지털 앨범과 음악 스트리밍 서비스의 성장에 따라, 2012년 디지털 음악 판매 수입이 처음으로 일반 판매 수입을 추월하였다.

[표 2-20] 영국 음악시장 포맷별 판매 수입, 2012-2013

[단위 : 천£]

구분		2012	2013	증감률(%)
피지컬 포맷	싱글	2,148	2,254	△6.8
	앨범	366,740	344,182	△6.2
	뮤직 비디오	21,213	18,924	△10.8
	합계	390,371	365,360	△6.4
온라인	싱글	127,365	121,716	△4.4
	앨범	134,266	160,468	19.5
	뮤직 비디오	2,198	1,604	△27.0
	합계	263,829	283,788	7.8
스트리밍	서브스크립션	39,836	54,684	37.3
	광고 기반	14,526	19,042	31.1
	클라우드	-	3,014	-
	합계	54,362	76,740	41.2

출처 : Tim Ingham(19 February, 2014), 코카포커스 재구성

나. 스트리밍 서비스와 앨범 다운로드 강세[14]

영국 음악산업의 2013년 스트리밍 판매 수입(7,674만 파운드)은 전년(5,436만 파운드)대비 41% 증가하였다. 이러한 디지털 음악 수입은 영국 음반산업 총수입의 50%를 차지하여 디지털 음

---

13) 한국콘텐츠진흥원, 코카포커스, 2014. 03호
14) 한국콘텐츠진흥원, 코카포커스, 2014. 03호

악을 중심으로 음악산업이 개편되고 있는 상황이다. 디지털 싱글앨범 판매는 전년대비 4.4% 감소하였으나, 서브스크립션 스트리밍(subscription streaming)[15] 서비스는 37.3% 증가하였다.

또한, 2013년 스트리밍된 건 수(74억 건)는 2012년(37억 건) 대비 2배 증가하였으며, 음악 스트리밍 서비스는 클라우드 서비스의 확대로 인해 빠른 성장세를 나타내면서 전체 영국 음악산업 성장을 견인(전년대비 1.9% 성장)하고 있다. 2012년 5월에 등장한 '오피셜 스트리밍 챠트(Official Streaming Chart)'는 디지털 스트리밍 포맷에 대한 레코드 비즈니스와 소비자 모두의 관심이 증대한 결과라고 할 수 있다.

이와 더불어 앨범 다운로드 또한 강세를 보이고 있다. 앨범 다운로드 판매수입은 전년(1억 3,427만 파운드) 대비 약 19.5% 증가하였으며, 2013년 바스틸(Bastille)과 같은 신인 영국 아티스트의 디지털 앨범 판매(Title: Bad Blood)와 디지털 편집 앨범, 디지털로만 발매된 비욘세의 '프리미엄' 에디션 앨범의 판매 증가에 따른 것으로 분석되고 있다.

다. 앨범 포맷 형태와 음악출판 산업계 수익채널 다변화[16]

2013년 영국은 오프라인음반의 수입은 감소하였으나 오프라인음반 중 LP판매 수입은 증가하고 있는 것으로 나타났다. 영국 음반산업 수입 중 오프라인음반[17]은 아직 절반 이상을 차지하여 여전히 중요한 포맷이라고 할 수 있다. 2013년 CD와 싱글, 뮤직 비디오 판매 수입은 3억 6,540만 파운드로 예상치보다 낮은 6.4% 감소한 것으로 조사되었다. 그러나 LP 판매수익은 전년(2012년) 대비 49% 증가세를 보이며 1,210만 파운드의 수입 발생 및 2013년 총 앨범 수입의 2.4%를 차지하고 있다. LP 판매는 1994년 이후 가장 높은 수준의 판매량을 보이며 2013년에는 전년대비 판매수량 100.8% 증가하였다.

또한 음반출판업은 다른 소스와의 협력을 통해 수익 채널 다변화를 도모하고 있다. 초기 음반판매량 감소 후 음악 출판[18]은 음반판매에 큰 영향을 받았지만, 기존의 전통적인 모델 이외의 다른 소스와의 협력을 통해 수익 채널의 다변화를 도모하고 있다.

음악 출판사들은 불법 침해로 큰 타격을 받았던 음반 부문에 비해 상대적으로 영향을 적게 받았다. 음악 출판업은 사업 성격상 아티스트 개발과 음반 제작, 마케팅, 광고, 유통 등과 관련된 비용이 발생하지 않아 음반사보다 높은 투자 수익률이 창출되고 있다.

복제권 로열티 손실이 오프라인 앨범 판매 감소로 인해 발생하였으나, 디지털 다운로드 판매 증

---

15) 매월 잡지나 신문을 구독하듯, 소비자들이 온라인 스트리밍 콘텐츠를 체험하기 위해 소비자가 신청을 하면 업체가 다양한 콘텐츠를 제공해주는 신개념 유통 서비스
16) 한국콘텐츠진흥원, 코카포커스, 2014. 03호
17) Physical Format : 음반 등의 제품을 디지털이 아닌 CD, LP 등의 물체에 담아내는 형태
18) 대부분의 메이저 레이블은 출판(Publishing) 부문을 가지고 있는데, 이는 전체 수익의 약 1/3을 차지하고 있음

가로 인해 안정적 상태를 유지하고 있다.

현재 영국은 음반 판매 수입이 가장 많고, 음악 출판 수입[19]이 그 뒤를 이으며 증가세를 나타내고 있다. 특히, 유럽 국가들의 공연 저작권 수입이 지속적으로 증가하여, 영국의 경우 가장 높은 성장세를[20] 나타내고 있다.

라. Radical.FM의 새로운 수익모델 제시

영국의 Radical.FM은 무료로 라디오 스트리밍 서비스를 서비스하는 업체이다. 이 회사는 비트페이(Bitpay)를 통하여 비트코인(Bitcoin)을 기부 받아 음악의 무료서비스와 무료 광고를 위해 사용한다고 밝혔다. 이 결정으로 인하여 2,500만 개의 노래를 무료로 서비스할 수 있게 되었다고 밝혔다. Radical.FM의 최고 경영자 Tom McAlevey는 디지털 시대의 비트코인과 같은 전자화폐의 허용이 스트리밍 산업에 적절한 모형이 될 수 있을 뿐만 아니라 Radical.FM이 추구하는 음악의 질적 향상이 지속될 것이라 하였다.[21]

(4) 게임

가. 영국 지상파방송사 교육용 게임개발[22]

영국정부가 지난 2014년 1월 어린이 코딩 교육을 위한 프로젝트 'YEAR of CODE'를 위해 50만 파운드를 투자했으며, 영국 지상파방송사 비비씨(BBC)는 영국정부와 제휴를 맺고 어린이 코딩 교육 게임을 개발하기 시작하였다. 비비씨는 지난 10월 22일 영국 어린이 코딩 프로그램이자 웹게임인 'The Doctor and The Dalek'을 자사 웹사이트 CBBC(www.cbeebies.com)에서 공개하였다. 드라마 '닥터 후'에서 주인공 역을 맡은 피터 카팔디(Peter Capald)가 직접 게임 내레이션을 했으며, 게임 화면에는 달렉(Dalek)이라는 로봇이 등장한다.

'The Doctor and The Dalek'은 웹게임이지만 어린이들이 프로그램 교육을 통해 직접 코딩을 할 수 있도록 제작되었다. 6~12살 어린이들을 위해 제작된 'The Doctor and The Dalek'은 프로그래밍 도구와 방법을 탐색하고 주어진 문제를 해결하는 방식으로 진행된다. 즉, 적군에게서 달렉을 안전한 곳으로 이동시키면서 목표를 수행하는 것이다. 게임에 나오는 등장인물이나 줄거리는 드라마 '닥터후'에서 다룬 내용으로 구성되어 있다.

---

19) 라이브 공연, 라디오 방송, 영화 TV 삽입곡 등에 대해 징수
20) 2006년과 2010년 사이 18%가 증가하여, $11,110만의 수입 발생
21) Radical.FM, Radical.FM Now Accepts Bitcoin Donations, 2014. 8. 15.
22) 한국콘텐츠진흥원, 글로벌게임산업트렌드, 2014. 11. 1호

나. 21억 달러 게임시장 모바일이 주도

영국 모바일 게임시장 규모는 약 8억 달러로 전체 디지털 게임시장의 1/3을 차지하고 있다. 시장조사업체 슈퍼데이터리서치(SuperData Research)가 최근 발표한 보고서 'Derisking game development in the digital era'를 통해 영국 디지털 게임시장의 현황을 분석하였다.

- 영국 디지털 게임시장 규모는 2014년 21억 달러를 돌파할 전망으로, 그 중 모바일 게임시장 규모가 8억 1,200만 달러를 기록할 전망
- 시장 분석을 위한 인터뷰 참여기업 중 현재 모바일 게임을 제작 중이라고 응답한 기업이 전체의 40%를 넘어선 가운데, PC 게임과 콘솔 게임을 개발 중이라는 응답은 각각 23%와 19%에 불과
- 전체 게임 타이틀의 43%가 12개월 이상의 수명으로 기획되었으며, 게임업체들은 비즈니스모델의 리스크 요소를 극복하기 위해 효율적인 게임 제작 프로세스와 전략적 파트너십이 중요하다고 응답
- 인디 게임개발자들은 수익 창출의 어려움으로 인해 중대형 게임업체보다 더 많은 리스크에 노출된 것으로 평가
- 조사 대상 게임업체 중 32%는 캐주얼 게이머들에게 초점을 맞추고 있다고 응답했으며, 코어 게이머를 공략한다는 응답은 24%를 기록
- 디지털 판매 채널 확대에도 불후하고 전통적 마케팅 전략 여전히 유효
- 슈퍼데이터리서치는 41개 기업에 대한 인터뷰와 5가지 심층 사례 분석을 통해, 디지털 게임 시대를 맞이해 다양한 신기술과 플랫폼이 등장했으나 게임업체들의 시장 전략은 전통적인 방식에 비해 크게 달라지지 않았다고 분석하였다.
- 디지털 게임 시대에는 게임 제작자와 게이머 사이의 거리가 상당히 좁혀졌음에도 불구하고, 전통적인 소매 방식의 게임 비즈니스에서와 마찬가지로 대형 자금이 투입된 강력한 마케팅 전략이 필요
- 게이머들이 상대적으로 단순한 게임을 통해서 과거에 비해 훨씬 더 정교한 경험을 원하는 것도 게임업체들이 게임개발의 리스크를 피하기 위해 고려해야 할 요소
- 한편, 전체 조사 대상기업의 34%는 최근 비즈니스모델을 변경한 바 있으며, 조만간 비즈니스모델 변경을 고려중이라는 응답도 24%를 차지

다. 영국의 한국 게임산업 유치 노력 가속화[23]

영국정부가 한국에서 찬반논쟁 중인 '게임중독법'을 이용해 한국의 게임산업을 영국으로 이전하도록 유혹하는 전략을 펴고 있어 한국 게임기업들의 영국 투자진출 확대가 예상되고 있다.

영국 학계는 한국에서 제기된 게임중독에 과학적 근거가 없다고 공개적으로 반박함과 동시에 한국이 자유국가 중 유일하게 청소년의 게임 시간을 국가에서 규제하는 '게임 셧다운제'를 운영하는 게임탄압국이라고 비난하였다.

영국정부는 수출진흥기관 무역투자청(UKTI)을 한국 게임행사에 참가시켜 영국의 '親게임환경'에 대해 홍보해 한국기업을 영국으로 유치하려 노력 중에 있다.

게임산업은 한류로 통하는 한국 문화상품 수출에 있어 사실상 가장 큰 비중을 차지하는 만큼 게임업계의 해외 이전이 가속화되면 한류산업이 붕괴될 우려가 제기되고 있으며 반대로 한국 게임산업의 영국 투자진출 및 양국 간 협업 확대가 기대되고 있다.

영국의 IT 종사자들과 문화 전문가들은 인터넷상에서 한국이 이미 실시하는 '셧다운제'(청소년이 특정 시간대에 게임을 못하도록 강제하는 제도)의 연장선상으로 이해하고 이를 국가 차원의 인권탄압이라고 비난하였다. 영국 학계 또한 게임 중독법에 대한 비판여론을 형성하고 있으며, 특히 글래스고 대학은 "게임이나 TV 시청은 아이들의 정서불안과 같은 문제와 아무런 연관성이 없다"는 연구결과를 발표, 이는 영국 주요 일간지와 포브스(Forbes) 등 외신에 보도되었다.

게임 셧다운제로 큰 매출감소를 겪은 한국 게임개발사들은 본사를 해외로 이전하는 방안을 검토 중에 있다고 보도되었다. 일부 보도 자료에 따르면 한국 최대 게임개발사인 N사, G사, D사 등은 온라인 게임의 개발과 퍼블리싱을 해외에서 추진하기로 결정하였다.

게임산업은 평균 400억~500억 원대의 개발비가 투입되는 대작 게임, 300억 원 이하 중작, 100억 원 이하 소작까지 다양한 개발 스펙트럼을 보유해야 하기 때문에 한국에서 게임개발 선순환 구조가 축소되면 해외로 이전해 개발을 진행할 수밖에 없다고 보고 있다.

이에 영국정부는 게임중독법 사태를 한국 게임산업의 영국 유치를 위한 호재로 인식하고 있다. 세계 게임업계에서 한국은 가장 영향력 있는 시장 중 하나이며, 특히 온라인 게임 분야에서는 가장 경쟁력 있는 국가로 리니지 시리즈와 같은 한국산 대작 게임이 전 세계 최대 점유율을 보이고 있다.

한류산업 중 가장 큰 비중을 차지하는 게임산업은 K-pop 음악 수출의 약 7배에 달하는 연 3조 원의 수출규모를 자랑하기 때문에 영국은 한국의 게임산업을 자국으로 이전하기 위해 각종 혜택을 마련 중에 있다.

지스타 2013에 참가해 영국외무성(FCO)과 영국 무역투자청(UKTI) 공동주최 형식으로 세미나를 개최했으며 경쟁국과 유사한 영국의 게임산업 지원 정책에 대해 설명하였다.

---

[23] KOTRA 글로벌윈도우, '게임중독법? 영국으로 망명하라' 영국정부의 유혹, 2013.11.29

영국정부는 영국 진출기업의 게임개발 시 '엔터테인먼트산업 감세 원칙'을 적용해 판매수익 규모에 따른 차등감세를 지원함과 동시에 게임개발에 사용되는 기술적 연구개발에 대한 특허박스(Patent Box) 적용을 통해 법인세 감면을 약속하였다. 특히, 영국은 스코틀랜드 에든버러에서 개발돼 2013년 최고의 대작게임이 된 'GTA V'를 비롯해 툼레이더, 페이블 등 세계적 히트작들을 개발한 국가라고 소개하면서 한국의 개발사들이 해외 개발을 고려한다면 영국이 가장 적합한 인프라를 갖추고 있다고 홍보하고 있다.

현재 영국에는 약 2만 7,000명이 게임산업에 종사하고 있으며 488개의 게임개발 스튜디오가 있다. 이는 유럽 국가 중에서 가장 많은 것으로 이 중 95%는 249명 이하의 중소기업이다.

영국 내 게임 유통은 77%가 패키지가 아닌 온라인 다운로드 판매로 이뤄지며 그 중 37%는 모바일 게임, 32%는 PC용 온라인 게임이 점유하기 때문에 패키지 게임이 거의 전무하다. 이에 따라 온라인 판매에만 의존하는 기형적 구조의 한국 게임산업에 안정적 수익기반을 제공할 수 있을 것으로 보고 있다. 모바일 게임 비중 확대는 세계적인 추세로 한국에서도 모바일 게임에 의한 전체 게임시장 잠식이 우려되나 수익률이 매우 저조한 안드로이드가 OS 점유율의 92%에 달하면서 수익악화가 우려되고 있다.

반면, 영국의 경우 수익률이 약 4배 이상인 iOS 모바일 게임개발이 주를 이루며 특히 'CSR 레이싱'과 같은 게임은 모바일로 매월 약 2,000만 달러의 순수익을 기록하기 때문에 한국 모바일 게임의 수익구조 개선에 용이한 시장으로 평가되고 있다.

(5) 영화

가. 해외 시장에서 영국 영화의 성공

북미시장에서 영국영화 '그래비티(Gravity)'는 2014년 2월 기준, 2억 6,820만 달러의 수익을 기록하였고 '분노의 질주 : 더 맥시멈(Fast & Furious 6)'은 2억 3,870만 달러, '토르 : 다크월드(Thor: The Dark World)'는 2억 550만 달러의 수익을 올렸다.

영국영화는 유럽에서도 많은 판매고를 올렸는데 '분노의 질주'는 유럽에서 1,400만 명이 관람하였고 '러시(Rush)'는 300만 명이 관람했다. 남미국가에도 개봉되었는데 아르헨티나에서 5,690만 달러의 수입을 올렸고 브라질에서 1억 1,410만 달러, 멕시코에서 1억 3,730만 달러, 베네수엘라에서 5,300만 달러, 콜롬비아에서 2,490만 달러, 칠레에서 1,720만 달러의 수입을 올렸다.

아시아에도 최고 흥행 영화는 '그래비티'였으며 중국에서는 '분노의 질주'였다. 영국영화는 중국에서 2억 6,600만 달러, 일본에서 1억 1,570만 달러, 한국에서 1억 4,340만 달러의 수익을 거두어 들였다.[24]

나. 주문형 비디오 시스템(VOD) 시장의 성장

2013년 영국의 주문형 비디오 시스템 시장은 3억 2,300만 파운드로 추정되며 2012년과 비교하여 37% 성장하였다. 수익은 2012년의 1억 2,400만 파운드보다 56% 성장한 1억 9,300만 파운드였다. 두 해 연속으로 온라인 주문형 비디오의 이익은 TV에 기반을 둔 수익을 크게 넘어섰다.[25]

영국인이 가장 많이 이용하는 주문형 비디오 시스템은 구글플레이(Google Play)와 블링크박스(Blinkbox)를 이용하여 다운로드 대여(Download to rent: DTR)를 하는 방식과 아이튠즈(Itunes) 또는 엑스박스 비디오(Xbox Video)를 이용하여 다운로드(Download to own: DTO)하는 방식이다. 이 외에도 영국인들은 아마존 프라임 인스턴트 비디오(Amazon Prime Instant Video)와 넷플릭스(Netflix)처럼 무제한 접속방식을 선호하기도 하였으며 영국방송(BBC)의 아이플레이어(iplayer)를 이용한 무료 시청을 선호하기도 하였다.[26]

[그림 2-62] 주문형 비디오를 통한 수익

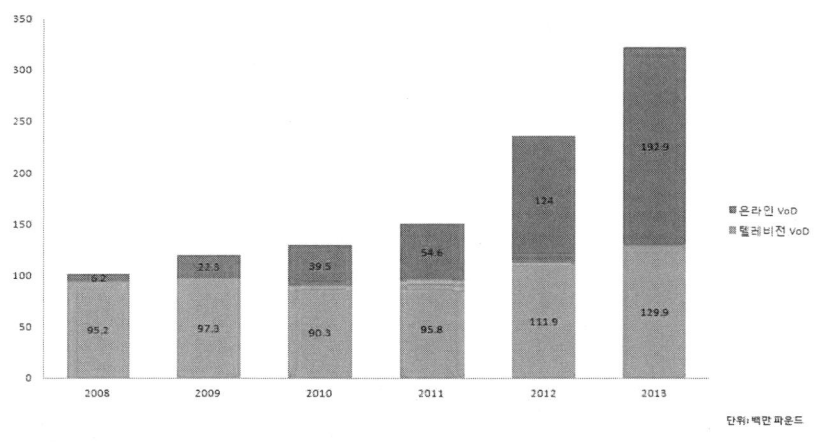

출처: BFI

다. 전문 영화관 증가

영국은 다수의 상영관을 갖춘 멀티플렉스(Multiplex) 영화관이 주류였으나 정부의 소규모 영화관 지원 정책과 자선단체를 통한 지역 영화관 지원에 의해 2009년 39%였던 멀티플렉스 영화관은

---
24) BFI, StatisticalYearBook, 2014
25) BFI, StatisticalYearBook, 2014
26) BFI, StatisticalYearBook, 2014

2012년에 37%로 하락하였다. 또한 국내외의 예술영화 또는 아방가르드영화, 독립 영화, 단편영화, 고전영화 등을 전문으로 상영하는 소규모이며 소수 관객을 위한 전문적인 영화관 '아트 하우스(Art House)'처럼 특화된 극장이 최근 몇 년간 빠르게 증가하고 있는데 2012년에 조사된 바에 의하면 영국 전체 상영관의 7%를 점유하였으며 빠르게 증가하고 있다.[27]

(6) 애니메이션

가. 미국 작품이 주류인 극장용 애니메이션

영국은 문화적으로 역사와 전통을 가지고 있는 나라이기 때문에 애니메이션 분야에서도 제작이나 관람 등이 활발할 것으로 예상된다. 하지만 예상과는 다르게 극장용 애니메이션 부분은 미국에게 완전히 자리를 내 주고 있는 상황이다.

2013년 영국에서 개봉된 애니메이션은 총 33편이다. 애니메이션은 개봉작 수 면에서 점유율이 약 4.7%이지만 수입 면에서는 총 박스오피스 수입의 약 21.4%를 차지하며 다른 장르를 누르고 1위를 차지했다. 애니메이션의 총 수입은 2억 4,660만 파운드이며, 2013년 개봉된 애니메이션 중 가장 많은 수익을 올린 작품은 '슈퍼배드 2 (Despicable Me 2)'이다.[28]

[그림 2-63] 슈퍼배드 2 이미지

---

27) Deloitte, Media Consumer 2014
28) BFI, Statistical Yearbook 2014

'슈퍼배드 2'는 크리스 리노드와 피에르 코핀이 메가폰을 잡고, 러셀 브랜드, 벤자민 브랫, 켄 정, 미란다 코스그로브 등이 목소리 연기를 맡았다. 돌아온 악당 그루(스티브 카렐)와 그의 입양된 딸들, 그리고 미니온들도 등장한다. '슈퍼배드 2'는 '토이 스토리 3(Toy Story 3)', '슈렉 2(Shrek 2)', '토이 스토리 2(Toy Story 2)'에 이어 영국에서 개봉된 애니메이션 중 네 번째로 흥행 수입이 높은 영화로 자리매김했다.[29]

[표 2-21] 2013년 영국 흥행수익 상위 애니메이션

영화제목	제작국	박스오피스 수익 (백만 파운드)	배급사	관람 등급
슈퍼배드 2	미국	47.5	유니버설	전체관람가
겨울왕국	미국	38.6	월트 디즈니	보호자 동반 전체관람가
몬스터 대학	미국	30.7	월트 디즈니	전체관람가
크루즈 패밀리	미국	26.8	20세기 폭스	전체관람가
주먹왕 랄프	미국	23.8	월트 디즈니	보호자 동반 전체관람가
에픽 : 숲속의 전설	미국	13.8	20세기 폭스	전체관람가
하늘에서 음식이 내린다면 2	미국	12.5	소니 픽처스	전체관람가
개구쟁이 스머프2	미국	12.4	소니 픽처스	전체관람가
터보	미국	11.9	20세기 폭스	전체관람가
비행기	미국	9.0	월트 디즈니	전체관람가
다이노소어 어드벤처 3D	미국/인도	6.0	20세기 폭스	전체관람가
저스틴	스페인	3.2	eOne Films	전체관람가

출처 : BFI Statistic Yearbook 2014

상위를 차지한 애니메이션들은 대부분 미국에서 제작된 것으로 영국 애니메이션의 비중은 미미하다. 관람등급도 전체관람가 혹은 보호자 동반 전체관람가로 주로 아동을 타겟으로 한 작품들이 흥행한 것을 알 수 있다. 2013년 영국에 의해 독자적으로 제작된 영화는 총 139편이었는데 개봉

---

[29] 영화진흥위원회, <슈퍼배드 2>, 2013년 영국 박스오피스 최고의 영화로 등극, 2013.08.22

한 자국 애니메이션은 단 5편이었다. 자국에서 독자적으로 제작된 애니메이션으로 거둬들인 수익은 190만 파운드였고 '모시 몬스터: 더 무비(Moshi Monsters: The Movie)'가 가장 인기가 많은 작품이었다.30)

나. 영국 애니메이터에 대한 설문조사 실시

애니메이터들에 대한 설문조사로 영국 애니메이션산업 구조를 파악하고 있는 보고서가 발표돼 주목을 끌고 있다. 영국의 실험적 애니메이션을 지원하는 비영리기구 '애니메이트 프로젝트(Animate Projects)'가 발표한 보고서에서는 장편 애니메이션에 참여하는 애니메이터의 비율이 낮으며, 이들은 전반적으로 자금 부족을 겪고 있다고 지적했다.

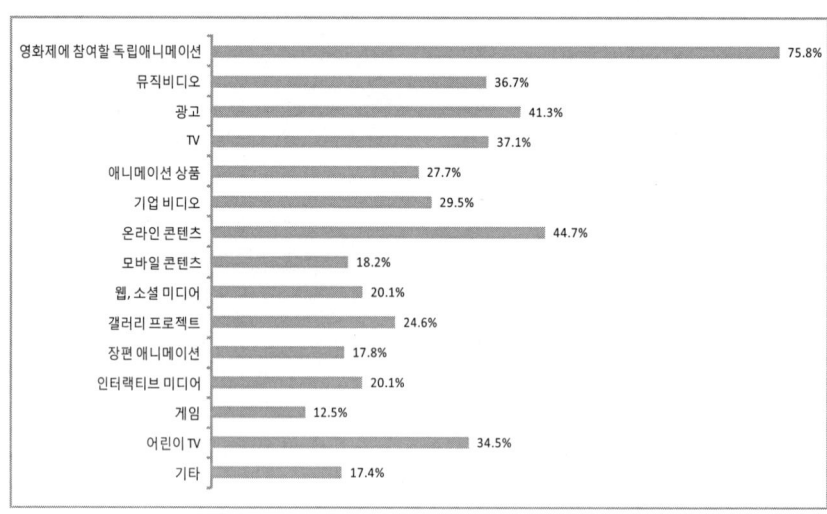

[그림 2-64] 애니메이터들이 작업 중인 프로젝트 종류

출처 : Accelerate Animation Report 2013

보고서에 따르면 국가차원의 프레임워크가 제대로 갖춰지지 않아 애니메이터들이 졸업 이후의 진로를 제대로 결정하지 못하고 있지만, 애니메이터들은 독립애니메이션부터 뮤직비디오와 컴퓨터 게임에 이르기까지 다양한 종류의 애니메이션 작업에 참여하고 있다. 특히, 보고서는 독립 애니메이션을 영국 애니메이션의 진정한 영혼으로서 높이 평가했다.31)

영국 전역의 애니메이터들을 대상으로 한 설문을 보면, 현재 작업 중인 프로젝트의 종류에 대한

---

30) BFI, Statistical Yearbook 2014
31) Cartoon Brew, British Animation Landscape is Robust but Underfunded, New Report Reveals, 2013.12.17

질문(중복 답변)에, 응답자의 최대인 75.8%는 영화제 등에 참여할 독립 영화에 참여하고 있다고 밝혔다. 이어서 44.7%는 온라인 프로젝트, 41.3%는 광고에 참여하고 있으며, TV 와 뮤직비디오가 각각 37.1%, 36.7%를 차지했다. 반면 장편 애니메이션에 대한 참여 비율은 비교적 낮은 수치인 17.8%에 불과했는데, 이는 미국의 애니메이션산업의 통계 수치와 비교할 때도 낮은 수준이다. 보고서는 또 한 가지 중요한 점으로 전반적인 자금 부족을 강조했다. 실제로 조사 응답자의 36%만이 자금 지원을 받고 있으며, 86%가 스스로 자금을 마련하고 있다고 답했다. 2011년 영국정부의 긴축 예산 정책의 일환으로 예술위원회가 프로젝트에 대한 자금 지원을 중지함에 따라 애니메이트 계획은 종료되었지만, 애니메이트 프로젝트는 이후에도 유지되며 창의적인 애니메이션을 지원하기 위한 새로운 방법을 계속해서 모색하고 있다. 현재 해당 기구는 'Accelerate Animation'이라는 새로운 목표를 설정하고 2014년 봄부터 활동을 시작하고 있다.[32]

다. 어린이 애니메이션으로 부활하는 클래식 TV 시리즈

애니메이션 붐을 타고 현재, 영국에서는 기존의 애니메이션 작품들을 리메이크하는 시도를 보이고 있는데, 1980년대 인기를 끌었던 영국의 인기 어린이 만화인 '수퍼테드(SuperTed)'가 30여 년 만에 TV 시리즈로 부활한다. 2014년 7월에 제작을 결정한 BBC는 2016년까지 총 26개의 에피소드를 제작할 예정에 있다. 크리에이터인 마이크 영(Mike Young)은 원작의 성우들을 가능하면 그대로 기용하겠지만, 주 캐릭터인 수퍼테드는 시대의 변화와 현재 시청자들의 눈높이에 맞춰 이미지를 변화시킬 것이라고 밝혔다.[33] 수퍼테드 이외에도 여러 작품들이 리메이크되어 2015년에 방영될 예정이다.

[표 2-22] 리메이크 계획 중인 영국의 어린이 애니메이션 프로그램

이미지	제목	설명
	데인저 마우스 (Danger Mouse)	1980년대 인기 TV 애니메이션 시리즈로 2015년 CBBC에서 방영 계획

---

32) Accelerate Animation, Accelerate Animation, 2013.11.22
33) Dailymail, Classic children's show SuperTed will return to British screens as the latest series to be revived for new audience, 2014.07.15

이미지	제목	설명
	텔레토비 (The Teletubbies)	90년대 외계인 캐릭터들을 이용해 인기를 끌었던 TV 쇼로 CBBC를 통해 새로운 에피소드가 제작될 예정이나 정확한 방영 날짜는 아직 미정
	썬더버드 (Thunderbirds)	1960년대 공상과학 인형극으로 2015년에 ITV 를 통해 방영 예정
	움블즈 (The Wombles)	1970년대 BBC에서 방송되며 인기를 끌었던 작품으로 2015년 Channel 5에서 방영 예정
	밥 더 빌더 (Bob the Builder)	1990년대말 인기를 끌었던 애니메이션 재주꾼 캐릭터로 Hit Entertainment가 진행중에 있으며 2015년에 방영 예정

출처 : 데일리메일, ATLAS 재인용

(7) 방송

가. 프리미엄 채널과 투 트랙 전략 등장

시장이 성숙기에 접어들면서 각 업체별 성장률이 둔화됨에 따라 방송사업자들의 전략이 다변화되고 있다. 특히 시장 주도적사업자인 BSkyB의 경우 위성방송의 성장세가 한계에 도달, 신규 가입자 확보보다는 기존 DTH 고객을 대상으로 홈 커뮤니케이션 상품을 판매하거나 Sky Plus HD와 Sky Go Extra 등의 프리미엄 상품 판매에 주력하고 있다. 또한 이와 동시에 위성 가입이 필요하지 않은 인터넷 기반의 TV 서비스인 '나우TV (NowTV)'와 영화 대여 서비스 '스카이 스토어(Sky Store)' 등을 론칭, '나우TV 박스(NowTV Box)'와 OTT 단말 등을 통해 제공함으로써 유료 방송 서비스에 부정적이었던 비가입자들을 끌어들이기 위한 노력도 진행하고 있는 상황이다.

이는 IPTV업체들에게도 마찬가지이다. 특히 BT의 경우 EPL과 UEFA 챔피언리그 등 프리미엄 스포츠 콘텐츠를 중심으로 차별화 전략을 강화하고 있으며, TalkTalk와 함께 론칭한 'YouView' 서비스의 경우 IPTV시장 자체를 빠르게 성장시키는 계기로 작용하기도 했다. 이 밖에도 BBC와 ITV 등 지상파(DTT) 방식의 프리뷰(freeview) 서비스의 경우 HDTV와 캐치업(catch-up)TV 등

부가가치 서비스의 론칭으로 이러한 위기를 극복해나가고 있는 상황이다.

독특한 것은 이들 사업자들이 주로 영화와 스포츠, 엔터테인먼트 분야의 콘텐츠를 통해 서비스의 차별화를 시도하고 있다는 점이다. 이는 해당 장르의 콘텐츠들이 가진 매출 파워에 따른 것으로, 전체 채널 매출에서 해당 장르의 채널들이 차지하는 비중은 86.5%에 달한다[34]. 특히 성장률에 있어서는 키즈, 레저, 뉴스 등 타 채널들이 감소세를 보인 것에 비해 스포츠 채널의 경우 전년 대비 13%의 고성장을 보였으며, 엔터테인먼트와 영화 역시 각각 3%의 성장률을 기록했다.

나. Netflix와 Sky의 OTT 시장 양분

타 국가들과 마찬가지로 OTT 서비스의 등장은 시장 지형을 변화시키는 계기로 작용하고 있다. 특히 영국 시청자들의 높은 OTT 수용도를 바탕으로 2012년 영국 시장에 정식으로 진출한 넷플릭스(Netflix)의 경우 2014년 4월을 기준으로 전년대비 57% 증가한 총 390만 명의 순방문객을 기록, 성장세를 꾸준히 이어가고 있다.

[그림 2-65] 영국 OTT서비스사업자별 순방문자 추이

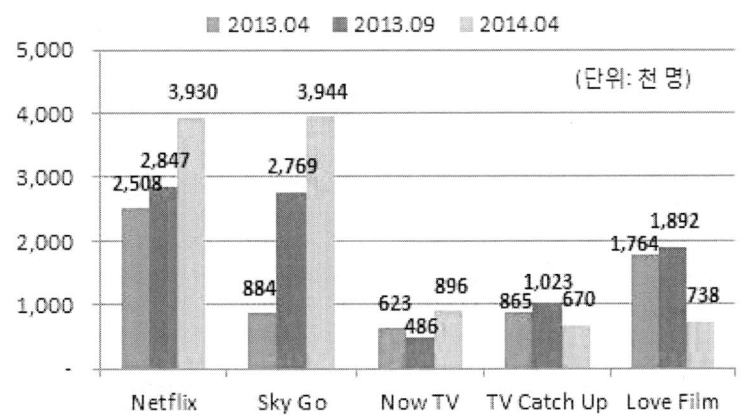

출처 : Ofcom, 2014

이에 영국의 Sky는 온라인TV 서비스 '스카이 고(Sky Go)'와 함께 자사TV와 영화콘텐츠의 시청이 가능한 Sky Go와 해당 콘텐츠의 다운로드 서비스를 제공하는 '스카이 고 엑스트라(Sky Go Extra)'를 론칭, 같은 기간 390만 명의 순방문자수를 확보했다. 반면, 아마존의 러브필름(Loveflim)은 2014년 2월에 발표된 '아마존 프라임 인스턴트 비디오(Amazon Prime Instant

---

34) 방송통신전파진흥원, 영국 TV 및 Audio Visual 산업과 시청자 동향, 2014.10

Video) 론칭 소식과 더불어 급격한 방문자수 감소를 보이는 상황이다[35].

결국 영국 OTT시장은 넷플릭스와 스카이의 양강 구도를 형성하고 있으며, 이 두 업체의 경쟁은 우위를 가리기 어려운 상황이다.

따라서 스카이는 시장 주도권 확보를 위해 영상 스트리밍업체 로쿠(Roku)와 디지털 비디오 펀드 루미나리(Luminari)[36], 온라인 콘텐츠 큐레이팅 서비스업체 플루토TV(Pluto. TV)[37] 등 신규 기술 및 콘텐츠에 대한 투자 강화에 나서고 있다.

특히 미국의 파노라마 3D 영상효과 기술 전문업체 전트(Jaunt)에 2013년 12월과 2014년 7월 각각 35만 달러와 40만 달러의 투자를 진행한 것은 3D 콘텐츠와 같은 다양한 형태의 미디어 서비스를 제공하는 사업자로 거듭나고자 하는 스카이의 전략을 엿볼 수 있는 대목이다[38]. 한편, 스카이 이 외의 타사업자 역시 관련 행보를 강화하고 있다는 점에서 향후 영국 OTT시장의 콘텐츠 경쟁은 더욱 심화될 전망이다.

다. BBC 수신료 인상 관련 논쟁 본격화

영국의 방송과 라디오시장에서 독점적 위치를 차지하고 있는 BBC가 2017년까지 매년 8,000만 파운드의 예산 삭감을 목표로 BBC 3의 지상파 전송 중단과 온라인 전용 서비스 론칭, 600여명의 저널리스트 인력 해고 발표 등의 파격적 행보로 논쟁을 불러일으키고 있다.

이는 4년 전 영국정부와 약속한 수신료를 동결 만료 기간인 2016년이 다가오고 있음에도 불구하고 연 140.50파운드의 수신료를 납부하는 시청자들의 대부분이 수신료 모델의 폐지 혹은 감액을 지지한다는 의견을 밝히면서 수신료 인상이 사실상 불가능해졌기 때문으로 보인다.

이에 BBC는 외부 재원 확충을 위해 2014년 2월에 약 4,000시간 분량의 기보유한 콘텐츠를 BBC iPlayer와 연동해 유료로 판매할 것임을 발표했으며 7월에는 아직 구상 단계에 머물러 있지만, 내부 제작자와 외부 제작자가 콘텐츠 편성에 경쟁적으로 참여하거나 BBC 제작자가 타 방송사나 플랫폼에 프로그램을 공급하는 것을 허용하는 내용의 채널과 플랫폼 개방 계획을 발표하기도 했다[39]. 그러나 이러한 움직임과는 별개로 BBC는 공영방송으로서의 특성을 바탕으로 여전히 수신료 모델을 고수할 방침임을 거듭 강조하고 있어 2016년으로 예정된 수신료 협상 결과에 귀추가 주목되고 있다.

---

35) Ofcom, The Communications Market 2014, 2014.08.07
36) Re/Code, Digital Video Fund Luminari is Raising $40Million, Has Signed on BSkyB, 2014.02.05
37) Variety, BSkyB Invests in Internet-Video Startup Pluto. TV , 2014.10.13
38) Variety, Murdoch's BSkyB Ups Stake in Virtual Reality Company Jaunt, 2014.07.28
39) 중앙일보, 수신료에 걸맞은 콘텐트 생산...BBC "모든 프로그램 완전 경쟁", 2014.07.22

라. 라디오시장의 디지털 전환에 따른 청취 플랫폼의 다양화

2013년 11월 정부의 디지털 라디오 실행 계획이 마무리되고 문화미디어체육부(DCMS)가 라디오시장에서 디지털 청취가 차지하는 비중이 지속적으로 증가하고 있다고 발표했다. 실제로 2014년 2분기에 전체 라디오 청취 시간에서 영국의 디지털 라디오 플랫폼 이용률이 차지하는 비중은 36.8%로 나타났다.

비록 아직 시장의 흐름이 완전히 디지털 플랫폼으로 옮겨온 것은 아니지만, 라디오 청취 방법에 있어서 디지털 플랫폼의 영향력이 어느 정도 강화되기 시작하면서 청취 채널 역시 다양화되는 경향을 보이고 있다. 특히 15세에서 24세의 연령대에서 스마트폰과 태블릿을 이용해 라디오를 청취하는 청취자의 비율은 36.2%로 전년대비 7.5%p의 높은 증가세를 보였다[40]. 이러한 변화는 향후 점차 확대될 것으로 전망되며, 이에 따라 각 방송사 역시 전용 앱의 론칭과 온라인 청취 플랫폼 구축 등의 전용 서비스 출시에 나설 것으로 예상되고 있다.

[그림 2-66] 플랫폼별 라디오 청취시간 비중

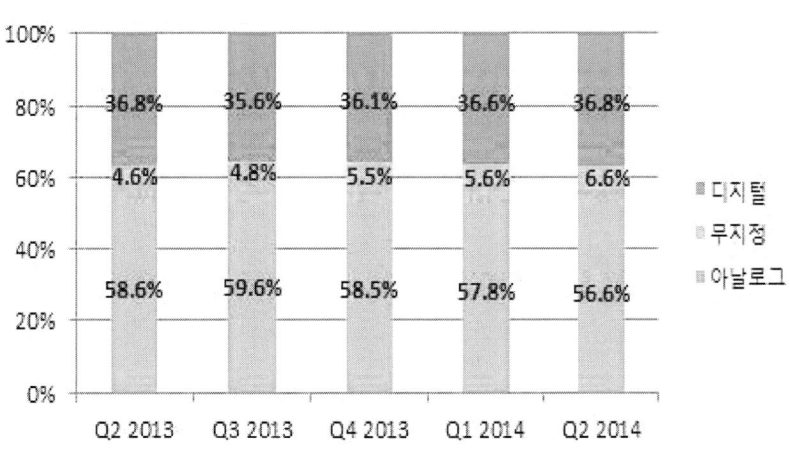

출처 : Ofcom, 2014

---

40) Ofcom, The Communications Market: Digital Radio Report, 2014.09.25

(8) 광고

가. 인앱 광고

모바일로 광고가 넘어오면서 네이티브 광고를 탄생시켰다면 모바일 게임의 활성화는 인앱 스토어 광고를 탄생시켰다.

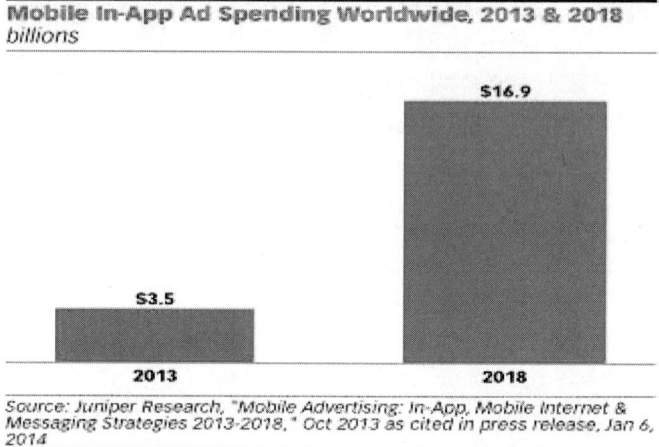

[그림 2-67] 전 세계 인앱 광고 지출액 현황 및 전망 2013-2018

출처 : eMarketer

모바일 게임을 즐기는 사람들이 늘어나면서 모바일 유저들이 많은 시간을 모바일 앱과 보내게 되었고 인앱 스토어(in-app)를 통한 광고의 노출이 많아진 것으로 나타났다. 이마케터(eMarketer)의 연구결과에 의하면 56%의 영국 사람들이 인앱 스토어를 통해 광고를 본 것으로 조사되었다.

2014년 주피터 리서치(Jupiter Research)의 설문에 의하면 인앱 스토어를 통해 광고에 노출되는 사람들이 지출한 금액은 35억 달러였던 것으로 나타났고 2018년 즈음에는 169억 달러의 광고 시장으로 성장할 것이라 전망하였다.41)

시장조사기관 IDC와 모바일 앱 분석업체 '앱애니'의 보고서에 의하면 인앱 광고 매출은 2013년 60%의 성장률을 보였고 앱 개발자들의 40%가 자신의 앱에 인앱 광고를 포함시키는 것으로 나타났다. 더러는 무료 앱을 제공하는 대신 인앱 광고를 통해 높은 수익을 발생시키기도 하고 있다.42).

---

41) eMarketer, In-App Advertising in Fashion in the UK, 2014. 5. 19

한편, 영국의 엔엠케이(NMK, New Media Knowledge)에 의하면 인앱 스토어가 분명히 성장가능성도 있지만 직면한 문제점도 여럿 있다고 밝혔다.

첫째로 인앱 광고는 디스플레이 광고의 한 부분으로 보기에는 타당성이 부족하고 클릭률에 따라 인앱 광고를 볼 수도 안볼 수도 있다는 점도 지적하였다. 또한 인앱 광고는 소비자들이 얼떨결에 나타난 인앱 광고를 생각 없이 꺼버릴 수도 있다는 점도 언급하였다.43)

뿐만 아니라 앱 중에는 인앱 광고를 자동으로 차단해주는 앱도 소개되었다. 애드블러커(Ad Blocker)는 인앱 광고를 제거해주고 빈 공간으로 표시하는 앱으로 2012년에 소개된 바 있다.44)

나. 기기에 따른 디지털 광고 노출도

2014년 8월에 프리휠(FreeWheel)에 의해 발표된 2014년 2분기 보고서 'Video Monetization Report'는 영국인들이 디지털 광고를 접하는 주된 매체를 분석하였다. 컴퓨터를 통해 광고를 접하는 비율이 60%로 가장 높았고 태블릿은 15%, 스마트폰은 17% 기타 OTT와 같은 서비스를 통해 7%의 디지털 광고를 접하는 것으로 나타났다. 스마트폰의 보급률이 증가하고 LTE 통신망의 커버리지가 확대될수록 모바일기기를 통해 디지털 광고를 접하는 비율은 더욱 늘어날 것으로 전망되었다.

[그림 2-68] 영국 기기별 디지털 광고 노출 현황 (2014. Q2)

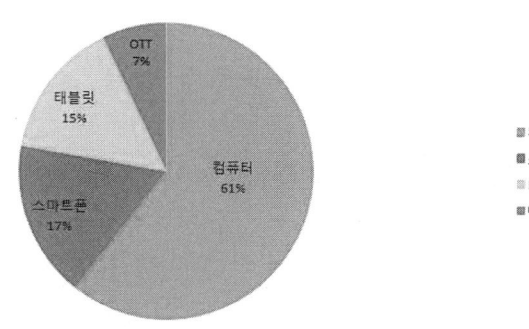

출처 : FreeWheel

---

42) 아이뉴스, 모바일 인앱 광고 3년뒤 온라인 광고 추월", 2014. 3. 27.
43) Knowledge for the digital economy, 2013. 11. 1.
44) Xda, Xposed Module] Xad - Block the google Ad API, 2013. 12. 22.

다. 소셜 네트워크 서비스를 통한 디지털 광고의 증가

영국에서는 소셜 네트워크 서비스 광고가 크게 증가하고 있는 것으로 나타났다. 2014년 전반기에 50%가 증가하였고 2014년 말까지 추가로 10.5%가 소셜 네트워크 서비스를 통한 광고에 노출될 것으로 보인다.

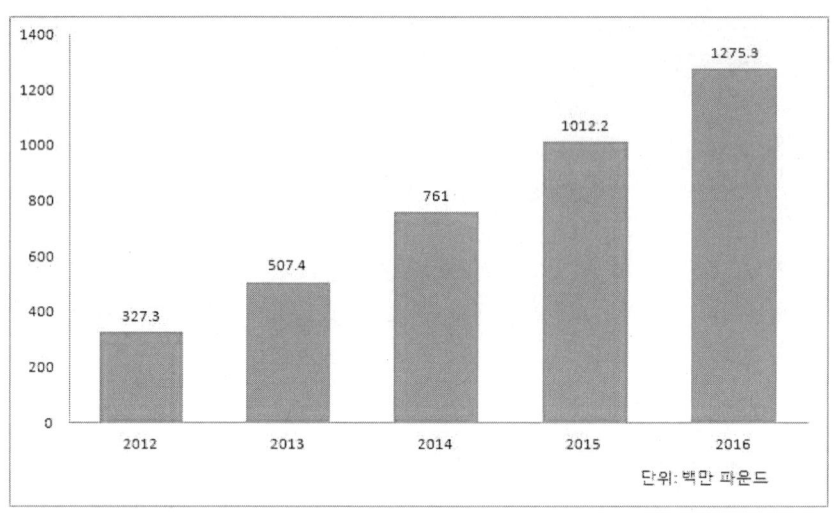

[그림 2-69] 소셜 네트워크 광고 지출

출처 : eMarketer

영국의 전체 디지털 광고 지출은 72억 5,000만 파운드였는데, 이는 2013년 보다 15% 성장한 수치이다. 모바일과 비디오 광고는 계속 증가하여 전체 미디어 광고 소비가 47.9%까지 증가할 것으로 보인다.45) 가장 많은 비용의 광고가 지출되는 소셜 네트워크 서비스는 페이스북이며 전체 디지털 광고의 7.5%를 소비하였다. 2013년에 5억 740만 파운드가 소셜 네트워크 광고에 지출되었고 2016년에는 12억 7,530만 파운드가 SNS 광고에 지출될 것으로 보인다. 트위터는 현재 디지털 광고 부문에서는 매우 작은 규모인 1.3%를 점유하고 있다.46)

---

45) eMarketer.com, Over 10% of UK Digital Ad Revenues to Come from Social Networks, 2014. 9. 18
46) eMarketer.com, Over 10% of UK Digital Ad Revenues to Come from Social Networks, 2014. 9. 18.

(9) 캐릭터·라이선스

가. 아동과 어린이 층 공략하는 영국 캐릭터산업

전 세계적으로 사랑을 받고 있는 영국 애니메이션 캐릭터 중에 가장 잘 알려진 것은 분홍색 핑크 돼지 '페파피그(Peppa Pig)'일 것이다. 페파피그는 유아와 미취학 아동을 타겟으로 다양한 제품들에 응용되고 있는데, 영국의 유명 대형체인마트 아스다(Asda)에 입점해 있는 의류 브랜드 조지(George)는 페파피그 의류를 선보이고 있다. 지금은 의류뿐만이 아니라 식료품과 아이스크림, 베이커리 영역으로 확대되고 있다.[47]

[그림 2-70] 페파피그 이미지

페파피그의 라이선스를 보유하고 있는 엔터테인먼트 원 라이선싱(eOne, Entertainment One Licensing)은 페파피그와 함께 '벤 앤드 홀리스 리틀킹덤(Ben and Holly's Little Kingdom)'을 미취학 아동을 타겟으로 마케팅에 집중하고 있다.

---

47) International Licensing, A Status Report 8th Edition, 2014.

[그림 2-71] Ben and Holly's Little Kingdom 이미지

eOne은 10주년을 맞는 페파피그로 현재 최고의 시기를 보내고 있으며, 호주, 이탈리아, 스페인, 라틴 아메리카, 미국, 러시아, 베네룩스지역 등으로 핵심시장을 확장하고 있다.

[그림 2-72] So So Happy

또한, eOne은 스타일에 관심이 많은 10대들을 타겟으로 한 캐릭터시장을 개척하고 있는데, 화장품, 의류, 디지털 등 다양한 카테고리의 제품을 선보이는 라이프스타일 디자인 브랜드 '쏘쏘 해피(So So Happy)'로 10대들을 위한 시장에서 자리를 잡고 있다. eOne은 미국시장에서 해당 브랜드의 존재를 보다 널리 알리고, 영국과 네덜란드를 포함한 해외 시장까지 영역을 확대하고 있다.[48]

한편, 2012년 영국 방송의 어린이 채널 'CBeebies'에서 방영된 '트리 푸 톰(Tree Fu Tom)'은 높은 시청률과 함께 전 세계의 여러 국가로 라이선스가 판매가 되어 2013년 한 해 동안 아이들의

---

48) Global License!, eOne Pushies Preschool Products, 2014.10.09

학용품과 의류에 캐릭터가 활용되었다. 이 캐릭터는 아동용 스케이트보드와 헬멧까지 영역을 넓혀가고 있다. 마찬가지로 영국 방송 어린이 채널에서 인기리에 방영된 '웨이부루(Waybuloo)'의 제작사 조디악 키즈(Zodiak Kids)도 유아용 용품과 의류에 캐릭터를 접목하였고 영국의 대형체인 마트(Asda)에서 판매하고 있다.

[그림 2-73] Tree Fu Tom과 Waybuloo

 어린이용 콘텐츠를 개발하는 미디어 그룹 쿨라비(Coolabi)는 패션 U.K.(Fashion U.K.)와 라이선스 계약을 통해 어드벤처 '비스트 퀘스트(Beast Quest)' 상품을 내놓는다. 의류 전문기업인 패션 U.K.는 평상복과 잠옷을 디자인하여 영국의 7세에서 10세 미만의 아동을 대상으로 판매에 들어간다. 패션 U.K.의 '비스트 퀘스트'는 짧은팔과 긴팔의 티셔츠, 스웨터, 후드티셔츠, 상위, 조깅화, 단화로 제작되며 잠옷은 파자마 세트와 단벌의 통 잠옷으로 출시한다. 상품도 저가품부터 고가품까지 다양하게 제작한다고 밝혔다.49) 한편, 다국적 방송 프로그램 제작사 ITV Studios Global Entertainment는 영국 플레이모빌(Playmobil)의 설립 40주년을 기념하여 TV 만화 시리즈 '수퍼 4(Super 4)'의 제작에 들어간다. 플레이모빌이 처음으로 제작하는 TV 만화 시리즈 '수퍼 4'는 메서드 애니메이션(Method Animation), 모건 스튜디오(Morgen Studios)와 공동 제작하며 11분 분량의 애니메이션으로 총 52편이 제작된다. 풀 컴퓨터 그래픽 애니메이션으로 제작 되는 '수퍼 4'는 5~9세의 아동을 대상으로 방영될 예정이며 추후 아동을 위한 액세서리와 의류로 출시될 예정이다.50)

---

49) Global License!, Coolabi Signs Deals for Beast Quest, 2014.10.06
50) Global License!, ITV to Rep Playmobil in U.K., 2014. 1. 22.

나. 다양한 상품에 응용되는 영국 애니메이션 캐릭터

영국의 TV 애니메이션 제작사 '플래티넘 필름(Platinum Films)'은 2014년 가을 히트작 '맷 해터 연대기(Matt Hatter Chronicles)'의 시즌 3 공개와 함께 세계 여러 국가에서 소비재 상품의(consumer products) 판매를 개시하며, 글로벌시장에서 새로운 기회를 얻을 수 있음을 보여주었다.51) 캐나다와 공동 제작된 맷 해터 연대기는 2012년 영국에서 처음 론칭한 이래 현재까지 전 세계 80개 이상의 국가에서 20개 이상의 언어로 더빙·번역되어 방송되는 등 큰 성공을 거두었다. 이러한 인기를 반영하듯, 2014년 가을 공개될 새로운 시즌의 프리미어 시사회에는 호주, 인도, 포르투갈, 스페인, 중동, 아일랜드, 남아프리카공화국, 중앙 유럽 등이 포함된다.

새로운 시즌의 프로모션을 위해 영국 최고의 완구 소매업체인 아르고스(Argos)는 전국 영화관에서 캠페인을 벌였다. 맷 해터와 관련된 완구는 3D 멀티비전 롤플레이 아이템, 액션 피규어, 차량 등으로 다양하게 개발되어 2014년 여름 영국에서 히트를 쳤다. 또한 심바 딕키 그룹(Simba Dickie Group)은 올가을 포르투갈, 남아공, 중동, 인도 등지에서 완구를 시판할 예정이다.

그 밖에도 현재 영국에서는 도서(Penguin 社), 남아용 패션(Smith and Brooks 社), 퍼즐(Tatic Games 社) 등 다양한 제품들이 출시되어 있다. 또한 2015년에 론칭할 핵심 카테고리에는 자동차 장난감, 포스터, 문구류, 가정용집기, 가방, 패션 악세사리, 의류(속옷, 잠옷 등), 가정용 악세서리 등이 다양한 제품군이 포함된다.

또한, 40년의 역사를 지닌 영국의 아드먼(Aardman)스튜디오에서 글로벌 진출을 위해 '못말리는 어린 양 숀 (Shaun the Sheep)', '월러스와 그로밋 (Wallace & Gromit)', 'Timmy Time and Morph' 브랜드를 유럽 전역으로 확대하는 라이선스 계획을 발표하였다. 못말리는 어린 양 숀은 최근 영국의 BBC 어린이 TV에서 좋은 인기를 보이고 있으며 지속적으로 시청자들로부터 많은 사랑을 받는 작품으로, 아드먼(Aardman)스튜디오는 2015년에 영화로 제작하여 유럽과 전 세계로 진출할 계획이다.52)

다. 여성 의류에 접목되어 재탄생한 게임 캐릭터

'캔디크러쉬 사가(Candy Crush Saga)'를 제작한 영국의 '킹 디지털 엔터테인먼트(King Digital Entertaintment)'는 여성전문 의류몰 '제라테레즈(ZeraTerez)'와 라이선스를 통해 처음으로 캔디크러쉬 사가 상표의 여성 의류를 출시한다. 게임에서 인기가 많았던 '부엉이(Odus the Owl)', 'Swedish Fish Lollipop Hammer' 캐릭터를 사용하여 활기찬 색을 연출하였고 레깅스 스커트 드레스로 출시된다.53)

---

51) Global License!, Matt Hatter gears up for BLE(Brand Licensing Europe/Expo), 2014.10.09
52) Global License!, Aardman Brands to go Global, 2014. 10. 7.

[그림 2-74] Candy Crush Saga 부엉이 패턴의 의류

출처 : Licenseing Biz

(10) 지식정보

가. 사물인터넷 투자 확대

영국의 기술전략 위원회는 영국형 사물인터넷을 구현하기 위하여 40여개 회사로 구성된 하이퍼캣(HyperCat) 컨소시엄을 출범하였다. 영국형 사물인터넷 표준기술 개발을 시작한다고 발표한 기술전략 위원회는 연구비로 160만 파운드를 하이퍼캣에 투자하기로 하였다. 2014년 가전제품 전시회 세빗(CEBIT)에서 사물인터넷 발전을 위해 민간 기관으로 하여금 4,500만 파운드를 투자하고 2025년까지 1,000억 파운드의 투자시장을 조성할 것이라고 발표하였다.54)

2014년 9월 영국의 디지털 경제 장관 애드 바이지(ED Vaizey)는 '5G Huddle' 프로그램을 통해 사물인터넷, 주파수관리, 데이터 보안, 규제뿐만 아니라 새로운 비즈니스를 모형을 포함하는 5G 기술의 개발을 통해 영국이 5G 기술을 주도할 것이라 밝혔고 영국의 전과학부 장관 데이비드 윌렛(David Willetts)역시 영국이 5G의 표준 제정과 발전을 이끌 수 있는 이상적인 시장을 지니고 있다면서 영국이 5G 무선 기술의 개발을 위한 선구자가 되기를 바란다고 답하였다. 영국은 5G를 이용한 스마트 가정환경뿐만 아니라 스마트 도시로의 확장을 모색하고 있는데 영국의 보다폰(Vodafone)은 독일 드레스덴 기술대학과 협약을 통해 첫 번째 5G 연구실을 열었고 광범위한 연구를 통해 개발자와 회사들에게 기술적 가이드라인을 제시하게 될 것이라고 하였다.55)

---

53) Global License!, King Lines Up Candy Crush Apparel, 2014. 10. 22.
54) KOTRA 해외비즈니스정보포털, 영국 사물인터넷과 무인자동차산업 육성 로드맵 완성, 2014. 9. 18.
55) FierceWirelessEurope, 5G developments gather pace in UK, 2014. 9. 26.

나. 핀테크 산업의 빠른 성장

핀테크(Fintech)란 금융(Finance)과 기술(Technology)의 합성어로 모바일 결제, 송금, 개인자산관리 크라우드 펀딩 등 금융서비스와 관련된 기술을 뜻한다. 핀테크 신생기업들은 해외 송금 외에도 온라인 결제 개인 자산관리, 크라우드 펀딩으로 진화하여 기존 금융권이 가지고 있던 문제의 대안을 내놓고 있다. 영국이 핀테크 산업의 중심으로 빠르게 성장하고 있는 것으로 나타났다. 영국의 핀테크는 최근 5년 사이에 3배 이상 성장하였고 2008년 9억 3,000만 달러였던 핀테크 투자 규모가 2013년 29억 7,000만 달러를 기록하였다.[56)]

핀테크가 각광받게 된 이유는 기존의 금융권이 해결해 주지 못한 중소기업의 수수료 문제를 모바일 앱으로 저렴하게 해결해 주기 때문이다. 실제로 영국에서 치과 예약을 도와주는 '투스픽(Tooth Pick)을 운영하는 조지프 윌리스는 한 달에 500파운드의 금액을 슬로베니아 개발팀에 송금하는데 매달 발생하는 송금 수수료가 원금의 20%수준이었지만 핀테크기업 '트랜스퍼와이즈(TransferWise)를 이용하면서 수수료가 5분의 1로 줄었다.[57)]

영국이 핀테크의 중심지로 성장한 원동력에는 은행과 영국정부의 적극적인 투자가 있었다. 영국에는 세계 10대 은행 중 4개 은행의 본점이 위치하고 있는데 이들 은행은 영국정부와 협력으로 '금융테크혁신연구소'를 설립하여 성장성 높은 핀테크기업에 대한 자금조달 서비스를 빠르게 제공한다. 게다가 전문 인큐베이터와 50개가 넘는 협력기관을 설립하여 핀테크의 초기투자, 행정 및 법률 자문, 외부 투자자 유치 등을 적극 지원한다.[58)]

영국은 투자뿐만 아니라 정책적으로 핀테크기업이 시작하기 좋은 환경을 제공하고 있다. 영국의 금융기관 설립은 아시아권 국가와 달리 규제가 덜한 편이며 핀테크기업 설립 시 35만 유로의 자본금만 있으면 전자 화폐 기관으로 승인해준다. 이러한 점 때문에 많은 기업들이 영국에서 핀테크기업을 시작하는 것으로 나타났다.[59)]

---

56) Accenture, London is Benefitting from Fintech Investment Boom, According to Accenture Study, 2014. 3. 26
57) 한경일보, 영국 금융기술 스타트업 중심지로, 2014. 4. 14.
58) 전자신문, 영국 스타트업이 핀테크를 주목하다, 2014. 10. 27.
59) Daum Finance, 영국 금융기술 스타트업 중심지로, 2014. 4. 15

4) 콘텐츠 소비 실태 및 동향

(1) 디지털 인프라 환경 및 소비 행태

가. 디지털 인프라 환경

2013년 영국의 스마트폰 보급률은 59.5%로 전년대비 9.5%p 증가하였다. 영국의 스마트폰시장은 최근 3년간 폭발적인 성장을 이루어냈는데 남성에서 여성으로 이용층이 넓어졌으며 노년층사이에서도 빠르게 보급되고 있는 것으로 나타났다. 2010년에 45세 이상 74세 미만의 연령층의 스마트폰 이용률은 30%였으나 2013년에 45%로 증가하였다. 이렇게 새로운 스마트폰 이용층이 증가하면서 영국의 스마트폰 이용자는 2018년 72.9%에 이를 것으로 나타났다.

또한, 영국의 모바일 인터넷 보급률은 2013년 60.7%로 전년대비 10.9%p 증가하였다. 영국의 모바일 인터넷시장은 스마트 디바이스시장의 빠른 성장과 함께 모바일을 중심으로 인터넷 이용이 증가하였고 영국의 모바일 인터넷 이용인구가 증가하고 있다. 특히 여성보다 남성을 타깃으로 한 제품군(영화, 게임, 소프트웨어 프로그램) 콘텐츠가 증가하고 있어 영국의 모바일 인터넷 이용자는 2018년 88.8%에 이를 전망이다.

[표 2-23] 영국 유·무선 인터넷 보급률 및 전망, 2009-2018

[단위 : %]

구분	2009	2010	2011	2012	2013p	2014	2015	2016	2017	2018
스마트폰 보급률(%)	-	-	-	50	59.5	65.9	69.7	71.7	72.6	72.9
전년대비증감(%p)	-	-	-	-	9.5	6.4	3.8	2.0	0.9	0.3
모바일 인터넷 보급률(%)	20.6	29.2	38.5	49.8	60.7	71.4	79.4	84.9	87.4	88.8
전년대비증감(%p)	-	8.6	9.3	11.3	10.9	10.7	8.0	5.5	2.5	1.4
고정 브로드밴드 보급률(%)	67.0	70.8	74.0	77.2	79.3	81.6	83.0	83.9	84.4	84.6
전년대비증감(%p)	-	3.8	3.3	3.2	2.1	2.3	1.5	0.8	0.5	0.3

출처 : PwC (2014)

한편, 2013년 영국의 고정 브로드밴드 보급률은 79.3%로 전년대비 2.1%p 증가하였다. 영국의 유선통신시장은 LLU 기반의 유선통신 가입회선이 증가하고 있지만 PSTN과 ISDN 유선통신 가입회선 수는 감소하는 추세이다. BT와 버진 미디어(Virgin Media)의 유선통신 시장점유율이 감소하고 있으나, 자사의 브로드밴드 인프라를 기반으로 정액 요금제와 Triple Play Service 등 번들 형태로 신규 가입자를 유치하고 있어 2018년 영국의 고정 브로드밴드 이용자는 84.6%에 이를 것으로 보인다.

나. 디지털 소비 및 이용 행태

Consumer Barometer with Google에서 2014년 3월 영국인들을 대상으로 인터넷 이용 행태에 대해 조사한 바에 의하면 응답자의 65%가 하루에 한두 번 정도 인터넷을 이용하는 것으로 나타났다. 그 다음으로 하루 한 번 정도 이용하는 경우가 19%, 한 주에 2~6회 이용은 9% 등의 순으로 조사되었다.

[그림 2-75] 영국인들이 선호하는 디지털기기

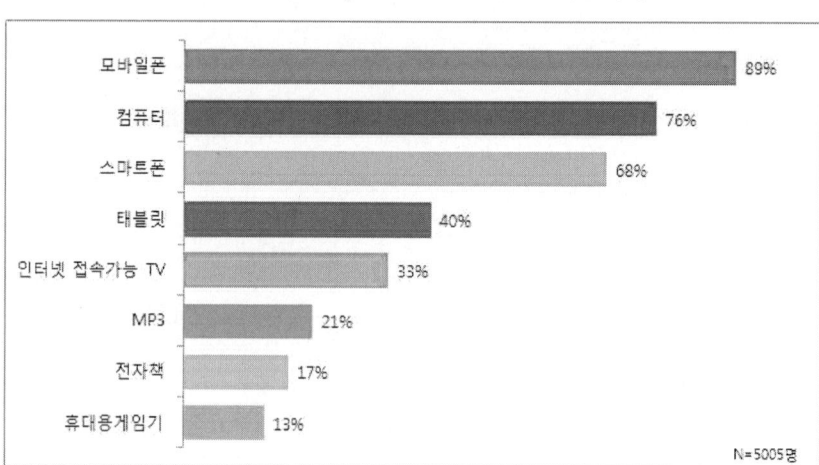

출처 : Consumer Barometer with Google

① 인터넷 이용 행태

영국인들을 대상으로 인터넷 이용 행태에 대해 조사한 바에 의하면 응답자의 65%가 하루에 한두 번 정도 인터넷을 이용하는 것으로 나타났다. 그 다음으로 하루 한 번 정도 이용하는 경우가 19%, 한 주에 2~6회 이용은 9% 등의 순으로 조사되었다.

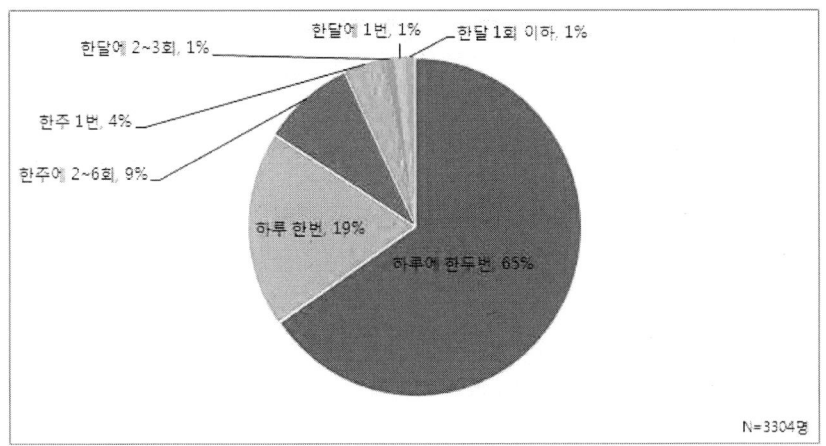

[그림 2-76] 영국인들의 인터넷 이용 빈도

출처 Consumer Barometer with Google

태블릿, 컴퓨터, 스마트폰 이용자를 대상으로 조사한 결과에 의하면 인터넷 이용 시 모두 선호하는 경우는 35%로 가장 높은 비중을 보였다. 컴퓨터와 태블릿을 선호하는 경우가 27%, 스마트폰만 선호하는 경우는 6%였다. 또한 응답자의 20%는 컴퓨터나 태블릿보다는 스마트폰을 더 선호하는 것으로 조사되었다.

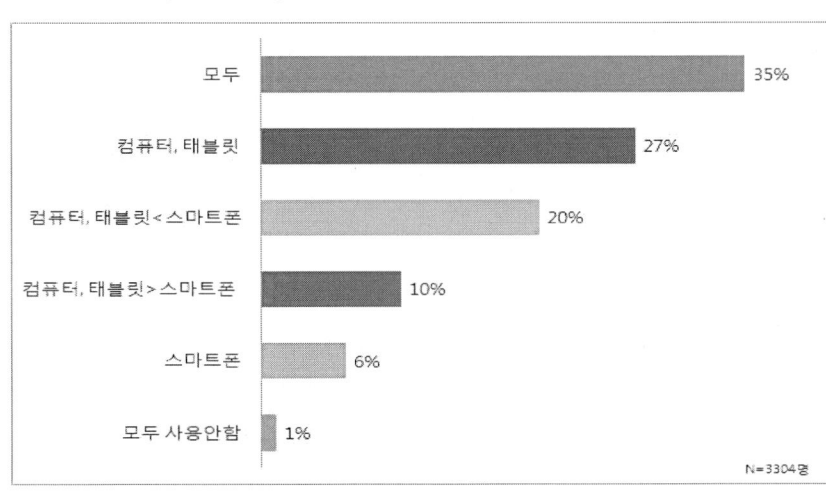

[그림 2-77] 인터넷 이용 시 선호하는 스마트기기

출처 Consumer Barometer with Google

상품 및 서비스 구매 시 인터넷이 어떤 도움이 되는지에 대해서는 응답자의 51%가 가격비교를 하는데 도움이 된다고 응답하였으며, 그 다음으로 의견수렴 및 리뷰를 정독한다는 비중이 26%, 아이디어 획득이 25%, 상표 검색이 17%, 상품 재고확인이 16% 등의 순으로 나타났다.

[그림 2-78] 상품 및 서비스 구매 시 인터넷이 도움이 된 분야

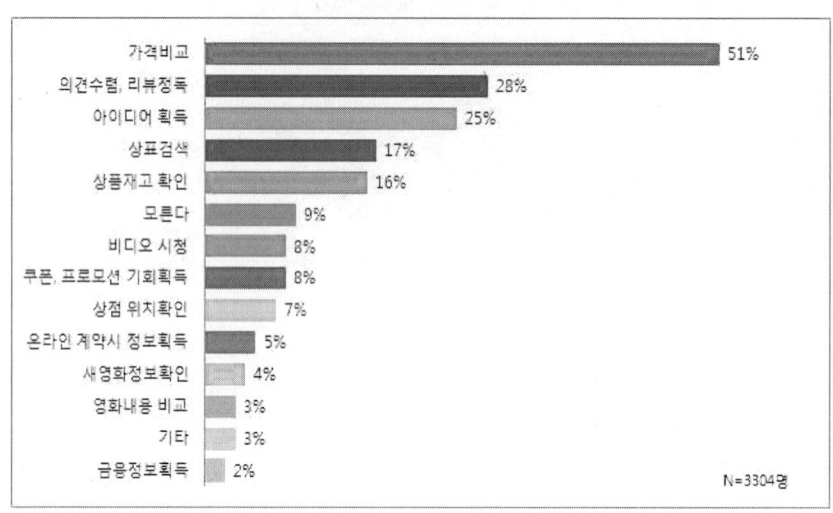

출처 Consumer Barometer with Google

② 스마트폰 이용 행태

2013년 5월 Ipsos MediaCT에서 16세 이상의 영국 시민 1,000명을 대상으로 스마트폰 이용 행태를 조사하였다. 응답자들의 특성을 보면, 여성이 46%, 남성이 54%였으며, 25세~34세 응답자가 26%로 가장 많은 것으로 나타났다. 지역적으로는 교외지역 거주자가 45%로 가장 많았으며 응답자의 40%가 미혼자인 것으로 조사되었다.

[그림 2-79] 영국 스마트폰 이용 행태 조사 응답자 특성

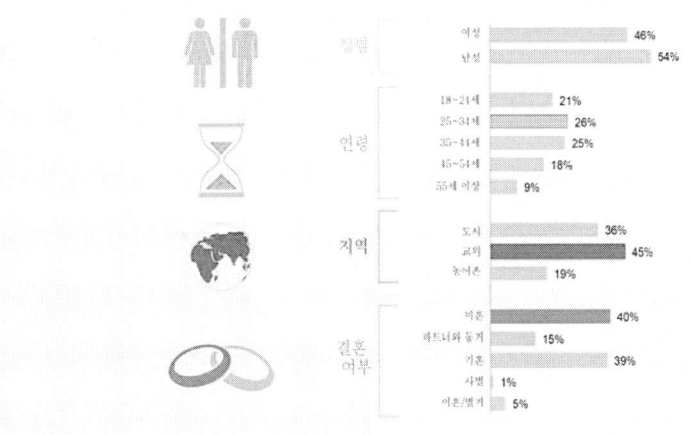

출처 : Ipsos MediaCT, Google mobile planet

먼저 스마트폰을 주로 이용하는 장소로는 97%가 집에서, 85%가 이동 중, 73%가 상점에서 이용하고 있는 것으로 조사되었다. 특히 전체 응답자의 70% 이상이 직장에서 스마트폰을 이용하고 있는 것으로 나타났으며, 음식점, 대중교통 이용 시 이용하는 경우는 60% 수준으로 조사되었다.

[그림 2-80] 영국인이 스마트폰을 가장 많이 이용하는 장소

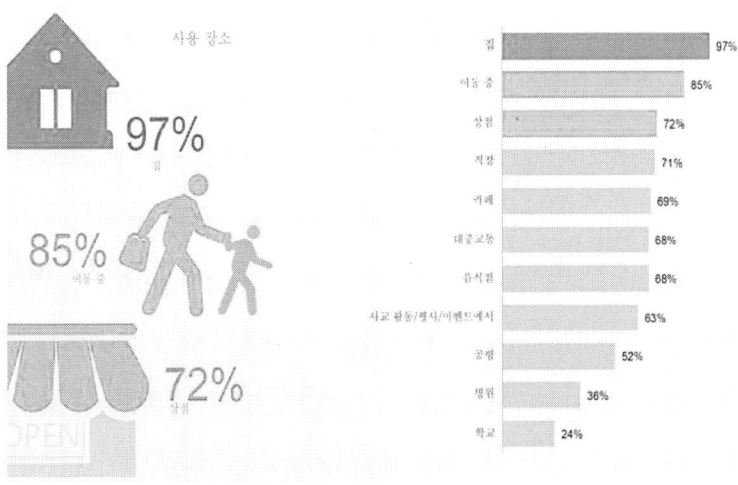

출처 : Ipsos MediaCT, Google mobile planet

설문 조사결과 스마트폰 이용 시 주로 이용하는 서비스를 살펴보면, 이메일 확인이 59%로 가장 높은 비중을 보였으며 그 다음으로 검색엔진 사용 57%, SNS 방문 50%, 상품정보 획득이 40%, 동영상 감상이 32%의 순으로 조사되었다.

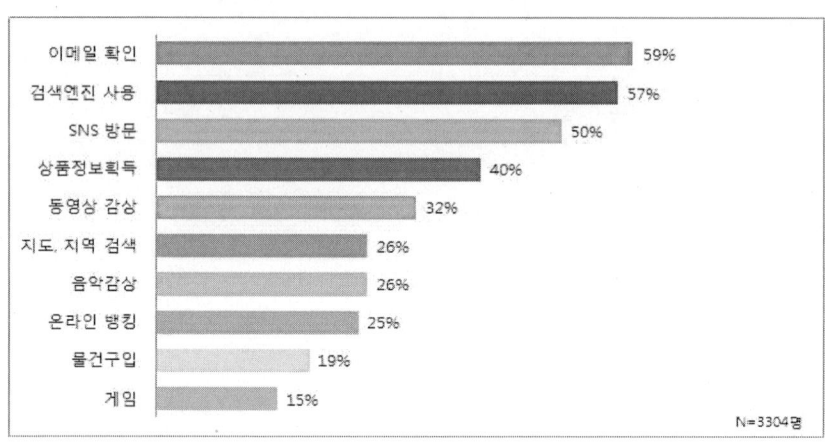

[그림 2-81] 영국인이 스마트폰 이용 시 주로 이용하는 서비스

출처 : Consumer Barometer with Google

응답자들이 오프라인으로 광고를 보는 비중을 보면, TV가 61%로 가장 높았으며 그 다음으로 상점/업체 57%, 잡지 53%, 포스터/옥외 광고 52%의 순으로 나타났다.

[그림 2-82] 오프라인 광고에 노출된 후 모바일로 검색을 실행하는 비율

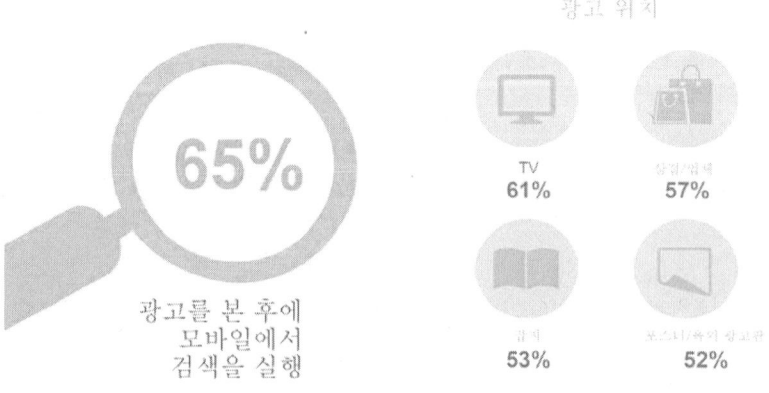

출처 : Ipsos MediaCT, Google mobile planet

응답자의 65%는 오프라인의 광고 노출 후 모바일로 재검색을 실행하는 것으로 나타났다.

영국의 소비자들이 스마트폰에서 모바일 광고를 보는 곳을 보면, 40%는 온라인 매장 등 웹사이트에서, 39%는 모바일 게임이나 앱 안에서, 33%는 검색 엔진을 이용하는 동안, 22%는 동영상을 조회하면서 광고를 보는 것으로 조사되었다.

반면, 온라인 소매 매장을 통해 광고를 접하는 경우와 동영상 웹사이트에서 광고를 접하는 비중은 20% 미만으로 나타났다.

[그림 2-83] 영국 사람들이 스마트폰에서 모바일 광고를 보는 위치

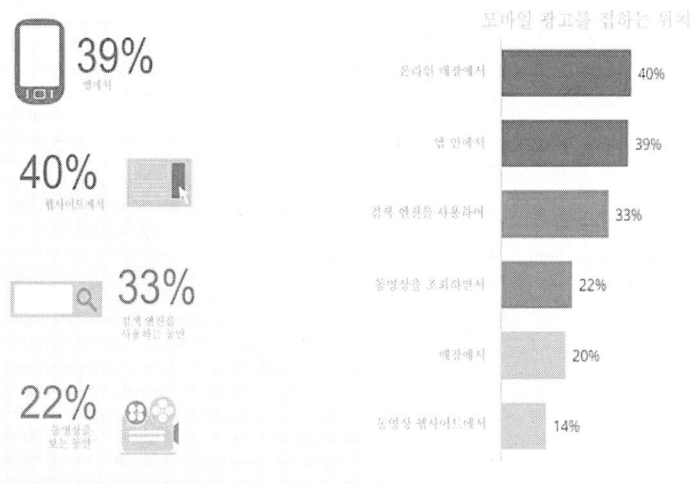

출처 : Ipsos MediaCT, Google mobile planet

영국의 모바일기기 이용자들의 79%는 스마트폰을 이용하는 동안 다른 활동을 동시에 하는 것으로 나타났다. 설문에 응답한 사람들의 55%는 스마트폰을 사용하면서 TV를 시청하는 것으로 나타났으며, 39%는 음악 감상을, 28%는 인터넷, 25%는 영화감상을 동시에 하고 있는 것으로 조사되었다.

[그림 2-84] 영국인이 스마트폰을 이용하면서 다른 활동을 하는 비율

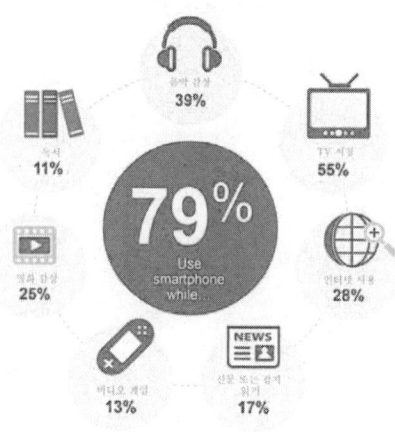

출처 : Ipsos MediaCT, Google mobile planet

(2) 콘텐츠 소비 행태 및 선호 장르

가. 뉴스콘텐츠 소비 및 신문 이용 행태

영국에는 타블로이드판을 포함해 세계적으로 유명한 메이저급 신문사와 공영방송이 있다. 공영방송인 BBC 뉴스는 라디오, TV, 온라인 사이트 모든 분야에 걸쳐 이용률이 높으며, 모바일 단말을 통한 이용도 늘어나 온라인 뉴스를 지배하고 있다고 해도 과언이 아니다. 'Reuters Institute Digital News Report 2014'는 영국인 2,082명의 설문 조사를 통해 뉴스콘텐츠 이용 행태를 조사했는데, 그 자세한 내용은 다음과 같다.

① 뉴스콘텐츠 이용 행태

영국인들은 많은 사람들이 오프라인 매체를 이용해 뉴스를 접하고 있는 것으로 나타났다. 설문 조사에 응답한 사람들의 79%는 텔레비전 방송을 통해 뉴스를 접하고 있었으며 61%는 인쇄 신문을 통해 뉴스를 접하고 있었다. (중복 응답 가능)

[그림 2-85] 영국 오프라인 매체별 뉴스콘텐츠 이용률 현황 (2014)

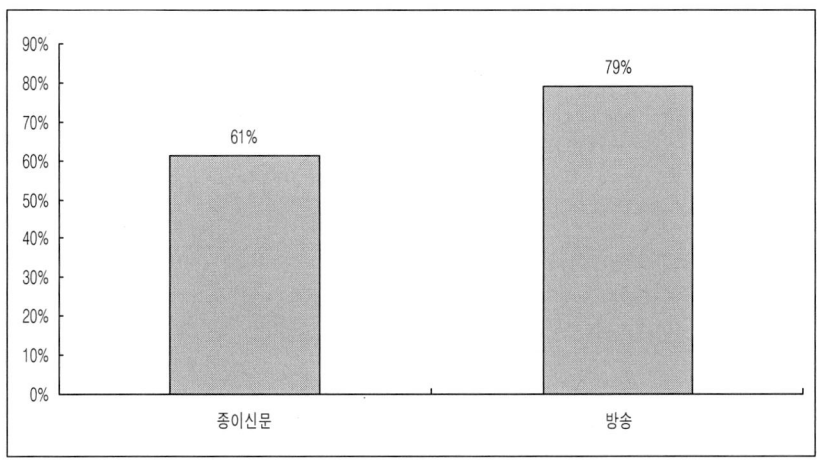

출처 : Reuters Institute Digital News Report 2014

온라인 매체를 이용해 뉴스를 접하는 영국인들은 주로 방송사 사이트를 이용하는 것으로 나타났다. 응답자의 53%는 방송사 사이트를 통해 뉴스를 접했으며 35%는 뉴스사이트에서 뉴스콘텐츠를 이용하고 있었다. 인터넷 전용 신문사이트나 야후 뉴스와 같은 포털 뉴스를 통해 뉴스를 접하고 있다고 응답한 사람은 24%인 것으로 나타났다.

[그림 2-86] 영국 온라인 매체별 뉴스콘텐츠 이용률 현황 (2014)

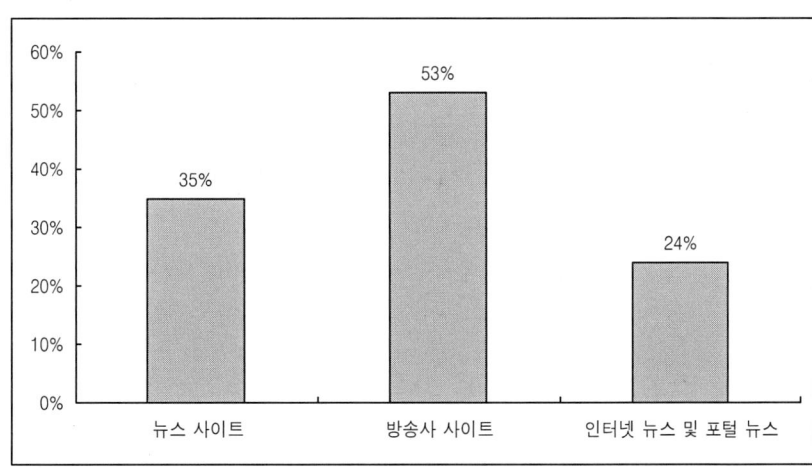

출처 : Reuters Institute Digital News Report 2014

인쇄 신문이나 TV 방송과 같은 오프라인 매체를 통해 뉴스를 접하는 사람들은 주로 공영방송인 BBC 뉴스를 시청하는 사람들이 많은 것으로 나타났다. 응답자의 68%는 BBC 뉴스를 시청하고 있었으며, 30%는 ITV 뉴스를 시청하고 있었다. 지역 신문은 그 다음으로 인기가 많아 23%가 지역 신문을 이용하고 있다고 응답했다. 그 외에 Sky 뉴스, Daily Mail + Mail on Sunday, Daily Mirror+Sunday Mirror, The Sun + Sunday 등이 뒤를 따르고 있다.

[그림 2-87] 영국 오프라인 브랜드별 뉴스콘텐츠 이용률 현황 (2014)

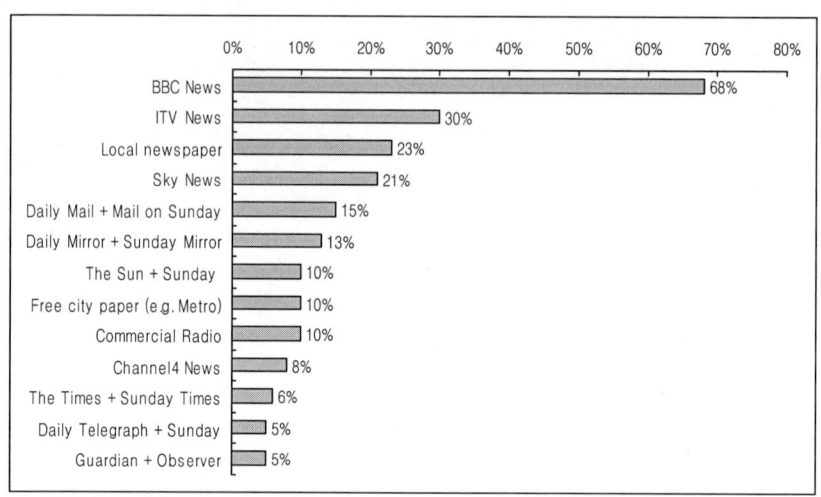

출처 : Reuters Institute Digital News Report 2014

영국에서 온라인 매체를 통해 뉴스를 접하는 사람들은 주로 BBC뉴스 온라인 사이트를 이용하는 것으로 나타났다. 응답자의 47%가 이용하고 있는 BBC 뉴스 온라인 사이트는 온라인 매체 중 가장 인기가 있었으며 그 뒤를 Mail 온라인 사이트(14%), Sky 뉴스사이트(12%), 야후뉴스 (9%), 가디언 온라인 사이트(9%) 등이 따르고 있다.

[그림 2-88] 영국 온라인 브랜드별 뉴스콘텐츠 이용률 현황 (2014)

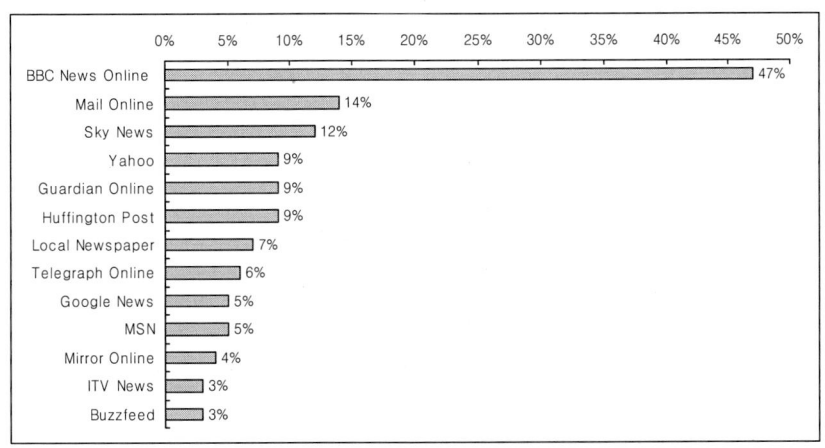

출처 : Reuters Institute Digital News Report 2014

최근에는 소셜 네트워크를 통해 뉴스를 접하는 사람들이 증가하고 있다. 젊은 층에게 인기를 얻고 있는 트위터는 영국에서 언론, 광고, 미디어에 폭넓게 이용되고 있다. 페이스북은 뉴스사이트나 Reddit과 같은 뉴스 위주의 소셜 네트워크를 중개하는 중요한 역할을 하고 있으며 화제 거리를 이야기할 수 있는 트래픽을 제공하고 있다. 이에 뉴스를 제공하는 업체들은 네트워크 기반의 새로운 메신저를 뉴스 서비스에 접목하는 실험을 하기 시작했다.

[그림 2-89] 영국 소셜네트워크별 뉴스콘텐츠 이용률 현황 (2014)

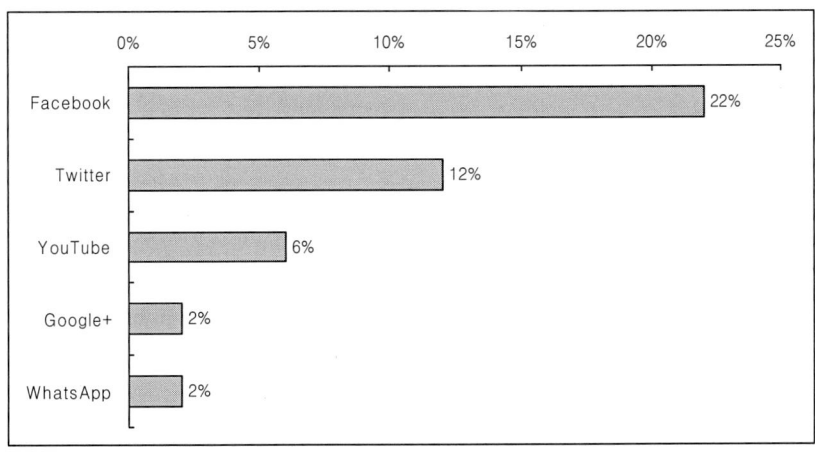

출처 : Reuters Institute Digital News Report 2014

한편, 영국인들은 소셜네트워크 중 페이스북을 통해 뉴스를 접하는 경우가 많은 것으로 나타났다. 영국인 응답자 중 22%가 페이스북을 통해 뉴스를 접하고 있었으며 12%가 트위터를 이용했다. 그 다음으로 유튜브(6%), 구글플러스(2%), 왓츠앱(2%)이 그 뒤를 이었다.

② 신문 이용 행태

영국에서는 여전히 인쇄신문을 이용하고 있는 비율이 높다. 응답자의 61%는 인쇄신문을 통해 뉴스를 접하고 있으며 35%는 온라인 뉴스사이트를 통해 뉴스를 접하고 있다. 인쇄신문과 온라인 뉴스사이트 모두 이용한다고 응답한 비율은 72%로 대다수의 사람들이 온·오프라인 매체를 모두 이용하고 있는 것으로 나타났다.

[그림 2-90] 영국 신문 온·오프라인 매체별 이용률 현황 (2014)

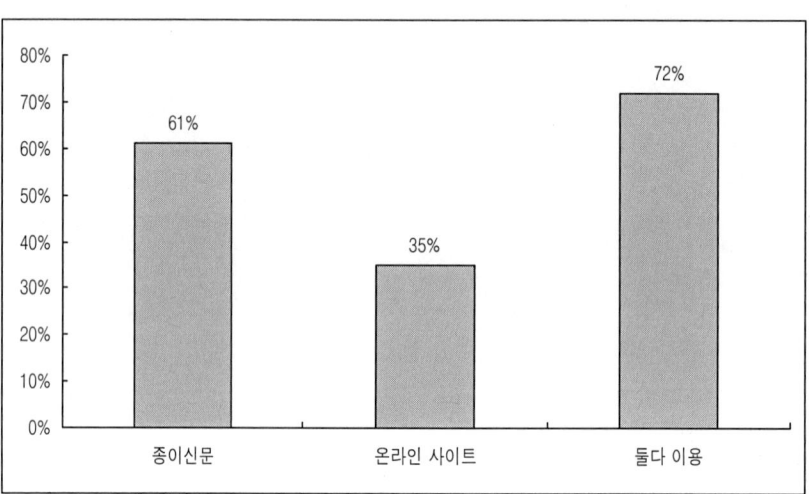

출처 : Reuters Institute Digital News Report 2014

영국인들은 인쇄신문을 배달을 통해 구독하기보다 가판대에서 구입하는 경우가 많은 것으로 나타났다. 응답자의 36%는 가판대에서 신문을 구입하고 있었으며 10%는 신문 배달을 이용하고 있는 것으로 나타났다.

[그림 2-91] 영국 종이 신문 구입방법 현황 (2014)

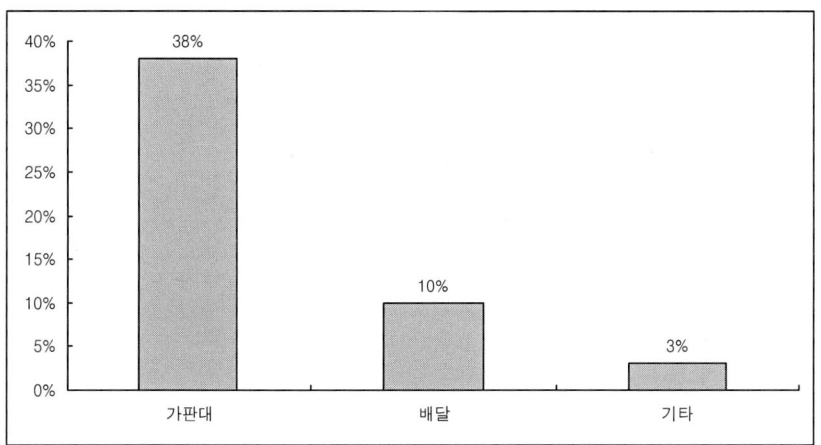

출처 : Reuters Institute Digital News Report 2014

최근 스마트폰과 태블릿과 같은 스마트기기가 확산되면서 이들 기기를 통한 뉴스콘텐츠 이용이 늘어나고 있다. 2012년부터 2014년까지 영국의 최근 3년간의 추이를 보면, 스마트폰을 통해 뉴스콘텐츠를 이용하는 비율은 2012년 28%, 2013년 29%로 조금씩 증가했으며 2014년은 33%로 전년대비 4%p 증가했다. 태블릿을 통한 뉴스콘텐츠 이용은 2012년 8%, 2013년 16%, 2014년 23%로 매년 증가하고 있는 것을 알 수 있다.

[그림 2-92] 영국 모바일 단말별 뉴스콘텐츠 이용률 추이 2012-2014

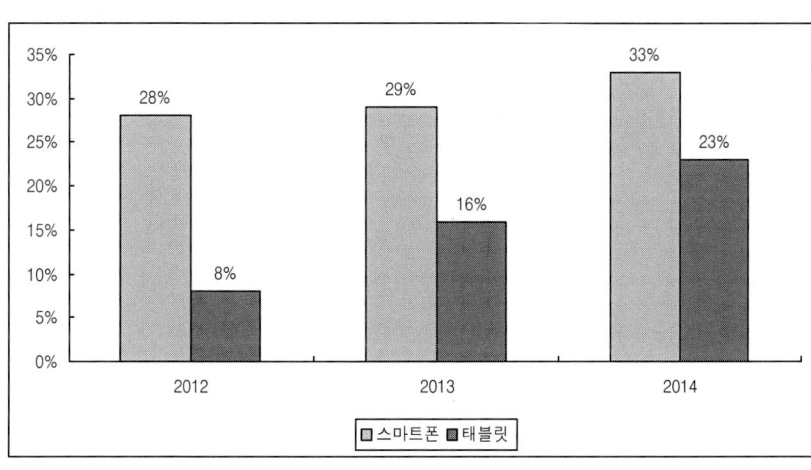

출처 : Reuters Institute Digital News Report 2014

2012년 영국의 브로드밴드 가입회선 수는 2011년 대비 약 5.3% 증가한 2,170만 회선, 보급률은 34%를 기록했다. 2008년부터 2012년까지의 영국의 브로드밴드 가입회선 수의 연간 복합 성장률 (CAGR)은 5.8%를 기록했다. 영국 브로드밴드의 기술별 브로드밴드 시장점유율은 LLU ADSL이 40.5%로 가장 높은 비중을 차지하였으며, 非 LLU ADSL(34.6%), 케이블(19.8%), 기타(5.1%) 등으로 각각 집계되었다.

나. 온라인 비디오 시청 행태 및 선호 장르

2014년 3월 Consumer Barometer with Google에서 스마트기기별로 비디오 시청 횟수를 조사한 결과, 컴퓨터나 스마트폰보다는 태블릿을 이용해서 비디오를 시청하는 횟수가 더 많은 것으로 나타났다.

[그림 2-93] 영국 스마트기기별 온라인 비디오 시청 횟수

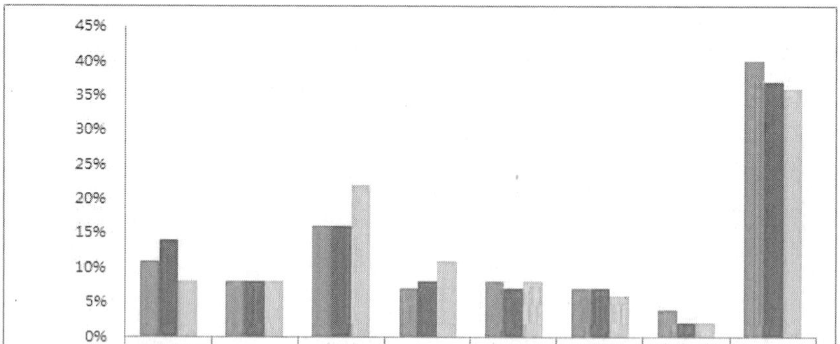

	하루에도 여러 번	하루 1번	한주 2~6회	한주 1번	한달에 2~3회	한달에 1번	한달 1회 이하	안본다
컴퓨터	11%	8%	16%	7%	8%	7%	4%	40%
스마트폰	14%	8%	16%	8%	7%	7%	2%	37%
태블릿	8%	8%	22%	11%	8%	6%	2%	36%

출처 : Consumer Barometer with Google

온라인 비디오 시청 시 주요 이용 플랫폼으로 온라인 비디오나 앱을 이용하고 있다고 대답한 응답자들은 73%로 가장 높았으며, SNS 이용이 29%로 그 뒤를 이었다.

[그림 2-94] 영국인이 온라인 비디오 시청 시 주로 이용하는 플랫폼

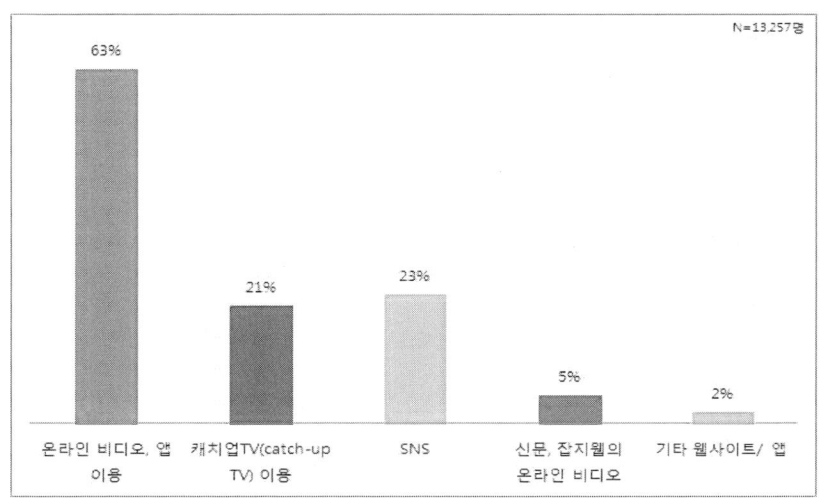

출처 : Consumer Barometer with Google

온라인 비디오를 시청하는 이유에 대한 설문에 응답자의 45%가 여흥의 일부라고 하였으며, 27%는 휴식을 위해서라고 응답하였다. 또한 지식 습득을 위하여 비디오를 시청한다고 답한 사람들도 15%나 되는 것으로 조사되었다.

[그림 2-95] 영국인이 온라인 비디오를 시청하는 이유

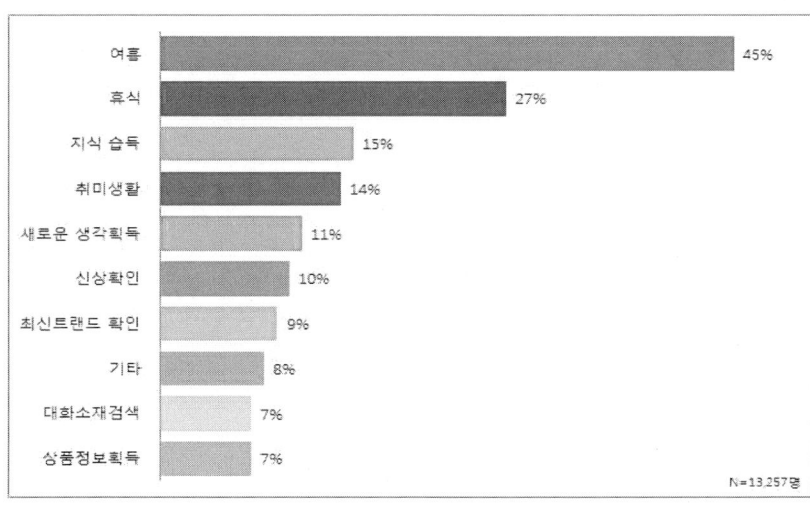

출처 : Consumer Barometer with Google

응답자의 28%는 온라인 비디오를 시청 시 주로 음악을 시청하는 것으로 조사되었으며, 그 다음으로 TV쇼와 코미디 23%, 영화 14%, 스포츠 13%, 뉴스 및 정책 10% 등의 순으로 나타났다.

[그림 2-96] 온라인 비디오 시청 시 주요 장르

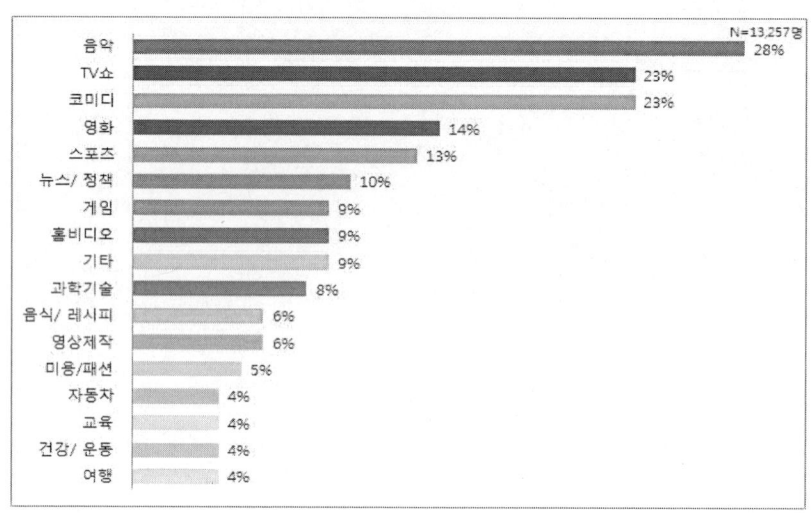

출처 : Consumer Barometer with Google

다. 주요 콘텐츠별 선호 장르

① 디지털 플랫폼을 이용한 라디오 청취

영국의 라디오 청취율 측정기관에 따르면, 디지털 플랫폼(DAB, DTV , Online)을 이용하여 라디오를 청취하는 사람은 영국 인구의 51%인 2,650만 명인 것으로 나타났다. 디지털 오디오 방송(DAB)은 영국에서 가장 인기 있는 디지털 음악 청취 수단으로 65%가 디지털 오디오 방송을 통해서 청취하였고 디지털TV를 통해서 13%, 온라인을 통해서 17%가 라디오를 디지털 방식으로 청취한 것으로 나타났다.

[그림 2-97] 영국인이 디지털 플랫폼을 통해 라디오를 청취한 시간

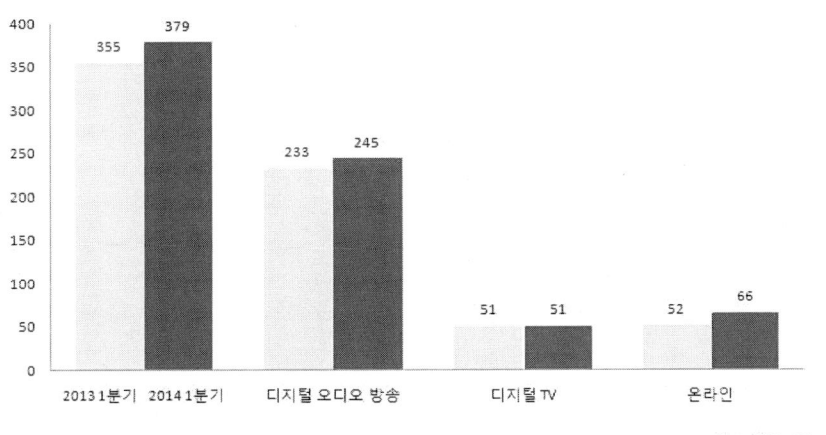

출처 : Deloitte, 2014. 2

2014년 2분기 통계에 의하면 영국인이 디지털 플랫폼을 통해 라디오를 청취한 시간은 3억 7,800만 시간이었다. 이는 2013년 2분기와 비교하였을 때 7% 상승한 수치이다. 디지털 오디오 방송을 통해 라디오를 청취한 인구는 전년대비 100만 시간이 증가하였고 디지털TV를 이용한 청취는 500만 시간 감소하였다. 온라인을 통해 라디오를 청취한 경우는 100만 시간 증가하였다.

모바일 폰이나 태블릿을 이용하여 라디오를 듣는 청취자들도 늘어나고 있는데 성인 청취자들은 2011년 4분기 이래로 분기별 10%의 성장률을 보여 매년 51%의 성장률을 보이고 있으며 15세 이상 24세 미만의 청년층 또한 매년 25%의 성장률을 보이고 있다.[60]

② 연령에 따른 음악 스트리밍 서비스 이용률

전 연령에 무관하게 2014년 디지털 스트리밍 청취율은 2013년보다 증가하였다. 35세 이하의 11%와 35세 이상 44세 이하의 8%는 스트리밍 음악을 위해 돈을 지불하는 것으로 나타났고 전 연령에 걸쳐 2014년은 2013과 비교하여 두 배 이상으로 증가하였다. 디지털 스트리밍 음악을 가장 선호하는 연령층은 16~24세였다. 음악을 듣는 행동과 패턴이 아날로그방식에서 디지털로 바뀌는데 다양한 요소들이 있지만 모바일 폰의 등장과 무제한 데이터 요금제의 등장으로 디지털 스트리밍 이용이 확대된 것으로 나타났다.

---

60) RAJAR Data Release, Data Release Infographic Q2 2014, 2014. 5.

[그림 2-98] 영국 연령에 따른 디지털 스트리밍 청취율

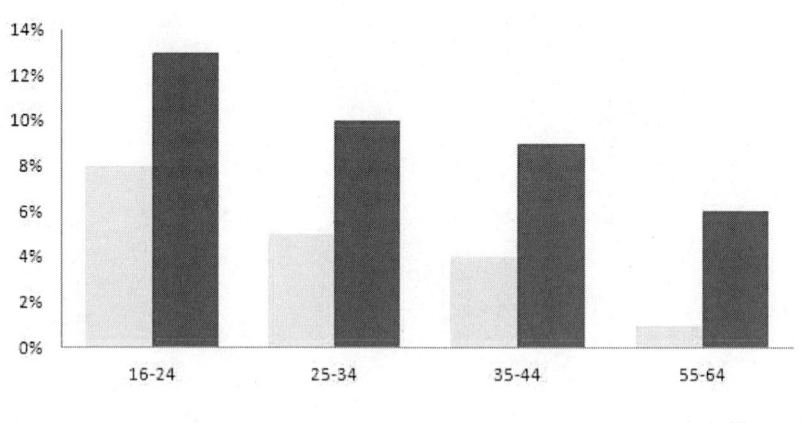

출처 : Deloitte, 2014. 2

③ 영국인이 선호하는 영화 장르

영국에서 가장 인기 있는 영화 장르는 단연 액션과 모험이었으며 25%의 점유율을 보였다. 두 장르는 2012년에 이어 2013년에도 가장 많은 수익을 올렸고 코미디는 액션 어드벤처 다음으로 인기 있는 장르였다. 코미디는 22%의 점유율을 보였고 드라마는 16%의 점유율을 보이며 3위를 기록 하였다.

[그림 2-99] 영국인이 선호하는 영화 장르

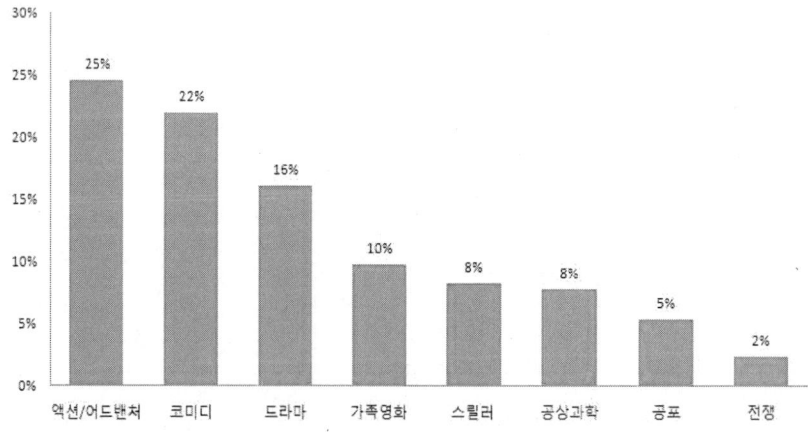

출처 : British Film Industry, 2014.

④ 영국인이 선호하는 비디오 대여 장르

비디오 대여는 2013년 6,200만 개가 대여되었고 온/오프라인을 통해 1억 9,700만 파운드의 시장 규모를 형성하였다. 2012년의 7,800만 건과 비교하면 2013년은 32%의 하락세를 나타냈으며 시장 가치로 환산하였을 때 2억 2,900만 파운드에서 1억 6,600만 파운드로 감소하였다. 감소세를 보이는 주된 이유는 다양한 TV 채널 등장으로 비디오 대여시장이 경쟁력을 잃었고 다운로드하는 방식의 비디오 대여가 확대 보급되면서 비디오 대여 비용이 감소했기 때문이라고 보고 있다.

비디오 대여 부문에서도 가장 인기 있는 장르는 단연 액션과 코미디였으며 각각 20%와 19%의 점유율을 보였다. 전반적으로 액션과 코미디가 2013년 비디오 대여시장을 석권하였지만 온라인 대여 부문으로 들어서면서 조금 다른 양상을 보였다. 온라인을 통해 가장 많이 대여된 작품으로는 공상과학 스릴러인 '루퍼(Looper)'가 1위였으며 그 다음으로는 프랑스의 '테이큰2(Taken 2)'였다.

[그림 2-100] 영국인이 선호하는 대여 비디오 장르

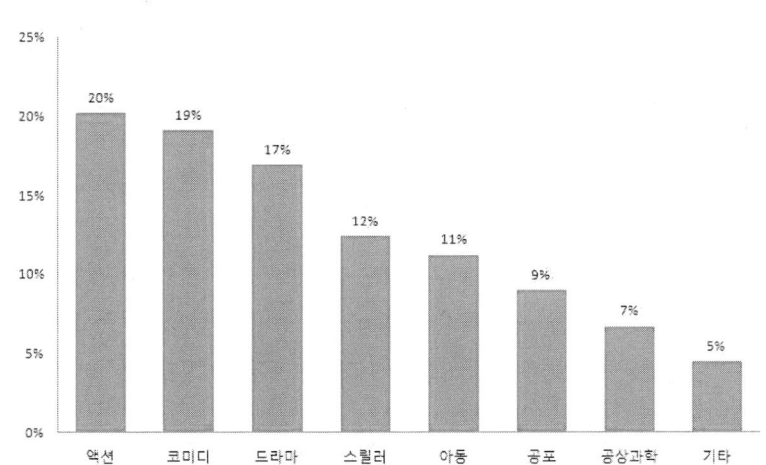

출처 : British Film Industry, 2014

⑤ 음악 청취 시 스트리밍보다 라디오 선호

영국인은 스트리밍서비스보다 라디오를 통해 청취하기를 선호하는 것으로 나타났다. 영국인의 2/3는 라디오를 통해 음악 듣기를 선호한다고 답하였고 아직도 라디오가 아이튠즈(iTunes)나 스포티파이(Spotify)보다 신곡 검색에 유용하다고 응답하였다. 또 영국인의 90%는 매주 21.5시간의 라디오를 청취하는 것으로 조사되었다. RAJAR는 인터넷망을 이용한 스트리밍서비스가 2,500만 곡 이상으로 많아졌지만 전파를 통한 라디오의 매력에서 멀어지기는 당분간 어려울 것으로 전망하였다.61)

라. 콘텐츠 소비 주요 이슈

① 사회적 계층에 따른 영화 관람도

설문에 응답한 영국인 중 53%는 6개월에 1번 정도는 영화를 관람하는 것으로 나타났으며 22%는 한 달에 한 번씩 영화를 관람하는 것으로 나타났다. 사회계층 ABC1(상위층, 중산층, 하위층: 관리직, 종교인, 매니저)은 57%가 연 2회 영화를 관람하는 것으로 나타났고 계층 C2DE(숙련노동자, 비숙련노동자, 비노동자)는 47%가 연 2회 영화를 관람하는 것으로 나타났다.[62]

소득이 낮은 계층보다 소득이 높을수록 영화를 관람하는 비율이 높게 나왔다. 연간 수입이 5만 5,000파운드가 넘는 사람들은 적어도 한 달에 한 번씩 영화를 관람하였고 소득 2만 파운드 이하는 18%만이 매달 1회 영화를 관람한 것으로 나타났다.

[그림 2-101] 영국 사회 계층에 따른 영화관람도

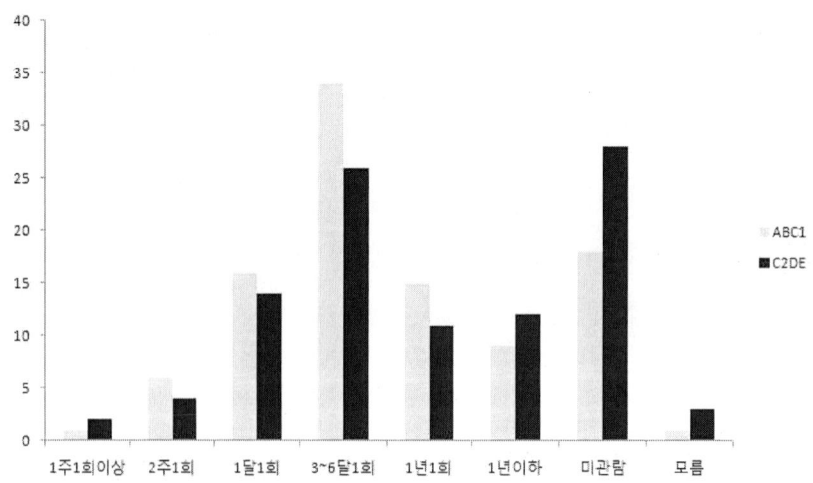

출처 : Deloitte Media Consumer 2014. 2.

② 온라인을 통한 모바일 쇼핑의 증가

---

61) RAJAR Data Release, Data Release Infographic Q2 2014, 2014. 5.
62) Deloitte, The unequal box office, 2014. 2.

영국의 소비자들은 온라인 쇼핑을 할 때 주로 스마트폰을 이용하는 것으로 나타났다. 영국의 온라인 쇼핑시장의 규모는 2013년보다 2014년에 16% 성장하였는데 모바일 쇼핑 소매시장이 가파르게 성장하여 2014년에만 64.8% 성장이라는 경이적인 수치를 기록하였다.

2014년을 기점으로 태블릿 쇼핑 이용자 또한 스마트폰의 이용자를 앞지를 것으로 나타났다. 태블릿을 기반으로 하는 모바일 상거래 판매액은 2014년 98.8억 달러에서 2018년에는 209억 6,000만 달러까지 성장할 것으로 전망되고 있다.63) 딜로이트의 설문에 의하면 영국인들은 기술 친화적 성향을 보이는 것으로 나타났다. 영국의 49% 가정에는 스마트폰, 태블릿, 컴퓨터가 적어도 1대는 보급되어 있는 것으로 설문 결과 나타났는데 이들은 기술 친화적이지 않은 가정보다 평소 12배 이상 컴퓨터 기기를 이용하는 것으로 나타났다.64)

[그림 2-102] 영국 컴퓨터 기기 소유 가정 현황

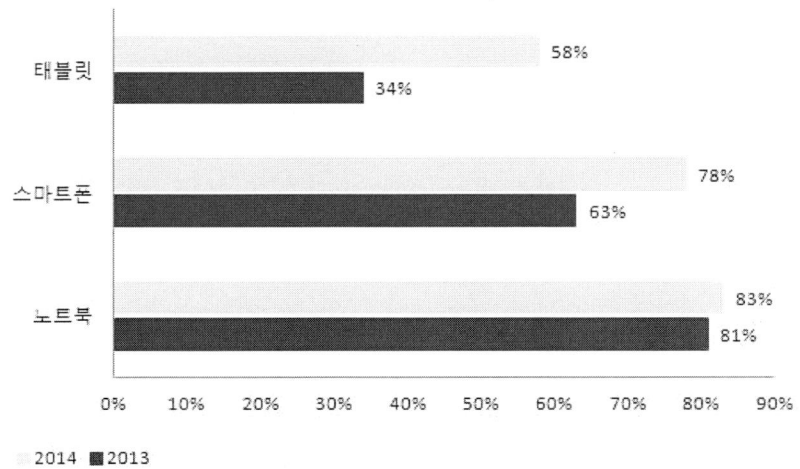

출처 : Deloitte Media Consumer 2014. 2.

③ 영국의 비디오 게임과 정서적 발달에 관한 연구

비디오 게임이 아동의 행동과 정서발달에 영향을 미치는가에 대한 연구는 2000년 초반 미국을 중심으로 발표되었다. 2001년 발표된 연구에 의하면 비디오게임은 폭력성을 증가시키고 사회성을 낮추는 것으로 나타났다. 2004년에도 비디오 게임이 폭력적인 행동에 관련되었을 확률이 있다는 논문도 발표 되었다. 대다수는 장시간 비디오 게임을 할 경우 게임에 빠져서 사회적으로 격리될

---

63) eMarketer.com, Mobile Shopping Drives UK Retail Ecommerce Sales, 2014. 6. 23.
64) Deloitte Media Consumer, Geeks go mainstream, 2014. 2.

수밖에 없다는 점을 지적하고 있다. 이 행동은 운동과 독서, 숙제 등의 활동을 저해하는 근본적인 요소였다. 잦은 게임이 현실과 게임의 혼란을 가중시킬 것이라는 점과 게임을 많이 하는 학생들의 성적이 나쁠 것이라는 미네소타대학의 연구 결과도 이를 뒷받침한다.

이에 반해, 2013년 영국의 글라스고 대학(University of Glasgow)은 비디오 게임과 아동 정서 발달은 무관하다는 결과를 내놓았다. 1만 1,000명의 5세 아동을 대상으로 연구한 결과 게임을 하거나 TV 시청 시간의 길이가 주의력 결핍이나 분노 같은 성격 장애, 기타 문제와 관련성이 없는 것으로 남녀 모두 밝혀졌다.[65]

실제로 최근의 연구보고서들에 의하면 게임이 아이들의 집중력을 향상시킨다는 결과가 나왔다. 게임을 즐기는 아이들의 대다수는 순발력과 지식, 전략과 예견 부분에서 뛰어난 모습을 보였으며 가설의 검증과 기억력 분야에서도 뛰어난 것으로 나타났다. 집중력뿐만 아니라 판단력도 뛰어났으며 문제 해결방법을 스스로 체득한 것으로 나타났다.[66]

5) 콘텐츠 유통 현황

(1) 주요 유통 플랫폼 현황

가. 오프라인 플랫폼

① 출판

영국은 일반도서와 교육용 도서 분야에서 미국, 일본, 중국, 독일에 이어 세계에서 다섯 번째로 큰 시장을 가지고 있다. 세계 최대 출판사가 있는 영국에는 그 외에도 글로벌 출판기업들이 다수 존재한다.

가) 피어슨(Pearson)

2013년 7월 자회사인 펭귄(Penguin) 사(일반 출판사)의 지분 53%를 랜덤하우스 사(베텔스만)에 넘긴 후(펭귄 랜덤 하우스로 회사명이 바뀜), 영국에 본사를 두고 있는 피어슨 사는 세계 출판업계 부동의 1위 자리를 유지하면서 교육 부문을 중심으로 조직을 재정비하였다. 교과서, 대학 교재, 전문 교재의 3개 부문으로 구성된 피어슨 사는 1844년 설립되었고, 80개국에 4만 여명의 직원을 두고 있다. 프랑스에는 피어슨 에듀케이션 프랑스(Pearson Education France)라는 이름으

---

[65] University of Glasgow, Do television and electronic games predict children's psychosocial adjustment? Longitudinal research using the UK Millennium Cohort Study, 2013. 3. 25.
[66] Raise Smart Kid, The Positive and Negative Effects of Video Games, 2013.

로 진출해 있다. 매출의 60%(수익의 70%)는 미국에서, 21%(수익의 15%)는 유럽에서, 12%(수익의 5%)는 중국, 인도 등 아시아 개도국에서, 그리고 7%(수익의 10%)는 아프리카, 라틴 아메리카, 중동 등의 기타 국가들에서 발생한다. 피어슨 사는 또한 영국의 경제 일간지 파이낸셜 타임즈(Financial Times)를 소유하고 있다.

나) 하퍼콜린스(HarperCollins)

호주의 미디어 재벌 루퍼트 머독이 운영하는 미디어 그룹인 뉴스 코퍼레이션(News Corporation) 사의 출판 부문을 담당하는 하퍼콜린스 사는 그룹 내에서 매출액 비중이 3.5%에 불과하지만 최근 급성장세를 보이고 있다. 2014년 상반기에는 이번 순위에서 42위에 오른 할리퀸(Harlequin) 사의 인수를 발표하기도 하였다. 하퍼콜린스 사는 미국에서 일반 출판 분야 5위권을 유지하고 있으며, 매출액의 15%를 디지털 분야에서 올리고 있다. 미국 외에도 캐나다, 영국, 호주, 뉴질랜드, 아시아에서 활동한다. 인도에는 자회사가 있는데, 올해에는 콜린스 인디아(Collins India)라는 이름으로 교과서시장에 진출하였다. 중국에서는 제휴 관계를 맺고 있다.

다) 옥스포드 유니버시티 프레스(Oxford University Press)

유럽, 특히 스페인을 강타한 경제위기에도 불구하고 옥스퍼드 유니버시티 사의 출판 부문은 언제나 그래왔듯이 수익의 30%를 재투자하였다. 2013년 초 교과서 출판사인 넬슨 손스(Nelson Thornes) 사를 인수하면서 역량은 한층 더 강화되어, 매출액 4.4% 상승을 기록하였다. 개도국에서는 지난해에 매출액이 무려 12% 증가하였다. 1926년부터 영어 학습법을 전파해오면서 전 세계 50개국에 진출해 있는 옥스퍼드 유니버시티 프레스 사는, 연간 40개 이상의 언어로 총 7,500종을 출판한다. 미국에 대규모 자회사가 있으며, 캐나다, 인도, 파키스탄, 중국, 말레이시아, 싱가폴, 케냐, 남아프리카, 탄자니아, 스페인, 멕시코에서 좋은 성과를 거두고 있고, 매출액의 40% 가까이를 개도국에서 올리고 있다.

라) 인포르마(Informa)

인포르마 사는 런던 증권 거래소에 상장된 영국의 출판 그룹으로 각종 행사와 도서전을 개최한다(이 부문의 매출액은 본 순위표에서 고려되지 않음). 2013년 매출액은 소폭 상승하였다. 대학 및 전문 출판 부문에 주력하고 있으며. 매출액의 2/3를 이 부문에서 올리고 있다. 인포르마 사는 테일러 앤 프란시스(Taylor & Francis) 사(총 45,000권 출판, 연간 1,000권 출간)와 자회사인 러틀리지(Rutledge) 사, 사이칼러지 프레스(Psychology Press) 사, 갈런드(Garland) 사 등과, 포컬 프레스(Focal Press) 사, 호더 아카데믹(Hodder Academic) 사, 2013년에 인수한 제피르 아소시에이츠(Zephyr Associates) 사를 보유하고 있다. 디지털 부문은 인포르마 매출액의 3/4 가량을 차지하고 있으며, 전 세계 40개국 150개 사무소에서 6,500명의 직원을 고용하고 있다. 매출액의 46%는 북미에서, 16%는 영국에서, 13%는 영국을 제외한 유럽 국가들에서, 25%는 기타 국가들에서 발생된다.

마) 캠브리지 유니버시티 프레스(Cambridge University Press)

1534년 헨리 8세에 의해 만들어진 영국 캠브리지 대학의 출판부로, 세계에서 가장 오래된 출판사이다. 현재 11년 연속 매출액이 증가하고 있다. 45,000종의 도서와 300종의 잡지를 출판하며 전 세계 50개 사무소를 통해 매출액의 90% 가까이를 영국 외 지역에서 올리고 있다. 캠브리지 유니버시티 프레스 사는 남아프리카, 멕시코, 중국, 터키, 사우디아라비아, 인도에서 특히 높은 성장률을 보이고 있는데, 지난해에는 인도 내 자회사인 CUP 인디아(Cambridge University Press India) 사의 지분을 51%에서 100%로 끌어올렸다.

한편, 2014년 상반기 매출 10위내 영국 출판사 현황을 보면 다음과 같다.

[표 2-24] 영국 매출 10위내 출판사 현황(2014.상반기)

순위	출판그룹	점유율
1	펭귄랜덤하우스	23.1%
2	아셰트 (Hachette)	11.7%
3	하퍼콜린스	7.3%
4	맥밀란(Pan Macmillan)	3.6%
5	인디연합 (IndependentAlliance)	2.6%
6	블룸즈버리	2.3%
7	사이먼앤슈스터	2.1%
8	옥스포드대학출판사	2.0%
9	에그몬트	1.9%
10	존와일리 (John Wiley)	1.9%

출처 : 출판산업진흥원

② 영화

2000년 이후 영국 영화산업은 대체로 관객 수나 수익 측면에서 괄목할만한 성장세를 보이고 있지만 흥행 영화는 대부분 미국과 공동 제작된 것이 많다. 이렇게 공동 제작된 작품들은 영국영화로 분류되고 있는데, 이는 영국에서 촬영되고, 영국 배우가 출연하며 영국 스탭이 제작에 참여했다는 점 등 영국영화로 규정할 수 있는 요소들 때문이다. 이 때문에 영국영화의 제작편수가 높게 나타나고 있다.

[표 2-25] 영국 영화산업 기초 지표 (2013)

연 관객	1억 6,554만 명
극장매출	16억 9,293만 USD
평균 관람료	10.23 USD
스크린 수	3,897개
디지털 스크린 수	3,836개
3D 스크린 수	1,655개

출처 : 영화진흥위원회

영화 유통을 보면, 2013년 영국의 10개 배급사가 차지하는 시장점유율이 95.9%로 나타났다. 2013년 배급 부문에서는 '호빗: 스마우그의 폐허'와 '그래비티' 등을 배급한 워너브라더스가 16.5%의 점유율로 1위에 올랐으며 '겨울왕국'과 '아이언맨 3' 등으로 선전한 월트 디즈니가 15.3%의 점유율로 뒤를 이었다. 2013년 영국 박스오피스 1위를 차지한 '슈퍼배드 2'를 배급한 유니버설이 월트 디즈니와 0.2%의 근소한 차이로 3위를 차지했다.

[표 2-26] 영국 영화 배급사 점유율 현황 (2013)

순위	배급사	점유율
1	워너브라더스	16.5%
2	월트디즈니	15.3%
3	유니버설	15.1%
4	20세기 폭스	13.4%
5	이원 필름스	9.0%
6	소니 픽처스	8.7%
7	파라마운트	7.2%

순위	배급사	점유율
8	라이온스게이트	5.8%
9	스튜디오 카날	2.8%
10	엔터테인먼트	2.1%

출처 : 영화진흥위원회

③ 애니메이션

영국은 극장용 애니메이션보다 TV용 애니메이션 제작이 더 활발하다. 극장용 애니메이션 부분은 미국에게 이미 자리를 내 주고 있는 상황이다. 영국의 대표적인 애니메이션 스튜디오로는 '월레스와 그로밋'으로 잘 알려진 'Aardman Animations'을 비롯해 'Cartoon Network Development Studio Europe', 'Collingwood & Co.', 'Moving Picture Company' 등이 있으며 주요 내용은 다음과 같다.

[표 2-27] 영국 애니메이션시장 주요 스튜디오

애니메이션	설명
Aardman Animations	• 1972년 설립 • 영국의 브리스톨에 있는 세계적으로 유명한 애니메이션 스튜디오 • 클레이 에니메이션과 스톱 모션으로 유명 • '월래스와 그로밋'이 잘 알려진 작품
Cartoon Network Development Studio Europe	• 2007년 설립 • 영국의 브리스톨에 있으며 Turner Broadcasting System Europe 소유 • TV 애니메이션 시리즈 제작
Collingwood & Co.	• 1988년 설립 • 런던에 본사를 두고 있으면 주로 TV 애니메이션 시리즈 제작 • 'Oscar's Orchestra', 'Dennis the Menace', 'Gordon the Garden Gnome', 'Yoko! Jakamoko! Toto!', 'The Secret Show' 등이 주요 작품
Moving Picture Company	• 컴퓨터 애니메이션이나 디지털 비주얼 효과 제작 • 런던, 로스앤젤레스, 밴쿠버, 뉴욕 등에 위치 • 고질라, X-men:First Class, Life of Pi 등의 프로젝트 수행

출처 : 각사 홈페이지

나. 온라인 플랫폼

영국은 음악산업의 중심 국가답게 음원 다운로드, 유료 가입형, 광고 지원형 등 모든 분야에서 다수의 업체들이 앞서 시장에 진입해 이미 활발히 경쟁하고 있는 상황이다.

글로벌 대형기업들인 아마존, 아이튠즈, 유튜브, 구글 플레이, MS의 엑스박스 뮤직 등을 비롯해, 디지털 음악 업계의 대표적인 글로벌기업들인 이뮤직(eMusic), 디저(Deezer), 스포티파이(Spotify), 냅스터(Napster), 알디오(Rdio), 라라(Rara), 비트포트(Beatport), 믹스라디오(MixRadio), 세븐디지털(7Digital) 등 대부분의 업체들이 진입해 있다. 반면, 주요 현지기업들로는 Bleep.com, IMO Records, O2 Tracks, BlinkBox 등의 업체들이 앞서 언급한 메이저급 업체들과 경쟁하고 있다.

[표 2-28] 영국 디지털 음악 플랫폼 현황(2014)

구분	음원다운로드형	유료가입형	광고지원형	혼합형
글로벌 서비스	• Amazon MP3 • 7Digital • Beatport • Highres Audio • iTunes • TrackItDown	• MTV Tracks • MixRadio • Music Unlimited • Napster • Qobuz • Rara.com • Rdio	• Jango • MTV • MUZU • VEVO • Youtube • Yahoo! Music • Vidzone	• 음원다운로드, 유료가입 : Google Play, eMusic • 유료가입, 광고지원 : Deezer, LastFM, Musicovery, Spotify • 음원다운로드, 유료가입, 광고지원 : XBox Music
로컬 서비스	• Bleep.com • HMV • IMO Records • Jamster • Junodownload • TuneTribe	• O2 Tracks • Psonar • Tidal	• Amazing Tunes	• 유료가입, 광고지원 : BlinkBox

출처 : Pro Music

(2) 산업별 주요사업자

가. 음악

영국 음악시장의 대표적인기업으로는 Virgin EMI Records, Polydor Records, Island Records 등이 있다.

[표 2-29] 영국 음악시장 주요기업

레코드회사 및 레이블	설명
Virgin EMI Records	• Virgin EMI Records는 2013년 3월 Mercury Records UK와 Virgin Records의 합병을 통해 설립 • 이로써 Virgin EMI는 Polydor Records, Islands Records, Decca Records, Capitol Records UK (신생)과 함께 모기업인 Universal Music UK의 대표 레이블이 됨 • 현재 레이블을 대표하는 아티스트로는 Arcade Fire, Jake Bugg, Justin Bieber, Elton John, Rihanna, Katy Perry, Taylor Swift, U2, Paul McCartney, Bon Jovi, Red Hot Chilli Peppers, Kanye West 등 다수가 있음
Polydor Records	• 1946년 독일의 Deutsche Grammophon의 분과로 시작한지 10년만인 1950년대 중반에 이르러 Polydor 영국에 지점이 만들어지고, 60년대 말에는 미국 진출을 시도 • 이후 1972년에 Polydor는 거대기업인 필립스社의 Phonogram Records과 합병하며 미국에 Polygram을 만들었고, Polydor는 이후에도 산하 레이블로 계속해서 남게 됨 • 이후에도 여러 레이블과의 인수 합병을 반복하다가 1999년 Seagram에 매각 후 UMG에 합병 • 현재까지 Polydor는 UMG의 주요 레이블로 자리매김하며, 영국에서 UMG의 산하 레이블인 Interscope의 배급을 담당하고 있음 • 미국 및 세계 시장에서는 UMG의 Interscope, Geffen, A&M 등 레이블의 음반을 배급 중 • 소속된 대표적인 아티스트들로는 Eric Clapton, Eminem, Madonna, Maroon 5, Bryan Adams, Van Halen, Ellie Goulding 등이 있음
Island Records	• Islands records는 1959년 자메이카의 크리스 블랙웰에 의해 설립 • 1962년부터는 영국에 본사를 두고 사업 • 이후 1989년 Island records는 Polygram에 매각되었으나, 모기업인 Polygram이 Universal Music Group(UMG)에 인수되며 1999년부터 현재까지 UMG을 대표하는 핵심적인 산하 레이블로 존재 • 2014년 현재, Island Records는 세계 시장에서 Island UK, Island US, Island Australia 등 3개의 브랜드로 나뉘어져 있음 • 현재 레이블을 대표하는 아티스트들로는 Bon Jovi, Fall Out Boy, Jessie J, U2, Keane, The Killers, Nelly, Psy, Snow Patrol, Weezer 등이 있음

출처 : 각사 홈페이지

나. 방송

영국의 지상파 방송국으로는 가장 대표적인 공영방송인 BBC방송국을 비롯하여 준 공영방송사인 Channel4 그리고 민영 방송사인 ITV, Channel5 등이 있으며, Virgin Media가 케이블 방송을 운영하고 있다. 또한 위성방송사로는 BSkyB와 Freesat 등이 운영되고 있다.

[표 2-30] 영국 지상파 방송국

방송사	소유	설명
BBC	공영	• 1936년 TV 방송 개시 • 2013년 기준 BBC 1과 BBC 2, BBC 3, BBC 4, BBC 5를 비롯한 11개 채널 운영 • 2002년 디지털 지상파 방송 서비스 개시 • 2007년 온라인 동영상 플랫폼 iPlayer 도입 • 2010년 BBC 1 HD, BBC HD 등 HD 채널 공급 • 2012년 개방형 무료 지상파-IPTV 플랫폼 'YouView' 시범 서비스 개시 • 자율 규제기관인 BBC Trust를 통한 관리감독으로 공영방송으로서 독립성 및 공정성 유지
Channel4	준공영	• 1982년 개국 • 방송 제작비용을 광고료에서 충당하지만 정부가 지정한 이사진이 경영을 담당하는 준공영방송 체제 • 문화관련 콘텐츠 및 실험적인 보도물, 다큐멘터리 등으로 인기 • Film4, E4, More4 등의 채널 제공
ITV	민영	• 영국 최대의 민영 방송사 • 런던지국 2곳 포함 총 16개 지역방송사로 구성 • ITV 1과 ITV 2, ITV 3, ITV 4, CITV 4개 디지털 채널 및 온라인 동영상 서비스 ITV Player 제공 • BBC의 개방형 무료 IPTV 플랫폼 'YouView' 사업 참여 • ITV Studios통한 자체제작 콘텐츠 공급 • 최근 엔터테인먼트 콘텐츠에서의 영향력 강화
Channel5	민영	• 1997년 개국 • 2011년 HD채널 론칭 • 2014년 5월 미국 미디어그룹 Viacom에 피인수 • 현재 영국 지상파 방송시장에서 4%의 점유율 차지

출처 : Conex

[표 2-31] 영국 케이블 및 위성방송사업자

방송사	구분	설명
Virgin Media	케이블	• 2007년부터 영국 전역에 케이블TV 서비스 제공 • 2013년 2월 미국 Liberty Global에 피인수 • 2013년 말 기준 1,770편의 VoD 콘텐츠 확보 • 34개의 HD채널을 포함, 총 200여개의 채널 제공 • 현재 15%의 점유율로 2위사업자로 자리매김
BSkyB	위성	• 위성TV 서비스 Sky 운영 • 현재 영국 내 유료방송시장의 독점적사업자로 부상 • 디지털 서비스 'Sky Digital'을 통해 6개 버라이어티, 키즈 등 6개 장르별 패키지를 제공 • 2006년 Sky Movie와 Sky Sports 등 34개 채널로 구성된 HDTV 방송 전용 Sky HD 론칭 • 최근 초저가 셋톱박스 NowTV Box를 출시하고 자체 OTT 동영상 서비스 'NowTV' 앱에 크롬캐스트 연동기능을 추가 • 2013년 연말 기준 총 3,181개의 VoD 보유 • 2014년 8월 기준 전체 가입자 수는 1,070만명
Freesat	위성	• BBC와 ITV가 공동으로 설립한 조인트벤처 • 2008년부터 무료 위성방송 서비스 송출 개시 • BBC와 BBC HD, ITV, Channel 4 등 2012년 기준 총 167개의 방송채널을 제공 중 • 대부분의 프로그램이 영화와 라이프스타일, 뉴스, 스포츠 등을 중심으로 편성

출처 : Conex

[표 2-32] 영국 IPTV 주요사업자

사업자	설명
BT	• 2006년 'BT Vision' 서비스를 론칭했으나 실적 부진 • 2013년 프리미엄 스포츠 중계 채널 'BT Sports'를 공개, 자사 브로드밴드 가입자에게 무료로 제공 • 2013년 말 기준 3,037개 VoD 콘텐츠 보유 • 2015년 '챔피언스리그' 중계를 기점으로 'BT Sports' 서비스의 유료화 방안 논의 중
Talk Talk	• 2010년 'Talk TalkTV' 서비스 론칭했으나 같은 해 판매를 중단 • 2012년 YouView와 제휴를 통해 론칭한 'Talk Talk PlusTV' 서비스와 'Talk Talk EssentialsTV'를 공개

출처 : Conex

다. 광고

영국의 대표적인 광고기업으로는 Young & Rubicom와 글로벌 미디어 커뮤니케이션 서비스기업인 WPP Digital 등이 있다.

[표 2-33] 영국 광고시장 주요기업

광고기업	설명
Young & Rubicom	• 광고, 디지털 소셜 미디어 판매 프로모션 • 직접마케팅에 특화된 마케팅 커뮤니케이션회사 • 소비자 규모로는 전 세계에서 가장 크며 10위권 순위에 들어가는 광고 에이전시
WPP Digital	• 영국 런던에 위치한 글로벌 미디어 커뮤니케이션 서비스기업 • 1986년 Martin sorrell경이 설립 • 현재 107개국에 2,400개의 사무소를 운영 • 전 세계에 포진한 직원 수만 13만 명 • 2009년 그룹 총 이익은 한화 15조원 • 대표적인 회사로는 Group M, JWT, Ogilvy and Mather, Grey 등이 있으며, IMF 경제위기 이후 한국 대기업 계열의 광고회사들에 대한 공격적인 M&A 추진으로도 유명

출처 : 각사 홈페이지

라. 지식정보

[표 2-34] 영국 주요 통신사

통신사	유무선	설명
BT	유선	• 1846년 전기 전신 회사로 시작. 전국 통신 네트워크를 개발하는 세계 최초의 회사 • 브리티시 텔레콤은 1980년에 설립 • 유선통신서비스와 브로드밴드 서비스 제공 • 유선통신 시장점유율 38%(2012년 기준)로 업계 1위 • 영국 브로드밴드 시장점유율 30%(2012년기준) 차지하며 시장 1위 주도 • 영국 '초고속 브로드밴드 미래' 전략에 참여 • 전 세계 10,000개 이상의기업과 조직에 장거리 통신 서비스 와 IT 서비스를 제공 • 전 세계 약 20,000여명의 직원이 BT 글로벌 서비스에 종사

통신사	유무선	설명
Virgin Media	유선	• 1970년에 설립된 Virgin Group의 미디어 사업 부문 • 유선통신 시장점유율 12.5%(2012년 기준)으로 업계 2위
Everything Everywhere	무선	• 2010년 7월 T-Mobile과 Orange가 합병하며 사명을 Everything Everywhere(EE)로 정함 • 영국의 이동통신 시장점유율 33.1%(2012년 기준) 차지하며 업계 1위 • 3G, LTE 서비스를 제공중
Vodafone	무선	• 매출액 상으로 전 세계 1위의 이동 통신사업자 • 현재 5대륙에 걸쳐 31개국에서 사업 중이며 40개국의 통신사와 협력 중 • Voice data fone은 휴대 전화로 음성과 데이터 서비스의 제공이라는 뜻 • 한국에는 기존업체들의 진입 장벽 때문에 아직 진출불가 • 일본에서는 '제이 폰'(J-Phone)을 인수, '03년 '보다폰'이라는 명칭으로 변경, '06년 소프트뱅크 모바일에 매각
O2	무선	• 1983년 설립 • 영국에서 가장 먼저 iPhone을 독점 제공한 업체. 2010년 계약 기간 종료와 T-Mobile/Orange 합병으로 업계에서 주도권을 잃음 • 2013년 LTE 상용 서비스 개시

출처 : Conex

6) 주요 지원 제도 및 정책동향

(1) 콘텐츠 관련 중장기 계획

가. Digital Britain

영국기업혁신기술부와 문화매체체육부는 2009년 공동으로 디지털 방송통신 산업의 발전과 지식기반 디지털 경제가 주는 혜택을 온 국민이 향유하는 청사진을 담은 디지털 브리튼(Digital Britain) 최종 보고서를 발표했다. 이에 따라 영국은 2015년까지 영국의 전 가구에서 최소 2Mbps의 속도를 지원하는 브로드밴드 서비스를 이용할 수 있도록 '보편적 서비스' 전략을 실행[67]하고, 2017년까지 90%의 가정에 차세대 네트워크를 제공하는 '차세대 프로젝트'를 실행한다. 또한 영국은 2015년까지 아날로그 라디오 방송을 DAB 기반의 디지털 라디오로 전환할 예정이다.

---
67) 전략 수립 초기 목표는 2012년까지였으나, 2011년 7월 프로젝트 시한을 2015년으로 연장

[표 2-35] Digital Britain의 영역별 주요 프로젝트

구분	내용
국민들의 디지털 참여 유도	• 가정접속제도(Home Access Scheme): 저소득층 대상 디지털기기 비용 지원 • National Plan for Digital Participation: 국민들의 디지털 참여 지원위해 각 부처가 전략 수립
디지털 인프라	• Universal Service Commitment: 2012년까지 모든 가정에 최소 2Mbps 인터넷 지원 • Next Generation Final Third project: 2017년까지 90%의 가정에 차세대 네트워크 제공
디지털 라디오	• 2015년까지 아날로그 라디오 방송을 DAB 기반의 디지털로 전환
디지털 시대의 창조산업	• 인터넷 지불방법 혁신 등 합법적인 파일 공유를 촉진하는 방안 추진 • 불법 파일 공유자에 대한 처벌 강화
공공서비스 콘텐츠	• 디지털콘텐츠 영역에 있어 공영 방송국 BBC의 역할 강화 • 정부 지원책 통해 민영 방송국 경쟁력 강화 • 지역 뉴스 프로그램 활성화
R&D 및 교육	• Digital Economy Programme: R&D 및 교육에 향후 3년간 총 1억 2,000만 파운드 투자 • 교과과정에 정보통신(ICT) 기술 포함, 핵심 과목으로 육성
디지털 보안	• 수준 높은 네트워크 보안책을 통해 사이버 범죄 및 테러에 대응 • 소비자들의 개인정보 유출 방지 • 불법 콘텐츠로부터 소비자 보호
전자정부	• Digital Swichover of Public Services Pfogramme: 2012년 학자금 대축, 학교등록, 세금 반환, 대출 상담 서비스 등을 모두 디지털로 전환

출처 : 영국 문화미디어체육부(DCMS), 한국인터넷진흥원[68]

나. Ofcom 연간 계획 발표

오프콤(Ofcom)은 2014년 3월, 2014년부터 2015년까지의 연간 계획(Annual Plan 2014/15)을 발표했다. 해당 연간 계획의 수행 기간은 2014년 4월 1일부터 2015년 3월 31일까지이다. 오프콤은 전략적 목표로 유효경쟁과 충분한 정보에 근거한 선택 촉진(Promote effective competition and informed choice), 최적화된 주파수 이용 확보(Secure optimal use of spectrum), 소비자와 시민들의 참여 기회 증진(Promote opportunities to participate), 소비자 보호(Protect consumers from harm), 방송콘텐츠에 대한 시청자들의 신뢰 유지(Maintain audience confidence in broadcast content) 등을 제시했다.

---

[68] 한국인터넷진흥원, 영국 정보통신(ICT)·방송 정책 보고서, 2013. 09. 02

다. 창조산업 진흥 위한 보고서 발간

영국 창조산업협의회(Creative Industry Council)는 2014년 7월 업계와 정부의 협업을 통한 창조 산업 분야의 성장을 위한 2020년까지의 비전과 전략 제시의 일환으로 '창조 산업 전략(Creative Industries Strategy)' 보고서를 발표했다. 해당 보고서에는 영국 국내외에서의 강력하고 균형 잡힌 지식재산 보호를 통해 창조 산업을 진흥하기 위하여 고안된 세부 권고 사항이 포함된다. 주요 권고 사항으로는 지식재산권의 중요성에 대한 인식 재고, 새로운 지식재산에 대한 투자 확대 지원, 디지털 시대에 적합한 지식재산권 라이선스 및 지식재산권 집행 체제 구축 등이 제시되었다.

(2) 콘텐츠산업 지원 제도

가. 5개년 영화 지원 사업

영국 영화협회(BFI)는 2017년까지 영국 영화산업에 약 5억 파운드를 지원한다. 해당 지원사업의 자금 일부는 영화 프로덕션 지원에 이용되며, 일부는 교육 분화, 관객의 다양한 영화 선택을 위한 지원에 이용된다. 또한 영국 전역의 지역 커뮤니티 센터 등에 영사 시설을 설치함으로써, 대도시 이외 지역에 거주하는 관객들도 다양한 영화를 볼 수 있는 환경을 마련하는데도 지원금이 사용된다. 특히 가장 중점을 두고 있는 분야는 교육 분야로 지원금 중 가장 많은 금액인 연간 4,420만 파운드가 2012년에서 2017년에 걸쳐 영화 교육과 관객 교육 분야에 이용될 예정이다.

또한 영국 영화협회(BFI)는 지원사업의 일환으로 온라인을 통해 콘텐츠를 감상할 수 있는 프로그램인 'BFI 플레이어(BFI Player)'의 개발을 추진했으며, 2013년 10월부터 BFI 플레이어의 서비스가 시작되었다.

나. '비디오게임 문화 테스트' 정책

영국정부는 2014년 게임이 지닌 문화성과 예술성을 인정하고 보다 적극적인 육성책을 내놓았다. 비디오게임 문화 테스트(The Cultural test for video games)로 명명된 이 제도는 콘텐츠, 기여도, 중추로서의 역할, 전문성등 4분야에 걸쳐 심사를 하며 총 31 포인트 중 16 포인트 이상을 획득하면 영국정부로부터 세금감면 혜택을 받을 수 있다.[69]

문화콘텐츠 부분은 총 16점을 부여하며 비디오 게임이 영국이나 유럽 경제권에 관련된 내용인

---

69) Legislation.gov.uk, The Cultural Test (Video Games) Regulations 2014, 2014. 7. 22

지 여부를 통해 차등 부여한다. 게임이 개발되는 지역, 캐릭터, 스토리, 언어와 음성이 영어로 제작되는지에 따라서 최대 4포인트부터 최하 1 포인트까지 획득가능하며 콘텐츠 부문이 영국 영화협회의 가이드라인을 벗어난다면 0포인트를 획득하게 된다.[70]

[표 2-36] 문화 테스트 콘텐츠 부문

점수	주인공 캐릭터	게임스토리	언어(영어)	경제 기여도
4	둘 이상	영국or유럽	75%이상	영국과 유럽 경제권 75%이상
3			66%이상	영국과 유럽 경제권 66%이상
2	2분의 1		50%이상	영국과 유럽 경제권 50%이상
1	3분의 1		25%이상	영국과 유럽 경제권 25%이상

출처 : 영국 영화협회

콘텐츠는 게임 전체를 의미하지 않으며 영상, 오디오 등으로 세분화된 것을 콘텐츠라 지칭하고 설사 비디오게임이나 디자인이 표면적으로 콘텐츠임이 드러나지 않더라도 충분히 납득할만한 이유가 있다면 영국 영화협회는 대안을 고려할 것이라고 진술되어있다.

문화 기여도, 중추로서의 역할, 전문성을 고려하여 해당 유무를 통해 점수를 각 1포인트 지급한다.[71]

[표 2-37] 문화 테스트 콘텐츠 부문 배점

문화기여도 (최대 4Pt)	중추로서의 역할 (최대 .3Pt)	전문성 (최대 .8Pt)
문화적 창조성	게임의 개념 개발	제작자
문화적 유산가치	스토리보드	시나리오 작가
문화적 다양성	프로그래밍	작곡가
-	디자인	예술가
-	음악/ 음성 제작	프로그래머
-	오디오 제작	디자이너
-	-	주요 스탭
-	-	주요 개발팀

출처 : 영국 문화원

---

70) Legislation.gov.uk, The Cultural Test (Video Games) Regulations 2014, 2014. 7. 22
71) Legislation.gov.uk, The Cultural Test (Video Games) Regulations 2014, 2014. 7. 22

(3) 조세 제도

가. 게임산업 세금감면 정책 시행

2014년 3월 유럽연합위원회(EC)로부터 승인을 받은 영국의 게임산업 세금감면 정책이 8월 20일부로 시행에 들어갔다. 유럽연합은 공정한 경쟁을 위해 세금감면이나 보조금 지원과 같은 정부의 사기업 지원을 금지하고 있으나, 전반적인 경제성장을 목적으로 하는 경우에는 예외를 두기 때문에 인센티브 정책을 시행하고자 하는 회원국들은 연합의 허가를 받아야 한다. 영국은 사전심의를 통해 문화적 가치를 지닌 게임에 한 해서만 지원할 것을 약속했고, 4개의기업 중 약 1곳 정도만이 감면 대상이 될 것이기에 세금감면 정책을 허가했다고 유럽연합위원회는 설명했다. 영국 엔터테인먼트산업연맹(UKIE)과 영국 게임개발자협회(TIGA)는 이러한 새로운 세금감면 정책을 크게 환영한다고 밝혔다.

해당 세금감면 정책에 따라 '문화적으로 영국다운(culturally British)' 게임을 개발하는 게임개발사들은 제작비에 대하여 25%의 세금감면 혜택을 받게 될 예정이다. 개발사가 영국 영화협회(British Film Institute)에 게임 제작비에 대한 세금감면을 신청하면, '문화적으로 영국다운' 게임인지를 심의받은 후 혜택을 받을 수 있는지가 결정된다. 영국정부는 새로운 세금감면 정책에 인해 게임산업이 매년 약 3,500만 파운드의 절세 혜택을 보고, 세계 게임산업 경쟁력을 높일 수 있을 것으로 기대하고 있다.

나. 영화 및 애니메이션 세금감면 혜택

애니메이션 제작비 세금감면 제도가 2014년 4월부터 시행되면서 영국의 애니메이션산업이 되살아나고 있다.[72] 제작비의 20% 수준에 달하는 세금감면제도의 영향으로 미취학아동 대상 채널 CBeebies는 2014년 최고의 인기를 누리며 전년대비 2배 이상의 수익을 거두었다. 2014년 5월 현재 CBeebies는 'Boj', 'Toggle', 'Calamity Island', 'Circle Square' 등 6개의 새로운 애니메이션 제작을 계획하고 있다. 또한, 채널 4에서 스노우맨(The Snowman)과 스노우독(The Snowdog)을 제작한 바 있는 Lupus Films는 웨일즈의 애니메이션업체 Cloth Cat과 함께 채널 5(영어)와 S4C(웨일즈어)에서 방영될 52부작의 새로운 애니메이션 'Toot the Tiny Tugboat'을 제작 중에 있다. 영국의 유명 애니메이션업체 Cosgrove Hall Fitzpatrick Entertainment[73]의 Adrian Wilkins CEO는 이번의 애니메이션 붐으로 인해 과거 'Danger Mouse', 'Count

---

[72] The Guardian, British cartoons boom as industry is reanimated by tax relief deal, 2014.04.13
[73] 원래 1976년에 Brian Cosgrove와 Mark Hall이 설립한 애니메이션 스튜디오 Cosgrove Hall이 2009년에 문을 닫고, 2011년에 Francis Fitzpatrick과 함께 Cosgrove Hall Fitzpatrick Entertainment로 재 탄생

Dukula', 'Wind in the Willows', 'The BFG' 등 여러 영국의 클래식 애니메이션 작품들을 탄생시키며 한 시대를 풍미했던 Cosgrove Hall animation studio를 맨체스트에 재오픈할 수 있었다고 밝혔다. 'Pip Ahoy!'는 해당 스튜디오의 첫 작품 중 하나로, 미취학 아동 대상으로 제작되어 채널 5를 통해 방영된다.

'Olive the Ostrich' 등을 제작한 또 다른 영국 애니메이션기업 Blue-Zoo의 이사인 Oli Hyatt는 최근 영국 애니메이션 업계가 활기를 되찾고 있다며, 과거 일자리를 갖지 못한 애니메이터들이 스튜디오로 되돌아 와 고용률이 50%나 상승했다고 밝혔다. 또한 해외에서 아웃소싱에 이용되었던 제작비가 영국 국내로 되돌아오고, 외국 제작자들이 영국의 애니메이터들과 작업을 시작함에 따라 영국 내 투자도 증가하고 있다고 한다. 실제로 Blue-Zoo는 현재 일본의 클라이언트로부터 의뢰받은 애니메이션 한편을 각색하고 있다.

3년 전 영국 의회에서 통과되어 2014년 4월부터 시행된 이번의 세금감면 제도로 인해 캐나다, 아일랜드와 같은 국가들과의 합작이 늘고 있으며 애니메이션 제작 규모가 폭발적으로 증가하여 연간 4,000만 파운드에 달하고 있다. 그 동안 침체되었던 영국 애니메이션산업은 다시 한 번 일어설 것으로 전망된다.

다. Patent Box 프로그램

영국 재무부는 2012년 3월 특허를 통해 거둔 수익에 대해 10%의 세금 부과율을 적용하는 'Patent Box' 프로그램을 발표했다. 이 정책은 2013년 4월부터 적용되고 있으며, 비디오 게임, 애니메이션, 텔레비전 콘텐츠 제작기업들의 세금감면 지원을 통해 영국 디지털콘텐츠산업을 육성하는 것을 목적으로 한다. 여기에는 향후 4년간 기업 세금을 현행 28%에서 24%로 낮추는 계획이 포함된다. 세제 감면 대상의 지재권이 반드시 영국기업의 소유이거나 영국기업에 의해 개발되었어야 할 필요는 없으며, 영국 외 지역의기업그룹(corporate group)에 의해 개발된 특허권이나 영국기업에게 전용실시권이 부여된 특허권도 세제혜택의 대상으로 포함된다.

Patent Box 프로그램에 의한 감세 혜택은 영국정부가 이미 제공하고 있는 R&D 세제 인센티브와 병행하여 적용 가능하다. 그리고 두 가지 인센티브를 모두 적용하면 유효세율은 최대 10% 이하로 감소될 수 있다. Patent Box 프로그램은 5년에 걸쳐 단계적으로 적용될 예정이며, 2013년부터는 특허활용 수익의 60%를 인정하고 매년 단계적으로 인정 비율을 높여 2017년 최종적으로 100%의 특허활용 수익을 공제대상으로 인정하게 되면, 유효세율 10%에 도달할 예정이다.

라. 외국기업에 대한 조세 제도

① 법인세 (번호체계)

회사가 영국 회사 등기소(The Registrar of Companies)에 등록을 하면 동 사실이 영국 국세청(Inland Revenue)에 통보되며 영국 국세청은 관련 서식 (CT41-G)을 회사로 발송한다. 법인세는 법인세 자진신고납부제도에 따라 법인이 회계기간 말일로부터 12개월 내에 하도록 되어있다. 영국 내 해외법인의 연락사무소, 지점 및 영국 내 자회사의 법인세 상의 위치는 다음과 같다.

[표 2-38] 해외 법인 형태에 따른 과세 규정

형태	과세 규정
연락사무소 (Representative Office)	• 사무소가 지점, 대리인 또는 조세조약상의 고정 사업장에 해당되지 않는 즉, 영업상의 계약 체결 권한이 없는, 연락 사무소의 경우 영국에서 법인세 납부 의무가 없음
지점 (Branch)	• 지점이 영국에서 사업을 수행하는 경우, 지점 소득(영국 내에 귀속된소득)에 대해 영국법인과 동일한 방식으로 법인세가 산정됨
자회사 (Subsidiary)	• 해외 법인의 영국 자회사는 영국 거주 법인에 해당하며 소득원천 지역에 관계없이 모든 소득에 대해 영국에서 법인세를 납부할 의무가 있음 • 영국에서 설립되지 않은 회사라도 영국에서 주로 관리되고 통제되는 회사라면 영국 거주법인으로 간주되어 전 세계 소득에 대해 영국에서 과세 됨 • 외국에서 납부한 법인세는 일정 한도 내에서 외국납부 세액공제가 가능함

출처 : KOTRA

② 소득세

과세연도는 매년 4월 6일부터 다음해 4월 5일까지이고 과세 대상은 영국내 소득 발생한 내국인 및 외국인 모두에게 적용된다. 원천징수(PAYE, Pay As You Earn)는 대부분의 영국 납세자가 이에 해당하고 근로 소득과 경비, 후생급여 보고 시스템을 통해 전체 납부해야 할 세액이 원천징수 되기 때문에 종합소득세 신고서를 제출할 필요는 없다. 자진소득신고(Self-Assessment)는 자영업자가 SA Form을 작성해 제출하여야 한다.

③ 부가가치세(VAT)

영국정부는 경제 불황을 타계하기 위하여 VAT를 인하, 2009년에는 한시적으로 VAT 세율로 15%를 적용하였으나, 2010년에 17.5%, 2011년에 20.0%로 다시 인상하여 2012년 9월 28일까지 적용했다.

④ 부동산세

영국에서 부동산 관련 적용되는 법률 제도는 3가지로 분리되어 있고 별도의 법률시스템은 스코틀랜드와 북아일랜드의 부동산세에 적용한다. 영국에서 부동산을 취득하는 외국인에 대한 제한은 없다. 부동산은 세금규칙에 따라 개인이나 기업이 자신의 사용 또는 투자를 위해 임대/ 구매하거나 대여할 수 있고 영국의 부동산세는 개인이나 기업이나 차등 없이 적용된다

마. 한영조세협정

한국기업 및 한국인이 외국에서 사업을 영위하기 위해서는 법인세, 부가가치세, 회계/감사, 근로소득에 대한 소득세 및 원천징수절차, 국민보험 및 개인소득세 등 세금 관련 기본 사안들을 이해하고 준수해야 한다. 예를 들면, 고용주는 종업원의 사회보장세(NI/National Insurance) 중 일부(평균 12%)를 부담해야 하며 이를 위반할 시에는 과태료 및 행정제재를 받게 된다.

(4) 규제 제도

가. 모바일 게임 규제

영국 공정 거래청(OFT)은 스마트폰이나 온라인 게임 이용자들의 아이템 구매 피해가 증가하자 게임 아이템 판매 규제에 나섰다. 새로운 규제에 의하면 스마트폰 앱 제작사나 온라인 게임업체들은 유료아이템 판매 기능이 포함된 사실과 구매 가격을 이용자들에게 고지해야 하며 다운로드 과정에서 이용자의 동의를 필수로 받아야 한다. 이를 어길시 형사 처분을 받게 된다.[74]

공정거래청이 영국의 게임회사를 대상으로 유료 아이템 판매 현황을 분석한 결과 스마트폰 게임 '마이리틀포니(My little Pony)'는 게임 능력을 높여주는 보석 아이템을 69파운드에 팔고 있었고 아이들과 청소년에게 유료아이템의 구매를 부추기는 상술을 펼쳐온 것으로 나타났다.[75]

---

74) 월드리포트, 영국 온라인 게임 아이템 판매 규제 나서, 2013. 9. 26.
75) 월드리포트, 영국 온라인 게임 아이템 판매 규제 나서, 2013. 9. 26.

미국 일렉트로닉 아츠(Electronic Arts)에서 출시된 모바일 게임 던전키퍼(Dungeon Keeper)도 무료게임인지 논란이 일고 있는데 게임의 자원 1만 4,000개를 69.99파운드에 팔고 있다. 이게임은 원활한 게임 플레이를 위해서 반드시 자원을 소비해야 하는데 자원 수집에 짧게는 4시간에서 평균 1일의 실시간이 소비되는 것으로 나타나면서 소비자에게 유료아이템의 구입을 종용하는 것으로 나타났다.76)

[그림 2-103] 게임 내 상점을 통해 수익을 만들어내는 게임사

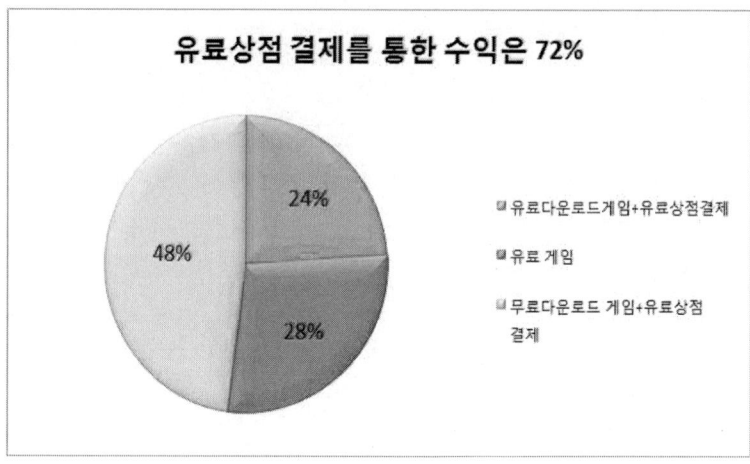

출처 : Distimo

던전키퍼는 2014년 1분기에 영국의 광고 공정성 유지 단체(Advertisement Standard Authorith: ASP)에 의해 무료게임이 아니라는 경고를 받은 바 있다. ASP에 의하면 던전키퍼는 다운로드만 무료로 가능할 뿐 게임의 자원 수집을 의도적으로 느리게 하여 유료 아이템 구입을 유도했기 때문에 시정조치를 받았다.77)

어린이와 청소년이 유료 아이템 구입을 하게 된 원인은 다수의 게임개발사들이 게임 내의 상점을 통해 아이템을 판매하는 정책 때문이었다. 게임 전문 분석업체 디스티모(Distimo)에 의하면 전체 게임 중 28%는 유료로 게임을 판매하였고 72%는 무료이거나 유료 다운로드 방식이지만 게임 내에 아이템 상점을 개설하여 수익을 올린 것으로 나타났다.78)

그동안 많은 게임 회사들이 무료라는 마케팅으로 미숙한 판단을 할 가능성이 높은 어린이와 청소년들에게 유료아이템을 판매하였다. 이번 법령 개정은 게임개발사와 제작사에 대한 강력한 규

---

76) Metro, Dungeon Keeper review - microtransaction hell, 2014. 2. 4.
77) 인벤, 던전키퍼 영국에서는 '무료' 게임이라는 표현 못써, 2014. 7. 3.
78) Distimo, based on 200 most grossing applications in the U.S, 2011. 7.

제로 볼 수 있다. 공정 거래청은 게임에서 이기는 수단으로 아이템 구매를 현혹하는 행위는 소비자 보호법에 위배되므로 온라인 아이템 판매에 대한 규정을 강화한다고 밝혔다.[79]

나. 삼진아웃제 시행 연기

영국정부는 2013년 6월 삼진아웃제의 시행 시기를 세부 사항 조정을 위해 2015년 하반기로 연기한다고 발표했다. 영국에서는 인터넷서비스제공자(ISP)를 통한 불법 다운로드 규제 방법인 삼진아웃제를 행정명령의 형태로 시행하고자 2010년부터 구상하였다. 2010년 5월에 Ofcom 고시의 초안이 발표되었으며, 그 내용은 다음과 같다. 온라인상에서 저작권을 침해하였다는 이유로 ISP로부터 1년에 3번을 초과하여 경고 통지를 받은 불법 파일 공유자의 상세 내역이 블랙리스트에 올라가게 되고, 저작권자는 침해자의 신원 확인을 위해 그 리스트에 접근할 수 있다. 이용자들이 저작권의 보호를 받는 자료를 불법적으로 다운로드 한 것으로 밝혀지면 ISP는 그들의 인터넷 접속을 차단할 수도 있다. 물론 이용자들은 자신이 받은 저작권 침해 통지에 대하여 독립된 심의기구에 이의를 제기할 수 있다. 2012년 4월 영국정부는 Ofcom 고시가 2014년부터 시행된다고 발표했다. 이어 2012년 6월 대형 ISP업체들을 대상으로 인터넷상의 저작권 침해 행위 근절을 위한 최초 의무 규범 개정안(revised Initial Obligations Code)을 내놓으면서 제도 시행에 더욱 탄력이 붙었다. 그러나 2013년 2월 영국정부는 기술적인 문제에 대한 재검토가 필요하다는 이유로 Ofcom 고시 중 경고장 발송 비용 분담에 관련된 부차적 법령 제정 진행을 중지했다. 그리고 2013년 6월에 해당 제도의 시행이 2015년으로 재차 연기되었다.

다. 엔터테인먼트 소프트 등급분류 심사제도 (EU 전체 적용)

3+등급, 7+등급, 12+등급, 16+등급, 18+등급 등 5개의 등급 표시가 있으며, 각 연령이상 모든 게이머가 이용 가능하다. 약물사용, 공포나 두려움, 성적 행동, 선정적 묘사, 폭력묘사, 저속한 언어사용 등 6개의 부가설명을 덧붙이도록 하고 있다.

라. 등급 심사

추가 설명에도 등급에 따라 별을 1개부터 3개까지 표시해서 그 강도를 나타내고 있다. 다만 아케이드 게임에 대해서는 엄격한 기준을 적용하여, 등급분류를 전체 이용가, 청소년이용불가 등의 판정으로 심의하고 있으며, 사행성에 집중하여 심사한다.

---

79) 연합뉴스, 영국, 이용자 현혹 게임아이템 판매 규제, 2013. 9. 26.

[표 2-39] 5개의 등급 표시

등급	해당연령	설명
3	3+	• 모든 연령에 적합한 것으로 본다. 코믹한 상황에서 일부 폭력(톰과제리 만화 같은 형태)허용된다. 어린이가 실제와 화면의 캐릭터를 혼동할 수 없이 환상적이어야 한다. 어린이를 위협하거나 놀라게 할 가능성이 있는 소리나 장면이 없어야 한다. 비속어가 나오면 안 된다.
7	7+	• 일반적으로 3세 이용가로 평가되지만, 다소 무서운 장면이나 소리가 포함되는 모든 게임이 적합한 것으로 간주될 수 있다.
12	12+	• 판타지 캐릭터에 대한 다소의 사실적 그래픽이나 인간 형태나 뚜렷한 형태의 짐승에게 가해지는 비사실적인 폭력도 포함한다. 약간의 노출도 허용되며, 성적 함의가 없는 완곡한 비속어도 포함된다.
16	16+	• 폭력(성적 행위)의 묘사가 실제생활에서 예상되는 것과 같은 것에도 적용된다. 보다 격한 비속어, 담배 및 약물의 사용의 개념, 범죄 행위의 묘사도 이 범주에 들어간다.
18	18+	• 총체적인 폭력묘사도 되고, 관람자가 혐오감을 느낄 정도까지 허용된다.

출처 : PEGI[80]

[표 2-40] 표기 마크 내용

표기	내용 정보	내용
	차별	• 18세 등급에서 인종, 종교, 민족 차별을 조장하는 내용 포함 • 현대의 게임에서 찾아보기 힘든 내용정보이지만, 종종 역사적 상황을 배경으로 한 게임에서 등장
	약물	• 16세 등급에서 담배나 주류 이용을 조장하는 내용 포함 • 18세 등급의 경우 불법적인 마약류를 묘사
	공포	• 7세 등급에서 어린이들이 무서워할 만한 영상이나 소리가 포함

---

80) Pan-European Game Information

표기	내용정보	내 용
	저속한 언어	• 12세 등급에서 욕설이나 공격적인 언어가 포함 • 16, 18세 등급에서는 신성모독이나 강한 성적 서술이 포함
	섹스	• 누드, 성적인 행동이나 성적인 내용을 묘사한 장면이 포함 • 12세 등급에는 명백한 성적 암시를 하는 말이나 행동이 포함 • 16세 등급의 경우 성적인 노출이 묘사 • 18세 등급에는 성적인 활동에 대한 명백한 묘사가 포함
	폭력	• 폭력묘사 장면이 포함 • 7세 등급의 경우 비현실적이거나 자세하지 않음 • 12세 등급은 판타지 경험에서의 폭력을 포함 • 16세나 18세 등급은 보다 현실적으로 보이는 폭력을 묘사
	도박	• 카지노, 도박장, 경마장 등에서 실제로 이용되는 도박을 조장하거나 가르치는 내용이 포함 • 12, 16, 18세 등급에 이용
	온라인 게임플레이	• 온라인으로 이용될 수 있는 게임

출처 : PEGI

마. 스마트 콘텐츠 외국기업 진입 관리 및 규제

① 스마트 콘텐츠 규제

유럽은 1990년대 까지만 해도 각 나라마다 고유의 심의기관과 심의제도를 갖추고 있었지만, EU의 출범으로 2000년대부터 PEGI(Pan European Game Indicator; 범 유럽게임정보)가 출범하여 통일된 심의제도와 심의기관을 갖추고 있다.

EU 국가는 PEGI에 가입하고 심의 제도에 동의해야 규제를 받기 때문에, 모든 유럽국이 PEGI에 따르고 있는 것은 아니다. PEGI에는 프랑스 등 16개 국이 가입하고 있으며, PEGI의 심의는 유럽 출판협회나 무역협회가 유통하는 가정용게임, PC패키지게임 교육용 및 인터렉티브 CD/DVD를 포함하고 있다.

② ISFE[81](유럽 상호작용 소프트웨어 산업연맹)

ISFE는 PEGI의 등급심사 및 POSC(PEGI Online Safety Code; PEGI 온라인 안정 규정)가 효율적인 방식으로 시행되도록 하는 임무를 가지고 온라인 게임의 배급, 제작, 온라인 서비스 운영, 마케팅 등 POSC에 참여하는 모든 상호작용 소프트웨어 산업 종사자 모두가 POSC를 명확히 이해하고 인식하도록해야 한다. POSC의 해석, 운영, 공시, 업데이트 등에 필요한 자원을 보유하고 POSC의 적용과정에 대한 연구 및 보고를 수행하는 임무도 가진다.

(5) 지적재산권 보호 제도

가. 음반 보호 기간 50년에서 70년으로 연장

영국에서는 2013년 11월부터 '저작권과 실연자의 권리 존속기간에 관한 규칙'에 따라 음반의 보호 기간 및 음반과 관련된 실연자의 권리 존속기간이 기존의 50년에서 70년으로 연장된다. 개정된 법은 2013년 11월 1일 현재 보호받고 있는 음반과 이후에 만들어진 음반에만 적용된다. 이에 따라 개정된 법을 통해 보호 기간이 연장된 음반을 이용하고자 하는 사람은 연장된 기간에 대해서도 계속 사용료를 지급해야 한다.

나. 저작권 허브 시범 서비스 개시

영국 지적재산권부는 2013년 3월 15만 파운드를 투자해, 지적재산권과 라이선스 정보 등을 제공하는 온라인 웹사이트를 구축한다고 발표했다. 영국 지적재산권의 경제적 규모는 2020년까지 매년 22억 파운드씩 증가할 것으로 전망되고 있다. 이러한 가운데 지적재산권 허브센터의 구축은 지적재산권과 관련된 비용절감과 편의성 향상 등에 도움이 될 것으로 전망된다. 그리고 2013년 7월 저작권 허브(Copyright Hub)의 시범서비스가 시작되었다. 저작권 허브 서비스는 복잡한 저작권법을 단순화한 정보를 제공하고, 저작권자들이 저작권에 대한 정보를 등록하도록 하여 저작물을 이용하고자 하는 사람들이 해당 저작권자를 쉽게 찾고 저작물의 이용허락을 얻을 수 있는 장으로 제공하고자 하는 것을 목표로 삼고 있다.

---

81) Interactive Software Federation of Europe

2. 프랑스

1) 콘텐츠시장 개요

2013년 프랑스 경제는 실업률 증가, 내수 및 기업투자 침체에도 불구하고 주요국의 경기회복에 따른 수출증가와 소비심리 개선 등에 힘입어 경제가 회복세를 보였다.

프랑스 콘텐츠시장은 높은 비중을 차지하고 있는 출판시장의 감소세와 방송과 광고시장이 정체 상태를 보였으나 가장 높은 점유율을 보이고 있는 지식정보시장의 높은 성장이 지속되면서 전체 적인 콘텐츠시장의 성장을 견인하며 2013년 전년대비 2.3% 증가한 768억 4,400만 달러로 집계 되었다. 향후 5년간 출판시장을 제외한 전 분야에서 소폭의 성장세를 나타내며 연평균 2.8% 증가 한 881억 7,700만 달러의 규모를 보일 것으로 전망된다.

[표 3-1] 프랑스 콘텐츠시장 규모 및 전망, 2009-2018

[단위 : 백만 달러, %]

구분	2009	2010	2011	2012	2013p	2014	2015	2016	2017	2018	2013-18 CAGR[82]
출판	19,149	18,879	18,344	17,972	17,847	17,804	17,731	17,657	17,507	17,296	△0.6
만화	459	491	519	515	519	521	523	524	522	519	0.0
음악	1,530	1,544	1,648	1,783	1,817	1,837	1,861	1,874	1,875	1,865	0.5
게임	2,848	3,107	3,195	3,149	3,257	3,487	3,617	3,749	3,888	4,044	4.4
영화	3,519	3,782	3,871	3,805	3,812	3,958	4,155	4,387	4,637	4,971	5.5
애니메이션	268	290	319	351	387	425	468	510	556	596	9.0
방송	13,677	14,375	14,547	14,499	14,576	14,671	14,971	15,329	15,639	15,992	1.9
광고	14,407	14,775	15,393	15,230	15,407	15,721	16,089	16,478	16,836	17,277	2.3
캐릭터	6,860	6,860	6,730	6,844	6,584	6,657	6,725	6,790	6,848	6,908	1.0
지식정보	21,448	24,265	26,187	27,447	28,943	30,458	31,916	33,365	34,774	36,209	4.6
산술합계	84,165	88,368	90,753	91,595	93,149	95,539	98,056	100,663	103,082	105,677	2.6
합계[83]	68,052	71,792	73,765	75,138	76,844	79,183	81,474	83,752	85,906	88,177	2.8

출처 : PwC(2014), ICv2(2013, 2014), Barnes report(2013, 2014), Oricon(2013, 2014), SNE(2013), MDRI(2013), Box Office Mojo(2014), Digital Vector(2013), EPM(2013, 2014)

---

82) 2013년부터 2018년까지 연평균성장률
83) 중복 시장을 제외한 시장 규모임
   - 출판의 신문/잡지 광고, 게임의 게임 광고, 영화의 극장광고, 방송의TV /라디오 광고, 지식정보의 디렉토리 광고는 광고시장에 포함
   - 만화, 지식정보의 전문서적/산업잡지는 출판시장에 포함
   - 애니메이션은 영화시장에 포함

[그림 3-1] 프랑스 콘텐츠시장 규모 및 성장률, 2009-2018

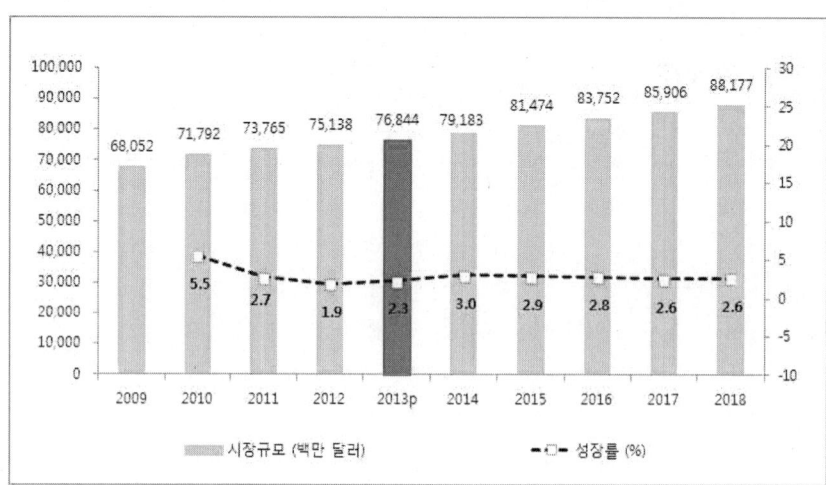

출처 : PwC(2014), ICv2(2013, 2014), Barnes report(2013, 2014), Oricon(2013, 2014), SNE(2013), MDRI(2013), Box Office Mojo(2014), Digital Vector(2013), EPM(2013, 2014)

2009년 31.5%의 비중을 보이던 지식정보 분야는 고속화된 인터넷의 발달에 힘입어 2013년 37.7%까지 증가하였다.

[그림 3-2] 프랑스 콘텐츠별 시장점유율, 2009 vs. 2013 vs. 2018

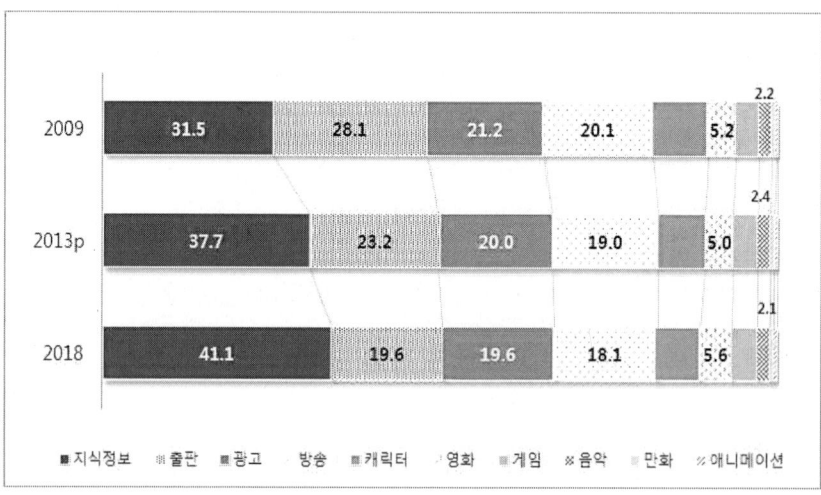

출처 : PwC(2014), ICv2(2013, 2014), Barnes report(2013, 2014), Oricon(2013, 2014), SNE(2013), MDRI(2013), Box Office Mojo(2014), Digital Vector(2013), EPM(2013, 2014)

반면 디지털 출판의 등장으로 하락세를 보이고 있는 인쇄 출판시장으로 인해 전체 출판시장은 2013년 23.2%의 시장 규모에서 2018년에는 19.6%로 감소할 전망이다. 이처럼 기존의 콘텐츠시장과 디지털 부문의 시장이 의도하지 않는 대립각을 보이는 와중에도 광고와 방송시장은 예전과 유사한 수준의 시장 비중을 보일 것으로 전망된다. 향후 5년간 프랑스 콘텐츠시장은 2018년까지 2.8%의 성장률을 보이며 성장할 것으로 전망되는데 애니메이션이 가장 높은 9%의 성장률을 기록할 것으로 보인다.

[그림 3-3] 프랑스 콘텐츠별 연평균성장률 추정, 2013-2018

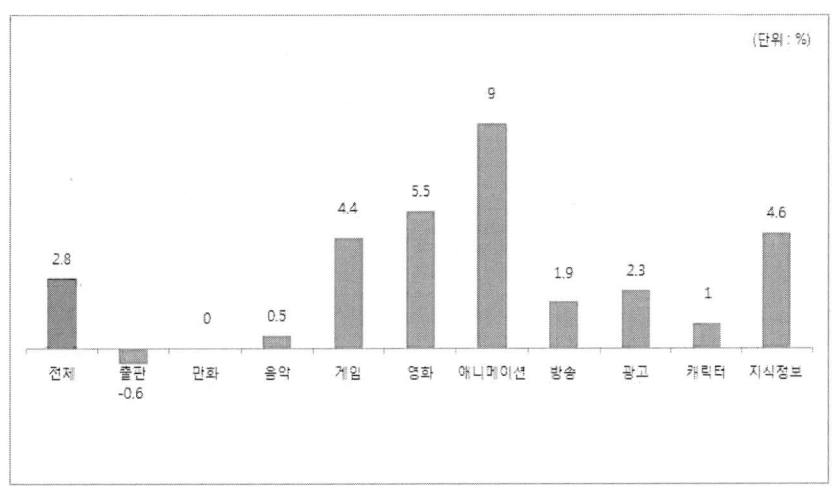

출처 : PwC(2014), ICv2(2013, 2014), Barnes report(2013, 2014), Oricon(2013, 2014), SNE(2013), MDRI(2013), Box Office Mojo(2014), Digital Vector(2013), EPM(2013, 2014)

영화와 게임, 지식정보시장은 5% 근처의 성장률을 보일 것으로 예상되는 반면 캐릭터, 음악, 만화의 성장률은 매우 저조하거나 정체될 것으로 전망된다. 한편, 출판시장은 디지털화 되는 도서의 증가와 감소하는 인쇄 출판물로 인해 유일하게 마이너스 성장률을 기록할 것으로 보인다.

2) 산업별 콘텐츠시장 규모 및 전망

(1) 출판

프랑스 출판시장은 인쇄 출판시장의 하락세에도 불구하고 디지털 출판시장의 높은 성장으로 2013년 전년대비 0.7% 소폭 감소한 178억 4,700만 달러로 집계되었다.

디지털 출판과 구독이 활발해지면서 각 분야의 디지털시장이 빠르게 성장할 것으로 예상되나 출판시장에서 높은 비중을 차지하고 있는 인쇄 출판과 지면 구독시장의 감소세를 상쇄하지 못해 프랑스 출판시장은 향후 5년간 연평균 0.6%씩 하락하여 2018년에는 172억 9,600만 달러 규모에 머무를 것으로 전망된다.

[표 3-2] 프랑스 출판시장 규모 및 전망, 2009-2018

[단위 : 백만 달러, %]

구분		2009	2010	2011	2012	2013p	2014	2015	2016	2017	2018	2013-18 CAGR
도서		5,167	5,240	5,217	4,935	4,779	4,681	4,586	4,505	4,404	4,305	△2.1
	인쇄[84]	4,996	5,022	4,924	4,517	4,220	3,968	3,719	3,499	3,278	3,083	△6.1
	디지털	171	218	293	418	559	713	867	1,006	1,126	1,222	16.9
신문		5,612	5,116	4,611	4,507	4,558	4,578	4,548	4,470	4,349	4,161	△1.8
	광고	2,049	1,510	1,580	1,476	1,462	1,434	1,406	1,381	1,358	1,334	△1.8
	지면	1,831	1,337	1,385	1,278	1,246	1,201	1,157	1,113	1,071	1,028	△3.8
	디지털	217	172	196	198	217	233	250	268	287	307	7.2
	구독	3,563	3,606	3,031	3,031	3,096	3,144	3,142	3,089	2,991	2,827	△1.8
	지면	3,563	3,588	2,983	2,926	2,944	2,925	2,865	2,760	2,605	2,391	△4.1
	디지털	0	18	48	105	152	219	277	329	386	436	23.5
잡지		8,370	8,523	8,516	8,530	8,510	8,545	8,597	8,682	8,754	8,830	0.7
	광고	2,745	2,932	3,063	3,085	3,155	3,207	3,264	3,328	3,383	3,444	1.8
	지면	2,558	2,617	2,576	2,431	2,400	2,346	2,286	2,220	2,140	2,054	△3.1
	디지털	187	315	487	654	755	861	978	1,108	1,243	1,390	13.0
	구독	5,625	5,591	5,453	5,445	5,355	5,338	5,333	5,354	5,371	5,386	0.1
	지면	5,623	5,552	5,402	5,267	5,065	4,877	4,689	4,504	4,322	4,144	△3.9
	디지털	2	39	51	178	290	461	644	850	1,049	1,242	33.8
합계		19,149	18,879	18,344	17,972	17,847	17,804	17,731	17,657	17,507	17,296	△0.6

출처 : PwC(2014)

---

84) 오디오북 포함

프랑스 출판시장에서 가장 큰 비중을 차지하는 것은 잡지시장이다. 잡지시장은 2009년 43.7%의 점유율을 차지하며 시장을 주도했는데, 그 비중은 더욱 높아져 2018년에는 51.1%의 점유율을 보이며 전체 시장의 절반 이상을 차지할 것으로 전망된다.

이에 반해, 도서시장과 신문시장은 2009년 각각 27.0%, 29.3%의 점유율을 차지하였으나 점차 그 비중이 줄어들어 2018년에는 각각 24.9%, 24.1%의 점유율을 보일 것으로 전망된다. 도서시장과 신문시장은 디지털시장의 성장에도 불구하고 인쇄시장의 수익감소를 상쇄하지 못해 그 비중이 점차 줄어드는 것으로 보인다.

[그림 3-4] 프랑스 출판시장 비중 비교, 2009 vs. 2013 vs. 2018

출처 : PwC(2014)

가. 도서

프랑스 도서시장은 2011년 프랑스에서 서비스를 시작한 아마존 등의 온라인 서점과의 경쟁과 독립서점을 대상으로 부과되는 7%의 부가가치세로 독립서점의 경쟁력이 악화되면서 2012년부터 급격한 하락세를 보였다. 이에 2013년에는 전년대비 3.2% 하락한 47억 7,900만 달러 규모에 머물렀다. 현재 프랑스정부가 독립서점의 경쟁력 강화를 위해 다양한 정책을 시행하고 있으나 도서시장은 향후 5년간 연평균 2.1%씩 하락하여 2018년에는 43억 500만 달러 규모가 될 것으로 전망된다.

[표 3-3] 프랑스 도서시장 규모 및 전망, 2009-2018

[단위 : 백만 달러, %]

구분		2009	2010	2011	2012	2013p	2014	2015	2016	2017	2018	2013-18 CAGR
인쇄		4,996	5,022	4,924	4,517	4,220	3,968	3,719	3,499	3,278	3,083	△6.1
	전문	1,334	1,360	1,327	1,059	916	805	692	602	504	428	△14.1
	일반	2,841	2,769	2,701	2,572	2,425	2,291	2,163	2,041	1,926	1,816	△5.6
	교육	821	893	896	886	879	872	864	856	848	839	△0.9
디지털		171	218	293	418	559	713	867	1,006	1,126	1,222	16.9
	전문	85	116	147	193	244	298	352	405	455	500	15.4
	일반	73	79	107	158	210	266	324	379	429	470	17.5
	교육	13	23	39	67	105	149	191	222	242	252	19.1
합계		5,167	5,240	5,217	4,935	4,779	4,681	4,586	4,505	4,404	4,305	△2.1

출처 : PwC(2014)

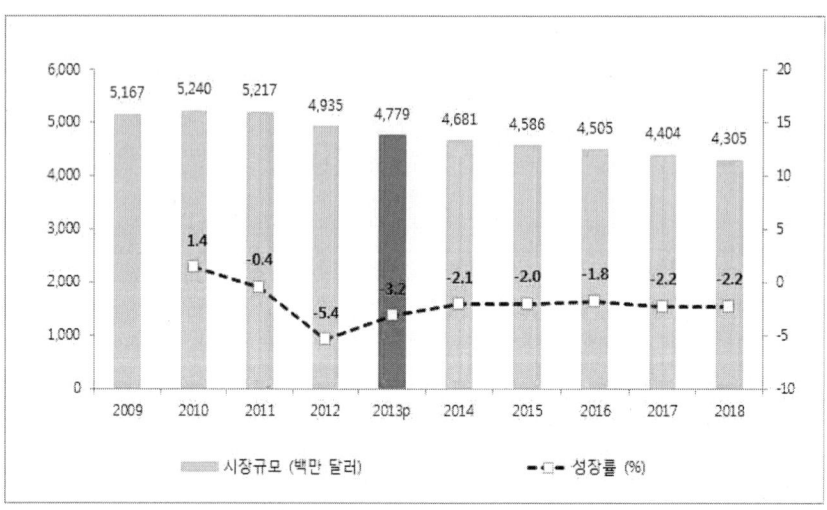

[그림 3-5] 프랑스 도서시장 규모 및 성장률, 2009-2018

출처 : PwC(2014)

프랑스는 영국과 독일에 이어 유럽에서 세 번째로 큰 규모의 전자책시장을 보유하고 있다. 2013년 기준 전체 도서시장에서 디지털 도서가 차지하는 비중은 11.7%로 향후 5년간 연평균 16.9%의 성장을 보이며 2018년에는 전체 도서시장의 28.4%를 차지할 것으로 전망된다.

[그림 3-6] 프랑스 도서시장별 비중 비교, 2009 vs. 2013 vs. 2018

출처 : PwC(2014)

나. 신문

광고와 발행부수의 감소로 프랑스 신문시장의 수익 상황은 점차 악화되고 있는 추세이다. 이는 프랑스가 미국, 영국, 독일 등의 국가들만큼 큰 독자 기반을 갖추고 있지 못하기 때문이며, 포퓰리즘 타블로이드지의 부족과 다른 유럽 국가들보다 높은 인쇄와 유통 비용에 의한 것으로 볼 수 있다.

[그림 3-7] 프랑스 신문시장 규모 및 성장률, 2009-2018

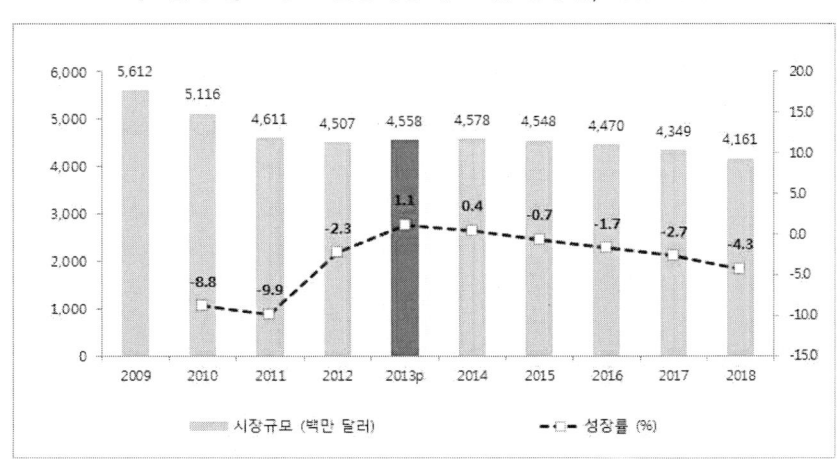

출처 : PwC(2014)

2013년 프랑스 신문시장은 전년대비 1.1% 성장한 45억 5,800만 달러 규모로 나타났지만 점차 시장 규모가 축소될 것으로 예상된다. 프랑스 신문시장은 향후 5년간 연평균성장률이 1.8%씩 하락하여 2018년에는 41억 6,100만 달러 규모로 위축될 것으로 전망된다.

프랑스 신문시장에서 가장 큰 비중을 차지하는 것은 구독시장이다. 2009년 신문 구독시장은 63.5%의 점유율을 차지하며 시장을 주도하고 있었다. 이후 신문 광고시장의 축소로 구독시장의 비중이 늘어나 2013년 프랑스 신문시장은 67.9%를 구독시장이 차지하고 32.1%를 광고시장이 점유하게 되었다. 향후 5년 후에도 시장점유율의 변화는 없을 것으로 보인다.

[그림 3-8] 프랑스 신문시장별 비중 비교, 2009 vs. 2013 vs. 2018

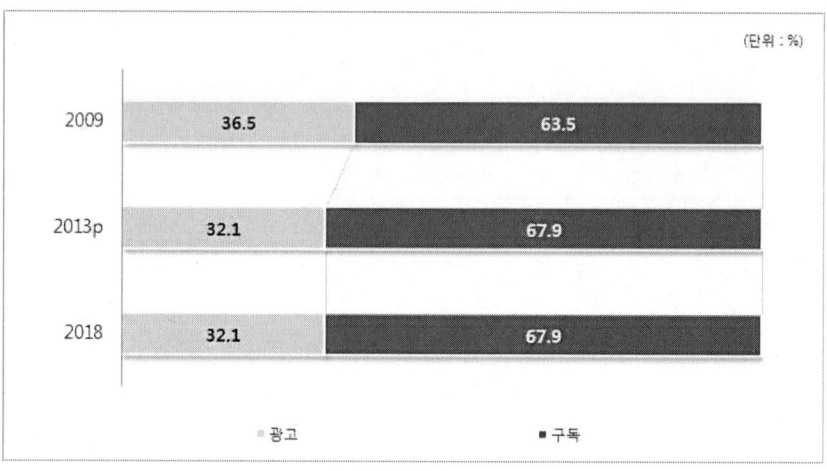

출처 : PwC(2014)

2013년 프랑스 신문시장은 67.9%가 구독시장이고 32.1%가 광고시장이 점유하고 있으며, 향후 5년 후에도 시장점유율의 변화는 없을 것으로 보인다. 신문 광고시장은 2009년 20억 4,900만 달러에서 2013년 14억 6,200만 달러까지 감소했는데, 이러한 하락세는 향후 지속되어 2018년까지 연평균 1.8%의 감소를 보이면서 13억 3,400만 달러까지 축소될 것으로 전망된다.

신문 구독시장 역시 2012년 1월 프랑스의 유력 경제 일간지 라 트리뷴(La Tribune)이 재정난에 허덕이며 종이 신문을 폐간했고, 오랜 전통의 일간지인 프랑스 스와(France Soir)는 2011년 12월 신문발행 중단에 이어 2012년 7월 파산을 선고했다. 이러한 사건들의 영향으로 프랑스 신문 구독시장은 2011년부터 급격하게 감소하다가 2013년 전년대비 2.1% 증가하면서 30억 9,600만 달러로 집계되었다. 그러나 디지털 구독시장이 높은 성장에도 불구하고 지면 구독시장의 수익 감소를 상쇄하지 못하면서 프랑스 신문시장은 2018년까지 연평균 1.8%의 감소를 보이며 28억 2,700만 달러에 그칠 것으로 전망된다.

[표 3-4] 프랑스 신문시장 규모 및 전망, 2009-2018

[단위 : 백만 달러, %]

구분		2009	2010	2011	2012	2013p	2014	2015	2016	2017	2018	2013-18 CAGR
광고		2,049	1,510	1,580	1,476	1,462	1,434	1,406	1,381	1,358	1,334	△1.8
	지면	1,831	1,337	1,385	1,278	1,246	1,201	1,157	1,113	1,071	1,028	△3.8
	디지털	217	172	196	198	217	233	250	268	287	307	7.2
구독		3,563	3,606	3,031	3,031	3,096	3,144	3,142	3,089	2,991	2,827	△1.8
	지면	3,563	3,588	2,983	2,926	2,944	2,925	2,865	2,760	2,605	2,391	△4.1
	디지털	0	18	48	105	152	219	277	329	386	436	23.5
합계		5,612	5,116	4,611	4,507	4,558	4,578	4,548	4,470	4,349	4,161	△1.8

출처 : PwC(2014)

다. 잡지

프랑스 출판시장에서 가장 높은 점유율을 보이고 있는 잡지시장은 2013년 전년대비 0.2% 감소한 85억 1,000만 달러로 집계되었다. 향후 5년간 인쇄 잡지 광고와 구독시장의 하락에도 불구하고 디지털 광고와 구독시장의 높은 성장으로 2018년까지 연평균 0.7%의 성장률을 보이며 현재 규모를 유지해 나갈 것으로 전망된다.

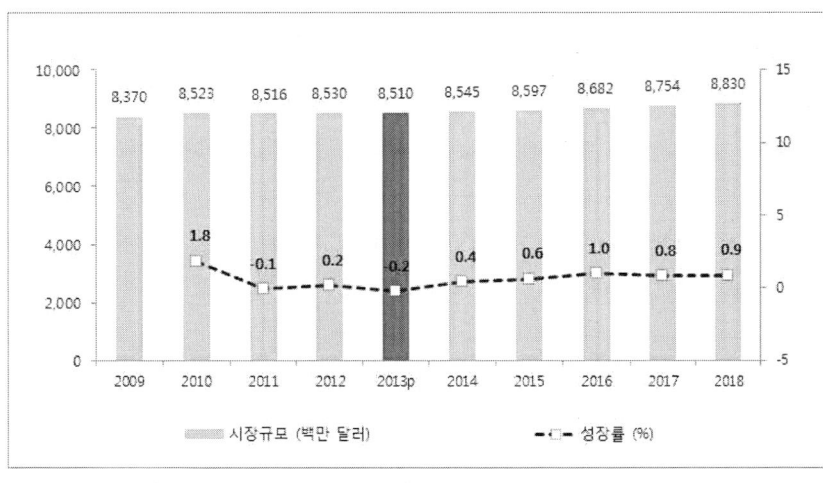

[그림 3-9] 프랑스 잡지시장 규모 및 성장률, 2009-2018

출처 : PwC(2014)

[표 3-5] 프랑스 잡지시장 규모 및 전망, 2009-2018

[단위 : 백만 달러, %]

구분	2009	2010	2011	2012	2013p	2014	2015	2016	2017	2018	2013-18 CAGR
광고	2,745	2,932	3,063	3,085	3,155	3,207	3,264	3,328	3,383	3,444	1.8
지면	2,558	2,617	2,576	2,431	2,400	2,346	2,286	2,220	2,140	2,054	△3.1
디지털	187	315	487	654	755	861	978	1,108	1,243	1,390	13.0
구독	5,625	5,591	5,453	5,445	5,355	5,338	5,333	5,354	5,371	5,386	0.1
지면	5,623	5,552	5,402	5,267	5,065	4,877	4,689	4,504	4,322	4,144	△3.9
디지털	2	39	51	178	290	461	644	850	1,049	1,242	33.8
합계	8,370	8,523	8,516	8,530	8,510	8,545	8,597	8,682	8,754	8,830	0.7

출처 : PwC(2014)

(2) 만화

2013년 프랑스 만화시장은 전년대비 0.6% 증가한 5억 1,900만 달러로 집계되었다. 프랑스의 만화 출판은 아시아의 일본이나 한국처럼 자국 외주 방식의 만화 생산이 아니어서 출판의 속도가 매우 느린 편이고 전업 만화가의 수가 적은 편이어서 연간 출판량은 만화 강국들과 비교해 다소 저조한 편이다. 프랑스 만화시장은 향후 5년간 0% 성장률을 보이며 2018년까지 현재와 비슷한 수준의 시장 규모를 보일 것으로 전망된다.

[표 3-6] 프랑스 만화시장 규모 및 전망, 2009-2018

[단위 : 백만 달러, %]

구분	2009	2010	2011	2012	2013p	2014	2015	2016	2017	2018	2013-18 CAGR
인쇄 만화	449	478	498	489	485	481	476	469	461	451	△1.5
디지털	9	13	20	26	33	40	47	54	61	68	15.5
합계	459	491	519	515	519	521	523	524	522	519	0.0

출처 : ICv2(2014), Barnes(2014), Oricon(2014), PwC(2014), SNE(2013)

[그림 3-10] 프랑스 만화시장 규모 및 성장률, 2009-2018

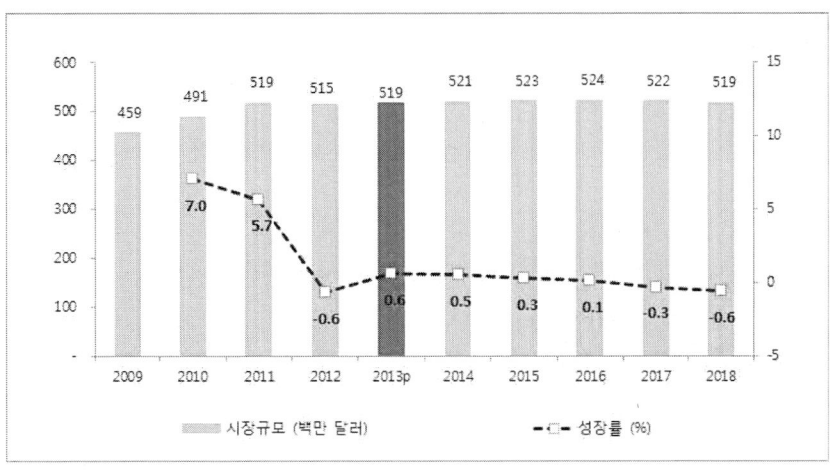

출처 : ICv2(2014), Barnes(2014), Oricon(2014), PwC(2014), SNE(2013)

2009년 97.8%의 시장점유율을 보이던 인쇄 만화시장은 2013년 점유율이 93.4%로 소폭 감소하였다. 2009년 2.0%였던 디지털 만화시장의 점유율이 2013년에 6.4%로 증가하면서 나타난 현상이다. 인터넷의 발달로 가정에서 컴퓨터로 쉽게 접속하여 만화콘텐츠를 소모할 수 있게 되면서 2018년까지 디지털 만화의 시장점유율은 13.1%로 증가할 전망이다.

[그림 3-11] 프랑스 만화시장 점유율 비교, 2009 vs. 2013 vs. 2018

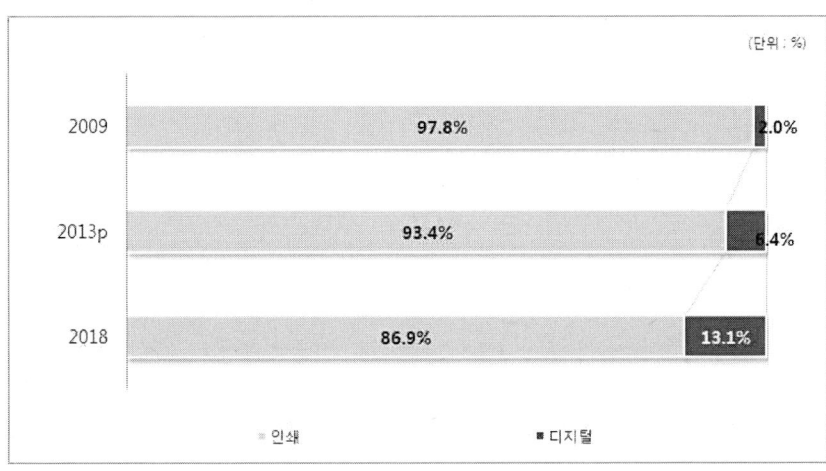

출처 : ICv2(2014), Barnes(2014), Oricon(2014), PwC(2014), SNE(2013)

가. 인쇄 만화

2013년 프랑스 인쇄 만화시장은 전년대비 0.7% 하락한 4억 8,500만 달러를 기록했다. 9번째 예술(Le Neuvieme Art)로 칭해지는 프랑스의 만화는 일찍이 유흥의 대상이 아닌 시대를 풍자, 비평, 투영하는 대상으로 성장해 왔다. 하지만 만화를 그리는 개개인의 역량에 따른 편차가 크고 만화를 주업으로 삼지 않기 때문에 생산량이 많지 않다. 이러한 프랑스의 만화 생산 환경에 등장한 일본만화는 색다른 그림체와 스토리로 프랑스인으로부터 많은 사랑을 받아왔다. 일본만화에 대한 인기를 반증하듯 프랑스에서 열린 'Japan Expo'의 참가자는 20만 명을 넘어섰다. 그러나 디지털화의 역풍을 맞이한 프랑스의 인쇄 만화시장은 향후 5년간 1.5%씩 하락하여 2018년에는 4억 5,100만 달러의 시장으로 위축될 것으로 보인다.

[그림 3-12] 프랑스 인쇄 만화시장 규모 및 성장률, 2009-2018

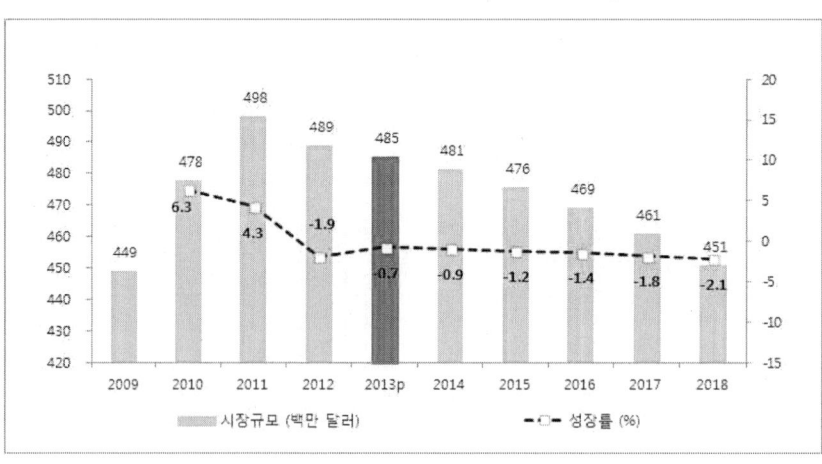

출처 : ICv2(2014), Barnes(2014), PwC(2014), SNE(2013)

나. 디지털 만화

2013년 프랑스 디지털 만화시장은 전년대비 25.2%의 높은 성장률을 나타내며 3,300만 달러규모를 기록하였다. 디지털 플랫폼을 새로운 만화의 창작 또는 홍보를 위해 활용하고 있으나 아직 보편화 되지는 않았다. 프랑스인들은 만화를 예술로 바라보고 인쇄 출판 만화와 동반 성장하는 시스템의 구축에 힘쓰고 있어 만화의 디지털화에 상당한 시일이 걸릴 것으로 보인다. 그럼에도 프랑스 내에서 소비되고 있는 만화가 많고 해외 만화 공급사들이 앞 다투어 디지털 출판으로 방향을 전환하면서 프랑스인들의 디지털 만화 소비량도 근래에 빠른 속도로 늘어나고 있다. 이에 프랑스 디지털 만화시장은 향후 5년간 15.5%의 성장률을 바탕으로 2018년까지 6,800만 달러의 시장 규모에 이를 것으로 전망된다.

[그림 3-13] 프랑스 디지털 만화시장 규모 및 성장률, 2009-2018

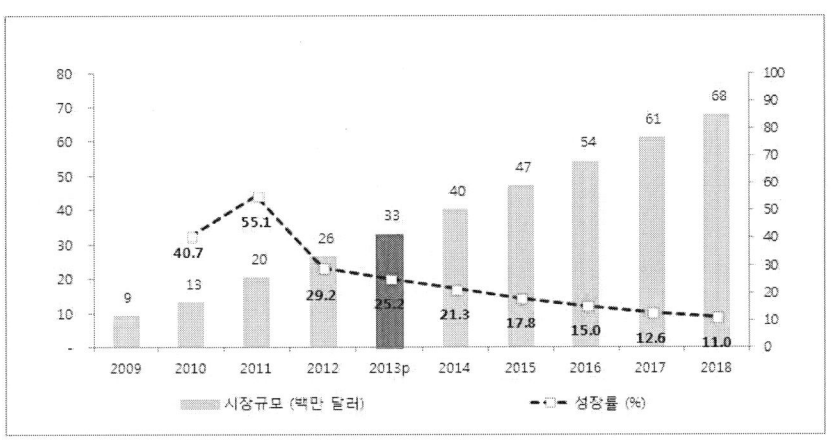

출처 : ICv2(2014), Barnes(2014), Oricon(2014), PwC(2014), SNE(2013)

(3) 음악

2013년 프랑스 음악시장은 전년대비 1.9% 성장한 18억 1,700만 달러로 집계되었다. 2009년 이후 지속적으로 증가세를 보인 음악시장은 향후 5년간 연평균 0.5%의 성장을 보이며 현재 시장 규모가 유지될 것으로 전망된다.

[표 3-7] 프랑스 음악시장 규모 및 전망, 2009-2018

[단위 : 백만 달러, %]

구분	2009	2010	2011	2012	2013p	2014	2015	2016	2017	2018	2013-18 CAGR
음반	441	485	560	646	649	645	650	648	639	620	△0.9
오프라인 음반	339	369	410	479	484	493	505	513	513	506	0.9
디지털 음원	101	115	149	167	165	152	145	136	125	113	△7.2
공연 음악	1,089	1,060	1,089	1,136	1,168	1,192	1,211	1,225	1,236	1,245	1.3
합계	1,530	1,544	1,648	1,783	1,817	1,837	1,861	1,874	1,875	1,865	0.5

출처 : PwC(2014)

[그림 3-14] 프랑스 음악시장 규모 및 성장률, 2009 - 2018

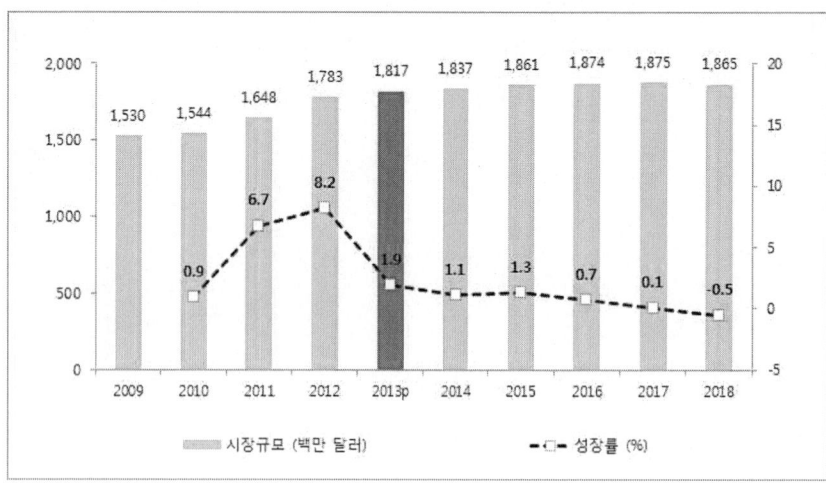

출처 : PwC(2014)

프랑스 음악시장에서 가장 높은 점유율을 보이고 있는 공연 음악시장은 2009년 전체 음악시장의 71.2%를 차지하며 시장을 주도했지만 오프라인 음반시장과 디지털 음원시장의 성장으로 2013년에는 64.3%로 다소 축소되었다.

[그림 3-15] 프랑스 음악시장 분야별 비중 비교, 2009 vs. 2013 vs. 2018

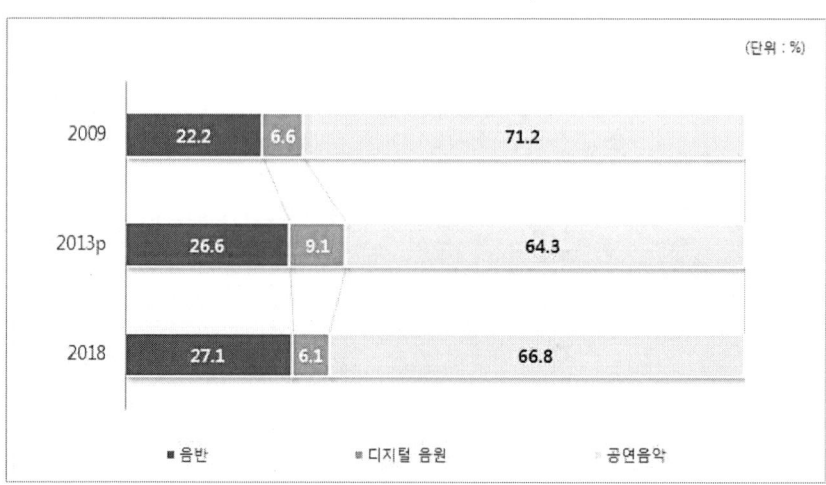

출처 : PwC(2014)

프랑스 오프라인 음반시장은 다른 국가들과는 달리 성장세를 보이며 시장에서의 점유율을 높여 갔는데, 이는 거물급 뮤지션들의 성공에 기인한 것으로 분석되고 있다. 반면 프랑스의 디지털 음원시장은 2013년을 기준으로 정부의 저작권 침해 행위에 대한 강력한 제재와 다운로드 음악서비스에 대한 수요 감소로 2018년에는 6.1%까지 점유율이 떨어질 것으로 전망된다.

가. 오프라인 음반

프랑스는 유럽에서 3번째로 큰 음악시장을 가지고 있으며, 오프라인 음반시장에서 디지털 음원시장으로 이동되는 국제적인 음악시장 트렌드와는 달리 오프라인 음반의 소매 판매 수익이 증가하고 있다. 오프라인 음반 판매의 증가는 다프트 펑크(Daft Punk), 스트로매(Stromae), 제너레이션 골드만(Generation Goldman), 매트르 짐스(Maitre Gims) 등과 같이 소비자들 사이에서 프랑스 음악에 대한 관심을 촉발시킨 거물급 뮤지션들의 성공이 상당 부분 기여하면서 2009년 3억 3,900만 달러에서 2013년 4억 8,400만 달러로 시장이 확대되었다. 프랑스 오프라인 음반시장은 향후 5년간 연평균 0.9%의 성장률을 보이며 2018년에는 5억 600만 달러의 규모를 보일 것으로 전망된다.

[그림 3-16] 프랑스 음반시장 규모 및 성장률, 2009 - 2018

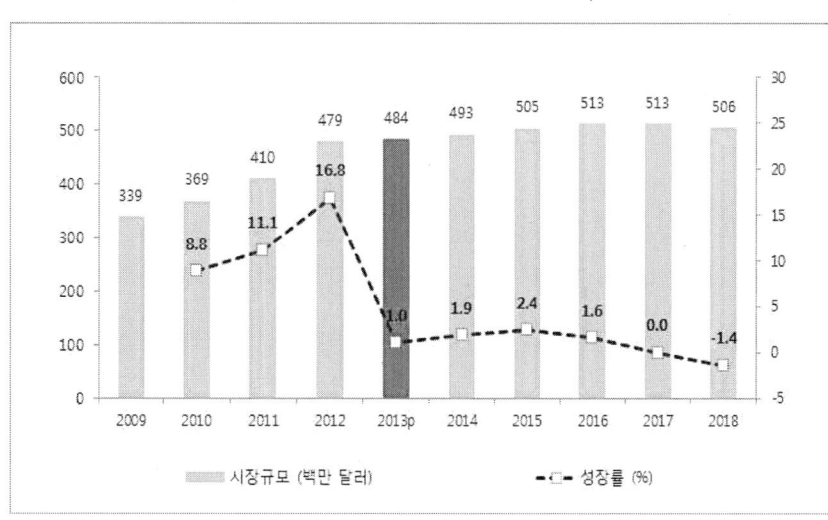

출처 : PwC(2014)

나. 디지털 음원

프랑스에서의 디지털 음원시장은 2013년 기준 전체 음악시장의 9.1%로 작은 비중을 차지하고 있다. 2009년 이후 급격한 성장을 보였던 디지털 음원시장은 정부의 저작권 침해 행위에 대한 강력한 제재조치와 다운로드 서비스에서 스트리밍 서비스로 소비자의 수요가 이동하면서 2013년 전년대비 1.2% 감소한 1억 6,500만 달러로 집계되었다. 2013년을 기점으로 프랑스 디지털 음원시장에서의 수익 창출은 오히려 감소될 것이라는 전망과 함께 2018년에는 1억 1,300만 달러까지 축소될 것으로 보인다.

[그림 3-17] 프랑스 디지털 음원시장 규모 및 성장률, 2009 - 2018

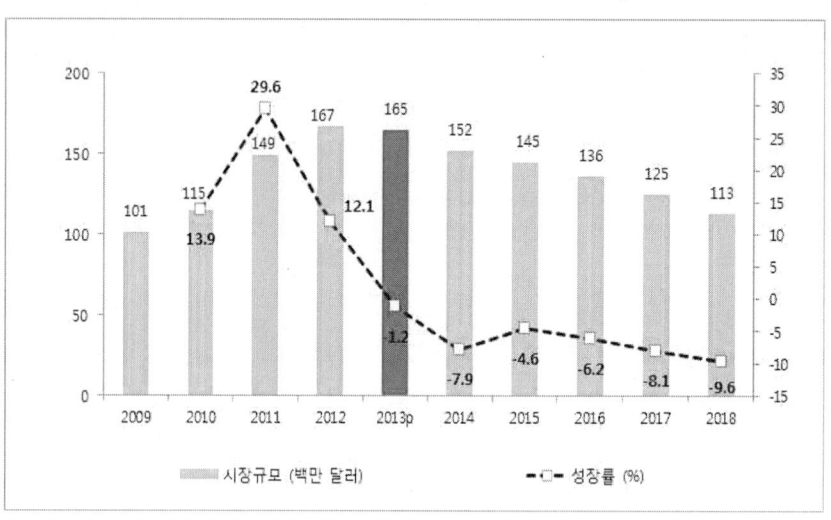

출처 : PwC(2014)

[표 3-8] 프랑스 디지털 음원시장 규모 및 전망, 2009-2018

[단위 : 백만 달러, %]

구분	2009	2010	2011	2012	2013p	2014	2015	2016	2017	2018	2013-18 CAGR
다운로드	49	63	79	87	86	73	65	55	43	29	△19.7
스트리밍	24	33	55	69	71	74	76	79	81	84	3.2
모바일	29	20	16	11	7	5	3	2	1	1	△31.8
합계	101	115	149	167	165	152	145	136	125	113	△7.2

출처 : PwC(2014)

다. 공연 음악

프랑스의 음악시장에서 매우 높은 영향력을 가지고 있는 공연 음악시장은 2010년 이후 지속적으로 성장하여 2013년에는 전년대비 2.8% 성장한 11억 6,800만 달러로 집계되었다.

프랑스에서 열리는 유럽 최대의 메탈 페스티벌인 헬페스트(Hellfest)는 전 세계 70여 개국에서 연간 10만 명 이상의 관객들이 몰려드는 것으로 유명하다. 이 외에도 프랑스에서는 여러 대형 음악 페스티벌이 열리고 있다. 프랑스 공연 음악시장은 향후 5년간 연평균 1.3%의 완만한 성장률을 이어가며 2018년에는 12억 4,500만 달러에 이를 것으로 전망된다.

[그림 3-18] 프랑스 공연 음악시장 규모 및 성장률

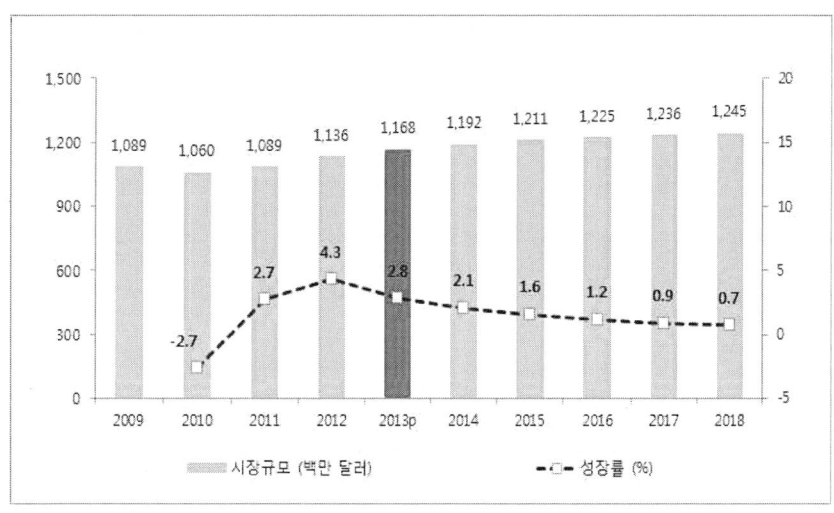

출처 : PwC(2014)

[표 3-9] 프랑스 공연 음악시장 규모 및 전망, 2009-2018

[단위 : 백만 달러, %]

구분	2009	2010	2011	2012	2013p	2014	2015	2016	2017	2018	2013-18 CAGR
후원	234	239	240	235	229	225	222	219	217	215	△1.3
티켓 판매	855	821	849	902	939	967	989	1,006	1,020	1,030	1.9
합계	1,089	1,060	1,089	1,136	1,168	1,192	1,211	1,225	1,236	1,245	1.3

출처 : PwC(2014)

(4) 게임

프랑스는 유럽 게임 강국으로 문화적 환경을 바탕으로 지속적인 성장세를 유지하고 있다. 2013년 프랑스 게임시장은 전년대비 3.4% 성장한 32억 5,700만 달러를 기록하였다.

다른 국가들과 마찬가지로 유통 환경의 디지털화에 따라 유저들의 이동이 두드러지게 나타나면서 많은 개발사들이 디지털 플랫폼으로 빠르게 전환하고 있다. 이에 따라 프랑스 게임시장은 디지털 게임의 성장에 힘입어 2018년까지 연평균 4.4%의 성장을 보이며 40억 4,400만 달러에 이를 것으로 전망된다.

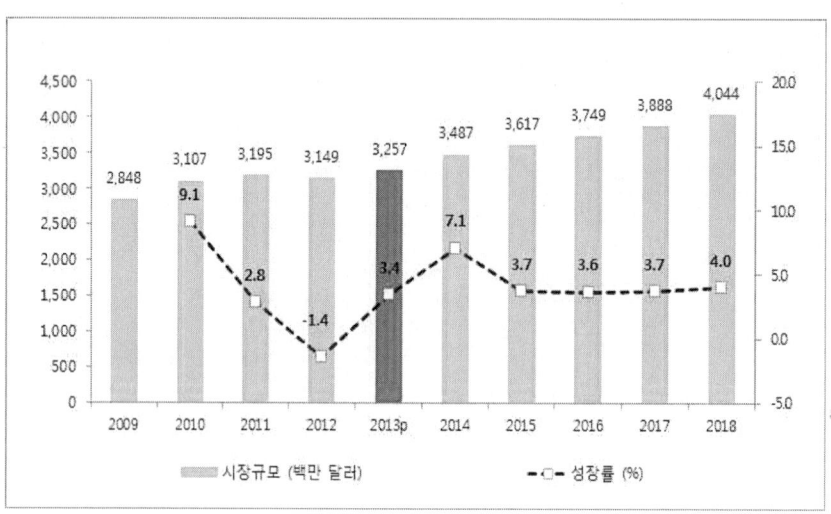

[그림 3-19] 프랑스 게임시장 규모 및 성장률, 2009 - 2018

출처 : PwC(2014)

[표 3-10] 프랑스 게임시장 규모 및 전망, 2009-2018

[단위 : 백만 달러, %]

구분	2009	2010	2011	2012	2013p	2014	2015	2016	2017	2018	2013-18 CAGR
게임 광고	125	121	130	136	137	144	152	163	175	188	6.5
콘솔 게임	1,989	2,126	2,050	1,859	1,877	2,025	2,099	2,156	2,233	2,316	4.3
디지털	197	301	398	408	533	642	722	799	895	1,004	13.5
패키지	1,792	1,825	1,652	1,451	1,344	1,383	1,377	1,357	1,337	1,312	△0.5
온라인 게임	334	400	481	563	606	651	691	734	766	798	5.7
PC 게임	285	291	299	309	318	313	290	275	257	243	△5.3

[단위 : 백만 달러, %]

구분	2009	2010	2011	2012	2013p	2014	2015	2016	2017	2018	2013-18 CAGR
디지털	21	30	43	60	94	125	146	155	160	164	11.8
패키지	264	261	257	249	224	188	143	120	97	79	△18.9
모바일 게임	115	168	234	282	319	354	386	420	458	499	9.4
합계	2,848	3,107	3,195	3,149	3,257	3,487	3,617	3,749	3,888	4,044	4.4

출처 : PwC(2014)

2009년 프랑스 게임시장의 69.8%를 점유하고 있던 콘솔 게임시장은 온라인과 모바일 게임의 성장으로 2013년에는 12.2%p 하락한 57.6%의 비중을 보였다. 향후 프랑스 게임시장에서 분야별 시장점유율은 큰 변화가 없을 것으로 보이나 모바일 게임시장은 2013년 9.8%에서 2018년 12.3%로 확대될 것으로 전망된다.

[그림 3-20] 프랑스 게임시장 분야별 비중 비교, 2009 vs. 2013 vs. 2018

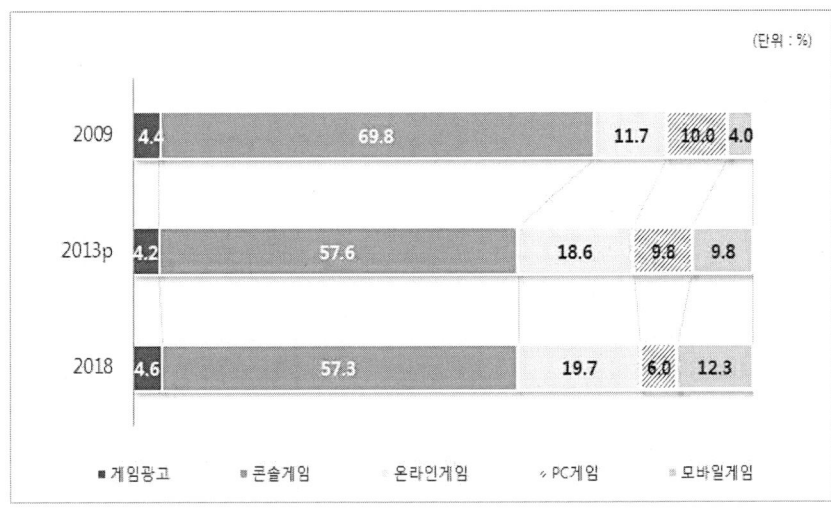

출처 : PwC(2014)

가. 콘솔 게임

프랑스 콘솔 게임시장은 2010년 이후 지속적으로 하락하다가 2013년 말 '엑스박스 원'과 '플레이스테이션 4'의 출시 등의 영향으로 전년대비 1.0% 증가하였다. 아직까지는 디지털 콘솔 게임시장의 규모가 오프라인 콘솔 게임시장의 절반에도 미치지 못하고 있지만 디지털 플랫폼으로 빠르게 전환되고 있어 프랑스 콘솔 게임시장은 향후 5년간 연평균 4.3%의 성장률로 2018년에는 23억 1,600만 달러 규모에 이를 것으로 전망된다.

[그림 3-21] 프랑스 콘솔 게임시장 규모 및 성장률, 2009 - 2018

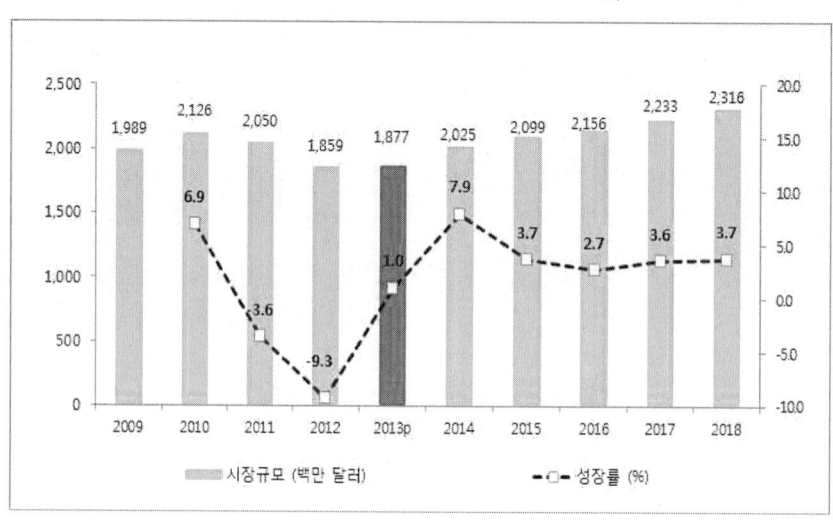

출처 : PwC(2014)

오프라인 콘솔 게임시장이 다소 감소될 것으로 예측됨에도 불구하고 디지털 콘솔 게임의 높은 성장으로 전체 콘솔 게임시장은 2018년까지 연평균 4.3%의 성장세를 유지하며 23억 1,600만 달러에 달할 것으로 전망된다.

나. 온라인·모바일 게임

온라인 플랫폼은 가입 모델이나 아이템의 구입이 필요한 PC 게임과 달리 다양한 캐주얼 게임을 무료로 제공하며 프랑스 이용자들을 끌어 모으는데 성공했다.

2013년 온라인 게임시장은 전년대비 7.6%나 성장한 6억 600만 달러의 규모를 보였으며, 같은 해 모바일 게임시장은 3억 1,900만 달러 규모를 보였다. 모바일 게임시장은 온라인 게임시장에 비해 아직까지는 작은 시장 규모를 보이고 있으나 전년대비 13.1%나 증가하며 높은 성장세를 나타내고 있다. 특히 SNS를 통해 제공되는 무료 게임은 주로 부분유료화 방식이나 인앱(in-app) 결제 방식을 취하고 있는데, 게임 플레이 자체가 무료라는 점에서 다수의 유저를 불러 모을 수 있고, 헤비유저를 통해 상당한 매출도 달성할 수 있다는 점에서 게임업체들로 하여금 온라인 플랫폼으로의 전환을 빠르게 유도하고 있다.

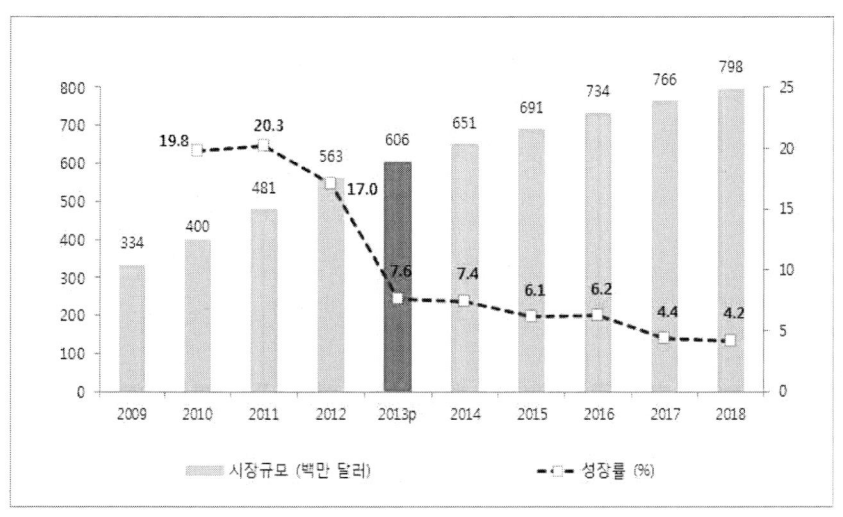

[그림 3-22] 프랑스 온라인 게임시장 규모 및 성장률, 2009 - 2018

출처 : PwC(2014)

　모바일 게임 역시 태블릿과 스마트폰의 보급률의 증가에 따라 성장세를 이어갈 것으로 전망된다. 현재 모바일 게임 트렌드를 주도하는 것은 앱스토어로, 광범위한 카탈로그를 통해 유저를 확보하고 더 나아가 이전에 게임을 즐기지 않던 사람들까지 잠재 유저로 확보하면서 이용자 기반을 확장하고 있는 모습을 보이고 있다.

　한편, free-to-play 모델은 모바일과 온라인 게임이 성장하고 있는 프랑스 게임시장에서 그 중요도를 점점 더해갈 것으로 기대를 모으고 있는데, 이는 온라인상에서 성장하고 또 성공이 입증된 가입형 모델이, 게임이 반드시 구매(pay-to-purchase)방식으로 제공되지 않아도 된다는 사실을 증명했기 때문이다.

　또한 모바일에서 게임을 저장하고 타 단말을 통해 이를 계속해서 이어나갈 수 있도록 하는 클라우드 기능 역시 모바일과 온라인 게임시장의 성장을 촉진하는 요소로 작용할 전망이다.

[그림 3-23] 프랑스 모바일 게임시장 규모 및 성장률, 2009 - 2018

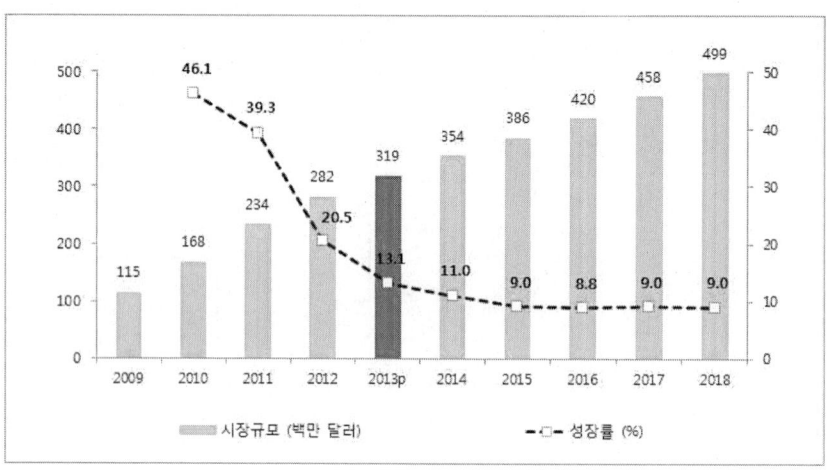

출처 : PwC(2014)

다. PC 게임

프랑스 게임시장에서 약 10%의 비중을 차지하고 있는 PC 게임은 2013년까지 지속적으로 완만한 성장세를 이어오며 전년대비 2.9% 성장한 3억 1,800만 달러로 집계되었다.

[그림 3-24] 프랑스 PC 게임시장 규모 및 성장률, 2009 - 2018

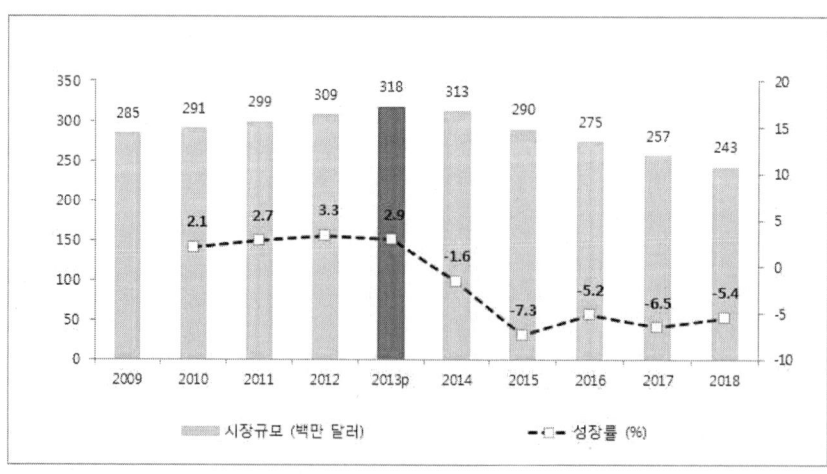

출처 : PwC(2014)

2013년까지 성장세를 유지해 온 PC 게임시장은 신규 콘솔 단말의 출시에 따라 이용자들의 이탈로 침체기를 맞게 될 것으로 예상된다. 프랑스 PC 게임시장은 향후 5년간 연평균 5.3%의 감소세를 보이며 2억 4,300만 달러 수준으로 시장이 위축될 것으로 전망된다. 그러나 밸브(Valve)사의 스팀 머신(Steam Machine) 출시로 매출 감소폭이 다소 완화될 것으로 기대된다.

(5) 영화

프랑스 영화시장은 박스오피스시장의 부진에도 불구하고 디지털배급시장의 성장에 힘입어 2013년 전년대비 0.2% 증가한 38억 1,200만 달러로 집계되었다. 향후 5년간 프랑스 영화시장은 디지털배급시장의 높은 성장률에 힘입어 성장세를 보일 것으로 전망된다.

[표 3-11] 프랑스 영화시장 규모 및 전망, 2009-2018

[단위 : 백만 달러, %]

구분	2009	2010	2011	2012	2013p	2014	2015	2016	2017	2018	2013-18 CAGR
극장	1,734	1,850	1,953	1,876	1,826	1,841	1,858	1,874	1,891	1,912	0.9
박스오피스	1,628	1,725	1,806	1,714	1,651	1,659	1,670	1,682	1,697	1,717	0.8
극장광고	106	126	146	162	174	183	188	193	194	195	2.2
홈비디오	1,571	1,653	1,613	1,574	1,536	1,499	1,463	1,427	1,392	1,358	△2.4
대여	72	54	49	44	40	36	33	30	27	25	△9
판매	1,499	1,599	1,564	1,530	1,496	1,463	1,430	1,397	1,365	1,333	△2.3
디지털배급	213	279	305	355	450	617	834	1,085	1,354	1,701	30.4
OTT/스트리밍	25	51	61	123	213	356	550	777	1,020	1,339	44.5
TV 구독	188	228	244	231	237	261	284	308	334	361	8.8
합계	3,519	3,782	3,871	3,805	3,812	3,958	4,155	4,387	4,637	4,971	5.5

출처 : PwC(2014)

프랑스 영화시장은 박스오피스시장이 현재 시장 규모를 유지하면서 디지털배급시장의 높은 성장세가 더해져 2018년까지 연평균 5.5%의 증가율을 보이며 49억 7,100만 달러의 규모에 이를 것으로 전망된다.

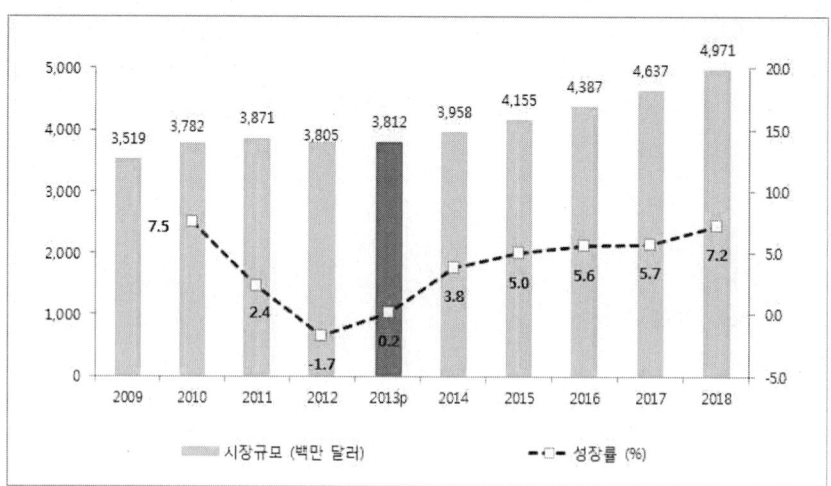

[그림 3-25] 프랑스 영화시장 규모 및 성장률, 2009 - 2018

출처 : PwC(2014)

    2013년 프랑스 영화시장은 박스오피스시장이 43.3%, 홈비디오 판매시장이 39.2%로 전체 영화시장의 82.5%를 차지하고 있다. 향후 2018년 홈비디오시장의 점유율이 26.8%까지 축소될 것으로 보이는 반면, OTT/스트리밍 서비스 시장점유율이 26.9%까지 확대되어 프랑스 영화시장에 큰 변화가 나타날 것으로 전망된다.

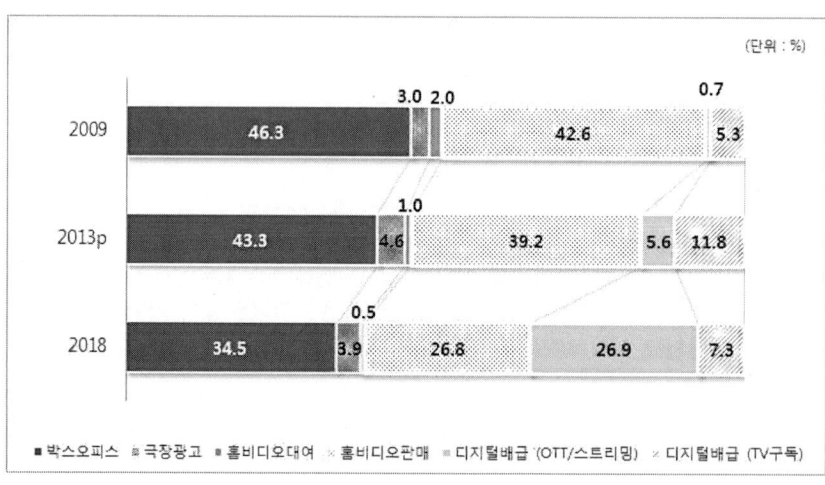

[그림 3-26] 프랑스 영화시장 분야별 비중 비교, 2009 vs. 2013 vs. 2018

출처 : PwC(2014)

가. 박스오피스

프랑스 영화시장에서 가장 큰 비중을 차지하고 있는 박스오피스시장은 2009년 이후 지속적으로 성장하다가 2012년 급격하게 하락세를 보였다. 2013년 프랑스 박스오피스시장은 전년대비 3.7% 감소한 16억 5,100만 달러에 그쳤다. 향후 5년 동안 박스오피스시장은 연평균 0.9%씩 소폭 상승해 2018년에는 17억 1,700만 달러에 이를 것으로 보인다.

[그림 3-27] 프랑스 박스오피스시장 규모 및 성장률, 2009 - 2018

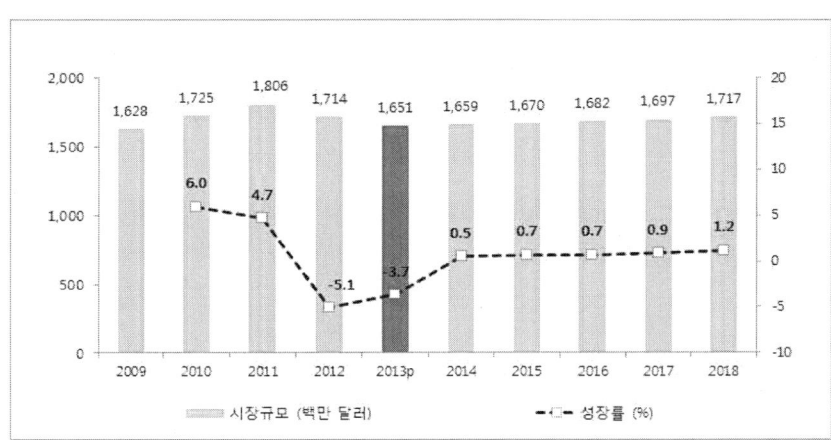

출처 : PwC(2014)

이와 관련해, 2014년 1월 프랑스의 방송정책 및 편성 담당 국장 르네 보넬은 같은 날 펴낸 보고서에서 디지털 시대에 들어선 현재, 영화 분야가 갖고 있는 구조적인 문제점을 구체적으로 지적했다. 보고서는 프랑스 영화 가운데 30%만이 수익을 내고 있으며, 티켓 판매, TV 및 홈비디오 수익이 적어도 단기적 관점에서 모두 하락세에 있다고 지적하며, 영화산업을 지원하기 위해 50가지 추천 방안을 제시했다.

나. 홈비디오

프랑스 영화시장에서 박스오피스시장에 이어 2번째로 큰 홈비디오시장은 DVD와 블루레이의 매출 하락이 계속되면서 2013년 전년대비 2.4% 감소한 15억 3,600만 달러 규모에 그쳤다. 향후 5년 동안 연평균 2.4%의 감소세가 계속되면서 2018년에는 13억 5,800만 달러 규모까지 위축될 것으로 전망된다.

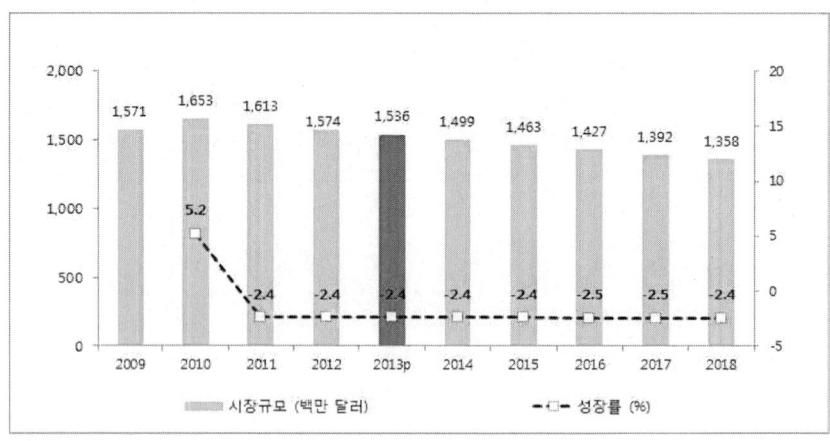

[그림 3-28] 프랑스 홈비디오시장 규모 및 성장률, 2009 - 2018

출처 : PwC(2014)

다. 디지털배급

프랑스 디지털배급 영화시장은 2009년 2억 1,300만 달러 규모에서 2013년 4억 5,000만 달러 규모로 2배 이상 성장하였다. 프랑스 디지털배급 영화시장은 OTT 스트리밍시장의 성장에 힘입어 향후 5년간 연평균 30.4%의 높은 성장률로 2018년까지 17억 100만 달러 규모에 이를 것으로 전망된다.

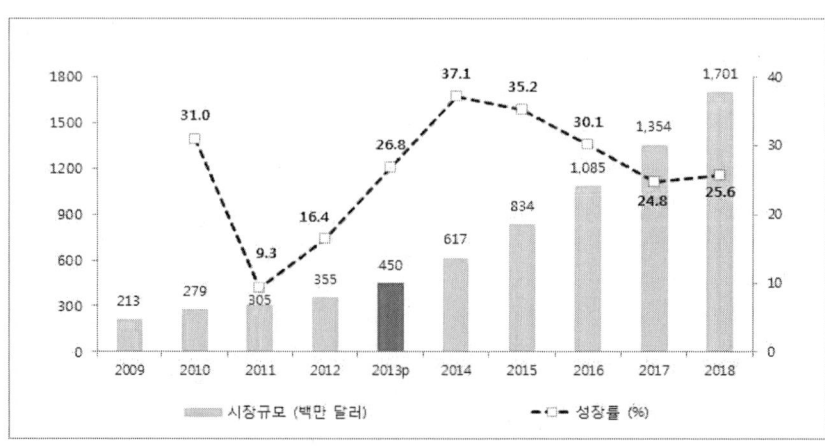

[그림 3-29] 프랑스 디지털배급시장 규모 및 성장률, 2009 - 2018

출처 : PwC(2014)

(6) 애니메이션

2013년 프랑스 애니메이션시장은 전년대비 10.3% 성장하며 3억 8,700만 달러를 기록하였다. 2013년에 접어들면서 애니메이션 제작 규모가 326시간으로 증가하였는데 전년대비 9.4% 증가한 수치다. 게다가 프랑스에서 개봉된 애니메이션도 33편으로 전년대비 2편이 증가하였다. 프랑스의 애니메이션시장은 향후 5년간 9.0%의 성장률로 2018년까지 5억 9,600만 달러 규모에 이를 것으로 전망된다.

[그림 3-30] 프랑스 애니메이션시장 규모 및 성장률, 2009 - 2018

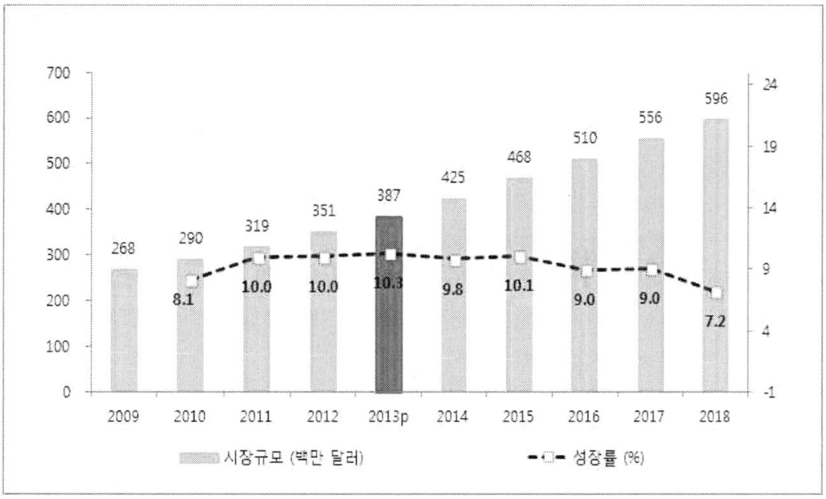

출처 : Box Office Mojo(2014), Digital Vector(2013), The-Numbers(2014), PwC(2014)

프랑스 애니메이션시장에서 큰 비중을 차지하는 것은 홈비디오 애니메이션시장과 박스오피스 애니메이션시장으로 두 시장의 비중이 90% 이상을 차지했다. 그러나 디지털배급 애니메이션시장과 방송 애니메이션시장의 성장으로 두 시장의 비중은 점차 축소되는 경향을 보이고 있다.

홈비디오 애니메이션시장 역시 2009년 44.66%의 점유율로 가장 높은 비중을 차지했지만 2018년에는 27.32%의 점유율을 보일 것으로 전망된다. 반면, 디지털배급시장과 방송시장은 점차 그 비중이 늘어날 것으로 예상되는데, 특히 디지털배급시장의 성장이 두드러질 것으로 보인다.

[표 3-12] 프랑스 애니메이션시장 규모 및 전망, 2009-2018

[단위: 백만 달러, %]

구분	2009	2010	2011	2012	2013p	2014	2015	2016	2017	2018	2013-18 CAGR
영화	124	132	149	158	168	178	188	196	203	206	4.2
극장광고	8	10	12	15	18	20	21	22	23	23	5.8
디지털배급	2	4	5	11	22	38	62	90	122	161	49.3
방송	14	17	20	21	24	28	32	36	40	43	12.5
홈비디오	120	127	133	145	156	161	165	166	167	163	0.9
합계	268	290	319	351	387	425	468	510	556	596	9.0

출처: Box Office Mojo(2014), Digital Vector(2013), The-Numbers(2014), PwC(2014)

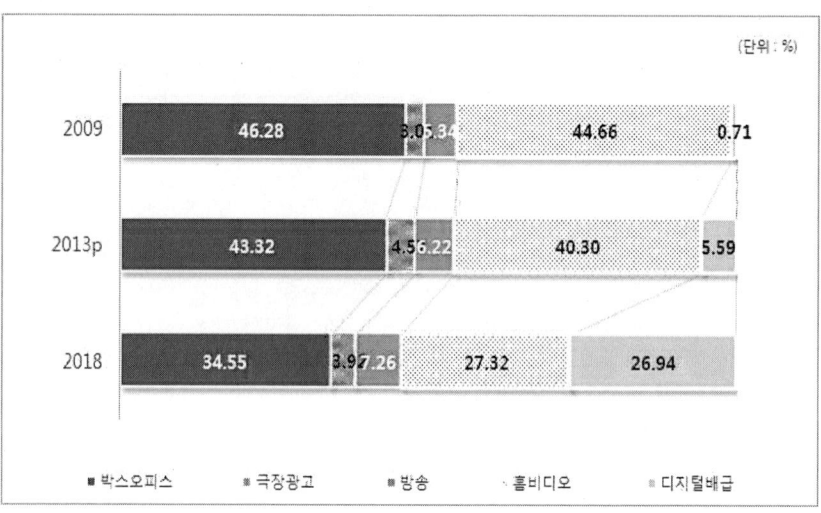

[그림 3-31] 프랑스 애니메이션시장 분야별 비중 비교, 2009 vs. 2013 vs. 2018

출처: Box Office Mojo(2014), Digital Vector(2013), The-Numbers(2014), PwC(2014)

가. 영화 애니메이션

2013년 프랑스의 영화 애니메이션시장은 전년대비 6.0% 증가한 1억 6,800만 달러로 집계되었다. 2013년 프랑스에 개봉한 3D 애니메이션 15편 중에는 일본의 '우주해적 하록(Albator corsaire de l'espace)'이 1편, 스페인/프랑스/이탈리아 공동 제작 애니메이션 '블랭키와 카누토(Blackie & Kanuto)' 1편이 랭크되어 있으며 '슈퍼배드 2(Despicable Me 2)', '에픽(Epic)', '겨울왕국

(Frozen)' 등 총 10편이 랭크되었다.

이처럼 전체 관람가 애니메이션이 다수 개봉하면서 프랑스의 3~14세 연령의 어린이 관객이 전년대비 5.4% 증가한 42.3%로 증가하였다. 게다가 프랑스의 고학력 직군과 고소득 직군(CSP+, CSP-)의 애니메이션 관람율도 전년대비 각각 6.3%, 6.7% 증가하였다. 이러한 성장세는 계속될 것으로 보여 프랑스 영화 애니메이션시장은 향후 5년간 연평균 4.2%의 성장세를 유지하며 2018년까지 2억 600만 달러 규모로 커질 전망이다.

[그림 3-32] 프랑스 영화 애니메이션시장 규모 및 성장률, 2009 - 2018

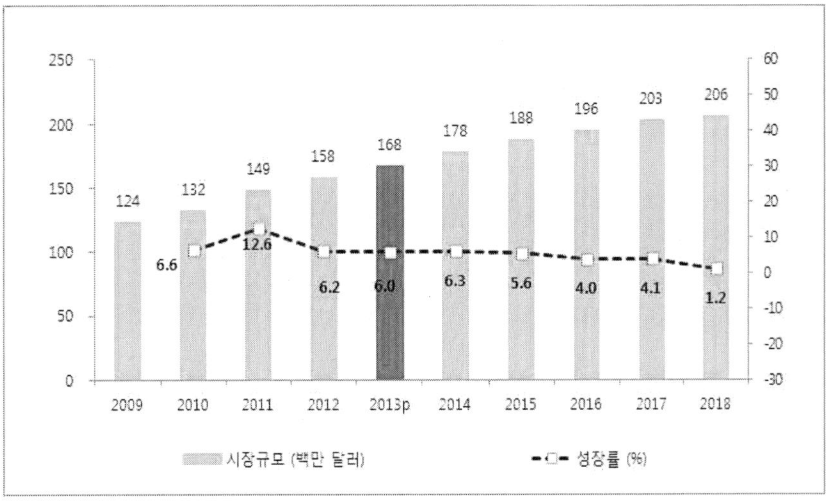

출처 : Box Office Mojo(2014), Digital Vector(2013), The-Numbers(2014), PwC(2014)

나. 방송 애니메이션

2013년 프랑스 방송 애니메이션시장은 전년대비 12.9% 증가한 2,400만 달러의 시장으로 집계되었다. 프랑스 자국 애니메이션의 인기도 높지만 미국 애니메이션의 소비가 늘어나면서 프랑스 방송 애니메이션시장은 2018년까지 12.5%의 성장률을 바탕으로 1억 6,300만 달러의 시장으로 확대될 전망이다.

[그림 3-33] 프랑스 방송 애니메이션시장 규모 및 성장률, 2009 - 2018

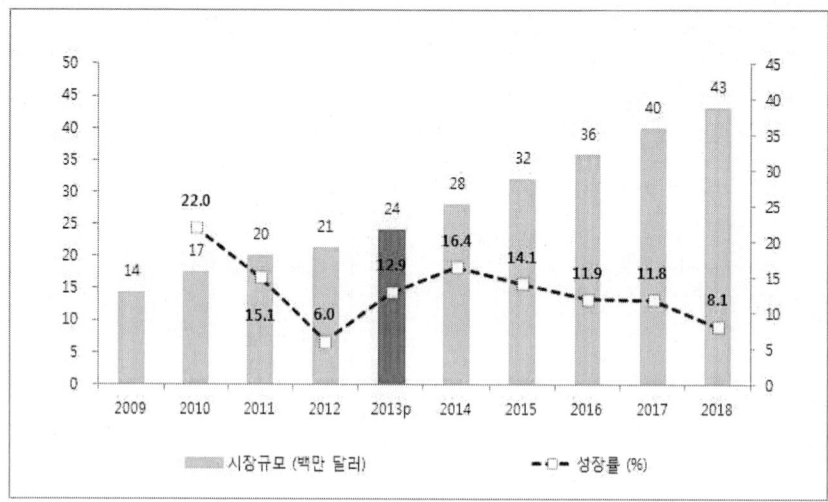

출처 : Box Office Mojo(2014), Digital Vector(2013), The-Numbers(2014), PwC(2014)

다. 홈비디오 애니메이션

2013년 홈비디오 애니메이션은 전년대비 16.2% 성장한 2억 2,200만 달러를 기록하며 2010년의 시장 규모를 회복하였다. 그러나 디지털 시장으로 소비자 이탈이 가속화되면서 2013년 애니메이션 DVD 판매량은 61억 2,800만장으로 전년대비 22.5% 하락하였고 블루레이 역시 12억 200만장이 판매되면서 전년대비 12.3% 감소하였다. 프랑스의 홈비디오 애니메이션시장은 향후 성장률이 둔화될 것으로 보여 향후 5년간 0.9%의 성장세를 보이며 2018년에는 1억 6,300만 달러 규모로 현재와 비슷한 수준을 유지할 것으로 전망된다.

[그림 3-34] 프랑스 홈비디오 애니메이션시장 규모 및 성장률, 2009 - 2018

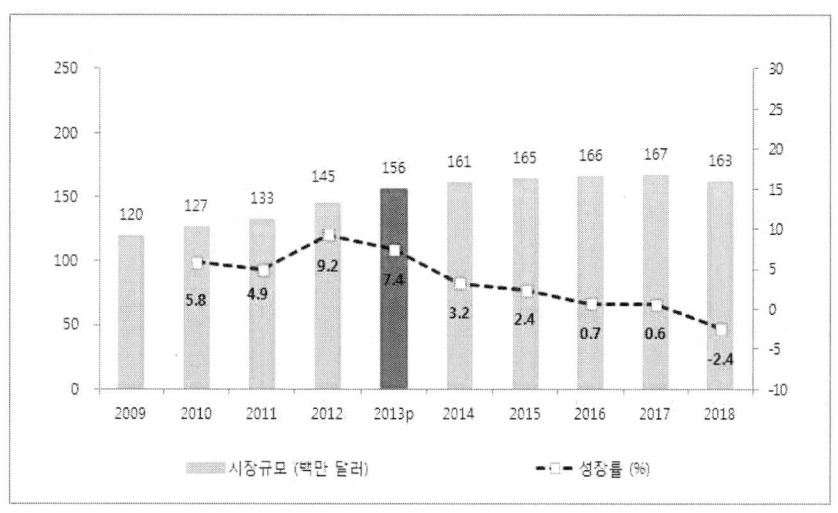

출처 : Box Office Mojo(2014), Digital Vector(2013), The-Numbers(2014), PwC(2014)

라. 디지털배급 애니메이션

2013년 프랑스의 디지털배급 애니메이션시장은 전년대비 90.6% 성장한 2,200만 달러로 집계되었다. 프랑스에도 Anime Digital Network, Arte VoD, Bac Films, Bbox VOD, CanalPlay등 30종이 넘는 플랫폼을 통해 애니메이션이 디지털로 배급되면서 청년층의 디지털배급 애니메이션 소비가 2012년 4.2%에서 2013년 7.4%로 증가하였다. 2013년 디지털배급을 통해 시청한 애니메이션 중 가장 인기가 많았던 작품들은 '바바파파(Barbapapa)', '발리(Bali)', '클로이 매직(Chloé magique)', '닌자고(Ninjago)', '오이오이(Oui-Oui)', '페파 피그(Peppa Pig)', '츄피와 두두(T'choupi et Doudou)', '츄피와 친구들(T'choupi et ses amis)', '원피스(One Piece)'였다. 향후 5년간 프랑스의 디지털배급 애니메이션시장은 49.3%의 성장률을 바탕으로 1억 6,100만 달러 규모에 이를 전망이다.

[그림 3-35] 프랑스 디지털배급 애니메이션시장 규모 및 성장률, 2009 - 2018

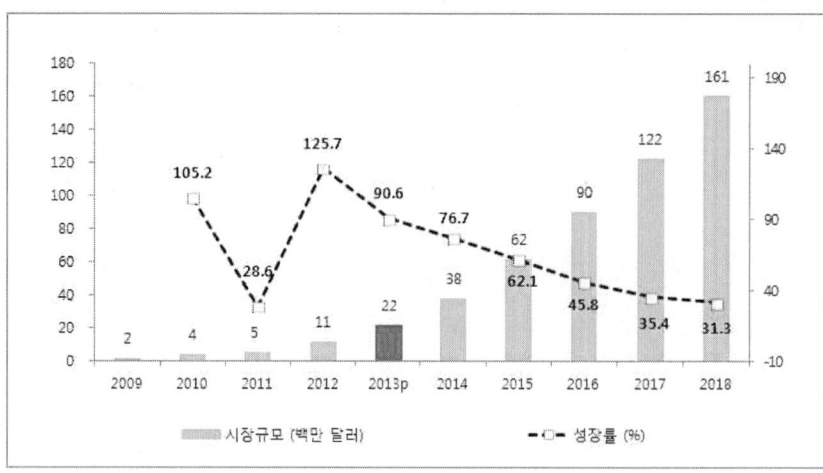

출처 : Box Office Mojo(2014), Digital Vector(2013), The-Numbers(2014), PwC(2014)

(7) 방송

2013년 프랑스 방송시장은 경기하락의 영향을 받은 TV 광고시장의 침체로 전년대비 약 0.5% 증가한 145억 7,600만 달러로 집계되었다. 향후 방송시장은 연평균 1.9%의 성장률로 2018년 159억 9,200만 달러에 이를 것으로 전망된다.

[표 3-13] 프랑스 방송시장 규모 및 전망, 2009-2018

[단위 : 백만 달러, %]

구분	2009	2010	2011	2012	2013p	2014	2015	2016	2017	2018	2013-18 CAGR
TV 수신료	7,744	7,861	7,939	8,143	8,386	8,492	8,656	8,825	8,990	9,153	1.8
공영방송	3,949	4,018	4,130	4,242	4,440	4,498	4,613	4,728	4,845	4,963	2.3
유료방송	3,795	3,843	3,809	3,901	3,946	3,994	4,044	4,097	4,145	4,191	1.2
TV 광고	4,315	4,834	4,905	4,668	4,474	4,445	4,550	4,720	4,847	5,017	2.3
다중 채널	238	297	327	340	362	387	417	445	471	503	6.8
지상파	4,021	4,470	4,493	4,220	3,978	3,892	3,929	4,031	4,096	4,203	1.1
온라인	56	67	86	108	134	166	205	243	280	311	18.3
라디오	1,618	1,680	1,703	1,688	1,716	1,734	1,765	1,784	1,802	1,822	1.2
광고	986	1,037	1,042	1,030	1,050	1,059	1,068	1,079	1,090	1,102	1

[단위 : 백만 달러, %]

구분	2009	2010	2011	2012	2013p	2014	2015	2016	2017	2018	2013-18 CAGR
공영 라디오	632	643	661	658	666	675	697	705	712	720	1.6
위성 라디오	-	-	-	-	-	-	-	-	-	-	-
합계	13,677	14,375	14,547	14,499	14,576	14,671	14,971	15,329	15,639	15,992	1.9

출처 : PwC(2014)

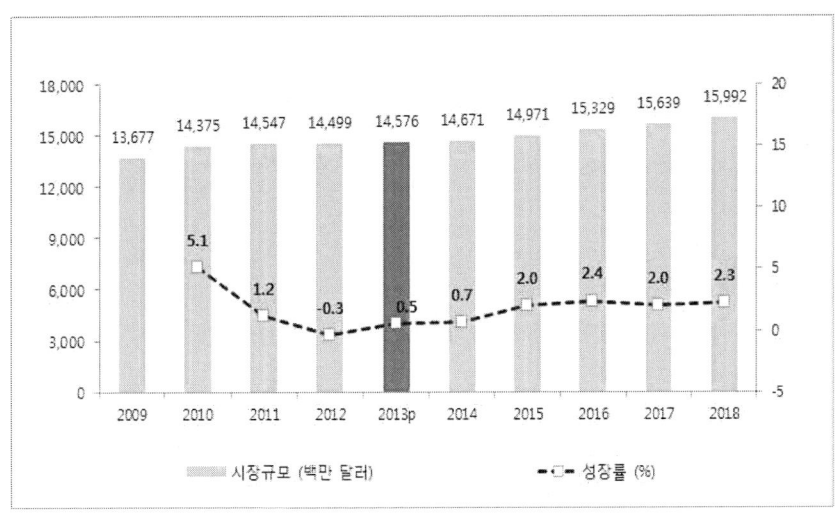

[그림 3-36] 프랑스 방송시장 규모 및 성장률, 2009 - 2018

출처 : PwC(2014)

TV 수신료시장은 프랑스 방송시장에서 가장 큰 비중을 차지하고 있으며 2013년 57.5%에서 2018년 57.2%로 소폭의 하락이 예측된다. TV 광고시장은 현재 불경기의 영향으로 침체기가 지속되겠지만 2015년부터 성장세로 전환되면서 향후 온라인 영역의 성장에 힘입어 2013년 30.7%에서 2018년 31.4%로 확대될 전망이다. 라디오시장은 11.8%에서 11.4%로 그 비중이 소폭 축소될 것으로 보인다.

[그림 3-37] 프랑스 방송시장 분야별 비중 비교, 2009 vs. 2013 vs. 2018

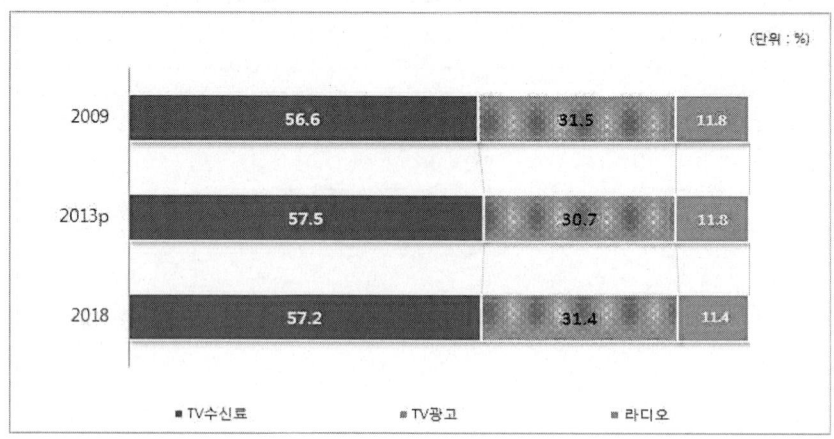

출처 : PwC(2014)

가. TV 수신료

2013년 프랑스 TV 수신료시장은 전년대비 3.0% 성장한 83억 8,600만 달러 규모로 나타났다. 프랑스는 유료방송 중에서는 IPTV가 가장 빠르게 보급되고 있고 위성과 케이블이 그 뒤를 잇고 있는데, 이러한 유료방송서비스 가입이 2013년 말 1,440만에서 2018년 1,560만으로 증가할 것으로 예측되고 있다.

[그림 3-38] 프랑스 TV 수신료시장 규모 및 성장률, 2009 - 2018

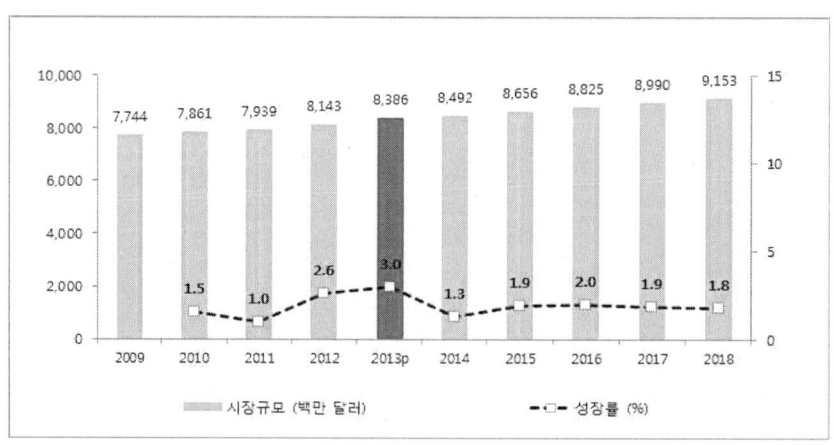

출처 : PwC(2014)

이에 따라 프랑스 TV 수신료시장은 향후 5년간 1.8%의 성장률로 2018년까지 91억 5,300만 달러 규모에 이를 것으로 전망된다.

나. TV 광고

프랑스의 TV 광고시장은 2011년 이후 2년 연속 하락세를 보여 2013년에는 전년대비 4.2% 하락한 44억 7,400만 달러 규모로 집계되었다. 프랑스의 TV 광고시장은 2015년부터 성장세로 돌아서 향후 5년간 연평균 2.3%씩 성장하여 2018년에는 50억 1,700만 달러 규모에 이를 것으로 전망된다.

[그림 3-39] 프랑스 TV 광고시장(방송) 규모 및 성장률, 2009 - 2018

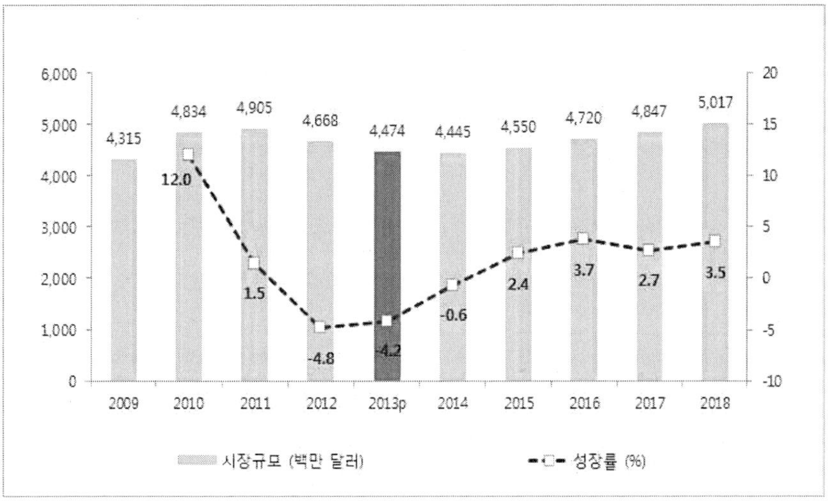

출처 : PwC(2014)

다. 라디오

프랑스는 세계에서 5번째로 큰 라디오시장으로 평가되고 있다. 2013년 프랑스 라디오시장은 전년대비 1.7% 성장한 17억 1,600만 달러의 규모로 측정되었다. 프랑스 라디오시장은 향후 5년간 연평균 1.2%의 성장률을 보이며 2018년에는 18억 2,200만 달러 규모에 이를 것으로 전망된다.

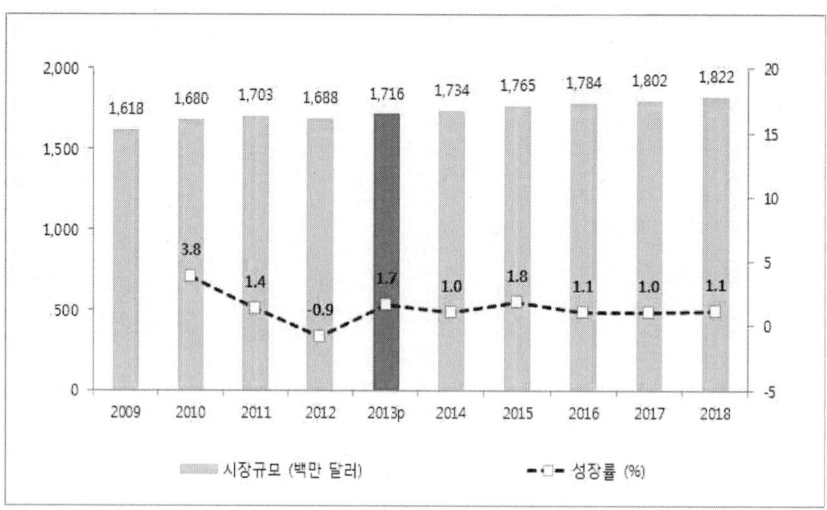

[그림 3-40] 프랑스 라디오시장 규모 및 성장률, 2009 - 2018

출처 : PwC(2014)

(8) 광고

프랑스 광고시장은 가장 큰 비중을 차지하고 있는 TV 광고시장이 2011년 이후 지속적으로 하락함에도 불구하고 인터넷 광고시장의 성장으로 2013년 전년대비 1.2% 증가한 154억 700만 달러로 집계되었다. 향후 TV 광고의 안정적 성장과 인터넷 광고의 높은 성장세로 프랑스 광고시장은 2018년까지 연평균 2.3%씩 증가하여 172억 7,700만 달러 규모에 이를 것으로 전망된다.

[표 3-14] 프랑스 광고시장 규모 및 전망, 2009-2018

[단위 : 백만 달러, %]

구분		2009	2010	2011	2012	2013p	2014	2015	2016	2017	2018	2013-18 CAGR
디렉토리 광고		1,346	1,361	1,334	1,279	1,243	1,221	1,212	1,211	1,218	1,230	△0.2
	디지털	594	646	686	748	809	868	924	979	1,031	1,080	6
	인쇄	752	715	647	531	435	354	287	232	187	149	△19.2
잡지 광고		2,196	2,313	2,371	2,338	2,368	2,389	2,413	2,442	2,474	2,508	1.2
	디지털	87	148	232	315	371	433	505	586	677	778	16
	인쇄	2,109	2,165	2,139	2,023	1,997	1,955	1,909	1,857	1,797	1,731	△2.8

[단위 : 백만 달러, %]

구분		2009	2010	2011	2012	2013p	2014	2015	2016	2017	2018	2013-18 CAGR
산업잡지 광고		549	619	691	747	788	819	850	884	909	935	3.5
	디지털	100	167	255	339	384	428	473	522	566	612	9.7
	인쇄	449	452	437	408	403	391	377	363	343	323	△4.3
극장광고		106	126	146	162	174	183	188	193	194	195	2.2
신문 광고		2,049	1,510	1,580	1,476	1,462	1,434	1,406	1,381	1,358	1,334	△1.8
	디지털	217	172	196	198	217	233	250	268	287	307	7.2
	인쇄	1,831	1,337	1,385	1,278	1,246	1,201	1,157	1,113	1,071	1,028	△3.8
라디오 광고		986	1,037	1,042	1,030	1,050	1,059	1,068	1,079	1,090	1,102	1
TV 광고		4,315	4,834	4,905	4,668	4,474	4,445	4,550	4,720	4,847	5,017	2.3
	다중 채널	238	297	327	340	362	387	417	445	471	503	6.8
	지상파	4,021	4,470	4,493	4,220	3,978	3,892	3,929	4,031	4,096	4,203	1.1
	온라인TV	56	67	86	108	134	166	205	243	280	311	18.3
인터넷 광고		2,220	2,399	2,972	3,460	3,938	4,439	4,858	5,216	5,584	5,983	8.7
	모바일	22	31	42	64	86	111	139	168	200	239	22.8
	유선	2,199	2,369	2,930	3,396	3,852	4,327	4,719	5,049	5,384	5,745	8.3
옥외 광고		1,569	1,655	1,677	1,642	1,688	1,716	1,749	1,787	1,828	1,873	2.1
	디지털	0	53	60	66	76	86	98	112	128	146	14.1
	오프라인	1,569	1,603	1,617	1,576	1,612	1,630	1,651	1,675	1,700	1,727	1.4
게임 광고		125	121	130	136	137	144	152	163	175	188	6.5
산술합계[85]		15,461	15,975	16,848	16,938	17,322	17,849	18,446	19,076	19,677	20,365	3.3
합계		14,407	14,775	15,393	15,230	15,407	15,721	16,089	16,478	16,836	17,277	2.3

출처 : PwC(2014)

　가장 큰 시장점유율을 보이고 있는 TV 광고시장은 다중 채널과 온라인TV 광고시장의 성장에도 불구하고 가장 큰 비중을 차지하고 있는 지상파TV 광고의 지속적인 하락으로 2009년 27.9%에서 2013년 22.7%로 전체 광고시장에서의 영향력이 위축되었다.

---

85) 산술합계에는 디렉토리 광고, 잡지 광고, 산업잡지 광고, 신문 광고의 디지털 광고와 온라인TV 광고, 지상파 라디오 온라인 광고가 인터넷 광고시장 규모에 포함되어 있어 합계에서는 중복되는 부분을 제외함

[그림 3-41] 프랑스 광고시장 규모 및 성장률, 2009 - 2018

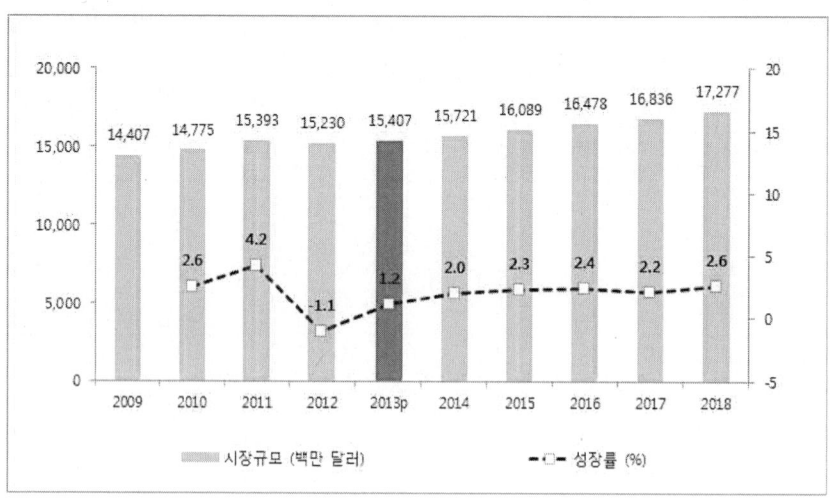

출처 : PwC(2014)

반면 2009년 14.4%의 점유율을 보였던 인터넷 광고시장은 모바일과 비디오 광고시장의 폭발적인 성장세가 반영되어 2013년 8.3%p나 증가된 22.7%의 시장점유율을 보였다. 이 같은 추세는 계속되어 2018년에는 인터넷 광고시장이 가장 큰 비중을 차지하며 시장을 주도할 것으로 보인다.

[그림 3-42] 프랑스 광고시장 분야별 비중 비교, 2009 vs. 2013 vs. 2018

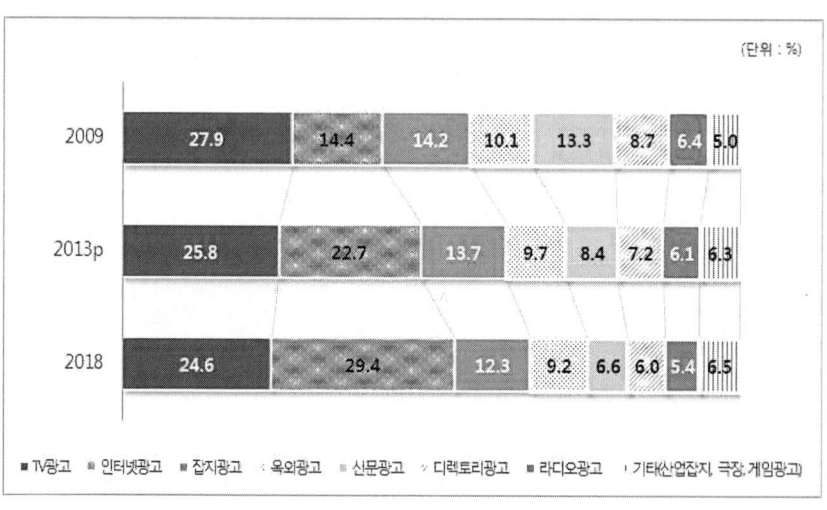

출처 : PwC(2014)

가. TV 광고

  프랑스의 TV 광고시장은 다채널과 온라인TV 광고의 성장에도 불구하고 지상파 광고시장의 하락으로 2013년 전년대비 4.2% 감소하며 2012년에 이어 시장이 회복되지 못하면서 시장 규모가 44억 7,400만 달러에 그쳤다. 이후 감소세가 다소 완화되면서 2015년에 들어서야 침체기에서 벗어날 것으로 전망된다. 프랑스의 TV 광고시장은 향후 다채널TV 광고와 온라인TV 광고의 높은 성장이 지상파 광고 수익 감소를 상쇄하면서 2018년까지 연평균 2.3%씩 성장하여 50억 1,700만 달러 규모에 이를 것으로 전망된다.

[그림 3-43] 프랑스 TV 광고시장 규모 및 성장률, 2009 - 2018

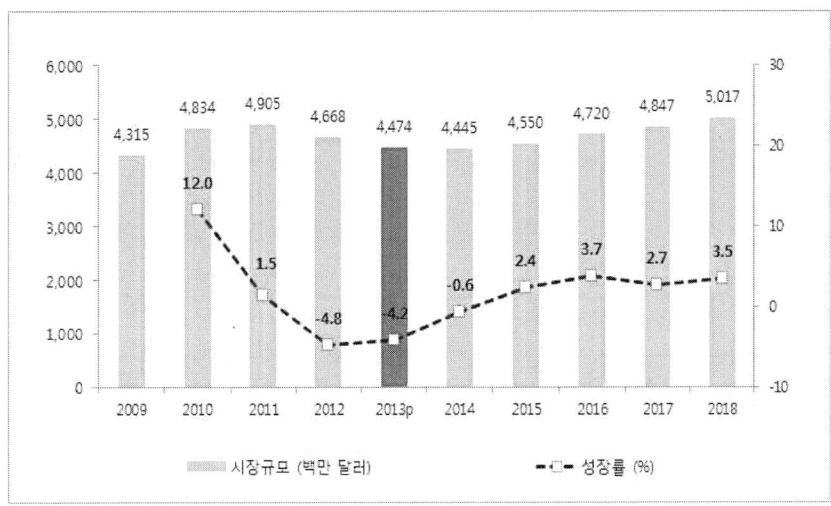

출처 : PwC(2014)

나. 인터넷 광고

  프랑스 인터넷 광고시장은 2009년 이후 급속도로 성장하여 2013년에는 전년대비 13.8% 성장한 39억 3,800만 달러를 기록하였다. 향후 스마트폰과 태블릿 등 스마트기기 보급 증가로 모바일과 비디오 광고가 빠르게 성장할 것으로 보여 인터넷 광고시장은 향후 5년간 연평균 8.7%의 성장률로 2018년까지 59억 8,300만 달러 규모로 확대될 것으로 기대된다.

[그림 3-44] 프랑스 인터넷 광고시장 규모 및 성장률, 2009 - 2018

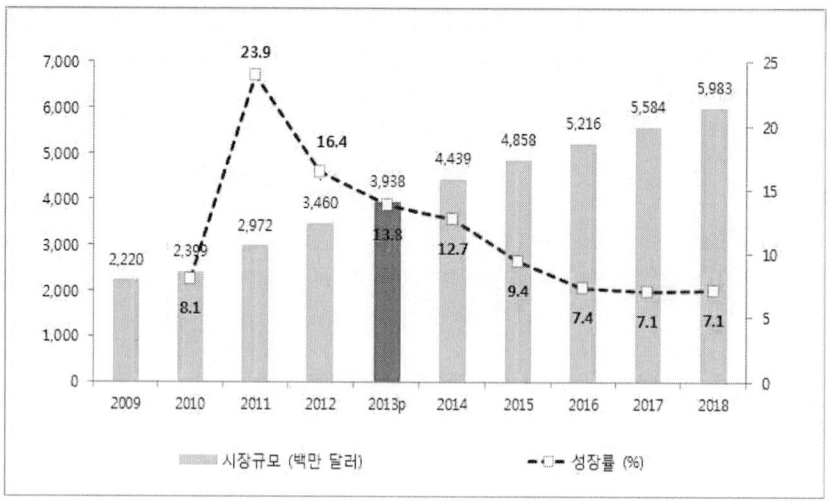

출처 : PwC(2014)

[표 3-15] 프랑스 인터넷 광고시장 규모 및 전망, 2009-2018

[단위 : 백만 달러, %]

구분	2009	2010	2011	2012	2013p	2014	2015	2016	2017	2018	2013-18 CAGR
모바일	22	31	42	64	86	111	139	168	200	239	22.8
유선	2,199	2,369	2,930	3,396	3,852	4,327	4,719	5,049	5,384	5,745	8.3
안내광고	879	900	928	980	1,073	1,191	1,314	1,399	1,495	1,596	8.3
디스플레이 광고	556	622	785	900	1,003	1,107	1,186	1,247	1,307	1,369	6.4
비디오	83	101	131	167	208	254	308	359	405	457	17.1
유료검색	680	746	1,086	1,349	1,569	1,775	1,911	2,043	2,178	2,321	8.1
합계	2,220	2,399	2,972	3,460	3,938	4,439	4,858	5,216	5,584	5,983	8.7

출처 : PwC(2014)

다. 신문 광고

프랑스 신문 광고시장은 발행부수 감소와 지면 광고의 하락으로 2013년 전년대비 0.9% 감소한 14억 6,200만 달러에 머물렀다. 이는 디지털 광고의 성장이 더디게 나타나면서 지면 광고 하락으로 인한 수익감소를 상쇄하지 못했기 때문이다. 특히 일부 종이 신문 광고주들이 디지털 신문 광고시장으로 유입되지 못하고 다른 광고매체로 이탈되면서 전체적인 신문 광고시장의 하락세에 영향을 미친 것으로 보인다. 프랑스 신문 광고시장은 향후 신문 광고 매체에 대한 수요가 지속적으로 감소하면서 2018년까지 연평균 1.8%씩 하락한 13억 3,400만 달러 규모에 그칠 것으로 전망된다.

[그림 3-45] 프랑스 신문 광고시장 규모 및 성장률, 2009-2018

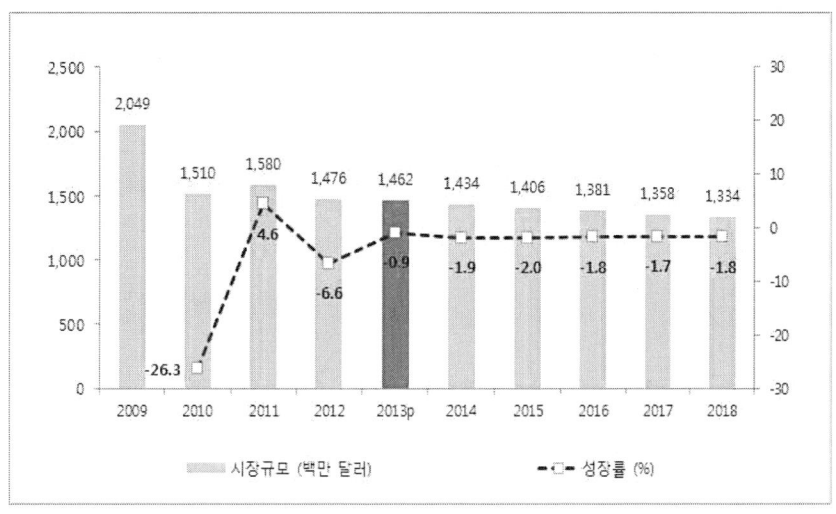

출처 : PwC(2014)

라. 옥외 광고

프랑스는 전 세계에서는 4번째로 큰 옥외 광고시장을 형성하고 있으며, 유럽에서는 가장 큰 시장을 가지고 있다. 2013년 프랑스 옥외 광고시장은 전년대비 2.8% 성장한 16억 8,800만 달러로 집계되었으며, 이후 2018년까지 연평균 2.1% 성장한 18억 7,300만 달러에 이를 것으로 전망된다. 프랑스는 도시지역의 규제가 옥외 광고 성장을 제한하는 요인이 되고 있다. 예를 들어 파리 의회는 새로운 간판의 크기를 최대 12제곱미터 이하 8제곱미터 이상으로 제한하였다. 2013년 말에는 JC 드코(JC Decaux), 클리어 채널(Clear Channel), CBS 아웃도어(CBS outdoor)가 1,400여 개에 이르는 오버사이즈 광고판을 제거하였으며, 이는 시 전체로 보았을 때 30%에 해당하는 수치였다. 게다가 남아있는 광고판들은 학교로부터 25미터 이상 50미터 이하의 거리에 위치해야 한다는 조항을 달았다.

파리의 디지털 옥외 광고는 택시와 지하철에 3만여 개에 달하는 스크린을 통하여 이용이 가능하며 지금도 성장 중이다. 이와 같은 스크린들은 여행객을 위하여 기차와 같은 여행 정보를 알려주는데 독보적인 역할을 하고 있다. 또한 JC 코드는 모바일 충전과 무료 WiFi가 되는 컨셉트 버스 정류장을 소개하였다. 정류장에는 72인치의 대형 스크린을 통하여 광고를 보여주고 정보를 제공하여 사람들을 돕는 역할을 하고 있다. 이 회사는 디지털 토템, 디지털 항구, 전자 마을에 관한 서비스를 시작하였다.

[그림 3-46] 프랑스 옥외 광고시장 규모 및 성장률, 2009-2018

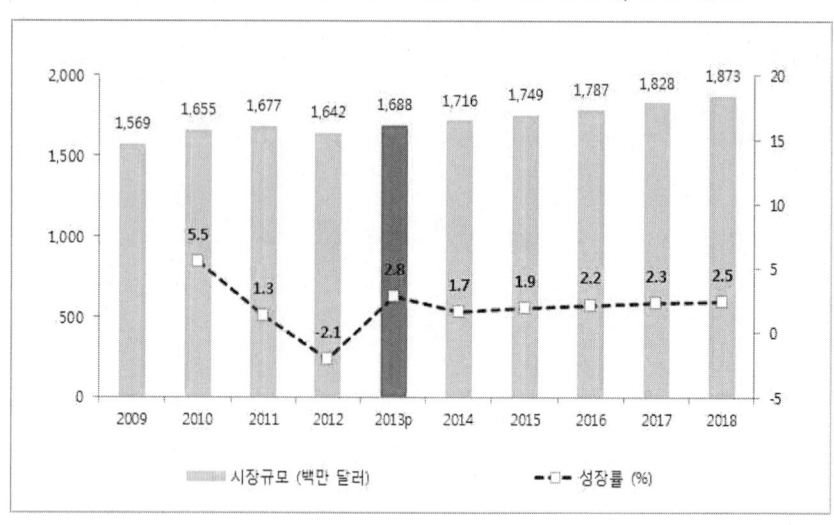

출처 : PwC(2014)

(9) 캐릭터·라이선스

2013년 프랑스 캐릭터·라이선스시장은 유럽 금융위기로 인하여 전반적으로 하락세를 보이며 전년대비 3.8% 감소한 65억 8,400만 달러에 그쳤다. 이후 2018년까지 연평균 0.97%씩 소폭 상승하여 69억 800만 달러에 이를 것으로 전망된다.

[표 3-16] 프랑스 캐릭터·라이선스시장 규모 및 전망, 2009-2018

[단위 : 백만 달러, %]

구분	2009	2010	2011	2012	2013p	2014	2015	2016	2017	2018	2013-18 CAGR
캐릭터·라이선스	6,860	6,860	6,730	6,844	6,584	6,657	6,725	6,790	6,848	6,908	0.97

출처 : EPM(2013, 2014), PwC(2014)

[그림 3-47] 프랑스 캐릭터·라이선스시장 규모 및 성장률, 2009-2018

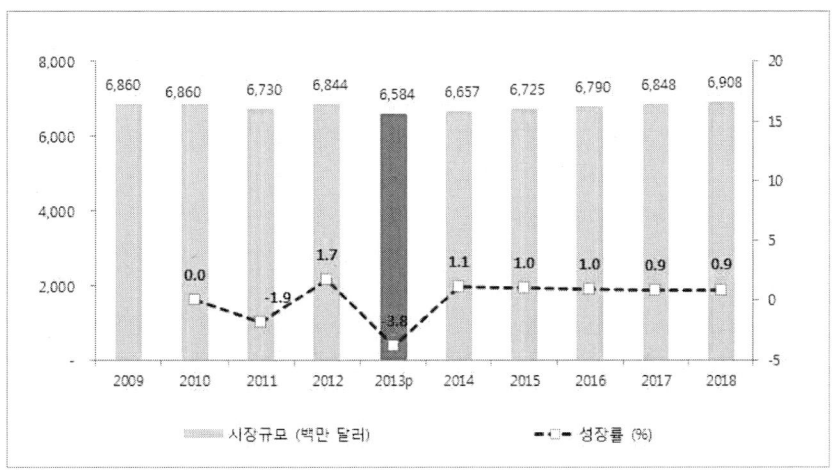

출처 : EPM(2013, 2014), PwC(2014)

2013년 프랑스 캐릭터·라이선스시장은 패션부문이 33.2%로 시장을 주도하고 있는 가운데 엔터테인먼트·캐릭터 18.1%, 기업브랜드·상표 11.3%, 스포츠 9.4%의 순으로 나타났다. 연도별로 큰 변화는 없었으나 엔터테인먼트·캐릭터 부문이 연도별로 소폭 감소되는 경향을 보였다.

[그림 3-48] 프랑스 분야별 캐릭터·라이선스시장 비중, 2009 vs. 2011 vs. 2013

출처 : EPM(2013, 2014), PwC(2014)

[표 3-17] 프랑스 캐릭터·라이선스 분야별 시장 규모, 2009-2013

[단위 : 백만 달러, %]

구분	2009		2011			2013		
	시장 규모	비중	시장 규모	비중	증감율	시장 규모	비중	증감율
엔터테인먼트/캐릭터	1,430	21.2	1,310	19.5	△8.39	1,189	18.1	△9.2
스포츠	610	9.1	620	9.2	1.64	619	9.4	△0.2
패션	2,160	32.0	2,230	33.1	3.24	2,188	33.2	△1.9
기업브랜드/상표	700	10.4	750	11.1	7.14	741	11.3	△1.2
예술	510	7.6	470	7.0	△7.84	460	7.0	△2.1
기타	1,330	19.7	1,350	20.1	1.50	1,386	21.1	2.7
합계	6,740	100.0	6,730	100.0	△0.15	6,584	100.0	△2.2

출처 : EPM(2013, 2014), PwC(2014)

2013년 프랑스 제품별 캐릭터·라이선스시장을 살펴보면, 의류·신발·잡화가 43.5%로 여전히 가장 높은 시장점유율을 보였으며, 그 다음으로 게임·완구12.2%, 건강·미용 7.8%, 출판 7.2% 순으로 나타났다. 연도별로 큰 변화는 없으나 2009년 3.7%에 불과했던 건강·미용 라이선스시장의 점유율이 2011년 8.0%, 2013년 7.8%를 보이며 시장이 확대되었다.

[그림 3-49] 프랑스 제품별 캐릭터·라이선스시장 비중, 2009 vs. 2011 vs. 2013

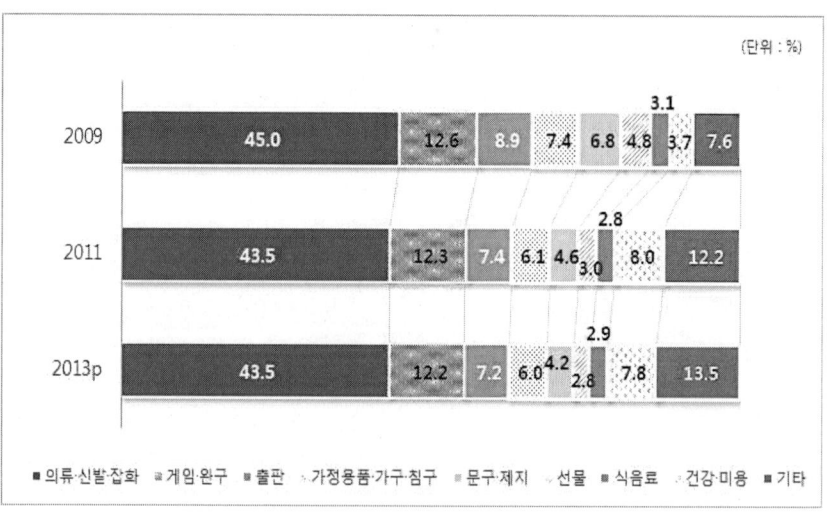

출처 : EPM(2013, 2014), PwC(2014)

[표 3-18] 프랑스 제품별 캐릭터·라이선스시장 비중, 2009 vs. 2011 vs. 2013

[단위 : 백만 달러, %]

구분	2009		2011			2013		
	시장 규모	비중	시장 규모	비중	증감율	시장 규모	비중	증감율
의류·신발·잡화	3,030	45.0	2,930	43.5	△3.3	2,866	43.5	△2.2
게임·완구	850	12.6	830	12.3	△2.4	802	12.2	△3.4
출판	600	8.9	500	7.4	△16.7	473	7.2	△5.4
가정용품·가구·침구	500	7.4	410	6.1	△18.0	394	6.0	△3.9
문구·제지	460	6.8	310	4.6	△32.6	279	4.2	△10.0
선물	320	4.8	200	3.0	△37.5	182	2.8	△9.0
식음료	210	3.1	190	2.8	△9.5	188	2.9	△1.1
건강·미용	250	3.7	540	8.0	116	514	7.8	△4.8
기타	510	7.6	820	12.2	60.8	887	13.5	8.2
합계	6730	100.0	6,730	100.0	-	6,584	100.0	△2.2

출처 : EPM(2013, 2014), PwC(2014)

(10) 지식정보

2013년 프랑스 지식정보시장은 인터넷접근시장의 지속적인 높은 성장과 비즈니스정보의 안정적 성장에 힘입어 전년대비 5.5% 증가한 289억 4,300만 달러를 기록하였다.

이후 지식정보시장은 비즈니스 정보시장의 안정적 성장과 다소 완화될 것으로 보이지만 인터넷접근시장의 성장세로 2018년까지 연평균 4.6% 성장한 362억 900만 달러에 달할 것으로 전망된다.

[표 3-19] 프랑스 지식정보시장 규모 및 전망, 2009-2018

[단위 : 백만 달러, %]

구분	2009	2010	2011	2012	2013p	2014	2015	2016	2017	2018	2013-18 CAGR
비즈니스정보	4,889	5,030	5,327	5,506	5,657	5,791	6,019	6,280	6,578	6,902	4.1
디렉토리 광고	1,346	1,361	1,334	1,279	1,243	1,221	1,212	1,211	1,218	1,230	△0.2
디지털	594	646	686	748	809	868	924	979	1,031	1,080	6
인쇄	752	715	647	531	435	354	287	232	187	149	△19.2
전시회	1,588	1,578	1,670	1,793	1,840	1,960	2,097	2,253	2,423	2,610	7.2
전문서적	1,419	1,475	1,475	1,253	1,160	1,103	1,045	1,007	959	928	△4.4
전자	85	116	147	193	244	298	352	405	455	500	15.4

[단위 : 백만 달러, %]

구분		2009	2010	2011	2012	2013p	2014	2015	2016	2017	2018	2013-18 CAGR
인쇄		1,334	1,360	1,327	1,059	916	805	692	602	504	428	△14.1
산업잡지		1,475	1,528	1,570	1,613	1,641	1,678	1,725	1,782	1,828	1,866	2.6
	광고	549	619	691	747	788	819	850	884	909	935	3.5
	디지털	100	167	255	339	384	428	473	522	566	612	9.7
	인쇄	449	452	437	408	403	391	377	363	343	323	△4.3
	구독	926	909	878	865	854	858	875	898	918	930	1.7
	디지털	-	4	6	23	48	87	139	197	252	298	44
	지면	926	905	872	842	806	771	736	701	666	632	△4.7
인터넷접근		10,731	13,293	14,811	16,003	17,402	18,705	19,818	20,832	21,768	22,673	5.4
모바일		2,795	3,549	4,293	4,864	5,472	6,109	6,738	7,393	8,055	8,733	9.8
고정 브로드밴드		7,936	9,744	10,518	11,138	11,929	12,596	13,080	13,438	13,713	13940	3.2
합계		21,448	24,265	26,187	27,447	28,943	30,458	31,916	33,365	34,774	36,209	4.6

출처 : PwC(2014)

[그림 3-50] 프랑스 지식정보시장 규모 및 성장률, 2009-2018

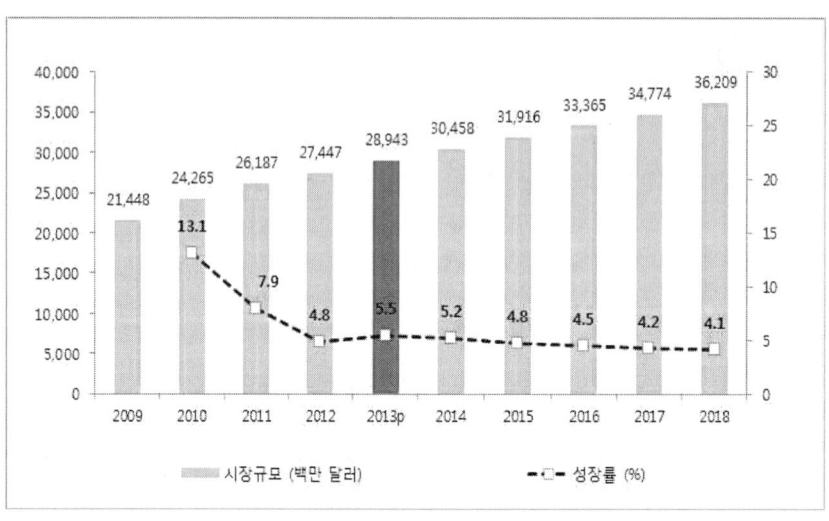

출처 : PwC(2014)

프랑스 지식정보시장 중 인터넷접근시장은 고정 광대역 보급률 확대와 모바일 네트워크발달 및 스마트기기 확산으로 2009년 50.0%에서 2013년 60.1%까지 시장점유율이 확대되었다. 반면, 비즈니스 정보시장은 안정적인 성장을 보여 왔음에도 불구하고 인터넷접근시장의 확대로 상대적으로 다소 축소되었다. 이후 지식정보시장 구도의 큰 변화는 없이 인터넷접근시장이 가장 큰 점유율을 나타낼 것으로 전망된다.

[그림 3-51] 프랑스 지식정보시장 분야별 비중 비교, 2009 vs. 2013 vs. 2018

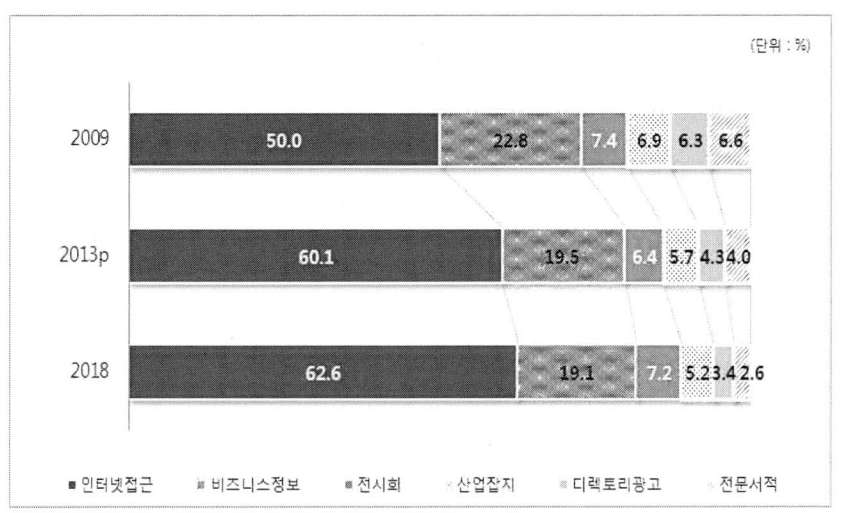

출처 : PwC(2014)

가. 인터넷접근

가장 큰 규모의 인터넷접근시장은 고정 광대역 보급률의 증가와 모바일 네트워크 확대로 2009년 이후 높은 성장을 보이면서 2013년에는 전년대비 8.7% 성장한 174억 200만 달러를 기록하였다. 프랑스 인터넷접근시장은 향후 4G 서비스의 확대와 광섬유통신 확대, LTE 출시, 다양한 서비스와 모바일 인터넷 가입자 증가로 2018년까지 연평균 5.4%의 성장률로 226억 7,300만 달러에 도달할 것으로 전망된다. 향후 4G 서비스의 확대와 광섬유와 LTE 출시, 다양한 서비스와 모바일 인터넷 가입자 증가로 2018년까지 연평균 5.4%의 성장하며 226억 7,300만 달러에 도달할 것으로 전망된다.

[그림 3-52] 프랑스 인터넷접근시장 규모 및 성장률, 2009-2018

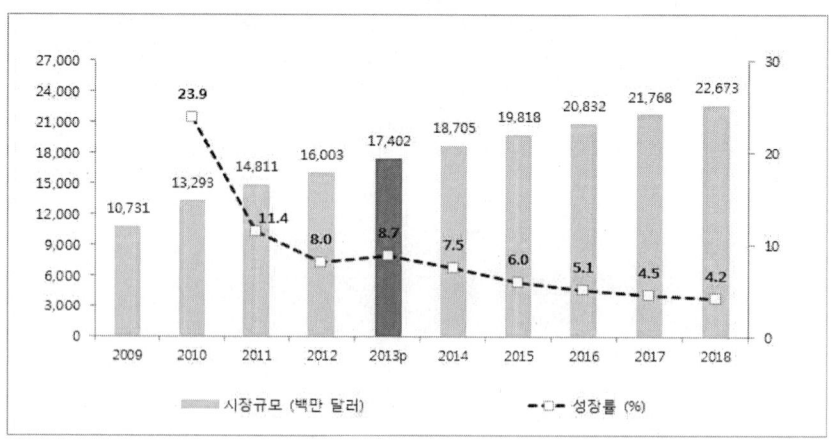

출처 : PwC(2014)

나. 전문정보[86]

프랑스 전문정보시장은 디렉토리 광고와 전문서적의 감소에도 불구하고 높은 비중을 차지하고 있는 비즈니스정보는 2013년 전년대비 0.8% 증가한 115억 4,100만 달러로 집계되었다.

[그림 3-53] 프랑스 전문정보시장 규모 및 성장률, 2009-2018

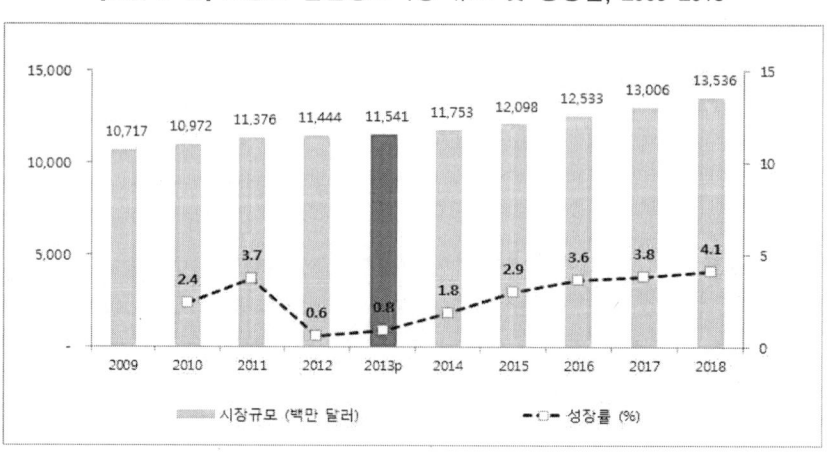

출처 : PwC(2014)

---

86) 전문정보시장은 인터넷접근을 제외한 지식정보시장(비즈니스 정보, 디렉토리 광고, 전문서적, 산업잡지, 전시회)을 의미함

향후 전문정보시장은 비즈니스 정보시장이 2018년까지 연평균 4.1%의 성장세를 보이면서 시장의 성장을 견인할 것으로 전망된다. 이로 인하여 전문정보시장은 향후 5년간 연평균 3.2%씩 성장하여 2018년에는 135억 3,600만 달러에 이를 것으로 전망된다.

3) 주요 이슈 및 트렌드

(1) 출판

가. 해외도서 번역물 증가

최근 영문 출판 도서의 번역이 활발하여 전체 번역 도서의 60%를 차지했다고 리브르 엡도(livres Hebdo)는 밝혔다. 2013년 영국에서 번역 출간된 서적은 전년대비 2.7% 증가한 1만 1,623권으로 2018년까지 해외 번역도서는 증가할 것으로 전망하였다.[87]

[그림 3-54] 2013년 프랑스에서 번역된 언어별 권수

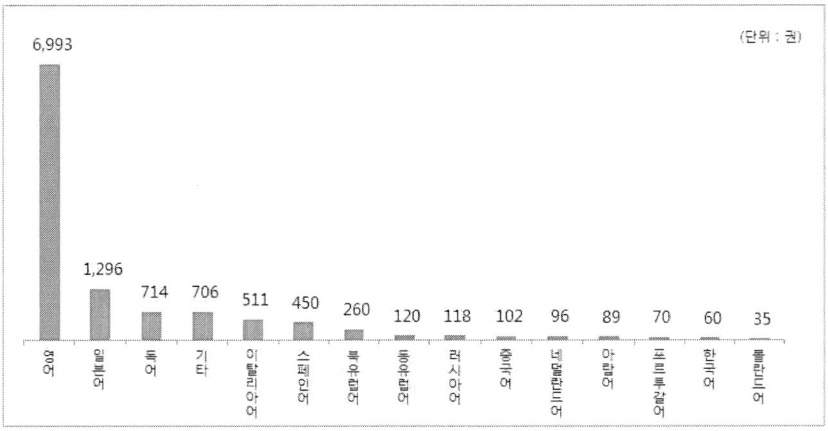

(단위 : 권)

언어	권수
영어	6,993
일본어	1,296
독어	714
기타	706
이탈리아어	511
스페인어	450
북유럽어	260
동유럽어	120
러시아어	118
중국어	102
네덜란드어	96
아랍어	89
포르투갈어	70
한국어	60
폴란드어	35

출처 : Livres Hebdo, 2014. 2. 28.

나. 프랑스 최대 출판사 아셰트와 아마존의 마찰

온라인으로 도서를 유통하는 아마존(Amazon)이 프랑스 최대 출판사 아셰트 리브르(Hachette Livre)의 도서 배송을 고의적으로 지연시켜 마찰을 일으키고 있다. 소비자가 아셰트 출판사의

---

87) Livres Hebdo, 2013년 프랑스 도서 발행 결산(한국출판문화산업진흥원), 2014. 2. 28

도서를 아마존을 통해 구입할 경우 잦은 배송 지연을 야기하였으며 아세트 출판사의 신작 도서 선주문을 차단하고 타사의 도서 구매를 유도하여 논란을 일으켰다.

아마존은 아세트 출판사로부터 구입하는 도서의 마진을 높이기 위해 고의적인 행동을 해온 것으로 나타났다. 때문에 프랑스의 소매 서점주들은 아마존을 통한 책의 공급을 중단하며 아세트를 통한 유통과 출판으로 방향을 선회했다.[88]

다. 태블릿이 주도하는 디지털 교과서

교육 출판사 나탕(Nathan)과 보르다스(Bordas), 블랭(Belin)은 디지털 교과서가 2014년의 트렌드가 될 것으로 전망하였다. 나탕과 보르다스는 안드로이드와 애플의 앱스토어를 통해 2~4유로의 가격으로, 블랭은 2유로에 디지털 교과서를 판매하고 있다.

교육 출판사 나탕과 보르다스는 모바일기기의 보급률 증가로 태블릿이 주도하는 디지털 교과서의 전망이 좋은 편이라고 밝혔다.

(2) 음악

가. 온라인 서비스로 인한 대형 오프라인 음반매장의 하락세

프랑스의 버진 메가스토어(Virgin Megastore)가 4년 동안의 적자 끝에 프랑스 전역에 있는 26개의 매장을 철수하였다. 몇몇 회사들이 버진 메가스토어(Virgin Megastore)에 관심을 보여 왔지만 끝내 협상은 결렬되었다.

마찬가지로 오프라인 유통 매장이자 도서, 음반, 전자제품을 파는 대형매장인 프낙(FNAC)은 프랑스 전역에 산재해 있는 100여 개의 매장들을 통해 음악을 판매하고 있는 가장 큰 음반 판매 매장이지만 음반 매장 공간을 지속적으로 줄이고 있다.[89]

나. 저작권 위반 활동을 위한 프랑스의 노력

프랑스의 하도피(Hadopi)라 불리는 제도는 2010년 10월에 소개되었는데 저작권을 위반하는 활동에 저촉되는 반복적인 온라인 접속을 차단하기 위한 목적으로 만들어졌다. 정부가 발간한 보고서에 의하면 하도피(Hadopi) 에이전시는 안타깝게도 단 한사람만 성공적으로 벌금을 부과함으로

---

88) 한국출판문화산업진흥원, 아세트 vs 아마존 : 세계 출판계를 흔드는 기싸움, 2014.. 6. 6.
89) PwC, France Music, 2014.

써(150유로) 이 프로그램이 매우 비효율적이라는 비판을 받았다. 이러한 결과로 인하여 프랑스정부는 하도피(Hadopi) 프로그램을 중지하면서 벌금을 증액시키고 불법 이용자의 차단을 위한 다른 시스템으로 대체하였다.

프랑스에서는 최근 4년간 P2P 이용자들이 줄어들고 있음에도 불법 음악콘텐츠의 소비가 지속되는 현상을 보이고 있다. 이러한 현상 때문에 검색 엔진과 광고주들의 수익은 줄고 있다. 때문에 콘텐츠 제작자들을 위하여 프랑스 문화부는 스마트폰과 태블릿 컴퓨터, 전자책 독자들로부터 1%의 세금을 징수하는 방안을 강구하고 있고 매년 약 8,000만 유로가 걷힐 것으로 보고 있다.[90]

(3) 게임

가. 프랑스 게임산업을 조망하는 '파리 게임 위크' 개최[91]

파리 게임 위크(Paris Games Week)는 프랑스의 게임 박람회로, 2014년 5회째를 맞이했으며, 10월 29일부터 11월 2일까지 포르트 베르사이유 박람회장(Porte de Versailles Exhibition Centre)에서 개최될 예정이다.

파리 게임 위크는 전 세계에서 Top 5 안에 드는 큰 규모의 게임행사로 게임 퍼블리셔 조합인 셀(Syndicat des éditeurs de logiciels de loisirs; SELL)의 주최로 2010년 처음 개최되었다.

파리 게임 위크는 게이머들에게 2015년에 출시될 게임들을 단독으로 공개하는 특별한 행사이기도 하다. 지난 2013년에 개최되었던 제 4회 파리 게임 위크는 게임 제조사, 발매사, 개발사 등을 포함한 총 24만 5,000명이 방문하여 게임업계의 주요 행사로 자리매김하였다.

주최자인 셀은 프랑스의 게임 발매사와 엔터테인먼트 소프트웨어 발매사들을 대변하는 조합으로서 현재 30개의 업체가 가입되어 있으며, 지에프케이패널(Gfk panel)에 따르면 셀에 소속된 게임업체의 매출이 전체 프랑스 게임시장의 95%를 차지하고 있다.

파리 게임 위크는 '모두를 위한 게임'이라는 모토로 진행되어 왔기 때문에 파리 게임 위크 주니어(Paris Games Week Junior)를 별도로 마련하여 3세에서 12세에 이르는 어린이 게이머들에게 새로운 게임들을 소개할 예정이다. 프랑스 게임산업 규모는 27억 유로에 달하고, 프랑스의 게임 이용자는 2,900만 명에 이르는 등 프랑스 게임산업의 성장세로 인해 파리 게임 위크가 현재와 같이 크게 성공할 수 있었던 것으로 분석하고 있다.

프랑스의 게임은 전 세계 게임시장에서 뛰어난 창조성을 인정받고 있으며, 프랑스에서 가장 역동적인 산업 가운데 하나로 평가받고 있다.

2013년 파리 게임 위크 개회식에서는 플뢰르 펠르랭(Fleur Pellerin) 중소기업혁신디지털경제

---

90) PwC, France Music, 2014.
91) 한국콘텐츠진흥원, 글로벌게임산업트렌드, 2014. 10. 1호

장관과 도미니크 베르티노티(Dominique Bertinotti) 가족부 장관이 프랑스 및 유럽 경제에 있어서 게임산업의 중요성을 역설하였다. 올해 파리 게임 위크는 게임산업 전문가들을 위한 포럼인 게임 커넥션(Game Connection)과 파트너십을 맺어 10월 29일부터 10월 31일까지 두 행사가 함께 진행될 예정이며, 이에 따라 게임 전문가들에게 한층 더 큰 호응을 얻을 것으로 기대되고 있다.

나. 유비소프트 성인 등급 블록버스터 게임 Wii U로 출시 포기

유비소프트(Ubisoft)는 2014년 'Watch Dogs' 출시를 끝으로 더는 닌텐도(Nintendo)의 Wii U용으로 성인 등급 게임을 출시하지 않을 계획이며, 앞으로는 'Just Dance'와 같은 가족용 게임에 초점을 맞출 예정이라고 발표하였다. 유비소프트는 닌텐도 게임 콘솔 이용자들은 'Assassin's Creed'를 구매하지 않는다며, 실제 2013년 'Creed IV: Black Flag' 판매는 매우 소량에 그쳤다고 밝혔다. 'Assassin Creed IV: Black Flag' 판매는 매우 소량에 그쳤다고 밝혔다. 'Creed IV: Black Flag'는 2013년 11월 Wii U, 엑스박스360, 엑스박스원, 플레이스테이션3, 플레이스테이션4, PC용으로 출시되었으며 1,100만 개 이상이 출하되었다. 유비소프트는 2014년 하반기 Wii U용 'Watch Dogs'를 출시할 계획으로, 'Watch Dogs'는 유비소프트가 Wii U용으로 출시하는 마지막 성인 등급 게임으로 기록될 전망이다. 유비소프트가 Wii U용으로 출시한 게임 중 성인 등급으로 분류될 만한 게임은 'ZombiU', 'Creed III', 'Splinter Cell: Blacklist' 정도이다. 유비소프트는 닌텐도 사업을 포기하는 것이 아니라 중점 분야를 조정하는 것이라며, 'Just Dance' 게임과 같이 Wii U 이용자들이 흥미를 보이는 가족용 게임에 더욱 초점을 맞출 것이라고 밝혔다.

'Just Dance 2015' 버전은 오는 가을 Wii U용으로 출시될 예정이다. 한편, 유비소프트는 2015년까지 엑스박스360, 플레이스테이션3, Wii 등 기존 게임 콘솔 모델들을 지원하겠지만 2015년 이후에는 차세대 게임 콘솔을 포함한 새로운 하드웨어용 게임개발 및 유통에 주력할 예정이라고 밝혔다. 현재 Wii U 매출 비중은 유비소프트의 전체 소프트웨어 매출의 3% 수준으로 전년대비 1%p 하락했으며, Wii는 유비소프트 매출의 11%를 차지하고 있다. 2013년 유비소프트의 게임 매출에서 엑스박스360과 플레이스테이션3 매출은 각각 27%, 25%를 차지하였다.

(4) 영화

가. 프랑스 OTT업체들 글로벌업체와의 경쟁 대비 기반 구축 노력

프랑스에는 이미 VOD시장에 대한 수요가 증가함에 따라 자체적인 업체들이 존재하고 있다. 넷플릭스(Netflix)는 프랑스시장 진입에 대해 프랑스정부의 규제 때문에 조심스러운 입장을 보이고 있으나, 2014년 말에는 서비스를 개시할 것으로 보이고 있다. 이에 따라 프랑스의 국내 OTT업체들은 넷플릭스나 러브필름(LoveFilm)과 같은 해외의 대형업체들과의 경쟁에 대비해 자신들의 기반을 구축하고자 노력하고 있다. 과거 비디오 대여 체인업체였던 비디오퓨쳐(Videofutur)는 다양한 기기(PC, Mac, 스마트TV, 태블릿)에서 이용할 수 있는 클라우드 기반의 VOD 플랫폼을 이용해 사업을 하고 있다. 2013년 초, 프랑스의 거대 셋톱박스기업인 넷겜(Netgem)은 비디오퓨쳐를 인수하고, 같은 해 말 해당 회사에서 제공하는 셋톱박스로만 이용이 가능한 La Box Videofutur라는 서비스를 개시했다. 2011년 11월, 카날 플러스(Canal Plus)는 스마트TV의 성장에 대응해, Canal Play Infinity라는 가입자 기반의 VOD(SVOD) 서비스를 시작했다. 현재 이 서비스는 해외로의 확장을 고려하고 있으며, 2013년 말에는 Canal+ Canada라는 서비스를 론칭했다.

TF1은 자체적으로 프리미엄 VOD 서비스업체인 MYTF1VOD를 보유하고 있으며, 전 세계 방문자수 상위 50위에 드는 프랑스의 거대 동영상 공유 웹사이트인 데일리모션(Dailymotion)은 자체적인 VOD 프로그램을 갖추고 콘텐츠 제작자들로 하여금 자신의 작품(동영상)을 온라인을 통해 판매하도록 하고 있다. 유명 배급·판매 대행사인 와일드 번치(Wild Bunch)는 자체적인 VOD/SVOD 플랫폼인 필모(Filmo)를 보유하고 있다. 2013년 3월 서비스를 개시한 쥬크비디오(JookVidéo)는 PC, Mac, 아이패드, 삼성 스마트TV 등에서 이용할 수 있다.

나. 프랑스영화의 국제 위상 향상

프랑스의 영화가 해외 영화제에 출품되면서 국제적 위상이 높아지고 있다. 2013년에 60편의 영화가 자국에서 제작되었고 116편이 공동 제작되었다. 71회 베니스 영화제에 22편의 영화가 출품되었고, 다비드 오엘호펜(David Oelhoffen)감독의 'Loin des hommes', 알릭스 드라포르트(Alix Delaporte)감독의 'Le dernier coup de marteau', 자비에 보브와(Xavier Beauvoir)감독의 'La lançon de la gloire', 브느아 쟈코 감독의 'Three Heart'가 황금사자상 후보에 지목되었다. 또한 캐나다 토론토 영화제에 55편의 프랑스 영화가 소개 되었고, 셍-세바스티앙(Festival internation du film de Saint-Sébastien) 국제 영화제에 6편의 프랑스 영화가 소개될 예정이다.[92]

다. 자국 영화 진흥을 위한 문화부의 조치

프랑스의 문화부 장관 오렐리 필리페티(Aurélie Filippetti)는 자국 영화의 경쟁력 강화를 위하여 영화의 개봉부터 TV 방영까지의 기간을 종전 36개월에서 24개월로 줄인다고 발표하였다.

문화부 장관의 발언은 2014년 9월부터 오렌지(Orange) 방송이 서비스하는 넷플릭스를 견제하기 위한 전략적인 조치로 해석되고 있다.[93]

---

92) Le Figaro, French movies on Venice, 2014. 9. 2.
93) Global Film Biz Zone, 프랑스 문화부장관, 영화개봉일의 단출, 2014. 8. 14

라. 프랑스기업 MK2 스페인의 씨네수르 120개 상영관 매입

프랑스의 멀티플렉스 상영관기업 MK2가 스페인의 안달루시아지역 씨네수르(Cinesur)를 매입하였다. MK2는 5,500만 유로의 자본을 가진 사업체로 40년 전 마린 카르미츠(Marin Karmit)가 창업하였고 파리에 65개의 상영관을 소유하고 있다. 이번 인수를 통하여 스페인 대도시의 120개 상영과 2만개 좌석뿐만 아니라 연간 400만 명의 새로운 관객을 확보하게 되었다.

(5) 애니메이션

가. 프랑스 애니메이션산업, 정체기를 벗어나 2013년 평균 이상 회복

TV와 영화 같은 부분에서 창의적인 작품들로 유명한 프랑스 애니메이션산업은 부분적으로 제작쿼터제, 프랑스정부와 유럽의 자금 지원, 세제 지원 등의 도움을 받으며 발전해 왔다. 프랑스는 현재 애니메이션 업계에서 전 세계 3위이자, 유럽 1위의 아동 콘텐츠 수출국으로서 자리매김하고 있다. 그러나 2012년에는 애니메이션시장이 전체 제작 규모 면에서 16%의 감소를 나타내며 정체기에 들어갔다. 콘텐츠의 시간으로 볼 때도 2008-2012년 사이 평균 316시간이었던 프로그램 시간은 298시간으로 줄어들었으며 해외투자액 역시 2012년에는 4,200만 유로에 그치며 31%나 급감했다. 이는 제작 예산의 23.1%만을 소화해낼 수 있는 수준이다.[94]

하지만, 2013년에 들어서 애니메이션 제작 규모는 326시간으로 증가하였는데, 이는 2004년부터 2013년 사이 평균 321시간을 상회하는 수치로 전년대비 9.1% 성장을 보였다.

[표 3-20] 프랑스 애니메이션 프로그램 시간 추이. 2004-2013

구분	2004	2005	2006	2007	2008	2009	2010	2011	2012	2013
시간	330	268	395	314	259	347	320	355	298	326

출처 : CNC (National Center of Cinematography and the moving image)

또한, 해외투자액도 2013년에는 5,210만 유로로 증가하였으며, 이러한 외국 자본이 프랑스 애니메이션에 기여한 것은 2012년 제작 예산의 23.1%에 비해 23.9%로 증가하였다.

---
[94] TBI Vision, France: kidsTV at a crossroads, 2014.06.09

[표 3-21] 프랑스 애니메이션 해외투자액 추이 2008-2013

[단위 : 만 유로]

구분	2008	2009	2010	2011	2012	2013
해외투자액	4,290	5,140	4,250	6,090	4,200	5,210

출처 : CNC (National Center of Cinematography and the moving image)

한편, 2013년에 프랑스에서 개봉된 애니메이션도 전년에 비해 소폭 증가했다. 2012년에 총 31편 개봉된 데 비해 2013년에는 33편이 개봉되었다. 이 중 15편은 3D 애니메이션으로 전체에서 45.5%의 비중을 차지하고 있다. 구체적으로 살펴보면, 프랑스 작품은 전년에 비해 증가하지 않았지만, 미국의 할리우드 작품이 두 편 늘어남으로써 전체적으로 2편 증가한 것을 알 수 있다.

[표 3-22] 프랑스 극장에 상영된 지역별 애니메이션 개봉 편수 추이 2003-2013

[단위 : 개]

구분	2003	2004	2005	2006	2007	2008	2009	2010	2011	2012	2013
프랑스작품	7	4	3	7	6	5	9	7	8	9	9
미국작품	6	8	8	14	10	6	13	9	12	9	11
유럽작품	3	4	7	4	3	7	5	4	8	8	7
기타	6	7	4	5	5	4	8	4	6	5	6
합계	22	23	22	30	24	22	35	24	34	31	33

출처 : CNC (National Center of Cinematography and the moving image)

프랑스 애니메이션산업은 수출호조로 성장세를 유지하고 있다고 할 수 있다. 애니메이션은 2012년 기준으로 프랑스 TV 프로그램 수출의 35%를 차지했으며 판매 수익 면에서 볼 때 전년대비 24.3% 증가한 4,390만 유로를 기록했다. 가장 많이 수출되는 지역은 서유럽으로 54.8%를 차지하고 있다. 이어 아시아 오세아니아에 14.9%, 북미에 13.2%, 중부 동 유럽에 10.2%의 비중으로 수출되고 있다.

나. 프랑스 애니메이션 대기업 문스쿱 도산

프랑스의 많은 아동 콘텐츠기업들은 해외 매출과 다양한 종류의 콘텐츠 덕분에 항상 많은 수익을 내는 것은 아니더라도 또 다른 작품을 제작할 수 있는 기회를 잡으며 살아남을 수 있었다.

그런데, 2013년 여름, 프랑스 애니메이션 대기업인 문스쿱(Moonscoop France)이 상당한 수준의 부채가 누적되며 결국 부도로 문을 닫는 사건이 일어났다.[95]

문스쿱은 애니메이션 제작사 크실램(Xilam)에 이어 프랑스 내에서 2위 규모를 차지하던 업체로, 2003년 'Antefilms Production'과 'France Animation'이 합병을 하며 탄생했다.

TV 애니메이션을 제작하는 Ellipsanime는 파리 무역법원(Paris trade court)의 결정에 따라 문스쿱의 자산을 인수 받게 되었다. 이 결과 인수업체가 Titeuf, San Sam, Geronimo Stilton, Code Lyoko 등 프랑스 애니메이션의 30년을 대표하는 업체로, 총 700시간에 달하는 60개의 시리즈를 라이브러리로 보유하게 되었다.[96]

반면, 미국에 지사로 있던 문스쿱 아메리카는 'Splash Entertainment'로 새롭게 브랜드를 개편하면서 'Moonscoop LLC'라는 이름으로 재탄생되었다. Ellipsanime의 오퍼 규모는 60만 유로였으며, 전에 문스쿱에서 일하던 스태프들 총 25명 가운데 오직 2명만이 남게 되었다. 인수는 곧 정리될 것이고 30-50개의 TV시리즈에 대해 지불해야할 총 금액은 20만~30만 유로가 되는 것으로 알려지고 있다.[97] 일각에서는 이러한 애니메이션 업계의 지각변동이 시장을 정리하는 계기가 될 것이라고 전망하고 있다.[98]

다. 프랑스 애니메이션 제작 서비스, 할리우드에서 인기 상승

할리우드의 애니메이션 제작사 Illumination의 애니메이션 '슈퍼배드(Despicable Me) 1, 2편'이 큰 성공을 거두며, 미국 영화계와 TV 네트워크들이 프랑스의 애니메이션산업에 대해 높은 관심을 보이고 있다.

프랑스는 'Les Gobelins'와 같은 뛰어난 애니메이션 스쿨 덕분에 애니메이션 제작 국가로서 항상 중요한 위치에 있을 수 있었다. 특히 '슈퍼배드(Despicable Me)' 1, 2편은 프랑스 파리에 위치한 Illumination Mac Guff에서 7,000만 달러의 예산으로 제작되어, 각각 전 세계에서 5억 4,300만 달러와 7억 2,000만 달러의 수익을 기록했는데, 이러한 사실이 알려지며 프랑스 현지의 애니메이션 제작 능력과 시설에 대한 평가가 매우 높아졌다.[99]

'슈퍼배드'의 성공에 대해 프랑스의 영화 위원회 대표인 올리에 르네 베일롱(Olivier Rene Veillon)과 맥 구프의 설립자인 자크 블레드(Jacques Bled)는 1982년 프랑스 문화부 장관인 자크 랑(Jack Lang)을 통해 만들어진 '플랜 이마주(Plan image)'에서 그 성공 요인을 찾았다.

이 플랜 덕분에 프랑스 국립영화센터(Centre national du cinema, CNC)에서 애니메이션을

---

95) TBI Vision, Moonscoop France goes into administration, 2013.07.05
96) TBI Vision, France: kidsTV at a crossroads, 2014.06.09
97) Kidscreen, Moonscoop LLC rebrands as Splash Entertainment, 2014.02.03
98) TBI Vision, France: kidsTV at a crossroads, 2014.06.09
99) Variety, With French Animation on Fire in Hollywood, Bizzers Are Scrambling for Their Share, 2013.09.06

지원하는 프로그램을 운영하게 된 것이다.100)

이와 관련해, TV 프로그램 제작사인 Marathon Media의 David Michel이사는 현재 활발히 활동 중인 건실한 애니메이션기업이 많지 않은 가운데, 대부분은 프랑스와 캐나다에 있다며 프랑스 애니메이션 제작의 인기를 이같이 설명했다. 또한 프랑스 애니메이션기업 Gaumont 애니메이션의 대표이자, 프랑스 최초의 유소년 전문 채널인 Gulli를 론칭한 이 분야의 베테랑인 Pierre Belaisch는 프랑스업체들이 해외의 채널들을 개발함에 따라, Turner, Disney, Nickelodeon과 같은 미국기업들이 콘텐츠 제작을 위해 점점 더 프랑스 현지의 제작자들과의 공동 작업을 원하고 있다고 보았다.101) 그러나 프랑스 애니메이션 사업의 성공 뒤에는 이를 지원하는 각종 법률과 규제들이 있다고 Variety는 지적한다. 예를 들어, 유소년 채널인 Gulli는 의무적으로 전체 아침 프로그램 시간 중 42% 이상을 프랑스 애니메이션 프로그램 방영에 할애해야 한다. 또한, 정부는 제작 예산의 10-80%를 커버하는 세제혜택을 제공하고 있다. 미국의 방송국이나 제작자들과의 공동작업을 하는 프랑스 애니메이션 제작자들에게도 마찬가지의 많은 혜택을 제공하고 있다. 궁극적으로 미국과 프랑스간의 연계는 양측 모두에게 최선이 되기에 공동 작업은 지속될 것으로 보이며 이는 프랑스 애니메이션시장을 지속적으로 성장시키는 동력이 될 것으로 보인다.

(6) 방송

가. IPTV 가입자 성장률 둔화

IPTV의 강세가 지속되면서 전체 유료방송시장의 트렌드 역시 오렌지와 SFR, 부이그 텔레콤(Bouygues Telecom), 프리 모바일(Free Mobile), 버진 모바일(Virgin Mobile)의 다섯 개 업체에 의해 주도되는 모습이다.

이들은 대도시와 수도권에 위성방송 수신을 위한 접시 안테나 설치를 금지한 정부의 방침과 HD채널-인터넷-전화의 번들링 서비스를 바탕으로 성장해왔다. 그러나 IPTV의 성장세는 2013년 이후 둔화세를 보여 왔으며 최근에는 정체 국면에 접어들고 있다. 이에 최근 IPTV 사업자들은 온라인 VOD 서비스 역량 강화를 통한 차별화에 주력하는 모습이다. 특히 Oragne가 자사 셋톱박스에 Netflix의 콘텐츠를 추가할 것임을 발표102)하고 Bouygues Telecom 역시 이 보다 한 발 앞서 11월 Netflix 서비스를 자사 모바일과 셋톱박스 고객에게 월 7.99유로에 제공할 것임을 발표하면서 IPTV 사업자들의 VOD 콘텐츠 및 서비스 확보 경쟁은 향후 IPTV 영역을 넘어 케이블과 위성방송 영역에까지 영향을 미치며 보다 본격적으로 진행될 것으로 전망된다.

---

100) 영화진흥위원회, 슈퍼 배드 2, 프랑스 애니메이션의 가장 최근의 성공, 2013.08.13
101) Variety, With French Animation on Fire in Hollywood, Bizzers Are Scrambling for Their Share, 2013.09.06
102) Fierce Wireless Europe, Orage follows Bouygues Telecom with direct Netflix deal. 2014.10.03

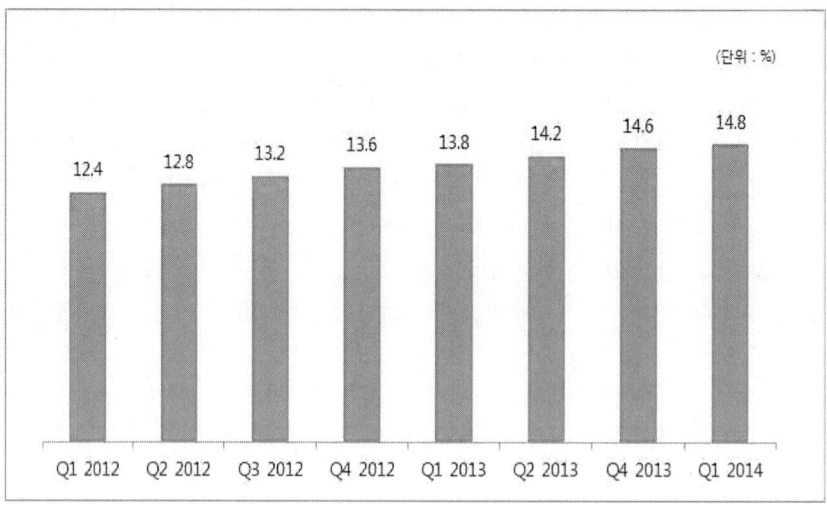

[그림 3-55] 프랑스 IPTV 서비스 가입자 추이

출처 : Statistics, 2014

나. UHD 도입 관련 실증실험 순항

프랑스정부는 UHD시장 선점을 목표로 지난 7월부터 에펠탑에서 지상파 UHD 실험방송을 실시하고 있다. 이와 더불어 최근에는 방송 규제 기관인 방송위원회(CSA)가 700MHz 대역 주파수를 UHD 등 지상파 신규 서비스를 위해 재할당하는 내용을 골자로 하는 보고서를 의회에 제출하면서 이러한 행보에 박차를 가하고 있다[103]. 관련 업체들의 상용화 움직임도 속속 포착되고 있다. 2014년 5월 프랑스의 테니스 경기인 'Roland Garros 2014'를 UHD 지상파 실험방송으로 중계[104]한 데 이어 7월부터는 프랑스 지상파 송출사업자 TDF가 유료 음악 전문 채널 'NRJ'와 함께 지상파 UHD 실험방송을 실시하고 있다.

(7) 캐릭터·라이선스

가. 해외 캐릭터가 강세를 보이는 프랑스 캐릭터시장

2013년 프랑스의 캐릭터·라이선스시장은 유럽 금융위기로 인하여 전반적으로 하락세를 보였다. 이에 따라, 각 업계 업체들은 신작 애니메이션 캐릭터 보다는 바바파파(Barbapapa), 아스테릭스

---
103) 미디어스, 프랑스 방송위, 700MHz 주파수 방송할당 보고서 대통령에 제출, 2014.09.23
104) BroadbandTV News, 4K Smash for French Open, 2014.05.27

(Asterix), 러키 루크(Lucky Luke)처럼 프랑스에서 인지도가 높은 안정적인 캐릭터를 선호하며 이들 캐릭터로 수익을 창출하였다. 이러한 상황 속에서 해외의 캐릭터가 강세를 보였는데 폭스(Fox)의 Madagascar와 워너브라더스(Waner Brothers)의 Loony Tunes, Skylanders, Pokemon 등이 인기가 많았다. 프랑스 디자인 회사 일레븐 패리스(Eleven Paris)는 Loony Tunes와 배트맨을 인쇄한 의복을 '꼴레뜨(Collette)'에서 판매 하였으며, 덴마크 의류기업 슬롱(Soulland)은 애니메이션 라이선스를 받아 바바(Babar)의 캐릭터를 패션 브랜드에 접목하여 판매하였다.105) 해외 캐릭터 중에서는 디즈니(Disney)의 공주 시리즈가 가장 많은 캐릭터 라이선스 수입을 올린 것으로 알려졌다.

나. TV시리즈와 영화로 제작되는 프랑스 게임 캐릭터

프랑스의 비디오 게임 캐릭터 'Raving Rabbids (Les Lapins Crétins)'가 곧 개봉될 3편의 영화106)에 등장한다고 2014년 2월 발표되었다. 2006년 'Rayman Raving Rabbids'로 처음 등장한 이래, 'Rabbids'는 많은 인기를 끌며 스핀오프로 성장해 'Raving Rabbids: Travel In Time'(2010) 등 다양한 게임의 주인공이 되었다. 2013년에는 'Rabbids Invasion'이라는 타이틀의 프랑스/미국 합작107) 애니메이션으로 제작되어 TV에도 진출해 2013년 8월부터 26부작 방영이 시작되었다.

[그림 3-56] Raving Rabbids

---

105) EPM, A Status report 8th Edition: France character license, 2014.
106) 3편의 영화 : 'Assassin's Creed', 'Tom Clancy's Rainbow Six', 'The Raving Rabbids'
107) Ubisoft Motion Pictures와 Nickelodeon Animation Studios 공동 제작

프랑스에서는 Les Lapins Crétins, 영어권에서는 Raving Rabbids라는 이름으로 잘 알려져 있다. 캐릭터인 Rabbids는 아드레날린 러쉬를 경험하면 눈이 빨개지며 혼란스럽게 고함을 지르는 정신 사나운 토끼다.

원래는 Rayman 시리즈에서 Rayman의 상대 악역으로 등장하며 알려지게 되었으나, 인터넷의 패러디 비디오와 일러스트레이션, 르노와 코카콜라 같은 브랜드들과 제휴 등을 통해 대중들에게도 알려지며 인기를 끌기 시작했다.

2009년부터는 Rayman이라는 이름을 떼어버리고 독립된 하나의 프랜차이즈가 되었다. 이후 Rabbids 캐릭터는 'Against Rayman Raving Rabbids', 'Rayman against the more Rabbids', 'Rayman Raving Rabbids: TV Party', 'Rabbids: The big adventure' 등 다양한 Rayman 시리즈에 메인 캐릭터로 등장했으며, 이외에도 그와 관련 없는 Red Steel, Teenage Mutant Ninja Turtles: Smash-Up, Tom Clancy's Splinter Cell: Conviction, Assassin's Creed IV: Black Flag, Watch Dogs 등 다수의 게임에도 등장하고, Ubisoft의 음악 게임 Just Dance 2와 카드 게임 Jungle Speed 등에도 여러 분야에서 사용되었다.

다. 페파피그의 캐릭터 상품화

캐나다의 엔터테인먼트 원(Entertaintment One)은 페파피그(Peppa Pig) 제품의 프랑스 판매 라이선스를 획득하였다. 이번 계약으로 보드게임, 교육용게임, 퍼즐, 피규어, 전자게임, 잡지, 스티커, 엘범, 신발, 가방 등 20종의 제품에 페파피그가 인쇄되며 프랑스의 소매상을 통해 판매될 예정이다. 또한 프랑스의 캐릭터 브랜드기업 Giochi Preziosi는 페파피그 캐릭터가 목용용품과 제작용품, 미용 용품에 사용되는 라이선스를 획득 하였으며 2014년 여름부터 의류부문에 적용하여 판매하였다.[108]

라. PGS 엔터테인먼트, 장난감 캐릭터로 만화제작

프랑스의 콘텐츠 제작사 PGS 엔터테인먼트가 플레이모빌의 장난감 브랜드로부터 영감을 받아 제작한 애니메이션 '수퍼 4(Super 4)'가 2014년 가을에 시작된다. 수퍼 4는 현재 모르겐 스튜디오(Morgen Studio)에서 유럽과 아시아 북미지역의 라이선스를 확보한 상태이며, 2015년 이탈리아와 남미에서는 카툰 네트워크를 통해 방영될 예정이다. 2014년 7월 기준으로 스페인, 카탈로니아, 포르투갈, 벨기에, 스위스, 네덜란드, 룩셈부르크, 핀란드, 폴란드, 이스라엘, 태국, 캐나다 등 많은 나라들이 사전에 판매 라이선스를 계약하며 기대를 나타내고 있다.[109]

---

108) Global License!, Peppa to Arrive on French Shelves, 2014. 9. 14.
109) Global License!, PGS Makes More 'Super 4' Sales, 2014. 7. 17.

[그림 3-57] 'Super 4'의 캐릭터

(8) 지식정보

가. 클라우드 서비스의 성장

프랑스 통신사업자들은 효율적인 업무를 위한 클라우드 시스템의 도입에 긍정적이지만 자국 브랜드의 시장 진출은 어려워 보인다.

클라우드 시장은 마이크로 소프트, 구글, 시스코 시스템즈 같은 글로벌기업이 높은 점유율을 보이고 있고 다국적 회사들에 의해 포화상태에 이르렀으며 신규 글로벌업체의 진입으로 과열 양상까지 보이고 있다.

그럼에도 프랑스정부는 인프라의 확충이 전자 정부와 클라우드 서비스 부문의 성장을 위해 필요하다고 보고 있으며 자국기업의 성장을 위해 관련 법안을 제정 중이다.110)

나. LTE 통신의 확대

2013년 LTE 커버리지 확대에 주력했던 프랑스의 통신회사(Société Française du Radiotéléphone, 이하:SFR)는 2014년에 대도시를 중심으로 4G LTE 서비스를 개시하였다.

보이그 통신(Bouygues Telecom)도 1800Mhz 대역 기반의 LTE를 상용화 하면서 서비스를 개시하였고 100개의 주요도시를 대상으로 LTE 서비스를 확대할 계획이다.111) LTE망의 확충으로 휴대기기시장 활성화와 광고, 콘텐츠 등 연관 서비스가 발전될 것으로 기대되고 있다.

---

110) Conex, 프랑스 정보통신(ICT) 방송 품목 보고서 클라우드, 2013. 9. 30
111) Conex, 프랑스 Bouygues Telecom & SFR, 네트워크 공유 계약 체결, 2014. 2. 10.

4) 콘텐츠 소비 실태 및 동향

(1) 디지털 인프라 환경 및 소비 행태

가. 디지털 인프라 환경

2013년 프랑스의 스마트폰 보급률은 53.6%로 전년대비 12.6%p 증가하였다. 프랑스의 스마트폰시장은 이동통신사업자와 기기제조사업자가 자사의 유통구조를 통해 기기를 서로 판매하는 구조를 택하고 있어 스마트폰 기기의 가격 경쟁력이 높아 소비자의 접근성이 대단히 좋다. 전 연령으로 스마트폰의 사용이 확대되면서 2018년에는 80.4%에 달하는 프랑스인들이 스마트폰을 사용할 것으로 전망된다.

프랑스의 모바일 인터넷 보급률은 45.8%로 전년대비 8.4%p 증가하였다. 프랑스의 모바일 인터넷은 프랑스 텔레콤(France Telecom,) SFR, 보이그 텔레콤(Bouygyes Telecom)이 주도하고 있으나, 향후 유럽 집행위원회가(EC)가 추진하는 망중립성 등 정책적인 이유로 MVNO들의 점유율이 꾸준히 증가할 것으로 전망된다. 특히 프랑스 신규 이동통신사업자인 프리 모바일(Free Mobile)의 시장점유율이 서비스 개시 5분기 만에 8%에 도달했다. 한편, 프랑스 이동통신시장은 빠르게 4G로 전환되고 있어 2018년에는 76.2%의 프랑스인들이 모바일 인터넷을 이용할 것으로 예상된다.

[표 3-23] 프랑스 유·무선 인터넷 보급률 및 전망, 2009-2018

[단위 : %]

구분	2009	2010	2011	2012	2013p	2014	2015	2016	2017	2018
스마트폰 보급률(%)	-	-	-	41	53.6	62.8	69.9	74.9	78.2	80.4
전년대비증감(%p)	-	-	-	-	12.6	9.2	7.1	5.0	3.3	2.2
모바일 인터넷 보급률(%)	16.4	20.7	26.8	37.4	45.8	53.3	61.9	68.5	72.8	76.2
전년대비증감(%p)	-	4.3	6.1	10.6	8.4	7.5	8.6	6.7	4.2	3.4
고정 브로드밴드 보급률(%)	73.5	78.0	83.6	87.7	89.1	91.4	92.9	93.8	94.3	94.6
전년대비증감(%p)	-	4.5	5.6	4.1	1.4	2.3	1.5	0.9	0.5	0.3

출처 : PwC(2014)

2013년 프랑스의 고정 브로드밴드 보급률은 89.1%에 달해 전년대비 1.4%p 증가하였다. 프랑스도 영국과 마찬가지로 이동통신시장이 활성화되면서 유선통신 가입회선 수의 증가가 둔화될 것으로 나타났다. 게다가 VoIP 서비스가 기존의 유선통신 서비스를 대체할 것으로 전망되면서 2018년 고정 브로드밴드의 보급률은 94.6%에 이를 전망이다.

나. 디지털 소비 및 이용 행태

Consumer Barometer with Google에서 2014년 3월 조사한 바에 의하면 프랑스 사람들이 선호하는 디지털기기로는 모바일폰이 82%로 가장 높았으며, 그 다음으로 컴퓨터가 75%, 스마트폰이 49%, 태블릿이 23%로 조사되었다.

[그림 3-58] 프랑스인들이 선호하는 디지털기기

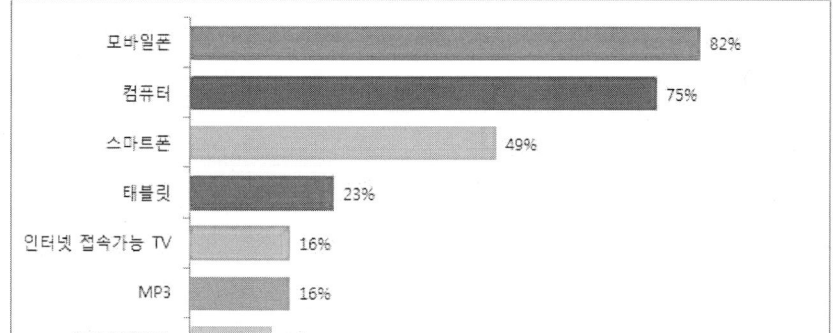

출처 : Consumer Barometer with Google

① 인터넷 이용 행태

프랑스인들을 대상으로 인터넷 이용 행태에 대해 조사한 바에 의하면 응답자의 57%가 하루에 한두 번 정도 인터넷을 이용하는 것으로 나타났다. 그 다음으로 하루에 한번 정도 이용하는 경우가 22%, 한주에 2~6회 이용이 10% 순으로 조사되었다.

[그림 3-59] 프랑스인들의 인터넷 사용 빈도

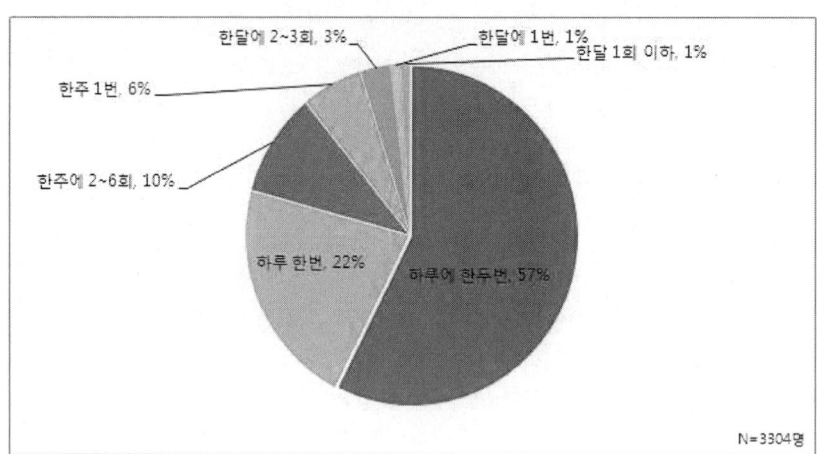

출처 : Consumer Barometer with Google

태블릿, 컴퓨터, 스마트폰 이용자를 대상으로 조사한 결과에 의하면 인터넷 이용 시 컴퓨터, 태블릿을 선호하는 경우는 47%로 가장 높은 비중을 보였으며 모두 이용하는 것을 선호하는 경우는 27%로 나타났다. 또한 응답자의 8%는 컴퓨터나 태블릿을 스마트폰보다 더 선호하는 것으로 조사되었다.

[그림 3-60] 프랑스인이 인터넷 사용 시 선호하는 스마트기기

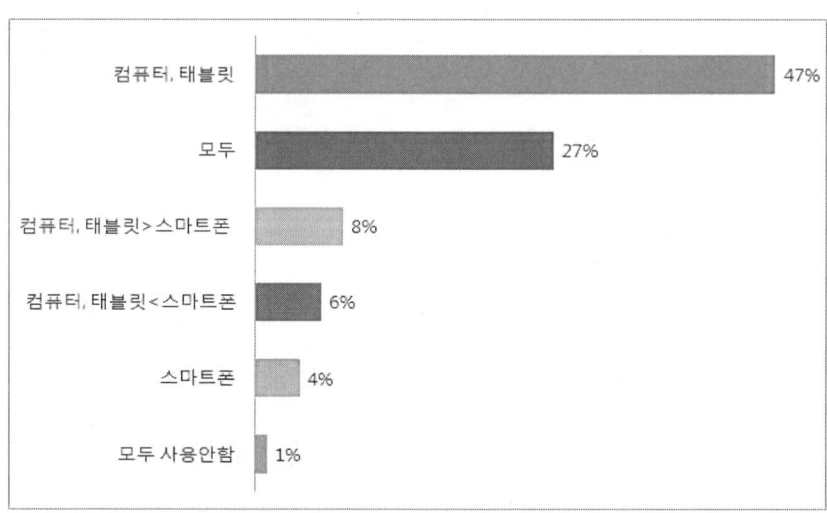

출처 : Consumer Barometer with Google

상품 및 서비스 구매 시 인터넷이 어떤 도움이 되는지에 대해서 응답자의 52%가 가격비교를 하는데 도움이 된다고 응답하였으며, 그 다음으로 의견수렴 및 리뷰를 정독한다는 비중이 33%, 쿠폰, 프로모션 기회획득이 19%, 아이디어 획득이 18%, 상품재고 확인이 17%, 비디오 시청이 12% 순으로 나타났다.

[그림 3-61] 프랑스인이 상품 및 서비스 구매 시 인터넷이 도움이 된 분야

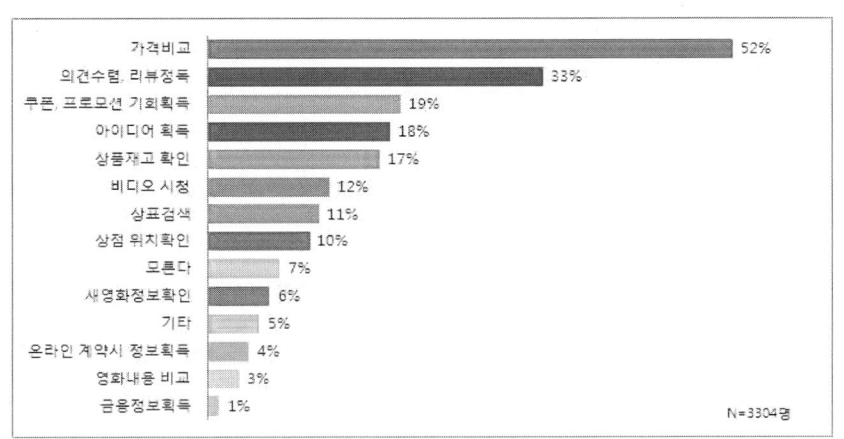

출처 : Consumer Barometer with Google

② 스마트폰 이용 행태

2013년 5월 Ipsos MediaCT에서 16세 이상 프랑스 시민 1,000명을 대상으로 스마트폰 이용 행태를 조사하였다. 응답자들의 특성을 보면, 여성이 42%, 남성이 58%였으며, 35세~44세 응답자가 32%로 가장 많은 것으로 나타났다. 지역적으로는 도시지역 거주자가 47%로 가장 많았으며, 응답자의 40%가 미혼자인 것으로 조사되었다.

[그림 3-62] 프랑스의 스마트폰 이용 행태 조사 응답자 특성

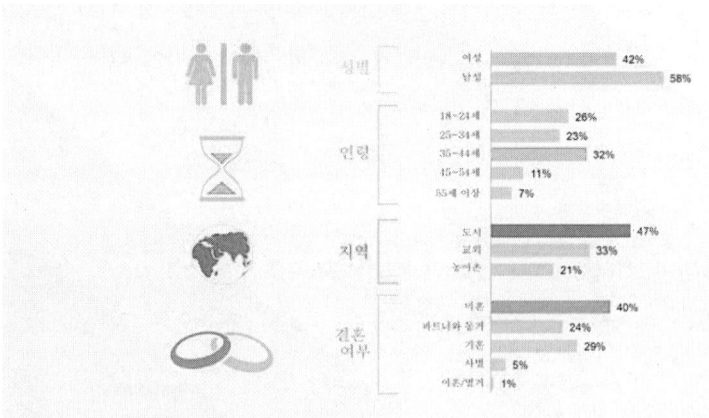

출처 : Ipsos MediaCT, Google mobile planet

먼저 스마트폰을 주로 이용하는 장소로는 97%가 집에서, 82%가 상점에서, 80%가 직장에서 사용하고 있는 것으로 조사되었다. 특히 전체 응답자의 70% 이상이 음식점이나 까페, 이동 중에 스마트폰을 사용하고 있는 것으로 나타났으며, 학교에서 이용하는 경우는 36%로 낮은 비율을 보였다.

[그림 3-63] 스마트폰을 가장 많이 이용하는 장소

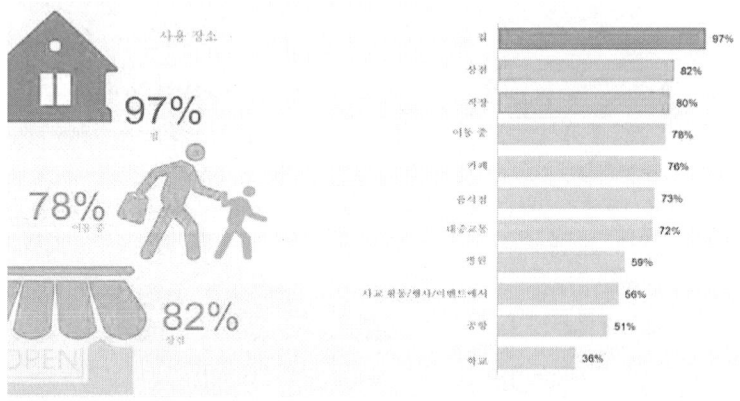

출처 : Ipsos MediaCT, Google mobile planet

설문 조사결과 스마트폰 이용 시 주로 이용하는 서비스를 살펴보면, 검색엔진 사용이 35%로 가장 높은 비중을 보였으며, 그 다음으로 이메일 확인 34%, SNS 방문이 27%, 동영상 감상과 상품 정보 획득이 각각 22%의 순으로 조사되었다.

[그림 3-64] 프랑스인 스마트폰 이용 시 주요 이용 서비스

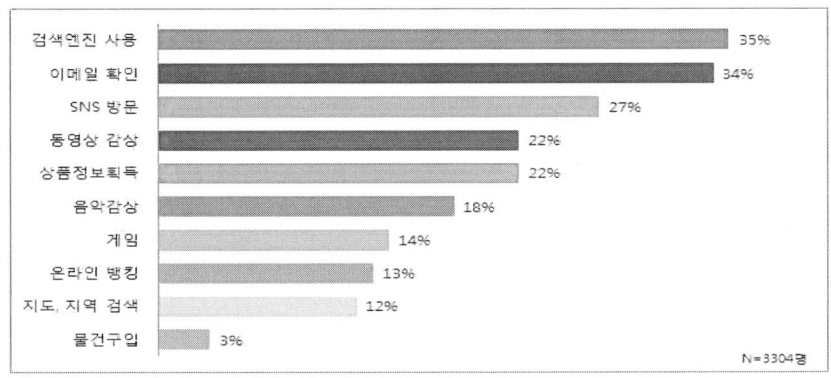

출처 : Consumer Barometer with Google

응답자들이 오프라인으로 광고를 보는 비중을 보면, TV가 39%로 가장 높았으며 그 다음으로 상점/업체 33%, 잡지 33%, 포스터/옥외 광고 29%의 순으로 나타났으며, 응답자의 45%는 오프라인의 광고 노출 후 모바일로 재검색을 실행하는 것으로 나타났다.

[그림 3-65] 오프라인 광고에 노출된 후 모바일로 검색을 실행하는 비율

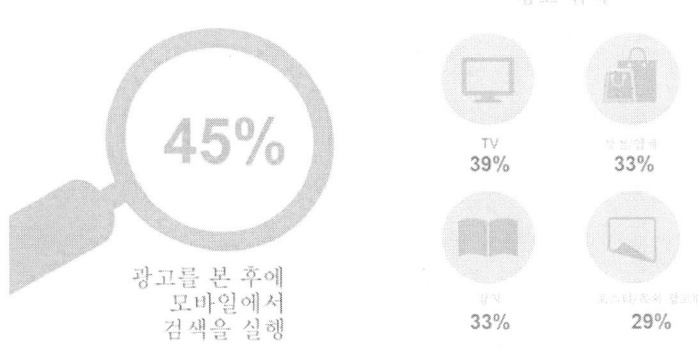

출처 : Ipsos MediaCT, Google mobile planet

프랑스의 소비자들이 스마트폰에서 모바일 광고를 보는 곳을 보면, 46%는 모바일 게임이나 앱 안에서, 44%는 온라인 매장 등 웹사이트에서, 24%는 검색엔진을 이용하는 동안, 17%는 동영상을 조회하면서 광고를 보는 것으로 조사되었다.

[그림 3-66] 프랑스 사람들이 스마트폰에서 모바일 광고를 보는 위치

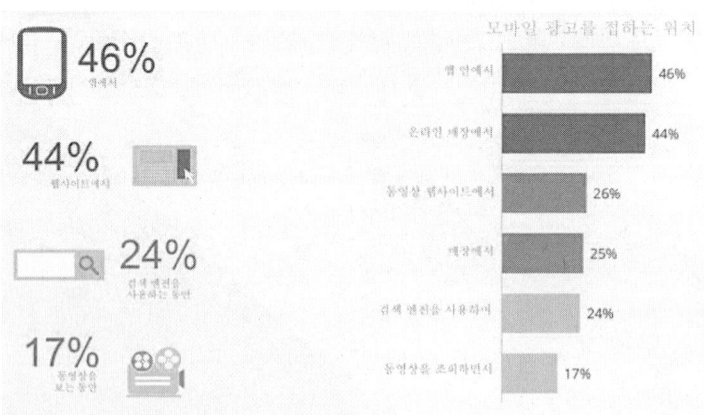

출처 : Ipsos MediaCT, Google mobile planet

반면, 온라인 소매 매장을 통해 광고를 접하는 경우와 동영상 웹사이트에서 광고를 접하는 비중은 30% 미만으로 나타났다.

프랑스의 모바일기기 이용자들의 78%는 스마트폰을 이용하는 동안 다른 활동을 동시에 하는 것으로 나타났다. 설문에 응답한 사람들의 52%는 스마트폰을 사용하면서 TV 시청을 하는 것으로 나타났으며, 47%는 음악 감상을, 36%는 인터넷, 32% 영화감상을 동시에 하고 있는 것으로 조사되었다.

[그림 3-67] 스마트폰을 이용하면서 다른 활동을 하는 비율

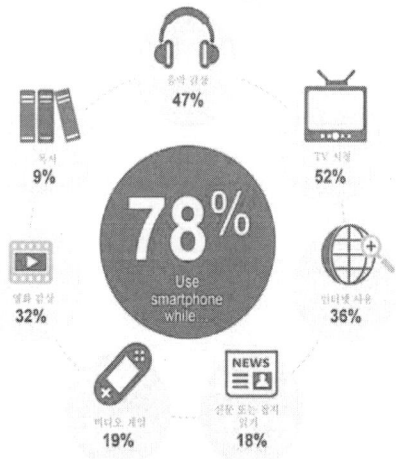

출처 : Ipsos MediaCT, Google mobile planet

(2) 콘텐츠 소비 행태 및 선호 장르

가. 뉴스콘텐츠 소비 및 신문 이용 행태

프랑스는 텔레비전 뉴스 시청자가 신문을 구독하는 사람들 보다 많다. 텔레비전 뉴스는 프랑스 텔레비전(France Televisions)과 TF1이 오래전부터 인기가 있었으며 상대적으로 신문뉴스의 인기는 그에 미치지 못했다. 'Reuters Institute Digital News Report 2014'는 프랑스인 1,946명의 설문 조사를 통해 뉴스콘텐츠 이용 행태를 조사했는데, 그 자세한 내용은 다음과 같다.

① 뉴스콘텐츠 이용 행태

프랑스인들은 많은 사람들이 오프라인 매체를 이용해 뉴스를 접하고 있는 것으로 나타났다. 설문조사에 응답한 사람들의 90%는 텔레비전 방송을 통해 뉴스를 접하고 있었으며 44%는 인쇄 신문을 통해 뉴스를 접하고 있었다. (중복 응답 가능)

[그림 3-68] 프랑스 오프라인 매체별 뉴스콘텐츠 이용률 현황 (2014)

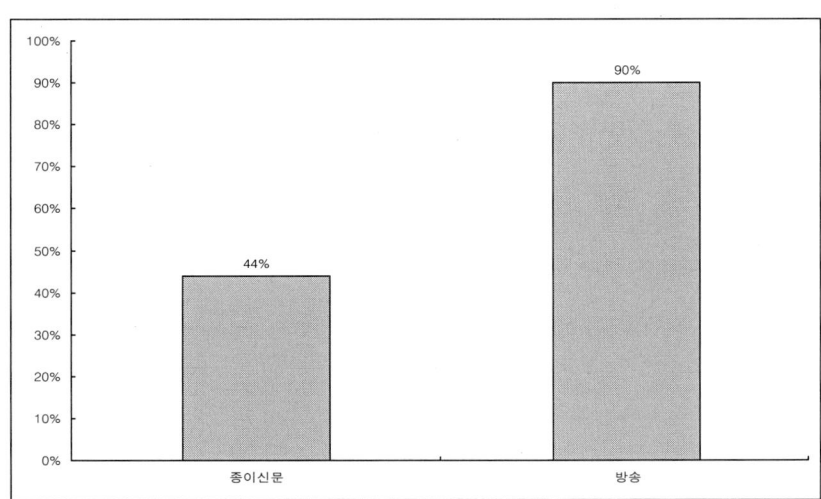

출처 : Reuters Institute Digital News Report 2014

온라인 매체를 이용해 뉴스를 접하는 프랑스인들은 주로 뉴스사이트를 이용하는 것으로 나타났다. 응답자의 40%는 뉴스사이트를 통해 뉴스를 접했으며 29%는 방송사사이트에서 뉴스콘텐츠를 이용하고 있었다. 인터넷 전용 신문사이트나 야후 뉴스와 같은 포털 뉴스를 통해 뉴스를 접하고 있다고 응답한 사람은 34%인 것으로 나타났다.

[그림 3-69] 프랑스 온라인 매체별 뉴스콘텐츠 이용률 현황 (2014)

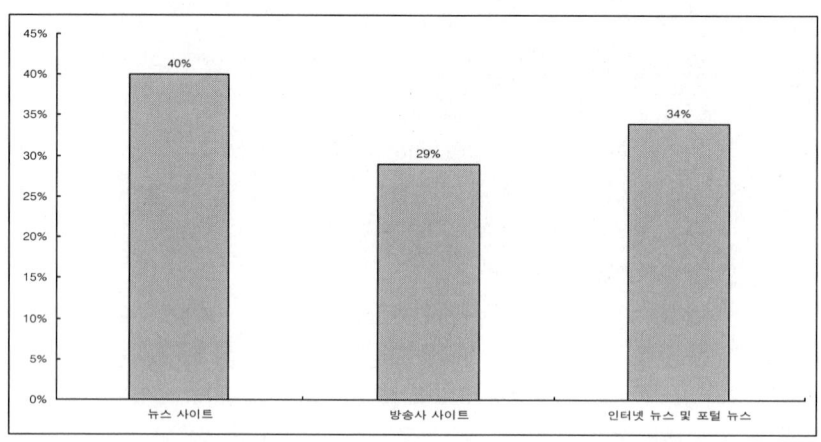

출처 : Reuters Institute Digital News Report 2014

인쇄 신문이나 TV 방송과 같은 오프라인 매체를 통해 뉴스를 접하는 사람들은 주로 TF1 뉴스를 시청하는 사람들이 많은 것으로 나타났다. 응답자의 47%는 TF1 뉴스를 시청하고 있었으며, 43%는 BFM TV 뉴스를 시청하고 있었다. 그 외에 France Televisions, M6, Radios privees, Itele, 20 Minutes 등이 뒤를 따르고 있다.

[그림 3-70] 프랑스 오프라인 브랜드별 뉴스콘텐츠 이용률 현황 (2014)

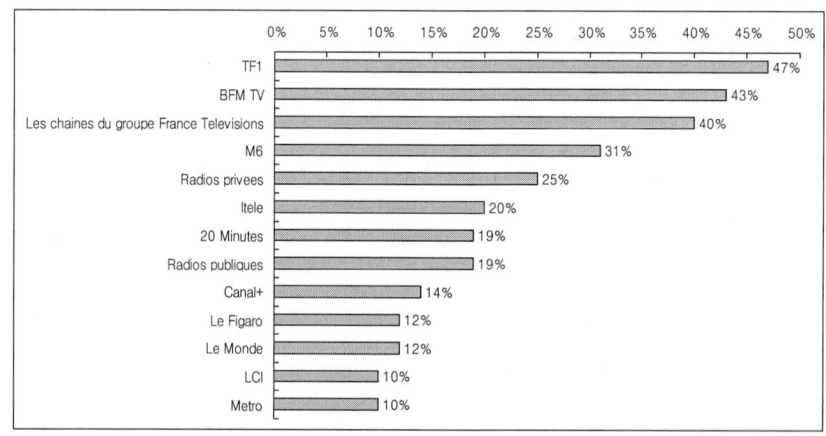

출처 : Reuters Institute Digital News Report 2014

프랑스에서 온라인 매체를 통해 뉴스를 접하는 사람들은 주로 구글 뉴스사이트를 이용하는 것으로 나타났다. 응답자의 17%가 이용하여 구글 뉴스사이트가 제일 인기가 많았으며, 그 뒤를 20 Minutes(14%), Le Monde(13%), Le Figaro(12%), Yahoo사이트(11%) 등이 따르고 있다.

[그림 3-71] 프랑스 온라인 브랜드별 뉴스콘텐츠 이용률 현황 (2014)

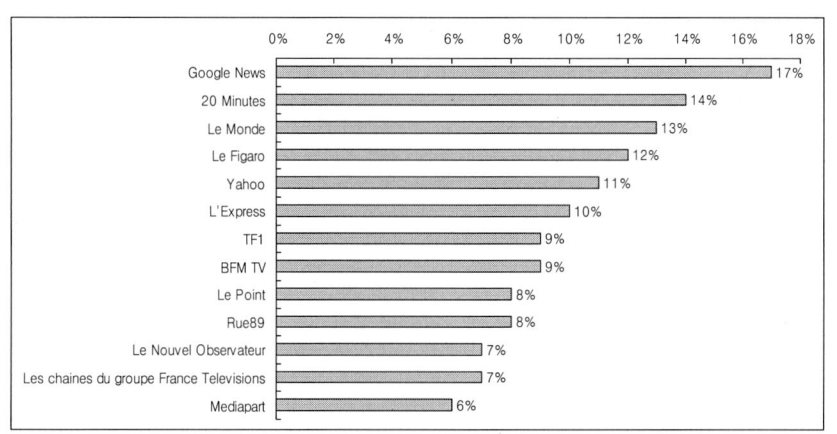

출처 : Reuters Institute Digital News Report 2014

2014년 선거가 있었던 프랑스에서는 소셜네트워크가 선거전에 이용되면서 인기를 얻었다. 프랑스인들은 소셜네트워크 중 페이스북을 통해 뉴스를 접하는 경우가 많은 것으로 나타났다. 프랑스인 응답자 중 27%가 페이스북을 통해 뉴스를 접하고 있었으며 16%가 유튜브를 이용했다.

[그림 3-72] 프랑스 소셜네트워크별 뉴스콘텐츠 이용률 현황 (2014)

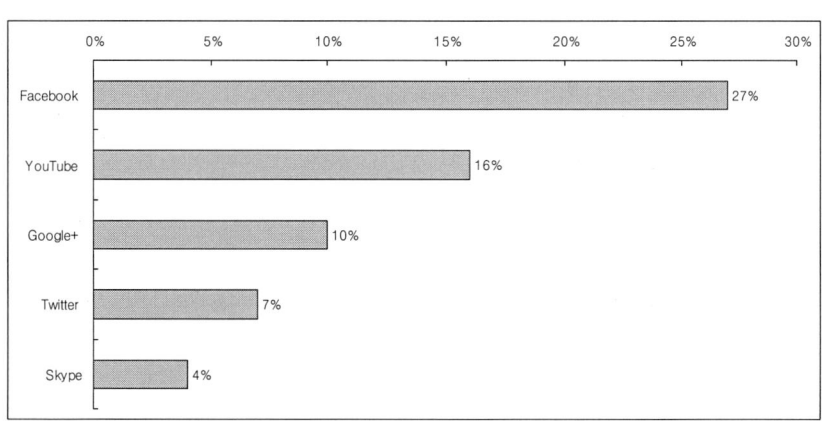

출처 : Reuters Institute Digital News Report 2014

② 신문 이용 행태

프랑스에서는 온라인 사이트보다 인쇄신문을 이용하고 있는 비율이 높다. 응답자의 44%는 인쇄신문을 통해 뉴스를 접하고 있으며 40%는 온라인 뉴스사이트를 통해 뉴스를 접하고 있다. 인쇄신문과 온라인 뉴스사이트 모두 이용한다고 응답한 비율은 66%로 대다수의 사람들이 온·오프라인 매체를 모두 이용하고 있는 것으로 나타났다.

[그림 3-73] 프랑스 신문 온·오프라인 매체별 이용률 현황 (2014)

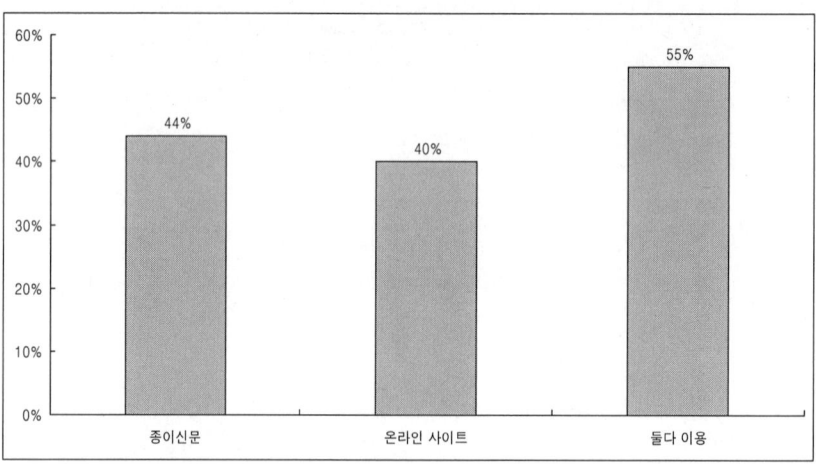

출처 : Reuters Institute Digital News Report 2014

프랑스인들은 인쇄신문을 배달을 통해 구독하기보다 가판대에서 구입하는 경우가 많은 것으로 나타났다. 응답자의 23%는 가판대에서 신문을 구입하고 있었으며 14%는 신문 배달을 이용하고 있는 것으로 나타났다.

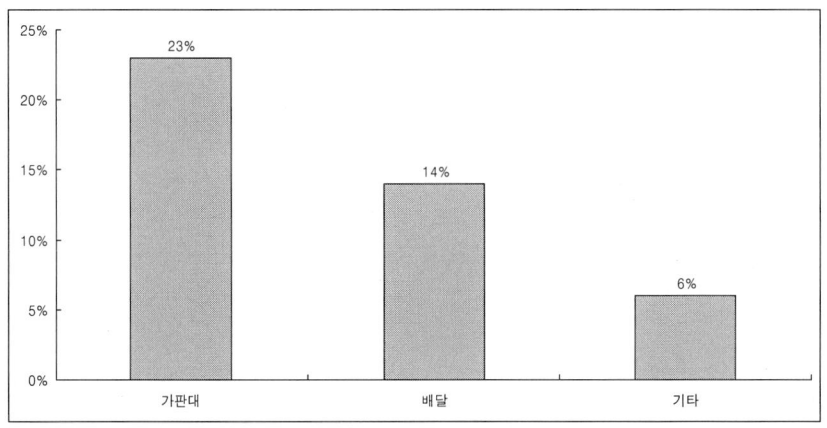

[그림 3-74] 프랑스 종이 신문 구입방법 현황 (2014)

출처 : Reuters Institute Digital News Report 2014

최근 스마트폰과 태블릿과 같은 스마트기기가 확산되면서 이들 기기를 통한 뉴스콘텐츠 이용이 늘어나고 있다. 2012년부터 2014년까지 프랑스의 최근 3년간의 추이를 보면, 스마트폰을 통해 뉴스콘텐츠를 이용하는 비율은 2012년 20%, 2013년 24%로 조금씩 증가했으며 2014년은 36%로 전년대비 12%p 증가했다. 태블릿을 통한 뉴스콘텐츠 이용은 2012년 6%, 2013년 11%, 2014년 18%로 매년 증가하고 있는 것을 알 수 있다.

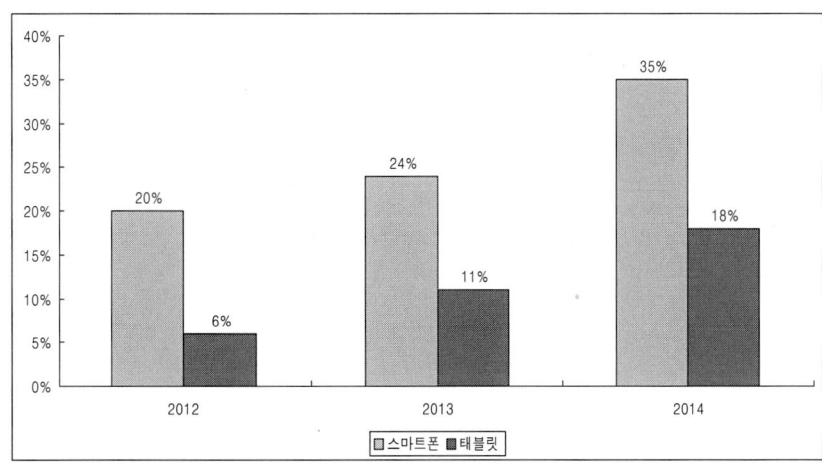

[그림 3-75] 프랑스 모바일 단말별 뉴스콘텐츠 이용률 추이 2012-2014

출처 : Reuters Institute Digital News Report 2014

나. 온라인 비디오 시청 행태 및 선호 장르

스마트기기별로 비디오 시청 횟수를 조사한 결과, 컴퓨터나 태블릿 보다는 스마트폰을 이용해서 비디오를 시청하는 횟수가 더 많은 것으로 나타났다.

[그림 3-76] 스마트기기별 온라인 비디오 시청 횟수

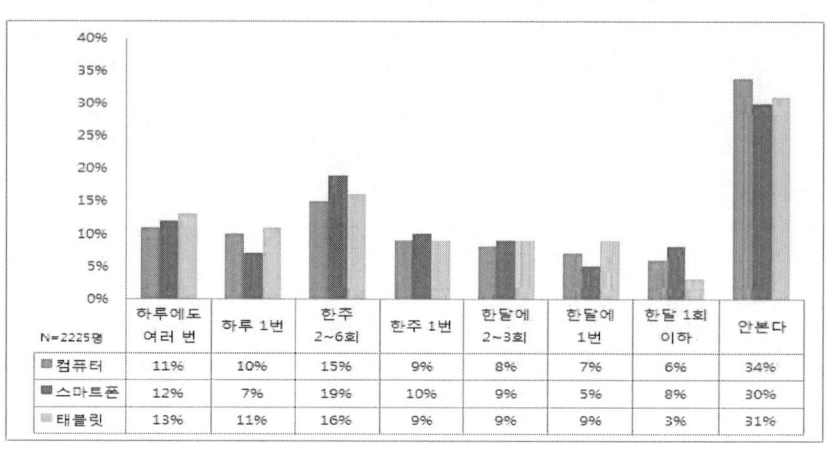

출처 : Consumer Barometer with Google

온라인 비디오 시청 시 주요 이용 플랫폼으로 온라인 비디오나 앱을 이용하고 있는 응답자들은 71%로 가장 높았으며, SNS 이용은 28%로 나타났다.

[그림 3-77] 온라인 비디오 시청 시 주로 이용하는 플랫폼

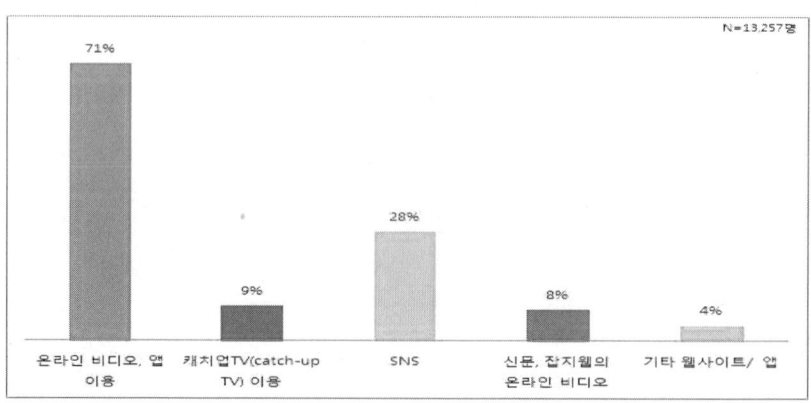

출처 : Consumer Barometer with Google

온라인 비디오를 시청하는 이유에 대한 설문에 응답자의 50%가 여흥의 일부라고 하였으며, 37%는 휴식을 위해서라고 응답하였다. 또한 취미생활로 비디오를 시청한다고 답한 사람들도 25%나 되는 것으로 조사되었다.

[그림 3-78] 온라인 비디오를 시청하는 이유

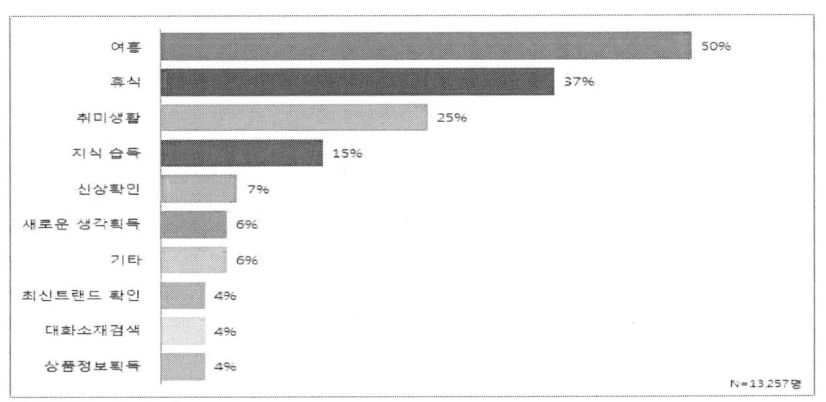

출처 : Consumer Barometer with Google

응답자의 39%는 온라인 비디오를 시청 시 주로 음악을 시청하는 것으로 조사되었으며, 그 다음으로 코미디 27%, 영화 18%, 뉴스 및 정책 17% 등의 순으로 나타났다.

[그림 3-79] 온라인 비디오 시청 시 주요 장르

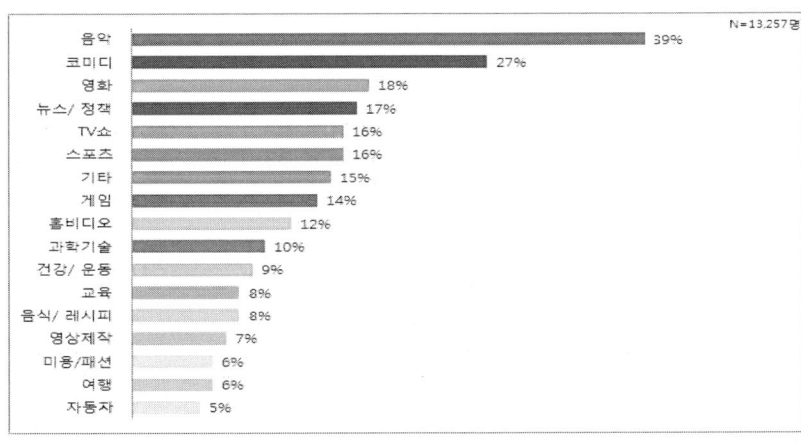

출처 : Consumer Barometer with Google

다. 주요 콘텐츠별 선호 장르

① 인터넷 뉴스와 정보에 관심이 많은 프랑스인

3,500만 명의 인터넷 이용자들 중 70%는 뉴스와 정보를 얻기 위해 인터넷을 이용한다고 밝혔다. 컴스코어(comScore)의 조사결과에 의하면 프랑스인들이 가장 많이 방문하는 웹은 르몽드(Le Monde), 르파리지엥(Le parislen.fr), 르피가로(Le Figaro), 야후 뉴스(Yahoo-ABC News) 순으로 나타났다. 이 통계는 프랑스인들이 게임이나 스포츠 보다 정치 사회에 관심이 높은 것을 의미한다. 이러한 프랑스인들의 관심사는 모바일 인터넷 보급률이 증가하더라도 크게 변하지 않을 것이라고 컴스코어는 전망했다.112)

② 어린이와 청소년 영화관 입장료 인하에 따른 관람객 수 증가

14세 미만의 어린이와 청소년의 영화관 입장료가 4유로 인하되면서 2014년 1분기 관객 수가 증가하였다.113) 2014년 1분기에 영화를 관람한 관객의 수는 5,627만 명으로 2013년보다 18.6% 증가했다. 전체 영화 관람객 수는 4개월 연속 증가하였다. 2014년 1분기에 자국 영화를 관람한 비율은 46.7%였으며 미국 영화를 관람한 비율은 40.2%로로 나타났다. 이와 관련해 시네유로파(Cineuropa)는 자국 영화의 관람비율이 높았던 점을 들어 프랑스 영화시장이 밝다고 전망하였다.114)

[그림 3-80] 2014년 1, 2월 달 프랑스 영화 관람객 변화

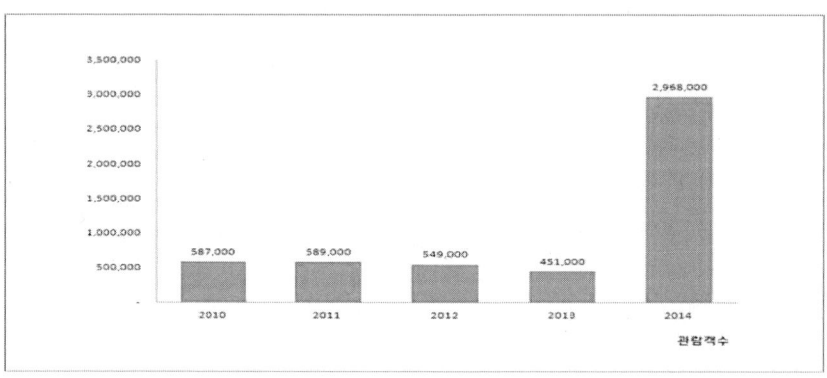

출처 : 프랑스 국립영화센터(CNC)

---
112) Conex, 프랑스 인터넷 이용자의 70%, 뉴스 및 정보 사이트 접속. 2014. 1. 6.
113) Global Film Biz Zone, 만14세 미만 영화 관람료 4유로 정책 성공, 2014. 4. 24.
114) Cineuropa, Upward trend confirmed for movie-theatre admissions, 2014. 7. 4.

5) 콘텐츠 유통 현황

(1) 주요 유통 플랫폼 현황

가. 오프라인

① 출판

프랑스 출판시장은 2011년 프랑스에서 서비스를 시작한 아마존 등의 온라인 서점과의 경쟁과 독립서점을 대상으로 부과되는 7%의 부가가치세에 따른 경쟁력 약화로 침체기에 있지만, 전자책 시장의 성장과 함께 글로벌 출판기업들의 선전으로 전체적으로 꾸준한 성장세를 보일 것으로 전망되고 있다. 프랑스 출판업계를 이끌어가고 있는 주요기업들은 다음과 같다.

가) 아셰트 리브르(Hachette Livre)

프랑스 1위의 출판사인 아셰트 리브르 사는 영국과 스페인 출판시장에서도 메이저급으로 통한다. 라가르데르(Lagardère) 그룹의 출판 부문 자회사로, 2013년 총매출액은 0.5% 하락하였고 비교 데이터 상으로는 1.9% 증가하였으며, 영업 마진은 소폭 상승한 10.8%를 기록하였다. 파리에 본사가 있는 아셰트 리브르 사는 일반 출판 부문(세계 2위)과 교육 부문(매출의 16% 차지)에 총 6,935명의 직원을 두고 있다. 2013년에는 전 세계적으로 155개의 브랜드를 통해 16,500종의 도서를 출판하였다. 전자책 부문은 아셰트 리브르 사 총 매출액의 10%를 차지하고 있는데(49,000종의 도서가 전자책으로 존재함), 2012년의 8%보다 다소 상승한 수치이다.

나) 마드리갈(Madrigall)

마드리갈 일가의 지주 회사로 플라마리옹(Flammarion) 사와 2012년 9월에 인수한 갈리마르(Gallimard) 사를 보유하고 있다. 2013년 매출액은 공개하지 않고 있다. 갈리마르 사는 1911년 설립되었으며 마드리갈 사 매출액의 약 절반 가량을 담당하고 있다. 일반 출판(문학, 인문, 청소년, 만화, 실용, 예술) 부문에 진출해 있다. 하위 출판사로는 갈리마르 쥬네스(Gallimard Jeunesse) 사, 갈리마르 루아지르(Gallimard Loisirs) 사, 폴리오(Folio) 사, 드노엘(Denoël) 사, 메르퀴르 드 프랑스(Mercure de France) 사, P.O.L 사, 알테르나티브(Alternative) 사, 퓌튀로폴리스(Futuropolis) 사가 있고, 6개의 서점을 운영하고 있다. 1876년에 설립된 플라마리옹 사는 제 뤼(J'ai lu) 사, 오트르망(Autrement) 사, 카스테르망(Casterman) 사, 플뤼이드 글라시알(Fluide glacial) 사를 포함해 다수의 자회사를 가지고 있다. 마드리갈 사는 캐나다에 출판, 방송, 유통 분야의 자회사들도 두고 있다.

다) 르페브르-사뤼(Lefebvre-Sarrut)

프랑스를 대표하는 전문 교재 및 대학 교재 출판사로, 지난 해 법률, 세무, 경영 분야에서 확고한 위치를 점하고 있는 네델란드 출판사 SDU사를 인수하였다. 2013년에는 매출액이 크게 상승하였다. 르페브르-사뤼 사의 지분은 르페브르 일가가 프로잘(Frojal) 지주 회사를 통해 66%를, 바넥시(Banexi) 사가 16%를, 임원진이 17%를 보유하고 있으며, 직원 수는 2,311명이다. 프랑스에서는 프란시스 르페브르(Francis Levebvre) 사(1925년 설립), 에디시옹 레지슬라티브(Editions législatives) 사(1947년 설립), 달로즈(Dalloz) 사(1845년 설립)를 통해 법률 분야에 주력하고 있으며, 스페인, 이탈리아, 벨기에(인디에이터(Indiator) 사), 영국(FL메모(FLMemo) 사), 네델란드(SDU 사), 독일(쥐리(Juris) 사의 지분 45% 보유)에 진출해 있다. 한편 프로잘 사는 기술 및 금융 정보를 전문으로 하는 비베오(Vivéo) 사에 속해 있다.

라) 알뱅 미셸(Albin Michel) 사

현 CEO인 프란시스 에스메나르의 조부 알뱅 미셸이 1900년에 세운 출판사로, 일반 문학 분야뿐만 아니라 교육 분야(마냐르/뷔이베르 (Magnard/Vuibert) 사, 들라그라브(Delagrave) 사, 카스테이야(Casteilla) 사, 리브레리 데 제콜(Librairie des écoles) 사), 실용 분야(드 베치(De Vecchi) 사)에도 진출해 있다. 직원 수는 483명이고, 아셰트 사가 지분의 과반수 이상을 소유한 르 리브르 드 포슈(Le Livre de poche) 사와 유통-배급사인 딜라스코(Dilasco) 사를 소유하고 있다.

② 영화

프랑스는 영화 제작 및 상영과 배급에 있어 체계화된 형태를 갖춘 국가로, 영화산업이 처음 시작되었다는 것에 그 자부심이 대단하다. 정부의 전폭적인 지원 아래 자국 영화의 시장점유율이 40%에 육박하며 할리우드 영화에 당당히 맞서고 있다.

[표 3-24] 프랑스 영화산업 기초 지표 (2013)

연 관객	1억 9,279만 명
극장매출	16억 7,946만 USD
평균 관람료	8.71 USD

스크린 수	5,688개
디지털 스크린 수	5,472개
3D 스크린 수	2,954개

출처 : 영화진흥위원회

    2013년 12월 말 프랑스 국립영화센터(CNC)의 조사 결과, 프랑스 전체 영화관은 2,076개이고 스크린 수는 5,688개에 달한다. 또한 디지털 스크린은 전체 스크린의 96.2%에 해당하는 5,472개로서 전년대비 9% 상승한 것이다. 디지털 스크린의 이와 같은 상승세는 2013년 하반기 멀티플렉스 영화관의 증가에서 기인한다. 이 중 3D 스크린은 총 2,954개이다

    영화 유통을 보면, 20세기 폭스, 워너브러더스, 소니 픽처스 등의 할리우드 영화 배급사가 시장 점유율 상위권을 차지하고 있지만 압도적이지는 않다. 프랑스 영화시장의 주요 제작 및 배급사로는 COPRODUCTION OFFICE, CTV INTERNATIONAL, DIAPHANA DISTRIBUTION, STUDIO CANAL, Elephant Films, Pretty Pictures 등이 있으며 자세한 내용은 다음과 같다.

[표 3-25] 프랑스 영화시장 주요 제작 및 배급사

제작 및 배급사[115]	설명
COPRODUCTION OFFICE	• 혁신적이고 매력 있는 예술영화를 판매하고 제작 • 1987년에 설립 • 전화번호 : 33 1 5602 6000 • 팩스번호는 : 33 1 5602 6001
CTV INTERNATIONAL	• 영화 배급사이자 비디오 편집업체 • 프랑스어 사용지역을 위해 여러 판권을 구매 • '용서는 없다', '그림자살인', '무영검', '집결호', '공동경비구역 JSA', '살인의 추억' 등의 영화의 판권을 구매하기도 함 • 전화번호 : 33 01 44 76 07 27 • 팩스번호 : 33 01 44 76 07 93
DIAPHANA DISTRIBUTION	• 프랑스 독립 배급사 중 선두그룹에 속함 • 봉준호 감독의 '마더', 우니 르콩트 감독의 '여행자', 이창동 감독의 '시', '밀양'을 배급
STUDIO CANAL	• Canal+ Group의 자회사 • 공동 제작, 판권구입, 배급, 판매를 하고 있는 프랑스 내 주요 영화기업 • 유럽에서 가장 큰 시장인 프랑스, 영국, 독일에 모든 종류의 미디어를 배급 • 유럽에서 가장 많은 영화를 소유하고 있는 필름라이브러리 중 하나로서 5천 편 이상의 프랑스, 영국, 미국 영화를 소유하고 있음

제작 및 배급사[115]	설명
Elephant Films	• 프랑스에 한국영화를 가장 많이 배급한 회사 중 하나 • '비천무', '식객', '조폭마누라', '블루', '야수' 등 대중영화도 많이 배급
Pretty Pictures	• 프랑스에 김기덕, 임상수 감독 영화를 배급 • '해안선', '오래된 정원', '외출' 등을 배급
Sophie Dulac Distribution	• 프랑스 배급사로 '밤과 낮', '해변의 여인' 등 홍상수 감독 영화를 배급
MEMENTO FILMS INTERNATIONAL	• Memento Films International은 국제적인 영화 세일즈 회사 • 국제적인 공동 제작과 프로모션, 배급을 해옴

출처 : 영화진흥위원회

나. 온라인

① 디지털 음악 플랫폼

영국, 독일 등과 함께 유럽지역의 메이저 시장인 프랑스는 영국과 마찬가지로 아마존, 아이튠즈, MS 엑스박스 뮤직, 유튜브 등 메이저업체들이 이미 시장에 진입해 있는 상황이다.

[표 3-26] 프랑스 디지털 음악 플랫폼 현황(2014)

구분	다운로드형	유료가입형	광고지원형	혼합형
글로벌 서비스	• Amazon MP3 • 7Digital • iTunes • Beatport	• MixRadio • Music Unlimited • Napster • Rara.com • Rdio	• DailyMotion • VEVO • Youtube • Vidzone	• 음원다운로드, 유료가입 : Google Play, eMusic • 유료가입, 광고지원 : Deezer, LastFM, Musicovery, Spotify • 음원다운로드, 유료가입, 광고지원 : XBox Music

---

115) 영화진흥위원회, (프랑스) 주요 인프라 및 네트워크 참조

구분	다운로드형	유료가입형	광고지원형	혼합형
로컬 서비스	• 121 Music Store • AlterMusique • Jamendo • Jazz En Ligne • SFR Music	• Echopolite • FNAC Jukebox	• 없음	• 음원다운로드, 유료가입, 광고지원 : MusicMe

출처 : Pro Music

이와 함께 디저(Deezer), 라스트에프엠(LastFM), 스포티파이(Spotify), 이뮤직(eMusic), 믹스라디오(MixRadio), 냅스터(Napster), 알디오(Rdio) 등 대표적인 글로벌 음악 서비스기업들이 그들과 경쟁하고 있다. 유튜브와 유사한 프랑스의 광고 지원형 동영상 서비스업체 데일리모션(DailyMotion)과 음원 다운로드, 가입형 서비스, 광고 지원 서비스를 모두 제공하는 뮤직미(MusicMe)가 주목할 만한 업체들이다.

② 디지털 동영상 플랫폼

프랑스는 SVoD 콘텐츠에 대한 엄격한 규제로 인해 영국과 독일 등 주변국과 달리 OTT 동영상 서비스가 크게 활성화되지 못한 실정이다. 그러나 최근 메이저 방송사와 유료TV 등 레거시 플레이어들이 자체 OTT 서비스를 속속 선보이는 가운데, 넷플릭스에 대항한 비디오퓨튜어(Videofutur), 필모티비(FilmoTV) 등 독립계 콘텐츠 유통업체들의 움직임이 더욱 빨라지고 있다.

가) 비디오퓨튜어(Videofutur)

비디오퓨튜어는 프랑스 독립계 콘텐츠 유통업체로 당초 DVD 렌탈과 VoD 서비스를 제공했다. 2011년 6월에 넷플릭스와 유사한 가입형 비즈모델 채택했으나 2013년 1월, 프랑스 셋톱박스 제조사 넷젬(Netgem)에 인수되었다. 2014년 현재 넷젬이 제조한 OTT 셋톱박스 '라 박스 비디오퓨튜어(LA BOX Videofutur)'와 SVoD 서비스 '패스듀오(Pass Duo)' 결합상품, 그리고 PC/커넥티드TV 기반 서비스를 제공하고 있다.

[그림 3-81] LA BOX Videofutur 외형(좌)과 Videofutur 서비스 UI(우)

출처 : ATLAS DB

나) 필모티비(FilmoTV)

필모티비는 2009년에 등장한 독립계 VoD 서비스업체로 2013년 11월에 론칭한 클라우드 기반 N스크린형 서비스 '필모클라우드(FilmoCloud)'를 기반으로 뉴메리커블(Numericable), 오렌지(Orange) 등 로컬 유료TV 플랫폼은 물론 각종 태블릿, 스마트TV 셋, 게임 콘솔 등 다양한 단말을 지원한다. 2014년 3월에 비디오퓨튜어와의 제휴로 라 박스 비디오퓨튜어(LA BOX Videofutur) 셋톱박스에서 필모티비 앱 이용이 가능해졌다. 영화 타이틀 500여 개를 보유하고 있으며 다양한 플랫폼과 단말을 지원하여 풍부한 콘텐츠와 편리한 이용성을 장점으로 내세우고 있다. 또한, 넷플릭스의 프랑스시장 진출 대응을 위해 비디오퓨튜어와 서비스 제휴로 유저접점을 확대하고 있다.

[그림 3-82] FilmoTV 의 서비스 UI

출처 : ATLAS DB

(2) 기타 주요사업자

가. 애니메이션

프랑스 애니메이션산업은 프랑스정부와 유럽의 자금 지원, 세제 지원 등의 도움을 받으며 발전해 왔다. 프랑스는 '레 고블랭(Les Gobelins)'과 같은 뛰어난 애니메이션 스쿨 덕분에 애니메이션 제작 국가로서 항상 중요한 위치에 있을 수 있었는데, 특히, '슈퍼배드(Despicable Me)' 1, 2편은 프랑스 파리에 위치한 '일루미네이션 막 귀프(Illumination Mac Guff)'에서 제작되며 프랑스 현지의 애니메이션 제작 능력과 시설에 대한 평가가 매우 높아졌다. 그 밖에 프랑스 애니메이션 주요 스튜디오 현황은 다음과 같다.

[표 3-27] 프랑스 애니메이션 스튜디오 및 제작사

애니메이션 스튜디오	설명
Ankama	• 2001년 설립 • 프랑스 최초 MMORPG 게임 'Dofus'출시 • 엔터테인먼트 산업에 초점을 맞춘 디지털 제작 그룹 • 애니메이션은 'Wakfu serie'가 주요 작품
Plug effects	• 3D 애니메이션 제작, 비주얼 효과 서비스 제공 • '슈퍼배드 2', '개구쟁이 스머프' 프로젝트 수행

출처 : 각사홈페이지

나. 방송

프랑스의 주요 방송국으로 먼저 가장 대표적인 공영 지상파 방송국인 France Television, ARTE와 민영 방송사인 TF1, M6 등이 있다.

[표 3-28] 프랑스 지상파 방송국

방송사	소유	설명
France Television	공영	• 2000년 프랑스정부가 100% 지분 보유 • France 2, France 3, France 4, France5 등의 채널을 통해 전국방송 제공 • France5의 경우 ARTE와 공동운영(7:00-19:00은 France5가, 19:00-07:00은 ARTE가 운영)

방송사	소유	설명
ARTE	공영	• 1992년 설립 • 공식명칭은 Arte GEIE • 프랑스와 독일이 각 50%의 지분 소유 • 유럽의 문화와 예술 전문 채널 운영
TF1	민영	• 1935년 공영방송으로 설립 후 1986년 민영화 • 프랑스 미디어사업자 TF1 Group 소유 • 시청률 1위의 민영 방송사업자로 2014년 1월 기준 22.6%의 시청점유율 기록 • 미국 드라마 및 엔터테인먼트 콘텐츠의 편성 비중이 높음
M6	민영	• 1987년 설립 • 지상파 채널 M6와 디지털 지상파 채널 W9를 포함 총 13개의 채널 운영 • 최근 종합편성 강화로 광고시장 점유율에서 TF1에 이어 2위를 차지 • 2014년 1월 기준 시청점유율 10.6%
Canal+	민영	• 1984년 설립된 프랑스 최초의 민영방송사 • 2014년 1월 기준 시청점유율 2.6% • 복합미디어그룹 Vivendi가 소유 • 1일 3회 총 4시간의 무료 방송 의무 • Canal+ Sport와 Canal+ Cinema, Canal+HD 등 유료채널 3개 운영

출처 : Conex

[표 3-29] 프랑스 케이블 및 위성 방송사

방송사	구분	설명
Numericable	케이블	• 2013년 설립 • 프랑스 전역을 대상으로 230개 이상의 채널 공급
CanalSat	위성	• 1996년 Vivendi의 Canal+가 개설 • 2007년 TPS와의 합병으로 시장 독점 • 공영방송과 엔터테인먼트, 스포츠 등 총 320개 채널 제공 • 2009년 저가형 'initial' 패키지 서비스 개시
AB Sat	위성	• AB Productions가 설립 • 1996년 12월 정식 디지털 위성방송 개시 • 자체 보유 콘텐츠 중심의 19개 채널 제공 • CanalSat과 국내외 케이블 방송사 및 ADSL사업자들에게도 채널 공급

방송사	구분	설명
BISTV	위성	• 2007년 AB Sat의 운영자인 AB Group이 설립 • 저가형 유료 위성TV 서비스 • 지상파 디지털 방송 및 AB Sat의 채널 방송
OrangeTV	위성	• 2008년 France Telecom의 이통사 Orange가 설립 • ADSL서비스 제공이 불가능한 비도심 외곽지역 세대에서 점차 서비스 영역 확대

출처 : Conex

또한 IPTV 사업자로는 OrangeTV와 Free, SFR, HbbTV 등이 있다.

[표 3-30] 프랑스 IPTV사업자

IPTV	설명
OrangeTV	• France Telecomdl 2007년 론칭한 IPTV 서비스 • PC와TV, 모바일을 연결하는 Content Everywhere 전략을 중심으로 한 포지셔닝 전략 • 전용 앱스토어 및 써드파티와의 서비스 번들링 • 100여가지 채널을 a-la-carte 방식으로 제공 • 자체 제작 콘텐츠를 포함, 다수의 VoD를 공급
Free	• 이통사 Iliad의 IPTV 서비스 • 인터넷 접속과 유선전화, TV 서비스를 번들링 형태로 월 29.99유로에 제공
SFR	• 자체 IPTV 플랫폼 Evolutions 보유 • 2014년 10월 해당 플랫폼에 Netflix 서비스 도입 발표
HbbTV	• 공영방송 France Television이 제공하는 범유럽 통합 IPTV 플랫폼

출처 : Conex

다. 광고

프랑스 광고시장은 프랑스의 대표 광고대행사인 JC Decaux를 비롯하여, IPSOS, Publicis, Euro RSCG Worldwide 등이 있다.

[표 3-31] 프랑스 광고시장 주요기업

광고기업	설명
JC Decaux	• 프랑스를 대표하는 광고 대행사 • 싱가폴, 독일, 영국, 미국, 호주 등 48개국에 사무소를 두고 있음 • 유로 넥스트에 상장 • 버스정거장 광고, 옥외 광고, 공용 자전거 대여 시스템 광고 등으로 유명
IPSOS	• 1975년 설립 • 파리에 상장 되어 있으며, 전 세계 84개국에 사무소를 보유 • 세계에서 세 번째로 큰 연구기관 • 현재 광고 연구, 마케팅 조사 미디어 콘첸츠 연구 여론 조사 등을 수행
Publicis	• 다국적 광고 및 홍보 회사 • 전통적인 형태의 광고와 미디어 디지털 마케팅 등에도많은 투자 • TV 잡지, 신문, 영화, 라디오, 옥외 광고 등 다양한 분야에서 광고마케팅을 하고있으며 플랫폼개발을 통한 광고 서비스의 기회를 기업에게 제공 • 전 세계 105개국 202도시에서 서비스 제공
Euro RSCG Worldwide	• 하바스 월드 와이드의 전신 • 전 세계 75개국, 316사무소에서 에이전시 서비스중

출처 : 각사홈페이지

6) 주요 지원 제도 및 정책 동향

(1) 콘텐츠 관련 중장기 계획

가. Digital France 2020 추진계획

프랑스 경제금융산업부(Ministry of Economy, Finance and Industry)는 'Digital France 2012'에 이어 2011년 7월 프랑스의 통신, 인터넷산업, 방송, IT 및 온라인 서비스를 총괄하는 'Digital France 2020' 추진 계획을 발표했다. Digital France 2020의 4대 추진 사업 과제는 '모

든 국민들의 디지털망과 서비스 이용', '디지털콘텐츠 제작과 공급 확대', '산업, 정부, 소비자 분야에서의 디지털 서비스 이용 촉진과 다양화', '정부의 디지털 경제 현대화'로 구성된다. 특히 Digital France 2020에서는 모바일 브로드밴드 구축 확대와 지상파 디지털 방송전환을 주요 이슈로 한다.

[표 3-32] Digital Fracne 2020의 4대 전략 목표별 주요 내용

전략적 목표	주요 내용
모든 국민들의 디지털 망과 서비스 이용	• 2020년까지 초고속 브로드밴드 사용 인구 비율 70% 달성 • 2025년까지 10% 목표
디지털콘텐츠 제작과 공급 확대	• TNT 지상파 디지털 방송 10% 보급 • 유동성 증대와 최소 1개 이상의 3D 채널 제공
산업, 정부, 소비자 분야에서의 디지털 서비스 이용 촉진과 다양화	• 4G와 같은 초고속 모바일 브로드밴드 서비스 개발과 보급 지원 • 소호기업을 기업 내에 디지털 사용 보편화
정부의 디지털 경제 현대화	• 2013년까지 모든 행정업무 절차 디지털화 • 2020년까지 디지털화 10% 목표

출처 : 프랑스 경제재정산업부(산업부)/ 한국인터넷진흥원

나. 문화정책 개혁안 '문화적 예외: 디지털 문화' 발표

프랑스 문화부는 2013년 5월 문화정책 개혁안 '문화적 예외: 디지털 문화'를 발표했다. 개혁안에서는 프랑스의 문화 환경을 위협하는 위협 요인으로 구글, 아마존, 페이스북, 애플을 지목했다. 해당 개혁안은 디지털화 되어가는 프랑스의 문화를 보호하는 것을 목적으로 한다.

'문화적 예외: 디지털 문화'는 2012년 9월 프랑스의 유료방송 채널 최고경영자인 피에르 레스퀴르를 주축으로 디지털 문화 정책 관련 연구를 위해 설치된 정부 자문 위원회가 올랑드 대통령과 필리페티 문화통신부 장관에게 연구 보고서를 제출함으로써 시작되었다. 이 보고서에서는 아도피 제도의 폐지, 스마트폰과 태블릿 등 인터넷 기반 전자단말에 대한 세금 부과, 미디어물 보급 속도 늘리기 등 총 75가지 세부정책이 포함된다.

그리고 이에 따라 프랑스정부는 전자단말에 '문화세(cluture tax)'를 부과하는 방안을 검토하고 있는 것으로 알려졌다. 프랑스 사회당은 2013년 5월 내놓은 보고서에서 스마트폰과 태블릿 판매수익의 4% 정도를 문화계 전반을 위한 세금으로 거둬들이는 방안을 제안했다. 이 방안에 따르면, 전자단말 제조업체는 프랑스에서 거둔 판매수익 중 최대 4%를 프랑스정부에 돌려줘야 한다. 이는 스마트폰과 태블릿을 만드는 업체들이, 해당 단말에 들어가는 콘텐츠를 개발하는 사람들과 판매

수익을 나눠야 한다는 취지에 따른 것이다. 프랑스정부는 일단 판매가격의 1% 가량을 세금으로 걷어, 8,600만 유로의 재원을 마련하고 이후 차차 세율을 4% 선까지 올린다는 계획이다. 이렇게 모인 자금은 프랑스의 미술, 영화, 음악 등 자국 콘텐츠 육성을 위해 활용될 방침이다. 그리고 2013년 12월 프랑스 방송통신 규제기관 시청각위원회(SAC)는 보고서를 통해 유튜브, 데일리모션, 페이스북 등도 프랑스 영화 및 TV 프로그램 제작 자금을 지원하기 위한 문화세를 내야한다고 주장했다.

다. 저작인접권의 보호 기간을 연장하는 개정안 발표

2014년 10월 프랑스 문화통신부 장관은 프랑스 지식재산권법(Code de la propriété intellectuelle)과 문화유산법(Code du patrimoine)을 (1) 저작인접권 보호 기간, (2) 고아 저작물, (3) 문화유산의 반환에 대한 세 개의 EU 지침에 부합시키기 위한 개정안을 발표했다. 여기에는 실연자의 권리와 음반에 대한 저작인접권의 보호 기간을 연장하는 내용이 포함된다. 권리 보호 기간 자체는 현재와 마찬가지로 최초의 실연 또는 음반이나 영상에 실연이 고정된 다음 해 1월1일부터 50년간으로 동일하나, 첫 50년간의 보호 기간 동안 음반 또는 음반에 한 실연의 고정이 합법적으로 발표되거나 합법적으로 공중에게 전달된 경우에는 그 보호 기간이 70년으로 연장될 수 있게 한 것이다.

라. 방송-통신 규제 기관 통합 논의 결렬

프랑스의 장 마르크 에로(Jean-Marc Ayraul) 총리는 2012년 8월 인프라, 서비스, 콘텐츠의 융합에 따라 전기통신과 시청각 서비스 규제에 대한 효율성을 재평가할 필요가 있다고 언급했다. 그리고 장 마르크 총리는 관계 장관에게 방송규제기관인 시청각최고위원회(CSA)와 통신규제 기관인 우편통신규제청(ARCEP)의 통합에 대해 2012년 11월 말까지 의견을 줄 것을 요청했다.

2012년 12월 1일, 플리르 펠르랭(Fleur Pelerin) 디지털경제부 담당 장관은 상원의회에서 시청각 최고위원회(CSA)와 우편통신규제청(ARCEP)을 통합하지 않고 두 기관이 각각 독립성을 유지하면서 공동 협력 업무를 하는 것으로 결정했다고 발표했다. 방송과 통신 규제기관의 통합문제는 엄청난 비용이 소요될 것으로 예상되며 법률적인 측면에서도 많은 문제가 예상된다는 것을 이유로 들었다. 통신규제기관인 우편통신규제청(ARCEP)은 사업자를 감독하고, 이동통신 라이선스와 초고속 브로드밴드 정책을 결정하며, 시청각최고위원회(CSA)는 문화보호의 관점에서 프랑스 TV 와 라디오 채널을 관리하는 방식으로 역할이 분담되어 있다. 그리고 2013년 3월 15일에는 우편통신규제청(ARCEP)이 시청각최고위원회(CSA)와의 통합을 반대한다는 입장을 표명했다.

(2) 콘텐츠산업 지원 제도

프랑스의 콘텐츠 사업 지원은 국립영화센터(Centre National de la Cinématographie, CNC)가 관리하는 영상물 기금을 중심으로 이뤄진다. CNC 기금은 '프랑스 및 유럽의 영상산업 활성화 및 창작물의 다양화'를 목적으로 하며, 재원은 영화 티켓 가격의 11%에 해당하는 영화티켓세금(Taxe sur les entréesen salles de spectacle cinématographique, TSA), 방송사업자의 납부금 (방송사 매출 수익의 5.5%, TST), 비디오사업자와 VOD사업자의 세금(매출의 2%, VoD)으로 조성된다.116) 기금 지원은 주로 영화, 방송프로그램을 대상으로 이루어지고 있으나, 미디어 융합에 따라 게임, 뉴미디어 등 멀티미디어 분야로 확대되고 있다.

(3) 조세 제도

프랑스의 조세 제도는 기업투자, 지역경제개발, 기업의 해외 진출 지원 촉진을 기본 목표로 확립되었다. 프랑스는 무역 관계에 있는 110여개 국가와 조세조약을 체결하고 외국투자기업에 대한 이중과세를 방지하고 있다.

가. 법인세(번호체계)

외국기업이 프랑스에 항시적 사업시설을 보유하고 있는 경우 수익은 언제나 프랑스 세법의 적용을 받으며, 자회사, 지점, 고정 사업장 등은 모두 과세대상에 포함된다. 법인세과세대상수익은 공제되는 비용을 제외한 수익으로 영업활동, 판매와 서비스 제공으로 발생한 것을 모두 포함한다.

프랑스 내에서의 활동과 관련하여 회사가 지출한 제반비용과 원가는 공제가 가능하다. 공제대상 비용에는 영업권을 제외한 무형 고정자산의 감가상각과 유형고정자산, 비품, 급여, 건물과 장비 임대료, 광고비 등이며 모회사가 프랑스의 자회사에게 청구한 금액 및 경영 관련 비용, 이자비용, 로열티는 공제 대상이다.

세액 공제가 남용되는 것을 막기 위해 특정 유형의 경비에 대해 공제한도가 설정되어 있다. 공제를 받기 위해서는 해당 서비스가 실제로 제공되었다는 것을 증빙하는 서류를 첨부해야 하며 이때 적용된 가격은 시세와 일치해야 한다.

평균 세율은 33.33%이며 중소기업은 할인세율이, 중견 및 대기업은 사회연대세 등이 추가된 세율이 적용된다. 매출 규모가 763만 유로 이상인 기업에 대한 법인세율은 표준 세율은 33.33%이 적용되고 과세이익이2,289,000 유로 이상인 기업에 대해서는 표준세율에 사회연대세(법인세의

---
116) 김영재(한양대학교 문화콘텐츠학과), "디지털 미디어 환경의 콘텐츠산업 진흥기금: 상상콘텐츠기금과 프랑스'문화세'를 중심으로", 2014.02

3.3%) 1.1% 추가되어 실질 세율은 34.43%가 된다. 매출규모가 2억5천만 유로 이상인기업에는 사회연대세 및 내소세 5%가 추가되어 실세율은 36.10%가 된다.

연간 매출 규모가 763만 유로 이하의 중소기업은 매출액 중 38,120유로까지의 수익에 대해서는 할인된 법인세율 15%, 나머지 금액에 대해서는 표준세율이 적용되며 사회연대세는 면제된다. 지적재산권의 양도 수익에 대해서는 15%로 인하된 세율이 적용된다.

나. 부가가치세

부가가치세(VAT)는 상품 및 서비스 소비에 대한 세금으로 소비자가 지불한다. 기업은 제품 또는 서비스 판매시 소비자로부터 받은 부가가치세 수합의 의무가 있고 수합한 총액에서 자사의 구매 및 투자분에 대해납부한 부가가치세는 공제받는다. 기업이 자신의 구매분에 대해 납부한부가가치세가 수합한 총액을 초과하는 경우 신청하면 세액 공제분을 면제받는다. 상품의 역외수출은 부가세면세대상이다. 재화와 용역의 매출에 대한 프랑스의 표준 TVA 세율은 19.6%이며 품목에 따라 경감된 세율이 적용되기도 한다. 식품에 대한 세율은 5.5%, 일부 농산품 및 의약품은 5.5% 또는 2.1%가 적용되며 5.5% 세율은 서적, 호텔, 대중교통, 신문과 잡지, 일부 레저 활동에도 적용된다.

(4) 규제 제도

프랑스 문화부 장관은 2013년 7월 불법 다운로드 이용자에 대한 삼진아웃제 중 인터넷 접속 차단을 폐지하는 법령을 발표했다. 프랑스는 2009년 아도피(Hadopi) 법의 제정과 함께 삼진아웃제를 도입한 바 있다. 삼진아웃제는 계속적인 불법 다운로드가 발생할 경우, 우선 법적 경고의 이메일을 보내고, 이후 계속적으로 침해가 있을 경우 이메일과 등기우편을 보낸 후, 또 다시 불법 다운로드가 있을 경우 인터넷 접속을 최대 1년까지 차단하고 벌금을 부과하는 제도이다. 삼진아웃제의 도입 및 그 시행을 위해 인터넷에서의 창작물 전송과 저작권 보호 기관인 아도피(Hadopi)가 창설된 바 있다. 그러나 이후 삼진아웃제와 관련된 논란이 지속적으로 불거져왔으며, 이후 2013년 7월 삼진아웃제 및 지식재산권법의 관련 조문을 삭제하는 것을 주요 내용으로 하는 법령이 발표되기에 이른 것이다. 개정법에서는 단순히 인터넷 개인 이용자의 연결을 차단하는 대신 저작권 위반 경고에 따르지 않을 경우 그 위반 정도에 따라서 벌금의 정도를 올리는 방안을 도입했다. 이를 통해 프랑스정부는 개인의 처벌이 아니라, 불법 다운로드의 상업적인 이용과 그것을 조장하여 금전적 이득을 얻는 인터넷 사이트를 처벌하고자 하는 것이다.

3. 독일

1) 콘텐츠시장 개요

2013년 독일의 GDP 성장률은 1% 이하로 전년도에 비해 저조한 수준이었으나, 국제 유가의 하락과 노동시장의 개선 덕분에 재정 흑자를 유지할 수 있었다. 안정된 국가재정 상황은 콘텐츠시장의 회복세를 이끌었다. 특히 게임, 영화, 지식정보 분야가 성장을 주도하며 콘텐츠시장 전 분야에 걸쳐 고른 성장을 이끈 결과, 독일의 콘텐츠시장은 전년대비 2.3%성장한 1,070억 1,300만 달러의 사장 규모를 형성하였다.

[표 4-1] 독일 콘텐츠시장 규모 및 전망, 2009-2018

[단위 : 백만 달러, %]

구분	2009	2010	2011	2012	2013p	2014	2015	2016	2017	2018	2013-18 CAGR[117]
출판	31,514	31,786	31,627	30,971	30,469	30,112	29,776	29,542	29,359	29,203	△0.8
만화	458	504	549	555	564	575	585	596	608	620	1.9
음악	4,577	4,270	4,323	4,267	4,316	4,330	4,326	4,323	4,318	4,335	0.1
게임	2,497	2,654	2,759	2,587	2,672	2,873	2,977	3,052	3,095	3,141	3.3
영화	3,566	3,503	3,618	3,730	3,798	3,951	4,087	4,228	4,334	4,475	3.3
애니메이션	220	242	266	293	322	354	390	421	455	470	7.9
방송	23,827	24,436	25,005	25,571	25,892	26,285	26,633	27,091	27,454	27,869	1.5
광고	20,776	21,755	22,303	22,247	22,410	22,722	22,989	23,333	23,609	23,979	1.4
캐릭터	4,737	4,645	4,830	4,931	5,040	5,131	5,221	5,310	5,395	5,484	1.7
지식정보	30,666	32,059	33,975	35,847	37,699	39,065	40,435	41,724	42,893	44,028	3.2
산술합계	122,838	125,854	129,255	130,999	133,182	135,398	137,419	139,620	141,520	143,604	1.5
합계[118]	96,597	98,908	102,304	104,630	107,013	109,213	111,307	113,383	115,234	117,218	1.8

출처 : PwC(2014), ICv2(2013, 2014), Barnes report(2013, 2014), Oricon(2013, 2014), SNE(2013), Box Office Mojo(2014), Digital Vector(2013), MDRI(2013), EPM(2013, 2014)

117) 2013년부터 2018년까지 연평균성장률
118) 중복 시장을 제외한 시장 규모임
 - 출판의 신문/잡지 광고, 게임의 게임 광고, 영화의 극장광고, 방송의TV/라디오 광고, 지식정보의 디렉토리 광고는 광고시장에 포함
 - 만화, 지식정보의 전문서적/산업잡지는 출판시장에 포함
 - 애니메이션은 영화시장에 포함

유무선 인터넷의 보급률이 높아짐에 따라 지식정보시장이 성장세를 보였다. 아울러 스마트폰 보급률이 증가하고 그에 따라 모바일 게임 이용자층도 다양화되며 게임콘텐츠시장도 활력을 얻고 있다. 독일의 콘텐츠시장은 향후 5년간 연평균 1.8%의 성장률을 기록하며 2018년까지 1,172억 1,800만 달러의 규모에 도달할 것으로 전망된다.

[그림 4-1] 독일 콘텐츠시장 규모 및 성장률, 2009-2018

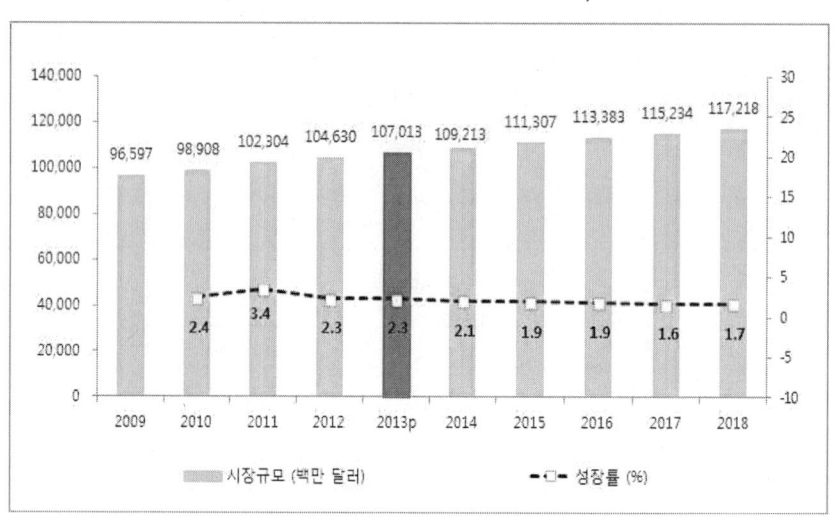

출처 : PwC(2014), ICv2(2013, 2014), Barnes report(2013, 2014), Oricon(2013, 2014), SNE(2013), Box Office Mojo(2014), Digital Vector(2013), MDRI(2013), EPM(2013, 2014)

독일의 콘텐츠시장에서 출판시장은 2009년 32.6%로 가장 높은 시장점유율을 차지하기도 했으나, 지식정보 산업의 발달로 인해 2013년에는 28.5% 수준까지 하락하였다.

반면, 2013년 35.3%의 시장점유율을 기록한 지식정보시장은 정부와 기업이 지속적으로 유선 인터넷 인프라 확장과 무선 인터넷의 커버리지 확대를 추진하여 2018년에는 점유율이 37.6%까지 늘어날 전망이다. 또한 2009년부터 계속해서 정체 상태를 보이고 있는 방송과 광고시장은 2018년까지도 비슷한 수준을 유지할 것으로 보이며, 그 밖에 음악, 영화, 게임, 만화 등도 모두 10% 이하의 수준을 유지할 것으로 전망된다.

[그림 4-2] 독일 콘텐츠별 시장점유율, 2009 vs. 2013 vs. 2018

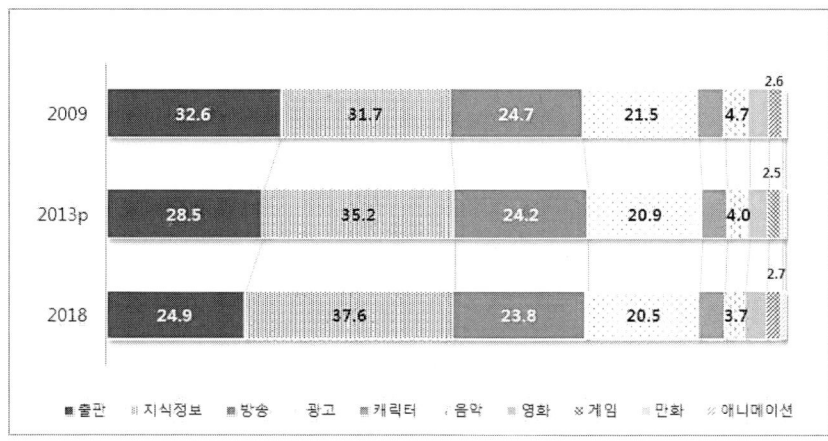

출처 : PwC(2014), ICv2(2013, 2014), Barnes report(2013, 2014), Oricon(2013, 2014), SNE(2013), Box Office Mojo(2014), Digital Vector(2013), MDRI(2013), EPM(2013, 2014)

향후 5년간 독일의 콘텐츠산업은 연평균 1.8%의 성장률을 기록할 것으로 예상되는 가운데, 특히 애니메이션, 지식정보, 영화, 게임산업 등의 분야에서 양호한 성장세가 기대된다. 반면, 방송, 광고, 캐릭터, 만화 등의 분야는 같은 기간 연평균 2% 미만의 성장률을 보일 것으로 전망된다. 출판시장은 디지털 서적의 빠른 증가로 인해 한동안 하락세를 보일 것으로 예상된다.

[그림 4-3] 독일 콘텐츠별 연평균성장률 추정 2013-2018

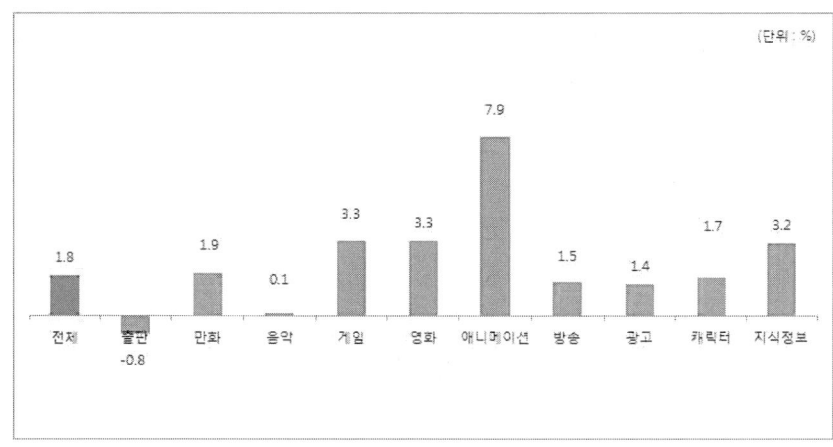

출처 : PwC(2014), ICv2(2013, 2014), Barnes report(2013, 2014), Oricon(2013, 2014), SNE(2013), Box Office Mojo(2014), Digital Vector(2013), MDRI(2013), EPM(2013, 2014)

2) 산업별 콘텐츠시장 규모 및 전망

(1) 출판

독일의 출판시장은 2013년 세계 2위 수준인 304억 6,900만 달러의 규모로 성장했다. 가장 크게 성장한 부분은 디지털 분야로, 일반도서, 신문, 잡지 등이 디지털로 출판되면서 전자 출판시장이 크게 성장했다. 하지만 종이 인쇄 출판물이 대폭 감소함에 따라, 전체 출판시장은 향후 5년간 연평균 0.5% 하락하며 2018년에는 292억 300만 달러의 규모를 형성할 것으로 예상된다.

[표 4-2] 독일 출판시장 규모 및 전망, 2009-2018

[단위 : 백만 달러, %]

구분		2009	2010	2011	2012	2013p	2014	2015	2016	2017	2018	2013-18 CAGR
도서		12,767	12,825	12,651	12,519	12,632	12,660	12,691	12,759	12,828	12,895	0.4
	인쇄[119]	12,538	12,516	12,239	11,958	11,891	11,746	11,580	11,449	11,323	11,203	△1.2
	디지털	229	309	412	561	741	914	1111	1310	1505	1692	18.0
신문		11,199	11,306	11,332	11,006	10,519	10,236	9,982	9,751	9,552	9,366	△2.3
	광고	5,313	5,284	5,208	4,799	4,403	4,137	3,893	3,670	3,478	3,297	△5.6
	지면	5,142	5,080	4,968	4,522	4,109	3,818	3,546	3,292	3,067	2,850	△7.1
	디지털	171	204	240	277	294	320	347	377	411	447	8.7
	구독	5,886	6,022	6,124	6,207	6,116	6,099	6,089	6,081	6,074	6,069	△0.2
	지면	5,871	6,005	6,097	6,170	6,040	5,965	5,884	5,805	5,742	5,693	△1.2
	디지털	15	18	27	36	76	134	205	276	332	376	37.7
잡지		7,548	7,655	7,644	7,446	7,318	7,216	7,103	7,032	6,979	6,942	△1.0
	광고	3,027	3,137	3,197	3,025	2,968	2,951	2,890	2,854	2,815	2,781	△1.3
	지면	2,951	3,011	3,022	2,791	2,706	2,614	2,513	2,433	2,357	2,286	△3.3
	디지털	76	126	175	234	262	337	377	421	458	495	13.6
	구독	4,521	4,518	4,447	4,421	4,350	4,265	4,213	4,178	4,164	4,161	△0.9
	지면	4,521	4,515	4,434	4,363	4,239	4,088	3,946	3,823	3,714	3,626	△3.1
	디지털	0	3	13	58	111	177	267	355	450	535	37.0
합계		31,514	31,786	31,627	30,971	30,469	30,112	29,776	29,542	29,359	29,203	△0.8

출처 : PwC(2014)

---

119) 오디오북 포함

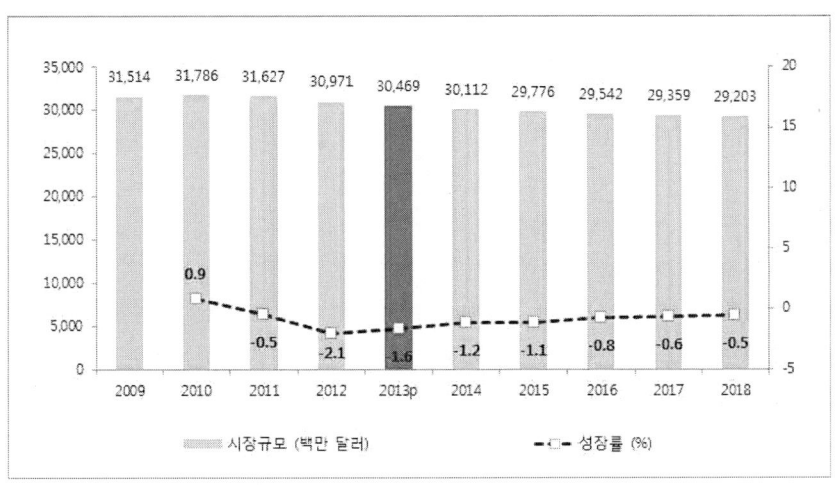

[그림 4-4] 독일 출판시장 규모 및 성장률, 2009-2018

출처 : PwC(2014)

   2013년 독일의 출판시장에서는 도서시장이 41.5%로 가장 높은 점유율을 보였으며, 신문과 잡지가 각각 34.5%, 24%로 그 뒤를 잇고 있다. 신문의 경우 2009년에는 35.5%로 점유율이 높은 편이었으나, 이후 수요가 지속적으로 감소하여 2018년에는 32.1% 수준으로 낮아질 전망이다. 반면, 도서 출판시장 점유율은 디지털 도서 출판량의 증가로 인해 같은 기간 44.2%까지 확대될 것으로 보인다.

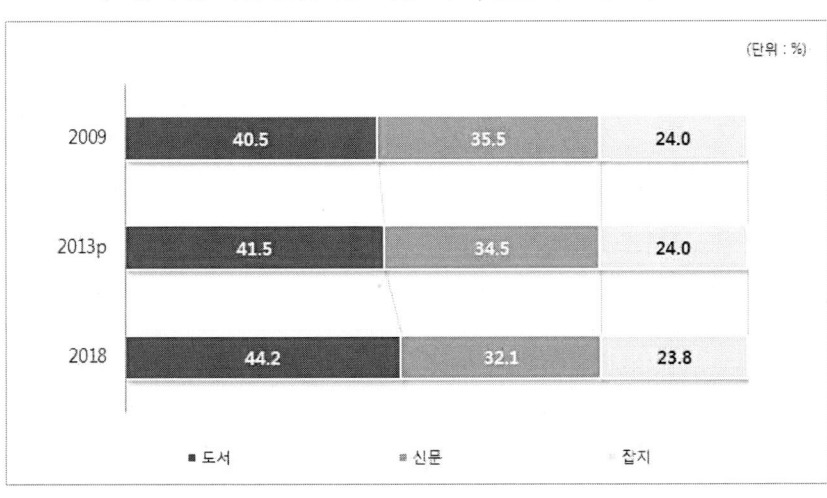

[그림 4-5] 독일 출판시장 비중 비교, 2009 vs. 2013 vs. 2018

출처 : PwC(2014)

가. 도서

2013년 독일의 도서시장은 126억 3,200만 달러로 전년대비 0.9% 성장한데 그쳤다. 이는 인쇄 출판시장이 지속적으로 감소세를 보이고 있기 때문으로 풀이된다. 게다가 독일의 대형 서점 체인인 타리아(Thalia)의 소유주가 바뀐 후 디지털과 인쇄물 중 어떤 분야에 집중할지 불확실한 상황이어서, 독일의 인쇄 출판시장은 한동안 하락세가 지속될 전망이다. 반면, 애플과 아마존을 중심으로 큰 성장세를 이뤄온 전자책시장은 도이치 텔레콤(Deutsche Telekom)이 출시한 전자책 리더 토리노(Tolino)의 등장으로 경쟁이 더욱 가속화될 것으로 보인다.

향후 인쇄 도서시장은 종이 인쇄 출판물의 감소로 마이너스 성장세를 유지하겠지만, 디지털 출판시장의 빠른 성장으로 2018년까지는 연평균 0.4%의 미약한 성장률을 보여, 도서시장 전체적으로는 정체 상태를 유지할 것으로 전망된다.

[표 4-3] 독일 도서시장 규모 및 전망, 2009-2018

[단위 : 백만 달러, %]

구분		2009	2010	2011	2012	2013p	2014	2015	2016	2017	2018	2013-18 CAGR
인쇄		12,538	12,516	12,239	11,958	11,891	11,746	11,580	11,449	11,323	11,203	△1.2
	전문	3,509	3,607	3,384	3,255	3,314	3,244	3,166	3,103	3,050	2,999	△2.0
	일반	6,323	6,261	6,287	6,202	6,143	6,117	6,083	6,072	6,059	6,050	△0.3
	교육	2,706	2,648	2,568	2,501	2,434	2,385	2,331	2,274	2,214	2,154	△2.4
디지털		229	309	412	561	741	914	1111	1310	1505	1692	18.0
	전문	224	271	335	380	445	509	580	654	731	803	12.5
	일반	4	31	64	153	252	346	456	566	671	775	25.2
	교육	1	7	13	28	44	59	75	90	103	114	21.0
합계		12,767	12,825	12,651	12,519	12,632	12,660	12,691	12,759	12,828	12,895	0.4

출처 : PwC(2014)

[그림 4-6] 독일 도서시장 규모 및 성장률, 2009-2018

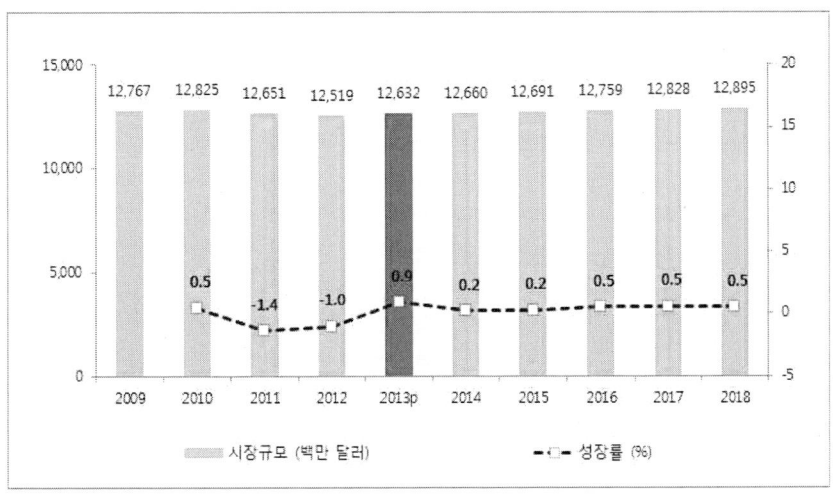

출처 : PwC(2014)

나. 신문

전통적으로 강세를 보여 왔던 독일의 신문시장도 2012년부터는 감소세로 돌아섰다. 2013년 독일의 신문시장은 전년대비 4.5% 하락한 105억 1,900만 달러 규모로 집계되었다.

[그림 4-7] 독일 신문시장 규모 및 성장률, 2009-2018

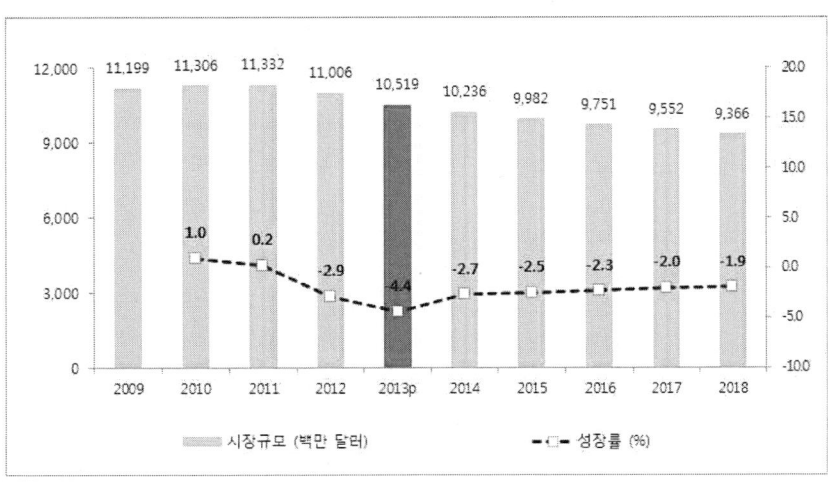

출처 : PwC(2014)

현재 독일 성인의 4분의 3은 여전히 종이 신문을 선호하고 있지만, 젊은 층을 위주로 빠르게 신문 구독률이 하락하고 있는 상황이다. 그와 관련해, 신문 구입률을 하락시킨 원인 중 하나로 구글의 신문기사 재인용 기술이 지목되었다. 디지털 신문으로 소비자의 이탈이 빠르게 진행되고 있는 가운데, 독일의 신문시장은 향후 5년간 연평균 2.3%씩 하락하며 2018년에는 93억 6,600만 달러 규모가 될 것으로 보인다.

다. 잡지

유럽 2위 규모인 독일의 잡지시장은 전년대비 2.8% 하락한 73억 1,800만 달러의 시장을 형성하였다. 대부분의 독일 잡지사들은 디지털 플랫폼을 받아들여 온라인 웹과 모바일 앱 개발에 노력을 기울여 왔으나, 매출에서 디지털 잡지가 차지하는 비중은 아직 전체 매출의 1% 수준에 불과하다. 이와 같이 디지털 잡지에 대한 인식 부족으로 독일 잡지시장의 규모는 향후 5년간 연평균 1%씩 하락해 2018년에는 69억 4,300만 달러까지 감소할 전망이다.

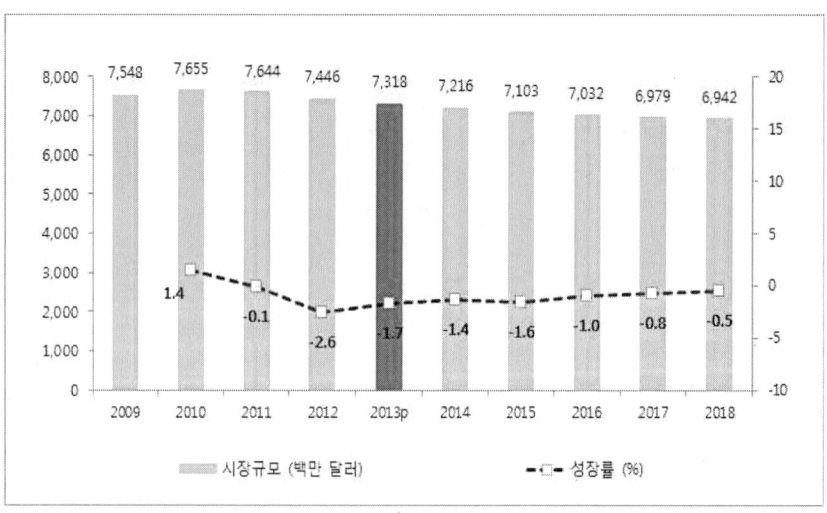

[그림 4-8] 독일 잡지시장 규모 및 성장률, 2009-2018

출처 : PwC(2014)

(2) 만화

2013년 독일의 만화시장 규모는 전년대비 1.6% 성장한 5억 6,400만 달러로 집계되었다. 독일에는 칼센 코믹스(Carlsen Comics), 도쿄팝(Tokyopop), 슈레이버 & 레저(Schreiber & Leser)

등 약 15개의 만화출판사가 있다. 현재 독일의 만화시장에서는 스마트폰과 태블릿을 필두로 한 디지털 만화들이 급성장세를 보이는 반면, 기존의 인쇄 만화시장 분야는 정체기에 접어들었다. 향후 5년간 독일의 만화시장은 연평균 1.9%의 성장세를 보이며 2018년에는 6억 2,000만 달러의 규모까지 확대될 것으로 전망된다.

[표 4-4] 독일 만화시장 규모 및 전망, 2009-2018

[단위 : 백만 달러, %]

구분	2009	2010	2011	2012	2013p	2014	2015	2016	2017	2018	2013-18 CAGR
인쇄 만화	450	492	532	535	539	543	547	552	558	564	0.9
디지털	8	11	16	20	25	32	38	44	50	56	17.0
합계	458	504	549	555	564	575	585	596	608	620	1.9

출처 : ICv2(2014), Barnes(2014), Oricon(2014), PwC(2014), SNE(2013)

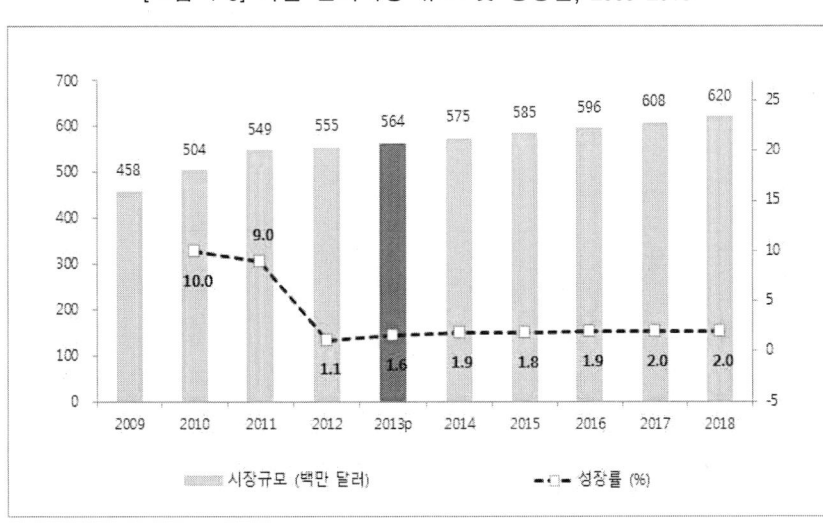

[그림 4-9] 독일 만화시장 규모 및 성장률, 2009-2018

출처 : ICv2(2014), Barnes(2014), Oricon(2014), PWC(2014), SNE(2013)

독일 만화시장에서 인쇄 만화의 비중은 2009년에 98.3%를 차지했으나, 2013년에는 95.6%로 그 규모가 소폭 감소했다. 반면 같은 해 디지털 만화는 지식정보 산업의 발달과 아마존의 독일어권 디지털 만화 공급량 증가로 인하여, 4.4%의 시장 비중을 보였다. 2018년에는 디지털 만화시장이 더욱 확대되어 9.0%의 점유율을 보일 것으로 전망된다.

[그림 4-10] 독일 만화시장별 비중 비교, 2009 vs. 2013 vs. 2018

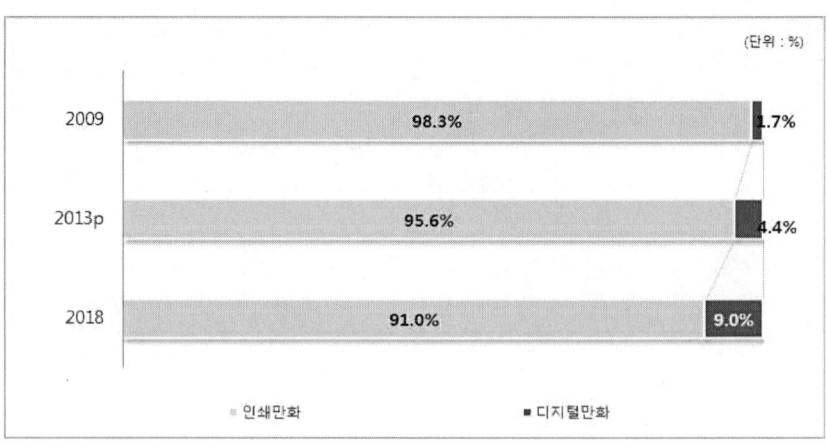

출처 : ICv2(2014), Barnes(2014), Oricon(2014), PwC(2014), SNE(2013)

가. 인쇄 만화

2013년 독일의 인쇄 만화시장은 카를센 베르락(Carlsen Verlag), 코믹플러스(Comicplus+), 에디션 52(Edition 52) 등 유명 만화 출판사들이 인쇄 만화시장에서 고전하며 전년대비 0.7% 성장한 5억 3,900만 달러를 기록했다.

[그림 4-11] 독일 인쇄 만화시장 규모 및 성장률, 2009-2018

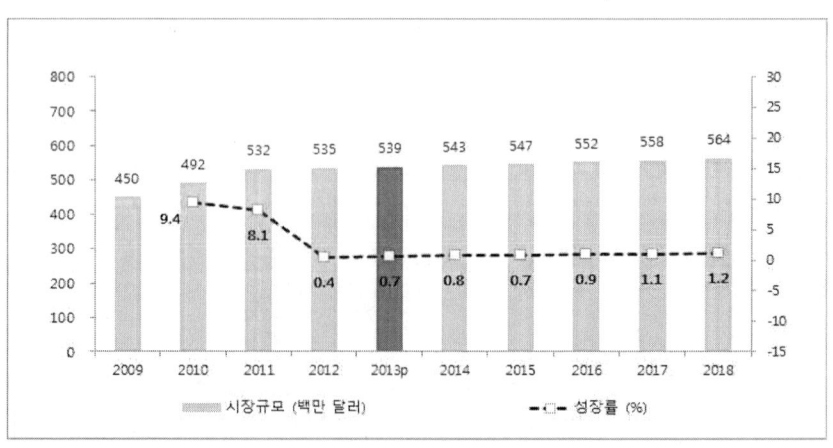

출처 : ICv2(2014), Barnes(2014), Oricon(2014), PwC(2014), SNE(2013)

이러한 상황에서도 피닉스 코믹스(Finix Comics)는 'Lou Cale'. 'Die Chroniken des schwarzen Mondes'. 'Zehn Gebote' 'Jackie Kottwitz', 'Troll', 'Warrens Schwur' 등 다수의 작품을 출시하며, 2013년 독일 만화시장의 성장에 일조했다. 한편, 독일의 인쇄 만화시장은 향후 5년간 연평균 0.9%의 성장세를 보이며 2018년에는 5억 6,400만 달러까지 성장할 것으로 전망된다.

나. 디지털 만화

2013년 독일의 디지털 만화시장의 규모는 전년대비 25.7% 성장한 2,500만 달러로 집계되었다. 현지에서는 카를센(Carlsen)이나 에그몬트(Egmont)와 같은 대형 출판사들이 아직 디지털 만화시장에 대해 거리를 두고 있다. 반면, 파니니(Panini)는 웹사이트를 통해 전자 만화책을 판매하면서 독일 디지털 만화의 포문을 열기도 했다. 하지만 2013년 참담한 결과를 맞이하면서 해당 웹사이트를 폐쇄했다. 그럼에도 불구하고, 2014년 4월부터 150여 권의 디지털 만화책을 출시하여 다시금 독일의 디지털 만화시장을 공략하기 위해 대대적인 변화를 주고 있다. 독일의 디지털 만화시장은 향후 5년간 연평균 17.0%의 성장세를 유지하며, 2018년까지 5,600만 달러의 시장으로 성장할 전망이다.

[그림 4-12] 독일 만화시장 규모 및 성장률, 2009-2018

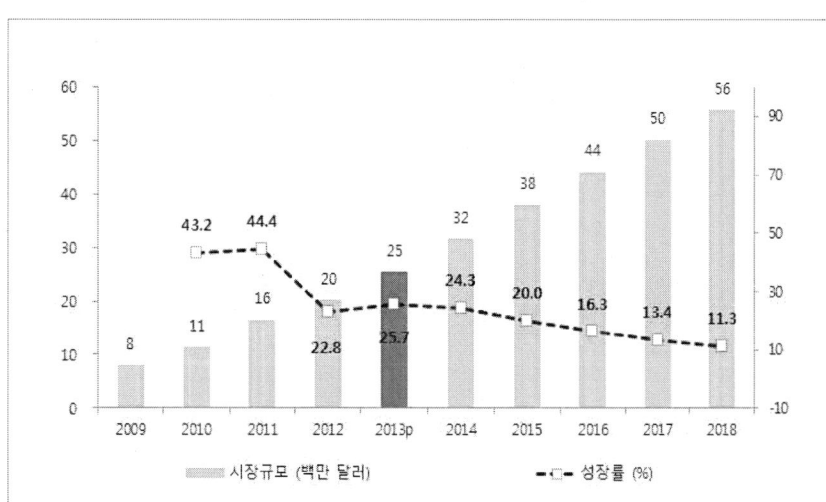

출처 : ICv2(2014), Barnes(2014), Oricon(2014), PwC(2014), SNE(2013)

(3) 음악

유럽 최대의 음악시장을 형성하고 있는 독일은 2013년 43억 1,600만 달러로 전년대비 1%의 성장률을 기록했다. 독일 음악시장에서 오프라인 음반의 매출은 여전히 큰 규모를 형성하고 있지만 오프라인 음반의 시장 규모는 계속 하락하고 있다.

독일의 음악시장은 디지털 음악의 높은 성장세에도 불구하고 오프라인 음반의 매출 하락으로 인해 향후 5년간 연평균 0.1%의 성장률에 그치며 2018년에도 현재와 비슷한 43억 3,500만 달러 수준이 유지될 전망이다.

[표 4-5] 독일 음악시장 규모 및 전망, 2009-2018

[단위 : 백만 달러, %]

구분	2009	2010	2011	2012	2013p	2014	2015	2016	2017	2018	2013-18 CAGR
음반	2,072	1,959	1,951	1,888	1,905	1,886	1,846	1,807	1,766	1,747	△1.7
오프라인 음반	1,846	1,691	1,626	1,501	1,471	1,407	1,320	1,231	1,146	1,086	△5.9
디지털 음원	226	268	325	387	434	479	527	576	620	661	8.8
공연 음악	2,505	2,311	2,372	2,379	2,411	2,445	2,480	2,516	2,552	2,588	1.4
합계	4,577	4,270	4,323	4,267	4,316	4,330	4,326	4,323	4,318	4,335	0.1

출처 : PwC(2014)

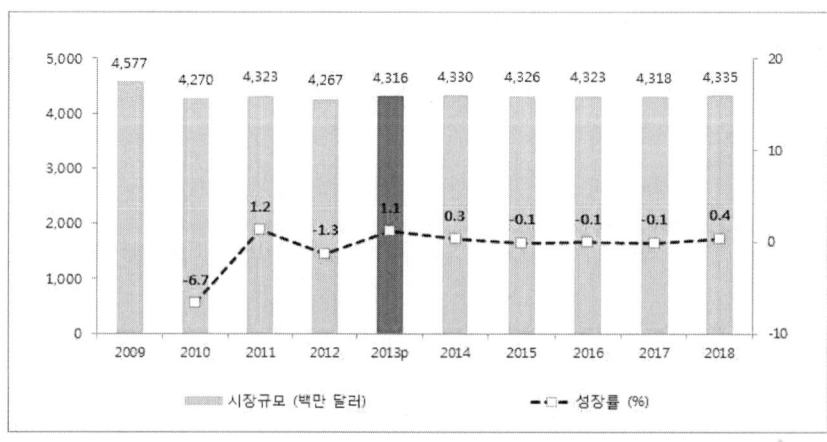

[그림 4-13] 독일 음악시장 규모 및 성장률, 2009 - 2018

출처 : PwC(2014)

독일 음악시장은 공연 음악이 시장을 주도하고 있다. 2009년 54.7%의 점유율을 보이던 공연 음악시장은 지속적으로 확대되어 2013년 55.93%의 비중을 차지했으며, 2018년에는 59.7%까지 증가할 것으로 전망된다. 디지털 음원시장은 2009년 4.9%에서 2013년 10.1%로 점유율이 증가했으며 2018년에는 15.2%로 증가할 것으로 전망되고 있다.

반면, 오프라인 음반시장은 공연 음악시장과 디지털 음원시장의 성장으로 그 비중이 계속 축소될 것으로 전망된다.

[그림 4-14] 독일 음악시장 분야별 비중 비교, 2009 vs. 2013 vs. 2018

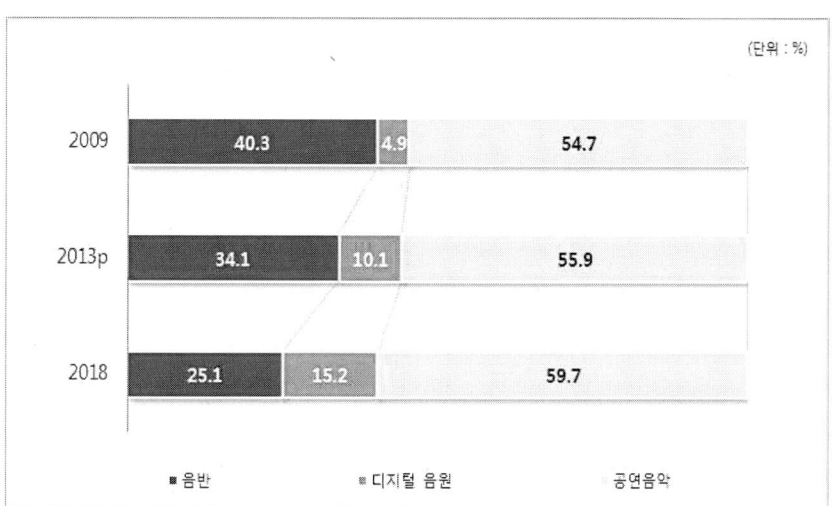

출처 : PwC(2014)

가. 오프라인 음반

2013 독일의 오프라인 음반시장은 전년대비 2% 하락한 14억 7,100만 달러 규모로 집계되었다. 독일 오프라인 음반시장의 3분의 2를 점유하는 CD의 매출과 싱글 타이틀의 판매율이 하락하였지만 특이하게도 LP레코드의 매출은 증가하였다.

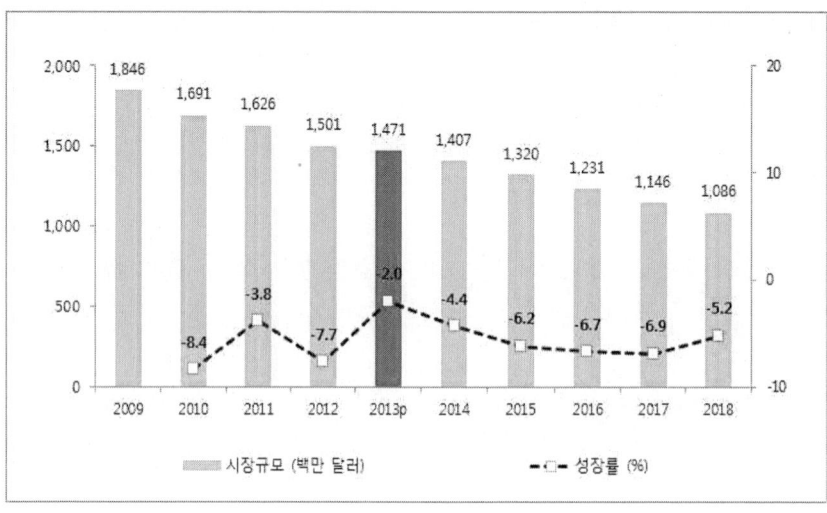

[그림 4-15] 독일 오프라인 음반시장 규모 및 성장률, 2009 - 2018

출처 : PwC(2014)

그러나 LP레코드의 매출이 2,900만 달러의 수준에 그쳐서 전체 오프라인 시장의 비중을 높이는데 영향력은 없었다. 향후 5년간 오프라인 음반 매출은 연평균 5.9%씩 지속적으로 하락해, 2018년 시장 규모는 10억 8,600만 달러까지 감소될 것으로 전망된다.

나. 디지털 음원

2013년 독일의 디지털 음원시장은 전년대비 12.1% 증가한 4억 3,400만 달러로 집계되었다. 다운로드 형태의 싱글 타이틀 구매와 음악 관련 뮤직 비디오의 수익이 하락한 반면 모바일 벨소리의 사용 증가와 스트리밍 서비스 이용은 크게 증가하였다. 향후 5년간 디지털 음원시장은 다운로드와 스트리밍 서비스 분야에서 연평균 8.8%씩 성장하며 2018년까지 6억 6,100만 달러 수준으로 성장할 전망이다.

[그림 4-16] 독일 디지털 음원시장 규모 및 성장률, 2009 - 2018

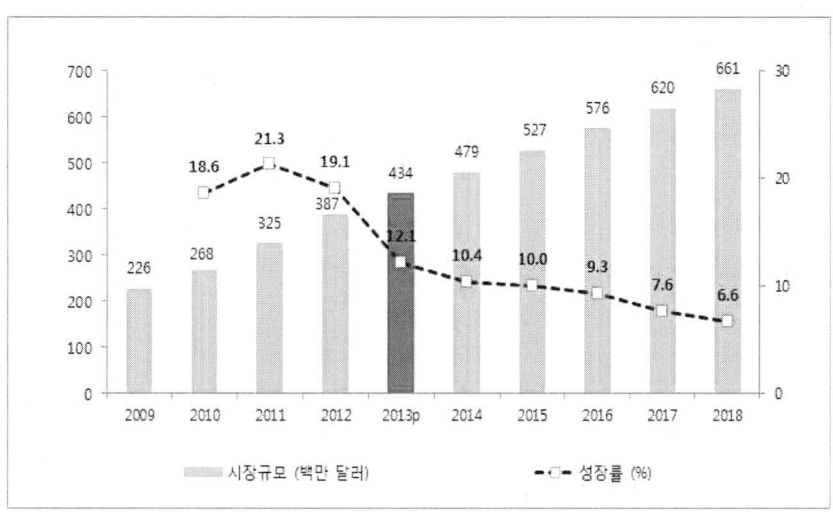

출처 : PwC(2014)

[표 4-6] 독일 디지털 음원시장 규모 및 전망, 2009-2018

[단위 : 백만 달러, %]

구분	2009	2010	2011	2012	2013p	2014	2015	2016	2017	2018	2013-18 CAGR
다운로드	155	207	267	333	357	382	407	431	454	476	5.9
스트리밍	36	33	34	47	71	92	116	142	164	184	21
모바일	35	29	24	7	6	5	4	2	1	1	△26
합계	226	268	325	387	434	479	527	576	620	661	8.8

출처 : PwC(2014)

다. 공연 음악

2013년 공연 음악 분야는 독일의 음악시장에서 가장 큰 부분을 차지하며, 전년대비 1.3% 성장한 24억 1,100만 달러의 시장 규모로 집계되었다. 공연이 열리는 곳도 다양해 쾰른, 프랑크푸르트, 함부르크, 뮌헨 등의 주요 도시에서 록 콘서트가 열리고 있으며, 메이저 레코드 회사와 신생업체들도 공연 음악을 지원하고 있다. 정상급 그룹들을 유치하기 위한 비용 상승으로 인해 기업 후원이 소폭 하락하였지만, 공연 음악의 인기덕분에 티켓 판매량은 증가하는 추세를 보였다.

향후 5년간 독일의 공연 음악시장은 록페스티벌과 대형 그룹의 공연으로 연평균 1.4%의 성장률을 보이며 2018년에는 25억 8,800만 달러 규모가 될 것으로 예상된다.

[그림 4-17] 독일 공연 음악시장 규모 및 성장률

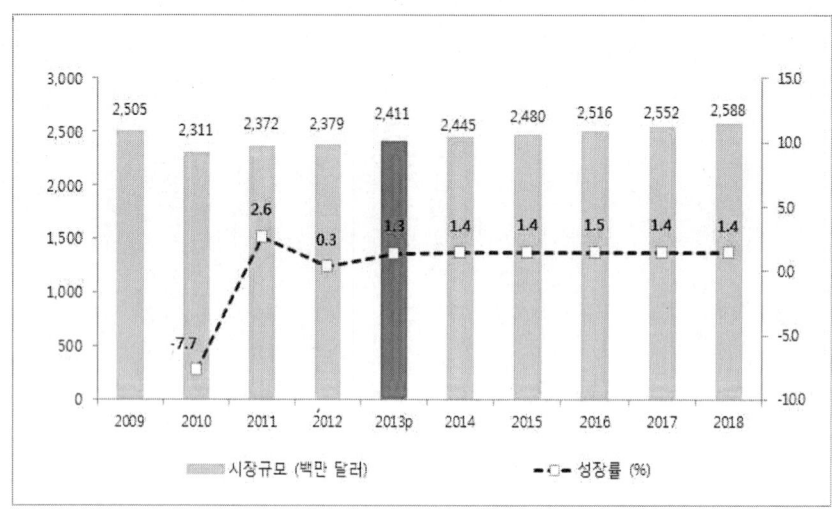

출처 : PwC(2014)

[표 4-7] 독일 공연 음악시장 규모 및 전망, 2009-2018

[단위 : 백만 달러, %]

구분	2009	2010	2011	2012	2013p	2014	2015	2016	2017	2018	2013-18 CAGR
후원	564	568	569	561	555	551	549	547	546	546	△0.4
티켓판매	1,942	1,743	1,803	1,817	1,855	1,893	1,931	1,968	2,005	2,042	1.9
합계	2,505	2,311	2,372	2,379	2,411	2,445	2,480	2,516	2,552	2,588	1.4

출처 : PwC(2014)

(4) 게임

2013년 독일의 게임시장은 전년대비 3.3% 성장한 26억 7,200만 달러로 집계되었다. PC의 패키지 게임시장이 두 자릿수 하락세를 보인 것 외에는 대부분 고른 성장률을 보였는데, 이는 디지털 형태의 배포가 패키지 형태를 빠르게 대체하고 있기 때문이다. 모바일 네트워크의 확대 보급으로 인한 폭발적인 성장세를 기반으로 독일의 게임시장은 향후 5년간 연평균 3.3%의 성장률을 기록하며 2018년에는 31억 4,100만 달러의 규모에 도달할 것으로 전망된다.

[표 4-8] 독일 게임시장 규모 및 전망, 2009-2018

[단위 : 백만 달러, %]

구분	2009	2010	2011	2012	2013p	2014	2015	2016	2017	2018	2013-18 CAGR
게임 광고	107	121	137	150	160	178	195	207	219	232	7.7
콘솔 게임	1,515	1,466	1,451	1,316	1,381	1,547	1,609	1,649	1,666	1,674	3.9
디지털	119	165	206	241	327	401	472	534	583	637	14.2
패키지	1,396	1,301	1,245	1,075	1,054	1,146	1,137	1,115	1,083	1,037	△0.3
온라인 게임	272	430	539	448	460	484	514	542	561	581	4.8
PC 게임	544	585	586	611	596	579	565	551	539	537	△2.1
디지털	59	78	99	138	181	225	268	306	335	368	15.3
패키지	485	507	487	473	415	354	297	246	203	168	△16.5
모바일 게임	59	52	46	62	74	84	94	103	110	117	9.5
합계	2,497	2,654	2,759	2,587	2,672	2,873	2,977	3,052	3,095	3,141	3.3

출처 : PwC(2014)

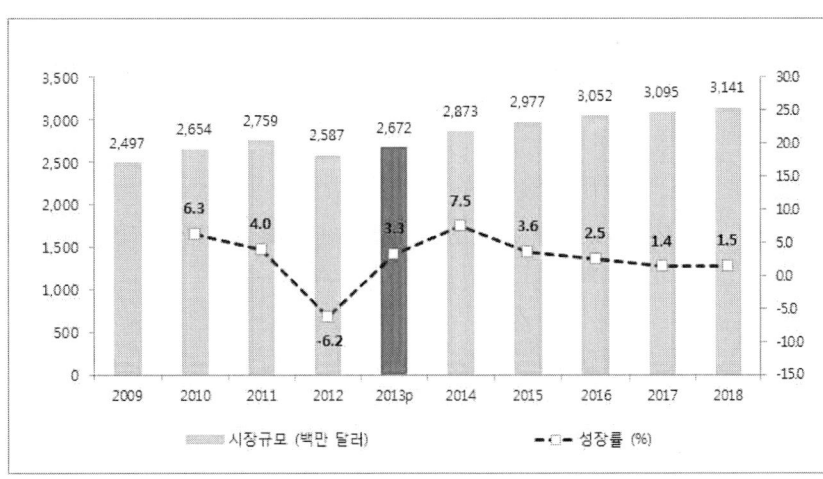

[그림 4-18] 독일 게임시장 규모 및 성장률, 2009 - 2018

출처 : PwC(2014)

콘솔 게임시장은 2009년 60.7%의 점유율을 보였으나, 2013년에는 51.7%로 감소하였다. 하지만 2013년 말 소니(Sony)의 플레이스테이션 4가 출시되었고 추후 파이널 판타지 15가 발매될 예정이어서, 콘솔 게임시장의 점유율은 다시 높아질 것으로 전망된다. 모바일 게임은 스마트폰과 태블릿의 성능 향상으로 높은 수준의 게임을 경험할 수 있게 되면서 2018년까지 3.7%로 비중이 높아질 전망이다.

[그림 4-19] 독일 게임시장 분야별 비중 비교, 2009 vs. 2013 vs. 2018

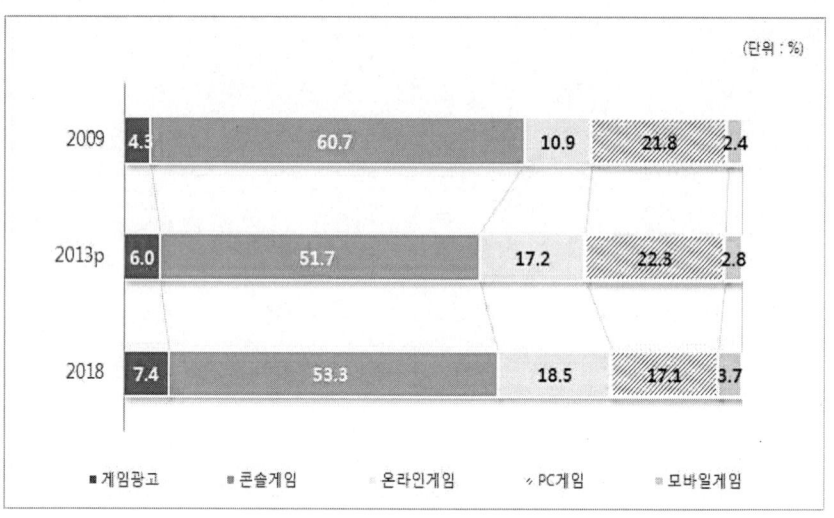

출처 : PwC(2014)

가. 콘솔 게임

2013년 독일의 콘솔 게임시장은 8세대 콘솔 게임기 플레이스테이션 4가 출시되면서 전년대비 4.9% 성장한 13억 8,100만 달러의 규모를 보였다. 그 밖에도 2013년 9월에 GTA5, Call of Duty 시리즈, Assassin Creed 시리즈 등의 신작이 출시되며 콘솔 게임기의 판매에도 큰 영향을 미쳤다. 또한 앞으로 파이널 판타지 15의 출시가 예정되어 있어 콘솔 게임시장은 성장세를 보일 것으로 예상된다. 독일의 콘솔 게임시장은 향후 5년간 연평균 3.9%씩 성장해, 2018년에는 16억 7,400만 달러 수준에 이를 것으로 전망된다.

[그림 4-20] 독일 콘솔 게임시장 규모 및 성장률, 2009 - 2018

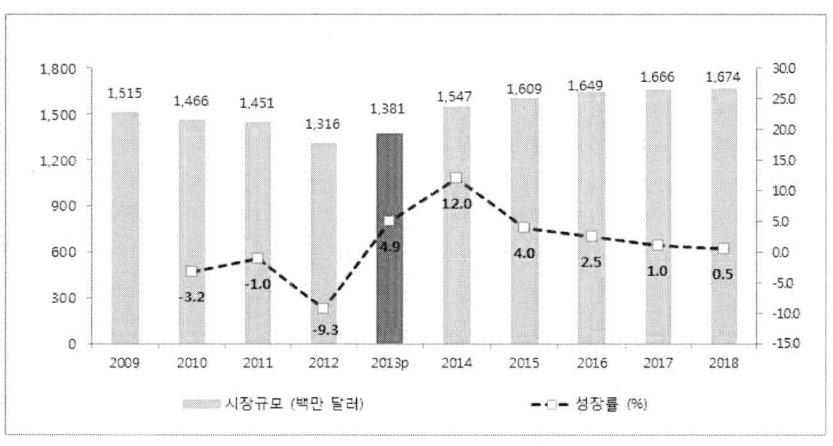

출처 : PwC(2014)

나. 온라인 게임

2013년 독일의 온라인 게임시장의 규모는 전년대비 2.7% 성장한 4억 6,000만 달러로 나타났다. 이와 같은 온라인 게임시장 성장은 인터넷 통신망의 확대 보급과 밀접한 관계가 있다.

[그림 4-21] 독일 온라인 게임시장 규모 및 성장률, 2009 - 2018

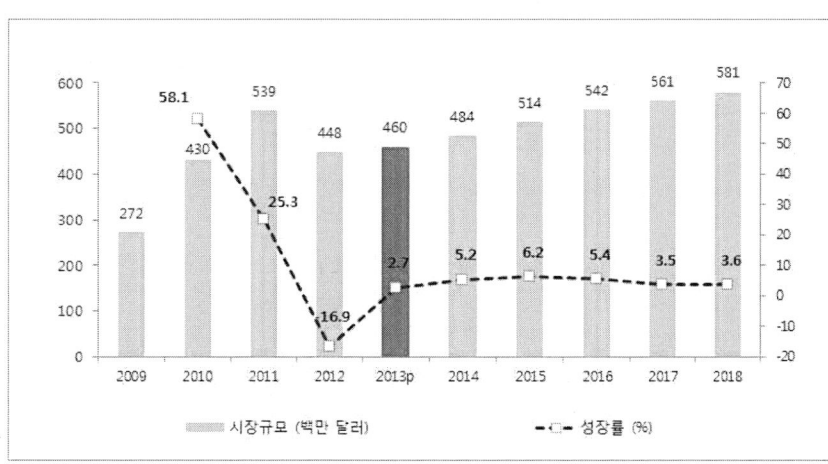

출처 : PwC(2014)

접속 환경이 개선되고 지연속도(Latency)가 짧게 감소하면서 기존 PC 게임 중 다수가 온라인 게임으로 변환되었고, 그에 따라 유저들도 온라인 게임시장으로 유입되었다. 한편으로는 페이스북과 같은 소셜 네트워크를 통한 온라인 게임의 수요 증가와 'League of Ledgend', 'Empire Four Kingdoms', 'Siedler' 등 인기 MMO 게임들의 등장 또한 독일의 온라인 게임시장의 규모가 커지는데 큰 몫을 했다. 이에 따라, 향후 5년간 독일의 게임시장은 연평균 4.8% 성장을 기록하며 2018년에는 5억 8,100만 달러에 달할 것으로 전망된다.

다. PC 게임

독일의 PC 게임 분야에서 패키지 게임시장의 규모는 유통 플랫폼이 온라인으로 전환되며 감소 추세에 있다. 2013년 PC 게임시장 규모는 5억 9,500만 달러로 전년대비 2.5% 하락하였고, 앞으로도 플랫폼의 변화로 인해 하락을 지속하며 2018년에는 5억 3,700만 달러 수준으로 축소될 전망이다.

[그림 4-22] 독일 PC 게임시장 규모 및 성장률, 2009 - 2018

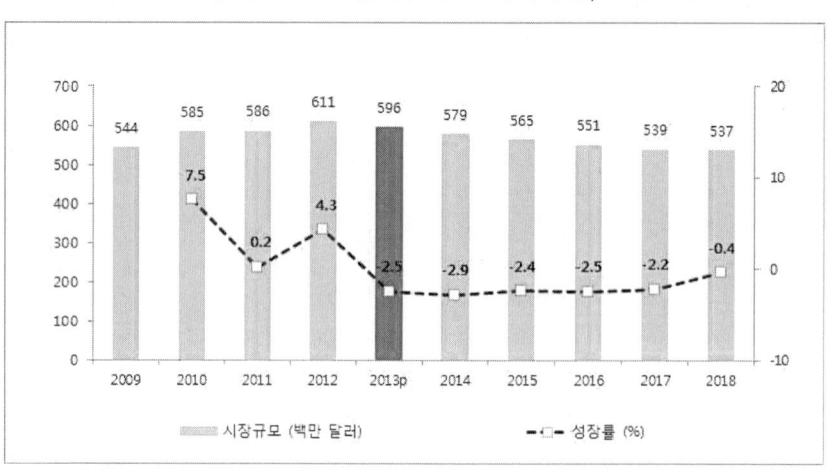

출처 : PwC(2014)

라. 모바일 게임

2013년 독일의 모바일 게임시장은 스마트폰과 태블릿 기기의 보급률에 힘입어 19.4%의 성장률을 기록하며 7,400만 달러 규모로 집계되었다. 모바일 게임은 다운로드 형태의 게임뿐만 아니라 무선 통신과 연동한 온라인 게임의 형태로 발전중이며, 기존의 시간 때우기용 게임에서 벗어나 생활의 일부가 되고 있다. 해당 시장은 스마트폰 보급의 증가와 모바일 게임의 인기에 힘입어, 향후

5년간 연평균 9.5%의 높은 성장률을 보이며 2018년에는 1억 1,700만 달러 규모에 이를 것으로 전망하고 있다.

[그림 4-23] 독일 모바일 게임시장 규모 및 성장률, 2009 - 2018

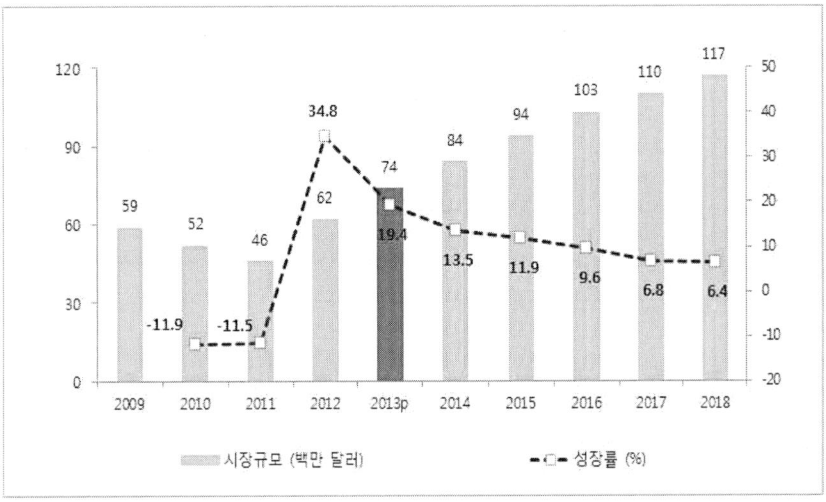

출처 : PwC(2014)

(5) 영화

독일의 2013년 영화시장은 전년대비 1.8% 증가한 37억 9,800만 달러의 규모를 보였다. 박스오피스 수익증가는 미국 영화들에 의해 주도되었지만, 독일영화도 상당수 선전하여 2002년 대비 26.2% 증가했다.

한편, 인터넷을 통한 디지털 유통의 확산에 따라 홈비디오 대여시장이 빠르게 하락하고 있지만, 전반적으로는 디지털배급의 빠른 성장률 덕분에 향후 5년간 3.3%의 성장률을 보이며 2018년에는 44억 7,500만 달러에 이를 것으로 전망된다.

[표 4-9] 독일 영화시장 규모 및 전망, 2009-2018

[단위 : 백만 달러, %]

구분	2009	2010	2011	2012	2013p	2014	2015	2016	2017	2018	2013-18 CAGR
극장	1,380	1,311	1,374	1,477	1,467	1,526	1,559	1,604	1,640	1,679	2.7
박스오피스	1,286	1,213	1,262	1,361	1,346	1,399	1,426	1,464	1,493	1,526	2.5

[단위 : 백만 달러, %]

구분	2009	2010	2011	2012	2013p	2014	2015	2016	2017	2018	2013-18 CAGR
극장광고	94	98	112	116	121	126	133	140	146	153	4.9
홈비디오	2,158	2,136	2,141	2,091	2,100	2,099	2,094	2,074	2,020	1,971	△1.3
대여	338	317	304	292	276	257	239	221	204	187	△7.5
판매	1,819	1,819	1,837	1,798	1,824	1,841	1,855	1,853	1,816	1,784	△0.4
디지털 배급	28	57	103	162	231	327	433	550	674	826	29.1
OTT/스트리밍	20	37	58	101	134	178	228	276	332	389	23.7
TV 구독	8	20	45	61	96	149	206	274	342	436	35.3
합계	3,566	3,503	3,618	3,730	3,798	3,951	4,087	4,228	4,334	4,475	3.3

출처 : PwC(2014)

[그림 4-24] 독일 영화시장 규모 및 성장률, 2009 - 2018

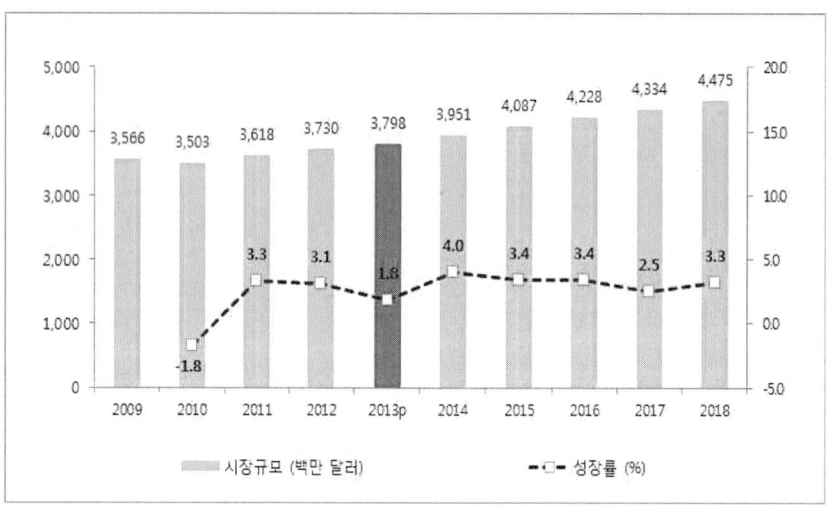

출처 : PwC(2014)

    2009년 독일 영화시장의 51.0%를 차지하며 가장 큰 점유율을 차지했던 홈비디오 판매시장은 최근 디지털배급시장의 성장으로 인해 2013년에는 48.0% 수준까지 축소되었다. 디지털배급시장이 빠르게 성장하며 향후 5년간 시장점유율은 지속적으로 하락할 것으로 보이지만, 독일 영화시장에서 홈비디오시장이 차지하는 비중은 여전히 가장 클 것으로 예상된다.

[그림 4-25] 독일 영화시장 분야별 비중 비교, 2009 vs. 2013 vs. 2018

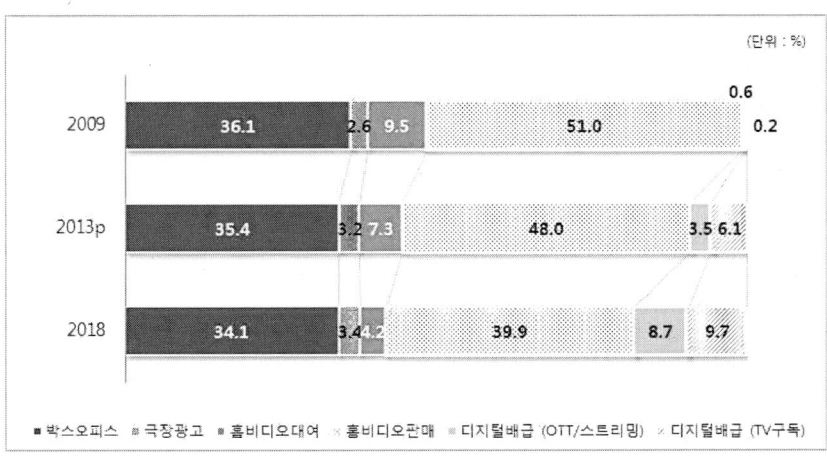

출처 : PwC(2014)

가. 박스오피스

독일의 박스오피스시장에서는 미국 영화들이 주도하는 가운데 자국 영화의 시장점유율도 26.2%를 기록하며 선전했지만, 전체 시장 규모는 전년대비 1.1% 감소한 13억 4,600만 달러로 집계되었다.

[그림 4-26] 독일 박스오피스시장 규모 및 성장률, 2009 - 2018

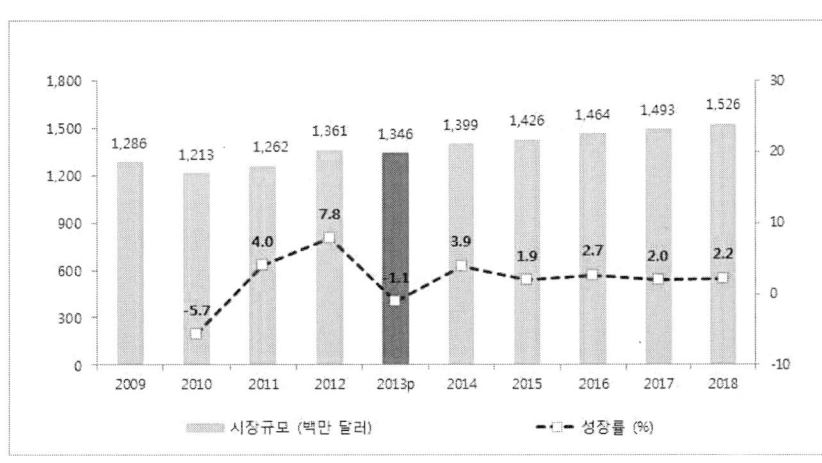

출처 : PwC(2014)

영화 관람객 수가 약간 감소한 대신 영화 티켓 가격이 소폭 인상되면서 영화관 수익이 증가한 점이 주목된다. 독일의 박스오피스시장은 향후 5년간 연평균 2.5%의 성장률을 보이며, 2018년까지 15억 2,600만 달러 규모에 이를 것으로 전망된다.

나. 홈비디오

독일 영화시장에서 가장 큰 비중을 자치하고 있는 홈비디오시장은 전년대비 0.4% 증가한 21억 달러 규모로 집계되었다. 하지만 인터넷 디지털 유통망이 확충됨에 따라, 시장 규모는 향후 연간 1.3%씩 지속적으로 감소해 2018년에는 19억 7,100만 달러 수준까지 낮아질 것으로 전망된다

[그림 4-27] 독일 홈비디오시장 규모 및 성장률, 2009 - 2018

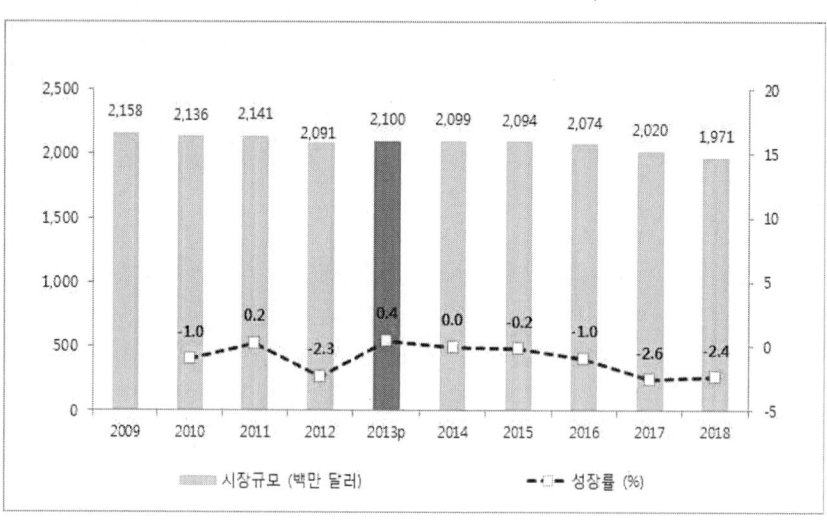

출처 : PwC(2014)

다. 디지털배급

2013년 기준 독일의 디지털배급시장의 규모는 2억 3,100만 달러의 규모로 전체 영화시장에 비해 작은 편이지만, 현재 경쟁이 가속화되고 있는 상황이다.

넷플릭스(Netflix)가 독일 시장에 진입하지 않았지만 이미 시장에는 여러 다양한 VOD 및 SVOD업체들이 서비스를 제공하고 있다. 2013년 말에는 독일의 유료TV 플랫폼인 스카이 도이칠란드(Sky Deutschland)가 새로운 VOD 서비스인 스냅(Snap)을 개시했다. 다양한 서비스업체들이 시장에 진입해 경쟁하며 향후 연평균 29.1%의 높은 증가세를 보일 것으로 기대되는 가운데,

2018년까지 독일의 디지털배급시장은 현재 규모의 3.5배에 달하는 8억 2,600만 달러 수준까지 성장할 것으로 전망된다.

[그림 4-28] 독일 디지털배급시장 규모 및 성장률, 2009 - 2018

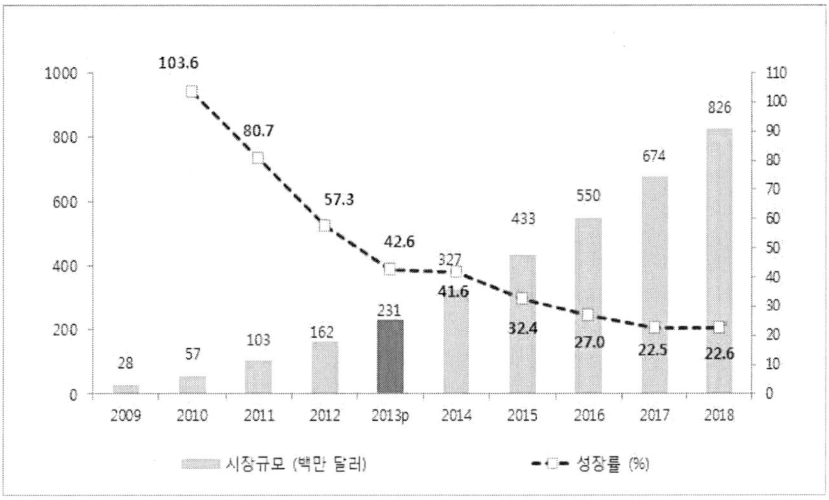

출처 : PwC(2014)

(6) 애니메이션

2013년 독일의 애니메이션 업계는 할리우드 애니메이션을 다수 방영하면서 시장의 규모를 키워 전년대비 9.9% 성장한 3억 2,200만 달러를 기록하였다. 독일의 방송사들은 할리우드의 방송 애니메이션과 영화 애니메이션을 수입하여 자국에 방영하는 한편, 해외의 애니메이션 제작사와 합작으로 독일의 어린이들을 대상으로 하는 만화제작도 활발히 하였다. 한편, 대학생들의 애니메이션 제작과 기획에 대한 관심이 높아지며 많은 해외 애니메이션 영화제에 입상을 하기도 하였다. 이러한 환경을 바탕으로 독일의 애니메이션시장은 2018년까지 7.9%의 성장세를 보이며, 4억 7,000만 달러의 규모에 이를 전망이다.

[표 4-10] 독일 애니메이션시장 규모 및 전망, 2009-2018

[단위 : 백만 달러, %]

구분	2009	2010	2011	2012	2013p	2014	2015	2016	2017	2018	2013-18 CAGR
영화	79	84	93	107	114	125	136	146	157	160	7.0
극장광고	6	7	8	9	10	11	13	14	15	16	9.4
디지털배급	1	3	4	8	11	16	22	27	35	41	29.2
방송	0	1	3	5	8	13	20	27	36	46	41.3
홈비디오	133	148	157	164	178	188	200	207	212	207	3.1
합계	220	242	266	293	322	354	390	421	455	470	7.9

출처 : Box Office Mojo(2014), Digital Vector(2013), The-Numbers(2014), PwC(2014)

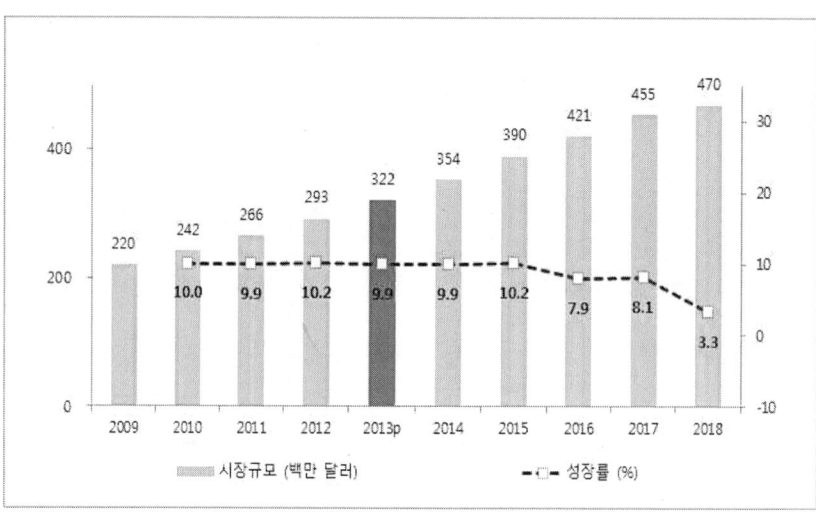

[그림 4-29] 독일 애니메이션시장 규모 및 성장률, 2009 - 2018

출처 : Box Office Mojo(2014), Digital Vector(2013), The-Numbers(2014), PwC(2014)

최근 독일 애니메이션시장에서는 디지털배급과 방송의시장점유율이 가파르게 증가한 반면, 2009년 60.5%의 점유율을 차지했던 홈비디오시장은 2013년 55.3%의 비중으로 소폭 하락했다. 한편, 2009년 35.9%의 점유율을 차지한 영화 애니메이션의 경우 2018년까지도 이와 유사한 수준을 유지할 것으로 전망된다. 반면, 디지털배급의 점유율은 OTT/스트리밍 서비스와 인터넷의 발달로 인해, 2018년까지 8.7%의 수준으로 규모가 커질 것으로 예상된다.

[그림 4-30] 독일 애니메이션시장 분야별 비중 비교, 2009 vs. 2013 vs. 2018

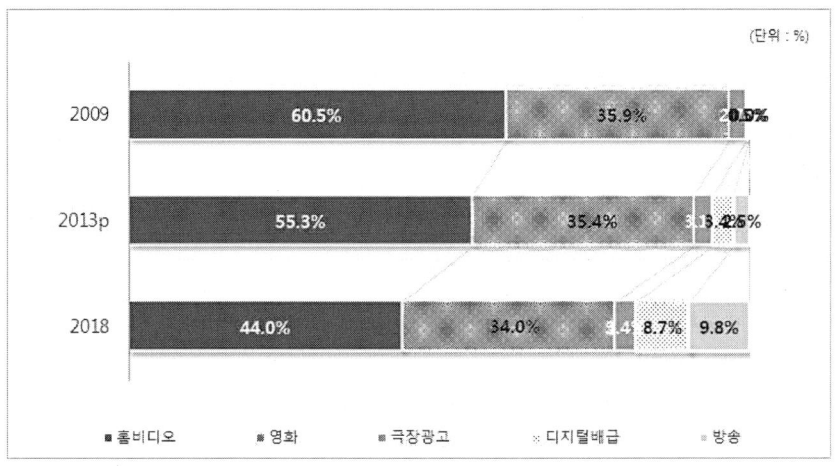

출처 : Box Office Mojo(2014), Digital Vector(2013), The-Numbers(2014), PwC(2014)

가. 영화 애니메이션

2013년 독일의 영화 애니메이션시장은 겨울왕국(Frozen), 슈퍼배드 2(Despicable Me 2), 몬스터 대학(Monster University), 터보(Turbo) 등이 아동들로부터 큰 인기를 끌며, 전년대비 6.8% 성장한 1억 1,400만 달러 규모로 집계되었다.

[그림 4-31] 독일 영화 애니메이션시장 규모 및 성장률, 2009 - 2018

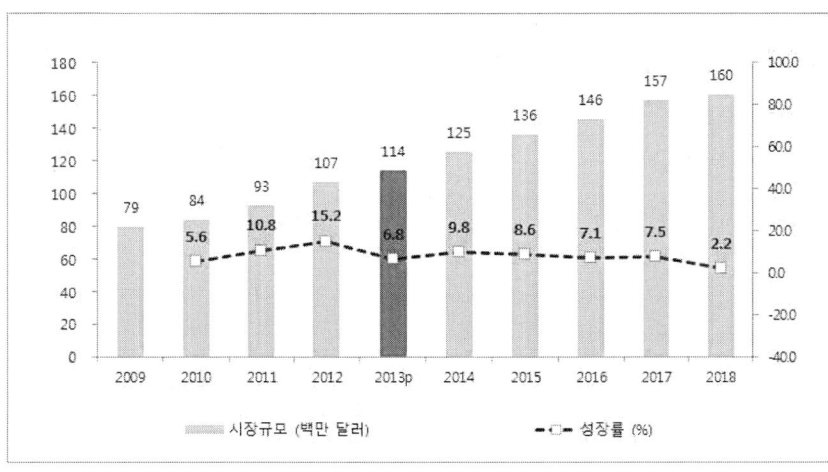

출처 : Box Office Mojo(2014), Digital Vector(2013), The-Numbers(2014), PwC(2014)

할리우드 애니메이션의 인기에 힘입어 독일에서도 애니메이션의 인기는 지속될 것으로 보이는 가운데, 시장은 향후 연평균 7.0% 성장을 유지하며 2018년까지 1억 6,000만 달러에 이를 것으로 전망된다.

나. 방송 애니메이션

2013년 독일의 방송 애니메이션시장 규모는 전년대비 69.9% 성장한 800만 달러로 집계되었다. 할리우드 애니메이션의 인기가 높아지며, 독일 방송사 슈퍼 RTL(Super RTL)은 '드래곤 길들이기: 버크라이더'의 1,200시간 방영권을 사들이기도 했다. 또 2014년에는 미국의 드림웍스(Dreamworks)와 슈렉(Shrek), 드래곤 길들이기(How to Train your Dragon) 방송 애니메이션의 독일 방영을 위한 판권 계약을 체결한 것으로 알려졌다. 또한 2014년부터 영국의 웨이부루(Waybuloo) 제작사 런던 애니메이션 스튜디오(London Animation Studio), 인도네시아의 디스크리트 아트(Discreet Art)와 함께 방송 애니메이션 위스퍼(Whisper)의 제작에 돌입한다. 이처럼 방송 애니메이션에 대한 수요 증가로, 시장은 향후 5년간 41.3%의 높은 성장률을 유지하며 2018년 4,600만 달러 규모에 이를 것으로 전망된다.

[그림 4-32] 독일 방송 애니메이션시장 규모 및 성장률, 2009 - 2018

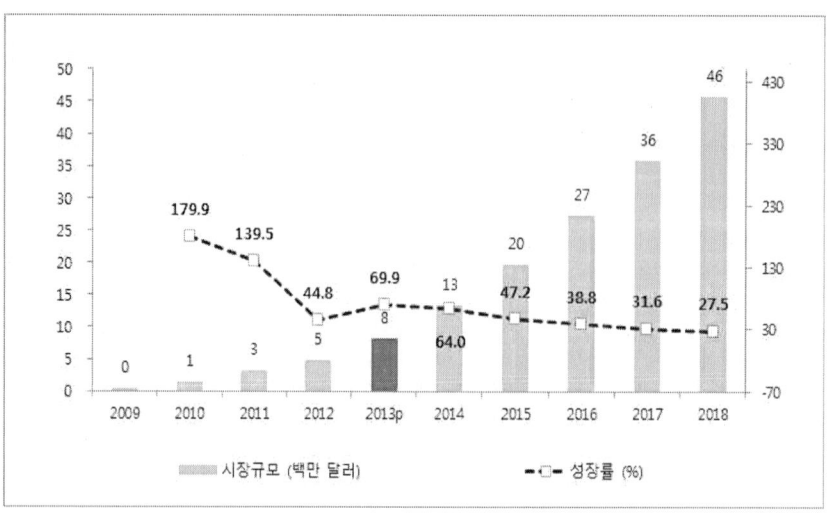

출처 : Box Office Mojo(2014), Digital Vector(2013), The-Numbers(2014), PwC(2014)

다. 홈비디오 애니메이션

2013년 독일의 홈비디오 애니메이션시장의 규모는 전년대비 8.4% 증가한 1억 7,800만 달러로 집계되었다. 독일의 OTT/스트리밍시장은 인근 유럽 국가들과 유사한 수준을 보여 주고 있지만, 소비자 선호도 조사결과 스마트폰, 태블릿, 컴퓨터를 이용한 비디오 감상이 인근 유럽지역의 3분의 2수준으로 저조했다. 디지털/OTT 스트리밍 서비스가 보편화된 환경이 갖춰졌음에도 불구하고 비디오 대여를 선호하는 독일인들의 성향으로 인해 홈비디오 애니메이션시장은 지속적인 성장률을 보여 왔다. 시장은 향후 5년간에도 역시 연평균 3.1% 성장세를 보일 것으로 예상되는 가운데, 2018년에는 2억 700만 달러 규모에 이를 전망이다.

[그림 4-33] 독일 홈비디오 애니메이션시장 규모 및 성장률, 2009 - 2018

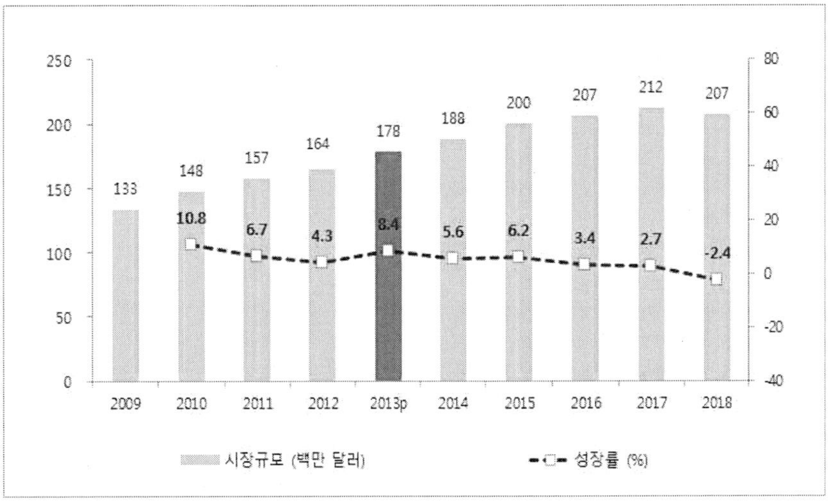

출처 : Box Office Mojo(2014), Digital Vector(2013), The-Numbers(2014), PwC(2014)

라. 디지털배급 애니메이션

2013년 독일의 디지털배급 애니메이션시장은 스마트폰 보급률 증가와 OTT/스트리밍 서비스, IPTV 서비스의 이용자가 증가하면서 전년대비 43.2% 성장한 1,100만 달러로 집계되었다. 디지털 애니메이션콘텐츠가 증가하고 있고 가정에서도 저렴한 가격으로 애니메이션을 손쉽게 시청할 수 있는 환경이 만들어짐에 따라, 관련 디지털배급 애니메이션시장은 향후 5년간 연평균 29.2%의 높은 성장세를 보이며 4,100만 달러에 이를 것으로 전망된다.

[그림 4-34] 독일 디지털배급 애니메이션시장 규모 및 성장률, 2009 - 2018

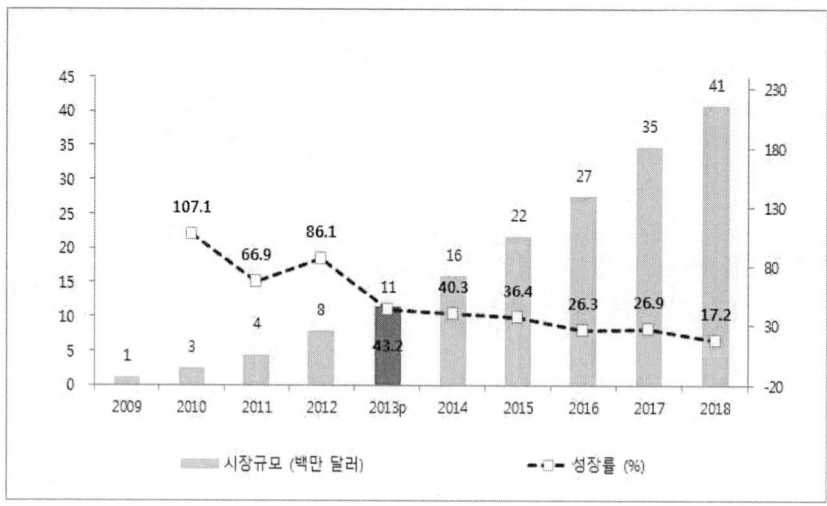

출처 : Box Office Mojo(2014), Digital Vector(2013), The-Numbers(2014), PwC(2014)

(7) 방송

유럽에서 가장 많은 인구를 갖고 있는 독일은 TV 시청가구 수도 3,900만으로 유럽 최대이며, 디지털지상파와 무료 위성서비스의 인기가 높다. 2013년 독일 방송시장은 전년대비 약 1.3% 증가한 258억 9,200만 달러로 집계되었다. 향후 방송시장은 연평균 1.5% 성장하며 2018년 278억 6,900만 달러에 이를 것으로 전망된다.

[표 4-11] 독일 방송시장 규모 및 전망, 2009-2018

[단위 : 백만 달러, %]

구분	2009	2010	2011	2012	2013p	2014	2015	2016	2017	2018	2013-18 CAGR
TV 수신료	14,361	14,546	15,059	15,544	15,765	15,946	16,192	16,420	16,673	16,941	1.4
공영방송	9,470	9,399	9,613	9,871	9,940	10,077	10,213	10,351	10,488	10,626	1.3
유료방송	4,891	5,147	5,446	5,673	5,824	5,869	5,979	6,069	6,184	6,314	1.6
TV 광고	4,863	5,288	5,337	5,450	5,550	5,708	5,845	6,043	6,205	6,405	2.9
다중 채널	460	520	568	600	632	671	708	754	795	845	6
지상파	4,336	4,684	4,678	4,737	4,785	4,882	4,956	5,080	5,170	5,299	2.1
온라인	67	83	91	113	133	155	181	209	240	261	14.5
라디오	4,603	4,602	4,609	4,577	4,577	4,631	4,596	4,628	4,576	4,523	△0.2

[단위 : 백만 달러, %]

구분	2009	2010	2011	2012	2013p	2014	2015	2016	2017	2018	2013-18 CAGR
라디오 광고	893	912	934	949	962	975	989	1,004	1,019	1,035	1.5
공영 라디오	3,710	3,690	3,675	3,628	3,615	3,656	3,607	3,624	3,557	3,488	△0.7
위성 라디오	-	-	-	-	-	-	-	-	-	-	-
합계	23,827	24,436	25,005	25,571	25,892	26,285	26,633	27,091	27,454	27,869	1.5

출처 : PwC(2014)

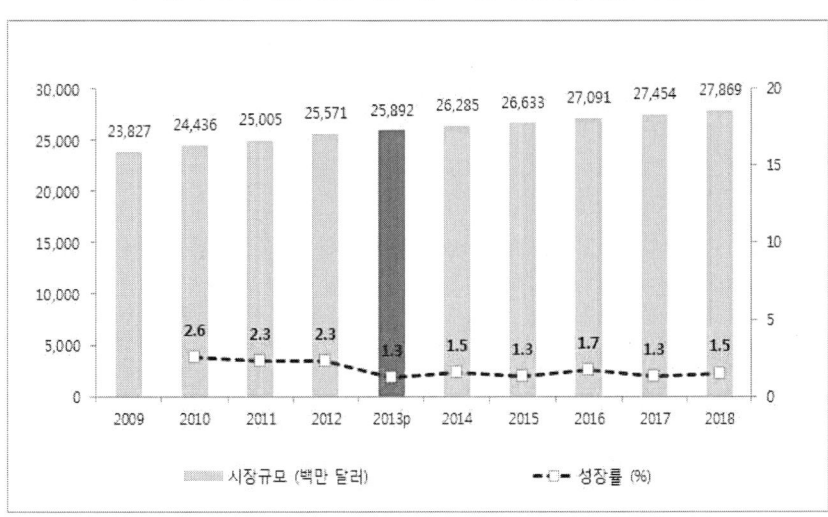

[그림 4-35] 독일 방송시장 규모 및 성장률, 2009 - 2018

출처 : PwC(2014)

　　TV 수신료시장은 독일 방송시장에서 가장 큰 점유율을 차지하고 있으며, 2013년 60.9%에서 2018년에도 60.8%로 거의 변동이 없을 것으로 보인다. TV 광고시장은 세계적인 경제 불황에도 불구하고 지속적인 성장을 이루어 왔으며, 향후 온라인 영역의 성장으로 2013년 21.4%에서 2018년 23%로 점유율이 확대될 전망이다. 반면 라디오시장의 점유율은 17.6%에서 16.2%로 소폭 감소될 것으로 보인다.

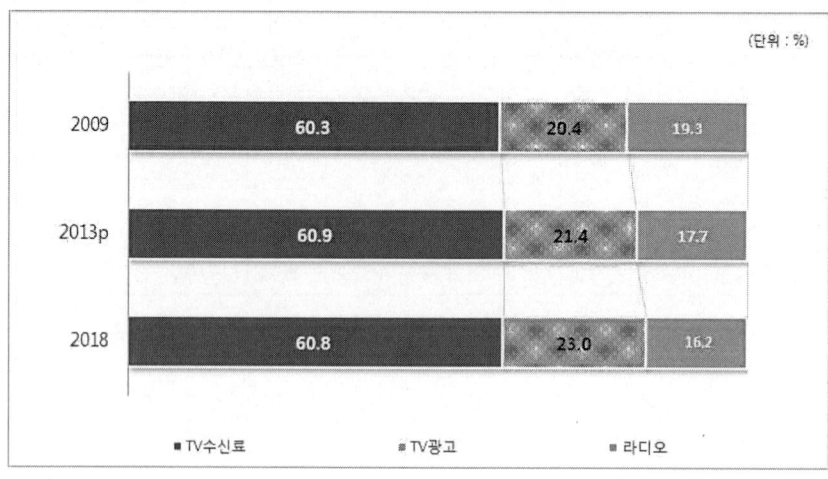

[그림 4-36] 독일 방송시장 분야별 비중 비교, 2009 vs. 2013 vs. 2018

출처 : PwC(2014)

가. TV 수신료

독일의 2013년 TV 수신료시장은 전년대비 1.4% 증가한 157억 6,500만 달러로 나타났다. 독일에서는 디지털 지상파와 무료 위성방송의 가입자가 48%이며, 특히 위성방송이 인기를 얻고 있다.

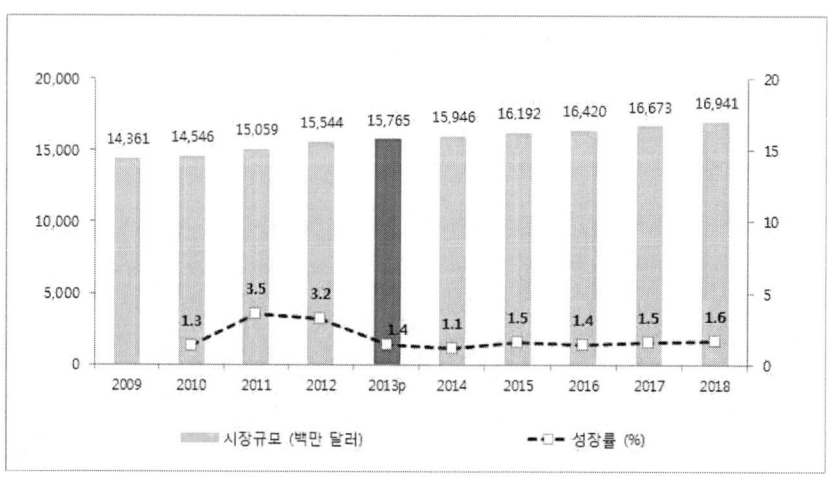

[그림 4-37] 독일 TV 수신료시장 규모 및 성장률, 2009 - 2018

출처 : PwC(2014)

케이블의 경우 43%가 아날로그 가입자인데 이들은 주로 저가인 인기 무료 채널을 이용하고 있으며, 고가인 디지털 서비스로의 업그레이드에는 소극적이다. TV 수신료시장은 향후 5년간 연평균 1.4%의 성장률을 보이며 2018년에는 169억 4,100만 달러에 이를 것으로 전망된다.

나. TV 광고

유럽의 많은 국가들이 경제 불황의 영향을 받았음에도 불구하고, 독일의 TV 광고시장은 건전한 경제력을 바탕으로 2010년 이후 연속 4년 연속 전년대비 성장을 지속했다.

[그림 4-38] 독일 TV 광고시장(방송) 규모 및 성장률, 2009 - 2018

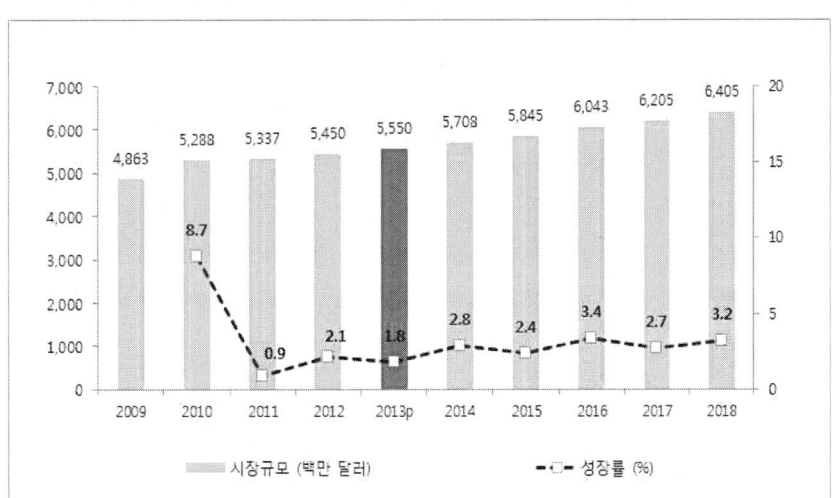

출처 : PwC(2014)

2013년 독일의 TV 광고시장은 전년대비 1.8% 성장한 55억 5,000만 달러를 기록했고, 2014년에도 2.8%의 성장을 보일 것으로 예측되고 있다. 독일의 TV 광고시장은 향후 5년간 연평균 2.9% 성장하여 2018년에는 64억 500만 달러 규모에 이를 것으로 전망된다.

다. 라디오

전 세계에서는 두 번째, 유럽에서는 가장 큰 시장을 가지고 있는 독일의 라디오시장의 2013년도 규모는 전년과 동일한 45억 7,700만 달러를 유지했다. 독일의 라디오시장은 공공 라디오 라이센스 비용이 79%로 높아 미국처럼 광고가 지배하고 있는 시장보다 경기변동의 영향을 훨씬 덜 받는다.

이러한 이유로 독일의 라디오시장은 글로벌 경기침체의 영향을 덜 받았으며, 세계적으로 라디오 시장이 침체된 2009년에도 완만한 성장을 기록했다. 독일의 라디오시장은 향후 5년간 연평균 성장률이 0.2%의 약보합세를 나타내고, 그 규모도 2018년 45억 2,300만 달러 수준을 유지할 것으로 전망된다.

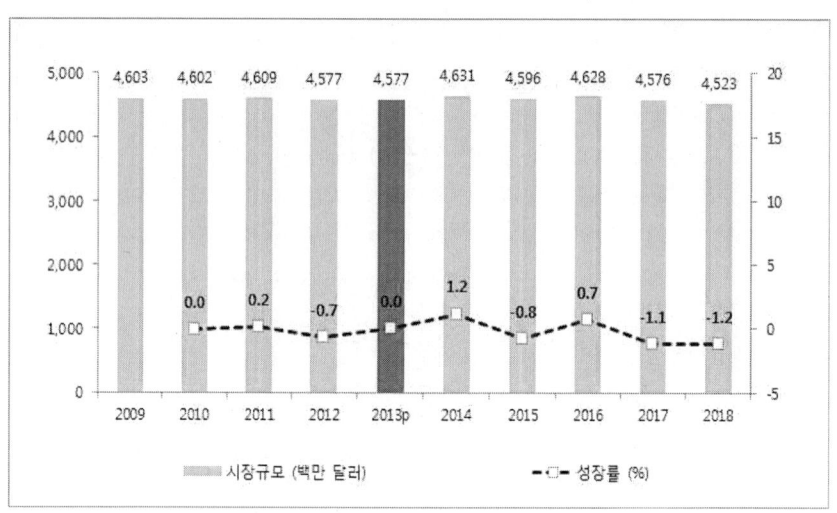

[그림 4-39] 독일 라디오시장 규모 및 성장률, 2009 - 2018

출처 : PwC(2014)

(8) 광고

독일은 유럽 2위의 인터넷 광고시장과 3위의 옥외 광고시장을 보유하고 있다. 2013년 독일의 광고시장은 전년대비 0.7% 성장한 224억 1,000만 달러로 집계되었다. 독일은 디렉토리 광고, 산업잡지, 신문 광고, 옥외 광고를 포함한 전 부분의 디지털 광고에 대한 지출이 크게 늘어나 큰 폭의 성장세를 보였다. 경제성장률은 낮았지만 탄탄한 내수 소비를 바탕으로 광고시장은 2018년까지 연평균 1.4%의 성장률을 보이며 239억 7,900만 달러에 이를 것으로 전망된다.

[표 4-12] 독일 광고시장 규모 및 전망, 2009-2018

[단위 : 백만 달러, %]

구분	2009	2010	2011	2012	2013p	2014	2015	2016	2017	2018	2013-18 CAGR
디렉토리 광고	1,561	1,513	1,499	1,442	1,397	1,369	1,351	1,339	1,326	1,311	△1.3

[단위 : 백만 달러, %]

구분	2009	2010	2011	2012	2013p	2014	2015	2016	2017	2018	2013-18 CAGR
디지털	218	239	265	356	452	551	646	734	810	873	14.1
인쇄	1,344	1,275	1,234	1,086	944	818	705	605	516	438	△14.2
잡지 광고	1,915	2,016	2,042	1,873	1,821	1,799	1,725	1,673	1,622	1,580	△2.8
디지털	60	106	145	185	194	234	234	234	229	224	2.9
인쇄	1,855	1,910	1,897	1,688	1,627	1,565	1,491	1,439	1,393	1,355	△3.6
산업잡지 광고	1,111	1,120	1,155	1,152	1,148	1,152	1,165	1,181	1,193	1,202	0.9
디지털	16	20	30	49	68	103	143	187	229	271	31.7
인쇄	1,096	1,101	1,125	1,103	1,079	1,049	1,022	994	964	931	△2.9
극장광고	94	98	112	116	121	126	133	140	146	153	4.9
신문 광고	5,313	5,284	5,208	4,799	4,403	4,137	3,893	3,670	3,478	3,297	△5.6
디지털	171	204	240	277	294	320	347	377	411	447	8.7
인쇄	5,142	5,080	4,968	4,522	4,109	3,818	3,546	3,292	3,067	2,850	△7.1
라디오 광고	893	912	934	949	962	975	989	1,004	1,019	1,035	1.5
TV 광고	4,863	5,288	5,337	5,450	5,550	5,708	5,845	6,043	6,205	6,405	2.9
다중 채널	460	520	568	600	632	671	708	754	795	845	6
지상파	4,336	4,684	4,678	4,737	4,785	4,882	4,956	5,080	5,170	5,299	2.1
온라인TV	67	83	91	113	133	155	181	209	240	261	14.5
인터넷 광고	4,382	4,945	5,469	6,152	6,807	7,425	8,004	8,551	9,028	9,521	6.9
모바일	50	68	116	171	283	396	526	663	774	884	25.6
유선	4,332	4,876	5,353	5,981	6,524	7,029	7,478	7,888	8,254	8,637	5.8
옥외 광고	1,069	1,110	1,181	1,144	1,182	1,216	1,240	1,266	1,292	1,319	2.2
디지털	0	32	45	81	81	90	102	111	121	131	10.1
오프라인	1,069	1,078	1,137	1,063	1,101	1,126	1,139	1,155	1,171	1,188	1.5
게임 광고	107	121	137	150	160	178	195	207	219	232	7.7
산술합계[120]	21,308	22,407	23,074	23,227	23,551	24,085	24,540	25,074	25,528	26,055	2.0
합계	20,776	21,755	22,303	22,247	22,410	22,722	22,989	23,333	23,609	23,979	1.4

출처 : PwC(2014)

---

120) 산술합계에는 디렉토리 광고, 잡지 광고, 산업잡지 광고, 신문 광고의 디지털 광고와 온라인TV 광고, 지상파 라디오 온라인 광고가 인터넷 광고시장 규모에 포함되어 있어 합계에서는 중복되는 부분을 제외함

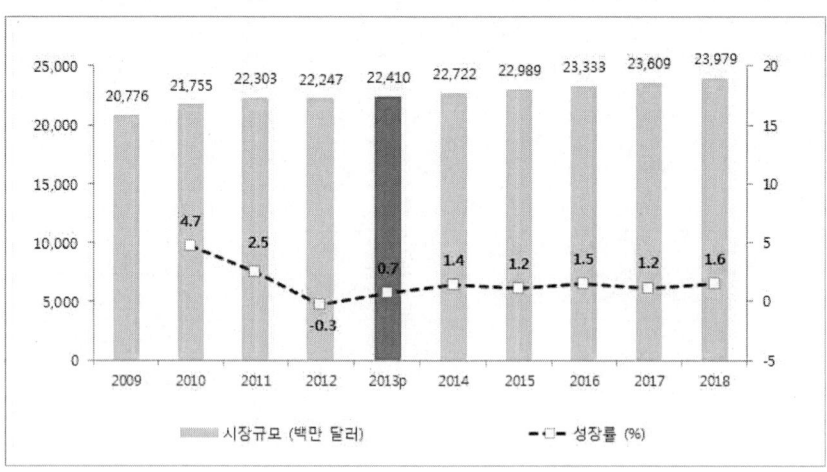

[그림 4-40] 독일 광고시장 규모 및 성장률, 2009 - 2018

출처 : PwC(2014)

2013년 독일의 광고시장은 인터넷 광고시장이 28.9%로 가장 높은 점유율을 보이고 있으며 TV 광고와 신문 광고가 그 뒤를 잇고 있다. 2009년 가장 높은 비중을 보여주었던 신문 광고는 인터넷의 발달로 3분의 1에 가까운 시장점유율을 인터넷 광고에 넘겨주었으며, 2018년에는 12%의 정도로 감소할 것으로 보인다. 반면 인터넷 광고는 2018년 TV 광고와 신문 광고를 합친 것에 버금가는 36.5% 수준으로 점유율이 증가할 전망이다.

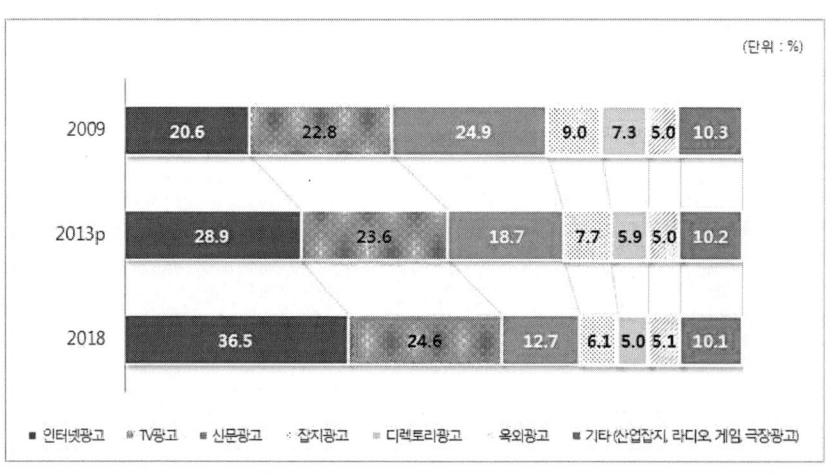

[그림 4-41] 독일 광고시장 분야별 비중 비교, 2009 vs. 2013 vs. 2018

출처 : PwC(2014)

가. TV 광고

독일의 TV 광고시장은 유럽의 경제 불황에도 불구하고 독일의 튼튼한 내수 덕분에 성장세를 유지할 수 있었다. 그 결과 2013년 TV 광고시장의 규모는 전년대비 1.8% 성장한 55억 5,000만 달러를 기록했다.

[그림 4-42] 독일 TV 광고시장 규모 및 성장률, 2009 - 2018

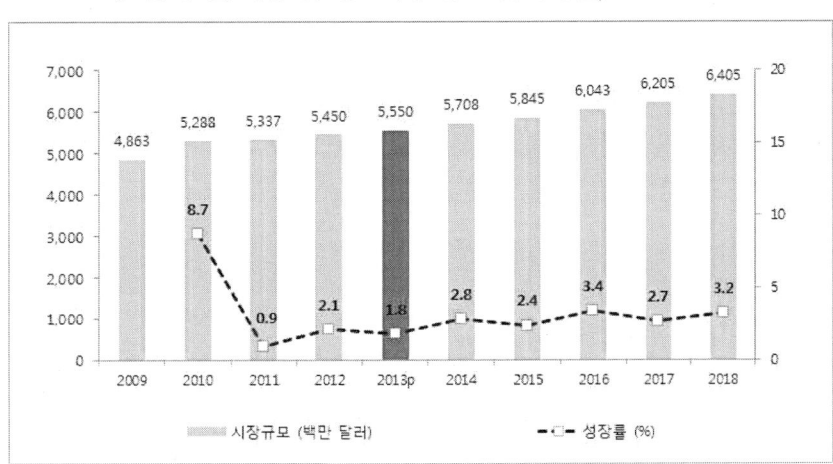

출처 : PwC(2014)

인터넷 광고가 증가하면서 TV 광고 부문도 감소할 것으로 예상 되었으나 인쇄매체를 통한 광고의 비율이 감소하는 대신 TV 광고는 지속 증가하였고 향후 독일 TV 광고시장은 2018년까지 연평균 2.9%의 안정적인 성장세를 보이며 64억 500만 달러의 규모로 성장할 것으로 전망된다.

나. 인터넷 광고

독일의 인터넷 광고시장은 유럽에서 2위 규모로, 2013년에는 전년대비 10.6% 성장한 68억 700만 달러를 기록했다.

인터넷 광고시장에서 독일이 높은 시장점유율을 갖는 이유는 독일뿐만 아니라 동일 언어권인 오스트리아, 체코, 스위스 등의 소비자에 대한 영향력과 70%대의 인터넷의 보급률 때문인 것으로 풀이된다. 독일의 인터넷 광고는 향후 5년간 연평균 2.9%의 성장세를 유지하여, 2018년 95억 2,100만 달러에 이를 것으로 전망된다.

[그림 4-43] 독일 인터넷 광고시장 규모 및 성장률, 2009 - 2018

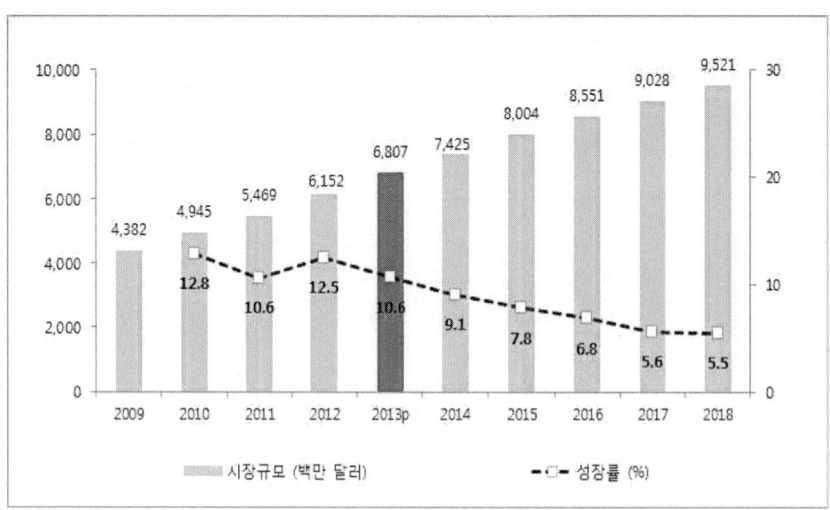

출처 : PwC(2014)

[표 4-13] 독일 인터넷 광고시장 규모 및 전망, 2009-2018

[단위 : 백만 달러, %]

구분	2009	2010	2011	2012	2013p	2014	2015	2016	2017	2018	2013-18 CAGR
모바일	50	68	116	171	283	396	526	663	774	884	25.6
유선	4,332	4,876	5,353	5,981	6,524	7,029	7,478	7,888	8,254	8,637	5.8
안내광고	934	981	1,031	1,128	1,205	1,252	1,285	1,307	1,327	1,347	2.3
디스플레이 광고	1,154	1,301	1,492	1,620	1,774	1,920	2,052	2,157	2,254	2,346	5.7
비디오	111	141	191	232	288	357	432	519	608	713	19.9
유료검색	2,133	2,453	2,639	3,000	3,257	3,500	3,708	3,905	4,065	4,231	5.4
합계	4,382	4,945	5,469	6,152	6,807	7,425	8,004	8,551	9,028	9,521	6.9

출처 : PwC(2014)

다. 신문 광고

2009년 독일 광고시장에서 22.8%의 점유율을 차지했던 신문 광고시장은 2013년 지면 광고의 인쇄율 감소로 인해 전년대비 8.1% 하락한 44억 300만 달러로 집계되었다. 인터넷을 통한 광고의 비중이 점점 커지고 있고, TV 광고의 영향력 또한 소폭 증가하고 있어 신문 광고의 비중은 비교적 큰 폭의 하락이 지속될 것으로 보인다. 이에 따라 신문 광고는 향후 5년간 평균 5.6% 하락세를 보이며, 2018년에는 32억 9700만 달러 수준까지 감소할 것으로 전망된다.

[그림 4-44] 독일 신문 광고시장 규모 및 성장률, 2009-2018

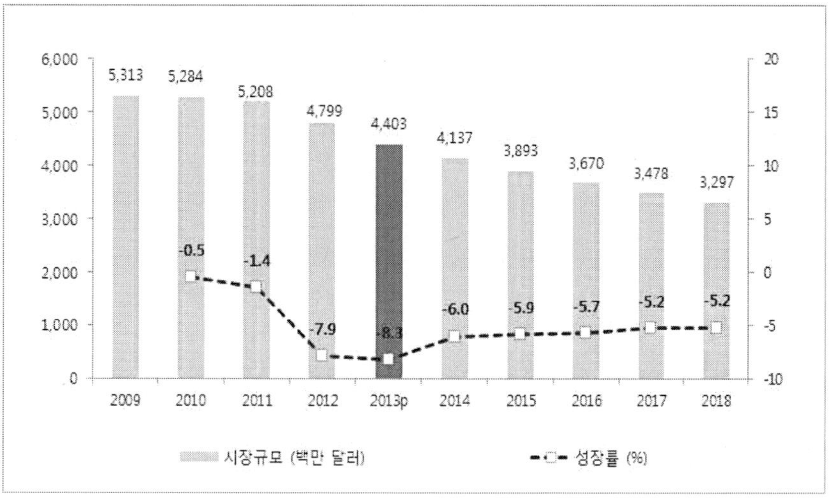

출처 : PwC(2014)

라. 옥외 광고

유럽 3위, 세계 7위 규모를 자랑하는 독일의 옥외 광고시장은 2013년에 전년대비 3.3% 성장한 11억 8,200만 달러를 기록했다. 독일의 옥외 광고시장은 대부분 광고시장으로서 성숙단계에 접어들었지만, 광고의 매체의 디지털화에 따라 성장 가능성도 예상된다.

독일의 옥외 광고 전문회사인 스트로어(Stroer)에 따르면, 디지털 방식으로 표현되는 광고가 앞으로 주도될 것이며 지하철, 쇼핑몰, 버스정류장 등 다양한 곳에 적용될 디지털 옥외 광고 서비스가 개발되고 있다. 향후 독일의 옥외 광고시장은 디지털화, 포맷의 변화로 지속적인 성장이 가능할 것으로 보인다. 시장은 향후 5년간 2.2%의 성장률을 보이며 2018년에는 13억 1,900만 달러 수준으로 성장할 전망이다.

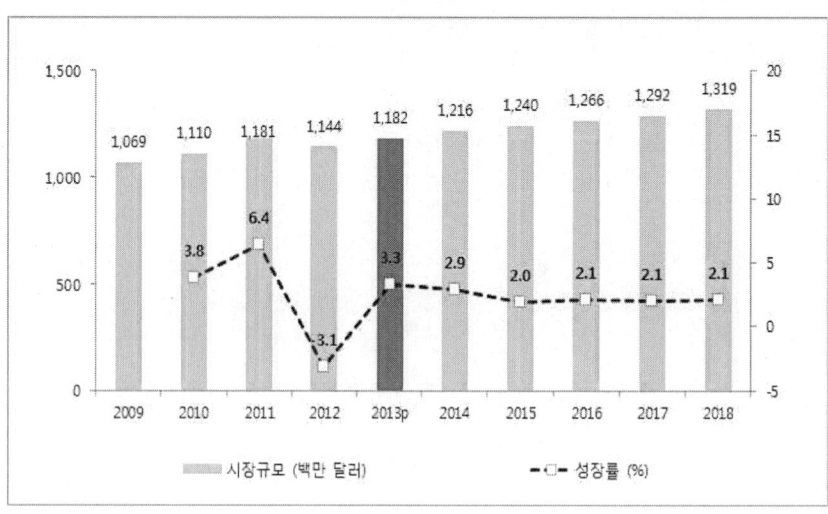

[그림 4-45] 독일 옥외 광고시장 규모 및 성장률, 2009-2018

출처 : PwC(2014)

(9) 캐릭터·라이선스

2013년 독일의 캐릭터·라이선스시장은 건전한 내수시장과 유럽발 금융위기의 내성 덕분에 지속적인 성장세를 보이며, 전년대비 2.2% 성장한 50억 4,000만 달러를 기록했다.

향후 독일의 캐릭터·라이선스시장은 유럽의 경기회복 속도와 정도에 따라 더욱 증가할 가능성이 있으며, 지금처럼 유지되더라도 5년 뒤인 2018년까지 연평균 1.7%의 성장률을 유지해 54억 8,400만 달러의 시장으로 성장할 전망이다.

[표 4-14] 독일 캐릭터·라이선스시장 규모 및 전망, 2009-2018

[단위 : 백만 달러, %]

구분	2009	2010	2011	2012	2013p	2014	2015	2016	2017	2018	2013-18 CAGR
캐릭터·라이선스	4,737	4,645	4,830	4,931	5,040	5,131	5,221	5,310	5,395	5,484	1.70

출처 : EPM(2013, 2014), PwC(2014)

[그림 4-46] 독일 캐릭터·라이선스시장 규모 및 성장률, 2009-2018

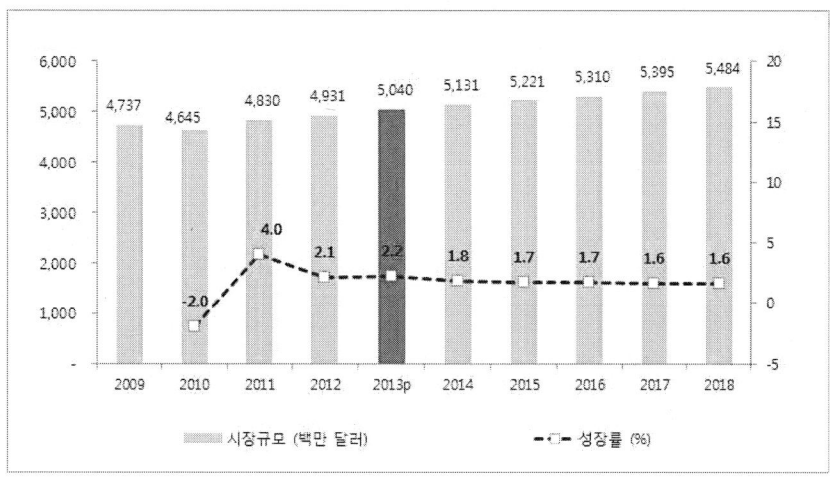

출처 : EPM(2013, 2014), PwC(2014)

독일의 캐릭터·라이선스시장의 최대 부문은 패션으로 2013년에도 2011년과 동일한 29.7%의 높은 비중을 보여주었다. 한편 엔터테인먼트/캐릭터는 2009년 이후 시장점유율이 지속적으로 조금씩 감소하였고, 기업브랜드, 예술, 기타 부문은 2013년까지 소폭의 변동을 보였으나 대체적으로 현상을 유지했다.

[그림 4-47] 독일 캐릭터·라이선스 부문별 시장 비중 비교, 2009 vs. 2011 vs. 2013

출처 : EPM(2013, 2014), PwC(2014)

[표 4-15] 독일 캐릭터·라이선스 분야별 시장 규모, 2009-2013

[단위 : 백만 달러, %]

구분	2009		2011			2013		
	시장 규모	비중	시장 규모	비중	증감율	시장 규모	비중	증감율
엔터테인먼트/캐릭터	1,067	22.5	1,042	21.6	△2.38	1,046	20.8	0.47
스포츠	445	9.4	462	9.6	3.82	486	9.6	5.13
패션	1,369	28.9	1,436	29.7	4.92	1,498	29.7	4.32
기업브랜드/상표	630	13.3	680	14.1	8.00	713	14.2	4.85
예술	378	8.0	370	7.7	△2.22	386	7.7	4.49
기타	848	17.9	840	17.4	△0.94	910	18.1	8.32
합계	4,737	100.0	4,830	100.0	1.96	5,040	100.0	4.35

출처 : EPM(2013, 2014), PwC(2014)

2013년 독일의 의류/신발/잡화는 42%로 가장 높은 점유율을 보였으나, 2009년과 비교하면 감소 이후 정체 상태를 보이고 있다. 게임/완구 캐릭터 라이선스는 소폭 감소하였지만 감소율이 증가하였고, 문구/제지 부문도 감소하는 모습을 보이고 있다. 반면, 기타 부문의 캐릭터 라이선스는 2009년 대비 큰 폭으로 증가하였다.

[그림 4-48] 독일 캐릭터·라이선스 제품별 시장 비중 비교, 2009 vs. 2011 vs. 2013

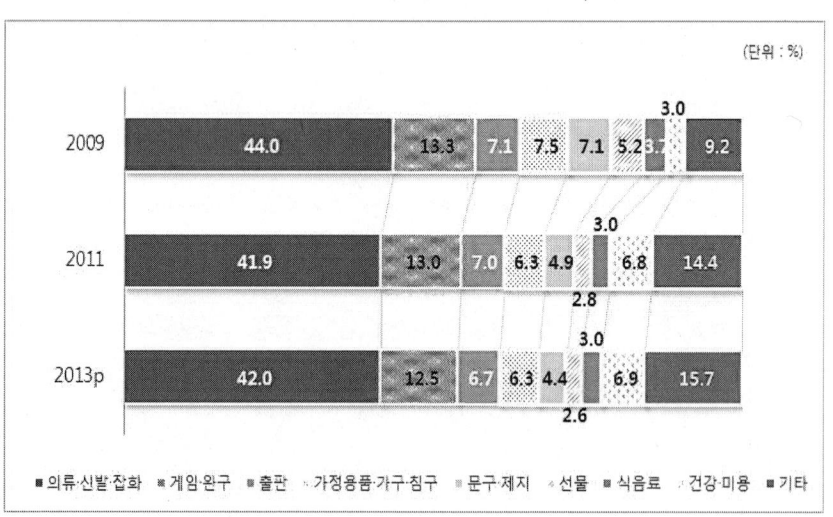

출처 : EPM(2013, 2014), PwC(2014)

[표 4-16] 독일 캐릭터·라이선스 제품별 시장 규모, 2009-2013

[단위 : 백만 달러, %]

구분	2009		2011			2013		
	시장 규모	비중	시장 규모	비중	증감율	시장 규모	비중	증감율
의류·신발·잡화	2083	44.0	2,410	41.9	15.7	2,509	42.0	4.1
게임·완구	630	13.3	750	13.0	19.0	746	12.5	△0.5
출판	336	7.1	400	7.0	19.0	400	6.7	-
가정용품·가구·침구	353	7.5	360	6.3	2.0	374	6.3	3.9
문구·제지	336	7.1	280	4.9	△16.7	264	4.4	△5.7
선물	244	5.2	160	2.8	△34.4	153	2.6	△4.4
식음료	176	3.7	170	3.0	△3.4	179	3.0	5.3
건강·미용	143	3.0	390	6.8	172.7	414	6.9	6.2
기타	436	9.2	830	14.4	90.4	940	15.7	13.3
합계	4737	100.0	5,750	100.0	21.4	5,977	100.0	3.9

출처 : EPM(2013, 2014), PwC(2014)

(10) 지식정보

디지털의 주도하에 큰 폭으로 성장한 독일의 지식정보시장은 광고 디렉토리, 일반 광고, 구독, 인터넷접근 등 다양한 부분에서 고른 성장세를 보이고 있다. 2013년 해당 시장의 규모는 전년대비 3.2% 증가한 376억 9,900만 달러로 집계되었다.

향후 5년간 산업잡지 광고인쇄와 디렉토리 광고 인쇄 부문의 수익 감소와 지면 광고의 수익률이 지속 하락할 것으로 보여 시장 규모가 다소 위축될 것으로 예측되지만, 디지털화가 진행 될수록 성장세는 높아질 것으로 전망된다. 향후 5년간 시장은 연평균 3.2%의 성장률을 기록하며 2018년 440억 2,800만 달러 규모에 이를 것으로 보고 있다.

[표 4-17] 독일 지식정보시장 규모 및 전망, 2009-2018

[단위 : 백만 달러, %]

구분	2009	2010	2011	2012	2013p	2014	2015	2016	2017	2018	2013-18 CAGR
비즈니스정보	6,309	6,428	6,998	7,153	7,396	7,530	7,738	7,968	8,212	8,459	2.7
디렉토리 광고	1,561	1,513	1,499	1,442	1,397	1,369	1,351	1,339	1,326	1,311	△1.3
디지털	218	239	265	356	452	551	646	734	810	873	14.1

[단위 : 백만 달러, %]

구분			2009	2010	2011	2012	2013p	2014	2015	2016	2017	2018	2013-18 CAGR
인쇄			1,344	1,275	1,234	1,086	944	818	705	605	516	438	△14.2
전시회			3,421	3,947	3,816	4,342	4,401	4,474	4,518	4,566	4,615	4,663	1.2
전문서적			3,733	3,878	3,719	3,635	3,759	3,753	3,747	3,757	3,781	3,801	0.2
	전자		224	271	335	380	445	509	580	654	731	803	12.5
	인쇄		3,509	3,607	3,384	3,255	3,314	3,244	3,166	3,103	3,050	2,999	△2
산업잡지			2,254	2,259	2,273	2,266	2,252	2,254	2,281	2,308	2,335	2,357	0.9
	광고		1,111	1,120	1,155	1,152	1,148	1,152	1,165	1,181	1,193	1,202	0.9
		디지털	16	20	30	49	68	103	143	187	229	271	31.7
		인쇄	1,096	1,101	1,125	1,103	1,079	1,049	1,022	994	964	931	△2.9
	구독		1,143	1,138	1,118	1,114	1,104	1,102	1,115	1,127	1,142	1,156	0.9
		디지털	-	3	8	37	65	94	138	178	220	259	32
		지면	1,143	1,136	1,110	1,078	1,040	1,008	977	949	921	896	△2.9
인터넷접근			13,388	14,034	15,670	17,009	18,494	19,685	20,800	21,786	22,624	23,437	4.9
	모바일		4,313	4,628	5,944	7,151	8,505	9,601	10,628	11,530	12,303	13,064	9
	고정 브로드밴드		9,075	9,406	9,726	9,858	9,988	10,084	10,172	10,256	10,321	10,373	0.8
합계			30,666	32,059	33,975	35,847	37,699	39,065	40,435	41,724	42,893	44,028	3.2

출처 : PwC(2014)

[그림 4-49] 독일 지식정보시장 규모 및 성장률, 2009-2018

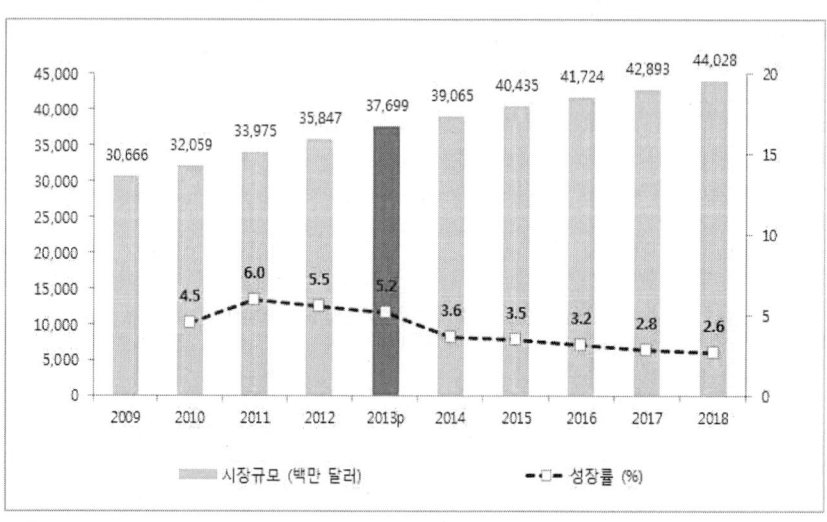

출처 : PwC(2014)

2013년 전체 지식정보시장의 43.7%를 차지하고 있는 인터넷접근시장의 점유율은 2018년 53.2%까지 증가할 것으로 전망된다. 반면, 전문서적의 시장점유율은 지속적으로 감소해, 2013년 대비 14% 정도 하락이 예상된다.

[그림 4-50] 독일 지식정보시장 분야별 비중 비교, 2009 vs. 2013 vs. 2018

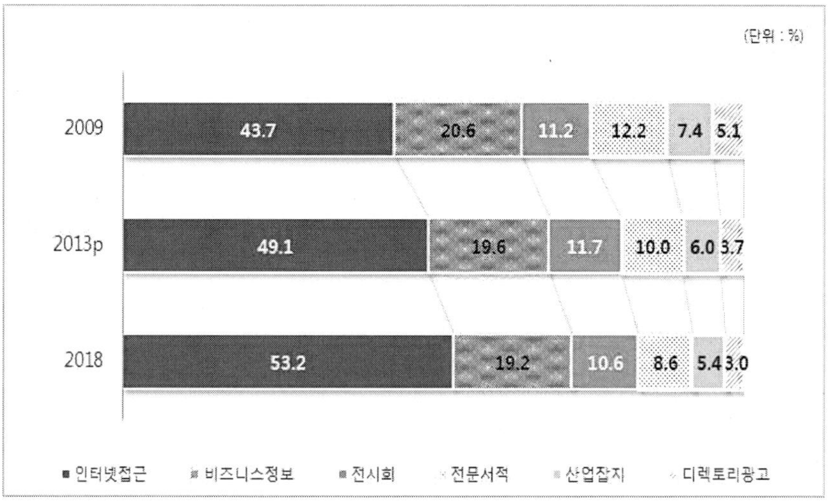

(단위 : %)

연도	인터넷접근	비즈니스정보	전시회	전문서적	산업잡지	디렉토리광고
2009	43.7	20.6	11.2	12.2	7.4	5.1
2013p	49.1	19.6	11.7	10.0	6.0	3.7
2018	53.2	19.2	10.6	8.6	5.4	3.0

출처 : PwC(2014)

한편, 비즈니스 정보, 전시회, 산업잡지 등 시장의 경우, 2018년에 소폭의 하락세를 보일 것으로 전망되지만, 이는 인터넷접근시장이 상대적으로 빠르게 성장하고 있어 점유율이 줄어 보이는 현상일 뿐 해당 시장 자체는 여전히 성장하고 있다.

가. 인터넷접근

2013년 독일의 인터넷 보급률은 70%를 넘어선 것으로 나타났으며, 이는 전년대비 8.7% 성장한 것으로 184억 9,400만 달러 규모이다. 유선 인터넷과 무선 모바일 인터넷 모두 성장세를 보이고 있는데, 가장 큰 성장률을 보인 것은 모바일 인터넷접근이었다.

유선 인터넷의 경우 DSL이 80.1%로 가장 높은 보급률을 보이고 있지만, 광섬유통신망(FTTH/B)의 보급이 확대될수록 DSL라인의 보급률은 감소해 2018년에는 68.9%까지 떨어질 것으로 예상된다. 그러나 광섬유통신망의 보급 확대는 기존의 인터넷 접속 망을 대체할 뿐 보급률과는 무관하다. 2010년 LTE 통신서비스의 시작과 함께 높은 성장률을 보여 온 모바일 인터넷은 연평균 10.7%의 성장률을 보이고 있으며, 2015년까지 두 자릿수 성장세를 유지할 것으로 전망된다.

특히 스마트폰 및 기타 인터넷 이용이 가능한 모바일기기의 보급과 함께 LTE 통신망의 빠른 확충, 저렴한 통신 요금은 모바일 인터넷 성장을 주도한 요인으로 풀이된다.

향후 독일의 인터넷접근시장은 DSL 망이 광섬유통신망으로 대체되고 모바일기기를 이용한 인터넷 이용자가 늘어나면서 2018년까지 연평균 4.9%의 성장률을 기록하며 234억 3,700만 달러까지 시장 규모가 커질 것으로 전망된다.

[그림 4-51] 독일 인터넷접근시장 규모 및 성장률, 2009-2018

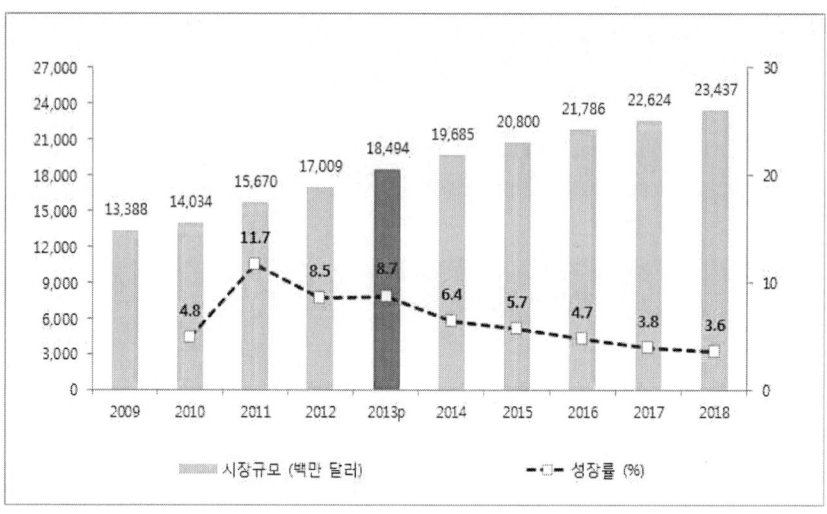

출처 : PwC(2014)

나. 전문정보[121]

2013년 독일의 전문정보시장은 전년대비 1.9% 성장한 192억 300만 달러를 기록하였다. 전문정보시장은 유럽발 경제위기로 인해 사업정보의 확보를 원하는기업이 증가하고 있는 추세이다. 하지만 2013년 1%이하의 경제성장률로 인해 전문정보시장은 큰 성장세를 보이지는 못했다. 향후 5년간 독일의 전문정보시장은 2018년까지 205억 9,100만 달러로 소폭상승하며 연평균 1%대의 강보합세를 유지할 것으로 전망된다.

---

[121] 전문정보시장은 인터넷접근을 제외한 지식정보시장(비즈니스 정보, 디렉토리 광고, 전문서적, 산업잡지, 전시회)을 의미함

[그림 4-52] 독일 전문정보시장 규모 및 성장률, 2009-2018

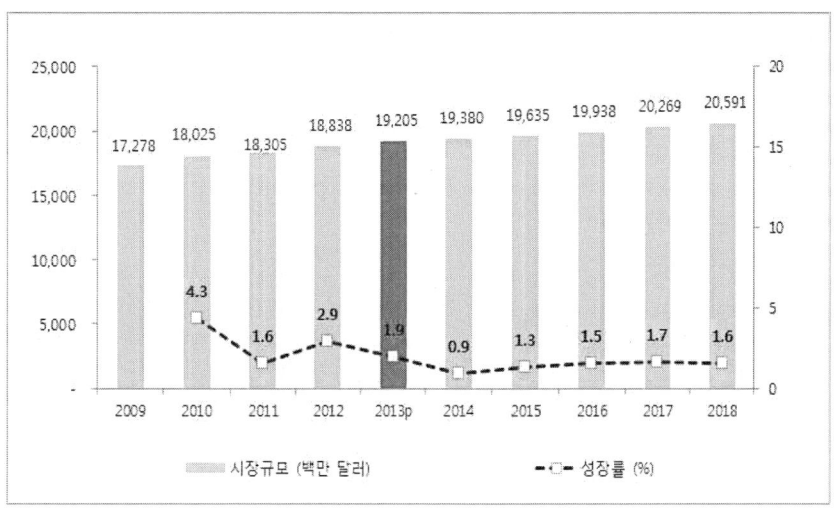

출처 : PwC(2014)

3) 주요 이슈 및 트렌드

(1) 출판

가. 독일의 출판사와 마찰을 일으키는 아마존

독일의 출판사들이 미국 온라인 유통업체 아마존을 독점규제법으로 고소하였다. 아마존은 독일의 출판사들에게 전자책의 가격인하를 요구해 왔고 현지의 출판사들과 마찰을 빚어왔는데 고의적으로 독일 출판사 '보니어'의 책을 지연 배송하면서 갈등이 불거졌다. 독일의 출판사를 통해 도서를 배달할 경우 이틀이면 완료되는 반면 아마존을 통해 보니어 출판사의 일부 도서를 배달할 경우 열흘이 넘는 것으로 나타났다. 아마존은 프랑스의 유명 출판사 아셰트와 마찰을 겪은 지 한 달 만에 독일의 출판사 보니어와 갈등에 빠지면서 아마존에 대한 부정적인 입장이 유럽 전역으로 확대되고 있다.[122]

---

122) 조선비즈, 아마존 미국에 이어 독일 출판 업계와도 갈등 고의 배송 지연, 2014. 6. 25.

나. 인터넷 포털 사이트, 신문 기사 재인용에 비용 지불

구글은 독일에서 출간하는 신문의 기사를 재인용하여 보여주는 스니펫(Snippets)을 중지하기로 하였다. 독일의 새로운 법률에 의하면 기업이 확보한 출판 권리는 인터넷 링크를 통한 헤드라인이나 기사보다 우선한다는 조항을 가지고 있다. 이러한 점 때문에 구글은 기사를 재인용하여 보여주는 것에 대한 비용을 지불해야 했고 독일의 신문사들과 긴 협상 끝에 스니펫 서비스를 중단하기로 하였다.[123]

다. 가장 이윤이 많이 남는 독일 전자책시장

2013년 아마존의 판매 데이터에 의하면 독일의 전자책시장은 가장 이윤이 많이 남는 시장으로 분석되었다. 보통 전자책이라고 하면 일반 인쇄 출판물보다 가격이 싼 편이다. 하지만 독일인들은 가격이 비싸더라도 전자책을 구입하는 것으로 나타났으며 설사 전자책이라 할지라도 일반 인쇄 출판 도서와 같은 가치를 지닌다고 여기는 것으로 나타났다. 아마존은 이러한 점을 들어 독일의 전자책시장이 영국이나 미국보다 높은 가격을 유지할 것으로 내다봤다.

(2) 음악

가. 음원 스트리밍 서비스 수익 증가

독일의 음악 스트리밍 서비스 시장이 큰 성장기를 맞이하고 있다. 스포티파이와 냅스터, 심파이와 같은 스트리밍 서비스의 음원 수익은 91.2% 증가한 9,400만 달러였고 애플의 아이튠스처럼 다운로드 형태의 서비스는 4.8% 증가한 2억 900만 달러의 수익을 기록하였다. 스트리밍 서비스 시장은 작년과 비교하여 두 배 이상 성장하였다.[124]

---

123) The Wall Street Journal, Google to Stop Publishing German Newspaper Extracts, 2014. 10. 2.
124) The Holywood reporter, German Music Business Grows For The First Time in 15 Years, 2014. 3. 6.

(3) 게임

가. 한국 소프트웨어기업에 관심을 보이는 독일 NRW연방주

독일 노르트라인 베스트 팔랜 NRW(North Rhine-Westphalia)연방주는 한독 게임산업 세미나를 통해 한국게임 회사의 유치에 큰 관심을 보였다. 독일의 NRW연방주는 게임콘텐츠 관련 사업을 지원하는 프로그램을 운영 중이고 이곳에는 200여 개의 회사가 위치해 있으며 70여개의 한국 회사도 진출해 있다. 독일 NRW 연방주는 진입하는 소프트웨어 회사를 위하여 현지변호사, 은행과 같은 기관을 연결해주고 소프트웨어 개발자의 자녀에게 국제학교에 다닐 수 있는 환경도 제공해주고 있을 뿐만 아니라 게임개발을 위해 자금을 지원하고 있다.[125]

- 신청 자격은 독일 노르트라인 베스트 팔렌(NRW) 연방주 내에 소재한 프로덕션기업과 개발자에 한한다.
- 지원금은 통상 개별 프로젝트 당 최대 10만 유로(약 1억 4천만 원)까지 지원되며, 승인된 프로젝트 비용의 최대 80%(통상 50%)까지 지원된다. 지원금은 특정 요건에 해당되는 경우에 한해서만 상환되며, 원금만 상환하고 이자는 없다.
- 지원금 100%가 노르트라인 베스트 팔렌(NRW) 연방주에서 사용되어야 하며 재정지원의 범위 내에서 적절한 비율의 자기자본을 출자해야 한다. 자기자본 비율은 최소 지원 가능한 프로젝트 비용의 5%이상이 되어야 한다.
- 지원금 신청 이전 시점에 이미 시작한 프로젝트는 지원금 신청 대상에서 제외되며 지원금 신청에 대한 평가 및 결정은 재단 경영진이 전문가 자문단의 조언을 받아 이행한다. 그 밖에 독일 NRW 연방주 영상 미디어콘텐츠재단의 가이드라인이 적용되며 지원금에 대한 법적 청구권은 인정되지 않는다.
- 지원금 신청서 외 구비서류는 프로젝트에 대한 상세 개요, 예상 비용(견적서), 자금 조달 계획, 실행 및 평가 컨셉이고, 지원서 양식은 독일 NRW 연방주 영상미디어콘텐츠재단 홈페이지에서 다운로드 할 수 있다. 또한 지원서 제출 전에 자문 미팅이 선행되어야 한다.

나. 독일 최대 방송국, 한국게임을 해외에 유통

독일 최대 지상파방송 프로지벤자트아인스는 한국에 아에리아게임즈 코리아 법인을 설립하고 한국게임의 유럽 유통을 시작하였다.

---

125) 인벤커뮤니케이션즈, 독일 게임산업 적극 지원 제2차 한독 게임산업 세미나, 2014. 6. 4.

한국의 S4리그, 스페셜포스2, 퀸스블레이드, 워렌전기 등을 유럽에 서비스하고 있으며 피어온라인, DK온라인, 카오스온라인의 공개 서비스를 유럽에 준비 중이다. 앞으로 모바일 게임 10종과 온라인 게임 3종을 추가로 계약하여 유럽과 미주지역에도 유통하는 것을 목표로 하고 있다.[126)]

(4) 영화

가. 독일 영화산업의 저력을 보여주는 학생아카데미 수상

학생 아카데미 수상식에 독일의 학생들이 수상을 하였다. 할리우드의 아메리카 길드 극장(Guild of America Theater)에서 열린 41회 학생 아카데미 수상식에서 독일의 뮌헨 방송 영화 대학에 재학 중인 레나르트 러프(Lennart Ruff)는 노체보(Nocebo)를 출품하여 해외 영화 부문 금상을 받았다. 노체보는 주인공과 여동생이 죽음이라는 극한의 상황에서 의술을 시도하는 38분의 스릴러 영화다. 독일 출생의 감독 피터 바우만(Peter Baumann)은 바바리안 경계(Bavarian border)에서 두 명의 경비가 시체를 발견하면서 발생하는 블랙 코미디로 동상을 수상하였다.[127)]

나. 2013년 독일 영화 결산

독일 영화산업은 2013년 가장 좋은 해를 맞이하였다. 독일의 영화 관람객은 2013년 한 해 동안 1억 2,970만 명이었고 다수의 작품이 박스오피스에 오르면서 영화로 인한 수익이 10억 유로가 넘었다. 비록 전체 영화 관람객은 전년대비 4% 감소하였지만 독일 제작 영화가 흥행하면서 3,360만 명이 자국 영화를 관람하였다.

가장 인기가 높았던 독일의 영화는 보라 다그테킨(Bora Dagtekin)이 제작한 '괴테스쿨의 사고뭉치들(Suck Me Shakespeer)'였고 560만 명의 관객을 동원하였다.[128)] 2014년 상반기 가장 많은 수익을 올린 영화는 '트랜스포머 : 사라진 시대(Transformers : Age of Extinction)'였고 3,827만 달러의 수익을 올렸다. 자국 영화의 선전도 돋보이는데 독일 영화 '복수(Vaterfreuden)'는 전체 순위 5위에 진입하였고 2014년 상반기에만 2,430만 달러의 수익을 올렸다.

---

126) 전자신문, 독일 최대 방송국 프로지벤 한국게임 해외에 유통한다, 2014. 10. 8.
127) Cineuropa, Germany takes gold at Student Oscars, 2014. 6. 11.
128) Cineuropa, High market share for national films in Germany, 2014. 2. 14.

[표 4-18] 2014년 상반기 독일의 영화 순위 (2014. 08)

순위	영화제목(영문)	배급사	수익	개봉일
1	Transformers ; Age of Extinction	PPI	38277564	2014. 07. 17
2	The Wolf of Wall Sreet	UPI	30310346	2014. 01. 16
3	Qu'est-ce qu'on a fait au Bon Dier?	Neue	29952300	2014. 07. 24
4	How to Train Your Dragon 2	Fox	26297736	2014. 07. 24
5	Vaterfreuden	WB	24301924	2014. 02. 06
6	Guardians of the Galaxy	Disney	23795975	2014. 08. 28
7	Maleficent	Disney	18370755	2014. 05. 29
8	Dawn of the Planet of the Apes	Fox	18107922	2014. 08. 07
9	Neighbors	UPI	18026864	2014. 05. 08
10	Rio 2	Fox	17147487	2014. 04. 03
11	Lucy	UPI	16773350	2014. 08. 14
12	X-Men ; Days of Future Past	Fox	16126929	2014. 05. 22

출처 : Box Office Mojo, 2014. 8.

독일 영화가 2013년 성공적이었던 한 해를 맞이한 데에는 독일정부의 노력이 있었다. 독일은 영화 진흥기금으로 8,370만 유로를 전체 영화산업에 지급하였고 55개의 영화 제작에 1,830만 유로를 투자하였다. 또한 영화의 유통과 마케팅을 위해서 680만 유로를 투자하였고 오래된 극장의 디지털화를 위하여 1,770만 유로를 투자하였을 뿐만 아니라 비디오의 출시를 위하여 840만 유로를 투자하였다.129) 하지만 독일의 영화산업이 2013년 성장세를 맞이하는데 공헌했던 영화진흥기금이 삭감될 전망이다. 2013년 독일의 영화진흥기금은 8,370만 유로였으나 2014년은 1천만 유로가 감소하였다. 독일의 영화계는 호경기를 맞이한 독일 영화에 찬물을 끼얹는 것이라면서 영화진흥을 위해 인센티브를 제공하고 있는 영국으로 다수의 독일 영화사들이 이전을 고려할지도 모른다고 경고하였다.130)

---

129) Cineuropa, Germany: Federal Film Board gives a positive summary of 2013, 2014. 1. 8.
130) Kobiz Global Film Biz Zone, 독일연방 영화진흥펀드 예산 축소 계획 독일 영화계의 거센 비난, 2014. 4. 24.

(5) 애니메이션

가. 독일 애니메이션사들의 라이선스 계약

슈퍼 RTL은 드림웍스와 판권계약을 한다. 독일의 TV 네트워크 슈퍼 RTL(Super RTL)은 드림웍스(Dreamworks) 애니메이션의 '슈렉(Shrek)'과 '드래곤 길들이기(How to Train Your Dragon)'의 TV 애니메이션 판권과 라이선스 계약을 할 예정이다.

2013년 5월 슈퍼 RTL은 드림웍스의 '드래곤 길들이기: 버크의 라이더'의 1,200시간 방영권을 획득한 바 있다. 양사는 전략적 협력을 통해 라이선스의 영역을 확대하고 프랜차이즈시장을 주도해나가는데 좋은 기회를 만들어 낼 것이라고 말하였다.[131] 코러스(Corus) 엔터테인먼트의 네르바나(Nelvana)는 유로 리젠젠(Euro Lizenzen)과 터키의 FILMA와 유아용 브랜드 '프랭클린(Franklin and Friends)'의 라이선스 계약을 했다. 유로 리젠젠은 독일, 오스트리아, 스위스에서 라이선스 프로그램을 어린이 채널 KiKA에서 동시에 시작할 예정이다.[132]

나. 독일 대학생의 수준 높은 애니메이션

독일의 바덴 부어템버그 대학이 LIAF 2014에 다수의 작품을 출품하였다. 바덴 대학은 애니메이션과 미디어에 관한 교육을 시행하고 있는데 최근 2014년에 열린 영국 국제 애니메이션 페스티벌(LIAF 2014)에 다수의 작품을 출품하면서 독일의 애니메이션을 발전시키는 요람으로 거듭나고 있다. 금번 영국 국제 애니메이션 페스티벌에는 Rollin' Safari, Harald, Baer, 366 Days, Perfect Woman, Kellerkind, Wrapped, Lebensader, Steiff - Don't be afraid of the dark 등이 출품되었다.[133]

다. 합작 TV시리즈 '위스퍼'의 제작

아동용 애니메이션을 제작하는 BASTEI Media GmbH는 미디어그룹 m4e AG와 함께 TV 방송용 3D 애니메이션 위스퍼(Wissper)을 제작한다. 위스퍼는 4세에서 7세 사이의 아이들이 보기 적당한 7분 애니메이션으로 총 52편이 제작되며 영국의 웨이블루(Waybuloo)로 유명한 런던 애니메

---

[131] Key4Communications, Super RTL to represent DreamWorks Animation in Germany, 2014. 1. 16.
[132] Key4Communications, New licensing agents in Germany and Turkey Franklin for and Friends. 2014. 5. 29.
[133] LIAF, LIAF 2014 The Filmakademie Baden-Wuerttemberg: The New Wave of German Filmmaking, 2014. 10. 31.

이션 스튜디오와 아일랜드의 텔레가엘(Telegael), 인도의 애니메이션 제작사 디스크리트 아트(Discreet Art)도 참여하여 2015년 방영을 목표로 하고 있다.[134]

(6) 방송

가. 디지털 방송으로 전환하는 방송사

디지털 지상파 방송과 무료 위성 서비스의 인기가 강화되면서 전체 독일 TV 이용 가구의 48%가 해당 서비스를 이용하고 있는데, 지배적 시장이었던 케이블TV의 경우 이러한 위성TV와 IPTV의 등장으로 가입자 수를 점차 잃어가고 있다. 여기에 전체 가입자 수의 43%를 차지하는 아날로그 케이블 가입자들이 가격상의 문제를 이유로 디지털로의 업그레이드를 꺼리고 있는 것 역시 케이블TV사업자들에게 위기로 작용한다.

[그림 4-53] 업체별 TV 서비스 이용 고객 수 (Q2/2013)

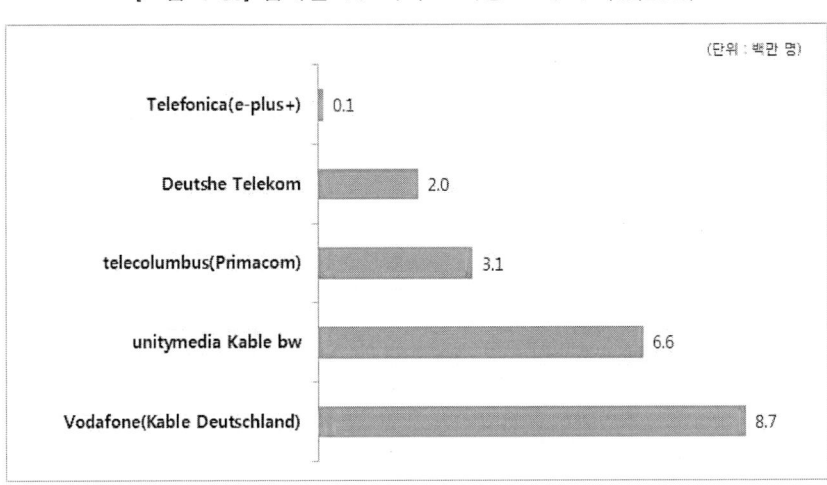

출처 : DSP-Partners

그러나 이러한 위험에도 불구하고 케이블사업자들은 HD서비스의 보급과 타 유럽 국가들보다 한 발 느린 VOD서비스의 확대 및 Liberty Global의 'Horizon' 홈 게이트웨이 셋톱박스 등 신규 하이엔드 제품의 출현을 통해 디지털로의 업그레이드와 ARPU의 상승을 도모할 수 있을 전망이다. 또한 프리미엄 콘텐츠 플랫폼으로서 케이블의 위치 역시 강점이 될 수 있다.

---

134) Animation World Network, m3e Sign Co-Production Deal for 'wissper', 2014. 10. 17.

[표 4-19] TV 장치 보급 현황

장치	보급 대수	보급률 (% HH)
케이블	18,000	47.9%
디지털 케이블	17,317	45.6%
위성(디지털 위성)	8,786	23%
디지털 지상파 (DVB-T)	4,747	12.5%
IPTV /ADSL	1,633	4.3%

출처 : European Commission

나. 독일 OTT시장 경쟁 심화

디지털 전환에 따른 SVOD 시장의 확대와 온디멘드 시청 형태에 대한 수요 증가, DVD 대여 비중의 점진적인 감소를 바탕으로 독일 OTT시장이 급속도로 성장하고 있다.

[그림 4-54] 독일 VOD시장 기술별 매출 점유율 2014-2019

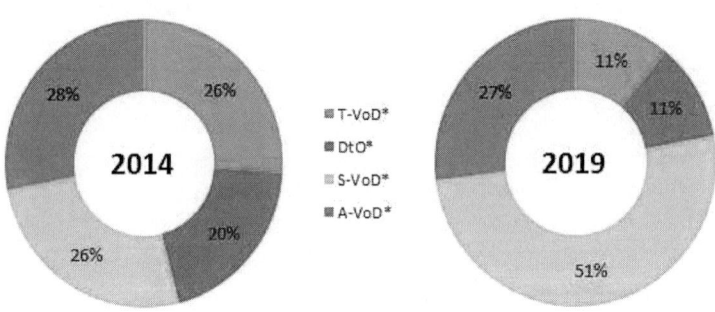

*T-VoD: Transactional VoD
*DtO: Download-to-Own
*S-VoD: Subscription-based VoD
*A-VoD: Ad-supported VoD
출처 : GoldMedia, 2014[135]

이에 2013년 12월에 출시된 스카이 도이칠란드(Sky Deutschland)의 SVOD 서비스 '스냅(Snap)'[136]과 민영 방송사 프로지벤자트아인스(ProSiebenSat.1)의 '맥스돔(Maxdome)', 클라우드

---

135) *T-VoD: Transactional VoD, *DtO: Download-to-Own, *S-VoD: Subscription-based VoD
    *A-VoD: Ad-supported VoD

기반 OTT 서비스업체 MagineTV, Vivendi의 'Watchever' 등 로컬업체들이 발 빠르게 관련 서비스를 출시했다. 특히 Watchever의 경우 매월 10만 명이라는 높은 수치의 가입자 순증을 보이고 있는 상황이며, 2014년 3월에는 구글이 자사 동글형 OTT 단말 크롬캐스트를 독일지역에 론칭[137]하고 아마존 역시 '러브필름(Lovefilm)'과 아마존 프라임 서비스를 결합, 독일시장에서 주도적 위치를 차지하는데 성공했다. 또한 넷플릭스(Netflix) 역시 2014년 9월에 독일지역에 정식 서비스를 론칭[138]하는 등 해외업체들의 진출 역시 활발히 진행되며 시장 경쟁이 점점 치열해지고 있다.

이에 해당 업체들은 단순 서비스 제공에서 나아가 차별화된 서비스 제공을 위해 고심하고 있는 모습이다. MagineTV는 이미 2014년 5월에 ARD, ZDF, RTL 등 60여개 이상의 독일 국내외 방송과 제휴를 체결하고 이들 채널을 이용자들의 선호에 따라 패키지로 기획해 공급할 예정[139]임을 밝힌 바 있으며, 넷플릭스 역시 도이치 텔레콤(Deutsche Telekom)의 IPTV 플랫폼 'Entertain'을 통해 스트리밍 서비스를 제공하는 방안을 검토하고 지역적 특색을 반영한 오리지널 로컬콘텐츠의 제작 및 방영에도 적극적으로 나서고 있다[140].

독특한 것은, OTT 서비스의 확산이 기존 유료TV의 코드컷팅으로 이어지지 않고 있다는 점이다. 독일 유료방송사업자들은 기존 서비스의 강화를 위한 보완적 서비스의 일환으로 OTT 서비스를 도입하는 경향이 강하다. 따라서 이들사업자들의 진입으로 방송 서비스의 전반적인 질적 향상도 기대할 수 있을 것으로 전망된다.

다. 독일정부의 TV 수신료 정책 변화

2013년 발효된 독일정부의 TV 수신료 정책 변화 역시 방송시장을 변화시켰다. 독일 주정부는 방송과 통신의 융합 및 이에 따른 공정하고 간소한 수신료의 책정을 위한 위원회를 운영하고 TV 또는 라디오의 소유 여부에 관계없이 모든 가정에 월 17.98유로의 공통부담금을 지불하는 법안을 집행했다. 이는 독일정부가 공영방송과 민영방송에 각각 이원화된 미디어랩을 운영, 공영방송인 ZDF와 ARD로서는 광고를 통해 충분한 수익을 창출할 수 없기 때문이다. 즉, 수신료 외의 뚜렷한 수익모델이 없는 이들 방송사의 수익성을 보완, 기존의 공영방송으로서의 역할에 충실하도록 하기 위함인 것이다. 독일정부는 징수된 수신료가 이들 공영방송 및 공영라디오 도이칠란드 라디오(Deutschland Radio)의 방송 서비스 운영을 위해 이용될 것이라고 밝혔으며, 이를 통해 인터넷을 통해 온라인 VOD 서비스로 방송을 시청하는 이용자가 늘어나면서 생긴 수신료 부과의 허점 역시 보완할 수 있을 것으로 기대[141]한다고 밝혔다.

---

136) Variety, German Market Slowely Catching Up to Other Western European Countries, 2014.02.26
137) VIDEOMIND, Chromecast travels abroad, launches in Europe and Canada, 2014.03.19
138) The Wall Street Journal, Netflix to Expand to France, Germany Later This Year, 2014.05.21
139) Broadband TV News, Magine TV launches in Germany, 2014.04.24
140) Broadband TV News, Netflix to double original productions, 2014.10.29

그러나 2014년 4월 캠페인 사이트 Avaaz.com에 상정된 해당 법안에 대한 반대 서명운동에 참여한 사람의 수가 33만 명을 돌파[142]하는 등, 이에 대한 불만 역시 여전히 존재하고 있는 상황이라는 점에서 완전한 정착까지는 다소 시간이 걸릴 것으로 보인다.

라. 라디오 방송 수익 하락

독일은 이례적으로 총 무선 수익의 대부분을 공공 라디오 수신료를 통해 벌어들이고 있다. 2013년 전체의 79%에 해당하는 45억 8,000만 달러가 공공 라디오 수신료에서 발생했고 광고 수익은 극히 미미한 부분을 차지했다.

결국 이는 독일 라디오시장이 세계 경제와 무관하게 움직임을 의미하며, 수신료의 감소로 전체 라디오 매출은 2018년 45억 2,000만 달러로 소폭 감소할 전망이다. 독일 라디오시장의 또 하나의 특징은 뚜렷한 지역색에 있다. 현재 독일지역에서 운영되고 있는 라디오 스테이션은 총 400개이며 이들의 대부분이 특정 지역을 기반으로 방송을 제공한다. 최근에는 디지털 라디오의 부상이 눈에 띄는데, 2013년 총 270만 대의 디지털 라디오 단말이 이용되었고 그 중 25%가 차량용 라디오로 집계되었다.

(7) 광고

가. 유럽 광고기업 베텔스만, 세계진출을 위한 지분 인수

베텔스만이 유럽을 넘어 전 세계의 광고시장으로 진출한다. 독일 최대의 미디어 그룹 베텔스만(Bertelsmann)이 스팟익스체인지(SpotXchange)의 지분을 65% 인수하였다.

스팟익스체인지는 2007년 창립한 미디어 회사로서 100여 개의 국가에서 3억 3,500만 명의 사람들에게 컴퓨터와 모바일, 커넥티드TV 를 통해 광고 플랫폼을 전달하고 수익을 극대화해 왔다. 베텔스만은 스팟익스체인지 지분을 인수하게 되면서 전 세계의 온라인 비디오 광고시장으로 진출하게 되었다.[143]

---

141) Rapid TV News, Germany to change TV licence fee system, 2010.06.09
142) The Local, 330,000 sign up against TV licence fee, 2014.04.14
143) The Hollywood Reporter, European TV Gian RTL to Acquire Majority Stake in Video Ad Firm SpotXchange, 2014. 7. 31.

(8) 캐릭터·라이선스

가. 장난감과 게임으로 라이선스하는 KiKANiNCHEN

KiKANiNCHEN은 독일 3~6세 미취학 아동들이 좋아하는 열손가락 안에 드는 캐릭터이며 미취학 아동들이 두 번째로 좋아하는 TV 프로그램으로 유명하다. 이 캐릭터는 독일의 미취학 아동들로부터 전폭적인 지지를 받아 두드러진 시장점유율을 보이고 있는데 독일의 직소퍼즐 게임 제작회사 레이븐스버거(Ravensburger)와 라이선스를 통해 'KiKANiNCHEN과 동물 친구들' 퍼즐을 선보였다. 독일의 장난감 제조회사 심바토이즈(Simba Toys)도 연질의 KiKANiNCHEN 장난감을 출시할 예정이다.144)

나. 독일로 진출하기 희망하는 'Peter Rabbit'

실버게이트 미디어는 'Peter Rabbit' 브랜드의 독일 진출을 위하여 독일 방송사 슈퍼 RTL(Super RTL)과 협력을 하기로 하였다. 이번 협약에는 실버게이트의 신작 3D 애니메이션과 'Beatrix Potter'의 캐릭터 라이선스와 상품화에 대한 내용도 포함되었다. 실버게이트는 'peter Rabbit'의 홍보를 위하여 방송과 음악 공연 잡지의 형태로도 소개할 예정이다.145)

(9) 지식정보

가. 개인 정보 무단 수집 중단 명령

독일의 정보 규제국은 구글이 개인의 정보를 사용할 때는 사생활의 존중을 위하여 반드시 동의를 얻어야한다는 시정 명령을 하였다. 구글은 온라인을 통하여 사람들의 동의 없이 성별, 출신, 금융정보, 가족관계 등의 정보를 수집해왔는데 이는 독일에서 모두 불법이다.

독일의 정보 규제국은 구글이 맞춤형 광고를 위하여 온라인을 통해 개개인의 정보를 일부러 수집했다고 생각하지는 않지만 다수의 구글 이용자들과 합의 없이 이루어진 점을 문제 삼았다. 이에 구글은 100만 유로의 벌금을 내야하는 상황에 직면하였다.146)

---

144) Brandora, Overview of the German Licensing Market, 2014. 2.
145) Global License!, Peter Rabbit' Hops into Germany, 2014. 1. 23.
146) The New York Times, German Regulator Warns Google Over Collecting Users' Data, 2014. 10. 1.

나. 광통신망(FTTC)을 확충하는 도이치 텔레콤

독일의 통신 회사 도이치 텔레콤(Deutsche Telekom)이 밀집지역 광통신망(FTTC)에 집중 투자를 하고 있다. 도이치 텔레콤은 2년 전 밀집지역 광통신망에 60억 유로를 투자했었고 2016년까지 망 이용률을 65%까지 높일 것이라 공언한 바 있다.[147]

[표 4-20] 도이치 텔레콤 분기별 성과

장치	2013년 2분기	2013년 3분기	2013년 4분기	2014년 1분기	2014년 2분기
브로드밴드고객(천명)	12,430	12,383	12,360	12,354	12,631
광통신망고객(천명)	1,096	1,165	1,246	1,375	1,494
브로드밴드TV 고객:천명	2,078	2,121	2,177	2,255	2,318
브로드밴드 수익(백만€)	1,075	1,065	1,057	1,046	1,042
TV 수익(백만€)	239	241	244	251	259

출처 : Deutsche Telekom

다. 차세대 위치기반 서비스 '프록시미티 서비스'

독일의 도이치 텔레콤(Deutsche Telekom)은 LTE 프록시미티 서비스(LTE proximity service)가 사람들의 커뮤니케이션 방식과 주변 환경과의 상호작용 원리를 바꾸게 될 것이라고 하였다. LTE Direct 기술을 통해 제공되는 프록시미티 서비스는 모바일기기를 사용하여 인접지역에 위치한 다른 이용자들과 직접 커뮤니케이션을 지원한다.[148]

직접적인 커뮤니케이션을 통해 주변 500미터까지 인근 매장과 상품에 대한 정보를 획득할 수 있으며 다른 이용자들을 통해 아이템의 정보와 평가를 공유 할 수도 있다. 기업은 이러한 LTE Direct 기반 프록시미티 서비스의 장점으로 인해 모바일 결제 쿠폰 서비스 등의 영역으로 연계할 수 있고 새로운 모바일 광고 채널이 될 것으로 도이치 텔레콤은 보고 있다.[149]

---

147) LightReading, Fiber Revival at Deutsche Telekom, 2014. 8. 25.
148) Conex, 獨 도이체텔레콤 차세대 위치기반 서비스 'LTE 프록시미티 서비스' 시장성 확신 소셜마케팅 활용 기대, 2014. 6. 5.
149) Conex, 獨 도이체텔레콤 차세대 위치기반 서비스 'LTE 프록시미티 서비스' 시장성 확신 소셜마케팅 활용 기대, 2014. 6. 5.

4) 콘텐츠 소비 실태 및 동향

(1) 디지털 인프라 환경 및 소비 행태

가. 디지털 인프라 환경

2013년 독일의 스마트폰 보급률은 37.8%로 전년대비 9.5%p 증가하였다. 독일인들은 브랜드 충성도가 높아 스마트폰을 자주 바꾸지 않는 것으로 나타났지만 젊은 층을 중심으로 스마트폰을 소지한 비율이 높았다. 다른 나라보다 느린 속도의 파급력이지만 독일에도 스마트폰 열풍이 불고 있어 2018년에는 74%의 독일인들이 스마트폰을 사용할 것으로 보인다.

독일의 모바일 인터넷 보급률은 51.5%로 전년대비 8.2%p 증가하였다. 독일의 보다폰 D2와 독일 통신(Deutsche Telekom)이 시장을 양분하고 있지만 빠른 인터넷의 도입을 위해 대규모 투자를 단행하고 있고 LTE 사업에 주력하고 있어 더 많은 소비자들이 모바일 인터넷으로 진입할 것으로 보인다. 때문에 2018년경에는 86.1%에 이르는 독일인들이 모바일 인터넷을 이용할 것으로 전망된다.

고정 브로드밴드 보급률은 2013년 70.2%로 전년대비 0.8%p 증가하였다. 정부의 정책적 지원을 받아 독일 브로드밴드는 인터넷 속도가 빠르게 증가하였고 인근 유럽 국가보다 높은 경쟁력을 보유하게 되었다. 아직까지도 DSL이 가장 많이 쓰이는 연결 방식이지만 비중은 점차 줄어들 것으로 보이며 조만간 더 빠른 속도의 광섬유망으로 대체될 것으로 보인다. 그럼에도 고정 브로드밴드는 이동통신기기의 폭발적인 성장세로 인해 상당 기간 성장이 둔화될 것으로 보인다. 2018년 고정 브로드밴드를 이용하는 독일인들은 72.9%에 이를 것으로 전망된다.

[표 4-21] 독일 유·무선 인터넷 보급률 및 전망, 2009-2018

구분	2009	2010	2011	2012	2013p	2014	2015	2016	2017	2018
스마트폰 보급률(%)	-	-	-	28.3	37.8	48.7	58.3	65.7	70.8	74
전년대비증감(%p)	-	-	-	-	9.5	10.9	9.6	7.4	5.1	3.2
모바일 인터넷 보급률(%)	22.2	28.0	35.2	43.3	51.5	60.7	68.9	75.4	81.1	86.1
전년대비증감(%p)	-	5.8	7.2	8.1	8.2	9.1	8.3	6.5	5.7	5.0
고정 브로드밴드 보급률(%)	62.5	65.3	68.0	69.4	70.2	70.9	71.6	72.1	72.6	72.9
전년대비증감(%p)	-	2.8	2.7	1.4	0.8	0.7	0.6	0.6	0.4	0.3

출처 : PwC(2014)

나. 디지털 소비 및 이용 행태

Consumer Barometer with Google에서 2014년 3월 조사한 바에 의하면 독일 사람들이 선호하는 디지털기기로는 모바일폰이 79%로 가장 높았으며, 그 다음으로 컴퓨터가 77%, 스마트폰이 50%, 태블릿이 24% 순으로 조사되었다.

[그림 4-55] 독일인들이 선호하는 디지털기기

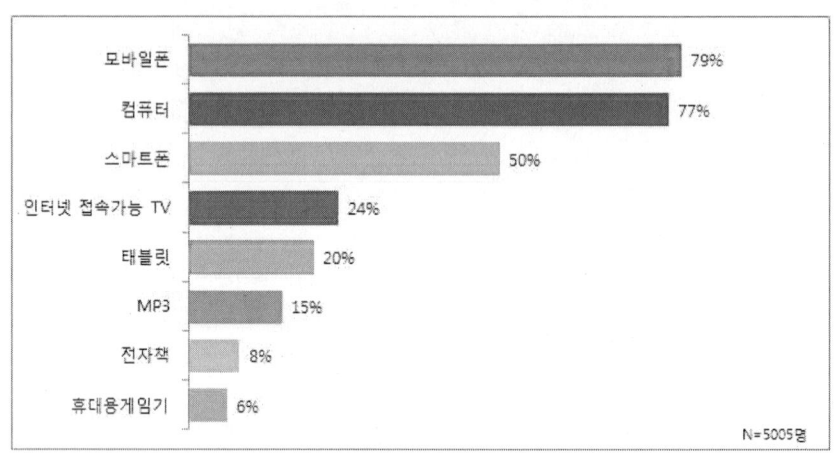

출처 : Consumer Barometer with Google

① 인터넷 이용 행태

Consumer Barometer with Google에서 2014년 3월 독일인들을 대상으로 인터넷 이용 행태에 대해 조사한 바에 의하면 응답자의 55%가 하루에 한두 번 정도 인터넷을 이용하는 것으로 나타났다. 그 다음으로 하루에 한 번 정도 이용하는 경우가 21%, 한주에 2~6회 이용이 13%로 조사되었다.

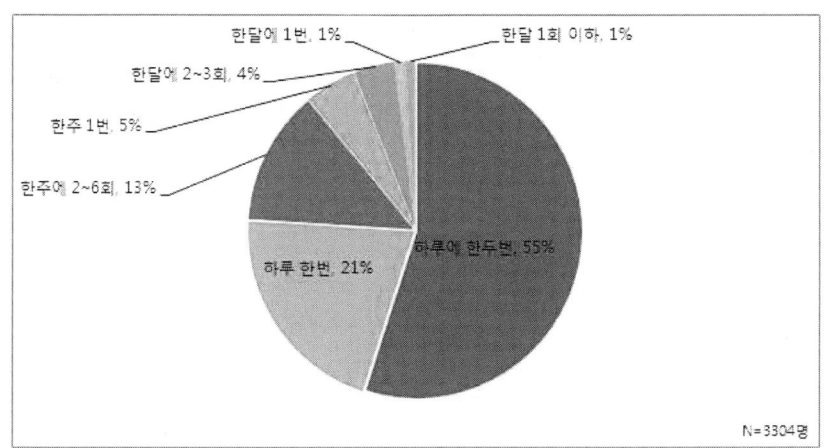

[그림 4-56] 독일인들의 인터넷 사용 빈도

출처 Consumer Barometer with Google

태블릿, 컴퓨터, 스마트폰 이용자를 대상으로 조사한 결과에 의하면 인터넷 이용 시 컴퓨터, 태블릿을 선호하는 경우는 47%로 가장 높은 비중을 보였다. 모두 선호하는 경우는 27%로 나타났다. 또한 응답자의 8%는 스마트폰보다 컴퓨터나 태블릿을 더 선호하는 것으로 조사되었다.

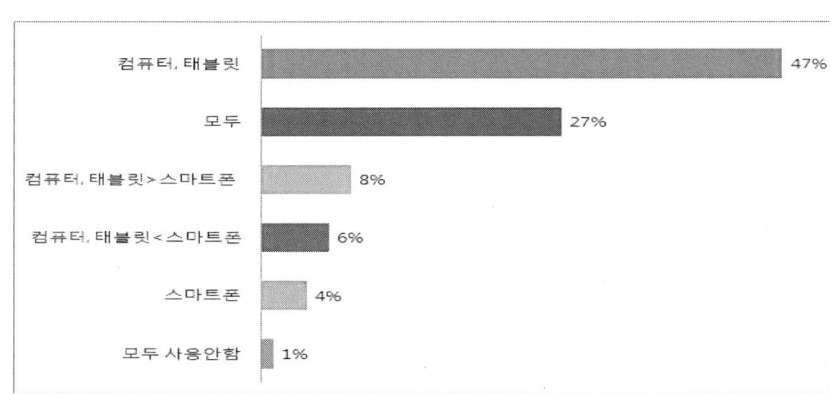

[그림 4-57] 인터넷 사용 시 선호하는 스마트기기

출처 : Consumer Barometer with Google

상품 및 서비스 구매 시 인터넷이 어떤 도움이 되는지에 대해서 응답자의 46%가 가격비교를 하는데 도움이 된다고 응답하였으며, 그 다음으로 아이디어 획득이 27%, 의견수렴 및 리뷰를 정독한다는 비중이 25%, 모른다 19%, 상표검색 16% 순으로 나타났다.

[그림 4-58] 상품 및 서비스 구매 시 인터넷이 도움이 된 분야

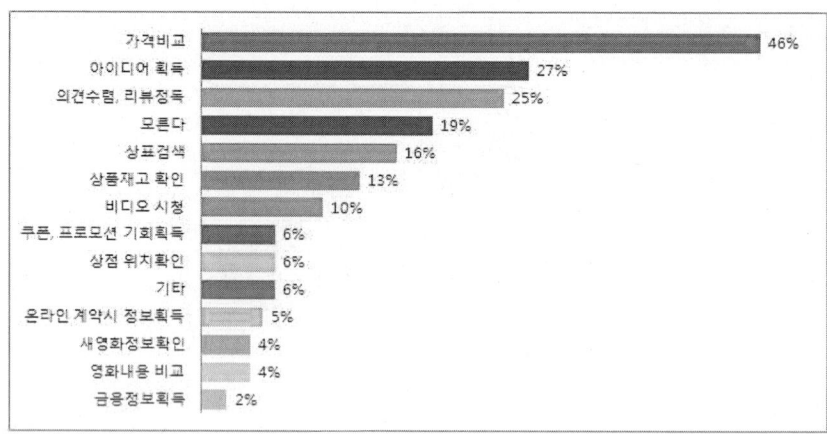

출처 : Consumer Barometer with Google

② 스마트폰 이용 행태

2013년 5월 Ipsos MediaCT에서 16세 이상 독일 시민 1,000명을 대상으로 스마트폰 이용 행태를 조사하였다. 응답자들의 특성을 보면, 여성이 43%, 남성이 57%였으며, 35세~44세 응답자가 28%로 가장 많은 것으로 나타났다. 지역적으로는 도시지역 거주자가 52%로 가장 많았으며, 응답자의 34%가 미혼인 것으로 조사되었다.

[그림 4-59] 스마트폰 이용 행태 조사 응답자 특성

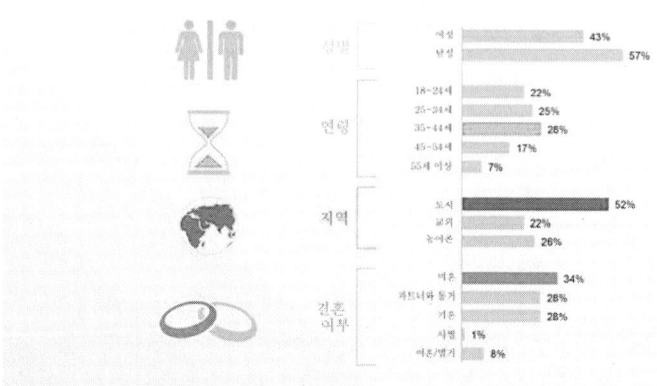

출처 : Ipsos MediaCT, Google mobile planet

먼저 스마트폰을 주로 이용하는 장소로는 93%가 집에서, 77%가 이동 중에, 75%가 대중교통 이용 중에 사용하고 있는 것으로 조사되었다. 특히 전체 응답자의 70% 이상이 음식점이나 직장에서 스마트폰을 사용하고 있는 것으로 나타났으며, 병원에서 이용하는 경우는 30%로 가장 낮은 비율을 보였다.

[그림 4-60] 스마트폰을 가장 많이 이용하는 장소

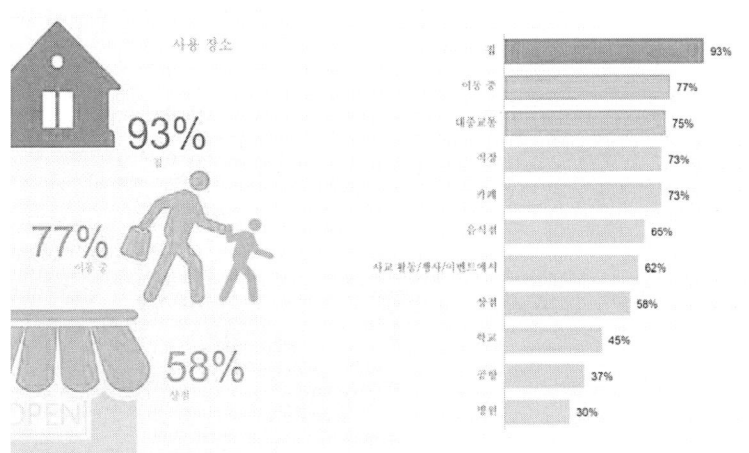

출처 : Ipsos MediaCT, Google mobile planet

설문조사 결과 스마트폰 이용 시 주로 이용하는 서비스를 살펴보면, 검색엔진 사용이 40%로 가장 높은 비율을 보였으며 그 다음으로 이메일 확인이 35%, SNS 방문이 29%, 동영상 감상과 지도·지역 검색이 각각 19% 순으로 조사되었다.

[그림 4-61] 스마트폰 이용 시 주요 이용 서비스

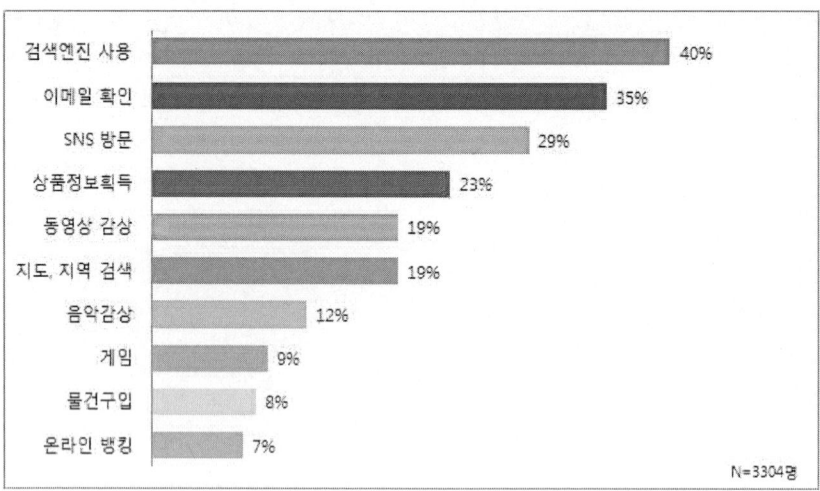

출처 : Consumer Barometer with Google

응답자들이 오프라인으로 광고를 보는 비중을 보면, TV가 42%로 가장 높았으며 그 다음으로 상점/업체가 39%, 잡지가 36%, 포스터/옥외 광고가 29% 순으로 나타났다. 응답자의 49%는 오프라인의 광고 노출 후 모바일로 재검색을 실행하는 것으로 나타났다.

[그림 4-62] 오프라인 광고에 노출된 후 모바일로 검색을 실행하는 비율

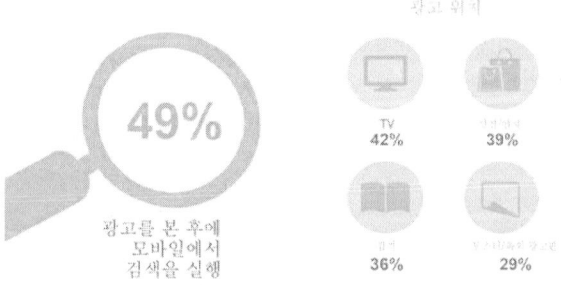

출처 : Ipsos MediaCT, Google mobile planet

독일의 소비자들이 스마트폰에서 모바일 광고를 보는 곳을 보면, 43%는 모바일 게임이나 앱 안에서, 40%는 온라인 매장 등 웹사이트에서, 24%는 검색엔진을 이용하는 동안, 22%는 동영상을

조회하면서 광고를 보는 것으로 조사되었다. 한편, 동영상 웹사이트에서 광고를 접하는 경우는 16%, 온라인 소매 매장을 통해 광고를 접하는 경우는 14%로 낮은 비율을 보였다.

[그림 4-63] 독일 사람들이 스마트폰에서 모바일 광고를 보는 위치

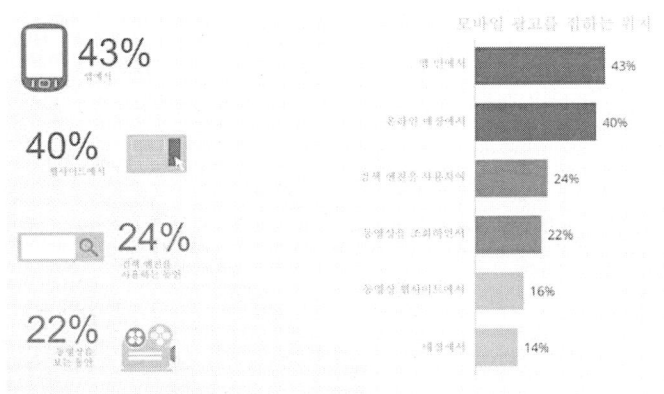

출처 : Ipsos MediaCT, Google mobile planet

독일의 모바일기기 이용자들의 76%는 스마트폰을 이용하는 동안 다른 활동을 동시에 하는 것으로 나타났다. 설문에 응답한 사람들의 49%는 스마트폰을 사용하면서 TV를 시청 하는 것으로 나타났으며, 42%는 음악 감상을, 28%는 인터넷, 24%는 영화 감상을 동시에 하고 있는 것으로 조사되었다.

[그림 4-64] 스마트폰을 이용하면서 다른 활동을 하는 비율

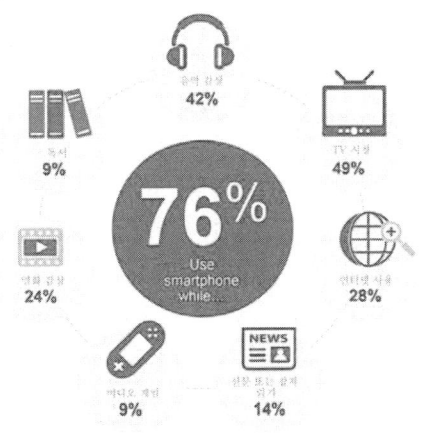

출처 : Ipsos MediaCT, Google mobile planet

(2) 콘텐츠 소비 행태 및 선호 장르

가. 뉴스콘텐츠 소비 및 신문 이용 행태

독일은 베르텔스만(Bertelsmann), 악셀 스프링거(Axel Springer)를 포함해 여러 거대 미디어 그룹의 본사가 있을 정도로 미디어 환경이 잘 갖춰진 국가이다. 'Reuters Institute Digital News Report 2014'는 독일인 2,063명의 설문 조사를 통해 뉴스콘텐츠 이용 행태를 조사했는데, 그 자세한 내용은 다음과 같다.

① 뉴스콘텐츠 이용 행태

독일인들은 많은 사람들이 오프라인 매체를 이용해 뉴스를 접하고 있는 것으로 나타났다. 설문 조사에 응답한 사람들의 91%는 텔레비전 방송을 통해 뉴스를 접하고 있었으며 62%는 인쇄 신문을 통해 뉴스를 접하고 있었다. (중복 응답 가능)

[그림 4-65] 독일 오프라인 매체별 뉴스콘텐츠 이용 현황 (2014)

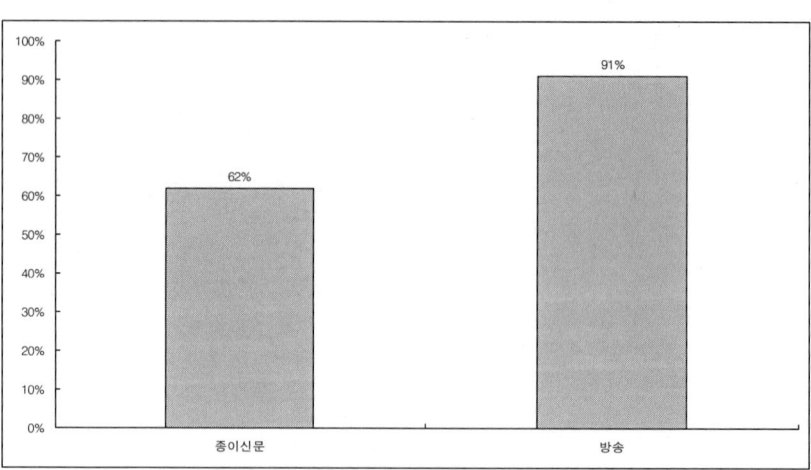

출처 : Reuters Institute Digital News Report 2014

온라인 매체를 이용해 뉴스를 접하는 독일인들은 주로 뉴스사이트를 이용하는 것으로 나타났다. 응답자의 48%는 뉴스사이트를 통해 뉴스를 접했으며 37%는 방송사 사이트에서 뉴스콘텐츠를 이용하고 있었다. 인터넷 전용 신문 사이트나 야후 뉴스와 같은 포털 뉴스를 통해 뉴스를 접하고 있다고 응답한 사람은 32%인 것으로 나타났다.

[그림 4-66] 독일 온라인 매체별 뉴스콘텐츠 이용률 현황 (2014)

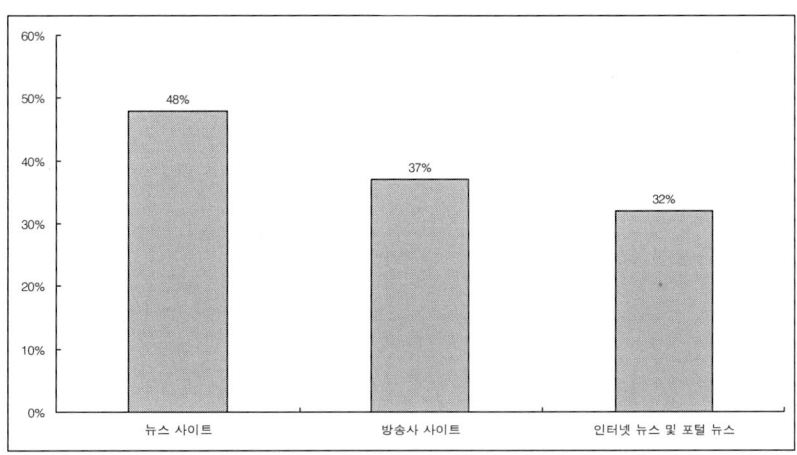

출처 : Reuters Institute Digital News Report 2014

인쇄 신문이나 TV 방송과 같은 오프라인 매체를 통해 뉴스를 접하는 사람들은 주로 공영방송인 타게스샤우(Tagesschau) 뉴스를 시청하는 사람들이 많은 것으로 나타났다. 응답자의 67%는 타게스샤우 뉴스를 시청하고 있었으며, 40%는 지역 신문을 이용하고 있었다. 그 외에 RTL aktuell, ZDF heute-journal, Tagesthemen 등이 뒤를 따르고 있다.

[그림 4-67] 독일 오프라인 브랜드별 뉴스콘텐츠 이용률 현황 (2014)

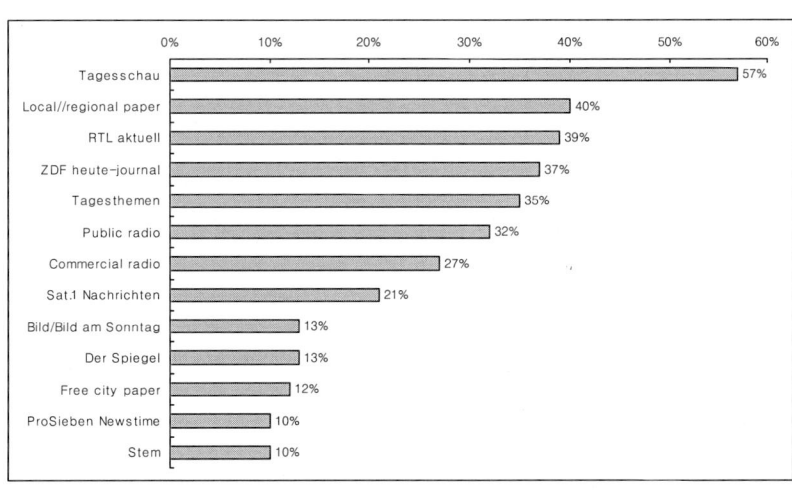

출처 : Reuters Institute Digital News Report 2014

독일에서 온라인 매체를 통해 뉴스를 접하는 사람들은 주로 Spiegel 온라인 사이트와 Bild.de를 이용하는 것으로 나타났다. 각각 응답자의 17%가 이용하고 있었으며 그 뒤를 N24.de(14%), n-TV online(12%), 지역 뉴스사이트(12%), 구글 뉴스(11%) 등이 따르고 있다.

[그림 4-68] 독일 온라인 브랜드별 뉴스콘텐츠 이용률 현황 (2014)

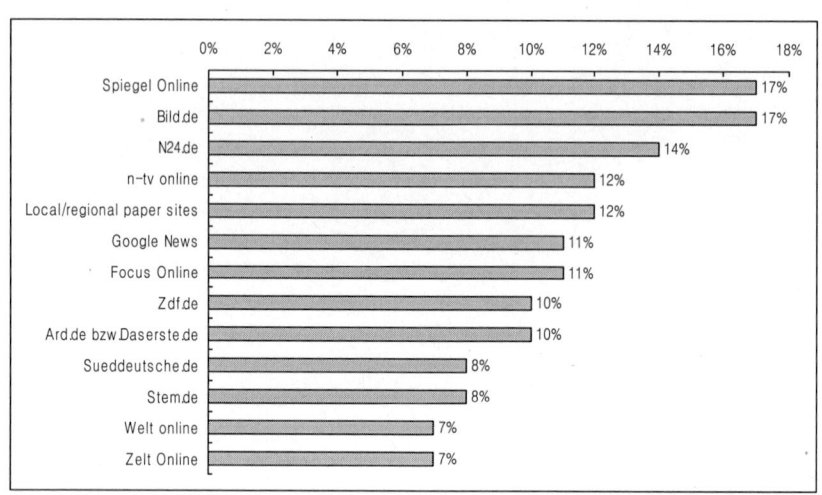

출처 : Reuters Institute Digital News Report 2014

최근에는 소셜네트워크를 통해 뉴스를 접하는 사람들이 증가하고 있다. 그러나 독일은 다른 나라에 비해 소셜미디어를 통한 뉴스에 대한 관심이 적은 편으로 알려져 있다. SNS를 통해 사적인 고백이나 기부금에 대한 이야기를 알리면 뉴스미디어의 주목을 받는 정도이다.

[그림 4-69] 독일 소셜네트워크별 뉴스콘텐츠 이용률 현황 (2014)

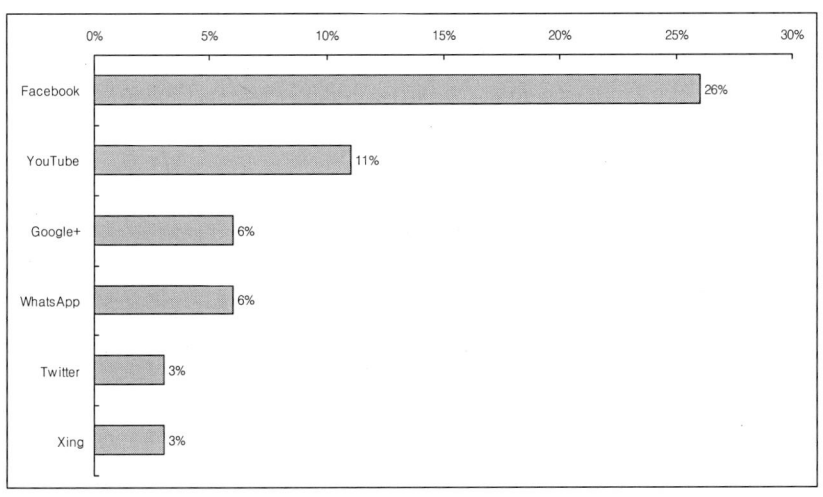

출처 : Reuters Institute Digital News Report 2014

이러한 뉴스도 주로 페이스북을 통해 접하는 경우가 많은 것으로 나타났다. 독일인 응답자 중 26%가 페이스북을 통해 뉴스를 접하고 있었으며 11%가 유튜브를 이용했다. 그 다음으로 구글플러스 (6%), 왓츠앱(6%), 트위터(3%)가 그 뒤를 이었다.

② 신문 이용 행태

독일에서는 여전히 인쇄신문을 이용하고 있는 비율이 높다. 응답자의 62%는 인쇄신문을 통해 뉴스를 접하고 있으며 48%는 온라인 뉴스사이트를 통해 뉴스를 접하고 있다. 인쇄신문과 온라인 뉴스사이트 모두 이용한다고 응답한 비율은 76%로 대다수의 사람들이 온·오프라인 매체를 모두 이용하고 있는 것으로 나타났다.

[그림 4-70] 독일 신문 온·오프라인 매체별 이용률 현황 (2014)

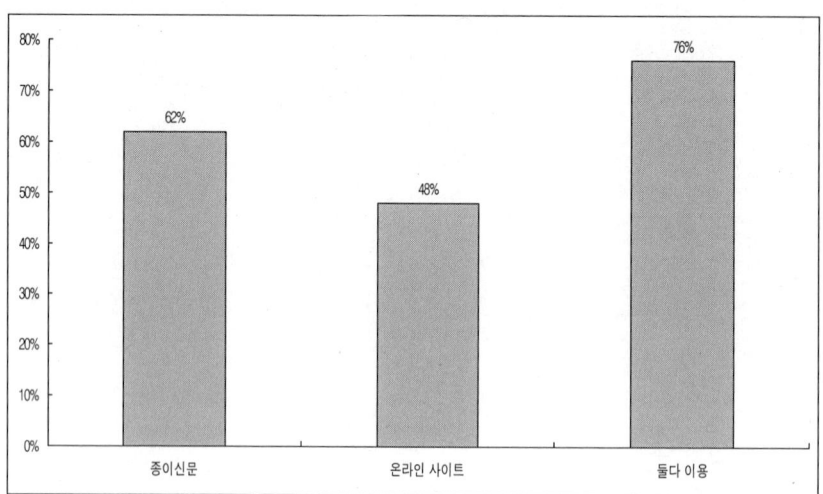

출처 : Reuters Institute Digital News Report 2014

독일인들은 인쇄신문을 배달을 통해 구독하는 경우가 많은 것으로 나타났다. 응답자의 33%는 배달을 통해 구독하고 있었으며 22%는 가판대에서 신문을 구입하고 있는 것으로 나타났다.

[그림 4-71] 독일 종이 신문 구입방법 현황 (2014)

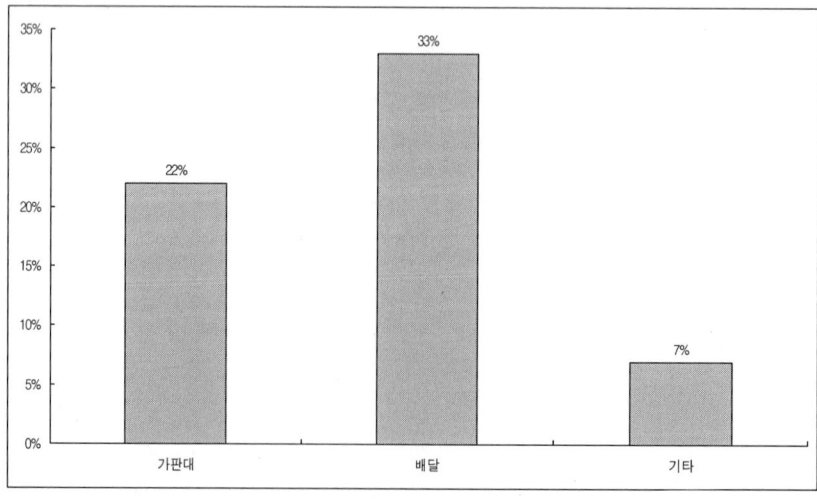

출처 : Reuters Institute Digital News Report 2014

최근 스마트폰과 태블릿과 같은 스마트기기가 확산되면서 이들 기기를 통한 뉴스콘텐츠 이용이 늘어나고 있다. 2012년부터 2014년까지 독일의 최근 3년간의 추이를 보면, 스마트폰을 통해 뉴스콘텐츠를 이용하는 비율은 2012년 21%, 2013년 22%로 조금씩 증가했으며 2014년은 32%로 전년대비 10%p 증가했다. 태블릿을 통한 뉴스콘텐츠 이용은 2012년 6%, 2013년 10%, 2014년 16%로 매년 증가하고 있는 것을 알 수 있다.

[그림 4-72] 독일 모바일 단말별 뉴스콘텐츠 이용률 추이 2012-2014

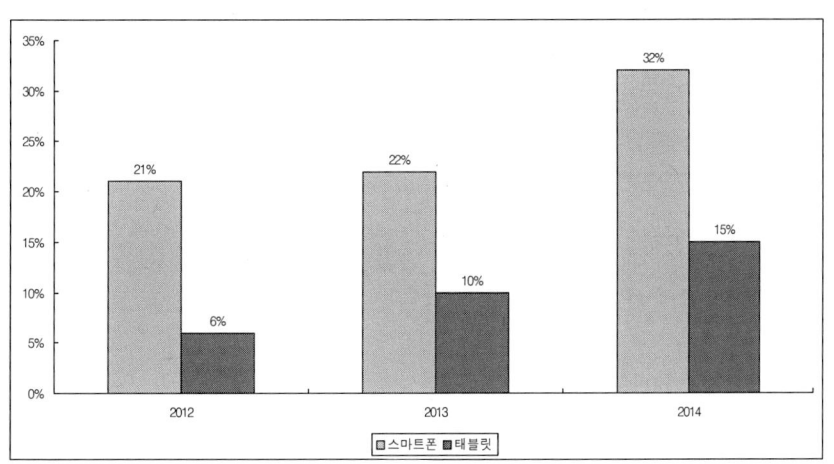

출처 : Reuters Institute Digital News Report 2014

나. 온라인 비디오 시청 행태 및 선호 장르

2014년 3월 Consumer Barometer with Google에서 스마트기기별로 비디오 시청 횟수를 조사한 결과, 스마트폰이나 태블릿 보다는 컴퓨터를 이용해서 비디오를 시청하는 횟수가 더 많은 것으로 나타났다.

[그림 4-73] 스마트기기별 온라인 비디오 시청 횟수

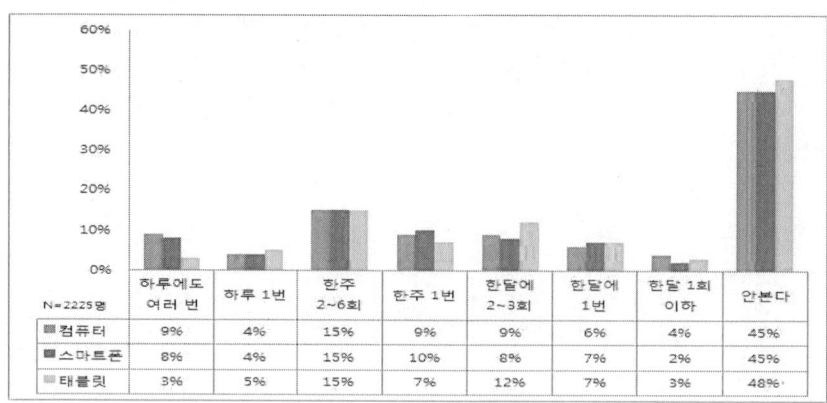

출처 : Consumer Barometer with Google

온라인 비디오 시청 시 주요 이용 플랫폼으로 온라인 비디오나 앱을 이용하고 있다는 응답자들은 73%로 가장 높았으며, SNS를 이용한다는 응답자는 28%로 나타났다.

[그림 4-74] 온라인 비디오 시청 시 주로 이용하는 플랫폼

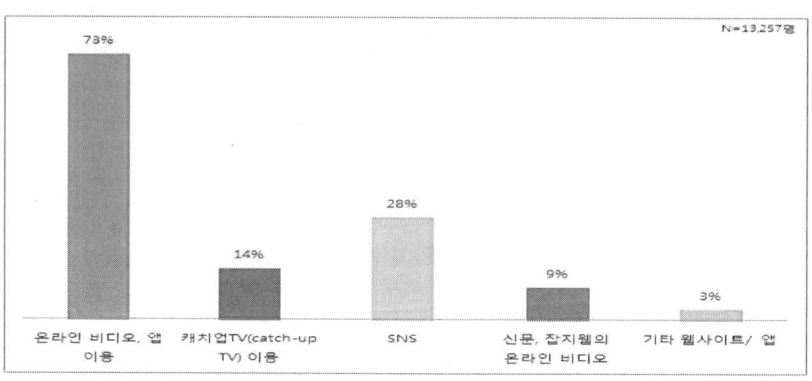

출처 : Consumer Barometer with Google

온라인 비디오를 시청하는 이유에 대한 설문에 응답자의 50%가 여흥의 일부라고 하였으며, 31%는 휴식을 위해서라고 응답하였다. 또한 취미생활을 위하여 비디오를 시청한다고 답한 사람들도 23%나 되는 것으로 조사되었다.

[그림 4-75] 온라인 비디오를 시청하는 이유

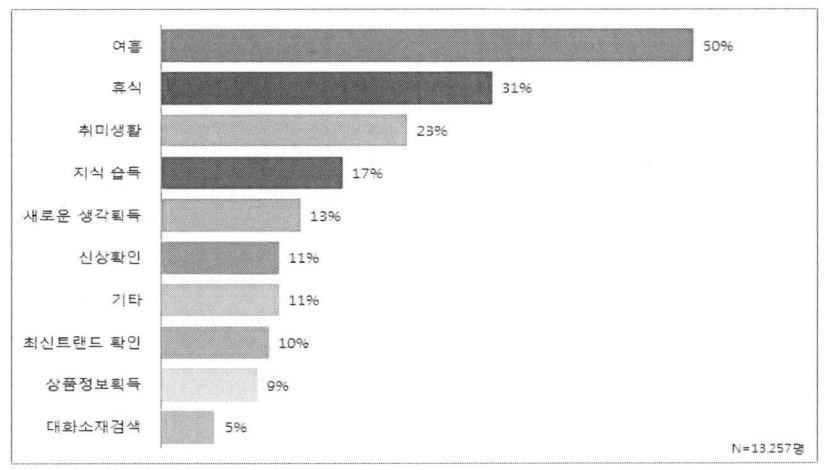

출처 : Consumer Barometer with Google

응답자의 37%는 온라인 비디오를 시청 시 주로 음악을 시청하는 것으로 조사되었으며, 그 다음으로 영화 18%, 기타 17%, 코미디 16%, TV쇼 15% 순으로 나타났다.

[그림 4-76] 온라인 비디오 시청 시 주요 장르

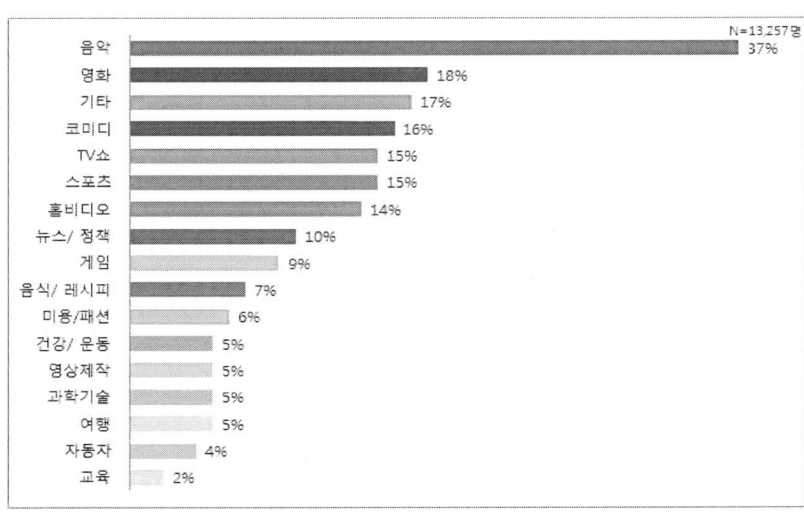

출처 : Consumer Barometer with Google

다. 주요 콘텐츠별 선호 장르

① 오프라인 음반을 선호하는 독일인

독일 베를린의 음반산업협회(BVMI)에 의하면 독일인들은 다른 유럽인들보다 CD의 구매를 선호하는 것으로 나타났다. 2013년의 통계 데이터에 의하면 CD 구매는 전체 음반 판매의 2/3를 차지하였고 14억 5,000만 유로가 소비되었다.

또 다른 특징으로는 유독 독일에서만 레코드판의 판매가 증가하였는데 전년대비 47.2%나 증가하였고 2,900만 유로의 시장을 형성하였다. 비록 레코드판의 판매가 전체 시장의 2%밖에 안 되는 점유율을 보였지만 음반회사들은 수집가들을 위해서 레코드판의 생산을 늘리고 있다.[150]

5) 콘텐츠 유통 현황

(1) 주요 유통 플랫폼 현황

가. 오프라인

① 출판

독일의 출판시장은 세계에서 두 번째로 큰 규모를 형성하고 있다. 하지만, 전자책시장이 미국에 비해 크게 활성화되지 않아 순위는 뒤로 밀려날 가능성이 높다. 독일정부는 전자책에 대해 19%의 기본 부가가치세를 동등하게 적용하고 있는데, 이는 일반 출판도서의 7%보다 높은 수치이다. 그럼에도 불구하고 전자책시장은 꾸준한 성장세를 이어갈 것으로 전망되고 있다. 이 같은 변화 속에서 2013년에는 세계 최대 출판사들이 합병해 주목을 받고 있다. 펭귄랜덤하우스를 비롯해 독일의 주요 출판사 현황을 보면 다음과 같다.

가) 펭귄랜덤하우스(Penguin Random House)

2013년 7월 1일, 펭귄사와 랜덤하우스사의 합병으로 탄생한 일반 출판사 부문 세계 1위인 펭귄랜덤하우스는 지분의 53%를 독일의 미디어 왕국 베텔스만(몬(Mohn) 일가가 재단을 통해 운영함)이, 47%를 영국 출판사 피어슨(본 순위표 1위)이 소유하고 있다. 베텔스만의 지분은 독일 1위

---
[150] Billboard, Germany's Growing CD Vinyl Market Bolstered by Digital Sales, 2014. 3. 6.

의 출판사 독일 랜덤하우스(Random House Allemagne)가 100% 보유하고 있다. 뉴욕에 본사를 둔 펭귄랜덤하우스는 세계 5대륙 23개국에 1만 2,000명의 직원을 두고 있으며, 250개에 이르는 출판 브랜드를 통해 매년 1만 5,000권 이상의 도서를 출간하면서 총 판매 부수 7억 이상을 기록하고 있다. 펭귄랜덤하우스는 미국 출판시장에서는 1위에 올라 있다(펭귄(Penguin), 바이킹(Viking), 퍼트넘(Putnam), 버클리(Berkely), 더튼(Dutton), 밴텀(Bantam), 델(Dell), 크노프(Knopf), 판테온(Pantheon), 더블데이(Doubleday), 크라운(Crown) 등). 영국과 스페인에서도 좋은 성과를 내고 있는데, 2013년에는 이탈리아 출판사 몬다도리(Mondadori)의 지분을 사들여 랜덤하우스 몬다도리(Random House Mondadori)를 만들고, 2014년에는 스페인 언론그룹 프리사(Prisa)로부터 출판그룹 산티야나(Santillana)를 인수하면서, 라틴 아메리카를 본격적으로 공략하기 위한 발판을 마련하였다. 펭귄사와 랜덤하우스사 간의 만남은 중국, 인도, 남아프리카의 개도국시장에서도 시너지 효과를 발휘하고 있다. 반면 펭귄랜덤하우스는 2013년 12월 체코 자회사 유로미디어(Euromedia)의 매각을 발표하기도 하였다. 7만 7,000개 작품을 독일어, 영어, 스페인어로 공급하는 전자책 부문은 2013년 매출액의 10% 이상을 차지하였다.

나) 홀츠브링크(Holtzbrinck)

슈투트가르트에 본사가 있는 독일의 언론 및 출판그룹 홀츠브링크의 자회사로, 2013년 매출액은 2013년 수준과 비슷하다. 홀츠브링크는 2013년 벨트빌드(Weltbild)로부터 문고판 전문 출판사인 드로머 크노르(Droemer Knaur)의 지분을 사들임으로써, 독일 내 일반 문학 분야에서의 위치를 더욱더 공고히 하였다. 현재 벨트빌드와 홀츠브링크는 드로머 크노르의 지분을 50대 50으로 보유하고 있다. 홀츠브링크의 일반 출판 부문은 독일의 경우 랜덤하우스/베텔스만(Random House/Bertelsmann)에 이어 2위를 기록하고 있으며, 피셔(Fischer), 로볼트(Rowohlt), 키펜호이어 & 비치(Kiepenheuer & Witsch), 드로머 크노르로 구성되어 있다.

미국에서는 맥밀런그룹(Macmillan Group)의 이름으로 진출해 있는데, 세인트 마틴스 프레스(Saint Martin's Press), 헨리 홀트(Henry Holt), 파라르 스트라우스 앤 지루(Farrar Straus & Giroux), 피카도르(Picador)와 함께 5대 메이저 출판사로 꼽힌다. 영국과 호주에서는 팬 맥밀런(Pan Macmillan)으로 활동하고 있다. 교육 및 과학 부문에는 사이언티픽 아메리칸(Scientific American), 네이처 퍼블리싱그룹(Nature Publishing Group), 팰그레이브 맥밀런(Palgrave Macmillan), 맥밀런 에듀케이션(Macmillan Education), 디지털 사이언스(Digital Science), 디지털 에듀케이션(Digital Education), 맥밀런 뉴 벤쳐스(Macmillan New Ventures)가 포함되어 있다. 홀츠브링크그룹은 종이책과 전자책 부문을 합쳐서 전 세계 138개 국에 진출해 있으며, 매출액의 35%는 미국, 25%는 독일, 7%는 영국, 13%는 그 외 유럽 국가들, 그리고 19%는 기타 국가들에서 발생된다.

다) 클렛(Klett)

독일의 교과서 및 대학교재시장의 메이저 출판사로, 일반 문학 부문에서는 클렛-코타(Klett-Cotta)로 진출해 있다. 계속해서 하락세를 보였던 클렛의 매출액은 2013년에 비로소 안정화되었다. 1844년 설립된 가족기업으로, 직원 수는 2,878명이며, 61개 출판 브랜드와 관련 회사를 14개국 36개 도시에서 운영하면서(프랑스 포함) 매년 2,000종의 신간을 출판하고 있다. 여기에는 오스트리아의 오스테레이시셔 분데스베를라그(Osterreichischer Bundesverlag)와 스위스의 슈와이저 슐부시베를라그(Schweizer Schulbuchverlag)가 포함된다. 교과서가 그룹 매출액의 52.8%, 교육이 29.2%, 전문정보가 12.4%, 일반 문학이 4.3%를 차지한다.

라) 코넬젠(Cornelsen)

1946년 설립된 독일그룹으로, 여전히 창립자 일가가 운영하고 있다. 2014년 말까지 직원 200명의 정리해고를 포함하여 기업 구조조정을 단행하겠다고 발표하였다. 2013년에는 사우어란더(Sauerlander), 두덴, 메이어 아카데미 베를라그(Meyers Akademie Verlag), 올덴부르그(Oldenbourg), 비센샤프츠베를라그(Wissenschaftsverlag), 스투디엔크라이스 (Studienkreis)의 매각으로 인해 매출액이 곤두박질쳤다. 총 직원 수는 2,546명이고 이들 중 절반이 독일에서 근무하고 있으며, 교과서, 대학 교육, 교구, 성인 교육, 과학, 일반 문학, 레퍼런스 도서 부문에 진출해 있다. 코넬젠은 오스트리아(베리타스(Veritas)), 스위스, 체코, 슬로바키아(프라우스 베를라그스그루프(Praus Verlagsgruppe))에 자회사를 두고 있다.

마) 베스터만(Westermann)

1838년에 설립되어 브라운슈바이크에 본사를 둔 베스터만의 2013년 매출액은 큰 폭으로 상승한 것으로 나타났다. 베스터만은 빙클러(Winklers), 도너(Dorner), 쇼에닝(Schoeningh), 스펙트라(Spectra), 로고(Logo), 아드베스코(Advesco), 슈비(Schubi), 디에스터베그(Diesterweg), 슈로에델(Schroedel), 빌둥스베를라그 아인스(Bildungsverlag Eins)를 통해 교육 부문에서 주로 활동하는 출판사이다. 모기업은 1947년에 만들어진 독일의 언론 및 미디어그룹인 메디엔 유니온(Medien Union)으로 쥐트도이체 차이퉁(Süddeutsche Zeitung), 슈투트가르트 차이퉁(Stuttgarter Zeitung), 디 라인팔츠(Die Rheinpfalz), 다수의 라디오 방송국 등을 소유하고 있으며 샤우브 일가(지분의 50.4%)를 포함해 5개 가문이 메디엔 유니온의 지분을 나누어 갖고 있다.

바) 웨카(Weka)

1973년에 설립된 웨카는 뮈젤 일가의 소유이며, 독일에서 정보 및 전문 서비스 분야의 메이저 출판사 중 하나이다. 2013년 매출액은 안정세를 보였다. 1,152명의 직원이 3개 분야(경영 및 관리, 정보 및 잡지, 창의적 디자인)에 나뉘어 근무하고 있다. 매출액에서 종이책이 차지하는 비중은 최근 10년 사이 82%에서 30%로 급락하였고 디지털 분야의 비중은 50%를 넘어섰다. 유럽 내에 20여 개의 자회사를 가지고 있는데, 주요 진출 국가는 프랑스, 네덜란드, 오스트리아, 스위스이다.

사) 하우프-렉스웨어(Haufe-Lexware)

경영, 법, 세무 분야에 진출해 있는 주요 출판사 중 하나로, 출판 작업의 연장선상에서 교육 프로그램도 개발한다. 2013년 매출액이 크게 증가하였고 이중 2/3가 디지털 분야에서 비롯되었다. 1934년에 설립되었으며 본사는 독일 프라이부르크에 위치해 있다. 2013년에는 법, 경제, 세무 분야의 전문 출판사인 슈투트가르트 샤퍼-포에쉬(Stuttgart Schäffer-Poesche)를 인수하였고, 본격적인 미국 진출을 위해 샌프란시스코 실리콘 밸리에 새로운 사무소를 열었다.

② 음악

독일은 유럽 최대의 음악시장이며, 유럽에서 가장 인구가 많은 국가이다. 음악시장에서 오프라인 음반 소매 부분은 2013년 전체 레코딩 음악 수익 가운데 77%를 차지하며 이웃 국가에 비해서 회복하고 있는 양상을 보이고 있다. 최근 LP 레코드의 작은 부활을 봐도 독일은 소비자들이 오프라인 음반을 고집하는 경향이 강한 것으로 보인다. 독일의 주요 음반 제작 및 배급사를 보면 다음과 같다.

[표 4-22] 독일 주요 음반 제작 및 배급사

기업명	설명
ECM	• 1969년 프로듀서 Manfred Eicher에 의해 뮌헨에 설립된 이래 재즈 음악을 중심으로 1천장 이상의 다양한 장르의 앨범 제작 • Keith Jarrett, Paul Bley, Jan Garbarek, Chick Corea, Pat Metheny 등 재즈와 즉흥 음악으로 초기 명성 획득 • 독일 뮌헨에 설립된 레코드 레이블인 ECM은 재즈 음악으로 가장 잘 알려져 있으나 종종 장르의 경계를 넘나드는 아티스트들의 다양한 장르의 앨범 출시 • 재즈 외에도 클래식, 예술영화 사운드트랙 등으로 다양화

기업명	설명
Edel Music	• 디지털 비즈니스의 일환으로, 앨범과 싱글 트랙을 Amazon, iTunes 등에 공급 중 • 1986년, 현 CEO이자 최대주주인 Michael Haentjes에 의해 영화음악을 취급하는 우편주문 회사로 설립 후 독일 최대의 인디 음반사로 성장 • 1998~2001년 사이 세계 시장으로 빠르게 확장 • 대표 아티스트들로 Lisa Stansfield, Chris Rea, Deep Purple, Toni Braxton, Chris de Burgh 등이 있음 • 디지털 음원 배급을 위해 아티스트들의 음악과 뮤직 비디오 콘텐츠를 iTunes, Napster, FNAC, Beatport, Nokia Music Services 등 주요 음원 판매서비스 사이트에 제공 • 모바일 엔터테인먼트 분야에서도 활발한 활동 전개 • Edel의 본사는 함부르크에 있으나 유럽 각지에 있는 협력 사무실과 레이블들을 통해 확장 중

출처 : 각사홈페이지

③ 영화

독일은 1990년대 후반부터 할리우드 영화 로케이션 유치 및 공동 투자, 유럽 내 국가와의 국제 공동 제작 등으로 영화산업의 저변을 튼튼히 다져왔다. 마침내 2009년에는 자국 영화와 3D 블록버스터 영화의 흥행으로 전년도보다 무려 13%나 증가한 1억 4,600만 장의 티켓을 판매하여 좋은 성적을 기록했다.

[표 4-23] 독일 영화산업 기초 지표 (2013)

연 관객	1억 2,970만 명
극장매출	13억 5,683만 USD
평균 관람료	10.48 USD
스크린 수	4,610개
디지털 스크린 수	3,981개
3D 스크린 수	2,175개

출처 : 영화진흥위원회

그러나 이러한 박스오피스의 성장에도 불구하고 독일의 스크린 수는 감소 추세에 있다. 2009년 이후 스크린 수는 매년 감소한 것을 알 수 있다.

[표 4-24] 독일 극장 및 스크린 현황 (2013)

구분	2009	2010	2011	2012	2013
신관 및 재관	94	95	124	104	102
폐관	170	130	183	127	109
전년대비	△76	△35	△59	△23	△7
총 개수	4,734	4,699	4,640	4,617	4,610

출처 : 영화진흥위원회

한편, 영화 유통을 보면, 유니버설, 20세기 폭스, 워너브러더스, 소니 픽처스, 디즈니 등의 할리우드 영화 배급사가 시장점유율 상위권을 차지하고 있다. 그러나 '콘스탄틴(Constantin Film)'이나 'NFP'와 같은 자국 영화 배급사들도 활약하고 있다. 독일 영화시장의 주요 제작 및 배급사로는 Constantin Film, RAPID EYE MOVIES HE GMBH, MFA+ FILM DISTRIBUTION, 3L FilmverleihL, BRAVE NEW WORK FILM PRODUCTIONS 등이 있으며 자세한 내용은 다음과 같다.

[표 4-25] 독일 영화시장 주요 제작 및 배급사

제작 및 배급사	설명
Constantin Film	• 영화 제작 및 배급사 • 1950년에 설립 • 2013년 배급한 '곽유괴테'가 관람객 수 1위 차지
RAPID EYE MOVIES HE GMBH	• REM은 독일과 아시아/인도 영화 사이에 다리역할을 하고 있는 배급사 • 김기덕, 기타노 다케시 같은 감독과 같은 인도 영화를 독일에 소개
MFA+ FILM DISTRIBUTION	• MFA는 독일의 가장 오래되고 유명한 독립 배급사 중 하나 • 모든 종류의 장편영화들을 TV와 디지털 매체에 대한 라이센스 권한과 상표를 가지고서 극장이나 DVD 배급을 활발하게 하고 있음
3L FilmverleihL	• 2000년대 중반 한국영화를 독일에 본격적으로 알린 배급사 • '올드보이', '천년도', '태극기 휘날리며', '장화, 홍련' 등을 배급

제작 및 배급사	설명
BRAVE NEW WORK FILM PRODUCTIONS	• 독일 함부르크에서 2000년에 설립 • 장편영화, 단편영화, 다큐멘터리를 제작할 뿐만 아니라, 전 세계를 무대로 영화의 판매와 구입을 병행 • 주로 오락영화, 예술영화, 장르영화에 대한 요구에 귀 기울이고 있는 이 회사는 현재 동아시아와 인도, 이란 등에 특별한 관심을 쏟고 있으며, 더불어 독일과 이란에서 프로덕션 서비스를 제공

출처 : 영화진흥위원회

나. 온라인

① 디지털 음악 플랫폼

유럽의 3대 메이저 시장인 독일의 음악시장 역시 영국에 버금갈 정도로 많은 업체들이 진출해 치열하게 경쟁하고 있는 상황이다. 아마존, 아이튠즈, 유튜브, 스포티파이(Spotify) 등과 같은 다수의 글로벌기업들이 시장에 진출해 있는 상황에서, 붐캣(Boomkat), 디제이샵(Djshop.de), 오투뮤직(O2 Music), Elixic.de, Clipfish.de, MakeMusic. TV 등 상당수의 로컬 음악 서비스업체들이 경쟁하고 있다.

[표 4-26] 독일 디지털 음악 플랫폼 현황(2014)

구분	음원다운로드형	유료가입형	광고지원형	혼합형
글로벌 서비스	• Amazon MP3 • 7Digital • Beatport • Highres Audio • iTunes • TrackItDown • Mediamarkt	• Juke • Radio • Music Unlimited • Napster • Qobuz • Rara.com • Rdio • XBox Music	• LastFM • MTV • MUZU. TV • VEVO • Vidzone	• 유료가입, 광고지원 : Deezer, Musicovery, Spotify • 음원다운로드, 유료가입 : Jamba.de
로컬 서비스	• Boomkat • Djshop.de • Eventim Music • O2 Music	• MakeMusic. TV • Simfy • Wimp.de	• Ampya • Clipfish.de • MyVideo.de • Putpat. TV • Tape. TV	• 음원다운로드, 광고지원 : Elixic.de

출처 : Pro Music

(2) 기타 주요사업자

가. 게임

독일의 주요 게임개발사 및 유통사로는 모바일콘텐츠 및 디지털 엔터테인먼트 서비스를 제공하고 있는 Fox Mobile Distribution GmbH와 온라인 게임 서비스 퍼블리셔로 유럽 내 3위의 규모를 보이고 있는 Gamigo AG, 브라우저 게임 및 클라이언트 게임을 유통, 판매하고 있는 Intenium GmbH 등이 있다.

[표 4-27] 독일 주요 게임개발사 및 유통사

기업명	설명
Fox Mobile Distribution GmbH	• 2000년, Marc, Oliver, Alexander Samwer 세 형제가 비즈니스 그룹 Metro와 독일의 선도적 통신사 debitel 등과 제휴해 Jamba 설립. • 2005년, 벨소리 <Crazy Frog>가 전 세계 판매 차트에서 1위에 오르면서 회사가 급성장 • 2천여 종의 다운로드 게임 및 1천여 종의 앱 서비스 제공, 현재 모바일 콘텐츠 및 디지털 엔터테인먼트 서비스 제공하는 선도적기업으로서의 지위에 오름 • Fox 브랜드 게임 외에도 Electronic Arts, Glu Mobile, I-play, Digital Chocolate 등으로부터 콘텐츠를 제공받아 서비스 • 2007년 인-하우스 뮤직 다운로드 포털 Jamba Music 론칭 • Java, Blackberry, Android 플랫폼에 서비스 • O2 DE, KPN NL를 통해 판매
Gamigo AG	• 2000년 설립된 온라인 게임 서비스/퍼블리셔로 유럽내 3위 규모이며, MMO 게임 퍼블리셔로서는 최상급 수준 • PC Client games, browser games 등 서비스 제공 • B2C 플랫폼 개발해 사내 포트폴리오에 있는 모든 게임의 통합적 지원 및 결제 시스템 제공 • <Fiesta Online>, <Shot Online>, <NeoSteam> 등 한국 온라인 게임 퍼블리싱, 바른손게임즈의 MMORPG <Last Chaos>를 유럽시장에 성공적으로 론칭 • 100% Axel Springer AG 소유의 자회사로 미국 뉴욕에 지사를 둠
Intenium GmbH	• 2005년 설립된 온라인 게임 퍼블리셔 및 D2C 플랫폼 서비스업체로 브라우저 게임 및 클라이언트 게임을 유통, 판매 • 대표작 "Chicken Attack"은 론칭 즉시 온라인 및 리테일 스토어에서 판매 1위 기록 • 2006년 ScreenSeven 트레이드 마크로 영어/불어권 국가로 확장 시작, 2007년에는

기업명	설명
	• NintendoDS의 공식 개발사 및 퍼블리셔가 되고 첫 게임 출시 • Gamepoint.de는 Bingo, Poker, Solitaire, Dominoes, Web-darts 등 10여 편의 클래식 보드, 카드 게임 제공 • 전 세계 게임개발자 및 퍼블리셔와 긴밀한 관계를 유지하며 최근 연간 약 2백개의 새로운 상품을 론칭 • 러시아 Kaliningrad에 게임개발 스튜디오 보유하고 유럽시장을 타깃으로 업무협력 관계 유지

출처 : 각사 홈페이지

나. 애니메이션

독일의 주요 애니메이션 스튜디오 및 배급사로는 Ground Studios GMBH, Munich Animation Film GMBH, TV Loonland AG 등이 있으며, 세부 사업 분야는 다음과 같다.

[표 4-28] 독일 주요 애니메이션 스튜디오 및 배급사

기업명	설명
Ground Studios GMBH	• 2000년 설립 당시 모든 디지털 미디어용 3D 서비스 제작기업으로 시작해, 마케팅, 광고, 엔터테인먼트용 캐릭터 애니메이션 및 시각효과 제작기업으로 특화 • 인터랙티브 미디어 및 엔터테인먼트산업의 광범위한 분야에서 복잡한 시네매틱스와 컷 씬들이 제작되고 있으며 세계적 게임 제작용 자산도 제작 • 2009년 이래 확대된 장편 영화용 특수 시각효과 사업이 더욱 중요해지고 있으며 지속적으로 확장 예상
Munich Animation Film GMBH	• 1995년 설립되어 TV 프로그램 제작 및 배급, 영화 및 비디오 프로덕션 사업을 하고 있음 • 1997년 스튜디오의 첫 장편 애니메이션 <The Fearless Four>가 독일 극장에서 개봉. 워너브라더스에 의해 배급되어 크게 성공. 이후 비디오도 출시. Bayerischen Producers상 수상. • <Help! I'm a Fish>, 덴마크에서 선(先) 개봉해 호평과 함께 흥행에도 성공, 2001년 여름 독일 극장에서도 개봉
TV Loonland AG	• 1989년 전 Kirch 그룹 이사였던 Peter Volkle에 의해 설립 • 2005-2008년 사이 독일 내 애니메이션 제작 분야에서 3년 연속 1위 기록하는 등 현재 독일 내 최대 시장점유율을 차지하고 있는 애니메이션 스튜디오

기업명	설명
	• 아동 및 청년 시장을 타깃으로 고품질 프로그램의 개발, 제작, 배급 분야에서 세계적으로 인정 • 뮌헨, 런던, 파리에 지사를 두고 있으며 세계적인 대규모 라이브러리를 보유하여 이상적인 시장 입지 구축 • 애니메이션 파이낸싱 분야에 관심

출처 : 각사홈페이지

다. 방송

독일의 주요 방송국으로 먼저 가장 대표적인 공영 지상파 방송국인 ARD, ZDF와 민영 방송사인 RTL, ProSieben 등이 있다.

[표 4-29] 독일 지상파 방송국

방송사	소유	설명
ARD	공영	• 독일 제 1의 공영방송사 • 1950년 개국 • 각 주의 공영방송의 연합 네트워크로 'Das Erste'라는 전국방소채널 보유 • 각 방송사별 자체 채널과 합작을 통해 제작한 공통 채널을 시간별로 편성
ZDF	공영	• 1963년 설립 • 수신료를 주요 재정원으로 활용 • KI.KA, 3sat 등 타 방송사와의 연합 네트워크를 통해 일부 방송을 공통으로 송출 • ZDF HD 채널을 통해 디지털방송 서비스 제공
RTL	민영	• 1984년 개국 • 독일 외 오스트리아, 불가리아, 룩셈부르크 등 인접 국가들에도 위성방송 형태로 방송 송출 • 2013년 RTL계열 채널들의 지상파 디지털 텔레비전(DVB-T) 송출 중단 발표

방송사	소유	설명
ProSieben	민영	• 1989년 개국한 ProSiebenSat.1 Media 산하의 민영방송사 • 'ProSieben Fun.','ProSieben Maxx. 등 채널소유 • 다수의 해외 드라마 콘텐츠 편성 • 엔터테인먼트 방송 영역에서 높은 인지도

출처 : Conex

독일 주요 케이블사업자는 KDG와 Unitymedia kabel BW 등이 있으며, 위성방송사업자는 ARD Digital, Sky Deutschland, Deutsche Telekom 등이 있다.

[표 4-30] 독일 케이블 방송국

케이블방송	설명
KDG	• 2003년 설립 후 2013년 9월 Vodafone에 피인수 • 정식명칭은 Kabel Deutschland GmbH • 현재 독일 최대의 케이블 방송사로 2013년 기준 220만명의 유료TV 서비스 가입자 확보 • 가입형서비스를 기반으로 100개의 디지털 채널 제공
Unitymedia kabel BW	• 미국 Liberty Global의 자회사 • 2013년 기준 아날로그와 디지털 케이블 서비스 가입자 수 총 660만명 • RTL Group과 ProSieban 등을 통해 프로그램

출처 : Conex

[표 4-31] 독일 위성방송사업자

위성방송	설명
ARD Digital	• 공영방송사 ARD가 운영하는 위성방송서비스 • ARD와 'Das Erste' 네트워크에서 방영한 다수의 프로그램을 재전송 방식으로 제공
Sky Deutschland	• 1991년 아날로그 프리미엄 채널 'Premiere'가 전신 • 2013년 5월 기준 340만명의 가입자 기반 확보 • SkyTV 의 서비스를 이용할 수 있다는 것이 강점

위성방송	설명
Deutsche Telekom	• 2011년 서비스 개시 • 총 290여개 채널 지원

출처 : Conex

또한 IPTV 사업자로는 Deutsche Telekom와 Vodafone D2, ZDF 등이 있다.

[표 4-32] 독일 IPTV 사업자

IPTV	설명
Deutsche Telekom	• 2006년 IPTV 상용서비스 개시 • VOD, HDTV , 프리미엄 등 140여개 채널 제공 • 패키지 구매 가능 • 멀티스크린 서비스 'Entertain to Go'를 통해 40여개 채널 지원
Vodafone D2	• 2011년 'VodafoneTV' 출시 • 기본 요금제를 바탕으로 채널 패키지 추가 구입하는 형태의 BM 운영 • 29개 HD채널 포함 총 5ㅐ여개의 채널 지원 • 2013년 케이블사업자 Kabel 인수
ZDF	• 2007년 IPTV 서비스 공식 개시 • 2010년 범유럽 통합 플랫폼 'HbbTV' 론칭

출처 : Conex

6) 주요 지원 제도 및 정책동향

(1) 콘텐츠 관련 중장기 계획

가. 디지털 독일 2015 (Digital Germany 2015) 전략

독일 연방정부는 2010년 11월 '디지털 독일 2015(Digital Germany 2015)'를 새로운 국가정보화 전략으로 제시했다.

[표 4-33] 디지털 독일 2015 추진 전략별 주요 내용

전략	내용
경제성장 및 일자리 창출	▪ 스타트업 활성화를 위한 ICT 및 금융 지원 ▪ 혁신형 중소기업 대상의 지원 확대 ▪ 펀딩 프로그램 진행
미래 네트워크 구축	▪ 브로드밴드 등 인프라 강화 ▪ 신기술 대상 투자 및 개발 프로그램 운영
디지털 사회 구현	▪ 기술보완 및 보안, 규제 정책 강화 ▪
디지털 미래 위한 연구개발	▪ 신규 ICT 기술에 대한 연구개발 및 추진
교육-미디어 분야의 디지털 역량 강화	▪ 미디어 교육 강화 ▪ 관련 정책 및 기술 관련 홍보
디지털 솔루션 제시	▪ 참여와 소통이 가능한 전자정부의 구현 ▪ 그린IT와 e-헬스 등의 서비스 개방

출처 : BMWi, ICT Strategy of the German Federal Governmnet: Digital Germany 2015

해당 전략은 2013년까지 연방정부의 에너지 소비량을 40% 감축하고 2015년까지 3만 개의 새로운 일자리를 창출, 경제활성화와 국가경쟁력을 강화하는 것을 세부 목표로 하고 있으며, 연방경제기술부(BMWi)를 중심으로 관련 부처들의 공동 추진으로 진행될 계획이다. 또한 이와 더불어 연방경제기술부는 경제성장 및 일자리 창출과 미래 네트워크 구축, 신뢰할 수 있고 안전한 디지털 사회의 구현 및 디지털 미래를 위한 연구개발, 교육과 미디어 분야에서의 디지털 역량 강화, 사회변화에 따른 디지털 솔루션 제시를 구체적인 주요 추진 전략으로 설정하고 있다.

나. 문화창조산업 이니셔티브[151]

독일은 음악과 도서, 미술품, 영화, 방송, 공연예술 및 디자인과 건축, 언론, 게임을 포함한 총 11개 분야를 문화창조산업으로 규정하고 2007년부터 '문화창조산업 이니셔티브'를 시행, 해당 영역에 종사하는 전문 예술가와 기업을 지원하고 있다. 해당 정책의 주 목적은 문화창조산업을 통한 지식기반의 경제 창출과 타 산업분야의 혁신에 있으며, 이는 문화창조산업의 지속적인 성장성에 주목한 결과라고 할 수 있다. 현재 독일 연방경제기술부와 문화 및 미디어연방정부청이 공동협력을 통해 해당 정책을 시행해 나가고 있으며, 여기에는 외교부와 법무부, 재무부, 노동부 등 중앙정부 대부분의 기관이 참여, 전반적인 이니셔티브 체제를 구축하고 있다. 지원은 예술분야 종사자들에게 취약한 세금과 법조항에 관한 노하우를 전수하고 저작권과 관련된 문제점을 사전에 대비, 독립성과 예술성을 인정하는 것에 중점을 두고 있는데 특히 소기업에 특화된 자금대출 제도(Mikrokreditfonds Deutschland)의 운영과 외부 투자기업 유치, 수출기업 지원 등에 대한 지원이 폭넓게 이루어지고 있다.

[표 4-34] 문화창조산업 이니셔티브의 주요 정책 수단

지원 전략	세부 정책
금융 지원	▪ 소기업대상 자금대출제도 운영 ▪ Berlin partner 이니셔티브 통한 투자기업 유치
창업 지원	▪ 교육과 창업 연계한 '만하임 모델' 창출
수출 지원	▪ Berlin partner 통한 수출기업 지원 ▪ 각종 행사 및 해외 프로모션 조직
법률 지원	▪ 지적재산권 인식 제고 프로그램 운영 ▪ 8개지역에 문화창조 지원센터 설립

출처 : KIEP, 주요국의 창조경제 추진사례와 시사점(2013)

다. 금융 지원 정책

독일의 미디어콘텐츠 대상 금융지원 정책은 크게 영화지원기금(DFFF: Deutscher Filmforderfonds)과 미디어기업 대상의 세액 지원, 방송 지원 및 지역방송 지원기금으로 나누어 집행된다. 먼저 영화지원기금의 경우 독일에서 제작되는 영화를 대상으로 보조금을 지원하는

---
151) Initiative Kultur-und Kreativ-wirtschaft

문화산업진흥 프로그램으로 2007년 3년간 운영된 이후 2012년 1차 연장을 거쳐 최근 2015년까지 추가 연장이 결정되었다. 독일정부는 개정된 가이드라인에 시각-청각 장애인의 영화 관람 권리를 보장하는 배리어 프리(barrier-free) 규정을 추가했으며 2015년까지 매년 6,000만 유로를 영화 제작에 지원하는 것은 물론 블록버스터와 중소 규모의 영화 제작에도 편당 총 제작비의 20% 수준의 보조금을 지원할 계획을 밝혔다.

독일연방우정공사가 독일신문발행인협회(BDZV), 독일잡지발행인협회(VDZ)와의 협상을 통해 지원하고 있는 미디어 대상 세제 지원은 미디어기업의 부가가치세를 기존 18%에서 9%로 감면해주는 내용을 골자로 하고 있으며, 해당 기업들은 신문과 잡지 등 정기간행물에 대한 우편요금과 전신전화료도 일부 할인받는다. 이와 더불어 TV를 소유한 가구를 대상으로 월 17.98유로의 방송 분담금을 징수하고 이를 방송 분담금으로 활용하는 방안 역시 운영되고 있는 상황이다.

방송 지원의 경우 수신료를 통한 지원과 지역방송 지원기금을 통한 지원이 주로 이루어지고 있는데, 이 가운데 지역방송 지원기금은 바이에른주(州)에서만 운영되고 있으며 해당 지원 예산은 주 미디어청 연간예산의 절반 이상(50.9%)에 해당한다.

(2) 콘텐츠산업 지원 제도

가. 아동용 콘텐츠 육성 프로그램

문화 및 미디어연방정부청은 연방가족부와 협력을 통해 '어린이들을 위한 네트워크(Ein Netz fur Kinder) 진흥 이니셔티브' 지원책을 운영하고 있다. 이는 아동에게 적합한 안전한 인터넷 환경 구축에 초점을 맞추고 있으며, 이를 위해 총 55만 유로의 진흥기금을 투입, 아동용 콘텐츠의 창조를 지원하는 한편, 독일 청소년영화관리국과 공동으로 66만 유로 상당의 아동영화 프로젝트를 지원해 운영하고 있다. 이를 통해 뉴미디어 영역에서 다양한 종류의 선택권을 부여하는 상업적 서비스가 확충, 관련 시장에서의 경쟁이 확대되고 있는 양상이다.

나. 저작권 보호정책

독일의 저작권은 정부기관인 연방정부 소속 DPMA(Deutsches Patent-und Markenamt)와 연방법무부, 유관기관인 GEMA와 GVL, VG-WORT, VFF, VG Media 등을 통해 관리되고 있다. 이 중 DPMA는 불법저작물 유통에 관한 감독과 지적재산권 등록에 관한 업무를 담당하며 연방법무부는 저작권법 개정과 해외 저작권 법률과의 조정 활동 등을 수행한다. 또한 GEMA와 GVL, VG-WORT, VFF, VG Media는 각각 음악과 인접보호권의 행사, 어문저작물, 영화 및 TV 프로그램, 미디어회사와 인접보호권 실행 등을 관리한다.

한편, 독일연방하원은 2013년 6월 저작권 침해 시 해당 시민이 직접 저작권을 침해하지 않았거나 상대적으로 경미하게 권리를 침해한 경우에도 과도하게 합의금을 종용해 재정적 손실이 발생하는 경우가 발생하고 있다는 점에서 저작권 침해 시 그 통지 방법과 소송비용에 관한 규정을 포함한 개정안을 발표했는데 그 주요 내용은 다음과 같다.

- 피해자는 저작권 침해에 대한 침해 금지의 소를 제기하기 전 침해 중지에 대한 요청을 통지하는 등 저작권 분쟁을 사전에 해결할 기회를 침해자에게 주어야 한다.
- 최고(催告)시에는 피해자의 성명 또는 회사의 명칭과 권리 침해 내용을 명확히 표시하고 금전상의 청구의 경우 손해배상과 침해금지청구 등을 구별해서 주장해야 한다.
- 침해금지 및 방해제거의 청구와 관련한 변호사 선임 비용은 1,000유로로 제한되며 필요한 요건을 갖추어야 한다.

연구나 교육기관에서의 수업 및 학습 과정에서 공표된 저작물을 비상업적 용도로 이용하는 경우를 저작권법의 적용 범위에서 제한하는 새로운 규정의 도입 역시 검토되고 있다. 2014년 5월 '교육 및 연구를 위한 저작권 행동연맹'에 의해 제안된 해당 규정에 대해 독일문화예술위원회는 환영의 뜻을 밝혔는데, 단 저작권자가 정당한 권리를 침해받지 않도록 이것이 저작권법에 명확하고 분명하게 규정되어야 한다는 점에서 명확하고 기술 중립적인 법적 장치와 적절한 보상금, 판매와 관련된 주요 시장에 영향을 미치지 않고 상업적으로 이용되지 않도록 하는 제도적 장치의 마련 등을 추가적으로 제안했으며 여전히 논의가 진행되고 있는 상황이다.

또한, 음악저작권협회 GEMA는 저작권 보호를 위해 2012년 클럽과 디스코텍에 음악 사용료를 높게 부과하는 정책을 발표했는데, 2012년 말 의회가 이를 승인했음에도 불구하고 관련 업계와 시민들의 반발이 격화되면서 2013년으로 예정되었던 도입 시기가 다소 연기되었으며, 2014년 현재까지도 관련 논쟁이 지속되고 있다.

(3) 조세 제도

가. 외국기업에 대한 조세 제도

독일에서 사업을 영위하는 경우 납세 의무는 납세 의무자의 법적 형태에 따라 달라진다. 주식회사 또는 유한회사로 설립된 법인은 창출한 이익에 대하여 법인세, 영업세, 통독세가 부과되며 조합은 법인세 과세 대상에서 제외된다. 조합 소득은 궁극적으로 조합원에게 배분되는 것이므로 조합은 정보 제공 목적의 세무 신고서만 작성·제출하고 실질적인 과세는 각 조합원을 대상으로 이뤄진다. 조합원은 개인세무신고 시 조합 이익 중 자신의 지분에 해당하는 이익을 신고하고 조합은 영업세를 납부하게 된다. 2008년 독일정부는 법인 세율을 과세 대상 수입의 15%로 인하하는 기업 친화정책을 통해 적극적인 기업투자와 해외기업의 투자 유치 효과를 유도하고 있다.

①기업소득세(법인세)

법인의 법적 소재지가 독일이거나 경영상 중심지를 독일에 두고 있는 업체는 독일에 거주하는 것으로 간주된다. 거주자-비거주자 구분은 과세 대상 소득의 범위 결정시 필요하다. 거주자 법인은 전 세계 소득에 대해 독일에서 납세 의무가 있으며, 비거주자 법인은 독일 내 원천 소득에 대해서만 납세 의무를 가진다. 또한, 법인은 영리 사업체로 분류되어 발생한 모든 수입은 소득 원천에 관계없이 과세 대상 사업소득으로 간주된다. 독일 연방정부에서는 2008년부터 법인세율을 25%에서 15%로 인하하고, 영업세 기본세율도 5%에서 3.5%로 낮추어 기업의 실효세율을 평균 30% 이하로 경감했다. 1995년부터 적용되는 통독세는 법인세의 5.5%가 적용된다.

독일 원천소득에는 독일 고정 사업장으로부터 창출된 소득, 독일 회사주식의 양도소득, 농업 및 산림소득, 임대소득 등이 포함이 된다. 회사 상장여부와는 무관하며 독일에 위치한 부동산 매각에 따른 양도차익도 독일법인세 과세 대상이다.

② 영업세

영업세는 연방법에 근거하고 있으나 지방자치단체가 법인의 영업 이익에 대하여 부과한다. 영업세 기준 금액은 영업이익x3.5%(기본세율)이며 지방자치단체는 기준 금액에 승수를 적용하여 최종 세액을 결정한다. 보통 승수는 300%-490% 범위이므로 기본세율에 3-4.9배가 적용되어 실제 영업 세율은 10.5-17.15% 가 된다. 2004년 이후 지방자치단체가 법적으로 적용하여야 할 최저 승수는 200%이다.

③ 외국기업에 대한 과세

외국법인은 독일에서 유한 납세자로 간주되며 독일 원천소득에 근거해 과세된다. 조세 협약(이중 과세 방지 협약)이 적용되는 곳에는 세무 부담이 없이 연락 사무소를 설치하는 것이 가능하나 피고용인은 연락이나 기타 부수적인 기능의 업무를 담당하도록 엄격히 제한시켜야 하고 고객과의 계약 체결 또는 판매로 간주될 만한 영업활동에 종사해서는 안 된다.

④ 배당과세

'Half-Income System'에 의거하여 법인소득이 개인주주에게 배당으로 분배될 경우, 배당의 50%가 개인주주 차원에서 다시 과세된다. 개인이 수령하는 자본소득과 양도소득에 대하여는 원칙적으로 25%의 단일세율이 적용된다(통일부담세 추가). 하지만 납세자의 일반 소득세율이 단일세율 25%보다 낮은 경우 납세자의 선택에 따라 일반세율을 적용받을 수 있다. 이와 같은 경우 배당소득의 40%가 면세혜택을 받는다(Partial Income Rule).

주주가 법인인 경우 배당소득은 과세에서 면제되지만 법인의 배당소득의 5%에 해당하는 금액이 손금불산입 처리된다. 따라서 실질적으로 수령되는 배당소득의 95%만이 실제 비과세소득이 된다. 법인은 지급배당금에 대해 일반적으로 25%의 자본금소득세(Kapitalertragsteuer)를 원천징수하여 세무당국에 납부해야 한다. 주주는 세무신고 시 원천징수 당한 세액을 최종 납부세액에서 공제할 수 있고 법인이 보유하고 있는 타법인 주식매각 시 발생하는 양도소득 또한 법인세에서 면제된다. 간주배당(Verdeckte Gewinnausschüttungen)은 법원이 주주 또는 주주의 특수관계자에게, 독립적인 제3자라면 제공하지 않을 혜택을 직, 간접적으로 제공하는 경우에 발생한다. 간주배당이 있을 시에는 세무상 손금불산입(예를 들면 특수관계자에게 과다 지급된 용역수수료) 또는 익금산입(예를 들면, 특수관계자 대여금에 대하여 시장이자율보다 적게 청구)의 형태로 과세표준이 증가되고 간주배당은 일반배당과 같은 방법으로 과세된다.

즉 법인수취 간주배당은 사실상 95%가 면제된다. 이러한 규정에 대한 예외규정인 'Congruency Principle'이라는 규칙은 2007년 독일세법에 도입된다. Congruency Principle에서는 배당금에 대한 95% 면세 규정은 분배하는 법인의 과세소득을 감소시키지 않는 배당금에만 제한되어 적용된다. 이는 분배하는 법인에서 비용으로 공제되는 간주배당이 수취하는 법인에서는 면세가 되지 않는 것을 의미한다.

나. 한독 조세협정

한국과 독일 간 조세조약을 살펴보면 독일 거주 법인은 독일이 대한민국을 포함한 세계 94개국 이상과 체결한 이중과세 방지 협약에 의해 세액 경감의 혜택을 받을 수 있다. 전형적으로 조세조약에서는 소득 원천국이나 거주 국가 중 한 국가가 과세권을 가지고 상대국은 동 소득에 대해 과세를 면제하며, 그렇지 않은 경우에는 외국납부 세액공제를 허용하여 이중과세를 방지한다. 또, 사회보장협정에 의거, 파견되는 근로자가 양국의 연금제도에 이중으로 가입해야 할 필요가 없다.

4. 스페인

1) 콘텐츠시장 개요

유로존 금융위기로 2011년 이후 하락을 거듭하던 스페인 경제는 2013년 회복의 기미를 보이고 있다. 하지만 그 동안 저조한 경제성장률로 내수 경기는 침체 상황을 맞이하여 2013년 콘텐츠시장은 전년대비 3.8% 하락한 263억 4,900만 달러 규모에 그쳤다. 스페인은 2013년 중반부터 마이너스에서 0%대로 GDP 성장률을 회복할 것으로 보여, 스페인 콘텐츠시장은 향후 5년간 연평균 2.5%의 성장률로 2018년까지 298억 1,600만 달러 규모에 이를 것으로 전망된다.

[표 5-1] 스페인 콘텐츠시장 규모 및 전망, 2009-2018

[단위 : 백만 달러, %]

구분	2009	2010	2011	2012	2013p	2014	2015	2016	2017	2018	2013-18 CAGR[152]
출판	8,509	8,327	7,859	7,301	7,050	6,901	6,782	6,672	6,554	6,421	△1.9
만화	124	132	136	131	130	130	130	130	131	131	0.2
음악	890	827	792	779	750	722	705	691	680	676	△2.1
게임	1,178	1,166	1,129	1,079	1,104	1,148	1,192	1,232	1,269	1,310	3.5
영화	1,477	1,472	1,392	1,413	1,386	1,406	1,434	1,464	1,486	1,511	1.7
애니메이션	165	182	200	220	242	266	292	316	341	347	7.4
방송	6,151	6,181	5,775	5,051	4,687	4,579	4,535	4,521	4,519	4,525	△0.7
광고	7,693	7,890	7,352	6,154	5,768	5,621	5,531	5,440	5,351	5,253	△1.9
캐릭터	2,019	1,900	1,750	1,696	1,625	1,582	1,559	1,543	1,531	1,524	△1.3
지식정보	8,546	9,152	9,484	9,619	9,324	9,598	10,327	11,216	12,307	13,602	7.8
산술합계	36,752	37,229	35,869	33,443	32,066	31,953	32,487	33,225	34,169	35,300	1.9
합계[153]	29,377	29,770	28,901	27,403	26,349	26,313	26,885	27,659	28,630	29,816	2.5

출처 : PwC(2014), ICv2(2013, 2014), Barnes report(2013, 2014), Oricon(2013, 2014), SNE(2013), MDRI(2013), Box Office Mojo(2014), Digital Vector(2013), EPM(2013, 2014)

---

152) 2013년부터 2018년까지 연평균성장률
153) 중복 시장을 제외한 시장 규모임
 - 출판의 신문/잡지 광고, 게임의 게임 광고, 영화의 극장광고, 방송의 TV/라디오 광고, 지식정보의 디렉토리 광고는 광고시장에 포함
 - 만화, 지식정보의 전문서적/산업잡지는 출판시장에 포함
 - 애니메이션은 영화시장에 포함

[그림 5-1] 스페인 콘텐츠시장 규모 및 성장률, 2009-2018

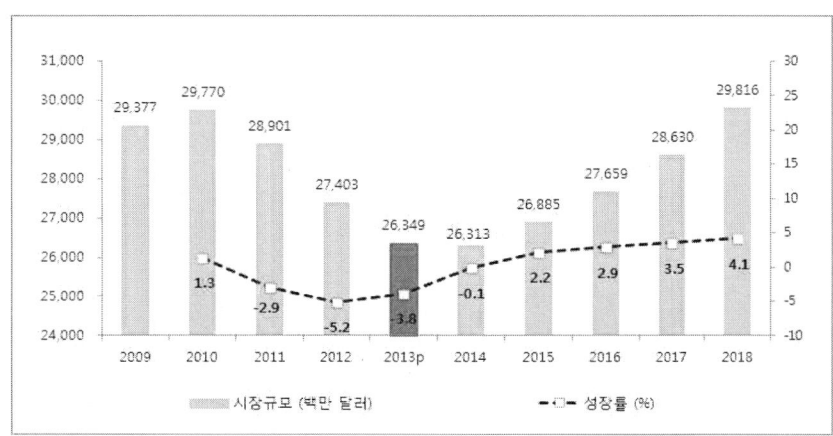

출처 : PwC(2014), ICv2(2013, 2014), Barnes report(2013, 2014), Oricon(2013, 2014), SNE(2013), MDRI(2013), Box Office Mojo(2014), Digital Vector(2013), EPM(2013, 2014)

스페인 콘텐츠시장에서 가장 큰 비중을 차지하는 것은 지식정보시장이다. 지식정보시장은 2009년 29.1%의 점유율을 차지했지만 점차 그 비중이 늘어나 2018년에는 45.6%의 점유율을 차지할 것으로 전망되고 있다.

[그림 5-2] 스페인 콘텐츠별 시장점유율, 2009 vs. 2013 vs. 2018

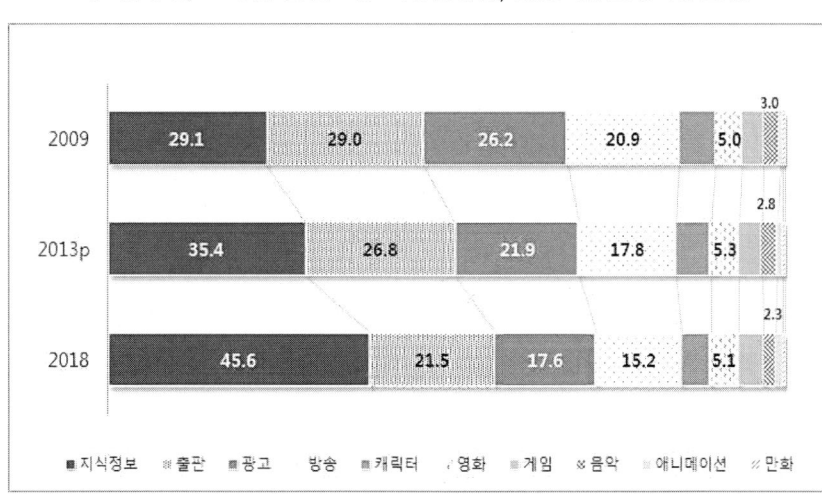

출처 : PwC(2014), ICv2(2013, 2014), Barnes report(2013, 2014), Oricon(2013, 2014), SNE(2013), MDRI(2013), Box Office Mojo(2014), Digital Vector(2013), EPM(2013, 2014)

2009년 출판시장과 광고시장, 그리고 방송시장은 지식정보시장의 뒤를 이어 각각 29.0%, 26.2%, 20.9%의 점유율을 차지했지만 지식정보시장의 성장으로 인해 그 비중이 점차 줄어들어 2018년에는 각각 21.5%, 17.6%, 15.2%로 전체 콘텐츠시장에서 차지하는 비중이 대폭 축소될 것으로 전망된다. 그 밖에 캐릭터, 영화, 게임, 음악, 애니메이션, 만화시장 등도 모두 그 비중이 줄어들어 10% 이하의 수준을 유지할 것으로 전망된다.

향후 5년간 스페인의 콘텐츠시장은 애니메이션 과 지식정보, 게임은 성장세를 보일 것으로 전망되나 출판, 만화, 음악, 방송, 광고, 캐릭터시장은 정체 또는 하락세를 보일 것으로 전망된다.

[그림 5-3] 스페인 콘텐츠별 연평균성장률 추정, 2013-2018

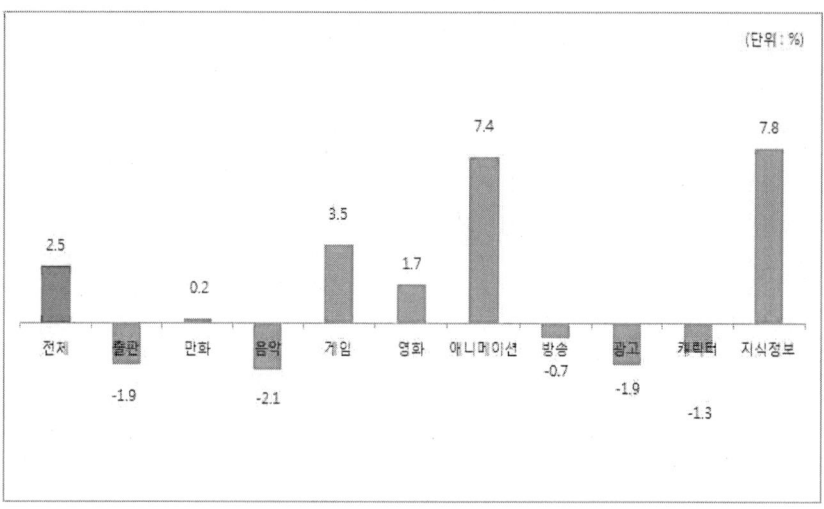

출처 : PwC(2014), ICv2(2013, 2014), Barnes report(2013, 2014), Oricon(2013, 2014), SNE(2013), MDRI(2013), Box Office Mojo(2014), Digital Vector(2013), EPM(2013, 2014)

2) 산업별 콘텐츠시장 규모 및 전망

(1) 출판

2013년 스페인의 출판시장은 디지털시장의 성장에도 불구하고 인쇄 출판시장의 하락세로 인하여 전년대비 3.4% 감소한 70억 5,000만 달러의 시장 규모를 형성하였다.

도서의 경우 디지털 출판이 눈에 띄게 성장을 하였고 디지털 잡지의 구독도 큰 폭으로 성장세를 보였지만 인쇄 출판시장이 경제 불황과 맞물려 상당히 큰 하락세를 보였다. 게다가 신문 광고와 인쇄 신문잡지의 지면 광고 역시 매출 규모가 감소했다.

이에 스페인의 출판시장은 향후 5년간 연평균 1.9%씩 하락하여 2018년에는 64억 2,100만 달러 규모로 감소할 것으로 전망된다.

[표 5-2] 스페인 출판시장 규모 및 전망, 2009-2018

[단위 : 백만 달러, %]

구분		2009	2010	2011	2012	2013p	2014	2015	2016	2017	2018	2013-18 CAGR
도서		4,095	3,958	3,791	3,786	3,713	3,683	3,659	3,632	3,590	3,533	△1.0
	인쇄(154)	4,055	3,882	3,677	3,613	3,463	3,340	3,220	3,102	2,987	2,876	△3.6
	디지털	40	76	114	173	250	343	439	530	603	657	21.3
신문		3,097	3,037	2,800	2,310	2,126	2,007	1,912	1,830	1,755	1,681	△4.6
	광고	1,516	1,495	1,297	1,011	941	886	821	745	662	571	△9.5
	지면	1,476	1,423	1,212	909	823	753	673	581	484	377	△14.5
	디지털	41	72	85	102	118	133	148	164	179	194	10.5
	구독	1,581	1,542	1,503	1,299	1,185	1,121	1,091	1,085	1,093	1,110	△1.3
	지면	1,581	1,542	1,495	1,281	1,160	1,088	1,050	1,035	1,036	1,046	△2.0
	디지털	-	-	7	18	25	33	41	50	57	63	20.3
잡지		1,317	1,332	1,268	1,205	1,211	1,211	1,211	1,210	1,209	1,207	△0.1
	광고	558	560	568	498	476	466	458	449	441	433	△1.9
	지면	544	538	518	439	412	394	378	361	344	327	△4.5
	디지털	14	22	50	59	64	72	80	88	97	106	10.6
	구독	759	772	700	707	735	745	753	761	768	774	1.0

[단위 : 백만 달러, %]

구분		2009	2010	2011	2012	2013p	2014	2015	2016	2017	2018	2013-18 CAGR
	지면	759	772	698	702	725	732	735	738	740	741	0.4
	디지털	-	-	2	5	10	13	18	23	28	33	27.0
	합계	8,509	8,327	7,859	7,301	7,050	6,901	6,782	6,672	6,554	6,421	△1.9

출처 : PwC(2014)

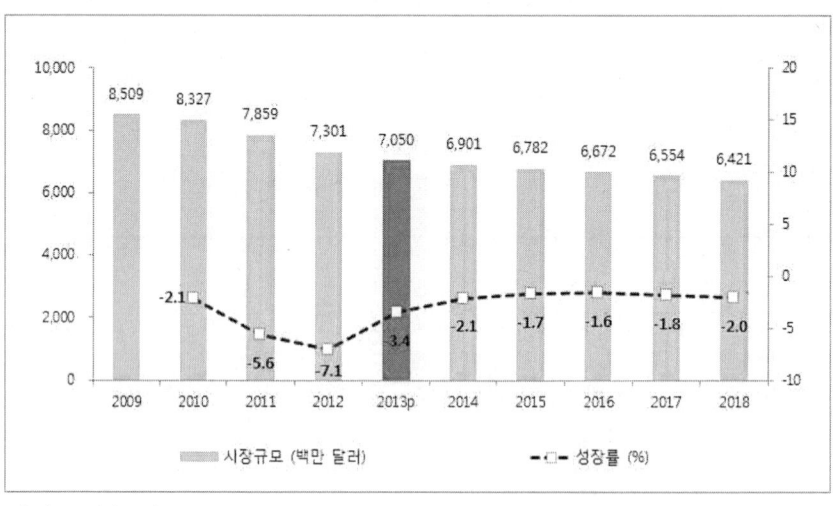

[그림 5-4] 스페인 출판시장 규모 및 성장률, 2009-2018

출처 : PwC(2014)

스페인 출판시장에서 가장 큰 비중을 차지하는 것은 도서시장이다. 도서시장은 2009년 48.1%의 점유율로 시장을 주도하게 되는데 점차 그 비중이 늘어나 2018년에는 출판시장 절반 이상을 차지하며 시장에 큰 영향력을 미칠 것으로 전망된다.

---

154) 오디오북 포함

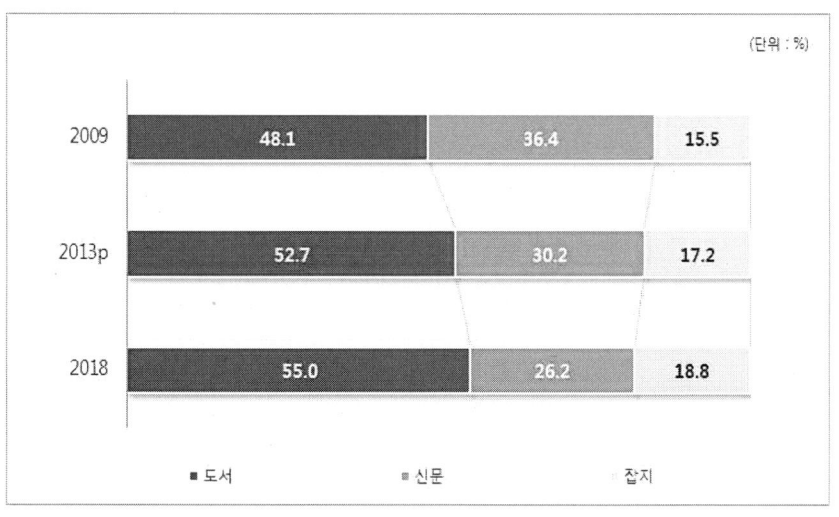

[그림 5-5] 스페인 출판시장 비중 비교, 2009 vs. 2013 vs. 2018

출처 : PwC(2014)

　도서시장 다음으로 큰 비중을 차지하던 신문시장은 2009년 36.4%의 점유율을 보였는데, 도서시장과 잡지시장의 성장으로 2018년에는 26.2%의 점유율로 하락하며 비중이 줄어들 것으로 보인다. 한편, 잡지시장은 꾸준히 비중이 늘어나 2009년 15.5%의 점유율에서 2018년 18.8%의 점유율로 상승할 것으로 보인다.

가. 도서

　2013년 스페인의 도서시장은 전년대비 1.9% 하락한 37억 1,300만 달러 규모로 집계되었다. 디지털 분야의 전문, 일반, 교육 서적은 큰 폭으로 성장세를 보였으나 출판시장의 대부분을 차지하는 인쇄 출판시장이 큰 폭의 하락세를 보였다. 스페인정부가 독립서점의 경쟁력 강화를 위해 다양한 정책을 시행하고 있으나 경제 불황으로 인해 인쇄 출판사들이 인쇄 부수를 줄이고 비소설, 문학 등의 작품과 출간종도 줄이고 있다. 이에 따라 스페인 도서 출판시장은 연평균 1.0%의 하락세를 보이며 2018년에는 35억 3,300만 달러 규모로 위축될 것으로 전망된다.

[표 5-3] 스페인 도서시장 규모 및 전망, 2009-2018

[단위 : 백만 달러, %]

구분	2009	2010	2011	2012	2013p	2014	2015	2016	2017	2018	2013-18 CAGR
인쇄	4,055	3,882	3,677	3,613	3,463	3,340	3,220	3,102	2,987	2,876	△3.6
전문	355	330	358	398	393	397	400	401	402	402	0.5
일반	2,331	2,272	2,126	2,044	1,948	1,853	1,759	1,669	1,581	1,497	△5.1
교육	1,369	1,280	1,193	1,171	1,122	1,090	1,061	1,032	1,004	977	△2.7
디지털	40	76	114	173	250	343	439	530	603	657	21.3
전문	4	7	15	23	36	50	63	77	89	99	22.4
일반	15	30	47	79	124	183	247	308	357	392	25.9
교육	21	39	52	71	90	110	129	145	157	166	13.0
합계	4,095	3,958	3,791	3,786	3,713	3,683	3,659	3,632	3,590	3,533	△1.0

출처 : PwC(2014)

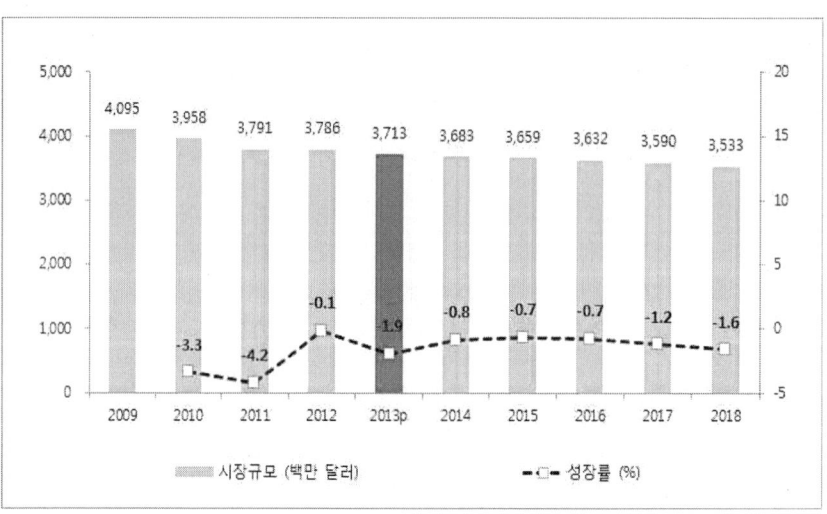

[그림 5-6] 스페인 도서시장 규모 및 성장률, 2009-2018

출처 : PwC(2014)

나. 신문

2013년 스페인 신문시장은 전년대비 8% 하락한 21억 2,600만 달러로 집계되었다. 디지털시장은 높은 성장률을 보이고 있지만 시장 규모 자체가 크지 않아 전체 시장의 성장을 이끌지는 못하고 있다. 시장을 주도하는 인쇄 지면 구독시장의 하락세로 인하여 스페인 신문시장은 향후 5년간 연평균 4.6%씩 하락하여 2018년에는 16억 8,100만 달러 규모로 축소될 것으로 전망된다.

[표 5-4] 스페인 신문시장 규모 및 전망, 2009-2018

[단위 : 백만 달러, %]

구분	2009	2010	2011	2012	2013p	2014	2015	2016	2017	2018	2013-18 CAGR
광고	1,516	1,495	1,297	1,011	941	886	821	745	662	571	△9.5
지면	1,476	1,423	1,212	909	823	753	673	581	484	377	△14.5
디지털	41	72	85	102	118	133	148	164	179	194	10.5
구독	1,581	1,542	1,503	1,299	1,185	1,121	1,091	1,085	1,093	1,110	△1.3
지면	1,581	1,542	1,495	1,281	1,160	1,088	1,050	1,035	1,036	1,046	△2.0
디지털	-	-	7	18	25	33	41	50	57	63	20.3
합계	3,097	3,037	2,800	2,310	2,126	2,007	1,912	1,830	1,755	1,681	△4.6

출처 : PwC(2014)

[그림 5-7] 스페인 신문시장 규모 및 성장률, 2009-2018

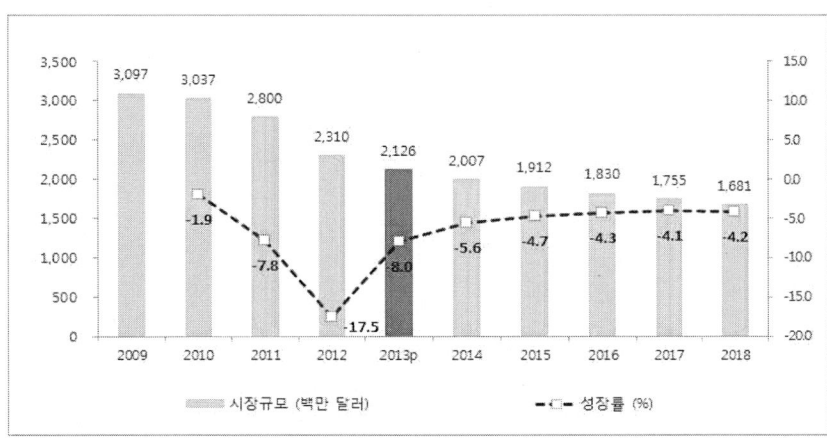

출처 : PwC(2014)

다. 잡지

2013년 스페인 잡지시장은 전년대비 0.5% 성장한 12억 1,100만 달러로 집계됐다. 잡지시장은 도서시장과 마찬가지로 디지털 광고시장과 구독시장이 고성장률을 기록하고 있지만 시장에서 차지하는 비중이 작아 전체 시장의 하락세를 상쇄시키는데 한계가 있다.

[그림 5-8] 스페인 잡지시장 규모 및 성장률, 2009-2018

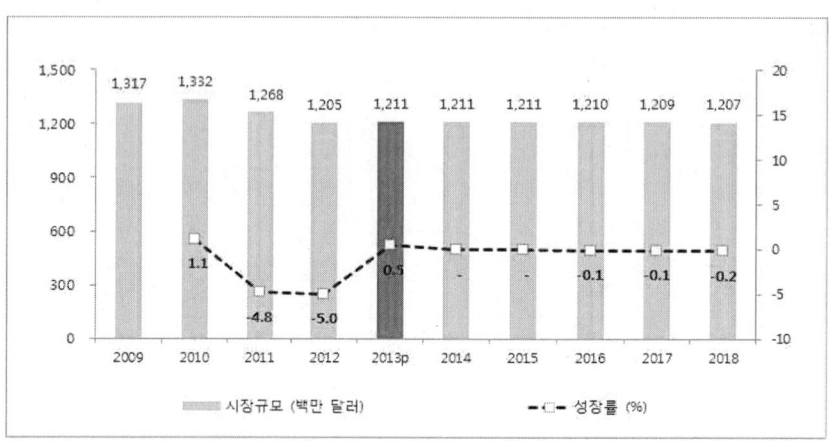

출처 : PwC(2014)

특히, 잡지시장에서 비중이 있는 지면 광고시장의 하락세가 두드러질 것으로 보인다. 이에 스페인 잡지시장은 향후 5년간 연평균 0.1%의 감소율을 보이며 2018년에는 12억 700만 달러 규모를 보일 것으로 전망된다.

[표 5-5] 스페인 잡지시장 규모 및 전망, 2009-2018

[단위 : 백만 달러, %]

구분	2009	2010	2011	2012	2013p	2014	2015	2016	2017	2018	2013-18 CAGR
광고	558	560	568	498	476	466	458	449	441	433	△1.9
지면	544	538	518	439	412	394	378	361	344	327	△4.5
디지털	14	22	50	59	64	72	80	88	97	106	10.6
구독	759	772	700	707	735	745	753	761	768	774	1.0
지면	759	772	698	702	725	732	735	738	740	741	0.4
디지털	0	0	2	5	10	13	18	23	28	33	27.0
합계	1,317	1,332	1,268	1,205	1,211	1,211	1,211	1,210	1,209	1,207	△0.1

출처 : PwC(2014)

(2) 만화

2013년 스페인의 만화시장은 전년대비 1.1% 하락한 1억 3,000만 달러로 집계되었다. 장기 불황을 겪고 있는 스페인은 인쇄 만화에 대한 수요가 감소하고 있다. 게다가 저렴한 디지털 만화의 등장으로 인쇄 만화시장은 계속 하락세를 보일 것으로 전망된다. 스페인 만화시장은 디지털 만화시장의 성장으로 향후 5년간 0.2%의 성장세를 보이며 1억 3,100만 달러 수준을 유지할 것으로 전망된다.

[표 5-6] 스페인 만화시장 규모 및 전망, 2009-2018

[단위 : 백만 달러, %]

구분	2009	2010	2011	2012	2013p	2014	2015	2016	2017	2018	2013-18 CAGR
인쇄 만화	122	129	132	125	122	120	118	116	114	112	△1.7
디지털	2	3	5	6	8	10	12	14	17	19	19.0
합계	124	132	136	131	130	130	130	130	131	131	0.2

출처 : ICv2(2014), Barnes(2014), Oricon(2014), PwC(2014), SNE(2013)

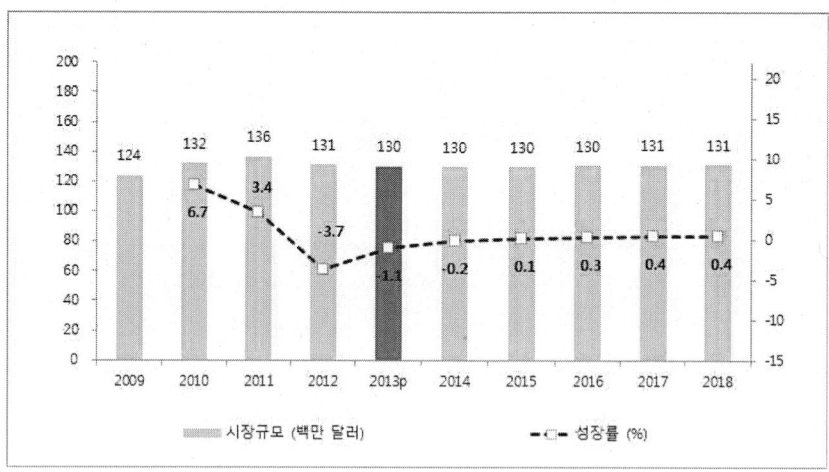

[그림 5-9] 스페인 만화시장 규모 및 성장률, 2009-2018

출처 : ICv2(2014), Barnes(2014), Oricon(2014), PwC(2014), SNE(2013)

2009년 98.4%의 점유율을 차지했던 인쇄 만화시장은 디지털 만화시장의 성장으로 그 비중이 점차 줄어들어 2013년에는 93.8%로 점유율이 하락했다. 디지털 만화시장은 급격히 성장하여 2009년 1.6%의 점유율에서 2013년 6.2%로 점유율이 증가했다. 디지털 만화는 유·무선 인터넷의 보급률 증가로 2018년에는 14.5%의 점유율을 보일 것으로 전망된다.

[그림 5-10] 스페인 만화시장별 비중 비교, 2009 vs. 2013 vs. 2018

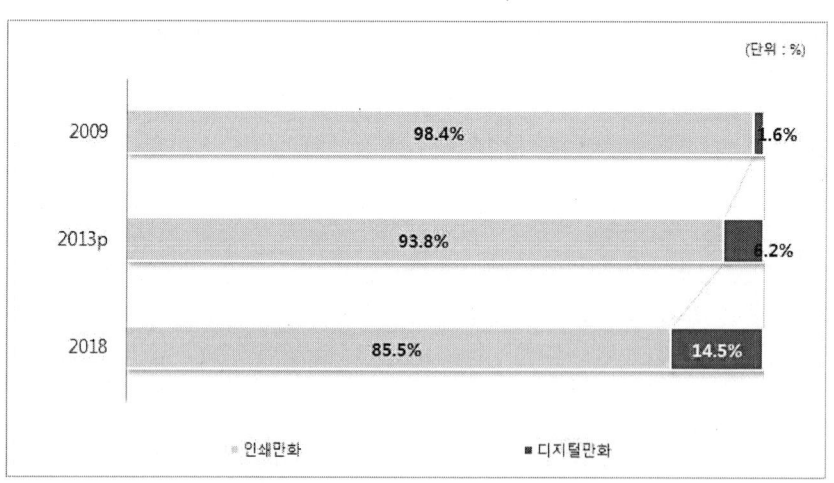

출처 : ICv2(2014), Barnes(2014), Oricon(2014), PwC(2014), SNE(2013)

가. 인쇄 만화

2013년 스페인의 인쇄 만화시장은 전년대비 2.5% 하락한 1억 2,200만 달러로 집계되었다. 장기간의 경기침체와 더불어 디지털 만화의 등장은 스페인 인쇄 만화시장에 큰 타격을 주었다. 인터넷을 통해 불법으로 유통되는 스캔 만화의 등장은 디지털화가 진행되지 않은 스페인의 인쇄 만화시장을 크게 흔들어 놓았다. 스페인의 인쇄 만화시장은 향후 5년간 연평균 1.7%의 하락세를 보이며 2018년에는 1억 1,200만 달러 규모로 위축될 전망이다.

[그림 5-11] 스페인 인쇄 만화시장 규모 및 성장률, 2009-2018

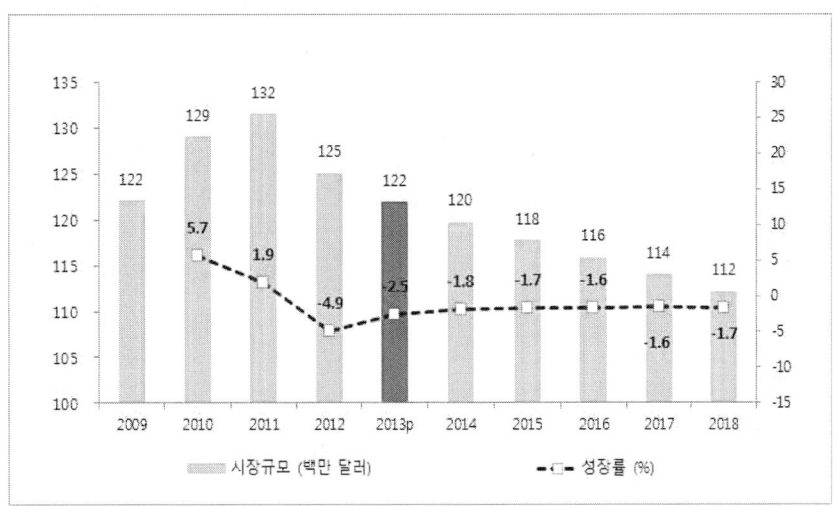

출처 : ICv2(2014), Barnes(2014), Oricon(2014), PwC(2014), SNE(2013)

나. 디지털 만화

2013년 스페인의 디지털 만화시장은 전년대비 27.8% 성장한 800만 달러로 집계되었다. 스페인의 디지털 만화시장은 인터넷 인프라 미비와 디지털화에 익숙하지 않은 사회 분위기로 타 유럽 국가들에 비해 성장속도가 느린 감이 있다.

그러나 유·무선 인터넷접근성 향상과 더불어 디지털 만화시장의 빠른 성장세가 예상되고 있다. 스페인의 디지털 만화시장은 향후 5년간 19.0%의 성장률로 2018년까지 1,900만 달러의 시장 규모에 이를 것으로 전망된다.

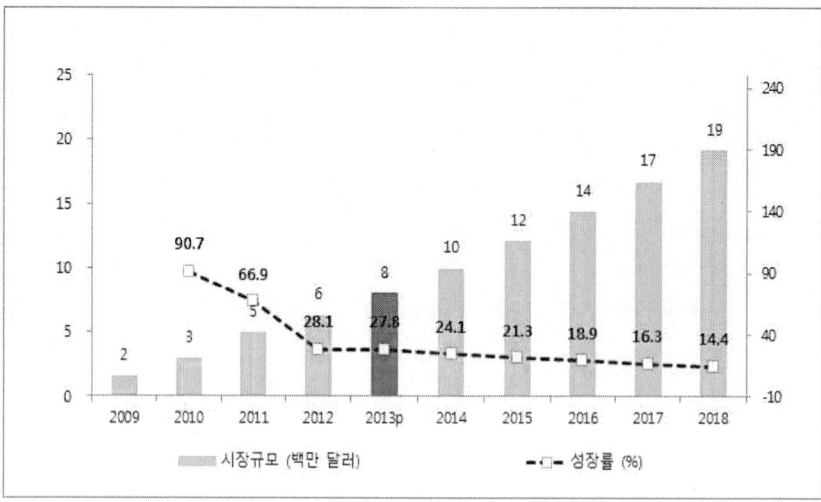

[그림 5-12] 스페인 만화시장 규모 및 성장률, 2009-2018

출처 : ICv2(2014), Barnes(2014), Oricon(2014), PwC(2014), SNE(2013)

(3) 음악

2013년 스페인 음악시장은 전년대비 3.7% 하락한 7억 5,000만 달러 규모를 기록하였다. 음악시장을 주도하는 공연 음악시장이 경기침체의 영향으로 하락세를 보이고 있으며 불법복제물로 인해 오프라인 음반시장도 지속적인 하락세에서 벗어나지 못하고 있다.

[표 5-7] 스페인 음악시장 규모 및 전망, 2009-2018

[단위 : 백만 달러, %]

구분	2009	2010	2011	2012	2013p	2014	2015	2016	2017	2018	2013-18 CAGR
음반	293	236	211	201	179	154	140	129	119	116	△8.3
오프라인 음반	246	176	141	128	101	79	63	50	39	36	△18.9
디지털 음원	47	59	70	73	77	75	78	79	80	80	0.8
공연 음악	597	592	580	578	572	567	564	562	561	560	△0.4
합계	890	827	792	779	750	722	705	691	680	676	△2.1

출처 : PwC(2014)

디지털 음원시장이 성장세를 보이기는 하지만 그 규모가 크지 않고 속도 또한 빠르지 않아 음악시장의 하락세를 상쇄하지 못하고 있다. 이에 스페인 음악시장은 향후 5년간 연평균 2.1%씩 감소하여 2018년에는 6억 7,600달러 규모로 축소될 것으로 전망된다.

[그림 5-13] 스페인 음악시장 규모 및 성장률, 2009 - 2018

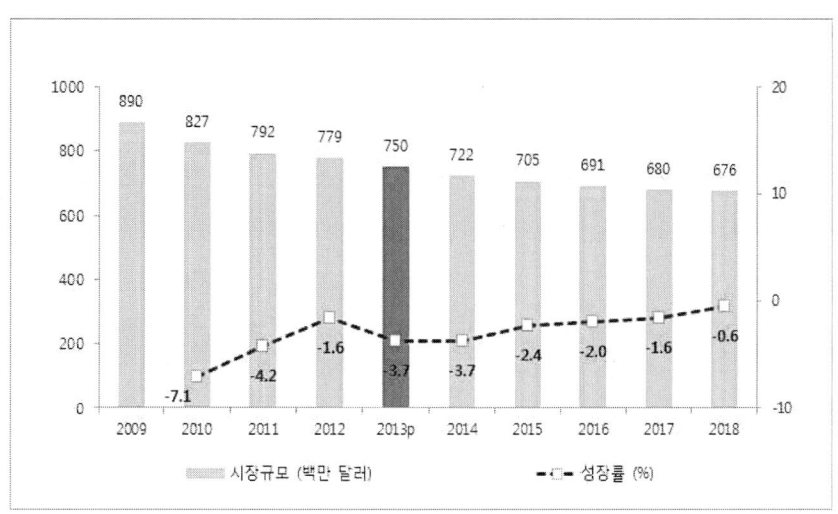

출처 : PwC(2014)

스페인의 음악시장에서 가장 큰 비중을 차지하는 것은 공연 음악시장이다. 공연 음악시장은 2009년 67.1%에서 2013년 76.3%로 점유율이 높아졌다. 스페인은 지역축제가 활성화되어 있고 국민들이 공연 음악 관람에 여가시간을 할애하는 비율이 높아 공연 음악시장이 차지하는 비중이 커질 것으로 예상되고 있다. 이에 따라 2018년에는 82.8%로 공연 음악시장의 점유율이 높게 나타날 것으로 보인다. 디지털 음원시장 역시 높은 성장률을 보이고 있어 음악 시장에서 차지하는 비중이 커질 것으로 보인다. 2009년 5.3%의 점유율을 보인 디지털 음원시장은 2018년 11.8%로 점유율이 높아질 것으로 전망된다. 반면, 오프라인 음반시장은 2009년 27.6%의 점유율을 보였지만 그 비중이 축소되어 2018년에는 5.3%의 낮은 점유율을 보일 것으로 전망된다.

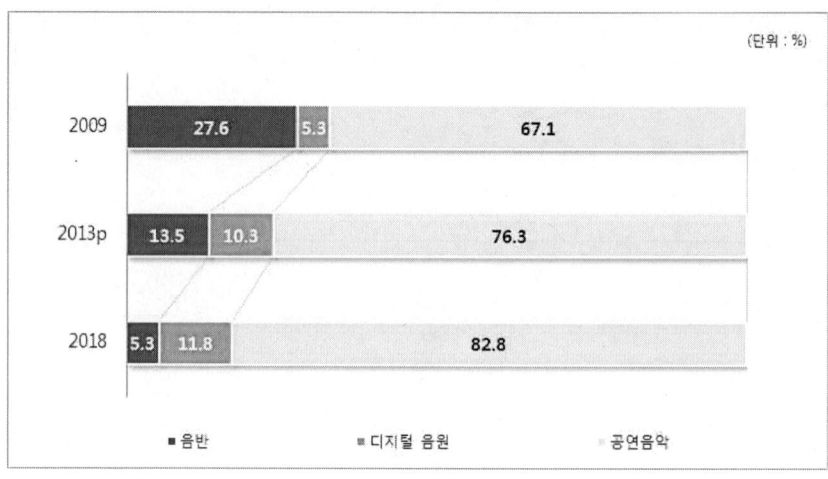

[그림 5-14] 스페인 음악시장 분야별 비중 비교, 2009 vs. 2013 vs. 2018

출처 : PwC(2014)

가. 음반

불법복제 음반 유통과 디지털 음원의 등장으로 인해 지속적인 하락세를 보이고 있는 오프라인 음반시장은 2013년 전년대비 21.1% 하락한 1억 100만 달러 규모를 나타냈다.

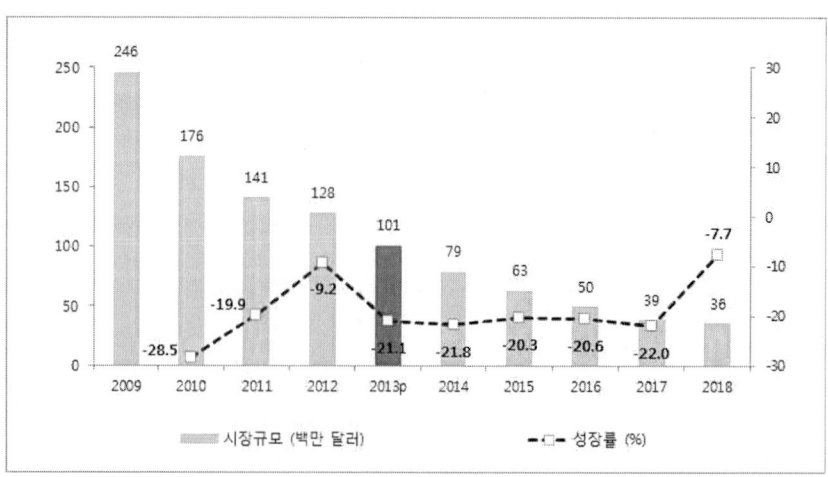

[그림 5-15] 스페인 음반시장 규모 및 성장률, 2009 - 2018

출처 : PwC(2014)

정부가 저작권 보호를 위해 저작권법을 정비하는 등 다양한 노력을 하고 있으나 디지털 음원의 고성장세와 경기침체의 영향으로 오프라인 음반시장은 향후 5년간 연평균 8.3% 하락하여 2018년에는 3,600만 달러 규모까지 축소될 것으로 전망된다.

나. 디지털 음원

2013년 디지털 음원시장은 브로드밴드 인프라 구축과 모바일 단말의 보급으로 인한 수요증가로 전년대비 5.5% 성장한 7,700만 달러 규모로 집계되었다. 현재 스포티파이(Spotify)를 비롯한 디지털 음악 스트리밍업체가 속속 서비스를 제공하고 있어 스트리밍시장이 큰 폭으로 성장하고 있다.

[그림 5-16] 스페인 디지털 음원시장 규모 및 성장률, 2009 - 2018

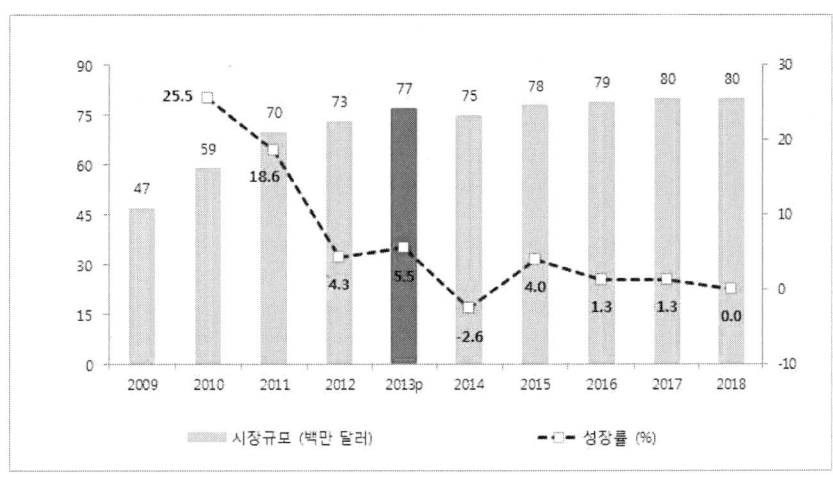

출처 : PwC(2014)

[표 5-8] 스페인 디지털 음원시장 규모 및 전망, 2009-2018

[단위 : 백만 달러, %]

구분	2009	2010	2011	2012	2013p	2014	2015	2016	2017	2018	2013-18 CAGR
다운로드	24	22	24	27	26	20	20	20	20	20	△5.4
스트리밍	6	28	36	42	49	54	57	59	60	60	4.4
모바일	17	9	11	5	3	2	1	1	1	-	△31.8
합계	47	59	70	73	77	75	78	79	80	80	0.8

출처 : PwC(2014)

이에 따라 스페인 디지털 음원시장은 향후 5년간 연평균 0.8%의 미미한 성장률로 2018년까지 8,000만 달러 규모를 유지할 것으로 전망된다.

다. 공연 음악

스페인에는 '베니카심 소나(Benicassim Sonar)', '아레날 사운드(Arenal Sound)' 등 국제적인 인기 음악 페스티벌이 있지만 금융위기에 따른 경제 불황으로 인해 2008년 이후 공연 음악시장의 성장률은 하락세를 보여 왔다. 이에 2013년 공연 음악시장은 5억 7,200만 달러 규모로 성장률은 전년대비 1.0% 하락했다. 스페인 공연 음악시장은 향후 5년간 점차적인 하락이 예상되어 연평균 0.4%의 마이너스 성장률로 2018년에는 5억 6,000만 달러 규모로 위축될 것으로 보인다.

[그림 5-17] 스페인 공연 음악시장 규모 및 성장률

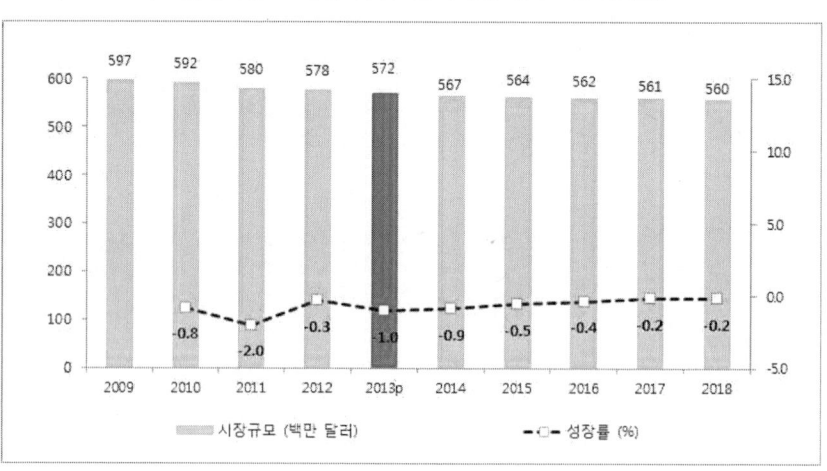

출처 : PwC(2014)

[표 5-9] 스페인 공연 음악시장 규모 및 전망, 2009-2018

[단위 : 백만 달러, %]

구분	2009	2010	2011	2012	2013p	2014	2015	2016	2017	2018	2013-18 CAGR
후원	134	134	132	118	110	104	100	97	94	92	△3.5
티켓판매	462	458	449	460	461	463	464	466	467	468	0.3
합계	597	592	580	578	572	567	564	562	561	560	△0.4

출처 : PwC(2014)

(4) 게임

스페인의 더딘 경제회복과 높은 실업률이 게임 콘텐츠 구매에도 악영향을 미칠 것으로 보였으나 패키지 게임을 제외한 전 분야에서 소비자 지출이 증가하여 2013년 게임시장은 전년대비 2.3% 성장한 11억 400만 달러 규모를 기록했다. 플레이스테이션 4와 같은 신규 콘솔 게임의 출시와 인터넷망의 업그레이드가 지속적으로 이루어지고 있어 스페인 게임시장은 향후 5년간 연평균 3.5%의 성장률을 나타내며 2018년까지 13억 1,000만 달러 규모로 성장할 전망이다.

[그림 5-18] 스페인 게임시장 규모 및 성장률, 2009 - 2018

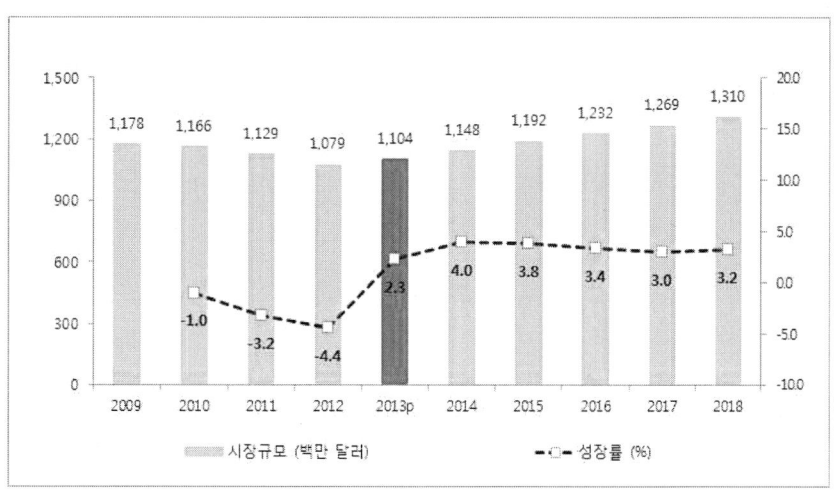

출처 : PwC(2014)

[표5-10] 스페인 게임시장 규모 및 전망, 2009-2018

[단위 : 백만 달러, %]

구분	2009	2010	2011	2012	2013p	2014	2015	2016	2017	2018	2013-18 CAGR
게임 광고	26	29	31	33	36	39	42	44	47	50	6.7
콘솔 게임	808	765	694	615	608	620	633	643	652	664	1.8
디지털	42	65	78	92	121	146	166	186	210	237	14.4
패키지	765	700	617	523	487	473	466	457	442	427	△2.6
온라인 게임	93	109	124	137	151	165	178	193	206	219	7.7
PC 게임	82	67	51	49	48	48	48	48	48	49	0.2

[단위 : 백만 달러, %]

구분	2009	2010	2011	2012	2013p	2014	2015	2016	2017	2018	2013-18 CAGR
디지털	7	9	13	19	22	26	29	31	33	36	10.8
패키지	75	58	38	30	27	22	20	17	15	13	△13.7
모바일 게임	169	197	228	245	261	276	291	303	316	329	4.7
합계	1,178	1,166	1,129	1,079	1,104	1,148	1,192	1,232	1,269	1,310	3.5

출처 : PwC(2014)

스페인 게임시장에서 가장 큰 비중을 차지하는 것은 콘솔 게임시장이다. 콘솔 게임시장은 2009년 68.6%의 압도적인 점유율로 시장을 주도했지만 온라인 게임시장과 모바일 게임시장의 확대로 그 비중이 점차 줄어들고 있다. 이에 콘솔 게임시장은 2018년에는 50.7%까지 점유율이 하락할 것으로 예상된다.

반면 온라인 게임시장과 모바일 게임시장은 2009년 이래로 그 비중이 증가하여 2018년에는 두 시장이 40% 이상의 점유율을 차지할 것으로 전망된다.

[그림 5-19] 스페인 게임시장 분야별 비중 비교, 2009 vs. 2013 vs. 2018

출처 : PwC(2014)

가. 콘솔 게임

스페인은 경제위기로 인해 게임 타이틀의 판매량이 감소하였으나 2013년에 GDP 성장률이 회복세를 보이면서 콘솔 게임 타이틀의 판매량이 늘어나고 있다. 또한 '플레이스테이션 4'와 같은 신규 콘솔 게임 출시로 시장은 활기를 얻고 있다. 하지만 아직 시장의 성장률이 성장세로 전환되지 않아 콘솔 게임시장은 전년대비 1.1% 하락한 6억 800만 달러 규모로 집계되었다.

스페인 콘솔 게임시장은 향후 경기회복으로 인해 다소의 수요 회복이 전망되고 있어 2018년까지 연평균 1.8%씩 성장하여 6억 6,400만 달러 규모를 유지할 것으로 보인다.

[그림 5-20] 스페인 콘솔 게임시장 규모 및 성장률, 2009 - 2018

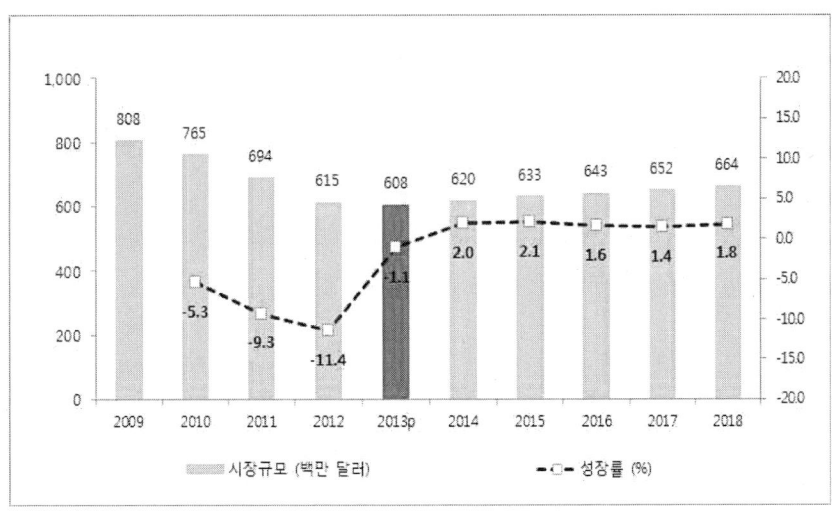

출처 : PwC(2014)

나. 온라인·모바일 게임

2013년 스페인 온라인 게임시장은 유무선 통신 인프라의 확장에 힘입어 전년대비 10.2% 성장한 1억 5,100만 달러로 집계되었다. 모바일 게임시장 역시 전년대비 6.5% 성장한 2억 6,100만 달러로 집계되었다.

[그림 5-21] 스페인 온라인 게임시장 규모 및 성장률, 2009 - 2018

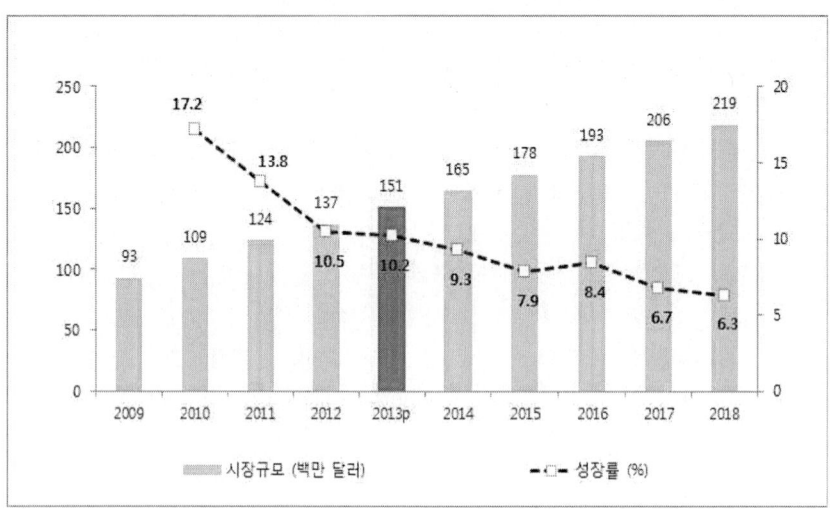

출처 : PwC(2014)

특히, 모바일 게임의 경우 태블릿과 스마트폰이 보급되면서 모바일의 소셜 네트워크 커뮤니티가 게임의 성장을 빠르게 주도하고 있다. 온라인·모바일 게임시장은 향후 5년간 각각 연평균 7.7%, 4.7%의 성장률을 보이며 빠르게 성장하여 전체 게임시장의 성장을 견인할 것으로 보인다.

[그림 5-22] 스페인 모바일 게임시장 규모 및 성장률, 2009 - 2018

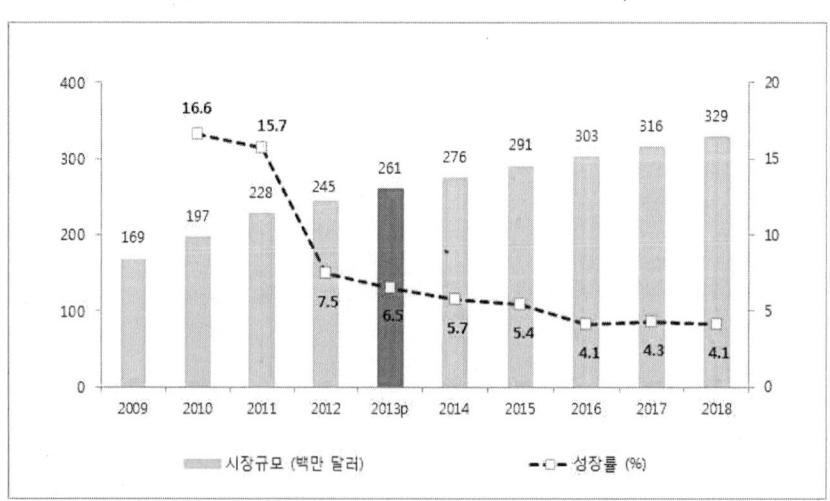

출처 : PwC(2014)

다. PC 게임

스페인 게임시장에서 작은 비중을 차지하고 있는 PC 게임시장은 2009년 이래로 지속적으로 하락세를 보여 2013년에는 전년대비 2% 하락한 4,800만 달러 규모로 집계되었다.

PC 게임용 신작이 출시되더라도 불법복제와 유통으로 인해 성장기를 맞이하지는 못할 것으로 보여 향후 5년간 0%의 성장률을 보이며 2018년까지 지금과 같은 규모의 시장을 유지할 것으로 전망된다.

[그림 5-23] 스페인 PC 게임시장 규모 및 성장률, 2009 - 2018

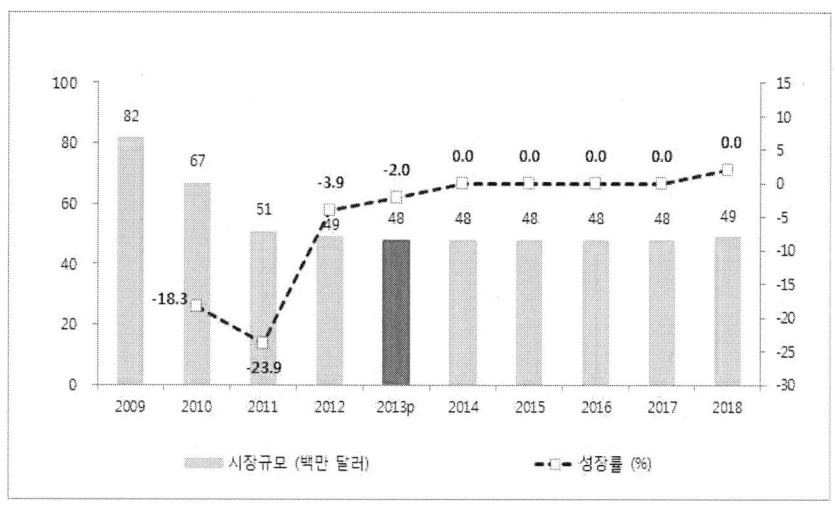

출처 : PwC(2014)

(5) 영화

2013년 스페인의 영화시장은 독특한 저작권 신고 정책으로 전년대비 1.9% 하락한 13억 8,600만 달러의 규모로 집계되었다. 홈비디오시장이 하락세를 보이고 있지만 디지털 방식의 배급이 늘어나면서 스페인 영화시장은 향후 5년간 연평균 1.7%의 성장률로 2018년까지 15억 1,100만 달러 규모로 성장할 전망이다.

[표 5-11] 스페인 영화시장 규모 및 전망, 2009-2018

[단위 : 백만 달러, %]

구분	2009	2010	2011	2012	2013p	2014	2015	2016	2017	2018	2013-18 CAGR
극장	912	946	875	904	880	896	922	942	953	957	1.7
박스오피스	892	914	841	873	848	864	889	908	918	922	1.7
극장광고	20	32	34	30	31	32	33	34	34	34	2.0
홈비디오	513	454	415	379	347	318	292	269	248	229	△8.0
대여	159	142	132	122	113	105	97	90	83	77	△7.5
판매	354	312	283	257	234	213	195	179	165	152	△8.2
디지털배급	52	73	102	130	159	192	220	253	286	325	15.3
OTT/스트리밍	1	2	9	19	34	51	73	101	128	161	36.8
TV 구독	51	71	93	111	126	141	146	152	158	164	5.5
합계	1,477	1,472	1,392	1,413	1,386	1,406	1,434	1,464	1,486	1,511	1.7

출처 : PwC(2014)

[그림 5-24] 스페인 영화시장 규모 및 성장률, 2009 - 2018

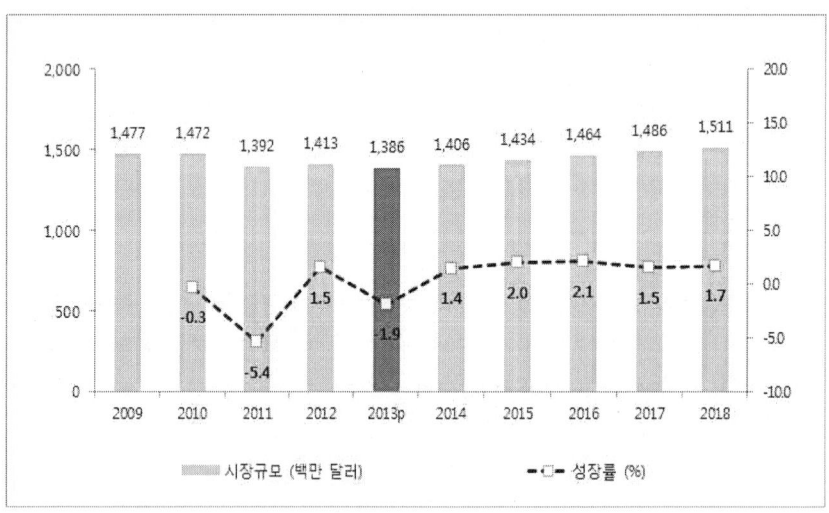

출처 : PwC(2014)

2013년 스페인 영화시장은 박스오피스시장이 61.2%의 시장점유율을 차지하며 가장 큰 점유율을 보이고 있다. 박스오피스시장은 2018년 61.0%의 점유율을 보이며 비중이 다소 축소될 것으로 보인다. 홈비디오(대여와 판매)시장 역시 2009년 이래로 비중이 축소되고 있다. 2009년 34.8%의 점유율을 보였지만 2018년에는 15.2%로 낮은 점유율을 나타낼 것으로 전망된다.

반면, 디지털배급(OTT/스트리밍 방식과 TV구독)시장은 2018년까지 시장점유율이 계속 늘어날 것으로 보이는데, 특히 OTT/스트리밍시장은 2013년 2.5%에서 2018년 10.7%의 시장점유율을 보이며 빠르게 성장할 것으로 전망된다.

[그림 5-25] 스페인 영화시장 분야별 비중 비교, 2009 vs. 2013 vs. 2018

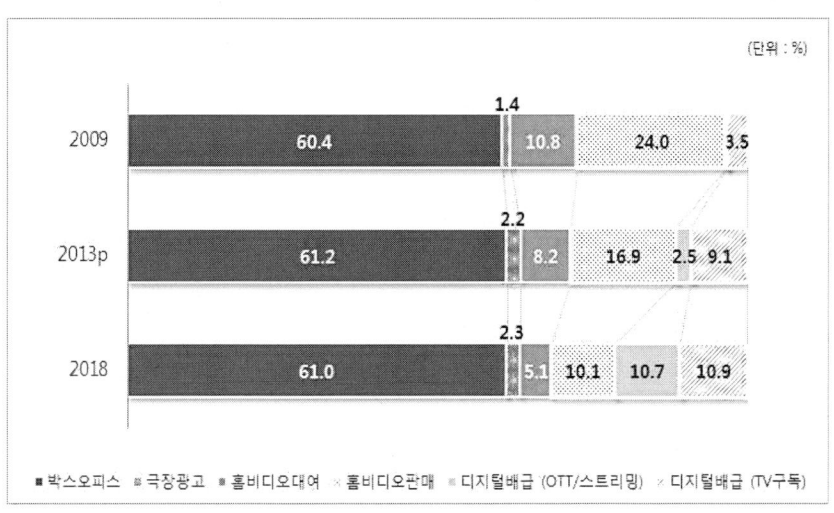

출처 : PwC(2014)

가. 박스오피스

스페인 영화시장에서 가장 큰 비중을 차지하고 있는 박스오피스시장은 2013년 8억 4,800만 달러를 기록하며 성장률이 전년대비 2.9% 하락하였다. 스페인에서는 극장 관객 수가 지속적으로 하락하고 있으며 자국 제작 영화 역시 시장점유율을 크게 잃고 있다. 영화 관람객이 줄어드는 이유는 정부가 긴축 경제를 이유로 영화표의 가격을 인상했으며 영화산업 발전을 위한 지원을 배제했기 때문으로 보인다. 경제가 회복됨에 따라 영화 관람객도 점차 늘어날 것으로 보이지만 향후 5년간 연평균 1.7%의 성장률로 2018년까지 9억 2,200만 달러의 시장으로 소폭 성장할 것으로 전망된다.

[그림 5-26] 스페인 박스오피스시장 규모 및 성장률, 2009 - 2018

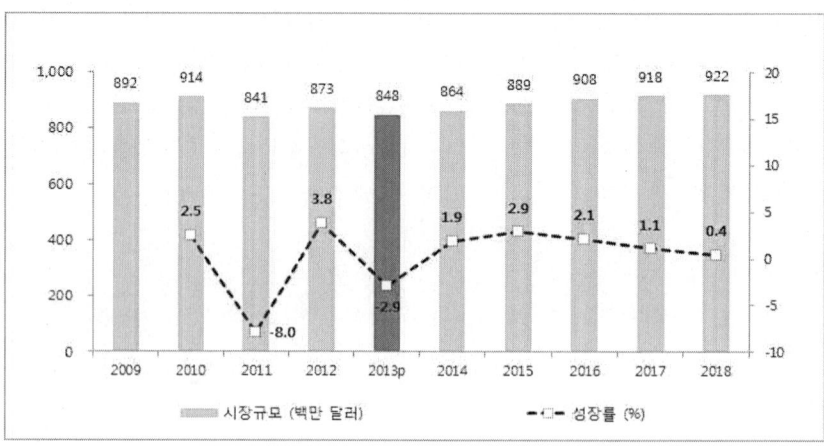

출처 : PwC(2014)

나. 홈비디오

박스오피스시장에 이어 스페인에서 2번째로 큰 시장을 나타내고 있는 홈비디오시장은 DVD와 블루레이의 매출 하락이 계속되면서 2013년 전년대비 8.4% 하락한 3억 4,700만 달러에 그쳤다. 홈비디오시장은 향후 5년간 연평균 8%의 하락세를 보이며 2018년까지 2억 2,900만 달러 규모로 위축될 전망이다.

[그림 5-27] 스페인 홈비디오시장 규모 및 성장률, 2009 - 2018

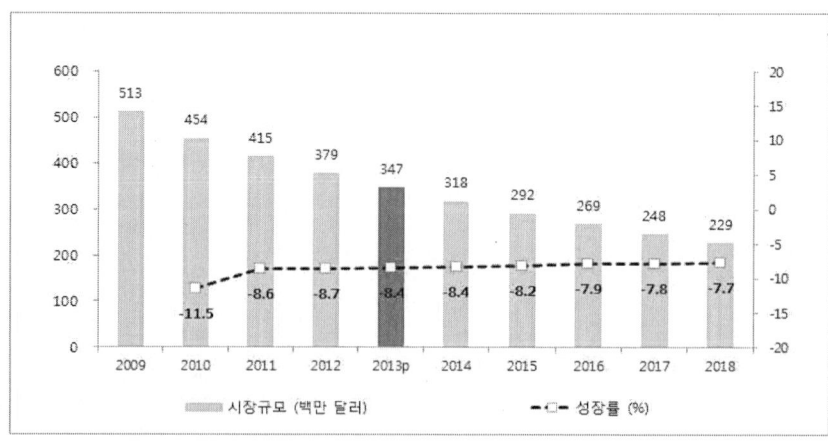

출처 : PwC(2014)

다. 디지털배급

2013년 스페인 디지털배급시장은 전년대비 22.3% 성장한 1억 5,900만 달러 규모로 집계되었다. 유무선 인터넷망의 보급률이 높아지면서 IPTV, VOD, OTT 스트리밍 등의 서비스에 대한 수요가 늘어난 결과로 향후 5년 동안 연평균 15.3%의 높은 성장세를 보이며 2018년까지 3억 2,500만 달러 규모로 성장할 것으로 전망된다.

[그림 5-28] 스페인 디지털배급시장 규모 및 성장률, 2009-2018

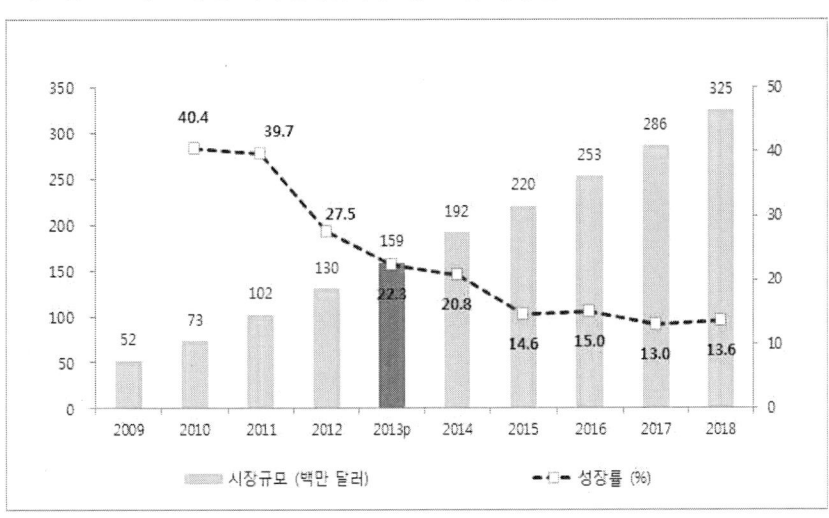

출처 : PwC(2014)

(6) 애니메이션

2013년 스페인 애니메이션시장은 전년대비 10.0% 성장한 2억 4,200만 달러를 기록하였다. 홈비디오 애니메이션 시장이 하락세를 보이고 있지만 애니메이션 시장에서 비중이 높은 영화 애니메이션시장을 비롯해 빠르게 성장하는 디지털배급 애니메이션시장의 성장세에 힘입어 스페인 애니메이션시장은 향후 5년간 연평균 7.4%의 성장률로 2018년까지 3억 4,700만 달러 규모에 이를 것으로 전망된다.

[표 5-12] 스페인 애니메이션시장 규모 및 전망, 2009-2018

[단위 : 백만 달러, %]

구분	2009	2010	2011	2012	2013p	2014	2015	2016	2017	2018	2013-18 CAGR
영화	100	113	121	136	148	163	181	196	211	212	7.4
극장광고	2	4	5	5	5	6	7	7	8	8	7.6
디지털배급	0	0	1	3	6	10	15	22	29	37	44.1
방송	6	9	13	17	22	27	30	33	36	38	11.3
홈비디오	57	56	60	59	61	60	60	58	57	53	△2.8
합계	165	182	200	220	242	266	292	316	341	347	7.4

출처 : Box Office Mojo(2014), Digital Vector(2013), The-Numbers(2014), PwC(2014)

[그림 5-29] 스페인 애니메이션시장 규모 및 성장률, 2009 - 2018

출처 : Box Office Mojo(2014), Digital Vector(2013), The-Numbers(2014), PwC(2014)

스페인 애니메이션시장에서 가장 큰 비중을 차지하는 것은 영화 애니메이션시장이다. 영화 애니메이션시장은 전체 시장에서 약 60%의 점유율을 차지하며 시장을 주도하고 있다. 향후 2018년에도 영화 애니메이션시장의 점유율은 크게 변하지 않을 것으로 보인다.

홈비디오 애니메이션시장은 영화 애니메이션시장 다음으로 큰 비중을 차지했으나 점차 그 비중이 축소되어 2009년 34.5%의 점유율에서 2018년에는 15.3%의 점유율을 보일 것으로 전망된다.

한편, 방송 애니메이션시장과 디지털배급 애니메이션시장은 높은 성장률을 보이며 전체 시장에서 차지하는 비중도 크게 확대될 것으로 보인다.

[그림 5-30] 스페인 애니메이션시장 분야별 비중 비교, 2009 vs. 2013 vs. 2018

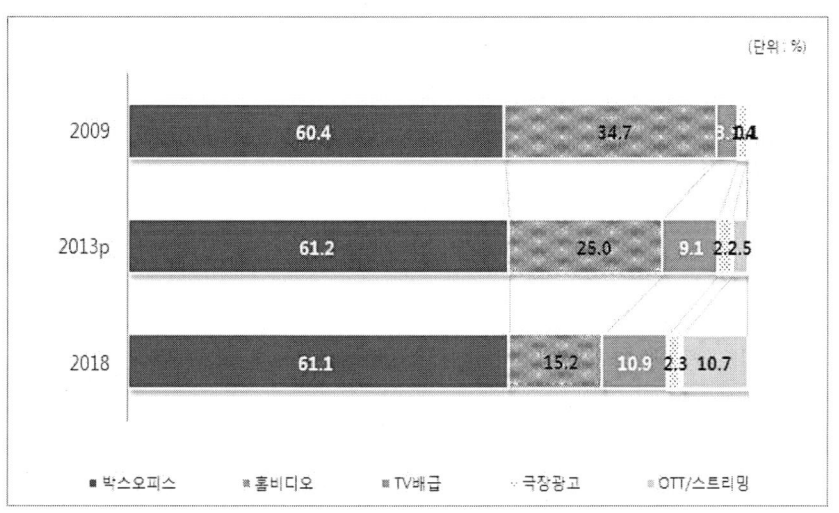

출처 : Box Office Mojo(2014), Digital Vector(2013), The-Numbers(2014), PwC(2014)

가. 영화 애니메이션

2013년 스페인의 영화 애니메이션시장은 전년대비 8.9% 성장한 1억 4,800만 달러로 집계되었다. 스페인에서 가장 많은 인기를 끈 애니메이션은 '겨울왕국(Frozen)'으로 2,249만 달러의 수입을 올렸다. 2위는 '슈퍼배드 2', 3위는 '몬스터 대학'으로 할리우드 애니메이션이 많은 인기를 얻었다. 이처럼 영화 애니메이션의 인기가 많아지자 스페인의 아이라이온(Ilion ANimation Studio)은 'Mortdelo & Filemon: Mission Implausible'을 2014년부터 제작하여 2015년에 방영하기로 하였다. 스페인 영화 애니메이션시장은 향후 5년간 7.4%의 성장률로 2018년에는 2억 1,200만 달러 규모에 이를 것으로 전망된다.

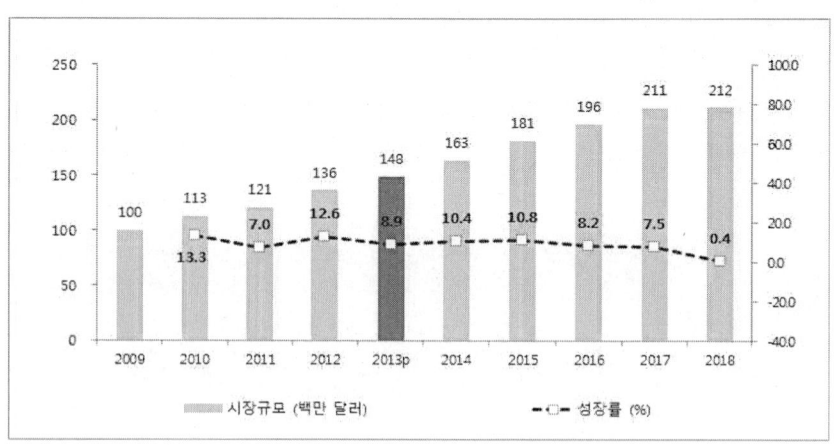

[그림 5-31] 스페인 영화 애니메이션시장 규모 및 성장률, 2009 - 2018

출처 : Box Office Mojo(2014), Digital Vector(2013), The-Numbers(2014), PwC(2014)

나. 방송 애니메이션

2013년 스페인 방송 애니메이션시장은 전년대비 27.2% 증가한 2,200만 달러로 집계되었다. 스페인은 3D 관련 산업이 발달했으며 100개가 넘는 애니메이션 스튜디오가 존재할 정도로 관련 산업이 대단한 강세를 보이고 있다. 스페인의 방송 애니메이션시장은 향후 5년간 연평균 11.3%의 성장률로 2018년까지 3,800만 달러의 규모에 이를 것으로 전망된다.

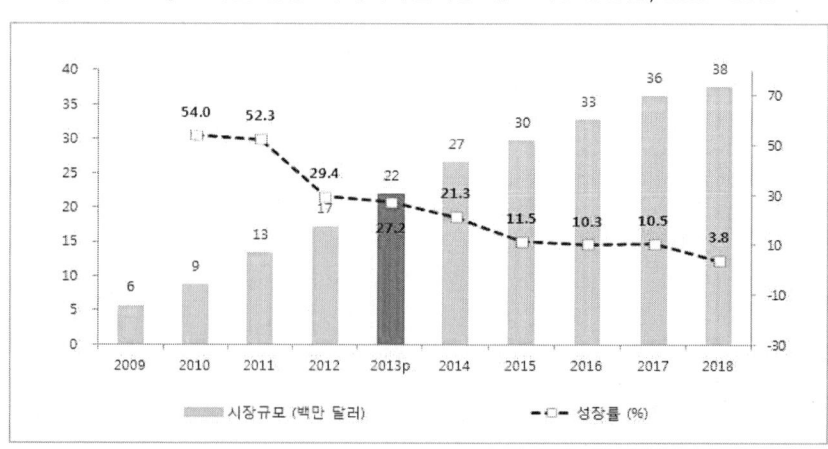

[그림 5-32] 스페인 방송 애니메이션시장 규모 및 성장률, 2009 - 2018

출처 : Box Office Mojo(2014), Digital Vector(2013), The-Numbers(2014), PwC(2014)

다. 홈비디오 애니메이션

2013년 홈비디오 애니메이션은 전년대비 2.6% 성장한 6,100만 달러를 기록하였다. 스페인은 인근 유럽 국가들과 비교하여 가장 높은 스마트폰 보급률을 보이고 있고 유선 인터넷의 보급률이 86.6%에 이르는 등 손쉽게 인터넷/스트리밍 서비스를 이용할 수 있는 환경이 갖추어져 있다. 이에 소비자들이 디지털배급 애니메이션시장으로 이탈하게 되어 홈비디오 애니메이션의 수요는 지속적으로 감소할 것으로 보인다.

스페인의 홈비디오 애니메이션시장은 향후 5년간 2.8%의 하락률을 보이며 2018년에는 5,300만 달러 규모로 축소될 것으로 보인다.

[그림 5-33] 스페인 홈비디오 애니메이션시장 규모 및 성장률, 2009 - 2018

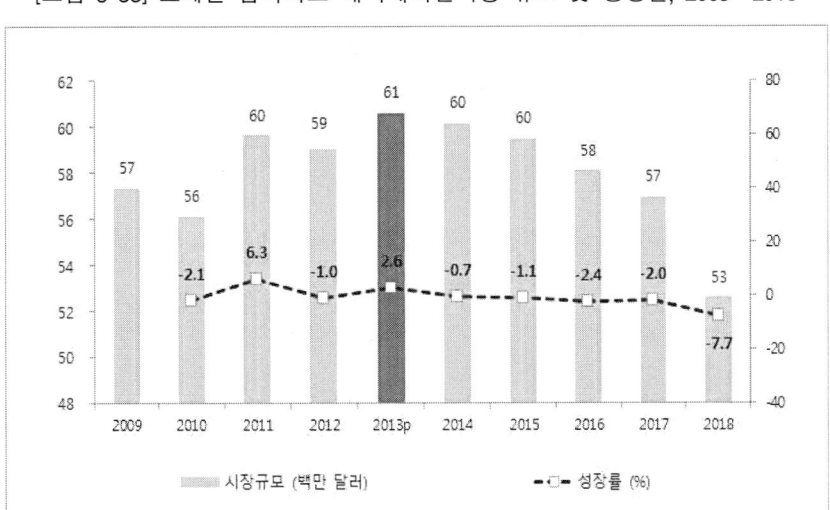

출처 : Box Office Mojo(2014), Digital Vector(2013), The-Numbers(2014), PwC(2014)

라. 디지털배급 애니메이션

2013년 스페인 디지털배급 애니메이션시장은 전년대비 100.5% 성장한 600만 달러를 기록했다. 스페인 통신사 텔레포니카(Telefonica)와 재즈텔(Jazztel)이 양사간 네트워크 공유에 동의하면서 스페인의 광섬유망 보급률이 급격히 높아져 OTT/스트리밍 서비스 이용층도 크게 늘어났다. 게다가 IPTV를 이용한 디지털 애니메이션 수요가 늘어나고 있어 디지털배급 애니메이션시장은 향후 5년간 연평균 44.1%의 높은 성장률로 3,700만 달러의 시장 규모를 형성할 것으로 전망된다.

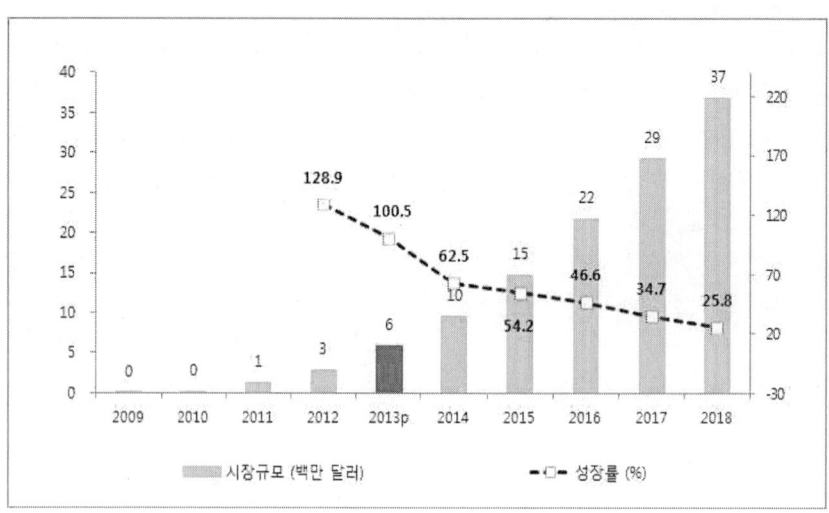

[그림 5-34] 스페인 디지털배급 애니메이션시장 규모 및 성장률, 2009 - 2018

출처 : Box Office Mojo(2014), Digital Vector(2013), The-Numbers(2014), PwC(2014)

(7) 방송

유로존의 경제위기가 스페인을 강타했고 그로 인해 스페인은 불황에 직면하게 되었다. 불황은 방송업계에 타격을 주어 2013년 방송시장 각 분야에서 모두 전년대비 하락세를 나타냈다. 2013년 스페인 방송시장은 전년대비 7.2% 감소한 46억 8,700만 달러로 집계되었다. 스페인 방송시장은 라디오 방송시장의 성장세에 힘입어 향후 5년간 연평균 1.9%의 성장률로 2018년 45억 2,500만 달러에 이를 것으로 전망된다.

[표 5-13] 스페인 방송시장 규모 및 전망, 2009-2018

[단위 : 백만 달러, %]

구분	2009	2010	2011	2012	2013p	2014	2015	2016	2017	2018	2013-18 CAGR
TV 수신료	2,298	2,187	2,118	2,036	1,945	1,906	1,876	1,862	1,846	1,834	△1.2
공영방송	-	-	-	-	-	-	-	-	-	-	-
유료방송	2,298	2,187	2,118	2,036	1,945	1,906	1,876	1,862	1,846	1,834	△1.2
TV 광고	3,145	3,271	2,965	2,416	2,183	2,108	2,065	2,024	1,981	1,941	△2.3
다중 채널	66	85	79	62	58	62	66	71	74	80	6.5

[단위 : 백만 달러, %]

구분	2009	2010	2011	2012	2013p	2014	2015	2016	2017	2018	2013-18 CAGR
지상파	3,068	3,171	2,868	2,330	2,094	2,008	1,953	1,898	1,843	1,788	△3.1
온라인	12	15	18	24	31	38	46	55	64	73	18.9
라디오	708	723	692	599	559	565	594	635	692	750	6.1
광고	708	723	692	599	559	565	594	635	692	750	6.0
공영 라디오	-	-	-	-	-	-	-	-	-	-	-
위성 라디오	-	-	-	-	-	-	-	-	-	-	-
합계	6,151	6,181	5,775	5,051	4,687	4,579	4,535	4,521	4,519	4,525	△0.7

출처 : PwC(2014)

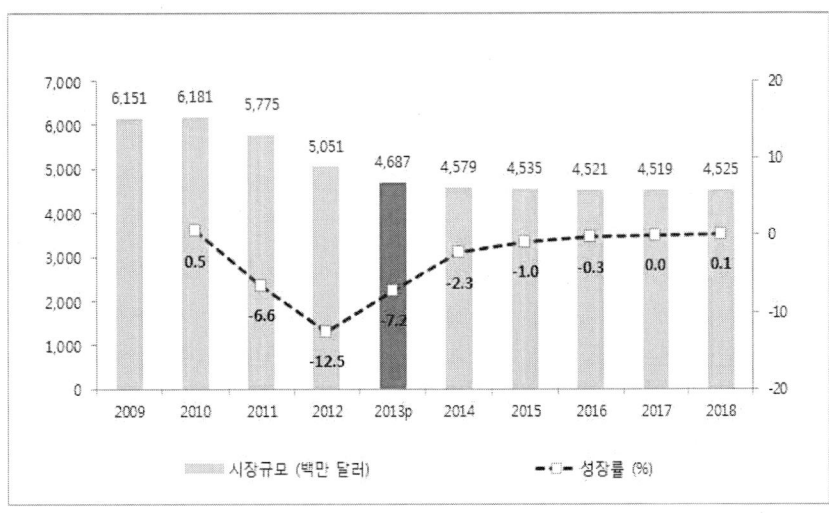

[그림 5-35] 스페인 방송시장 규모 및 성장률, 2009 - 2018

출처 : PwC(2014)

    TV 수신료시장의 비중은 2013년 41.5%에서 2018년 40.5%로 소폭의 하락이 예측된다. TV 광고시장은 2013년 46.6%에서 2018년 42.9%로 축소될 전망이다. 라디오는 12%에서 16.6%로 확대될 것으로 보인다.

[그림 5-36] 스페인 방송시장 분야별 비중 비교, 2009 vs. 2013 vs. 2018

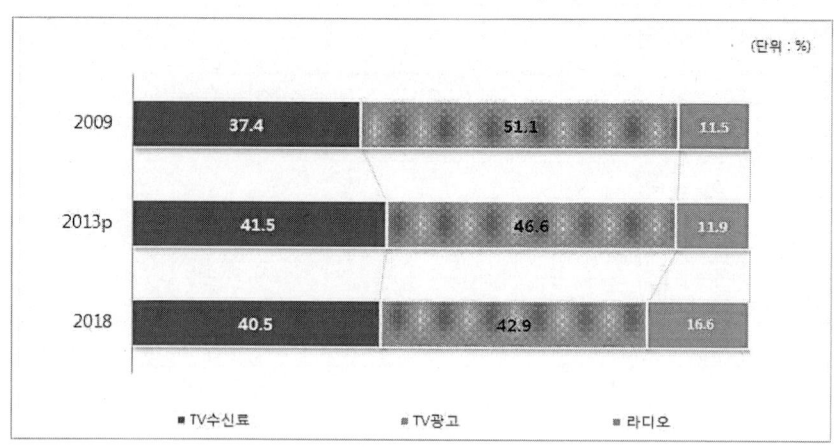

출처 : PwC(2014)

가. TV 수신료

스페인의 유료TV시장은 2011년 이후 가입자가 감소하며 최근 어려움을 겪고 있는 상황으로, 회복에 상당한 시간이 걸릴 것으로 보인다. 시장의 양대 사업자들인 PRISATV(위성)와 Ono(케이블)는 모두 2008년에 정점을 찍은 후 하락 중이며, Telefonica(IPTV)도 2012년부터 가입자 감소가 나타나고 있다.

[그림 5-37] 스페인 TV 수신료시장 규모 및 성장률, 2009 - 2018

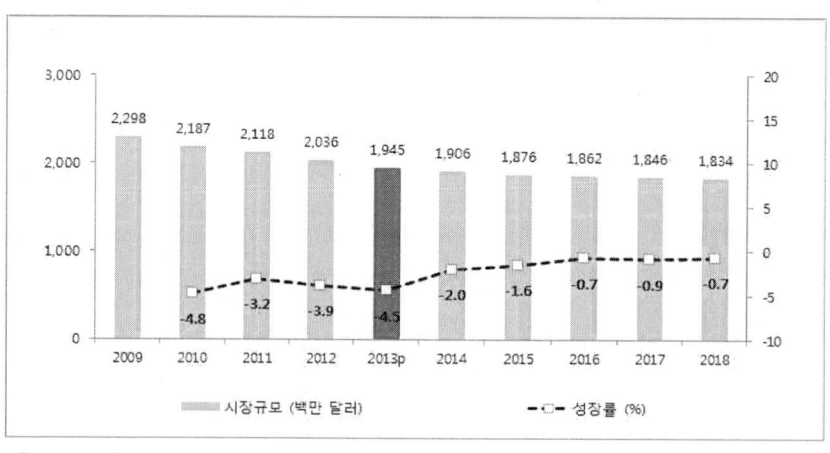

출처 : PwC(2014)

스페인에서는 인터넷을 통한 영화와 TV콘텐츠의 불법복제, 배포가 만연해 있어 유료방송 서비스에 부정적인 영향을 끼치고 있다. 전년대비 약 4.5% 감소한 19억 4,500만 달러를 기록한 2013년 스페인의 수신료시장은 여전히 지속적인 감소세를 보이고 있는 상황으로, 향후 5년간 연평균 1.2%의 마이너스 성장률을 보이며 2018년에는 18억 3,400만 달러 수준까지 하락할 것으로 예상된다.

나. TV 광고

스페인의 TV 광고시장 규모는 경기침체의 여파로 2013년까지 3년 연속 감소하며, 2013년에는 전년대비 9.6% 감소한 21억 8,300만 달러로 측정되었다. 특히 2010년에서 2013년 사이 시장 규모는 약 33%가 급감했다. 향후 5년간 시장은 연평균 2.3%의 지속적인 감소세를 보이며, 2018년에는 19억 4,100만 달러까지 축소될 것으로 전망된다.

[그림 5-38] 스페인 TV 광고시장 규모 및 성장률, 2009 - 2018

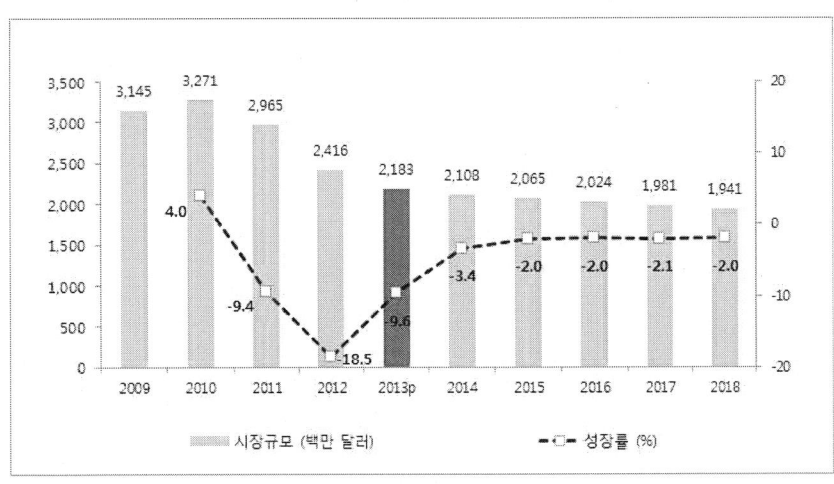

출처 : PwC(2014)

다. 라디오

스페인의 라디오시장은 유럽 7위, 세계 14위 규모를 자랑하지만 최근 몇 년간 상당히 위축되고 있는 상황이다. 스페인의 경우, 공공라디오 라이선스 비용이 없기 때문에 전체 라디오시장이 광고에 의존하는 구조로 되어 있어 상대적으로 타격이 더욱 클 수밖에 없었던 것으로 보인다. 2013년 스페인의 라디오시장은 전년대비 7.2% 감소한 5억 5,900만 달러의 규모로 측정되었지만, 13.4%의 마이너스 성장률을 보였던 전년도에 비해서는 상당히 개선된 것으로 파악되었다.

[그림 5-39] 스페인 라디오시장 규모 및 성장률, 2009 - 2018

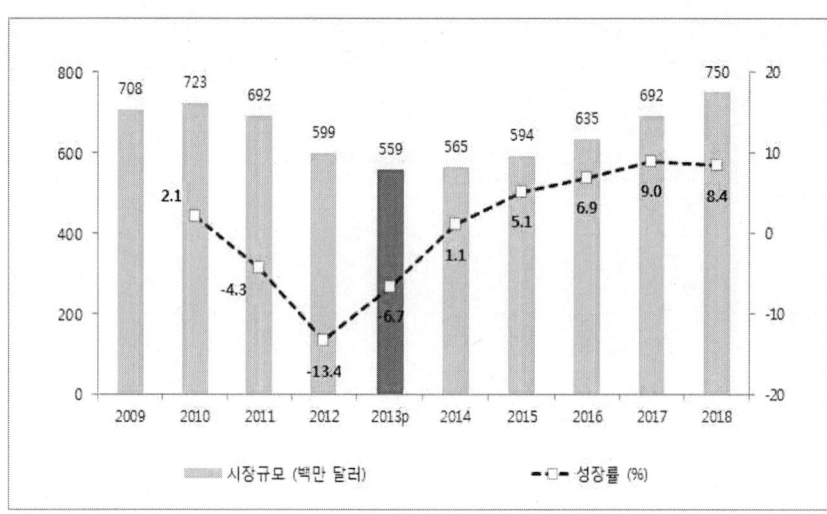

출처 : PwC(2014)

한편, 2014년부터 시장이 플러스 성장으로 반전될 것이 예상되는 가운데, 시장은 향후 5년간 연평균 6.1% 성장률을 보이며 2018년에는 그 규모가 7억 5,000만 달러 수준까지 증가할 것으로 전망된다.

(8) 광고

2013년 스페인의 광고시장에서는 디지털 광고시장의 규모가 지속적으로 증가하였음에도 불구하고, 인쇄 광고물의 큰 하락세로 인해 전체 광고시장의 규모는 전년대비 6.3% 하락한 57억 6,800만 달러를 기록한 것으로 집계되었다.

디지털 광고시장이 인쇄물 광고의 적자를 상쇄할 만큼 성장하지 못한 편이어서, 앞으로도 시장은 상당 기간 하락세 또는 정체기를 맞이할 것으로 보인다. 향후 5년간 스페인의 광고시장은 연평균 1.9%의 하락세를 보이며, 2018년 52억 5,300만 달러 수준까지 감소할 전망이다.

[표 5-14] 스페인 광고시장 규모 및 전망, 2009-2018

[단위 : 백만 달러, %]

구분	2009	2010	2011	2012	2013p	2014	2015	2016	2017	2018	2013-18 CAGR
디렉토리 광고	608	532	486	479	472	468	465	465	465	465	△0.3
디지털	182	194	219	249	277	303	327	348	368	384	6.8
인쇄	426	338	267	229	195	165	139	116	97	80	△16.2
잡지 광고	530	531	534	465	445	434	426	418	410	402	△2.0
디지털	11	18	40	47	52	58	65	72	80	88	11.2
인쇄	519	513	494	418	393	376	361	346	330	314	△4.4
산업잡지 광고	28	29	34	33	32	32	31	31	31	31	△0.5
디지털	3	4	10	12	12	14	15	16	17	18	7.8
인쇄	25	25	24	21	19	18	17	15	14	13	△7.7
극장광고	20	32	34	30	31	32	33	34	34	34	2
신문 광고	1,516	1,495	1,297	1,011	941	886	821	745	662	571	△9.5
디지털	41	72	85	102	118	133	148	164	179	194	10.5
인쇄	1,476	1,423	1,212	909	823	753	673	581	484	377	△14.5
라디오 광고	708	723	692	599	559	565	594	635	692	750	6.0
TV 광고	3,145	3,271	2,965	2,416	2,183	2,108	2,065	2,024	1,981	1,941	△2.3
다중 채널	66	85	79	62	58	62	66	71	74	80	6.5
지상파	3,068	3,171	2,868	2,330	2,094	2,008	1,953	1,898	1,843	1,788	△3.1
온라인TV	12	15	18	24	31	38	46	55	64	73	18.9
인터넷 광고	832	997	1,131	1,117	1,200	1,266	1,337	1,400	1,458	1,507	4.7
모바일	10	12	22	33	39	45	52	59	67	75	13.9
유선	822	985	1,110	1,084	1,160	1,221	1,285	1,341	1,392	1,432	4.3
옥외 광고	529	554	520	405	359	337	318	299	279	259	△6.3
디지털	0	12	13	12	12	13	14	15	16	18	7.8
오프라인	529	542	507	393	347	324	304	283	263	242	△7.0
게임 광고	26	29	31	33	36	39	42	44	47	50	6.7
산술합계[155]	7,942	8,193	7,724	6,588	6,258	6,167	6,132	6,095	6,059	6,010	△0.8
합계	7,693	7,890	7,352	6,154	5,768	5,621	5,531	5,440	5,351	5,253	△1.9

출처 : PwC(2014)

155) 산술합계에는 디렉토리 광고, 잡지 광고, 산업잡지 광고, 신문 광고의 디지털 광고와 온라인TV 광고, 지상파 라디오 온라인 광고가 인터넷 광고시장 규모에 포함되어 있어 합계에서는 중복되는 부분을 제외함

[그림 5-40] 스페인 광고시장 규모 및 성장률, 2009 - 2018

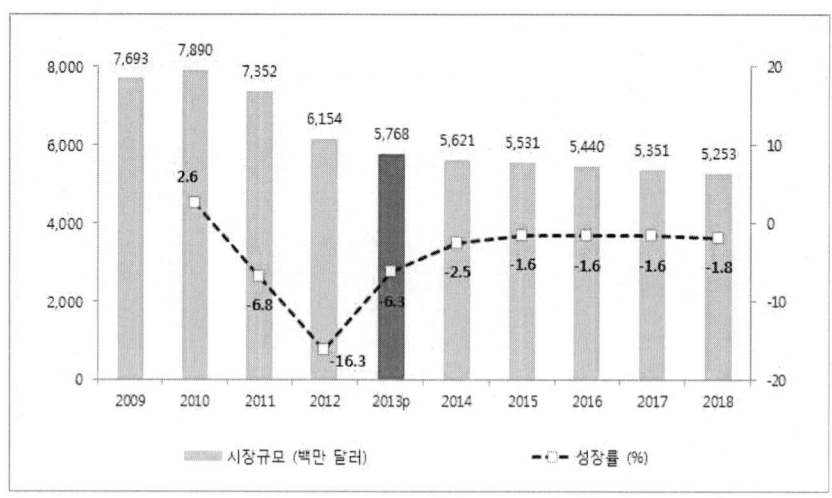

출처 : PwC(2014)

2009년 39.6%로 스페인 광고시장에서 가장 큰 점유율을 차지했던 TV 광고시장은 2013년에는 34.9%로 다소 하락했다. 향후에도 TV 광고시장은 여전히 가장 큰 부분을 차지하겠지만 지속적으로 점유율이 감소세를 보이며 2018년에는 32.3% 수준까지 하락할 것으로 보인다.

[그림 5-41] 스페인 광고시장 분야별 비중 비교, 2009 vs. 2013 vs. 2018

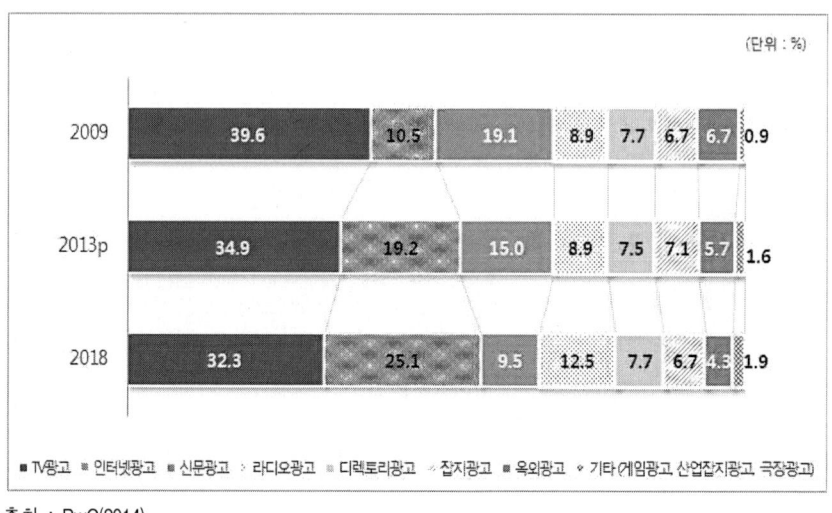

출처 : PwC(2014)

한편, 2009년 점유율 3위를 차지했던 인터넷 광고시장은 가장 빠르게 성장세를 보이며, 2013년에는 19.2%까지 증가해 15%를 기록한 신문 광고를 누르고 2위로 올라섰다. 인터넷 광고는 향후에도 상대적으로 높은 성장세를 지속하며 2018년에는 시장점유율이 25.1%에 이를 것으로 전망된다. 반면, 2009년까지 19.1%로 점유율 2위를 차지했던 신문 광고시장은 디지털 신문 광고가 성장하고 있음에도 불구하고 절대적인 부분을 차지하던 기존의 인쇄 신문 광고가 급속히 감소해, 2013년에는 점유율이 15%로 떨어지며 전체 3위로 하락했다. 하지만 향후에도 신문 광고는 급격한 하락세를 지속하며 2018년에는 4위(9.5%)까지 추락할 것으로 예상되는 가운데, 같은 기간 급격히 성장하는 인터넷 광고와 큰 대조를 이루고 있다.

가. TV 광고

2013년 스페인의 TV 광고시장은 다채널과 온라인TV 광고 등 플랫폼의 다양화를 시도했음에도 불구하고, 전년대비 9.6% 감소한 21억 8,300만 달러를 기록했다. TV 광고시장에서 절대적으로 비중이 높은 지상파 광고의 하락세가 지속될 것으로 예상됨에 따라, 향후에도 TV 광고시장의 규모는 지속적으로 감소하여 2018년에는 19억 4,100만 달러 수준이 될 전망이다.

[그림 5-42] 스페인 TV 광고시장 규모 및 성장률, 2009 - 2018

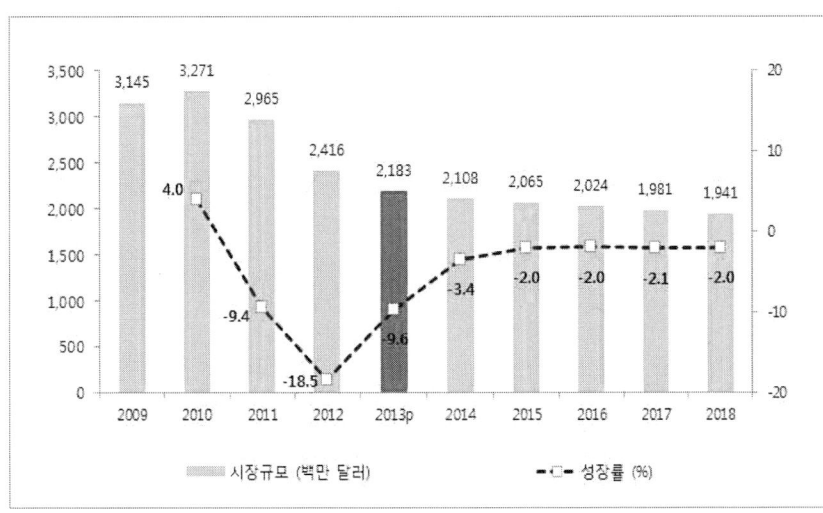

출처 : PwC(2014)

나. 인터넷 광고

2013년 스페인 인터넷 광고시장은 전년대비 7.4% 성장한 12억 달러로 집계되었다. 스마트폰과 태블릿 등 스마트기기 보급 증가로 모바일과 비디오 광고의 빠른 성장이 예상되는 가운데, 인터넷 광고시장은 향후 5년간 연평균 4.7%씩 성장하며, 2018년 15억 700백만 달러 규모에 이를 전망이다.

[그림 5-43] 스페인 인터넷 광고시장 규모 및 성장률, 2009 - 2018

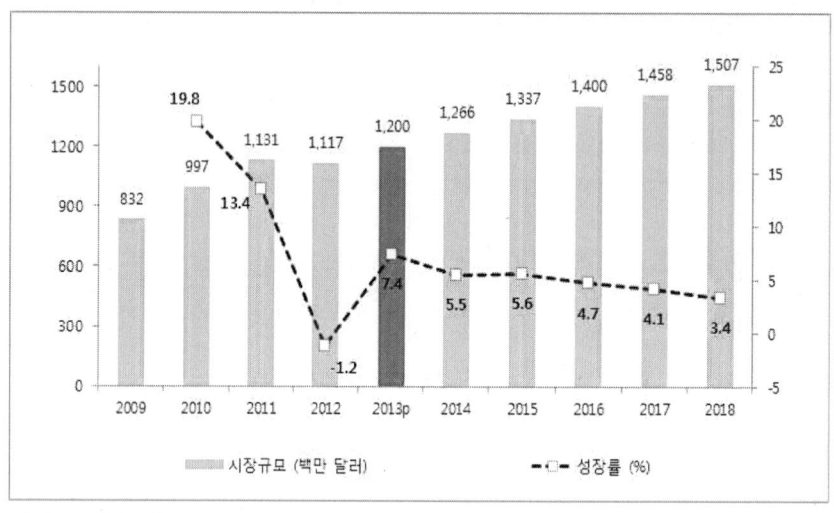

출처 : PwC(2014)

[표 5-15] 스페인 인터넷 광고시장 규모 및 전망, 2009-2018

[단위 : 백만 달러, %]

구분	2009	2010	2011	2012	2013p	2014	2015	2016	2017	2018	2013-18 CAGR
모바일	10	12	22	33	39	45	52	59	67	75	13.9
유선	822	985	1,110	1,084	1,160	1,221	1,285	1,341	1,392	1,432	4.3
안내광고	64	70	85	99	104	109	113	116	118	119	2.6
디스플레이 광고	270	342	391	336	363	370	377	381	385	388	1.3
비디오	19	24	30	40	51	63	76	89	101	115	17.4
유료검색	470	550	605	609	642	679	720	755	789	810	4.8
합계	832	997	1,131	1,117	1,200	1,266	1,337	1,400	1,458	1,507	4.7

출처 : PwC(2014)

다. 신문 광고

2013년 스페인 신문 광고시장의 규모는 발행 부수 감소와 지면 광고의 하락으로 전년대비 6.9% 감소한 9억 4,100만 달러로 나타났다. 디지털 신문 광고의 성장이 10%대의 빠른 증가세를 보이고 있음에도 불구하고, 인쇄 신문 광고의 하락폭이 14%대로 더 크고 전체적인 규모면에서도 2013년 기준으로 인쇄 신문 광고가 디지털 신문 광고에 비해 7배 이상 크기 때문에 신문 광고시장은 전반적인 하락세를 피할 수 없었다. 향후 디지털 신문 광고에 대한 수요가 증가하며 그 비중이 인쇄 신문 광고의 절반 수준까지 상승할 것으로 보이지만, 인쇄 신문 광고의 하락폭이 워낙 크기 때문에 전체 신문 광고시장의 규모는 2018년 5억 7,100만 달러까지 줄어들 전망이다.

[그림 5-44] 스페인 신문 광고시장 규모 및 성장률, 2009-2018

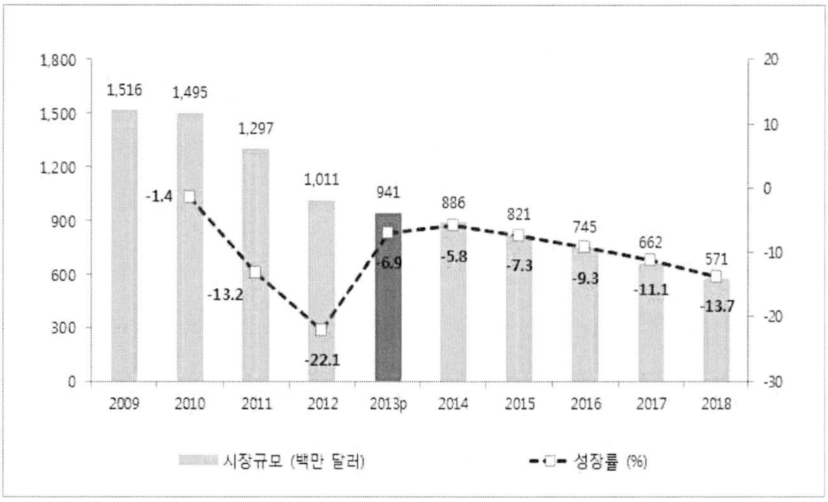

출처 : PwC(2014)

라. 옥외 광고

2013년 스페인의 옥외 광고시장은 전년대비 11.4% 하락한 3억 5,900만 달러로 집계되었다. 최근 시장의 규모는 전반적으로 하락세를 보이고 있지만, 옥외 광고 부분에 대한 시장 개발과 광고 포맷의 혁신이 이루어지고 있는 점은 주목할 만하다.

특히, 공항, 버스정류장, 지하철 등을 위주로 옥외 광고가 늘어나고 있으며, 대도시의 번화가를 중심으로도 배너광고가 늘어나고 있다. JCDecaux는 하루 유동인구 160만 명 정도로 추산되는 마드리드 지하철의 광고 전체 소유권을 8년간 계약하여 수익을 올리고 있다.

또한 디지털 옥외 광고는 길가, 도로의 광고판 등을 통해서 수익을 내고 있다.

이처럼 기업들이 디지털화를 통해 새로운 방안을 모색하였음에도 불구하고, 오프라인 옥외 광고의 하락폭은 매우 큰 반면 디지털 옥외 광고는 아직 초기 단계로 낮은 시장점유율을 보이고 있다. 이를 종합할 때, 향후 5년간 스페인의 옥외 광고시장은 연평균 7.0%의 하락세를 보이며 2018년에는 2억 5,900만 달러의 수준으로 감소할 전망이다.

[그림 5-45] 스페인 옥외 광고시장 규모 및 성장률, 2009-2018

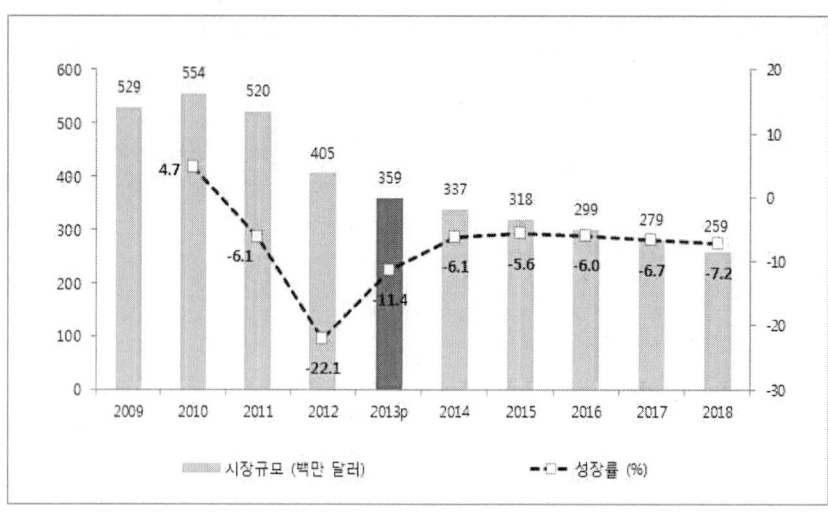

출처 : PwC(2014)

(9) 캐릭터·라이선스

최근 대부분 유럽의 국가들이 금융위기를 빠르게 탈출하였음에도 불구하고, 스페인의 캐릭터·라이선스시장은 높은 실업률과 마이너스 성장률로 인하여 2013년에도 전반적인 하락세를 보이며 전년대비 4.2% 감소한 16억 2,500만 달러의 시장을 형성했다.

하지만 2013년 하반기에 들어서며 스페인은 GDP가 상승하고 경기가 살아나는 조짐을 보이고 있다. 이에 따라 스페인의 캐릭터·라이선스시장은 2014년부터 2018년까지 5년간 연평균 1.3%의 하락세를 나타내며, 전체적으로 약보합 수준을 유지할 것으로 전망된다.

[표 5-16] 스페인 캐릭터·라이선스시장 규모 및 전망, 2009-2018

[단위 : 백만 달러, %]

구분	2009	2010	2011	2012	2013p	2014	2015	2016	2017	2018	2013-18 CAGR
캐릭터·라이선스	2,019	1,900	1,750	1,696	1,625	1,582	1,559	1,543	1,531	1,524	△1.3

출처 : EPM(2013, 2014), PwC(2014)

[그림 5-46] 스페인 캐릭터·라이선스시장 규모 및 성장률, 2009-2018

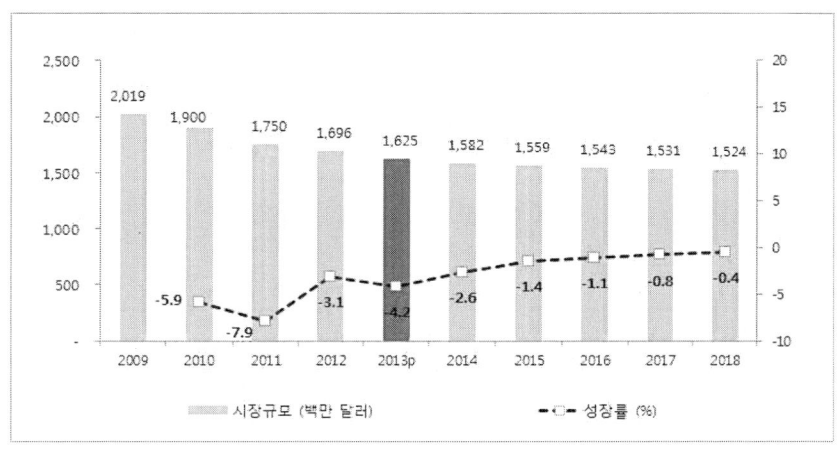

출처 : EPM(2013, 2014), PwC(2014)

[그림 5-47] 스페인 분야별 캐릭터·라이선스시장 비중, 2009 vs. 2011 vs. 2013

출처 : EPM(2013, 2014), PwC(2014)

2013년 스페인 캐릭터·라이선스시장은 패션부문이 29.1%로 가장 높은 시장점유율을 보이고 있고, 엔터테인먼트·캐릭터가 23.8%로 뒤를 잇고 있다. 2018년까지 엔터테인먼트 캐릭터시장은 소폭 감소할 전망이며, 스포츠, 패션은 소폭 증가하거나 현재의 수준을 유지할 것으로 전망된다.

[표 5-17] 스페인 캐릭터·라이선스 분야별 시장 규모, 2009-2013

[단위 : 백만 달러, %]

구분	2009		2011			2013		
	시장 규모	비중	시장 규모	비중	증감율	시장 규모	비중	증감율
엔터테인먼트/캐릭터	485	24.0	416	23.8	△14.2	370	22.8	△11.1
스포츠	187	9.3	178	10.2	△4.6	176	10.8	△1.5
패션	527	26.1	510	29.1	△3.3	473	29.1	△7.3
기업브랜드/상표	204	10.1	195	11.2	△4.2	182	11.2	△7.0
예술	145	7.2	127	7.3	△12.1	119	7.3	△7.0
기타	471	23.3	323	18.4	△31.5	306	18.8	△5.1
합계	2,019	100.0	1,750	100.0	△13.3	1,625	100.0	△7.1

출처 : EPM(2013, 2014), PwC(2014)

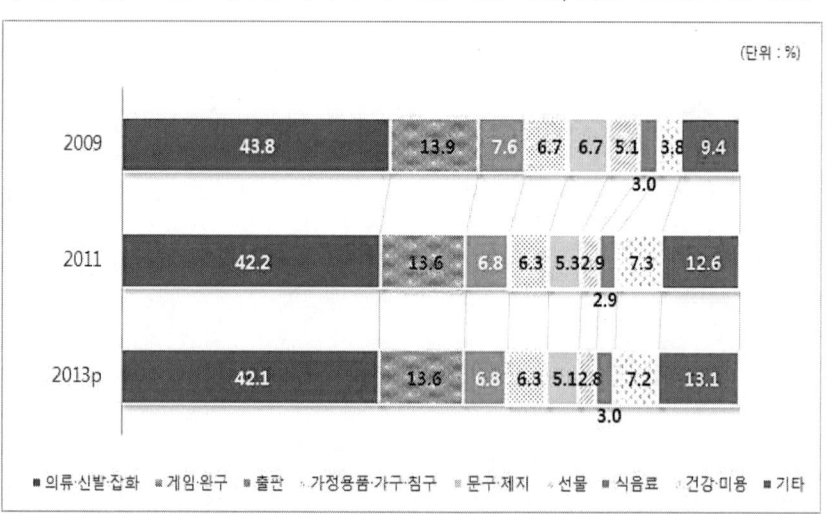

[그림 5-48] 스페인 제품별 캐릭터·라이선스시장 비중, 2009 vs. 2011 vs. 2013

출처 : EPM(2013, 2014), PwC(2014)

2013년 스페인의 제품별 캐릭터·라이선스시장을 살펴보면, 의류·신발·잡화가 42.2%로 가장 높은 시장점유율을 보였고 게임·완구가 13.6%로 뒤를 이었다. 대부분의 분야에서 점유율이 소폭 감소하는 경향을 보이는 가운데, 건강·미용 및 기타 분야에서의 상승세가 눈에 띈다.

[표 5-18] 스페인 제품별 캐릭터·라이선스시장 비중, 2009 vs. 2011 vs. 2013

[단위 : 백만 달러, %]

구분	2009		2011			2013		
	시장 규모	비중	시장 규모	비중	증감율	시장 규모	비중	증감율
의류·신발·잡화	884	43.8	870	42.2	△1.6	801	42.1	△7.9
게임·완구	281	13.9	280	13.6	△0.4	258	13.6	△7.9
출판	153	7.6	140	6.8	△8.5	129	6.8	△7.9
가정용품·가구·침구	136	6.7	130	6.3	△4.4	120	6.3	△7.7
문구·제지	136	6.7	110	5.3	△19.1	98	5.1	△10.9
선물	102	5.1	60	2.9	△41.2	54	2.8	△10.0
식음료	60	3.0	60	2.9	-	57	3.0	△5.0
건강·미용	77	3.8	150	7.3	94.8	138	7.2	△8.0
기타	190	9.4	260	12.6	36.8	249	13.1	△4.2
합계	2,019	100.0	2,060	100.0	2.0	1,905	100.0	△7.5

출처 : EPM(2013, 2014), PwC(2014)

(10) 지식정보

2013년 스페인 지식정보시장은 인터넷접근과 전문서적, 비즈니스 정보, 디지털 분야 등에서 고른 성장세를 보였음에도 불구하고, 비즈니스 정보 및 전시회에서의 큰 하락과 인터넷접근시장이 정체 상태에 빠지며, 전체적으로는 전년대비 3.1% 하락한 93억 2,400만 달러를 기록했다.
하지만 스페인 경제가 마이너스 성장에서 탈출할 조짐을 보이고 있기 때문에, 향후 5년간 지식정보시장은 연평균 7.8%씩 성장하며, 2018년에는 136억 200만 달러 규모의 시장으로 성장할 것으로 전망된다.

[표 5-19] 스페인 지식정보시장 규모 및 전망, 2009-2018

[단위 : 백만 달러, %]

구분	2009	2010	2011	2012	2013p	2014	2015	2016	2017	2018	2013-18 CAGR
비즈니스정보	1,245	1,392	1,365	1,345	1,035	908	1,121	1,421	1,801	2,240	16.7

[단위 : 백만 달러, %]

구분		2009	2010	2011	2012	2013p	2014	2015	2016	2017	2018	2013-18 CAGR
디렉토리 광고		608	532	486	479	472	468	465	465	465	465	△0.3
	디지털	182	194	219	249	277	303	327	348	368	384	6.8
	인쇄	426	338	267	229	195	165	139	116	97	80	△16.2
전시회		635	553	454	446	426	462	513	576	650	736	11.5
전문서적		359	336	373	421	429	447	463	478	491	501	3.1
	전자	4	7	15	23	36	50	63	77	89	99	22.3
	인쇄	355	330	358	398	393	397	400	401	402	402	0.4
산업잡지		95	96	93	91	92	92	93	94	96	97	1.2
	광고	28	29	34	33	32	32	31	31	31	31	△0.5
	디지털	3	4	10	12	12	14	15	16	17	18	7.8
	인쇄	25	25	24	21	19	18	17	15	14	13	△7.7
	구독	67	67	59	58	60	61	62	63	65	66	2.0
	디지털	-	-	-	-	1	1	2	3	4	5	44.5
	지면	67	67	59	58	59	59	59	60	60	61	0.7
인터넷접근		5,604	6,243	6,713	6,837	6,870	7,221	7,672	8,182	8,804	9,563	6.8
모바일		1,181	1,661	2,187	2,612	2,745	3,133	3,574	4,043	4,563	5,145	13.4
고정 브로드밴드		4,423	4,582	4,526	4,225	4,125	4,087	4,098	4,139	4,241	4,417	1.4
합계		8,546	9,152	9,484	9,619	9,324	9,598	10,327	11,216	12,307	13,602	7.8

출처 : PwC(2014)

[그림 5-49] 스페인 지식정보시장 규모 및 성장률, 2009-2018

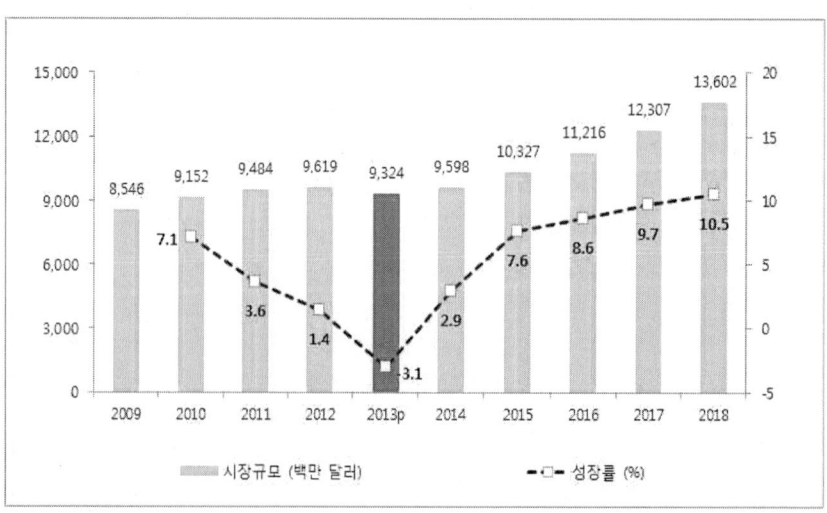

출처 : PwC(2014)

2013년 73.7%로 최대 점유율을 보인 스페인의 인터넷접근시장은 2018년에는 70.3% 수준으로 감소가 예상된다. 전문서적과 디렉토리 광고의 점유율 또한 각각 3.7%와 3.4%로 감소될 전망이다. 반면 2009년 14.6%를 차지했던 비즈니스 정보시장은 2013년에는 11.1%의 점유율을 보이며 위축되었지만 향후 5년간 플러스 성장을 유지하며, 2018년에는 16.5% 수준에 이를 것으로 예상된다.

[그림 5-50] 스페인 지식정보시장 분야별 비중 비교, 2009 vs. 2013 vs. 2018

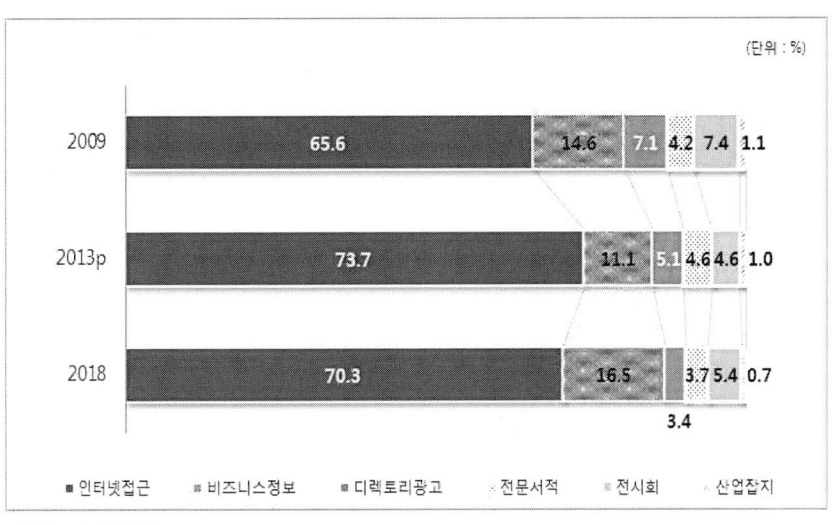

출처 : PwC(2014)

가. 인터넷접근

2013년 스페인의 인터넷접근시장은 전년대비 0.5% 성장한 68억 7,000만 달러로 집계되었다. 2010년 이후 4년 연속 성장률이 하락했던 인터넷접근시장은 2013년을 기점으로 유·무선 인터넷 보급률의 증가 추세와 맞물려 성장률을 회복해, 2018년에는 95억 6,300만 달러에 이를 전망이다.

[그림 5-51] 스페인 인터넷접근시장 규모 및 성장률, 2009-2018

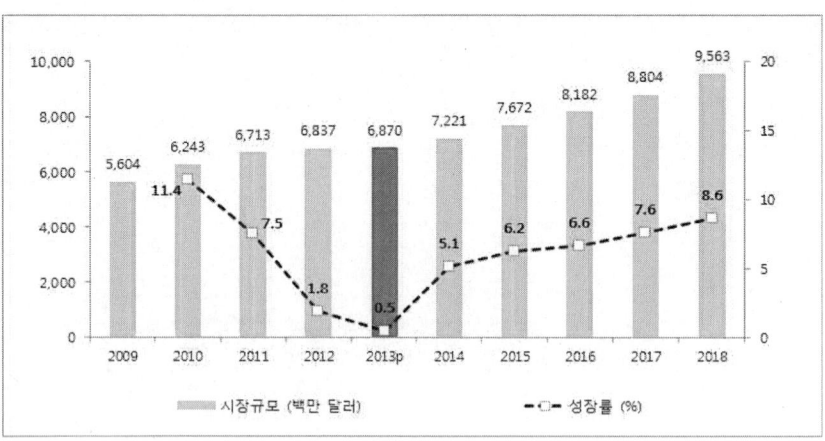

출처 : PwC(2014)

나. 전문정보[156]

2013년 스페인의 전문정보시장은 인쇄 디렉토리 광고와 산업잡지시장의 위축, 비즈니스 정보시장의 하락세로 인해 전년대비 11.8% 급락한 24억 5,400만 달러 규모로 집계되었다.

[그림 5-52] 스페인 전문정보시장 규모 및 성장률, 2009-2018

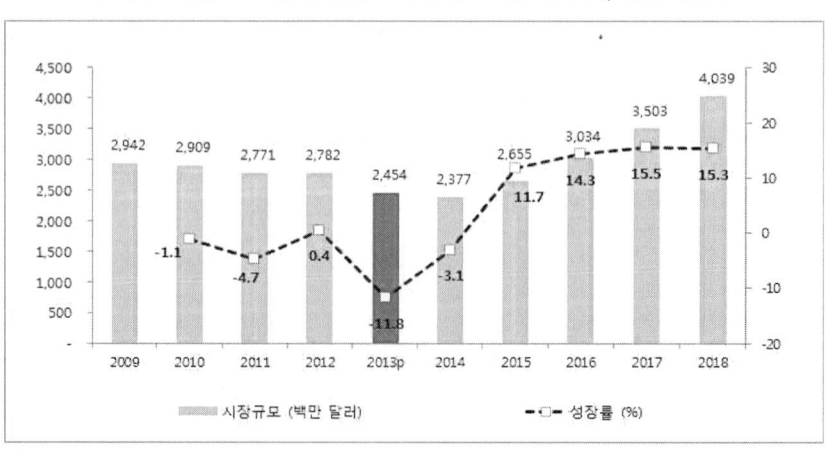

출처 : PwC(2014)

---

156) 전문정보시장은 인터넷접근을 제외한 지식정보시장(비즈니스 정보, 디렉토리 광고, 전문서적, 산업잡지, 전시회)을 의미함

하지만 시장은 2014년부터 다시 회복세를 보이고, 2015년부터는 매년 11~15% 대의 높은 성장세를 보일 것으로 예상된다. 특히 전시회와 전자 전문서적의 성장세에 힘입어 2018년에는 40억 3,900만 달러 규모의 시장으로 성장할 전망이다.

3) 주요 이슈 및 트렌드

(1) 출판

가. 아동서적, 유일하게 증가하는 출판 종수

경기불황의 여파로 도서 출판량과 출판 종수 대부분 등락을 경험했지만, 아동출판부문만이 유일하게 3년 연속 증가세를 보였다. 2013년 스페인에서 출판된 아동서적의 부수는 약 5,807만 권이며, 이는 전체출판물의 23.6%에 해당하는 수치로 전 출판 분야에서 최대이다.

[그림 5-53] 2011-2013년 종별 & 분야별 출간 도서 타이틀

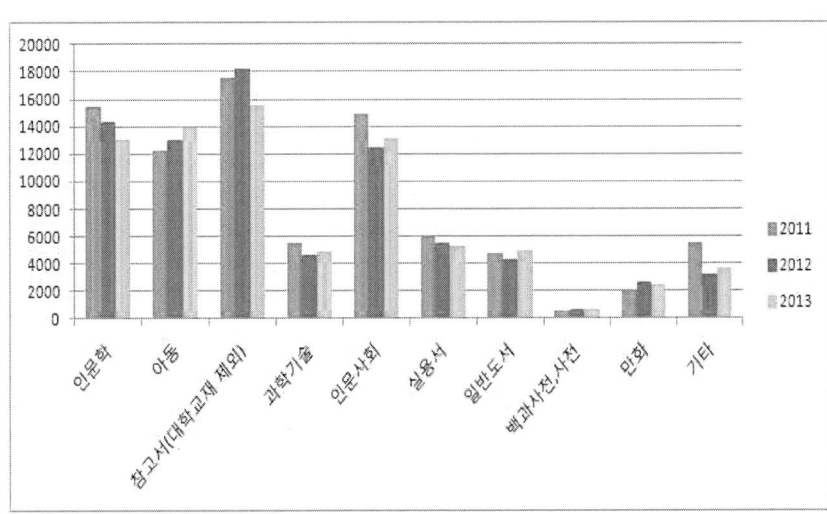

출처 : Comercio Interior Del Libro En Espana 2013

한편, 아동 도서의 출판 종수가 증가한 배경에는 완화된 이민정책이 큰 영향을 미친 것으로 나타났다. 2009년 이후 중남미를 포함한 동일 언어권 국가로부터 인구가 유입되어 약 600만 명이 급격히 증가했고[157] 2012년에만 30만 4,100명의 인구가 유입되었다.[158]

특히, 2009년 이후 증가한 가족 단위의 이민과 신생아의 출산율 증가는 아동 출판 종수의 증가에도 영향을 미친 것으로 나타났다.

나. 온라인 플랫폼을 중심으로 재출간 도서의 증가

디지털 출판도 소비자의 기호에 맞추어 다양한 매체로 재출간되고 있는 가운데 가장 선호하는 디지털 플랫폼은 온라인이었다. 2013년 전체 출간물 중 온라인 플랫폼으로 재출간된 도서는 86.8%였으며 CD는 17.5%, DVD는 16% 수준이었다. 특히, 온라인 형태로 재출간된 도서를 세분화하면 가장 많이 적용된 방식이 스트리밍 서비스였다는 점이 눈에 띈다. 2011년 2.5%에 불과하던 스페인의 스트리밍 도서 서비스가 2013년에는 48.5%까지 급성장했기 때문이다.159)

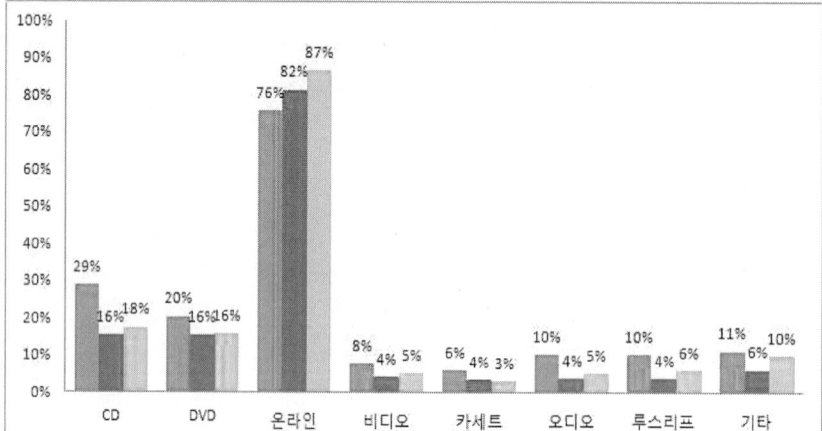

[그림 5-54] 기존출판물이 미디어 매체로 재출간 되는 비율

출처 : Comercio Interior Del Libro En Espana 2013

디지털로 재출간된 도서는 다양한 디지털 포맷으로 재출간되었다. PDF 형식의 도서는 2011년 63.2%에서 2013년 43.7%로 하락한 반면, ePUB 방식은 같은 기간 32.8%에서 51.7%로 증가했다. 그리고 아마존 킨들의 경우, 2012년 6.2%로 증가했으나 2013년에는 4.6%로 하락했다.

Whiteboard는 2011년 1.6%에서 2013년 1.4%로 소폭 하락했다. 한편, 플래시형태나 html5

---

157) Index Mundi, Historical Data graphs per year of Spain, 2014. 10.
158) European Commission Eurostat, Migration and migrant population statistics, 2014. 5.
159) FGEE, Comercio Interior Del Libro En Espana 2013, 2014.

형식의 전자책은 2011년 1.5%에서 2013년 51.5%로 크게 증가했다.160)

다. 국민당, 전자도서에 적용되는 부가가치세 인하 법안 거부

스페인의 집권당인 국민당(Grupo Popular)은 2014년 1분기 의회에서 전자도서에 적용되는 부가가치세 인하 법안을 거부했다. 몬세랏 수로카(Monserrat Surroca) 문화위원회(Comisión de Cultura del Congreso)의 대변인은 현행 종이책의 부가가치세가 4%로 전자책의 부가가치세 21%와 상이하여 형평성에 어긋난다는 것을 지적하며, 현재의 부가가치세 과금 방식은 경쟁력 있고 발전 가능성이 높은 온라인 출판 환경을 더욱 힘들게 만들 것이라고 주장했다. 이러한 국민당의 부가가치세 인하 법안의 거부로 인해 스페인정부는 유럽위원회의 부가가치세를 포함한 과세혁신 제안을 기다릴 것이라 밝혔다. 이에 따라 당분간 스페인의 전자출판은 주변 유럽국가처럼 빠른 성장세를 보이기는 어려울 것으로 전망된다.161)

(2) 음악

가. 스페인 법원, P2P 공유 서비스는 적법 판결

스페인의 경제는 불황에서 벗어나 성장 궤도로 돌아온 것으로 보인다. 하지만 26% 수준(젊은 층의 경우, 50% 이상)의 높은 실업률로 인해 소비자들의 확신은 여전히 낮으며, 소매 지출 역시 상당한 타격을 입은 상태다. 이러한 경제 상황은, 이미 오프라인 음반 매출의 붕괴와 불법복제와의 힘겨운 싸움을 벌이고 있는 스페인의 음악산업에 부정적인 영향을 주고 있다. 스페인은 불법 CD가 이미 예전부터 만연되어 있는 상태이며, 또한 전 세계에서 불법 파일 공유 서비스를 가장 심하게 이용하는 대표적인 국가이기도 하다.

2013년 9월, 스페인정부는 불법콘텐츠를 링크하는 웹사이트 소유자들에게 최대 6년의 금고형을 내릴 수 있는 새로운 법안을 통과시켜, 2014년 초부터 효력을 발휘하게 되었다. 하지만, 이 법안에 따르면 해당 링크로부터 경제적인 이득을 본다고 판단되는 이들만 기소될 수 있으며, 파일 공유 플랫폼 자체는 이 법안이 다루고 있지 않아 플랫폼을 제공하는 이들이 법적인 조치에 처해질 가능성은 없다는 한계가 있다.

실제로 글로벌 음반 유통사와 P2P 개발자 간의 소송에서 스페인 마드리드 법원은 P2P를 이용한 오디오 콘텐츠의 공유는 불법이 아니라는 판결을 내놓았다. 스페인 마드리드 지방법원은 소니BMG 뮤직 엔터테인먼트, 유니버설 뮤직 스페인, 워너뮤직 스페인과 블럽스터(Blubster), 파이올

---

160) FGEE, Comercio Interior Del Libro En Espana 2013, 2014.
161) 월드 라이브러리, [스페인] 전자도서 부가가치세 인하 거부하다, 2014. 3. 31.

렛(Piolet), 마놀리토(Manolito) 등 P2P 음원 공유 앱을 만든 개발자 파블로 소토(Pablo Soto)와 6년에 걸친 소송에서 P2P 프로그램 자체는 불법이 아니라는 판결을 내놓아 사실상 P2P 서비스의 손을 들어줬다.162)

스페인에서 음원을 판매중인 소니 BMG 뮤직 엔터테인먼트, 유니버설 뮤직 스페인, 워너뮤직 스페인은 P2P로 인한 손해를 1,800만 달러로 추산했었는데163) 이번 판결로 인하여 음원 유통으로 인한 수익은 더욱 악화될 것으로 예상된다.

(3) 게임

가. 소셜포인트, 글로벌 개발사로 도약마련

스페인 최대 모바일 게임개발사 소셜 포인트(Social Point)가 드래곤 시티(Dragon City)의 한글화와 함께 한국시장에 진출했다. 드래곤 시티는 2012년 개발된 페이스북을 기반으로 하는 소셜 게임으로, 현재까지 누적 이용자 1억 명을 기록하고 있다. 이번 한국시장에 진출하면서 드래곤 시티에 조선 드래곤, 월드컵 섬, 한국 축구팀 드래곤, 한국 유적지 등의 한국형 콘텐츠를 추가했고, 콘텐츠뿐만 아니라 한국에 지사를 설립하여 마케팅과 고객을 위한 서비스에도 총력을 기울일 것으로 알려져 한국을 아시아시장 진출을 위한 테스트 마켓으로 삼고자 한다고 밝혔다.164)

나. 파이러츠, PC 온라인 게임 한국 진출

스페인의 버추얼 토이즈는 자사의 파이러츠 트래저 헌터(Pirates Tresure Hunters)를 한국의 CJ E&M을 통해 서비스하기로 했다. 버추얼 토이즈는 스페인 게임개발사로 1984년부터 게임을 개발해 왔으며 현재까지 70여개의 게임 타이틀을 3,000만장 이상 판매했다. 그간 버추얼 토이즈는 다양한 플랫폼으로 게임을 개발해 왔는데165) 스페인 게임 제작사가 모바일 플랫폼이 아닌 온라인 PC 게임의 진출은 매우 이례적인 일이며 한국에서 처음으로 7월부터 CBT에 들어간다고 밝혔다. 파이러츠는 언리얼 엔진 3을 이용하여 사실적인 게임을 묘사하며166) 기존의 장르 편중 게임과 달리 AOS이면서 FPS와 같은 조작감을 제공한다.167)

---

162) EDRi, Madrid Court rules P2P legal in landmark case against record labels, 2014. 4. 23.
163) Softonic, Record labels lose landmark peer-to-peer judgment in Spain, 2014. 4. 11.
164) 전자뉴스, 글로벌 게임사 한국 '모바일' 눈독…스페인까지 가세, 2014. 6. 12.
165) Virtual Toys, about company, 2014. 10.
166) 게임동아, 드디어 첫 등장! 파이러츠: 트레저헌터 시즌제로, 2014. 7. 1.
167) 게임메카, 파이러츠 첫 테스트 전략은 AOS 전투는 FPS처럼, 2014. 7. 11.

(4) 영화

가. 스페인 자국 영화 수익 증가

2013년 저조한 성적을 거둔 스페인 영화는 2014년 자국 영화를 바탕으로 최고의 흥행을 예고하고 있다. 2014년 3분기 박스오피스에 의하면 스페인에서 제작된 영화는 탑 10에 3편이 진입하였는데 '스패니쉬 어페어(Ocho apellidos vascos)'가 1위로 개봉 8개월 만에 7,745만 달러의 수익을 올려 1위에 올랐다. 영화 '엘니뇨'의 경우 개봉 2달 만에 2천만 달러에 가까운 수익을 올려 매출 2위를 기록하였으며, 10월에 개봉한 '또랑뜨 5(Torrente 5)'는 두 달 앞서 개봉한 '가디언스 오브 갤럭시(Guardians of Galaxy)'를 누르고 9위에 올랐다. 한편, 2013년 스페인 최고의 흥행작은 '호빗: 스마우그의 폐허(The Hobbit: The Desolation of Smaug)'로 2,355만 달러의 수익을 올렸다.[168]

[그림 5-55] 2014년 상반기 스페인 영화 순위

순위	한국이름	영문이름	배급사	수익	개봉일	제작국
1	스패니쉬 어페어	Ocho apellidos vascos	UPI	$77,459,736	03월 14일	스페인
2	엘 니뇨	El Niño	Fox	$19,990,315	08월 29일	스페인
3	혹성탈주리 반격의 서막	Dawn of the Planet of the Apes	Fox	$17,319,010	07월 18일	미국
4	말레피센트	Maleficent	Disney	$17,178,387	05월 30일	미국
5	더 울프 오브 월 스트리트	The Wolf of Wall Street	UPI	$16,461,083	01월 17일	미국
6	루시	Lucy	UPI	$12,886,129	08월 22일	미국
7	드래곤 길들이기 2	How to Train Your Dragon 2	Fox	$12,120,558	08월 01일	미국
8	리오 2	Rio 2	Fox	$11,215,663	04월 04일	미국
9	또랑뜨 5	Torrente 5	Sony	$10,908,533	10월 03일	스페인
10	가디언즈 오브 갤럭시	Guardians of the Galaxy	Disney	$10,099,492	08월 14일	미국

출처 : Box office Mojo, 2014. 8

나. 낮은 조세 혜택으로 스페인 영화 제작사들 반발

스페인 영화 제작자들이 낮은 세금공제 혜택에 대한 불만이 높아지고 있다. 현행 영화 투자법에 의하면 영화 제작들에게 18%, 영화 공동 제작사에게 5%의 세금공제 혜택을 각각 적용해 왔는데[169], 이는 영국의 25%나 유럽 국가들의 평균인 30%에 비해 낮은 수준이다. 독일, 이탈리아, 프

---

168) Box office Mojo, Spain Yearly Box Office, 2014. 8.
169) Kocca, 2013 해외 콘텐츠시장 동향조사, 2013. 12. 31.

랑스의 경우 영화산업의 진흥을 위하여 최대 40%에 이르는 세금감면 정책을 시행중이고, 캐나다 또한 최대 30%까지 조세감면을 받을 수 있다. 이에 따라 스페인에서는 자국에서 영화 제작을 기피하는 분위기가 만들어지고 있으며, 중간 규모 이상의 영화 제작사들은 스페인보다 해외 로케이션 촬영을 선호할 것으로 전망된다.170)

다. 영화 신고제, 만연하는 불법복제 영화

스페인의 허술한 저작권 제도로 인하여 불법복제된 영화가 아마존에서 유통되고 있는 것으로 나타났다. 스페인의 저작권 등록 방법은 공증 받은 법적 신고서를 제출하면 누구나 증명서를 발급받을 수 있는 신고제로, 불법복제를 자행해온 사람들은 이를 악용해 불법으로 복제하거나 일부를 수정하여 새로운 작품으로 신고하는 방식으로 유통에 필요한 허가 번호를 받아 왔다. 한편, 만연하는 불법복제와 유통에 대한 문제성을 스페인정부도 인식하고 있지만 금융위기로 인해 문제점을 조사하고 통제할 수 있는 인력이 감소하였을 뿐 아니라, 불법복제품들도 정부가 제공하는 허가 번호를 공식적으로 가지고 있기 때문에 법적 처벌이 불가능한 것으로 나타났다. 이러한 환경 때문에 영화를 유통하는 업체들은 불법복제물에 대한 불법성을 스스로 증명해야하는 상황이다. 이와 같이 영화 신고제는 앞으로도 스페인 영화산업 발전에 부정적인 영향을 미칠 것으로 전망된다.171)

(5) 애니메이션

가. 파라마운트, 스페인 만화 판권 획득으로 수익 기대

미국의 영화 제작사 파라마운트(Paramount)는 스페인의 판타지 어드벤처 'Capture the Flag'와 2012년 제작된 인디아나존스의 패러디 애니메이션 'Tad, the Lost Explorer'의 전 세계 유통권리를 획득 했다. 'Tad, the Lost Explorer'는 스페인에서 2,440만 달러의 수익을 올렸고 해외에서 3,600만 달러의 수익을 올린 애니메이션인데 이번 판권의 획득으로 일전에 획득한 'Tad', 'Tad Jones: The Hero Returns'와 더불어 전 세계 애니메이션 유통을 통한 수익을 기대할 수 있게 되었다. 한편, Capture the Flag는 2015년 여름 공개 예정이며 'Tad Jones: The Hero Returns'는 2016년 공개 예정이다.172)

---

170) EL PAIS, Los productores de cine ven "ruduculo' el 20% de exencion fiscal aninciado hoy, 2014. 6. 23.
171) El Confidencial, El Ministerio de Cultura Favorece el pirateo del DVD, 2014. 5. 5.
172) Variety, Paramount Pictures Takes Worldwide Distribution on 'Capture the Flag,' 'Tad' Sequel, 2014. 7. 21.

나. 유명 애니 Pulgarcito, 영화 애니메이션으로 제작

아이라이온 애니메이션 스튜디오(Ilion Animation Studio)가 극장용 애니메이션 Mortdelo & Filemon: Mission Implausible의 제작에 돌입한다. 2009년에도 극장용 애니메이션 Planet 51을 제작하여 개봉한바 있는 아이라이온 애니메이션은 스페인의 프란시스코 이바네즈(Francisco Ibáñez)가 1958년 제작한 Pulgarcito를 원제로 하는 애니메이션을 제작하는데 만화 시리즈로 100여 편이 넘게 제작되었었고 1965년과 1970년에는 16부작 단편 애니메이션으로 제작된 바 있다.[173] 이번 극장용 애니메이션의 제작으로 아이라이노 애니메이션 스튜디오는 스페인 최고의 극장용 애니메이션 제작사로 자리매김할 전망이다.

(6) 방송

가. 스페인 IPTV업계 성장세 회복

스페인정부가 2013년 2월 '스페인 디지털 아젠다(Digital Agenda for Spain)'를 발표하면서 그 동안 침체기를 겪고 있던 IPTV시장이 다시 활기를 찾을 것으로 기대를 모으고 있다.

[그림 5-56] 스페인 IPTV 가입자 수 변화 추이

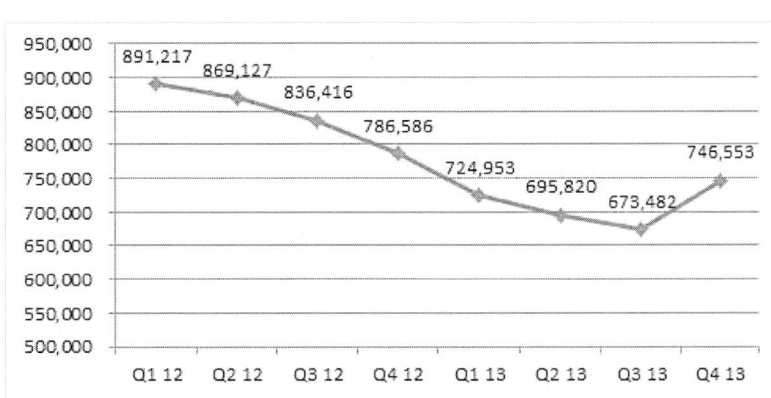

출처 : CNMC, 2014

2012년 2분기 이후 지속적인 가입자 수 감소를 겪어왔던 스페인 IPTV시장은 초고속 인터넷망 구축과 디지털콘텐츠 개발, 저작권법 개정 등의 목표를 바탕으로 한 디지털 아젠다와 이에 따른

---

173) MARCA, Primer Trailer de la nueva mortadelo y Filemon, 2014. 5. 15.

정부 투자 확대로 2013년 4분기 다시 성장세를 되찾았다.

이에 주요 IPTV업체들도 관련 서비스 강화에 나서고 있다. 스페인의 대표 방송사업자인 Telefonica의 경우 2013년 10월, TV Entertainment와 TV Sports, TV Family 등 3종의 IPTV 전용 요금제를 출시, 80개 이상의 채널을 지원하고 있다. 2014년 2월에는 축구와 포뮬러원 등의 독점 콘텐츠를 통해 영향력 강화에 나설 계획임을 발표[174]하고, MovistarTV의 전용 독점 TV콘텐츠 제작에 대한 투자를 고려하고 있다고 언급[175]하는 등 '콘텐츠-플랫폼-기술' 연계를 통한 시장 영향력 확대에 전력을 다하고 있는 모습이다. Orange와 Vodafone Spain 역시 시장 영향력 강화를 위해 각각 유무선-브로드밴드-IPTV를 결합한 Triple Play 서비스와 브로드밴드-TV의 결합 서비스 등을 잇따라 출시했는데, 이는 결국 스페인 IPTV시장이 브로드밴드 사업을 위한 보조적 수단에서 벗어나 중요한 수익사업으로 새롭게 포지셔닝되고 있음을 의미한다. 결국 이러한 시장 내외분의 변화는 그 동안 낮은 브로드밴드 보급률로 고전하던 스페인 IPTV 시장의 성장을 이끌어낼 수 있을 것으로 기대되며, 위성TV와 케이블TV, IPTV의 대표사업자인 'Canal+'와 'Ono', 'Telefonia' 간의 경쟁 역시 치열해질 것으로 전망된다.

나. OTT시장 개화로 코드커팅 현실화 우려

타 국가들과 마찬가지로 스페인 역시 OTT시장의 성장이 두드러지게 나타나고 있다. 2013년 12월 월9.99유로에 12개의 프리미엄 채널을 제공하는 로컬 OTT 서비스업체 토탈채널(TotalChannel)이 서비스 론칭 3개월 만에 가입자 수 10만 명을 돌파[176]하면서 주목받은 바 있으며, 이 외에도 넷플릭스(Netflix)와 보다폰(Vodafone), 오렌지(Orange) 등이 관련 서비스를 전개하며 시장의 확대에 기여하고 있는 상황이다. 특히 보다폰의 경우 디지털TV 서비스업체 나그라(Nagra)와의 제휴를 통해 OTT와 디지털 지상파 방송(DTT)의 결합상품을 출시[177], 인기를 얻고 있다. 한편, OTT시장의 외연 확대는 케이블시장의 코드커팅 가속화로 이어지고 있다. 비록 스페인의 경우 타 유럽 국가에 비해 다소 느린 감소세를 보이지만 미국에 비해 낮은 유료TV 서비스 보급률로 아직 성장의 여지가 존재한다고 볼 수 있다. 또한, IPTV의 성장세와 저가의 디지털 위성방송 서비스가 케이블TV 영역에서의 손실을 상쇄하는 유럽 유료방송시장의 특성에 힘입어 아직 코드커팅 현상이 급격하게 확대되고 있지는 않다[178]. 그러나 OTT 서비스의 성장세를 고려한다면 스페인 역시 향후 이러한 코드커팅 현상에서 자유롭지만은 않을 것이라고 업계는 예상하고 있다.

---

174) Advanced Television, Spain: Telefonica aims to lead pay-TV in a year, 2014.02.21
175) Telecompaper, Telefonica to develop exclusiveTV content-Gilperez, 2014.01.15
176) ADVANCED TELEVISION, Spain: OTT TotalChannel 100,000subs in 3 months, 2013.12.16
177) telecompaper, Vodafone Spain to use Nagra's hybrid OTT and DTT service, 2014.10.14
178) BroadbandTV News, Cord-cutting has arrived in 12 Euro markets, 2014.08.19

(7) 광고

가. 하이미디어, 스페인 La Razon 신문과 협력 강화

다양한 플랫폼으로 유럽시장에서 높은 지배력을 갖고 있는 하이미디어(Himedia)가 스페인 라 라존(La Razon) 신문과 디지털 광고를 위한 협력을 개시했다. 라 라존 신문사는 136만 가지의 멀티 플랫폼을 통해 많은 수의 독자들을 확보하고 있는데, 하이미디어에서 서비스 중인 모비우스와 매직 프로젝트를 통해 서비스를 강화할 예정이다. 모비우스는 모바일 판매에 특화된 플랫폼이며 매직은 사업 다양화 및 운영 그리고 브랜드 콘텐츠에 대한 프로젝트다. 두 회사는 이번 협력을 통해 스페인의 모바일 광고시장의 지위를 확대하고 전문적인 모바일 광고 시스템으로 거듭나는 계기가 될 것으로 전망되고 있다.[179]

나. 옥외 광고, 다양한 포맷의 등장으로 지출 증가

옥외 광고에 다양한 미디어, 디지털 플랫폼을 적용하면서 감소하던 광고 지출 비용이 증가세로 바뀌었다. 스페인의 전체 광고시장은 2012년과 2013년 사이 전반적인 하락세를 경험하였고 광고에 대한 지출 비용도 연평균 15% 이상 하락했었다.

[그림 5-57] 모바일을 통한 디지털 광고 지출

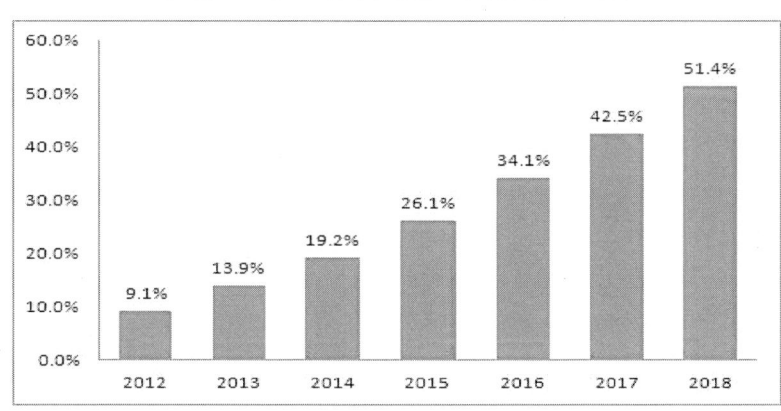

출처 : eMarketer, 2014.7

---

179) GlobeNewswire, HIMEDIA GROUP : HIMEDIA SPAIN AND LA RAZÓN NEWSPAPER SIGN A DIGITAL ADVERTISING REPRESENTATION AGREEMENT, 2014. 9. 29.

특히 옥외 광고에 대한 지출은 지속적으로 감소하여 2013년에는 전년대비 13.4% 감소한 3억 5,500만 유로를 기록했다. 그러나 버스 정류장의 광고판, 운송수단의 광고판, 대형 광고판 등을 정비하면서 광고에 대한 지출이 증가하였고 2014년 상반기에는 2% 가량 증가했다. 새로운 미디어 포맷과 디지털 옥외 광고판이 스페인 전역으로 확대 적용될수록 민간의 옥외 광고 지출은 한동안 증가세를 유지할 것으로 전망된다. 스마트폰 보급률의 높은 성장세와 온라인 디스플레이 광고의 플랫폼 다양화로 인해 글로벌기업과 마케팅업체들의 광고에 대한 지출이 증가하고 있다. 시장조사업체 eMarketer에 의하면 2014년 광고기업과 마케팅업체의 모바일을 통한 디지털 광고의 지출은 19.2%에 지나지 않았지만, 향후 지속적으로 증가하며 2018년에는 모바일을 통한 디지털 광고의 지출이 51.4%에 달할 것으로 전망된다.[180]

(8) 캐릭터·라이선스

하이디, 캐릭터 라이선스 계약으로 다양한 제품 출시

스페인의 완구제조사 파모사(Famosa)는 '하이디(Heidi)' 완구를 플라네타 주니어(Planeta Junior), 스튜디오 100(Studio 100)과 라이선스 계약했다. 플레네타 주니어와 스튜디오 100은 유럽과 중동·아프리카 시장에서 장난감, 인형, 유아용 자동차, 플레이 하우스의 출시에 대한 권리를 획득하여, 하이디 장난감의 판매를 시작한다. 한편 하이디는 장난감뿐만 아니라 3D 애니메이션으로도 제작중인데 높은 기대감을 반영하듯 100여개 국가에 선판매 되었으며 2015년 개봉될 예정이다.[181]

(9) 지식정보

가. 스페인정부, 2020년까지 30Mbps 달성플랜

스페인에도 2017년까지 10Mbps 인터넷이 보급될 전망이다. 이번 스페인정부의 통신법 개정에 근거해 스페인의 모든 가구는 2017년까지 10Mbps의 속도로 인터넷을 이용할 수 있게 되었으며, 단계적인 발전 계획에 따라 2020년도에는 스페인의 전 가구가 30Mbps의 속도 서비스를 이용하거나 인구의 절반은 100Mbps의 속도를 이용할 수 있을 것으로 예상된다. 추가로 이번 통신 개정에는 다양한 부분에 걸쳐 규제가 완화되었는데 일반 통신사업자들의 과세 부담을 경감해 줄 뿐만 아니라 4G처럼 발달된 통신망에 투자할 경우에 절차를 간소화하기로 하는 내용도 포함되어 있어 스페인에도 고속 브로드밴드 장비와 무선 통신기기의 수요가 증가할 것으로 전망된다.[182]

---

180) eMarketer, Digital Advertising spending in Mexico, 2014. 7.
181) Global License, Studio 100 Names Heidi Master Toy, 2014. 10. 14.

나. 모바일 통신, LTE-A망 서비스 시작

스페인의 최대 무선통신사 보다폰 스페인(Vodafone Spain)이 향상된 LTE-A 서비스를 2014년 10월부터 상용화했다. 이에 따라 300Mbps의 속도로 다운로드 가능한 LTE-A 서비스가 스페인의 바르셀로나 마드리드 발렌시아지역을 중심으로 시작된다. 보다폰은 1800MHz, 2600MHz, 800MHz(2015년 1월부터 사용가능)의 대역폭을 LTE-A망으로 사용하며, 1800MHz와 2600MHz 대역폭에 대한 기술적 시험을 작년에 완료하였다. 또한 보다폰 스페인은 LTE망을 통해 음성을 전달하는 기술 시험을 공개하였는데 곧 서비스가 가능할 것으로 전망되면서[183] LTE-A망을 이용한 스마트폰과 태블릿의 수요도 증가할 것으로 예상된다.

4) 콘텐츠 소비 실태 및 동향

(1) 디지털 인프라 환경 및 소비 행태

가. 디지털 인프라 환경

2013년 스페인의 스마트폰 보급률은 43.1%로 전년대비 8.3%p 증가했다. 스페인이 경기침체로 신규 스마트폰 가입자의 확보가 어려워졌지만 LTE 서비스가 상용화되면서 4G LTE 통신규격을 지원하는 새로운 스마트폰 단말기의 수요가 늘어날 것으로 보여, 2018년에는 스페인의 스마트폰 보급률이 78.6%에 이를 것으로 예상된다.

모바일 인터넷 보급률은 46.9%로 전년대비 5.4%p 증가했다. 스페인정부의 브로드밴드 활성화 정책으로 인해 촉진된 모바일 인터넷시장에서는 소비자들의 스마트폰과 태블릿 사용률이 증가함에 따라 3G와 4G기반의 데이터와 인터넷의 이용이 증가할 전망이다. 이에 따라, 2018년에는 스페인의 모바일 인터넷 보급률이 61.6%에 이를 것으로 보고 있다.

2013년 고정 브로드밴드 보급률은 전년대비 2.6% 증가한 78.8%p를 기록했다. 스페인정부의 '플랜 아반자(Plan Avanza)'를 통해 국가 정보화 프로젝트가 시작되었고, 경제산업의 디지털화에 따라 기업의 브로드밴드 보급률이 87%(EU:75%)까지 증가했다. 이와 같은 스페인정부의 브로드밴드 활성화 정책에 힘입어, 2018년에는 고정 브로드밴드 이용자가 86.6%에 이를 것으로 전망된다.

---

182) Telecompaper, Spain approves new telecoms act, guarantees 10 Mbps by 2017, 2014. 4. 30.
183) TeleGeography, Vodafone Spain to introduce LTE-A technology next month, 2014. 9. 3.

[표 5-20] 스페인 유·무선 인터넷 보급률 및 전망, 2009-2018

구분	2009	2010	2011	2012	2013p	2014	2015	2016	2017	2018
스마트폰 보급률(%)	-	-	-	34.8	43.1	50.1	57	64.1	71.4	78.6
전년대비증감(%p)	-	-	-	-	8.3	7.0	6.9	7.1	7.3	7.2
모바일 인터넷 보급률(%)	22.7	27.5	33.4	41.6	46.9	50.6	54.3	57.9	59.9	61.6
전년대비증감(%p)	-	4.7	5.9	8.2	5.4	3.6	3.7	3.6	2.0	1.6
고정 브로드밴드 보급률(%)	65.5	70.6	73.9	76.2	78.8	81.7	84.2	85.5	86.2	86.6
전년대비증감(%p)	-	5.1	3.2	2.3	2.6	2.9	2.4	1.3	0.7	0.4

출처 : PwC(2014)

나. 디지털 소비 및 이용 행태

Consumer Barometer with Google에서 2014년 3월 조사한 바에 의하면 스페인 사람들이 선호하는 디지털기기로는 모바일폰이 95%로 가장 높았으며, 그 다음으로 컴퓨터 77%, 스마트폰 72%, 태블릿 29% 순으로 조사되었다.

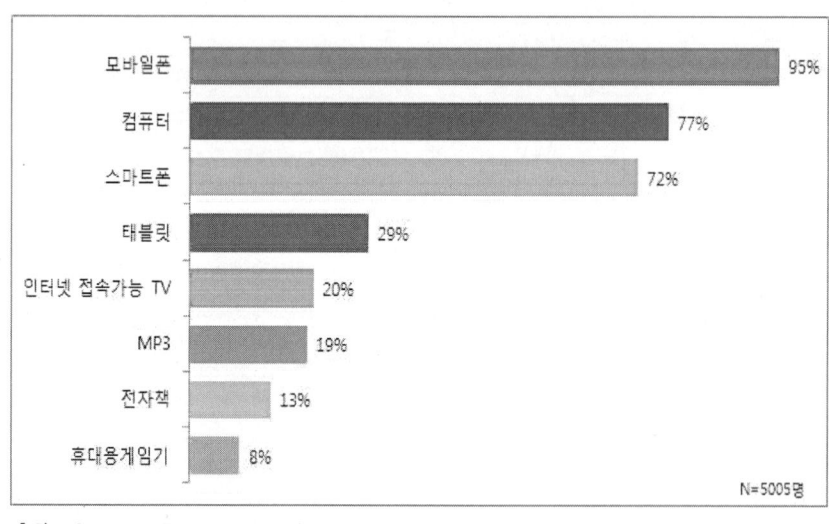

[그림 5-58] 스페인인들이 선호하는 디지털기기

출처 : Consumer Barometer with Google

① 인터넷 이용 행태

스페인인을 대상으로 인터넷 이용 행태에 대해 조사한 바에 의하면 응답자의 59%가 하루에 한 두 번 정도 인터넷을 이용하는 것으로 나타났다. 그 다음으로 하루에 한 번 정도 이용하는 경우가 23%, 한주에 2~6회 이용이 11% 순으로 조사되었다.

[그림 5-59] 스페인인들의 인터넷 사용 빈도

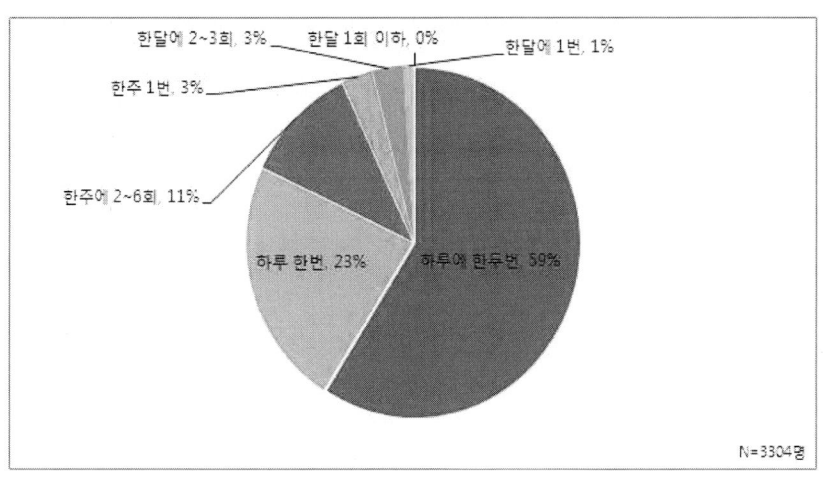

출처 Consumer Barometer with Google

태블릿, 컴퓨터, 스마트폰 이용자를 대상으로 조사한 결과에 의하면 인터넷 사용 시 컴퓨터, 태블릿, 스마트폰을 모두 선호하는 경우는 40%로 나타나 가장 높은 비중을 보였다. 컴퓨터나 태블릿을 선호하는 사람은 21%였으며, 응답자의 18%는 컴퓨터나 태블릿 보다는 스마트폰을 더 선호하는 것으로 조사되었다.

[그림 5-60] 인터넷 사용 시 선호하는 스마트기기

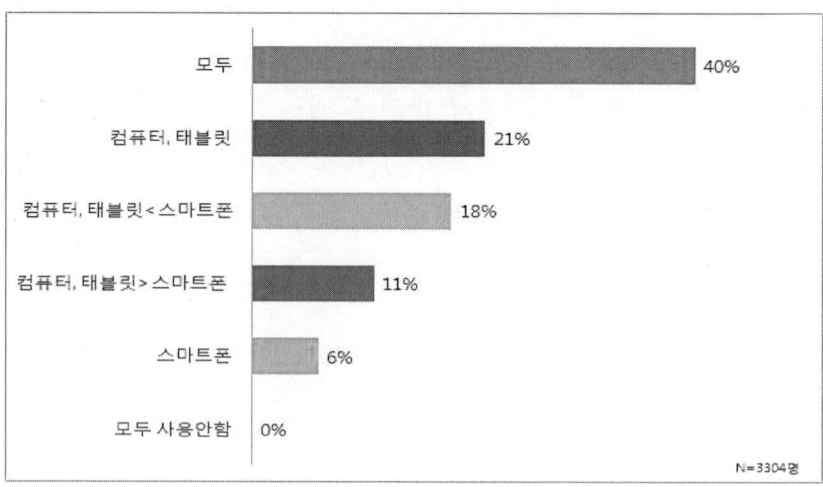

출처 Consumer Barometer with Google

상품 및 서비스 구매 시 인터넷이 어떤 도움이 되는지에 대해서 응답자의 51%가 가격비교를 하는데 도움이 된다고 응답하였으며, 그 다음으로 의견수렴 및 리뷰를 정독한다는 비중이 34%, 아이디어 획득이 19%, 상품재고 확인이 19%, 상표검색이 11% 순으로 나타났다.

[그림 5-61] 상품 및 서비스 구매 시 인터넷이 도움이 된 분야

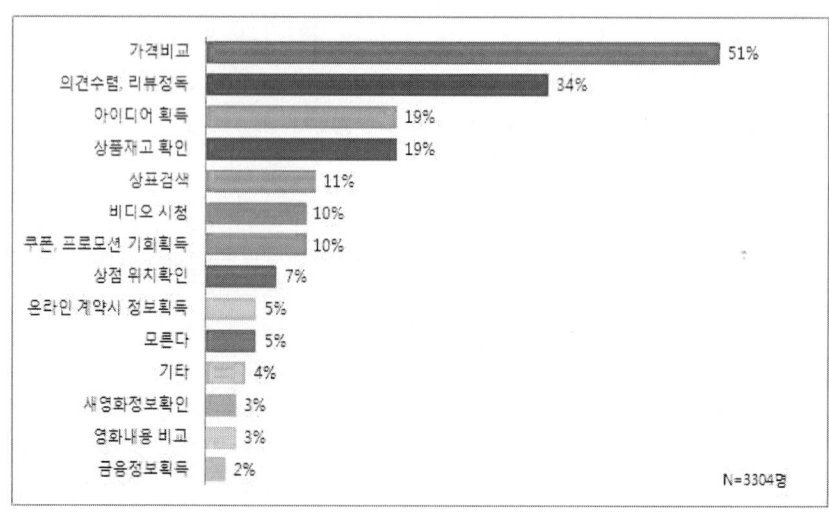

출처 Consumer Barometer with Google

② 스마트폰 이용 행태

2013년 5월 Ipsos MediaCT에서 스페인 시민 16세 이상 1,000명을 대상으로 스마트폰 이용 행태를 조사하였다.

응답자들의 특성을 보면, 여성이 49%, 남성이 51%였으며, 25세~34세 응답자가 34%로 가장 많은 것으로 나타났다. 지역적으로는 도시지역 거주자가 82%로 가장 많았으며, 응답자의 37%가 미혼자인 것으로 조사되었다.

[그림 5-62] 스마트폰 이용 행태 조사 응답자 특성

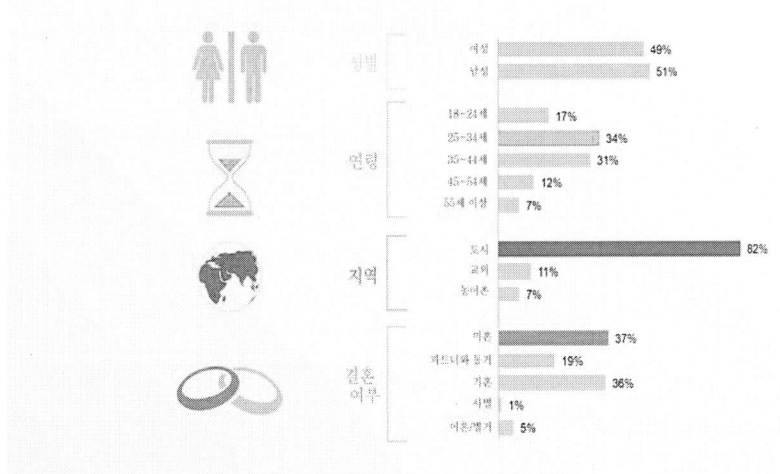

출처 : Ipsos MediaCT, Google mobile planet

먼저 스마트폰을 주로 이용하는 장소로는 96%가 집에서, 83%가 카페에서, 80%가 이동 중에 사용하고 있는 것으로 조사되었다.

특히 전체 응답자의 70% 이상이 음식점이나 대중교통에서 스마트폰을 사용하고 있는 것으로 나타났으며, 학교에서 이용하는 경우는 45%로 조사되었다.

[그림 5-63] 스마트폰을 가장 많이 이용하는 장소

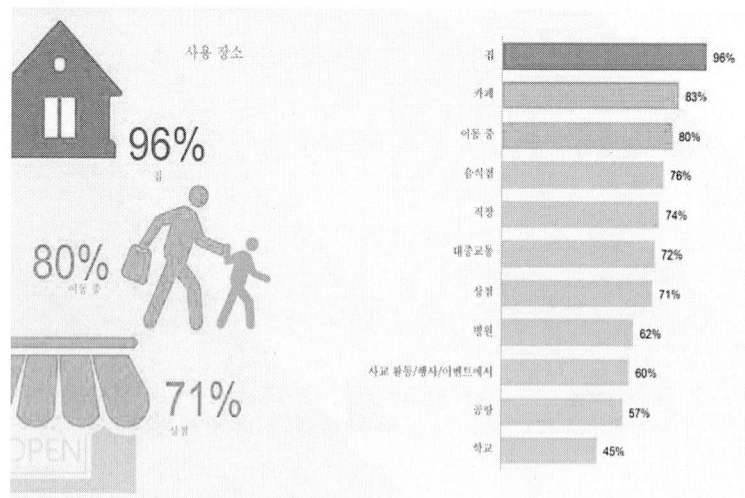

출처 : Ipsos MediaCT, Google mobile planet

설문 조사결과 스마트폰 이용 시 주로 이용하는 서비스를 살펴보면, 이메일 확인이 57%로 가장 높은 비율을 보였으며, 그 다음으로 검색엔진 사용 53%, SNS 방문과 동영상 감상은 각각 49%, 상품정보 획득은 31%로 조사되었다.

[그림 5-64] 스마트폰 이용 시 주요 이용 서비스

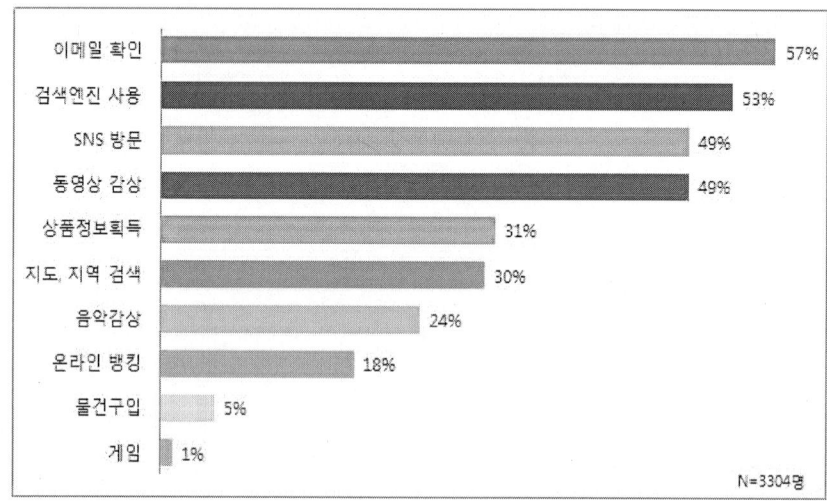

출처 : Consumer Barometer with Google

응답자들이 오프라인으로 광고를 보는 비중을 보면, TV가 51%로 가장 높았으며 그 다음으로 상점/업체 46%, 잡지 42%, 포스터/옥외 광고 39%의 순으로 나타났다. 응답자의 56%는 오프라인의 광고 노출 후 모바일로 재검색을 실행하는 것으로 나타났다.

[그림 5-65] 오프라인 광고에 노출된 후 모바일로 검색을 실행하는 비율

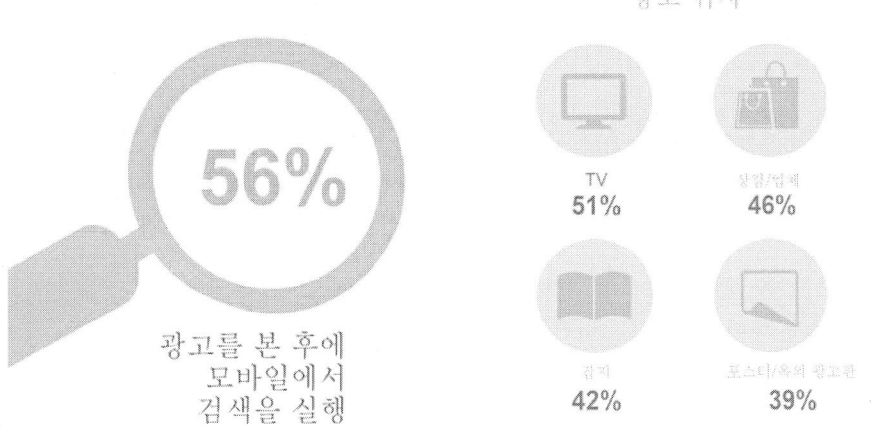

출처 : Ipsos MediaCT, Google mobile planet

스페인의 소비자들이 스마트폰에서 모바일 광고를 보는 곳을 보면, 45%는 온라인 매장에서, 40%는 모바일 게임이나 앱 안에서, 31%는 동영상을 조회하면서, 27%는 검색엔진을 이용하는 동안 광고를 보는 것으로 조사되었다.

반면, 동영상 웹사이트에서 광고를 접한다고 응답한 사람은 15%, 온라인 소매 매장을 통해 광고를 접한다는 사람은 7%로 낮은 수준을 보였다.

[그림 5-66] 스페인 사람들이 스마트폰에서 모바일 광고를 보는 위치

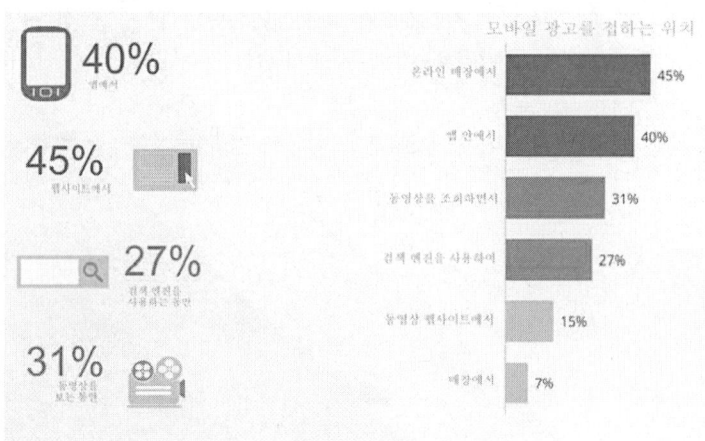

출처 : Ipsos MediaCT, Google mobile planet

스페인의 모바일기기 이용자들의 77%는 스마트폰을 이용하는 동안 다른 활동을 동시에 하는 것으로 나타났다. 설문에 응답한 사람들의 43%는 스마트폰을 사용하면서 TV를 시청하는 것으로 나타났으며, 37%는 인터넷, 36%는 음악 감상을, 25% 영화 감상을 동시에 하고 있는 것으로 조사되었다.

[그림 5-67] 스마트폰을 이용하면서 다른 활동을 하는 비율

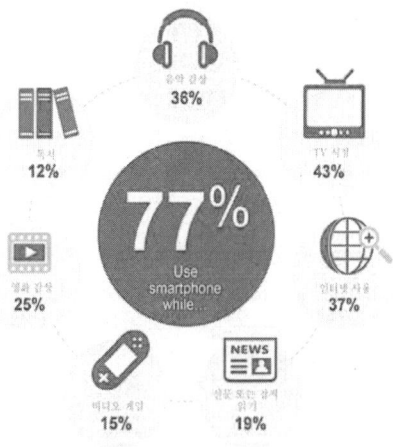

출처 : Ipsos MediaCT, Google mobile planet

2) 콘텐츠 소비 행태 및 선호 장르

가. 뉴스콘텐츠 소비 및 신문 이용 행태

스페인의 신문업계는 2013년 시장점유율과 광고수입 양측에서 하락세를 지속했다. 이에 따라 스페인 3대 신문사인 El Pais, El Mundo, La Vanguardia에서는 편집진의 교체가 있었다. 이러한 침체기에도 불구하고 정치에 포커스를 맞춘 월간지와 라이프스타일 잡지가 발간되었다. 'Reuters Institute Digital News Report 2014'는 스페인 국민 2,017명의 설문 조사를 통해 뉴스콘텐츠 이용 행태를 조사했는데, 그 자세한 내용은 다음과 같다.

① 뉴스콘텐츠 이용 행태

스페인인들은 많은 사람들이 오프라인 매체를 이용해 뉴스를 접하고 있는 것으로 나타났다. 설문조사에 응답한 사람들의 91%는 텔레비전 방송을 통해 뉴스를 접하고 있었으며 70%는 인쇄 신문을 통해 뉴스를 접하고 있었다. (중복 응답 가능)

[그림 5-68] 스페인 오프라인 매체별 뉴스콘텐츠 이용률 현황 (2014)

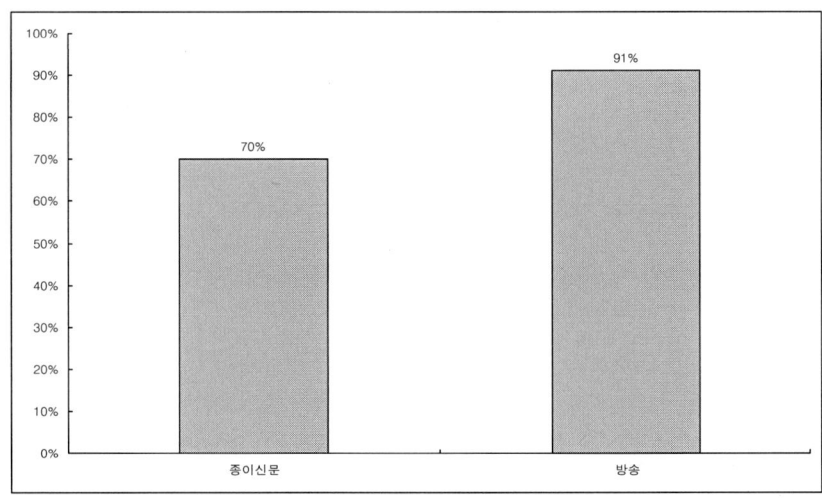

출처 : Reuters Institute Digital News Report 2014

온라인 매체를 이용해 뉴스를 접하는 스페인인들은 주로 뉴스사이트를 이용하고 응답자의 68%는 뉴스사이트를 통해 뉴스를 접했으며 47%는 방송사 사이트에서 뉴스콘텐츠를 이용하고 있었다.

[그림 5-69] 스페인 온라인 매체별 뉴스콘텐츠 이용률 현황 (2014)

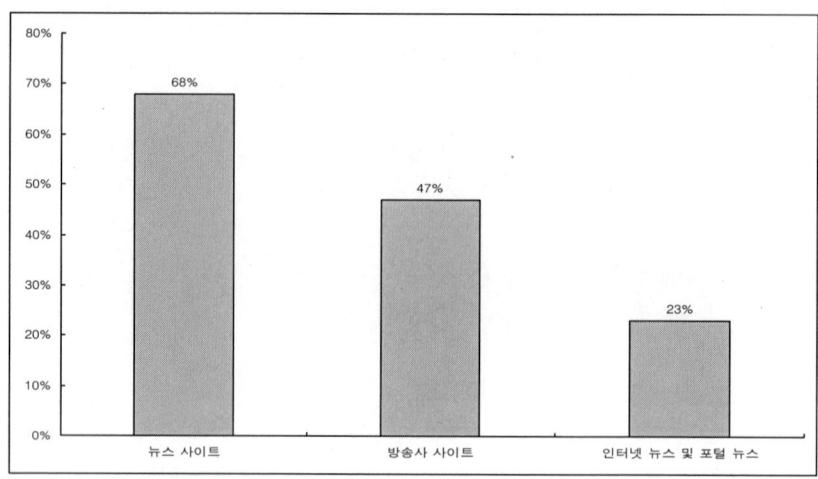

출처 : Reuters Institute Digital News Report 2014

인쇄 신문이나 TV 방송과 같은 오프라인 매체를 통해 뉴스를 접하는 사람들은 주로 Antena3의 뉴스를 시청하는 사람들이 많은 것으로 나타났다. 응답자의 53%는 Antena3 뉴스를 시청하고 있었으며, 44%는 Informativos TV E뉴스를 시청하고 있었다. 그 외에 LaSexta Noticias, Informativos Telecinco, Noticias Cuatro, El Pais 등이 뒤를 따르고 있다.

[그림 5-70] 스페인 오프라인 브랜드별 뉴스콘텐츠 이용률 현황 (2014)

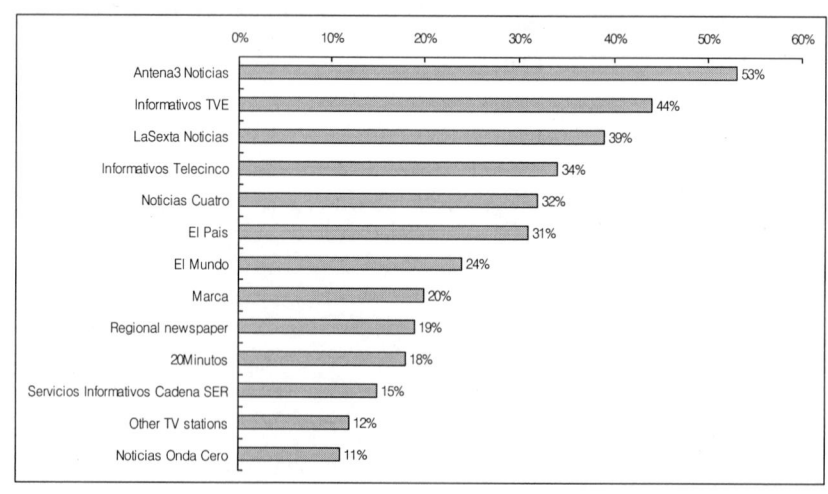

출처 : Reuters Institute Digital News Report 2014

스페인에서 온라인 매체를 통해 뉴스를 접하는 사람들은 주로 Elpais 사이트를 이용하는 것으로 나타났다. 응답자의 31%가 Elpais 사이트를 이용하여 1위를 차지했으며 그 뒤를 ElMundo.es(27%), Marca.com(22%), Antena3.com Noticias(19%), 20Minutos.es(18%) 등이 따르고 있다.

[그림 5-71] 스페인 온라인 브랜드별 뉴스콘텐츠 이용률 현황 (2014)

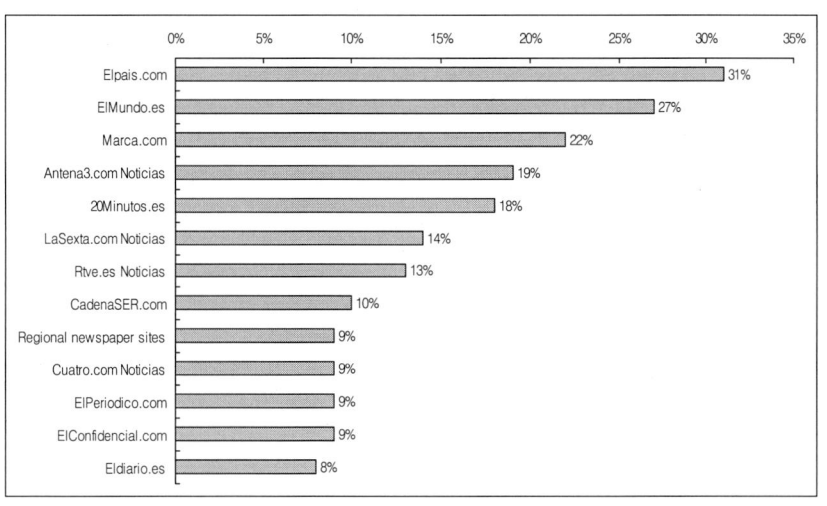

출처 : Reuters Institute Digital News Report 2014

스페인인들은 소셜네트워크 중 페이스북을 통해 뉴스를 접하는 경우가 많은 것으로 나타났다. 스페인 응답자 중 50%가 페이스북을 통해 뉴스를 접하고 있었으며 26%가 왓츠앱을 이용했다. 그 다음으로 트위터(21%), 유튜브(21%), 구글플러스(10%)가 그 뒤를 이었다.

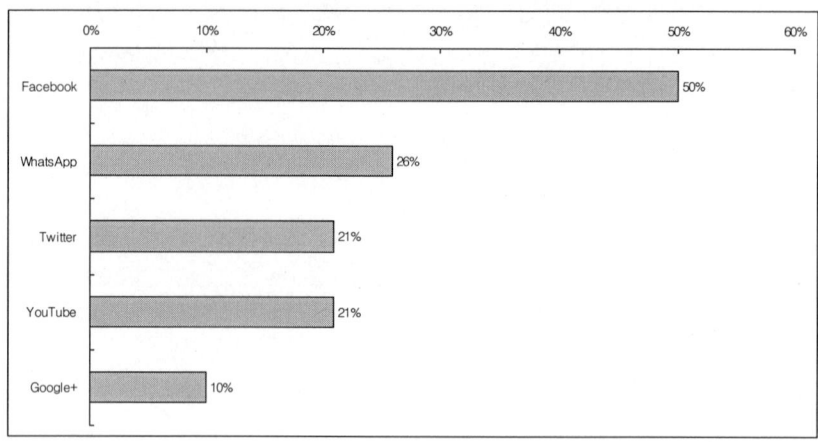

[그림 5-72] 스페인 소셜네트워크별 뉴스콘텐츠 이용률 현황 (2014)

출처 : Reuters Institute Digital News Report 2014

② 신문 이용 행태

스페인에서는 온라인 사이트보다 인쇄 신문을 이용하고 있는 비율이 높다. 응답자의 70%는 인쇄 신문을 통해 뉴스를 접하고 있으며 68%는 온라인 뉴스사이트를 통해 뉴스를 접하고 있다. 인쇄 신문과 온라인 뉴스사이트 모두 이용한다고 응답한 비율은 81%로 대다수의 사람들이 온·오프라인 매체를 모두 이용하고 있는 것으로 나타났다.

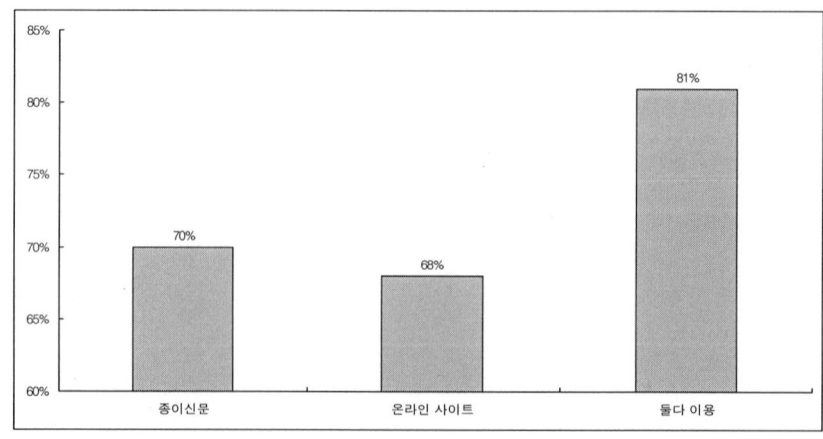

[그림 5-73] 스페인 신문 온·오프라인 매체별 이용률 현황 (2014)

출처 : Reuters Institute Digital News Report 2014

스페인인들은 인쇄 신문을 배달을 통해 구독하기보다 가판대에서 구입하는 경우가 많은 것으로 나타났다. 응답자의 49%는 가판대에서 신문을 구입하고 있었으며 6%는 신문 배달을 이용하고 있는 것으로 나타났다.

[그림 5-74] 스페인 종이 신문 구입방법 현황 (2014)

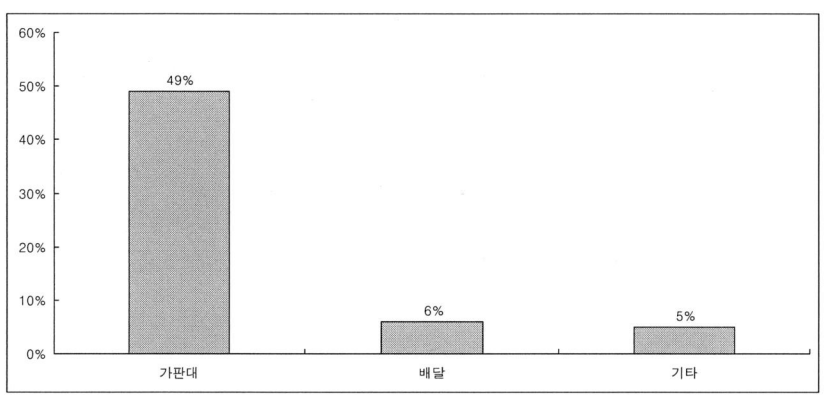

출처 : Reuters Institute Digital News Report 2014

나. 온라인 비디오 시청 행태 및 선호 장르

스마트기기별로 비디오 시청 횟수를 조사한 결과, 컴퓨터나 태블릿보다는 스마트폰을 이용해서 비디오를 시청하는 횟수가 더 많은 것으로 나타났다.

[그림 5-75] 스마트기기별 온라인 비디오 시청 횟수

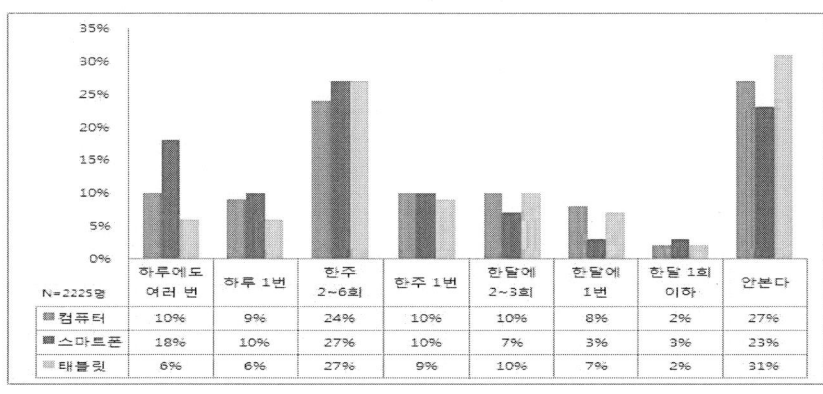

출처 : Consumer Barometer with Google

온라인 비디오 시청 시 주요 이용 플랫폼으로 온라인 비디오나 앱을 이용하고 있는 응답자들이 71%로 가장 높았으며, SNS 이용이 34%로 나타났다.

[그림 5-76] 온라인 비디오 시청 시 주로 이용하는 플랫폼

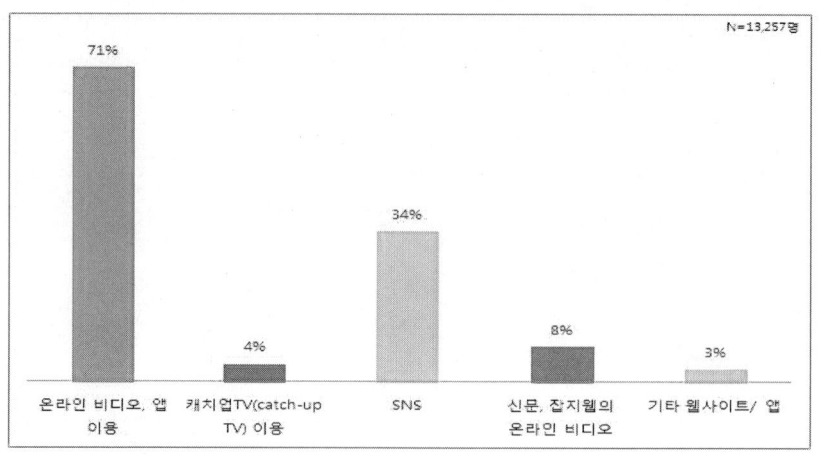

출처 : Consumer Barometer with Google

온라인 비디오를 시청하는 이유에 대한 설문에 응답자의 39%가 여흥의 일부라고 하였으며, 27%는 휴식을 위해서라고 응답하였다. 또한 취미 생활을 위하여 비디오를 시청한다고 답한 사람들도 21%나 되는 것으로 조사되었다.

[그림 5-77] 온라인 비디오를 시청하는 이유

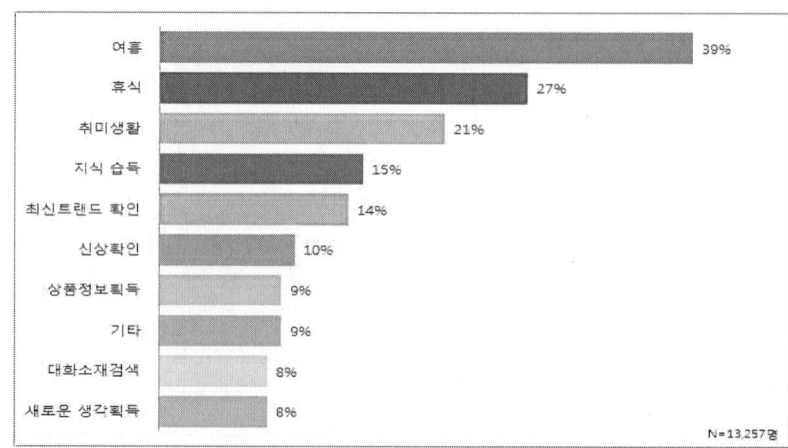

출처 : Consumer Barometer with Google

응답자의 33%는 온라인 비디오를 시청 시 주로 뮤직비디오를 시청하는 것으로 조사되었으며, 그 다음으로 코미디 29%, TV쇼 22%, 영화 18%, 뉴스 및 정책 17% 등의 순으로 나타났다.

[그림 5-78] 온라인 비디오 시청 시 주요 장르

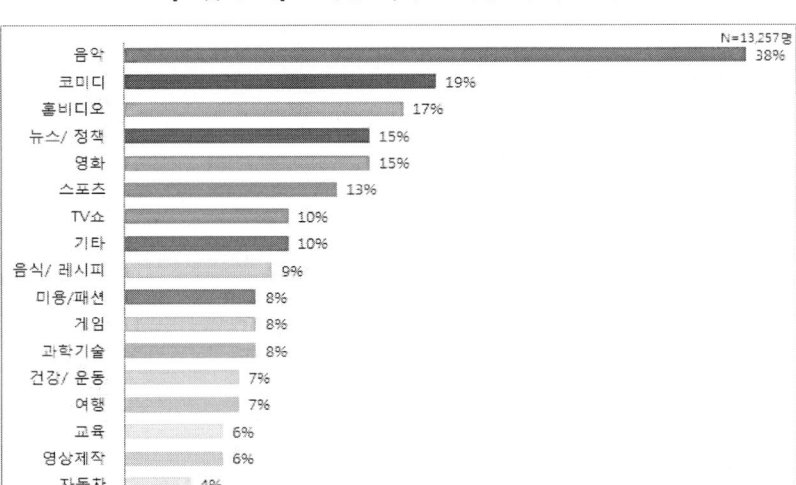

출처 : Consumer Barometer with Google

5) 콘텐츠 유통 현황

(1) 주요 유통 플랫폼 현황

가. 오프라인

① 출판

스페인 출판시장은 경제위기로 인한 가계경기 침체의 영향으로 시장 규모가 점차 축소될 것으로 전망되고 있다. 하지만, 라틴 아메리카 등 스페인어권 국가에서 수익 창출이 가능하기 때문에 하락세는 크지 않을 것으로 전망되고 있다. 실제로 스페인의 주요 출판사들은 미국을 비롯해 라틴 아메리카의 수익으로 판매 부진을 상쇄시키고 있다. 스페인의 주요 출판사를 보면 다음과 같다.

가) 플라네타(Planeta)

스페인 출판시장 1위에 올라 있는 플라네타는 다른 언론 분야에도 진출해 있는데, 스페인 경제위기로 인해 매출액이 계속해서 타격을 받고 있어 3년 연속 하락세를 기록하였다. 비용 절감을 위해 바르셀로나 레콜레토스 대로(Paseo de Recoletos)에 있던 본사를 마드리드 칼 조세파 발카르셀(Calle Josefa Valcarcel)로 옮기면서, 플라네타 소속의 일간지 라 라손(La Razon)과 이웃하게 되었다. 플라네타는 라틴 아메리카에 도서 수출을 가장 많이 하는 출판사 중 하나로, 1949년에 설립된 후 변함없이 라라 일가가 소유하고 있다.

나) 산티야나(Santillana)

펭귄 랜덤 하우스는 2014년 3월, 스페인 최고의 미디어 그룹 중 하나인 프리사(Prisa)로부터 스페인 2위의 출판 그룹 산티야나를 라틴계 미국의 사모펀드(25%)를 통해 인수한다고 발표하였다. 1961년에 설립된 산티야나는 스페인(타우루스(Taurus), 알파구아라(Alfaguara), 아길라르(Aguilar) 등)뿐만 아니라 포르투갈, 브라질(에디토라 모데른(Editora Modern)), 멕시코, 베네수엘라, 콜롬비아, 아르헨티나 등의 라틴 아메리카 국가들과 미국에 진출해 있다. 산티야나는 현재 급성장 중인 교과서 분야와 일반 문학 분야에 진출해 있으며, 라틴 아메리카에서의 좋은 성과(매출액의 80.5%)가 스페인에서의 판매 부진을 상쇄시킨 덕에, 2013년의 매출액도 2012년과 비슷한 수준을 유지하였다.

② 음악

스페인은 예전부터 불법복제 CD 문제가 만연되어 있는 상태였으며 전 세계에서 불법 파일 공유 서비스를 가장 심하게 이용하는 대표적인 국가이다. 스페인정부는 새로운 법안을 통과시켜 불법콘텐츠 이용 단절에 힘쓰고 있는데 이 법안은 2014년 초부터 발휘되었다. 이러한 환경에서 꿋꿋이 음반제작에 힘쓰는 회사들을 살펴보면 다음과 같다.

[표 5-21] 스페인 주요 음반 제작 및 배급사

기업명	설 명
BCore Disc	• 1990년 바르셀로나에서 설립된 스페인의 독립 레이블로, 주로 하드코어 펑크 DIY 문화에 초점을 맞추고 있음 • 설립 초기 스페인 출신 하드코어 밴드들의 음반 대부분을 발매하다가, 시간이 흐르면서 인디록, 포스트 하드코어 등으로 장르를 확대

기업명	설명
	• 현재 스페인에서는 자체 앨범 발매 외에도, 공연 기획, 앨범 제작 및 배급 등의 업무도 하고 있는 몇 안되는 레이블 중 하나로, 스페인의 독립 레이블로서는 처음으로 자신들의 보유 음원들을 iTunes, Napster, MSN 등의 세계적인 음악 사이트에 제공하고 있음 • 오늘날 스페인의 인디 음악씬을 대표하는 레이블 중 하나로 성장해, 유럽 각지를 비롯해 미국, 일본, 호주 등 해외로도 인기를 얻고 있음
Blanco y Negro Music	• 1978년 Felix B. Mangione에 의해 설립된 레코드샵을 기반으로 시작해, 1983년에 정식으로 설립된 스페인의 레코드 레이블, 현재 본사는 바르셀로나에 위치 • Max Music(현재는 없어짐)과 함께 스페인의 일렉트로 댄스 뮤직 장르를 주도해 온업체로서 유럽의 대표적인 레코딩 레이블 중 하나 • 음악 외에 영화 및 뮤직 비디오도 제작 중

출처 : 각사홈페이지

③ 영화

스페인 영화시장은 유럽의 영화시장 중 규모 면에서 영국, 프랑스 그리고 독일에 이어 네 번째로 큰 시장을 형성하고 있었지만 2013년에는 제작 편수가 줄어들었고 영화 티켓에 21%의 세금이 부과되면서 관람객 수는 하락했다. 게다가 스페인정부의 긴축 정책 기간 동안 영화산업에 대한 국가의 지원 자금도 하락하고 있다.

[표 5-22] 스페인 영화산업 기초 지표 (2013)

연 관객	9,360만 명
극장매출	6억 8,264만 USD
평균 관람료	8.57 USD
스크린 수	4,003개
디지털 스크린 수	2,710개
3D 스크린 수	893개

출처 : 영화진흥위원회

한편, 영화 유통을 보면, 워너브러더스, 디즈니, 20세기 폭스, 유니버설, 소니 픽처스 등의 할리우드 영화 배급사가 시장점유율 상위권을 차지하고 있다. 그러나 'DeA Planeta'나 'Wanda vision', 'golem'과 같은 자국 영화 배급사들도 활약하고 있다. 스페인 영화시장의 주요 제작 및 배급사로는 DeA Planeta, Wanda vision, Aurum Producciones S.A., Tri Pictures S.A., Mod Producciones S.A. 등이 있으며 자세한 내용은 다음과 같다.

[표 5-23] 스페인 영화시장 주요 제작 및 배급사

제작 및 배급사	설명
DeA Planeta	• 20년 이상 활동해온 영화 제작, 배급사 • 스페인에서의 영화 유통과 영화 프로듀싱을 하고 있으며 외국 영화의 비디오 판권을 구매하고 있음 • TV 시리즈, 다큐멘터리, 애니메이션을 전문으로 취급하고 직접 판매
Wanda vision	• 1992년 설립 • 20년간 200개 이상의 영화를 배급, 60여 작품 제작
Aurum Producciones S.A.	• 스페인에서 영화 배급과 텔레비전 시리즈 제작 및 텔레비전용 영화 배급을 병행
Tri Pictures S.A.	• 최근 설립된 영화 유통 배급사 • 스페인에서 판매되는 DVD의 판권을 가지고 있음
Mod Producciones S.A.	• 마드리드와 바르셀로나에 지사를 두고 있는 영화 제작사 • 스페인 영화시장과 세계 시장에서 동시에 성공할 수 있는 영화를 만들려고 노력

출처 : 영화진흥위원회, 각사 홈페이지

나. 온라인

① 디지털 음악 플랫폼

아마존, 아이튠즈, 유튜브, 엑스박스 뮤직, 구글플레이, 알디오(Rdio), 스포티파이(Spotify), 디저(Deezer), 이뮤직(eMusic) 등 글로벌 메이저업체들이 상당수 진출해 있으나, 현지 기업들 중 주목할 기업들은 음원 다운로드 서비스를 제공하는 Yes.FM나 Motime.es, 유료가입 및 광고 지원 서비스를 하고 있는 Yes.FM 정도에 불과하다. 전체적으로 영국, 프랑스, 독일 등과 비교해 로컬서비스가 상대적으로 부족한 편이다.

[표 5-24] 스페인 디지털 음악 플랫폼 현황(2014)

구분	음원다운로드형	유료가입형	광고지원형	혼합형
글로벌 서비스	• Amazon MP3 • 7Digital • Beatport • iTunes • Mediamarkt	• Music Unlimited • Napster • Rara.com • Rdio	• MTV • MUZU. TV • VEVO • Youtube • Vidzone	• 음원다운로드, 유료가입 : Google Play, eMusic • 유료가입, 광고지원 : Deezer, LastFM, Spotify • 음원다운로드, 유료가입, 광고지원 : XBox Music
로컬 서비스	• Blinko.es • Motime.es	• 없음	• 없음	• 유료가입, 광고지원 : Yes.FM

출처 : Pro Music

② 디지털 동영상 플랫폼

스페인은 불법복제 동영상 유통과 오랜 경기침체에도 불구하고 OTT 동영상 서비스 이용량이 꾸준히 증가하는 추세이다. 이는 젊은 유저들 사이에서 Wuaki. TV, 애플TV, Cineclick, Movistar, Yomvi 등 신규 VoD 서비스 이용이 급증하고 있기 때문으로 보인다. 이들 중 주목할 만한 업체는 최근 유럽 내 전방위적인 서비스 확대에 나서고 있는 Wuaki. TV와 스페인 최대 유료TV업체 Canal Plus가 선보인 Yomvi이다. 특히, Yomvi는 2013년 하반기 54만 7,000여 명의 가입기반을 확보하면서 96%의 성장률을 기록해 업계의 이목을 끈 바 있다.

가) Wuaki. TV

Wuaki. TV는 일본 e커머스업체인 라쿠텐의 자회사로 125만여 명의 가입자를 보유한 스페인 최대 OTT 동영상업체이다. 현재 스페인을 비롯해 영국, 프랑스, 독일 등에서 정식 서비스를 론칭했으며 2015년 말까지 서비스지역을 유럽 내 15개국으로 확대할 예정이다. 가입형 VoD 서비스 Wuaki Selection과 a-la-carte 렌탈, 구매 등 다양한 비즈니스모델을 제공하고 있다.

[그림 5-79] Wuaki. TV 서비스 UI

출처 : ATLAS DB

나) Yomvi

Yomvi는 2012년 11월에 스페인 최대 유료TV업체인 Canal Plus와 영화 유통업체인 Cinesa가 제휴해 출시한 OTT 동영상 서비스이다. Canal Plus 가입자를 대상으로 가입형 VoD 서비스 'Cine y Series'를 제공하고 있다. 별도의 Yomvi 앱은 물론 Cinesa 웹사이트를 통해서도 접속할 수 있다. 스마트TV 셋, 모바일, PC, 게임 콘솔 등 다양한 단말을 지원하여 편의성을 높였다.

Yomvi는 TV시리즈와 영화콘텐츠는 물론 Canal Plus가 제공하는 채널도 시청할 수 있다. 2013년 하반기에 54만 6,996명의 가입자를 확보하여 전년대비 96% 성장했다.

[그림 5-80] Yomvi 서비스 UI

출처 : ATLAS DB

(2) 기타 주요사업자

가. 게임

스페인의 주요 게임개발사로는 캐주얼 게임을 개발, 제작하는 KatGames, 비디오 게임업체 Nerlaska Studio, 모바일 게임개발업체 Social Point 등이 있다.

[표 5-25] 스페인 주요 게임개발사 및 유통사

기업명	설명
KatGames	• 2001년 Miguel Angel Tartaj(現 CEO)에 의해 설립된 스페인의 독립 게임개발업체로, 본사는 Zaragoza에 위치 • 설립 당시에는 PC 전용 게임의 제작에 관심을 두고 있었으나, 오래지 않아 일반인을 대상으로 하는 캐주얼 게임개발, 제작으로 방향을 선회함 • 2003년 첫 게임 5 Spots을 시작으로, Golf Adventure Galaxy (2003), 5 Spots II (2004), Genius Move (2004), Mind Machine (2005), Zulu Gems (2006), The Cross Formula (2012) 등 다수의 게임을 개발, 제작 • 2007-2011년, 호평을 받은 5편의 Dream Chronicles 시리즈를 개발해 성공 (퍼블리싱은 PlayFirst가 담당) • Beetle Buggin (1999), Boorp's Balls (2001), Off Road Arena (2001) 등 Xpiral社의 게임에 대한 권리 소유
Nerlaska Studio	• 스페인의 비디오 게임개발업체로, 1990년대 비디오 게임을 제작하던 아마추어 그룹으로 시작 했으며 공식적으로는 2004년 설립 • 설립 초기부터 2009년까지는 윈도우용 PC 게임을 제작, 이 시기 대표작들로는 Codename Silver(2005), Wanted Guns (2005), Billy Blade and The Temple of Time (2006), Dracula Twins (2007), Armix 시리즈 등이 있음 • 2011년부터 안드로이드와 iOS 등 모바일 플랫폼 게임을 제작하기 시작해 현재까지 MathGems 1 &2 (2011, 2012), Cosmic Tiles (2012), Gazzel's Quest (2012), Monster Hunter - Arthur's Quest (2013), Toy Matters (2013), Blood Jewels (2013) 등 다수의 게임을 제작, 배포 • 현재 Windows/Mac/Linux 플랫폼을 기반으로 하는 MMOG를 자체적으로 개발, 론칭 준비 중에 있음
Social Point	• 2008년, Horacio Martos와 Andrés Bou에 의해 설립된 스페인의 게임개발기업으로, 본사는 바르셀로나에 위치해 있으며 세계 각지 출신의 200명 이상의 인력 보유 • 2008년, 페이스북용 무료 온라인 게임을 개발하며 사업을 시작. 현재 일반 웹 및 모

기업명	설명
	• 바일을 기반으로, 전 세계의 이용자들이 즐길 수 있는 쉽고 재미있는 소셜 네트워크 게임을 개발하는 것이 목표이자 핵심 사업 분야 • 2008년부터 2011년 사이 25종의 게임을 론칭해, 현재 페이스북 게임개발업체 중 3위 규모. 매달 5,000만명 이상의 플레이어들이 이용 중

출처 : 각사 홈페이지

나. 애니메이션

스페인의 주요 애니메이션 스튜디오 및 배급사로는 Ground Studios GMBH, Munich Animation Film GMBH, TV Loonland AG 등이 있으며, 세부 사업 분야는 다음과 같다.

[표 5-26] 스페인 주요 애니메이션 스튜디오 및 배급사

기업명	설명
BRB Internacional	• 1972년 Tito Basto, José Rodriguez, Claudio Biern Boyd 등 3인에 의해 설립된 스페인의 대표적 애니메이션 스튜디오로 현재 본사는 Alcobendas에 위치 • 1979년, 日 Nippon Animation과 합작으로 TV시리즈 Ruy, the Little Cid 제작한 이래, 80년대초 Dogtanian and the Three Muskehounds (1981), Around the World with Willy Fog (1981-83)등을 日 Nippon Animation과 합작하며 명성을 쌓기 시작 • 1985년, TV 애니메이션 시리즈로 제작된 David, el Gnomo은 2006년까지 미국, 캐나다, 아일랜드, 호주 등 세계 각국에서 방영되며 많은 사랑을 받음 • 최근까지도 국내 애니메이션 Canimals(2011)의 월드와이드 배급을 비롯해, Zoobabu(2011), Khuda-Yana(2011), Invizimals(2013), Mica(2014) 등 다양한 작품들의 제작 및 배급 업무를 하고 있음 • 극장용 애니메이션으로는 1990년대 중반 Dogtanian: One For All and All For One (1995), Willy Fog (1995), Sandokan (1995)부터 2000년대 중반 Zip and Zap: Meet the Monsters (2005), Gladiator Academy: the Movie (2005) 등에 이르기까지 활발히 제작 • 애니메이션 외에 일반 영화 및 TV 프로그램 제작에도 참여
Ilion Animation Studios	• 2002년, 스페인의 비디오 게임 회사인 Pyro Studios의 설립자인 Javier & Ignacio Perez Dolset 형제가 극장용 컴퓨터 애니메이션 영화의 제작을 위해 마

기업명	설명
	드리드에 설립 • 2009년 11월 개봉된 Planet 51은 Ilion Animation Studios의 대표작으로 350명 이상의 애니메이터들과 20개국 이상의 다국적 스탭들, 약 7,000만 달러의 예산을 들여 제작, 1억 500만 달러 이상의 수익을 거두어 들임 • 2014년 11월말에는 1,500만 달러의 예산이 소요된 신작 Mortadelo & Filemon: Mission Implausible가 개봉 • 현재, 유럽의 디지털첨단기술 대학인 U-Tad(University Centre of Technology and Digital Arts)와 제휴 관계에 있으며, 자체 콘텐츠 제작과 외부업체와의 협력 작업을 모두 진행하고 있음

출처 : 각사홈페이지

다. 방송

스페인의 주요 방송국으로는 가장 대표적인 공영 지상파 방송국인 RTV E와 민영 방송사인 Telecinco, Atresmedia 등이 있다.

[표 5-27] 스페인 지상파 방송국

방송사	소유	설명
RTV E	공영	• 1965년 설립 • 스페인 최대의 방송사업자 • 현재 종합채널 2개와 테마채널 5개, 국제 채널 4개를 포함 총 11개의 TV 채널 운영 중 • 2010년 광고 전면 폐지 이후 정부 보조금으로만 운영
Telecinco	민영	• 1989년 설립 • 종합편성채널 'Telecinco'와 'Cuatro'를 포함 총 7개의 지상파 TV 채널 소유 • 2009년 미디어그룹 PRISA의 지분투자로 스페인 최대 민영 방송 그룹으로 성장
Atresmedia	민영	• 1988년 설립 • 2013년 Grupo Antena 3에서 Atresmedia로 사명 변경 • 브랜드 명 'Atresmedia Television'으로 Neox와 Nova, Xplora 등 다수의 채널 공급

출처 : Conex

스페인 주요 케이블사업자는 ONO와 Euskaltel, R, Telecable 등이 있으며, 위성방송사업자는 Canal+ 등이 있다.

[표 5-28] 스페인 케이블 방송국

케이블방송	설명
ONO	• 1998년 설립 • 마드리드를 기점으로 한 전국규모의 케이블방송사업자 • 2014년 Vodafone에 피인수 • VoD서비스 'OJO'와 DVR서비스 'TiVo' 제공
Euskaltel	• 1995년 설립 • 최근 FOX Life와 A&E, TriboTV 등 다수의 신규 채널을 론칭하며 콘텐츠 영향력 확대
R	• 1999년 설립된 지역사업자
Telecable	• 1995년 설립 • 남스페인 Asturias지역을 대상으로 케이블 서비스 제공

출처 : Conex

[표 5-29] 스페인 위성방송사업자

위성방송	설명
Canal+	• 2012년 기준 스페인 유료TV 시장의 41.3% 점유한 1위사업자 • 스페인 최대의 미디어그룹 PRISATV 소유 • 현재 HD채널과 엔터테인먼트, 키즈 등 특화 채널을 포함 총 130여 개의 채널을 제공

출처 : Conex

또한 IPTV 사업자로는 Telefonica와 Orange, Vodafone Spain 등이 있다.

[표 5-30] 스페인 IPTV 사업자

IPTV	설명
Telefonica	• 2004년 4월 브랜드명 'Imagenio'로 IPTV 서비스 개시 • 2010년 'Movistar Imagenio'로 브랜드 통합

IPTV	설명
	• 스페인 미디어사업자 PRISA의 디지털 위성TV 자회사 Digital Plus의 지분 매입으로 • 현재 TV Entertainment, TV Sports, TV Family 3종의 요금제를 바탕으로 80여개 채널 제공 • Formula One TV의 저작권과 Roland Garros 독점 중계권 확보 및 Movistar TV 전용 독점 콘텐츠 제작 방침 등 콘텐츠 강화를 위한 투자에 주력
Orange	• 2006년 마드리드 등 주요 도심지 중심의 서비스 개시 • 최초 브랜드 명은 'WanadooTV'였으나 이후 'OrangeTV'로 브랜드 명 변경 • 현재 30여개 채널을 제공하는 'Starter Pack'과 63개 채널을 제공하는 'Expanded Pack'을 제공
Vodafone Spain	• 2008년 Digital+와 제휴, 브로드밴드와 TV를 결합한 IPTV 서비스 제공 • 현재 RTVE, GOL, Historia 등 29개 이상의 채널을 제공

출처 : Conex

6) 주요 지원 제도 및 정책 동향

(1) 콘텐츠 관련 중장기 계획

가. 플랜 아반자(Plan Avanza)

플랜 아반자는 스페인정부기관과 민간기업, 기타 단체 등이 유기적 협력을 통해 추진하고 있는 정보통신(ICT) 프로젝트로, 기업 및 공공기관의 생산성 향상과 국민 복지 증진을 목표로 한 '제1기 플랜아반자 2005-2009'전략과 1기 플랜아반자의 계승 발전 및 네트워크 사회로의 도약을 목표로 한 '제 2기 플랜 아반자 2011-2015'전략으로 구분된다. 특히 '1기 플랜 아반자'는 국민 생활의 디지털화와 경제의 디지털화, 공공서비스의 디지털화 및 정보통신의 디지털화라는 4가지 세부 목표로 구성되는데, 2005년부터 2009년까지 5년간 투입된 65억유로의 예산은 실행 이전 4년간 투입된 정보통신 예산의 5배 수준이며 이를 통해 높은 수준의 정보통신 수용도 달성과 서비스 관점에서의 국민 생활 및 국가발전을 달성했다.

[표 5-31] 제 1·2기 플랜아반자 정책의 전략 목표

구분	전략 목표
1기 Plan Avanza	▪ 국민생활의 디지털화: 정보통신 인프라 공급 확대 ▪ 경제의 디지털화: ICT 기술 통한 중소기업 업무 효율 증대 ▪ 공공서비스의 디지털화: 전자정부 프로그램 확대 　　　　　　　　　　　　교육현장에서의 ICT 도입 촉진 ▪ ICT의 디지털화: 통신 및 브로드밴드 인프라 확충 　　　　　　　　　 정보보호 관련 범국민적 인식 및 교육 확대
2기 Plan Avanza	▪ 헬스케어, 사회복지 분야의 ICT 기술 도입 확대 ▪ 교육, 직업훈련 관련 ICT 앱 확충 ▪ 통신 네트워크의 용량 및 커버리지 확대 ▪ 시민의 디지털 서비스 이용 확대 ▪ 기업의 ICT 솔루션 활용 확대 ▪ ICT 기술 역량 발전 ▪ 디지털콘텐츠산업 강화 ▪ 저전력, 친환경 IT 기술 개발 ▪ 행정기관의 ICT 프로세스 혁신 및 증진 ▪ 유럽 프레임워크에 따른 지적재산권 보호 강화

출처 : 산업에너지관광부(2012)

이어 2010년 시작된 '2기 플랜 아반자'는 기본 목표 측면에서는 1기와 동일하나, 국가 전반에 걸친 경제회복 및 활성화에 중점을 두고 그린IT(green IT)를 통한 지속가능한 경제모델 구축방침을 공고히 하고 있다는 점에서 차이를 보인다. 또한 10가지 전략 목표를 바탕으로 4가지 정부 중점 추진 실행안을 별도로 수립하고 있다는 점도 눈여겨 볼 필요가 있다.

특히, 2014년에는 ICT 부문 관련 수출의 증가를 중점 실행 계획으로 설정, 2009년에 비해 그 매출을 50% 이상 증가시키기 위한 투자를 진행했다. 이로 인해 2015년 전체 GDP에서 ICT 관련 기술 매출이 차지하는 비중은 30%에 달할 것으로 전망되고 있으며, EU회원국을 대상으로 한 전자행정 발달 지수 순위 역시 2012년 23위에서 2014년 12위로 대폭 상승했다.

나. 스페인 디지털 아젠다(Spanish Digital Agenda)

2013년 2월 발표된 디지털 아젠다는 스페인 경제 부흥 및 디지털 사회 구축을 위한 구체적 목표를 제시하고 있는데, 스페인정부는 이를 통해 향후 2년간 약 31억 7,400만 유로의 수익을 거둘 수 있을 것으로 전망하고 있다. 아울러 디지털 경제(Digital Economy)의 구현에도 기여함으로써

장기적으로는 800억유로의 경기부양 효과가 발생할 것으로 기대를 모으고 있는데, 이는 3만개 기업에서 44만5,000명의 일자리를 창출할뿐 아니라 스페인 GDP의 5.7%를 차지하는 높은 기여 효과도 기대할 수 있을 것으로 보인다. 한편, 스페인 디지털 아젠다는 총 106개의 실행계획과 6대 주요 전략 목표를 제시하고 있는데 이는 다음과 같은 내용을 포함하고 있다.

[표 5-32] 디지털 아젠다의 주요 전략 목표

전략 목표	세부 내용
초고속 인터넷망 구축	■ 전 국민 30Mbps 이상의 초고속 인터넷 접속 커버리지 확보 ■ 2020년 브로드밴드 구축을 통한 디지털 경제성장을 천명한 유럽 디지털 아젠다(Digital Agenda for Europe)과 동일 ■ 2015년 4G 커버리지를 전체 인구의 75%까지 확대하는 것이 목표
신규 통신법	■ 효율적 통신시장 촉진을 위한 행정절차상 장벽 제거 ■ 통신시장의 자율성과 경쟁력 확보
디지털콘텐츠 개발	■ 저작권법의 간소화 ■ R&D와 공공 민간 부분간의 협력을 고려한 종합적 개발 계획 제안
저작권법 연구	■ 저작권법 관련 분쟁에 신속한 대응 ■ 글로벌 속성과 디지털 단일시장 이행의 필요성에 대한 고려
전자행정 강화	■ 전자서명 등의 디지털 서비스 이용 촉진 ■ 전자 상거래 기회의 극대화 ■ 온라인 보안 및 신뢰도 강화
디지털 아젠다 모니터링	■ 디지털 아젠다가 제시한 목표 이행 및 준수 여부 감시

출처 : 정보통신산업진흥원(2014)

다. 비디오 게임산업 육성 정책

스페인의 비디오게임 육성 정책은 2009년 비디오게임분야를 문화산업으로 인정하면서 시작되었다. 현재 비디오게임산업에 대한 지원은 특정 부서에서 총괄하는 방식이 아닌 다양한 부서를 통한 금융 및 해외진출 지원 등의 형식으로 이루어지고 있다. 현재 스페인 비디오게임 제조협회에 따르면 관련업체의 44%가 정부의 지원을 받은 경험이 있으며 그 대부분이 R&D 프로젝트에 대한 금융지원의 형태였다.

2013년 스페인 문화부는 비디오 게임을 포함한 온라인 문화 디지털콘텐츠에 대한 개발 지원금을 제공할 예정임을 밝혔다. 이는 해당 콘텐츠의 수요를 확대할 수 있는 사업 프로젝트에 대해 지급되며 현재 총 230만 유로의 예산을 편성, 선발된 프로젝트에 대해서는 최대 70%까지 보조금을 지원하고 있다.

산업에너지관광부 역시 2005년부터 정보사회 실현 정책의 일환으로 비디오게임을 포함한 IT 관련 민간사업 프로젝트를 지원하고 있는데, 이를 위해 2010-2015년까지의 기간 동안 총 1억 6,500만 유로의 예산을 편성, 3,500만 유로를 개발 보조금에, 1억 3,000만 유로를 개발융자의 형태로 각각 지원하고 있다.

[표 5-33] 비디오 게임 관련 자금 지원 내역

기관	내용
문화부	• 2013년 온라인 문화 디지털콘텐츠 개발 지원금 제공 • 총 230만 유로의 예산 편성, 프로젝트당 70%의 보조금 제공
산업에너지 관광부	• 비디오게임 포함 IT관련 민간사업 프로젝트 지원 • 2010-2015년 중 총 1억 6,500만 유로의 예산을 편성, 개발 보조금과 개발융자의 형태로 제공 • 2014-2015년 비디오게임 관련 편성 예산 규모 3,850만 유로 • 개발비용이 10만 유로 이상인 프로젝트를 대상으로 보조금과 개발융자를 혼합해 제공
대외무역청	• IT 및 디지털콘텐츠부서 내 비디오게임 지원부서 운영 • 관련업체의 해외 진출 지원이 주요 사업 영역 • 2010-2013년 총 100만 유로의 자금 투입 • 직접적인 지원 및 해외전시회 참가 지원에 비용 투자

특히 이 중 비디오 게임 관련 사업을 위해 편성된 예산 규모는 2014-2015년에만 약 3,850만 유로에 달하는데 이는 개발 비용이 10만 유로 이상인 프로젝트를 대상으로 보조금과 개발융자를 혼합한 형태로 제공되고 있다. 대외무역청(ICEX) 역시 IT 및 디지털콘텐츠부서 내에 비디오 게임 지원팀을 설치, 직접 지원과 해외 전시회 참가 지원 등의 형태로 관련업체의 해외 진출을 돕고 있다.

(2) 콘텐츠산업 지원 제도

가. 출판시장 대상의 지원 프로그램 강화

스페인 문화체육부는 2013년 '독서문화 및 출판 진흥사업'의 일환으로 출판사대상의 지원을 실시했다. 해당 지원은 총 100만 유로 규모로 진행되었는데, 특히 철학자이자 수필가 마리아 삼브라노의 전집과 쿠바 작가 기예르모 카브레라 인판테의 전집 3편, 아르헨티나의 훌리오 코르타사르의 전집을 출판한 갈락시아 구텐베르크(Galaxia Gutenberg) 출판사가 2만4,000유로로 최대 규모의 지원금을 지급받았다.

또한 안달루시아 자치정부는 2013년 해당지역 내 출판사와 서점을 지원하고 독서 장려 프로그램과 공공도서관 및 문서센터의 역할 강화에 나서는 한편, 지역 내 출판물의 디지털화 사업에 대한 지원과 온라인 유통 확대, 디지털 네트워크 구축, 디지털 단말기 대여 등의 디지털화 정책 역시 추진하고 있다.

한편, 스페인 내각은 2014년 4월 스페인국립도서관 규정법 사전계획안을 승인, 스페인국립도서관에 2010년까지 유지되었던 총괄청으로서의 지위를 다시 부여했다. 이는 출판물의 창작과 출판, 보급, 접속과 관련된 기술적 변화에 빠르게 대응하고 국내외의 관련 연구 프로젝트와 프로그램, 콘텐츠 제작 등에 대한 지원이 원활하게 이루어지도록 하기 위함이라고 볼 수 있다.

나. 영화산업 관련 지원 정책

스페인정부는 영화콘텐츠에 대해 전방위적인 지원책을 제공하고 있다. 특히 교육문화체육부 산하의 영화영상기구 ICAA는 영화의 사전제작과 홍보, 상영에 이르기까지 전 과정에 대해 지원금 제도를 확립하고 이를 실행하고 있는데, 해당 지원은 시나리오 지원금과 개발지원금, 장-단편 영화 지원금, TV 영화지원금, 애니메이션 지원금 및 조세혜택 등으로 구분되어 운영되고 있다. 특히 조세 제도의 경우 영화 제작자와 투자공동 제작사에게 각각 투자금의 18%와 5%를 공제해주는 등의 세부 정책을 지원하나, 세액공제를 받을 수 있는 영화의 종류를 스페인 제작사가 제작한 작품 또는 스페인 내에서 EU 회원국이 제작한 영화와 애니메이션, 다큐멘터리 등으로 한정된다.

[표 5-34] ICAA 제작지원 제도 세부사항

종류	지원 내용
시나리오지원금	• 시나리오 창작 작가들을 대상으로 한 지원금 • 외부위원회의 조건을 기준으로 매년 최대 15편의 시나리오를 선정해

종류	지원 내용
개발지원금	• 프로젝트별로 4만 유로의 지원금을 지급 • 지원금을 받은 시나리오는 반드시 제작되어야 함 • 로케이션과 캐스팅, 영화자금획득, 영화연구 등의 분야가 대상 • 외부위원회의 선발절차를 거쳐 명시 조건에 따라 선발 • 최대 제한은 15만 유로로 영화 개발예산의 50%를 초과할 수 없음
장편영화지원금	• 극영화 프로젝트를 대상으로 한 선택적 지원금 • 우수 영화, 문화, 사회적 가치를 보유한 다큐멘터리 및 신인감독의 프로젝트가 대상 • 일 년에 한번만 신청이 가능하며 최대 100만 유로를 지급
단편영화지원금	• 단편영화 제작 진흥을 위한 제도 • 스페인 내 시청각산업의 유산이 될 수 있는 특별한 가치를 지닌 프로젝트의 발굴이 목표
TV 영화지원금	• 60분 이상 200분 이하의 픽션 TV 영화에 적용 • 특정 기술사양을 포함한 최소비용 제작영화에 한 해 선발 • 신청을 위해서는 적어도 한 개 이상의 TV 방송사업자와 계약이 완료된 상태여야 함
애니메이션지원금	• 자체 평가기준과 지원액수, 요구사항과 기한을 설정 가능

이와 더불어 스페인 영화 및 시청각예술협회(ICAA)는 2014년 11월, 2007년 입법절차를 통과한 개정 영화법을 2015년부터 본격 적용할 예정임을 발표했다. 해당 개정안은 지금까지 영화 제작 이후 상환되었던 지원금이 제작 이전에 지급되도록 하는 내용을 중심으로 하고 있다. 또한 이보다 한 발 앞선 9월에는 중국과의 공동 제작 협정을 체결하고 Javier Fesser 감독의 프로젝트 영화 한 편과 애니메이션 'Dragon Keeper'의 제작에 돌입했다. 이러한 국가적 차원의 노력을 바탕으로 2014년 스페인 영화시장의 스크린 쿼터율은 25%로 역대 최고치를 기록하는데 성공했다.

다. 지적재산권법 관련 임시 개정안 승인…침해자에 대한 제제 강도 심화

스페인정부는 2013년 5월 지적재산권법에 대한 임시적 개정안을 승인했다. 개정법안의 주요 목적은 저작권 보호를 침해하고 표절된 유형물의 삭제를 거부하는 웹사이트에 대한 벌금 부가를 통해 지적 재산의 도용을 방지하는 것에 있으며, 위반 시 지역에 따라 3만 유로에서 30만 유로의 벌금이 부과되게 된다. 또한 해당 법안은 개인 복사에 대한 소비권한 역시 제한하고 있는데 이는 P2P 다운로드 관련 조항을 포함하고 있다.

한편, 현재 스페인 지식재산권을 담당하는 정부기관은 교육문화체육부 산하의 지식재산권총국으로, 해당 분야의 조정과 중재 및 권리 보호의 기능을 총괄함과 동시에 문화산업에 대한 재산 및 교육과 문화, 스포츠에 대한 업무 역시 함께 담당하고 있다. 이 외에도 SGAE와 AGED, EGEDA, VEGAP 등의 신탁관리단체들이 각각 출판물과 뮤지컬 드라마 등의 시각 재고, 라이선스와 음반, 민간 복사, 건축, 미술 등의 분야에 대한 저작권의 관리를 담당하고 있다.

5. 러시아

1) 콘텐츠시장 개요

2013년 러시아 경제성장률은 약 1.2%로 기대했던 것보다 낮은 수치를 기록했지만 소비자 지출이 6% 증가하였고 구매력 지수도 소폭 증가하였다. 소비심리가 살아나면서 2013년 러시아의 콘텐츠시장은 전년대비 10.3% 성장한 270억 4,000만 달러의 규모를 형성하였다. 향후 5년간 영화와 애니메이션, 캐릭터, 지식정보시장 등이 두 자릿수 이상의 성장률을 보일 것으로 예상되며 광고, 방송, 게임 등도 높은 성장세가 예상되어 러시아의 콘텐츠시장은 2018년까지 9.5%의 성장률로 425억 9,300만 달러 규모로 커질 것으로 전망된다.

[표 6-1] 러시아 콘텐츠시장 규모 및 전망, 2009-2018

[단위 : 백만 달러, %]

구분	2009	2010	2011	2012	2013p	2014	2015	2016	2017	2018	2013-18 CAGR[184]
출판	4,480	4,105	4,075	4,058	3,989	3,982	4,015	4,073	4,152	4,254	1.3
만화	97	97	105	105	105	105	106	107	109	111	1.2
음악	1,293	1,212	1,194	1,259	1,327	1,412	1,507	1,611	1,722	1,841	6.8
게임	859	971	1,072	1,194	1,311	1,430	1,551	1,678	1,812	1,972	8.5
영화	977	1,134	1,302	1,467	1,631	1,813	2,014	2,229	2,445	2,697	10.6
애니메이션	74	87	107	135	166	195	227	259	293	323	14.3
방송	3,943	4,480	5,258	5,847	6,495	7,136	7,755	8,415	9,129	9,923	8.8
광고	5,472	6,466	7,740	8,723	9,714	10,719	11,704	12,707	13,726	14,993	9.1
캐릭터	207	200	270	292	310	343	379	417	457	501	10.1
지식정보	5,219	6,111	6,964	8,210	9,436	10,969	12,567	14,044	15,533	17,061	12.6
산술합계	22,621	24,863	28,087	31,290	34,484	38,104	41,825	45,540	49,378	53,676	9.2
합계[185]	17,937	19,589	21,959	24,526	27,040	29,991	33,063	36,082	39,191	42,593	9.5

출처 : PwC(2014), ICv2(2013, 2014), Barnes report(2013, 2014), Oricon(2013, 2014), SNE(2013), Box Office Mojo(2014), Digital Vector(2013), MDRI(2013), EPM(2013, 2014)

---

184) 2013년부터 2018년까지 연평균성장률
185) 중복 시장을 제외한 시장 규모임
 - 출판의 신문/잡지 광고, 게임의 게임 광고, 영화의 극장광고, 방송의 TV/라디오 광고, 지식정보의 디렉토리 광고는 광고시장에 포함
 - 만화, 지식정보의 전문서적/산업잡지는 출판시장에 포함
 - 애니메이션은 영화시장에 포함

[그림 6-1] 러시아 콘텐츠시장 규모 및 성장률, 2009 – 2018

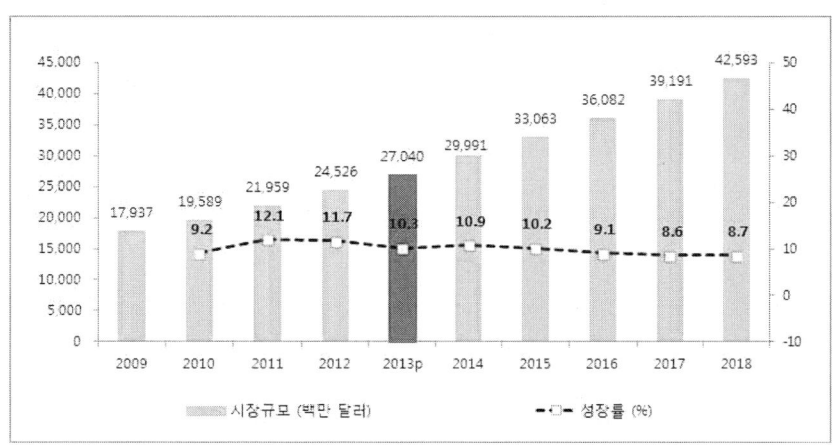

출처 : PwC(2014), ICv2(2013, 2014), Barnes report(2013, 2014), Oricon(2013, 2014), SNE(2013), Box Office Mojo(2014), Digital Vector(2013), MDRI(2013), EPM(2013, 2014)

2009년 가장 높은 시장 비중을 보이던 광고시장은 30.5%의 점유율로 시장을 주도하였다. 글로벌기업의 광고시장 지배력 강화와 참여로 2013년 광고시장은 35.9%로 점유율이 증가하였지만 지식정보시장의 확대로 2018년에는 광고시장의 점유율이 소폭 감소하면서 1위 자리를 내 줄 것으로 전망된다.

[그림 6-2] 러시아 콘텐츠별 시장점유율, 2009 vs. 2013 vs. 2018

출처 : PwC(2014), ICv2(2013, 2014), Barnes report(2013, 2014), Oricon(2013, 2014), SNE(2013), Box Office Mojo(2014), Digital Vector(2013), MDRI(2013), EPM(2013, 2014)

지식정보시장은 2009년 29.1%의 점유율에서 성장을 거듭해 2018년에는 40.1%까지 증가하여 가장 높은 시장 비중을 보일 것으로 전망된다. 한편, 출판시장은 2009년 25%의 점유율에서 2018년 10%로 전체 시장에서 차지하는 비중이 대폭 축소될 것으로 보인다.

[그림 6-3] 러시아 콘텐츠별 연평균성장률 추정 2013-2018

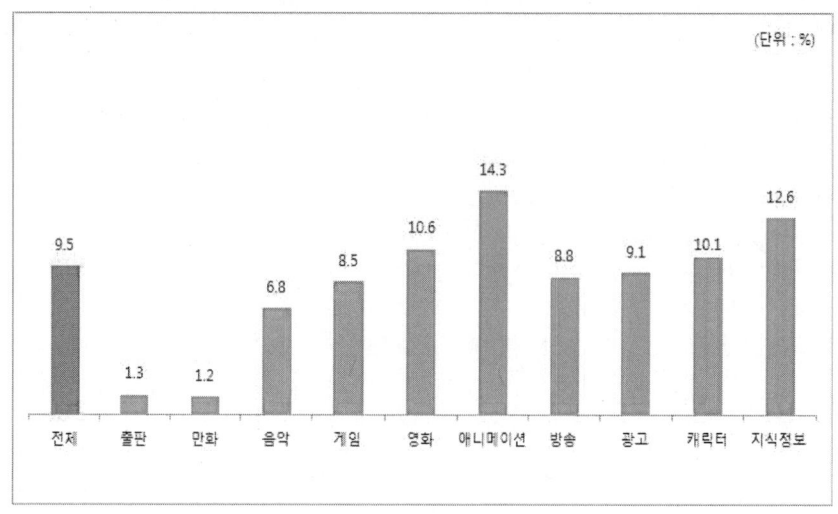

출처 : PwC(2014), ICv2(2013, 2014), Barnes report(2013, 2014), Oricon(2013, 2014), SNE(2013), Box Office Mojo(2014), Digital Vector(2013), MDRI(2013), EPM(2013, 2014)

향후 5년간 러시아의 콘텐츠시장은 오일 머니 파워와 함께 9.5%의 성장률을 보일 것으로 전망된다. 특히, 애니메이션과 지식정보시장이 높은 성장률을 기록할 것으로 전망된다. 캐릭터시장과 광고, 게임, 영화시장도 10%에 근접한 성장률을 보이며 콘텐츠시장의 성장에 기여할 것으로 보인다. 그러나 출판과 만화시장의 경우 인쇄시장의 위축으로 성장률이 둔화될 것으로 전망된다.

2) 산업별 콘텐츠시장 규모 및 전망

(1) 출판

러시아의 2013년 출판시장은 그 동안 인쇄를 통해 출판되던 도서와 잡지, 구독지의 감소로 전년대비 1.7% 하락한 39억 8,900만 달러로 집계되었다. 인쇄 출판에서 디지털 출판으로 시장이 변화하면서 전자책을 통한 매출 증가세가 뚜렷해질 것으로 전망되지만 불법복제와 다운로드를 통한 유통 문제로 높은 성장률을 보이지는 않을 것으로 예상된다. 러시아 출판시장은 향후 5년간 1.3%의 성장률로 2018년까지 42억 5,400만 달러 규모에 이를 것으로 전망된다.

[표 6-2] 러시아 출판시장 규모 및 전망, 2009-2018

[단위 : 백만 달러, %]

구분		2009	2010	2011	2012	2013p	2014	2015	2016	2017	2018	2013-18 CAGR
도서		1,853	1,737	1,695	1,547	1,452	1,374	1,315	1,271	1,236	1,207	△3.6
	인쇄	1,850	1,730	1,680	1,516	1,407	1,313	1,234	1,167	1,107	1,053	△5.6
	디지털	3	7	15	31	45	61	81	104	129	154	27.9
신문		1,475	1,205	1,176	1,204	1,224	1,243	1,265	1,291	1,324	1,361	2.1
	광고	231	261	278	294	316	336	357	381	408	438	6.7
	지면	223	251	266	279	297	314	331	350	371	394	5.8
	디지털	8	10	13	15	18	22	26	31	37	44	19.6
	구독	1,244	944	898	910	908	907	908	910	916	923	0.3
	지면	1,244	944	898	906	901	896	890	885	879	871	△0.7
	디지털	-	-	-	4	8	12	17	25	37	52	45.4
잡지		1,152	1,163	1,204	1,307	1,313	1,365	1,435	1,511	1,592	1,686	5.1
	광고	618	674	771	819	856	893	934	980	1,022	1,069	4.5
	지면	600	643	695	711	678	649	618	585	547	509	△5.6
	디지털	18	31	76	108	178	244	316	395	475	560	25.8
	구독	534	489	433	488	457	472	501	531	570	617	6.2
	지면	534	486	429	473	427	411	398	386	375	366	△3.0
	디지털	-	3	4	15	30	61	103	145	195	251	52.9
합계		4,480	4,105	4,075	4,058	3,989	3,982	4,015	4,073	4,152	4,254	1.3

출처 : PwC(2014)

[그림 6-4] 러시아 출판시장 규모 및 성장률, 2009-2018

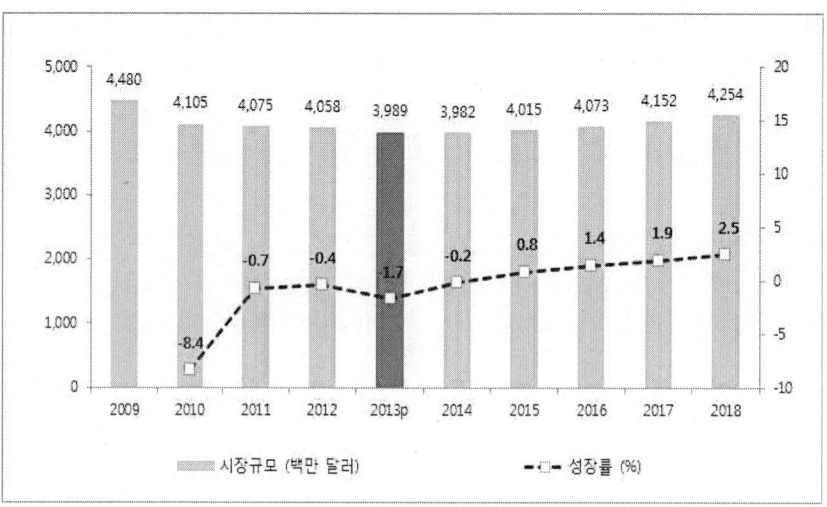

출처 : PwC(2014)

2013년 러시아의 출판시장은 도서시장이 36.4%로 가장 높은 비중을 보였으며 잡지시장이 32.9%, 신문시장이 30.7%의 시장점유율을 보였다.

[그림 6-5] 러시아 출판시장 비중 비교, 2009 vs. 2013 vs. 2018

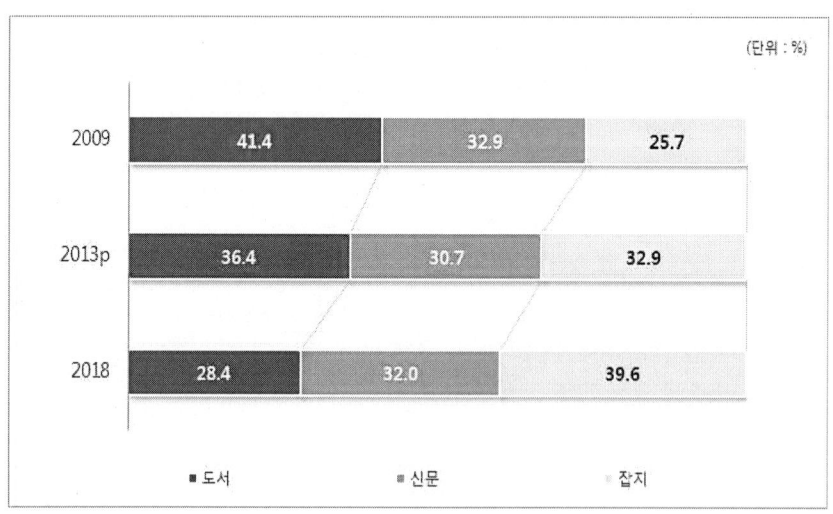

출처 : PwC(2014)

도서시장의 경우 2009년 이래로 점유율이 계속 하락세를 보이고 있는데 2018년에는 가장 높았던 시장점유율을 내주고 최하위의 시장점유율을 보일 것으로 전망된다. 반면, 잡지시장은 디지털 출판량의 증가와 동시에 규모면에서도 상당한 성장을 이루어 2018년에는 39.6%의 점유율로 가장 큰 비중을 차지할 것으로 예상된다.

가. 도서

2013년 러시아의 도서시장은 전년대비 6.1% 하락한 14억 5,200만 달러의 시장 규모를 형성한 것으로 나타났다. 러시아가 이처럼 출판시장 성장률이 하락세를 보이는 것은 광대한 영토와 유통 인프라의 부실로 인해 배송지연, 미배송 지역 등의 상황이 발생하기 쉽고 소규모 영세 출판사들의 불법복제와 유통으로 건전한 출판 환경 조성이 어렵기 때문이다. 디지털 출판시장이 빠르게 성장하고는 있지만 그 규모가 작아 종이 인쇄 출판물의 감소로 생기는 마이너스 성장세를 당분간 상쇄하기 어려울 것으로 보인다. 러시아 도서시장은 2018년까지 연평균 3.6%의 하락세를 보이며 12억 700만 달러 규모로 위축될 것으로 전망된다.

[표 6-3] 러시아 도서시장 규모 및 전망, 2009-2018

[단위 : 백만 달러, %]

구분		2009	2010	2011	2012	2013p	2014	2015	2016	2017	2018	2013-18 CAGR
인쇄		1,850	1,730	1,680	1,516	1,407	1,313	1,234	1,167	1,107	1,053	△5.6
	전문	124	141	156	171	186	198	207	215	221	226	4.0
	일반	1,467	1,350	1,295	1,141	1,027	929	848	780	721	670	△8.2
	교육	259	239	229	204	194	186	179	172	165	157	△4.1
디지털		3	7	15	31	45	61	81	104	129	154	27.9
	전문	1	3	6	11	15	20	26	33	42	51	27.7
	일반	2	4	8	19	28	38	50	63	75	85	24.9
	교육	-	-	1	1	2	3	5	8	12	18	55.2
합계		1,853	1,737	1,695	1,547	1,452	1,374	1,315	1,271	1,236	1,207	△3.6

출처 : PwC(2014)

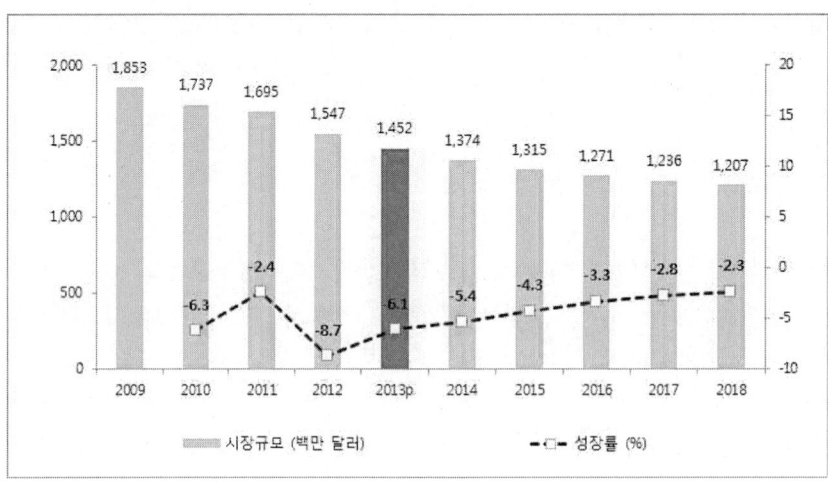

[그림 6-6] 러시아 도서시장 규모 및 성장률, 2009-2018

출처 : PwC(2014)

나. 신문

2013년 러시아의 신문시장은 전년대비 1.7% 성장한 12억 2,400만 달러의 시장으로 집계되었다.

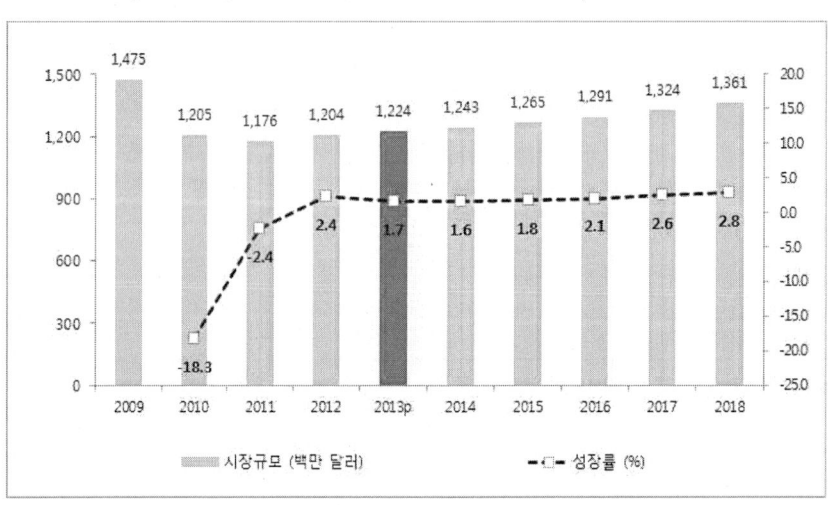

[그림 6-7] 러시아 신문시장 규모 및 성장률, 2009-2018

출처 : PwC(2014)

2013년 러시아의 신문시장은 자국 내 경제성장 모멘텀의 회복과 더불어 다시 활기를 찾아 일일 평균 발행 부수가 890만 부 정도로 늘어났고 온라인시장이 성장하면서 디지털 신문의 매출도 증가했다. 러시아의 신문시장은 향후 5년간 연평균 2.1%의 성장률에 힘입어 13억 6,100만 달러규모로 성장할 전망이다.

다. 잡지

2013년 러시아의 잡지시장은 전년대비 0.5% 성장한 13억 1,300만 달러 규모로 집계되었다. 인쇄 잡지의 매출이 크게 하락하고 있지만 잡지 광고시장이 성장하는 추세이고 디지털 잡지의 구독률도 가파르게 상승하고 있어 전체 잡지시장은 성장세를 보이고 있다.

[그림 6-8] 러시아 잡지시장 규모 및 성장률, 2009-2018

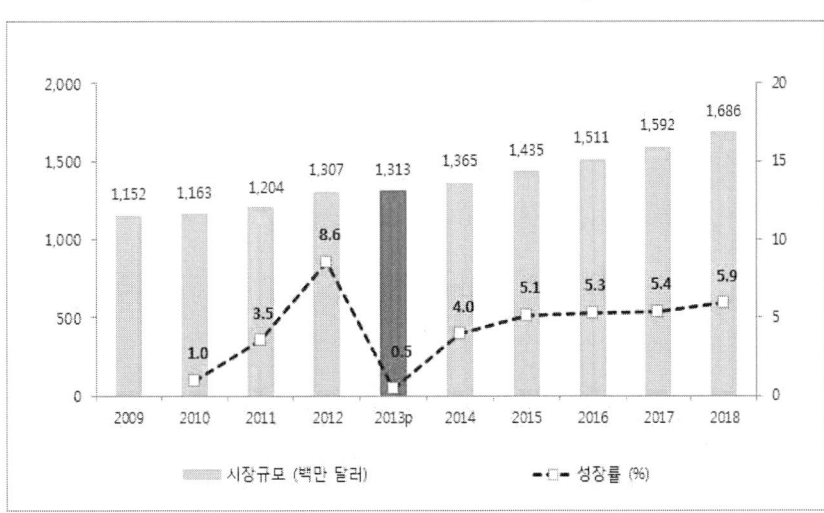

출처 : PwC(2014)

러시아 잡지시장은 향후 5년간 연평균 5.1%의 성장률로 2018년까지 16억 8,600만 달러 규모에 이를 것으로 전망된다.

(2) 만화

2013년 러시아 만화시장은 전년도와 동일한 1억 500만 달러 규모로 집계되었다. 러시아도 미국의 마블코믹스(Marvel Comics)에 대한 인기가 높아서 많은 수요층을 가지고 있고 일본의 망가(Manga)

'원피스', '진격의 거인', '나루토' 등이 젊은 층 사이에서 많은 인기를 얻고 있다. 이러한 만화의 인기에 힘입어 러시아의 만화시장은 향후 5년간 1.2%의 성장률을 보이며 2018년에는 1억 1,100만 달러 규모에 이를 전망이다.

[표 6-4] 러시아 만화시장 규모 및 전망, 2009-2018

[단위 : 백만 달러, %]

구분	2009	2010	2011	2012	2013p	2014	2015	2016	2017	2018	2013-18 CAGR
인쇄 만화	97	96	103	102	100	99	98	96	96	95	△1.1
디지털	0	1	2	3	4	6	8	10	13	16	29.9
합계	97	97	105	105	105	105	106	107	109	111	1.2

출처 : ICv2(2014), Barnes(2014), Oricon(2014), PwC(2014), SNE(2013)

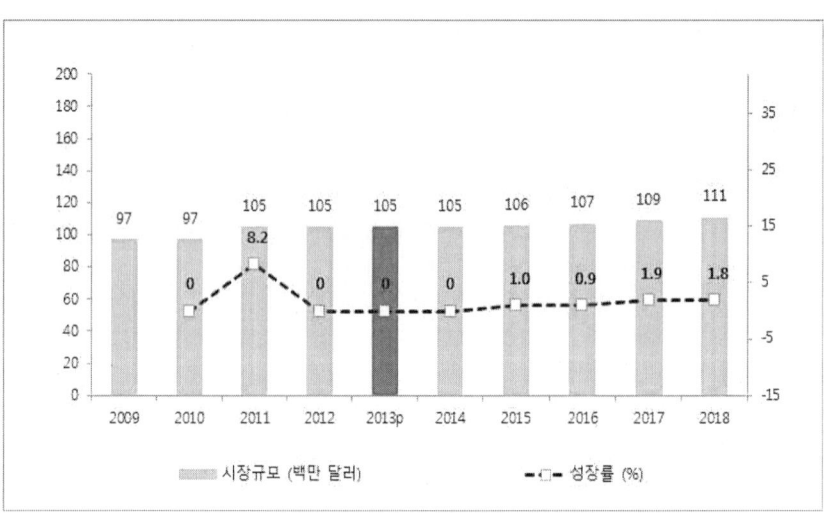

[그림 6-9] 러시아 만화시장 규모 및 성장률, 2009-2018

출처 : ICv2(2014), Barnes(2014), Oricon(2014), PwC(2014), SNE(2013)

러시아의 만화시장은 2009년까지만 해도 인쇄 만화시장이 압도적인 100%의 비중을 보였으나 2013년 디지털 만화의 등장과 함께 시장점유율을 소폭 내주었다. 2013년 4.8%의 적은 규모를 보인 디지털 만화시장은 유·무선 네트워크의 발전과 함께 스마트폰, 태블릿, 컴퓨터와 같은 단말을 통한 접속의 용이함으로 2018년에는 14.4%의 점유율을 차지하며 성장할 전망이다.

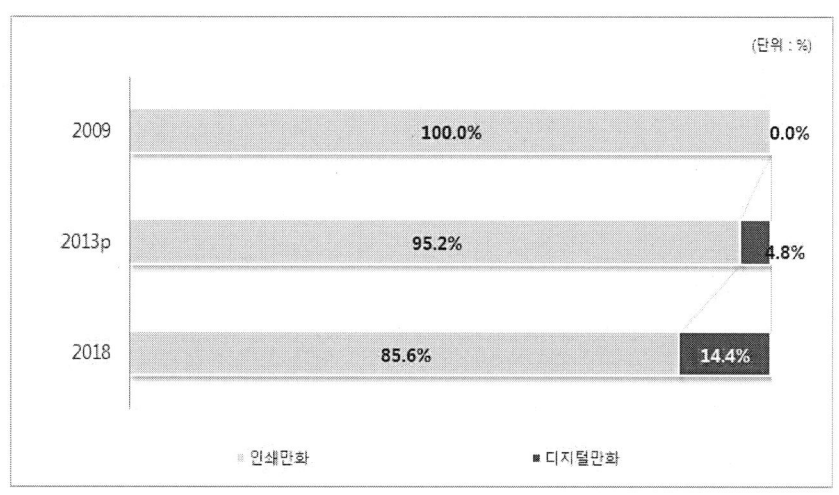

[그림 6-10] 러시아 만화시장별 비중 비교, 2009 vs. 2013 vs. 2018

출처 : ICv2(2014), Barnes(2014), Oricon(2014), PwC(2014), SNE(2013)

가. 인쇄 만화

2013년 러시아의 인쇄 만화시장은 전년대비 2.2% 하락한 1억 달러로 집계되었다. 러시아도 최근 미국과 영국의 슈퍼히어로 만화가 많은 인기를 얻게 되면서 많은 독자층을 형성하고 있다.

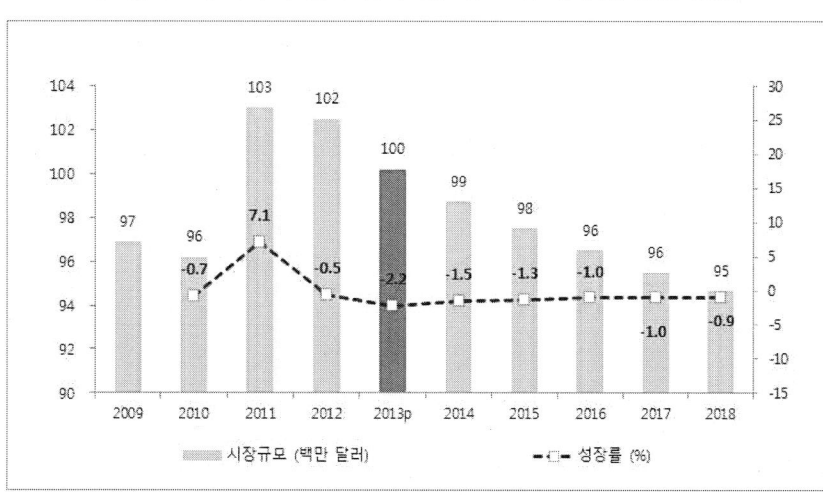

[그림 6-11] 러시아 인쇄 만화시장 규모 및 성장률, 2009-2018

출처 : ICv2(2014), Barnes(2014), Oricon(2014), PwC(2014), SNE(2013)

그러나 인터넷접근성이 크게 증가하면서 인터넷으로 만화를 구독하는 층도 증가하였고 덩달아 불법 유통 만화의 독자도 큰 폭으로 증가하면서 인쇄 만화시장은 지속적으로 축소될 것으로 전망된다. 러시아의 인쇄 만화시장은 향후 5년간 1.1%의 하락세를 보이며 2018년에는 9,500만 달러 규모로 위축될 전망이다.

나. 디지털 만화

2013년 러시아의 디지털 만화시장은 유·무선 인터넷 보급률과 함께 빠르게 성장하여 전년대비 48.3% 증가한 400만 달러의 규모에 이른 것으로 집계되었다. 러시아의 소셜 웹 사이트의 공유 기능을 통해 도서와 만화 저작물의 내용을 손쉽게 읽을 수 있게 되면서 디지털 만화에 대한 수요가 증가하여 러시아의 디지털 만화시장은 2018년까지 연평균 29.9%의 성장률로 1,600만 달러 규모에 이를 것으로 전망된다.

[그림 6-12] 러시아 디지털 만화시장 규모 및 성장률, 2009-2018

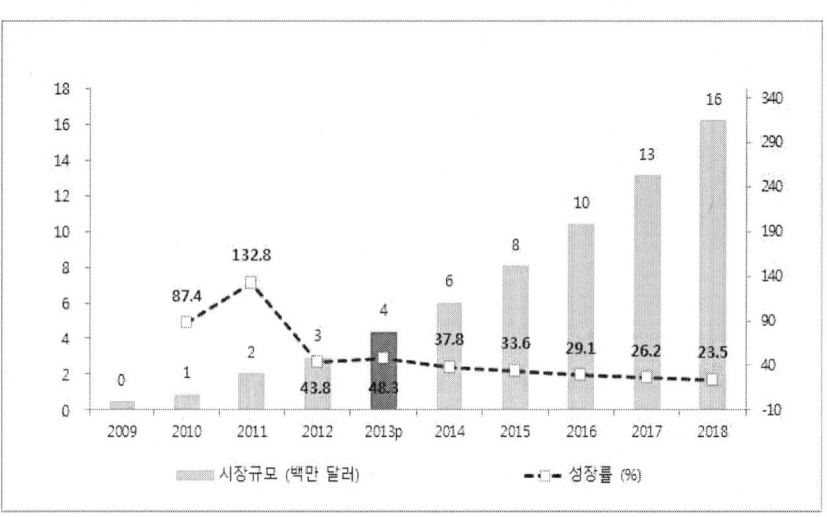

출처 : ICv2(2014), Barnes(2014), Oricon(2014), PwC(2014), SNE(2013)

(3) 음악

2013년 러시아 음악시장은 전년대비 5.4% 성장한 13억 2,700만 달러 규모인 것으로 나타났다. 이러한 성장은 공연 음악 수익의 증가에 따른 것으로 나타났다. 2013년 공연 음악의 수익은 전년대비 7.3% 상승해 12억 6,000만 달러를 기록한 반면, 오프라인 음반의 수익은 7,000만 달러로 전년대비 20.2% 하락했다. 같은 해, 레코딩 음악시장 내에서 디지털 음원의 수익이 3,200만 달러로 전년에 비해 26.6%나 증가했다.

러시아 음악시장은 공연 음악시장과 디지털 음원시장의 성장세에 힘입어 향후 5년간 연평균 6.8%의 성장률로 2018년까지 18억 4,100만 달러 규모에 이를 것으로 전망된다.

[표 6-5] 러시아 음악시장 규모 및 전망, 2009-2018

[단위 : 백만 달러, %]

구분	2009	2010	2011	2012	2013p	2014	2015	2016	2017	2018	2013-18 CAGR
음반	333	212	125	87	70	63	60	59	57	56	△4.4
오프라인 음반	312	190	102	62	37	22	13	8	5	3	△40.4
디지털 음원	21	22	23	26	32	40	47	51	52	53	10.3
공연 음악	960	1,000	1,069	1,172	1,258	1,349	1,447	1,552	1,665	1,786	7.3
합계	1,293	1,212	1,194	1,259	1,327	1,412	1,507	1,611	1,722	1,841	6.8

출처 : PwC(2014

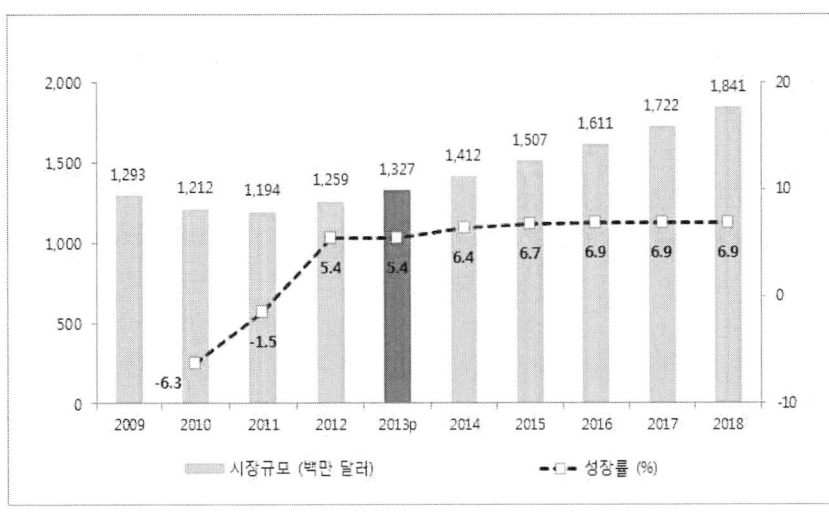

[그림 6-13] 러시아 음악시장 규모 및 성장률, 2009-2018

출처 : PwC(2014

러시아 음악시장은 공연 음악시장이 주도하고 있는데 2009년 74.2%의 점유율을 보이던 공연 음악시장은 2013년 94.8%로 증가하였고 2018년에는 97%로 압도적인 점유율을 차지할 것으로 전망된다.

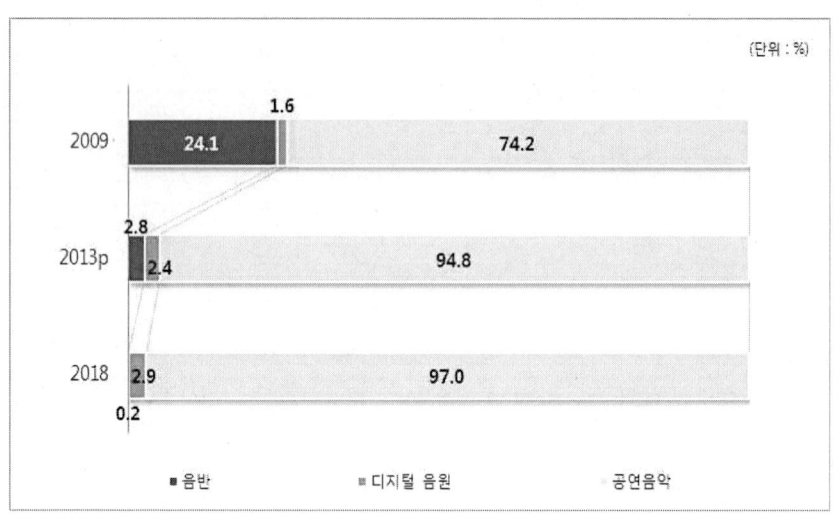

[그림 6-14] 러시아 음악시장 분야별 비중 비교, 2009 vs. 2013 vs. 2018

출처 : PwC(2014)

가. 오프라인 음반

2013년 러시아 오프라인 음반시장은 전년대비 40.3% 하락한 3,700만 달러로 집계되었다. 러시아 오프라인 음반시장이 이처럼 추락한 것은 러시아에서 발표한 공연 예술에 대한 진흥책에 음악 부문이 빠져있을 뿐만 아니라 러시아의 페이스북인 브콘탁테에서 음악과 뮤직비디오를 자유롭게 업로드할 수 있기 때문인 것으로 보인다. 최근에는 러시아의 P2P 사이트가 불법이 아니라는 판결까지 더해져 음원 청취자들이 오프라인 음악을 구입할 필요성을 못 느끼고 있는 것으로 보인다.

한편, LP 레코드 음반의 판매가 매니아 층을 중심으로 증가세를 보이고 있다. LP 레코드 음반의 매출이 전체 오프라인 음반시장에서 큰 비중을 차지하는 것은 아니지만, 음반 컬렉터들을 대상으로 하는 이러한 하위 시장은 꾸준한 수익을 창출할 수 있을 것으로 보인다. 그러나 전체 오프라인 음반시장의 위축은 피할 수 없을 것이다.

러시아의 음악시장은 향후 5년간 연평균 40%씩 하락하여 2018년에는 300만 달러의 소규모 시장을 형성할 것으로 전망된다.

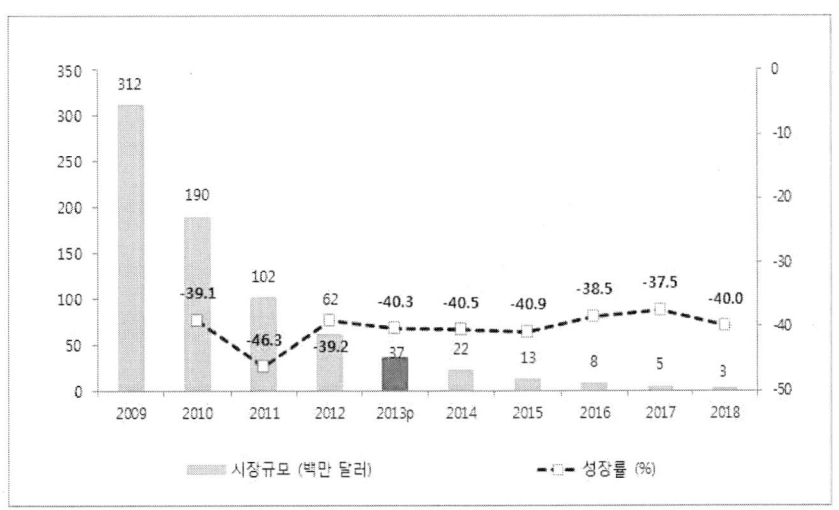

[그림 6-15] 러시아 오프라인 음반시장 규모 및 성장률, 2009 - 2018

출처 : PwC(2014)

나. 디지털 음원

2013년 러시아의 디지털 음원은 전년대비 23.1% 성장한 3,200만 달러로 집계되었다. 러시아에 아이튠즈(iTunes)가 상륙하기 전까지, 러시아 최대의 검색 엔진인 얀덱스(Yandex)의 온라인 음악 서비스인 얀덱스 뮤직(Yandex.Music)을 비롯한 대부분의 업체들은 광고 스폰서 중심의 스트리밍 모델을 선호했다. 하지만, 아이튠즈가 러시아에서 영업을 시작한 첫 달부터 이미 앨범 및 개별 트랙의 다운로드 판매가 러시아에서 인기를 끌고 있음을 보여주었다. 모바일 벨소리의 수익이 하락하고 있는 반면 다운로드형태의 싱글 타이틀 구매와 음악관련 뮤직비디오 스트리밍 서비스 이용이 크게 증가하면서 향후 5년간 러시아의 디지털 음원시장은 10.3%의 성장률로 2018년까지 5,300만 달러의 시장으로 성장할 것으로 전망된다.

[그림 6-16] 러시아 디지털 음원시장 규모 및 성장률, 2009 - 2018

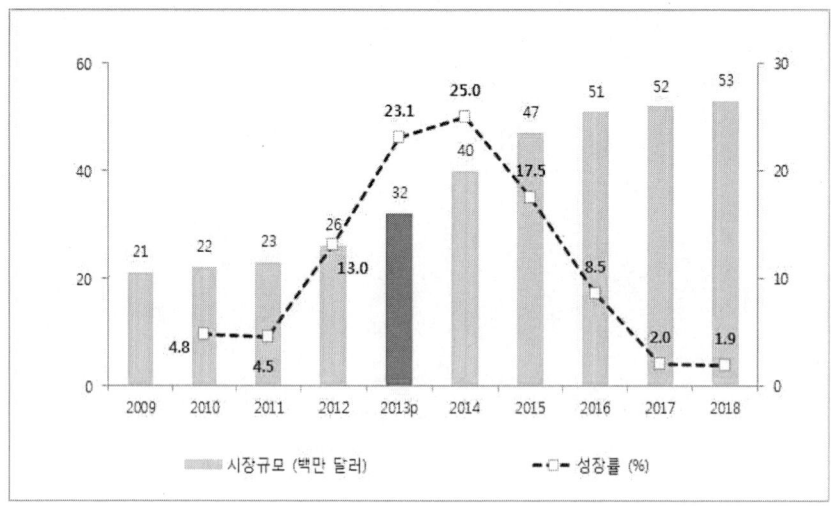

출처 : PwC(2014

[표 6-6] 러시아 디지털 음원시장 규모 및 전망, 2009-2018

[단위 : 백만 달러, %]

구분	2009	2010	2011	2012	2013p	2014	2015	2016	2017	2018	2013-18 CAGR
다운로드	6	8	9	11	17	24	31	34	36	36	16.5
스트리밍	1	2	2	3	4	4	5	5	5	5	8.9
모바일	14	12	12	12	12	12	11	11	11	11	△1.6
합계	21	22	23	26	32	40	47	51	52	53	10.3

출처 : PwC(2014

다. 공연 음악

2013년 러시아의 공연 음악시장은 전년대비 7.3%의 성장률을 보이며 12억 5,800만 달러 규모로 나타났다. 러시아의 공연 음악은 주로 모스크바나 상트페테르부르크에서 열리지만 두 도시의 외곽지역에서 더 많은 공연 기회를 접할 수 있다.

외곽지역에서 열린 야외 음악 페스티벌이 해외 및 러시아 국내의 주요 아티스트들을 끌어들이면서 러시아의 공연 음악시장 규모는 연평균 7.3%의 성장률로 성장하여 2018년에는 17억 8,600만 달러 규모에 이를 것으로 전망된다.

[그림 6-17] 러시아 공연 음악시장 규모 및 성장률

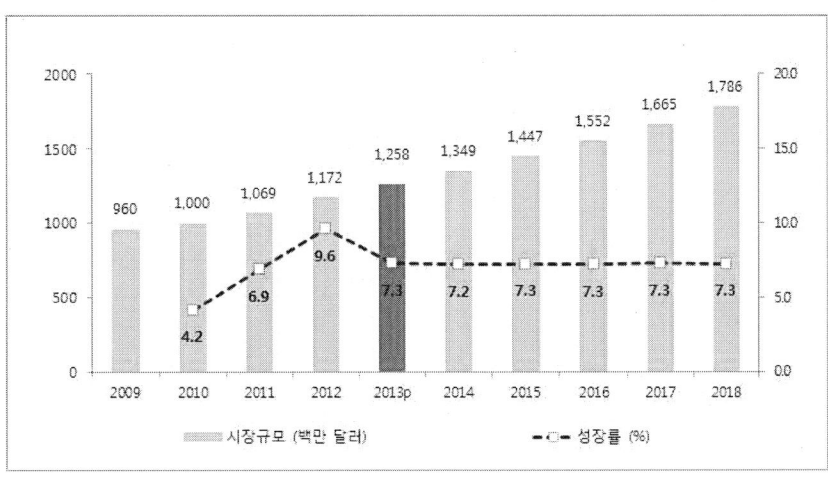

출처 : PwC(2014)

[표 6-7] 러시아 공연 음악시장 규모 및 전망, 2009-2018

[단위 : 백만 달러, %]

구분	2009	2010	2011	2012	2013p	2014	2015	2016	2017	2018	2013-18 CAGR
후원	207	217	227	245	261	277	294	312	332	353	6.2
티켓판매	753	783	842	927	997	1,072	1,153	1,240	1,333	1,433	7.5
합계	960	1,000	1,069	1,172	1,258	1,349	1,447	1,552	1,665	1,786	7.3

출처 : PwC(2014)

(4) 게임

2013년 러시아의 게임시장은 전년대비 9.8% 성장한 13억 1,100만 달러로 집계되었다. 러시아가 높은 게임 성장세를 보이는 데에는 디지털화된 콘솔 게임과 온라인 게임, 모바일 게임이 주된 열쇠라고 할 수 있다. 불법복제가 만연한 러시아의 인터넷 환경에서도 러시아의 게임시장 규모는 지속적으로 성장하여 연평균 8.5%의 성장률로 2018년까지 19억 7,200만 달러 규모로 성장할 것으로 전망된다.

[표 6-8] 러시아 게임시장 규모 및 전망, 2009-2018

[단위 : 백만 달러, %]

구분	2009	2010	2011	2012	2013p	2014	2015	2016	2017	2018	2013-18 CAGR
게임 광고	20	27	34	42	49	57	65	75	86	98	14.7
콘솔 게임	287	333	354	376	394	413	433	463	498	538	6.4
디지털	32	58	79	104	125	144	161	183	210	242	14.2
패키지	256	274	276	273	269	269	272	280	288	296	1.9
온라인 게임	138	165	207	273	340	406	473	532	588	650	13.8
PC 게임	271	301	319	324	314	296	278	262	243	230	△6.0
디지털	15	26	43	67	98	121	138	164	169	174	12.2
패키지	256	274	276	256	216	175	140	98	74	56	△23.7
모바일 게임	143	146	157	179	214	258	300	347	398	456	16.3
합계	859	971	1,072	1,194	1,311	1,430	1,551	1,678	1,812	1,972	8.5

출처 : PwC(2014)

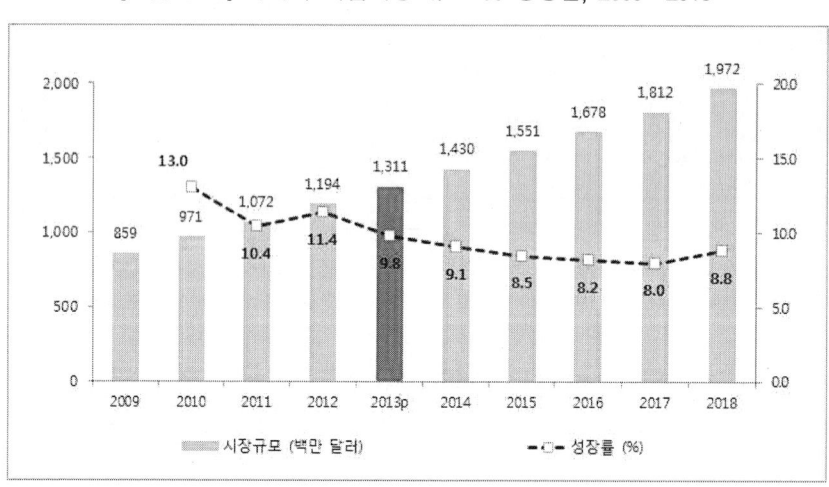

[그림 6-18] 러시아 게임시장 규모 및 성장률, 2009 - 2018

출처 : PwC(2014)

2009년만 해도 러시아 게임시장에서 가장 큰 비중을 보인 것은 콘솔 게임과 PC 게임시장이었다. 그러나 점유율이 큰 폭으로 감소하면서 온라인 게임과 모바일 게임에게 점유율을 내주어, 2018년에는 온라인 게임과 모바일 게임시장이 전체 게임시장에서 56% 이상의 점유율을 차지할 것으로 보인다.

[그림 6-19] 러시아 게임시장 분야별 비중 비교, 2009 vs. 2013 vs. 2018

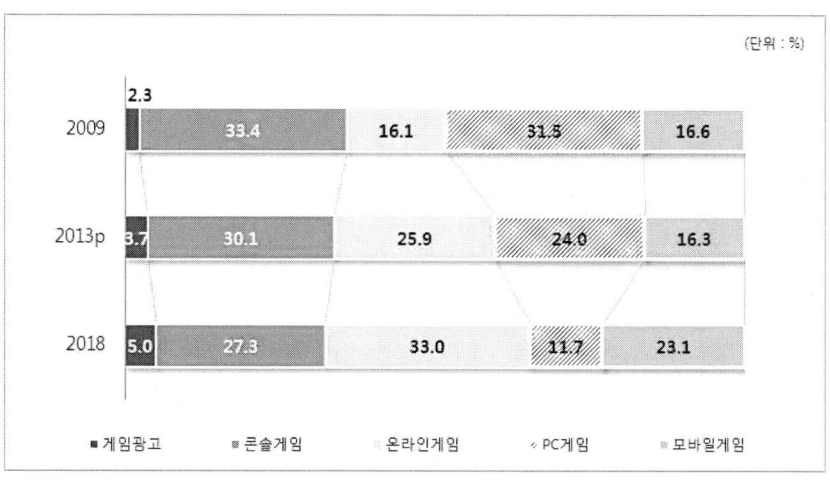

출처 : PwC(2014)

가. 콘솔 게임

2013년 러시아의 콘솔 게임시장은 전년대비 4.8% 성장한 3억 9,400만 달러 규모를 형성하였다. 새로이 출시된 '플레이스테이션 4'와 '엑스박스 원'으로 콘솔시장은 성장세를 보일 것으로 전망된다.

[그림 6-20] 러시아 콘솔 게임시장 규모 및 성장률, 2009 - 2018

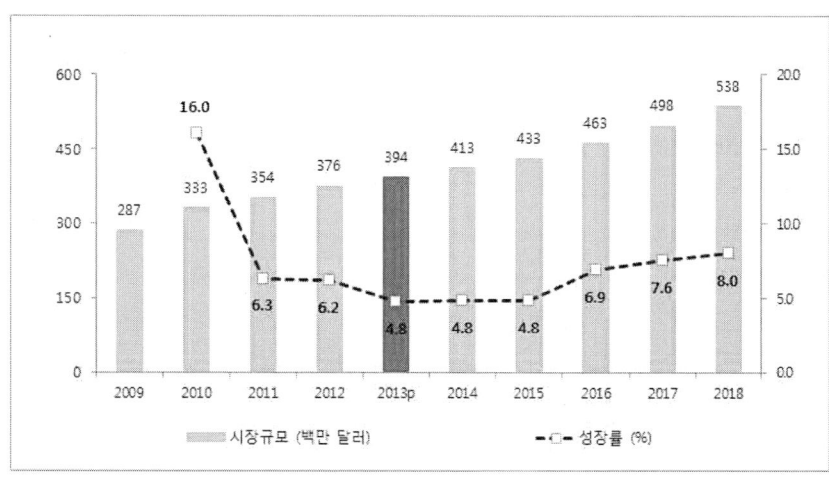

출처 : PwC(2014)

향후 5년간 러시아의 콘솔 게임시장은 연평균 6.4%의 성장률에 힘입어 5억 3,800만 달러 규모로 성장할 것으로 전망된다.

나. 온라인 게임

2013년 러시아의 온라인 게임시장은 전년대비 24.5% 성장한 3억 4,000만 달러로 나타났다. 최근 러시아에도 온라인 게임이 인기를 끌고 있는데 '리그 오브 레전드(Legue of Legends)'와 같은 MMO 게임의 인기가 많은 것으로 알려졌다. 러시아의 온라인 게임시장은 향후 5년간 연평균 13.8%의 성장률로 2018년까지 6억 5,000만 달러의 시장을 형성할 것으로 전망된다.

[그림 6-21] 러시아 온라인 게임시장 규모 및 성장률, 2009 - 2018

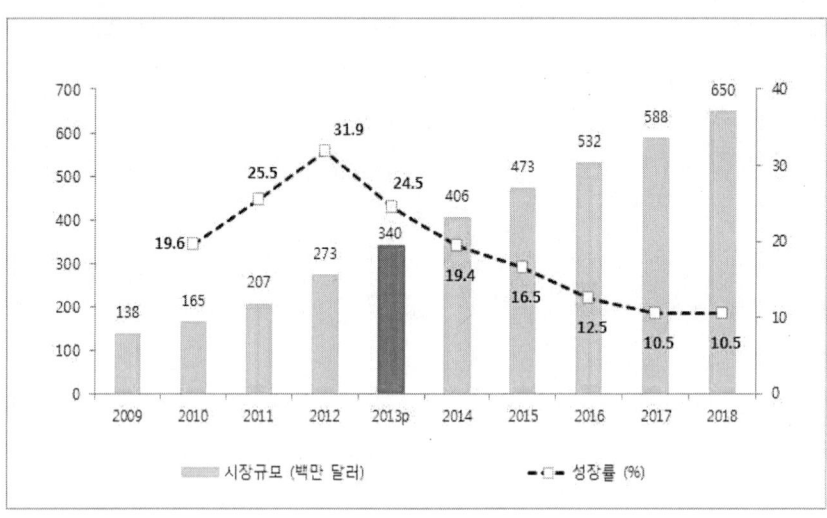

출처 : PwC(2014)

다. PC 게임

2013년 러시아 PC 게임시장은 전년대비 3.1% 하락한 3억 1,400만 달러 규모로 나타났다. 러시아의 PC 게임 부문은 2012년 이후 매출이 지속적으로 감소할 것으로 관측되고 있다. 특히 러시아의 PC 패키지 게임시장이 향후 5년간 연평균 23.7%의 감소세를 기록할 것으로 보여 러시아의 PC 게임시장 규모는 연평균 6%씩 하락하여 2018년에는 2억 3,000만 달러 규모로 위축될 것으로 전망된다.

[그림 6-22] 러시아 PC 게임시장 규모 및 성장률, 2009 - 2018

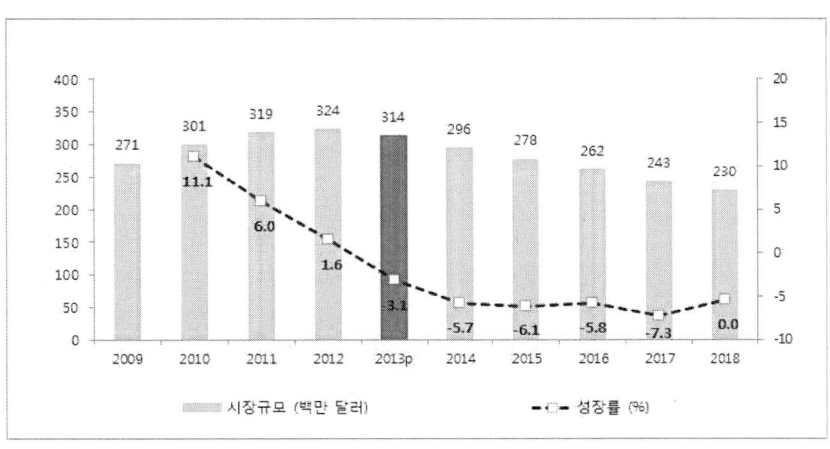

출처 : PwC(2014)

라. 모바일 게임

러시아의 모바일 게임 회사는 게임시장에서 상당히 강세를 보이고 있다. 2013년 러시아의 모바일 게임시장은 전년대비 19.6% 성장한 2억 1,400만 달러 규모를 나타냈다. 러시아의 모바일 게임시장은 향후 5년간 연평균 16.3%의 성장률로 2018년까지 4억 5,600만 달러 규모에 이를 것으로 전망된다.

[그림 6-23] 러시아 모바일 게임시장 규모 및 성장률, 2009 - 2018

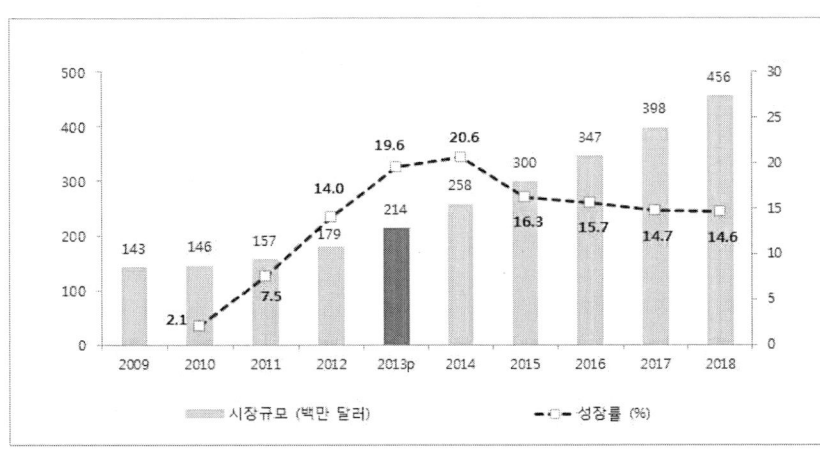

출처 : PwC(2014)

(5) 영화

2013년 러시아 영화시장은 전년대비 11.2% 성장한 16억 3,100만 달러 규모로 나타났다. 이는 박스오피스시장과 극장 광고시장, 디지털배급시장의 높은 성장세에 힘입은 것으로 보인다. 홈비디오시장이 하락세를 보이고 있지만 전체 영화시장에서 차지하는 비율이 높지 않아 러시아 영화시장은 향후 5년간 연평균 10.6%의 성장률을 보이며 26억 9,700만 달러 규모로 성장할 것으로 전망된다.

[그림 6-24] 러시아 영화시장 규모 및 성장률, 2009 - 2018

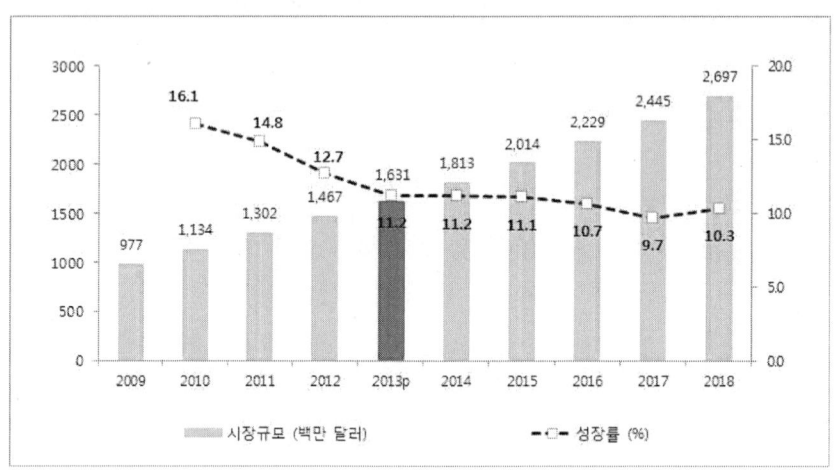

출처 : PwC(2014)

[표 6-9] 러시아 영화시장 규모 및 전망, 2009-2018

[단위 : 백만 달러, %]

구분	2009	2010	2011	2012	2013p	2014	2015	2016	2017	2018	2013-18 CAGR
극장	842	977	1,111	1,244	1,387	1,520	1,654	1,787	1,920	2,063	8.3
박스오피스	832	962	1,092	1,222	1,352	1,482	1,612	1,742	1,872	2,012	8.3
극장광고	10	15	19	22	35	38	42	46	48	51	8.1
홈비디오	102	106	105	103	89	87	86	84	83	81	△1.8
대여	1	1	-	-	-	-	-	-	-	-	-
판매	102	106	105	103	89	87	86	84	83	81	△1.8

[단위 : 백만 달러, %]

구분	2009	2010	2011	2012	2013p	2014	2015	2016	2017	2018	2013-18 CAGR
디지털배급	33	51	86	120	156	205	275	357	442	554	28.9
OTT/스트리밍	-	-	1	3	11	30	69	119	169	241	87.0
TV 구독	33	51	85	117	145	175	205	238	273	312	16.6
합계	977	1,134	1,302	1,467	1,631	1,813	2,014	2,229	2,445	2,697	10.6

출처 : PwC(2014)

2009년 러시아 영화시장은 박스오피스시장이 85.2%의 점유율로 가장 큰 비중을 차지하였다. 향후 몇 년간 박스오피스 시장이 영화시장을 주도하는 것은 변함이 없을 것으로 보이나 디지털배급시장의 급격한 성장으로 2018년에는 박스오피스시장이 74.6%의 점유율로 다소 축소될 것으로 보이며 디지털배급시장이 20.5%의 점유율로 크게 확대될 것으로 보인다. 한편, 홈비디오시장은 2009년 10.4%에서 2018년 3.0%로 점유율이 크게 감소할 것으로 보인다.

[그림 6-25] 러시아 영화시장 분야별 비중 비교, 2009 vs. 2013 vs. 2018

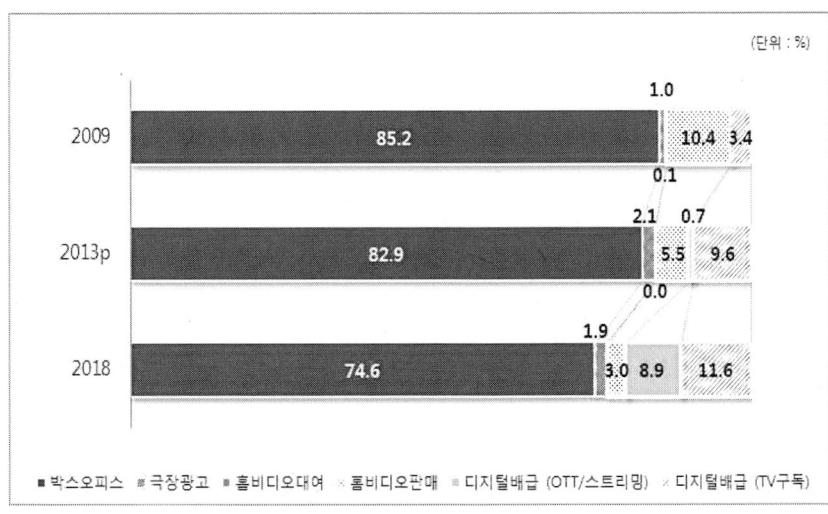

출처 : PwC(2014)

가. 박스오피스

2013년에 개봉된 러시아 영화 중 '스탈린그라드(Stalingrad)'는 박스오피스 수익 5,000만 달러를 돌파하며 1위에 랭크되었는데 이 작품은 러시아정부의 지원을 받고 제작한 작품이었다. 이처럼 정부의 후원에 힘입어 2013년 러시아의 박스오피스시장은 전년대비 10.6% 성장한 13억 5,200만 달러로 집계되었다. 러시아정부는 2014년에 영화 제작자들을 위한 국가 지원 자금으로 1억 8,000만 달러를 지원하기로 하였고 2017년까지 러시아의 영화 제작자들에게 지원되는 보조금의 규모를 2배로 증액하기로 결정하였다. 향후 러시아의 박스오피스시장은 연평균 8.3%의 성장률로 2018년에 20억 1,200만 달러 규모로 성장할 전망이다.

[그림 6-26] 러시아 박스오피스시장 규모 및 성장률, 2009 - 2018

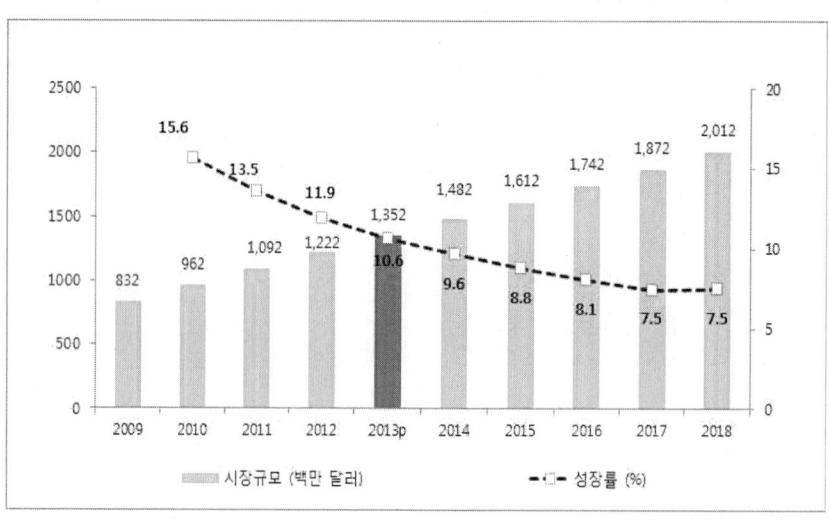

출처 : PwC(2014)

나. 홈비디오

러시아 영화시장에서 홈비디오시장은 2013년 8,900만 달러의 시장 규모를 보이며 전년대비 13.6% 하락하였다. VoD의 이용증가와 인터넷망의 발달, 디지털배급시장의 발전이 오프라인 홈비디오시장의 하락세를 가져온 것으로 보인다. 홈비디오시장의 하락세는 계속될 것으로 보여 연평균 1.8%의 하락세로 2018년에는 8,100만 달러 규모로 위축될 것으로 전망된다.

[그림 6-27] 러시아 홈비디오시장 규모 및 성장률, 2009 - 2018

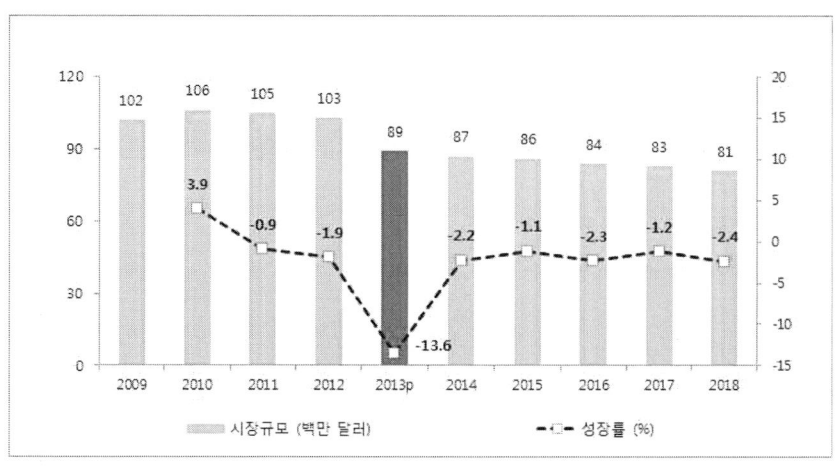

출처 : PwC(2014)

다. 디지털배급

2013년 러시아의 디지털배급시장은 전년대비 30%의 성장률을 보이며 1억 5,600만 달러 규모를 형성한 것으로 나타났다. 유료TV와 OTT/스트리밍 서비스를 통해 디지털 비디오에 접근하는 소비층이 늘어났으며 VOD 이용층도 크게 증가하여 20만 명 이상의 유료회원을 확보하기도 하였다.

[그림 6-28] 러시아 디지털배급시장 규모 및 성장률, 2009 - 2018

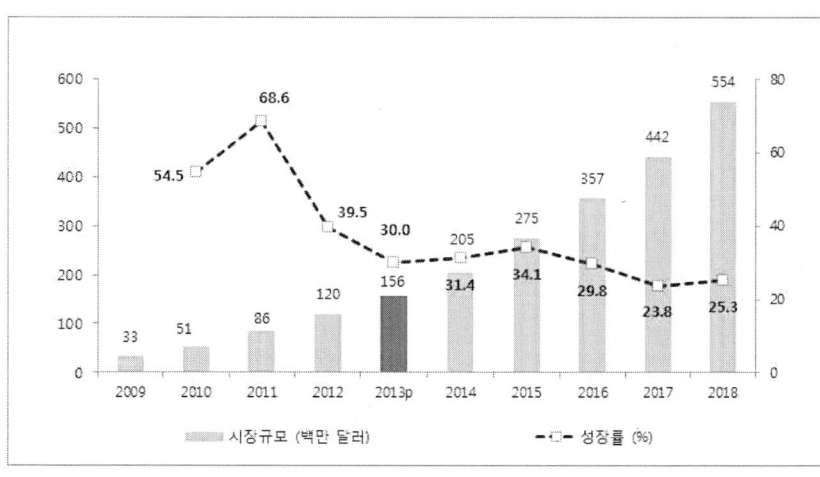

출처 : PwC(2014)

OTT시장에서 공격적인 모습을 보이고 있는 회사는 러시아 최대 방송 프로그램 제작사인 아메디아(Amedia)가 있으며 Now.ru(Gazprom Media), Videomore.ru (CTC Media), Zabava.ru (Rostelecom) 등도 서비스를 제공하고 있다. 온라인 동영상 스트리밍업체의 수익은 향후 3년 후 케이블이나 DTH 서비스를 추월할 것으로 예상되고 있어 디지털배급시장 규모는 폭발적으로 성장할 것으로 보인다. 러시아 디지털배급시장은 향후 5년 동안 28.9%의 성장률을 보이며 2018년에는 5억 5,400만 달러 규모로 성장할 것으로 전망된다.

(6) 애니메이션

2013년 러시아의 애니메이션시장은 해외의 애니메이션이 많은 인기를 끌었다. 그러나 정부의 세제지원을 러시아 내 많은 애니메이션 스튜디오들이 혜택을 받아 질적, 양적으로 모두 성장한 모습을 보여 러시아 애니메이션시장은 전년대비 22.4% 성장한 1억 6,600만 달러로 집계되었다.

러시아정부의 애니메이션에 대한 지원이 크게 늘어나면서 러시아 제작 애니메이션 15편이 프랑스의 안시(Annecy) 국제 애니메이션 필름 페스티벌에 출품되었고 중국에 애니메이션 판권을 판매하는 등 대외적으로 러시아의 애니메이션을 알리는 해였다. 러시아의 애니메이션시장은 향후 5년간 연평균 14.3%의 성장률을 보이며 2018년에는 3억 2,300만 달러 규모에 이를 것으로 전망된다.

[표 6-10] 러시아 애니메이션시장 규모 및 전망, 2009-2018

[단위 : 백만 달러, %]

구분	2009	2010	2011	2012	2013p	2014	2015	2016	2017	2018	2013-18 CAGR
영화	63	74	90	113	137	159	182	203	224	241	11.9
극장광고	1	1	2	2	4	4	5	5	6	6	11.5
디지털배급	0	0	0	0	1	3	8	14	20	29	91.7
방송	3	4	7	11	15	19	23	28	33	37	20.5
홈비디오	8	8	9	10	9	9	10	10	10	10	1.5
합계	74	87	107	135	166	195	227	259	293	323	14.3

출처 : Box Office Mojo(2014), Digital Vector(2013), The-Numbers(2014), PwC(2014)

[그림 6-29] 러시아 애니메이션시장 규모 및 성장률, 2009 - 2018

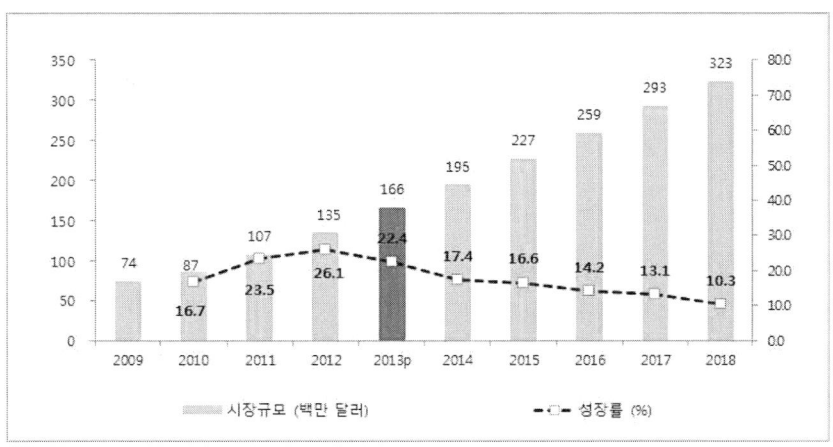

출처 : Box Office Mojo(2014), Digital Vector(2013), The-Numbers(2014), PwC(2014)

2009년 러시아의 애니메이션시장은 영화 애니메이션이 85.2%의 점유율로 시장을 주도하였다. 영화 애니메이션시장은 2013년 82.8%로 소폭 하락하는데 디비털배급시장의 성장으로 2018년에는 74.6%의 점유율로 전체 시장에서 차지하는 비중이 축소될 것으로 보인다. 홈비디오시장 역시 2009년 10.4%에서 2018년 3%로 점유율이 대폭 감소될 것으로 보인다. 반면 방송 애니메이션시장과 디지털배급 애니메이션 시장은 성장세를 유지하여 2018년까지 각각 11.6%와 8.9%의 시장 점유율을 차지할 것으로 전망된다.

[그림 6-30] 러시아 애니메이션시장 분야별 비중 비교, 2009 vs. 2013 vs. 2018

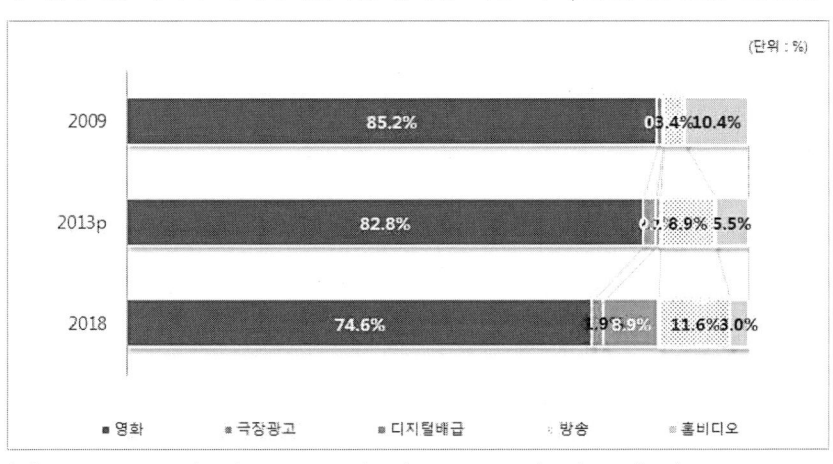

출처 : Box Office Mojo(2014), Digital Vector(2013), The-Numbers(2014), PwC(2014)

가. 영화 애니메이션

2013년 러시아는 '겨울왕국'과 '슈퍼배드 2', '몬스터 대학'의 애니메이션이 대단히 높은 인기를 보여 전년대비 21.8% 성장한 1억 3,700만 달러로 집계되었다. 2013년은 해외 애니메이션뿐만 아니라 자국의 애니메이션도 좋은 성과를 보였는데 모스크바의 컴퓨터 애니메이션기업인 '위자르트 애니메이션(Wizart Animation)'은 2012년에 제작한 러시아 애니메이션 '눈의 여왕 (The Snow Queen)'을 2014년 칸 영화제에서 중국의 'Flame Node Entertainment', 캐나다의 'Phase4Films', 슬로바키아의 'Itafilm' 등에 판매하였다. 또한 '황금용의 전설(The Legend of the Golden Dragon)'이라는 영화 애니메이션이 제작 중에 있으며 주인공인 키코리키를 활용한 애니메이션 데자뷰(Déjà vu)의 제작도 시작되었다.[186] 이처럼 영화 애니메이션의 제작 편수 증가와 인기로 인하여 2018년까지 러시아의 영화 애니메이션시장은 연평균 11.9%의 성장률로 2억 4,100만 달러 규모에 이를 것으로 전망된다.

[그림 6-31] 러시아 영화 애니메이션시장 규모 및 성장률, 2009 - 2018

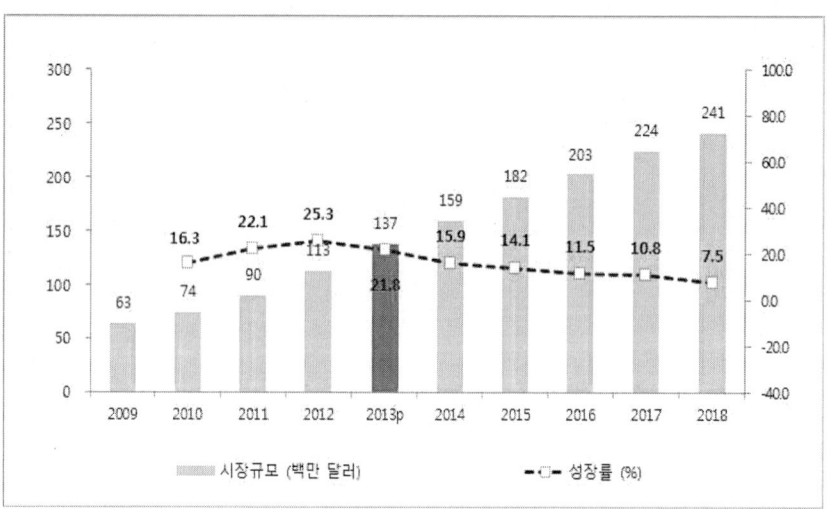

출처 : Box Office Mojo(2014), Digital Vector(2013), The-Numbers(2014), PwC(2014)

---

186) Online newsmagazine about animation, Plans revealed for two feature films of most popular russian animated series Kikoriki, 2014. 8. 25.

나. 방송 애니메이션

2013년 러시아의 방송 애니메이션시장 규모는 전년대비 36.4% 성장한 1,500만 달러로 집계되었다. 현재 러시아는 자국의 30여 개 애니메이션 스튜디오에 대하여 정부 지원금을 제공하고 있고 '마샤와 곰(Marsha and the Bear)', '스페이스 독(Space Dogs Family)', '럭키(Lucky), '키코리키(Kikoriki)' 등 15편의 만화를 자국에 방송하였다. 러시아정부의 지원으로 방송 애니메이션의 질과 양이 성장하고 있어 2018년까지 연평균 20.5%의 성장률로 3,700만 달러의 시장 규모에 이를 것으로 전망된다.

[그림 6-32] 러시아 방송 애니메이션시장 규모 및 성장률, 2009 - 2018

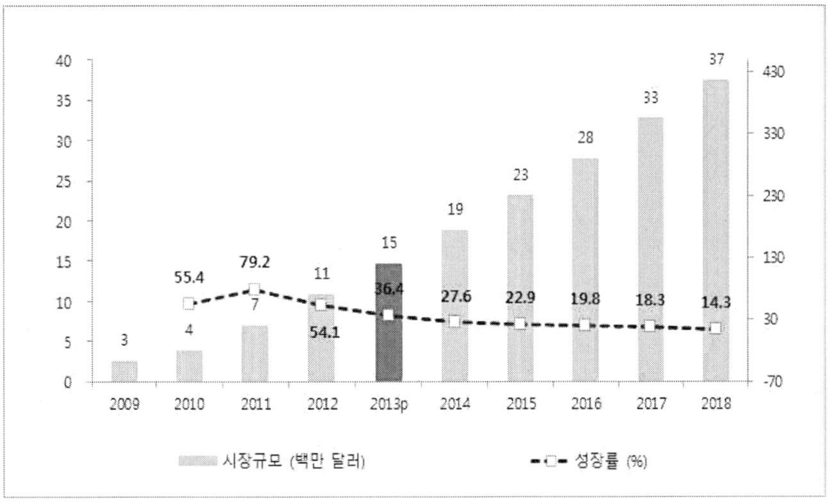

출처 : Box Office Mojo(2014), Digital Vector(2013), The-Numbers(2014), PwC(2014)

다. 홈비디오 애니메이션

2013년 러시아의 홈비디오 애니메이션시장은 전년대비 4.9% 하락한 900만 달러로 집계되었다. 전통적으로 러시아에서 인기가 많은 '키코리키(Kikoriki)'와 '마샤와곰Marsha and the Bear)'은 러시아 어린이들에게 많은 사랑을 받았고 홈비디오 애니메이션시장의 견인차 역할을 해왔으나 인터넷 인프라가 크게 증가하면서 홈비디오시장은 성장세가 둔화되었다. 2018년까지 러시아의 홈비디오시장은 현재보다 소폭 증가한 1.5%의 성장률로 1,000만 달러 시장을 유지할 것으로 보인다.

[그림 6-33] 러시아 홈비디오 애니메이션시장 규모 및 성장률, 2009 - 2018

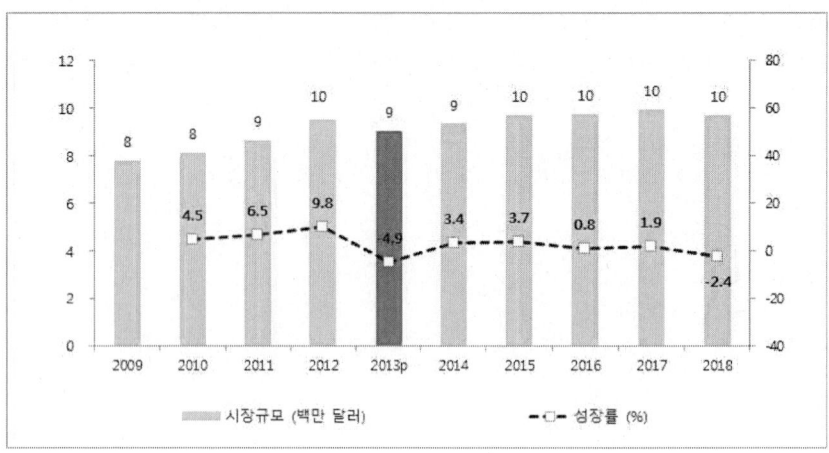

출처 : Box Office Mojo(2014), Digital Vector(2013), The-Numbers(2014), PwC(2014)

라. 디지털배급 애니메이션

2013년 러시아의 디지털배급 애니메이션시장은 전년대비 303.5% 증가한 100만 달러 수준으로 집계되었다. 러시아는 인터넷을 이용한 애니메이션배급에 충분한 기술력을 가지고 있음에도 해적판과 P2P 공유 서비스로 인해 시장 성장에 다소 부정적인 영향을 받고 있다.

[그림 6-34] 러시아 홈비디오 애니메이션시장 규모 및 성장률, 2009 - 2018

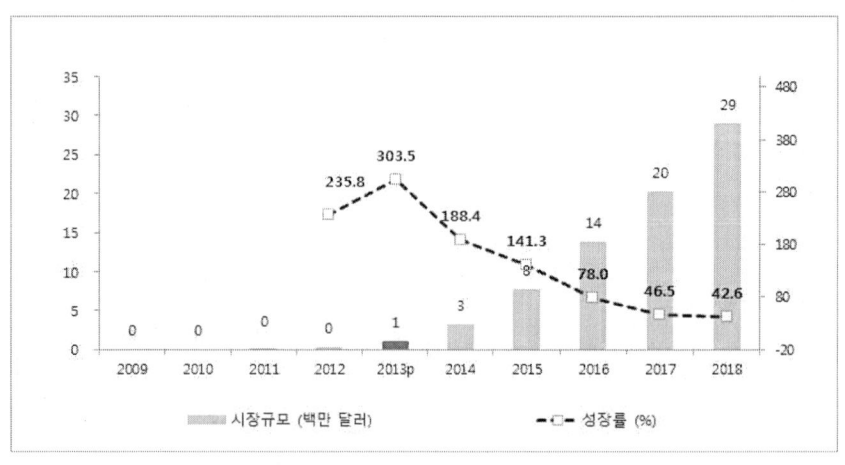

출처 : Box Office Mojo(2014), Digital Vector(2013), The-Numbers(2014), PwC(2014)

그럼에도 불구하고 인터넷 보급률 증가와 함께 스트리밍 서비스 이용 증가에 따라 2018년까지 91.7%의 성장률로 2,900만 달러 규모로 성장할 전망이다.

(7) 방송

러시아의 방송시장은 현재 성장세를 타고 있어 2013년 각 분야별로 모두 높은 성장률을 보이고 있다. 2013년 러시아 방송시장은 전년대비 약 11.1% 증가한 64억 9,500만 달러로 집계되었다. 향후 방송시장은 연평균 8.8% 성장률을 보이며 2018년 99억 2,300만 달러에 이를 것으로 전망된다.

[표 6-11] 러시아 방송시장 규모 및 전망, 2009-2018

[단위 : 백만 달러, %]

구분	2009	2010	2011	2012	2013p	2014	2015	2016	2017	2018	2013-18 CAGR
TV 수신료	967	1,072	1,238	1,421	1,621	1,823	2,032	2,251	2,489	2,644	10.3
공영방송	-	-	-	-	-	-	-	-	-	-	-
유료방송	967	1,072	1,238	1,421	1,621	1,823	2,032	2,251	2,489	2,644	10.3
TV 광고	2,670	3,066	3,627	3,964	4,342	4,717	5,063	5,440	5,850	6,423	8.1
다중 채널	83	138	201	261	330	424	523	634	778	892	22.0
지상파	2,586	2,926	3,423	3,697	3,999	4,268	4,491	4,724	4,946	5,344	6.0
온라인	1	2	3	7	13	25	49	82	126	188	70.7
라디오	306	342	393	462	532	596	660	724	790	856	10.0
라디오 광고	306	342	393	462	532	596	660	724	790	856	10.0
공영 라디오	-	-	-	-	-	-	-	-	-	-	-
위성 라디오	-	-	-	-	-	-	-	-	-	-	-
합계	3,943	4,480	5,258	5,847	6,495	7,136	7,755	8,415	9,129	9,923	8.8

출처 : PwC(2014)

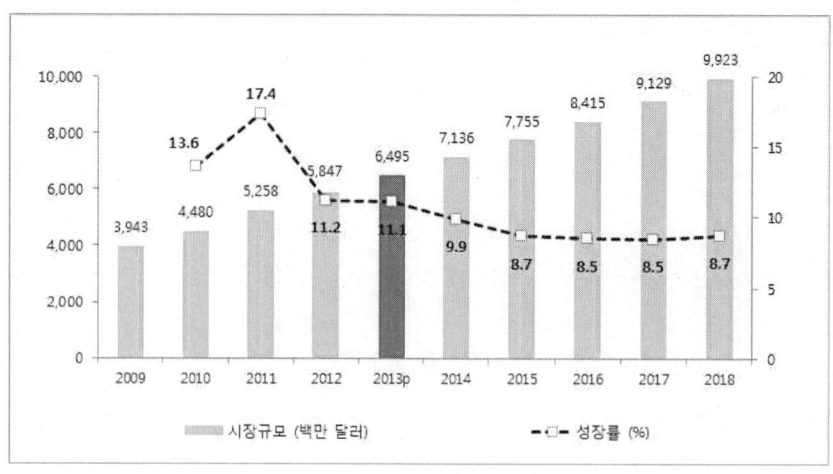

[그림 6-35] 러시아 방송시장 규모 및 성장률, 2009 - 2018

출처 : PwC(2014)

러시아 방송시장에서 TV 광고시장은 높은 점유율을 차지하며 시장을 주도하고 있다. TV 광고시장의 점유율은 소폭 하락할 것으로 보이지만 향후 2018년에도 시장을 주도하는 위치에 있을 것으로 보인다. TV 수신료시장과 라디오시장은 2009년 이후 점유율이 점차 늘어나 2018년에는 각각 26.6%, 8.6%의 점유율로 비중이 소폭 확대될 것으로 전망된다.

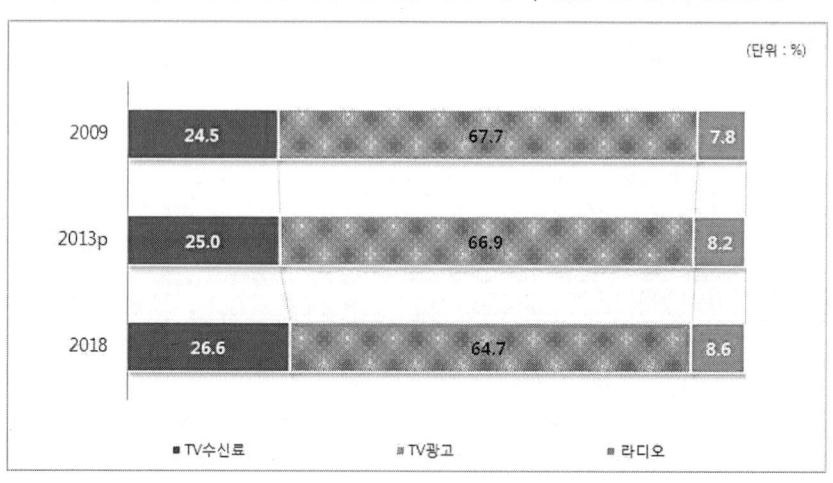

[그림 6-36] 러시아 방송시장 분야별 비중 비교, 2009 vs. 2013 vs. 2018

출처 : PwC(2014)

가. TV 수신료

2013년 러시아의 TV 수신료시장은 전년대비 14.1% 성장한 16억 2,100만 달러로 나타났다. 러시아에서는 향후 IPTV를 비롯한 유료방송 가입가구가 꾸준히 늘어날 것으로 전망되고 있다. 러시아 TV 수신료시장은 이러한 성장세에 힘입어 2018년까지 연평균 10.3%의 성장률로 26억 4,400만 달러 규모에 이를 것으로 전망된다.

[그림 6-37] 러시아 TV 수신료시장 규모 및 성장률, 2009 - 2018

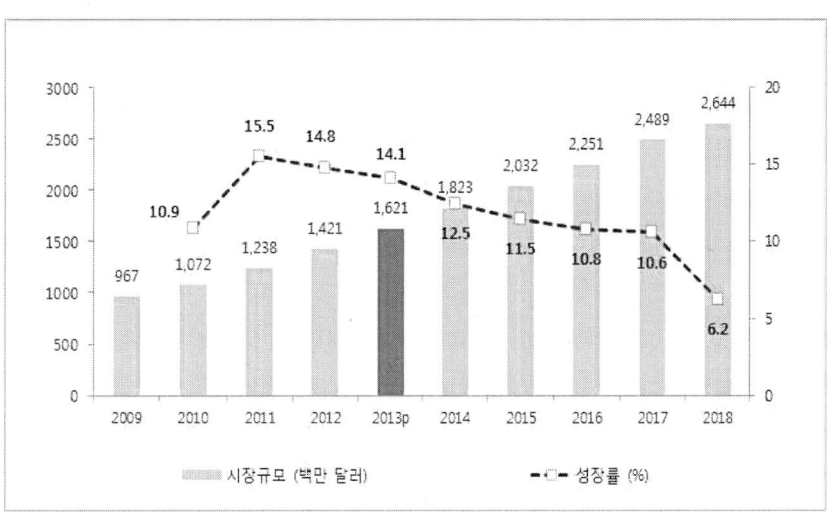

출처 : PwC(2014)

나. TV 광고

글로벌 금융위기의 발생으로 러시아는 2009년 경기침체를 보이면서 TV 광고시장이 대폭 축소되지만 이후 꾸준한 성장세를 보이며 2013년에는 전년대비 9.5% 성장한 43억 4,200만 달러로 측정되었다. 러시아 TV 광고시장은 2018년까지 연평균 8.1% 성장하여 64억 2,300만 달러에 이를 것으로 전망된다.

[그림 6-38] 러시아 TV 광고시장(방송) 규모 및 성장률, 2009 - 2018

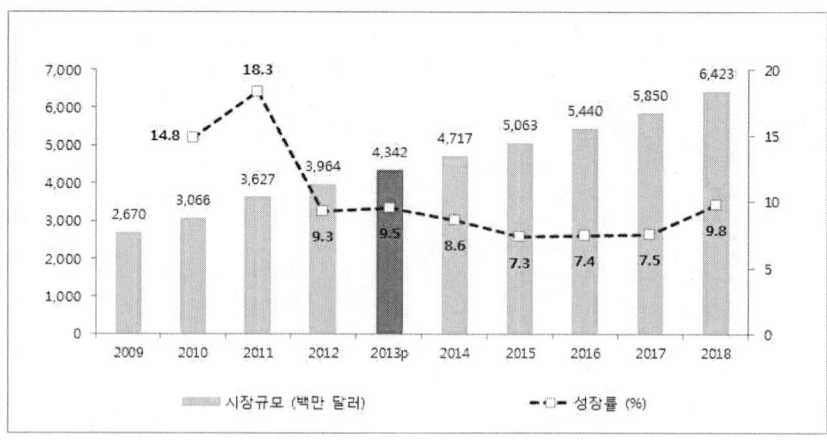

출처 : PwC(2014)

다. 라디오

러시아는 세계에서 15번째로 큰 라디오시장을 가지고 있으며 성장잠재력을 지닌 것으로 알려져 있다. 2013년 러시아 라디오시장은 전년대비 15.2% 증가한 5억 3,200만 달러 규모로 측정되었다. 이후 라디오시장은 2018년까지 연평균 10%의 성장률을 보이며 8억 5,600만 달러에 이를 것으로 전망된다.

[그림 6-39] 러시아 라디오시장 규모 및 성장률, 2009 - 2018

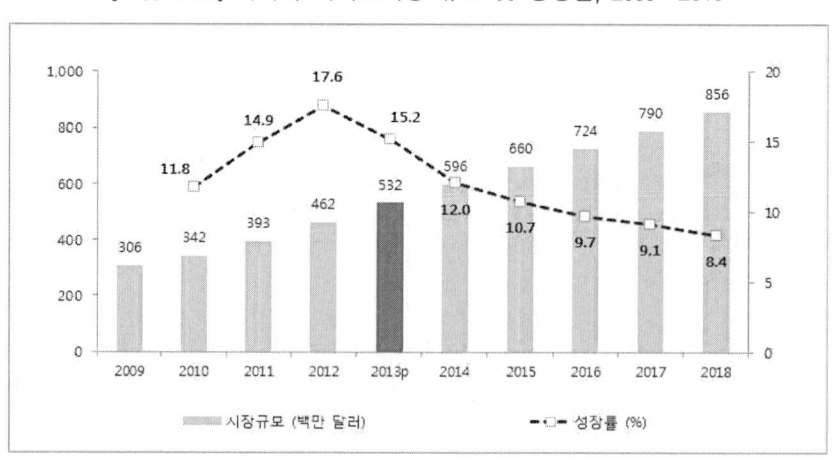

출처 : PwC(2014)

(8) 광고

2013년 러시아의 광고시장은 전년대비 11.4% 성장한 97억 1,400만 달러 규모로 집계되었다. 러시아의 광고시장도 디지털 부문의 발전이 두드러졌는데 디렉토리, 잡지, 산업잡지, 신문 광고시장에서 디지털 부문이 두 자릿수의 성장세를 보였다.

잡지, 산업잡지 광고의 인쇄 부문과 오프라인 옥외 광고를 제외한 대부분의 영역에서 고른 성장세를 보였는데 이러한 성장세에 힘입어 러시아의 광고시장은 향후 5년간 9.1%의 성장률을 보이며 2018년 149억 9,300만 달러 규모로 성장할 것으로 전망된다.

[표 6-12] 러시아 광고시장 규모 및 전망, 2009-2018

[단위 : 백만 달러, %]

구분	2009	2010	2011	2012	2013p	2014	2015	2016	2017	2018	2013-18 CAGR
디렉토리 광고	387	394	416	474	543	617	693	769	840	904	10.7
디지털	95	115	147	201	265	335	408	481	551	614	18.3
인쇄	292	279	269	273	278	282	285	288	289	290	0.9
잡지 광고	553	601	676	709	735	763	797	836	871	911	4.4
디지털	12	20	50	70	132	191	255	325	397	473	29.0
인쇄	541	580	626	639	603	573	542	511	475	439	△6.1
산업잡지 광고	66	74	95	110	121	129	137	144	150	157	5.3
디지털	6	11	26	38	46	53	61	70	78	87	13.8
인쇄	59	63	69	72	75	76	76	74	72	70	△1.5
극장광고	10	15	19	22	35	38	42	46	48	51	8.1
신문 광고	231	261	278	294	316	336	357	381	408	438	6.8
디지털	8	10	13	15	18	22	26	31	37	44	19.1
인쇄	223	251	266	279	297	314	331	350	371	394	5.8
라디오 광고	306	342	393	462	532	596	660	724	790	856	10.0
TV 광고	2,670	3,066	3,627	3,964	4,342	4,717	5,063	5,440	5,850	6,423	8.1
다중 채널	83	138	201	261	330	424	523	634	778	892	22.0
지상파	2,586	2,926	3,423	3,697	3,999	4,268	4,491	4,724	4,946	5,344	6.0
온라인TV	1	2	3	7	13	25	49	82	126	188	70.7
인터넷 광고	514	858	1,302	1,724	2,169	2,673	3,206	3,745	4,285	4,911	17.8
모바일	7	16	28	43	63	86	111	141	174	216	27.9
유선	507	842	1,274	1,681	2,106	2,588	3,095	3,604	4,111	4,696	17.4
옥외 광고	837	986	1,139	1,253	1,346	1,419	1,483	1,536	1,587	1,650	4.2
디지털	0	10	23	50	105	204	362	568	783	971	56.1

[단위 : 백만 달러, %]

구분	2009	2010	2011	2012	2013p	2014	2015	2016	2017	2018	2013-18 CAGR
오프라인	837	977	1,116	1,203	1,241	1,215	1,121	968	804	679	△11.4
게임 광고	20	27	34	42	49	57	65	75	86	98	14.7
산술합계[187]	5,594	6,624	7,979	9,054	10,188	11,345	12,503	13,696	14,915	16,399	10.0
합계	5,472	6,466	7,740	8,723	9,714	10,719	11,704	12,707	13,726	14,993	9.1

출처 : PwC(2014)

러시아 광고시장에서 가장 큰 비중을 차지한 것은 TV 광고시장이었다. 2009년 47.7%의 점유율로 시장을 주도하던 TV 광고시장은 인터넷 광고시장의 성장으로 지속적으로 축소되는 경향을 보였다. 2018년에는 TV 광고시장이 39.2%의 점유율로 1위를 차지하고 인터넷 광고시장이 29.9%의 점유율로 그 뒤를 따르는 양상이 될 것으로 보인다. 이 두시장은 69.1%로 전체 시장을 주도할 것이며 이 외의 시장은 모두 전체 시장에서 차지하는 비중이 축소될 것으로 전망된다.

[그림 6-40] 러시아 광고시장 분야별 비중 비교, 2009 vs. 2013 vs. 2018

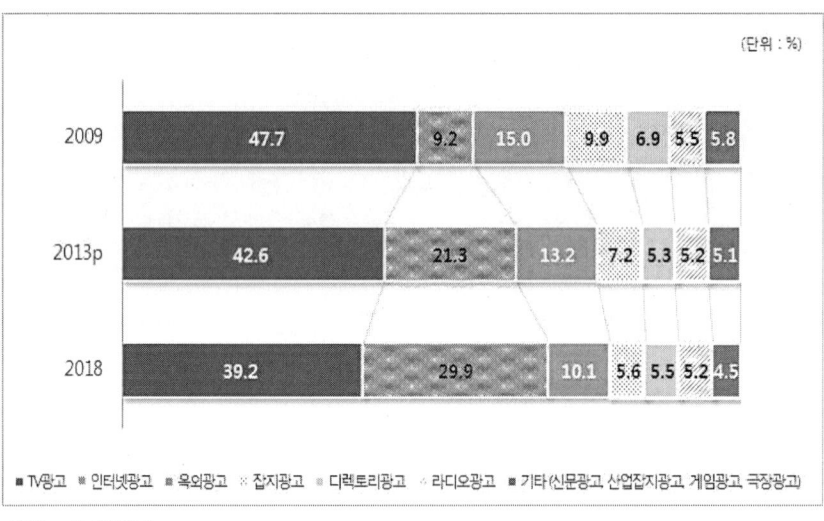

출처 : PwC(2014)

---

187) 산술합계에는 디렉토리 광고, 잡지 광고, 산업잡지 광고, 신문 광고의 디지털 광고와 온라인TV 광고, 지상파 라디오 온라인 광고가 인터넷 광고시장 규모에 포함되어 있어 합계에서는 중복되는 부분을 제외함

가. TV 광고

2013년 러시아의 TV 광고시장은 전년대비 9.5% 성장한 43억 4,200만 달러의 시장으로 집계되었다. TV 광고시장의 큰 비중을 차지하는 지상파 광고시장이 꾸준히 성장하고 있으며 다중 채널 광고와 온라인TV 광고시장도 높은 성장률을 보이고 있어, 러시아 TV 광고시장은 향후 5년간 연평균 8.1%의 성장률로 64억 2,300만 달러 규모로 성장할 것으로 전망된다.

[그림 6-41] 러시아 TV 광고시장 규모 및 성장률, 2009 - 2018

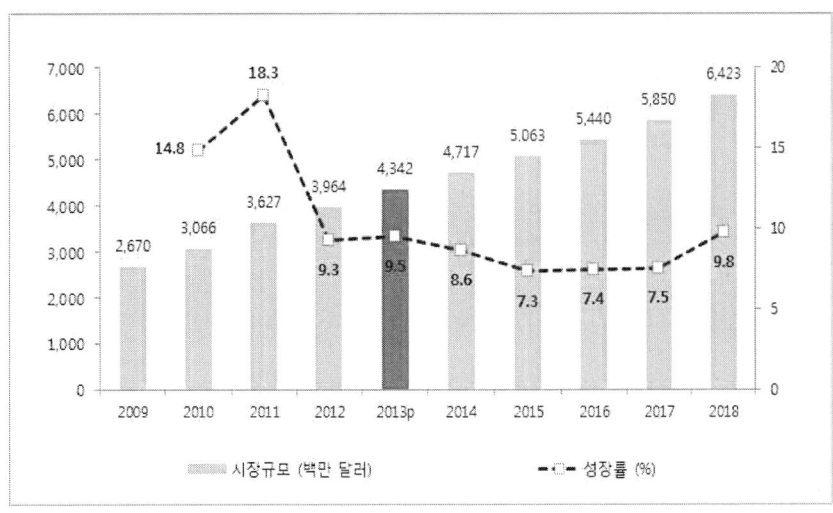

출처 : PwC(2014)

나. 인터넷 광고

러시아는 인터넷 커버리지가 빠르게 확대되면서 인터넷 광고시장이 유럽에서 4번째로 큰 시장으로 발전하였다. 2013년 러시아의 인터넷 광고시장은 전년대비 25.8% 성장한 21억 6,900만 달러로 집계되었다. 러시아의 인터넷 검색광고는 전체 인터넷 광고시장에서 66%의 수익을 만들어내는 시장으로 성장하였고 인터넷 디스플레이 광고는 비록 점유율은 작지만 매우 빠른 속도로 성장하고 있다. 이러한 성장세에 힘입어 러시아의 인터넷 광고시장은 향후 5년간 연평균 17.8%의 성장률로 2018년까지 49억 1,100만 달러 규모로 성장할 전망이다.

[그림 6-42] 러시아 인터넷 광고시장 규모 및 성장률, 2009 - 2018

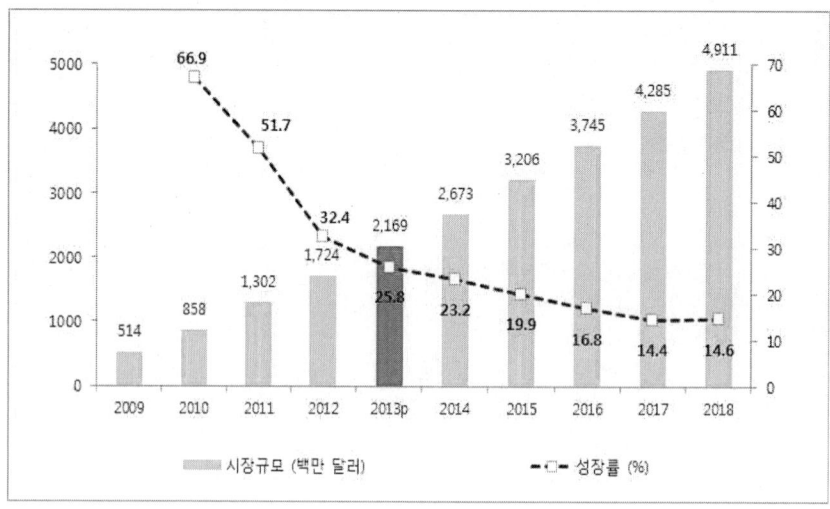

출처 : PwC(2014)

[표 6-13] 러시아 인터넷 광고시장 규모 및 전망, 2009-2018

[단위 : 백만 달러, %]

구분	2009	2010	2011	2012	2013p	2014	2015	2016	2017	2018	2013-18 CAGR
모바일	7	16	28	43	63	86	111	141	174	216	27.9
유선	507	842	1,274	1,681	2,106	2,588	3,095	3,604	4,111	4,696	17.4
안내광고	57	97	122	107	124	130	131	129	127	125	0.2
디스플레이 광고	144	215	312	388	499	614	738	872	1,007	1,163	18.4
비디오	8	15	20	31	49	79	123	168	213	269	40.4
유료검색	298	515	820	1,155	1,434	1,765	2,103	2,434	2,764	3,139	17.0
합계	514	858	1,302	1,724	2,169	2,673	3,206	3,745	4,285	4,911	17.8

출처 : PwC(2014)

다. 신문 광고

2013년 러시아의 신문 광고시장은 전년대비 7.5%의 성장률을 보이면서 3억 1,600만 달러의 시장으로 집계되었다. 인쇄물을 통한 신문 광고시장은 빠르게 하락하고 있어 2012년 가장 높은 하락률을 보였다. 디지털 미디어를 통한 신문 광고는 가파르게 성장하고 있는데 가정에 보급된 유선 인터넷망의 확충과 온라인 인터넷 이용자들이 증가하고 있어 향후 5년간 러시아의 신문 광고시장은 6.8%의 성장률을 보이며 2018년까지 4억 3,800만 달러의 시장으로 성장할 전망이다.

[그림 6-43] 러시아 신문 광고시장 규모 및 성장률, 2009-2018

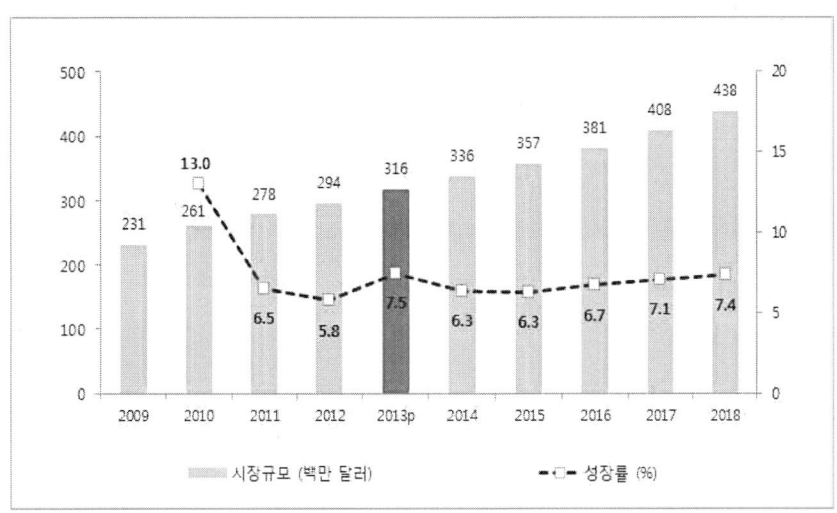

출처 : PwC(2014)

라. 옥외 광고

러시아의 옥외 광고시장은 2013년 13억 4,600만 달러의 규모로 전년대비 7.4% 성장한 것으로 나타났다. 옥외 광고시장은 러시아 전체 광고시장의 18% 정도를 차지하고 있는데 80%의 옥외 광고 수익은 길가에 세워진 광고판으로부터 나오고 있다. 이러한 현상은 메이저 광고주들이 길가나 공항 등에 있는 광고판을 선호하기 때문인 것으로 보인다.

러시아의 디지털 옥외 광고는 향후 5년간 연평균 56%라는 엄청난 성장률을 보이며 성장할 것으로 예상되어 러시아의 전체 옥외 광고시장은 연평균 4.2%의 성장률로 2018년까지 16억 5,000만 달러 규모에 이를 전망이다.

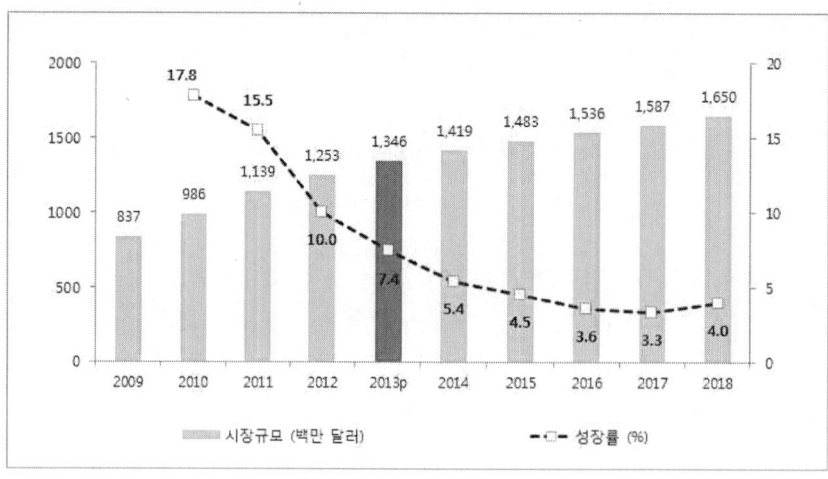

[그림 6-44] 러시아 옥외 광고시장 규모 및 성장률, 2009-2018

출처 : PwC(2014)

(9) 캐릭터·라이선스

2013년 러시아는 전년도 보다 소폭 하락한 경제성장률을 보였지만 소비지출이 6%이상 증가하면서 캐릭터·라이선스시장도 전년대비 6.2%의 성장률을 보이며 3억 1,000만 달러의 시장으로 집계되었다. 러시아의 로스만 출판은 영국의 Peppa Pig를 장난감, 도서, 헝겊인형으로 출시하였고, 아이콘 프로모션(Icon Promotion)은 독립국가연합에 'Talking Tom and Friends'의 캐릭터 상품을 판매하기도 하였다. 향후 5년간 러시아의 캐릭터·라이선스시장 규모는 연평균 10.1%의 성장률로 2018년에는 5억 100만 달러 규모로 성장할 전망이다.

[표 6-14] 러시아 캐릭터·라이선스시장 규모 및 전망, 2009-2018

[단위 : 백만 달러, %]

구분	2009	2010	2011	2012	2013p	2014	2015	2016	2017	2018	2013-18 CAGR
캐릭터·라이선스	207	200	270	292	310	343	379	417	457	501	10.1

출처 : EPM(2013, 2014), PwC(2014)

[그림 6-45] 러시아 캐릭터·라이선스시장 규모 및 성장률, 2009-2018

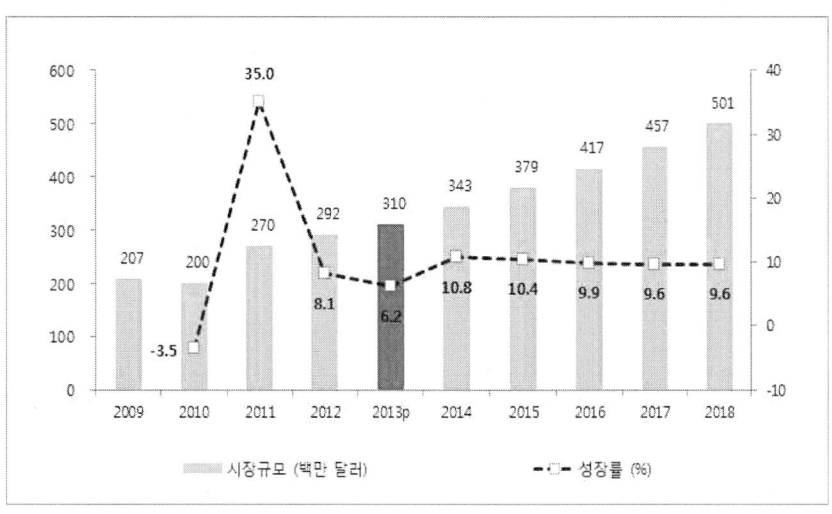

출처 : EPM(2013, 2014), PwC(2014)

2013년 러시아의 캐릭터·라이선스시장은 엔터테인먼트/캐릭터가 가장 높은 23%의 점유율을 보였고 그 뒤를 이어 패션이 18.2%의 점유율을 보였다. 유독 기타 부분의 시장점유율이 높아지고 있는데 이는 음악 저작권과 OTT 서비스, 소셜네트워크와 관련이 있기 때문으로 보인다.

[그림 6-46] 러시아 캐릭터·라이선스 부문별 비중 비교, 2009 vs. 2011 vs. 2013

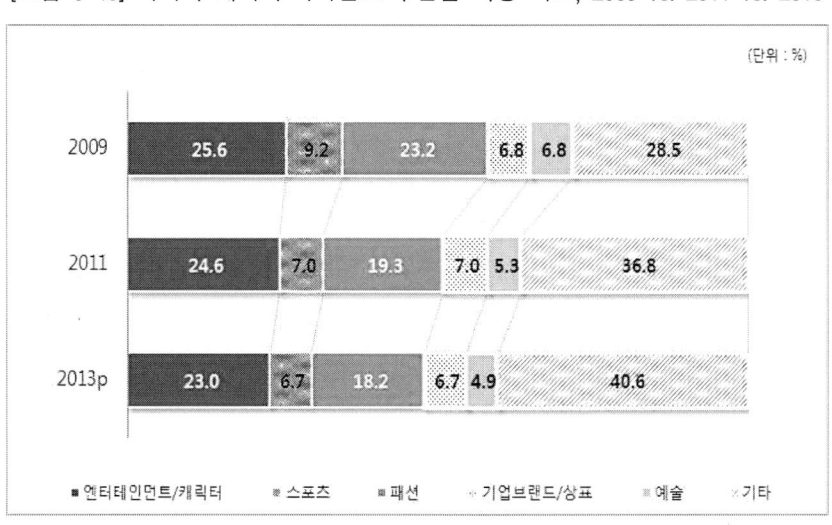

출처 : EPM(2013, 2014), PwC(2014)

[표 6-15] 러시아 캐릭터·라이선스 분야별 시장 규모, 2009-2013

[단위 : 백만 달러, %]

구분	2009		2011			2013		
	시장 규모	비중	시장 규모	비중	증감율	시장 규모	비중	증감율
엔터테인먼트/캐릭터	53	25.6	66	24.6	25.1	71	23.0	7.2
스포츠	19	9.2	19	7.0	△0.3	21	6.7	8.7
패션	48	23.2	52	19.3	8.6	56	18.2	8.3
기업브랜드/상표	14	6.8	19	7.0	35.3	21	6.7	8.7
예술	14	6.8	14	5.3	1.5	15	4.9	7.0
기타	59	28.5	99	36.8	68.6	126	40.6	26.2
합계	207	100.0	270	100.0	30.4	310	100.0	14.8

출처 : EPM(2013, 2014), PwC(2014)

(10) 지식정보

2013년 러시아의 지식정보시장은 전년대비 14.9%의 성장률을 보이며 94억 3,600만 달러로 성장하였다. 인쇄 산업잡지와 지면 구독시장이 하락세를 보이고 있을 뿐 전 영역에서 고르게 성장세를 보이고 있으며, 특히 전문서적의 디지털 부문과 모바일 광고시장이 높은 성장률을 보이고 있어 러시아의 지식정보시장은 향후 5년간 연평균 12.6%의 성장률로 2018년에는 170억 6,100만 달러의 시장을 이룰 것으로 보인다.

[표 6-16] 러시아 지식정보시장 규모 및 전망, 2009-2018

[단위 : 백만 달러, %]

구분	2009	2010	2011	2012	2013p	2014	2015	2016	2017	2018	2013-18 CAGR
비즈니스정보	578	682	757	828	889	933	980	1,035	1,097	1,168	5.6
디렉토리광고	387	394	416	474	543	617	693	769	840	904	10.7
디지털	95	115	147	201	265	335	408	481	551	614	18.3
인쇄	292	279	269	273	278	282	285	288	289	290	0.9
전시회	613	693	765	839	881	929	986	1,051	1,125	1,210	6.6
전문서적	125	144	162	182	201	218	233	248	263	278	6.7
전자	1	3	6	11	15	20	26	33	42	51	28.1
인쇄	124	141	156	171	186	198	207	215	221	226	4.0
산업잡지	113	116	131	148	154	166	177	191	205	220	7.3

[단위 : 백만 달러, %]

구분	2009	2010	2011	2012	2013p	2014	2015	2016	2017	2018	2013-18 CAGR
광고	66	74	95	110	121	129	137	144	150	157	5.3
디지털	6	11	26	38	46	53	61	70	78	87	13.8
인쇄	59	63	69	72	75	76	76	74	72	70	△1.5
구독	47	42	36	38	34	37	41	47	55	63	13.4
디지털	-	-	-	-	-	6	11	19	28	38	-
지면	47	42	36	38	34	31	30	28	26	25	△5.6
인터넷접근	3,403	4,082	4,733	5,739	6,768	8,106	9,498	10,750	12,003	13,281	14.4
모바일	1,211	1,471	1,700	2,349	3,123	4,143	5,191	6,193	7,275	8,441	22.0
고정 브로드밴드	2,193	2,611	3,033	3,390	3,645	3,963	4,307	4,557	4,728	4,840	5.8
합계	5,219	6,111	6,964	8,210	9,436	10,969	12,567	14,044	15,533	17,061	12.6

출처 : PwC(2014)

[그림 6-47] 러시아 지식정보시장 규모 및 성장률, 2009-2018

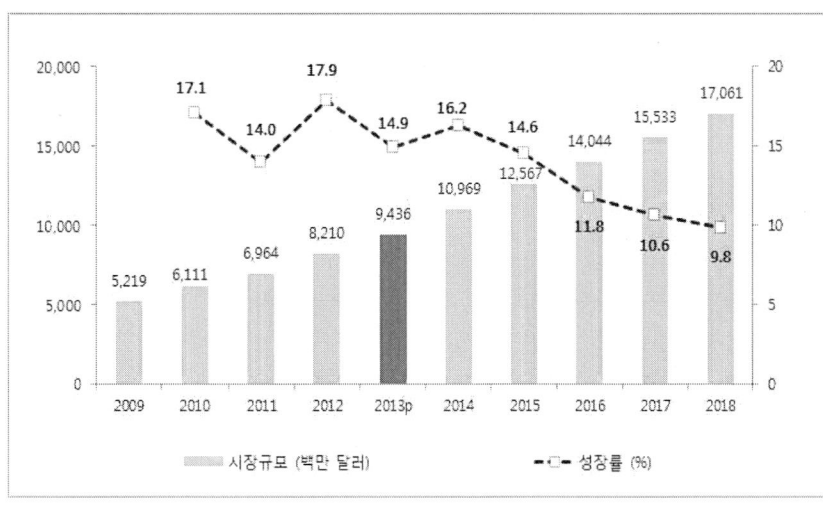

출처 : PwC(2014)

2013년 전체 지식정보시장에서 가장 높은 비중을 보인 것은 인터넷접근시장으로 71.7%의 시장 점유율을 보이며 시장을 주도하고 있다. 인터넷접근시장은 2018년 77.8%의 점유율로 전체에서 차지하는 비중이 더욱 늘어날 것으로 보인다. 반면, 그 외의 시장은 2009년 이래로 점유율 하락을 보이고 있으며 2018년까지 이러한 추세는 계속될 것으로 전망된다.

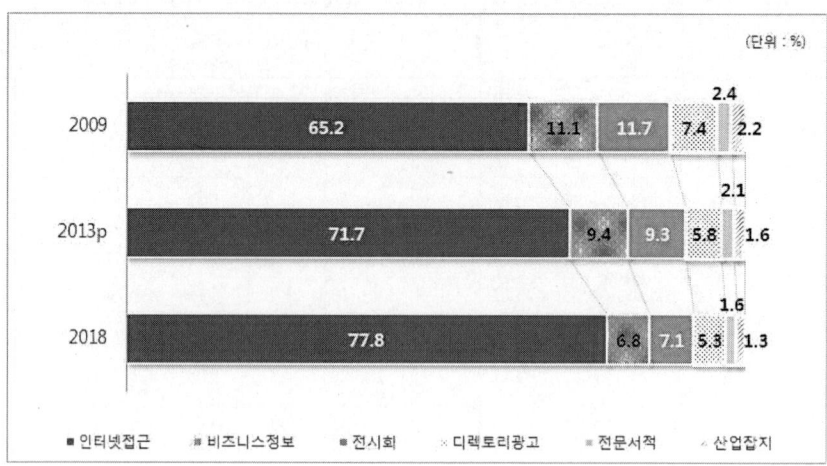

[그림 6-48] 러시아 지식정보시장 분야별 비중 비교, 2009 vs. 2013 vs. 2018

출처 : PwC(2014)

가. 인터넷접근

2013년 러시아의 인터넷접근시장은 전년대비 17.9% 성장한 67억 6,800만 달러를 기록했다. 최근 러시아는 스마트폰의 가격하락으로 인해 스마트폰 보급률이 높아지고 있으며 3G와 4G 이용자가 증가하는 추세이다.

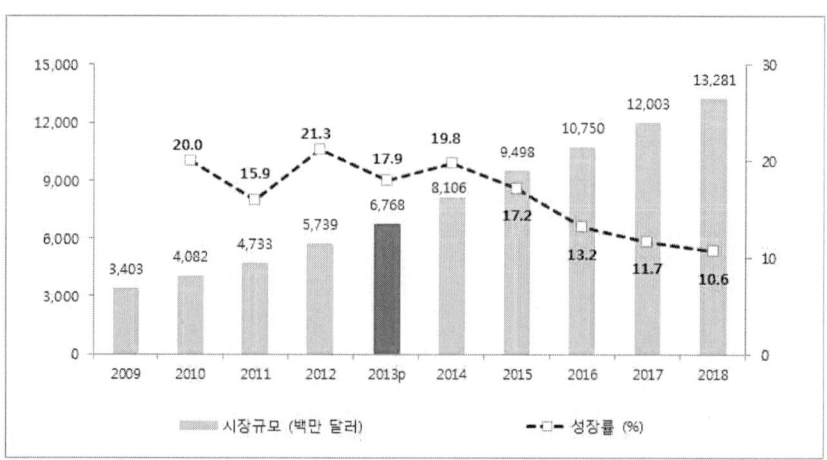

[그림 6-49] 러시아 인터넷접근시장 규모 및 성장률, 2009-2018

출처 : PwC(2014)

또한, 고정 브로드밴드 인프라도 구축되고 있어 러시아의 인터넷접근시장은 향후 5년간 연평균 14.4%의 성장세를 유지하여 2018년까지 132억 8,100만 달러 규모에 이를 것으로 전망된다.

나. 전문정보[188]

러시아는 글로벌 경제위기 있음에도 불구하고 빠른 회복세를 보이고 있으며 이에 따라 전문정보시장도 반등에 성공하여 성장세로 돌아섰다. 2013년 러시아의 전문정보시장은 전년대비 8%의 성장률을 보이며 26억 6,800만 달러로 집계되었다.

러시아의 경제가 성장함에 따라 기업들의 움직임이 활발해지고 이에 따라 비즈니스 정보시장과 전시회시장의 성장이 뒤따를 것으로 보인다. 또한, 건설산업의 급성장과 과학 분야에 대한 긍정적인 전망 덕분에 전문서적 시장과 산업잡지시장도 호황을 유지할 것으로 보인다.

러시아 전문정보시장은 향후 5년간 이러한 성장세를 유지하여 2018년에는 37억 8,000만 달러 규모로 성장할 것으로 전망된다.

[그림 6-50] 러시아 전문정보시장 규모 및 성장률, 2009-2018

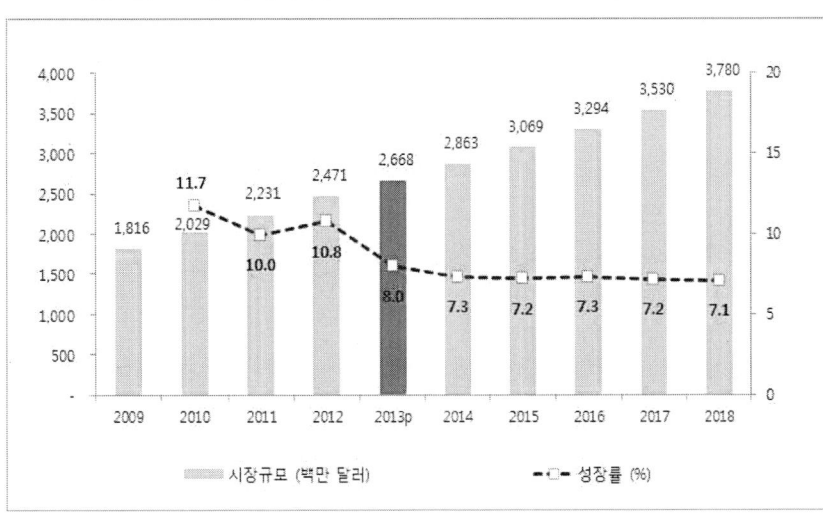

출처 : PwC(2014)

---

188) 전문정보시장은 인터넷접근을 제외한 지식정보시장(비즈니스 정보, 디렉토리 광고, 전문서적, 산업잡지, 전시회)을 의미함

3) 주요 이슈 및 트렌드

(1) 출판

가. 거대 전자상거래 회사 오존(Ozon)의 전자출판 진출

러시아의 최대 전자상거래 지주회사 오존은 전자책 유통사 엘리토스(Litres)의 지분을 획득하여 전자책시장 진출을 발표하였다. 전자책 출판시장의 거점을 확보한 오존(Ozon)은 최근 몇 년간 러시아가 불경기를 맞이하였지만 온라인을 통한 출판 매출은 지속 증가해왔다는 점을 들어 전자책시장 또한 계속 성장할 것으로 보았다. 실제로 러시아의 2014년 전자출판 규모는 전체 출판규모의 1%에 지나지 않지만 2013년 1,500만 달러의 시장을 형성하였고 2017년에는 전체 출판시장의 5%까지 성장한 1억 달러가 될 것으로 전망되고 있다.[189]

나. 소셜 읽기 서비스 북메이트(Bookmate)의 해외진출

얼마르트(Ulmart)는 소셜 읽기 서비스(Social reading service)업체 북메이트의 발전을 위하여 300만 달러의 자금을 유치한다고 밝혔다. 북메이트는 출판사 저자 독자를 하나로 묶어 주고 인터넷을 통하여 책의 내용을 교류하는 서비스를 하고 있다. 다양한 플랫폼을 통해 이용 가능한 북메이트는 300여 개의 출판사들과 협력을 통해 40만 권의 장서를 보유하고 있으며 러시아에서만 150만 명의 회원을 확보하고 있다. 북메이트는 러시아의 얼마르트 유통망을 통해 스칸디나비아 반도지역과 남미지역에도 서비스를 진출할 것임을 밝히면서 소셜 읽기 서비스가 확산될 것이라고 전망하였다.[190]

다. 변화하는 전자책 과금 시스템

러시아의 전자책시장 규모는 매년 커지고 있지만 그 만큼 해적판의 유통으로 인한 피해도 심각해지고 있다. 러시아에서 유통되는 전자책의 95%는 불법으로 다운로드된 것으로 나타났다. 출판업계에서는 전자책을 넷플릭스(Netflix)나 스포티파이(Spotify)처럼 스트리밍 서비스를 해야 한다는 이야기도 공공연한 가운데 드림 인더스트리(Dream Industries)는 북메이트를 출시하여 매달 5달러의 요금으로 22만 5,000권의 책을 읽을 수 있는 서비스를 개시하였다. 새로운 전자책 비즈

---

[189] VentureBeat, Russian e-commerce giant Ozon acquires stake in 전자책 store, 2014. 5. 18.
[190] Digital Book World, Russian 전자책 Subscription Service Bookmate Raises $3 Million in Series A Funding, 2014. 5. 23.

니스모델 도입으로 러시아는 해적판이 감소할 것으로 전망하였다.191)

(2) 만화

가. 구소련의 상징 사용으로 조사받은 마블코믹스

러시아의 출판 유통 회사는 자국의 소비자 감시 단체들로부터 미국의 만화제작사 마블 코믹스(Marvel Comics)가 구소련의 상징을 폄하했다는 이유로 조사를 받았다. 냉전시대 이전부터 제작되어온 마블 코믹스의 슈퍼 히어로물은 미국의 영웅과 구소련의 영웅으로 나뉘어 묘사되었고 구소련의 영웅들은 뱅가드를 필두로 다크스타 타이타니움 맨2, 우루사 장군, 크림슨 다이나모가 미국의 영웅들과 많은 충돌을 야기하였다.192) 특히 뱅가드는 구소련을 상징하는 낫과 망치 그림이 가슴에 있는데 여러 에피소드에서 '러시아 연방의 하수인' 또는 '폭력과 학대'로 묘사되었다. 이 때문에 러시아 소비자 감시 단체는 공식적인 경고나 2014년 안에 만화 라이선스 취소를 고려중이라고 밝혔다.193) 마블 코믹스의 주인공이 등장하는 '캡틴 아메리카(Captain America)'는 러시아에서 박스오피스 1위를 하였고 '어메이징 스파이더맨 2(The Amazing Spider-Man 2)'와 '액스맨(X-man: Days of Future past)'도 15위 권 안에 안착하였다. 이렇게 러시아 박스오피스시장이 미국이 무시할 수 없는 영화시장으로 성장함에 따라 마블의 모회사인 월트 디즈니(Walt Disney)는 이러한 점에 대해 동의하고 있으며 앞으로 출판되는 마블코믹스의 슈퍼히어로에는 구소련의 상징이 지워질 것이라고 밝혔다.194)

(3) 음악

가. 불법복제가 만연한 러시아의 음악시장

인터넷상에서 음악콘텐츠의 온라인 불법복제나 무단 유통 등의 문제는 향후 몇 년간 러시아의 음악산업이 해결해야 할 주요 과제로 남을 것이다. 2013년 8월에는 러시아의 저작권법에 대한 수정이 이루어지며, 그러한 방향으로 나아가는 중요한 진전이 이루어졌다. 이에 따라 법원의 결정이 있기 전에 의심스러운 웹사이트는 임시적으로 막아놓을 수 있게 되었다.

---

191) National Public Radio, Russian App Wants 전자책 Piracy To End Happily Ever After, 2013. 9. 20.
192) Marvel, Marvel Universe Wiki: Vanguard, 2014. 10. 17
193) The Moscow Times, Russia Investigating Marvel Comic Books as 'Propaganda of Violence', 2014. 7. 10.
194) Vocativ, Marvel Yanks Comic Featuring Soviet Superhero, 2014. 7. 23.

그러나 2014년 1분기에 소니, 유니버설, 워너 등의 음반 유통사는 러시아 최대의 미디어 그룹 메일루(Mail.ru)와 법적 분쟁을 시작하면서 러시아의 음원 불법유통은 더 이상 손을 쓸 수 없는 상황에 이르렀다고 밝혔다. 특히 메일루의 자회사인 브콘탁테(vKontakte)는 라이선스 허가 없이 음악과 비디오를 소셜 네트워크 페이지에 올리는 것을 허용하면서 음반 제작사들은 브콘탁테를 고소하였고 NFMI와 IFPI도 브콘탁테의 음원 업로드 허용은 도를 넘어선 파일 공유 서비스라고 비판하였다.195)

하지만 러시아가 바라보는 견해는 글로벌 음반 회사와는 다른 듯하다. 브콘탁테를 설립한 전임 회장 파벨 두로프(Pavel Durov)는 해적판의 유통은 불법이 아닌 자유로운 공유 행위라고 두둔하였고 신흥경제의 미디어 해적 보고서(a report into media piracy in emerging economies)의 저자 조 카라가니스(Joe Karaganis)도 복제와 수집이 일반적이었던 구소련 시대의 산물이라고 언급하였다.196)

실제로 러시아인들은 음악을 유료 스트리밍 서비스 보다 무료로 다운로드 하기를 선호하고 있다. 예를 들면 러시아의 최대 음원 스트리밍 서비스업체 즈부크는 월 5달러의 비용으로 1,500만 곡을 서비스 하고 있음에도 프리미엄(Freemium)서비스 전환을 준비하고 있는데, 이는 러시아인들이 서비스의 비용이 높고 낮음에 의해 영향을 받지 않는다는 것을 의미한다.197)

[그림 6-51] 브콘탁테의 음악 검색횟수

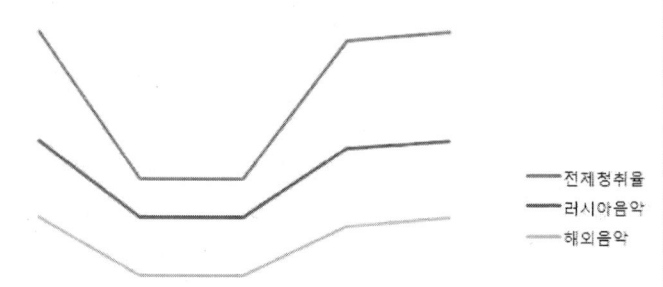

출처 : StarIndex, 2014.

---

195) BBC News Business, VKontakte case puts Russian music piracy into spotlight, 2014. 8. 11.
196) BBC News Business, VKontakte case puts Russian music piracy into spotlight, 2014. 8. 11.
197) VB, Zvooq raises $20M to bring freemium alternative to Russia's pirated music sites, 2014. 8. 19.

2013년 6월 브콘탁테가 음반회사들과 저작권협의를 위해 음악 라이브러리를 모두 제거했었는데 유저들에 의해 다시 1억 8,000만곡이 업로드되었다. 2014년 이후 불법 음원 업로드는 지속적으로 증가해서 저작권 협의를 위해 음원 라이브러리를 제거하기 전과 동일한 3억 6,000만 건으로 증가하였다. 다시 말하면 러시아의 음반시장은 스포티파이(Spotify)나 디저(Deezer), 즈부크(Zvooq)와 같은 음원 스트리밍 서비스 회사 간의 경쟁이 아니라 합법과 불법간의 경쟁구도로 보인다. 소셜 네트워킹 웹사이트와 제휴해 그들의 거대한 이용자 층을 기반으로 수익을 얻는 방법을 찾는 것이 향후 몇 년간 러시아 음악시장의 핵심적인 기회 중 하나가 되겠지만, 무단 복제와 불법 유통의 벽을 넘기는 어려울 것으로 보인다.

(4) 게임

가. 러시아의 모바일 게임시장

러시아의 모바일 게임 위상이 높아지고 있는 것으로 나타났다. 2014년 8월 초 애플의 앱스토어에는 러시아 게임을 소개하는 섹션이 만들어졌는데 러시아에서 개발된 12개의 게임 앱들을 소개하고 있다. 젭토랩(Zeptolab)은 러시아의 게임개발사로 모바일 게임 컷더로프를 제작하여 애플 디자인 어워드, 영국 아카데미 전자게임 어워드를 수상한 바 있으며 누적 다운로드 5억 건을 돌파했다. 동 회사에서 출시한 '컷더로프 2(Cut the Rope 2)'는 전작에서 볼 수 없었던 새로운 캐릭터들을 추가하였으며 한국의 게이머들을 위해 제작된 아이템도 등장하는 것으로 알려졌다. 1위에 랭크되어 있는 러시아산 컷더로프 2는 카카오톡을 통해 한국에 서비스되고 있다.[198]

마찬가지로 젭토랩에서 개발된 '푸딩 몬스터(Pudding Monsters)'는 떨어져 있는 푸딩을 하나로 합치는 게임인데 몬스터영웅이나 몬스터 대학과 같은 이미지에 착안하여 어린 아이들을 대상으로 개발되었다.

나이발(Nival)은 1996년에 설립된 회사로 명작 'Heros of Might and Magic 5'의 제작에 참여했고 'King's Bounty'를 제작했다. 현재는 러시아의 메일루(Mail.ru)에 인수되었다. 나이발에서 출시된 모바일 게임 '디펜더(Defenders)'는 화려한 3D 그래픽을 보여주는 게임으로 포브스(Porbes)매거진에서는 반드시 해봐야 하는 게임으로 소개하기도 하였다.[199]

---

[198] 게임동아, 컷더로프,
[199] Russia Beyond The Headlines, Russian games in App Store, 2014. 8. 31.

[그림 6-52] 러시아에서 제작된 모바일 게임

순위	한글명	원제목	제작사
1	컷 더 로프2	Cut The Rope 2	Zeptolab
2	푸딩 몬스터	Pudding Monsters	Zeptolab
3	디펜더	Defenders	Nival
4	에볼루션: 배틀 포 유토피아	EvolutionL Battle for Utopia	Mail.Ru
5	메가폴리스	Megapolis	Social Quantum
6	두들 갓	Doodle God	JoyBits Ltd.

출처 : Russia Beyond The Headlines, 2014. 8. 31.

나. 성장하는 러시아의 온라인 게임시장

러시아 게임시장은 높은 불법복제율과 함께 열악한 인프라로 잠재적인 시장으로 분류되었으나 최근 급성장 중인 것으로 나타났다. 러시아의 게임시장은 11억 달러의 시장으로 성장하였고 온라인 게임도 덩달아 성장하여 2014년에 4억 달러 규모에 달할 것으로 예상되고 있다.[200]

[그림 6-53] 러시아와 동일언어권 국가의 온라인 게임 검색률 추이

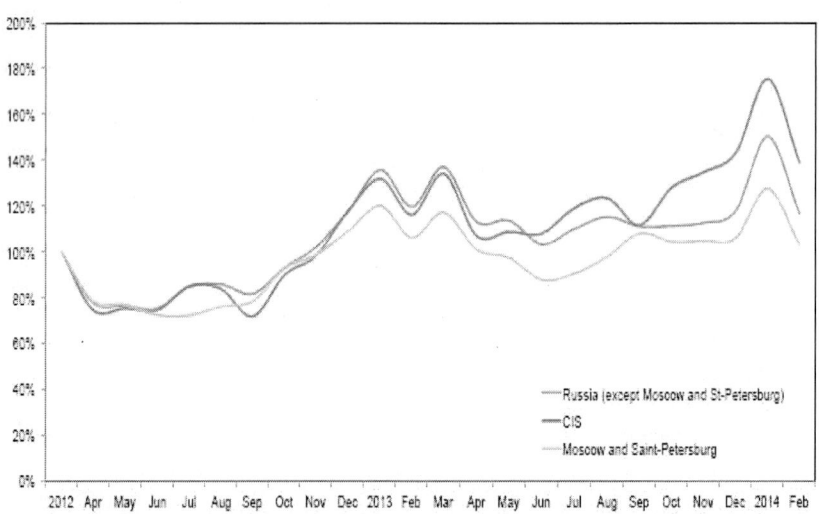

출처 : Yandex

---

200) 더 게임스, [포커스] 러시아시장이 뜬다, 2014. 7. 28.

러시아의 온라인 게임시장이 성장할 것이라는 것은 유저들의 관심도 역시 증명하고 있다. 러시아 최대 포털 사이트 얀덱스(Yandex)에 의하면 자사의 포털 서비스를 통해 온라인 게임을 검색한 횟수는 2013년 15억 6,429만 건으로 2012년의 13억 3,274만 건보다 18% 성장하였다.[201] 게다가 러시아뿐만 아니라 독립국가연합 10개국의 온라인 게임 검색율도 37%나 증가하였다.

무료게임과 부분유료화게임의 도입도 긍정적인 온라인 게임시장 형성에 한몫 하고 있는 것으로 나타났다. 소셜 네트워크를 기반으로 하는 게임으로 유저들이 이동하면서 해적판 게임의 음성적 유통이 사라졌고 러시아인들이 선호하는 액션 온라인 게임 월드 오브 탱크의 서비스가 정착하면서 사설 서버로 인한 문제는 완전히 해결되었다.[202]

(5) 영화

가. 구조적 문제로 인한 자국 영화산업의 고전

영화산업을 위한 보조금 지급 정책이 러시아 영화산업 성장에는 좋은 영향을 미치지 못하고 있다. 러시아는 2013년 문화부 장관의 법령에 따라 2013년 8월 19일부터 영화의 상영에 관련된 보조금을 신청할 수 있는데[203] 영화산업의 부흥에 투자되어야 하는 자금이 러시아의 이데올로기를 선전(Propaganda)하는 영화로 유입되고 있을 뿐만 아니라 선전영화를 장려하는 기형적인 구조를 낳고 있다. 게다가 러시아영화의 스크린 쿼터 제도(러시아영화 50%이상 상영)가 다수의 영화 제작사의 상영을 보장하게 되면서 지원받은 자금으로 영화는 만들되 관객이 없는 낮은 품질 영화를 양산하자 도리어 중소 영화 제작사를 먹여 살리는 도구로 전락했다는 비판을 받고 있다.[204]

검열은 러시아의 영화산업을 저해하는 또 다른 요인이다. 러시아 문화부 장관 블라디미르 메딘스키(Vladimir Medinsky)는 보수주의와 민족주의의 정수로 정평이 나있으며 영화에 풍자, 욕설이 포함되는 것을 금지하는 법안을 상정한 것으로 유명하다. 이 법안으로 인하여 프랑스에서 개최된 칸 영화제에서 최우수 각본상을 수상한 러시아의 영화 '리바이어던(Leviathan)'은 전 세계 50여개 국가에 판매되었음에도 러시아 사회에 대한 풍자가 포함되었다는 이유로 정작 러시아에는 상영되지 않았다.[205]

---

201) 더 게임스, [포커스] 러시아시장이 뜬다, 2014. 7. 28.
202) 더 게임스, [포커스] 러시아시장이 뜬다, 2014. 7. 28.
203) 해외콘텐츠시장 동향조사, 러시아, 2013. 12. 31.
204) The Moscow Times, Russian Film ProductionL Between Hollywood & Kremlin, 2014. 7. 8.
205) The Moscow Times, Russian Film ProductionL Between Hollywood & Kremlin, 2014. 7. 8.

(6) 애니메이션

가. 러시아 애니메이션산업, 정부 지원으로 급성장

러시아의 애니메이션산업이 정부의 지원에 의해 폭발적인 성장을 하고 있다. 러시아의 30여 개 애니메이션 스튜디오가 정부로부터 지원받는 자금은 한 해 2,500만 달러이며 이러한 지원을 통해 2013년에는 '마샤와 곰(Marsha and the Bear)', '스페이스 독(Space Dogs Family)', '럭키(Lucky)', '천하무적 키코리키(Kikoriki)' 등 15편의 TV시리즈가 방송되었다.206)

[그림 6-54] 마샤와 곰, 스페이스독, 천하무적 키코리키, 럭키

출처 : 각사 홈페이지와 러시아 애니메이션 페스티벌 홈페이지

이 중 '천하무적 키코리키(Kikoriki)'는 극장판 '천하무적 키코리키 황금용의 전설(Kikoriki: Legend of the Golden Dragon)'로 제작되어 2015년 가을에 개봉될 예정이다.207)

---

206) Variety, Russian Cinema: Toon Boom Echoes, But Not Far Enough, 2014. 9. 8
207) Variety, Russian Cinema: Toon Boom Echoes, But Not Far Enough, 2014. 9. 8

[그림 6-55] 천하무적 키코리키 황금용의 전설 (Kikoriki: Legend of the Golden Dragon)

출처 : KINO Gallery

또한, 마샤와 곰(Marsha and the Bearr)은 항공여객 전용 미디어사인 잉크 글로벌(Ink Global)을 통해 전 세계로 방송된다. 러시아 애니메이션 스튜디오 Animaccord의 작품인 마샤와 곰은 총 92개 국 방송사가 라이선스 계약을 하여 유럽, 남미, 한국을 포함한 아시아 국가들에서 방송될 예정이다. 208)

정부의 지원은 작품의 질적 향상에도 크게 기여하였다. 러시아의 애니메이션은 국제 필름 페스티벌에도 상당수 출품되었는데 러시아의 15개 애니메이션 제작사들 작품이 프랑스 안시(Annecy) 국제 애니메이션 필름 페스티벌에도 출품되었다.

또한, 모스크바의 컴퓨터 애니메이션기업인 '위자르트 애니메이션(Wizart Animation)'은 2012년에 제작한 러시아 애니메이션 '눈의 여왕 (The Snow Queen)'을 2014년 칸 영화제에서 해외 배급사들에게 판매하였다. 이번 거래는 러시아 영화로서 칸 영화제에서 처음 이뤄낸 것으로 구매업체는 중국의 'Flame Node Entertainment', 캐나다의 'Phase4Films', 슬로바키아의 'Itafilm' 등이다. 특히, 중국의 'Flame Node Entertainment'는 속편도 이미 구매를 한 상태로 많은 관심을 가지고 있는데, 이 업체의 Feng Yi 대표는 눈의여왕이 중국시장에서 큰 잠재력을 갖고 있다고 평가했다.209)

---

208) Key4Communications, The TV show 'Marsha and the Bear' goes global
209) The Calvert Journal, Russian cartoon gets international sales at Cannes, 2014.05.19

[그림 6-56] 눈의 여왕 (The Snow Queen)

출처 : Wizart Animation 홈페이지

한편, 눈의 여왕의 원작은 Hans Christian Andersen이 쓴 동명의 동화로, 최근에 디즈니에서도 '겨울왕국(Frozen)'으로 재작업되기도 했다. 눈의 여왕은 위자트 애니메이션이 작업한 최초의 장편 영화로 전 세계에서 1,400만 달러의 수익을 거두며 러시아 장편 애니메이션의 기록을 세웠다.[210]

나. 러시아 애니메이션 스튜디오, 중국과 인도시장을 겨냥[211]

모스크바에 본사를 두고 있는 러시아 최고의 국영 애니메이션 스튜디오인 '소유즈멀트 필름(Soyuzmultfilm)'은 자사의 라이브러리에 있는 애니메이션들의 외국어 버전을 제작하며 세계 1, 2위의 인구를 자랑하는 중국과 인도시장을 중심으로 한 해외 판매를 준비하고 있다.

최근 총재로 임명된 Andrei Dobrunov가 러시아 뉴스 리아 노보스티(RIA Novosti)와 한 인터뷰에 따르면, 소유즈멀트 필름은 자사의 자료들을 디지털화할 계획을 세우고 있으며, 중국과 인도 시장에서의 판매를 겨냥해 외국어 더빙 작업도 함께 하고 있다.

소유즈멀트 필름은 1936년 모스크바에 세워졌으며, 소비에트 연방이 붕괴하기 전까지 국가의

---

210) The Hollywood Reporter, Cannes: Russian Animation Feature 'Snow Queen' Sells to China, 2014. 5. 16.
211) Hollywood Reporter, Russian Animation Studio to Target Chinese, Indian Markets, 2014.04.22

주요 애니메이션 스튜디오였다. Dobrunov의 말에 따르면, 과거 소련 시절에도 해당 스튜디오에서 제작된 작품들에 다른 언어로 오버더빙을 하는 경우가 종종 있었으나, 지금에 비하면 당시 해외의 수요는 훨씬 낮았다고 한다.

1969년에 제작된 어린이용 애니메이션 시리즈인 Nu, pogodi! (Well, Just You Wait!)를 비롯해, 소유즈멀트 필름의 많은 작품들은 과거 사회주의 블럭을 형성하고 있던 중앙 및 동유럽 국가들에서 개봉되었으나 그 외의지역에서는 개봉되지 않았다. 그러나 오늘날에는 전 세계 여러 국가들이 러시아 애니메이션 작품에 꾸준히 관심을 갖는 등 러시아 애니메이션산업의 상황이 달라졌다. 지난 몇 년간 어린이 대상 애니메이션 시리즈인 'Smeshariki'는 미국, 독일, 영국 등을 포함한 6개국에 수출되기도 했다.

또한 2013년 가을에는 몇몇 장편 영화를 소유하고 있는 러시아기업인 STV가 중국과 라이선싱 합의에 서명했다. 그리고 현재 소유즈멀트 필름과 DA Studio가 공동 제작 중인 러시아의 장편 애니메이션 'Sergi Radonezhski' 또한 이미 해외 시장으로부터 관심을 끄는데 성공했다.

다. 중국과 러시아, 애니메이션 분야에서 최초로 협력 체결

중국의 애니메이션기업인 '슈저우 오리 애니메이션(Suzhou Ori Animation)'과 러시아의 'RSW Group'이 합동으로 애니메이션 영화를 제작하기로 결정했다. 양측 대표들은 2014년 10월 9일 모스크바에서 조인식을 갖었으며, 러시아 중국 대사관의 고문이자 모스크바 중국문화센터의 책임자인 Zhang Zhonghua 또한 행사에 참여했다. 계약 내용에 따르면, 양측은 중국과 러시아의 역사에 기반한 스크립트를 공동으로 쓰며, 저작권은 투자 금액의 비율에 따라 나누기로 했다.212) 이번의 공조는 중국과 러시아가 애니메이션 영화 제작에서 최초로 이룬 산업 협력 체결이다.

한편, 2013년 중국 문화부와 모스크바 대사관은 공동으로 애니메이션 박람회를 개최해 양국 애니메이션기업들의 전략적 파트너십을 구축하고 27억 루블(4억 7,000만 위안) 규모의 거래를 성사시키는데 도움을 준 바 있다.213)

라. 러시아 애니메이션 업계, 캐릭터 활용과 3D 제작으로 새로운 시도

상테 페테르부르크의 애니메이션 스튜디오의 제작자 시몬 보로닌(Simon Voronin)은 러시아에서 새로운 애니메이션 제작에 돌입했다. 현재 러시아에서 가장 인기가 많은 천하무적 키코리키(Kikoriki)의 주인공인 키코리키가 '황금용의 전설(The Legend of the Golden Dragon)'의 주인공으로 등장한다. 황금용의 전설은 제작 중이며 2015년 개봉을 앞두고 있다. 시몬 보로닌은 이 외

---

212) ChinaDaily, China and Russia cooperate in animation field, 2014. 10. 14.
213) China Culture, China and Russia cooperate in animation field, 2014.10.14

에도 키코리키를 활용한 애니메이션 데자뷰(Déjà vu)의 제작에도 돌입하였다.214)

한편, 러시아의 영화 지원 단체 로스키노(Roskino)는 2014년 5월 15일, 러시아 최초의 3D 애니메이션 퀘이커즈(Quackerz)를 제작하는 프로젝트를 발표하였다. 이 프로젝트는 2014년 흥행한 자국 영화 'Viy 3D'를 제작한 빅토르 라키소프(Victor Lakisov)감독이 맡을 예정이며 로마 애니메이션 제작사 A-VFX도 함께 제작에 참여한다.215)

[그림 6-57] 퀘이커즈 (Quackerz)

출처 : Vimeo

(7) 방송

가. 유료방송 디지털화, 2020년 98% 커버리지 달성이 목표

러시아정부의 유료방송 디지털 전환 정책이 속도를 내고 있다. 2013년 36%의 보급률을 보였던 디지털 유료TV가 2020년 60.7%까지 영향력을 확장하면서 관련 매출 역시 22억 달러 수준으로 늘어날 전망이다216). 그러나 이러한 정부 계획과는 달리 디지털 방송을 시청할 수 있는 장비를 보유한 가정의 수는 여전히 현저히 낮고, 가정 내 초고속 인터넷의 보급이 확산되면서 오히려 IPTV에 대한 관심이 높아지고 있는 상황이다.

---

214) Online newsmagazine about animation, Plans revealed for two feature films of most popular russian animated series Kikoriki, 2014. 8. 25.
215) Roskino Russian cinema worldwide, Roskino announces russian slate of film projects emerging from russian market, 2014. 5. 15.
216) Broadband TV News, Russian digital TV : an update, 2014.06.02

[표 6-17] 러시아 연방 TV 방송 발전 계획

분류	내용
도입 원인	• 신규 TV 채널을 위한 주파수 부족 • 장치 노후화 • 글로벌 TV 방송수준으로의 전환에 대한 필요성 증가
주요 임무	• 2015년 디지털 방송 전환 100% 완료 • 중소 도시 내 디지털TV 방송 도입 및 2~3개 채널 수신 • 위성TV, 브로드밴드 인프라 활용한 네트워크 구축 • TV 콘텐츠 개발 강화 • TV 방송장비의 국내 생산 촉진
도입 형태	• 위성TV 기술을 기반으로 한 DTT 방송 도입
도입 단계	• 1단계(2010-2011): 12개 지역 • 2단계(2010-2012): 27개 지역 • 3단계(2011-2013): 39개 지역 • 4단계(2012-2015): 5개 지역

출처 : ATLAS DB

그러나 이러한 디지털 전환은 케이블사업자들에게 위협으로 작용할 수 있다. 현재 저가의 패키지 상품을 중심으로 비즈니스모델(BM)을 구성하고 있는 이들사업자들은 타 영역에 비해 상대적으로 디지털화로의 전환이 늦어지는 모습을 보이고 있다. 이는 DTT 커버리지의 증가에도 불구하고 일부 고객들이 기존의 아날로그 케이블 서비스를 유지하고자 하는 현상을 보이고 있기 때문이며 이로 인해 케이블TV의 시장점유율은 대폭 감소하게 될 전망이다[217].

나. 불법복제 근절 법안, OTT시장 성장에 긍정적인 영향 미쳐

러시아 유료방송시장의 가장 큰 문제점으로 지적되고 있는 불법복제와 관련된 문제 역시 빠른 시일 내에 개선될 것으로 전망된다. 지난해 러시아정부는 불법복제 콘텐츠 근절을 위한 신규 법안을 발효했는데, 여기에는 소유권이 존재하는 콘텐츠의 저작권을 침해한 웹사이트의 소유자에 대한 처벌과 분쟁 콘텐츠에 대한 접근 차단 등의 내용이 포함되어 있는 것으로 알려졌으며, 이는 음악을 제외한 모든 온라인 콘텐츠를 대상으로 하고 있다[218].

---

217) Digital TV Europe, Russian digital TV penetration to hit 98% by 2020, 2014.05.30
218) The Hollywood Reporter, Russia Amends Anti-Piracy Law to Specify Procedure for Blocking Illegal

지금까지 불법복제 파일은 러시아의 OTT시장 성장을 저해하는 가장 큰 요인으로 지목받아왔다. 실제로 넷플릭스(Netflix)의 경우 불법 토렌트(torrent) 사이트의 유행을 이유로 향후 몇 년간 러시아 시장에 진출하지 않을 것이라는 전망을 내비치기도 했다. 그러나 이번 법안의 발효와 이를 지원하는 나우루(Now.ru), 스트림루(Stream.ru) 등의 비영리 인터넷 콘텐츠 플랫폼의 등장으로 러시아에서도 OTT시장이 차츰 형성되기 시작할 전망인데, 2014년 9월, 에릭슨 소비자 연구소와 TMT 컨설팅은 2014년 러시아 OTT VOD시장이 7,290만 달러의 실적을 창출할 것이라고 예측219)하기도 했다.

[그림 6-58] 러시아 OTT시장의 단말별 서비스 이용자 수

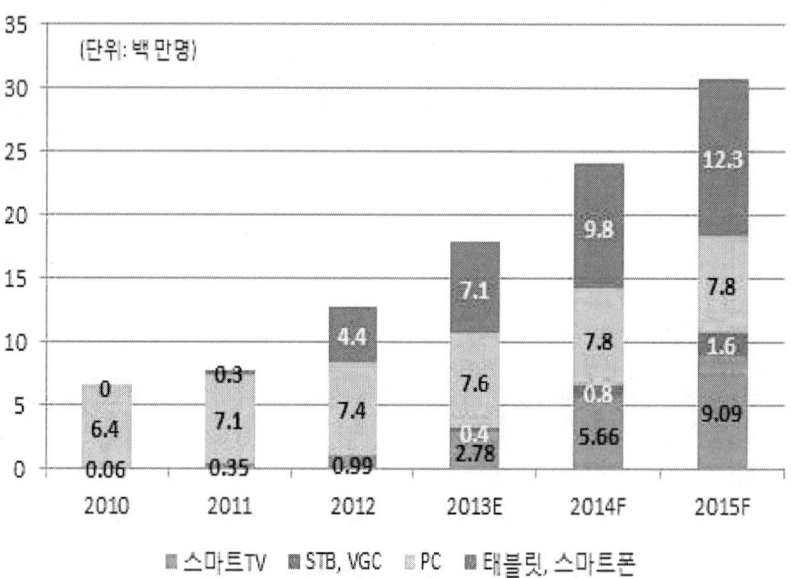

출처 : Rustele.com

이종사업자들의 OTT시장 진출도 시작되고 있다. 리테일 및 금융 그룹인 Trellas가 2014년 8월에 출시한 하이브리드 OTT TV 서비스 'TV zor'가 그 대표적인 사례이다. Trellas는 'TV zor' 서비스를 통해 올해 총 10만 명의 이용자를 확보하는 것을 목표로 하고 있으며220), 향후 이를 시작으로 러시아의 OTT시장은 보다 활발한 성장세를 보일 것으로 기대를 모으고 있다.

Content, 2013.03.12
219) The Hollywood Reporter, Russia's OTT VoD Industry to Grow by 70% in 2014, 2014.09.19
220) Digital TV Europe, New OTT hybrid platform for Russia, 2014.08.07

(8) 광고

가. 러시아 검색포털 얀덱스, 광고영역으로 사업 확대

러시아 최대 인터넷 검색 서비스 회사 얀덱스(Yandex)는 2014년 1분기동안 증가하는 인터넷 광고의 수요로 인하여 자사의 주식이 19% 상승하였다고 발표하였다. 같은 기간 당기순이익은 7,500만 달러 증가하였고 연말까지 이익이 36% 증가할 것이라고 전망하였다. 얀덱스의 회장 아르카지 보로스(Arkady Volozh)는 인터넷의 텍스트 기반 광고에서 대부분의 수익이 창출되었다고 언급하면서 사업의 영역을 확대할 것이라고 밝혔다.[221]

얀덱스는 2013년 러시아의 메일루(Mail.ru)와 검색 광고 제휴를 통해 중장기적으로 광고 네트워크 확대를 도모하였다. 또한 2014년 2월에는 구글과 실시간 경매(RTB) 협약을 체결하였고 디스플레이 광고 부문에서 양사의 보유 인벤토리를 공유·제공하여 역량을 강화하였다. 이외에도 얀덱스는 페이스북과의 제휴를 통하여 구소련의 독립국가 연합에 대한 접근권을 확보함으로써 소셜네트워크를 통한 광고의 확대와 검색 서비스 품질개선을 달성하였다.[222]

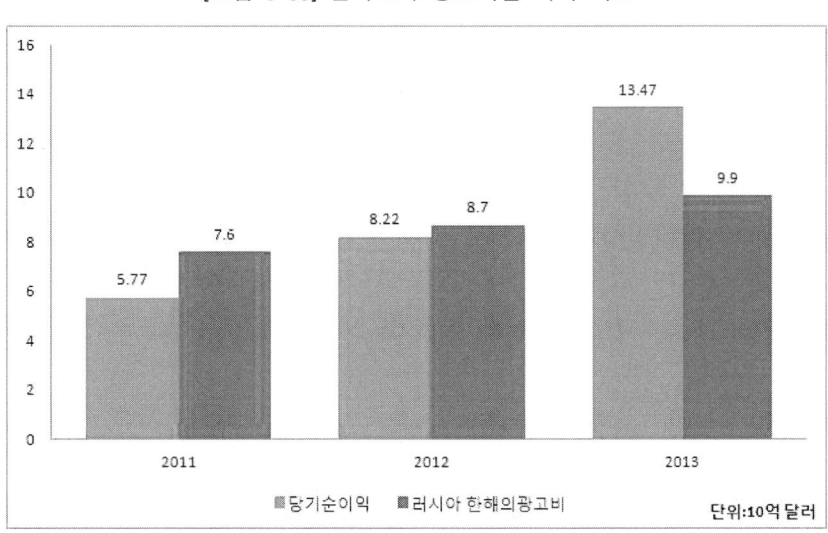

[그림 6-59] 얀덱스의 광고지출 여력 비교

출처 : eMarketer, 2014 & Yandex 2014. 2.

---

221) Bloomberg, Yandex Profit Rises 19% on Russia Internet Advertising Demand, 2014. 4. 24.
222) CONEX, 러시아 1위 검색 엔진 Yandex 2014 Q1 매출 36% 성장 전방위 제휴로 광고 네트워크 확대, 2014. 5. 7.

광고 사업의 영역 확대를 시도하는 얀덱스가 마침내 광고 캠페인 분석 회사 애드폭스(ADFOX)를 인수하였다. 애드폭스는 750명 이상의 거대 고객을 확보하고 있으며 매일 1조 개 이상의 광고를 시행하고 있다. 얀덱스는 애드폭스의 플랫폼을 통하여 광고를 지속할 것이며 자사의 실시간 경매(Real time bidding)와 다이렉트(Direct) 시스템을 통해 보다 효과적인 광고를 고객들에게 선보일 것이라고 밝혔다. 223)

얀덱스의 당기순이익(순수이익)은 2013년을 기점으로 134억 7,000만 달러로 러시아 전체에서 소비되는 광고비 99억 달러를 넘어선 것으로 나타났다. 2014년의 러시아 전체 광고 지출은 111억 달러, 2015년은 122억 달러로 예상되는데224) 얀덱스의 충분한 자금력과 애드폭스의 인수로 인하여 광고 지출이 늘어날 것으로 보이며 러시아 광고의 1위 자리를 지킬 것으로 예상된다.

나. 러시아 의회, 유료TV 채널 광고 폐지 법안 상정

러시아 의회는 유료방송 채널의 광고를 폐지하는 법안을 상정하였다. 이 법안은 2015년 1월 1일부터 효력을 가지게 되는데 러시아에서 서비스 중인 미국의 유료방송채널 디스커버리 채널(Discovery Channel)과 내셔널 지오그래픽(National Geographic) 등은 수익 면에서 큰 타격을 받을 것으로 예상된다. 또한, 러시아의 소규모 케이블TV업체들은 완전히 도산할 것으로 전망되고 있다. 정부의 유료TV 채널의 광고 독점화 현상은 언론을 통제하는 시작에 불과하다고 러시아 의원 일리아 포노마리프(Ilya Ponomarev)는 비판했다. 225)

다. 러시아, 온라인 광고 지출 증가

러시아의 온라인 광고 지출이 증가한 것으로 나타났다. 2014년 전반기 동안 러시아기업들은 온라인 광고에 전년대비 20%를 추가 지출하였는데, 가장 많은 지출을 보인 부분은 문맥 광고였다. 문맥 광고는 웹에 게재된 내용과 문맥을 분석하여 연관성이 높은 광고를 자동적으로 노출하는 기법인데 2014년 전반기에만 전년대비 28%가 추가 지출되었다.226) 높아진 문맥 광고 지출만큼 수익도 극대화되고 있는데 러시아의 최대 인터넷 포털 서비스 회사 얀덱스(Yandex)는 전년대비 27%의 광고 수익을 거두어 들였고 애드 네트워크(Ad-network)는 98%의 광고 수익을 거둬들였다.227)

---

223) Rus@soft, Yandex acquires ad tech platform ADFOX, 2014. 9. 22
224) eMarketer Advertising spending in Russia from 2011 to 2017, 2014.
225) Financial Times, Pay-TV channels face ad ban in Russia, 2014. 7. 4.
226) Anna Oshkalo, Online advertising spend in Russia up by 20% in H1 2014, 2014. 6. 8.
227) Anna Oshkalo, Online advertising spend in Russia up by 20% in H1 2014, 2014. 6. 8.

(9) 캐릭터·라이선스

가. 러시아에 진출하는 '페파 피그'

엔터테인먼트 원(Entertainment One)의 '페파 피그(Peppa Pig)'는 러시아, 우크라이나와 라이선스 계약을 했다. 이번 라이선스 계약을 통해 페파 피그는 우크라이나의 PlusPlus 채널을 통해 방영되며 러시아에서는 Karusel 채널을 통해 방송된다. 러시아의 로스만(Rosman) 출판은 페파 피그를 장난감, 도서, 헝겊인형, 나무장난감, 욕실장난감, 미니어쳐로 출시하며 우크라이나의 장난감 제조회사 키디스피트(Kiddisvit)도 장난감으로 출시한다.[228]

나. Dora의 러시아 판권 계약 연장

니켈로디온 & 바이어컴(Nikelodeon & Viacom)은 러시아와 독립연합국가로부터 'Dora the Explorer'의 신상품 판권을 확보했다. 그 동안 미취학 아동을 대상으로 제품을 판매해왔는데 이번에 도서, 자전거, 장난감, 액세서리, 의류, 보드게임, 가정용품으로 확대하였다. 제품의 출시와 함께 러시아의 방송 채널 'Karusel'에서 'Dora Live'가 방영되어 상품 판매가 더욱 촉진될 것으로 전망되고 있다.[229]

다. 러시아로 진출하는 'Talking Tom and Friends'

'토킹 톰앤 프렌즈(Talking Tom and Friends)'가 러시아의 아이콘 프로모션(Icon Promotion)과 라이선스계약을 통해 러시아 우크라이나 독립국가연합으로 진출한다. 토킹 톰앤 프렌즈는 영국 아웃핏7(Outfit7)에서 제작한 만화이며 남미와 아시아로 라이선스를 확대 중이었다. 이번 러시아의 진출로 캐릭터 상품에 대한 지원과 소매상점으로 라이선스를 확대할 것으로 전망된다.

(10) 지식정보

가. 러시아 최대 소셜 네트워크 브콘탁테의 인수 합병

러시아의 미디어 그룹 메일루(Mail.ru)는 브콘탁테(Vkontakte)의 경영권을 확보하였다. 메일루

---

[228] Global License!, eOne Grows Peppa in Russia, Ukraine, 2014. 6. 26.
[229] Global License!, Dora Extends Russian Stay, 2014. 1. 29.

그룹은 브콘탁테의 지분 52%를 소유하고 있으며 나머지 48%의 지분을 14조 7천억 달러에 러시아의 투자 펀드 회사 유나이티드 캐피탈 파트너(United Capital Partner: UCP)로부터 인수하였다. 이로써 2억 5,000만 회원을 보유한 브콘탁테의 경영권 및 소유권은 완전히 메일루 그룹으로 이전되었다. 메일루 그룹은 이미 러시아의 소셜 네트워크 오드노클라스니키와 싸이월드와 유사한 모이 미르(Moi Mir)를 소유하고 있다. 이번 인수로 인하여 러시아의 메일루 그룹은 러시아 최대의 소셜 네트워크 서비스기업으로 발돋움하게 되었다.[230]

4) 콘텐츠 소비 실태 및 동향

(1) 디지털 인프라 환경 및 소비 행태

가. 디지털 인프라 환경

2013년 러시아의 스마트폰 보급률은 19.7%로 전년대비 4.2%p 증가하였다. 러시아는 흔히 잠재성 있는 신흥시장으로 분류되는데 스마트폰 보급률이 국가 GDP 대비 낮은 수준이기 때문이다. 그럼에도 러시아의 브콘탁테(ВКонтакте), 메일루(Mail.ru)의 서비스가 스마트폰에서도 가능해지면서 2018년까지 러시아인의 45.3%가 스마트폰을 사용할 것으로 보인다.

러시아의 모바일 인터넷 보급률은 2013년 43.9%를 기록하였는데 이는 전년대비 13.0%p 증가한 것이다. 러시아 주요 LTE 서비스 제공사업자는 MegaFon, MTS, Yota, Rostelecom, Vimpelcom 등이 있으며, 러시아지역의 특성상 주요 도시를 중심으로 서비스가 제공되고 있다. 특히 2013년은 이례적인 성장률을 기록하였는데 2014년 Sochi 동계 올림픽을 대비한 LTE 서비스 커버리지를 러시아 전역에 확대했기 때문이었다. 2013년을 기점으로 예년 성장률과 비슷한 성장세를 2018년까지 보일 것으로 나타났고 70.9%의 러시아인들이 모바일 인터넷을 이용할 것으로 예상된다.

2013년 러시아의 고정 브로드밴드 보급률은 52.3%로 전년대비 5.8%p 증가하였다. 기존의 구리선을 이용하던 xDSL에서 FTTB/FTTH 기반의 초고속 브로드밴드 서비스로 빠르게 성장하고 있으며, 관련사업자들이 지방의 브로드밴드 인프라 투자규모를 확대하고 있어 지역 간 균형적인 성장을 할 것으로 전망된다. 지역 간 인터넷 접속 불균형이 해소되면 2018년 러시아인들이 고정 브로드밴드를 이용하는 비율은 76.4%에 이를 것으로 보인다.

---

[230] RUS@SOFT, Mail.ru Group takes over Vkontakte, 2014. 9. 22.

[표 6-18] 러시아 유·무선 인터넷 보급률 및 전망, 2009-2018

구분	2009	2010	2011	2012	2013p	2014	2015	2016	2017	2018
스마트폰 보급률(%)	-	-	-	15.5	19.7	24.6	29.8	35.2	40.4	45.3
전년대비증감(%p)	-	-	-	-	4.2	4.9	5.2	5.4	5.2	4.9
모바일 인터넷 보급률(%)	18.1	21.2	25.1	30.9	43.9	50.2	56.6	62.0	67.8	70.9
전년대비증감(%p)	-	3.1	3.9	5.8	13.0	6.3	6.4	5.4	5.8	3.1
고정 브로드밴드 보급률(%)	24.4	30.6	40.6	46.4	52.3	58.7	65.7	70.8	74.2	76.4
전년대비증감(%p)	-	6.2	10.1	5.8	5.9	6.5	7.0	5.1	3.4	2.2

출처 : PwC(2014)

나. 디지털 소비 및 이용 행태

Consumer Barometer with Google에서 2014년 3월 조사한 바에 의하면 러시아 사람들이 선호하는 디지털기기로는 모바일폰이 86%로 가장 높았으며, 그 다음으로 컴퓨터가 81%, 스마트폰 45%, 태블릿 28% 등의 순으로 조사되었다.

[그림 6-60] 러시아인들이 선호하는 디지털기기

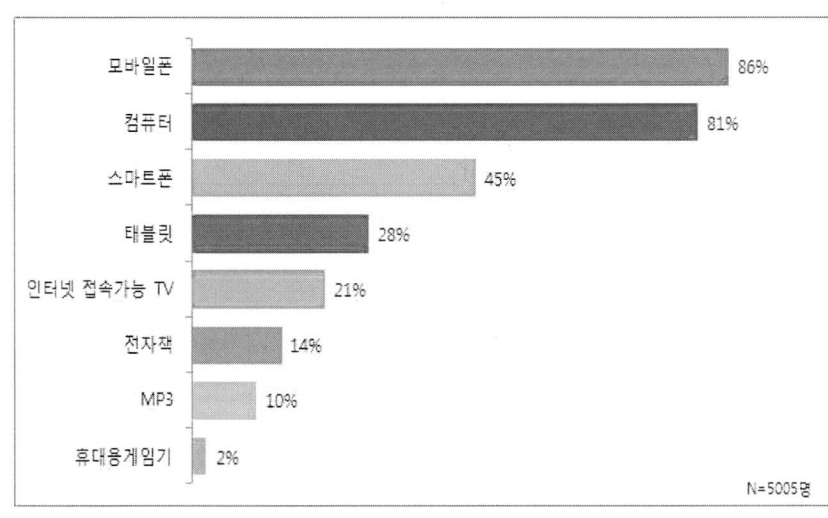

출처 : Consumer Barometer with Google

① 인터넷 이용 행태

러시아인들을 대상으로 인터넷 이용 행태에 대해 조사한 바에 의하면 응답자의 51%가 하루에 한두 번 정도 인터넷을 이용하는 것으로 나타났다. 그 다음으로 하루에 한 번 정도 이용하는 경우가 28%, 한 주에 2~6회 이용하는 경우가 10%로 조사되었다.

[그림 6-61] 러시아인들의 인터넷 사용 빈도

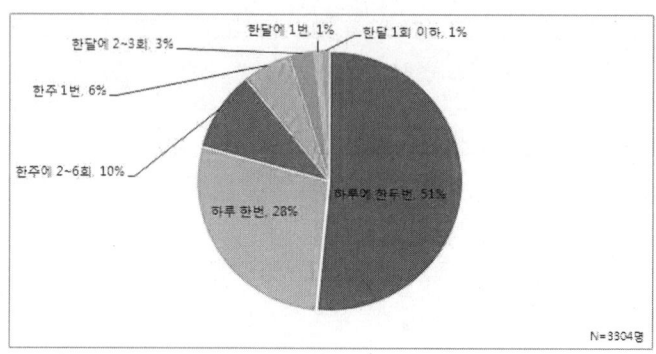

출처 : Consumer Barometer with Google

태블릿, 컴퓨터, 스마트폰 이용자를 대상으로 조사한 결과에 의하면 인터넷 이용 시 컴퓨터, 태블릿을 선호하는 경우는 54%로 가장 높은 비중을 보였다. 모두 선호하는 경우는 22%, 응답자의 9%는 스마트폰보다 컴퓨터나 태블릿을 더 선호하는 것으로 조사되었다.

[그림 6-62] 러시아인들이 인터넷 이용 시 선호하는 스마트기기

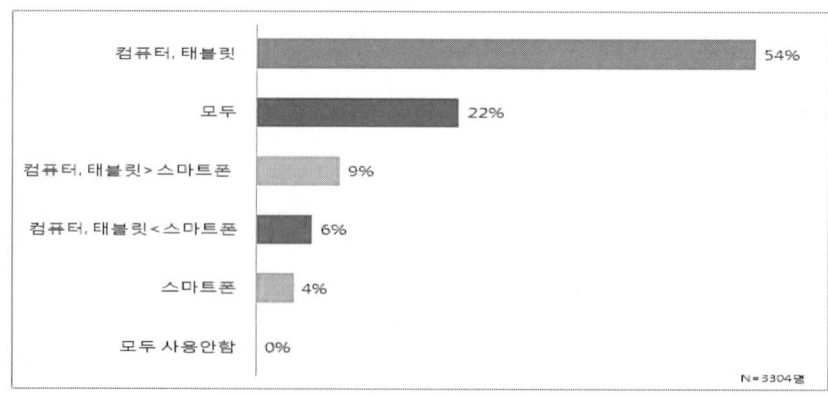

출처 : Consumer Barometer with Google

상품 및 서비스 구매 시 인터넷이 어떤 도움이 되는지에 대해서 응답자의 59%가 가격비교를 하는데 도움이 된다고 응답하였으며, 그 다음으로 의견수렴 및 리뷰를 정독한다는 비중이 46%, 상품재고 확인이 33%, 비디오 시청이나 상점위치 확인이 17% 순으로 나타났다.

[그림 6-63] 상품 및 서비스 구매 시 인터넷이 도움이 된 분야

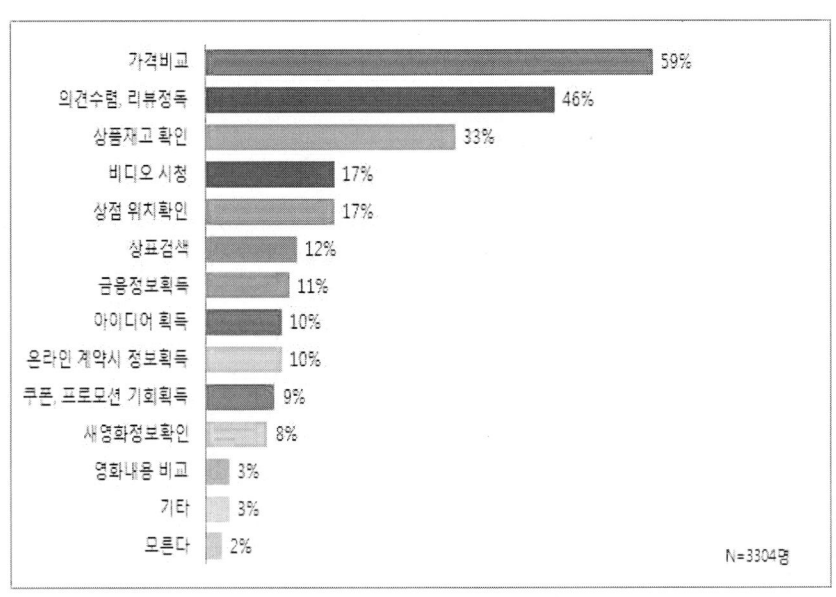

출처 Consumer Barometer with Google

② 스마트폰 이용 행태

2013년 5월 Ipsos MediaCT에서 러시아 시민 16세 이상 1,000명을 대상으로 스마트폰 이용 행태를 조사하였다. 응답자들의 특성을 보면, 여성이 45%, 남성이 55%였으며, 18세~24세 응답자가 36%로 가장 많은 것으로 나타났다. 지역적으로는 도시지역 거주자가 96%로 가장 많았으며, 응답자의 47%가 기혼자인 것으로 조사되었다.

[그림 6-64] 러시아인 스마트폰 이용 행태 조사 응답자 특성

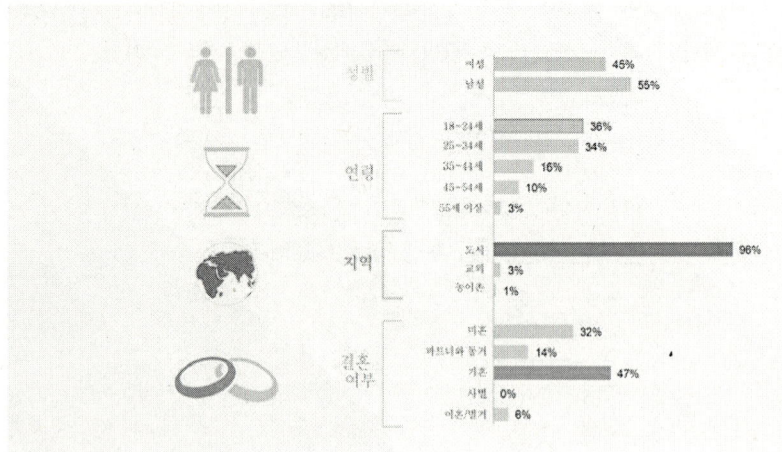

출처 : Ipsos MediaCT, Google mobile planet

먼저 스마트폰을 주로 이용하는 장소로는 95%가 집에서, 89%가 직장에서, 88%가 이동 중에 사용하고 있는 것으로 조사되었다.

특히 전체 응답자의 70% 이상이 음식점이나 사교활동 중에 스마트폰을 사용하고 있는 것으로 나타났으며, 병원에서 이용하는 경우는 62%인 것으로 조사되었다.

[그림 6-65] 러시아인이 스마트폰을 가장 많이 이용하는 장소

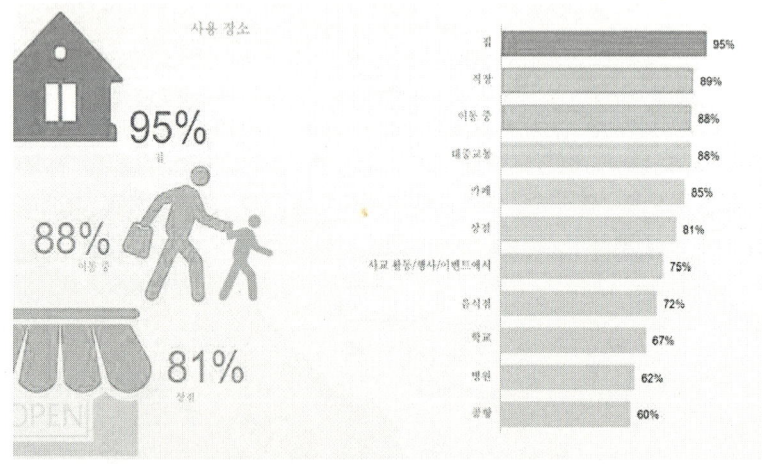

출처 : Ipsos MediaCT, Google mobile planet

t설문 조사결과 스마트폰 이용 시 주로 이용하는 서비스를 살펴보면, 검색엔진 사용이 31%로 가장 높은 비중을 보였으며, 그 다음으로 SNS 방문이 28%, 이메일 확인이 25%, 동영상 감상이 24%, 음악 감상이 20%인 것으로 조사되었다.

[그림 6-66] 러시아인이 스마트폰 이용 시 주요 이용 서비스

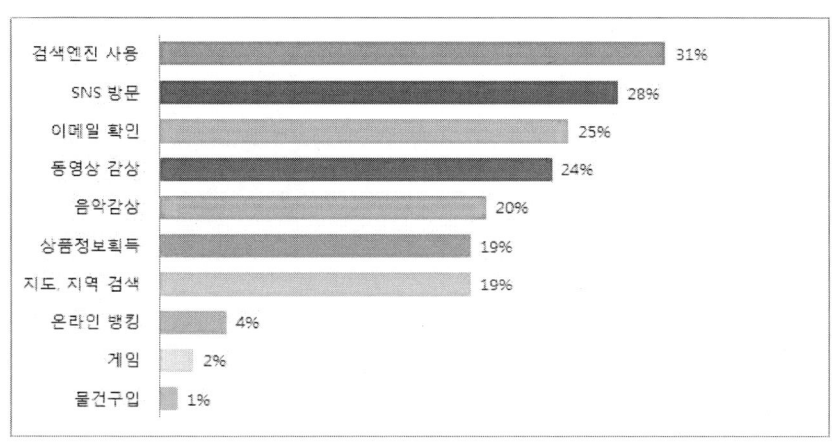

출처 : Consumer Barometer with Google

응답자들이 오프라인으로 광고를 보는 비중을 보면, 상점/인쇄가 67%로 가장 높았으며 그 다음으로 TV가 60%, 포스터/옥외 광고가 54%, 잡지가 52%의 순으로 나타났다. 응답자의 73%는 오프라인의 광고 노출 후 모바일로 재검색을 실행하는 것으로 나타났다.

[그림 6-67] 오프라인 광고 노출 후 모바일로 검색을 실행하는 비율

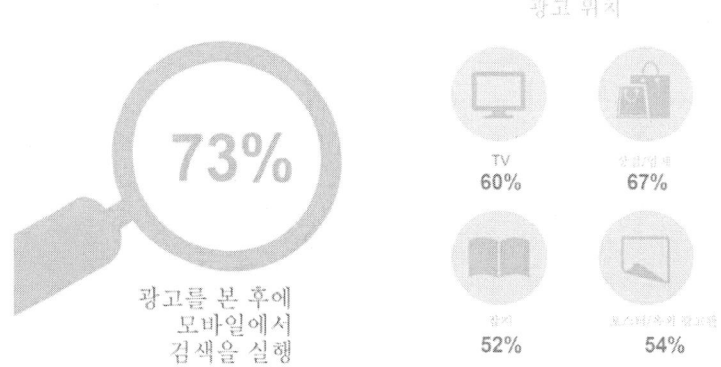

출처 : Ipsos MediaCT, Google mobile planet

러시아의 소비자들이 스마트폰에서 모바일 광고를 보는 위치를 보면, 58%는 온라인 매장에서, 50%는 검색엔진을 이용하는 동안, 42%는 게임이나 앱 안에서, 35%는 동영상을 조회하면서 광고를 보는 것으로 조사되었다.

[그림 6-68] 러시아 사람들이 스마트폰에서 모바일 광고를 보는 위치

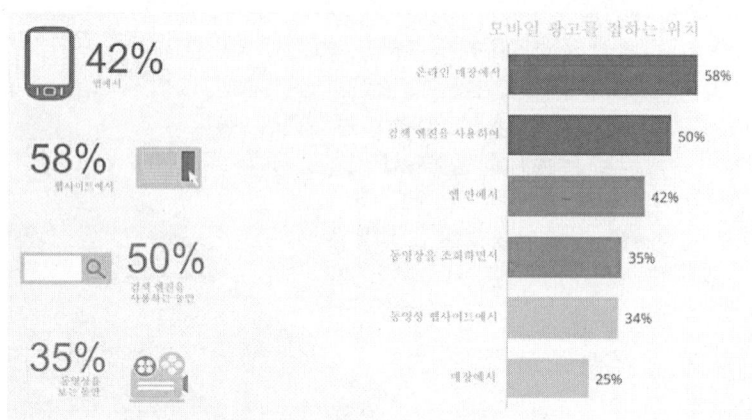

출처 : Ipsos MediaCT, Google mobile planet

러시아의 모바일기기 이용자들의 84%는 스마트폰을 이용하는 동안 다른 활동을 동시에 하는 것으로 나타났다. 설문에 응답한 사람들의 41%는 스마트폰을 사용하면서 TV 시청을 하는 것으로 나타났다

[그림 6-69] 러시아인이 스마트폰을 이용하면서 다른 활동을 하는 비율

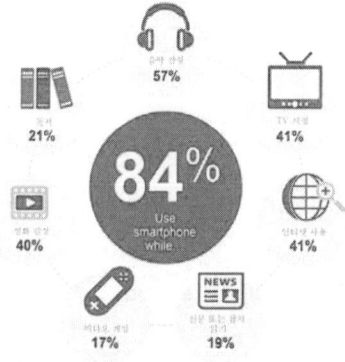

출처 : Ipsos MediaCT, Google mobile planet

다. 온라인 비디오 시청 행태 및 선호 장르

2014년 3월 Consumer Barometer with Google에서 스마트기기별로 비디오 시청 횟수를 조사한 결과, 스마트폰이나 태블릿 보다는 컴퓨터를 이용해서 비디오를 시청하는 횟수가 더 많은 것으로 나타났다.

[그림 6-70] 러시아인의 스마트기기별 온라인 비디오 시청 횟수

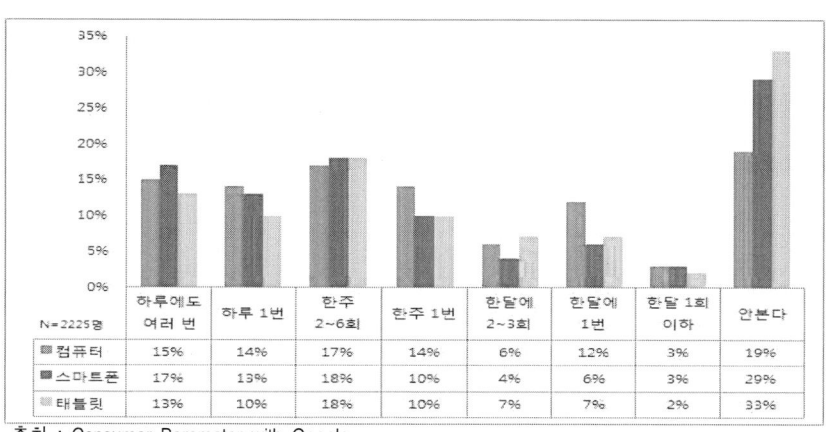

출처 : Consumer Barometer with Google

온라인 비디오 시청 시 주요 이용 플랫폼으로 온라인 비디오나 앱을 이용하고 있다는 응답자들이 64%로 가장 높았으며, SNS 이용이 50%로 나타났다.

[그림 6-71] 러시아인이 온라인 비디오 시청 시 주로 이용하는 플랫폼

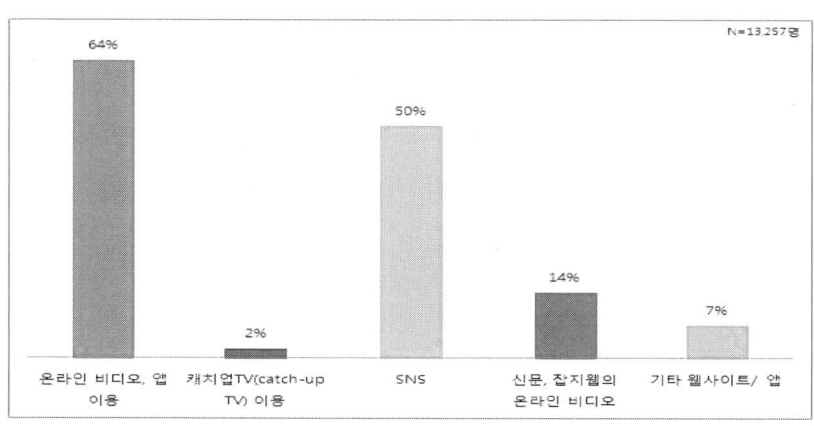

출처 : Consumer Barometer with Google

온라인 비디오를 시청하는 이유에 대한 설문에 응답자의 41%가 여흥의 일부라고 하였으며, 38%는 지식 습득을 위해서라고 응답하였다. 또한 휴식을 위하여 비디오를 시청한다고 답한 사람들도 34%나 되는 것으로 조사되었다.

[그림 6-72] 러시아인이 온라인 비디오를 시청하는 이유

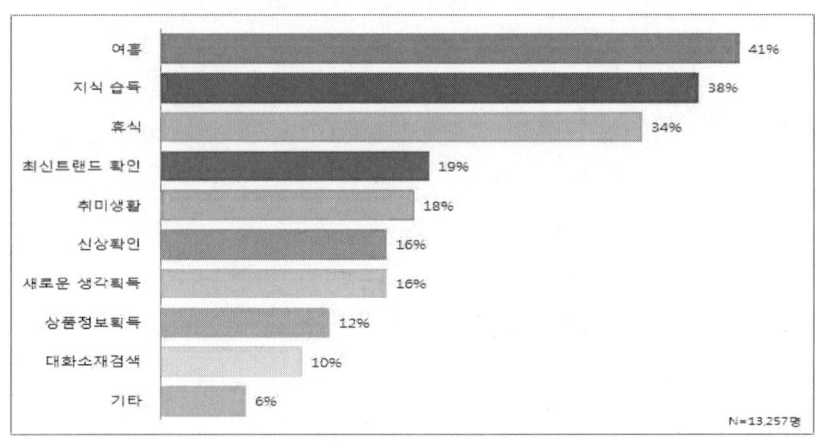

출처 : Consumer Barometer with Google

응답자의 41%는 온라인 비디오를 시청 시 주로 영화를 시청하는 것으로 조사되었으며, 그 다음으로 뉴스/정책이 31%, 음악 29%, 코미디 21%, 홈비디오 17% 순으로 나타났다.

[그림 6-73] 러시아인이 온라인 비디오 시청 시 주요 장르

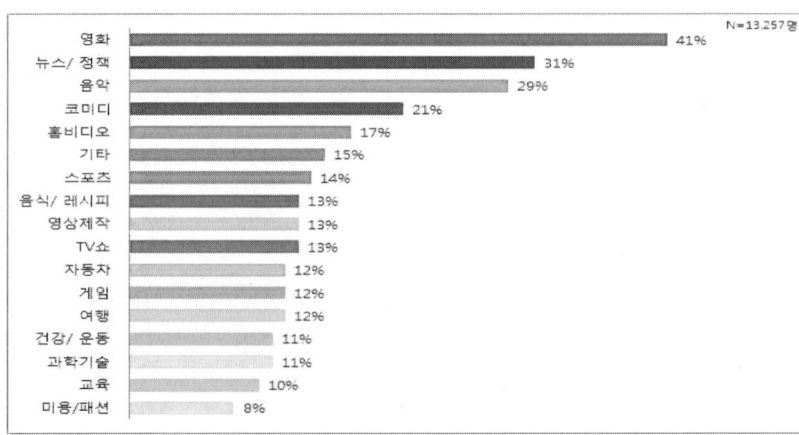

출처 : Consumer Barometer with Google

라. 주요 콘텐츠별 선호 장르

① 러시아인들이 가장 좋아하는 액션 게임

온라인 게임에 대한 유저들의 열망과 시장의 규모가 성장하는 것과 다르게 러시아의 MMO 게임 개발 수준은 유저들의 기호를 충족시키지 못하면서 외산 게임들이 다수 진출해 서비스를 하고 있다. 한국의 '아키에이지'는 러시아에서 180만 명의 가입자를 확보하였고 15개의 서버를 운영 중이다. 벨라루스의 게임회사 워게이밍넷(War-gaming net)이 제작한 탱크게임 '월드 오브 탱크'도 러시아 온라인 게임시장의 28%를 점유하였고 2013년 한 해 동안 3억 1,200만 달러의 수익을 올렸다.[231]

[그림 6-74] 러시아인들이 가장 좋아하는 액션 게임

출처 : Yandex

② 2014년 상반기 러시아 영화 순위

2014년 전반기 영화 관람객은 2013년보다 4.6% 상승한 9,894만 3,000명이었고 244억 9,000만 루블의 수익을 올렸다. 자국 영화는 전체 영화의 23.73%를 점유하였고 58억 1,000만 루블의 수익을 올렸는데 2013년의 전반기와 비교하면 점유율 면에서는 17.7% 하락하였고 관람객 수는 18.1% 하락하였다.

---

231) This is game, 탱크파워 월드 오브 탱크 2013 년 러시아 게임시장의 28% 점령, 2014. 3. 7.

[그림 6-75] 2014년 상반기 러시아 영화 순위

순위	영화제목	배급사	수익($)	개봉일
1	트랜스포머: 사라진 시대	n/a	$45,200,121	06월 26일
2	말레피센트	Disney	$37,779,753	05월 29일
3	가디언즈 오브 갤럭시	Disney	$37,435,946	07월 31일
4	비이 3D	UIP	$34,125,682	01월 30일
5	노아	n/a	$33,854,392	03월 27일
6	드래곤 길들이기 2	n/a	$30,030,299	06월 12일
7	어메이징 뮤턴트	n/a	$28,916,123	08월 07일
8	리오 2	n/a	$26,853,427	03월 20일
9	47 로닌	UIP	$26,058,135	01월 02일
10	엑스맨: 데이즈 오브 퓨처 패스트	n/a	$22,554,389	05월 22일

출처 : Mojo box office, 2014. 7

영화 비이(Viy)가 유일하게 러시아 영화로는 10위 안에 등극하였다. 영화 비이는 러시아의 대문호 '니콜라이 바실리예비치 고골(Nikolai Vasilievich Gogol)'의 두 번째 소설집 '미르고로드'에 실린 단편 비이를 테마로 만들어진 영화이다.[232] 비이는 해외에서 드라마와 연극으로 여러 편 제작되었을 뿐만 아니라 한국에서도 연극으로 개봉된 바 있다.[233]

③ 러시아, 자국 소셜 미디어 사이트 '브콘탁테'를 가장 많이 이용

러시아에서 페이스북(Fac전자책)이 힘을 쓰지 못하고 있다. 전 세계적으로 소셜 네트워크 서비스 페이스북의 인기는 대단히 높은 편이지만 러시아에서는 자국의 소셜 미디어 사이트 '브콘탁테(Vkontakte)' 때문에 인기가 높지 않은 것으로 나타났다. 브콘탁테는 페이스북과 유사한 서비스를 제공하고 있을 뿐만 아니라 스트리밍 서비스를 통해 다양한 엔터테인먼트 미디어를 접할 수 있다. 다양한 미디어 서비스 덕분에 11세와 25세 사이의 러시아인들에게 인기가 많아 페이스북 회원의 두 배인 5,020만 명의 회원이 등록되어 있다.[234]

두 번째로 인기가 많은 소셜 네트워크 서비스는 '오드노 클라스니키(Odnoklassniki)'이다. 한국어로는 동창생, 동급생의 의미를 가진 이 소셜 네트워크는 이름에서도 알 수 있듯이 한국의 아이러브 스쿨과 유사한 SNS이다. 이 서비스는 25세에서 50세 사이의 연령층에게 인기가 많은 편이며 3,930만 명의 회원이 등록되어 있다.[235]

---

232) IMDb, Viy, 2014.
233) Our Theatre Review, 비이(Viy). 2008.
234) RUS@SOFT, Social media takes over the Russian Internet, 2014. 8. 1.
235) RUS@SOFT, Social media takes over the Russian Internet, 2014.8.1.

④ 러시아인들이 선호하는 전자책 리더

러시아는 미국과 중국에 이어 전 세계 3위의 전자책시장으로 도약할 전망이다. 러시아는 2013년 영국과 브라질의 전자책 출판시장 규모를 따라잡았고 분기마다 25%의 성장률을 보였다. 러시아의 전자책 유통사 엘리토스(LitRes)는 2014년 러시아의 전자책시장의 규모가 2012년의 두 배인 1,600만 달러에 이를 것이며 연간 200%씩 성장할 것이라고 예상하였다.236) 러시아 최대 전자책 업체 유로셋(Euroset)에 의하면 러시아의 전자책시장은 중국을 제치고 두 번째로 큰 시장을 형성할 것이라고 전망하였다.237)

[그림 6-76] 러시아인이 전자책 구독 시 선호하는 리더

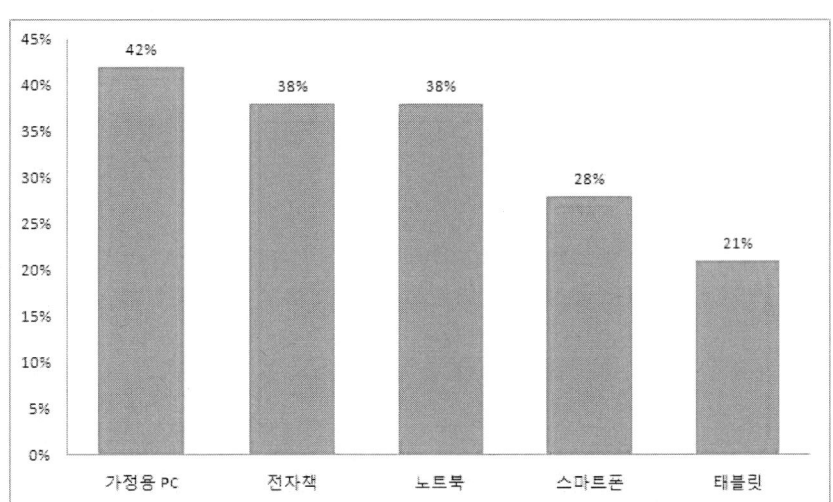

출처 : Russian search marketing, 2014. 5. 7

전자책을 확보하는 방식은 인터넷을 통한 무료다운로드가 압도적으로 높은 92%였고 친구로부터 복사하는 것이 36%였으며 인터넷을 통해 유료로 콘텐츠를 구입한 경우는 15%에 불과했다. 그럼에도 구입 경로는 크게 휴대용 단말기와 PC로 나눌 수 있는데 2014년 전자책을 구입한 러시아 사람들은 34%가 휴대용 단말기를 이용하였고 66%는 가정용 PC를 이용하여 전자책을 구입하였다.238) 전자책을 구독하는 방식을 PC, 노트북, 전자책, 스마트폰, 태블릿으로 나누었을 때 태블릿을 이용하여 전자책을 구입하는 사람들은 2012년과 비교해 21% 하락하였다. 그러나 휴대용 단말

---

236) PublishingPerspectives, Russian 전자책 Market Matures Shows More Potential for Growth, 2014.1.9.
237) PublishingPerspectives, Russian 전자책 Market Matures Shows More Potential for Growth, 2014.1.9.
238) Russian search Marketing, How russia is Tackling the Problem of Online Piracy, 2014. 5. 7.

기 보급률과 무선 인터넷망의 발전으로 2016년까지 휴대용 단말기를 통해 전자책을 구입하는 비율은 77%에 달할 것으로 보이며 개인용 PC를 이용해 전자책을 구입하는 비율은 23%로 하락할 전망이다.[239]

5) 콘텐츠 유통 현황

(1) 주요 유통 플랫폼 현황

가. 오프라인

① 출판

2013년 세계 50대 출판사[240] 가운데 러시아 출판사는 엑스모-AST(Eksmo-AST) 사와 올마(Olma) 사가 선택되었다. 러시아를 대표하는 두 출판사와 함께 그 외 다른 출판사의 현황을 보면 다음과 같다.

가) 엑스모-AST(Eksmo-AST)사

러시아를 대표하는 출판 그룹으로, 2012년 엑스모(Eksmo) 사가 AST 사를 인수하면서 탄생하였다. 모든 분야의 도서를 출판하며, 수익의 2.1%를 디지털 분야에서 내고 있다. 유통 분야에도 진출해 있는데, 9개의지역 플랫폼과 서점 체인 부크바(Bukva)를 가지고 있다.

나) 올마(Olma)사

주소지가 키프로스로 되어 있는 러시아 출판 그룹으로, 일반 분야(픽션, 논픽션, 선물용 도서, 레퍼런스 도서)와 교과서 분야(러시아 1위의 교과서 출판사 OJSC 프로스베시체니예드(OJSC Prosveshcheniyed))를 두 축으로 한다. 직원 수는 866명이고, 러시아 15개 도시에 지점을 두고 있다.

---

239) PublishingPerspectives, Russian 전자책 Market Matures Shows More Potential for Growth, 2014.1.9.
240) 뤼디거 위센바트 컨텐트 앤 컨설팅(Rudiger Wischenbart Content and Consulting)의 2013년 자료를 근거로 작성된 리브르 엡도의 제8회 세계 출판사 순위

다) 모스크바 국립 대학교 출판부(Moscow University Press)

모스크바 국립 대학교가 지닌 위상과 같이 학문 분야의 가장 권위 있는 출판사 중 하나이다. 1756년 4월 25일에 설립되었으며 같은 해 4월 26일에 최초로 모스크바 사람들의 삶을 담은 '모스크바 신문(Московские ведомости)'을 발행했다. 연간 150종 이상의 책(잡지 포함, 주로 학문 관련)을 출간하며, 총 350만 권 이상의 책을 출간하고 있다.

라) 브레먀 출판사(Vremya)

2000년에 설립되었으며, 러시아 현대 산문(소설 포함), 시, 20세기 클래식, 에세이, 평론집, 문학이론서, 영유아를 위한 책 등을 출판하고 있다. 러시아 최초로 솔제니친 전집(총 30권) 출간, 안드레이 플라토노프 최초 전집(총 8권) 출간의 2011년도 '올해의 책' 수상 등 현대문학 전문 출판사로 전문성과 내실을 인정받고 있다.

② 영화

러시아 영화산업은 경제위기 속에 잠시 주춤했지만 2010년 들어 정상화의 국면에 접어들었다. 중단되었던 극장 공사가 계속되고 있으며 현대식 시설을 갖춘 멀티플렉스 극장 역시 계속해서 건설되고 있다.

[표 6-19] 러시아 영화산업 기초 지표 (2013)

연 관객	1억 7,140만 명
극장매출	13억 1,820만 USD
평균 관람료	7.69 USD
스크린 수	3,862개
디지털 스크린 수	3,022개
3D 스크린 수	2,257개

출처 : 영화진흥위원회

한편 영화 유통을 보면, 디즈니, 소니 픽처스 등의 할리우드 영화 배급사가 시장점유율 상위권을 차지하고 있다. 그러나 '센트럴 파트너십(Central Partnership)'나 '카로 프리미어(Karo-Premier)'와 같은 자국 영화 배급사들도 활약하고 있다. 러시아 영화시장의 주요 제작 및 배급사로는 Central Partnership, Mosfilm Cinema Concern, Lenfilm Studios, Media City, Star Media 등이 있으며 자세한 내용은 다음과 같다.

[표 6-20] 러시아 영화시장 주요 제작 및 배급사

제작 및 배급사	설명
Central Partnership	• 1996년 설립되었으며 영화와 TV 드라마를 활발히 제작 • 특히 러시아에서 제작된 1,400여개 영화의 저작권과 4,000시간 분량이 넘는 TV 연속극을 소유 • 2009년에는 러시아 및 구소련지역의 공식 배급사가 됨
Mosfilm Cinema Concern	• 대표적인 러시아 국영 영화 제작소로 모스크바에 위치 • 1920년 설립된 이래 소비에트 시기 대부분의 영화가 이곳에서 제작 • 한 동안 민영화 논의가 있었으나 여전히 대표적인 국영 기관으로 러시아 전체 스튜디오 면적의 15-16%를 차지하는 대형 스튜디오
Lenfilm Studios	• 1908년 설립되었으며 무성영화시절부터 러시아 영화사를 대표하는 많은 작품들을 제작한 전통의 국영 영화사 • 레닌그라드(현재의 상트 페테르부르크)에 위치해 있으며 렌필름의 경우도 한동안 민영화 논의 끝에 현재 100% 국가의 지원으로 운영되는 주식회사 형태를 유지
Media City	• 2004년 설립된 영화사로 러시아 TV 드라마 제작에 있어 선두를 달리고 있는 미디어 그룹 아메디아(Амедиа)에 속해 있는 영화스튜디오 • 2008년 경제위기로 직원의 80%를 정리 해고하고 70여개의 프로젝트를 동결하는 등 위축된 모습을 보였으나 다시 회복
Star Media	• 현재 가장 활발하게 영화 및 TV 드라마를 제작하고 있는 영화스튜디오 • 특히 최근에는 3D 역사 애니메이션을 제작중임 • '스타 미디어'는 3D 애니메이션 제작 스튜디오인 '바비치 디자인'을 소유하고 있다.

출처 : 영화진흥위원회

나. 온라인

① 디지털 음악 플랫폼

러시아 시장의 경우, 타 유럽 시장들과 비교해 볼 때 현지에 진출한 글로벌기업들의 수가 아직은 매우 적은 편이다. 현재 러시아에서 이용 가능한 글로벌업체의 서비스는 아이튠즈, 유튜브, 구글 플레이, 디저(Deezer), 믹스라디오(MixRadio) 등 5개 정도에 불과하다. 반면, 상대적으로 러시아 현지의 로컬업체들의 수는 비교적 많은 편이다. 특히 음원 다운로드, 유료가입, 광고지원 등을 모두 지원하는 Megfon.ru나 Muz.ru를 비롯해, Beeline.ru, Svoy, Yandex Music, Zvooq 등은 2가지 이상의 서비스를 제공하고 있는 점이 특징이다. 그 외에도 Clipyou, IVI Music 등은 광고지원형 서비스로서 그들과 경쟁하고 있다.

[표 6-21] 러시아 디지털 음악 플랫폼 현황(2014)

구분	음원다운로드형	유료가입형	광고지원형	혼합형
글로벌 서비스	• iTunes	• 없음	• Youtube	• 음원다운로드, 유료가입 : Google Play, MixRadio • 유료가입, 광고지원 : Deezer
로컬 서비스	• 없음	• 없음	• Clipyou.ru • IVI Music	• 음원다운로드, 유료가입 : Beeline.ru • 음원다운로드, 광고지원 : Svoy • 유료가입, 광고지원 : Yandex Music, Zvooq • 음원다운로드, 유료가입, 광고지원 : Megafon.ru, Muz.ru

출처 : Pro Music

(2) 기타 주요사업자

가. 방송

러시아의 주요 방송국으로는 먼저 지상파 방송국으로는 국영방송사인 Channel One, VGTRK 와 민영방송사인 NTV, CTC 등이 있다.

[표 6-22] 러시아 지상파 방송국

방송사	소유	설명
Channel One	국영	• 1991년 설립 • 러시아국가자산관리국 및 러시아정보지리국이 지분 51%를 소유 • 러시아 영토의 99.8%를 커버 • 종합편성채널(뉴스, 음악, 교육 등의 프로그램) • Channel One Digital TV Family: 영화 채널 'Dom Kino', 음악 채널 'Muzyka Pervogo', 음식채널 'Telecafe' 등 6개 디지털 채널 제공
VGTRK	국영	• 러시아 최대 국영 방송사업자 • 러시아 전국에 5개 TV 방송국 및 2개의 글로벌 네트워크, 5개의 라디오 방송국 등 소유 • 주요 방송채널 'Russiya1'의 커버리지는 98.5% • 스포츠 전문채널 'Russiya2', 문화-예술 전문채널 'Russiya' 등 90여 개지역방송 채널 보유

방송사	소유	설명
NTV	민영	• 1993년 설립된 러시아 최초의 민영방송사 • 뉴스와 시사 프로그램 중심의 편성전략 • 광고를 주요 수익원으로 활용
CTC (STS)	민영	• 미디어그룹 CTC Media가 1996년 서비스 개시 • 커버리지는 80% • 오락방송을 중심으로 하는 편성전략 • 20-30대 젊은 층을 주요 타겟으로 설정, 해외 드라마와 영화콘텐츠의 편성 비율이 높음
TNT	민영	• 1998년 서비스 개시 • 청년층을 대상으로 한 코미디와 리얼리티 쇼 등의 오락 프로그램의 편성 비율이 높음 • 해외 구매 콘텐츠의 편성 비율이 60% • 하루 방송시간은 16시간
RenTV	민영	• 1997년 NMG(National Media Group)가 설립한 대표적인 민영채널
Domashny	민영	• CTC Media와 NMG(National Media Group) 소유 • House와 ER 등 해외 드라마 콘텐츠를 다수 편성

출처 : Conex

러시아의 케이블방송국으로는 Mostelecom, StreamTV, Akado 등이 있으며, IPTV 사업자로는 Rostelecom, VimpelCom, MTS 등이 있다.

[표 6-23] 러시아 케이블 방송국

케이블방송	설명
Mostelecom	• 1994년 서비스를 개시한 러시아 최대 케이블 방송사 • Rostelecom이 지분 100%를 소유한 민영회사 • 2012년 9월 기준 가입자 기반 600만가구 돌파
StreamTV	• 러시아 통신사업자 Comstar UTS 산하의업체 • 80여개 도시에서 100개 채널 서비스 제공 • 2012년 9월 기준 가입가구 270만 돌파
Akado	• 2005년 CCTV (ComCor-TV)에서 Akado로 사명 변경 • 160여개의 디지털채널을 Moscow시에서 제공 • Moscow 최초로 HDTV 서비스 출시 • 2012년 6월 기준 가입자 수 100만명 돌파
ER Telecom	• 2014년 10월 HD채널 확충으로 56.개 HD채널을 포함, 총 163개의 채널 보유 • 2014년 8월 기준 56개 도시에서 서비스 제공. 시장점유율은 13%

출처 : Conex

[표 6-24] 러시아 IPTV 사업자

IPTV	설명
Rostelecom	• 러시아 Moscow 지역이 주요 거점 • 현재 러시아 최대의 IPTV 사업자 • 2013년 기준 가입자 수 690만 가구로 전체 시장에서 55%의 점유율 차지 • 최근 ID XtraTV 등 5개 채널 추가 • 현재 총 70개 채널 공급 중
VimpelCom	• 230여개 국내외 TV 채널 보유 • HDTV 셋톱박스 대여 및 유료TV 채널 패키지 등의 서비스 제공
MTS	• 가입자 규모 측면에서 2위사업자로 등극 • 2013년 기준 가입자 수 288만4,000만 가구

출처: Conex

나. 지식정보

러시아의 주요 통신사업자로는 Beeline, MTS, Megafon, Rostelecom 등이 있다.

[표 6-25] 러시아 주요 통신사업자

기업	설명
Beeline	• 세 번째로 큰 무선회사이자 두 번째로 큰 통신사업자
MTS	• 1994년 라이선스를 통해 서비스 시작 • '97년 이후 독립국가연합(CIS)에도 서비스 시작
Megafon	• 두 번째로 큰 이동 전화사업자이자 4번째로 큰 통신사업자 • GSM과 UMTS표준 • GSM 서비스는 러시아 전 지역을 커버하는 시스템으로 성장
Rostelecom	• 러시아의 주요 장거리 전화업체 • 약 35만 가구에 국내 최대 규모의 백본 네트워크 (약 500,000km) 제공 • 러시아 연방의 모든지역 전화, 데이터, TV 서비스 제공

출처: Conex

6) 주요 지원 제도 및 정책 동향

(1) 콘텐츠 관련 중장기 계획

가. 2009년~2015년 러시아 디지털 방송 활성화 계획

러시아정부는 2007년 12월 '2009-2015년 러시아 디지털 방송 활성화 계획(Development of Television and Radio Broadcasting in 2009-2015)'을 발표했다. 이 계획은 2015년까지 디지털 방송의 전면 전환을 실현해, 러시아 국민들이 법적으로 규정한 디지털TV 및 디지털 라디오 방송을 수신할 수 있도록 보장하는 것이 목표이다. 계획 추진을 위해 총 1,270억 루블을 투자할 예정이며, 그 중 800억 루블은 연방정부 예산에서 지원한다. 위 계획은 두 단계를 거쳐서 진행된다. 1단계는 디지털 방송으로의 범국가적 전환을 위해 관련 인프라를 정비하는 단계이며, 2단계는 아날로그 방송의 점진적인 중단을 통해 최종적으로 디지털 방송으로 진화하는 단계이다. 2015년 12월 1일까지 디지털 방송 전환 비율이 전체 가구의 95%에 못 미칠 경우에는 아날로그 방송과 디지털 방송을 병행한다.

총 20~24개로 구성된 채널을 3개의 패키지 채널로 구분하며, 러시아 주민은 1차로 8개 채널의 TV 방송과 3개 채널의 라디오 방송을 무료로 수신할 수 있다. 8개TV 방송 채널에는 Channel 1, Russia, Vesti Plus, Kultura, Sport, Channel 5, NTV , Children's Channel이, 3개 라디오 방송 채널에는 Radio Russia, Youth, Mayak이 포함된다.

[표 6-26] 러시아 디지털 방송 전환 계획 및 단계별 추진 내역

단계	추진 내역
1단계 2009-2011	• 인구 밀도가 낮은 외곽지역과 오지에 디지털 방송 보급 • 디지털 방송 전송 시스템 구축, 디지털 방송 중계위성 개발 및 발사
2단계 2012-2015	• 아날로그 방송 점진적 중단, 2015년까지 러시아 전역에 디지털 방송 서비스 제공 • 2013년부터 2015년까지 아날로그 방송 중단 후 남은 채널을 이용. 패키지 2, 3을 구분하여 디지털 방송 송출

출처 : 러시아 출판매스컴청(Rospechat)/ 한국인터넷진흥원241) 재인용

---

241) 한국인터넷진흥원, 러시아 정보통신(ICT)·방송 정책 보고서, 2013.09.02

나. 연방 문화부 2013-2018 공개 계획

러시아정부는 2013년~2018년간 시행할 장기 계획을 부처별로 공개했다. 문화부 계획의 가장 큰 목적은 러시아 문화적 정체성 보존, 문화기관의 서비스 고품질화, 문화적 인재양성, 정보화, 문화예술분야의 시스템 현대화, 러시아 문화유산의 보호, 국제사회의 긍정적 이미지 창출이다. 문화부의 세부 계획은 문화상품의 가용성 증가, 자국 연화 지원, 지역문화발전 지원, 문화유적의 보존, 국내 및 인바운드 관광 개발, 젊은 세대의 창작 활동에 대한 참여 증진, 창조적 인력 향상, 예술과 문화과학의 발전, 예술가에 대한 직접적 충원, 문화단체 노동자의 임금 보장, 해외 러시아 문화의 진흥, 지속적인 계획 수정 등 12가지 부분으로 구분된다.

[표 6-27] 러시아 연방 문화부 공개 계획 2013-2018

목표	내용
문화 가용성 증가	• 국민의 문화 공간에 대한접근 유도 및 현대적인 고품질 서비스 제공
자국 영화 지원	• 모든 국민에게 영화 작품에 대한 동등한 접근성 보장
지역문화발전 지원	• 종합 문화 과정에서의지역 프로젝트에 대한 물리적·직접적 지원
문화유적의 보존	• 문화적, 역사적 기념물의 보호뿐 아니라 유네스코에 등제된 유산 등의 관리를 통한 국제적 의무 이행
국내 및 인바운드 관광 개발	• 러시아 문화 관광 분야의 새로운지역 창조 및 인프라 개발
젊은 세대의 창작 활동에 대한 참여증진	• 젊은 세대의 예술교육 접근성을 강화시켜 창조적 인재육성
창조적 인력 향상	• 미술 교육에서의 젊은 세대의 요구 충족
예술과 문화과학의 발전	• 연구의 질을 향상하며, 국제 협력을 강화
예술가에 대한 직접적인 지원 충원	• 창조적인 활동을 지원하며, 협력의 확대와 개선
문화단체 노동자의 임금 보장	• 근로자의 임금을 보장함으로 능력 있는 노동자 확보
해외 러시아 문화의 진흥	• 러시아 문화 예술의 대중화, 세계적 무대에서의 영향력 강화
지속적인 계획 수정	• 전자 민주주의를 실현하기 위한 공개 토론과 커뮤니티 기술의 이용

출처 : 러시아 연방 문화부(2013)

(2) 콘텐츠산업 지원 제도

러시아정부는 2013년 10월 애국심을 유발하는 게임의 개발을 장려함과 동시에 역사적 사실에 대한 왜곡이 있는 외산 게임이 수입을 금지할 것이라고 발표하였다. 러시아 문화부의 아즈니 미노로프(Arseny Mironov) 보좌관은 게임은 엔터테인먼트로서의 가치를 지니면서 동시에 교훈적이고 애국심 형성에 기여할 필요가 있다고 주장하였다. 이 같은 러시아정부의 계획은 문화부 장관인 블라디미르 메딘스키(Vladimir Medinsky)가 관장하는 러시아군역사학회(The Russian Military History Society)에 의해 추진될 예정이다.

(3) 정책 동향

가. 규제 범위 확대된 저작권 침해 방지 법안 의회 제출

2013년 9월 17일 기존 법률의 규제 범위를 더욱 확대하는 새로운 저작권 침해 방지 법안이 의회에 제출되었다. 적용 대상을 음악 등으로 확대하려는 계획은 이전부터 있어 왔으며, 러시아 문화부는 기존 법률 시행 직후 원래 의도대로 저작권침해 방지법의 적용 대상을 영화와 TV쇼 이외의 다른 창작적 콘텐츠로 확대하는 개정을 단행할 것이라고 발표했다. 앞서 2013년 8월부터 시행된 기존 법률은 업로더에게 접촉하거나 법원의 허가를 얻지 않고도 저작권자가 저작권을 침해하는 영화와 TV쇼를 포함하고 있다고 의심되는 웹사이트를 블랙리스트에 올릴 수 있도록 하였다.

새로운 법안은 규제 대상을 영화로 제한하지 않고 인터넷 상에서 이용이 가능한 음악, 문학, 사진, 소프트웨어 등으로 확대하는 것이 핵심이다. 새로운 법안은 기존 법률의 '극장용 영화와 텔레비전 영화를 포함하는 영화'라는 문구를 '저작권과 저작인접권의 대상이 되는 내용을 포함하는 정보'로 바꿈으로써 규제 대상을 확대한다. 또한 저작권 침해가 의심되는 콘텐츠를 블랙리스트에 올리기에 앞서, 저작권자로 하여금 문제가 되는 콘텐츠의 업로더와 우선 접촉하도록 요구한다.

나. 유료TV 광고 금지 법안 통과

러시아 하원(Duma)은 2014년 7월 유료TV 채널의 광고 금지 법안을 통과시켰다. 해당 법안을 마련한 정의당(A Fair Russia) 소속 Igor Zotov는 회견을 통해 누구에게나 무료로 개방된 러시아의 기본 케이블 채널과 광고 및 가입제 기반으로 이윤을 창출하는 케이블 채널 간의 공정한 경쟁 환경을 창출하는 것이 해당 법안의 목적이라고 설명하였다. 다만, 지상파 방송을 제공하는 모든 국영 채널사업자들은 해당 법안의 광고 금지 대상에서 제외된다. 유료TV 채널의 광고 금지 법안은 러시아 상원과 연방 의회, 푸틴 대통령의 서명을 거쳐 2015년 1월 1일 발효될 예정이다.

6. 이탈리아

1) 콘텐츠시장 개요

유로존 재정 위기로 2011년부터 경기침체 양상을 보인 이탈리아는 유럽 전반에 걸친 경기회복세에도 불구하고 고질적인 정치 불안, 국내 수요 감소 등으로 경제성장률이 크게 호전되지 않았다. 2013년 이탈리아 콘텐츠시장은 게임, 지식정보, 애니메이션시장이 상승세를 보였지만, 유로존 경제위기로 인한 소비력 약화가 시장에 악재로 작용해 전체적으로 하락세를 보여 전년대비 0.7% 하락한 455억 1,100만 달러의 규모를 나타냈다. 향후 게임, 지식정보시장의 높은 성장세가 예상되는 가운데 유럽 경기의 회복세에 힘입어 점진적인 경제성장을 유지할 것으로 보여 이탈리아 콘텐츠시장은 연평균 2.7%의 성장률로 2018년에는 520억 2,600만 달러 규모에 도달할 것으로 전망된다.

[표 7-1] 이탈리아 콘텐츠시장 규모 및 전망, 2009-2018

[단위 : 백만 달러, %]

구분	2009	2010	2011	2012	2013p	2014	2015	2016	2017	2018	2013-18 CAGR[242]
출판	14,224	14,011	13,699	12,834	12,287	11,866	11,524	11,191	10,882	10,586	△2.9
만화	275	295	315	307	304	303	302	301	300	298	△0.4
음악	1,135	1,108	1,094	1,062	1,019	990	967	949	933	919	△2.0
게임	1,136	1,211	1,270	1,216	1,308	1,400	1,476	1,547	1,619	1,691	5.3
영화	1,453	1,547	1,402	1,361	1,303	1,313	1,338	1,386	1,444	1,530	3.3
애니메이션	131	140	144	147	150	153	156	164	172	182	4.0
방송	11,053	11,660	11,674	10,561	10,153	10,345	10,635	11,026	11,470	11,962	3.3
광고	10,066	10,139	9,836	8,713	8,152	8,264	8,472	8,726	9,023	9,394	2.9
캐릭터	5,146	5,035	4,860	4,690	4,474	4,447	4,433	4,428	4,426	4,427	△0.2
지식정보	11,964	12,695	13,342	14,053	14,842	15,776	16,816	17,937	19,090	20,253	6.4
산술합계	56,583	57,841	57,636	54,944	53,992	54,857	56,119	57,655	59,359	61,242	2.6
합계[243]	46,050	47,155	47,278	45,815	45,511	46,394	47,568	48,939	50,433	52,026	2.7

출처 : PwC(2014), ICv2(2013, 2014), Barnes report(2013, 2014), Oricon(2013, 2014), SNE(2013), MDRI(2013), Box Office Mojo(2014), Digital Vector(2013), EPM(2013, 2014)

[242] 2013년부터 2018년까지 연평균성장률
[243] 중복 시장을 제외한 시장 규모임
 - 출판의 신문/잡지 광고, 게임의 게임 광고, 영화의 극장광고, 방송의 TV/라디오 광고, 지식정보의 디렉토리 광고는 광고시장에 포함
 - 만화, 지식정보의 전문서적/산업잡지는 출판시장에 포함
 - 애니메이션은 영화시장에 포함

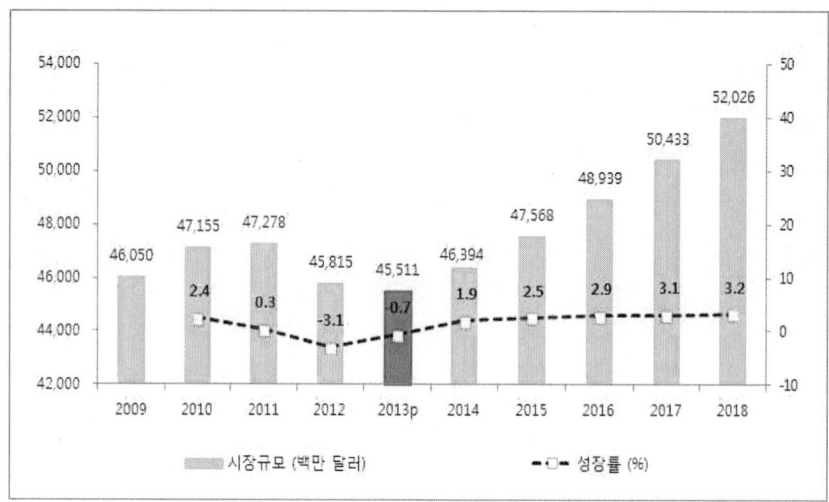

[그림 7-1] 이탈리아 콘텐츠시장 규모 및 성장률, 2009-2018

출처 : PwC(2014), ICv2(2013, 2014), Barnes report(2013, 2014), Oricon(2013, 2014), SNE(2013), MDRI(2013), Box Office Mojo(2014), Digital Vector(2013), EPM(2013, 2014)

이탈리아 콘텐츠시장에서 가장 큰 비중을 차지하고 있던 것은 출판시장이었다. 2009년 출판시장은 30.9%의 점유율을 차지하며 가장 큰 비중을 보여주었으나 2013년에는 27.0%로 비중이 줄어들었다. 출판시장은 인쇄 출판물의 하락세가 지속될 것으로 예상되어 2018년에는 20.3%로 점유율이 줄어들 것으로 전망된다.

출판시장 다음으로 큰 비중을 차지하는 것은 지식정보시장이었다. 2009년 26.0%로 두 번째로 큰 비중을 보여준 지식정보시장은 초고속 인터넷망의 확충 등에 의해 2013년 32.7%로 그 비중이 커졌다. 2018년에는 38.9%의 점유율을 보이며 그 비중이 더욱 확대될 것으로 전망된다.

방송시장은 2009년 24.0%로 3번째로 큰 비중을 차지했는데, 그 비중이 다소 축소되어 2013년에는 22.3%의 점유율을 보였다. 하지만, 시장 성장의 상승세를 유지해 2018년에는 다시 23.0%의 점유율을 회복할 것으로 보인다.

[그림 7-2] 이탈리아 콘텐츠별 시장점유율, 2009 vs. 2013 vs. 2018

출처 : PwC(2014), ICv2(2013, 2014), Barnes report(2013, 2014), Oricon(2013, 2014), SNE(2013), MDRI(2013), Box Office Mojo(2014), Digital Vector(2013), EPM(2013, 2014)

향후 5년간 이탈리아 콘텐츠시장은 유럽의 점진적인 경기회복세에 영향을 받아 2.7%의 안정적인 성장률을 보일 것으로 전망된다. 특히 초고속 인터넷망의 확충을 통한 인터넷접근성 강화로 지식정보시장이 비약적인 성장률을 기록하며 시장의 성장을 견인할 것으로 예상되는 가운데 게임, 영화, 애니메이션, 방송, 광고 등이 높은 성장률을 기록할 전망이다. 반면 출판, 만화, 음악, 캐릭터시장은 소비자의 구매력 약화와 불법복제율 상승으로 하락세를 보일 것으로 전망된다.

[그림 7-3] 이탈리아 콘텐츠별 연평균성장률 추정, 2013-2018

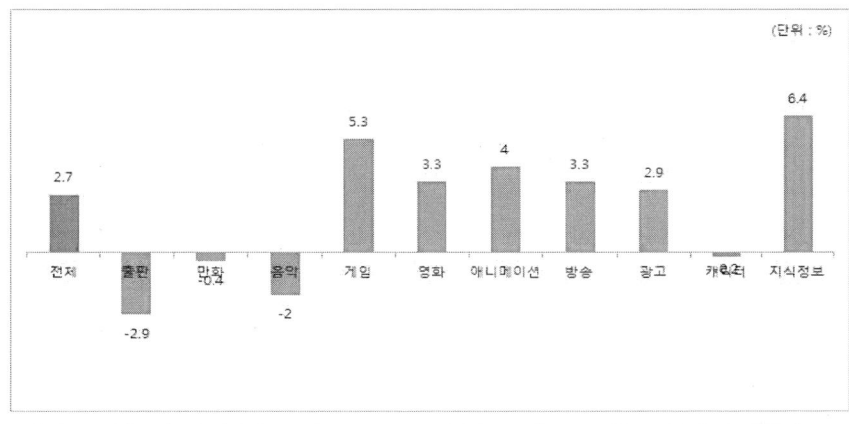

출처 : PwC(2014), ICv2(2013, 2014), Barnes report(2013, 2014), Oricon(2013, 2014), SNE(2013), MDRI(2013), Box Office Mojo(2014), Digital Vector(2013), EPM(2013, 2014)

2) 산업별 콘텐츠시장 규모 및 전망

(1) 출판

이탈리아 출판시장은 디지털 출판시장의 폭발적인 성장에도 불구하고 시장 자체가 인쇄 출판시장에 비해 소규모라 인쇄 출판시장의 하락세를 상쇄하지 못했다. 이에 2013년 이탈리아 출판시장은 전년대비 4.3% 감소한 122억 8,700만 달러로 집계되었다. 이탈리아 출판시장은 높은 비중을 차지하고 있는 인쇄 출판과 지면 구독의 감소세가 더욱 두드러져 2018년까지 향후 5년간 연평균 2.9% 감소한 105억 8,600만 달러에 머물 것으로 전망된다.

[표 7-2] 이탈리아 출판시장 규모 및 전망, 2009-2018

[단위 : 백만 달러, %]

구분		2009	2010	2011	2012	2013p	2014	2015	2016	2017	2018	2013-18 CAGR
도서		4,800	4,733	4,605	4,563	4,505	4,441	4,366	4,287	4,206	4,113	△1.8
	인쇄 244)	4,792	4,717	4,570	4,499	4,401	4,287	4,147	3,985	3,794	3,598	△3.9
	디지털	8	16	35	64	104	154	219	302	412	515	37.7
신문		5,561	5,468	5,338	5,035	4,835	4,660	4,506	4,340	4,187	4,043	△3.5
	광고	1,676	1,627	1,527	1,279	1,128	1,010	915	841	791	754	△7.7
	지면	1,581	1,523	1,418	1,167	1,014	891	791	710	650	600	△10.0
	디지털	95	104	109	112	115	119	124	131	141	154	6.0
	구독	3,885	3,841	3,811	3,756	3,707	3,650	3,591	3,499	3,396	3,289	△2.4
	지면	3,885	3,841	3,792	3,725	3,657	3,580	3,493	3,372	3,238	3,104	△3.2
	디지털	-	-	19	31	49	71	99	127	157	184	30.3
잡지		3,863	3,810	3,756	3,236	2,947	2,765	2,652	2,564	2,489	2,430	△3.8
	광고	1,139	1,083	1,122	932	856	811	795	788	779	774	△2.0
	지면	1,108	1,036	1,019	815	715	651	614	588	565	545	△5.3
	디지털	31	47	103	117	141	160	181	200	214	229	10.2
	구독	2,724	2,727	2,634	2,304	2,091	1,954	1,857	1,776	1,710	1,656	△4.6
	지면	2,724	2,721	2,626	2,275	2,043	1,878	1,744	1,615	1,495	1,386	△7.5
	디지털	-	6	8	29	48	76	113	161	215	270	41.3
합계		14,224	14,011	13,699	12,834	12,287	11,866	11,524	11,191	10,882	10,586	△2.9

출처 : PwC(2014)

---

244) 오디오북 포함

[그림 7-4] 이탈리아 출판시장 규모 및 성장률, 2009-2018

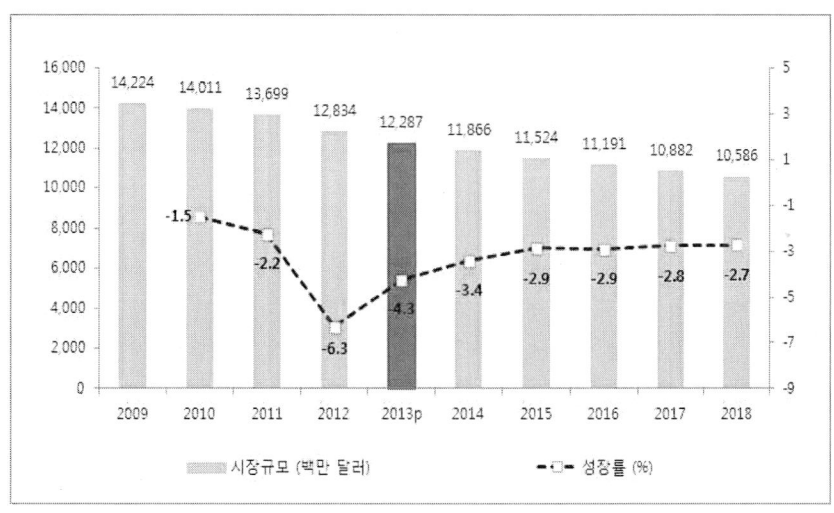

출처 : PwC(2014)

이탈리아 출판시장에서 가장 큰 비중을 차지하는 것은 신문시장으로, 2009년에는 39.1%의 점유율을 차지했다. 신문시장은 2013년 39.4%로 비중이 늘어나지만, 전자책시장의 확대로 38.2%로 축소될 전망이다.

[그림 7-5] 이탈리아 출판시장 비중 비교, 2009 vs. 2013 vs. 2018

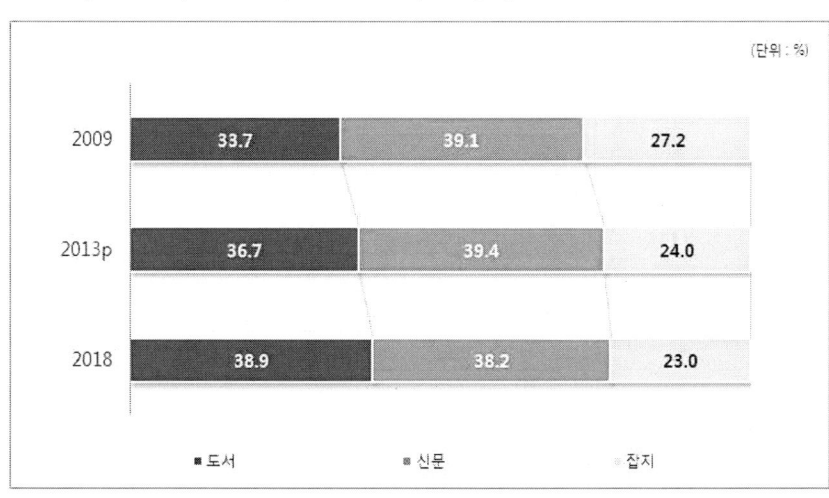

출처 : PwC(2014)

신문시장 다음으로 큰 비중을 차지한 도서시장은 2009년 33.7%에서 2013년 36.7%로 그 비중이 늘어났다. 도서시장은 전자책시장의 성장세에 힘입어 2018년 전체에서 38.9%의 점유율을 차지하며 가장 비중이 큰 시장이 될 것으로 전망된다. 반면, 잡지시장은 축소되어 2009년 27.2%에서 2018년 23%를 차지할 것으로 보인다.

가. 도서

이탈리아의 도서시장은 전반적인 하향세를 보이고 있다. 이는 경기침체로 인한 독서인구의 감소에 따른 것으로 2013년에는 전년대비 1.3% 하락한 45억 500만 달러 규모로 집계되었다.
높은 실업율과 인쇄 도서의 인기하락으로 향후 5년간 1.8%의 하락세를 보이며 이탈리아의 도서시장은 2018년까지 41억 1,300만 달러의 시장 규모를 형성할 것으로 전망된다.

[그림 7-6] 이탈리아 도서시장 규모 및 성장률, 2009-2018

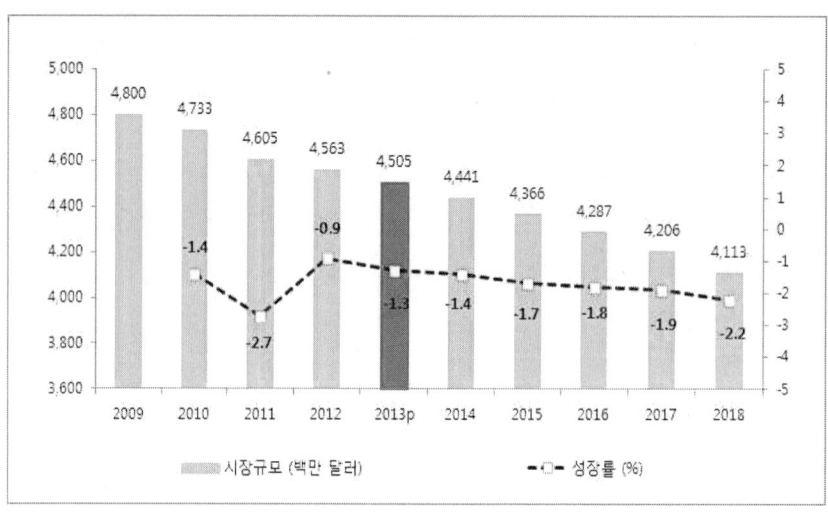

출처 : PwC(2014)

[표 7-3] 이탈리아 도서시장 규모 및 전망, 2009-2018

[단위 : 백만 달러, %]

구분	2009	2010	2011	2012	2013p	2014	2015	2016	2017	2018	2013-18 CAGR
인쇄	4,792	4,717	4,570	4,499	4,401	4,287	4,147	3,985	3,794	3,598	△3.9
전문	240	230	247	250	248	246	243	240	239	239	△0.7

[단위 : 백만 달러, %]

구분	2009	2010	2011	2012	2013p	2014	2015	2016	2017	2018	2013-18 CAGR
일반	3,302	3,315	3,195	3,130	3,057	2,971	2,860	2,719	2,536	2,347	△5.1
교육	1,250	1,172	1,128	1,119	1,096	1,070	1,044	1,026	1,019	1,012	△1.6
디지털	8	16	35	64	104	154	219	302	412	515	37.7
전문	2	2	3	5	9	14	22	34	51	77	53.6
일반	5	13	29	53	85	124	174	236	320	388	35.5
교육	1	1	3	6	10	16	23	32	41	50	38.0
합계	4,800	4,733	4,605	4,563	4,505	4,441	4,366	4,287	4,206	4,113	△1.8

출처 : PwC(2014)

나. 신문

이탈리아 신문시장도 지속적인 하락세를 이어가고 있다. 2013년 이탈리아 신문시장은 전년대비 4% 하락한 48억 3,500만 달러 규모로 집계되었다.

반면, 디지털 신문 구독시장과 디지털 신문 광고시장이 높은 성장률로 확대되지만 인쇄 신문시장과 지면 광고시장이 상대적으로 큰 규모이기 때문에 이들의 감소분을 상쇄하지는 못한다. 이에 따라 이탈리아 신문시장은 지속적인 감소세를 보여 2018년까지 연평균 3.5%씩 하락해 40억 4,300만 달러 규모로 축소될 것으로 전망된다.

[표 7-4] 이탈리아 신문시장 규모 및 전망, 2009-2018

[단위 : 백만 달러, %]

구분	2009	2010	2011	2012	2013p	2014	2015	2016	2017	2018	2013-18 CAGR
광고	1,676	1,627	1,527	1,279	1,128	1,010	915	841	791	754	△7.7
지면	1,581	1,523	1,418	1,167	1,014	891	791	710	650	600	△10.0
디지털	95	104	109	112	115	119	124	131	141	154	6.0
구독	3,885	3,841	3,811	3,756	3,707	3,650	3,591	3,499	3,396	3,289	△2.4
지면	3,885	3,841	3,792	3,725	3,657	3,580	3,493	3,372	3,238	3,104	△3.2
디지털	-	-	19	31	49	71	99	127	157	184	30.3
합계	5,561	5,468	5,338	5,035	4,835	4,660	4,506	4,340	4,187	4,043	△3.5

출처 : PwC(2014)

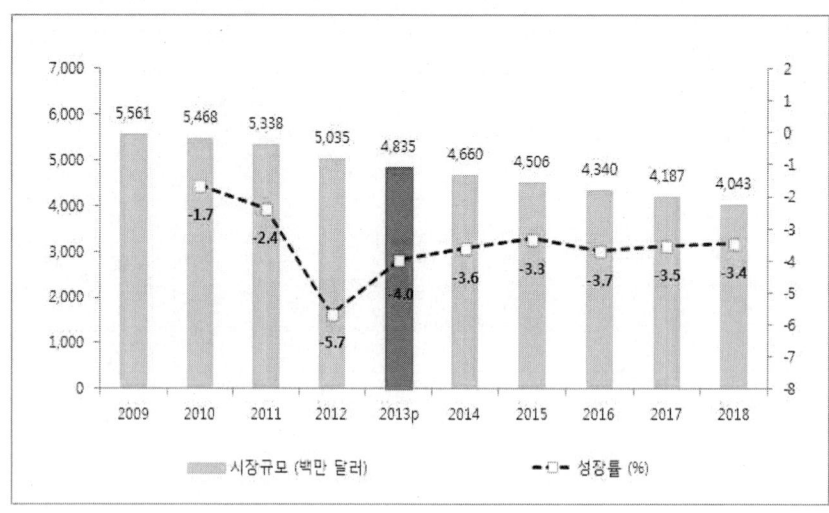

[그림 7-7] 이탈리아 신문시장 규모 및 성장률, 2009-2018

출처 : PwC(2014)

다. 잡지

이탈리아 잡지시장은 지속적인 감소세가 이어져 2013년 전년대비 8.9% 하락한 29억 4,700만 달러 규모로 집계되었다. 이는 출판사의 잡지시장 활성화를 위한 시도로 발행 부수와 평균 판매 가격이 정체된데 따른 결과로 보인다. 일반 인쇄 잡지시장은 2013년 20억 4,300만 달러에서 2018년 13억 8,600만 달러 규모로 축소될 것으로 보이지만 디지털 잡지시장은 2013년 4,800만 달러에서 2억 7,000만 달러 규모의 성장을 보일 것으로 기대를 모으고 있다. 그러나 2013년을 기준으로 디지털시장 규모가 전체 매출에서 차지하는 비중은 2%에 불과해 이러한 성장이 인쇄시장 매출 감소를 보완하는 역할을 하기는 힘들 것으로 보인다. 또한 인쇄물로서 잡지가 독자들에게 큰 광고 효과를 불러일으키지 못한다는 점에서 잡지 지면 광고시장 역시 향후 5년간 연평균 5.3%의 감소세를 보일 것으로 예상된다.

따라서 이탈리아 잡지시장은 연평균 3.8% 하락세를 지속해 2018년에는 24억 3,000만 달러 규모까지 축소될 것으로 전망된다.

[그림 7-8] 이탈리아 잡지시장 규모 및 성장률, 2009-2018

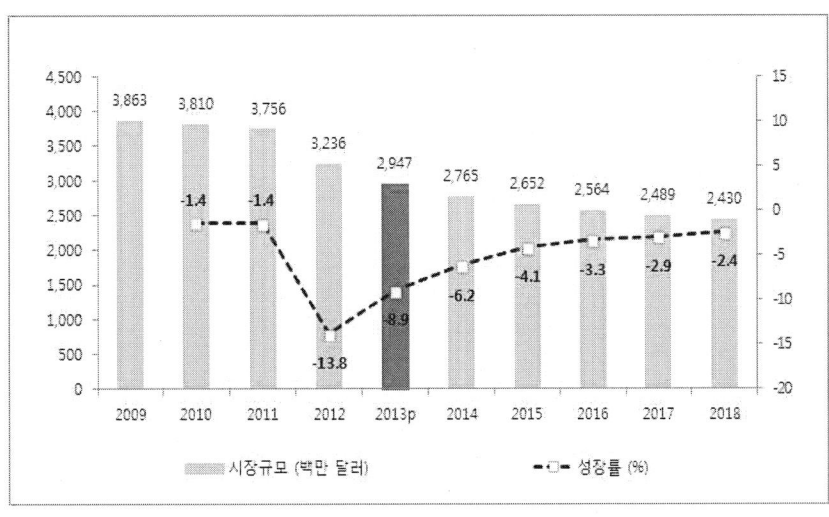

출처 : PwC(2014)

[표 7-5] 이탈리아 잡지시장 규모 및 전망, 2009-2018

[단위 : 백만 달러, %]

구분	2009	2010	2011	2012	2013p	2014	2015	2016	2017	2018	2013-18 CAGR
광고	1,139	1,083	1,122	932	856	811	795	788	779	774	△2.0
지면	1,108	1,036	1,019	815	715	651	614	588	565	545	△5.3
디지털	31	47	103	117	141	160	181	200	214	229	10.2
구독	2,724	2,727	2,634	2,304	2,091	1,954	1,857	1,776	1,710	1,656	△4.6
지면	2,724	2,721	2,626	2,275	2,043	1,878	1,744	1,615	1,495	1,386	△7.5
디지털	0	6	8	29	48	76	113	161	215	270	41.3
합계	3,863	3,810	3,756	3,236	2,947	2,765	2,652	2,564	2,489	2,430	△3.8

출처 : PwC(2014)

(2) 만화

2013년 이탈리아 만화시장은 전년대비 1% 하락한 3억 400만 달러로 집계되었다. 이탈리아의 유명 만화 출판사 파니니(Panini)는 미국의 마블 코믹스(Marverl Comics)의 슈퍼 히어로들의 용사들을 소개하며 대부분의 에피소드를 이탈리아에 소개해왔다. 이탈리아의 만화시장은 향후 5년간 디지털 만화시장의 폭발적인 상승세가 예상되고 있으나 높은 시장점유율을 차지하고 있는 인쇄 만화시장의 감소세를 상쇄시키지 못해 연간 0.4% 하락세를 보이며 2018년에는 2억 9,800만 달러까지 규모가 축소될 것으로 전망된다.

[표 7-6] 이탈리아 만화시장 규모 및 전망, 2009-2018

[단위 : 백만 달러, %]

구분	2009	2010	2011	2012	2013p	2014	2015	2016	2017	2018	2013-18 CAGR
인쇄 만화	273	292	310	301	296	292	289	285	280	275	△1.4
디지털	2	3	5	6	8	11	13	16	19	22	22.0
합계	275	295	315	307	304	303	302	301	300	298	△0.4

출처 : ICv2(2014), Barnes(2014), Oricon(2014), PwC(2014), SNE(2013)

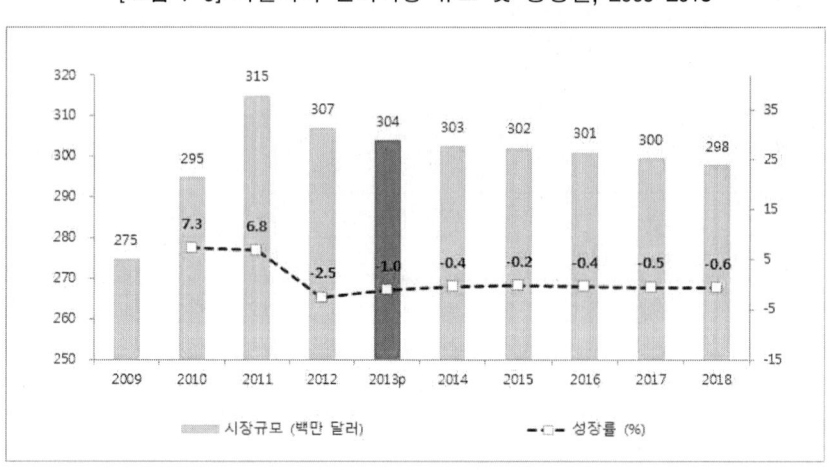

[그림 7-9] 이탈리아 만화시장 규모 및 성장률, 2009-2018

출처 : ICv2(2014), Barnes(2014), Oricon(2014), PwC(2014), SNE(2013)

이탈리아 만화시장점유율은 인쇄 만화가 대부분을 차지하며 시장을 주도하고 있다. 2009년 99.3%의 점유율을 차지하던 인쇄 만화시장은 디지털 만화에 대한 수요가 조금씩 증가하면서 디지털 만화시장 규모가 확대되었고 2018년에는 92.3%로 시장이 다소 축소될 것으로 전망된다. 반면, 디지털 만화는 2009년 0.7%의 비중을 차지했으나 폭발적인 성장이 예상되어 2018년에는 7.4%의 점유율을 차지할 것으로 전망된다.

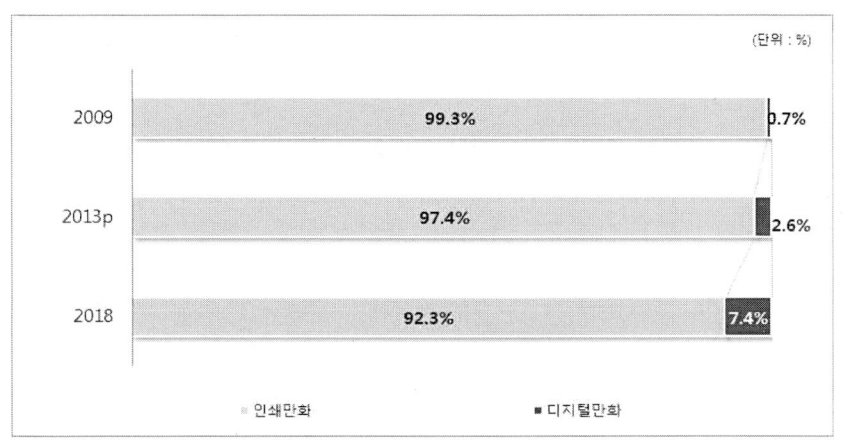

[그림 7-10] 이탈리아 만화시장별 비중 비교, 2009 vs. 2013 vs. 2018

출처 : ICv2(2014), Barnes(2014), Oricon(2014), PWC(2014), SNE(2013)

가. 인쇄 만화

2013년 이탈리아 인쇄 만화시장은 전년대비 1.7% 감소한 2억 9,500만 달러의 규모를 나타냈다. 이탈리아의 파니니 그룹(Panini)은 미국의 마블 코믹스와 함께 슈퍼히어로들을 유럽에 소개하고 있으며 일본의 원피스는 디지털 컬러 코믹스(Digital Colored Comics)를 통해 소개되어 많은 인기를 얻고 있다.

[그림 7-11] 이탈리아 인쇄 만화시장 규모 및 성장률, 2009-2018

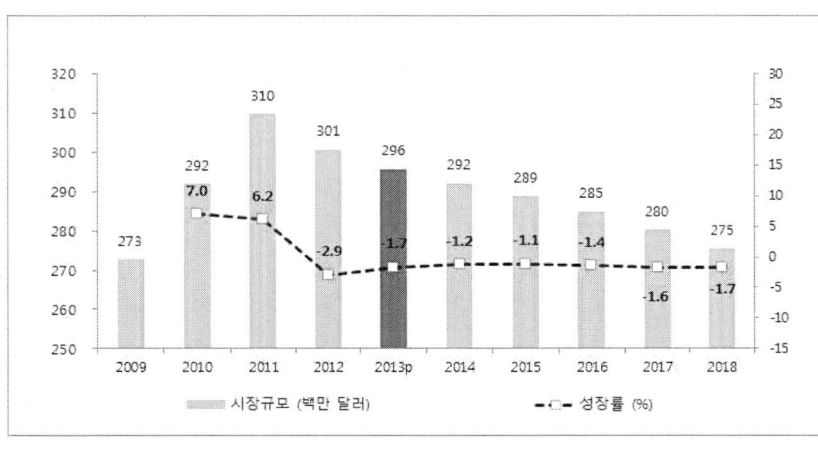

출처 : ICv2(2014), Barnes(2014), Oricon(2014), PWC(2014), SNE(2013)

인쇄 만화시장이지만 여전히 스캐너와 복사기를 통한 불법복제 문제가 존재하고 있고 디지털화된 전자 만화책의 증가로 향후 5년간 평균 1.4%의 감소세를 보이며 2018년 2억 7,500만 달러 규모까지 시장이 축소될 것으로 전망된다.

나. 디지털 만화

2013년 이탈리아 디지털 만화시장은 전년대비 28.2%의 가파른 성장세를 보이며 800만 달러의 규모를 기록했다. 이는 인터넷접근 환경이 좋아지고 PC를 비롯한 모바일 단말의 보급이 이루어지면서 소비자의 관심이 높아졌기 때문으로 보인다. 이러한 추세의 영향으로 디지털 만화시장은 향후 5년간 22%의 높은 성장률을 보이며 2018년에는 2,200만 달러 규모까지 확대될 것으로 보인다.

[그림 7-12] 이탈리아 디지털 만화시장 규모 및 성장률, 2009-2018

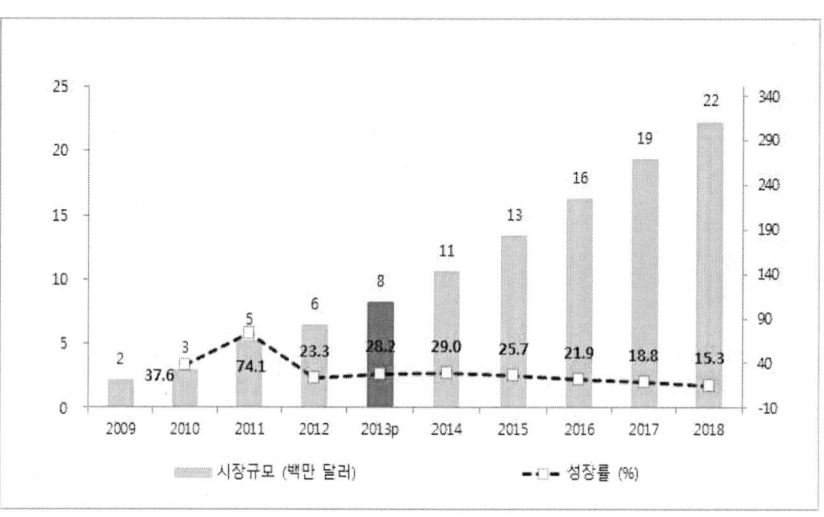

출처 : ICv2(2014), Barnes(2014), Oricon(2014), PWC(2014), SNE(2013)

(3) 음악

2013년 이탈리아 음악시장은 4% 하락한 10억 1,900만 달러로 2009년 이후 지속적으로 하락세를 보이고 있다. 디지털 음원시장이 성장하고 있지만, 이탈리아 1인당 음악에 대한 소비가 다른 유럽 국가들에 비해 낮은 수준이고 오프라인 음반 매출의 감소폭이 커 이러한 상황이 변화할 가능성은 낮아 보인다. 이러한 추세는 계속되어 이탈리아 음악시장은 향후 5년간 연평균 2%의 하락세를 보이며 2018년에는 9억 1,900만 달러 규모까지 축소될 것으로 전망된다.

[표 7-7] 이탈리아 음악시장 규모 및 전망, 2009-2018

[단위 : 백만 달러, %]

구분	2009	2010	2011	2012	2013p	2014	2015	2016	2017	2018	2013-18 CAGR
음반	376	376	343	333	310	295	282	271	261	252	△4.1
오프라인 음반	325	314	267	237	203	177	155	137	122	109	△11.7
디지털 음원	50	62	76	96	107	118	127	134	139	143	5.9
공연 음악	759	733	751	729	709	695	685	678	672	667	△1.2
합계	1,135	1,108	1,094	1,062	1,019	990	967	949	933	919	△2

출처 : PwC(2014)

[그림 7-13] 이탈리아 음악시장 규모 및 성장률, 2009 - 2018

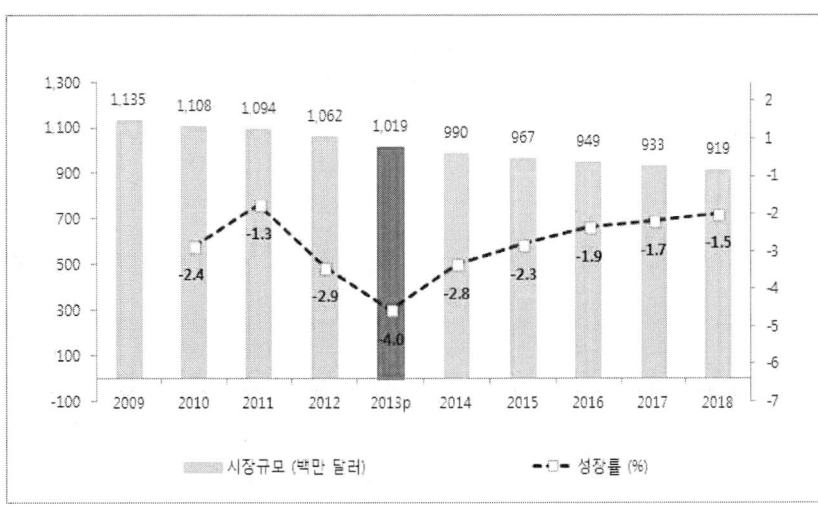

출처 : PwC(2014)

이탈리아 음악시장에서 가장 높은 점유율을 보이고 있는 공연 음악시장은 2009년 전체 음악시장의 66.9%를 차지했으며 2013년에는 69.6%의 점유율을 차지했다. 공연 음악시장은 이러한 성장세를 유지하여 2018년에는 72.6%의 점유율로 시장을 주도할 것으로 전망된다.

이탈리아 오프라인 음반시장은 악화된 경제상황의 영향으로 2009년 28.6%의 점유율에서 2013년 19.9%의 점유율로 감소되었다. 이러한 추세는 계속되어 2018년에는 전체 음악시장에서 차지하는 점유율이 11.9%로 시장이 대폭 축소될 것으로 보인다.

반면 이탈리아의 디지털 음원시장은 2009년 4.4%의 점유율에서 2013년 10.5%의 점유율로 비중이 커졌다. 2018년에는 15.6%까지 점유율이 확대될 것으로 전망된다.

[그림 7-14] 이탈리아 음악시장 분야별 비중 비교, 2009 vs. 2013 vs. 2018

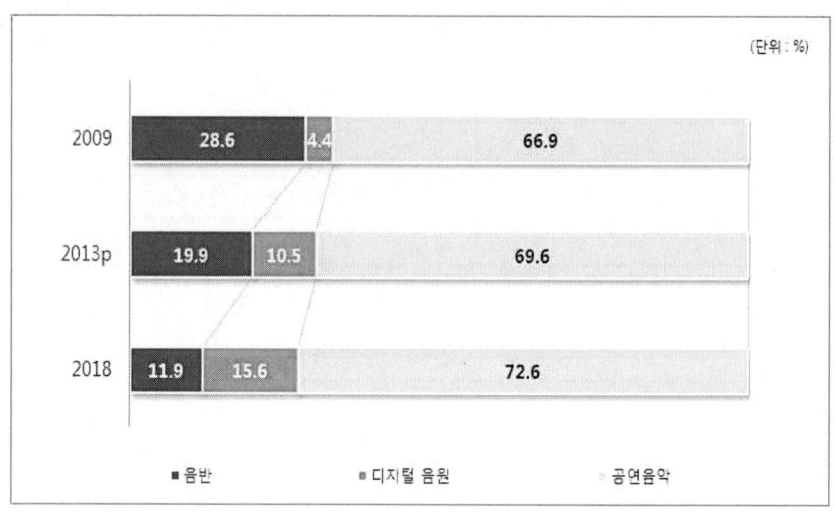

출처 : PwC(2014)

가. 오프라인 음반

이탈리아의 경제는 다른 유럽 국가들의 경기회복으로 조금씩 회복될 조짐을 보이고 있지만 여전히 악화된 경제 상황으로 인해 침체된 분위기이다. 2009년 이후 경제 생산성이 약 8% 감소했으며 젊은 층의 실업률은 무려 40%를 넘었다. 이에 따라 음악시장 역시 하락세를 보이고 있는데, 특히 오프라인 음반시장은 불법복제로 인한 CD 판매 급감까지 겹치면서 2013년에는 전년대비 14.3% 하락한 2억 300만 달러를 기록했다. 디지털 음원시장의 확대로 오프라인 음반시장의 이러한 하락세는 계속될 것으로 보여 2018년에는 1억 900만 달러 규모까지 축소될 것으로 보인다.

[그림 7-15] 이탈리아 오프라인 음반시장 규모 및 성장률, 2009 - 2018

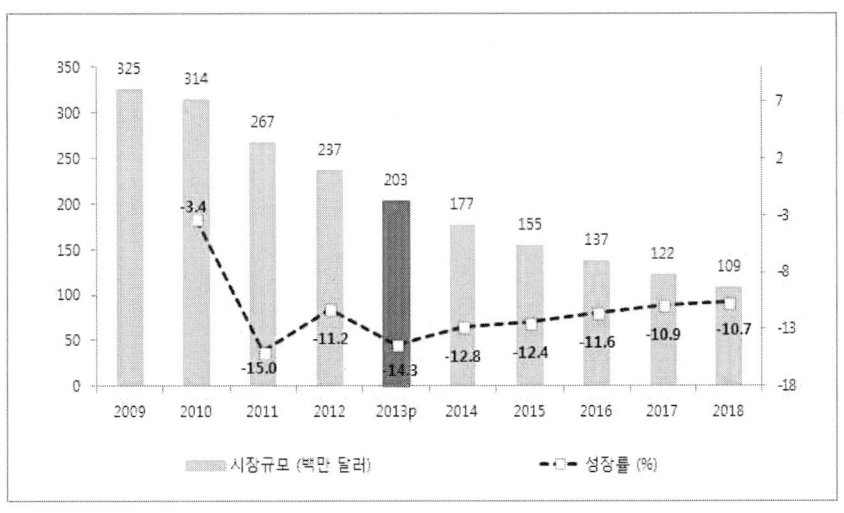

출처 : PwC(2014)

나. 디지털 음원

2013년 이탈리아 디지털 음원시장은 전년대비 11.5% 성장한 1억 700만 달러를 기록했다. 이탈리아에는 아이튠즈(iTunes), 디저(Deezer), 아마존(Amazon)과 같은 대표적인 디지털 음악 브랜드가 진출해 있다. 그 외에도 스포티파이(Spotify)는 2013년 2월에 이탈리아에서 사업을 시작했으며, 라라(Rara)는 5월 BMW의 ConnectedDrive 온라인 엔터테인먼트 시스템을 위한 모바일 기반 음악 서비스를 시작했다. Google Play All Access 스트리밍 플랫폼도 8월에 서비스를 시작했다. 향후 5년간 5.9%의 성장률을 바탕으로 2018년까지 이탈리아의 음원시장은 1억 4,300만 달러 규모에 이를 전망이다.

[그림 7-16] 이탈리아 디지털 음원시장 규모 및 성장률, 2009 - 2018

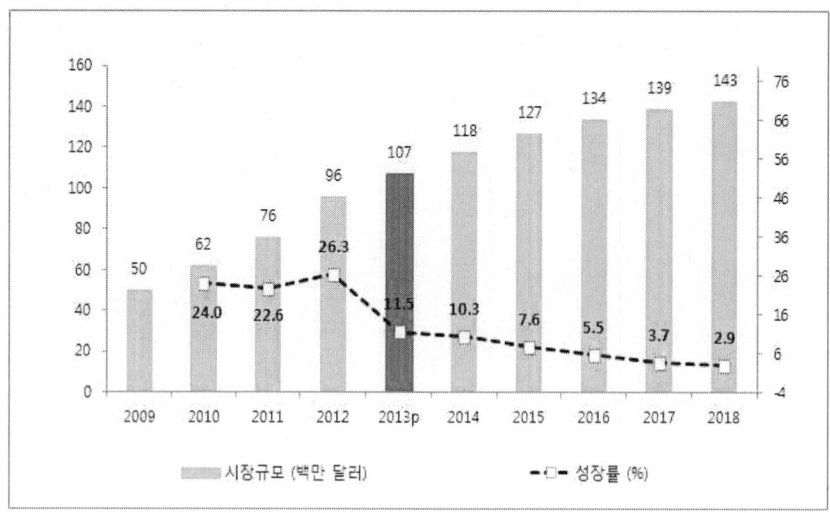

출처 : PwC(2014

[표 7-8] 이탈리아 디지털 음원시장 규모 및 전망, 2009-2018

[단위 : 백만 달러, %]

구분	2009	2010	2011	2012	2013p	2014	2015	2016	2017	2018	2013-18 CAGR
다운로드	37	43	52	66	71	78	82	86	89	92	5.3
스트리밍	8	14	19	25	32	38	42	46	48	49	9.1
모바일	6	5	6	5	4	3	2	2	2	1	△18.9
합계	50	62	76	96	107	118	127	134	139	143	5.9

출처 : PwC(2014

다. 공연 음악

2013년 이탈리아의 공연 음악시장은 전년대비 2.7% 하락한 7억 900만 달러 규모를 기록했다. 공연 음악시장은 오프라인 음반시장과 마찬가지로 악화된 경제 사정 때문에 어려움을 겪고 있다. 2010년 이후 다시 살아날 것으로 보였으나 2년 연속 공연수익이 하락했다. 경기가 완전히 회복될 때까지는 이 같은 상황이 계속될 것으로 보여 2018년에는 연평균 1.2%씩 하락한 6억 6,700만 달러 규모까지 축소될 것으로 보인다.

[그림 7-17] 이탈리아 공연 음악시장 규모 및 성장률

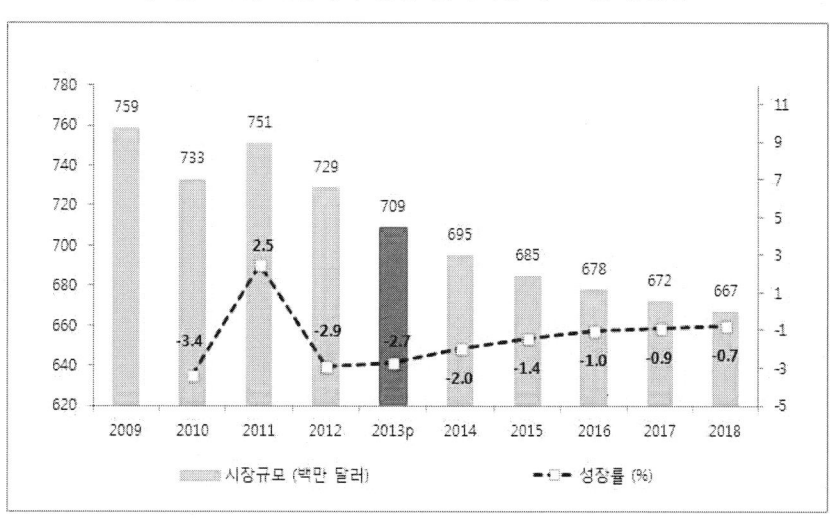

출처 : PwC(2014

[표 7-9] 이탈리아 공연 음악시장 규모 및 전망, 2009-2018

[단위 : 백만 달러, %]

구분	2009	2010	2011	2012	2013p	2014	2015	2016	2017	2018	2013-18 CAGR
후원	171	173	171	162	149	141	136	132	129	128	△3
티켓 판매	589	560	580	567	560	554	550	546	542	540	△0.7
합계	759	733	751	729	709	695	685	678	672	667	△1.2

출처 : PwC(2014

(4) 게임

라. 시장 규모 및 전망

이탈리아 게임시장은 서유럽 중 4번째로 큰 시장으로, 영국, 프랑스, 스페인보다도 성장률이 높다. 2013년 이탈리아 게임시장은 가장 큰 비율을 차지하는 콘솔 게임시장이 다시 살아나고 모바일 게임시장의 폭발적인 성장세에 힘입어 전년대비 7.6% 성장한 13억 800만 달러 규모를 나타냈다. 최근 모바일·온라인 게임의 빠른 성장세와 맞물려 게임 광고시장도 성장하고 있어 이탈리아 게임시장은 향후 5년간 5.3%의 높은 성장세로 2018년 16억 9,100만 달러를 기록할 것으로 보인다.

[표 7-10] 이탈리아 게임시장 규모 및 전망, 2009-2018

[단위 : 백만 달러, %]

구분	2009	2010	2011	2012	2013p	2014	2015	2016	2017	2018	2013-18 CAGR
게임 광고	33	36	38	41	44	47	49	51	53	55	4.2
콘솔 게임	810	852	870	775	817	863	897	925	953	977	3.6
디지털	46	84	123	140	184	225	257	290	324	353	14
패키지	765	768	747	635	633	639	640	635	629	624	△0.3
온라인 게임	108	125	143	159	177	193	211	227	244	262	8.2
PC 게임	67	58	53	48	45	43	42	42	41	41	△1.6
디지털	4	7	10	14	18	21	24	26	28	30	10.9
패키지	63	51	43	34	27	22	19	16	13	12	△15.7
모바일 게임	118	140	165	194	226	254	277	302	328	356	9.6
합계	1,136	1,211	1,270	1,216	1,308	1,400	1,476	1,547	1,619	1,691	5.3

출처 : PwC(2014)

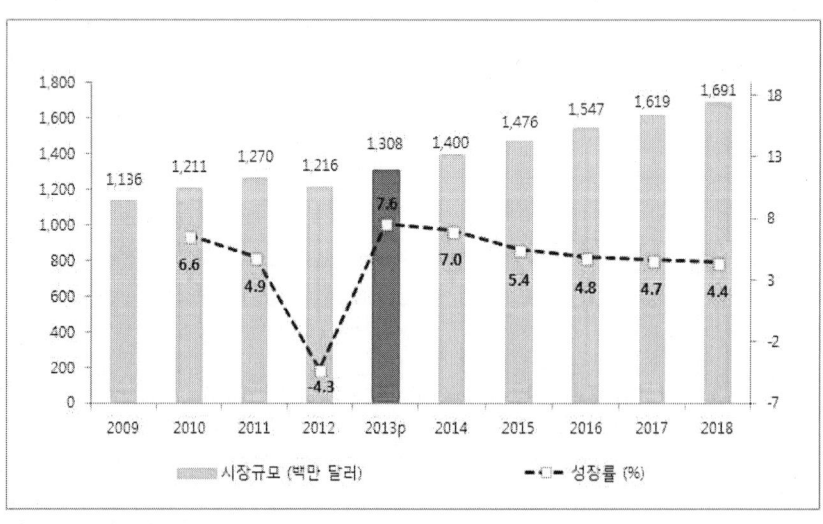

[그림 7-18] 이탈리아 게임시장 규모 및 성장률, 2009 - 2018

출처 : PwC(2014)

이탈리아 게임시장에서 가장 큰 비중을 차지하는 것은 콘솔 게임시장이다. 콘솔 게임시장은 2009년 71.3%의 점유율을 차지했으나 2013년에는 비중이 다소 줄어들어 62.5%의 점유율을 차지했다. 향후 온라인 게임과 모바일 게임시장의 성장으로 그 비중은 더욱 줄어들어 2018년에는 57.8%를 차지할 것으로 전망된다. 콘솔 게임시장 다음으로 큰 비중을 차지한 모바일 게임시장은 2009년 10.4%를 차지했으나 빠른 성장세로 2013년에는 17.3%의 점유율을 차지했으며, 2018년에는 그 비중이 늘어나 21.1%의 점유율을 차지할 것으로 전망된다. 온라인 게임시장 역시 빠른 성장세를 보여 2009년 9.5%에서 2018년에는 15.5%로 점유율이 커질 것으로 전망된다. 반면 PC 게임시장은 2009년 5.9%의 점유율에서 더욱 하락하여 2018년에는 2.4%의 점유율을 차지할 것으로 보인다.

[그림 7-19] 이탈리아 게임시장 분야별 비중 비교, 2009 vs. 2013 vs. 2018

출처 : PwC(2014)

가. 콘솔 게임

이탈리아 콘솔 게임시장은 2012년 큰 폭으로 매출이 하락했다가 2013년 말 '엑스박스 원'과 '플레이스테이션 4' 출시 등의 영향으로 전년대비 5.4% 증가한 8억 1,700만 달러 규모를 나타냈다. '엑스박스 원'과 '플레이스테이션 4'의 하드웨어 매출은 크게 증가했지만 초기 물량이 적고 신규 출시 게임이 적어서 게임 타이틀 매출이 큰 증가세를 보이지는 않았다. 또한 디지털 콘솔 게임시장이 폭발적인 성장세로 콘솔 게임시장 전체를 견인하기에는 아직 그 규모가 작은 상황이다. 그러나 안정적인 성장세를 보여주어 이탈리아 콘솔 게임시장은 2018년까지 향후 5년간 연평균 3.6%의 성장률을 유지하며 9억 7,700만 달러에 달할 것으로 전망된다.

[그림 7-20] 이탈리아 콘솔 게임시장 규모 및 성장률, 2009 - 2018

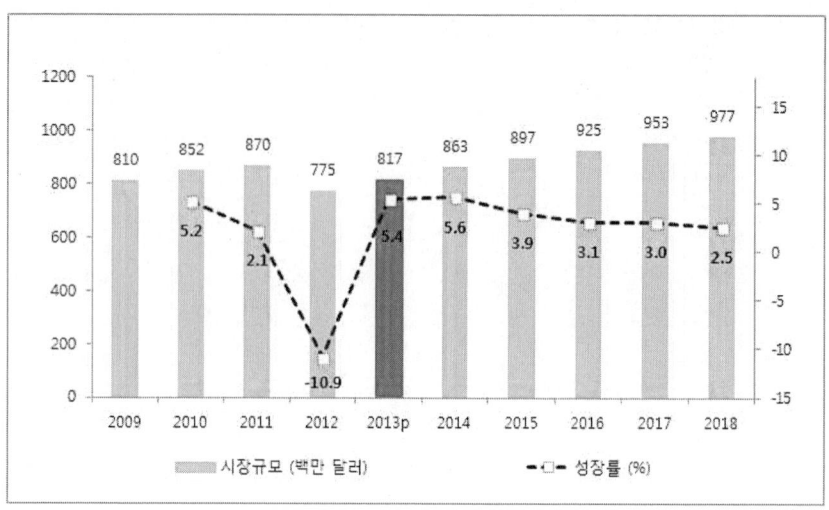

출처 : PwC(2014)

나. 온라인·모바일 게임

2013년 이탈리아 온라인 게임시장은 전년대비 11.3% 성장한 1억 7,700만 달러의 규모를 나타냈다. 같은 해 모바일 게임시장 규모는 2억 2,600만 달러 규모로 온라인 게임에 비하여 아직까지는 작은 시장 규모를 보이고 있으나 전년대비 16.5%나 증가하며 높은 성장세를 나타내고 있다.

2013년 온라인 게임은 인터넷 인프라의 구축으로 높은 성장률을 기록하고 있으며 다양한 게임 개발이 예정되어 있어 2018년에는 2억 6,200만 달러 규모로 성장할 것으로 전망된다.

스마트폰의 높은 보급률로 모바일 게임 이용자가 늘어나고 있는데, 특히 프리미엄(Freemium) 서비스나 저렴한 가격의 모바일 게임은 그 전에 게임을 구매하지 않던 사람들까지 게임으로 유도하고 있다. 이탈리아 모바일 게임시장은 모바일 인프라 구축과 단말기 보급으로 급성장할 것으로 보여 2018년에는 3억 5,600만 달러 규모의 시장을 이룰 것으로 전망된다.

[그림 7-21] 이탈리아 온라인 게임시장 규모 및 성장률, 2009 - 2018

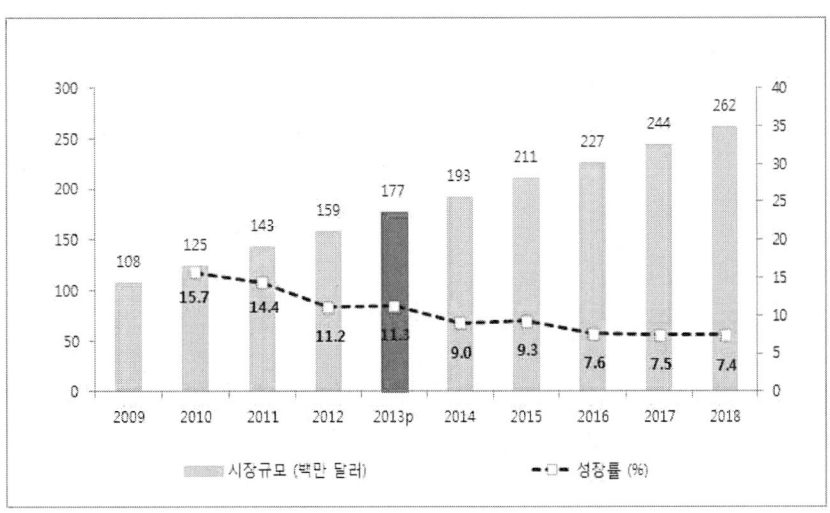

출처 : PwC(2014)

[그림 7-22] 이탈리아 모바일 게임시장 규모 및 성장률, 2009 - 2018

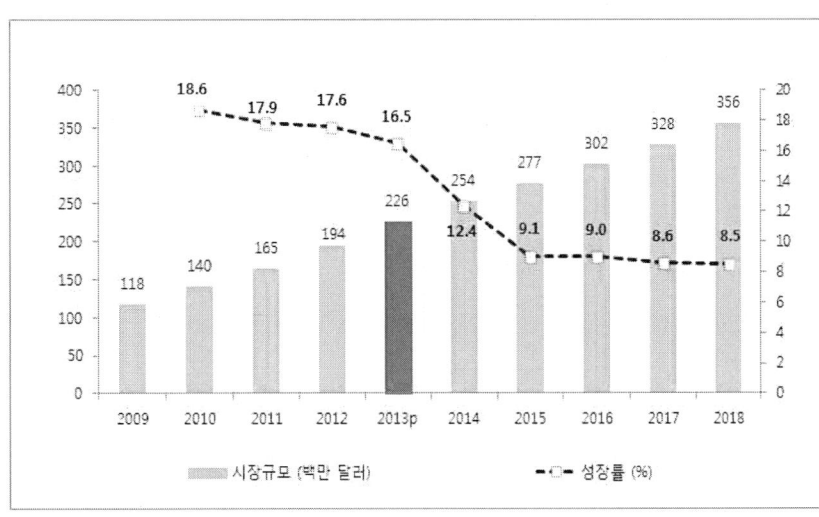

출처 : PwC(2014)

다. PC 게임

2013년 이탈리아 PC 게임시장은 전년대비 6.3% 하락한 4,500만 달러로 집계되었다.

디지털 PC 게임시장이 연평균 10.9%의 성장률로 2018년까지 성장세를 유지할 것으로 보이지만 오프라인 PC 게임시장이 연평균 15.7%씩 하락하여 2018년에는 디지털 PC 게임시장의 3분의 1 수준 규모로 축소될 것으로 보인다. 이탈리아 PC 게임시장은 향후 5년간 연평균 1.6%의 감소세를 보이며 2018년 4,100만 달러 수준으로 시장이 위축될 것으로 전망된다.

[그림 7-23] 이탈리아 PC 게임시장 규모 및 성장률, 2009 - 2018

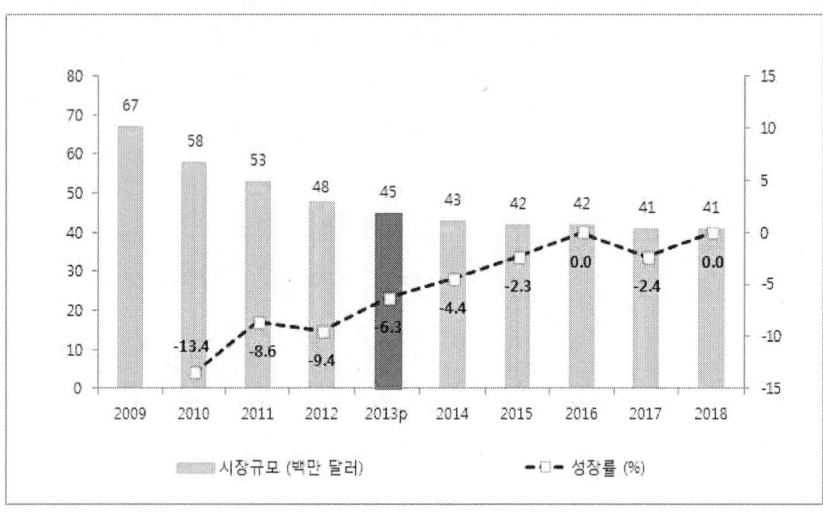

출처 : PwC(2014)

(5) 영화

2013년 이탈리아 영화시장은 경제위기의 여파와 홈비디오시장의 축소, 불법다운로드의 확산으로 인해 전년대비 4.3% 하락한 13억 300만 달러 규모를 기록했다. 향후 5년간 이탈리아 영화시장은 디지털배급시장이 연평균 37.3%의 매우 높은 증가세를 보이며 전체 영화시장의 성장에 기여할 것으로 전망되지만, 경제회복의 둔화세로 연평균 3.3%의 안정적인 성장률로 2018년에는 2010년 수준을 회복한 15억 3,000만 달러 규모에 도달할 것으로 전망된다.

[표 7-11] 이탈리아 영화시장 규모 및 전망, 2009-2018

[단위 : 백만 달러, %]

구분	2009	2010	2011	2012	2013p	2014	2015	2016	2017	2018	2013-18 CAGR
극장	769	892	800	800	756	766	777	792	803	817	1.6
박스오피스	716	833	750	755	718	731	743	758	768	782	1.7
극장광고	53	59	50	45	38	35	33	34	35	36	△1.2
홈비디오	606	560	532	507	484	463	445	429	414	400	△3.7
대여	152	121	110	100	91	84	78	72	68	63	△7.1
판매	454	440	423	407	392	379	367	356	347	337	△3
디지털배급	78	94	69	54	64	84	117	166	226	312	37.3
OTT/스트리밍	8	17	20	26	38	57	89	137	195	279	49.2
TV 구독	70	77	49	28	26	27	28	29	31	33	4.7
합계	1,453	1,547	1,402	1,361	1,303	1,313	1,338	1,386	1,444	1,530	3.3

출처 : PwC(2014)

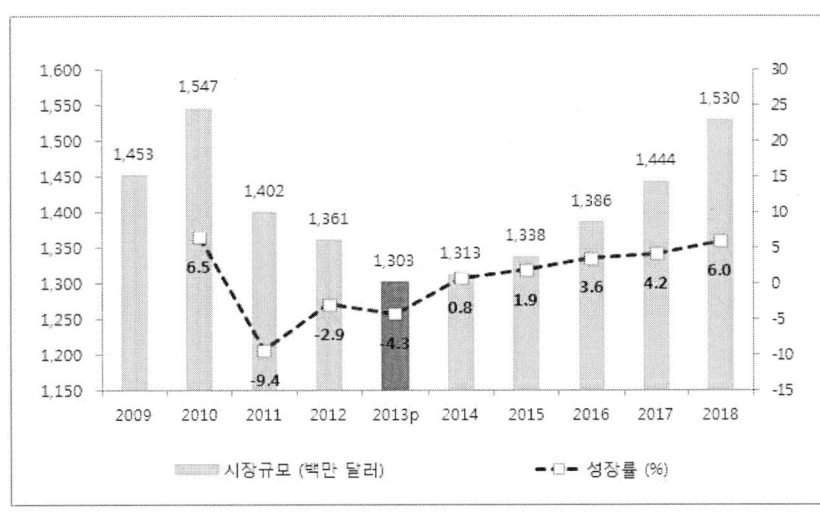

[그림 7-24] 이탈리아 영화시장 규모 및 성장률, 2009 - 2018

출처 : PwC(2014)

이탈리아 영화시장에서 가장 큰 비중을 차지하는 것은 박스오피스시장이다. 박스오피스시장은 2009년 49.3%의 점유율로 전체 영화시장에서 절반 가까운 비중을 차지했다. 박스오피스시장은 더욱 확대되어 2013년에는 55.1%로 점유율이 높아졌으나 디지털배급시장의 성장으로 2018년에는 51.1%의 점유율로 다소 축소될 것으로 전망된다.

박스오피스시장 다음으로 큰 비중을 차지한 홈비디오 판매·대여시장은 점차 축소되는 양상을 보여 2009년 각각 31.2%, 10.5%의 점유율에서 2018년 22%, 4.1%의 점유율을 보일 것으로 전망된다. 반면, OTT/스트리밍 서비스가 주를 이루는 디지털배급시장은 2013년 2.9%의 점유율에서 2018년 18.2%의 점유율로 확대될 것으로 보인다. 단, 디지털배급시장에서 TV 구독 서비스시장은 2013년 4.9%까지 점유율이 높아지다가 점차 성장 동력이 떨어져 2018년에는 2.2%의 점유율로 위축될 것으로 보인다.

[그림 7-25] 이탈리아 영화시장 분야별 비중 비교, 2009 vs. 2013 vs. 2018

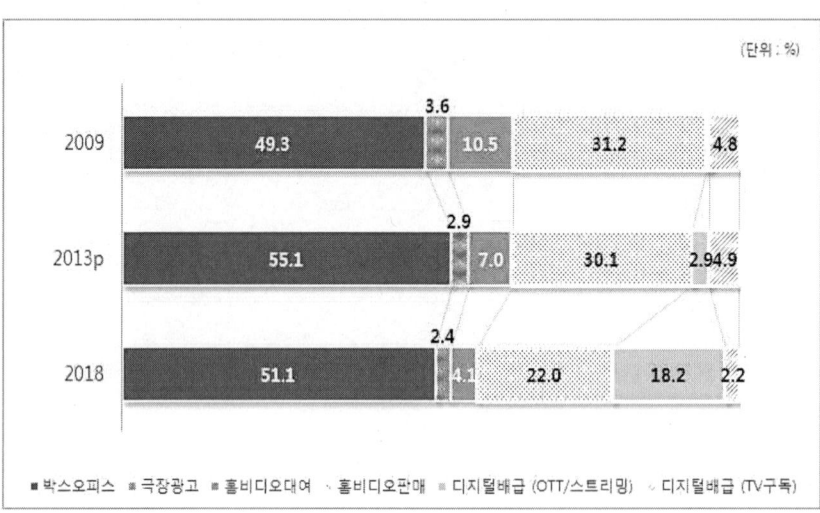

출처 : PwC(2014)

가. 박스오피스

이탈리아 영화시장에서 가장 큰 비중을 차지하고 있는 박스오피스시장은 2010년 급격한 성장세를 보이다가 경제위기의 타격으로 2011년에 대폭 하락세를 보였다. 박스오피스시장은 2012년 다소 회복세를 보였지만 경제악화의 영향으로 점차 관객 수가 줄어들고 평균적인 티켓 값으로 인해 2013년에는 전년대비 4.9% 하락한 7억 1,800만 달러 규모로 나타났다.

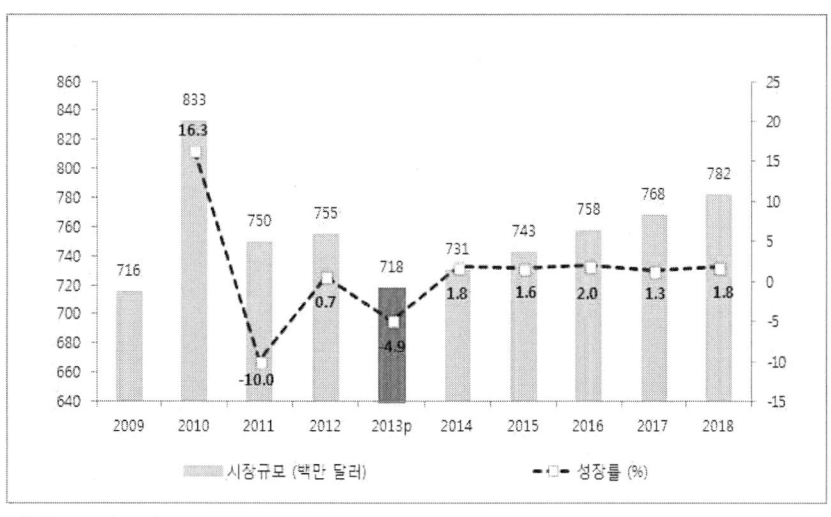

[그림 7-26] 이탈리아 박스오피스시장 규모 및 성장률, 2009 - 2018

출처 : PwC(2014)

하지만 2014년 들어 관객 수가 안정화되고 티켓 가격이 인상되기 시작하면서 박스오피스 수익이 다시 오르고 있다. 향후 5년간 박스오피스시장은 연평균 1.7%씩 상승하며 2018년에는 7억 8,200만 달러 규모까지 성장할 것으로 전망된다.

나. 홈비디오

이탈리아 홈비디오시장은 DVD와 블루레이의 매출 하락이 계속되고 불법복제의 만연으로 2013년 전년대비 4.9% 하락한 4억 8,400만 달러에 그쳤다. 향후 홈비디오시장은 디지털배급 서비스의 확대로 하락세는 지속되어 2018년까지 연평균 3.7%씩 감소되어 4억 달러 규모로 위축될 것으로 전망된다.

[그림 7-27] 이탈리아 홈비디오시장 규모 및 성장률, 2009 - 2018

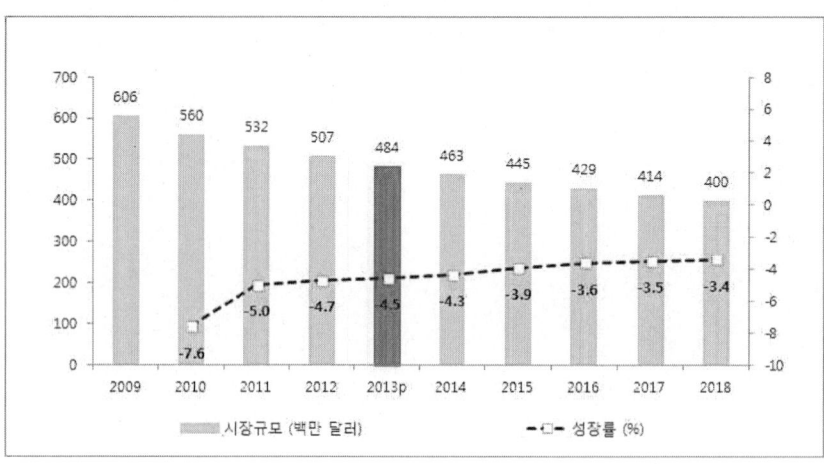

출처 : PwC(2014)

다. 디지털배급

이탈리아 디지털배급시장은 네트워크 인프라 미비로 기업들의 VOD서비스 출시가 지연되면서 2012년 큰 폭으로 하락했지만 2013년에는 다양한 VOD 서비스가 제공되고 소비자들의 흥미가 더해져 전년대비 18.5% 성장한 6,400만 달러 규모를 나타냈다.

[그림 7-28] 이탈리아 디지털배급시장 규모 및 성장률, 2009 - 2018

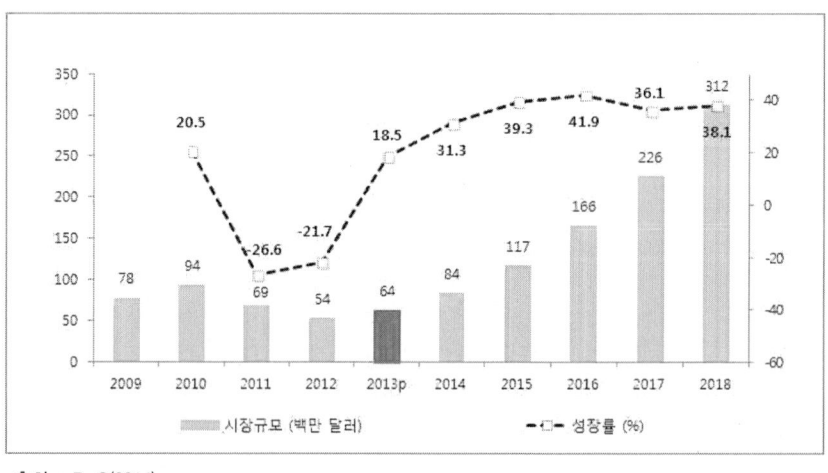

출처 : PwC(2014)

향후 넷플릭스(Netflix)와 같은 주요 기업들의 진출이 가속화할 것으로 예상되어 2018년까지 연평균 37.3%의 높은 성장률을 나타내며 3억 1,200만 달러로 시장이 확대될 것으로 전망된다.

(6) 애니메이션

2013년 이탈리아 애니메이션시장은 전년대비 2.0% 증가한 1억 5,000만 달러로 집계되었다. 최근 몇 년 동안 이탈리아의 애니메이션산업은 상당히 힘든 기간을 보내왔는데 경제적인 문제도 있었지만 프랑스와 같은 CNC 시스템의 부재가 더욱 큰 문제로 나타났다. 하지만 이탈리아의 애니메이션에 대한 지원책이 소개된 이후로 이탈리아의 애니메이션산업이 성장세를 보이고 있어 2018년까지 4.0%의 성장률을 바탕으로 1억 8,200만 달러 규모에 이를 전망이다.

[그림 7-29] 이탈리아 애니메이션시장 규모 및 성장률, 2009 - 2018

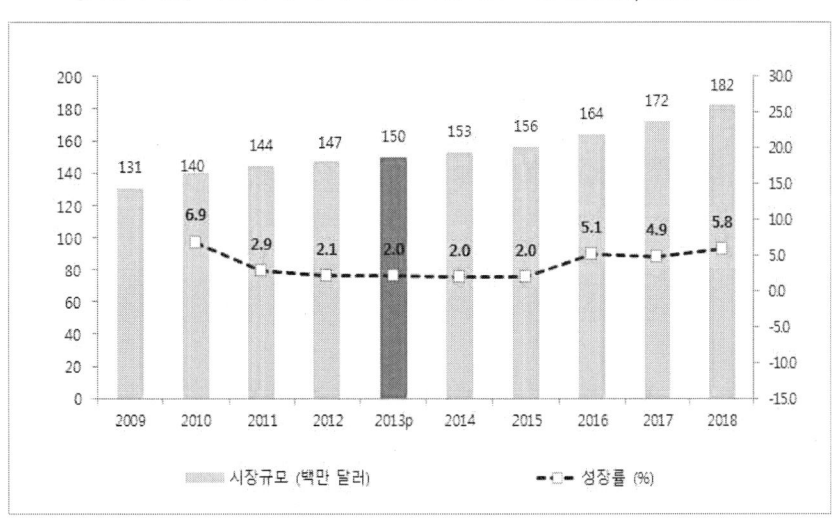

출처 : Box Office Mojo(2014), Digital Vector(2013), The-Numbers(2014), PwC(2014)

[표 7-12] 이탈리아 애니메이션시장 규모 및 전망, 2009-2018

[단위 : 백만 달러, %]

구분	2009	2010	2011	2012	2013p	2014	2015	2016	2017	2018	2013-18 CAGR
영화	65	75	77	82	83	85	87	90	92	93	2.4
극장광고	5	5	5	5	4	4	4	4	4	4	△0.4
디지털배급	1	2	2	3	4	7	10	16	23	33	50.1

[단위 : 백만 달러, %]

구분	2009	2010	2011	2012	2013p	2014	2015	2016	2017	2018	2013-18 CAGR
방송	6	7	5	3	3	3	3	3	4	4	5.6
홈비디오	55	51	55	55	56	54	52	51	49	48	△3.1
합계	131	140	144	147	150	153	156	164	172	182	4.0

출처 : Box Office Mojo(2014), Digital Vector(2013), The-Numbers(2014), PwC(2014)

이탈리아 애니메이션시장에서 가장 큰 비중을 차지하는 것은 영화 애니메이션시장이다. 영화 애니메이션시장은 2009년 49.6%의 점유율로 가장 큰 비중을 차지했는데, 2013년 시장이 확대되면서 55.3%로 점유율이 늘어났다.

[그림 7-30] 이탈리아 애니메이션시장 분야별 비중 비교, 2009 vs. 2013 vs. 2018

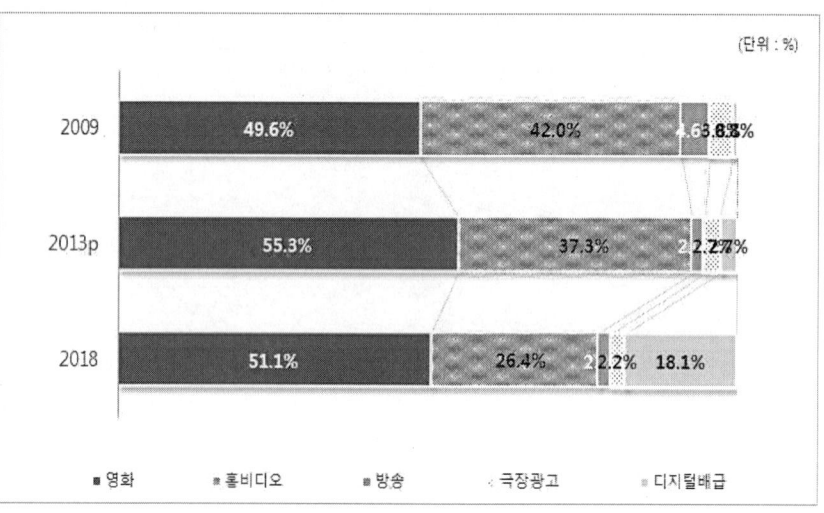

출처 : Box Office Mojo(2014), Digital Vector(2013), The-Numbers(2014), PwC(2014)

하지만 디지털배급시장의 확대로 2018년에는 51.1%로 점유율이 다소 하락할 것으로 전망된다. 영화 애니메이션시장 다음으로 큰 홈비디오 애니메이션시장은 2009년 42.0%의 점유율을 보였으나 계속 축소되어 2018년에는 26.4%의 비중을 차지할 것으로 전망된다. 향후 홈비디오시장에서 디지털배급시장으로 소비자 이탈이 가속화되면서 디지털배급시장은 2018년에 전체 애니메이션시장의 18.1%의 점유율을 보이며 주요 유통매체로 영향력을 높일 것으로 전망된다.

가. 영화 애니메이션

2013년 이탈리아의 영화 애니메이션시장은 할리우드 애니메이션의 흥행으로 전년대비 1.3% 성장한 8,300만 달러를 기록하였다. 2013년 최고의 흥행작 '슈퍼배드 2(Despicable Me 2)', '몬스터 대학(Monster University)' 등의 인기에 힘입어 애니메이션에 대한 수요가 크게 증가하였다. 자국 영화 애니메이션 'The Art of Happiness'는 2013년 소개된 애니메이션 드라마 필름으로 70회 베니스 영화제에서 비평가 상을 수상하기도 하였다. 이탈리아의 영화 에니메이션 시장은 2018년까지 2.4%의 성장률로 9,300만 달러의 시장 규모에 이를 것으로 전망된다.

[그림 7-31] 이탈리아 영화 애니메이션시장 규모 및 성장률, 2009 - 2018

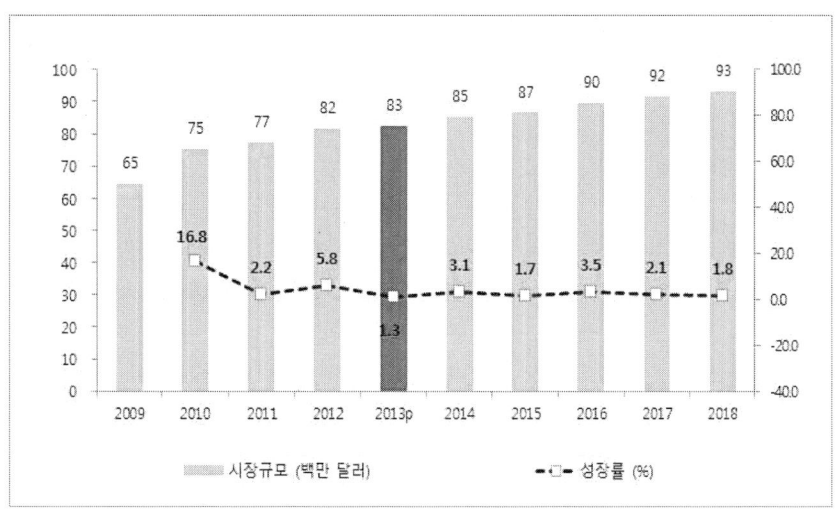

출처 : Box Office Mojo(2014), Digital Vector(2013), The-Numbers(2014), PwC(2014)

나. 방송 애니메이션

2013년 이탈리아 방송 애니메이션시장은 여전히 높은 실업률과 경제 불안정으로 1.1% 하락한 300만 달러 수준으로 집계되었다. 그러나 이탈리아의 유명 방송 애니메이션 윈엑스 클럽(Winx Club)은 2013년 6번째 시즌을 공개해 이탈리아의 여자 어린이들로부터 많은 인기를 끌고 있다. 이러한 어린이 층의 공략으로 방송 애니메이션시장의 성장률은 상승곡선을 보여줄 것으로 기대되고 있다. 이탈리아 방송 애니메이션시장은 2018년까지 연평균 5.6%의 성장률을 보이며 400만 달러 규모까지 회복할 것으로 전망된다.

[그림 7-32] 이탈리아 방송 애니메이션시장 규모 및 성장률, 2009 - 2018

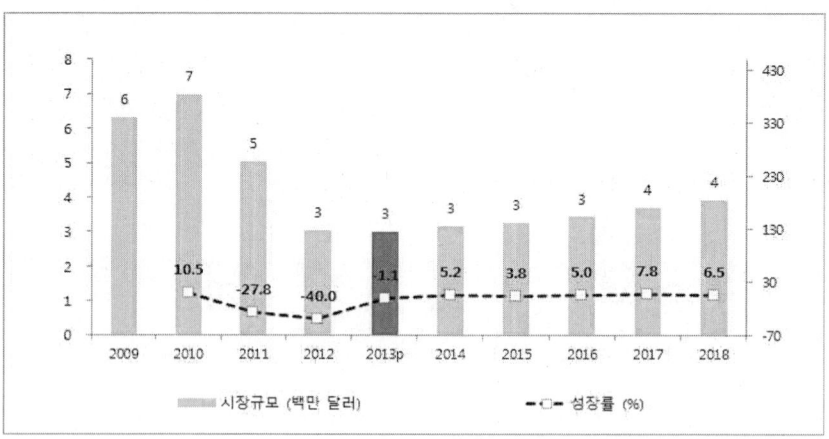

출처 : Box Office Mojo(2014), Digital Vector(2013), The-Numbers(2014), PwC(2014)

다. 홈비디오 애니메이션

2013년 홈비디오 애니메이션시장은 전년대비 1.7% 성장한 5,600만 달러를 기록하였다. 그러나 홈비디오 대여 및 판매시장은 디지털 서비스시장으로 많은 소비자들이 이탈하면서 그 규모가 위축될 것으로 예상되어 2018년까지 3.1%의 하락률을 보이며 4,800만 달러의 규모로 축소될 것으로 전망된다.

[그림 7-33] 이탈리아 홈비디오 애니메이션시장 규모 및 성장률, 2009 - 2018

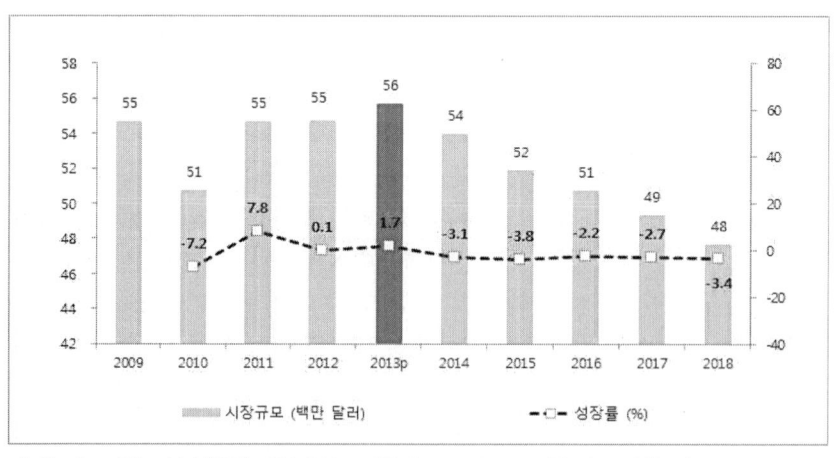

출처 : Box Office Mojo(2014), Digital Vector(2013), The-Numbers(2014), PwC(2014)

라. 디지털배급 애니메이션

2013년 이탈리아 디지털배급 애니메이션시장은 전년대비 55.7% 성장한 400만 달러를 기록하였다. OTT/스트리밍 서비스와, IPTV 서비스의 수요 증가로 인하여 디지털배급 애니메이션의 수요 역시 크게 증가하고 있어 이탈리아의 디지털배급 애니메이션시장은 2018년까지 연평균 50.1%의 성장률로 현재 시장 규모의 8배에 달하는 3,300만 달러 규모로 확대될 전망이다.

[그림 7-34] 이탈리아 디지털배급 애니메이션시장 규모 및 성장률, 2009 - 2018

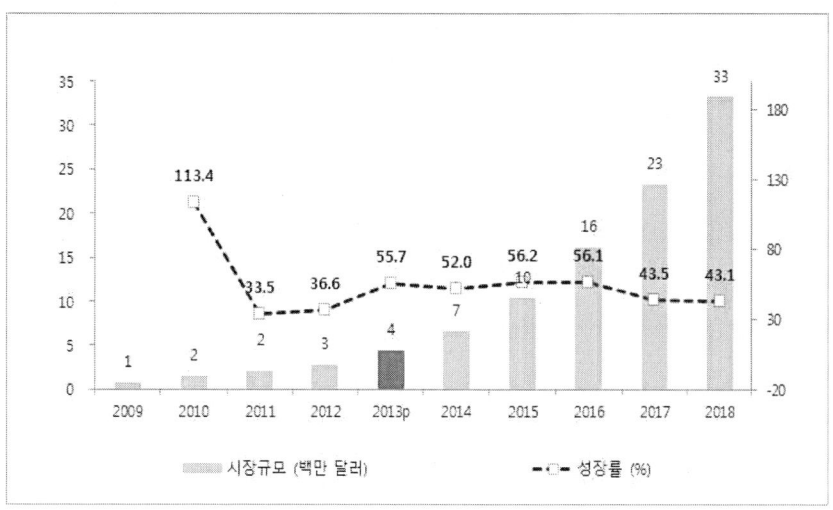

출처 : Box Office Mojo(2014), Digital Vector(2013), The-Numbers(2014), PwC(2014)

(7) 방송

2013년 이탈리아 방송시장은 경제위기로 인한 내수시장 침체의 영향으로 유료TV 가입자의 코드컷팅이 늘어나 전년대비 3.9% 하락한 101억 5,300만 달러로 집계되었다. 향후 방송시장은 점진적인 경제회복과 함께 유료TV 가입자의 증가세 회복, 다양한 디지털 플랫폼의 보급 등의 요인으로 연평균 3.3%씩 성장하여 2018년에는 119억 6,200만 달러로 성장할 전망이다.

[표 7-13] 이탈리아 방송시장 규모 및 전망, 2009-2018

[단위 : 백만 달러, %]

구분	2009	2010	2011	2012	2013p	2014	2015	2016	2017	2018	2013-18 CAGR
TV 수신료	6,023	6,316	6,515	6,141	6,101	6,143	6,242	6,424	6,646	6,866	2.4
공영방송	2,018	2,090	2,118	2,165	2,193	2,216	2,239	2,254	2,272	2,282	0.8
유료방송	4,005	4,227	4,397	3,976	3,908	3,928	4,003	4,170	4,374	4,584	3.2
TV 광고	4,316	4,580	4,452	3,771	3,413	3,573	3,774	3,992	4,224	4,507	5.7
다중 채널	234	283	309	290	294	333	372	424	473	534	12.7
지상파	4,060	4,268	4,106	3,439	3,070	3,175	3,303	3,432	3,579	3,760	4.1
온라인	22	29	36	42	50	65	99	136	173	213	33.8
라디오	714	764	707	649	639	629	619	610	600	589	△1.6
광고	585	630	571	512	502	491	480	469	458	446	△2.3
공영 라디오	129	134	136	137	137	138	139	141	142	143	0.8
위성 라디오	-	-	-	-	-	-	-	-	-	-	-
합계	11,053	11,660	11,674	10,561	10,153	10,345	10,635	11,026	11,470	11,962	3.3

출처 : PwC(2014)

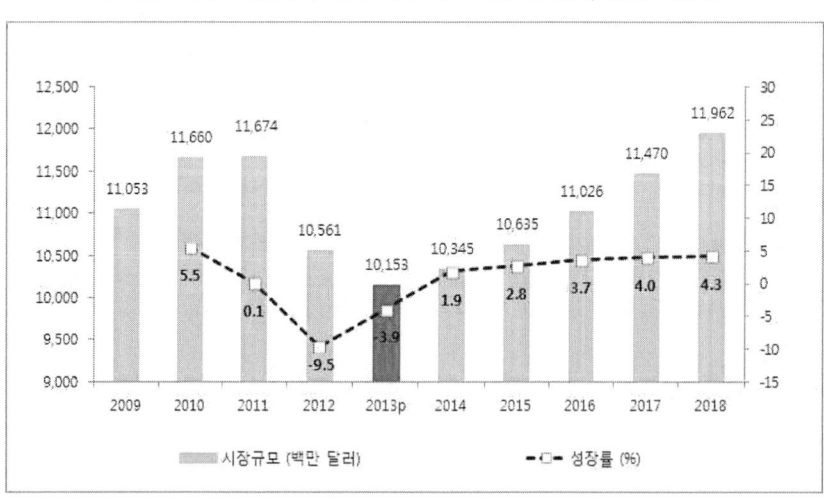

[그림 7-35] 이탈리아 방송시장 규모 및 성장률, 2009 - 2018

출처 : PwC(2014)

이탈리아 방송시장에서 가장 큰 비중을 차지하고 있는 것은 TV 수신료시장이다. TV 수신료시장은 2009년 54.5%의 점유율로 시장을 리드했으며 2013년에는 그 비중이 늘어나 60.1%의 점유율을 보였다. 그러나 TV 광고시장이 성장세로 돌아서 TV 수신료시장은 2018년에 57.4%의 점유율로 다소 위축될 것으로 보인다.

두 번째로 큰 비중을 차지하는 TV 광고시장은 2009년 39%의 점유율에서 2013년 33.6%로 비중이 줄어들었다. TV 매체보다 온라인TV와 다중 채널의 영향력이 높아져 이들 매체를 통한 광고시장이 성장하면서 TV 광고시장은 2018년 전체에서 차지하는 비중이 37.3%로 증가할 것으로 전망된다. 한편 라디오시장은 2009년 6.5%의 점유율을 차지했지만 하락세가 지속되어 2018년에는 전체 방송시장에서 4.9%의 점유율을 차지하며 축소될 것으로 보인다.

[그림 7-36] 이탈리아 방송시장 분야별 비중 비교, 2009 vs. 2013 vs. 2018

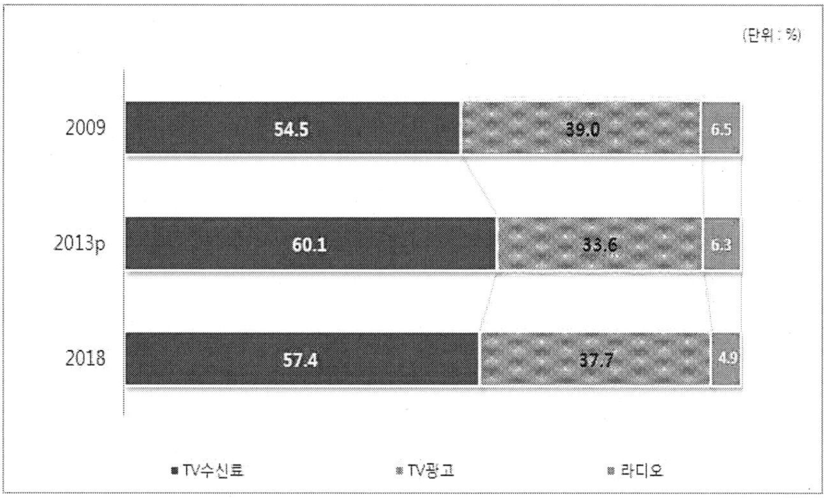

(단위 : %)

연도	TV수신료	TV광고	라디오
2009	54.5	39.0	6.5
2013p	60.1	33.6	6.3
2018	57.4	37.7	4.9

출처 : PwC(2014)

가. TV 수신료

2013년 TV 수신료시장은 전년대비 0.7% 하락한 61억 101만 달러의 규모를 기록하였다. 이는 경제위기로 인한 유료TV 가입자 감소에 따른 것으로 보인다. 향후 IPTV 의 보급화, 유료TV사업자인 '스카이 이탈리아(Sky Italia)', '미디어셋(Mediaset)'의 활발한 가입자 확보, OTTTV 서비스 확충을 통한 온디맨드 콘텐츠의 접근성 향상 등으로 연평균 2.4%씩 성장하여 2018년에는 68억 6,600만 달러 규모를 기록할 것으로 전망된다.

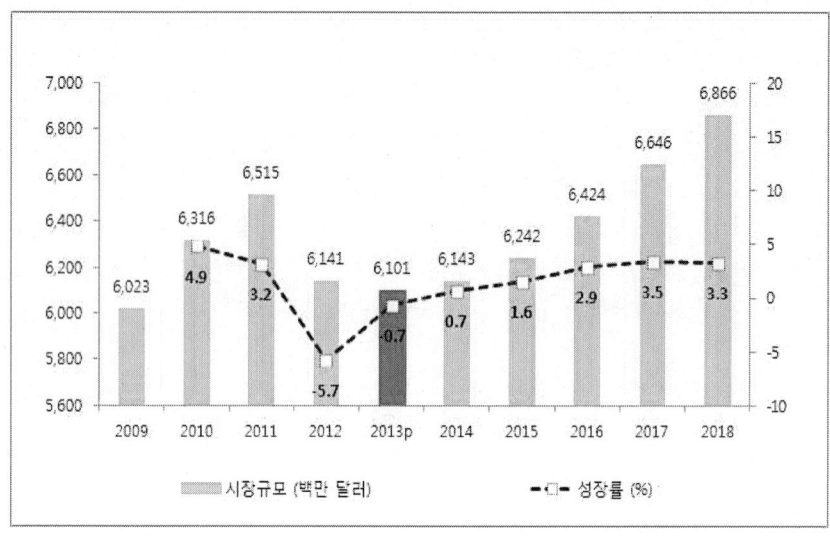

[그림 7-37] 이탈리아 TV 수신료시장 규모 및 성장률, 2009 - 2018

출처 : PwC(2014)

나. TV 광고

2013년 이탈리아의 TV 광고시장은 경제위기의 타격으로 2012년에 이어 성장률의 하락세가 이어져 전년대비 9.5% 하락한 34억 1,300만 달러의 규모를 나타냈다. 경제위기 이전 수준으로 회복하는 데는 시간이 걸릴 것으로 보이지만, 다중 채널과 온라인TV 의 영향력이 높아지면서 이들 매체를 통한 광고시장이 폭발적인 성장세가 전체 시장의 성장에 상당한 기여를 할 것으로 예상된다. 하지만, TV 광고시장의 대부분을 차지하는 지상파 광고시장이 완만한 성장세를 보여 이탈리아 TV 광고시장은 향후 5년간 연평균 5.7%씩 성장하여 2018년에는 45억 700만 달러의 규모에 이를 것으로 전망된다.

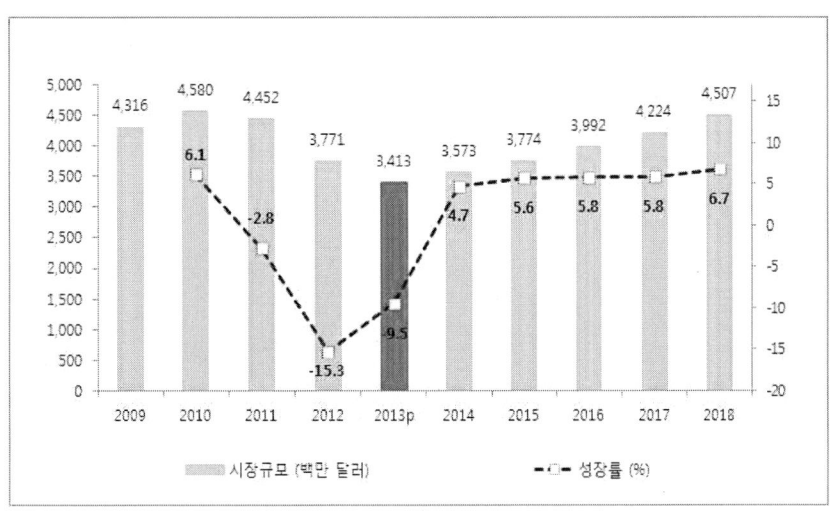

[그림 7-38] 이탈리아 TV 광고시장(방송) 규모 및 성장률, 2009 - 2018

출처 : PwC(2014)

다. 라디오

이탈리아는 전 세계에서 10번째로 큰 라디오시장으로 평가되고 있다. 이탈리아 라디오시장은 경제위기의 영향으로 2011년 시장이 대폭 축소된 이후 하락세가 이어지고 있다. 이에 2013년 이탈리아 라디오시장은 전년대비 1.5% 하락한 6억 3,900만 달러의 규모로 집계되었다.

라디오시장에서 공영 라디오 수신료시장은 향후 5년간 연평균 0.8%의 완만한 성장률을 유지할 것으로 보이지만, 경제위기의 타격이 큰 라디오 광고시장은 향후 5년간 연평균 2.3%씩 하락하여 시장이 축소될 것으로 보인다. 이에 따라 전체 라디오시장은 연평균 1.6%씩 하락하여 2018년에는 5억 8,900만 달러 규모로 위축될 것으로 보인다.

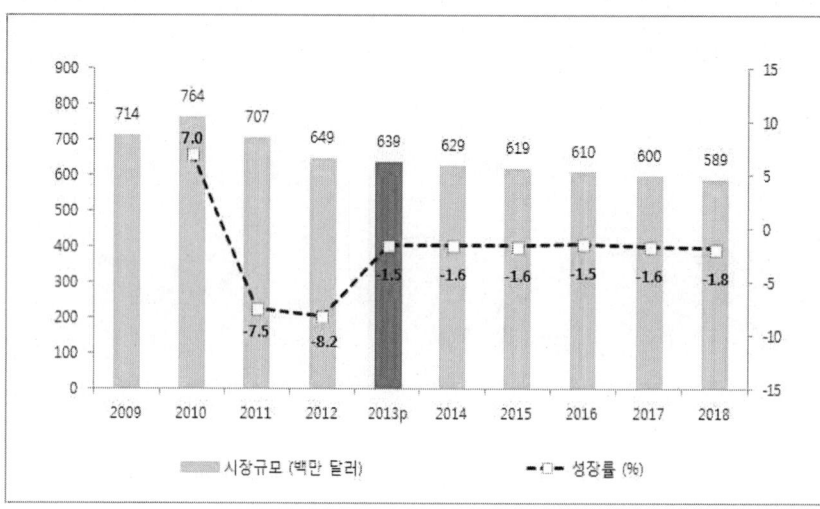

[그림 7-39] 이탈리아 라디오시장 규모 및 성장률, 2009 - 2018

출처 : PwC(2014)

(8) 광고

이탈리아 광고시장은 인터넷 광고시장을 비롯해 각 영역의 디지털 광고가 성장했음에도 불구하고 가장 큰 비중을 차지하고 있는 TV 광고시장이 2011년 이후 지속적으로 하락세를 보여 2013년에는 전년대비 6.4% 하락한 81억 5,200만 달러로 집계되었다. 향후 TV 광고의 안정적인 성장과 인터넷 광고의 높은 성장세로 이탈리아 광고시장은 2018년까지 연평균 2.9%씩 증가하여 93억 9,400만 달러에 이를 것으로 전망된다.

[표 7-14] 이탈리아 광고시장 규모 및 전망, 2009-2018

[단위 : 백만 달러, %]

구분	2009	2010	2011	2012	2013p	2014	2015	2016	2017	2018	2013-18 CAGR
디렉토리 광고	1,497	1,390	1,296	1,284	1,247	1,241	1,240	1,250	1,261	1,278	0.5
디지털	348	554	722	805	870	931	982	1,028	1,069	1,121	5.2
인쇄	1,149	836	574	478	378	309	258	222	193	157	△16.1
잡지 광고	1,079	1,021	1,049	856	777	729	709	699	687	678	△2.7
디지털	23	35	78	85	105	120	136	150	159	170	10.1
인쇄	1,056	987	971	771	672	609	573	548	527	509	△5.4

[단위 : 백만 달러, %]

구분	2009	2010	2011	2012	2013p	2014	2015	2016	2017	2018	2013-18 CAGR
산업잡지 광고	60	61	73	76	79	82	86	89	93	95	3.7
디지털	8	12	25	32	36	40	45	50	55	59	10.6
인쇄	52	49	48	44	43	42	41	40	38	36	△3.7
극장광고	53	59	50	45	38	35	33	34	35	36	△1.2
신문 광고	1,676	1,627	1,527	1,279	1,128	1,010	915	841	791	754	△7.7
디지털	95	104	109	112	115	119	124	131	141	154	6.1
인쇄	1,581	1,523	1,418	1,167	1,014	891	791	710	650	600	△9.9
라디오 광고	585	630	571	512	502	491	480	469	458	446	△2.3
TV 광고	4,316	4,580	4,452	3,771	3,413	3,573	3,774	3,992	4,224	4,507	5.7
다중 채널	234	283	309	290	294	333	372	424	473	534	12.7
지상파	4,060	4,268	4,106	3,439	3,070	3,175	3,303	3,432	3,579	3,760	4.1
온라인TV	22	29	36	42	50	65	99	136	173	213	33.8
인터넷 광고	962	1,167	1,480	1,688	1,876	2,119	2,371	2,608	2,843	3,102	10.6
모바일	15	32	68	106	129	155	183	217	254	297	18.1
유선	947	1,135	1,412	1,582	1,747	1,964	2,188	2,391	2,589	2,805	9.9
옥외 광고	301	302	270	237	224	212	201	188	175	160	△6.6
디지털	0	6	6	6	7	7	8	9	10	10	8.4
오프라인	301	296	264	230	217	204	193	179	165	149	△7.2
게임 광고	33	36	38	41	44	47	49	51	53	55	4.2
산술합계[245]	10,562	10,873	10,806	9,789	9,328	9,539	9,858	10,221	10,620	11,111	3.6
합계	10,066	10,139	9,836	8,713	8,152	8,264	8,472	8,726	9,023	9,394	2.9

출처 : PwC(2014)

---

245) 산술합계에는 디렉토리 광고, 잡지 광고, 산업잡지 광고, 신문 광고의 디지털 광고와 온라인TV 광고, 지상파 라디오 온라인 광고가 인터넷 광고시장 규모에 포함되어 있어 합계에서는 중복되는 부분을 제외함

[그림 7-40] 이탈리아 광고시장 규모 및 성장률, 2009 - 2018

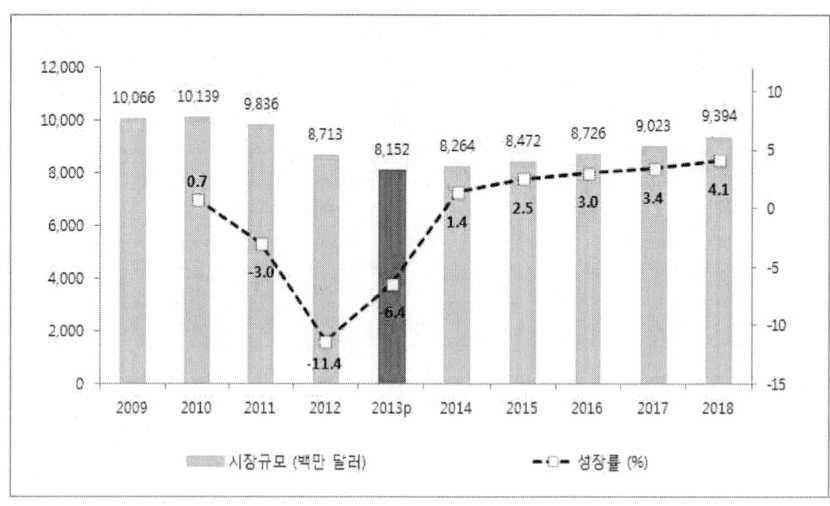

출처 : PwC(2014)

가장 큰 시장점유율을 보이고 있는 TV 광고시장은 다중 채널과 온라인TV 광고시장의 성장에도 불구하고 가장 큰 비중을 차지하고 있는 지상파TV 광고의 지속적인 하락으로 2009년 40.9%에서 2013년 36.6%로 전체 광고시장에서의 영향력이 위축되었다.

[그림 7-41] 이탈리아 광고시장 분야별 비중 비교, 2009 vs. 2013 vs. 2018

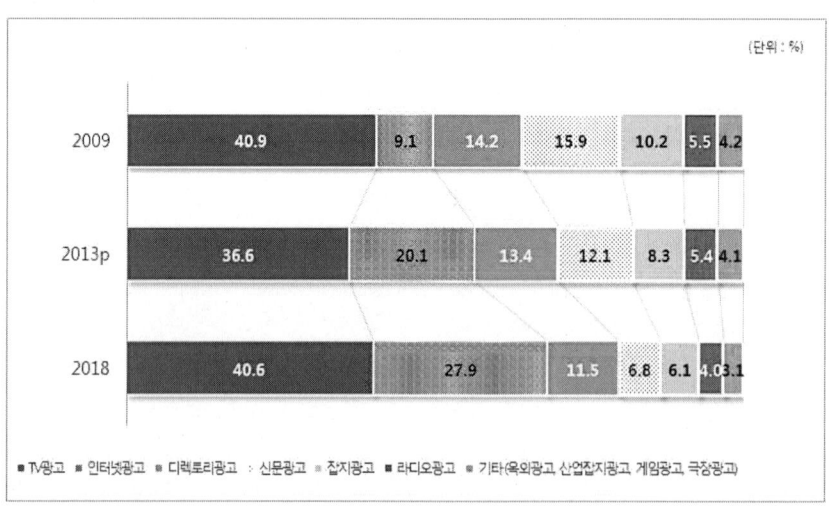

출처 : PwC(2014)

하지만, 유료TV 가입자 수가 늘어나고 OTT 서비스 이용이 늘어남에 따라 급격한 성장세가 예상되어 2018년에는 40.6%의 점유율로 비중이 늘어날 것으로 전망된다.

2009년 9.1%의 점유율을 보였던 인터넷 광고시장은 모바일과 비디오 광고시장의 폭발적인 성장세에 힘입어 지속적으로 확대되어 2018년에는 전체 광고시장의 27.9%까지 차지할 것으로 전망된다. TV 광고시장과 인터넷 광고시장의 확대로 디렉토리 광고, 신문 광고, 잡지 광고, 라디오 광고 등은 전체에서 차지하는 비중이 계속 줄어들 것으로 보인다.

가. TV 광고

이탈리아의 TV 광고시장은 다중 채널과 온라인TV 광고의 성장에도 불구하고 지상파 광고시장의 하락세로 전년대비 9.5% 감소하며 2012년에 이어 시장이 회복되지 못하면서 34억 1,300만 달러에 그쳤다. 이후 이탈리아의 TV 광고시장은 2014년부터 지상파 광고시장이 회복세로 돌아서고, 다채널TV 광고와 온라인TV 광고의 높은 성장이 지속되면서 2018년까지 연평균 5.7% 증가한 45억 700만 달러에 달할 것으로 전망된다.

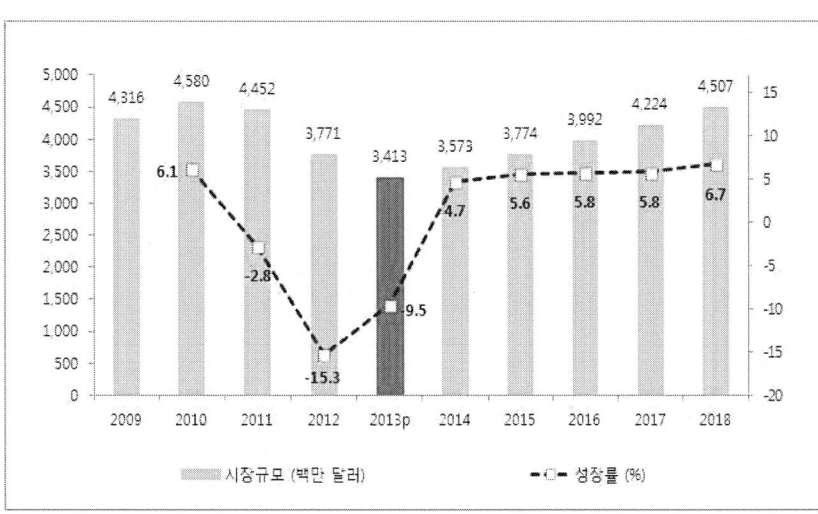

[그림 7-42] 이탈리아 TV 광고시장 규모 및 성장률, 2009 - 2018

출처 : PwC(2014)

나. 인터넷 광고

이탈리아 인터넷 광고시장은 2009년 이후 급속도로 성장하였으며, 2013년에는 전년대비 11.1% 성장한 18억 7,600만 달러를 기록하였다.

이탈리아 인터넷 광고시장에서 대부분을 차지하는 것은 유선 인터넷을 통한 광고 수익인데, 초고속 인터넷 망의 정비 사업이 진행됨에 따라 브로드밴드보급 지역이 확장되고 있어 유선 인터넷 광고시장은 더욱 확장될 것으로 전망된다. 또한, 스마트폰과 태블릿 등 스마트기기 보급 증가로 모바일과 비디오 광고가 빠르게 성장할 것으로 보여 이탈리아 인터넷 광고시장은 2018년까지 연평균 10.6% 성장한 31억 200만 달러 규모를 이룰 것으로 전망된다.

[그림 7-43] 이탈리아 인터넷 광고시장 규모 및 성장률, 2009 - 2018

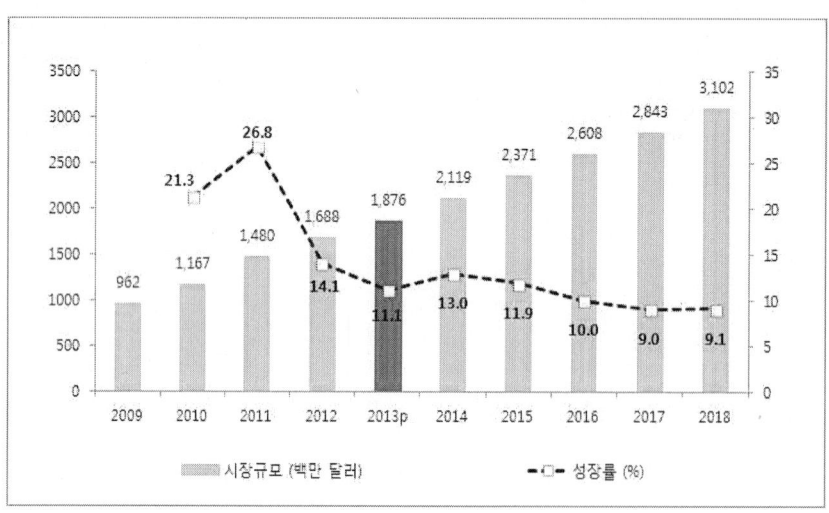

출처 : PwC(2014)

[표 7-15] 이탈리아 인터넷 광고시장 규모 및 전망, 2009-2018

[단위 : 백만 달러, %]

구분	2009	2010	2011	2012	2013p	2014	2015	2016	2017	2018	2013-18 CAGR
모바일	15	32	68	106	129	155	183	217	254	297	18.1
유선	947	1,135	1,412	1,582	1,747	1,964	2,188	2,391	2,589	2,805	9.9
안내광고	184	211	222	221	229	249	268	284	301	319	6.9
디스플레이 광고	407	492	621	690	755	839	926	1,006	1,084	1,167	9.1

비디오	46	58	81	110	142	180	220	256	299	348	19.6
유료검색	310	375	488	561	622	696	774	845	906	971	9.3
합계	962	1,167	1,480	1,688	1,876	2,119	2,371	2,608	2,843	3,102	10.6

출처 : PwC(2014)

다. 신문 광고

이탈리아 신문 광고시장은 국가경제의 위축으로 인한 투자액 감소, 신문 구독자의 감소, 발행부수 감소 등으로 2013년 전년대비 11.8% 하락한 11억 2,800만 달러 규모를 나타냈다.

향후 신문 광고 매체에 대한 수요가 지속적으로 감소하면서 이탈리아 신문 광고시장은 2018년까지 연평균 7.7% 하락한 7억 5,400만 달러까지 축소될 것으로 전망된다.

[그림 7-44] 이탈리아 신문 광고시장 규모 및 성장률, 2009-2018

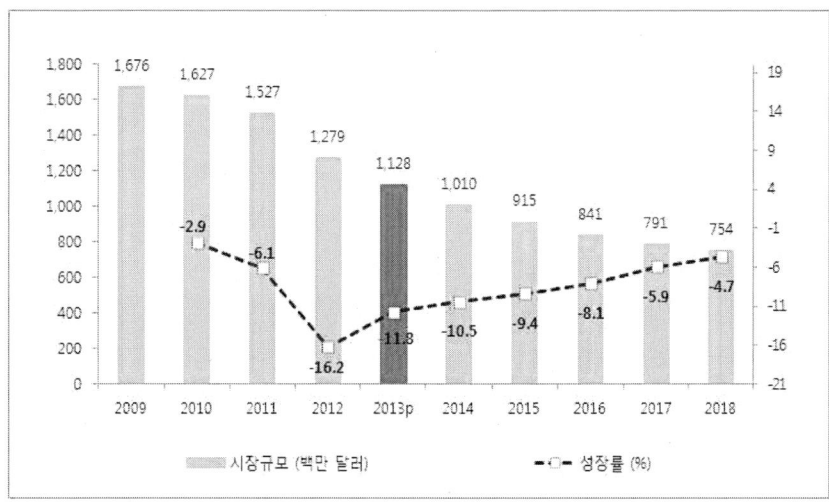

출처 : PwC(2014)

라. 옥외 광고

이탈리아는 전 세계에서 8번째로 큰 옥외 광고시장을 형성하고 있다. 2013년 이탈리아 옥외 광고시장은 전년대비 5.5% 하락한 2억 2,400만 달러로 집계되었다. 경제악화의 영향으로 2011년 이후 하락폭이 크게 나타났는데, 이러한 경제 환경의 불확실성과 더불어 광고주들이 옥외 광고에 대한 지분을 2%밖에 가질 수 없다는 제한이 성장의 발목을 잡을 것으로 보인다. 이에 이탈리아 옥외 광고시장은 디지털시장의 성장에도 불구하고 2018년까지 연평균 6.6% 하락한 1억 6,000만 달러 규모에 이를 것으로 전망된다.

[그림 7-45] 이탈리아 옥외 광고시장 규모 및 성장률, 2009-2018

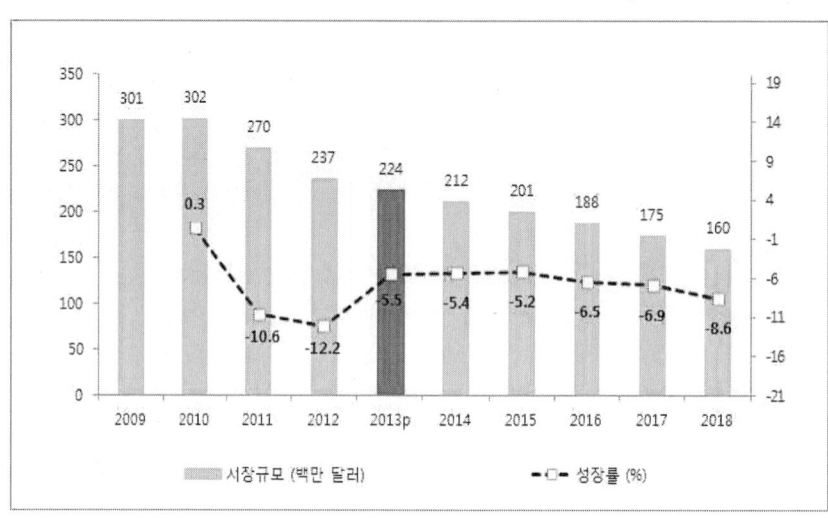

출처 : PwC(2014)

(9) 캐릭터·라이선스

2013년 이탈리아 캐릭터·라이선스시장은 경제위기의 타격으로 전반적으로 하락세를 보이며 전년대비 4.6% 감소한 44억 4,700만 달러 규모에 그쳤다. 향후 재정적자 해소와 경제회복을 위한 정부의 노력으로 많은 부분에서 개선이 되고 있지만 여전히 정치적으로 불안하고 소비심리가 살아나지 않은 상황이다. 이에 따라, 이탈리아 캐릭터·라이선스시장은 2018년까지 연평균 0.2%씩 소폭 하락하여 44억 2,700만 달러에 이를 것으로 전망된다.

[표 7-16] 이탈리아 캐릭터·라이선스시장 규모 및 전망, 2009-2018

[단위 : 백만 달러, %]

구분	2009	2010	2011	2012	2013p	2014	2015	2016	2017	2018	2013-18 CAGR
캐릭터·라이선스	5,146	5,035	4,860	4,690	4,474	4,447	4,433	4,428	4,426	4,427	△0.2

출처 : EPM(2013, 2014), PwC(2014)

[그림 7-46] 이탈리아 캐릭터·라이선스시장 규모 및 성장률, 2009-2018

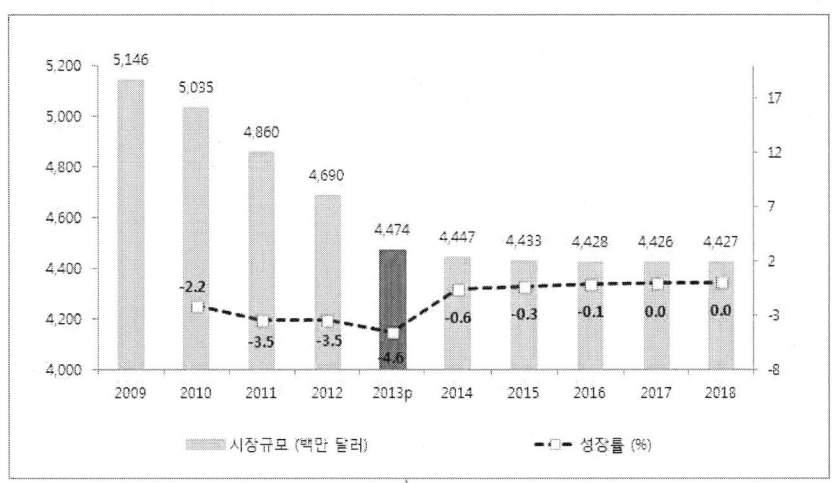

출처 : EPM(2013, 2014), PwC(2014)

2013년 이탈리아 캐릭터·라이선스시장은 패션부문이 35.2%로 시장을 주도하고 있는 가운데 엔터테인먼트·캐릭터가 20.2%, 기업브랜드·상표가 13.6%, 스포츠가 10%의 점유율을 차지하는 것으로 나타났다.

[표 7-17] 이탈리아 캐릭터·라이선스 분야별 시장 규모, 2009-2013

[단위 : 백만 달러, %]

구분	2009		2011			2013		
	시장 규모	비중	시장 규모	비중	증감율	시장 규모	비중	증감율
엔터테인먼트/캐릭터	1,160	23.3	1,030	21.2	△11.3	905	20.2	△12.1
스포츠	460	9.2	450	9.2	△2.4	446	10.0	△0.9
패션	1,660	33.3	1,690	34.8	1.9	1,575	35.2	△6.8
기업브랜드/상표	600	12.0	640	13.1	6.9	607	13.6	△5.1
예술	370	7.4	330	6.8	△9.7	308	6.9	△6.8
기타	730	14.7	720	14.9	N/A	633	14.1	N/A
합계	4,980	100.0	4,860	100.0	△2.3	4,474	100.0	△7.9

출처 : EPM(2013, 2014)

(10) 지식정보

2013년 이탈리아 지식정보시장은 인터넷접근시장의 높은 성장률과 비즈니스 정보시장의 안정적 성장에 힘입어 전년대비 5.6% 증가한 148억 4,200만 달러를 기록하였다.

이후 디렉토리, 전문서적, 산업잡지의 인쇄시장과 전시회시장, 지면 구독시장 등의 하락세가 예상되지만 인터넷접근시장과 각 분야의 디지털시장의 성장세로 2018년까지 연평균 6.4% 성장한 202억 5,300만 달러에 달할 것으로 전망된다.

[표 7-18] 이탈리아 지식정보시장 규모 및 전망, 2009-2018

[단위 : 백만 달러, %]

구분		2009	2010	2011	2012	2013p	2014	2015	2016	2017	2018	2013-18 CAGR
비즈니스정보		1,500	1,550	1,597	1,605	1,638	1,672	1,711	1,737	1,751	1,764	1.5
디렉토리 광고		1,497	1,390	1,296	1,284	1,247	1,241	1,240	1,250	1,261	1,278	0.5
	디지털	348	554	722	805	870	931	982	1,028	1,069	1,121	5.2
	인쇄	1,149	836	574	478	378	309	258	222	193	157	△16.1
전시회		896	868	856	842	829	819	807	797	783	776	△1.3
전문서적		242	232	250	255	257	260	264	274	291	316	4.2
	전자	2	2	3	5	9	14	22	34	51	77	54.7
	인쇄	240	230	247	250	248	246	243	240	239	239	△0.8
산업잡지		387	403	408	391	379	374	376	382	389	394	0.7
	광고	60	61	73	76	79	82	86	89	93	95	3.7
	디지털	8	12	25	32	36	40	45	50	55	59	10.6
	인쇄	52	49	48	44	43	42	41	40	38	36	△3.7
	구독	327	342	335	315	300	291	290	293	297	298	△0.1
	디지털	-	-	-	4	9	19	32	49	64	75	51.6
	지면	327	342	335	311	291	273	258	244	233	223	△5.1
인터넷접근		7,442	8,252	8,935	9,676	10,492	11,410	12,418	13,497	14,615	15,725	8.4
모바일		2,251	2,652	3,165	3,748	4,431	5,231	6,148	7,154	8,213	9,273	15.9
고정 브로드밴드		5,191	5,599	5,771	5,928	6,061	6,179	6,270	6,343	6,401	6,453	1.3
합계		11,964	12,695	13,342	14,053	14,842	15,776	16,816	17,937	19,090	20,253	6.4

출처 : PwC(2014)

[그림 7-47] 이탈리아 지식정보시장 규모 및 성장률, 2009-2018

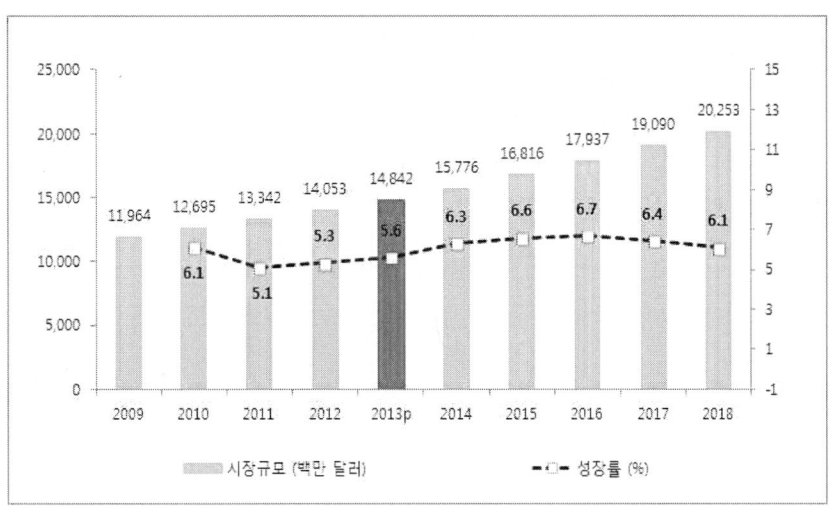

출처 : PwC(2014)

지식정보시장에서 가장 큰 점유율을 차지하고 있는 인터넷접근은 2009년 62.2%의 점유율에서 비중이 계속 늘어나 2013년 70.7%의 점유율을 보였다.

[그림 7-48] 이탈리아 지식정보시장 분야별 비중 비교, 2009 vs. 2013 vs. 2018

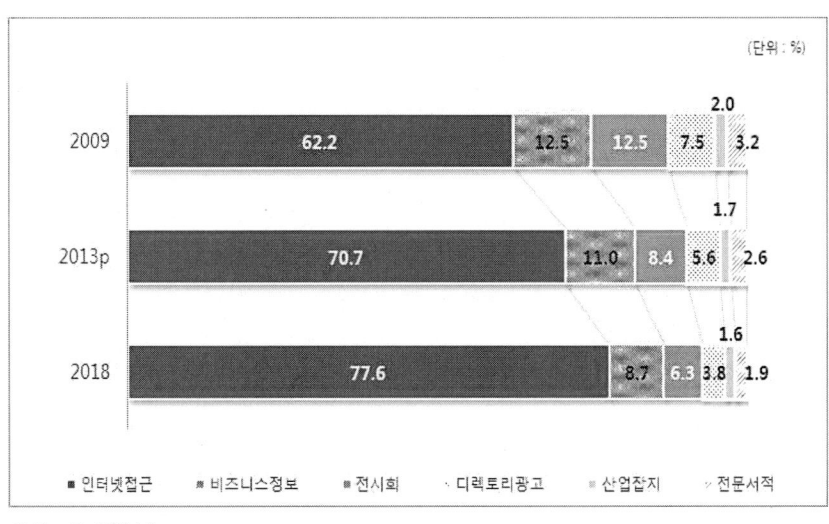

출처 : PwC(2014)

인터넷접근시장은 향후 초고속 인터넷망의 확충을 통한 유·무선 인터넷 가입자의 급증으로 인해 2018년에는 77.6%로 시장 영향력이 더욱 확대될 것으로 전망된다. 반면 비즈니스 정보, 전시회, 디렉토리, 산업잡지, 전문서적시장 등은 전 세계적인 인쇄 간행물의 감소와 맞물려 2018년까지 계속 시장 비중이 축소될 것으로 보인다.

가. 인터넷접근

이탈리아 인터넷접근시장은 2013년 전년대비 8.4% 성장한 104억 9,200만 달러 규모로 집계되었다. 사실 이탈리아는 2013년 말 기준으로 서유럽 중에서 가장 낮은 52.8%의 브로드밴드 보급률을 나타냈다. 하지만 브로드밴드 가입률은 꾸준히 증가할 것으로 보이며 이통사들은 브로드밴드 인프라가 구축되지 않은 곳을 위주로 모바일 네트워크를 넓히고 있어 인터넷접근시장은 성장할 것으로 보인다. 향후 4G 서비스의 확대와 다양한 모바일 서비스 증가로 인터넷접근시장은 2018년까지 연평균 8.4%씩 성장하며 157억 2,500만 달러 규모에 도달할 것으로 전망된다.

[그림 7-49] 이탈리아 인터넷접근시장 규모 및 성장률, 2009-2018

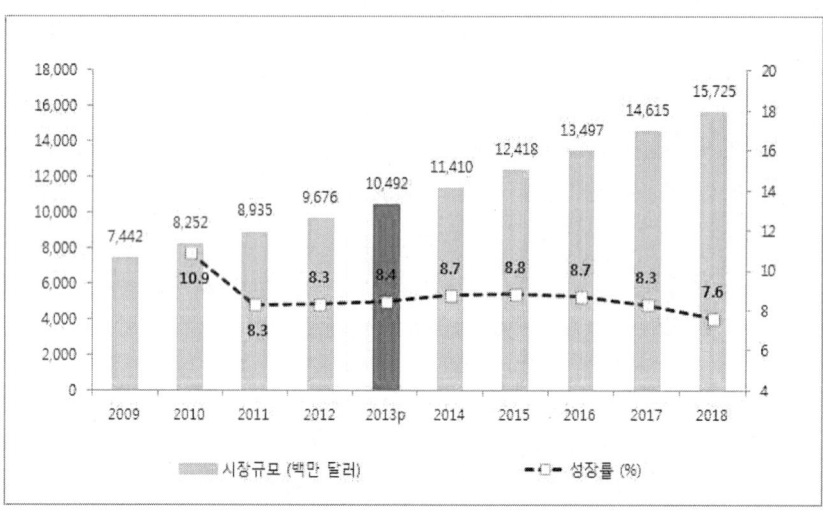

출처 : PwC(2014)

나. 전문정보[246]

2013년 이탈리아 전문정보시장은 경제위기의 여파로 전년대비 0.6% 하락한 43억 5,000만 달러 규모로 집계되었다.

주목할 점은 전문정보시장에서 비즈니스 정보시장이 2018년까지 연평균 1.5%의 성장세를 보이면서 시장의 성장을 견인할 것으로 전망되는데, 이는 경기침체의 영향에도 불구하고 불황을 타개하기 위한 기업조사가 증가하기 때문인 것으로 보인다.

한편, 이탈리아의 경제 환경이 악화됨에 따라 많은 무역 박람회가 취소되었으며, 개최수도 2009년 824개에서 2012년 775개로 줄어들었다. 대개의 분야에서 전시장의 규모도 감소했는데, 무역 박람회 산업시장은 연평균 1.3%씩 하락을 지속하며 2018년에는 7억 7,600만 달러까지 줄어들 것으로 보인다. 전문정보시장은 연평균 0.8%씩 조금씩 성장하여 2018년에는 45억 2,800만 달러 규모를 이룰 것으로 전망된다.

[그림 7-50] 이탈리아 전문정보시장 규모 및 성장률, 2009-2018

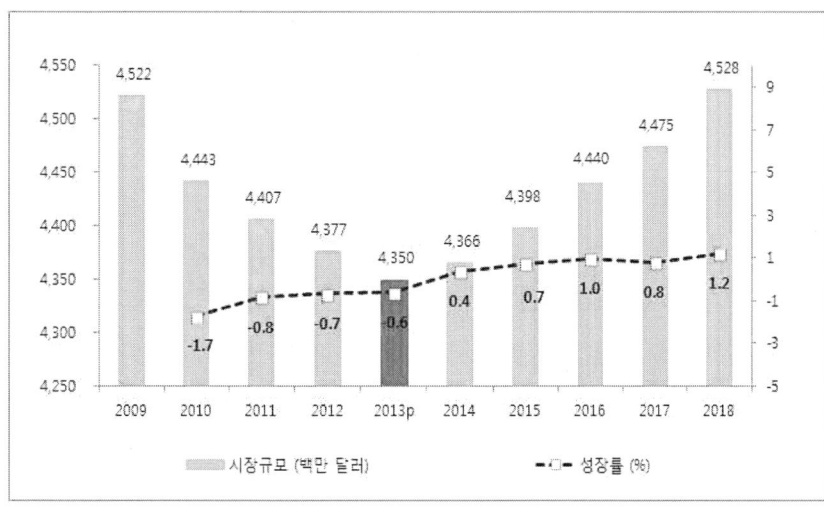

출처 : PwC(2014)

---

246) 전문정보시장은 인터넷접근을 제외한 지식정보시장(비즈니스 정보, 디렉토리 광고, 전문서적, 산업잡지, 전시회)을 의미함

3) 주요 이슈 및 트렌드

(1) 출판

가. 이탈리아 출판협회, 스마트북 웹페이지 개설

이탈리아 출판협회(Italian Publishers Association)는 디지털 출판에 대한 혁신을 위하여 전문적인 지식을 교환하고 분석하기 위한 프로젝트를 유럽 집행 위원회의 후원으로 추진하고 있다. 이 프로젝트를 통해 출판업계와 ICT 업계들이 사업 역량을 증가시키고 자국뿐만 아니라 유럽 연합 차원의 정책 혁신의 변화를 촉발시키고 있다.

이번 프로젝트를 위해 출판협회는 ICT와 출판 업계가 서로 기술을 협력하고 더 나아가 창업을 이룰 수 있는 스마트 북(Smart Book) 웹페이지를 개설하였다. 스마트 북은 서로 다른 분야가 긴밀한 협력으로 어떻게 비즈니스를 추진할 수 있는지에 큰 중점을 두고 있는데 특히 전문가들의 시장에 대한 분석과 인터뷰가 포함되며 스마트 북을 통해 출판 업계와 ICT 기술의 상승효과를 이루어내기 위한 혁신적인 벤치마킹과 정책적 권고도 제시될 것으로 보인다.

디지털 유럽(Digital Europe)의 총책임자 존 히긴스(John Higgins)는 스마트 북이 그간 출판 업계가 추진해오던 사업이었지만 금번 이탈리아의 출판협회를 통해 현실화되는 것이 앞으로 유럽의 출판시장에 큰 변화를 가져다줄 것으로 보고 있으며 앞으로 스마트 북을 통해 유럽의 출판 업계와 ICT 서비스제공자들이 유럽의 독자들에게 더 많은 효용을 가져다줄 것으로 전망했다.[247]

(2) 게임

가. 인앱 앱 구매에 대한 소비자고지 이행 조사

이탈리아의 공정거래위원회(Antitrust and Competition Authority)는 애플(Apple), 구글(Google), 아마존(Amazon), 게임로프트(Gameloft)등의 게임업체들이 앱 내의 아이템 구입(인앱: In-app)에 대한 고지를 소비자들에게 충분히 이행하였는지 조사에 들어갔다.[248]

이에 대하여 공정거래위원회는 앞서 밝힌 게임 유통회사와 제작회사들이 서비스하고 있는 부분유료화 모바일 게임(Free-mium)이 게임을 다운로드하는 소비자들에게 완전한 무료 게임이라는 착각을 줄 수 있고 게임을 진행하는 동안 소모되는 총비용에 대한 고지가 없다는 점을 지적하였다.

---

247) 한국과학기술정보연구원, 유럽연합의 스마트출판 기술혁신(TISP) 프로젝트 추진 현황, 2014. 4. 18.
248) Italian antitrust body investigating Apple, others over 'freemium' app sales, 2014. 5. 16.

이번 조사는 2014년 초에 발생한 영국의 광고 공정성 유지단체의 던전키퍼(Dungeon Keeper) 게임에 대한 광고 규제[249]보다 넓은 소비자의 권리 보호라는 의미로 확장되었고 2014년 1분기 유럽 연합 집행위원회가 진행했던 부분유료 게임에 대한 조사와도 유사하다는 점에서 이탈리아 내의 부분유료화 게임에 대한 관심이 집중되었다.

애플은 이탈리아의 공정거래위원회로부터 불공정 광고 활동이 행해졌다는 지적에 120만 달러의 벌금을 부과 받은 바 있었는데[250] 약 반년 정도 시일이 소요되는 이번 조사를 통해 모바일 게임에 대한 불공정 혐의가 입증된다면 최대 500만 유로의 벌금을 부과 받을 것으로 보인다.[251]

나. 이탈리아, 도박 게임 앱 증가

이탈리아는 2011년 이래로 1위를 유지하고 있는 것이 한 가지 있는데 바로 '도박'이다. 도박 중독은 이탈리아에서 심각한 사회문제로 대두되어 가정 파탄과 붕괴, 청소년 탈선과 마약 중독이라는 큰 문제를 야기하고 있다. 현재까지 이탈리아 전역에는 40만개의 슬롯머신이 있고 5,000여 개의 중소 도박업체들이 성업 중인데 약 85만 명이 심각한 도박 중독 증세를 보이고 있으며 약 200만 명이 중독가능성을 가진 '주의 대상'에 포함되어 있다. 청소년의 경우 더욱 심각해서 100명 중 43명이 재활 치료를 필요로 하고 있다[252].

이처럼 도박이 큰 사회적 문제가 되고 있는 가운데 이탈리아의 복권회사 지테크(Gtech)는 인터넷을 통한 도박 서비스를 강화하기 위한 목적으로 미국의 도박 장비 제조회사인 IGT(International Game Technology)를 47억 달러에 인수하였다.[253] 지테크는 2013년 라스베가스에서 열린 글로벌 게이밍 엑스포(Global Gaming Expo: G2E)에서 아이패드용으로 제작된 모바일 버전의 포커 프로그램을 공개[254]한 바 있는데 이번 인수를 통하여 지테크는 온라인 도박 게임에 대한 영향력을 다양한 인터넷 플랫폼으로 강화할 것으로 보인다.

도박에 관대한 국가정책을 펼쳐온 이탈리아는 2013년 4월, 2013년 민주당의 레타 현 총리와 민주가톨릭당, 자유국민당, 민주당의 가톨릭 의원들과 연대해 도박사업 규제를 완화하였고 도박을 규제하는 이탈리아의 지방 행정도시에 벌금을 물리고 있어 온라인을 통한 도박 게임 앱 출시가 탄력을 받을 것으로 예상된다.[255]

---

249) www.inven.co.kr, 던전키퍼 영국에서는 '무료'게임이라는 표현 못 써, 2014. 7. 3.
250) appleinsider, Italian antitrust body investigating Apple, others over 'freemium' app sales, 2014. 5. 16.
251) 한국콘텐츠 진흥원, 이탈리아정부 부분유료화 모바일 게임 규제 착수. 2014
252) OhmyNews, 유럽1위 도박천국 이탈리아... 이걸 어쩌나, 2014. 1. 13.
253) BLoomberg, GTECH in Talks to Acquire International Game Technology, 2014. 6. 16
254) Gambling News with an edge, GTECH poker app is all thumbs; GAN inks Konami; IGT eyes New Jersey, 2013. 9. 25.
255) OhmyNews, 유럽1위 도박천국 이탈리아... 이걸 어쩌나, 2014. 1. 13.

다. 이탈리아, 비디오게임으로 난치병을 치료하는 지평 열어

비디오 게임 중에 닌텐도 위(Nintendo Wii), 엑스박스 키넥트(Kinect) 플레이스테이션 무브(PS Move)와 같은 모션 인식 게임기는 출시되자마자 오락성과 가정에서 운동을 할 수 있다는 장점으로 많은 사랑을 받았다. 이 모션 인식 게임기가 몸이 서서히 굳어지는 다발성 경화증(Multiple sclerosis)환자들의 운동 장애를 호전시킨다는 연구가 발표되어 세간의 관심을 끌고 있다.[256]

다발성 경화증은 인체의 면역 체계가 신경섬유 주위의 보호막을 공격해 나타나는 현상으로 아직까지 치료 방법이 없는 난치성 질환이다. 연구진은 이 병을 앓고 있는 환자들이 균형 감각이 없어지고 운동 신경이 둔해져 넘어지고 다치는 경우가 많다는 점에 착안하여 균형 감각을 되찾을 수 있는 방법으로 닌텐도 위를 활용하였다.

닌텐도 위를 이용하여 몸의 균형을 잡는 게임을 실시한 실험에 참여한 환자 27명을 대상으로 자기공명영상장치(MRI)를 이용해 변화를 확인한 결과, 신체의 균형과 움직임을 담당하는 뇌 부위의 연결망이 늘어난 것으로 나타났으며 환자들의 자세 검사도 균형을 잡는 감각이 향상된 것으로 나타났다. 이번 연구 결과로 인하여 비디오 게임을 이용한 반복 훈련이 환자들의 난치병 완화와 재활 치료에 큰 도움을 줄 것이라고 업계는 기대하고 있다. [257]

(3) 방송

가. AGCOM, 방송서비스 관련 신규 법안 발효

통신조정위원회(AGCOM)는 네트워크 관련사업자와 미디어 서비스업체를 포함한 방송사업자의 소유권 전환을 위한 권한 부여 과정에 대한 신규 규제를 발표했다. 해당 규제는 과정의 단순화와 관련 시장의 식별을 위한 단계 설정 등을 목표로 하고 있으며, '그룹'의 정의를 명확히 하고 소유권의 범위를 확장하는 개정 작업을 거쳐 8월 최종 공개되었다[258].

한편, AGCOM은 지난 2013년 연말 저작권 보호를 위한 '네트워크 규제안'을 발표한 바 있다. 2014년 3월에 최종 발효된 해당 규제안은 표현의 자유와 인터넷 접속권 등 기본권과 저작권 보호 사이에서의 균형 추구를 목적으로 하고 있으며, 저작권을 침해한 개인보다 웹사이트 및 ISP를 처벌한다는 점에서 특징[259]을 가진다. AGCOM은 이를 통해 인터넷 상의 저작권 침해 콘텐츠에 대

---

256) 이탈리아 사피엔자 대학의 연구 결과가 국제 학술지 라디올로지(Radiology)에 발표
257) 동아사이언스, 게임으로 난치병 치료할 수 있을까 이탈리아 연구진 다발성 경화증 재활치료에 닌텐도 위 효과적, 2014. 8. 26.
258) IPT ITALY BLOG, New rules on transfer of broadcasters/audiovisual/interactive media services providers and network operators, 2014.08.25
259) Jones Day, NEW ITALIAN RULES FOR ONLINE COPYRIGHT ENFORCEMENT, 2014.03

해 침해 통지와 경고, 콘텐츠 삭제 및 접속 차단 등의 직접적인 규제를 가할 수 있게 되었다.

그러나 이탈리아 소비자단체는 해당 규제안에서 규정한 '불법콘텐츠의 차단'이 웹사이트 자체에 대한 차단으로 해석될 여지가 있고, 범위가 지나치게 포괄적이라는 점에서 표현의 자유를 침해할 우려가 있다는 내용을 기반으로 한 취소 소송을 라지오지역 행정법원에 제기했다. 또한 이탈리아 언론기관연합인 국립온라인언론연합과 독립디지털미디어연합 역시 법원만이 온라인 콘텐츠에 대한 제한권을 가져야 한다는 내용의 취소 소송을 제기한 상황[260]이다.

나. 이탈리아 통신조정위원회, 자동채널 넘버링 계획 승인

2013년 3월 이탈리아 통신조정위원회(AGCOM)가 자동 채널 넘버링 계획(이하 LCN, Automatic Channel Numbering Plan)을 승인했다. 이번 LCN 정책은 지상파 7번과 8번, 9번 채널을 대상으로 이루어지며 각각 La7과 MTV Italia, Deejay TV 에게 할당되었다. 해당 채널들은 시장과 기술 개발 상황 및 이용자들의 시청 행태에 따라 2년 뒤 재개정될 예정이며 원활한 전환을 보장하기 위해 현재의 넘버링은 정부가 신규 넘버링의 할당을 완료할 때까지 유지[261]된다.

LCN 정책은 네트워크사업자와 콘텐츠 및 미디어 서비스업체 등 방송사업자들 간 충돌과 2개 이상 채널 보유사업자에 대한 복수 채널 할당 등을 방지하기 위해 도입되었다. 초기 번호 설정 시 1~9까지의 한 자리 단위의 숫자는 지상파 방송사업자에게 할당되며, 2자리 단위는 시청률에 따라 지역 방송사업자들에게 할당하도록 하고 있다. 즉, 이를 통해 균형 있는 방송사업의 유지는 물론 지역 방송사업자들에 대한 기회의 균등[262]이 가능해진다는 것이다.

[표 7-19] LCN계획에 따른 번호 설정 내용

구분	채널 내용
1~99	지상파 및 지역방송사
100~199	디지털 및 엔터테인먼트
200~299	스포츠채널
300~399	영화채널
400~499	생활 및 문화 전문 채널
500~599	뉴스 및 정보 제공 채널

---

260) 한국저작권위원회, [2014-07 이탈리아] 정보통신네트워크상의 저작권 침해에 관한 규제 방침 발효, 2014.04.18
261) IPT ITALY BLOG, Digital Terrestrial Television-New LCN Plan!, 2013.03.22
262) Conex, 이탈리아 방송통신 규제기관, LCN 승인, 2013.03.29

구분	채널 내용
600~699	어린이 및 청소년 채널
700~799	음악채널
800~899	기타사업자

출처 : 통신위원회(AgCom)

비록 2013년 12월, '텔레노바 이탈리아(Telenorba Italia)'의 민영 방송사 '텔레노바(TeleNorba)'가 8번과 9번 채널을 지역 방송사에게 할당할 것을 주장263)하면서 위원회가 할당된 LCN 채널 중 하나 이상을 지역 방송사에 재분배하는 방향을 검토하여 도입이 다소 늦어지기는 했으나, 2014년 9월에 이를 원안대로 진행할 것임을 결정264)하면서 10월 최종 결정 이후 정책 도입에 가속도가 붙을 전망이다.

다. OTT, 본격 성장 위해서는 인프라 구축이 필수적

2014년 3월 '스카이 이탈리아(Sky Italia)'가 OTT 서비스 '스카이 온라인(Sky Online)'을 론칭하면서 OTT시장 역시 성장기에 접어들고 있는 모습이다. 스카이 이탈리아의 서비스 가입자들은 태블릿과 스마트폰, 스마트TV, DTT 셋톱박스, 게임 콘솔 등을 통해 Sky의 프리미엄 콘텐츠를 스트리밍 형식으로 시청할 수 있다. 특히 Sky는 이용자들에게 월 19.90유로에 8개의 스카이 시네마(Sky Chinema) 채널과 VoD 라이브러리의 콘텐츠를 시청할 수 있는 '영화' 옵션과 Fox채널을 포함한 30개의 TV 시리즈를 월 9.90유로에 제공하는 'TV시리즈' 옵션, 경기당 5유로의 이용요금이 부과되는 '이벤트' 옵션 세 가지를 제공265)하는 등 콘텐츠 장르별로 고객에게 선택권을 부여, 불필요한 채널에 대한 비용 부담을 제거함으로써 안정적인 시장 진입을 도모했다.

또한 2014년 6월에는 2015년에서 2018년까지 3년간의 이탈리아 축구 리그 방송권을 확보, 리그 내 주요 8팀의 경기를 중계하게 되는 등 콘텐츠 강화에도 적극적인 행보를 보이고 있다266).

---

263) IPT ITALY BLOG, Italian DTT Broadcasting-Another chapter to the LCN saga!, 2013.12.17
264) LEXOLOGY, Italy-(yet another?) LCN consultation!, 2014.09.16
265) ADVANCED TELEVISION, Mediaset VoD for Vodafone, Sky Italia goes OTT, 2014.04.03
266) The Wall Street Journal, Italy's Mediaset, Sky Italia Reach Deal on Soccer TV Rights, 2014.06.26

[그림 7-51] 이탈리아 브로드밴드 가입자 수, 성장률, 보급률 추이 2009-2013

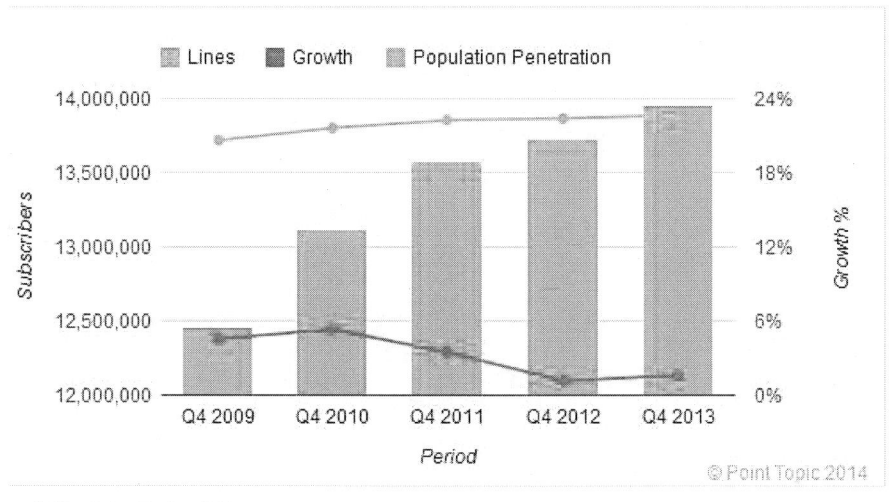

출처 : Point Topic, 2014

라. 이탈리아에 진출하는 넷플릭스, 온전한 서비스를 위해 1년 연기

미국의 영화, 드라마 스트리밍 서비스업체 넷플릭스(Netflix)는 이탈리아의 시장에 2014년 안착할 것으로 예상되었지만 이탈리아의 브로드밴드 인프라와 디지털TV 서비스의 부족으로 인하여 본격적인 시장 진입을 2015년으로 연기하였다. 타 유럽국가 평균인 72%에 다소 못 미치는 55%의 브로드밴드 보급률과 4Mbps에 불과[267]한 브로드밴드 속도 등 인프라의 부족으로 서비스의 정식 론칭이 다소 늦어지고 있는 것이다. 부족한 인터넷 인프라로 인하여 시장 진입을 늦춘 것은 넷플릭스 뿐만 아니라 아마존의 스트리밍 서비스, 21세기 폭스사의 자회사인 스카이 이탈리아 역시 인터넷 인프라의 부족으로 유사한 경험을 겪었다. 넷플릭스는 인터넷 인프라가 확충되면 본격적인 서비스가 시작되어 많은 소비자들이 넷플릭스를 시청할 것으로 전망되고 있지만 동시에 불법 다운로드와 토렌트 사이트의 증가세가 예상보다 급격하여 이탈리아에서의 넷플릭스 성공 전망이 밝지만은 않은 것으로 나타났다.[268]

(4) 캐릭터 라이선스

페파 피그(Peppa Pig)는 미취학 아동을 대상으로 제작된 텔레비전 시리즈로 영국의 아스트레이

---

267) LSE Network Economy Forum, Netflix as a player in the digital market, 2014.05.09
268) The Hollywood Reporter, Netflix's Arrival in Italy Slowed by Infrastructure, 2014. 3. 12.

베이커 데이비스(Astley Baker Davies) 감독에 의해 제작되어 2004년 전파를 탄 만화 시리즈다. 본 시리즈는 영국뿐만 아니라 유럽과 미주 전역에서 높은 인기를 보여주었고 오랜 기간 동안 라이선스를 통해 장난감과 미취학 아동용 제품(가방, 연필, 공책)으로 제작되어왔다. 페파 피그의 유통권리를 소유하고 있는 영국의 엔터테인먼트 원(Entertainment One)은 2014년 10월 라이선스 계약을 통해 자사의 페파 피그를 이탈리아 밀란에 위치한 레오란디아(Leolandia) 테마파크에 놀이시설로 설치하기로 발표하여 2015년부터 본격적으로 공사가 착수되는 것으로 알려졌다. 놀이 시설은 아이들이 즐길 수 있는 물놀이 시설, 야외공원, 사진 촬영이 가능한 페파피그의 집으로 구성되며 2016년과 2017년 사이에 5가지의 테마 시설이 더해진다.[269]

(5) 지식정보

가. 이탈리아의 아루바, 닷클라우드 레지스트라 확정

지식정보산업이 발달하고 게임과 광고를 포함한 대부분의 콘텐츠가 클라우드 플랫폼으로 이전되면서 아마존(Amazon), 구글(Google), 시만텍(Symantec)등 6개의 글로벌업체들이 인터넷상의 주소 '닷클라우드(.Cloud)'도메인 획득을 위한 비공개 경매에 참여했다.

이번 닷클라우드의 인터넷 주소 획득은 인지도가 높은 글로벌기업으로 예상 되었으나 이탈리아의 인터넷업체 아루바(Aruba S.p.A)에게 낙찰되어 클라우드 서비스에 충분한 인지도를 쌓아온 글로벌기업들을 제치고 공식적인 닷클라우드의 레지스트라(Registrar)가 되었다.

레지스트라는 국제 도메인을 등록할 수 있는 자격을 가진 기관을 말하는데 현재 국제 인터넷 주소관리기구(Internet Corporation for Assigned Names and Numbers: ICANN)[270]가 전 세계 기업을 대상으로 자격을 심사하고 적합한 업체를 선별한 후 국제 도메인을 등록할 수 있는 자격을 부여하고 있다. 앞으로 이탈리아의 아루바는 기업이 닷클라우드를 인터넷상에 등록하고자하는 경우 등록관련 업무를 대행해주게 된다.[271]

아루바는 닷클라우드의 등록업무를 대행해주기 전인 2010년부터 클라우드 서비스에 역량을 집중해왔고 이탈리아와 동유럽지역을 중심으로 인터넷 호스팅 서비스 사업과 적극적인 마케팅을 펼쳐왔다. 아루바의 중심 고객들은 유럽에 산재해있는 다양한 중소기업들인데 이번 도메인 획득을 통해 .cloud 도메인을 저렴하게 공급할 것이라는 계획도 밝혀 이탈리아뿐만 아니라 유럽 전역의 클라우드 도메인시장을 선점할 것으로 이탈리아의 또 다른 레지스트라 가비아(Gavia)는 전망 하고 있다.[272]

---

269) Global License, Peppa Pig Builds Home in italy, 2014. 10. 9.
270) 시사상식사전, ICANN, 2014.
271) 시사상식사전, Registrar, 2014.
272) 디지털데일리, 닷클라우드(.cloud) 도메인 이탈리아 인터넷업체'아루바'에, 2014. 11. 27.

나. 이탈리아, LTE-A 서비스 개시

이탈리아의 이동 통신사 TIM(Telecom Italia Mobile)은 이탈리아의 60개 도시를 대상으로 첫 LTE-A 상용 서비스를 개시한다. TIM은 이번 LTE-A 서비스에 약간의 업그레이드된 네트워크 4G+ 통해 180Mbps의 속도를 제공하고 다운로드는 2015년까지 225Mbps의 속도를 제공할 예정이다. 현재 TIM은 LTE 서비스를 통해 이탈리아 전역의 74%인구를 커버하고 있으며 800Mhz, 1800Mhz, 2600Mhz의 주파수를 사용하고 있기 때문에 LTE-A 서비스를 위한 새로운 주파수의 구입이 필요하지 않다는 이점을 통해 TIM의 LTE-A망 도입은 경쟁사보다 빠를 것으로 전망되었다.[273]

다. 이탈리아 로마 검찰, 불법 공유 사이트 차단 명령

이탈리아 로마 검찰은 저작권을 침해하는 46개의 스트리밍 사이트와 토렌트 웹사이트를 차단하는 명령을 내렸다. 검찰은 수천 편의 영화가 불법으로 공유되고 있었으며 magistreaming.net, piratestreaming. TV , piratebay.com 과 같은 불법 사이트에 접속을 시도할 경우 이탈리아의 금융 경찰(Financial Police) 웹페이지로 우회 접속되어 저작권법을 위반했다는 경고와 함께 해당 사이트는 폐쇄되었다는 메시지를 보게 될 것이라고 전했다.[274] 하지만 세계 최대의 불법 공유 웹사이트 파이럿 베이(Pirate Bay)가 검열과 차단을 우회해서 해당 웹페이지를 접속하게끔 해주는 자체 브라우저를 개발해 무료 배포를 시작했다. 브라우저를 개발한 파이럿 베이에 의하면 국가별 맞춤설정을 제공하고 있어 이란, 북한, 영국, 네덜란드, 벨기에, 핀란드, 덴마크, 이탈리아, 아일랜드와 같은 국가의 검열도 우회할 수 있다고 밝혀 논란이 일고 있다.[275]

4) 콘텐츠 소비 실태 및 동향

(1) 디지털 인프라 환경 및 소비 행태

가. 디지털 인프라 환경

2013년 이탈리아의 스마트폰 보급률은 26.9%로 전년대비 6.7%p 증가하였다. 이탈리아는 지속되는 경제 불황과 높은 실업율로 소비심리가 위축되었으나 스마트폰시장은 이용자 급증과 글로벌

---

273) TeleGeography, TIM launches 180Mbps LTE-A in 60 cities, 2014. 11. 6.
274) ZDnet, Piracy crackdown sees 46 torrent, streaming sites blocked in Italy, 2014. 3. 6.
275) ITWORLD, 세계 최대 토렌트 파이럿 베이 검열 피하는 웹 브라우저 발표, 2013. 8. 13.

기업들의 신제품 출시로 높은 성장률을 보였다. 특히 젊은 층은 신규 휴대폰 모델에 대한 구매 비율이 높고 여성층을 중심으로 스마트폰 구매가 확산되고 있어 2018년에는 71.5%의 이탈리아인들이 스마트폰을 소유할 것으로 나타났다.

이탈리아의 모바일 인터넷 보급률은 54.4%로 전년대비 10.1% 증가하였다. 현재 이동통신시장은 '텔레콤 이탈리아(Telecom Italia)', '보다폰 이탈리(Vodafone Italy)', '윈드 텔레코뮤니카지오니(Wind Telecomunicazioni)'가 독과점 현상을 유지하고 있어 이동통신 보급률이 포화상태이다. 그러나 모바일 통신 3G, 4G의 커버리지가 확대 보급되고 있고 MVNO업체들이 시장에 진출하면서 전반적인 시장의 모습은 성장세를 보이고 있다. 이러한 성장세가 유지된다면 이탈리아의 모바일 인터넷 이용자는 2018년 85.3%에 이를 것으로 전망된다.

2013년 이탈리아의 고정 브로드밴드 보급률은 52.8%로 0.1%p 증가하였다. 이탈리아 고정 브로드밴드 시장은 지리적 특성으로 브로드밴드 인프라가 부족하고 PC 보급률 또한 상대적으로 타 국가에 비해 낮은 수준이다. 게다가 유효 고객수가 포화상태를 맞이하였기 때문에 고정 브로드밴드의 이용률은 2018년 54.9%에 머무를 것으로 예상된다.

[표 7-20] 이탈리아 유·무선 인터넷 보급률 및 전망, 2009-2018

구분	2009	2010	2011	2012	2013p	2014	2015	2016	2017	2018
스마트폰 보급률(%)	-	-	-	20.2	26.9	38	49.3	59.2	66.6	71.5
전년대비증감(%p)	-	-	-	-	6.7	11.1	11.3	9.9	7.4	4.9
모바일 인터넷 보급률(%)	19.8	25.1	33.9	44.2	54.4	64.4	73.0	79.3	83.1	85.3
전년대비증감(%p)	-	5.3	8.7	10.4	10.1	10.0	8.6	6.3	3.7	2.3
고정 브로드밴드 보급률(%)	48.6	51.6	52.2	52.7	52.8	53.3	54.0	54.4	54.6	54.9
전년대비증감(%p)	-	3.0	0.5	0.5	0.1	0.5	0.8	0.4	0.3	0.2

출처 : PwC(2014

나. 디지털 소비 및 이용 행태

Consumer Barometer with Google에서 2014년 3월 조사한 바에 의하면 이탈리아 사람들이 선호하는 디지털기기로는 모바일폰이 91%로 가장 높았으며, 그 다음으로 컴퓨터 70%, 스마트폰 53%, 태블릿 21% 순으로 조사되었다.

[그림 7-52] 이탈리아인들이 선호하는 디지털기기

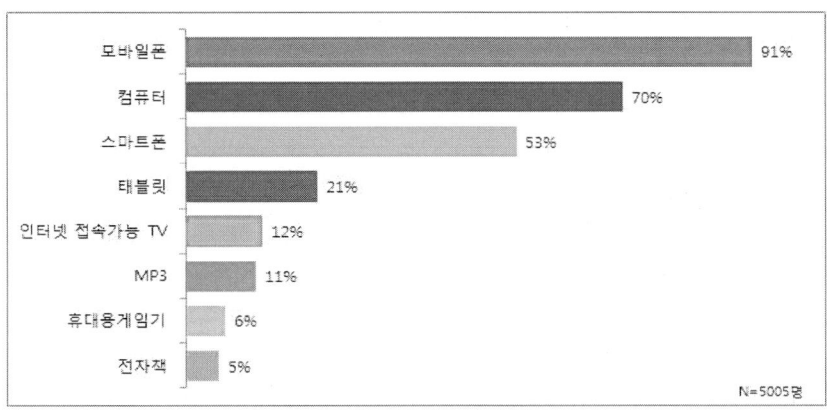

출처 : Consumer Barometer with Google

① 인터넷 이용 행태

Consumer Barometer with Google에서 2014년 3월 이탈리아인들을 대상으로 인터넷 이용 행태에 대해 조사한 바에 의하면 응답자의 53%가 하루에 한두 번 정도 인터넷을 이용하는 것으로 나타났다. 그 다음으로 하루 한 번 정도 이용하는 경우가 23%, 한 주에 2~6회가 15% 순으로 조사되었다.

[그림 7-53] 이탈리아인들의 인터넷 사용 빈도

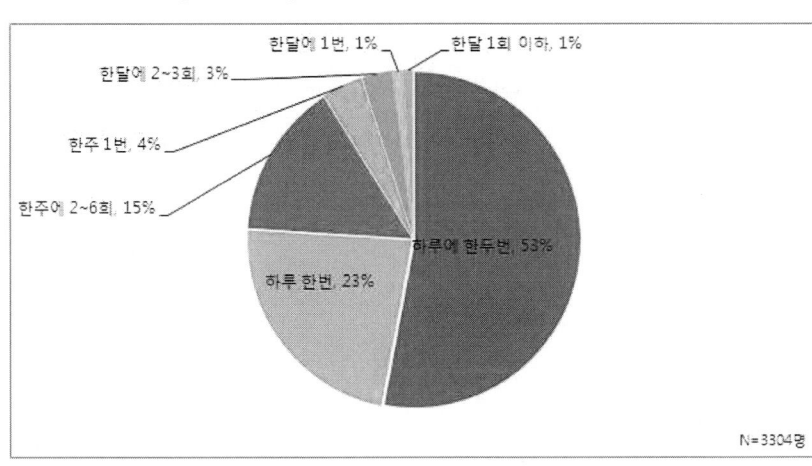

출처 : Consumer Barometer with Google

태블릿, 컴퓨터, 스마트폰 이용자를 대상으로 조사한 결과에 의하면 인터넷 이용 시 컴퓨터, 태블릿을 선호하는 경우는 40%로 가장 높은 비중을 보였다.

[그림 7-54] 이탈리아인이 인터넷 이용 시 선호하는 스마트기기

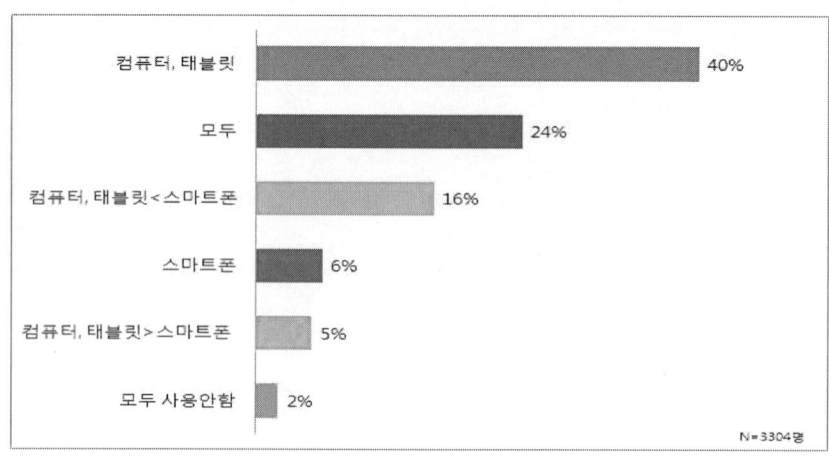

출처 : Consumer Barometer with Google

상품 및 서비스 구매 시 인터넷이 어떤 도움이 되는지에 대해서 응답자의 52%가 가격비교를 하는데 도움이 된다고 응답하였다.

[그림 7-55] 상품 및 서비스 구매 시 인터넷이 도움이 된 분야

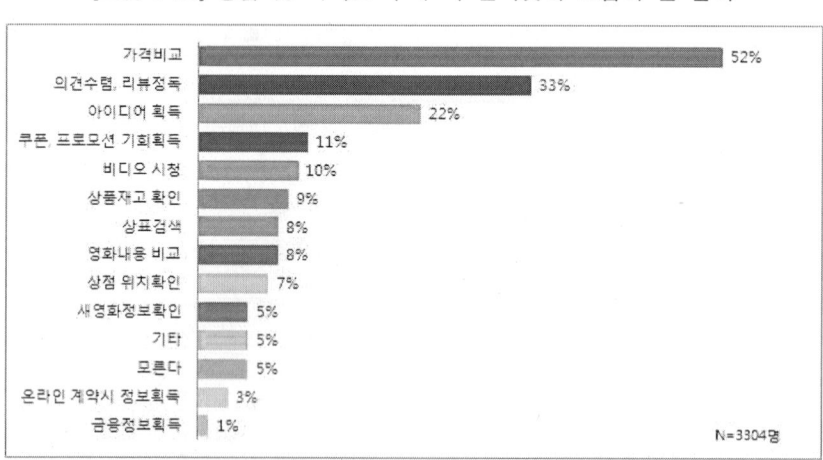

출처 : Consumer Barometer with Google

② 스마트폰 이용 행태

2013년 5월 Ipsos MediaCT에서 이탈리아 시민 16세 이상 1,000명을 대상으로 스마트폰 이용 행태를 조사하였다.

응답자들의 특성을 보면, 여성이 43%, 남성이 57%였으며, 34세~44세 응답자가 30%로 가장 많은 것으로 나타났다. 지역적으로는 도시지역 거주자가 60%로 가장 많았으며, 응답자의 39%가 미혼자인 것으로 조사되었다.

[그림 7-56] 스마트폰 이용 행태 조사 응답자 특성

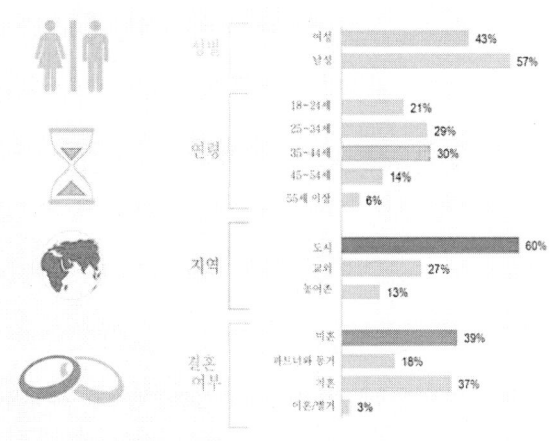

출처 : Ipsos MediaCT, Google mobile planet

먼저 스마트폰을 주로 이용하는 장소로는 97%가 집에서, 86%가 이동 중에, 82%가 카페에서 사용하고 있는 것으로 조사되었다.

특히 전체 응답자의 70% 이상이 음식점이나 대중교통에서 스마트폰을 사용하고 있는 것으로 나타났으며, 학교에서 이용하는 경우는 38%에 불과한 것으로 조사되었다.

[그림 7-57] 스마트폰을 가장 많이 이용하는 장소

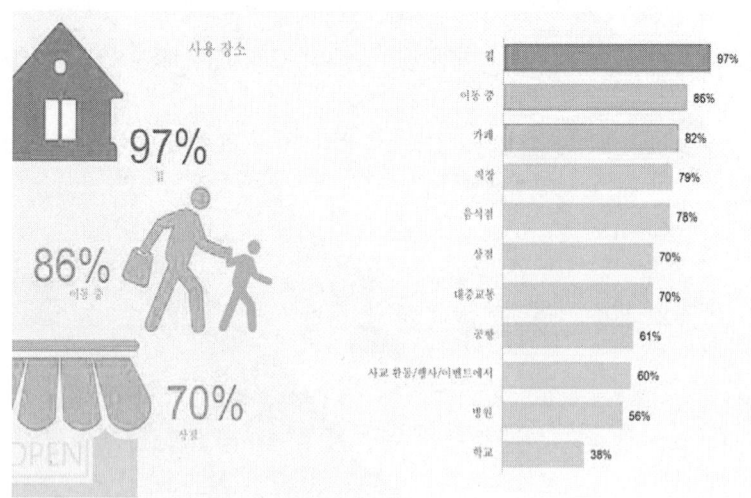

출처 : Ipsos MediaCT, Google mobile planet

설문 조사결과 스마트폰 이용 시 주로 이용하는 서비스를 살펴보면, 검색엔진 사용이 44%로 가장 높은 비중을 보였으며, 그 다음으로 이메일 확인이 42%, SNS 방문 34%, 동영상 감상이 28%, 상품정보 획득이 28%의 순으로 조사되었다.

[그림 7-58] 이탈리아인이 스마트폰 이용 시 주요 이용 서비스

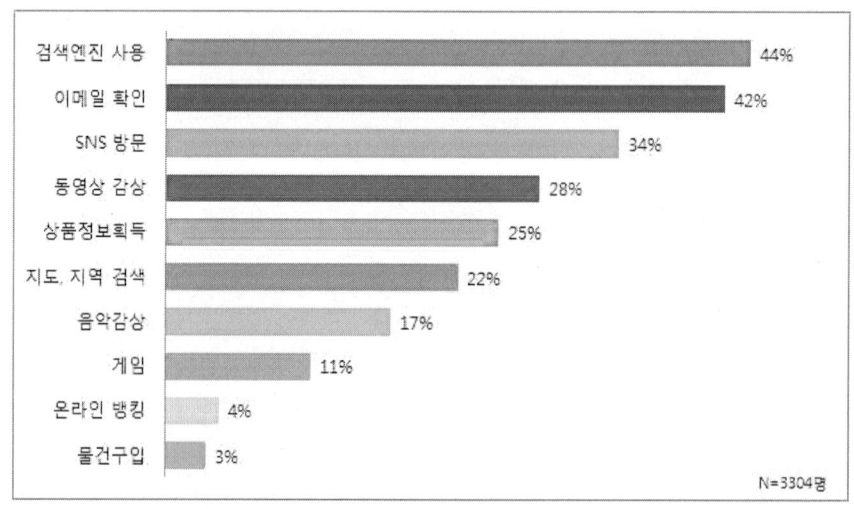

출처 : Consumer Barometer with Google

응답자들이 오프라인으로 광고를 보는 비중을 보면, TV가 61%로 가장 높았으며 그 다음으로 상점/업체 57%, 잡지 53%, 포스터/옥외 광고 52%의 순으로 나타났으며, 응답자의 65%는 오프라인의 광고 노출 후 모바일로 재검색을 실행하는 것으로 나타났다.

[그림 7-59] 오프라인 광고 노출 후 모바일로 검색을 실행하는 비율

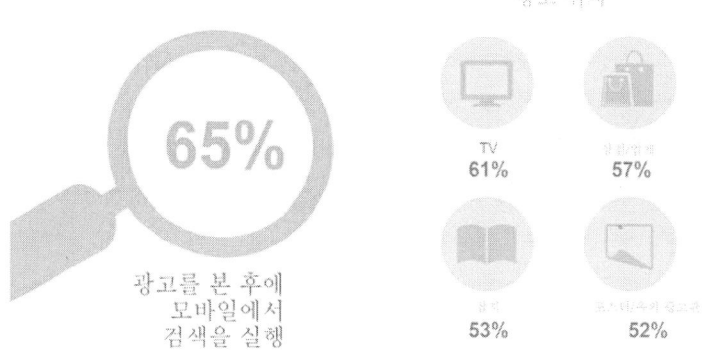

출처 : Ipsos MediaCT, Google mobile planet

이탈리아의 소비자들이 스마트폰에서 모바일 광고를 보는 곳을 보면, 40%는 온라인 매장 등 웹사이트에서, 38%는 모바일 게임이나 앱 안에서, 33%는 동영상을 조회하면서, 26%는 검색엔진을 이용하는 동안 광고를 보는 것으로 조사되었다.

[그림 7-60] 이탈리아 사람들이 스마트폰에서 모바일 광고를 보는 위치

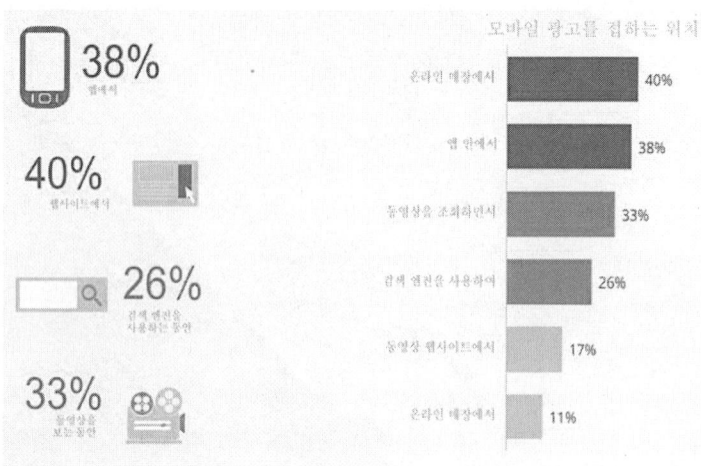

출처 : Ipsos MediaCT, Google mobile planet

이탈리아의 모바일기기 이용자들의 74%는 스마트폰을 이용하는 동안 다른 활동을 동시에 하는 것으로 나타났다. 설문에 응답한 사람들의 39%는 스마트폰을 사용하면서 TV 시청과 음악 감상을, 34%는 인터넷, 27%는 영화감상을 동시에 하고 있는 것으로 조사되었다.

[그림 7-61] 이탈리아인이 스마트폰을 이용하면서 다른 활동을 하는 비율

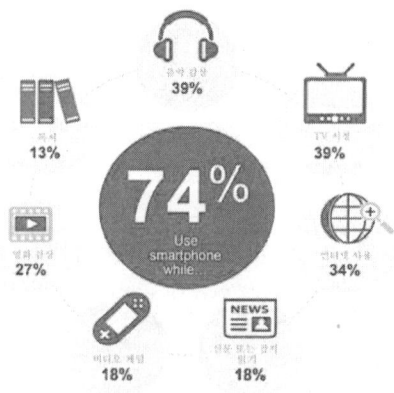

출처 : Ipsos MediaCT, Google mobile planet

(2) 콘텐츠 소비 행태 및 선호 장르

가. 뉴스콘텐츠 소비 및 신문 이용 행태

이탈리아에서 TV는 여전히 뉴스를 접하는 주요한 매체로 자리잡고 있다. 이탈리아의 언론은 자국의 역사와 성향을 반영하며 매우 지역적으로 분화되어 있다. 대부분의 신문사들은 민영화되어 있으며, 정당과 연관이 되어 있거나 미디어 대기업에 의해 운영되고 있다. 종이 신문의 구독자 수는 여타 유럽 국가에 비해 낮은 편이다. 'Reuters Institute Digital News Report 2014'는 이탈리아인 2,010명의 설문 조사를 통해 뉴스콘텐츠 이용 행태를 조사했는데, 그 자세한 내용은 다음과 같다.

① 뉴스콘텐츠 이용 행태

온라인 매체를 이용해 뉴스를 접하는 이탈리아인들은 주로 뉴스사이트를 이용하는 것으로 나타났다. 응답자의 67%는 뉴스사이트를 통해 뉴스를 접했으며 46%는 방송사 사이트에서 뉴스콘텐츠를 이용하고 있었다. 인터넷 전용 신문 사이트나 야후 뉴스와 같은 포털 뉴스를 통해 뉴스를 접하고 있다고 응답한 사람은 48%인 것으로 나타났다.

[그림 7-62] 이탈리아 온라인 매체별 뉴스콘텐츠 이용률 현황 (2014)

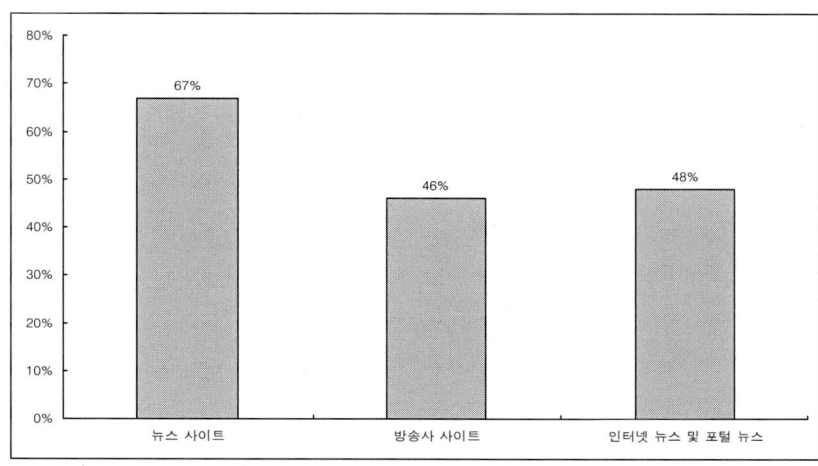

출처 : Reuters Institute Digital News Report 2014

인쇄 신문이나 TV 방송과 같은 오프라인 매체를 통해 뉴스를 접하는 사람들은 주로 TG1, TG2 등의 뉴스를 시청하는 사람들이 많은 것으로 나타났다. 응답자의 66%가 TG1, TG2 등의 뉴스를 시청하고 있었으며, 37%는 TgCom24 뉴스를 시청하고 있었다. 그 외에 Tg La7, Ballaro, RaiNews 등이 뒤를 따르고 있다.

[그림 7-63] 이탈리아 오프라인 브랜드별 뉴스콘텐츠 이용률 현황 (2014)

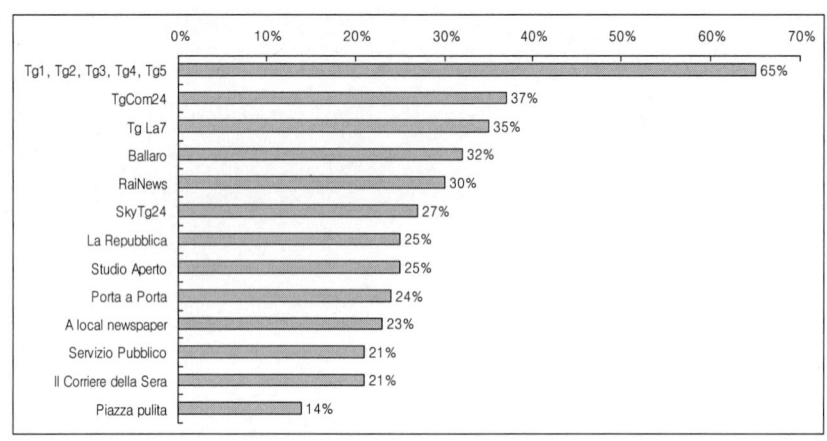

출처 : Reuters Institute Digital News Report 2014

이탈리아에서 온라인 매체를 통해 뉴스를 접하는 사람들은 주로 Repubblica 사이트를 이용하는 것으로 나타났다. 응답자의 31%가 이용하여 Repubblica.it가 제일 인기가 많았으며, 그 뒤를 TgCom.it(27%), 구글뉴스(26%), Rai. TV (22%), Corriere.it(21%) 등이 따르고 있다.

[그림 7-64] 이탈리아 온라인 브랜드별 뉴스콘텐츠 이용률 현황 (2014)

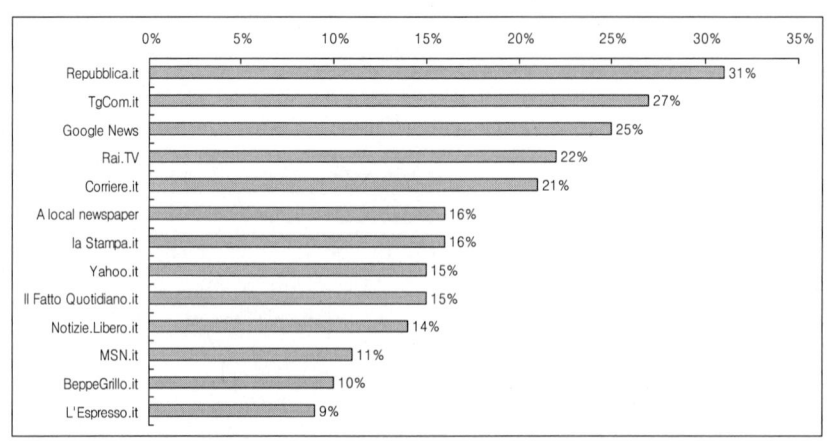

출처 : Reuters Institute Digital News Report 2014

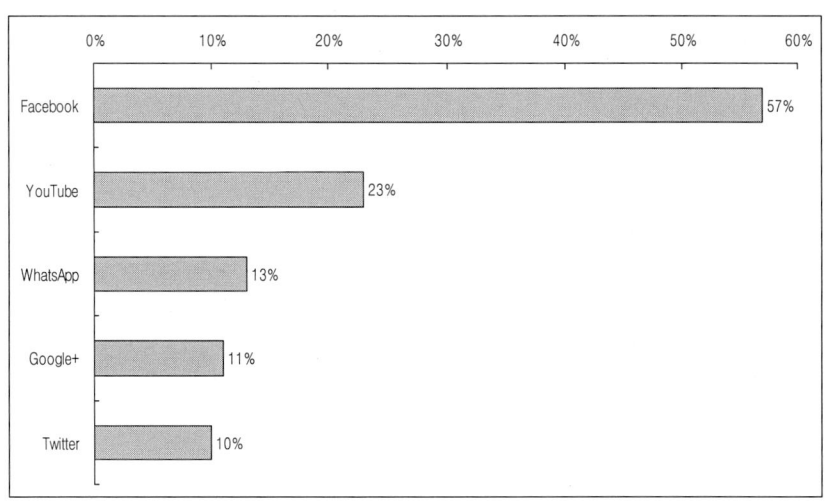

[그림 7-65] 이탈리아 소셜네트워크별 뉴스콘텐츠 이용률 현황 (2014)

출처 : Reuters Institute Digital News Report 2014

이탈리아인들은 소셜네트워크 중 페이스북을 통해 뉴스를 접하는 경우가 많은 것으로 나타났다. 스페인 응답자 중 57%가 페이스북을 통해 뉴스를 접하고 있었으며 23%가 유튜브를 이용했다. 그 다음으로 왓츠앱(13%), 구글플러스(11%), 트위터(10%)가 그 뒤를 이었다.

② 신문 이용 행태

이탈리아에서는 인쇄신문 보다 온라인사이트를 이용하고 있는 비율이 높다. 응답자의 55%는 인쇄신문을 통해 뉴스를 접하고 있으며 67%는 온라인 뉴스사이트를 통해 뉴스를 접하고 있다. 인쇄신문과 온라인 뉴스사이트 모두 이용한다고 응답한 비율은 76%로 대다수의 사람들이 온·오프라인 매체를 모두 이용하고 있는 것으로 나타났다.

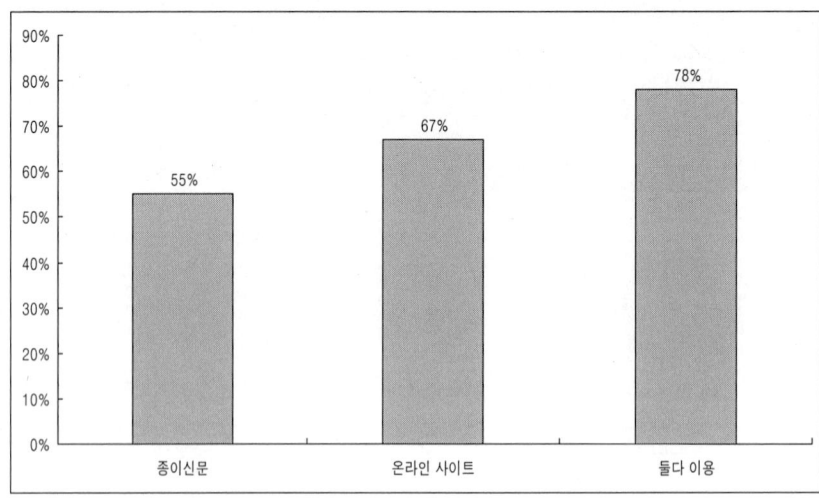

[그림 7-66] 이탈리아 신문 온·오프라인 매체별 이용률 현황 (2014)

출처 : Reuters Institute Digital News Report 2014

이탈리아인들은 인쇄 신문을 배달을 통해 구독하기보다 가판대에서 구입하는 경우가 많은 것으로 나타났다. 응답자의 49%는 가판대에서 신문을 구입하고 있었으며 7%는 신문 배달을 이용하고 있는 것으로 나타났다.

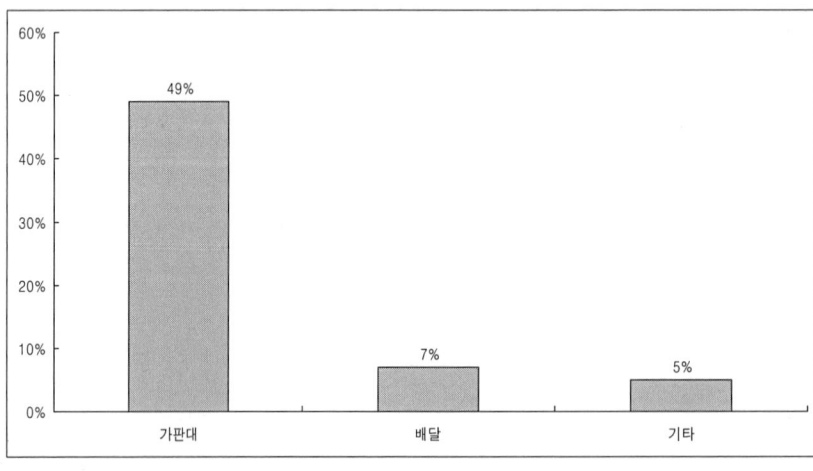

[그림 7-67] 이탈리아 종이 신문 구입방법 현황 (2014)

출처 : Reuters Institute Digital News Report 2014

최근 스마트폰과 태블릿과 같은 스마트기기가 확산되면서 이들 기기를 통한 뉴스콘텐츠 이용이 늘어나고 있다. 스마트폰을 통해 뉴스콘텐츠를 이용한 비율을 보면 2013년 25%에서 2014년 36%로 전년대비 11%p 증가했다. 태블릿을 통한 뉴스콘텐츠 이용은 2013년 14%, 2014년 18%로 전녀대비 4%p 증가한 것을 알 수 있다.

[그림 7-68] 이탈리아 모바일 단말별 뉴스콘텐츠 이용률 추이 2012-2014

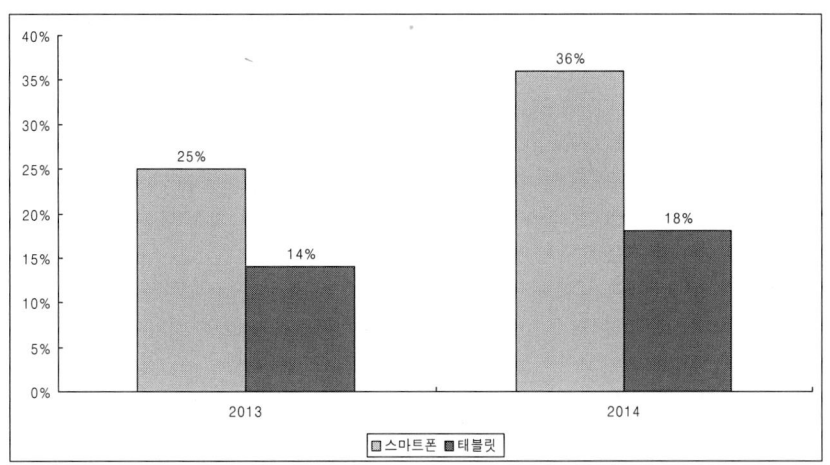

출처 : Reuters Institute Digital News Report 2014

나. 온라인 비디오 시청 행태 및 선호 장르

2014년 3월 Consumer Barometer with Google에서 스마트기기별로 비디오 시청 횟수를 조사한 결과, 컴퓨터나 태블릿 보다는 스마트폰을 이용해서 비디오를 시청하는 횟수가 더 많은 것으로 나타났다.

[그림 7-69] 이탈리아인의 스마트기기별 온라인 비디오 시청 횟수

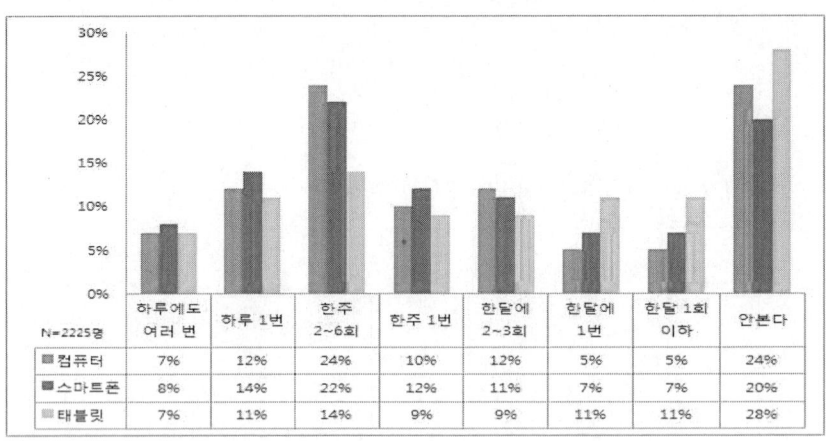

출처 : Consumer Barometer with Google

온라인 비디오 시청 시 주요 이용 플랫폼으로 온라인 비디오나 앱을 이용하고 있다는 응답자들이 76%로 가장 높았으며, SNS 이용이 28%로 나타났다.

[그림 7-70] 이탈리아인이 온라인 비디오 시청 시 주로 이용하는 플랫폼

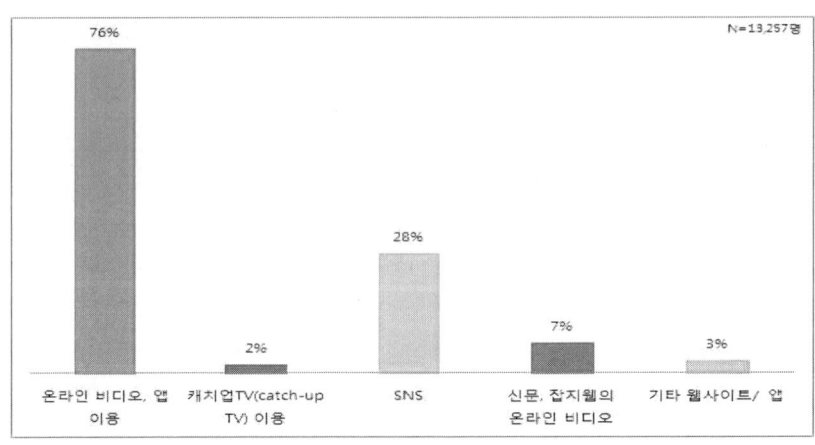

출처 : Consumer Barometer with Google

온라인 비디오를 시청하는 이유에 대한 설문에 응답자의 36%가 휴식의 일부라고 하였으며, 33%는 여흥을 위해서라고 응답하였다. 또한 취미 생활을 위하여 비디오를 시청한다고 답한 사람들도 23%나 되는 것으로 조사되었다.

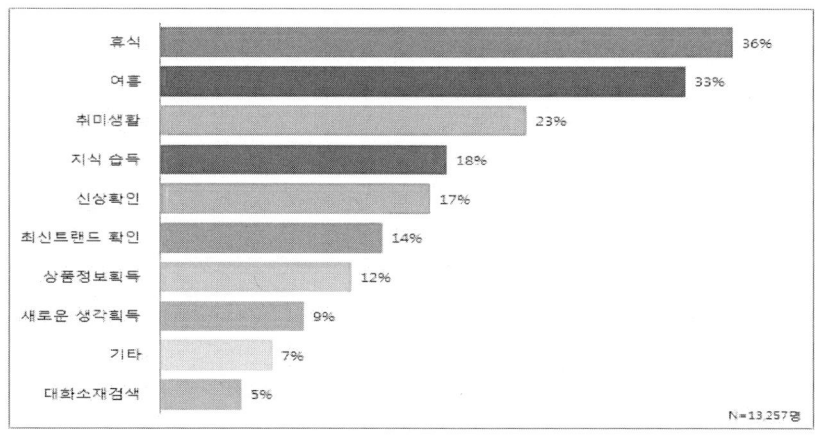

[그림 7-71] 이탈리아인이 온라인 비디오를 시청하는 이유

출처 : Consumer Barometer with Google

응답자의 42%는 온라인 비디오 시청 시 주로 음악을 시청하는 것으로 조사되었으며, 그 다음으로 뉴스/정책이 20%, 스포츠 19%, 영화 15%, 코미디 15% 순으로 나타났다.

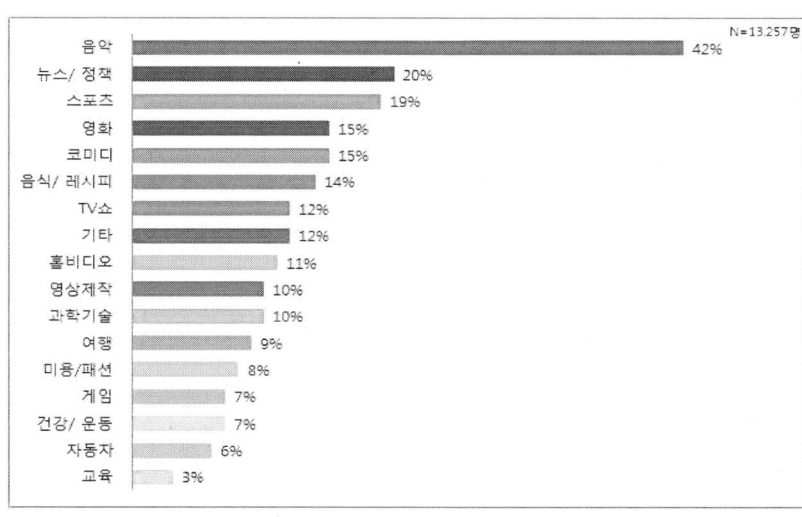

[그림 7-72] 온라인 비디오 시청 시 주요 장르

출처 : Consumer Barometer with Google

5) 콘텐츠 유통 현황

(1) 주요 유통 플랫폼 현황

가. 오프라인

① 출판

이탈리아는 경제침체로 인한 독서인구의 감소로 2013년 출판시장은 전반적인 하향세를 보이고 있다. 이러한 변화 속에서 최대 출판사였던 몬다도리(Mondadori) 사는 매출 하락으로 마우리 스파뇰사에게 1위 자리를 내주었다. 이탈리아의 주요 출판사 현황은 다음과 같다.

가) 그루포 에디토리알 마우리 스파뇰(Gruppo editoriale Mauri Spagnol)

1914년 설립되어 밀라노에 본사를 둔 이탈리아의 언론, 출판, 유통 그룹으로, 소유주인 마우리 가와 스파뇰 가가 메사제리에 이탈리아네(Messagerie Italiane) 사를 통해 운영하고 있다. 2012년 매출액은 큰 폭으로 하락하였으나 2013년에는 출판 부문의 매출액이 급상승하였다.

마우리 스파뇰 출판 그룹은 9개의 출판사(가르잔티(Garzanti) 사, 롱가네시(Longanesi) 사, 살라니(Salani) 사, 구안다(Guanda) 사, 노르(Nord) 사, 폰테 알레 그라지에(Ponte alle Grazie) 사, 코르바치오(Corbaccio) 사, 발라르디(Vallardi) 사, TEA 사)와, 수퍼포켓(Superpocket) 사의 지분 50%, 그리고 스페인에는 바르셀로나에 본사를 둔 두오모 에디치오네스(Duomo Ediciones) 사를 가지고 있다. 유통사인 메사제리에 리브리(Messagerie Libri) 사는 이탈리아 도서시장의 1/4을 담당한다. 마우리 스파뇰 출판 그룹은 펠트리넬리(Feltrinelli) 사와 RCS 사(본 순위표 44위)와 함께 디지털 유통 플랫폼인 에디지타(Edigita) 사를 운영한다.

나) 몬다도리(Mondadori)사

이탈리아의 미디어 홀딩사 피닌베스트(Fininvest) 사의 출판 부문 자회사이다. 전 총리인 실비오 베를루스코니의 딸 마리나 베를루스코니가 사장으로 있으며, 지분의 53.06%를 보유하고 있다. 매출액은 계속해서 하락세에 있어, 이탈리아 출판시장 1위 자리를 마우리 스파뇰(Mauri Spagnol)에게 빼앗겼다.

다) RCS 리브리(RCS Libri)사

밀라노 증권 거래소에 상장된 이탈리아의 거대 언론 및 출판 그룹 RCS 미디어그룹(RCS MediaGroup)은, 2012년 플라마리옹 사를 매각한데 이어, 2013년에는 단행본 출판사 파브리(Fabri) 사와 미술 출판사 스키라(Skira) 사를 매각하였다. 2013년 RCS 리브리 사의 매출액은 유통 분야와 교과서 분야에서의 부진으로 뒷걸음질 쳤다. RCS 리브리 사는 교과서 분야에서는 트라몬타나(Tramontana) 사와 누오바 이탈리아(Nuova Italia) 사, 일반 출판 분야에서는 리졸리(Rizzoli) 사, 봄피아니(Bompiani) 사, 손조뇨(Sonzogno) 사, 아델피(Adelphi) 사 등, 법률 분야에서는 라 트리뷰나(La Tribuna) 사를 거느리고 있다. 매출액의 69%는 이탈리아에서, 29%는 스페인에서 올리고 있으며, 미국에서는 리졸리 인터내셔널(Rizzoli International) 사와 유니버스(Universe) 사를 소유하고 있다.

② 영화

이탈리아는 점차적으로 관객 수가 줄어들고 평균적인 티켓 값으로 인해 박스오피스 수익이 매년 하락하고 있다. 또한, 영화관의 디지털 변환 작업은 약 70% 정도 진행되었는데, 이는 여타의 비슷한 국가들과 비교할 때 다소 늦게 이루어지고 있는 것이다.

[표 7-21] 이탈리아 영화산업 기초 지표 (2013)

연 관객	9,738만 명
극장매출	8억 2,116만 USD
평균 관람료	8.43 USD
스크린 수	3,978개 (2012년 기준)
디지털 스크린 수	2,920개
3D 스크린 수	988개

출처 : 영화진흥위원회

이탈리아는 최근 10년간 영화 프로덕션 및 배급사가 270%나 증가했다. 이탈리아에는 메두사필름 같은 회사가 있긴 하지만 다른 선진 영화산업국과 비교해 볼 때 대형 영화 제작사가 드물며 대부분 중소기업 형태이다.

한편, 영화 유통을 보면, 워너브러더스, 유니버설, 20세기 폭스, 디즈니 등의 할리우드 영화 배급사가 시장점유율 상위권을 차지하고 있다. 그러나 '메두사 필름(Medusa Film)'이나 '01 Distribution', 'Lucky Red Distribution', 'Eagle Pictures S.P.A.' 와 같은 자국 영화 배급사들도 활약하고 있다.

[표 7-22] 이탈리아 영화 배급사 시장점유율 현황 (2013)

배급사	관객점유율	매출 점유율
WARNER BROS ITALIA S.P.A.	19.54%	20.26%
UNIVERSAL S.R.L.	14.74%	15.04%
MEDUSA FILM S.P.A.	13.43%	13.51%
01 DISTRIBUTION	13.41%	12.94%
WALT DISNEY S.M.P. ITALIA	10.58%	11.25%
20TH CENTURY FOX ITALIA S.P.A.	7.24%	7.49%
LUCKY RED DISTRIB.	4.62%	4.48%
EAGLE PICTURES S.P.A.	3.77%	3.60%
BIM DISTRIB. S.R.L.	2.10%	1.90%
NOTORIOUS PICT. S.P.A.	1.95%	1.80%
MOVIEMAX S.R.L.	1.63%	1.38%
M2 PICTURES S.R.L.	1.57%	1.42%
TEODORA FILM S.R.L.	0.84%	0.71%
VIDEA-CDE S.P.A.	0.50%	0.46%
GOOD FILMS	0.44%	0.33%
ACADEMY TWO DISTR. S.R.L.	0.43%	0.35%
KOCH MEDIA S.R.L.	0.39%	0.36%
NEXO DIGITAL S.P.A.	0.34%	0.49%
OFFICINE UBU	0.31%	0.28%
BOLERO FILM DISTR. S.R.L.	0.28%	0.22%

출처 : ANICA[276]

나. 온라인

① 디지털 음악 플랫폼

이탈리아시장 역시 스페인과 마찬가지로 현재 대부분의 글로벌 메이저업체들이 시장에 진출해 있는 상황이다. 반면 로컬업체의 수는 다소 부족하지만 그 중 AzzurraMusic.it, IBS.it, MP3.it 등의 음원 다운로드업체와 TIMMusic과 Play.Me 등 유료 가입 서비스 제공업체들은 주목할 만하다.

---

[276] Associazione Nazionale Industrie Cinematografiche Audiovisive e multimediali

[표 7-23] 이탈리아 디지털 음악 플랫폼 현황(2014)

구분	음원다운로드형	유료가입형	광고지원형	혼합형
글로벌 서비스	• Amazon MP3 • 7Digital • Beatport • iTunes	• Juke • Music Unlimited • Napster • Rara.com • Rdio	• MUZU. TV • VEVO • Youtube	• 음원다운로드, 유료가입 : Google Play, eMusic, MixRadio • 유료가입, 광고지원 : Deezer, LastFM, Spotify • 음원다운로드, 유료가입, 광고지원 : XBox Music
로컬 서비스	• AzzurraMusic.it • IBS.it • MP3.it	• TIMMusic • Play.Me	• 없음	• 없음

출처 : Pro Music

(2) 기타 주요사업자

가. 만화

이탈리아 만화시장은 'Sergio Bonelli Editore'와 'Walt Disney Company Italia'가 출시하는 제품들이 80%을 차지하고 있으며 이 두 기업의 연간 판매부수는 1억 권이 넘는다. 이탈리아 만화 관련 출판사는 다음과 같다.

[표 7-24] 이탈리아 만화 출판사

기업명	설명
Black Velvet Editrice	• 2002년 Omar Martini에 의해 설립 • 주력 분야는 만화책 출판이나, 장르를 불문한 해외 도서와 만화가에 관한 도서 및 에세이 발굴에도 힘쓰고 있음 • Moomin and the Brigands 및 캐나다 만화가 Dave Sim의 작품 Alta Società(High Society)의 이탈리아어 버전 출판
EDIZIONI BD	• 2005년 EDIZIONI BD로 설립 • 주로 유럽 만화 및 아시아 만화 출판하고 있으며, 새롭게 프랑스 출판사와 협력방안 모색 중 • 한국과 비즈니스 사례 : 악의 꽃, 아크로드, 씨엘, 나비, 사랑보다 아름다운 유혹, 모델, 루비돌, 위치헌터, 디어 다이어리, 히어로, 소녀왕, 리얼리, 마제, 프리스트 등

기업명	설명
Sergio Bonelli Editore S.P.A.	• 1973년 설립된 잡지 & 만화 출판 전문업체로 배급 및 라이선싱을 겸하고 있음 • 디즈니사와 함께 이탈리아 만화시장의 80%를 차지, Sergio Bonelli Editore와 디즈니사의 점유 비율은 약 4:6 수준 • 연간 판매부수는 1억 권 이상

출처 : 각사 홈페이지

나. 게임

이탈리아의 주요 게임개발사 및 유통사로는 모바일 게임 서비스를 제공하고 있는 Arvato Mobile와 Buongiorno S.P.A, Microforum Italia S.P.A 등이 있다.

[표 7-25] 이탈리아 게임기업

기업명	설명
Arvato Mobile	• 1999년 독일에 handy.de Vertriebs GmbH 설립 • 미디어 그룹 Bertelsmann의 계열사인 Arvato의 자회사로 두바이에 본사를 두고 독일, 런던, 로마 등 9개 지역에 지사를 둠 • 모바일 게임 & 앱 서비스 제공기업/메이저 퍼블리셔 및 에그리게이터 • Java, Blackberry, Android 플랫폼에 서비스 • 75개국에 모바일 게임, 모바일TV, 모바일 포털, UCC 등의 다양한 모바일 콘텐츠를 제공, EP2(P2P 네트워크) 보유
Buongiorno S.P.A.	• 1999년 설립, 2000년 실질적인 비즈니스 시작 • 모바일 게임 & 앱 서비스를 제공하는 메이저 퍼블리셔이자 에그리게이터 • Vodafone, Cingular, Sprint, Orange, O2, TIM, Telefonica 등 130여 텔레폰 캐리어 및 모바일 콘텐츠를 개발, 배급하는 인터넷 프로바이더로서 미디어 그룹들과 제휴 • 음악, 게임, 비디오, 월페이퍼, 벨소리, UGC 서비스, 채팅, TV 투표, 퀴즈, 광고 등의 모바일 콘텐츠를 서비스 • Java, Android 플랫폼에 서비스 • BUONGIORNO Hong Kong을 통해 러시아, 인도, 중동, 중국에 서비스. 유럽, 미국, 남미 등 57개국에서 서비스

기업명	설명
Microforum Italia S.P.A.	• 모바일 게임개발 및 퍼블리싱업체로, 지난 2년간 50편 이상의 2D/3D 게임을 제작 판매함 • 전 세계 네트워크 운영사, 서비스 제공사, 휴대기기 제조사, 미디어기업 및 브랜드 오너들을 위한 모바일 게이밍 솔루션 제공 • 최근 혁신적인 모바일 비디오 감시 앱을 개발, 메이저 모바일 소프트웨어 시장에 진입 • 휴대기기 간 호환성이 좋은 고품질 게임 제작에 관심

출처 : 각사 홈페이지

다. 애니메이션

이탈리아의 주요 애니메이션 스튜디오 및 배급사로는 Lumiq Studios, MondoTV S.P.A., Rainbow S.P.A. 등이 있으며, 세부 사업 분야는 다음과 같다.

[표 7-26] 이탈리아 주요 애니메이션 스튜디오 및 배급사

기업명	설명
Lumiq Studios	• Virtual Reality & Multimedia Park의 자회사로 파트너십 관계에 있음 • 애니메이션/영화 제작 및 배급사 • 영상매체 제작 및 후반작업 시설 운영 • 텔레비전, 영화, 광고, 뉴미디어, 멀티미디어 프로젝트 개발
MondoTV S.P.A.	• 1985년 만화영화 시리즈를 생산하는 MondoTV S.R.L. 설립 • 이탈리아를 포함한 유럽 등지의 TV 및 영화산업에서 만화영화 시리즈 및 장편영화 배급부문 선두회사로 발돋움 • 유명 일본 만화영화를 이탈리아어 및 스페인어를 이용하는 국가에 배급 • 그룹이 소유하고 있는 오리지널 애니메이션 시리즈 및 배급권은 몬도TV에 중요한 전략자원이자 경쟁력 • 로마와 LA에 지사를 두고 이탈리아와 세계 시장에 필요한 서비스 제공

기업명	설명
Rainbow S.P.A.	• 1995년 설립 당시 멀티미디어 및 애니메이션 제작 서비스기업에서 곧 TV 애니메이션 분야로 독자노선 구축 • 현재 유럽에서 가장 유명한 애니메이션 스튜디오 중 하나로 세계적인 평가를 받고 있음 • 회사 내에서 자체적으로 제작 전 과정을 관리 • 컨셉, 시나리오 작성, 캐릭터 및 배경개발 등의 사전 제작과 3D 시각효과, 성우 캐스팅, 음악, 편집의 후반 작업에 탁월

출처 : 각사홈페이지

라. 방송

이탈리아의 주요 방송국으로는 먼저 가장 대표적인 공영 지상파 방송국인 RAI와 민영 방송사인 Mediaset, La7, MTV Italy 등이 있다.

[표 7-27] 이탈리아 지상파 방송국

방송사	소유	설명
RAI	국영	• 이탈리아 최대의 공영방송사업자 • 아날로그 채널 RAI1과 RAI2, RAI3 및 8개의 지상파 디지털 채널, 위성TV 18개 채널 보유 • 디지털 채널의 경우 아날로그 채널의 재전송과 교육과 HD 등 특화 콘텐츠를 담당 • 2013년 RAI1의 시청점유율은 17.84%
Mediaset	민영	• 이탈리아 최대의 미디어그룹 • 영상콘텐츠 제작과 TV 채널 편성 및 운영, 방송 송출, 저작권 관리 등 모든 밸류체인 구축 • 특히 광고사업에서 강한 영향력을 가짐 • 지상파 디지털TV 플랫폼 통해 유료TV 서비스 Mediaset Premium 브랜드 론칭

방송사	소유	설명
La7	민영	• 2001년 설립 • Cairo Communications의 자회사 • 토크쇼와 뉴스, 문화 프로그램 등 정보 프로그램을 중심으로 한 편성이 특징
MTV Italy	민영	• 음악전문방송 MTV 의 자회사 • 아날로그 지상파와 디지털 지상파, 무료 위성 방송 및 케이블 방송 송출 • MTV Brand New, MTV Gold, MTV Hits 등 총 6개의 디지털 채널 제공 • 홈페이지와 Sky Italia를 통한 온디맨드 서비스 • 스마트폰 앱을 통한 시청 지원이 특징

출처 : Conex

이탈리아 주요 위성방송사업자는 Sky Italia, Tivu Sat 등이 있으며, IPTV 사업자로는 Telecom Italia와 Wind Telecomunicazioni 등이 있다.

[표 7-28] 이탈리아 위성방송사업자

위성방송	설명
Sky Italia	• 미국 종합미디어그룹 News Corporation의 자회사 • 1997년 디지털 위성TV 서비스 개시 • 현재 자사 브랜드와 로고를 BSkyB로 통합하고 8개의 채널 패키지와 50여개 HDTV 채널 서비스 제공 • 2010년 이탈리아 최초의 3D 채널 서비스 개시 • 모든 콘텐츠를 Telecom Italia의 Alice HomeTV에 제공
Tivu Sat	• 공중파 디지털 위성방송 플랫폼사업자 • Mediaset과 Telecom Italia Media, RAI가 2009년 설립한 조인트 벤처로 무료서비스 제공 • 디지털 지상파방송 수신 불가지역 대상의 솔루션 제공

출처 : Conex

[표 7-29] 이탈리아 IPTV 사업자

IPTV	설명
Telecom Italia	• 2005년 서비스 개시 • 서비스지역은 이탈리아 전역 • 200여개 기본 채널을 제공하는 Alice HomeTV가 핵심 서비스 • 2007년 유선통신-이동전화-브로드밴드- IPTV의 QPS상품 Unica 출시 • 2010년 Alice HomeTV의 하이브리드 디지털 지상파와 IP서비스의 결합 CuboVision 출시 • Sky와 MediaSet의 채널 패키지 선택 가능
Wind Telecomunicazioni	• 2007년 InfostradaTV 서비스 개시 • IPTV 서비스와 유선통신, 브로드밴드의 번들링 서비스 제공 • 190개 이상의 채널 및 VoD 콘텐츠 보유

출처 : Conex

6) 주요 지원 제도 및 정책 동향

(1) 콘텐츠 관련 중장기 계획

가. 디지털 아젠다(Digital Agenda for Italy) 운영

이탈리아정부는 2012년 종료된 국가 브로드밴드 네트워크 전략의 연장선이자 EU의 '유럽 2020' 전략의 일환으로 '디지털 아젠다' 정책을 운영하고 있다. '이탈리안 이니셔티브(Italian initiatives)'로 불리는 해당 정책은 ICT와 디지털 경제에 특별히 초점을 맞추고 있으며, 주로 중소기업 및 스타트업을 대상으로 이들 기업의 활동과 혁신전략, 디지털 영역에 대한 특별 지원에 상대적으로 높은 비중을 할애하고 있다.

[표 7-30] 디지털 아젠다의 세부 실행 전략

구분	세부 전략
인프라와 사이버 보안	• 브로드밴드 및 클라우드 컴퓨팅 역량 강화 위한 투자 • 디지털 보안에 대한 교육 및 민정 협력 강화 • 보안 관련 제품 및 서비스시장 육성

구분	세부 전략
이커머스	• 관련 서비스를 대상으로 한 보안 강화 • 시스템 단순화를 통한 이용자 편의성 증진 • 소비자 분쟁 및 특정 디지털 상품 대한 VAT 삭감
전자정부와 개방형 데이터	• 효율성과 투명성 강화 • 전자청구서 및 지불시스템 등 공공행정의 디지털 기술 도입 가속화
IT 리터러시	• 브로드밴드 및 클라우드 기술 활용에 대한 교육
R&I (Research and innovation)	• 기술 클러스트 대상의 ICT 기술 연구 지원 • 해외 ICT 기술 도입 지원
스마트시티 및 커뮤니케이션	• ICT 기술을 통한 사회문제의 해결 촉진 • 관련기업의 성장 촉진

출처 : European Commission(2013)

해당 정책에 대한 공공 단체 차원에서의 시행전략은 그 범위에 따라 국가와 지역, 시의 3단계로 나누어서 진행된다. 국가 단계에서는 정책은 경제발전부(Ministry of Economic Development)가 전담하는데, 경제발전부는 그 산하에 해당 디지털 아젠다를 관리하는 6개의 실무그룹(working group) 조직인 'Digital Agenda Control Room'을 두고 있다. 지역과 시 단계에서는 상공회의소가 기업들에게 다양한 서비스 제공 및 국내외 비즈니스 무역을 전담한다. 그 외에도 디지털 아젠다는 다음과 같은 세부 실행 전략을 제시하고 있다.

나. 지역별 영화 관련 인센티브제도

[표 7-31] 지역별 영화 관련 인센티브 제도

지역	지원 제도	세부 내용
피에몬테	필름 인베스트먼트 피에몬테 (Film Investment Piedmont)	• 국내 프로젝트 또는 국제 공동 제작 프로젝트 중 매년 6편 선정해 지원 • 지원금은 피에몬테지역에서 100% 사용 • 목표 투자액은 최대 30만 유로

지역	지원 제도	세부 내용
아풀리아	피에몬테 다큐멘터리 필름펀드 (Piemonte Doc Film Fund)	• 이탈리아 최초의 다큐멘터리 전문 필름 펀드 • 피에몬테지역 기반의 회사와 제작자들이 만드는 다큐멘터리에 대한 지원
	아풀리아 국제 필름펀드 (Apulia international Film Fund)	• 유럽 및 비유럽지역의 시청각, 영화,TV 제작자의 콘텐츠 제작비용을 보조금 형태로 지원 • 지원 규모는 프로젝트 제작비의 50%로 제한 • 펀드 지원 시점에서 전체 예산의 최소 60%를 확보하고 있어야 지원 가능함
	아풀리아 필름펀드 (Apulia National Film Fund)	• 아풀리아 내에서 제작되는 프로젝트가 대상 • 지원규모는 장르별로 1만5천유로에서 15만 유로
	숙박비/교통비 지원 프로그램 (Apulia Hospitality Fund)	• 이탈리아 제작사의 숙박 및 교통비를 지원 • 아풀리아 필름펀드와 중복 지원 가능
FVG	FVG 필름펀드 (Friuli Venezia Giuli Film Fund)	• 프리올리베네치아쥴리아지역에서 촬영하는 프로젝트를 대상을 지원 • 지역 내 촬영기간에 따라 지원금을 차등 지급
라치오	라치오 필름펀드 (Lazio Film Fund)	• VC투자형태로 해외 공동 제작사가 대상 • 최대 지원액은 60만 유로 • 예산의 50%는 라치오지역에서 지출되어야 함
트렌티노	트렌티노 필름펀드 (Trentino Film Fund)	• 영화, TV콘텐츠, 다큐, 홈비디오 등의 프로젝트를 제작하는 현지 및 해외 제작사가 대상 • 지원규모는 영화와 TV콘텐츠의 경우 최대 20만 유로, 기타 장르는 최대 4만 유로
아오스타밸리	아오스타밸리 영상물 제작기반펀드 (Audiovisual Production Development Fund)	• 예술적, 경제적 가치를 가진 영화, 다큐, TV콘텐츠의 후반작업과 배급 지원 • 장르별로 2만 유로에서 18만 유로까지 지원 • 총 제작비의 50% 이내에서만 지원이 이루어짐

출처 : 한국콘텐츠진흥원(2013)

국가 차원에서의 세액공제와 더불어 지역 영화위원회를 통해서도 인센티브 제도가 운영되고 있다. 대표적인 것으로는 피에몬테지역의 투자기금 'Film Investment Piedmont'와 프리울리베네치아줄리아(FVG)지역의 'FVG Film Fund', 트렌티노의 'Trentino Film Fund' 등이 있으며 특히 아폴리아지역의 경우 'Apulia International Film Fund'와 'Apulia National Film Fund', 'Apulia Hospitality Fund'의 세 가지 지원프로그램을 복수 운영하고 있다.

(2) 콘텐츠산업 지원 제도

가. 문화 활동 기여금 대상 세액공제

이탈리아정부는 2014년 5월 공표된 신규 세액공제안 관련 법률(Law Decree No.83/2014)을 바탕으로 공공문화유산의 유지 및 보호와 복원, 문화기관과 공공장소에 대한 지원, 음악 연주장과 극장 확장 등을 위해 지출한 기여금에 대해 3년간 세액 공제를 적용하고 있다. 2014년과 2015년 과세연도의 경우 해당 세액공제는 기여금의 65%로 설정되어 있으며, 2016년에는 50%로 감축된다. 단, 개인과 기업의 공제 한도는 각각 다르게 적용되는데, 개인의 경우 연 과세소득의 15%, 기업 및 사업자의 경우 연매출액의 0.5%로 설정되어 있다.

나. 영화 제작관련 세제혜택

이탈리아의 영화산업 대상 세제혜택은 크게 두 가지로 운영된다. 첫 번째는 이탈리아 내에서의 영화 제작자 및 기술자에 대한 세액공제 제도로, 영화산업에 투자한 제작사를 대상으로 소득세와 부가가치세, 사회보장보험 등의 법인세를 상쇄할 수 있는 기회를 제공한다. 대상 분야는 필름제조와 외부업체 영화의 제작 및 배급, 영화 전시 등으로 지정되어 있으며, 지출 비용에 대한 세액공제 한도는 2014년 법률 개정과 더불어 종전의 500만 유로에서 1,000만 유로로 상향 조정되었다.

두 번째는 이탈리아 무역위원회(ITC)가 관할하는 해외 영화 대상의 세금지원(Italian Tax Credit for Foreign Films)으로, 극장 개방용 영화에 대해 이탈리아 내에서 발생한 제작비의 총 25%까지 세액공제를 제공한다. 단, 최대 공제금액은 500만 유로 또는 총 제작 예산의 60%로 제한되며, 외국 제작사가 해당 제도의 혜택을 받기 위해서는 이탈리아 제작사와의 파트너십이 반드시 필요하다. 또한 작품 자체 역시 문화심사기준과 창의성, 기술성 테스트와 심사를 위한 일정 기준을 충족해야 한다.

[표 7-32] 해외 영화 세금지원 지급 기준

지원 기준
• 문학 작품이 원작일 것
• 역사성, 문화성, 종교성, 사회성을 띠거나 문화적 사건과의 연관성이 높은 내용
• 역사적, 사회적, 문화적, 종교적 인물에 관한 작품
• 이탈리아 또는 유럽을 배경으로 하는 작품

출처 : 한국콘텐츠진흥원(2013)

다. 저작권 침해 경고(Notice and Takedown) 제도 발효

이탈리아의 저작권은 독립기관인 통신규제위원회(AGCOM: Autoritaa per le Garanzie nelle Connunicazioni)에서 담당하고 있다. AGCOM은 2013년 7월 저작권법 시행령의 성격을 가진 '정보통신 네트워크상의 저작권 침해에 관한 규제 방침 초안'(이하 네트워크 규제안)을 공개, 2014년 3월 이를 발효했는데, 해당 규제안은 표현의 자유 및 인터넷 접속권 등의 기본권과 저작권의 보호 사이의 균형 추구를 최종 목적으로 하고 있다.

특히 통신규제위원회는 인터넷 상에서 저작물이 자신의 허락 없이 사용 및 공유되는 경우 이를 저작권자가 직접 침해를 통지할 수 있도록 하는 '저작권 침해경고(Notice and Takedown)' 제도를 해당 규제안에 포함했는데, 저작권 침해가 인정될 경우 통신규제위원회는 통지 7일 이내에 웹사이트 운영자, 게시물 작성자 및 관련 ISP에게 경고를 발송하게 되며, 5일 내에 이의를 제기하지 않거나 경고에 따라 콘텐츠를 삭제하지 않은 경우 이를 재판부에 회부한다.

7. 스웨덴

1) 콘텐츠시장 개요

2013년 스웨덴은 주요 교역시장인 유럽의 경기회복과 크로나화의 약세, 국내의 주택건설과 가계소비 증가에 따라 전체 GDP가 2%를 유지하면서 전체 콘텐츠시장의 규모 또한 전년대비 2.2% 성장한 154억 8,300만 달러를 기록하였다. 스웨덴의 지식정보시장이 큰 폭으로 성장세를 보임에 따라 디지털 음악, 게임, 영화, 광고 분야의 성장률 또한 높은 수준을 기록할 것으로 전망되어 2018년까지 약 3.7%의 성장률을 보이면서 185억 9,000만 달러의 시장으로 성장할 전망이다

[표 8-1] 스웨덴 콘텐츠시장 규모 및 전망, 2009-2018

[단위 : 백만 달러, %]

구분	2009	2010	2011	2012	2013p	2014	2015	2016	2017	2018	2013-18 CAGR[277]
출판	5,474	5,340	5,225	4,637	4,312	4,108	3,971	3,865	3,785	3,728	△2.9
만화	41	43	47	45	44	43	44	44	44	45	0.4
음악	802	768	753	786	825	858	893	931	972	1,016	4
게임	508	404	405	392	410	425	438	450	460	473	3
영화	791	803	786	774	771	776	789	809	851	918	4
애니메이션	60	62	65	71	78	83	89	94	102	110	7.0
방송	2,874	3,092	3,187	3,237	3,339	3,453	3,548	3,655	3,754	3,868	3
광고	3,273	3,568	3,892	3,860	3,998	4,161	4,292	4,434	4,591	4,787	4
캐릭터	678	690	709	719	730	747	766	788	813	839	3
지식정보	3,362	3,697	3,953	4,177	4,478	4,769	5,122	5,525	6,003	6,443	8
산술합계	17,863	18,467	19,022	18,698	18,985	19,423	19,952	20,595	21,375	22,227	3.2
합계[278]	14,573	15,038	15,326	15,155	15,483	15,909	16,422	17,034	17,787	18,590	3.7

출처 : PwC(2014), ICv2(2013, 2014), Barnes report(2013, 2014), Oricon(2013, 2014), SNE(2013), MDRI(2013), Box Office Mojo(2014), Digital Vector(2013), EPM(2013, 2014)

---

[277] 2013년부터 2018년까지 연평균성장률
[278] 중복 시장을 제외한 시장 규모임
 - 출판의 신문/잡지 광고, 게임의 게임 광고, 영화의 극장광고, 방송의TV /라디오 광고, 지식정보의 디렉토리 광고는 광고시장에 포함
 - 만화, 지식정보의 전문서적/산업잡지는 출판시장에 포함
 - 애니메이션은 영화시장에 포함

[그림 8-1] 스웨덴 콘텐츠시장 규모 및 성장률, 2009-2018

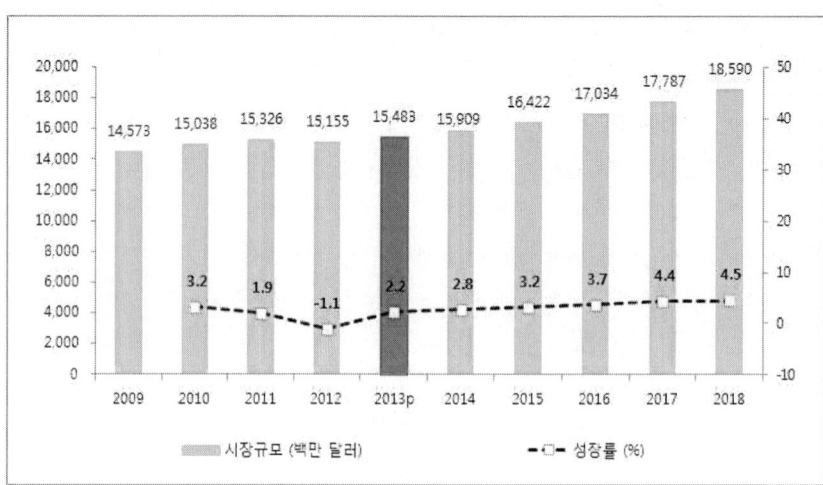

출처 : PwC(2014), ICv2(2013, 2014), Barnes report(2013, 2014), Oricon(2013, 2014), SNE(2013), MDRI(2013), Box Office Mojo(2014), Digital Vector(2013), EPM(2013, 2014)

2013년 스웨덴의 콘텐츠시장은 지식정보가 29.0%의 시장 비중을 보였고 출판이 27.9%, 그 뒤를 이어 광고가 25.9%의 시장 비중을 보였다.

[그림 8-2] 스웨덴 콘텐츠별 시장점유율, 2009 vs. 2013 vs. 2018

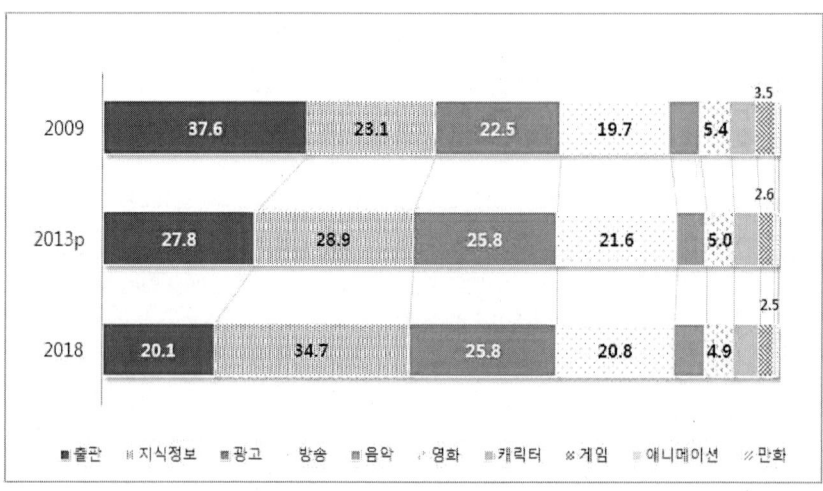

출처 : PwC(2014), ICv2(2013, 2014), Barnes report(2013, 2014), Oricon(2013, 2014), SNE(2013), MDRI(2013), Box Office Mojo(2014), Digital Vector(2013), EPM(2013, 2014)

2018년까지 출판, 방송의 경우 시장 비중이 하락할 것으로 전망되는 반면 지식정보는 34.7%의 시장으로 더욱 커질 전망이다. 만화, 애니메이션, 게임, 캐릭터시장은 규모가 2009년과 동일한 수준을 유지하여 2018년까지 지속될 것으로 보인다. 향후 스웨덴의 콘텐츠시장은 출판을 제외하고 모두 성장세를 보일 것으로 예상되며 지식정보가 가장 높은 8.0%의 성장률을 기록할 것으로 전망된다.

[그림 8-3] 스웨덴 콘텐츠별 시장점유율, 2009 vs. 2013 vs. 2018

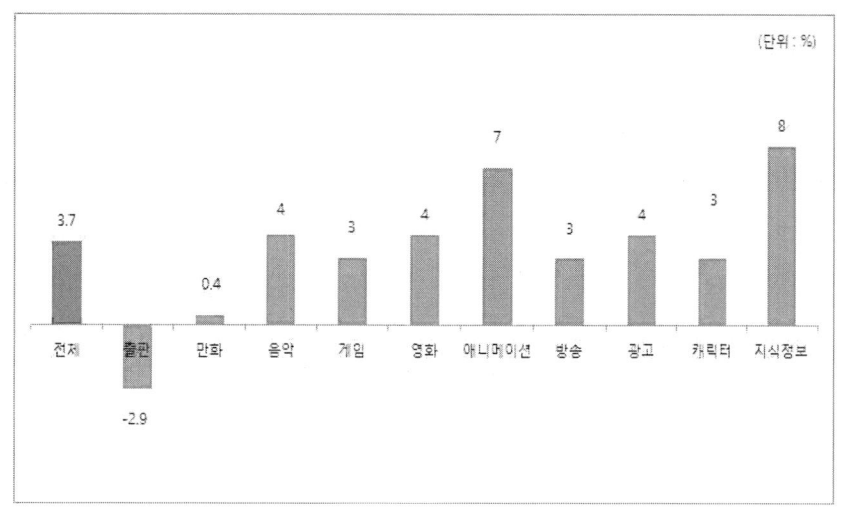

출처 : PwC(2014), ICv2(2013, 2014), Barnes report(2013, 2014), Oricon(2013, 2014), SNE(2013), MDRI(2013), Box Office Mojo(2014), Digital Vector(2013), EPM(2013, 2014)

음악, 영화, 광고는 전체 콘텐츠 성장률과 동일한 4.0%의 성장률을 나타내겠지만 게임, 방송, 애니메이션, 캐릭터는 소폭 낮은 3.0%의 성장률을 보일 것으로 전망된다.

2) 산업별 콘텐츠시장 규모 및 전망

(1) 출판

2013년 스웨덴 출판시장은 디지털 출판시장의 규모가 큰 폭으로 성장하고 있음에도 큰 비중을 차지하고 있는 인쇄 출판이 전반적인 하락세를 보여 전년대비 7% 하락한 43억 1,200만 달러의 시장으로 집계되었다. 가장 높은 비중을 차지하고 있는 신문의 하락세가 두드러져 4.0%의 하락률을 보였고 관련된 지면과 구독시장의 하락폭이 크게 나타났다. 이러한 상황은 2018년까지 지속될 것으로 보여 연평균 2.8% 하락한 37억 2,800만 달러의 시장으로 축소될 것으로 전망된다.

[표 8-2] 스웨덴 출판시장 규모 및 전망, 2009-2018

[단위 : 백만 달러, %]

구분		2009	2010	2011	2012	2013p	2014	2015	2016	2017	2018	2013-18 CAGR
도서		707	605	615	603	589	576	566	554	543	532	△2.0
	인쇄[279]	700	597	603	588	571	556	542	527	513	499	△2.7
	디지털	7	8	12	15	18	20	24	27	30	33	12.9
신문		3,881	3,815	3,677	3,115	2,831	2,649	2,525	2,428	2,357	2,309	△4.0
	광고	1,234	1,201	1,353	1,196	1,159	1,134	1,117	1,104	1,094	1,086	△1.3
	지면	1,159	1,120	1,246	1,081	1,031	995	966	940	915	891	△2.9
	디지털	75	81	108	115	128	139	151	164	179	196	8.9
	구독	2,647	2,614	2,324	1,919	1,672	1,515	1,408	1,324	1,263	1,223	△6.1
	지면	2,647	2,614	2,312	1,880	1,615	1,438	1,318	1,239	1,189	1,161	△6.4
	디지털	-	-	13	39	56	78	89	85	74	62	2.1
잡지		886	920	933	919	892	883	880	883	885	887	△0.1
	광고	355	384	401	389	366	357	349	342	336	331	△2.0
	지면	346	368	365	342	316	301	286	272	259	246	△4.9
	디지털	9	16	36	47	50	56	63	70	77	85	11.2
	구독	531	536	532	530	526	526	531	541	549	556	1.1
	지면	531	535	530	524	516	510	508	510	509	508	△0.3
	디지털	-	1	2	6	10	16	23	31	40	48	36.9
합계		5,474	5,340	5,225	4,637	4,312	4,108	3,971	3,865	3,785	3,728	△2.9

출처 : PwC(2014)

---

279) 오디오북 포함

[그림 8-4] 스웨덴 출판시장 규모 및 성장률, 2009-2018

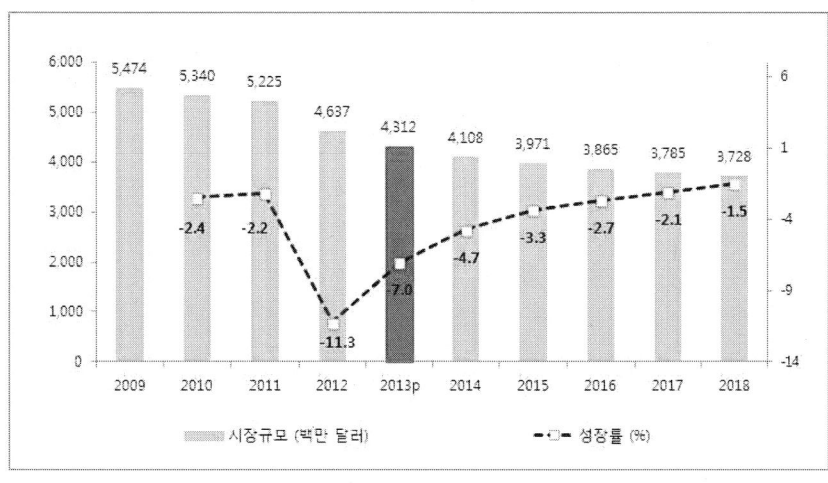

출처 : PwC(2014)

2013년의 스웨덴 출판시장은 정보 전달력이 강한 신문이 65.7%의 높은 비중을 보여주었고 잡지는 20.7%의 비중을 보여주었다. 2009년과 비교하면 신문시장의 비중은 70.9%에서 감소하였지만 잡지는 16.2%에서 성장한 20.7%의 비중을 보였다.

[그림 8-5] 스웨덴 출판시장 비중 비교, 2009 vs. 2013 vs. 2018

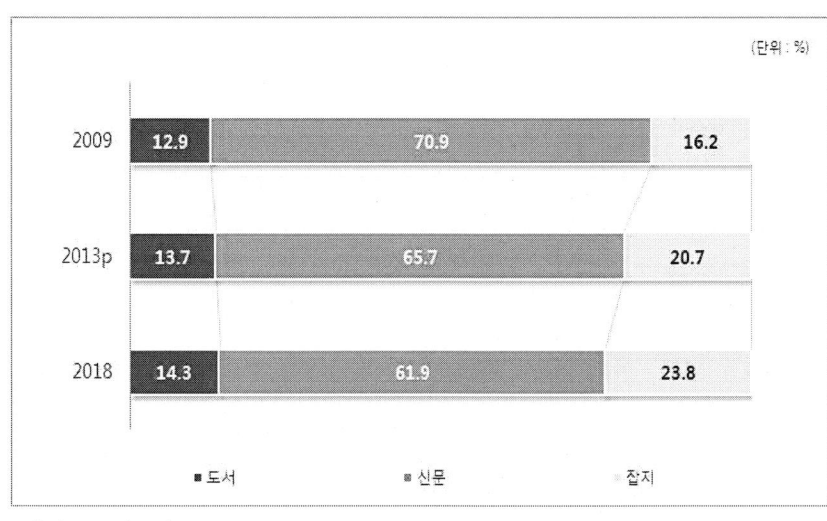

출처 : PwC(2014)

2018년까지 신문의 시장점유율은 지속적으로 감소하여 61.9%의 비중을 보일 것으로 전망되나 잡지는 23.8%로 시장점유율이 증가할 것으로 전망된다.

가. 도서

스웨덴의 도서시장은 2010년 시행된 유럽 연합의 부가가치세 수정 법령에 적응하지 못해 자국의 출판 산업이 큰 위기를 겪으면서 하락세를 보이고 있는 가운데 2013년 스웨덴의 도서시장은 전년대비 2.3% 하락한 5억 8,900만 달러로 집계되었다. 현행 25%인 부가가치세를 6%로 하향 조정 하였지만 이미 파산 직전의 출판사가 크게 늘어났고 인쇄 출판이 디지털로 전환되고 있기 때문에 시장의 규모는 2018년까지 2.0%의 하락률을 보이며 5억 3,200만 달러의 시장으로 감소할 것으로 전망된다.

[그림 8-6] 스웨덴 도서시장 규모 및 성장률, 2009-2018

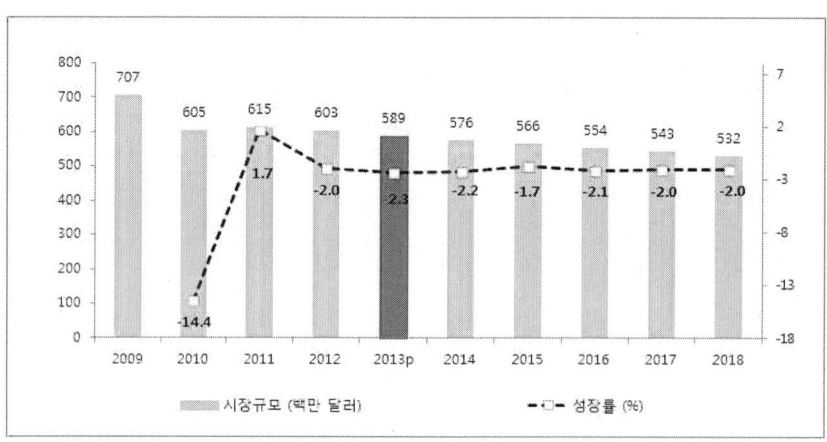

출처 : PwC(2014)

[표 8-3] 스웨덴 도서시장 규모 및 전망, 2009-2018

[단위 : 백만 달러, %]

구분	2009	2010	2011	2012	2013p	2014	2015	2016	2017	2018	2013-18 CAGR
인쇄	700	597	603	588	571	556	542	527	513	499	△2.7
전문	104	99	93	88	82	76	72	67	63	59	△6.4
일반	325	290	301	299	292	289	287	285	282	279	△0.9
교육	271	208	209	201	197	191	183	175	168	161	△4.0

[단위 : 백만 달러, %]

구분	2009	2010	2011	2012	2013p	2014	2015	2016	2017	2018	2013-18 CAGR
디지털	7	8	12	15	18	20	24	27	30	33	12.9
전문	7	7	10	12	13	14	15	15	15	15	2.9
일반	-	1	1	2	3	4	6	8	10	12	32.0
교육	-	-	1	1	2	2	3	4	5	6	24.6
합계	707	605	615	603	589	576	566	554	543	532	△2.0

출처 : PwC(2014)

나. 신문

스웨덴의 신문시장 역시 유럽연합의 부가가치세법(Value Added Tax Act)의 영향을 받아 2013년에는 전년대비 9.1% 하락한 28억 3,100만 달러의 시장 규모를 형성하였다. 현행 신문에 부과된 부가가치세는 6% 수준이지만 인터넷과 모바일을 통해 접하는 디지털 신문이 증가하면서 구독 신문부수가 크게 감소하고 있다. 스웨덴 신문시장은 디지털관련 시장의 증가로 추후 인쇄 신문의 감소분을 소폭 완화시킬 것으로 보이지만 큰 비중을 보인 신문시장의 하락세는 당분간 유지될 것으로 보여 2018년까지 4.0%의 하락률을 보이며 23억 900만 달러의 사장으로 감소할 전망이다.

[그림 8-7] 스웨덴 신문시장 규모 및 성장률, 2009-2018

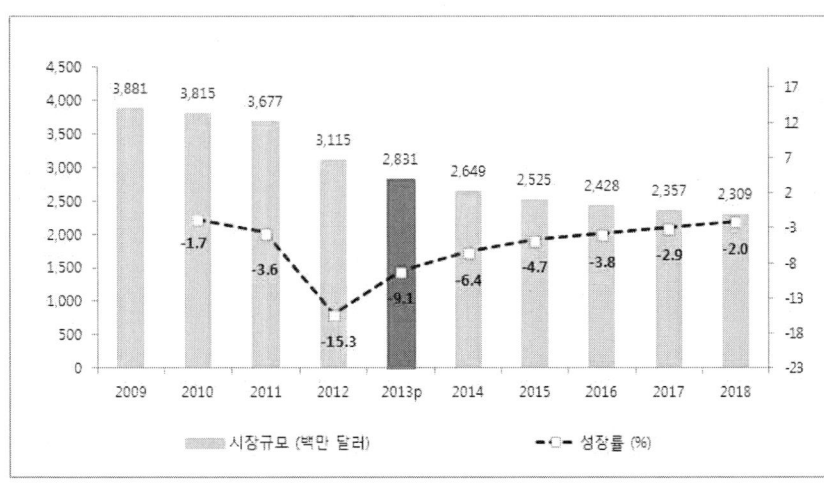

출처 : PwC(2014)

[표 8-4] 스웨덴 신문시장 규모 및 전망, 2009-2018

[단위 : 백만 달러, %]

구분	2009	2010	2011	2012	2013p	2014	2015	2016	2017	2018	2013-18 CAGR
광고	1,234	1,201	1,353	1,196	1,159	1,134	1,117	1,104	1,094	1,086	△1.3
지면	1,159	1,120	1,246	1,081	1,031	995	966	940	915	891	△2.9
디지털	75	81	108	115	128	139	151	164	179	196	8.9
구독	2,647	2,614	2,324	1,919	1,672	1,515	1,408	1,324	1,263	1,223	△6.1
지면	2,647	2,614	2,312	1,880	1,615	1,438	1,318	1,239	1,189	1,161	△6.4
디지털	-	-	13	39	56	78	89	85	74	62	2.1
합계	3,881	3,815	3,677	3,115	2,831	2,649	2,525	2,428	2,357	2,309	△4.0

출처 : PwC(2014)

다. 잡지

2013년 스웨덴의 잡지시장은 지면, 인쇄 부문의 동반 하락세를 경험하면서 전년대비 2.9% 하락한 8억 9,200만 달러로 집계되었다. 잡지 광고시장과 구독시장의 디지털 부문이 큰 폭으로 증가하면서 마이너스 성장을 보이던 잡지시장은 2015년을 기점으로 회복세에 들어서 2018년까지 8억 8,700만 달러의 시장으로 소폭 증가할 전망이다.

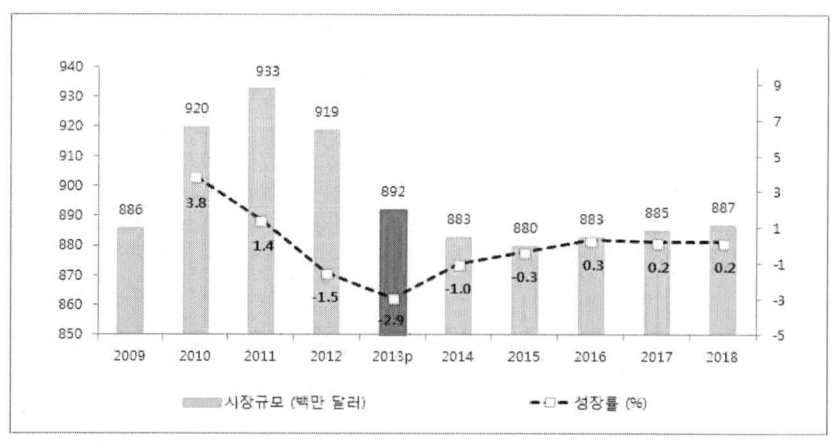

[그림 8-8] 스웨덴 잡지시장 규모 및 성장률, 2009-2018

출처 : PwC(2014)

[표 8-5] 스웨덴 잡지시장 규모 및 전망, 2009-2018

[단위 : 백만 달러, %]

구분	2009	2010	2011	2012	2013p	2014	2015	2016	2017	2018	2013-18 CAGR
광고	355	384	401	389	366	357	349	342	336	331	△2.0
지면	346	368	365	342	316	301	286	272	259	246	△4.9
디지털	9	16	36	47	50	56	63	70	77	85	11.2
구독	531	536	532	530	526	526	531	541	549	556	1.1
지면	531	535	530	524	516	510	508	510	509	508	△0.3
디지털	0	1	2	6	10	16	23	31	40	48	36.9
합계	886	920	933	919	892	883	880	883	885	887	△0.1

출처 : PwC(2014)

(2) 만화

2013년 스웨덴 만화시장은 디지털 만화가 높은 성장률을 보였으나 전체에서 차지하는 비중이 높은 인쇄 만화의 하락세로 인해 전년대비 2.1% 하락한 4,400만 달러로 집계되었다.

[표 8-6] 스웨덴 만화시장 규모 및 전망, 2009-2018

[단위 : 백만 달러, %]

구분	2009	2010	2011	2012	2013p	2014	2015	2016	2017	2018	2013-18 CAGR
인쇄 만화	39	41	44	41	39	38	37	37	37	37	△1.0
디지털	1	2	3	4	5	5	6	7	7	8	10.0
합계	41	43	47	45	44	43	44	44	44	45	0.4

출처 : ICv2(2014), Barnes(2014), Oricon(2014), PwC(2014), SNE(2013)

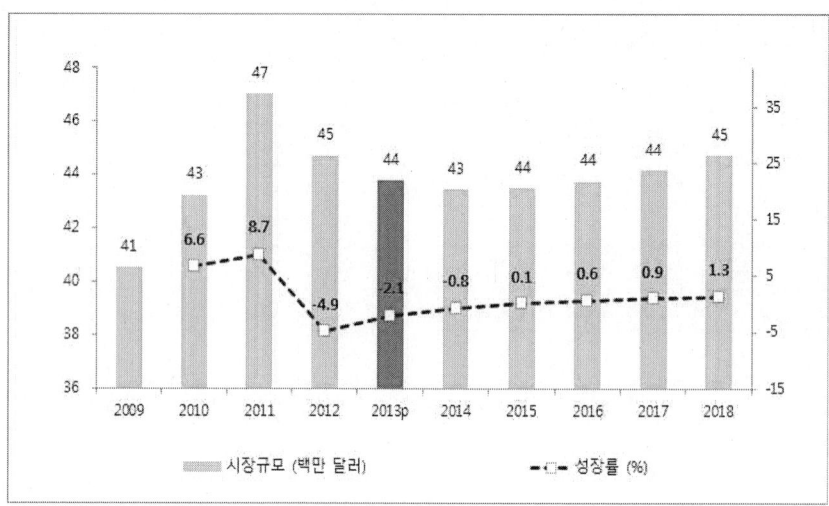

[그림 8-9] 스웨덴 만화시장 규모 및 성장률, 2009-2018

출처 : ICv2(2014), Barnes(2014), Oricon(2014), PwC(2014), SNE(2013)

향후 인쇄 만화시장 규모는 2015년까지 다소 축소되다가 2018년까지 축소된 시장을 그대로 유지할 것으로 예상된다. 대신 디지털 만화의 비중이 증가하면서 전반적인 만화시장 규모는 2018년까지 향후 5년간 연평균 0.4%의 성장률을 보이며 4,500만 달러 규모를 이룰 것으로 전망된다.

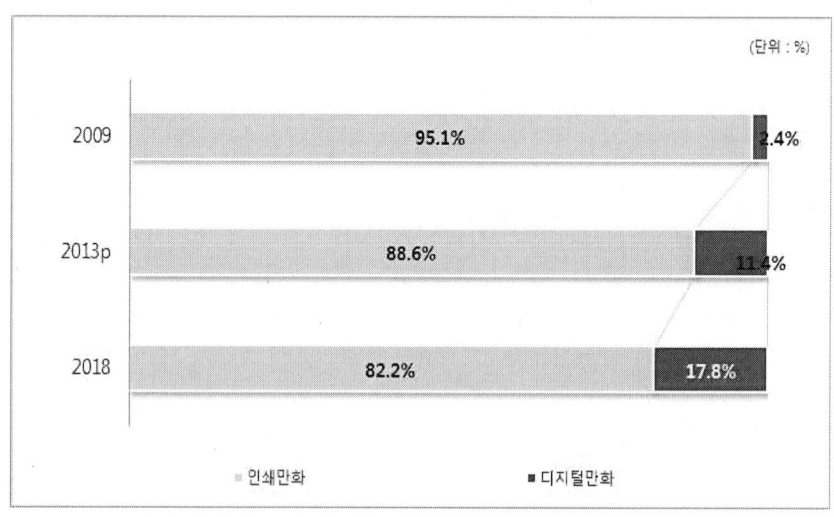

[그림 8-10] 스웨덴 만화시장별 비중 비교, 2009 vs. 2013 vs. 2018

출처 : ICv2(2014), Barnes(2014), Oricon(2014), PwC(2014), SNE(2013)

2009년의 인쇄 만화시장은 95.1%의 압도적인 시장점유율을 보였으며 디지털 만화의 비중은 단 2.4%에 지나지 않았다. 하지만 지식정보산업의 발달로 유무선 인터넷이 활성화되면서 디지털 만화의 시장점유율이 2013년 11.6%로 늘어났고 인쇄 만화시장은 88.6%로 소폭 감소하였다. 지금과 같은 추세는 지속될 것으로 예상되는데 2018년까지 인쇄 만화시장의 규모는 82.2%로 감소한 대신 디지털 만화의 시장점유율이 17.8%로 증가할 전망이다.

가. 인쇄 만화

2013년 인쇄 만화시장은 전년대비 4.1% 하락한 3,900만 달러로 집계되었다. 스웨덴도 미국의 마블 코믹스(Marvel Comics)와 영국의 DC 코믹스(DC Comics)의 슈퍼 히어로 시리즈에 대한 인기가 대단히 높다. 그러나 디지털 만화와 지식정보산업의 발달로 인하여 인쇄 만화뿐만이 아니라 인쇄 출판에 대한 수요도 감소하고 있다. 스웨덴의 인쇄 만화시장은 2018년까지 연평균 1.0%씩 하락하여 3,700만 달러의 시장으로 축소될 전망이다.

[그림 8-11] 스웨덴 인쇄 만화시장 규모 및 성장률, 2009-2018

출처 : ICv2(2014), Barnes(2014), Oricon(2014), PwC(2014), SNE(2013)

나. 디지털 만화

2013년 스웨덴의 디지털 만화는 스웨덴을 포함한 북유럽 국가를 대상으로 출시가 되고 있으며 전년대비 17.9% 성장한 500만 달러로 집계되었다.

[그림 8-12] 스웨덴 디지털 만화시장 규모 및 성장률, 2009-2018

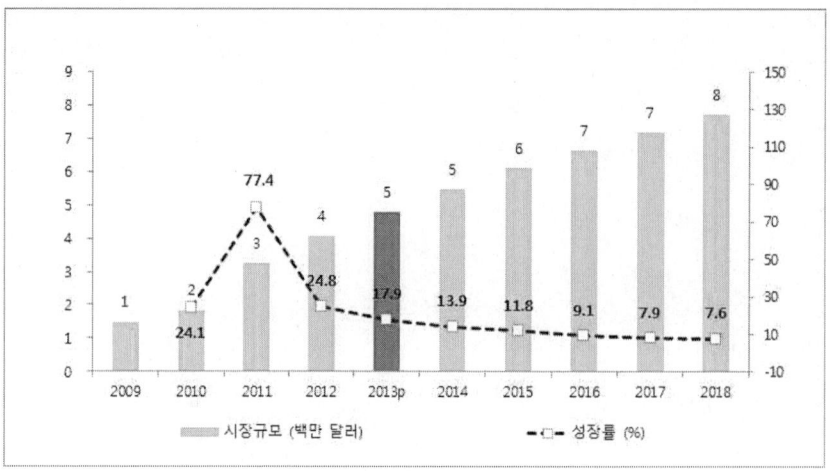

출처 : ICv2(2014), Barnes(2014), Oricon(2014), PwC(2014), SNE(2013)

스웨덴은 여타 유럽 국가들 보다 웹을 통한 코믹 스트립(Comic Strip)이 상당부분 발전해 있는데 Scandinavia and the World 사이트에서는 다양한 제목으로 코믹 스트립을 연재하고 있다. 이렇게 스웨덴의 디지털 만화시장은 꾸준히 성장할 것으로 보여 향후 5년간 연평균 10.0%의 성장률로 2018년에는 800만 달러에 이를 것으로 전망된다.

(3) 음악

스웨덴 사람들은 저작권에 대한 인식이 매우 높아 불법 다운로드의 비율이 낮은 편이다. 스웨덴 사람들은 합법적인 스트리밍 음원 청취를 가능하게 하는 스포티파이(Spotify) 이용을 선호하고 있다. 이 때문에 2013년 스웨덴의 음악시장 규모는 전년대비 5.0% 성장한 8억 2,500만 달러로 집계되었다. 오프라인 음반시장의 하락세는 당분간 큰 폭으로 나타나겠지만 전체 음악시장에서의 비중이 낮아 미미한 영향을 미칠 것으로 보인다. 스웨덴 음악시장은 향후 디지털 음원시장의 규모가 빠르게 확대되어 2018년까지 연평균 4.3%씩 성장하여 10억 1,600만 달러에 이를 것으로 전망된다.

[표 8-7] 스웨덴 음악시장 규모 및 전망, 2009-2018

[단위 : 백만 달러, %]

구분	2009	2010	2011	2012	2013p	2014	2015	2016	2017	2018	2013-18 CAGR
음반	261	250	214	234	262	282	301	318	333	344	5.6
오프라인 음반	228	191	108	79	58	41	28	19	12	8	△32.8
디지털 음원	33	59	106	154	204	240	273	300	320	336	10.5
공연 음악	541	518	539	553	563	576	593	613	639	673	3.6
합계	802	768	753	786	825	858	893	931	972	1,016	4.3

출처 : PwC(2014

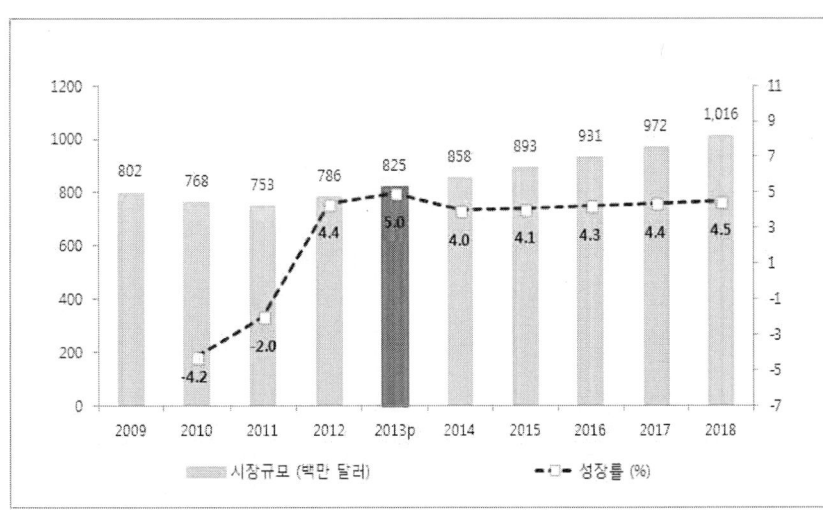

[그림 8-13] 스웨덴 음악시장 규모 및 성장률, 2009 - 2018

출처 : PwC(2014

스웨덴은 전통적으로 오프라인 음반시장의 규모가 큰 편이어서 2009년까지만 해도 28.4%의 시장 비중을 보여주었다.

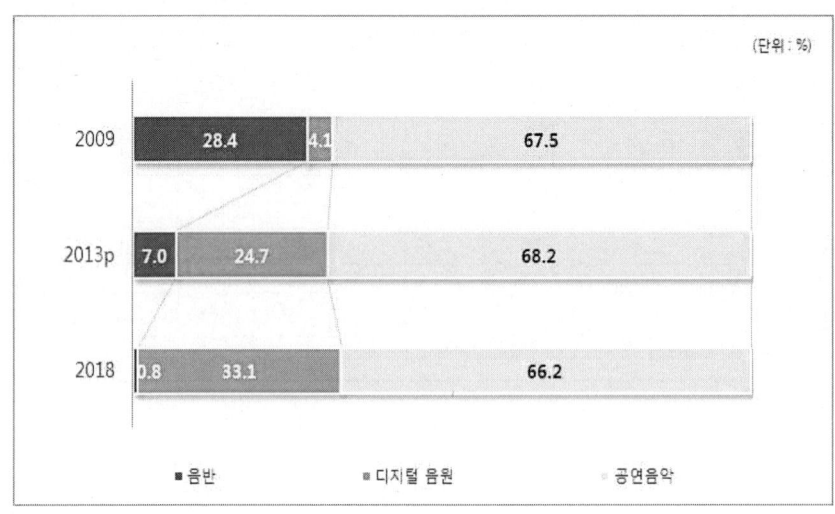

[그림 8-14] 스웨덴 음악시장 분야별 비중 비교, 2009 vs. 2013 vs. 2018

출처 : PwC(2014

그러나 2013년 오프라인 음반의 수요가 크게 감소하여 비중은 7%대로 급락하였고 대신 디지털 음원의 청취 증가로 디지털 음원시장이 24.7%의 시장점유율을 보였다. 공연 음악시장은 2009년부터 67.5%의 시장점유율을 보였는데 디지털 음원시장의 확대로 2018년까지 소폭 감소한 66.2%의 시장 비중을 보일 것으로 전망된다.

가. 음반

2013년 스웨덴은 스마트폰의 보급률이 크게 증가하면서 스포티파이(Spotify)의 디지털 스트리밍 서비스가 보편화되었다. 오프라인 음반시장은 디지털 음원시장으로 이탈하는 소비자가 증가하면서 전년대비 26.6% 하락한 5,800만 달러의 시장으로 집계되었다. 향후 디지털 음원의 이용이 보편화되면 오프라인 음반의 매출은 더욱 하락할 것으로 보여 2018년까지 32.8%의 하락률을 보이며 800만 달러의 시장으로 위축될 것으로 보인다.

[그림 8-15] 스웨덴 음반시장 규모 및 성장률, 2009 - 2018

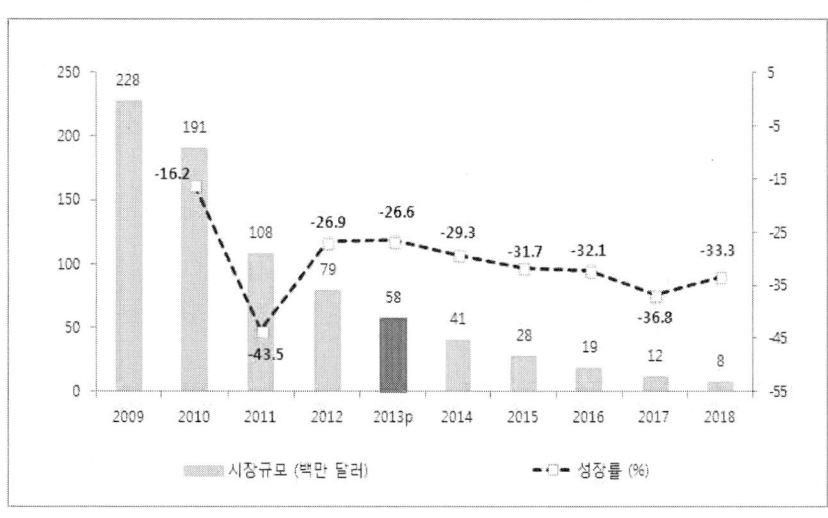

출처 : PwC(2014)

나. 디지털 음원

소비자들의 스포티파이(Spotify), 아이튠스(iTunes)의 이용이 증가하면서 2013년 스웨덴의 디지털 음원시장은 전년대비 32.5% 성장한 2억 400만 달러로 집계되었다. 스웨덴이 본사인 스포티파이와 프랑스의 디저(Deezer), 애플의 비츠(beats) 뮤직이 경쟁을 벌이는 동안 스마트폰 보급률의 증가는 더욱 많은 유저들을 오프라인 음반시장으로부터 스트리밍음악으로 이전시킬 것으로 보인다. 스웨덴의 디지털 음원시장은 2018년까지 연평균 10.5% 성장한 3억 3,600만 달러의 시장으로 성장할 전망이다.

[표 8-8] 스웨덴 디지털 음원시장 규모 및 전망, 2009-2018

[단위 : 백만 달러, %]

구분	2009	2010	2011	2012	2013p	2014	2015	2016	2017	2018	2013-18 CAGR
다운로드	13	14	14	13	10	10	9	9	9	9	△3.3
스트리밍	16	42	89	138	192	230	263	290	311	327	11.3
모바일	4	4	3	3	2	1	1	-	-	-	△39.3
합계	33	59	106	154	204	240	273	300	320	336	10.5

출처 : PwC(2014)

[그림 8-16] 스웨덴 디지털 음원시장 규모 및 성장률, 2009 - 2018

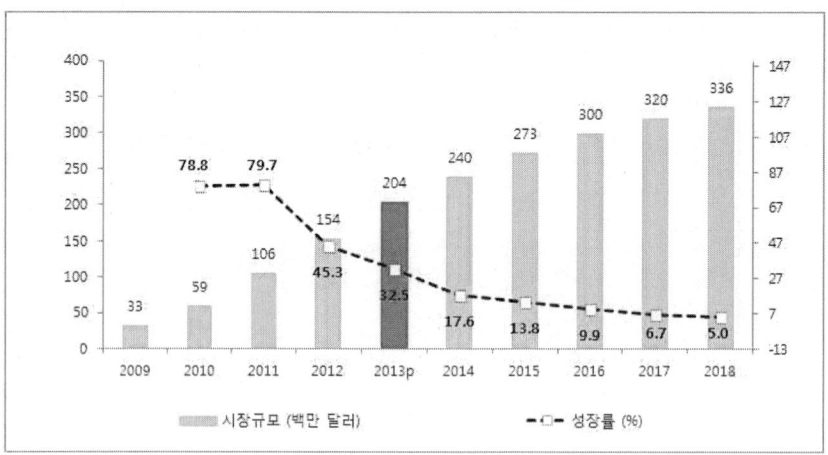

출처 : PwC(2014

다. 공연 음악

2013년 스웨덴의 공연 음악시장은 재즈페스티벌(Stockholm Jazz Festival), 락 페스티벌(Rock Festival), 지역의 페스티벌과 같은 음악 행사가 매년 성공적으로 개최되어 전년대비 1.8% 성장한 5억 6,300만 달러로 집계되었다.

[그림 8-17] 스웨덴 공연 음악시장 규모 및 성장률

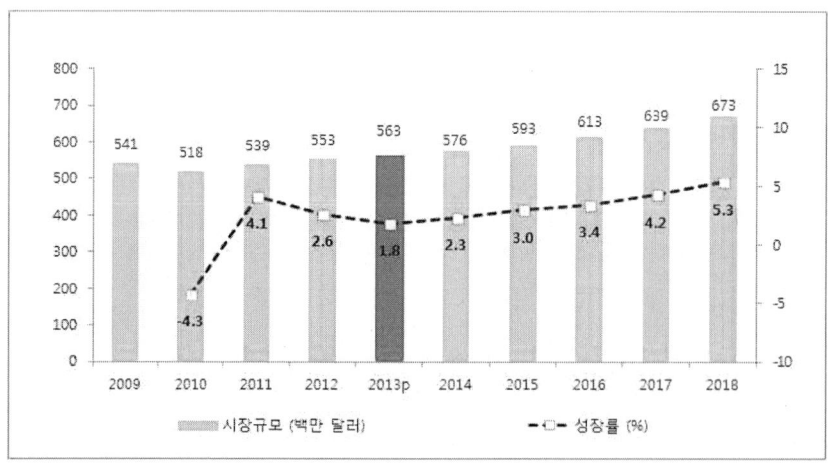

출처 : PwC(2014

특히 2013년 스웨덴 락 페스티벌은 'KISS', 'RUSH', 'SAXON', 'UFO' 등 해외 정상 락그룹이 참여하여 화려함을 더했다. 스웨덴의 공연 음악시장은 연평균 3.6%의 성장률을 보이며 2018년까지 6억 7,300만 달러의 시장으로 성장할 전망이다.

[표 8-9] 스웨덴 공연 음악시장 규모 및 전망, 2009-2018

[단위 : 백만 달러, %]

구분	2009	2010	2011	2012	2013p	2014	2015	2016	2017	2018	2013-18 CAGR
후원	126	123	127	126	126	126	126	126	125	125	△0.1
티켓판매	415	395	412	427	437	450	467	488	514	547	4.6
합계	541	518	539	553	563	576	593	613	639	673	3.6

출처 : PwC(2014)

(4) 게임

스웨덴은 유럽에서 게임산업이 잘 발달한 국가 중 하나로 콘솔 게임과 온라인, 모바일 게임이 큰 강세를 보이고 있다. 2013년 스웨덴의 게임시장은 전년대비 4.6% 성장한 4억 1,000만 달러로 집계되었다. 다.

[그림 8-18] 스웨덴 게임시장 규모 및 성장률, 2009 - 2018

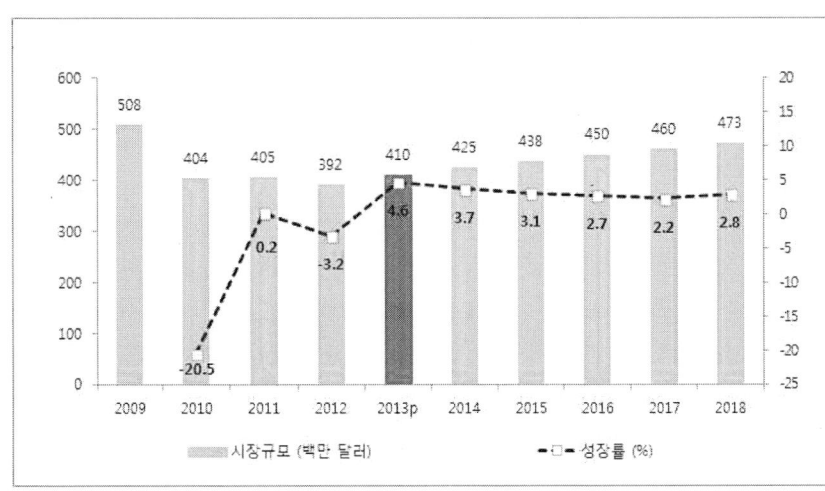

출처 : PwC(2014)

게임 광고, 디지털 콘솔 게임, 온라인 게임, 모바일 게임이 높은 성장률을 기록하고 있는 반면 패키지 콘솔 게임과 PC 게임은 시장 규모가 축소되고 있다. 향후 스웨덴 게임시장 규모는 2018년까지 연평균 2.9%의 성장률을 보이며 4억 7,300만 달러로 증가할 전망이

[표 8-10] 스웨덴 게임시장 규모 및 전망, 2009-2018

[단위 : 백만 달러, %]

구분		2009	2010	2011	2012	2013p	2014	2015	2016	2017	2018	2013-18 CAGR
게임 광고		20	24	27	28	31	34	37	41	44	48	9.1
콘솔 게임		377	268	257	227	237	246	251	256	257	260	1.8
	디지털	21	27	36	41	54	65	73	81	89	98	12.8
	패키지	356	242	220	186	183	181	179	175	168	162	△2.5
온라인 게임		7	8	9	11	12	13	14	16	17	18	8.5
PC 게임		84	81	84	92	89	85	83	80	78	77	△2.9
	디지털	5	8	16	31	42	47	51	53	55	56	5.8
	패키지	79	73	68	61	46	38	32	27	23	20	△15.3
모바일 게임		19	23	28	35	41	47	52	58	64	70	11.4
합계		508	404	405	392	410	425	438	450	460	473	2.9

출처 : PwC(2014)

스웨덴 게임시장에서 가장 큰 비중을 차지하는 것은 콘솔 게임시장이다. 콘솔 게임시장은 2009년 74.2%의 점유율로 시장을 주도하고 있었으나 그 비중이 점차 줄어들어 2013년에는 57.8%로 점유율이 낮아졌다. 이러한 추세는 계속되어 2018년에는 55%의 점유율로 그 비중이 더욱 줄어들 것으로 보인다.

콘솔 게임시장의 뒤를 이은 PC 게임시장은 2009년 16.5%의 점유율을 보였지만 점차 비중이 줄어들어 2018년에는 16.3%의 점유율을 보일 것으로 전망된다. 온라인 게임과 모바일 게임은 2009년 각각 1.4%, 3.7%의 점유율로 전체에서 차지하는 비중이 크지 않았지만 높은 성장률로 시장을 확대하여 2018년에는 온라인 게임이 3.8%, 모바일 게임이 14.8%의 점유율을 차지할 것으로 전망된다.

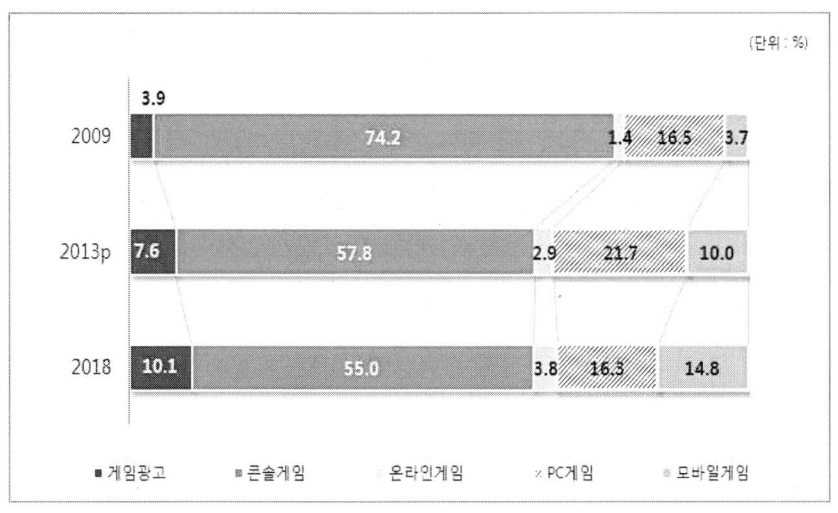

[그림 8-19] 스웨덴 게임시장 분야별 비중 비교, 2009 vs. 2013 vs. 2018

출처 : PwC(2014)

가. 콘솔 게임

스웨덴의 콘솔 게임은 2010년 이후 지속적으로 하락하다가 2012년까지 규모가 감소했지만 8세대로 분류되는 '플레이스테이션 4(Plastation 4)'의 출시와 '엑스박스 원(Xbox One)'의 출시로 성장세로 돌아섰다. 특히 스톡홀름의 DICE(Digital Illusions Creative Entertainment)에서 출시하는 콘솔용 전쟁 시뮬레이션 게임 '배틀필드 4(Battle Field 4)'는 콘솔 게임시장에 큰 호재로 작용하였다.

이러한 효과로 2013년 스웨덴의 콘솔 게임시장은 전년대비 4.4% 성장한 2억 3,700만 달러로 집계되었다. 비록 오프라인 콘솔 게임이 감소하는 경향을 보이고 있지만 가장 큰 비중을 보이고 있는 콘솔 게임시장은 게임 타이틀의 시장 규모가 디지털 유통망을 통해 빠르게 증가하고 있어 2018년까지 전반적인 콘솔 게임시장의 규모는 1.8%의 성장률을 보이며 2억 6,000만 달러로 증가할 전망이다.

[그림 8-20] 스웨덴 콘솔 게임시장 규모 및 성장률, 2009 - 2018

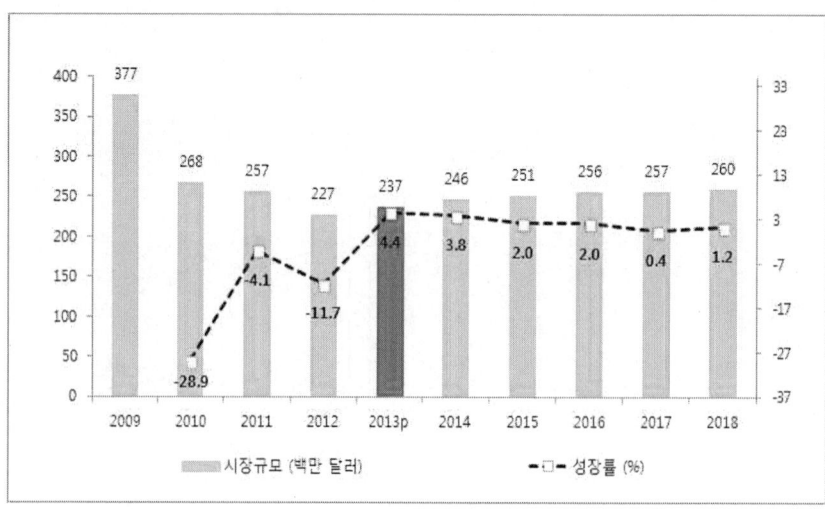

출처 : PwC(2014)

나. 온라인·모바일 게임

스웨덴은 2013년 유럽을 대표하는 게임의 메카로 떠올랐는데 온라인·모바일 게임 분야에서 가장 두각을 보이는 게임회사는 '모장(Mojang)'과 '킹(King)'이다. 모장은 세계적으로 인기를 모은 마인크래프트(MineCraft)를 제작하였고 킹은 캔디 크러시 사가(Candy Crush Saga)를 제작하였다. 이처럼 세계적인 인기를 끌면서 2013년 스웨덴의 온라인·모바일 게임시장 규모는 각각 전년대비 9.1%, 17.1% 증가한 1,200만 달러와 4,100만 달러로 집계되었다.

온라인·모바일 게임의 시장이 빠르게 성장하자 자국의 게임산업도 큰 폭으로 성장하였다. 스웨덴 게임에 종사하는 직원은 2,534명으로 전년대비 29%가 증가하였고 모장은 스웨덴 전체 게임시장의 30%에 가까운 매출을 올렸으며 킹은 28%의 매출을 올렸다. 지금과 같은 게임산업의 발달이 지속된다면 2018년까지 온라인·모바일 게임시장은 8.5%, 11.4%씩 성장세를 보이며 1,800만 달러와 7,000만 달러의 시장으로 규모가 커질 전망이다.

[그림 8-21] 스웨덴 온라인 게임시장 규모 및 성장률, 2009 - 2018

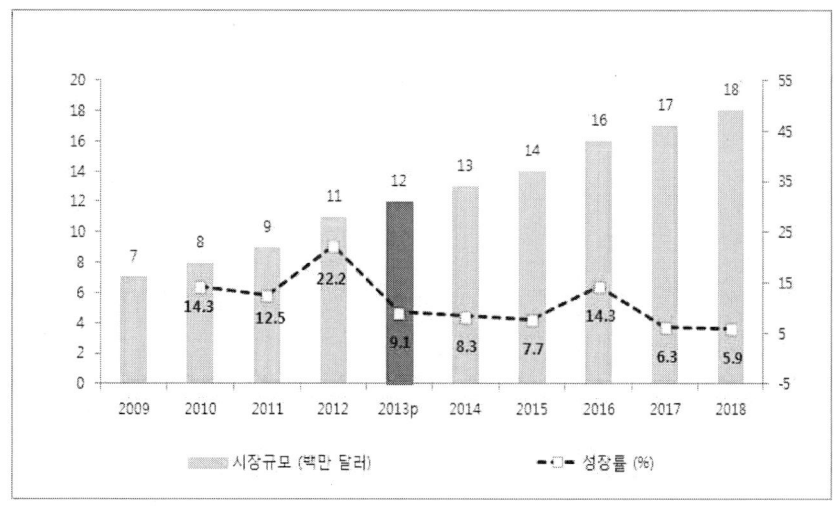

출처 : PwC(2014)

[그림 8-22] 스웨덴 모바일 게임시장 규모 및 성장률, 2009 - 2018

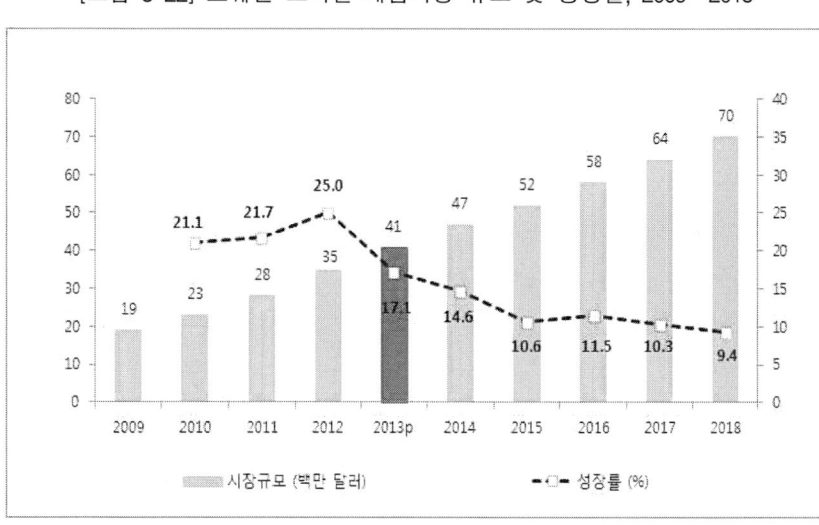

출처 : PwC(2014)

다. PC 게임

스웨덴의 PC 게임산업은 전통적으로 강세를 보였는데 모장(Mojang)의 마인크래프트(MineCraft), DICE(Digital Illusions Creative Entertainment)의 배틀필드(Battle field) 시리즈, 스타브리즈(Starbreeze)의 리딕 연대기(The chronicle of Riddik) 등이 대표작이다.

[그림 8-23] 스웨덴 PC 게임시장 규모 및 성장률, 2009 - 2018

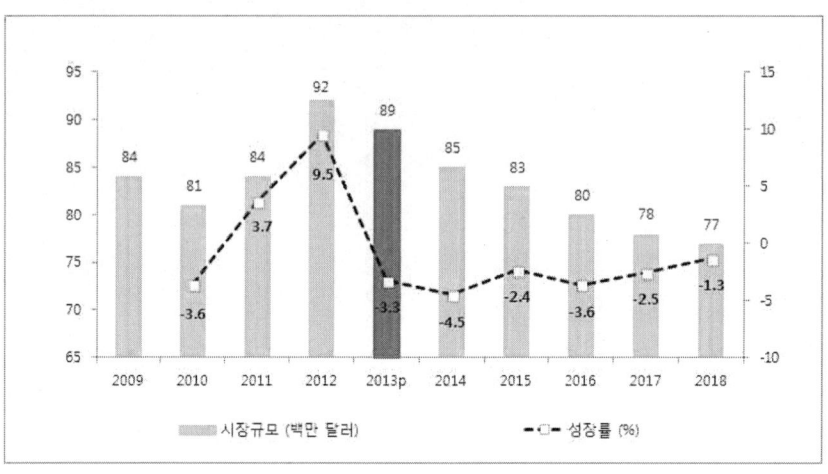

출처 : PwC(2014)

스웨덴을 대표할 만한 게임은 많이 출시되었지만 불법복제 유통이 증가하면서 전년대비 3.3% 하락한 8,900만 달러를 기록하였다. 스웨덴의 PC 게임시장 규모는 지속적으로 감소할 것으로 보여 향후 5년간 연평균 2.8% 하락하여 2018년에는 7,700만 달러의 시장으로 축소될 것으로 전망된다.

(5) 영화

2013년 스웨덴 영화시장은 극장 영화시장과 디지털배급 영화시장이 큰 폭으로 성장했음에도 불구하고 홈비디오 대여시장과 판매시장이 크게 부진하여 전년대비 0.4% 하락한 7억 7,100만 달러의 시장 규모로 집계되었다. 홈비디오시장이 더욱 축소될 것으로 예상되고 있지만 디지털배급시장의 비중이 큰 폭으로 늘어나 홈비디오시장의 위축세를 상쇄할 것으로 전망된다. 스웨덴 영화시장은 향후 5년간 연평균 3.5%의 성장률을 보이며 2018년까지 9억 1,800만 달러의 시장으로 성장할 것으로 전망된다.

[표 8-11] 스웨덴 영화시장 규모 및 전망, 2009-2018

[단위 : 백만 달러, %]

구분	2009	2010	2011	2012	2013p	2014	2015	2016	2017	2018	2013-18 CAGR
극장	252	244	261	267	275	284	293	302	311	318	2.9
박스오피스	235	225	241	246	254	261	270	278	287	292	2.9
극장 광고	17	19	20	21	22	23	23	24	25	26	3.3
홈비디오	490	500	462	429	399	373	349	328	309	291	△6.1
대여	156	172	148	127	110	95	82	71	62	54	△13.2
판매	334	327	314	302	290	278	267	257	247	237	△3.9
디지털배급	50	59	62	78	97	120	147	179	231	308	26.1
OTT/스트리밍	8	10	10	16	25	37	54	82	128	201	52.1
TV 구독	42	49	52	62	72	83	93	98	102	107	8.3
합계	791	803	786	774	771	776	789	809	851	918	3.5

출처 : PwC(2014)

　2009년 홈비디오 판매와 대여는 각각 42.2%와 19.7%로 높은 시장점유율을 보였으나 2013년에는 37.6%와 14.3%로 축소되었다. 홈비디오 판매와 대여시장은 2018년까지 그 규모가 더욱 축소되어 25.8%와 5.9%의 시장점유율을 보일 것으로 전망된다. 박스오피스시장은 홈비디오 판매시장 다음으로 큰 비중을 차지했는데 2013년 다소 시장이 성장하여 32.9%의 점유율을 보였다. 박스오피스시장은 급격히 성장하는 디지털배급시장에 밀려 2018년에는 소폭 감소한 31.8%의 점유율을 보일 것으로 예상되지만, 전체 시장에서 가장 큰 비중을 차지하면서 시장을 주도할 것으로 보인다. 한편, OTT/스트리밍을 기반으로 한 디지털배급시장은 두드러진 성장세를 보여 2013년 3.2%의 점유율에서 2018년에는 21.9%의 점유율로 그 비중이 확대될 것으로 전망된다.

[그림 8-24] 스웨덴 영화시장 분야별 비중 비교, 2009 vs. 2013 vs. 2018

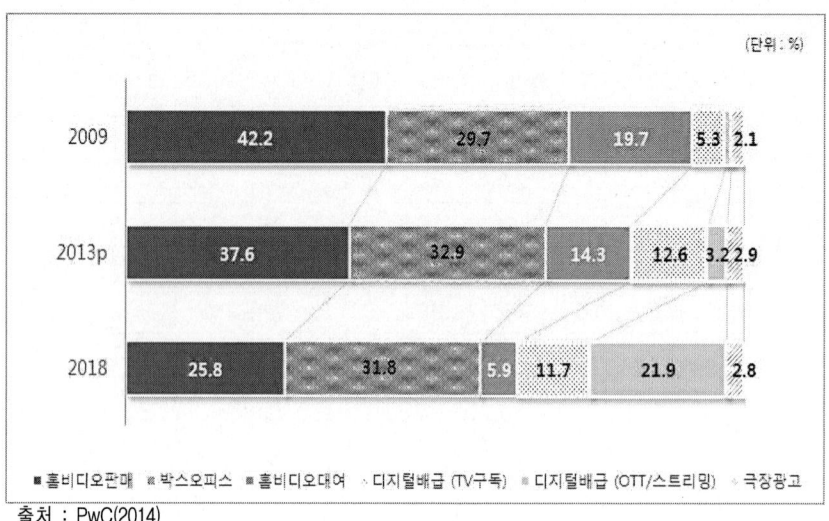

출처 : PwC(2014)

[그림 8-25] 스웨덴 영화시장 규모 및 성장률, 2009 - 2018

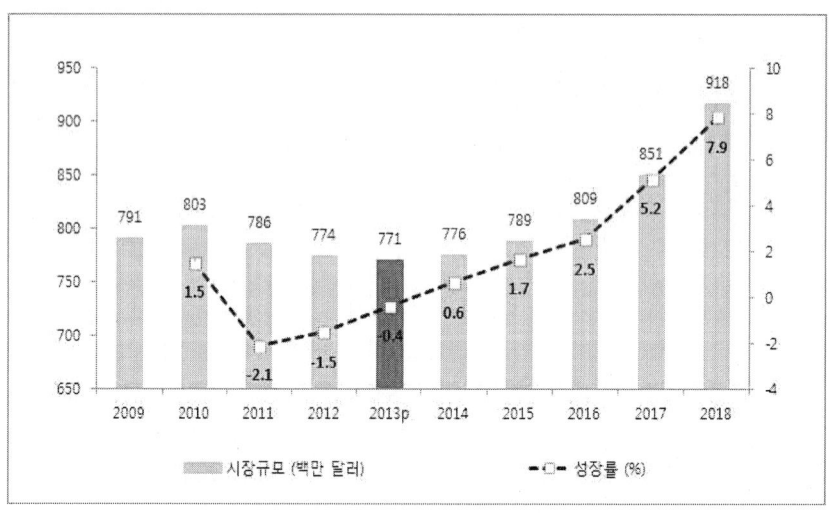

출처 : PwC(2014)

가. 박스오피스

2013년 박스오피스시장은 스웨덴의 다양한 보조금 정책을 받아 전년대비 3.3% 증가한 2억 5,400만 달러의 시장으로 집계되었다. 스웨덴 박스오피스는 스웨덴의 영상기관(Swedish Film Institute)의 프로덕션 펀딩(Production funding)을 지원받아 최근까지도 좋은 성장세를 유지해 왔는데 작년에 발표된 영화의 디지털화 정책과 맞물려 더욱 안정적인 성장을 이룰 것으로 보인다. 향후, 스웨덴의 박스오피스시장은 2018년까지 2.9%의 성장세에 힘입어 2억 9,200만 달러로 커질 전망이다.

[그림 8-26] 스웨덴 박스오피스시장 규모 및 성장률, 2009 - 2018

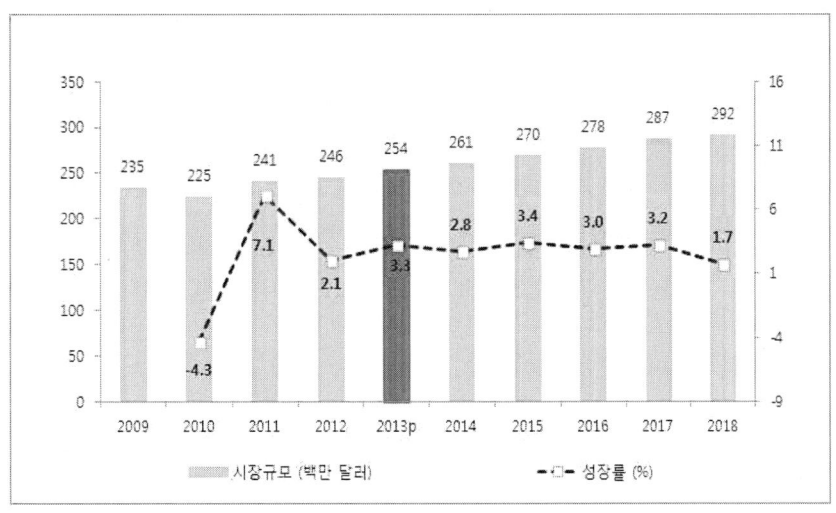

출처 : PwC(2014)

나. 홈비디오

유·무선 브로드밴드의 보급이 확대되고 스마트폰의 보급이 높아지면서 DVD와 Blue-Ray와 같은 오프라인 매체의 매출이 크게 하락하고 있다. 박스오피스시장에 이어 스웨덴에서 2번째로 큰 시장을 나타내고 있는 홈비디오시장은 이러한 환경의 변화로 2013년 전년대비 7.0% 하락한 3억 9,900만 달러로 집계되었다. 홈비디오시장은 2018년까지 연평균 6.1%의 하락률을 보이며 2억 9,100만 달러의 시장으로 축소될 전망이다.

[그림 8-27] 스웨덴 홈비디오시장 규모 및 성장률, 2009 - 2018

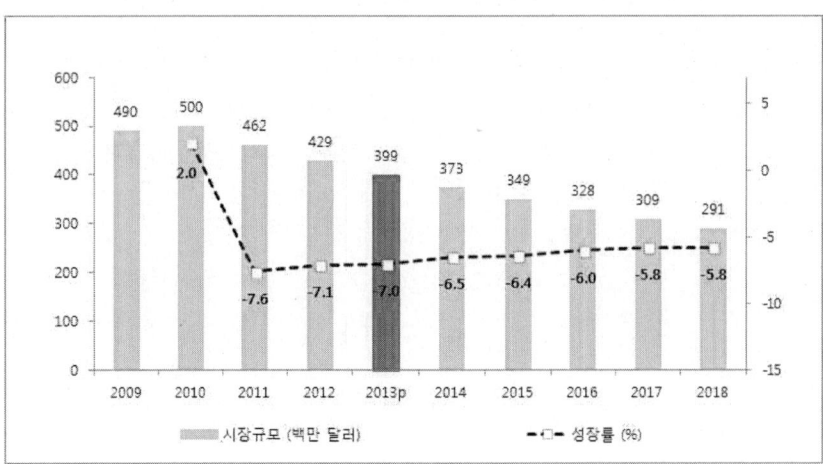

출처 : PwC(2014)

다. 디지털배급

2013년 스웨덴 디지털배급시장은 지식정보산업의 발전으로 전년대비 24.4% 상승한 9,700만 달러의 시장으로 집계되었다. 향후 5년간 스웨덴의 디지털배급시장 규모는 연평균 26.1%의 성장세를 보이며 3억 800만 달러로 3배 가까운 성장을 할 것으로 전망된다.

[그림 8-28] 스웨덴 디지털배급시장 규모 및 성장률, 2009-2018

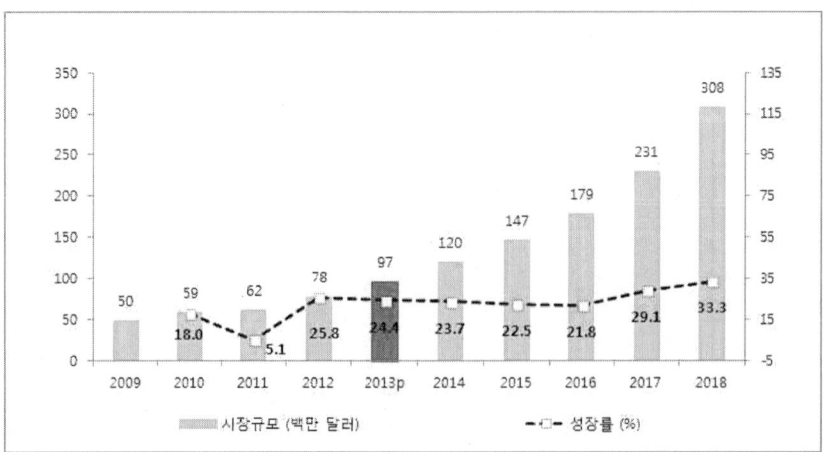

출처 : PwC(2014)

(6) 애니메이션

2013년 스웨덴 애니메이션시장은 전년대비 9.9% 성장하며 7,800만 달러를 기록하였다. 창의적인 작품들로 유명한 스웨덴 애니메이션은 정부의 지원과 아동콘텐츠 수출 호조, 해외투자 활성화가 예상되면서 향후 5년간 연평균 7.0%의 안정적인 성장세를 나타내며 2018년에는 1억 1,000만 달러까지 확대될 것으로 전망된다.

[표 8-12] 스웨덴 애니메이션시장 규모 및 전망, 2009-2018

[단위 : 백만 달러, %]

구분	2009	2010	2011	2012	2013p	2014	2015	2016	2017	2018	2013-18 CAGR
영화	18	17	20	23	26	28	30	32	34	35	6.3
극장광고	1	1	2	2	2	2	3	3	3	3	6.9
디지털배급	1	1	1	1	3	4	6	10	15	24	56.9
방송	3	4	4	6	7	9	10	11	12	13	11.9
홈비디오	37	38	38	40	41	40	39	38	37	35	△2.9
합계	60	62	65	71	78	83	89	94	102	110	7.0

출처 : Box Office Mojo(2014), Digital Vector(2013), The-Numbers(2014), PwC(2014)

[그림 8-29] 스웨덴 애니메이션시장 규모 및 성장률, 2009 - 2018

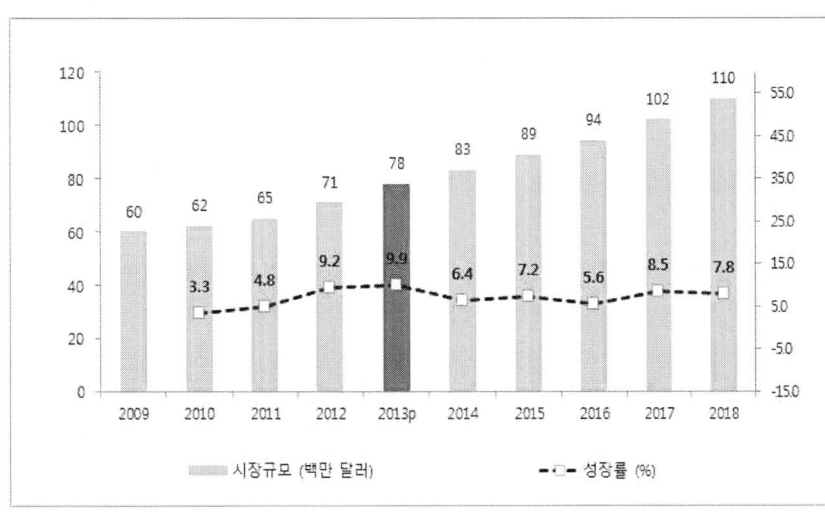

출처 : Box Office Mojo(2014), Digital Vector(2013), The-Numbers(2014), PwC(2014)

스웨덴의 애니메이션시장에서 가장 큰 비중을 차지한 것은 홈비디오 애니메이션시장이다. 홈비디오 애니메이션시장은 2009년 61.7%의 점유율로 압도적인 시장 지배력을 보여 왔으나 2013년 영화, 방송 애니메이션과 디지털배급 애니메이션시장의 성장으로 점유율이 52.6%로 하락했다.

[그림 8-30] 스웨덴 애니메이션시장 분야별 비중 비교, 2009 vs. 2013 vs. 2018

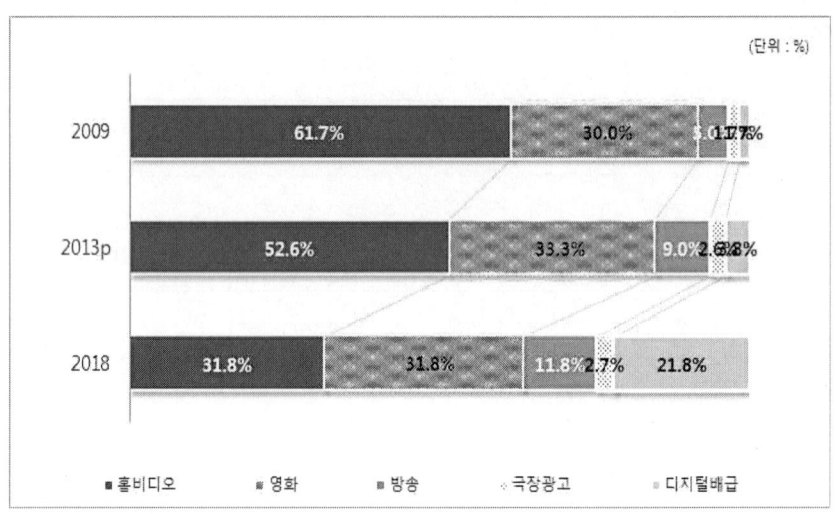

출처 : Box Office Mojo(2014), Digital Vector(2013), The-Numbers(2014), PwC(2014)

이러한 하락세는 계속 이어져 2018년에는 31.8%로 그 비중이 더욱 줄어들 것으로 전망된다. 이와는 대조적으로 영화, 방송 애니메이션과 디지털배급 애니메이션시장은 2009년 이후 그 비중이 계속 늘어나 2018년에는 65% 이상을 차지할 것으로 보인다.

가. 영화 애니메이션

2013년 스웨덴 영화 애니메이션은 다양한 작품의 제작 능력과 시설에 대한 높은 평가로 공동제작에 대한 수요가 높아졌으며, 정부의 애니메이션에 대한 지원 등으로 전년대비 13.6% 성장한 2,600만 달러의 규모를 보였다. 향후 5년간 스웨덴 영화 애니메이션시장은 연평균 6.3%씩 큰 폭으로 증가하면서 2018년에는 3,500만 달러 규모에 이를 것으로 전망된다.

[그림 8-31] 스웨덴 영화 애니메이션시장 규모 및 성장률, 2009 - 2018

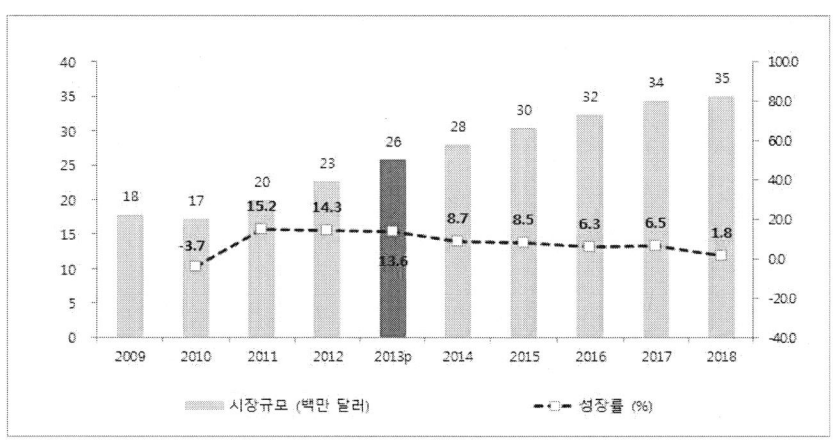

출처 : Box Office Mojo(2014), Digital Vector(2013), The-Numbers(2014), PwC(2014)

나. 방송 애니메이션

2013년 스웨덴 방송 애니메이션시장 규모는 전년대비 27.8% 증가한 700만 달러의 규모를 보였다. 방송 애니메이션은 쿼터제와 세금 지원 등의 다양한 혜택들의 영향을 받아 성장 중에 있으며 IPTV와 OTT 스트리밍 서비스가 증가하여 방송 애니메이션 역시 규모가 큰 폭으로 성장할 것으로 전망되고 있다.

[그림 8-32] 스웨덴 방송 애니메이션시장 규모 및 성장률, 2009 - 2018

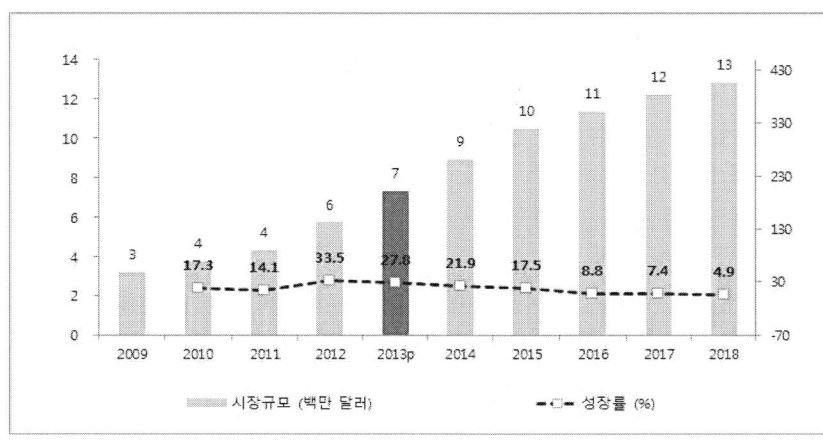

출처 : Box Office Mojo(2014), Digital Vector(2013), The-Numbers(2014), PwC(2014)

스웨덴 방송 애니메이션시장은 향후 5년간 연평균 11.9%의 성장세를 보이며 2018년에는 1,300만 달러 규모에 이를 것으로 전망된다.

다. 홈비디오 애니메이션

2013년 홈비디오 애니메이션시장은 전년대비 2.4% 성장한 4,100만 달러를 기록하였다. 스웨덴도 소비자들이 간편하게 접속하여 애니메이션을 즐길 수 있는 환경이 만들어지면서 다수의 소비자들이 홈비디오시장에서 디지털시장으로 플랫폼 전환을 이루고 있다. 편리함과 저렴함을 무기로 스웨덴의 안방 소비자들을 공략하고 있는 디지털 애니메이션으로 인하여 홈비디오 애니메이션시장의 규모는 2018년까지 2.9%의 하락세를 보이며 3,500만 달러의 시장으로 위축될 전망이다.

[그림 8-33] 스웨덴 홈비디오 애니메이션시장 규모 및 성장률, 2009 - 2018

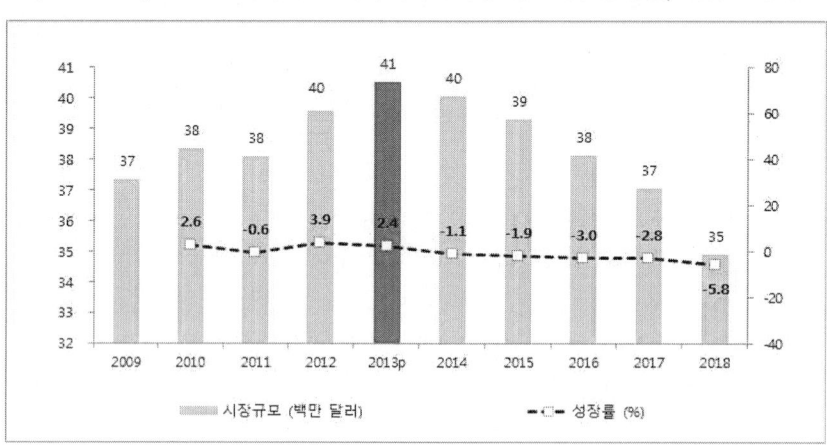

출처 : Box Office Mojo(2014), Digital Vector(2013), The-Numbers(2014), PwC(2014)

라. 디지털배급 애니메이션

2013년 스웨덴 디지털배급 애니메이션시장은 전년대비 72.0%라는 높은 성장률을 보이며 300만 달러로 집계되었다. 스웨덴은 북유럽 국가 중 빠르게 무선 인터넷의 보급이 증가하고 있고 유선 네트워크 역시 광섬유망으로 이전되고 있어 초고속 인터넷을 이용한 애니메이션의 디지털배급이 대단히 용이하다. 이러한 발전은 디지털 애니메이션시장에 긍정적인 효과를 보일 것으로 전망되어 스웨덴 디지털배급 애니메이션시장은 2018년까지 연평균 56.9%의 성장률로 2,400만 달러의 규모에 이를 것으로 전망된다.

[그림 8-34] 스웨덴 디지털배급 애니메이션시장 규모 및 성장률, 2009 - 2018

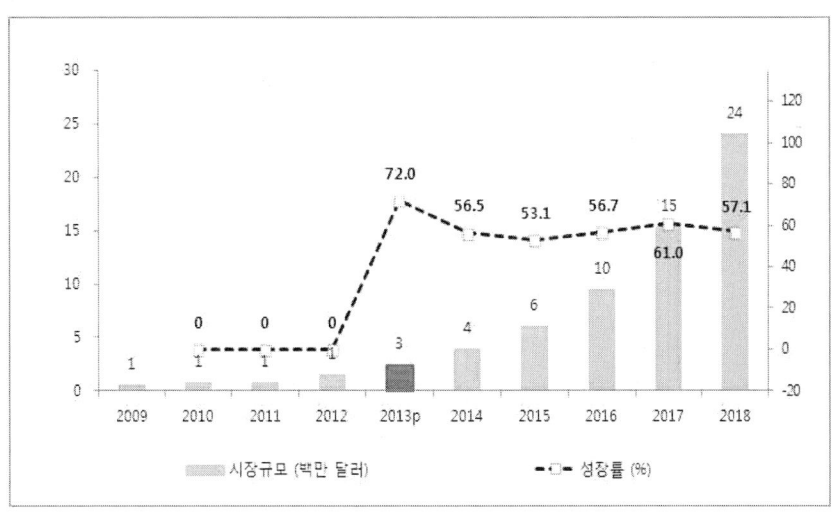

출처 : Box Office Mojo(2014), Digital Vector(2013), The-Numbers(2014), PwC(2014)

(7) 방송

스웨덴 방송시장은 전 분야별로 성장세를 기록하고 있다. 다양한 채널들의 등장과 인터넷 서비스 등의 확산으로 업체들의 경쟁이 심화되었으며 이에 따라 시장의 성장 가능성이 예상되고 있다. 2013년 스웨덴 방송시장은 전년대비 약 3.2% 증가한 33억 3,900만 달러로 집계되었다. 향후 방송시장은 연평균 3.0%의 성장률로 2018년 38억 6,800만 달러에 이를 것으로 전망된다.

[표 8-13] 스웨덴 방송시장 규모 및 전망, 2009-2018

[단위 : 백만 달러, %]

구분	2009	2010	2011	2012	2013p	2014	2015	2016	2017	2018	2013-18 CAGR
TV 수신료	2,031	2,107	2,113	2,142	2,221	2,292	2,354	2,417	2,482	2,549	2.8
공영방송	541	594	599	616	633	650	668	685	703	721	2.7
유료방송	1,491	1,514	1,514	1,527	1,589	1,642	1,687	1,732	1,779	1,827	2.8
TV 광고	677	803	887	918	931	970	999	1,038	1,068	1,111	3.6
다중 채널	101	126	145	156	163	174	183	192	199	209	5.1
지상파	572	672	736	753	750	763	769	789	799	820	1.8
온라인	5	5	6	9	17	34	47	57	69	83	37.1

[단위 : 백만 달러, %]

구분	2009	2010	2011	2012	2013p	2014	2015	2016	2017	2018	2013-18 CAGR
라디오	166	182	187	177	187	191	195	200	204	208	2.2
광고	101	111	115	103	111	113	115	118	120	123	2.1
공영 라디오	65	71	72	74	76	78	80	82	84	85	2.3
위성 라디오	-	-	-	-	-	-	-	-	-	-	-
합계	2,874	3,092	3,187	3,237	3,339	3,453	3,548	3,655	3,754	3,868	3.0

출처 : PwC(2014)

[그림 8-35] 스웨덴 방송시장 규모 및 성장률, 2009 - 2018

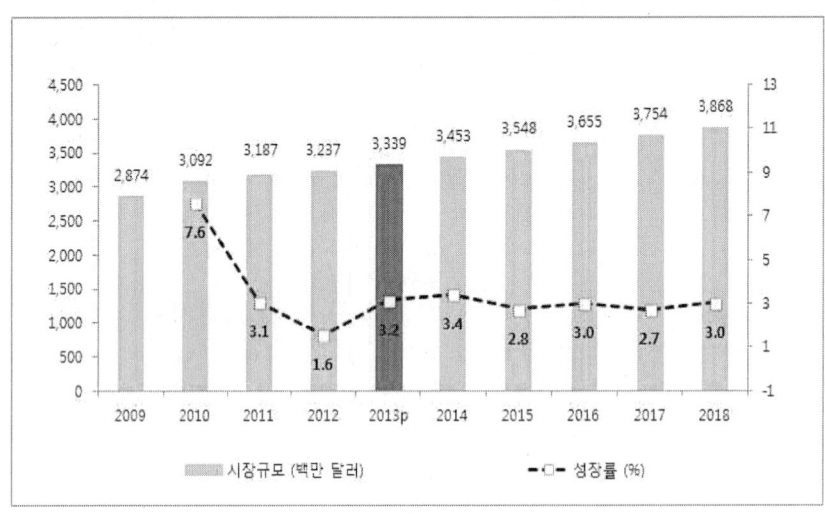

출처 : PwC(2014)

스웨덴의 TV 수신료시장 비중은 2013년 66.5%에서 2018년 65.9%로 소폭의 하락이 예측된다. TV 광고시장은 2013년 27.9%에서 2018년 28.7%로 변화할 전망이다. 라디오시장은 2009년 이후 계속 축소되어 2009년 5.8%의 점유율에서 2018년 5.4% 점유율로 하락할 것으로 보인다.

[그림 8-36] 스웨덴 방송시장 분야별 비중 비교, 2009 vs. 2013 vs. 2018

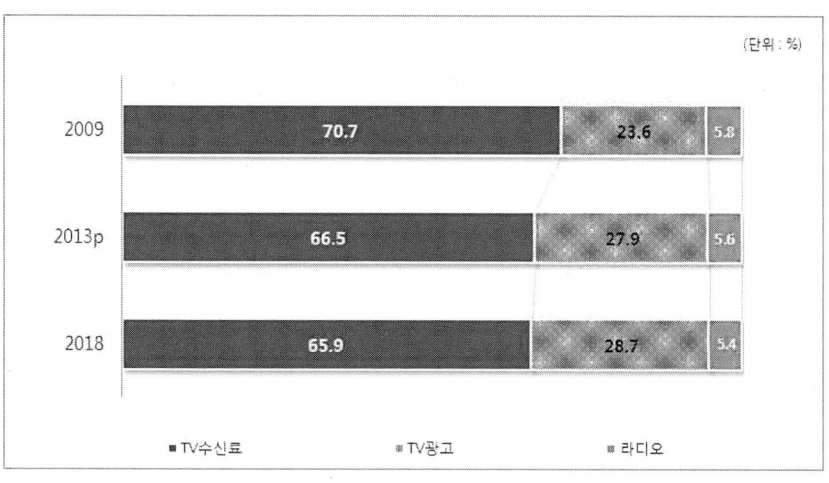

출처 : PwC(2014)

가. TV 수신료

스웨덴 유료TV시장은 유럽에서 가장 성숙한 시장 중 하나로 2013년 전체TV 시청 가구의 88.7%로 420만 가구 수를 기록하고 있다.

[그림 8-37] 스웨덴 TV 수신료시장 규모 및 성장률, 2009 - 2018

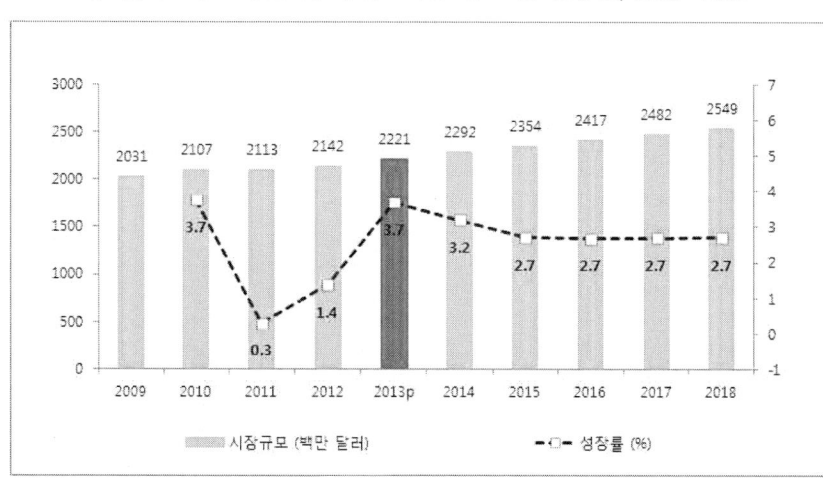

출처 : PwC(2014)

2007년 아날로그 방송이 종료된 이후 업체들간의 경쟁이 심화되었지만, 2018년까지 새롭게 20만의 가입자가 예상되어 추가 성장의 가능성이 있다. 2013년TV 수신료시장은 전년대비 약 3.7% 성장한 22억 2,100만 달러로 나타났다. 이후TV 수신료시장은 꾸준한 성장세를 이어 2018년까지 연평균 2.8%의 성장률을 보이며 25억 4,900만 달러에 이를 것으로 전망된다.

나. TV 광고

2009년의 경제 침체 이후 스웨덴의TV 광고 수입은 꾸준히 성장했고 2018년까지 이러한 추세는 당분간 계속될 것으로 예측되고 있다. 2013년 스웨덴의TV 광고시장은 전년대비 1.4% 증가한 9억 3,100만 달러로 측정되었으며 2018년까지 연평균 3.6%씩 성장하여 11억 1,100만 달러에 이를 것으로 전망된다.

[그림 8-38] 스웨덴 TV 광고시장(방송) 규모 및 성장률, 2009 - 2018

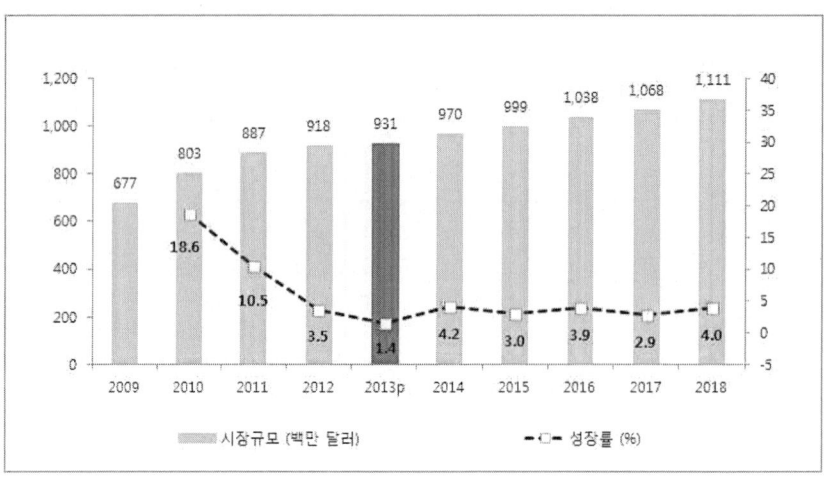

출처 : PwC(2014)

다. 라디오

2013년 스웨덴의 라디오시장은 전년대비 5.6% 성장한 1억 8,700만 달러 규모로 집계되었다. 스웨덴의 라디오시장은 향후 5년간 연평균 2.2%씩 성장하여 2018년에는 2억 800만 달러 규모에 이를 것으로 전망된다.

[그림 8-39] 스웨덴 라디오시장 규모 및 성장률, 2009 - 2018

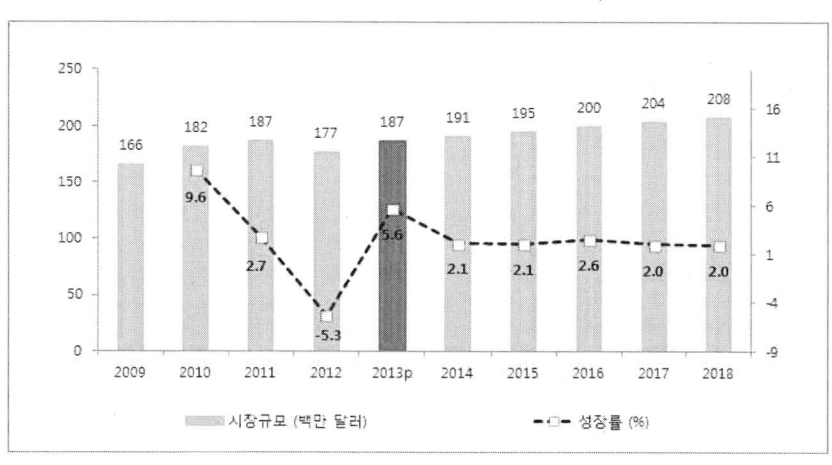

출처 : PwC(2014)

(8) 광고

스웨덴 광고시장은 인쇄 방식의 광고 비중이 전반적으로 하락한 모습을 보였으나 디지털 광고와 인터넷 광고의 높은 성장률 덕분에 전반적인 성장세를 유지할 수 있었다. 2013년 스웨덴 광고시장은 전년대비 3.6% 성장한 39억 9,800만 달러로 집계되었다. 스웨덴은 유·무선 인터넷 광고의 성장세가 매우 빠른 편이고TV 광고 역시 안정적인 성장세를 보이고 있어 광고시장은 2018년까지 3.7%의 성장률로 47억 8,700만 달러 규모로 성장할 전망이다.

[표 8-14] 스웨덴 광고시장 규모 및 전망, 2009-2018

[단위 : 백만 달러, %]

구분		2009	2010	2011	2012	2013p	2014	2015	2016	2017	2018	2013-18 CAGR
디렉토리 광고		330	309	300	286	275	267	261	257	254	253	△1.6
	디지털	158	168	180	191	201	209	216	223	228	233	3.0
	인쇄	172	141	120	95	74	57	44	34	26	20	△23.1
잡지 광고		223	242	250	241	222	216	211	207	204	201	△2.0
	디지털	4	8	17	23	24	27	31	35	39	44	12.7
	인쇄	219	234	233	218	198	189	180	172	164	157	△4.6

[단위 : 백만 달러, %]

구분		2009	2010	2011	2012	2013p	2014	2015	2016	2017	2018	2013-18 CAGR
산업잡지 광고		132	143	150	148	144	141	138	135	132	131	△2.0
	디지털	5	8	19	24	26	29	32	35	38	41	9.4
	인쇄	127	134	132	124	118	112	106	100	95	89	△5.4
극장광고		17	19	20	21	22	23	23	24	25	26	3.3
신문 광고		1,234	1,201	1,353	1,196	1,159	1,134	1,117	1,104	1,094	1,086	△1.3
	디지털	75	81	108	115	128	139	151	164	179	196	8.8
	인쇄	1,159	1,120	1,246	1,081	1,031	995	966	940	915	891	△2.9
라디오 광고		101	111	115	103	111	113	115	118	120	123	2.1
TV 광고		677	803	887	918	931	970	999	1,038	1,068	1,111	3.6
	다중 채널	101	126	145	156	163	174	183	192	199	209	5.1
	지상파	572	672	736	753	750	763	769	789	799	820	1.8
	온라인TV	5	5	6	9	17	34	47	57	69	83	37.1
인터넷 광고		632	812	943	1,100	1,306	1,499	1,657	1,803	1,973	2,165	10.6
	모바일	11	17	25	38	48	59	70	81	95	111	18.3
	유선	621	795	918	1,062	1,258	1,439	1,587	1,722	1,878	2,054	10.3
옥외 광고		154	174	177	181	193	202	211	221	230	240	4.4
	디지털	0	26	34	43	56	69	83	99	114	129	18.3
	오프라인	154	148	144	139	138	133	128	122	116	111	△4.3
게임 광고		20	24	27	28	31	34	37	41	44	48	9.1
산술합계[280]		3,520	3,838	4,222	4,222	4,394	4,599	4,769	4,948	5,144	5,384	4.1
합계		3,273	3,568	3,892	3,860	3,998	4,161	4,292	4,434	4,591	4,787	3.7

출처 : PwC(2014)

[280] 산술합계에는 디렉토리 광고, 잡지 광고, 산업잡지 광고, 신문 광고의 디지털 광고와 온라인TV 광고, 지상파 라디오 온라인 광고가 인터넷 광고시장 규모에 포함되어 있어 합계에서는 중복되는 부분을 제외함

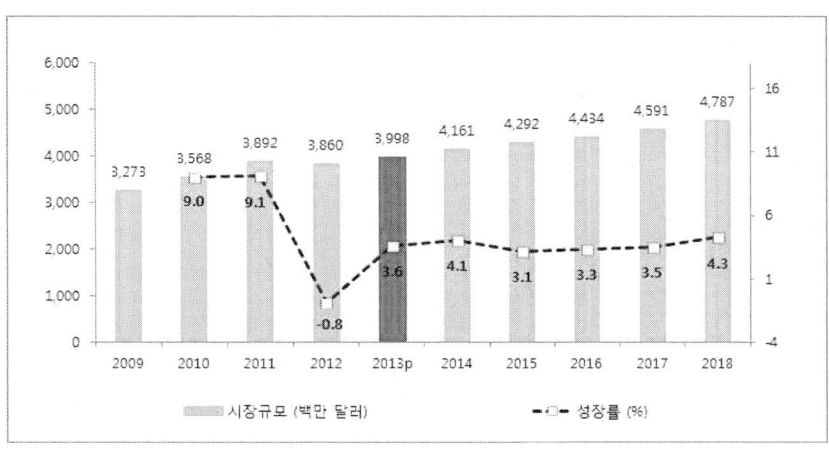

[그림 8-40] 스웨덴 광고시장 규모 및 성장률, 2009 - 2018

출처 : PwC(2014)

2009년 18%의 비중을 보였던 인터넷 광고시장은 2013년 29.7%의 점유율로 그 비중이 늘어났으며 2018년에는 40.2%의 점유율로 시장지배력이 높아질 것으로 전망된다. 신문 광고시장은 2009년 35.1%의 비중을 보였으나 2013년 26.4%로 대폭 감소하였다. 이러한 하락세는 계속되어 2018년에는 20.2%로 그 비중이 더욱 위축될 것으로 보인다. 전통적인 광고매체인TV 광고는 2009년 19.2%의 비중을 보였는데 꾸준한 증가세를 보여 2018년에는 20.6%의 시장점유율을 보일 것으로 전망된다.

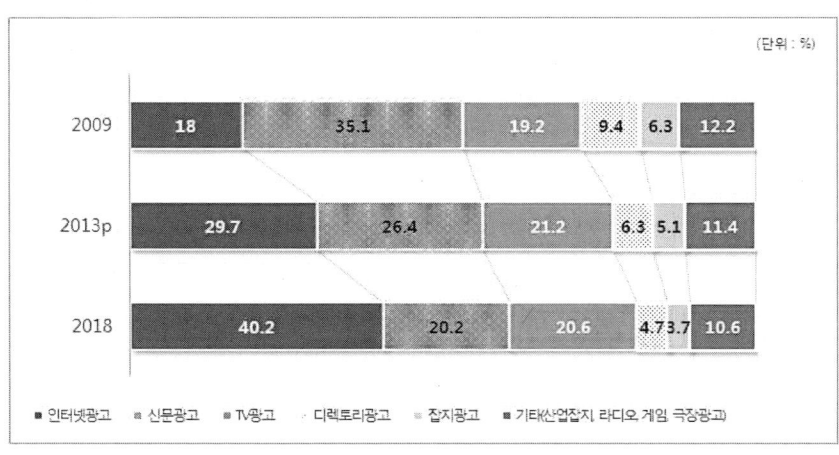

[그림 8-41] 스웨덴 광고시장 분야별 비중 비교, 2009 vs. 2013 vs. 2018

출처 : PwC(2014)

가. TV 광고

스웨덴의 TV 광고시장은 전통적인 광고 매체로서 충분한 시청률을 확보해 왔고 다양한TV 채널로부터 안정적인 광고 수입을 거두면서 전년대비 1.4% 성장한 9억 3,100만 달러로 집계되었다. 향후 5년간 스웨덴의TV 광고시장 규모는 3.6%의 성장률로 11억 1,100만 달러까지 성장할 전망이다.

[그림 8-42] 스웨덴 TV 광고시장 규모 및 성장률, 2009 - 2018

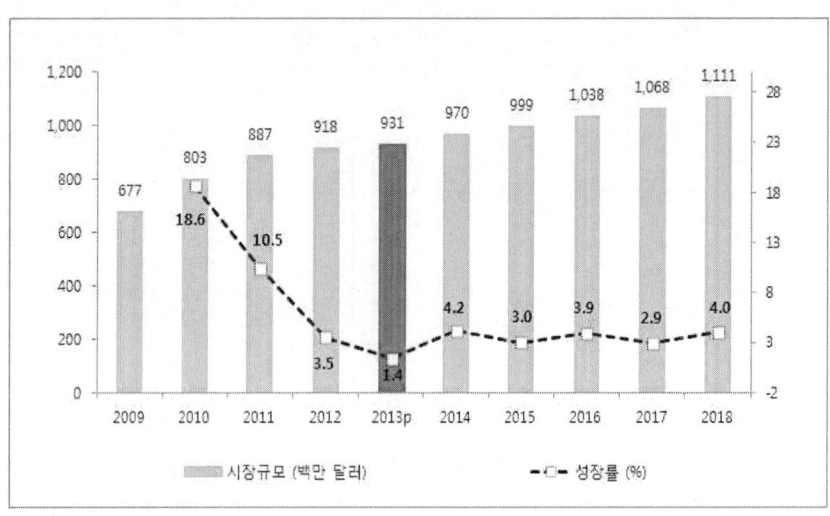

출처 : PwC(2014)

나. 인터넷 광고

스웨덴 인터넷 광고시장은 2013년 처음으로 신문 광고시장의 규모를 넘어 서면서 매우 빠른 속도로 성장하여 전년대비 18.7% 성장한 13억 600만 달러로 집계되었다. 유선·모바일 광고 모두 두 자릿수의 성장률을 보이고 있어 2018년까지 10.6%의 성장률을 보이며 21억 6,500만 달러의 시장으로 큰 폭의 성장을 보일 전망이다.

[그림 8-43] 스웨덴 인터넷 광고시장 규모 및 성장률, 2009 - 2018

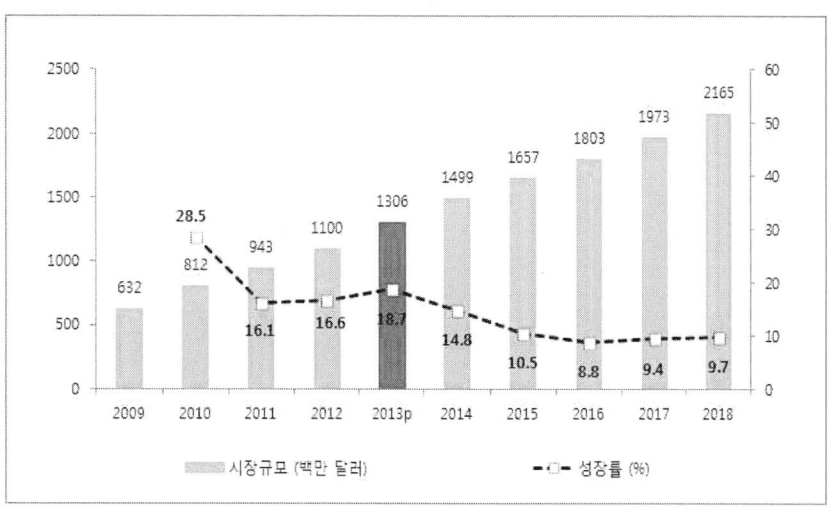

출처 : PwC(2014)

[표 8-15] 스웨덴 인터넷 광고시장 규모 및 전망, 2009-2018

[단위 : 백만 달러, %]

구분	2009	2010	2011	2012	2013p	2014	2015	2016	2017	2018	2013-18 CAGR
모바일	11	17	25	38	48	59	70	81	95	111	18.3
유선	621	795	918	1,062	1,258	1,439	1,587	1,722	1,878	2,054	10.3
안내광고	205	259	269	318	366	391	411	429	446	464	4.9
디스플레이 광고	241	284	324	363	427	485	530	571	618	670	9.4
비디오	8	9	12	18	35	74	106	137	175	224	44.6
유료검색	168	243	312	363	429	491	540	585	638	695	10.1
합계	632	812	943	1,100	1,306	1,499	1,657	1,803	1,973	2,165	10.6

출처 : PwC(2014)

다. 신문 광고

2013년 스웨덴 신문 광고시장은 인터넷과 모바일을 통한 광고가 증가하면서 전년대비 3.1% 하락한 11억 5,900만 달러로 집계되었다. 스웨덴의 메이저 신문사 '아프톤블라뎃(Aftonbladet)', '다겐스 니헤터(Dagens Nyheter)', 'Göteborgs-Posten, Expressen'의 디지털 신문 발행이 증가하면서 인쇄 신문을 통한 광고는 앞으로도 감소할 것으로 보인다. 스웨덴 신문 광고시장은 2018년까지 연평균 1.3%의 하락률로 10억 8,600만 달러의 시장으로 축소될 것으로 전망된다.

[그림 8-44] 스웨덴 신문 광고시장 규모 및 성장률, 2009-2018

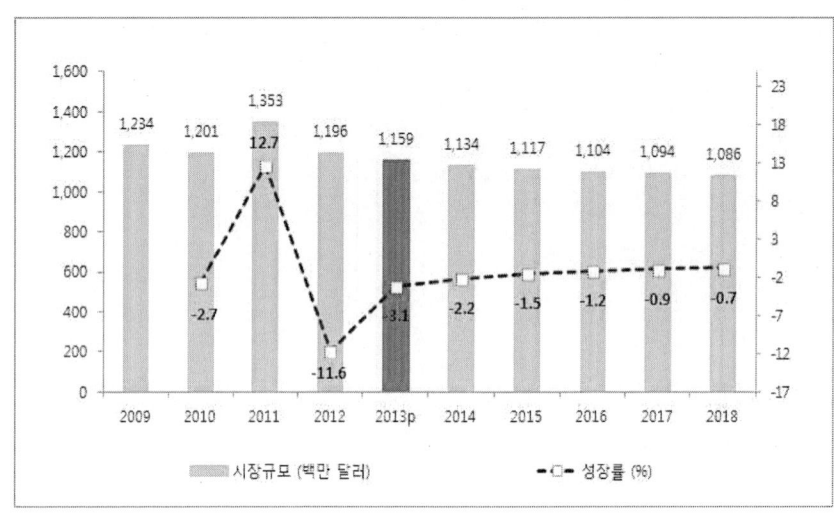

출처 : PwC(2014)

라. 옥외 광고

2013년 스웨덴의 옥외 광고시장은 전년대비 6.6% 성장한 1억 9,300만 달러로 집계되었다. 스웨덴의 옥외 광고는 버스, 지하철, 트램 등 교통시설에 크게 집중되어있는 편인데 이를 관장하는 스톡홀름의 대중교통 회사는 최근 클리어 채널(Clear Channel)과 재계약 하여 옥외 광고의 디지털화에 많은 노력을 기울이고 있다. 클리어 채널은 최근 스웨덴의 약국회사 아포텍(Apotek)의 샴푸광고를 스톡홀름 지하철 전역에 설치하였는데 이 광고는 지하철의 움직임을 감지하여 지하철의 진입과 동시에 여성의 머리칼을 바람에 날리게 해 화제를 모으고 있다. 2018년까지 스웨덴의 옥외 광고시장은 연평균 4.4%의 성장률을 보이며 2억 4,000만 달러의 규모로 성장할 전망이다.

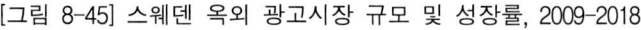

[그림 8-45] 스웨덴 옥외 광고시장 규모 및 성장률, 2009-2018

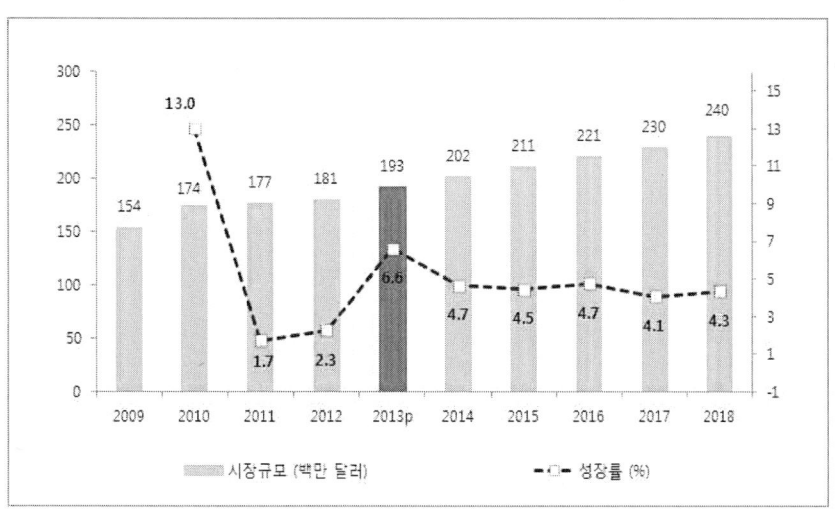

출처 : PwC(2014)

(9) 캐릭터·라이선스

2013년 스웨덴의 캐릭터·라이선스시장은 전년대비 1.5% 성장한 7억 3,000만 달러의 시장으로 집계되었다. 캐릭터·라이선스시장은 2009년 이래로 낮은 성장률이었지만 꾸준한 모습을 보이고 있어 2018년까지 연평균 성장률 2.8%를 보이며 8억 3,900만 달러의 시장으로 성장할 전망이다.

[표 8-16] 스웨덴 캐릭터·라이선스시장 규모 및 전망, 2009-2018

[단위 : 백만 달러, %]

구분	2009	2010	2011	2012	2013p	2014	2015	2016	2017	2018	2013-18 CAGR
캐릭터·라이선스	678	690	709	719	730	747	766	788	813	839	2.8

출처 : EPM(2013, 2014), PwC(2014)

[그림 8-46] 스웨덴 캐릭터·라이선스시장 규모 및 성장률, 2009-2018

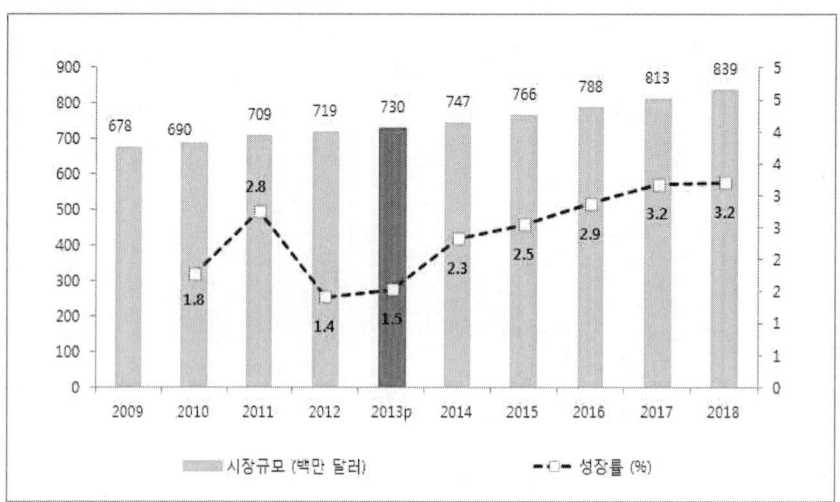

출처 : EPM(2013, 2014), PwC(2014)

2013년 스웨덴의 캐릭터·라이선스시장은 패션부문이 29.1%로 시장을 주도하고 있는 가운데 엔터테인먼트·캐릭터 22.8%, 기업브랜드·상표 11.2%, 스포츠 10.8%의 순으로 나타났다. 연도별로 큰 변화는 없었으나 엔터테인먼트·캐릭터 부문이 연도별로 소폭 감소되는 경향을 보였다.

[그림 8-47] 스웨덴 분야별 캐릭터·라이선스시장 비중, 2009 vs. 2011 vs. 2013

출처 : EPM(2013, 2014), PwC(2014)

(10) 지식정보

2013년 스웨덴 지식정보시장은 전년대비 7.2% 성장한 44억 7,800만 달러로 집계되었다. 모바일 인터넷접근은 두 자릿수의 성장세를 보였지만 디렉토리 광고의 인쇄와 산업잡지의 인쇄부문, 전문서적은 전부 하락세를 보였다. 스웨덴의 지식정보시장은 앞으로 7.5%의 성장률을 보이며 64억 4,300만 달러의 시장으로 성장할 전망이다.

[표 8-17] 스웨덴 지식정보시장 규모 및 전망, 2009-2018

[단위 : 백만 달러, %]

구분	2009	2010	2011	2012	2013p	2014	2015	2016	2017	2018	2013-18 CAGR
비즈니스정보	666	689	785	787	820	835	875	925	976	1,028	4.6
디렉토리 광고	330	309	300	286	275	267	261	257	254	253	△1.6
디지털	158	168	180	191	201	209	216	223	228	233	3.0
인쇄	172	141	120	95	74	57	44	34	26	20	△23.1
전시회	133	138	146	148	151	158	166	174	183	192	4.9
전문서적	111	106	103	100	95	91	86	82	78	74	△4.8
전자	7	7	10	12	13	14	15	15	15	15	2.8
인쇄	104	99	93	88	82	76	72	67	63	59	△6.3
산업잡지	237	247	254	250	242	238	237	237	237	238	△0.3
광고	132	143	150	148	144	141	138	135	132	131	△2.0
디지털	5	8	19	24	26	29	32	35	38	41	9.4
인쇄	127	134	132	124	118	112	106	100	95	89	△5.4
구독	105	105	103	102	97	97	99	102	105	107	2.0
디지털	-	-	-	1	1	2	3	4	6	7	41.5
지면	105	105	103	101	96	95	96	98	99	100	0.8
인터넷접근	1,885	2,208	2,365	2,606	2,895	3,180	3,497	3,850	4,275	4,658	10.0
모바일	473	820	1,046	1,293	1,595	1,920	2,286	2,691	3,167	3,602	17.7
고정 브로드밴드	1,412	1,387	1,319	1,313	1,300	1,260	1,211	1,159	1,108	1,056	△4.1
합계	3,362	3,697	3,953	4,177	4,478	4,769	5,122	5,525	6,003	6,443	7.5

출처 : PwC(2014)

[그림 8-48] 스웨덴 지식정보시장 규모 및 성장률, 2009-2018

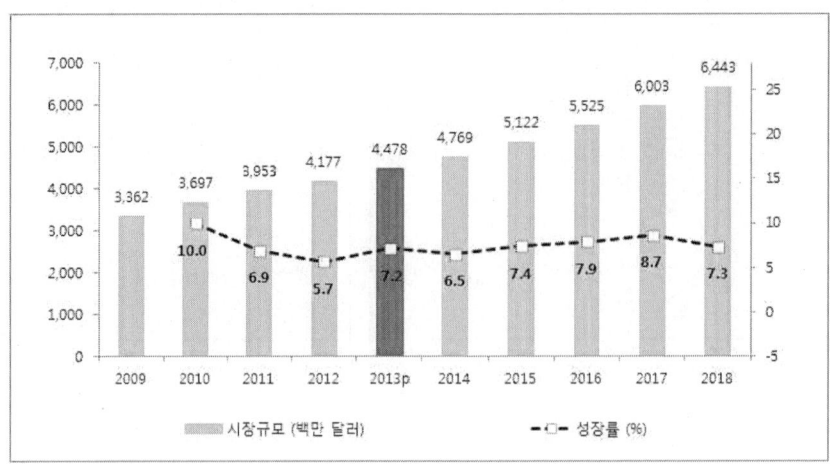

출처 : PwC(2014)

2009년 스웨덴의 지식정보시장은 56.1%로 가장 높은 비중을 보여주었는데 2013년 모바일을 통한 인터넷접근시장의 규모가 고정 브로드밴드의 비중을 앞지르면서 전체 인터넷접근시장의 비중이 크게 성장하여 64.6%에 달하였다. 비즈니스 정보는 2013년 18.3%의 비중을 보였으나 2018년까지 16%로 감소할 전망이다. 2013년 6.1%의 비중을 보이던 디렉토리 광고는 2018년 3.9%로 감소할 것으로 나타났다.

[그림 8-49] 스웨덴 지식정보시장 분야별 비중 비교, 2009 vs. 2013 vs. 2018

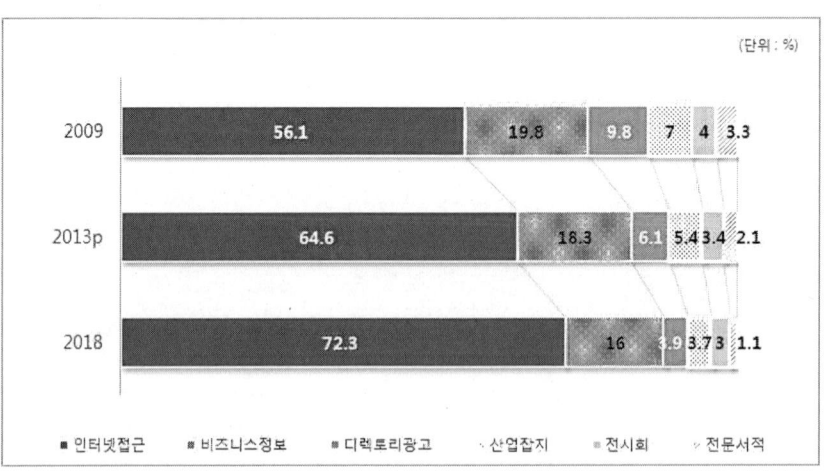

출처 : PwC(2014)

가. 인터넷접근

2013년은 스웨덴의 인터넷접근시장으로서는 상징적인 해가 될 전망인데 처음으로 모바일 인터넷접근 비중이 고정 브로드밴드를 넘어섰기 때문이다. 이처럼 빠른 속도로 성장하는 스웨덴의 인터넷접근시장은 전년대비 11.1% 성장한 28억 9,500만 달러로 집계되었다. 향후 스웨덴의 인터넷접근시장은 2018년까지 연평균 성장률 7.5%의 성장세를 보이며 46억 5,800만 달러 규모로 증가할 전망이다.

[그림 8-50] 스웨덴 인터넷접근시장 규모 및 성장률, 2009-2018

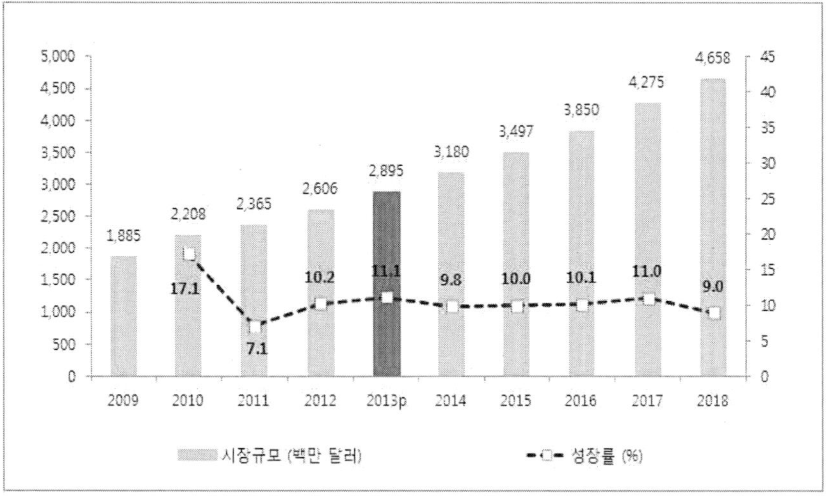

출처 : PwC(2014)

나. 전문정보[281]

2013년 스웨덴 전문정보시장은 디렉토리 광고, 전문서적이 큰 폭으로 감소하였고 산업잡지의 인쇄 광고 비중도 역시 감소하였다. 그러나 비중이 높은 전시회, 비즈니스 정보의 안정적인 성장세 덕분에 전년대비 0.8% 증가한 115억 4,100만 달러로 집계되었다. 향후 스웨덴의 전문정보시장은 연평균 2.4% 성장률로 17억 8,500만 달러 규모로 성장할 전망이다.

---

281) 전문정보시장은 인터넷접근을 제외한 지식정보시장(비즈니스 정보, 디렉토리 광고, 전문서적, 산업잡지, 전시회)을 의미함

[그림 8-51] 스웨덴 전문정보시장 규모 및 성장률, 2009-2018

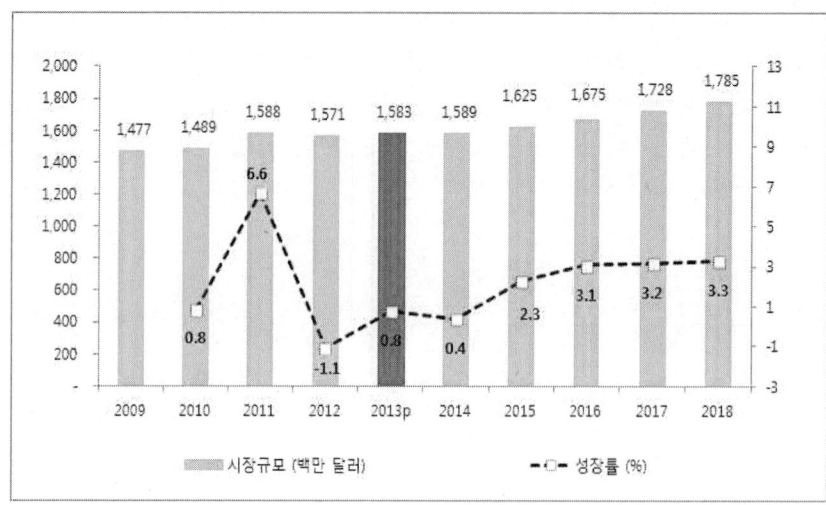

출처 : PwC(2014)

3) 주요 이슈 및 트렌드

가. 디지털 인쇄 자판기

많은 국가에 신문을 판매하는 간이 판매소는 존재해왔는데 인쇄 자판기가 설치된 경우는 많지 않다. 2013년 7월 19일 스웨덴의 스톡홀름에 신문과 잡지를 디지털 인쇄하여 판매하는 자판기가 설치됐다. 이 자판기는 스웨덴의 메가뉴스 매거진(Meganews Magazines)의 신문이나 잡지를 제공하는데, 이미 인쇄된 잡지를 배출하는 것이 아닌 즉석에서 인쇄를 해주는 것이 특징이다. 자판기에 설치된 터치스크린을 통해 200여 개에 달하는 매체 중 구독을 원하는 신문이나 잡지를 선택한 후 결제를 하면 2분 안에 인쇄가 되는 방식이다.282)

---

282) WAN-IFRA, Maganews kiosk pronts magaines and newspapers on demand, 2017. 7. 22.

[그림 8-52] 스웨덴의 디지털 신문&잡지 인쇄 머신

출처 : Meganews.com

앞으로 메가뉴스는 10기의 신문 잡지 자판기를 공항, 호텔, 병원, 마켓 또는 기타 대형쇼핑몰에 6개월에 걸쳐 설치하기로 결정하였다.

이러한 디지털 인쇄 자판기의 등장에 스웨덴 연구기관 인벤시아(Swedish research Institute Innventia)는 최근 연구 결과를 발표하면서 모든 신문이 메가뉴스의 디지털 신문 잡지 판매기처럼 대체 된다면 지구의 온실효과를 60%이상 감축할 수 있을 것이라 밝혔다.

나. 스웨덴 유명 게임업체 '모장', 마이크로소프트에 매각

모장(Mojang)은 스웨덴을 대표하는 게임사 중 하나로 컴퓨터부터 스마트폰, 태블릿까지 다양한 플랫폼을 지원하는 게임을 제작해 왔다. 특히 모장을 대표하는 마인크래프트(MineCraft)는 PC 버전으로 출시된 이후, 모바일기기 버전, 콘솔 게임기 버전 등으로도 출시되며 많은 사랑을 받았다. 이에 따라 2013년 한 해 동안 40여 명 규모의 회사가 전 세계에서 1억 달러의 수익을 올리는 쾌거를 올렸다.[283]

사실 마인크래프트는 그래픽적인 요소가 국내 게임사들의 작품과 비교하면 수준이 상당 부분 떨어지는 것이 사실이다. 그러나 온라인 레고라고 묘사되는 마인크래프트는 플레이어들이 가상의 재료를 사용해 건물부터 도시, 우주선에 이르기까지 모든 것을 만들 수 있게 해 주면서 하드코어 유저로부터 많은 인기를 얻었고 급기야 2014년 영국 지질연구소(British Geological Survey)는 영국의 지질학적 지형을 그대로 구현한 'Great Britain geology with Minecraft'를 자사의 홈페이지에 공개하기도 하였다.284)

[그림 8-53] 영국 지질연구소의 마인크래프트 지도

이러한 마인크래프트가 2014년 2월 마이크로소프트(MicroSoft)에 인수되었다. 이러한 대목에는 마이크로소프트가 윈도우즈(WIndows)와 오피스(Office), 콘솔 게임 타이틀로 많은 수익을 올렸지만 유독 스마트폰, 태블릿 분야에서는 고전을 면치 못하고 있다는 것을 반증하기도 한다.

다. 스웨덴 익명 소프트웨어 개발자들이 만든 '데드 브리드'

소프트웨어 개발자들이 의기투합하여 게임을 개발한 후 회사를 설립하거나 게임사를 설립하는 것이 통상적인 방식이지만 스웨덴의 '데드브리드(Dead Breed)' 게임은 온라인의 익명 개발자들이 협동으로 개발한 게임으로 알려져 세간의 이목을 끌고 있다.

스웨덴의 익명 게임개발자들이 만들어낸 데드브리드는 3:3 대전 AOS285) 게임으로 서로간의 경쟁을 통해 성장하는 게임인데 다른 플레이어와의 경쟁 모드와 인공지능(이하 AI)과의 경쟁 모드를 지원하며 다양한 콘텐츠를 제공하여 흥미로운 전투와 박진감 넘치는 즐거움을 줄 것으로 알려졌다.286)

---

283) The Wall Street Journal, MS, 마인크래프트 제작사 2조원 인수 임박, 2014. 9. 11.
284) 인벤, 영국 지질연구소, '마인크래프트'로 실제 영국 지형 100% 재현, 2014. 8. 28.
285) AOS류의 게임으로는 리그 오브 레전드(League of Legend)가 있다

[그림 8-54] 데드브리드 시연장면

데드브리드는 상당 부문 개발이 완료되어 벨브 코퍼레이션(Valve Corporation)의 온라인 게임 유통 플랫폼 스팀(Steam)에서 서비스하기 위한 단계까지 이르렀는데 2014년 7월 1일부터 스팀을 통한 베타 서비스 접속이 가능해질 것으로 알려졌다.

라. 성별균형 영화등급 제도 '벡델 테스트'

양성평등이 가장 발달한 나라 중 하나인 북유럽 스웨덴에서 영화의 작품에도 양성평등을 위한 노력을 하고 있어 관심을 끌고 있다. 벡델 테스트라는 개념은 1985년 미국의 만화가 엘리슨 벡델 (Alison Bachdel)이 처음 소개한 개념으로 민간차원에서 어떤 영화에 여성의 비율과 능동적인 행동이 몇%였다는 리포트가 'passtheBechdeltest.com'을[287] 통해 소개되었지만 국가적 차원에서 도입한 것은 스웨덴이 처음이다.

스웨덴은 이 제도를 통해 여성 캐릭터가 영화에 두 명 이상 등장하는지, 두 여성 캐릭터는 서로 대화를 하는지, 남성보다 주도적으로 어떠한 행위를 하는지 등을 중점적으로 판단하며 영화에서 여성의 역할 정도를 평가하는 척도로 사용될 예정이다.[288]

이러한 논의가 나오게 된 배경에는 인기가 많았던 영화 '반지의 제왕' 시리즈, '스타워즈' 시리즈, '소셜 네트워크', '펄프 픽션' 등 작품성과 흥행 양쪽에서 좋은 성과를 거둔 이들 영화들 속에서 공통적으로 여성 캐릭터를 찾기 힘들다는 점이었다. 실제로 미국의 영화를 분석한 미국 샌디에이고의 여성학 연구소의 통계에 따르면 2011년 미국 박스오피스 100위권 영화 중 여성 캐릭터의 비중은 전체의 33%, 주인공 중 여성 비율은 11%에 불과했다.

한편, 스웨덴이 도입하는 새로운 등급 시스템은 긍정적으로 받아들여지고 있어 스칸디나비아지역 영화 케이블 채널인 비아사트 필름(Viasat Film)도 벡델 테스트의 홍보를 위해 테스트를 통과하면 받을 수 있는 'A'등급 영화를 소개하는 슈퍼 선데이(Super Sunday)코너를 도입하기로 했다.[289]

---

286) Thisisgame, 스웨덴에서 만든 호러풍 AOS게임, 데드 브리드, 2014. 1. 6.
287) Passthe bechdeltest, To pass the bechdel Test, a film, 2014.
288) 여성신문, 스웨덴, 성별균형 영화등급 도입, 2013. 11. 13.

마. 스포티파이의 로열티 지불 구조

스포티파이(Spotify)는 상업적인 음악 스트리밍 서비스로 스웨덴의 AB에서 개발하였으며 소비자들이 무료로 사용할 수 있어 전 세계적으로 많은 인기를 얻고 있다. 이 서비스를 이용하여 메이저 음반사들의 모든 곡들을 청취할 수 있을 뿐만 아니라 장르와 음악가, 앨범, 발매년도 등을 검색할 수도 있기 때문이다.

이처럼 무료 음원 서비스를 제공하는 스포티파이가 2013년 7월 영국의 락그룹 라디오헤드(Radiohead)의 리드보컬 톰요크(Tom York)와 음반 프로듀서 나이젤 티모시 고드리치(Nigel Timothy Godrich)로 부터 스포티파이 음원 서비스는 널리 알려지고 충분히 수익을 거둔 음악에게 어울리는 서비스이며 새로운 음악을 만드는 아티스트에게 수익이 돌아가지 않는 구조를 가지고 있다고 비판을 받았고 영국의 인디 락밴드 폴스(Foals)의 야니스 필리파키스(Yannis Philippakis)도 마찬가지로 스포티파이의 부당함을 언급하였다.[290]

[그림 8-55] 스포티파이 로열티 지불구조

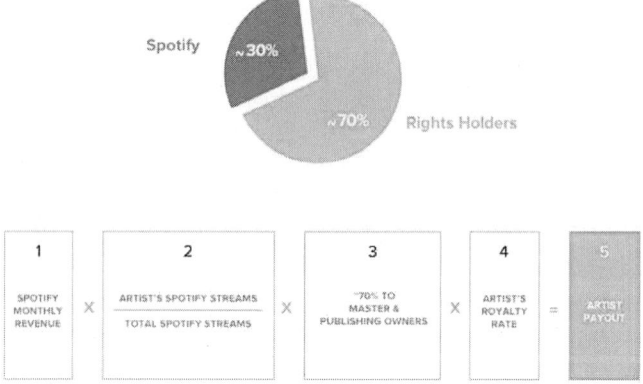

출처 : Spotifyartists.com

하지만 미국의 락밴드 이매진 드래곤스(Imagine Dragons)의 싱어송라이터 댄 레이놀스(Dan Reynolds)와 영국의 싱어송라이터 빌리 브랙(Billy Bragg)은 스포티파이의 서비스를 지지하는 글을 트위터에 남기면서 스포티파이가 그간 보이지 않았던 긍정적인 음원 유통의 생태계를 가져왔다는 의견을 피력하였다.

---
289) The Telegraph, Swedish cinemas launch feminist film ratings, 2013. 11. 6.
290) weiv.co.kr, 스포티파이를 둘러싼 논쟁들, 2014. 1. 15

이처럼 영국과 미국의 많은 뮤지션들이 잇따라 논쟁을 시작하게 되자 스포티파이는 이를 잠재우려는 듯 2013년 12월 5일 스포티파이 아티스트(Spotify Artist) 사이트를 오픈하였다. 말 그대로 스포티파이 아티스트는 뮤지션들에게 로열티에 관한 이해를 돕고자 개설된 사이트이며 그동안 베일에 싸여 있던 스포티파이가 아티스트들에게 얼마를 지불하는지에 대한 구체적인 내용을 자세하게 담아 놓았다. 스포티파이 아티스트에 의하면 수익의 30%는 스포티파이가, 70%는 저작권자가 가져가며 로열티 계산이 재생 횟수에 따르는 것이 아니라 국가별 스포티파이의 총수익과 재생 횟수와의 연관성을 따른다고 명시해 놓았다.

로열티에 대한 논란은 스포티파이가 투명한 공개를 실행하면서 일단락 되었지만 앞으로 유사 음원 서비스업체 디저(Deezer)와 비트 뮤직(Beat Music)도 스포티파이가 남겨놓은 선례를 따를지 귀추가 주목되고 있다.

사. 지하철 플랫폼에 선보인 '아포텍' 샴푸광고

통상적으로 옥외 광고는 일정 시설에 거치되어 있는 광고 형태로 광고 소비자들이 광고를 보아야만 정보의 전달력을 가진다. 때문에 많은 광고회사들은 소비자들을 사로잡을 수 있는 매력적인 광고의 제작에 많은 시간과 돈을 투자하고 있는데 스웨덴의 약국 회사 아포텍(Apotek)과 소아암 환자를 위한 비영리 단체 반캔서폰덴(Barncancerfonden)이 스톡홀름의 지하철 플랫폼에 새로운 광고 방식을 도입하여 큰 호응을 얻고 있다.[291] 2014년 스톡홀름 지하철 플랫폼에 선보인 아포텍의 샴푸광고는 지하철이 들어오는 타이밍을 감지하여 디지털 옥외 광고판의 여성 머리칼을 바람에 날리게 하여 지나칠 법한 사람들의 시선을 사로잡는데 성공했다. 소아암 비영리 단체 반캔서폰덴은 지하철 바람에 날려 가발이 벗겨지는 광고를 디지털 옥외 광고를 게재하여 소아암 환자들에게 관심을 불러일으키고 후원을 촉구하는 용도로 사용하였다.

동작인식 센서를 이용한 스웨덴의 디지털 옥외 광고 시스템은 스톡홀름의 지하철을 시작으로 스웨덴 전역의 지하철에 도입될 것으로 알려져 더 많은 소비자들의 시선을 사로잡고 유사 디지털 옥외 광고 시스템이 버스정류장, 공항에도 도입될 것으로 알려졌다.

아. 스웨덴, 700Mhz 주파수 이동통신용으로 사용

유럽지역에도 700Mhz 대역 주파수 활용이 가능해지면서 스웨덴의 정부소속 브로드밴드 전략 촉진기관 광대역포럼(The Swedish Broadband Forum)은 700Mhz 주파수 사용과 이를 이용한 모바일 광대역 커버리지 확충을 권고하는 보고서를 정부에 제출하였다.[292]

---

291) adstars.org, 지하철 광고의 새로운 혁신! 스웨덴 아포텍의 샴푸광고!, 2014. 10. 16.
292) DN.DEBATT, Digital-TV får nu lämna frekvenser till mobilerna, 2014. 2. 27.

스웨덴이 700Mhz 주파수 사용을 추진한 배경에는 세계전파통신회의(World Radiocommunication Conference 2012)에서 유럽도 2nd Digital Dividend(700Mhz를 의미) 대역 중 96Mhz 대역(694~790Mhz)의 활용이 가능하게 결정되었고 2013년 3월 유럽연합 집행위원회(European Commission: EC)도 유럽 우편 전기 통신 주관청 회의에 무선 광대역 서비스용으로 활용하도록 지시하면서 급물살을 탔다.

이후 2014년 1월 스웨덴의 광대역포럼(The Swedish Broadband forum)은 기업에너지통신부 통신 에너지 담당 장관에게 '이동통신용 700Mhz 주파수' 권고보고서를 전달하였고 스웨덴정부가 지상파 디지털TV 용으로 사용 중인 700Mhz 주파수를 2017년 4월부터 이동통신과 모바일 광대역용으로 사용할 것임을 밝혔다.

한편, 이번 스웨덴의 700Mhz 주파수 사용으로 스웨덴 전국의 이동통신 커버리지가 확대될 것으로 예상되지만 유럽방송연맹(European Broadcasting Union)은 700Mhz 주파수를 이동통신용으로 사용하기로 결정한 스웨덴에 대하여 우려를 표명하였다.

4) 콘텐츠 소비 실태 및 동향

(1) 디지털 인프라 환경 및 소비 행태

가. 디지털 인프라 환경

2013년 스웨덴 스마트폰 보급률은 72.8%로 전년대비 6.1%p 증가하였다. 스웨덴의 유·무선 인터넷 보급률은 2012년부터 정확한 집계가 시작되었으며 모바일폰 제조국가인 만큼 보급률이 대단히 높다. 하지만 스마트폰의 보급률이 2013년을 정점으로 포화상태에 이르러 연간 성장률은 1%이하의 모습을 보일 것으로 전망된다. 이러한 성장세가 유지된다면 2018년까지 스웨덴의 스마트폰 이용자는 전체 인구의 76.7%에 이를 전망이다.

스웨덴의 모바일 인터넷 보급률은 46.9%로 전년대비 5.4%p 증가하였다. 스웨덴은 모바일폰의 보급률이 대단히 높아 모바일 인터넷 환경이 대단히 발달해 있는 편이다. 스마트폰의 보급률이 증가하면서 웹브라우저 기반 모바일 인터넷 환경의 도입이 가속화되어 전체 모바일 인터넷 이용자의 인구 층이 빠르게 증가하고 있다. 이 때문에 스웨덴의 모바일 인터넷 이용자는 2018년까지 61.6%에 이를 것으로 예상된다.

2013년 스웨덴 고정 브로드밴드 보급률은 68.2%로 전년대비 3.1%p 증가하였다. 스웨덴의 고정 브로드밴드시장은 2009년부터 63%라는 높은 보급률을 보여 왔는데 해가 지날수록 성장률이 큰 폭으로 증가하면서 대부분의 가정에 고정 브로드밴드 인터넷이 보급되었다. 스웨덴의 고정 브로드밴드 보급률 역시 포화상태에 이르러 성장률은 둔화되어 2018년까지 73.2%의 스웨덴 사람들이 고정 브로드밴드 인터넷을 이용할 것으로 보인다.

[표 8-18] 스웨덴 유·무선 인터넷 보급률 및 전망, 2009-2018

구분	2009	2010	2011	2012	2013p	2014	2015	2016	2017	2018
스마트폰 보급률(%)	-	-	-	66.7	72.8	73.5	74.9	75.8	76.4	76.7
전년대비증감(%p)	-	-	-	-	6.1	0.7	1.4	0.9	0.6	0.3
모바일 인터넷 보급률(%)	22.7	27.5	33.4	41.6	46.9	50.6	54.3	57.9	59.9	61.6
전년대비증감(%p)	-	4.7	5.9	8.2	5.4	3.6	3.7	3.6	2.0	1.6
고정 브로드밴드 보급률(%)	63.0	63.4	64.2	65.1	68.2	70.0	71.3	72.2	72.8	73.2
전년대비증감(%p)	-	0.4	0.8	0.9	3.1	1.9	1.2	0.9	0.6	0.4

출처 : PwC(2014)

나. 디지털 소비 및 이용 행태

Consumer Barometer with Google에서 2014년 3월에 조사한 바에 의하면 스웨덴 사람들이 선호하는 디지털기기로는 모바일폰이 96%로 가장 높았으며, 그 다음으로 88%는 컴퓨터, 스마트폰 75%, 태블릿 38% 순으로 조사되었다.

[그림 8-56] 스웨덴인들이 선호하는 디지털기기

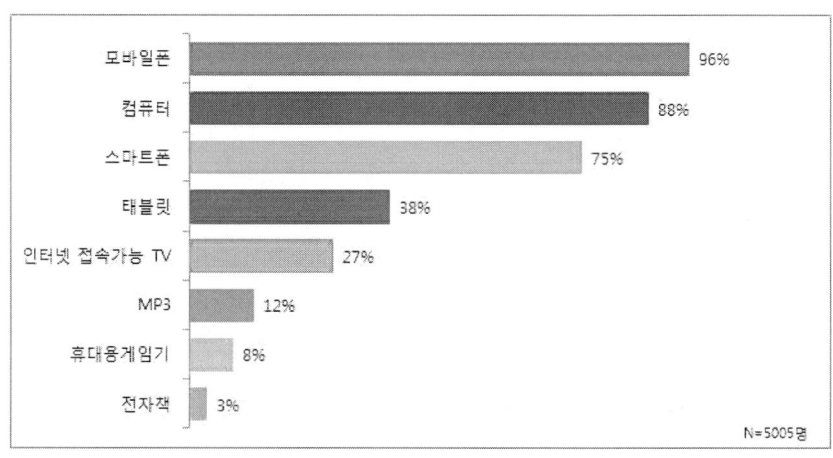

출처 : Consumer Barometer with Google

① 인터넷 이용 행태

Consumer Barometer with Google에서 2014년 3월 스웨덴인들을 대상으로 인터넷 이용 행태에 대해 조사한 바에 의하면 응답자의 73%가 하루에 한두 번 정도 인터넷을 이용하는 것으로 나타났다. 그 다음으로 하루에 한 번 정도 이용하는 경우가 15%, 한 주에 2~6회가 8% 등의 순으로 조사되었다.

[그림 8-57] 스웨덴인들의 인터넷 사용 빈도

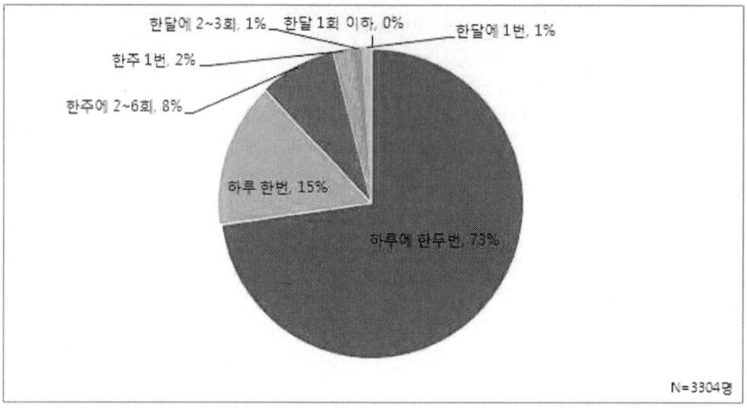

출처 Consumer Barometer with Google

태블릿, 컴퓨터, 스마트폰 이용자를 대상으로 조사한 결과에 의하면 인터넷 이용 시 컴퓨터, 태블릿, 스마트폰을 모두 선호하는 경우가 38%로 가장 높은 비중을 보였다.

[그림 8-58] 스웨덴인들이 인터넷 이용 시 선호하는 스마트기기

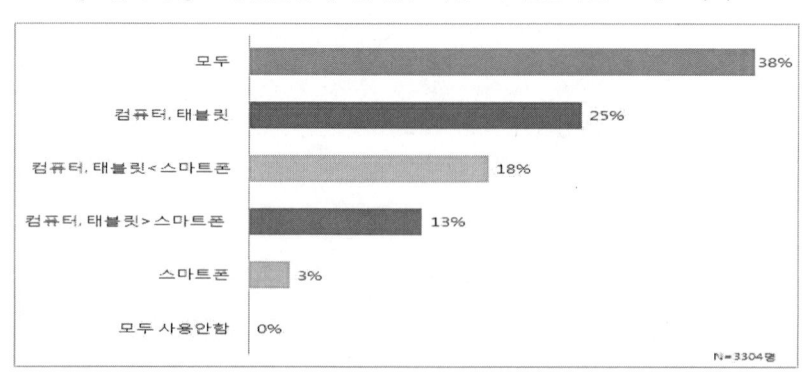

출처 : Consumer Barometer with Google

상품 및 서비스 구매 시 인터넷이 어떤 도움이 되는지에 대해서 응답자의 42%가 가격비교를 하는데 도움이 된다고 응답하였으며, 그 다음으로 의견수렴 및 리뷰를 정독한다는 비중이 25%, 아이디어 획득 21%, 모른다 15%, 상품재고 확인 12% 순으로 나타났다.

[그림 8-59] 상품 및 서비스 구매 시 인터넷이 도움이 된 분야

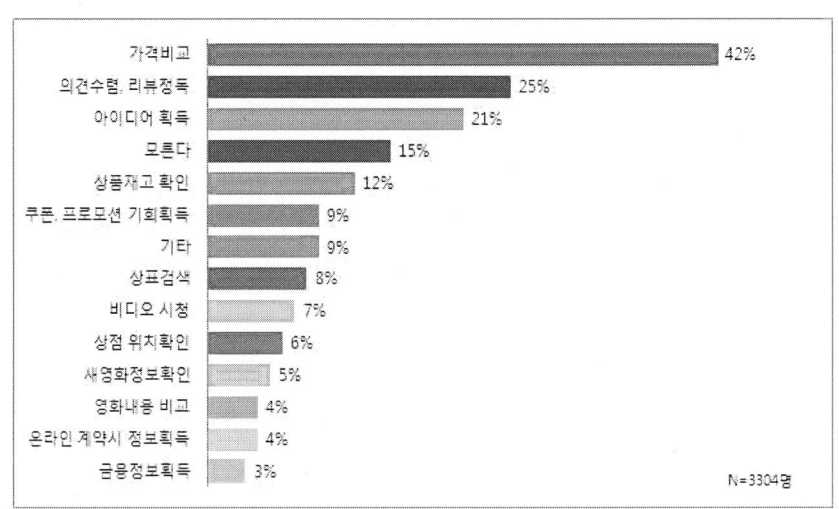

출처 : Consumer Barometer with Google

② 스마트폰 이용 행태

2013년 5월 Ipsos MediaCT에서 스웨덴 시민 16세 이상 1,000명을 대상으로 스마트폰 이용 행태를 조사하였다. 응답자들의 특성을 보면, 여성이 52%, 남성이 48%였으며, 35세~44세 응답자가 36%로 가장 많은 것으로 나타났다. 지역적으로는 도시지역 거주자가 52%로 가장 많았으며, 응답자의 39%가 기혼자인 것으로 조사되었다.

[그림 8-60] 스웨덴 스마트폰 이용 행태 조사 응답자 특성

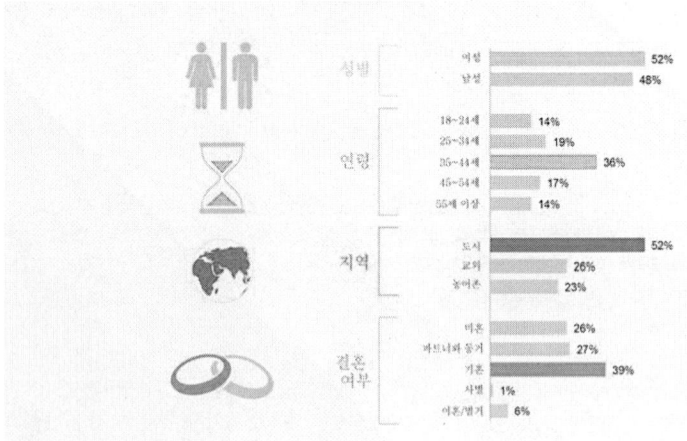

출처 : Ipsos MediaCT, Google mobile planet

먼저 스마트폰을 주로 이용하는 장소로는 94%가 집에서, 89%가 이동 중에, 88%가 직장에서 사용하고 있는 것으로 조사되었다. 특히 전체 응답자의 70% 이상이 음식점이나 상점에서 스마트폰을 사용하고 있는 것으로 나타났으며, 학교에서 이용하는 경우는 41%에 불과한 것으로 조사되었다.

[그림 8-61] 스웨덴인이 스마트폰을 가장 많이 이용하는 장소

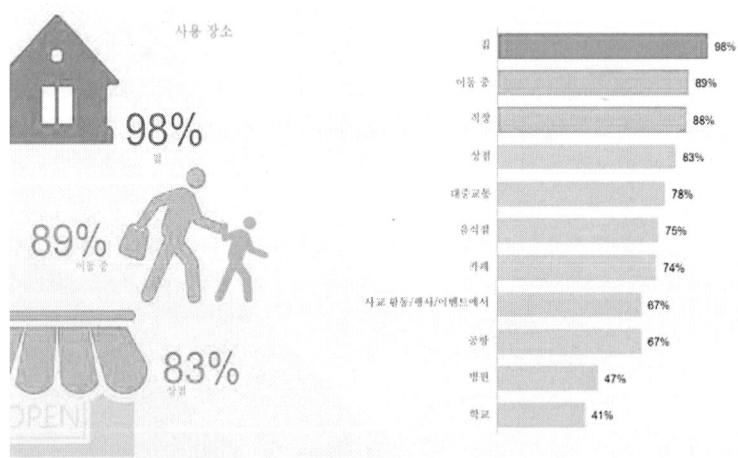

출처 : Ipsos MediaCT, Google mobile planet

조사결과 스마트폰 이용 시 주로 이용하는 서비스를 살펴보면, 검색엔진 사용이 60%로 가장 높은 비중을 보였으며, 그 다음으로 이메일 확인 58%, SNS 방문 48%, 음악 감상 39%, 동영상 감상 35% 순으로 조사되었다.

[그림 8-62] 스웨덴인이 스마트폰 이용 시 주요 이용 서비스

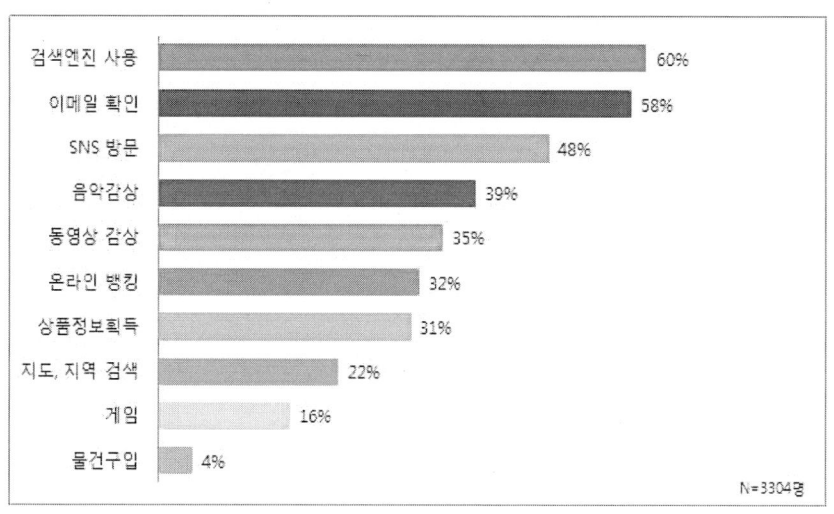

출처 : Consumer Barometer with Google

응답자들이 오프라인으로 광고를 보는 비중을 보면, 잡지가 48%로 가장 높았으며 그 다음으로 TV가 43%, 상점/업체 42%, 포스터/옥외 광고 30% 순으로 나타났다. 응답자의 54%는 오프라인의 광고 노출 후 모바일로 재검색을 실행하는 것으로 나타났다.

[그림 8-63] 오프라인 광고 노출 후 모바일로 검색을 실행하는 비율

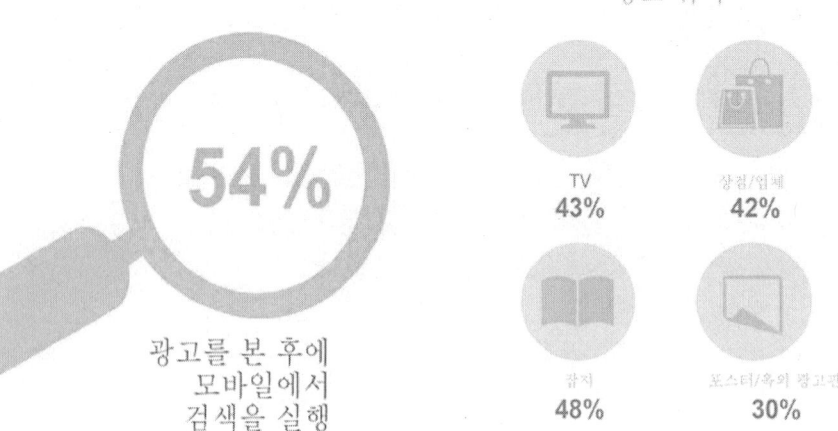

출처 : Ipsos MediaCT, Google mobile planet

스웨덴의 소비자들이 스마트폰에서 모바일 광고를 보는 곳을 보면, 52%는 온라인 매장에서, 52%는 모바일 게임이나 앱 안에서, 26%는 검색엔진을 이용하는 동안, 24%는 동영상을 조회하면서 광고를 보는 것으로 조사되었다.

[그림 8-64] 스웨덴 사람들이 스마트폰에서 모바일 광고를 보는 위치

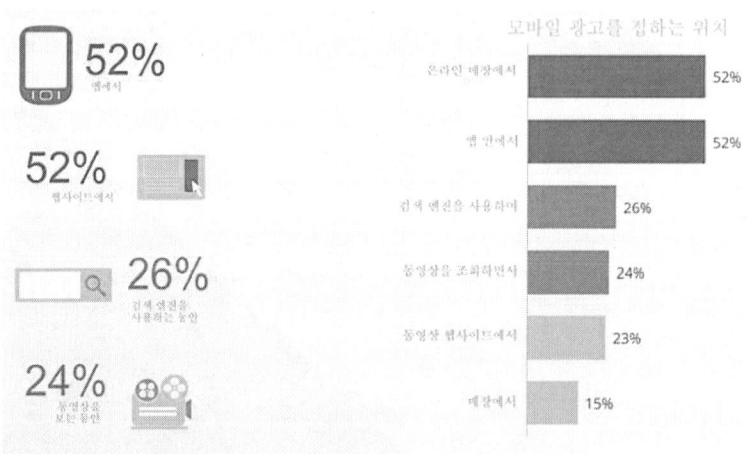

출처 : Ipsos MediaCT, Google mobile planet

반면, 온라인 소매 매장을 통해 광고를 접하는 경우와 동영상 웹사이트에서 광고를 접하는 비중은 23% 미만으로 나타났다. 스웨덴의 모바일기기 이용자들의 79%는 스마트폰을 이용하는 동안 다른 활동을 동시에 하는 것으로 나타났다. 설문에 응답한 사람들의 52%는 스마트폰을 사용하면서 TV 시청을 하는 것으로 나타났으며, 42%는 음악 감상을, 34%는 인터넷, 26%는 영화감상을 동시에 하고 있는 것으로 조사되었다.

[그림 8-65] 스웨덴인이 스마트폰을 이용하면서 다른 활동을 하는 비율

출처 : Ipsos MediaCT, Google mobile planet

다. 온라인 비디오 시청 행태 및 선호 장르

2014년 3월 Consumer Barometer with Google에서 스마트기기별로 비디오 시청 횟수를 조사한 결과, 컴퓨터나 태블릿 보다는 스마트폰을 이용해서 비디오를 시청하는 횟수가 더 많은 것으로 나타났다.

[그림 8-66] 스웨덴인의 스마트기기별 온라인 비디오 시청 횟수

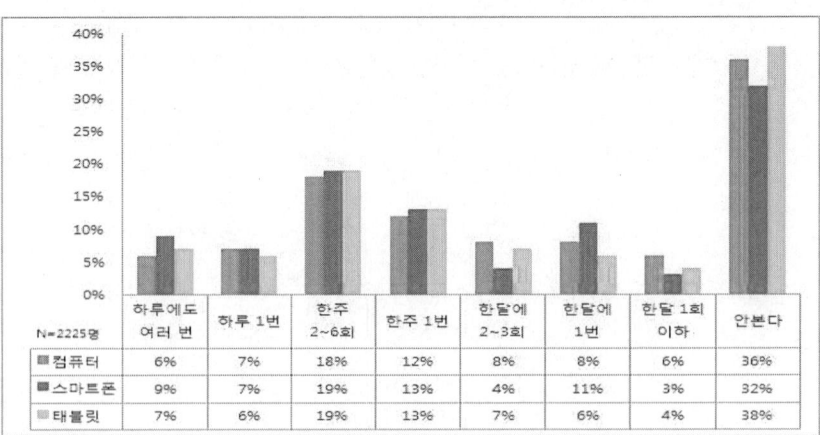

출처 : Consumer Barometer with Google

온라인 비디오 시청 시 주요 이용 플랫폼으로 온라인 비디오나 앱을 이용하고 있는 응답자들은 67%로 가장 높았으며, 그 다음으로 SNS 이용이 34%로 나타났다.

[그림 8-67] 스웨덴인이 온라인 비디오 시청 시 주로 이용하는 플랫폼

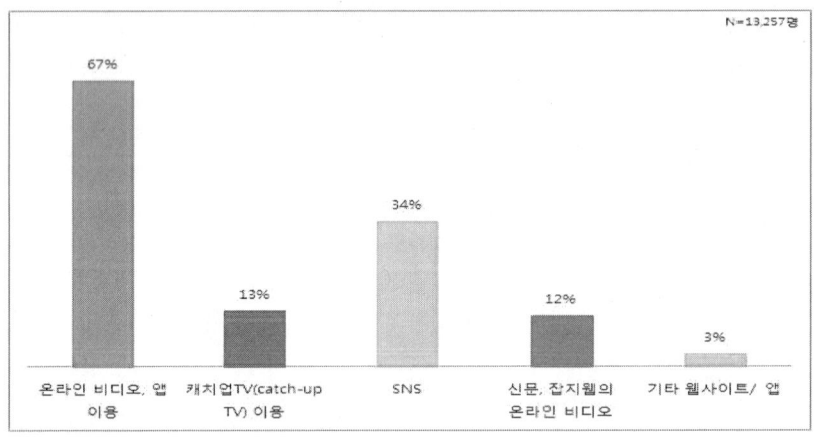

출처 : Consumer Barometer with Google

온라인 비디오를 시청하는 이유에 대한 설문에 응답자의 55%가 여흥의 일부라고 하였으며, 25%는 휴식을 위해서라고 응답하였다. 또한 지식 습득을 위하여 비디오를 시청한다고 답한 사람들도 16%나 되는 것으로 조사되었다.

[그림 8-68] 온라인 비디오를 시청하는 이유

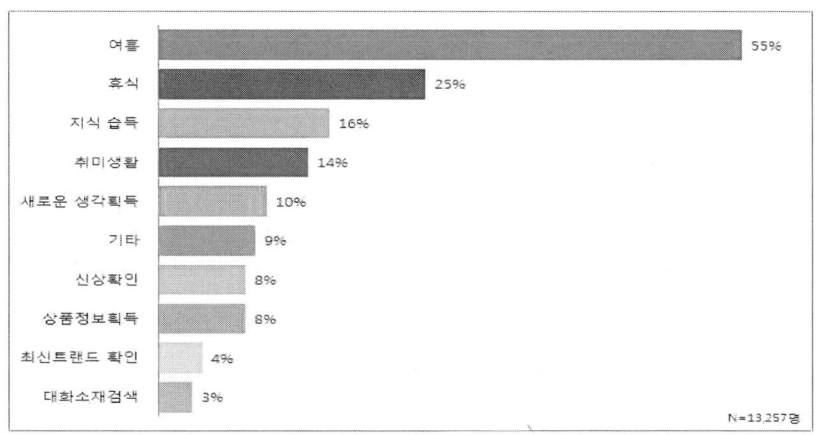

출처 : Consumer Barometer with Google

응답자의 30%는 온라인 비디오를 시청 시 주로 음악을 시청하는 것으로 조사되었으며, 그 다음으로 코미디 23%, 기타 20%, 영화 19%, 뉴스 및 정책 19% 순으로 나타났다.

[그림 8-69] 온라인 비디오 시청 시 주요 장르

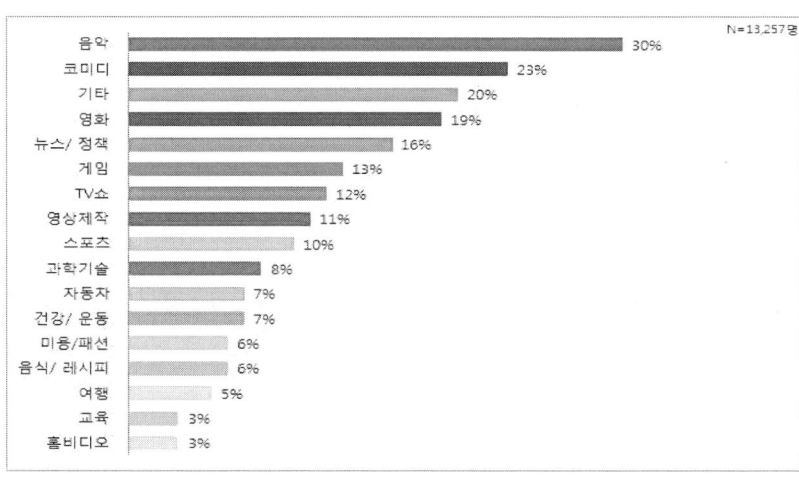

출처 : Consumer Barometer with Google

5) 콘텐츠 유통 현황

(1) 주요 유통 플랫폼 현황

가. 오프라인

① 출판

스웨덴에는 300개가 넘는 전문 도서출판이 있는 것으로 추정되며, 현재 스웨덴 도서시장에서 활동하며 규칙적으로 출판하고 있다. 가장 큰 규모의 출판사는 보니어사(Bonnierförlagen), 리베르(Liber), Norstedts Förlagsgrupp(협동 연맹 회사, KF의 소유), 나튀르 & 쿨튀르(Natur & Kultur), 포르마 퍼블리싱 그룹(Forma Publishing Group), 벨링 메디아(Berling Media) 등이 있다. 주요 출판사의 자세한 사항은 다음과 같다.

가) 보니어(Bonnier)

스웨덴의 가족기업 보니어 사의 출판 부문 자회사로, 기업 매출액의 23.4%를 담당한다. 스웨덴과 북유럽에서 모든 언론 분야에 진출해 있는 보니어 사는 여전히 어려운 시기를 보내고 있으며, 2013년 매출액은 8.5% 하락하였다. 자회사인 북스 노르딕(Books Nordic) 사와 북스 인터내셔널(Books International) 사를 중심으로 조직된 출판 부문은 다수의 출판사와 북클럽으로 구성되어 있다.

나) 브룸베리스 도서출판 (Brombergs)

브룸베리스 도서출판은 1975년에 브룸베리가의 아버지 아담(1993년 사망)과 딸 도로테아에 의해서 설립되었으며, 해를 거듭하며 스웨덴에서 가장 흥미로운 출판사 중 하나가 되었으며 지금도 계속해서 발전하고 성장하고 있다. 이 출판사는 노벨 문학상 수상자 중에 여러 명을 기획하기도 했다. 아이작 바셰비스 싱어, 체슬라브 밀로즈, 옥타비오 파스, 존 쿳시와 같은 작가가 있다.

다) 엘레스트룀스 (Ellerstroms)

엘레스트룀스 출판사는 요나스 엘레스트룀에 의해서 1983년에 설립되었으며, 여전히 사업을 주도하고 있다. 번역시를 위한 '유니콘 시리즈', 특별한 주제들의 에세이를 위한 '에튀드', 도발적이며 도전적인 텍스트들을 위한 '바닷바람', 네덜란드 시를 위한 '저지', 그 외에도 여기에서 시리즈물 출판물들과, 200여 편이 넘는 타이틀, 일반적인 분류에 따라 나누어진 책들을 찾아볼 수 있다. 매년 약 20여 편의 새로운 작품들을 출판하고 있다.

라) 도서출판 트라난 (Tranan)

스튀르베른 구스타프손과 도서출판 트라난은 1992년에 처음 책을 출간했으며, 당시에 중국과 아시아 관련 문학에 관심을 두고 있었다. 현재 수백편의 작품을 출판했으며 매년 약 20편 정도를 꾸준하게 출판하고 있다. 이 출판사는 아프리카, 아시아, 라틴 아메리카 그리고 기타 다른 언어권 지역들의 순수문학을 번역하는 것으로 정평이 나있다.

마) 헤이드룬스 출판사 (Heidruns)

헤이드룬스 출판사는 배름란드에 주소지를 두고 있으며 어린이와 성인 모두를 위한 외국어와 스웨덴어 번역서, 순수문학과 서정시, 예술서적과 여행서적, 유머 그리고 전문서적과 다양한 주제들을 담은 토론서적 등을 출판하고 있다. 출판사는 각기 책마다 다양한 형태로 이목을 끄는 책들을 출간했으며, 이제까지 약 150여 편의 책을 펴냈다. 출판업자이며 출판사의 중심인물이기도 한 시인 벵트 베리는 최근 좌파당 국회의원으로 선출되었다.

② 영화

스웨덴 영화시장은 한때 큰 폭으로 떨어졌던 관객 수와 극장 매출액이 다소 정체기를 거친 후, 2009년부터 비교적 큰 폭의 상승세를 보였다. 북유럽에 속해 있는 스웨덴은 남유럽이 겪고 있는 경제적인 어려움이 없어 영화산업도 꾸준히 성장할 것으로 예상되고 있다.

[표 8-19] 스웨덴 영화산업 기초 지표 (2013)

연 관객	1,658만 명
극장매출	2억 5,233만 USD
평균 관람료	14.59 USD
스크린 수	816개
디지털 스크린 수	705개
3D 스크린 수	356개

출처 : 영화진흥위원회

한편, 영화 유통을 보면, 워너브러더스, 디즈니, 20세기 폭스, 유니버설, 소니 픽처스 등의 할리우드 영화 배급사가 시장점유율 상위권을 차지하고 있다. 그러나 'Nordisk'나 'Svensk'와 같은 자국 영화 배급사들도 활약하고 있다. 스웨덴 영화시장의 주요 제작 및 배급사로는 AB Svensk Filmindustri (SF), Film i Väst 등이 있으며 자세한 내용은 다음과 같다.

[표 8-20] 스웨덴 영화시장 주요 제작 및 배급사

제작 및 배급사	설명
AB Svensk Filmindustri (SF)	• 1919년 12월 스웨덴에서 설립된 세계에서 가장 오래된 영화 제작사 중 하나로, 영화 및 TV 프로그램용 콘텐츠 제작 외에도 배급, 스웨덴의 극장 체인(약 70여개) 등의 사업을 함께 하고 있음 • 현재 북유럽을 대표하는 거대 미디어 그룹인 Bonnier Group (1804년 덴마크에서 설립, 본사는 현재 스웨덴에 위치해 있으며 16개국에 175개 자회사를 거느리고 있음) 소유, 스톡홀름에 본사 위치해 있으며, 런던, 뉴욕, 파리, 베를린, 암스테르담, 멕시코시티, 상하이 등에 지사를 두고 있음 • 영화계의 거장 Ingmar Bergman을 비롯해 다수의 스웨덴 유명 감독들의 영화를 제작해왔으며, Greta Garbo, Ingrid Bergman 등 유명 배우들을 육성하기도 함 • 스웨덴 외에도 노르웨이, 덴마크, 핀란드 등 북유럽지역에서 가장 영향력 있는 영화 제작사 중 하나이자, 북유럽지역에서 New Line Cinema, Summit Entertainment, Spyglass Entertainment, Revolution Studios 등 미국 등 해외 스튜디오 작품들의 배급을 담당. 현재 연간 자체 제작편수는 20-25편이고, 해외 영화의 배급편수는 연간 약 50편에 이름 (총 작품수는 1,200여편)
Film i Väst	• 1992년에 설립된 영화 제작사로, 스웨덴의 영화 제작 중심지로 Trollywood로 불리우는 Västra Götaland에 위치 • 라스 폰 트리에 감독이 Dogville(2003)과 Dancer in the Dark(2000) 등의 작품을 제작하며 유명 • 그 외 Kopps (2003) 등 다수의 스웨덴 영화 제작 • 영화 이외에도 TV 드라마, 단편 영화, 다큐멘터리 등 포함해 총 400여편 이상의 작품들을 제작

출처 : 각사 홈페이지

나. 온라인

① 디지털 음악 플랫폼

스웨덴에는 아이튠즈, 구글 플레이, MS 엑스박스 뮤직 등 대형업체와 eMusic, 7Digital, Spotify, Deezer, MixRadio, Napster, Rdio 등 음악 전문 글로벌업체들이 비교적 다양하게 진출해 있는 반면, 그들과 경쟁하고 있는 로컬기업은 CDON.se와 Sound Pollution 정도로 글로벌기업에 비해 절대적으로 적은 편이다.

[표 8-21] 스웨덴 디지털 음악 플랫폼 현황(2014)

구분	음원다운로드형	유료가입형	광고지원형	혼합형
글로벌 서비스	• 7Digital • iTunes	• Music Unlimited • Napster • Rara.com • Rdio	• MUZU. TV • MySpace • Youtube	• 음원다운로드, 유료가입 : Google Play, eMusic, MixRadio • 유료가입, 광고지원 : Deezer, Spotify • 음원다운로드, 유료가입 : XBox Music
로컬 서비스	• CDON.se • Sound Pollution	• 없음	• 없음	• 없음

출처 : Pro Music

또한 아이튠즈, 엑스박스 뮤직, 7Digital, eMusic 등 메이저업체 일부와 로컬업체 2곳을 제외하고 전반적으로 음원 다운로드 서비스업체의 수가 적은 것도 특징이다.

(2) 기타 주요사업자

가. 음악

[표 8-22] 스웨덴 주요 음악기업

기업명	설명
Burning Heart Records	• 1993년 Peter Ahlqvist에 의해 스웨덴 웨레브로(Örebro)에서 설립된 독립 레코딩 레이블 • 美의 유명 독립 레이블 Epitaph Records 등과 긴밀히 제휴해 The Hives, Turbonegro 등 스웨덴 출신의 아티스트들이 세계 무대에 진출하는 것을 적극적으

기업명	설명
	• 로 도우며 성공을 거둠 • 2003년 독일 베를린에 사무소 개설 • 개러지 펑크록 밴드들을 중심으로 근래에는 하드코어, 팝, 스카, 랩에 이르기까지 다양한 장르의 아티스트들의 앨범 발매
Murlyn Music Group (MMG)	• 1997년, Anders Bagge에 의해 스웨덴에서 설립 • 미국의 보이 밴드 98 Degrees의 성공을 기점으로 급성장 • 2001년, Universal Music Group이 Murlyn Music의 음악의 월드와이드 배급 계약 체결 • 2007년, 美 rosstown Songs에 자사의 퍼블리싱 카타로그 매각 • 대표 아티스트: Bagge & Peer, Bloodshy & Avant, Korpi & Blackcell, Arnthor Birgisson, Tony Malm 등 자국 아티스트, 98 Degrees, Celine Dion, Madonna, Janet Jackon, Jennifer Lopez 등 해외 아티스트의 일부 싱글

출처 : 각사 홈페이지

나. 게임

스웨덴의 주요 게임개발사로는 Avalanche Studios, EA Digital Illusions CE, Paradox Development Studio 등이 있다.

[표 8-23] 스웨덴 주요 게임개발사 및 유통사

기업명	설명
Avalanche Studios	• 2003년 3월, Christofer Sundberg 외 3인이 설립한 스웨덴의 독립 게임개발업체 • 2006년 첫 게임 Just Cause을 내놓은 이래, The Hunter (2009), Renegade Ops(2011) 등을 선보였으며, 현재 2015년 Mad Max 및 Just Cause 3의 발표를 목표로 개발 중 • 2010년 3월, 온라인용 캐주얼 게임 부서인 Expansive Worlds라는 새로운 개발 스튜디오를 만들어, 유료가입자 기반의 게임 타이틀 제작에 집중
EA Digital Illusions CE	• 1992년 5월, The Silents 출신의 Ulf Mandorff 외 5인에 의해 스웨덴 벡셰(Växjö)에서 설립, 現 EA(Electronic Arts)의 자회사로 본사는 스톡홀름에 위치. 2011년 뉴욕에 차세대 플랫폼 게임개발을 위해 새로운 스튜디오 오픈 • 설립 초기 Amiga computers의 Pinball Dreams, Pinball Fantasies, Pinball Illusions 등 다양한 핀볼 게임을 개발하며 알려지기 시작. 2002년 Battlefield 1942를 시작으로 현재까지 다수의 Battlefield 시리즈를 내놓으며 성공 • 윈도우, 매킨토시, 플레이스테이션, X-박스, 게임 큐브 등 다양한 플랫폼의 게임을 개발

기업명	설명
	• 대표작 : Battlefield 시리즈, Mirror's Edge(2008), Shrek(2001), Medal of Honor(2010) 등 다수 • 現 Battlefield Hardline, Star Wars: Battlefront, Mirror's Edge 2 등을 개발 중
Paradox Development Studio	• 1995년, 보드게임기업인 Target Games을 모태로 설립된 스웨덴의 비디오 게임개발 업체로, 설립 초기 PC 중심의 대규모 전략 게임 제작에 집중. 現, 게임 퍼블리셔이자 자회사인 Paradox Interactive와 긴밀히 협력하며 사업 중 • 1999년, PC용 전략 게임 중심의 Paradox Interactive와 보드 및 롤플레잉 게임 중심의 Paradox Entertainment로 분리. • 2012년, Paradox Entertainment는 현재의 다양한 장르의 PC 게임 퍼블리싱 사업에 집중하는 Paradox Interactive와 전략 게임개발에 집중할 Paradox Development Studio로 분리 • 대표작 : Europa Universalis, Hearts of Iron, Crusader Kings, Victoria 등 다수의 전략 게임 시리즈

출처 : 각사 홈페이지

다. 애니메이션

스웨덴의 주요 애니메이션 스튜디오는 Assorted Nuts Animation Studios, Mad Crew 등이 있으며, 세부 사업 분야는 다음과 같다.

[표 8-24] 스웨덴 주요 애니메이션 스튜디오

기업명	설명
Assorted Nuts Animation Studios	• 2002년 Magnus Jansson(現 CEO)가 설립한 스웨덴의 애니메이션 스튜디오로 현재 본사는 Karlstad에 위치 • 어린이부터 성인까지 다양한 연령층을 대상으로 하는 TV시리즈 및 극장 장편 애니메이션, 캐릭터 개발 및 제작 • 2012년, 美LA에 자회사 Assorted Nuts Entertainment 설립 • 대표작 : Tiny Yeti(2013), The Goob(2010), Monkey Business(2010), The Great Southern Zombie Escape feat. The Gundersons, Jumping Green Things(2003) 등
Mad Crew	• 1998년 설립, 본사 스톡홀름에 위치 • 스웨덴 시각효과협회(Swedish Visual Effects Association)의 멤버 • 2D 및 3D 애니메이션, 플래시, 인터넷 애니메이션 제작 • 애니메이션 캐릭터, 광고, 장편 영화 제작 프로젝트

출처 : 각사홈페이지

라. 방송

스웨덴의 주요 방송국으로는 가장 대표적인 공영 지상파 방송국 SVT와 민영 방송사인 TV 4 Group, MTG, SBS 등이 있다.

[표 8-25] 스웨덴 지상파 방송국

방송사	소유	설명
SVT	공영	• 1956년 방송 개시 • 스웨덴 지상파 방송시장의 독점적사업자 • 2007년 아날로그 전송을 중단하고 현재 모든 프로그램을 디지털방식으로만 전송하고 있음 • 'Rapport'와 'Aktuellt' 등 뉴스프로그램에서 강세
TV 4 Group	민영	• 1984년 개국 • 스웨덴 최대의 상업방송채널인 TV 4와 TV 4 Sport, TV 4 Film, TV 4 News 등 특화채널 제공 • 2008년 C More Ent.와의 합병으로 Canal+ First 등 13개 채널을 신규 개설
MTG (Modern Times Group)	민영	• 1997년 설립 • 가입기반의 유료방송과 무료 방송 서비스 제공 • 뉴스 중심의 TV 8, 엔터테인먼트 채널 TV 6 등 다수의 채널 제공 • 온라인 스트리밍 서비스 Viaplay
SBS	민영	• SBS Discovery Media 통해 5개 디지털 지상파 방송 제공

출처 : Conex

스웨덴 주요 케이블사업자는 Viacom과 Com Hem, Canal Digital, Tele2Vision 등이 있으며, 위성방송사업자는 Viasat, Canal Digital 등이 있다.

[표 8-26] 스웨덴 케이블 방송국

케이블방송	설명
Viacom	• 2011년 Viacom International Media Networks(VIMN) Northern Europe 서비스 론칭 • MTV Sweden과 Comedy Central, Nickelodeon 등 지역 채널 및 공통채널 제공
Com Hem	• 1983년 설립된 스웨덴의 가장 영향력있는 케이블방송사 • 케이블TV와 브로드밴드, 이동통신의 triple-play-service • 14개의 아날로그 채널 패키지와 다수의 디지털 채널 및 채널 패키지를 제공 • 현재 시장점유율은 75% 내외
Canal Digital	• 2003년 케이블사업자 Telenor Vision 및 Sweden Online과의 합병을 통해 서비스 제공 개시 • TV 네트워크를 보유하고 있지 않으나 Viasat과 National Geographinc, ProSiebenSat.1 등과 채널 전송 계약 체결
Tele2Vision	• Tele2 그룹이 1986년 론칭 • 엔터테인먼트와 스포츠, 다큐멘터리 등 다수의 장르별 채널 패키지를 제공 • 이용자가 채널을 선택하는 a-la-carte 요금제도 운영

출처 : Conex

[표 8-27] 스웨덴 위성방송사업자

위성방송	설명
Viasat	• MTG의 위성방송 서비스 • 동유럽과 중부 유럽 써드파티사업자들의 플랫폼을 이용 • TV 3와 TV 6, TV 8, TV 10 및 MTV Sweden Nickelodeon Sweden, SVT1 등 지역 특화방송채널 • BBC와 Disney, NHK World 등 해외채널 전송 • 현재 200편이상의 영화 및 스포츠 콘텐츠와 인기 드라마 시리즈의 VoD 등을 보유
Canal Digital	• 2006년 HDTV 서비스 론칭 • SVT와 TV 4 Group 등 지상파 방송을 전송

출처 : Conex

또한 IPTV 사업자로는 Canal Digital과 Telia Digital TV 등이 있다.

[표 8-28] 스웨덴 IPTV 사업자

IPTV	설 명
Canal Digital	• 2004년 서비스 개시 • 위성플랫폼의 채널 대부분을 제공 • 양방향TV 서비스와 TV 4의 C More Select, C More On-demand 등의 VoD 콘텐츠 제공
Telia DigitalTV	• TeliaSonera의 IPTV 전송 플랫폼 • 2005년 론칭 • 2008년 이후 Viasat과 제휴를 통해 6개의 채널 패키지를 공급 • SVT의 주문형 콘텐츠 서비스 SVT Play를 통해 뉴스캐스트와 올림픽 중계 서비스 제공

출처 : Conex

6) 주요 지원 제도 및 정책동향

(1) 콘텐츠 관련 중장기 계획

가. 2013-2015 전략적 정책(Strategisk agenda)

스웨덴정부와 의회로부터 통신관련 정책의 수립을 위임받아 서비스를 제공하고 있는 우편통신청(The Swedish Post and Telecom Agency, PTS)은 우편, 광대역 전화, 전자통신, 인터넷 등에 저렴하고 높은 품질의 서비스를 제공하고자 '2013-2015 전략적 정책을 수립했다. 해당 정책은 이동 통신사업자 간의 경쟁 중립성 유지, 통신 및 우편 서비스를 이용할 수 있는 기회 증진, 공정 경쟁환경의 형성을 통한 소비자의 선택의 자유 보장, 스웨덴 가구 55%에게 100Mbps급 브로드밴드 서비스 제공, 기업의 경쟁유발을 통한 소비자의 업체 선택범위 확대, 스팩트럼 이용의 효율화, 품질보장을 위해 안정적이고 견고한 통신 서비스 제공의 7가지를 목표로 한다.

(2) 콘텐츠산업 지원 제도

가. 우메아 문화 기금 지원

스웨덴정부는 2014년 유럽위원회에 의해 유럽 문화수도로 지정된 우메아에 2013년과 2014년 75만 달러의 금액을 지원한다. 해당 기금은 주로 문화 활동에 사용되며, 스웨덴의 문화 분야의 개발에 관한 투자계획의 큰 부분을 차지한다. 위 기금 활동의 일환으로 국립예술위원회에서 지정한 22개 기관과 9개 부서들이 각각의 문화 프로젝트를 할당받았다.

나. 영화 부문 성별 불균형 해소 시도

스웨덴은 영화 속 성별 불균형과 성적 편견 해소를 위해, 영화에 '벡델테스트'(Bechdel Test)를 적용한다. 이 제도는 정부 기금으로 운영되는 스웨덴 영화연구소 후원으로 시작된 것으로, '성별 균형적'인 영화를 뜻하는 'A등급'을 받기 위해서는 대사가 있는 여성 캐릭터가 두 명 이상 등장해 한 번 이상 남성 이야기가 아닌 주제에 대해 대화를 나눌 것이라는 기준을 제시한다.

또한 스웨덴 영화 제작자 중 여성의 비율이 꾸준히 증가하고 있으나 여전히 남성 감독의 비중이 높은 상황이다. 이에 스웨덴정부는 영화 제작 조건개선의 필요성을 느끼고 젊은 여성감독을 대상으로 한 제작지원 기금을 조성했다.

8. 터키

1) 콘텐츠시장 개요

터키는 2013년에 미국의 양적완화 축소와 유럽지역의 재정위기 등의 영향으로 경제성장률이 소폭 감소했지만 경제성장을 위한 지속적인 정책들을 펼치며 안정화를 꾀하고 있다. 특히, 터키정부는 정보사회 프로젝트(e-Transformation Turkey Project)를 통해 2000년 이전부터 부분적으로 정보사회로 전환하기 위한 전략을 실행해 왔으며 이에 따라 통신 인프라 및 서비스 보급에 박차를 가했다. 터키는 정부차원의 이 같은 노력으로 지식정보 관련 콘텐츠시장이 폭발적으로 성장했으며 이러한 영향으로 콘텐츠시장 전 영역이 높은 성장률을 보이고 있다.

[표 9-1] 터키 콘텐츠시장 규모 및 전망, 2009-2018

[단위 : 백만 달러, %]

구분	2009	2010	2011	2012	2013p	2014	2015	2016	2017	2018	2013-18 CAGR[293]
출판	1,775	1,870	2,281	2,324	2,417	2,504	2,601	2,721	2,864	3,037	4.7
만화	13	15	20	22	24	27	29	32	36	40	10.4
음악	248	237	256	254	250	248	249	250	254	258	0.6
게임	144	154	160	171	189	208	225	243	263	286	8.6
영화	334	381	395	419	446	473	504	536	566	596	6.0
애니메이션	25	29	33	38	45	51	57	62	68	71	9.6
방송	1,737	2,308	2,630	2,837	3,204	3,483	3,760	4,086	4,359	4,701	8.0
광고	1,705	2,216	2,678	2,926	3,331	3,659	3,965	4,309	4,575	4,935	8.2
캐릭터	389	453	470	500	526	573	621	673	725	783	8.3
지식정보	2,429	2,860	3,363	3,972	4,523	5,123	5,764	6,406	7,061	7,746	11.4
산술합계	8,800	10,523	12,286	13,464	14,956	16,348	17,775	19,318	20,771	22,453	8.5
합계[294]	7,102	8,397	9,831	10,850	12,053	13,221	14,421	15,679	16,894	18,251	8.7

출처 : PwC(2014), ICv2(2013, 2014), Barnes report(2013, 2014), Oricon(2013, 2014), SNE(2013), Box Office Mojo(2014), Digital Vector(2013), MDRI(2013), EPM(2013, 2014)

293) 2013년부터 2018년까지 연평균성장률
294) 중복 시장을 제외한 시장 규모임
  - 출판의 신문/잡지 광고, 게임의 게임 광고, 영화의 극장광고, 방송의 TV /라디오 광고, 지식정보의 디렉토리 광고는 광고시장에 포함
  - 만화, 지식정보의 전문서적/산업잡지는 출판시장에 포함
  - 애니메이션은 영화시장에 포함

2013년 터키 콘텐츠시장은 전년대비 11.1%라는 높은 성장률을 기록하며 120억 5,300만 달러의 규모를 형성했다. 이러한 추세는 계속되어 향후 5년간 터키의 콘텐츠시장은 연평균 8.7%씩 성장하여 182억 5,100만 달러의 시장으로 성장할 것으로 전망된다.

[그림 9-1] 터키 콘텐츠시장 규모 및 성장률, 2009-2018

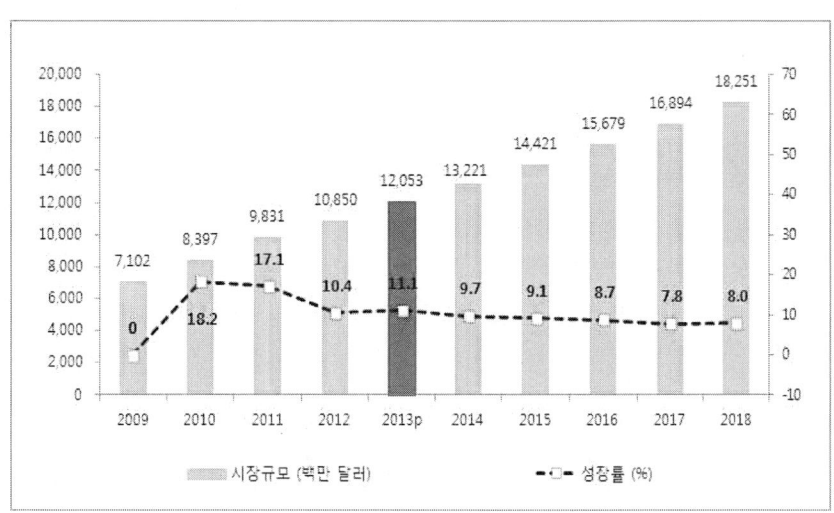

출처 : PwC(2014), ICv2(2013, 2014), Barnes report(2013, 2014), Oricon(2013, 2014), SNE(2013), Box Office Mojo(2014), Digital Vector(2013), MDRI(2013), EPM(2013, 2014)

터키 콘텐츠시장에서 가장 큰 비중을 차지하는 분야는 지식정보 분야로 2009년 이래로 전체에서 차지하는 비중이 늘어나고 있다. 지식정보시장은 2009년 34.2%의 점유율에서 2013년 37.5%로 비중이 늘어났으며 이러한 추세는 계속되어 2018년에는 42.4%로 점유율이 더욱 늘어날 것으로 보인다. 출판시장은 2009년 25.0%로 두 번째로 높은 시장 비중을 보였으나 2013년 20.1%로 하락하였다. 한편 방송과 광고시장은 2013년까지 소폭 증가하였으나 모두 2018년 경에는 다시 하락할 것으로 전망된다.

[그림 9-2] 터키 콘텐츠별 시장점유율, 2009 vs. 2013 vs. 2018

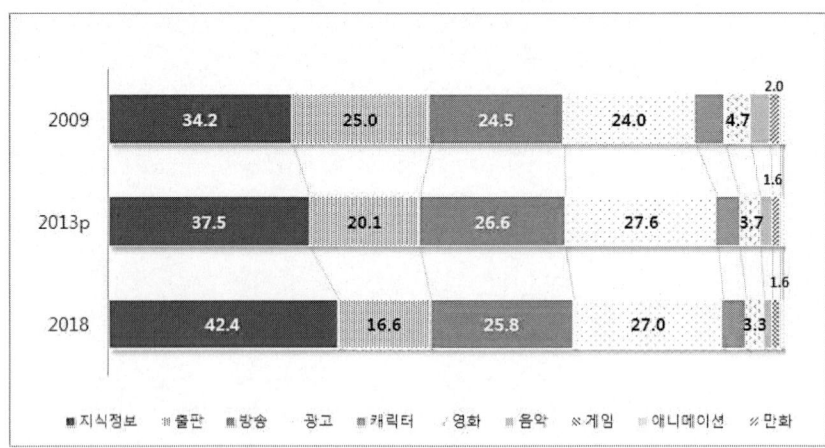

출처 : PwC(2014), ICv2(2013, 2014), Barnes report(2013, 2014), Oricon(2013, 2014), SNE(2013), Box Office Mojo(2014), Digital Vector(2013), MDRI(2013), EPM(2013, 2014)

향후 5년간 터키 콘텐츠산업은 연평균 8.7%의 높은 비율로 성장할 것으로 전망되고 있다. 특히, 정보사회로 전환하기 위한 정부의 정책에 힘입어 지식정보시장의 성장이 가장 높을 것으로 예측되며, 전반적으로 콘텐츠시장이 높은 성장세를 유지할 것으로 보인다.

[그림 9-3] 터키 콘텐츠별 연평균성장률 추정 2013-2018

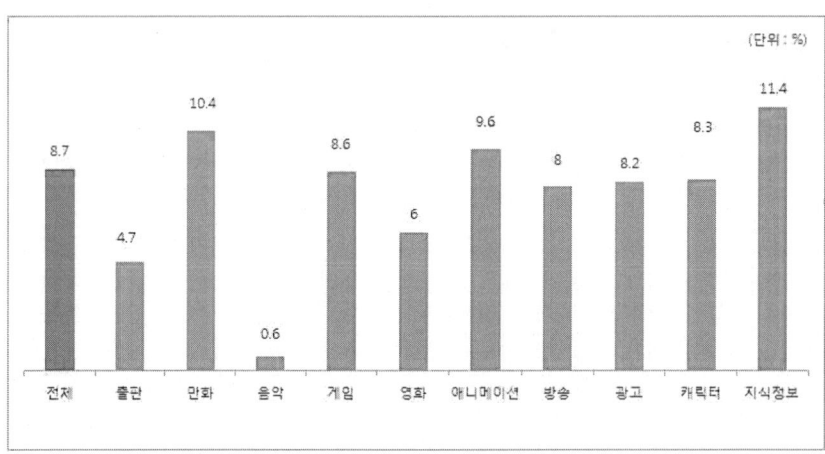

출처 : PwC(2014), ICv2(2013, 2014), Barnes report(2013, 2014), Oricon(2013, 2014), SNE(2013), Box Office Mojo(2014), Digital Vector(2013), MDRI(2013), EPM(2013, 2014)

2) 산업별 콘텐츠시장 규모 및 전망

(1) 출판

2013년 터키의 출판시장은 인쇄 도서시장의 성장세가 둔화되기는 했지만 아직까지는 대부분 고르게 성장세를 보이고 있다. 특히, 도서와 광고의 디지털 부분이 큰 폭으로 성장하여 전년대비 4% 성장한 24억 1,700만 달러의 시장으로 집계되었다. 콘텐츠의 디지털화가 진행되고는 있지만 여전히 인쇄 출판물에 대한 수요가 남아있어 인쇄 도서의 성장률은 완만한 곡선을 그릴 것으로 보인다. 터키의 출판시장은 향후 5년간 4.7%의 성장률로 2018년까지 30억 3,700만 달러의 시장 규모를 형성할 것으로 전망된다.

[표 9-2] 터키 출판시장 규모 및 전망, 2009-2018

[단위 : 백만 달러, %]

구분		2009	2010	2011	2012	2013p	2014	2015	2016	2017	2018	2013-18 CAGR
도서		820	830	1,161	1,177	1,185	1,205	1,236	1,282	1,350	1,442	4.0
	인쇄[295]	818	827	1,152	1,159	1,157	1,161	1,167	1,175	1,187	1,205	0.8
	디지털	2	3	9	18	28	44	69	107	163	237	53.3
신문		879	955	1,030	1,053	1,131	1,190	1,249	1,312	1,378	1,446	5.0
	광고	418	479	533	547	612	657	701	749	799	852	6.8
	지면	408	462	510	519	577	614	651	688	727	766	5.8
	디지털	10	17	23	29	35	43	51	60	72	85	19.4
	구독	461	476	497	506	519	533	548	563	579	594	2.7
	지면	461	476	497	503	514	526	537	549	560	571	2.1
	디지털	0	0	0	3	4	7	11	15	19	23	41.9
잡지		76	85	90	94	101	109	116	127	136	149	8.1
	광고	42	49	57	61	65	70	74	79	84	90	6.7
	지면	41	48	54	57	60	63	66	69	72	75	4.5
	디지털	1	1	3	4	5	7	8	10	12	15	24.6
	구독	34	36	33	33	36	39	42	48	52	59	10.4
	지면	34	36	33	32	34	35	36	38	39	41	3.8
	디지털	0	0	0	1	2	4	6	10	13	18	55.2
합계		1,775	1,870	2,281	2,324	2,417	2,504	2,601	2,721	2,864	3,037	4.7

출처 : PwC(2014)

---

295) 오디오북 포함

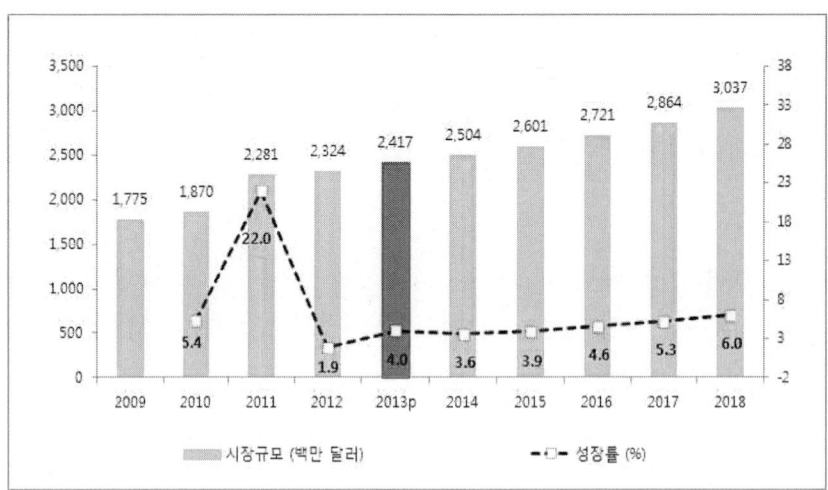

[그림 9-4] 터키 도서시장 규모 및 성장률, 2009-2018

출처 : PwC(2014)

터키의 출판시장은 도서시장과 신문시장이 거의 대부분을 차지하고 있다. 2009년 출판시장에서 차지하는 도서시장과 신문시장의 비중은 각각 46.2%, 49.5%로 90% 이상을 두 시장이 점유하고 있다.

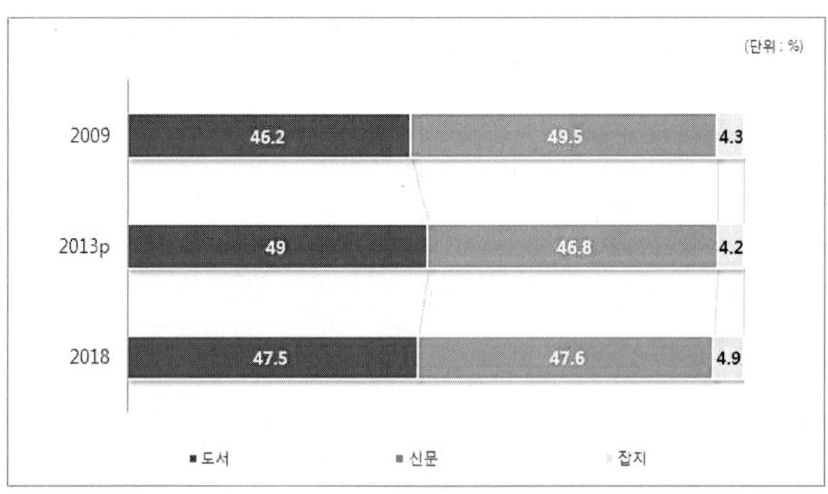

[그림 9-5] 터키 출판시장 비중 비교, 2009 vs. 2013 vs. 2018

출처 : PwC(2014)

2018년까지 도서시장과 신문시장의 비중은 큰 변화 없이 비슷한 수준을 유지할 것으로 보인다. 한편, 잡지시장은 2009년 출판시장에서 4.3%의 점유율을 차지했지만 점점 그 비중이 늘어나 2018년에는 4.9%로 늘어날 것으로 보인다. 이는 광고주들의 높은 신뢰를 바탕으로 잡지 광고시장이 성장할 것으로 보이기 때문이다.

가. 도서

2013년 터키의 도서시장 규모는 전년대비 0.7% 성장한 11억 8,500만 달러의 시장으로 집계되었다. 이는 경제성장에 따른 가계 수입의 증가에 따른 결과로 이 같은 성장은 계속될 것으로 보인다.

[그림 9-6] 터키 도서시장 규모 및 성장률, 2009-2018

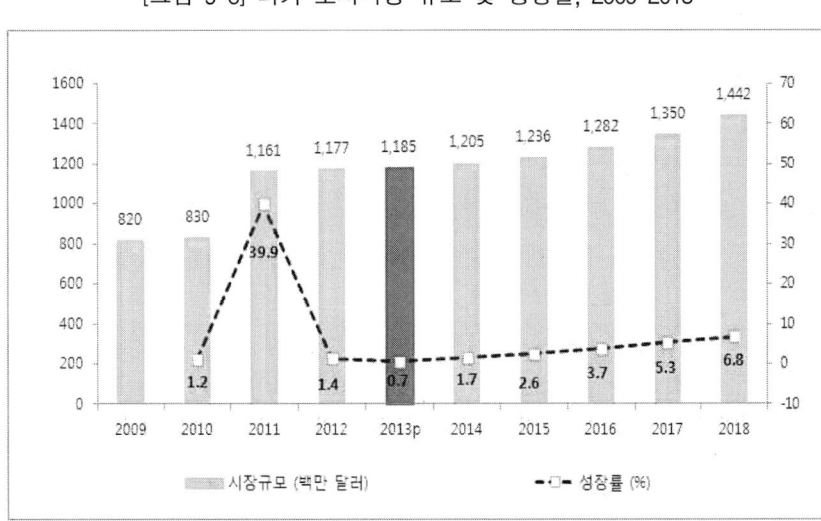

출처 : PwC(2014)

한편, 출판 도서시장의 포화로 인해 인쇄 출판의 교육도서시장은 점차 축소될 것으로 전망된다. 하지만 디지털 교육도서의 경우에는 디지털 교육 분야에 대한 정부 투자를 바탕으로 2018년까지 연평균 26%의 높은 성장률을 보일 것으로 전망된다. 또한, 디지털 출판이 빠르게 성장하고 있어 전체 출판시장의 성장을 견인하여 연평균 4.0%의 성장률로 2018년까지 14억 4,200만 달러 규모에 이를 것으로 전망된다.

[표 9-3] 터키 도서시장 규모 및 전망, 2009-2018

[단위 : 백만 달러, %]

구분		2009	2010	2011	2012	2013p	2014	2015	2016	2017	2018	2013-18 CAGR
인쇄[296]		818	827	1,152	1,159	1,157	1,161	1,167	1,175	1,187	1,205	0.8
	전문	118	119	113	115	117	118	119	120	120	121	0.7
	일반	382	384	479	493	510	526	541	556	570	582	2.7
	교육	318	324	560	551	530	517	507	499	497	502	△1.1
디지털		2	3	9	18	28	44	69	107	163	237	53.3
	전문	1	2	5	7	9	11	13	15	17	19	16.1
	일반	1	1	3	8	15	27	49	83	135	205	68.7
	교육	-	-	1	3	4	6	7	9	11	13	26.6
합계		820	830	1,161	1,177	1,185	1,205	1,236	1,282	1,350	1,442	4.0

출처 : PwC(2014)

나. 신문

터키는 유럽지역에서 가장 빠른 경제성장률을 보이고 있는 국가로 신문시장 역시 매해 성장하고 있다. 경제위기의 영향으로 잠시 침체되었던 일평균 발행부수도 안정세로 돌아서 2013년 터키 신문시장은 전년대비 7.4% 성장한 11억 3,100만 달러 규모를 나타냈다.

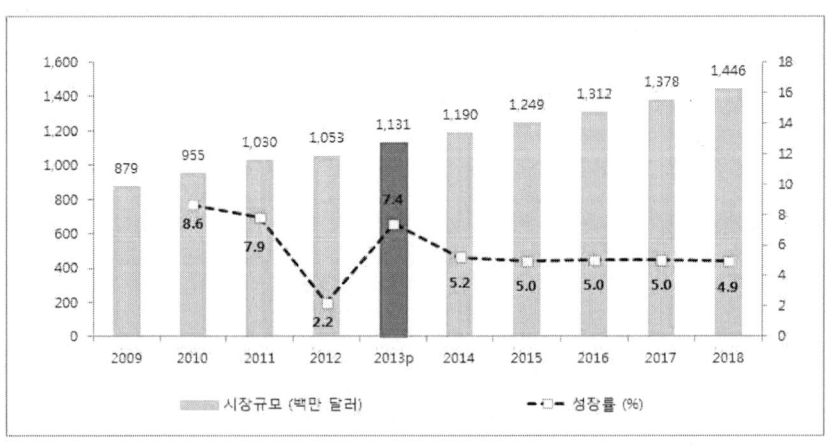

[그림 9-7] 터키 신문시장 규모 및 성장률, 2009-2018

출처 : PwC(2014)

---

296) 오디오북 포함

신문 광고 매출 역시 꾸준히 성장하고 있어 향후 5년간 연평균 5%의 성장률로 2018년까지 14억 4,600만 달러 규모의 시장을 이룰 것으로 전망된다.

다. 잡지

2013년 터키 잡지시장은 전년대비 7.4% 성장한 1억 100만 달러 규모로 집계되었다. 터키의 잡지는 물량의 90%가 소매 판매를 통해 유통되는데, 이렇게 큰 폭의 성장세를 보였다는 것은 경제성장으로 인해 가계 예산이 증가했다는 것을 의미한다. 또한, 터키의 비효율적이고 값비싼 우편 서비스로 인해 가입형 상품 보다는 소매 판매시장이 더 성장했다는 것을 알 수 있다.

향후 터키의 잡지시장은 5년간 8.1%의 성장세를 바탕으로 1억 4,900만 달러에 이를 전망이다.

[그림 9-8] 터키 잡지시장 규모 및 성장률, 2009-2018

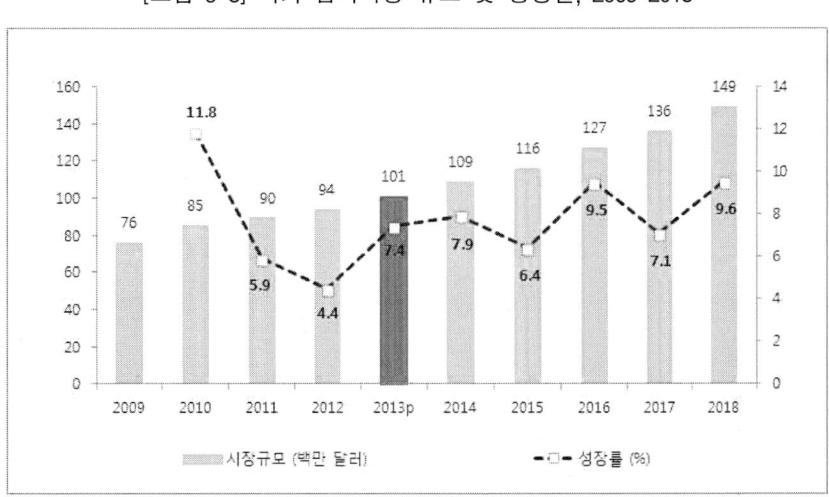

출처 : PwC(2014)

(2) 만화

2013년 터키의 만화시장은 전년대비 10.2% 성장한 2,400만 달러 규모로 집계되었다. 디지털 만화는 아직 초기 단계로 인터넷을 통해 알려지고 있는 상황이다. 향후 인터넷 인프라가 구축되면 디지털 만화시장이 조금씩 형성되겠지만 그때까지는 인쇄 만화가 대부분의 시장을 차지할 것으로 보인다. 터키의 만화시장은 2018년까지 10.4% 성장세를 보이며 4,000만 달러의 시장을 형성할 것으로 전망된다.

[표 9-4] 터키 만화시장 규모 및 전망, 2009-2018

[단위 : 백만 달러, %]

구분	2009	2010	2011	2012	2013p	2014	2015	2016	2017	2018	2013-18 CAGR
인쇄 만화	13	15	19	21	23	25	27	29	32	35	8.8
디지털	0	0	1	1	1	2	2	3	4	5	30.9
합계	13	15	20	22	24	27	29	32	36	40	10.4

출처 : ICv2(2014), Barnes(2014), Oricon(2014), PwC(2014), SNE(2013)

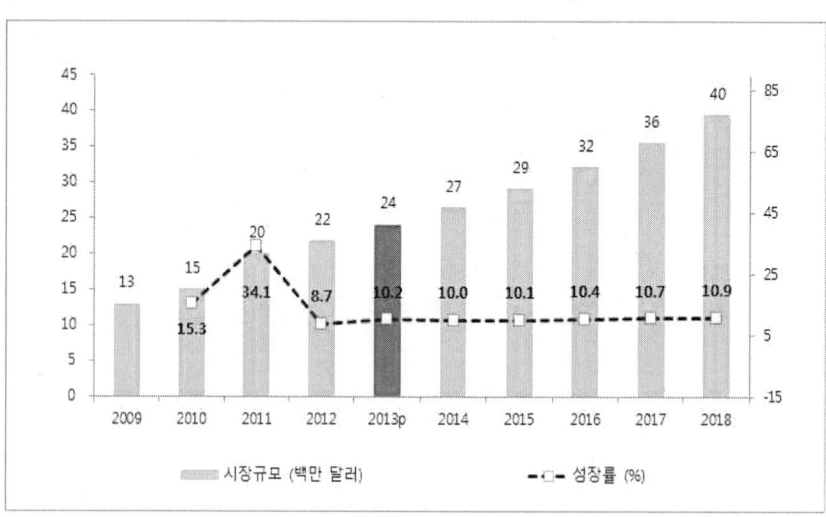

[그림 9-9] 터키 만화시장 규모 및 성장률, 2009-2018

출처 : ICv2(2014), Barnes(2014), Oricon(2014), PwC(2014), SNE(2013)

터키 만화시장에서 인쇄 만화는 2009년 98.4%의 점유율로 시장을 주도했었다. 하지만 2013년에 이르면서 디지털 만화의 비중이 조금씩 커지기 시작해 5.1%의 점유율을 디지털 만화에게 내주었다. 2018년경에는 인쇄 만화가 88.1%의 시장점유율을 보일 것으로 전망되며 디지털 만화 역시 11.9%의 시장 비중을 차지할 것으로 전망된다.

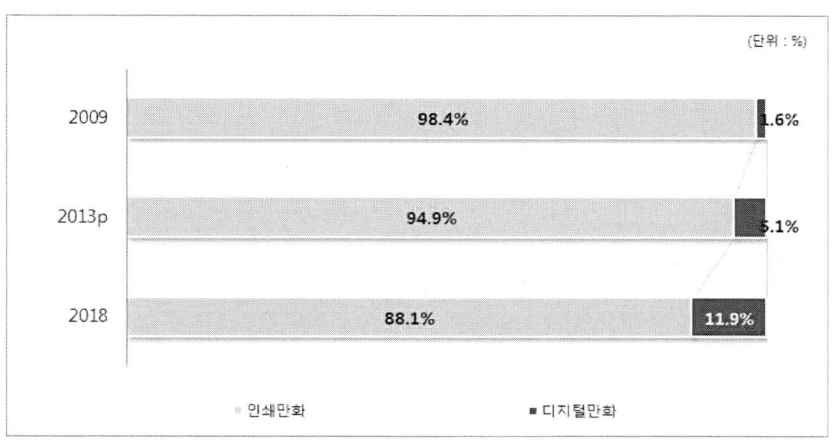

[그림 9-10] 터키 만화시장별 비중 비교, 2009 vs. 2013 vs. 2018

출처 : ICv2(2014), Barnes(2014), Oricon(2014), PwC(2014), SNE(2013)

가. 인쇄 만화

2013년 터키의 인쇄 만화시장은 전년대비 9.2% 성장한 2,300만 달러로 집계되었다. 가계 소득의 증가로 출판시장이 확대됨과 동시에 인쇄 만화시장도 확대되고 있는 것으로 보이며 디지털 만화시장이 본격적으로 성장하기까지 인쇄 만화의 시장 주도는 계속될 것으로 보인다.

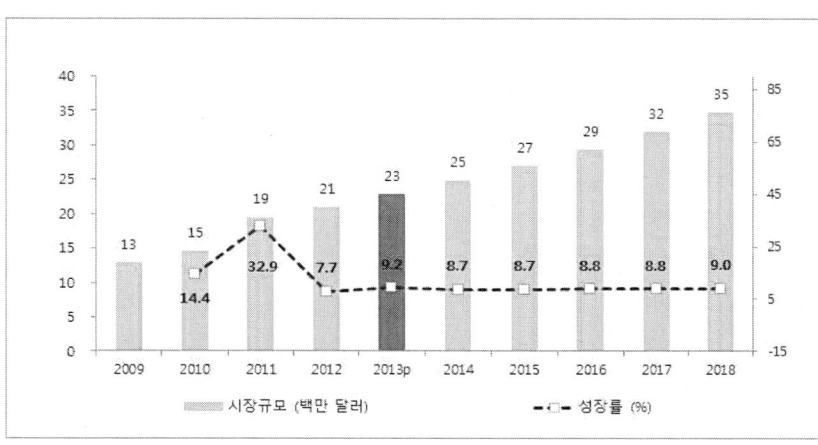

[그림 9-11] 터키 인쇄 만화시장 규모 및 성장률, 2009-2018

출처 : ICv2(2014), Barnes(2014), Oricon(2014), PwC(2014), SNE(2013)

그때까지 터키의 인쇄 만화는 가장 큰 시장점유율을 유지하며 연평균 8.8%의 성장률로 2018년까지 3,500만 달러의 시장을 형성할 것으로 전망된다.

나. 디지털 만화

터키의 디지털 만화시장은 미미한 규모이지만 2011년부터 2013년까지 약 100만 달러 규모를 유지하고 있는 것으로 나타났다. 향후, 인터넷 인프라가 구축되고 PC를 비롯해 스마트폰, 태블릿 등의 디지털기기의 보급이 증가하면 폭발적인 성장세를 보일 것으로 예상된다. 따라서 터키의 디지털 만화시장은 향후 5년간 연평균 30.9%의 성장률로 2018년까지 500만 달러 규모를 이룰 것으로 전망된다.

[그림 9-12] 터키 디지털 만화시장 규모 및 성장률, 2009-2018

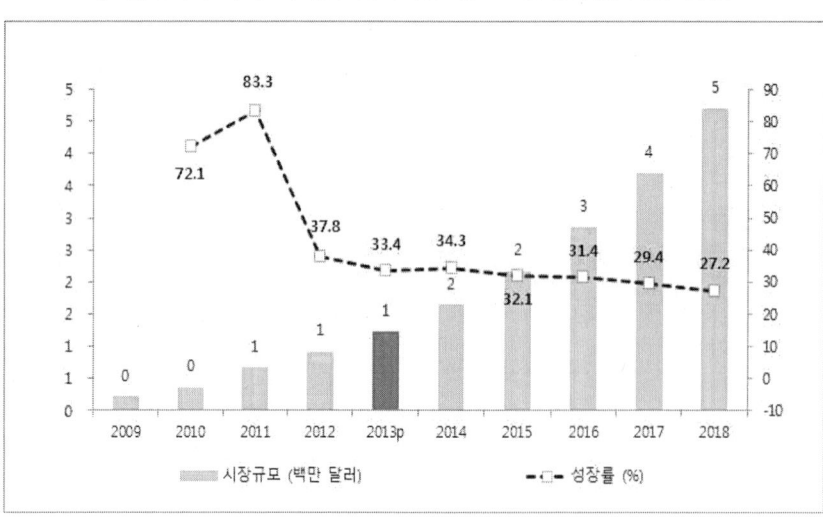

출처: ICv2(2014), Barnes(2014), Oricon(2014), PwC(2014), SNE(2013)

(3) 음악

2013년 터키의 음악시장은 전년대비 1.6% 하락한 2억 5,000만 달러 규모로 나타났다. 불법복제와 CD의 매출 하락으로 오프라인 음반시장이 큰 폭의 하락세를 보여 터키 음악시장은 2011년 이후 2년 연속 하락세를 보이고 있지만, 디지털 음원시장과 음악시장에서 큰 비중을 차지하는 공연 음악시장의 성장에 힘입어 향후 5년간 연평균 0.6%의 낮은 성장률로 2018년에는 2억 5,800달러 규모에 이를 것으로 전망된다.

[표 9-5] 터키 음악시장 규모 및 전망, 2009-2018

[단위 : 백만 달러, %]

구분	2009	2010	2011	2012	2013p	2014	2015	2016	2017	2018	2013-18 CAGR
음반	78	76	88	79	69	61	54	49	44	40	△10.1
오프라인 음반	70	68	78	68	56	46	39	32	27	22	△17.0
디지털 음원	8	9	10	11	13	14	15	16	17	18	7.6
공연 음악	169	161	168	175	181	188	195	202	209	218	3.7
합계	248	237	256	254	250	248	249	250	254	258	0.6

출처 : PwC(2014

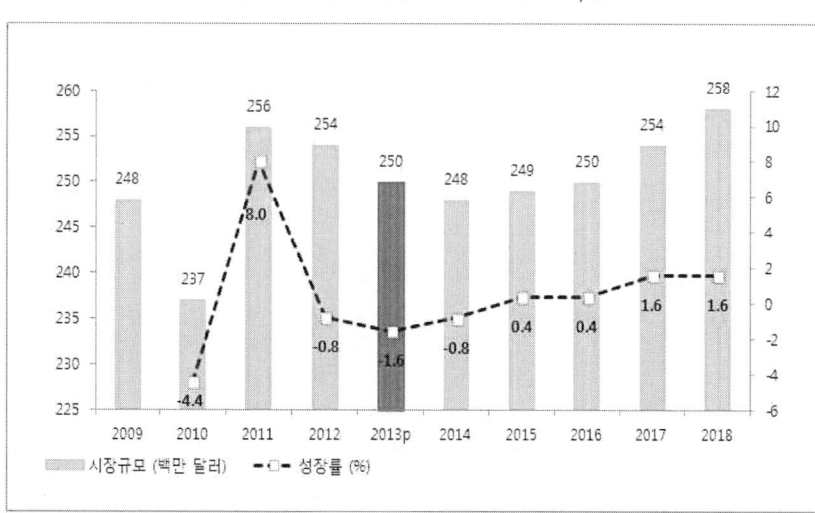

[그림 9-13] 터키 음악시장 규모 및 성장률, 2009-2018

출처 : PwC(2014

터키의 음악시장은 공연 음악시장이 전체 시장을 주도하고 있다. 공연 음악시장은 2009년 68.1%로 가장 큰 비중을 차지했는데 2013년에는 72.4%로 그 비중이 늘어났다. 이러한 추세는 계속 이어져 2018년에는 84.5% 점유율을 보이며 음악시장에 큰 영향력을 미칠 것으로 전망된다.

공연 음악시장 다음으로 큰 오프라인 음반시장은 2009년 28.2%의 비중을 보였으나 시장이 큰 폭으로 위축되어 2018년에는 8.5%의 점유율로 떨어질 것으로 보인다.

디지털 음원시장의 경우 2009년 3.2%였던 비중이 2018년에는 7%로 늘어날 것으로 보인다.

[그림 9-14] 터키 음악시장 분야별 비중 비교, 2009 vs. 2013 vs. 2018

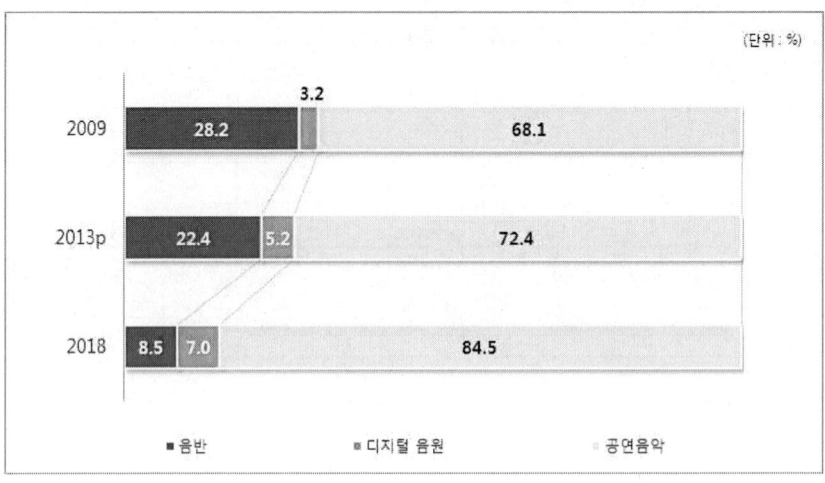

출처 : PwC(2014)

가. 오프라인 음반

2013년 터키의 오프라인 음반시장은 전년대비 17.6% 하락한 5,600만 달러 규모로 집계되었다. 터키에서는 CD 매출의 하락세가 계속되고 있다.

[그림 9-15] 터키 오프라인 음반시장 규모 및 성장률, 2009-2018

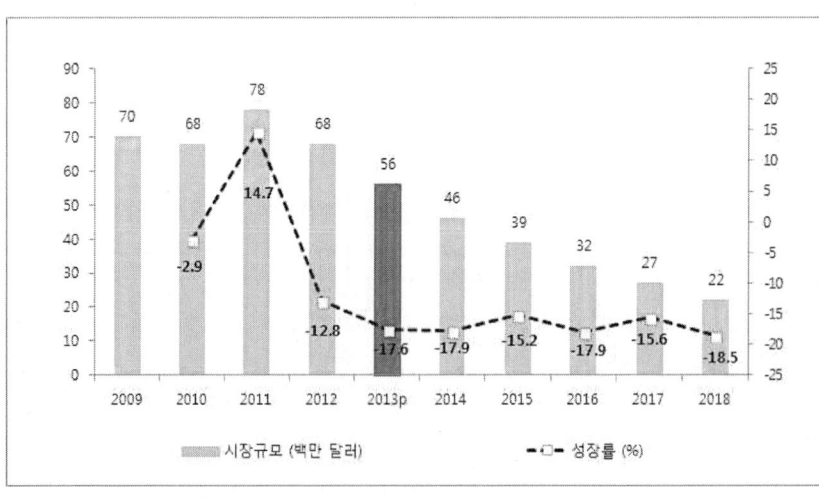

출처 : PwC(2014)

불법복제 문제가 여전히 심각하지만 정부의 대응이 소극적이라 해결되지 않고 있다. 이러한 상황에서 소비자들이 디지털 음원시장으로 이행하기 시작해 오프라인 음반시장은 향후 5년간 연평균 17%씩 하락하며 2018년까지 2,200만 달러의 시장으로 축소될 것으로 보인다.

나. 디지털 음원

2013년 터키의 디지털 음원시장은 전년대비 18.2% 성장한 1,300만 달러의 시장 규모를 형성하였다. 터키의 디지털 음원시장은 이제 막 형성되기 시작한 단계로 애플의 아이튠즈(iTunes) 스토어는 2012년이 되어서야 오픈했으며 스포티파이(Spotify)는 2013년 9월에야 시장에서 서비스를 시작했다.

터키의 경우, 인구의 1/3이 인터넷을 사용하고 있지 않을 정도로 브로드밴드 서비스의 보급이 비교적 느린 편이기 때문에 디지털 음악 서비스 발전이 늦어졌다. 하지만, 현재 터키의 소비자들 사이에서는 인구의 33% 이상이 모바일 브로드밴드 서비스를 이용할 정도로 빠르게 확산되고 있다. 특히 젊은이들은 터키의 디지털 레코딩 음악시장의 발전을 이끄는 중요한 원동력이 될 수 있을 것으로 보인다.

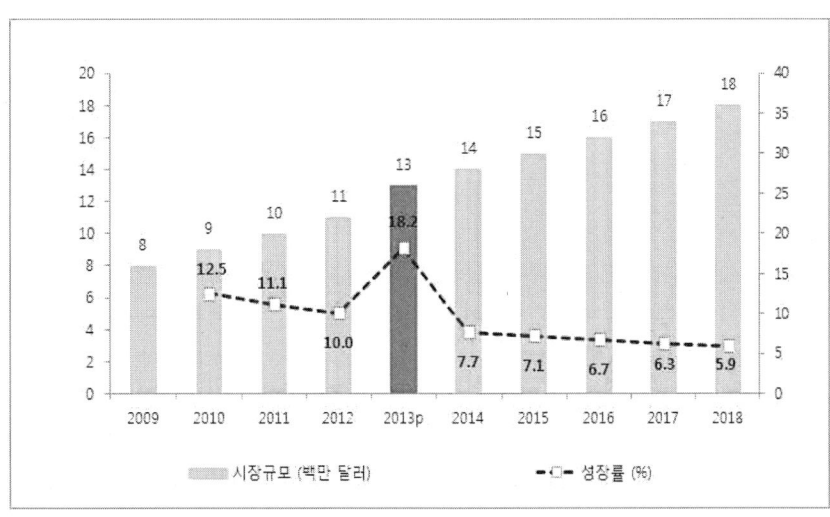

[그림 9-16] 터키 디지털 음원시장 규모 및 성장률, 2009-2018

출처 : PwC(2014

한편, 스트리밍서비스업체인 디저(Deezer)는 2013년 9월에 전 세계에서 182번째로 터키에서 서비스를 시작했다. 프랑스에 본사를 둔 디저는 터키의 MSG(Musical work owners group, 음악 작품 소유자 그룹)와 MESAM(Musical work owners society of Turkey, 터키음악작품소유자협회)이 다수의 터키 현지 음악에 접속할 수 있도록 약속하는 협정을 맺고 해당 국가에서 영업을 시작했다. 2007년에 개시한 'Mu Yap'은 유튜브 채널을 이용하는 터키 최대의 뮤직 비디오 사이트 중 하나로, 터키 출신 아티스트들의 다양한 음악들을 제공하고 있으며, 현재 해당 채널의 구독자 수는 240만 명이 넘는다.

이러한 추세는 계속되어 터키의 디지털 음원시장은 향후 5년간 연평균 7.6%의 높은 성장률로 2018년까지 1,800만 달러의 시장으로 성장할 것으로 전망된다.

[표 9-6] 터키 디지털 음원시장 규모 및 전망, 2009-2018

[단위 : 백만 달러, %]

구분	2009	2010	2011	2012	2013p	2014	2015	2016	2017	2018	2013-18 CAGR
다운로드	2	2	2	2	2	2	2	2	2	2	3.2
스트리밍	2	3	5	7	8	9	10	11	12	13	10.8
모바일	4	3	3	3	3	3	3	3	3	3	0.4
합계	8	9	10	11	13	14	15	16	17	18	7.6

출처 : PwC(2014

다. 공연 음악

2013년 터키의 공연 음악시장은 전년대비 3.4% 성장한 1억 8,100만 달러 규모로 집계되었다. 터키에서는 이스탄불의 '번 일렉트로니카 페스티벌(Burn Electronica Festival)'과 같은 일렉트로닉 음악뿐 아니라, 터키 전통 음악에 이르기까지 다양한 음악 장르의 페스티벌이 열린다. 또한, '썬 스플래쉬(SunSplash)', '노매드(Nomad)'와 같이 관광객을 대상으로 하는 휴일 이벤트 페스티벌도 다수 있다. 향후에도 공연 음악산업은 터키의 음악시장 성장을 이끌 것으로 보여 터키의 공연 음악 시장은 2013년 1억 8,100만 달러에서 2018년 2억 1,800만 달러 규모로 증가할 것으로 전망된다.

[그림 9-17] 터키 공연 음악시장 규모 및 성장률, 2009-2018

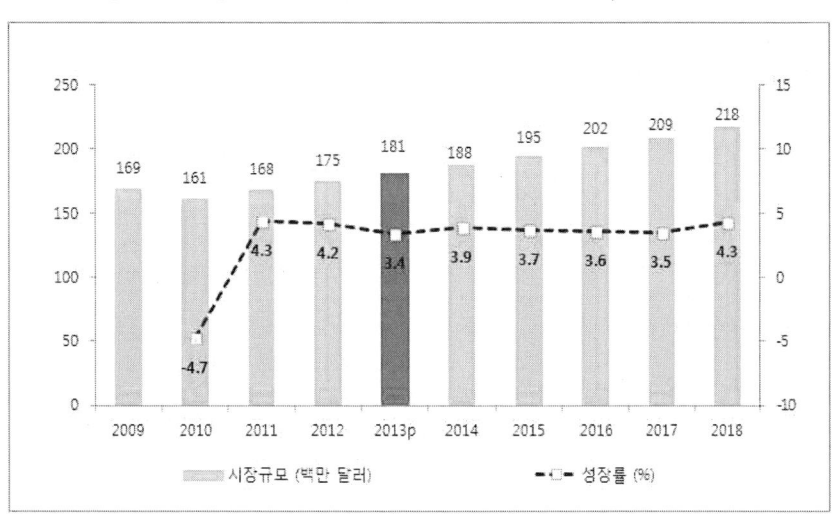

출처 : PwC(2014

[표 9-7] 터키 공연 음악시장 규모 및 전망, 2009-2018

[단위 : 백만 달러, %]

구분	2009	2010	2011	2012	2013p	2014	2015	2016	2017	2018	2013-18 CAGR
후원	39	37	40	42	46	49	51	54	56	59	5.2
티켓판매	130	123	128	133	136	139	143	148	153	159	3.2
합계	169	161	168	175	181	188	195	202	209	218	3.7

출처 : PwC(2014

(4) 게임

2013년 터키 게임시장은 경제성장과 함께 지식정보시장의 큰 성장세에 힘입어 전년대비 10.5% 성장한 1억 8,900만 달러 규모로 나타났다. 터키의 게이머 서베이(Turkish National Gamers Survey)에 따르면, 2012년 터키의 액티브 게이머는 약 2,180만 명이며, 약 1,140만 명은 유료가입자라고 한다. 이미 많은 게임 유저를 보유한 터키는 향후 게임산업이 발전할 잠재력을 지니고 있는 것으로 보인다. 이에 터키의 게임시장은 향후 5년간 연평균 8.6%씩 성장하여 2018년에는 2억 8,600만 달러 규모를 형성할 것으로 전망된다.

[표 9-8] 터키 게임시장 규모 및 전망, 2009-2018

[단위 : 백만 달러, %]

구분		2009	2010	2011	2012	2013p	2014	2015	2016	2017	2018	2013-18 CAGR
게임 광고		7	9	11	12	13	14	15	16	17	18	5.8
콘솔 게임		67	70	66	63	67	72	78	85	94	105	9.4
	디지털	7	11	13	16	20	24	27	32	38	45	18.1
	패키지	61	59	53	47	47	48	50	53	56	59	4.7
온라인 게임		17	21	26	33	39	45	49	53	57	61	9.3
PC 게임		37	35	33	32	31	30	29	28	27	26	△3.6
	디지털	3	6	7	8	11	13	15	16	16	16	8.5
	패키지	34	29	26	24	20	17	14	12	11	10	△14
모바일 게임		16	20	24	31	38	47	53	60	68	76	14.6
합계		144	154	160	171	189	208	225	243	263	286	8.6

출처 : PwC(2014)

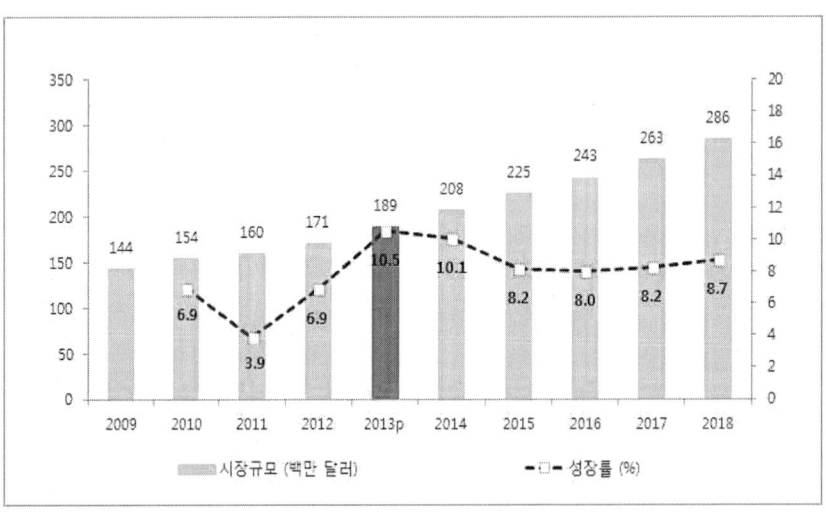

[그림 9-18] 터키 게임시장 규모 및 성장률, 2009-2018

출처 : PwC(2014)

터키 게임시장을 주도하고 있는 것은 콘솔 게임시장이다. 콘솔 게임시장은 2009년 46.5%의 높은 시장점유율을 보였는데 점차 그 비중이 줄어들어 2018년경에는 36.7%로 소폭 축소될 것으로 전망된다.

[그림 9-19] 터키 게임시장 분야별 비중 비교, 2009 vs. 2013 vs. 2018

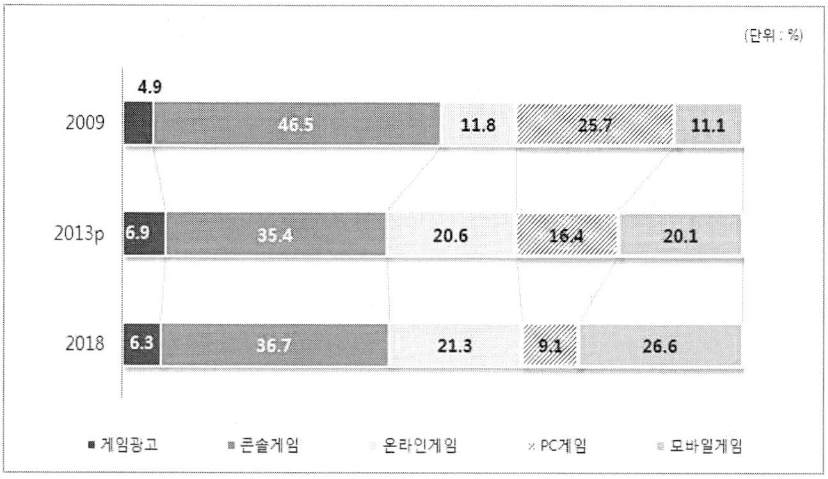

(단위 : %)

연도	게임광고	콘솔게임	온라인게임	PC게임	모바일게임
2009	4.9	46.5	11.8	25.7	11.1
2013p	6.9	35.4	20.6	16.4	20.1
2018	6.3	36.7	21.3	9.1	26.6

출처 : PwC(2014)

콘솔 게임의 뒤를 잇던 PC 게임시장은 2009년 이후 비중이 축소되어 2018년에는 9.1%의 점유율을 보일 것으로 예상된다. 온라인 게임시장과 모바일 게임시장은 2009년 비슷한 점유율을 보이며 콘솔 게임과 PC 게임 뒤를 따랐는데 점차 점유율이 늘어나 2013년에는 PC 게임을 제치고 2, 3위를 차지했다. 모바일 게임은 온라인 게임보다 시장이 더욱 확대되어 2018년에는 26.6%의 점유율로 콘솔 게임 다음으로 큰 비중을 차지할 것으로 보인다.

가. 콘솔 게임

2013년 터키의 콘솔 게임시장은 전년대비 6.3% 성장한 6,700만 달러로 집계되었다. 최근 터키에서는 온라인 게임과 모바일 게임의 인기가 높지만 이미 오래 전부터 뿌리를 내린 콘솔 게임시장이 전체에서 차지하는 비중이 크다. 또한, 2014년 월드컵의 영향과 신작 플레이스테이션 4의 출시로 콘솔 게임에 대한 인기가 상승하고 있다. 당분간 콘솔 게임의 인기는 계속될 것으로 보여 터키의 콘솔 게임시장은 향후 5년간 9.4%의 성장률을 보이며 2018년까지 1억 500만 달러 규모의 시장으로 성장할 것으로 전망된다.

[그림 9-20] 터키 콘솔 게임시장 규모 및 성장률, 2009-2018

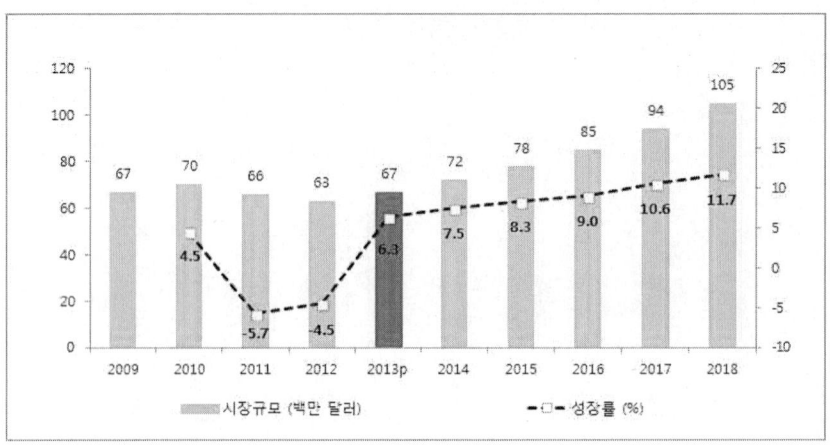

출처 : PwC(2014)

나. 온라인 게임

2013년 터키의 온라인 게임시장은 전년대비 18.2% 성장한 3,900만 달러로 집계되었다. 다른 나라와 마찬가지로 터키에서도 MMO게임들이 큰 인기를 끌고 있다. 터키 게임 유저의 약 30~40%는 MMO 게임 유저들인 것으로 알려져 있다. 터키의 온라인 게임시장은 향후 5년간 연평균 9.3%로 2018년까지 6,100만 달러의 시장으로 성장할 것으로 전망된다.

[그림 9-21] 터키 온라인 게임시장 규모 및 성장률, 2009-2018

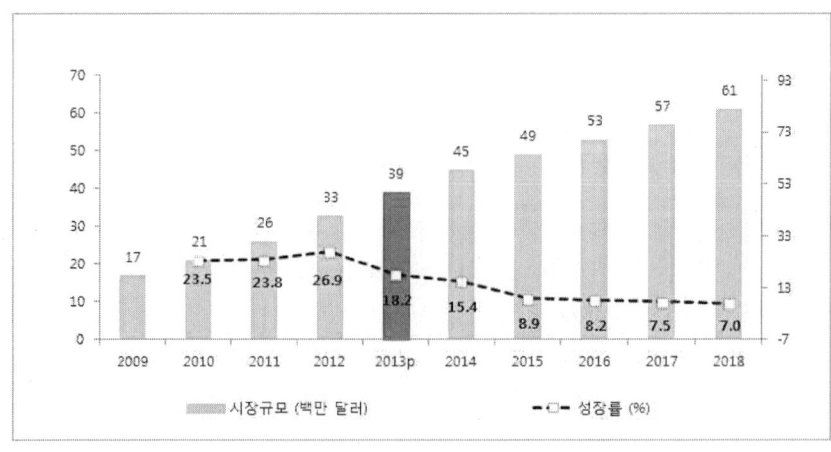

출처 : PwC(2014)

다. PC 게임

2013년 터키의 PC 게임시장은 전년대비 3.1% 하락한 3,100만 달러의 규모로 집계되었다. 온라인 게임과 모바일 게임의 약진으로 PC 게임시장은 전반적인 매출 하락이 예상되어 2018년까지 연평균 3.6%의 하락세를 보이며 2,600만 달러 규모의 시장으로 축소될 것으로 전망된다.

[그림 9-22] 터키 PC 게임시장 규모 및 성장률, 2009-2018

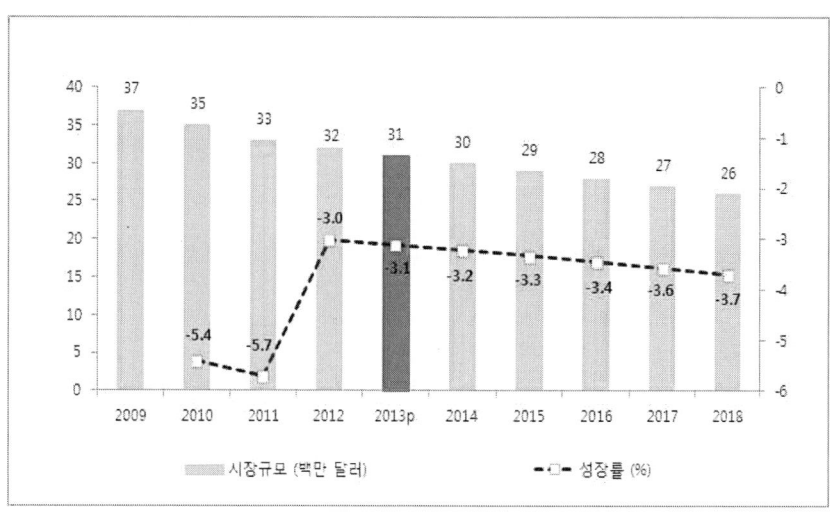

출처 : PwC(2014)

라. 모바일 게임

2013년 터키의 모바일 게임시장은 전년대비 22.6% 성장한 3,800만 달러로 집계되었다. 스마트폰의 보급으로 SNS를 통한 캐주얼 게임 이용층이 크게 증가하고 있어 향후 5년간 연평균 14.6%의 높은 성장세로 2018년까지 7,600만 달러규모로 성장할 것으로 전망된다.

[그림 9-23] 터키 모바일 게임시장 규모 및 성장률, 2009-2018

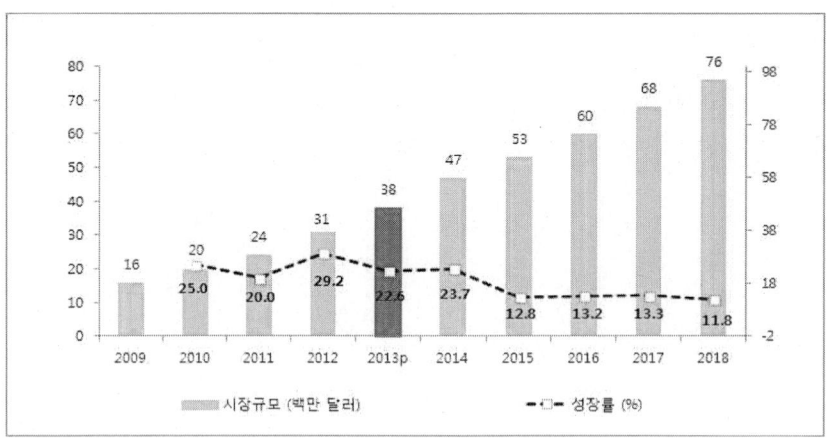

출처 : PwC(2014)

(5) 영화

2013년 터키의 영화시장은 전년대비 6.4% 성장한 4억 4,600만 달러 규모를 형성하였다. 홈비디오시장의 하락세가 두드러지지만 박스오피스시장과 디지털배급시장이 꾸준한 성장세를 보여주고 있어 터키의 영화시장은 향후 5년간 6%의 성장률을 보이며 2018년까지 5억 9,600만 달러 규모로 성장할 것으로 전망된다.

[그림 9-24] 터키 영화시장 규모 및 성장률, 2009-2018

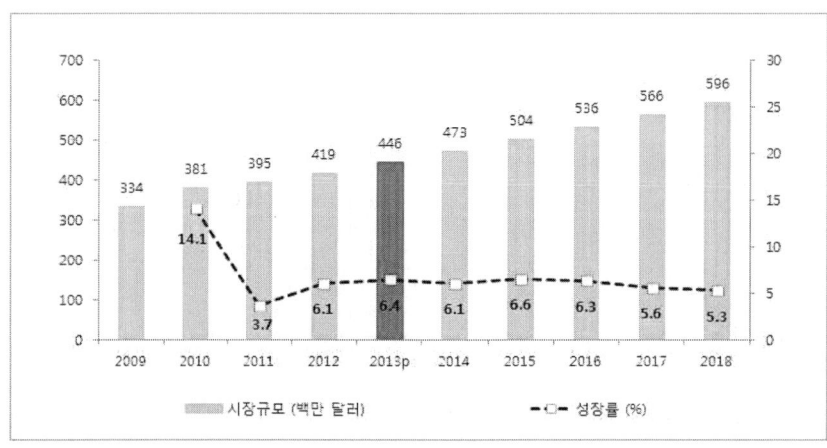

출처 : PwC(2014)

[표 9-9] 터키 영화시장 규모 및 전망, 2009-2018

[단위 : 백만 달러, %]

구분	2009	2010	2011	2012	2013p	2014	2015	2016	2017	2018	2013-18 CAGR
극장	186	230	243	257	276	290	304	318	332	343	4.5
박스오피스	165	206	214	227	244	256	268	281	295	305	4.6
극장광고	21	24	29	31	32	34	35	37	37	38	3.4
홈비디오	116	111	100	90	83	78	74	72	69	67	△4.2
대여	39	37	31	27	23	21	19	17	15	14	△9.6
판매	76	75	68	63	60	57	56	55	54	53	△2.4
디지털배급	32	40	52	72	87	105	126	147	164	186	16.4
OTT/스트리밍	-	-	-	2	5	10	18	28	38	51	58.8
TV 구독	32	40	52	69	82	95	108	118	126	135	10.5
합계	334	381	395	419	446	473	504	536	566	596	6.0

출처 : PwC(2014)

터키의 영화시장에서 가장 큰 비중을 차지하는 것은 박스오피스시장이다. 박스오피스시장은 2009년 49.4%로 가장 큰 비중을 차지하였으며 2013년에는 그 규모가 더욱 커져 54.7%에 이르렀다. 그러나 2018년까지 디지털배급시장의 비중 증가로 인해 51.2%로 소폭 하락할 것으로 전망된다.

[그림 9-25] 터키 영화시장 분야별 비중 비교, 2009 vs. 2013 vs. 2018

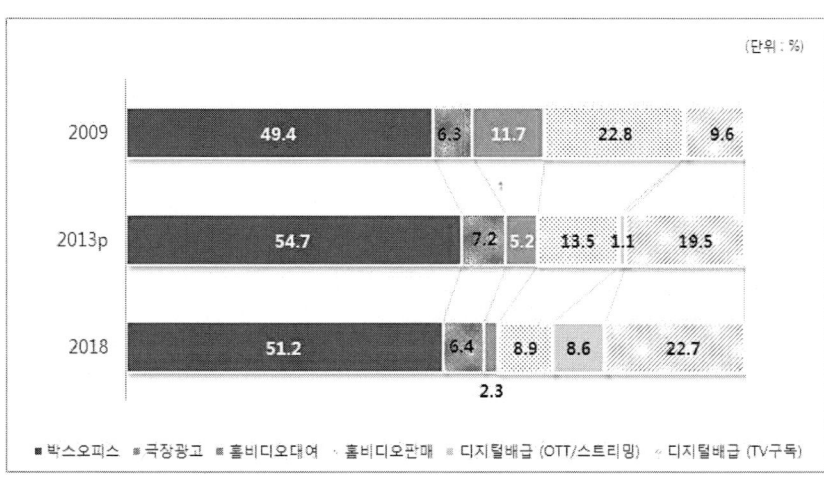

출처 : PwC(2014)

박스오피스시장 다음으로 큰 비중을 차지하던 홈비디오 판매시장은 디지털배급시장의 확대로 2009년 22.8%였던 것이 2018년에는 8.9%로 대폭 축소될 것으로 보인다. 홈비디오 대여시장 역시 같은 추세를 보일 것으로 전망된다. 반면, OTT/스트리밍 서비스를 비롯한 TV 구독 서비스가 주를 이루는 디지털배급시장은 꾸준히 성장하여 2018년에는 전체 시장의 30% 이상을 차지할 것으로 보인다.

가. 박스오피스

2013년 터키 박스오피스시장은 전년대비 7.4% 성장한 2억 7,600만 달러 규모로 집계 되었다. 2014년 칸 영화제에서 터키 영화인 '윈터슬립'이 황금종려상을 받으며 터키 영화계는 큰 주목을 받고 있다. 자국 영화의 시장 장악력이 높은 터키는 우수한 감독과 영화를 소비하는 많은 관객을 보유하고 있어 향후 영화산업이 크게 발전할 수 있을 것으로 보인다. 터키 박스오피스시장은 향후 5년간 연평균 4.5% 성장하여 2018년까지 3억 4,300만 달러에 이를 것으로 전망된다.

[그림 9-26] 터키 박스오피스시장 규모 및 성장률, 2009 - 2018

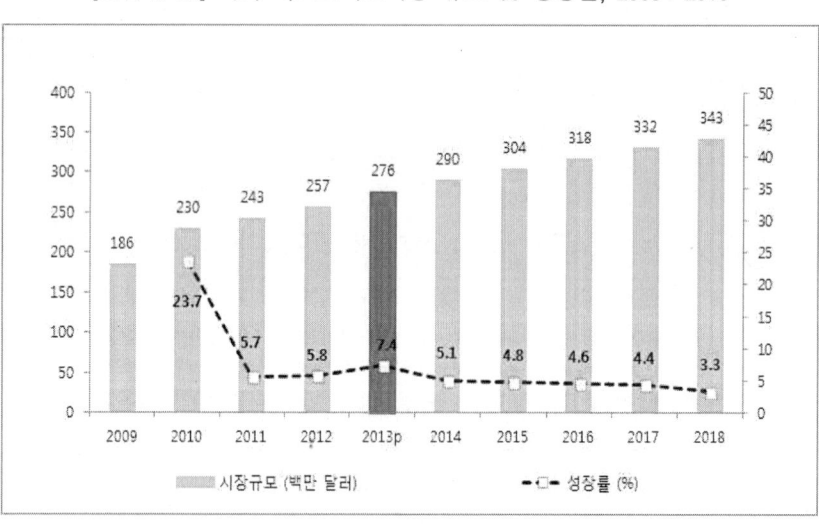

출처 : PwC(2014)

나. 홈비디오

2013년 터키의 홈비디오시장은 전반적인 하락세를 보여 전년대비 7.8% 감소한 8,300만 달러 규모로 집계되었다. 대여와 판매를 위주로 하는 홈비디오시장에서 매출 감소를 주도한 것은 '대여'분야로 연평균 9.6%씩 하락할 것으로 예상된다. 터키의 홈비디오시장은 향후 연평균 4.2%의 하락세를 보이며 2018년에는 6,700만 달러의 시장으로 축소될 것으로 전망된다.

[그림 9-27] 터키 홈비디오시장 규모 및 성장률, 2009 - 2018

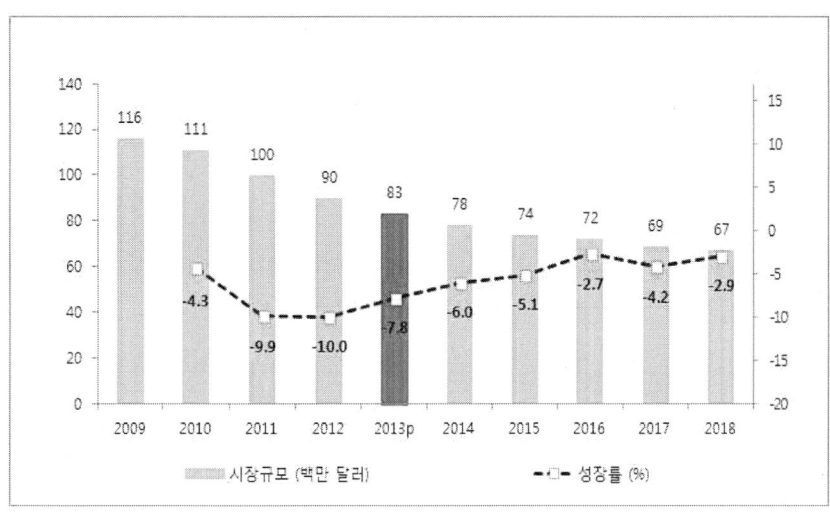

출처 : PwC(2014)

다. 디지털배급

2013년 터키의 디지털 영화 배급시장은 전년대비 20.8% 성장한 8,700만 달러 규모로 집계되었다. 성장 속도가 가장 빠른 OTT/스트리밍시장은 2013년 총 수익이 500만 달러에 불과하지만 이후 향후 5년간 연평균 58.8%의 높은 성장률을 보이며 크게 확대될 것으로 보인다. TV 구독시장도 연평균 10.5%의 비율로 성장할 것으로 보인다. 전체적으로 디지털배급시장은 향후 5년간 16.4%의 성장률을 보이며 2018년까지 1억 8,600만 달러의 시장을 형성할 것으로 전망된다.

[그림 9-28] 터키 디지털배급시장 규모 및 성장률, 2009 - 2018

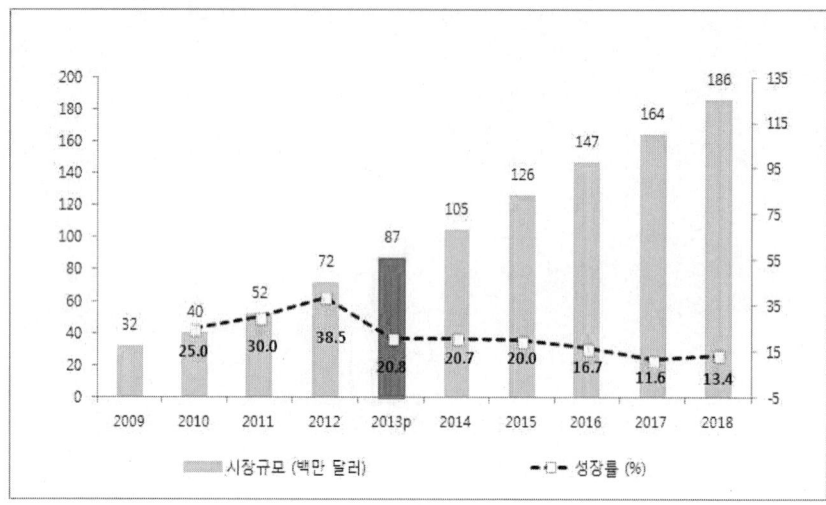

출처 : PwC(2014)

(6) 애니메이션

2013년 터키의 애니메이션시장은 전년대비 17.7% 성장한 8,400만 달러 규모로 집계되었다. 영화 애니메이션, 방송 애니메이션, 디지털배급 등의 시장은 꾸준한 성장세를 보였으나 홈비디오시장은 성장세가 주춤한 양상이다. 전반적으로 성장세를 보이는 터키의 애니메이션시장은 향후 5년간 9.6%의 성장률을 보이며 7,100만 달러의 시장으로 성장할 것으로 전망된다.

[표 9-10] 터키 애니메이션시장 규모 및 전망, 2009-2018

[단위 : 백만 달러, %]

구분	2009	2010	2011	2012	2013p	2014	2015	2016	2017	2018	2013-18 CAGR
영화	13	16	18	21	25	27	30	33	35	37	8.1
극장광고	2	2	2	3	3	4	4	4	4	5	7.0
디지털배급	0	0	0	0	1	1	2	3	5	6	64.5
방송	2	3	4	6	8	10	12	14	15	16	14.2
홈비디오	9	9	8	8	8	8	8	8	8	8	△1.0
합계	25	29	33	38	45	51	57	62	68	71	9.6

출처 : Box Office Mojo(2014), Digital Vector(2013), The-Numbers(2014), PwC(2014)

[그림 9-29] 터키 애니메이션시장 규모 및 성장률, 2009 - 2018

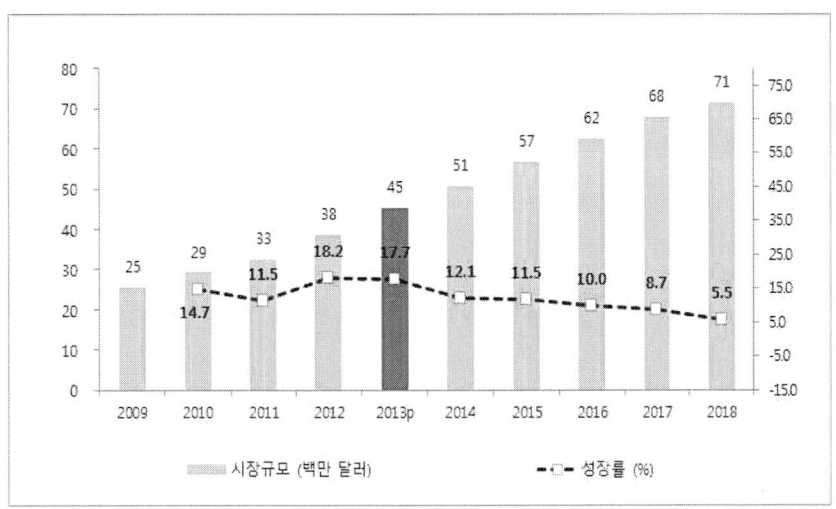

출처 : Box Office Mojo(2014), Digital Vector(2013), The-Numbers(2014), PwC(2014)

터키의 애니메이션시장에서 가장 큰 비중을 차지하는 것은 영화 애니메이션이다. 영화 애니메이션은 2009년 49.4%를 차지하며 시장을 주도했다.

[그림 9-30] 터키 애니메이션시장 분야별 비중 비교, 2009 vs. 2013 vs. 2018

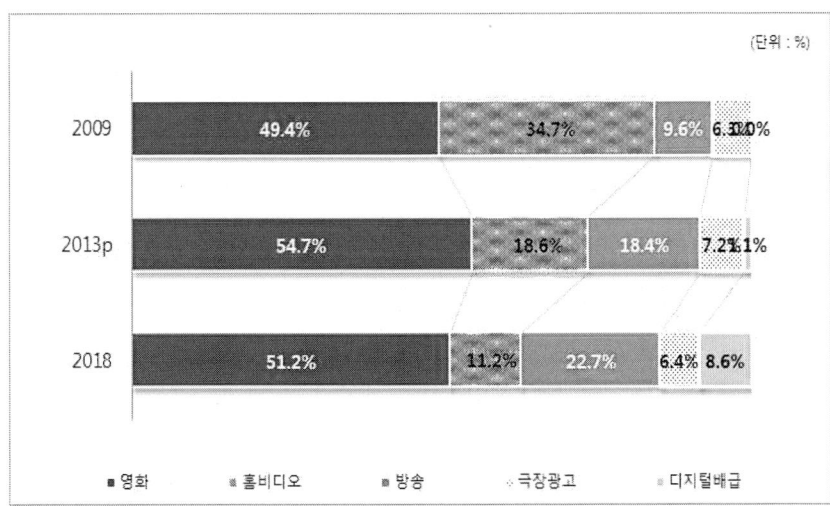

출처 : Box Office Mojo(2014), Digital Vector(2013), The-Numbers(2014), PwC(2014)

2013년에는 54.7%로 비중이 늘어나지만 디지털배급시장의 확대로 2018년에는 51.2%로 다소 축소될 것으로 보인다. OTT/스트리밍시장의 성장으로 디지털배급시장이 점차 큰 비중을 차지하여 2009년 0%의 점유율에서 2018년에는 8.6%로 확대될 것으로 보인다.

가. 영화 애니메이션

터키는 자국 영화의 인기가 높지만 애니메이션의 경우 다른 국가들과 마찬가지로 할리우드 애니메이션이 큰 인기를 끌고 있다. 전 세계를 강타한 '슈퍼배드 2', '터보', '스머프 2' 등이 개봉되면서 2013년 터키의 영화 애니메이션시장도 전년대비 18.3% 성장한 2,500만 달러의 규모로 집계되었다. 향후 3D 애니메이션에 대한 수요는 더욱 커질 것으로 예상되어 향후 5년간 영화 애니메이션시장 규모는 연평균 8.1%의 성장률로 3,700만 달러 규모로 성장할 것으로 전망된다.

[그림 9-31] 터키 영화 애니메이션시장 규모 및 성장률, 2009 - 2018

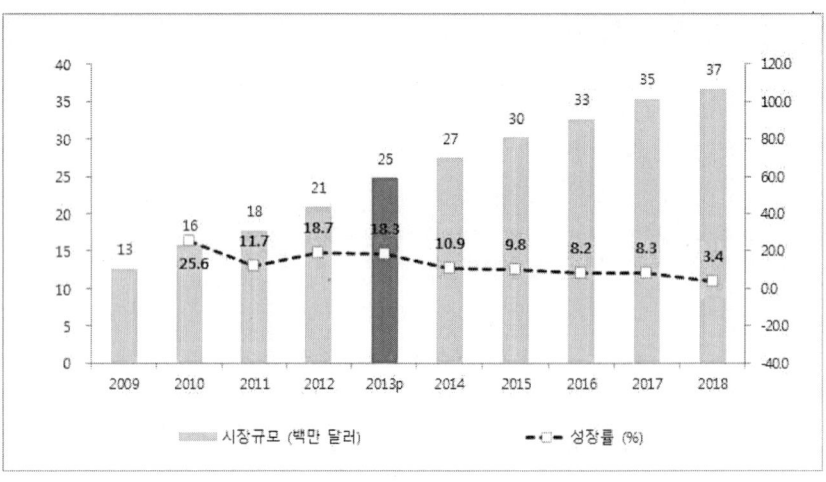

출처 : Box Office Mojo(2014), Digital Vector(2013), The-Numbers(2014), PwC(2014)

나. 방송 애니메이션

2013년 터키의 방송 애니메이션시장은 전년대비 30.8% 성장한 800만 달러로 집계되었다. 점차 케이블TV의 점유율이 높아지면서 향후 어린이 대상 콘텐츠의 수요가 늘어날 것으로 보이며 이에 따라 어린이 전문 채널의 애니메이션시장이 성장할 것으로 보인다. 방송 애니메이션시장은 연평균 14.2%의 높은 성장률로 2018년까지 1,600만 달러 규모가 될 것으로 전망된다.

[그림 9-32] 터키 방송 애니메이션시장 규모 및 성장률, 2009 - 2018

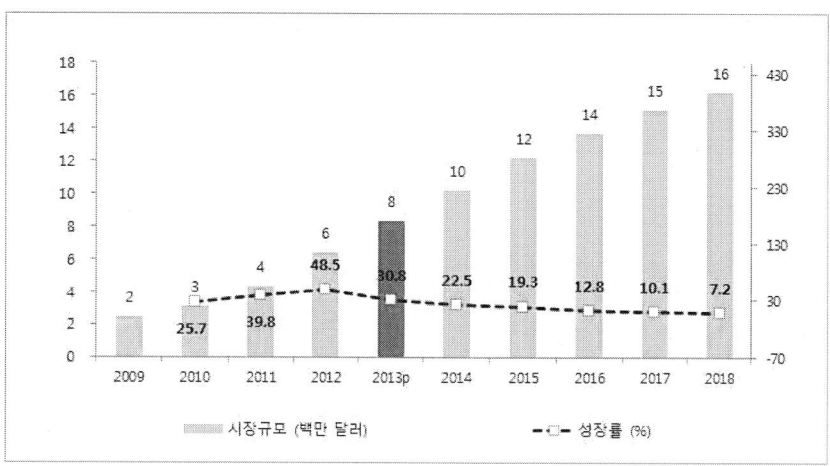

출처 : Box Office Mojo(2014), Digital Vector(2013), The-Numbers(2014), PwC(2014)

다. 홈비디오 애니메이션

터키의 홈비디오 애니메이션시장은 전년과 같은 800만 달러로 집계되었다. 유럽 전역에 미친 경제위기의 영향으로 2011년 홈비디오 애니메이션시장은 큰 폭으로 하락했는데 2013년까지 시장 규모는 그대로 이어지고 있다.

[그림 9-33] 터키 홈비디오 애니메이션시장 규모 및 성장률, 2009 - 2018

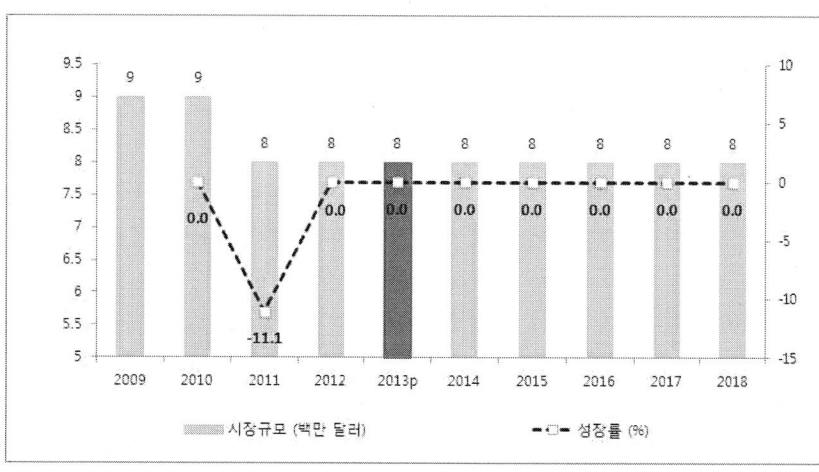

출처 : Box Office Mojo(2014), Digital Vector(2013), The-Numbers(2014), PwC(2014)

라. 디지털배급 애니메이션

2013년 터키의 디지털배급 애니메이션시장은 100만 달러의 시장이 올해 처음으로 형성되었다. 이슬람 종교의 해석과 정부의 규제에 의해 성장세가 꺾일 수 있지만 향후 다양한 OTT 서비스가 등장하면서 터키의 디지털배급 애니메이션시장은 연평균 64.5%의 성장률을 보이며 2018년까지 600만 달러의 시장으로 성장할 것으로 전망된다.

[그림 9-34] 터키 디지털배급 애니메이션시장 규모 및 성장률, 2009 - 2018

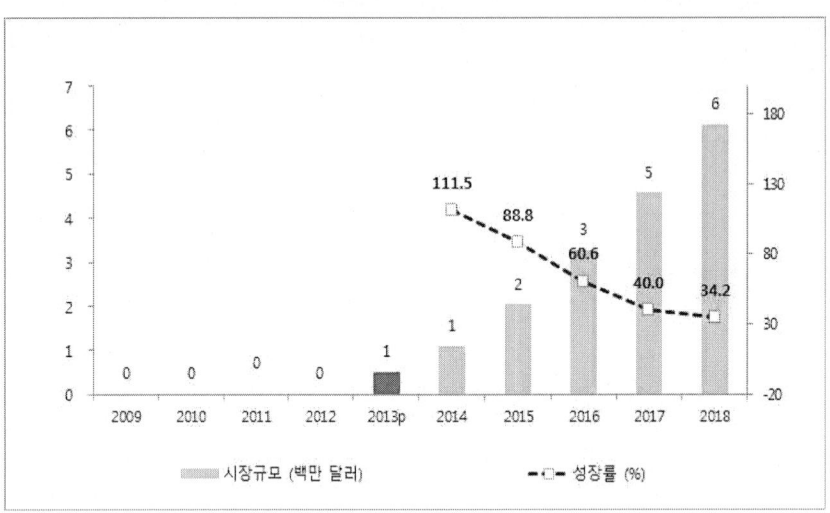

출처 : Box Office Mojo(2014), Digital Vector(2013), The-Numbers(2014), PwC(2014)

(7) 방송

2013년 터키의 방송시장 규모는 전년대비 12.9% 성장한 32억 400만 달러의 시장으로 집계되었다. 전체적으로 높은 성장률을 보이고 있지만 특히 다중 채널과 온라인TV 광고가 큰 폭으로 성장하였다. 향후 5년간 터키의 방송시장은 2018년까지 연평균 8%로 성장하여 47억 100만 달러 규모가 될 것으로 전망된다.

[그림 9-35] 터키 방송시장 규모 및 성장률, 2009 - 2018

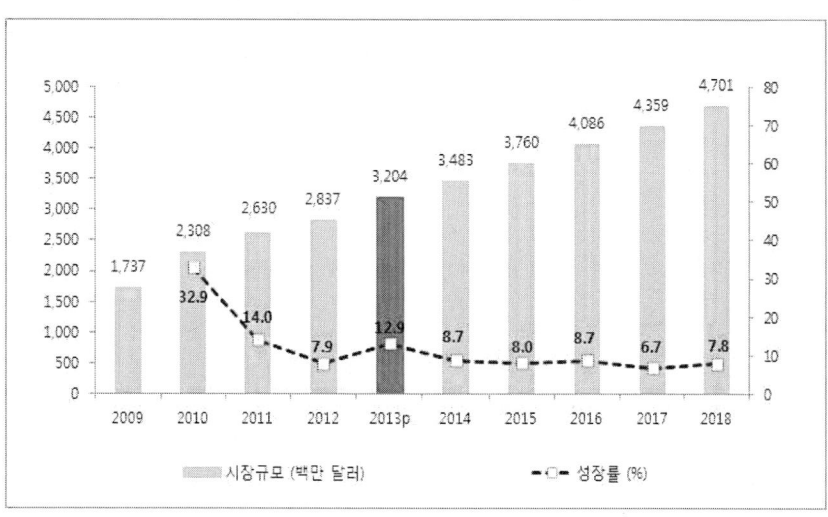

출처 : PwC(2014)

[표 9-11] 터키 방송시장 규모 및 전망, 2009-2018

[단위 : 백만 달러, %]

구분	2009	2010	2011	2012	2013p	2014	2015	2016	2017	2018	2013-18 CAGR
TV 수신료	853	1,080	1,159	1,273	1,462	1,610	1,754	1,894	2,028	2,149	8.0
공영방송	388	544	557	574	662	723	787	851	917	985	8.3
유료방송	465	536	602	700	800	887	968	1,043	1,110	1,164	7.8
TV 광고	775	1,085	1,317	1,402	1,558	1,671	1,785	1,953	2,072	2,272	7.8
다중 채널	30	59	83	101	121	150	175	209	232	266	17.1
지상파	745	1,026	1,233	1,299	1,433	1,513	1,596	1,722	1,805	1,954	6.4
온라인	1	1	1	2	4	8	14	23	35	52	68.9
라디오	109	143	154	162	184	202	221	239	259	280	8.8
라디오 광고	47	56	65	70	78	86	95	105	116	128	10.5
공영 라디오	62	87	89	92	106	116	126	134	143	152	7.5
위성 라디오	-	-	-	-	-	-	-	-	-	-	-
합계	1,737	2,308	2,630	2,837	3,204	3,483	3,760	4,086	4,359	4,701	8.0

출처 : PwC(2014)

터키의 방송시장은 TV 수신료시장과 TV 광고시장이 큰 비중을 차지하며 전체 시장을 견인하고 있다. TV 수신료시장은 2009년 49.1%로 가장 큰 비중을 보였는데 TV 광고시장의 확대로 2018년에는 45.7%로 다소 축소될 것으로 보인다.

TV 광고시장은 TV 수신료시장 다음으로 크지만 2009년 이후 계속 성장하여 2018년에는 전체 시장에서 48.3%를 차지할 것으로 전망된다. 라디오시장은 2009년 6.3%의 비중을 차지했지만, 꾸준히 줄어들어 2018년에는 6%의 점유율을 보일 것으로 전망된다.

[그림 9-36] 터키 방송시장 분야별 비중 비교, 2009 vs. 2013 vs. 2018

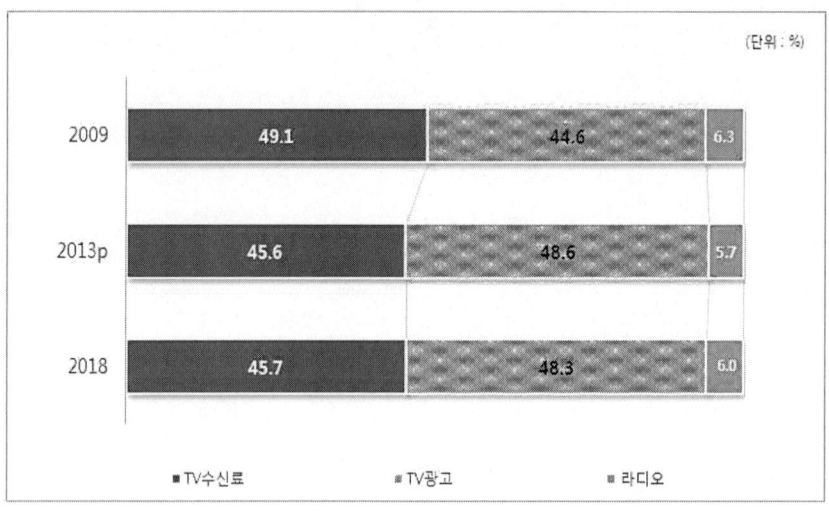

출처 : PwC(2014)

가. TV 수신료

터키의 TV 수신료시장은 전년대비 14.8% 성장한 14억 6,200만 달러로 집계되었다. 터키는 경제성장과 함께 TV를 구입하는 가구 수가 늘고 있으며 케이블TV 나 IPTV 와 같은 유료TV 가입자도 늘고 있다. 이에 공영 방송시장과 더불어 유료방송시장도 큰 성장률을 보일 것으로 예상되어 향후 터키의TV 수신료시장은 연평균 8%의 성장률을 보이며 21억 4,900만 달러의 시장으로 성장할 것으로 전망된다.

[그림 9-37] 터키 TV 수신료시장 규모 및 성장률, 2009 - 2018

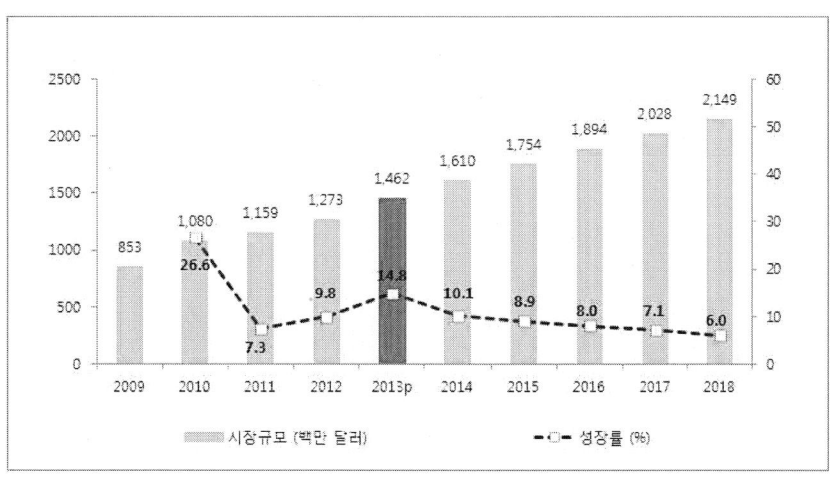

출처 : PwC(2014)

나. TV 광고

터키의 젊은 층은 하루에 5시간 이상 TV를 시청하기 때문에 TV는 터키에서 중요한 광고매체로 자리잡고 있다.

[그림 9-38] 터키 TV 광고시장(방송) 규모 및 성장률, 2009 - 2018

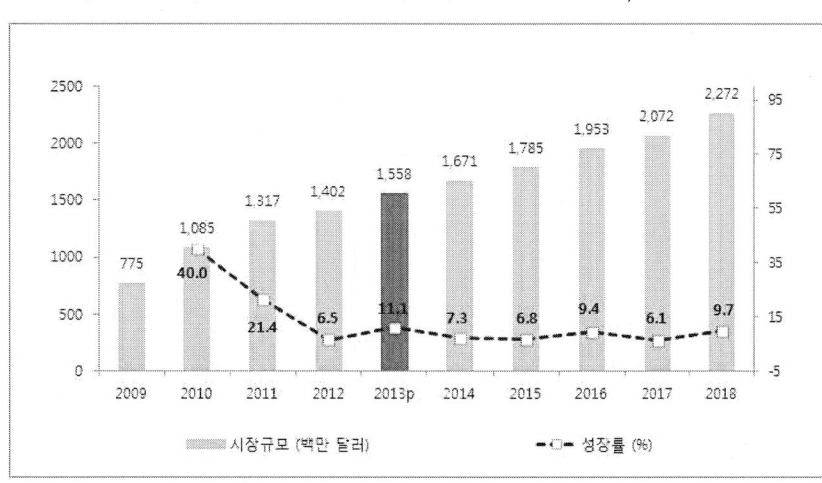

출처 : PwC(2014)

경제성장과 더불어 광고 분야는 꾸준히 발전하고 있어 터키의 TV 광고시장은 2013년 전년대비 11.1%의 성장률을 보이며 15억 5,800만 달러로 집계되었다. 향후 5년간 터키의TV 광고시장은 연평균 7.8%의 성장률을 보이며 22억 7,200만 달러까지 성장할 것으로 전망된다.

다. 라디오

2013년 터키의 라디오시장은 전년대비 13.6% 성장한 1억 8,400만 달러의 규모로 집계되었다. 향후 5년간 터키의 라디오 광고시장의 성장과 공영 라디오 수신료시장의 성장에 힘입어 연평균 8.8%의 성장률을 보이며 2억 8,000만 달러 규모에 이를 것으로 전망된다.

[그림 9-39] 터키 라디오시장 규모 및 성장률, 2009 - 2018

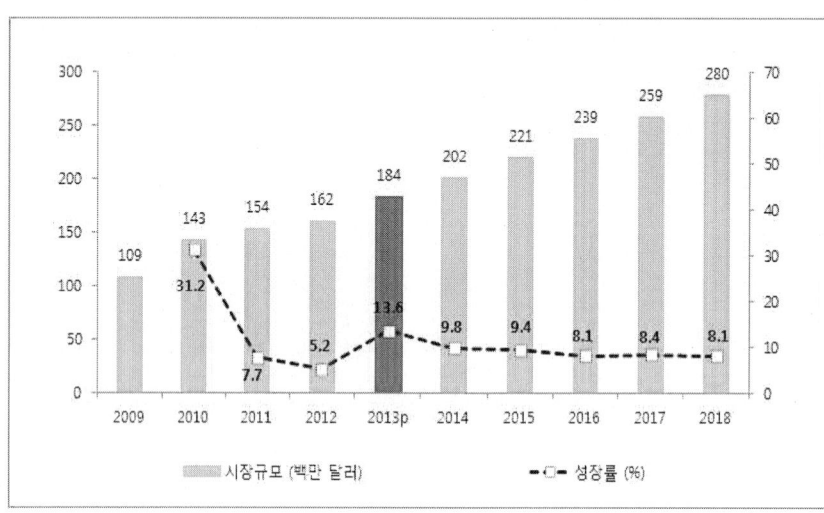

출처 : PwC(2014)

(8) 광고

2013년 터키의 광고시장은 각 영역의 디지털 부문과 인터넷 부문의 발전으로 인쇄 부문의 하락세를 상쇄했다. 트렌드에 민감한 디렉토리 광고가 인쇄 부문에서 마이너스 성장률을 보였지만, 전반적으로 높은 성장률을 보여 전년대비 13.8% 성장한 33억 3,100만 달러를 기록했다. 향후 5년간 터키의 광고시장은 연평균 8.2%를 기록하며 49억 3,500만 달러 규모로 성장할 전망이다.

[그림 9-40] 터키 광고시장 규모 및 성장률, 2009 - 2018

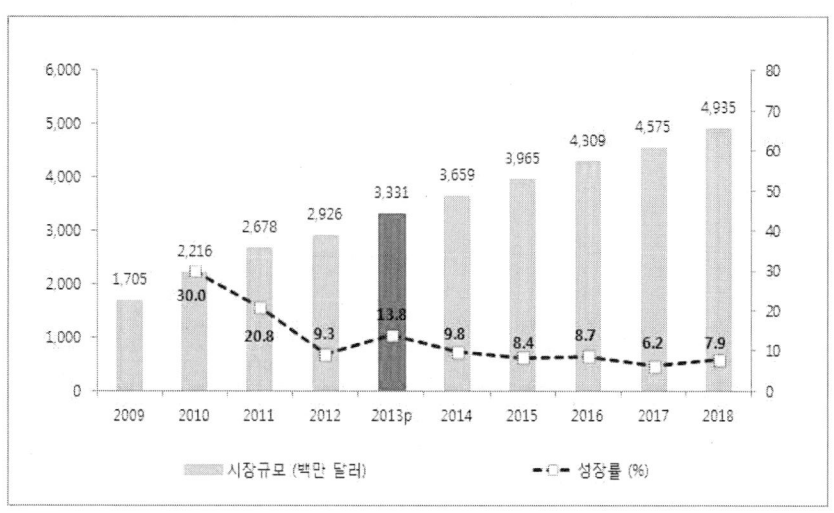

출처 : PwC(2014)

[표 9-12] 터키 광고시장 규모 및 전망, 2009-2018

[단위 : 백만 달러, %]

구분	2009	2010	2011	2012	2013p	2014	2015	2016	2017	2018	2013-18 CAGR
디렉토리 광고	131	126	126	141	155	172	191	212	235	259	10.8
디지털	32	37	45	60	76	96	118	142	168	195	20.6
인쇄	98	90	82	81	79	76	73	70	67	64	△4.1
잡지 광고	39	47	54	58	62	67	71	76	80	85	6.4
디지털	1	1	3	4	5	7	8	10	11	14	20.1
인쇄	39	46	51	54	57	60	63	66	69	72	4.7
산업잡지광고	2	2	3	3	3	3	3	3	3	3	4.1
디지털	-	-	-	-	-	-	-	1	1	12.9	
인쇄	2	2	3	3	3	3	3	3	3	3	2.8
극장광고	21	24	29	31	32	34	35	37	37	38	3.4
신문 광고	418	479	533	547	612	657	701	749	799	852	6.8
디지털	10	17	23	29	35	43	51	60	72	85	19.2
인쇄	408	462	510	519	577	614	651	688	727	766	5.9
라디오 광고	47	56	65	70	78	86	95	105	116	128	10.5
TV 광고	775	1,085	1,317	1,402	1,558	1,671	1,785	1,953	2,072	2,272	7.8

297) 산술합계에는 디렉토리 광고, 잡지 광고, 산업잡지 광고, 신문 광고의 디지털 광고와 온라인TV 광고, 지상파 라디오 온라인 광고가 인터넷 광고시장 규모에 포함되어 있어 합계에서는 중복되는

[단위 : 백만 달러, %]

구분	2009	2010	2011	2012	2013p	2014	2015	2016	2017	2018	2013-18 CAGR
다중 채널	30	59	83	101	121	150	175	209	232	266	17.1
지상파	745	1,026	1,233	1,299	1,433	1,513	1,596	1,722	1,805	1,954	6.4
온라인TV	1	1	1	2	4	8	14	23	35	52	68.9
인터넷 광고	203	309	447	582	740	889	1,019	1,131	1,225	1,332	12.5
모바일	8	12	17	24	33	44	55	67	79	94	23.4
유선	194	297	430	558	707	846	964	1,064	1,146	1,238	11.8
옥외 광고	106	135	165	175	198	220	241	262	278	295	8.4
디지털	-	6	10	15	23	36	52	73	95	121	38.9
오프라인	106	130	155	160	174	185	190	190	183	174	0
게임 광고	7	9	11	12	13	14	15	16	17	18	5.8
산술합계[297]	1,749	2,272	2,750	3,021	3,451	3,813	4,156	4,544	4,862	5,282	8.9
합계	1,705	2,216	2,678	2,926	3,331	3,659	3,965	4,309	4,575	4,935	8.2

출처 : PwC(2014)

터키 광고시장에서 가장 큰 비중을 차지하는 것은 TV 광고시장이다. 젊은 층의 TV 시청 시간이 길어 TV는 광고의 주요 매체가 되고 있다. 하지만 인터넷 광고시장이 성장하면서 TV 광고시장은 점유율을 빼앗겨 2009년 44.3%에서 2018년 43%로 그 비중이 다소 줄어들 것으로 보인다. 인터넷 광고시장은 2009년 디렉토리 광고시장보다도 적은 11.6%의 점유율을 보였지만 그 비중이 점차 늘어나 2018년에는 25.2%의 점유율로 TV 광고시장 다음으로 큰 비중을 차지할 것으로 보인다.

[그림 9-41] 터키 광고시장 분야별 비중 비교, 2009 vs. 2013 vs. 2018

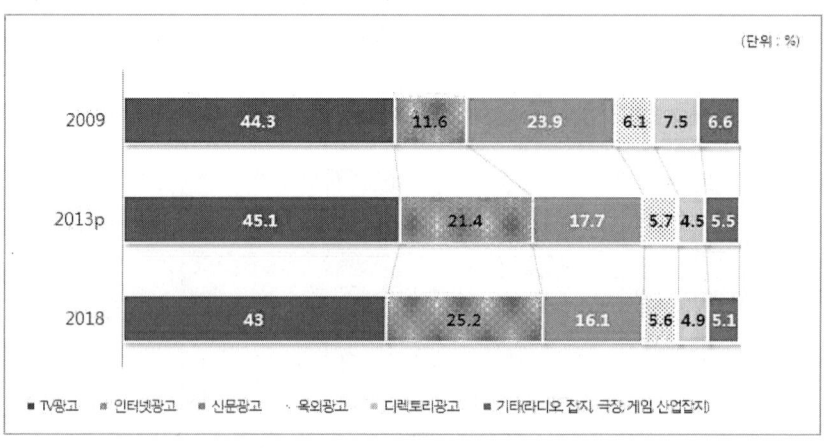

출처 : PwC(2014)

_____
부분을 제외함

가. TV 광고

2013년 터키 TV 광고시장은 전년대비 11.1% 성장한 15억 5,800만 달러 규모를 나타냈다. 이는 TV 광고시장의 대부분을 차지하는 지상파 광고 수익의 증가세에 힘입은 것으로 보인다.

[그림 9-42] 터키 TV 광고시장 규모 및 성장률, 2009 - 2018

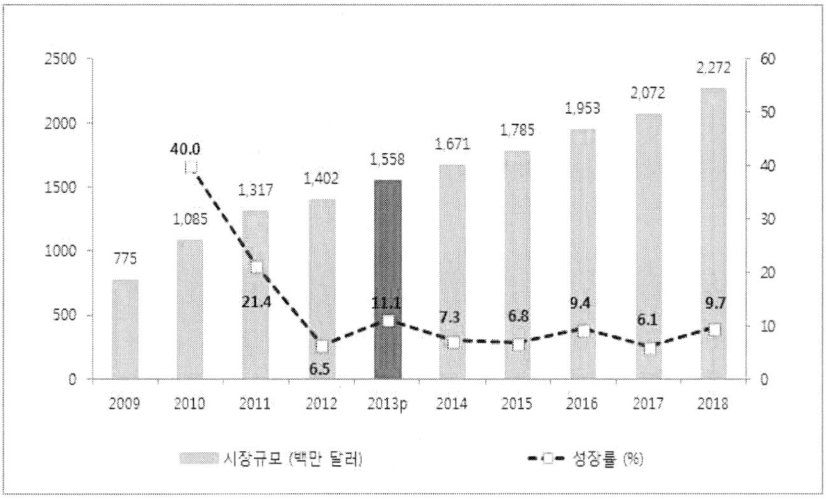

출처 : PwC(2014)

향후 다중 채널과 지상파 방송의 광고 수익이 증가할 것으로 보이며, 온라인TV를 통한 광고 수익도 폭발적인 성장세를 보일 것으로 예상되어 2018년까지 연평균 7.8%의 성장률로 22억 7,200만 달러에 이르는 시장 규모를 형성할 것으로 보인다.

나. 인터넷 광고

2013년 터키의 인터넷 광고시장은 지식정보 산업의 발전으로 전년대비 27.1% 증가한 7억 4,000만 달러의 시장으로 집계되었다. 정부의 유무선 인프라 확대 정책에 힘입어 인터넷 관련 산업은 더욱 발전될 것으로 보이며, 특히 스마트폰의 보급이 확대되면서 모바일 광고시장의 폭발적인 성장세가 예상된다. 터키의 인터넷 광고시장은 향후 5년간 연평균 12.5% 성장한 13억 3,200만 달러 규모를 형성할 것으로 전망된다.

[그림 9-43] 터키 인터넷 광고시장 규모 및 성장률, 2009 - 2018

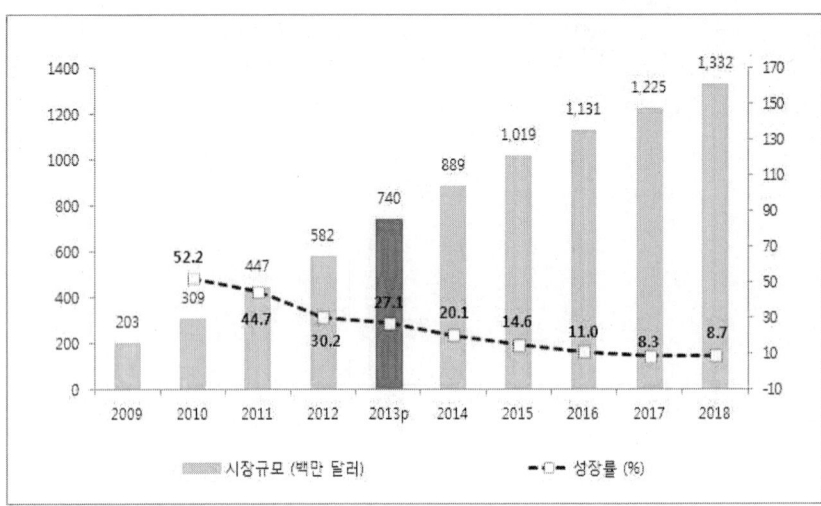

출처 : PwC(2014)

[표 9-13] 터키 인터넷 광고시장 규모 및 전망, 2009-2018

[단위 : 백만 달러, %]

구분	2009	2010	2011	2012	2013p	2014	2015	2016	2017	2018	2013-18 CAGR
모바일	8	12	17	24	33	44	55	67	79	94	23.4
유선	194	297	430	558	707	846	964	1,064	1,146	1,238	11.8
안내광고	18	25	31	35	48	60	70	76	80	83	11.5
디스플레이 광고	93	142	206	268	334	393	441	478	507	538	10
비디오	1	1	2	3	5	10	16	26	37	54	61
유료검색	82	129	191	253	321	384	438	484	522	564	11.9
합계	203	309	447	582	740	889	1,019	1,131	1,225	1,332	12.5

출처 : PwC(2014)

다. 신문 광고

2013년 터키의 신문 광고시장은 전년대비 11.9% 성장한 6억 1,200만 달러로 집계되었다. 터키 사람들은 신문을 꼼꼼히 읽는 것을 좋아해 신문을 읽는데 평균 65분을 할애한다는 조사가 2010년 발표된 바 있다. 따라서 신문은 광고에 큰 영향력을 미치는 매체로 인정되고 있다. 하지만, 2013년 comScore의 보고에 따르면 터키사람들은 다른 유럽지역보다도 인터넷을 하는데 더 많은 시간을 할애한다는 보고를 한 바 있다.298) 상당수의 젊은이들은 종이 신문보다 디지털 신문으로 이행해 갔음을 알 수 있다. 이에 따라 인쇄 신문과 더불어 디지털 신문 광고가 빠른 속도로 성장할 것으로 보여 터키의 신문 광고시장은 향후 5년간 연평균 6.8% 성장률로 8억 5,200만 달러의 규모를 이룰 것으로 전망된다.

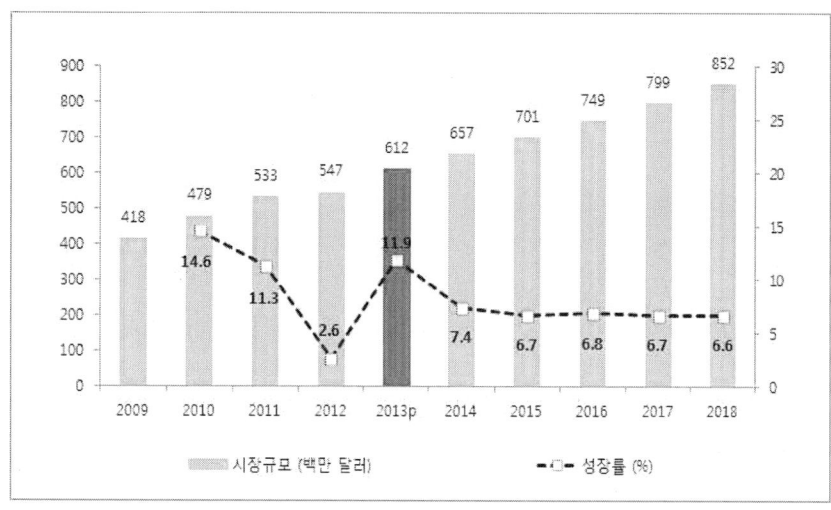

[그림 9-44] 터키 신문 광고시장 규모 및 성장률, 2009-2018

출처 : PwC(2014)

라. 옥외 광고

2013년 터키의 옥외 광고시장은 전년대비 13.1% 성장한 1억 9,800만 달러의 시장으로 집계되었다. 오프라인 옥외 광고시장은 디지털 옥외 광고에 점차 밀려나는 양상을 보이고 있다. 디지털 옥외 광고는 시장 규모가 빠른 속도로 증가하고 있는데, 대표적으로 디지털 사이니지는 대형 마켓에서 두각을 나타내고 있다. 터키시장을 주도하고 있는 두 대형마켓 체인이 500개 이상의 스크린들을 마켓에 설치하여 식료품과 베이커리 같은 물품의 프로모션에 활용하고 있으며 디지보드(Digiboard)는 터키 전역에 있는 150개의 점포와 27개의 쇼핑몰을 소유한 Tesco그룹과 계약을 맺었다. 디지털 옥외 광고시장은 2018년까지 10.0%의 성장률로 2억 2,200만 달러 규모를 기록할 것

---

298) PwC, Global Entertainment and Media outlook 2014, 2014.06

으로 전망된다. 터키의 옥외 광고시장은 이러한 디지털 옥외 광고시장의 확대에 힘입어 향후 5년 간 연평균 38.9% 비율로 성장하여 2018년까지 2억 9,500만 달러 규모를 이룰 것으로 전망된다.

[그림 9-45] 터키 옥외 광고시장 규모 및 성장률, 2009-2018

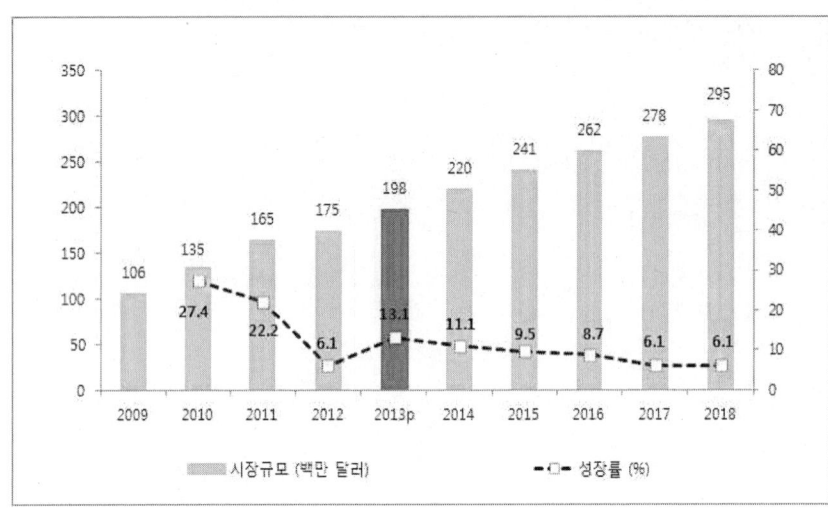

출처 : PwC(2014)

(9) 캐릭터·라이선스

2013년 터키의 캐릭터·라이선스시장은 전년대비 5.2% 성장한 5억 2,600만 달러규모로 집계되었다. 터키의 캐릭터·라이선스시장은 향후 5년간 연평균 8.3%의 성장률로 2018년까지 7억 8,300만 달러의 시장을 형성할 것으로 전망된다.

[표 9-14] 터키 캐릭터·라이선스시장 규모 및 전망, 2009-2018

[단위 : 백만 달러, %]

구분	2009	2010	2011	2012	2013p	2014	2015	2016	2017	2018	2013-18 CAGR
캐릭터·라이선스	389	453	470	500	526	573	621	673	725	783	8.3

출처 : EPM(2013, 2014), PwC(2014)

[그림 9-46] 터키 캐릭터·라이선스시장 규모 및 성장률, 2009-2018

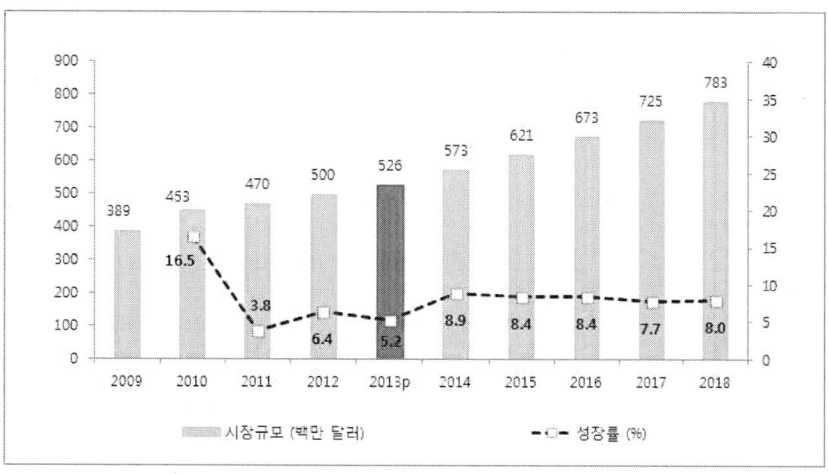

출처 : EPM(2013, 2014), PwC(2014)

터키의 캐릭터·라이선스시장에서 가장 높은 시장점유율을 보인 것은 패션 부문이다. 패션 부문은 2011년 전체 시장에서 26.6%의 비중을 차지했으나 2013년에는 다소 축소되어 25.7%의 비중을 차지했다. 엔터테인먼트/캐릭터 부문도 2011년 22.3%의 점유율에서 2013년 20.3%로 줄어들었다. 스포츠, 기업브랜드/상표, 예술 부문도 모두 전체에서 차지하는 비중이 줄어들었다.

[그림 9-47] 터키 캐릭터·라이선스 부문별 시장 비중 비교, 2011 vs. 2013

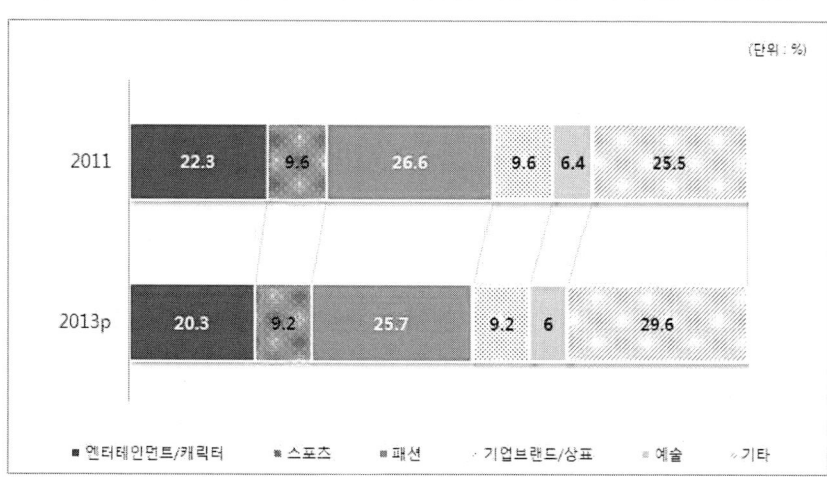

출처 : EPM(2013, 2014), PwC(2014)

반면, 기타 부문은 2011년 25.5%의 비중에서 2013년 29.6%로 점유율이 늘어났다. 이는 음악 저작권과 OTT 서비스, 소셜 네트워크와 관련이 있는 기타부분의 라이선스시장이 지식정보시장의 성장과 맞물려 확대되고 있기 때문인 것으로 보여진다.

[표 9-15] 터키 캐릭터·라이선스 분야별 시장 규모, 2009-2013

[단위 : 백만 달러, %]

구분	2011		2013		
	시장 규모	비중	시장 규모	비중	증가율
엔터테인먼트/캐릭터	105	22.3	107	20.3	1.9
스포츠	45	9.6	48	9.2	7.1
패션	125	26.6	135	25.7	8.1
기업브랜드/상표	45	9.6	48	9.2	7.1
예술	30	6.4	32	6.0	5.8
기타	120	25.5	156	29.6	29.8
합계	470	100	526	100	11.9

출처 : EPM(2013, 2014), PwC(2014)

(10) 지식정보

2013년 터키의 지식정보시장은 디렉토리 광고의 인쇄부분과 산업잡지의 지면구독 시장이 하락세를 보였지만, 다른 부분이 전반적으로 고른 성장세를 보여 전체적으로 성장하였다. 이는 터키의 경제성장이 시장에 긍정적인 영향을 준 것으로 보인다. 2013년 터키의 지식정보시장은 전년대비 13.9% 성장한 45억 2,300만 달러로 집계되었다. 터키는 여러 대륙을 잇는 경제 허브가 되려고 노력하고 있다. 이에 따라 전시회를 비롯한 각종 박람회도 증가할 것으로 보이며 많은 비즈니스 기회가 잠재되어 있어 향후 5년간 터키의 지식정보시장의 규모는 연평균 11.4%의 성장률로 발전해 2018년에는 77억 4,600만 달러 규모의 시장을 이룰 것으로 전망된다.

[표 9-16] 터키 지식정보시장 규모 및 전망, 2009-2018

[단위 : 백만 달러, %]

구분	2009	2010	2011	2012	2013p	2014	2015	2016	2017	2018	2013-18 CAGR
비즈니스정보	261	306	320	338	348	362	377	394	413	433	4.5
디렉토리 광고	131	126	126	141	155	172	191	212	235	259	10.8
디지털	32	37	45	60	76	96	118	142	168	195	20.6

[단위 : 백만 달러, %]

구분		2009	2010	2011	2012	2013p	2014	2015	2016	2017	2018	2013-18 CAGR
인쇄		98	90	82	81	79	76	73	70	67	64	△4.1
전시회		254	301	323	348	368	392	419	449	483	520	7.1
전문서적		119	121	117	122	126	129	132	135	137	139	2
	전자	1	2	5	7	9	11	13	15	17	19	15.8
	인쇄	118	119	113	115	117	118	119	120	120	121	0.6
산업잡지		5	6	6	6	6	6	6	7	7	8	5.3
	광고	2	2	3	3	3	3	3	3	3	3	4.1
	디지털	-	-	-	-	-	-	-	-	1	1	12.9
	인쇄	2	2	3	3	3	3	3	3	3	3	2.8
	구독	3	3	3	3	3	3	3	3	4	4	6.4
	디지털	-	-	-	-	-	-	-	1	1	1	-
	지면	3	3	3	3	3	3	3	3	3	3	△1.3
인터넷접근		1,659	2,000	2,471	3,017	3,520	4,062	4,639	5,209	5,786	6,387	12.7
모바일		382	523	724	1,074	1,340	1,616	1,928	2,286	2,692	3,149	18.6
고정 브로드밴드		1,278	1,477	1,746	1,943	2,180	2,446	2,711	2,923	3,094	3,238	8.2
합계		2,429	2,860	3,363	3,972	4,523	5,123	5,764	6,406	7,061	7,746	11.4

출처 : PwC(2014)

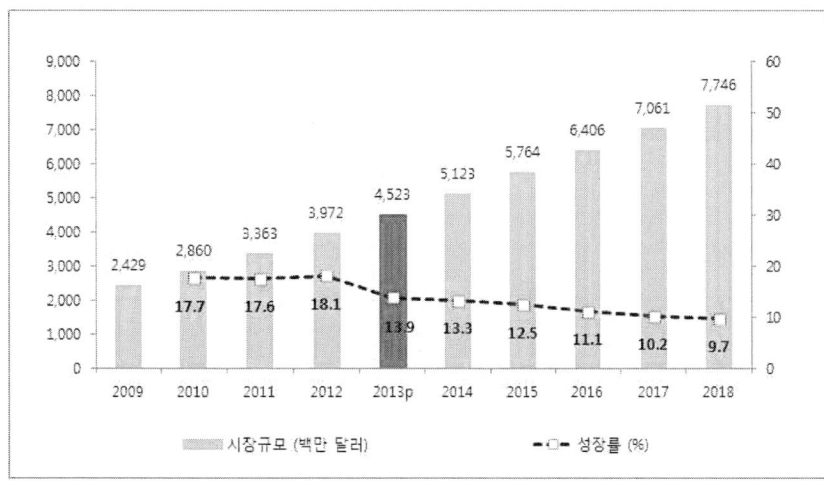

[그림 9-48] 터키 지식정보시장 규모 및 성장률, 2009-2018

출처 : PwC(2014)

터키의 지식정보시장에서 가장 큰 비중을 차지하는 것은 인터넷접근시장이다. 2009년 68.3%의 점유율을 차지한 인터넷접근시장은 2013년 77.8%로 그 비중이 커졌다. 향후 성장세가 높을 것으로 예상되고 있어 2018년에는 82.5%의 점유율을 차지할 것으로 전망된다.

[그림 9-49] 터키 지식정보시장 분야별 비중 비교, 2009 vs. 2013 vs. 2018

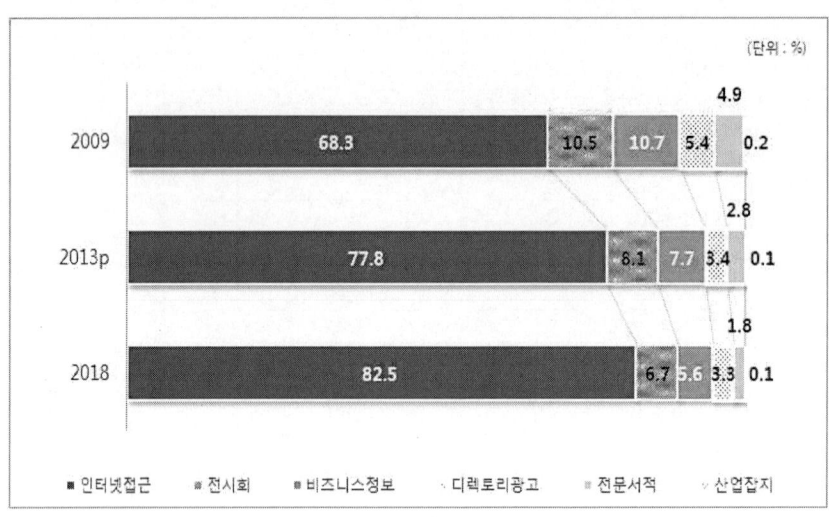

출처 : PwC(2014)

인터넷접근시장의 폭발적인 성장세에 반해 나머지 시장들의 점유율은 모두 축소될 것으로 보인다. 인터넷접근시장 다음으로 큰 비중을 차지하던 전시회시장은 2009년 10.5%의 점유율을 차지했으나 2013년 8.1%로 비중이 줄었다. 2018년에는 6.7%의 점유율로 줄어들 것으로 전망된다.

가. 인터넷접근

2013년 터키의 인터넷접근시장은 전년대비 16.7% 성장한 35억 3,500만 달러로 집계되었다. 터키는 유럽 내에서 가장 크게 성장하는 곳이기도 하고 인구도 젊은 층이 두터워 잠재적인 성장률이 높은 곳이기도 하다. 하지만 아직까지는 유럽국가 중에 가장 낮은 브로드밴드 보급률을 보이고 있다. 이에 '투르크 텔레콤(Turk Telekom)'을 비롯해 '투르크셀(Turkcell)', '아베아(Avea)', '보다폰(Vodafone)'과 같은 통신사들은 유·무선 인터넷망 구축 경쟁을 벌일 것으로 보이며 스마트폰, 태블릿 등의 모바일기기 보급에도 앞장설 것으로 보인다. 터키 인터넷접근시장은 향후 5년간 연평균 12.7%의 높은 비율로 2018년 63억 8,700만 달러 규모로 성장할 것으로 전망된다.

[그림 9-50] 터키 인터넷접근시장 규모 및 성장률, 2009-2018

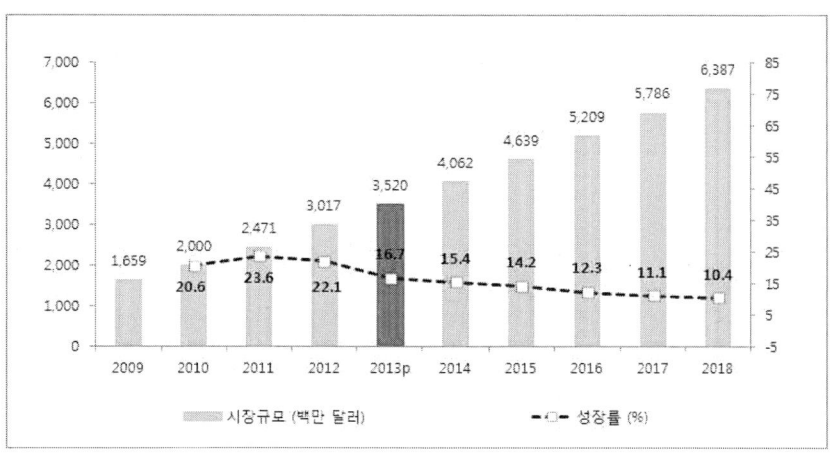

출처 : PwC(2014)

나. 전문정보[299]

2013년 터키의 전문정보시장은 전년대비 5% 성장한 10억 300만 달러 규모로 집계되었다.

[그림 9-51] 터키 전문정보시장 규모 및 성장률, 2009-2018

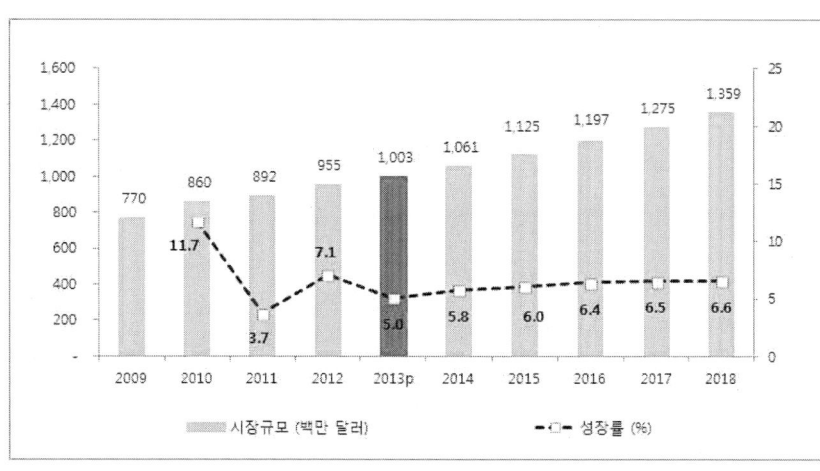

출처 : PwC(2014)

---
[299] 전문정보시장은 인터넷접근을 제외한 지식정보시장(비즈니스 정보, 디렉토리 광고, 전문서적, 산업잡지, 전시회)을 의미함

전문정보시장에서 가장 큰 비중을 차지하는 것은 전시회시장인데 전시회시장은 터키의 경제상황과 맞물려 큰 폭으로 성장하고 있다. 이에 터키의 무역 박람회 수익은 연평균 7.1%씩 증가하여 2018년에는 5억 2,000만 달러에 이를 것으로 전망되고 있다.

디렉토리 광고시장은 매년 평균 10.8%씩 증가하며, 2018년에는 2억 5,900만 달러에 이를 것으로 보고 있다. 터키의 광고업주들은 아직 인쇄 포맷 광고에 대한 충성도를 유지하고 있어, 하락률이 연평균 4.1% 정도에 불과하다. 그렇지만, 디지털 디렉토리 광고 수익은 같은 기간 연평균 20.6%씩 급성장을 이루며 2014년에는 인쇄 디렉토리 광고의 수익을 추월할 것으로 보고 있다.

전문 서적 분야의 총수익은 연평균 2.0%의 완만한 성장세를 보이며, 2018년에는 1억 3,900만 달러까지 증가할 것으로 예상된다. 이 기간, 전자책 전문 서적의 수익은 정체 상태에 있는 인쇄 서적의 실적을 보완하며 성장할 것으로 보인다.

3) 주요 이슈 및 트렌드

가. 칸 영화제에서 황금종려상을 받은 '윈터슬립'

2014년 5월 칸 영화제에서 터키의 거장 누리 빌제 세일란(Nuri Bilge Ceylan) 감독이 '윈터 슬립(Winter Sleep)'으로 황금종려상을 수상했다. 터키 감독이 칸 영화제에서 황금종려상을 받은 것은 '일마즈 귀니(Yilmaz Guney)' 감독이 1982년 '욜'로 받은 데 이어 두 번째이다. '윈터 슬립'은 은퇴한 배우가 자신이 운영하는 호텔에서 겨울을 보내며 겪는 이야기로 폭설 탓에 호텔에 꼼짝없이 갇히게 된 이들의 미묘한 이야기를 다룬다.

2003년 '우작'으로 칸영화제 심사위원 대상을 받은 세일란 감독은 2008년 '쓰리 몽키즈'로 칸영화제 감독상을, 2011년에는 '원스 어폰 어 타임 아나톨리아'로 심사위원 대상(공동수상)을 받은 바 있다.[300]

터키는 2014년 영화 100주년을 맞이하여 칸영화제 황금종려상 수상이라는 영예를 안았는데, 그 밖에도 베니스영화제에 소개된 쿠툴룩 아타만 감독의 '희생양', 베니스영화제 경쟁 부문에 오른 파티 아킨 감독의 '더 컷'등이 터키 영화의 저력을 보여주고 있다.[301]

---

300) 연합뉴스, 칸영화제 황금종려상에 터키 영화 '윈터 슬립', 2014.05.25
301) 국제신문, 미리보는 BIFF <5> 터키영화, 2014.09.28

나. 터키정부의 표현에 대한 규제 강화[302]

터키 당국의 원칙 없는 검열로 인해, 현지의 많은 영화 제작자들이 힘겨운 상황을 맞이했다. 새로운 법률에 따라, 18세 이상 관람 등급을 받은 영화는 터키 문화부로부터 받은 지원금과 그에 대한 이자를 포함해 반환해야 하기 때문이다. 실제로 터키 영화계에서는 정부의 지원금이 영화 제작에 있어 필수적인 경우가 다수이며, 배급 역시 영화의 등급에 의해서 결정되기 때문에 이번 법령은 영화계에 큰 영향을 미칠 것으로 보인다.

그러나 성적인 내용이 없음에도 불구하고 18세 관람가를 받은 'Let's Sin'과 같이, 등급 결정에 관한 기준이 아직까지 마련되어 있지 않은 점이 문제가 되고 있다. 따라서, 터키 당국이 뚜렷한 이유를 제시하지 않으면서 18세 관람가 등급을 일종의 검열 수단으로 이용하고 있다는 비판을 피하기는 어려울 것으로 보인다.

다. OTT시장 규모 확대되며 서비스와 플레이어 다양화

다수의 방송사업자들이 기존 가입자 기반 강화와 수익성 재고를 위해 OTT 서비스의 도입에 나서면서 타 국가들과 마찬가지로 터키 역시 OTT 관련 시장의 규모가 점차 확대되고 있는 추세이다.

[그림 9-52] 터키 브로드밴드 가입자 수 추이

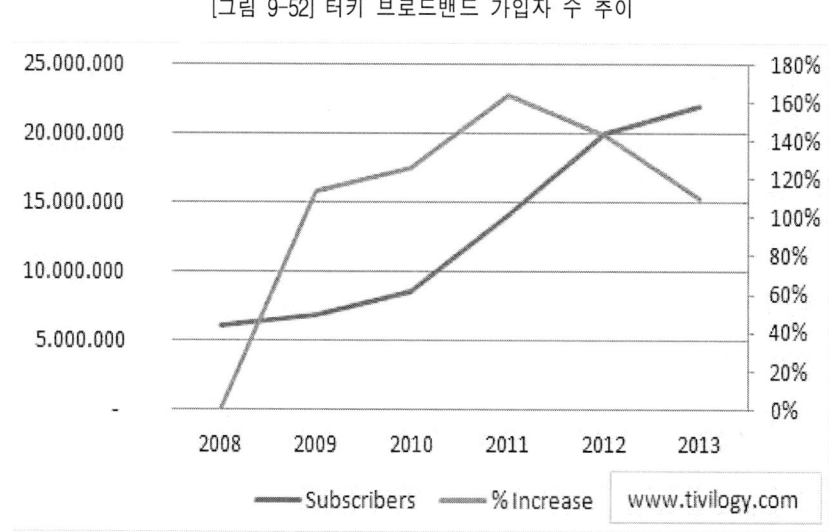

출처 : Tivilogy, 2014

---

302) Variety, Turkish Government Rules Chill Artistic Expression, 2014.06.05

대표적인 것이 위성방송사업자 D-Smart로, D-Smart는 지난 2012년 'TV everywhere'서비스를 도입한데 이어 같은 해 유료 OTT 서비스를 론칭했으며 이어 최근에는 5개의 HD채널을 포함한 총 32개 채널을 제공하는 신규 OTT 서비스 'BLU'를 출시[303]했다. 미디어그룹 Dogus Media Group(DMG) 역시 OTT 플랫폼 'TV YO'의 업그레이드를 위해 비디오 관련 인프라 및 솔루션 제공사업자 Harmonic의 통합 멀티스크린 솔루션을 이용하겠다고 발표[304]하는 등 콘텐츠 확장 역시 활발히 진행 중인 상황이다. DMG는 해당 제휴를 통해 12개 지상파 채널의 고화질 스트리밍과 VOD 및 캐치업(catch-up) 서비스 등의 기능을 강화했다.

한편, 미국 HBO가 2012년부터 북유럽 국가들을 대상으로 제공해온 OTT 웹TV 서비스를 터키에 제공하는 방안을 검토하고 있다는 루머[305]가 제기되면서 터키 OTT시장에 대한 관심이 높아지고 있다. 비록 HBO가 서비스 제공을 완전히 확정지은 것은 아니지만 아직 넷플릭스(Netflix)가 터키시장에 직접 서비스를 론칭하지 않고 있는 상황에서 이는 로컬업체들에게 충분한 자극제가 될 수 있다. 또한 브로드밴드 가입자 수 역시 지난 5년간 빠른 성장세를 보이고 있다는 점[306]에서 향후 터키 OTT시장, 특히 멀티스크린 OTT시장의 확대를 기대할 수 있을 것으로 보인다.

라. 알 자지라, 터키 최대 유료TV 방송국 'Digiturk' 인수[307]

알자지라 미디어 네트워크(Al Jazeera Media Network)의 beIN 미디어 그룹이 2014년 12월, 터키 최대 유료 위성TV업체인 디지투르크(Digiturk)의 지배지분을 사들임에 따라, 업계에서는 디지투르크가 알 자지라 미디어 네트워크에 포함될 것으로 예상하고 있다.

남동유럽(South-Eastern Europe)지역 1위 업체인 알 자지라는 이번 거래로 2022년 카타르에서 열릴 월드컵에 앞서 자사의 축구 중계를 늘릴 수 있을 것으로 보여, 터키 미디어시장에서 더 유력한 위치에 올라설 수 있을 것으로 보인다. 미디어 분석업체인 IHS에 따르면, 디지투르크는 터키의 수퍼리그 축구 챔피언십에 대해 2017년까지 독점권을 갖고 있는데, 이는 터키TV 사업 가운데 가장 큰 수익을 내고 있다. IHS에 따르면, 2014년까지 터키의 유료TV 구독가구 수는 580만에 이를 것으로 보고 있으며, 2020년에는 760만 가구까지 증가(연평균 31% 수준)할 것으로 보인다.

---

303) Turkish TV market in a Nutshell, Major OTT Players in Turkey, 2014.01.21
304) TV Technology, Turkish Media Group Dogus Launches New OTT Service with Harmonic Multiscreen Solution, 2013.10.02
305) The Wall Street Journal, '미 영화채널' HBO, 인터넷 스트리밍으로 해외 시장 노린다, 2014.08.06
306) Tivilogy, What is the Real Market for Turkish OTT Services, 2014.03.07
307) Variey, Report: Al Jazeera Buys Top Turkish Pay-TV Operator Digiturk, 2014.12.22

마. 터키 게임시장에 진출하는 한국기업들

현지의 유력 뉴스 매체 중 하나인 '데일리 사바'에 따르면 터키는 약 3,600만 명이 인터넷을 이용하고 있으며, 이 중 72%에 달하는 2,500만 명이 게임을 즐기고 있고, 절반에 가까운 게이머가 게임을 위해 돈을 지불하는 것으로 나타났다. 이런 시장 확대에 힘입어 터키의 게임시장은 소셜, 모바일, PC, 콘솔 등 다양한 분야에 걸쳐 매년 40%가 넘는 성장을 기록할 만큼 빠르게 성장하고 있다.308) 이러한 상황 속에서 한국 게임사들이 터키시장 진출에 박차를 가하고 있다. 아이덴티티게임즈는 '스마일게이트 유럽'과 액션RPG '드래곤네스트'의 서비스 계약을 체결하고 본격적으로 터키시장 공략에 나서고 있다. 스마일게이트 유럽은 유럽지역에서 다수의 한국 게임을 서비스한 노하우를 바탕으로 '십이지천 2'를 터키에서 성공적으로 서비스 한 전문 퍼블리셔사다.309)

4) 콘텐츠 소비 실태 및 동향

(1) 디지털 인프라 환경 및 소비 행태

가. 디지털 인프라 환경

2013년 터키의 스마트폰 보급률은 26.5%로 전년대비 6.1%p 증가하였다. 번호이동성 제도가 도입되면서 통신사 이동이 자유로워졌고 가격경쟁을 통한 소비자 접근성이 높아지면서 스마트폰을 이용하는 사람들의 수가 크게 늘고 있다. 투르크셀(Turkcell)은 모바일 결제, 모바일TV, 음악 콘텐츠 등 다양한 부가서비스를 제공하면서 신규 고객 유치에도 적극적이어서 터키의 스마트폰 이용자는 2018년 68.5%에 이를 것으로 전망된다.

터키의 모바일 인터넷 보급률은 2013년 26.4%로 전년대비 8.2%p 증가하였다. 터키 모바일 통신시장은 LTE 서비스가 시작되면서 모바일 인터넷이 활성화될 것으로 예상된다. 게다가 기업용 이동통신 솔루션 및 일반 고객용 부가 서비스가 새로이 출시되면서 많은 가입자들을 유치할 것으로 기대되어 터키의 모바일 인터넷 이용자는 2018년 60.8%에 다다를 것으로 예상된다. 2013년 터키의 고정 브로드밴드 보급률은 41.3%로 전년대비 1.9%p 증가하였다.

터키 투르크 텔레콤(Turk Telekom)과 슈퍼온라인(Superonline)이 지속적으로 터키의 고정 브로드밴드 인프라에 투자한 결과, 광섬유망(FTTH)의 가입자가 최근 2년간 3배로 증가하였다. 터키정부의 통신사업자 조건 규제 완화와 지원책을 통해 고정 브로드밴드 서비스 혜택을 받는 소비

---

308) 게임동아, [게임산업 위기보고서] 터키로, 러시아로… 新시장 공략에 나서는 한국의 게임사들, 2014.11.05
309) ZDnet, '드래곤네스트', 터키 진출한다, 2014.10.02

자가 크게 증가할 것으로 전망되어 2018년에는 47.2%의 터키인들이 고정 브로드밴드를 사용할 것으로 예상된다.

[표 9-17] 터키 유·무선 인터넷 보급률 및 전망, 2009-2018

구분	2009	2010	2011	2012	2013p	2014	2015	2016	2017	2018
스마트폰 보급률(%)	-	-	-	20.4	26.5	33.5	41.6	50.3	59.4	68.5
전년대비증감(%p)	-	-	-	-	6.1	7.0	8.1	8.7	9.1	9.1
모바일 인터넷 보급률(%)	3.9	7.2	12.0	18.2	26.4	33.1	40.7	48.8	55.4	60.8
전년대비증감(%p)	-	3.3	4.8	6.3	8.2	6.7	7.6	8.1	6.5	5.4
고정 브로드밴드 보급률(%)	34.5	36.9	38.4	39.4	41.3	43.1	44.9	46.0	46.8	47.2
전년대비증감(%p)	-	2.4	1.6	1.0	1.9	1.8	1.7	1.2	0.7	0.5

출처 : PwC(2014)

나. 디지털 소비 및 이용 행태

Consumer Barometer with Google에서 2014년 3월 조사한 바에 의하면 터키 사람들이 선호하는 디지털기기로는 모바일폰이 89%로 가장 높았으며, 그 다음으로 컴퓨터 44%, 스마트폰 39%, 태블릿 5% 등의 순으로 조사되었다.

[그림 9-53] 터키인들이 선호하는 디지털기기

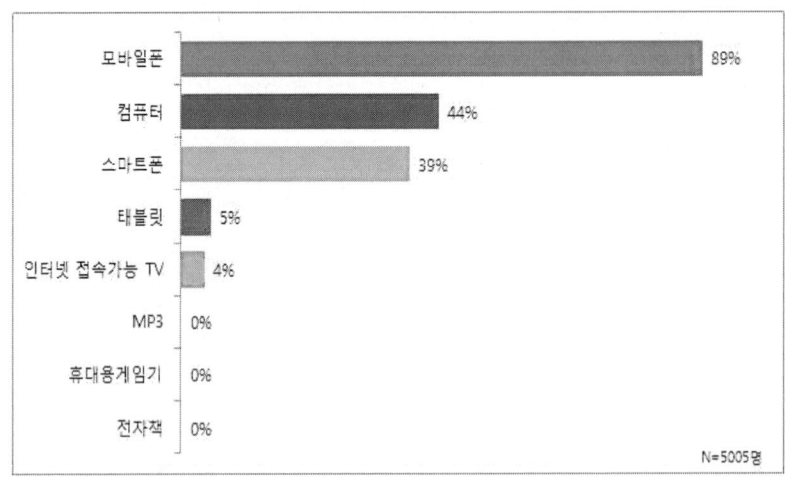

출처 : Consumer Barometer with Google

① 인터넷 이용 행태

Consumer Barometer with Google에서 2014년 3월 터키인들을 대상으로 인터넷 이용 행태에 대해 조사한 바에 의하면 응답자의 54%가 하루에 1~2회 정도 인터넷을 이용하는 것으로 나타났다. 그 다음으로 하루에 한 번 정도 이용하는 경우가 18%, 한 주에 2~6회가 14% 등의 순으로 조사되었다.

[그림 9-54] 터키인들의 인터넷 사용 빈도

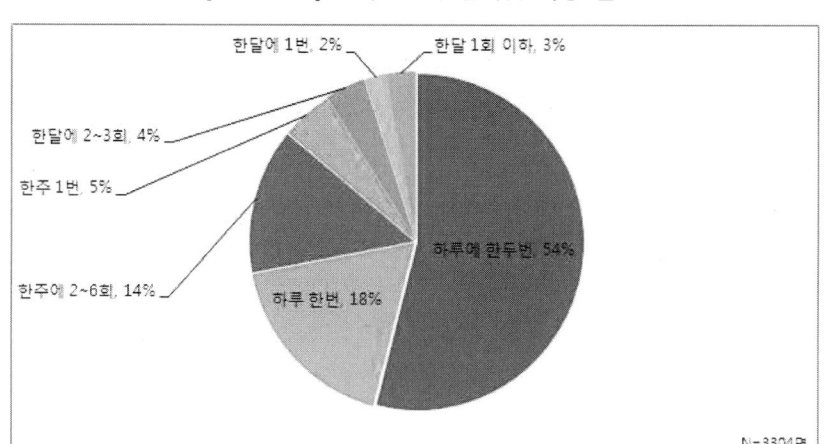

출처 Consumer Barometer with Google

태블릿, 컴퓨터, 스마트폰 이용자를 대상으로 조사한 결과에 의하면 인터넷 이용 시 컴퓨터, 태블릿, 스마트폰을 모두 선호하는 경우는 32%로 가장 높은 비중을 보였다. 컴퓨터와 태블릿을 선호하는 경우는 30%였고 스마트폰만을 선호하는 층도 17%였다. 또한 응답자의 10%는 컴퓨터나 태블릿보다는 스마트폰을 더 선호하는 것으로 조사되었다.

[그림 9-55] 터키인이 인터넷 이용 시 선호하는 스마트기기

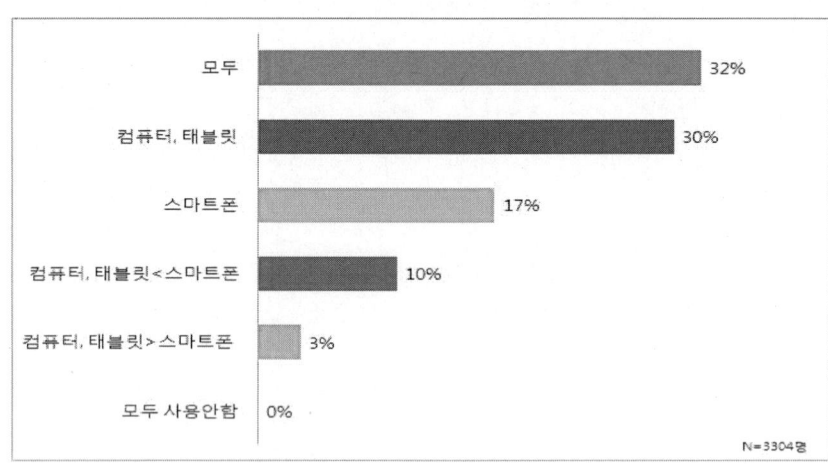

출처 Consumer Barometer with Google

상품 및 서비스 구매 시 인터넷이 어떤 도움이 되는지에 대해서 응답자의 52%가 가격비교를 하는데 도움이 된다고 응답하였으며, 그 다음으로 아이디어 획득 35%, 의견수렴 및 리뷰를 정독한다는 비중이 31%, 상표검색 25%, 금융정보획득 22% 등의 순으로 나타났다.

[그림 9-56] 상품 및 서비스 구매 시 인터넷에서 도움이 된 분야

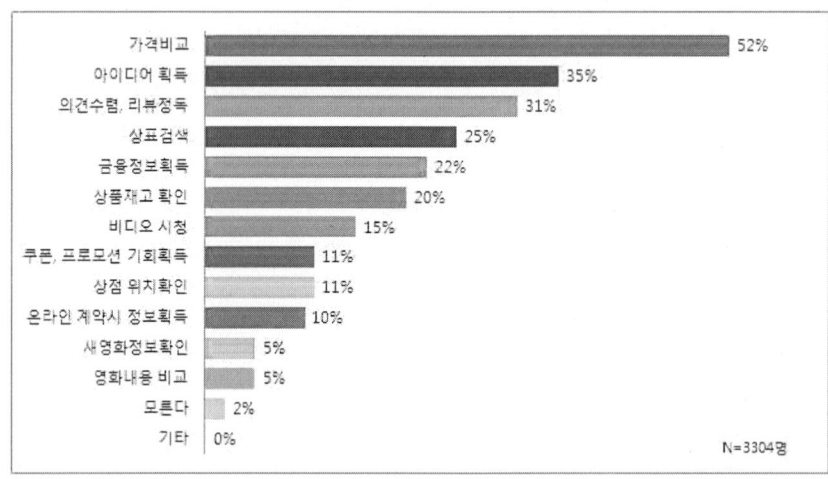

출처 Consumer Barometer with Google

② 스마트폰 이용 행태

2013년 5월 Ipsos MediaCT에서 터키 시민 16세 이상 1,000명을 대상으로 스마트폰 이용 행태를 조사하였다.

응답자들의 특성을 보면, 여성이 38%, 남성이 62%였으며, 18세~24세 응답자가 42%로 가장 많은 것으로 나타났다. 지역적으로는 도시지역 거주자가 96%로 가장 많았으며, 응답자의 46%가 미혼자인 것으로 조사되었다.

[그림 9-57] 터키 스마트폰 이용 행태 조사 응답자 특성

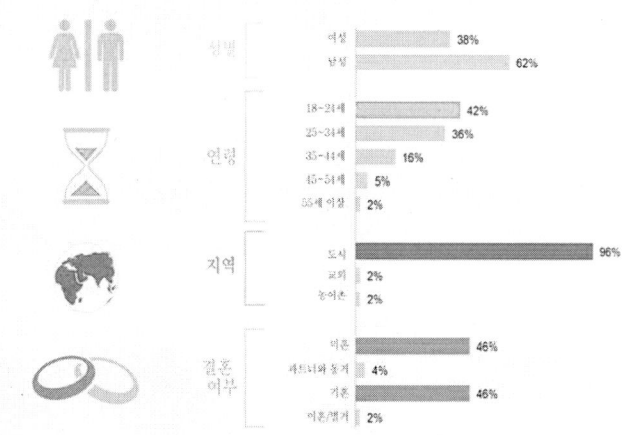

출처 : Ipsos MediaCT, Google mobile planet

먼저 스마트폰을 주로 이용하는 장소로는 93%가 집에서, 77%가 이동 중에, 75%가 대중교통에서 사용하고 있는 것으로 조사되었다.

특히 전체 응답자의 70% 이상이 카페에 있을 때나 직장에서 스마트폰을 사용하고 있는 것으로 나타났으며, 병원에서 이용하는 경우는 30%에 불과한 것으로 조사되었다.

[그림 9-58] 터키인이 스마트폰을 가장 많이 이용하는 장소

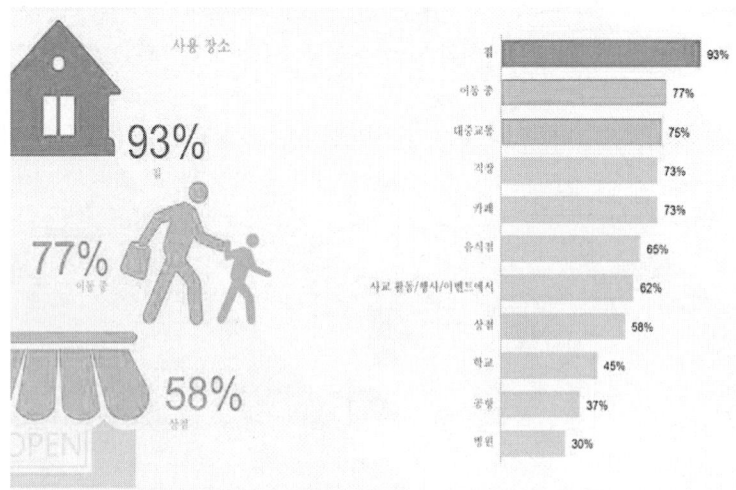

출처 : Ipsos MediaCT, Google mobile planet

Consumer Barometer with Google 조사결과 스마트폰 이용 시 주로 이용하는 서비스를 살펴보면, SNS 방문이 52%로 가장 높은 비중을 보였으며, 그 다음으로 검색엔진 사용 51%, 동영상 감상 42%, 음악감상 41%, 이메일 확인이 33%의 순으로 조사되었다.

[그림 9-59] 터키인이 스마트폰 이용 시 주요 이용 서비스

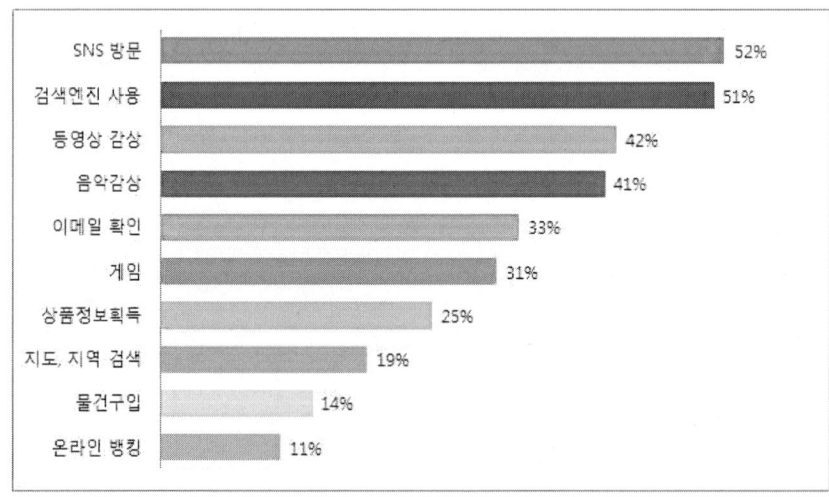

출처 : Consumer Barometer with Google

응답자들이 오프라인으로 광고를 보는 비중을 보면, TV가 80%로 가장 높았으며 그 다음으로 상점/업체 73%, 잡지 69%, 포스터/옥외 광고 69%의 순으로 나타났다. 응답자의 83%는 오프라인의 광고 노출 후 모바일로 재검색을 실행하는 것으로 나타났다.

[그림 9-60] 오프라인 광고 노출 후 모바일로 검색을 실행하는 비율

출처 : Ipsos MediaCT, Google mobile planet

터키의 소비자들이 스마트폰에서 모바일 광고를 보는 곳을 보면, 53%는 온라인 매장 등 웹사이트에서, 39%는 동영상을 조회하면서, 38%는 모바일 게임이나 앱 안에서, 35%는 검색엔진을 이용하는 동안 광고를 보는 것으로 조사되었다. 반면, 온라인 소매 매장을 통해 광고를 접하는 경우와 동영상 웹사이트에서 광고를 접하는 비중은 29% 미만으로 나타났다.

[그림 9-61] 터키 사람들이 스마트폰에서 모바일 광고를 보는 위치

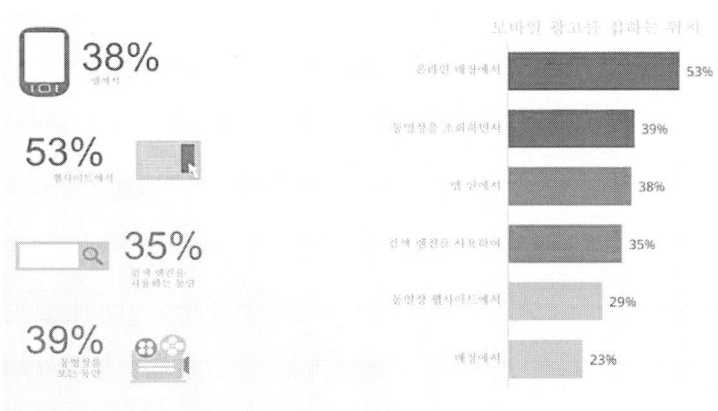

출처 : Ipsos MediaCT, Google mobile planet

터키의 모바일기기 이용자들의 87%는 스마트폰을 이용하는 동안 다른 활동을 동시에 하는 것으로 나타났다. 설문에 응답한 사람들의 43%는 스마트폰을 사용하면서 TV 시청을 하는 것으로 나타났으며, 54%는 음악 감상 또는 인터넷, 38%는 영화 감상을 동시에 하고 있는 것으로 조사되었다.

[그림 9-62] 스마트폰을 이용하면서 다른 활동을 하는 비율

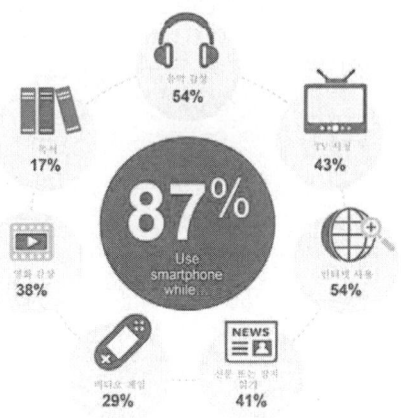

출처 : Ipsos MediaCT, Google mobile planet

다. 온라인 비디오 시청 행태 및 선호 장르

2014년 3월 Consumer Barometer with Google에서 스마트기기별로 비디오 시청 횟수를 조사한 결과, 컴퓨터를 이용해 비디오를 볼 때, 하루에 1번 정도 보는 경우가 24%로 가장 많은 것으로 나타났다. 태블릿을 이용해 비디오를 볼 때는 한 주에 2~6회 보는 경우가 33%로 가장 많았다. 핸드폰을 통한 비디오 시청의 경우, 비디오를 전혀 안본다는 응답률이 29%로 나타나 컴퓨터나 태블릿과 같은 기기에 비해 비디오 시청에 이용되지 않는다는 것을 알 수 있다.

[그림 9-63] 터키인의 스마트기기별 온라인 비디오 시청 횟수

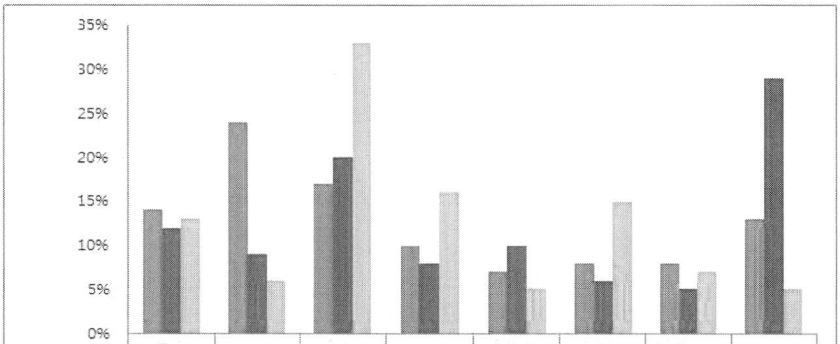

N=2225명	하루에도 여러 번	하루 1번	한주 2~6회	한주 1번	한달에 2~3회	한달에 1번	한달 1회 이하	안본다
컴퓨터	14%	24%	17%	10%	7%	8%	8%	13%
스마트폰	12%	9%	20%	8%	10%	6%	5%	29%
태블릿	13%	6%	33%	16%	5%	15%	7%	5%

출처 : Consumer Barometer with Google

온라인 비디오 시청 시 주요 이용 플랫폼으로 온라인 비디오나 앱을 이용하고 있다는 응답자들이 73%로 가장 높았으며, SNS 이용이 48%로 그 다음으로 높은 것으로 나타났다.

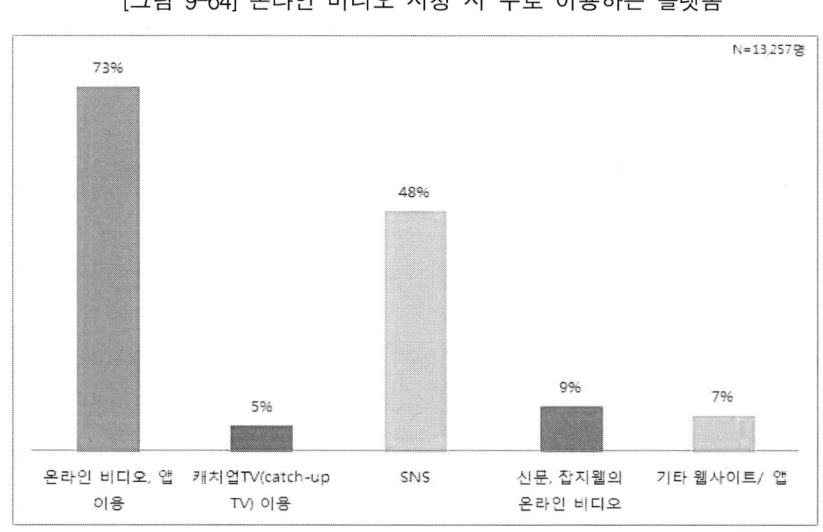

[그림 9-64] 온라인 비디오 시청 시 주로 이용하는 플랫폼

출처 : Consumer Barometer with Google

온라인 비디오를 시청하는 이유에 대한 설문에 응답자의 52%가 여흥의 일부라고 하였으며, 42%는 휴식을 위해서라고 응답하였다. 또한 지식 습득을 위하여 비디오를 시청한다고 답한 사람들도 42%로 조사되었다.

[그림 9-65] 터키인이 온라인 비디오를 시청하는 이유

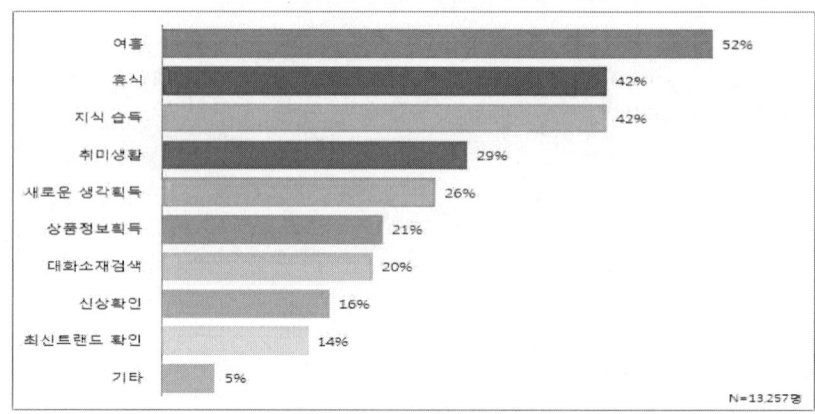

출처 : Consumer Barometer with Google

응답자의 57%는 온라인 비디오를 시청 시 주로 음악을 시청하는 것으로 조사되었으며, 그 다음으로 영화 48%, 코미디 47%, 뉴스/정책 31%, 스포츠 28% 순으로 나타났다.

[그림 9-66] 터키인이 온라인 비디오 시청 시 주요 장르

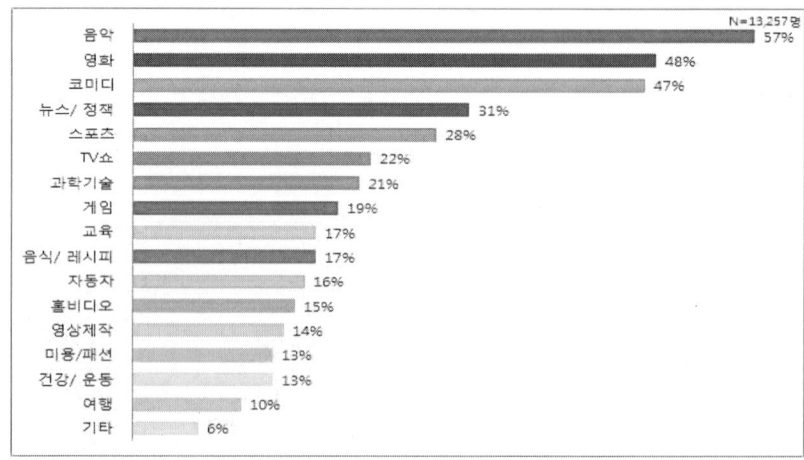

출처 : Consumer Barometer with Google

5) 콘텐츠 유통 현황

(1) 주요 유통 플랫폼 현황

가. 오프라인

터키 영화시장은 2000년대 후반 신세대 감독들이 대거 등장하면서 새로운 전환점을 맞이하게 되었다. 활기를 얻은 영화시장은 큰 폭의 성장세를 보일 것으로 전망되고 있다.

[표 9-18] 터키 영화산업 기초 지표 (2013)

연 관객	5,031만 명
극장매출	2억 6,482만 USD
평균 관람료	5.26 USD
스크린 수	2,093개
디지털 스크린 수	1,136개
3D 스크린 수	357개

출처 : 영화진흥위원회

한편, 영화 유통을 보면, 워너브러더스, 소니 픽처스, 유니버설 등의 배급사가 시장점유율 상위권을 차지하고 있다. 그러나 자국 영화 점유율이 높아 할리우드 영화보다 터키 영화를 배급하는 경우가 많다. 터키 영화시장의 주요 제작 및 배급사로는 Film Bahcesi, Dinamo Istanbul, Bir Film 등이 있으며 자세한 내용은 다음과 같다.

[표 9-19] 터키 영화시장 주요 제작 및 배급사

제작 및 배급사	설명
Film Bahcesi	• 2000년 이스탄불에 설립된 터키의 영상 제작기업 • 터키 시장을 대상으로 광고 및 영화 촬영을 전문으로 하고 있으며, 해외에서는 제작 서비스도 제공 중. 그동안 수백 편의 광고와 2편의 영화를 제작 • 2000년 이래 Leo Burnet Moscow, Ogilvy&Mather London, RSA UK, HSI London, Film Services Prag, New Line Cinema USA, Moon Lighting South Africa, Miestre Film Venice, BRW US 등 다수의 업체들과 함께 제작

제작 및 배급사	설명
Dinamo Istanbul	• 2001년 이스탄불에 설립된 제작사. • 유럽 광고필름제작연합(European Federation for Commercial Film Producers)와 터키 상업영화 제작사(Commercial Film Producers Association of Turkey)의 회원으로, 전 세계 각지의기업들과 함께 광고, 영화, 다큐멘터리 등을 제작해오고 있음 • 터키에서 제작하는 해외기업들을 대상의 전담 제작 서비스 부서를 갖고 있으며, 모든 종류의 서비스를 제공하고 있음
Bir Film	• '요가학원', '장화, 홍련', '사마리아', '괴물' 등 다양한 스펙트럼의 한국영화를 터키에 배급

출처 : 영화진흥위원회, 각사 홈페이지

나. 온라인

이슬람 문화권에 있는 터키는 아직까지 서구 메이저업체들의 진출이 매우 제한적인 편으로, 현재 진출한 글로벌기업은 아이튠즈, 유튜브, 디저(Deezer), 스포티파이(Spotify) 정도에 불과하다. 반면 로컬 서비스업체는 비교적 발달된 편으로, 광고지원형보다는 '아베아 뮤직(Avea Muzik)', '뮤직클럽(MusicClub)', '티티넷뮤직(TTNetMuzik)', '투르크셀(Turkcell)' 등 음원다운로드와 유료가입 형태의 서비스를 제공하는 업체들이 대부분이다.

[표 9-20] 터키 디지털 음악 플랫폼 현황(2014)

구분	다운로드형	유료가입형	광고지원형	혼합형
글로벌 서비스	• iTunes	• 없음	• Youtube	• 유료가입, 광고지원 : Deezer, Spotify
로컬 서비스	• 없음	• 없음	• 없음	• 음원다운로드, 유료가입 : Avea Muzik, MusicClub, TTNetMuzik, Turkcell • 음원다운로드, 유료가입, 광고지원 : FIZY

출처 : Pro Music

(2) 기타 주요사업자

가. 출판

터키의 주요 출판사는 Iletisim Yayinlari, Babıali Kültür Yayıncılığı 등이 있으며, 세부 사업 분야는 다음과 같다.

[표 9-21] 터키 주요 출판사

기업명	설명
Iletisim Yayinlari	• 1982년, Murat Belge 등 인물들에 의해 설립된 터키의 대표적인 독립 출판기업으로 본사는 이스탄불에 위치 • 픽션, 넌픽션 분야에서 1,500개 이상의 타이틀을 발간하며 터키의 출판시장을 주도하는 업체 중 하나 • 대표적으로 Orhan Pamuk, Taner Akçam, Mehmet Murat Somer 등의 작품을 출간
Babıali Kültür Yayıncılığı	• 1999년 11월, Rahîm Er가 이스탄불에 설립. Rahîm Er는 2013년 4월까지 회장 역임. İsmet Demir가 뒤를 이음. • 2000년부터 출간 시작. 터키 시장에 수입 서적을 들여와 판매하며 사업 영역 확장 • 인기 작가들과 주요 서적들을 발간하며, 현재 터키의 대표적 출판기업 중 하나로 인정받고 있음

출처: 각사 홈페이지

나. 음악

터키의 주요 레이블로는 GRGDN, Doublemoon 등이 있으며, 세부 사업 분야는 다음과 같다.

[표 9-22] 터키 주요 음악기업

기업명	설명
GRGDN	• 2003년, 메이저 레이블에서 일하던 프로듀서인 Haluk Kurosman와 Hadi Elazzi에 의해 설립된 레코드 레이블 이자, 터키의 음악 제작 및 아티스트 매니지먼트를 담당하는 엔터테인먼트 기획사 • 現 이스탄불에 본사 및 자체 레코딩 스튜디오 위치 • maNga, Vega, Badem 등 유명 아티스트들의 음악 레코딩 이외에도 매니지먼트도 담당

기업명	설명
Doublemoon	• 1998년, 이스탄불에 Pozitif Productions의 분과로 설립된 독립 레이블로, Pozitif Records, Voltaj, Numoon 등 3개의 하위 레이블 보유 • 주된 취급 장르는 퓨전 재즈, 월드 뮤직, 어쿠스틱, 일렉트로닉, 동양 음악 등 • 대표 아티스트 : Baba Zula, Orientation, Wax Poetic, Mercan Dede, Replikas 등

출처 : 각사 홈페이지

다. 게임

터키의 주요 게임개발사로는 PC 게임을 개발, 제작하는 TaleWorlds Entertainment, 3D 멀티플레이어 앱을 개발하고 있는 Sobee 등이 있다.

[표 9-23] 터키 주요 게임사

기업명	설명
TaleWorlds Entertainment	• 2005년, Armağan Yavuz에 의해 설립된 독립 게임개발업체로 현재 본사는 앙카라에 위치 • TaleWorlds는 İkisoft Software Company의 공식 브랜드로 2005년부터 'TaleWorlds Entertainment'라는 브랜드하에서 PC 게임을 개발해 오고 있음 • 취미 프로젝트로 개발단계에 있던 Mount & Blade의 베타버전을 온라인으로 판매해 얻은 수익으로 Mount & Blade를 완성 후 판매해 전 세계에서 100만장 이상의 판매고를 거두며 300만 달러 이상의 수익을 거둠 • 최초의 게임 Mount & Blade (2008) 이후, Mount & Blade 시리즈를 발매. Warband - Napoleonic Wars (2012), With Fire & Sword (2011), Warband - Napoleonic Wars (2012)
Sobee	• 2000년, 당시 유명 게임개발자였던 Mevlüt Dinç가 설립한 게임개발업체로 현재 이스탄불에 본사가 위치 • 2009년 Türk Telekom이 Sobee를 사들임 • 현재 글로벌시장을 타켓으로 I Can Football 와 같은 인터렉티브 3D 멀티플레이어 앱을 개발 중에 있음 • 대표작 : Istanbul Kıyamet Vakti, I Can Football, I Can Football 2, Süpercan, Süpercan 2, One Man One Team, Kayıp Armağan 등

출처 : 각사 홈페이지

라. 애니메이션

터키의 주요 애니메이션 스튜디오 및 배급사로는 IDA Pictures, Tooneffects Animation Studios 등이 있으며, 세부 사업 분야는 다음과 같다.

[표 9-24] 터키 주요 애니메이션 스튜디오 및 배급사

기업명	설명
IDA Pictures	• 2003년, Kaan Ran Özsoy(現 CG 수퍼바이저, 크리에이티브 디렉터)가 설립한 CGI 스튜디오. 현재 본사 이스탄불에 위치 • 사업 분야 : 스토리보딩, 컨셉 디자인, 캐릭터 디자인 등의 선제작(Pre-production) 업무부터, 애니메이션 디렉션, 모션 컨트롤 수퍼바이젼 등의 본제작(Production) 업무, 3D 애니메이션 및 시각화 작업, 유체 시뮬레이션(Fluid simulation), 편집 등 후반 작업(Post-production)까지 전과정을 커버 가능
Tooneffects Animation Studios	• 사업 분야 : 광고, 게임, TV 시리즈, 단편 등 분야에서 2D 및 3D 애니메이션, 캐릭터 디자인, 건축 디자인, 건축 애니메이션, 웹디자인, 플래시 애니메이션 등 • 시행 프로젝트 : Trendshow, 네스카페 커피메이트 (스토리보드), 스키 및 테니스 연맹/Business Bank의 캐릭터 디자인, Penguins Food 3D 캐릭터 디자인 外 다수

출처 : 각사홈페이지

마. 방송

터키의 주요 방송국으로는 가장 대표적인 공영 지상파 방송국 TRT와 민영 방송사인 DYH, News Corporation, Calik Holding, Cukurova Group 등이 있다.

[표 9-25] 터키 지상파 방송국

방송사	소유	설명
TRT	국영	• 터키유일의 지상파 국영방송사 • 1968년 설립

방송사	소유	설명
		• 2013년 기준 총 14개의 채널 보유 • 지상파 채널의 경우 5개의 전국채널과 2개의 지역채널로 구성 • 문화프로그램의 편성비율이 상대적으로 높으며 교육과 드라마 장르가 그 뒤를 이음
DYH	민영	• Dogan Group 산하의 미디어 사업부 • 정식명칭은 Dogan Yay in Holding A.S. • 1997년 설립 • Kanal D, StarTV, TNT 3개의 지상파 채널 운영 • Kanal D의 경우 현재 터키에서 가장 높은 시청률을 기록하며 특히 드라마에서 경쟁력 보유
News Corporation	민영	• 2006년 Huzur RadyoTV의 Fox 채널 인수 • 현재 Fox 브랜드로 뉴스와 영화, 드라마 등의 프로그램 제공 중
Calik Holding	민영	• Sabah Group의 지상파채널 ATV를 인수해 운영 • 뉴스와 엔터테인먼트 프로그램이 중심
Cukurova Group	민영	• ShowTV 채널 운영 • 2011년 Show Plus, Show Max, Show Turk 등의 채널을 추가 출시

출처 : Conex

터키 주요 케이블사업자는 Turksat CableTV와 Ultra KabloTV 등이 있으며, 위성방송사업자는 Digiturk, D-Smart 등이 있다.

[표 9-26] 터키 케이블 방송국

케이블방송	설명
Turksat CableTV	• 국영통신사 Turk Telecom에 의해 1988년 론칭 • 2008년 Teledunya 통해 디지털 케이블TV 서비스 개시 • 국내 디지털 채널 및 해외 HD 채널 제공 • 광네트워크 케이블 인프라 바탕으로 22개 터키 주에 방송 서비스 제공
Ultra KabloTV	• 터키 최대의 케이블사업자 KabloNet가 1997년 론칭 • 11개 주에 triple-play-service를 제공 • 미디어그룹 DYH가 30여개 테마 채널을 운영

출처 : Conex

[표 9-27] 터키 위성방송사업자

위성방송	설명
Digiturk	• 터키 최초의 디지털 플랫폼으로 시장을 주도 • Cukurova Group이 1999년 론칭 • 188개 TV 및 라디오 채널 제공 • 최근 LigTV HD와 MovieMax HD 등 HD 채널 서비스의 강화 및 스포츠 방송콘텐츠 확보에 주력하는 모습
D-Smart	• Dogan Group 산하 미디어 그룹 DYH의 위성방송 플랫폼 • 2007년 서비스 개시 • 다큐멘터리, 영화, 드라마 등 555개의 장르별 전문 프로그램과 라디오 채널을 제공 • 2008년 Discovery HD와 EuroSport HD 등 9개의 HD 채널 서비스 및 테마별 유료 패키지 제공 개시

출처 : Conex

또한 IPTV 사업자로는 TTNet과 Digitruk, Turkcell 등이 있다.

[표 9-28] 터키 IPTV 사업자

IPTV	설명
TTNet	• 통신사업자 Turk Telekim의 자회사 • 2010년 Tivibu 서비스 론칭 • 실시간 방송 및 VoD 등의 서비스 공급 • 현재 지원 채널 수 190여개 • 웹TV, 모바일TV, IPTV 및 스마트TV 플랫폼을 통한 미디어 콘텐츠 공급이 특징 • 제공 채널 수에 따른 5가지 요금제 제공
Digitruk	• 'Digitruk Play' 브랜드 통해 웹기반 TV 서비스 제공 • VoD 서비스와 주요 방송채널 콘텐츠 전송 • 영화, 스포츠, 어린이 등 장르별 채널패키지
Turkcell	• 2012년 자사 브로드밴드 이용자 대상의 IPTV 서비스 개시 • 제공 채널 수와 서비스 지원 범위에 따라 스타터와 스탠다드, 시네마 3가지 요금제 제공 • 총 제공채널 수는 58개

출처 : Conex

6) 주요 지원 제도 및 정책 동향

(1) 스마트 교육환경 구축 프로젝트

터키정부는 2012년 2월 학교 교육에 정보통신(ICT) 기술 기반의 네트워크 자원을 활용하기 위해, 2012년부터 2015년까지 초·중등 및 고등학교 전 교실에 인터넷이 연결된 컴퓨터를 설치하고 온라인 수업을 실현하는 스마트 교육환경 구축 프로젝트 'FATIH 프로젝트'를 발표했다. 이는 '기회 증진 및 기술 개선 운동(Movement of Enhancing Oportunites and Improving Technology'의 약어로 교육 환경을 브로드밴드로 연결하여 재래식 칠판을 전자칠판으로 교체하고, 종이책을 전자책으로 전환시켜 전 학년의 교실에서 컴퓨터와 프로젝터가 갖춰진 스마트 교육환경을 구현해 교실 혁명을 이루는 것이 목표이다.

(2) 방송 관련 정책

터키의 방송 규제는 국영 방송과 민영 방송으로 구분되며, 국영 방송에는 헌법을 기반으로 한 터키 라디오·TV법(Turkish Radio and Television Law)을 적용한다. 민영 방송의 경우에는 방송 라이선스 및 콘텐츠 규제는 라디오·TV 방송사업자 설립 및 운영법(The Law on the Establishment of Radio and Television Enterprises and Their Broadcasts)을 따르며, 주파수 및 기술관련 규제는 전자통신법(Electronic Communications Law)을 바탕으로 한다.

9. 중동·아프리카

1) 콘텐츠시장 개요

중동·아프리카의 몇몇 국가는 정치적으로 불안정한 모습을 나타내고 있으나 사우디, UAE, 남아프리카공화국 등은 높은 경제성장을 이루어냈다. 콘텐츠 부문에서는 음악을 제외한 전 분야의 시장이 성장세를 나타내고 있다. 특히 유·무선네트워크 확충이 이루어지고 있는 지식정보시장의 높은 성장이 콘텐츠시장을 견인하여 2013년 콘텐츠시장 규모는 전년대비 11.6% 성장한 232억 3,500만 달러로 집계되었다.

[표 10-1] 중동·아프리카지역 콘텐츠시장 규모 및 전망, 2009-2018

[단위 : 백만 달러, %]

구분	2009	2010	2011	2012	2013p	2014	2015	2016	2018	2018	2013-18 CAGR[310]
출판	4,705	4,821	4,962	5,105	5,249	5,372	5,525	5,680	5,861	6,048	2.9
만화	19	21	24	26	28	30	32	35	40	46	10.4
음악	263	258	245	237	230	222	220	222	226	231	0.1
게임	223	257	300	351	401	454	514	585	660	746	13.2
영화	391	406	429	432	446	468	507	552	630	712	9.8
애니메이션	30	31	36	40	45	50	57	64	76	86	13.5
방송	3,297	3,719	3,929	4,287	4,593	4,943	5,275	5,660	6,024	6,454	7.0
광고	4,188	4,616	4,895	5,390	5,796	6,231	6,691	7,273	7,809	8,462	7.9
캐릭터	637	672	661	690	720	774	831	889	946	1,006	6.9
지식정보	4,548	5,758	7,157	8,975	10,703	12,541	14,490	16,359	18,133	19,881	13.2
산술합계	18,300	20,560	22,638	25,532	28,211	31,086	34,142	37,319	40,405	43,671	9.1
합계[311]	14,400	16,350	18,251	20,813	23,235	25,830	28,619	31,494	34,267	37,187	9.9

출처 : PwC(2014), ICv2(2013, 2014), Barnes report(2013, 2014), Oricon(2013, 2014), SNE(2013), MDRI(2013), Box Office Mojo(2014), Digital Vector(2013), EPM(2013, 2014)

---

310) 2013년부터 2018년까지 연평균성장률
311) 중복 시장을 제외한 시장 규모임
- 출판의 신문/잡지 광고, 게임의 게임 광고, 영화의 극장광고, 방송의 TV /라디오 광고, 지식정보의 디렉토리 광고는 광고시장에 포함
- 만화, 지식정보의 전문서적/산업잡지는 출판시장에 포함
- 애니메이션은 영화시장에 포함

향후 국가 주도의 콘텐츠산업 확대가 꾸준히 이루어질 것으로 보여 캐릭터, 게임 등의 시장이 높은 성장세를 나타낼 것으로 전망된다. 2018년까지 9.9%의 고 성장세를 통해 371억 8,700만 달러의 시장으로 성장할 전망이다.

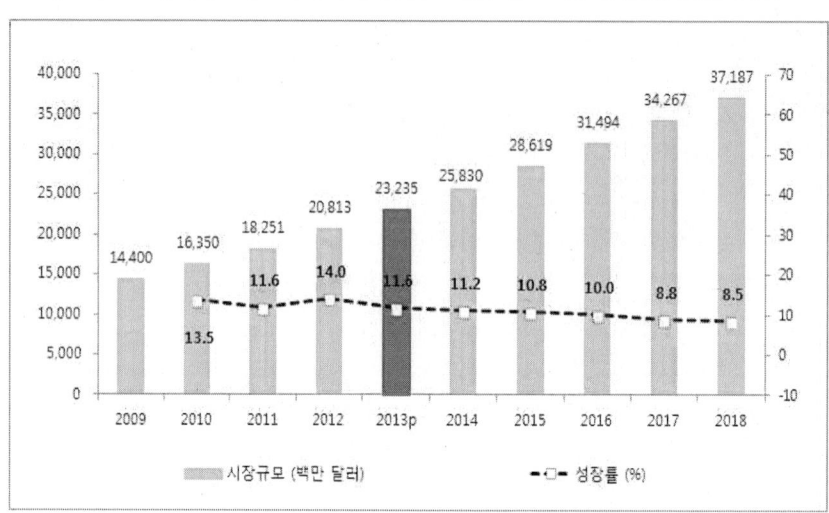

[그림 10-1] 중동·아프리카지역 콘텐츠시장 규모 및 성장률, 2009-2018

출처 : PwC(2014), ICv2(2013, 2014), Barnes report(2013, 2014), Oricon(2013, 2014), SNE(2013), MDRI(2013), Box Office Mojo(2014), Digital Vector(2013), EPM(2013, 2014)

중동·아프리카 콘텐츠 성장률은 대부분의 분야에서 성장세를 나타내고 있지만 출판은 2009년 32.7%의 비중에서 2013년 22.6%로 하락하였다. 출판시장의 비중이 하락하는 반면 지역의 지식정보산업은 빠르게 성장하고 있는데 2013년 46.1%였던 시장점유율이 2018년 53.5%로 확대될 전망이다. 광고와 방송 분야의 콘텐츠는 각각 2009년 29.1%와 22.9%의 시장점유율을 보였으나 2013년 24.9%와 19.8%로 하락하였고 2018년까지 22.8%와 17.4%로 더욱 축소될 전망이다.

[그림 10-2] 중동·아프리카지역 콘텐츠별 시장점유율, 2009 vs. 2013 vs. 2018

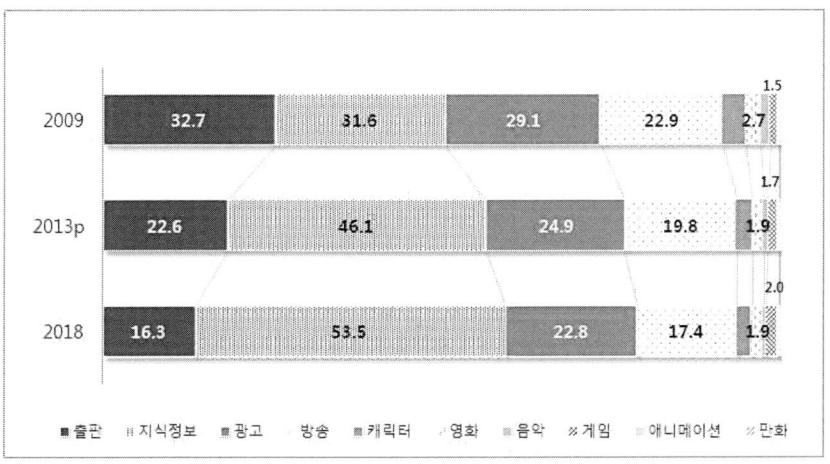

출처 : PwC(2014), ICv2(2013, 2014), Barnes report(2013, 2014), Oricon(2013, 2014), SNE(2013), MDRI(2013), Box Office Mojo(2014), Digital Vector(2013), EPM(2013, 2014)

향후 5년간 중동·아프리카지역 콘텐츠시장은 세계 경기회복에 따른 국가 경제의 활성화가 소비 증가로 이어질 것으로 예상되는데 불법복제에 영향을 많이 받는 음악과 전자출판의 발달로 인해 축소되는 인쇄 출판시장을 제외한 모든 콘텐츠 분야가 9%이상의 높은 성장률을 보일 것으로 전망된다.

[그림 10-3] 중동·아프리카지역 콘텐츠별 연평균성장률 추정, 2013-2018

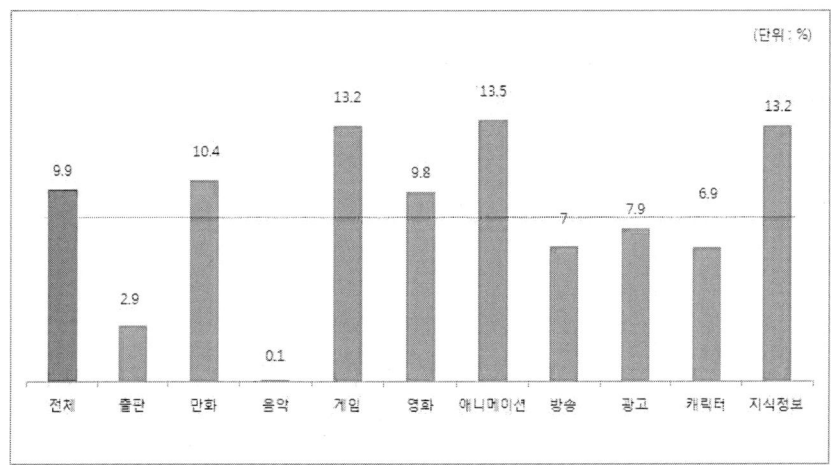

출처 : PwC(2014), ICv2(2013, 2014), Barnes report(2013, 2014), Oricon(2013, 2014), SNE(2013), MDRI(2013), Box Office Mojo(2014), Digital Vector(2013), EPM(2013, 2014)

2) 산업별 콘텐츠시장 규모 및 전망

(1) 출판

중동·아프리카 출판시장은 신문, 잡지, 도서의 전자 출판이 큰 폭의 성장세를 보이고 있는 반면 기존의 인쇄 출판시장은 성장세가 둔화되는 모습을 보이고 있어 2013년 중동·아프리카 출판시장은 전년대비 2.8% 성장한 52억 4,900만 달러로 집계되었다. 향후 신문, 잡지, 도서의 디지털화가 가속되면 유럽과 북미지역의 출판 경향을 보일 것으로 전망된다. 앞으로 2018년까지 연평균 2.9%의 성장률을 보이며 60억 4,800만 달러의 시장으로 소폭 성장할 전망이다.

[표 10-2] 중동·아프리카지역 출판시장 규모 및 전망, 2009-2018

[단위 : 백만 달러, %]

구분		2009	2010	2011	2012	2013p	2014	2015	2016	2018	2018	2013-18 CAGR
도서		690	688	700	705	712	718	729	743	763	793	2.2
	인쇄312)	690	687	693	696	699	703	707	713	718	727	0.8
	디지털	-	1	7	9	13	15	22	30	45	66	38.4
신문		3,200	3,249	3,324	3,375	3,472	3,536	3,622	3,712	3,815	3,921	2.5
	광고	1,750	1,723	1,751	1,788	1,854	1,879	1,924	1,973	2,026	2,083	2.4
	지면	1,739	1,709	1,731	1,761	1,817	1,827	1,854	1,876	1,889	1,894	0.8
	디지털	11	14	20	26	37	51	70	98	137	189	38.6
	구독	1,450	1,526	1,573	1,587	1,618	1,657	1,698	1,739	1,789	1,838	2.6
	지면	1,450	1,526	1,573	1,585	1,612	1,648	1,685	1,722	1,770	1,816	2.4
	디지털	-	-	-	1	7	9	13	17	19	22	25.7
잡지		815	884	938	1,025	1,065	1,118	1,174	1,225	1,283	1,334	4.6
	광고	468	466	473	499	513	524	539	551	571	584	2.6
	지면	468	466	470	490	501	507	513	515	519	510	0.4
	디지털	-	-	3	9	12	17	26	36	52	74	43.9
	구독	347	418	465	526	552	594	635	674	712	750	6.3
	지면	347	418	464	522	545	582	616	651	683	715	5.6
	디지털	-	-	1	4	7	12	19	23	29	35	38.0
합계		4,705	4,821	4,962	5,105	5,249	5,372	5,525	5,680	5,861	6,048	2.9

출처 : PwC(2014)

---

312) 오디오북 포함

[그림 10-4] 중동·아프리카지역 출판시장 규모 및 성장률, 2009-2018

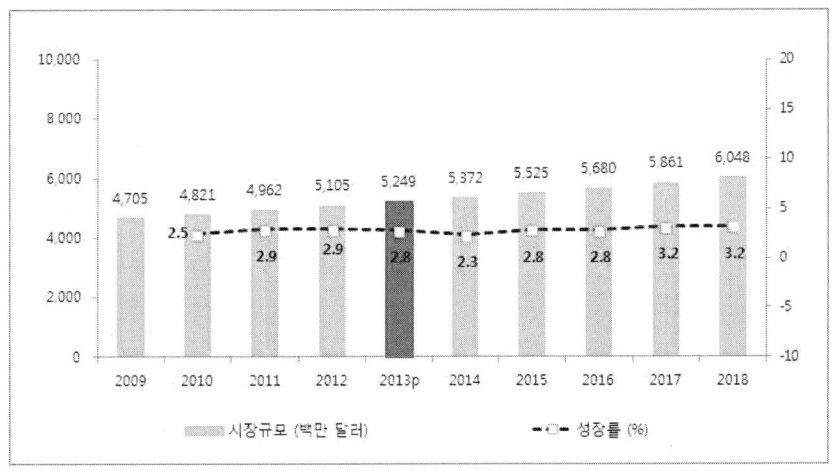

출처 : PwC(2014)

중동·아프리카 출판시장은 전통적인 정보전달 매체인 신문의 비중이 높다. 2009년 68%의 점유율을 차지했던 신문시장은 2013년 66.1%로 비중이 줄어들었는데 이러한 추세가 계속되어 2018년까지 64.8%로 더욱 줄어들 것으로 예상된다.

[그림 10-5] 중동·아프리카지역 출판시장 비중 비교, 2009 vs. 2013 vs. 2018

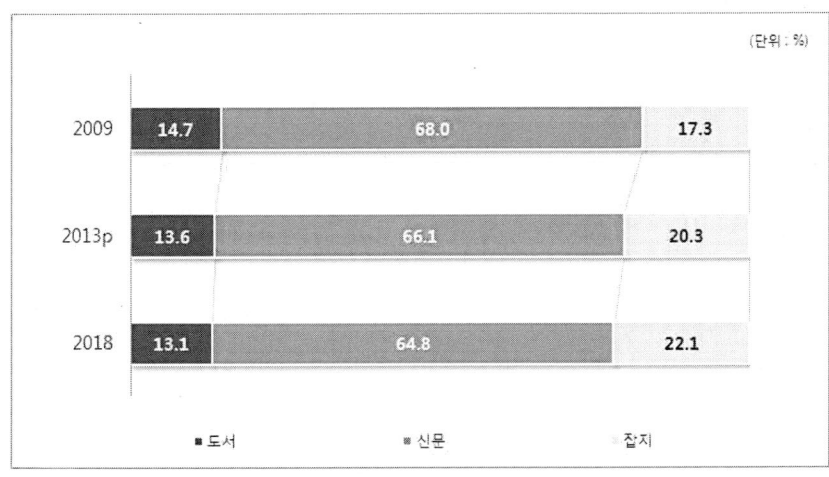

출처 : PwC(2014)

도서시장 역시 2009년 14.7%의 점유율에서 2013년 13.6%로 다소 줄어들었으며, 2018년까지 13.1%의 점유율로 비중이 더욱 줄어들 것으로 전망된다. 반면, 잡지시장은 2009년 17.3%의 시장 비중을 보였는데 여성들의 미용, 가정, 생활에 대한 관심이 높아지면서 2018년까지 22.1%의 비중으로 늘어날 전망이다.

가. 도서

2013년 중동·아프리카 도서시장은 새로 등장한 디지털 도서가 정체 상태를 맞이한 도서시장에 활력을 불어 넣어 전년대비 1.0% 성장한 7억 1,200만 달러로 집계되었다. 시간이 지남에 따라 디지털 도서출판의 규모가 증가할 것으로 예상되는 가운데 2018년까지 중동·아프리카의 도서시장 규모는 연간 2.2%의 성장률을 보이며 7억 9,300만 달러까지 성장할 전망이다.

[그림 10-6] 중동·아프리카지역 도서시장 규모 및 성장률, 2009-2018

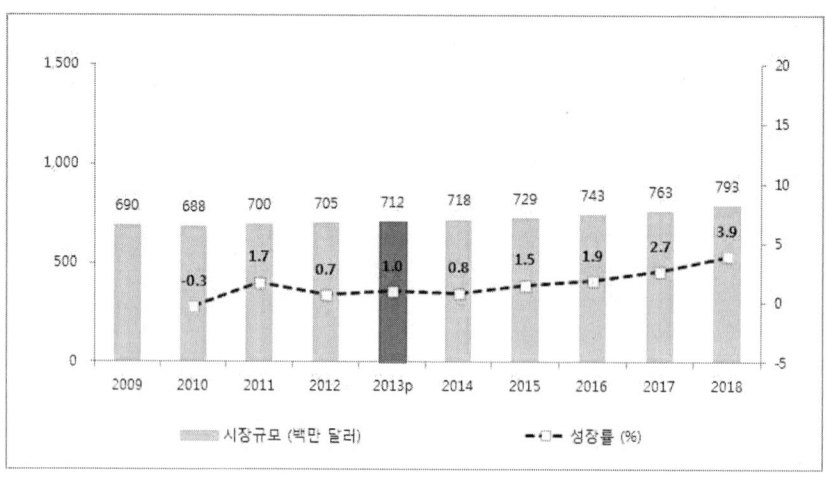

출처 : PwC(2014)

[표 10-3] 중동·아프리카지역 도서시장 규모 및 전망, 2009-2018

[단위 : 백만 달러, %]

구분	2009	2010	2011	2012	2013p	2014	2015	2016	2018	2018	2013-18 CAGR
인쇄	690	687	693	696	699	703	707	713	718	727	0.8
전문	27	27	28	29	29	29	28	29	30	30	0.7
일반	338	348	385	388	390	396	402	409	416	422	1.6

[단위 : 백만 달러, %]

구분	2009	2010	2011	2012	2013p	2014	2015	2016	2018	2018	2013-18 CAGR
교육	325	312	280	279	280	278	277	275	272	275	△0.4
디지털	-	1	7	9	13	15	22	30	45	66	38.4
전문	-	-	1	1	3	5	8	11	20	32	60.5
일반	-	1	6	8	10	10	14	19	25	33	27.0
교육	-	-	-	-	-	-	-	-	-	1	13.0
합계	690	688	700	705	712	718	729	743	763	793	2.2

출처 : PwC(2014)

나. 신문

중동·아프리카 신문시장은 현재까지 가장 비중이 높은 정보 전달 매체로 신문 지면의 성장률이 둔화된 것 외에는 전반적으로 고른 성장률을 보이고 있다. 이처럼 신문시장의 고른 성장세 덕분에 2013년 중동·아프리카의 신문시장 규모는 전년대비 2.9% 성장한 34억 7,200만 달러로 집계되었다. 인쇄 신문시장의 성장률이 낮아지는 경향을 보이고 있지만 디지털 신문의 증가세가 매우 빠르기 때문에 2018년 중동·아프리카의 신문시장 규모는 연평균 2.5%씩 성장한 39억 2,100만 달러로 커질 전망이다.

[표 10-4] 중동·아프리카지역 신문시장 규모 및 전망, 2009-2018

[단위 : 백만 달러, %]

구분	2009	2010	2011	2012	2013p	2014	2015	2016	2018	2018	2013-18 CAGR
광고	1,750	1,723	1,751	1,788	1,854	1,879	1,924	1,973	2,026	2,083	2.4
지면	1,739	1,709	1,731	1,761	1,817	1,827	1,854	1,876	1,889	1,894	0.8
디지털	11	14	20	26	37	51	70	98	137	189	38.6
구독	1,450	1,526	1,573	1,587	1,618	1,657	1,698	1,739	1,789	1,838	2.6
지면	1,450	1,526	1,573	1,585	1,612	1,648	1,685	1,722	1,770	1,816	2.4
디지털	-	-	-	1	7	9	13	17	19	22	25.7
합계	3,200	3,249	3,324	3,375	3,472	3,536	3,622	3,712	3,815	3,921	2.5

출처 : PwC(2014)

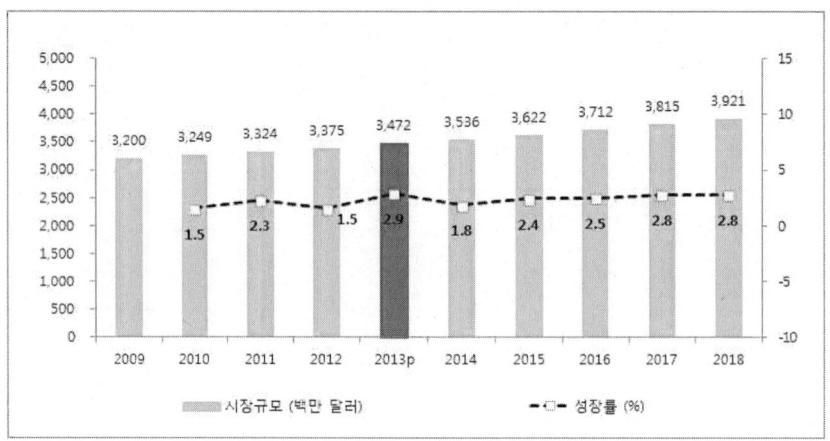

[그림 10-7] 중동·아프리카지역 신문시장 규모 및 성장률, 2009-2018

출처 : PwC(2014)

다. 잡지

2013년 중동·아프리카 잡지시장은 라하 매거진(Laha Magazine)외에도 신규 디지털 잡지의 발행이 늘어나 전년대비 3.9% 성장한 10억 6,500만 달러로 집계되었다. 특히 UAE, 사우디아라비아의 부유층 여성을 중심으로 패션과 미용에 관한 관심이 대두되고 있어 2018년까지 연간 4.6%씩 성장하여 13억 3,400만 달러의 시장을 형성할 것으로 전망된다.

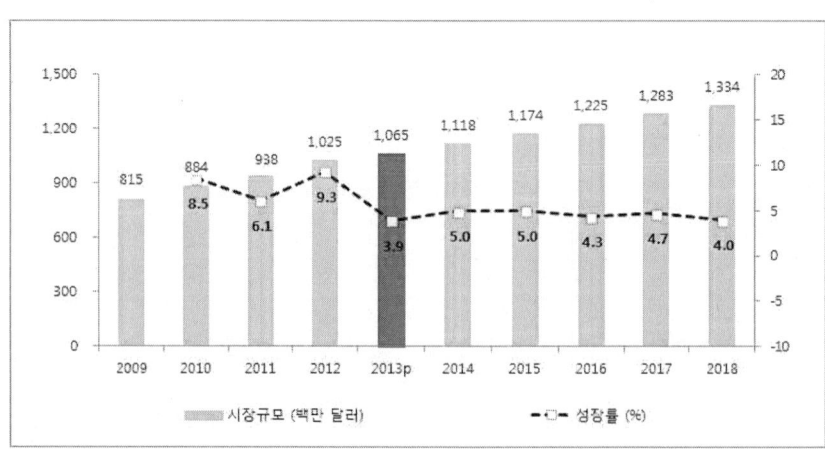

[그림 10-8] 중동·아프리카지역 잡지시장 규모 및 성장률, 2009-2018

출처 : PwC(2014)

[표 10-5] 중동·아프리카지역 잡지시장 규모 및 전망, 2009-2018

[단위 : 백만 달러, %]

구분	2009	2010	2011	2012	2013p	2014	2015	2016	2018	2018	2013-18 CAGR
광고	468	466	473	499	513	524	539	551	571	584	2.6
지면	468	466	470	490	501	507	513	515	519	510	0.4
디지털	-	-	3	9	12	17	26	36	52	74	43.9
구독	347	418	465	526	552	594	635	674	712	750	6.3
지면	347	418	464	522	545	582	616	651	683	715	5.6
디지털	0	0	1	4	7	12	19	23	29	35	38.0
합계	815	884	938	1,025	1,065	1,118	1,174	1,225	1,283	1,334	4.6

출처 : PwC(2014)

(2) 만화

2013년 중동·아프리카지역 만화시장은 남아프리카공화국의 부유한 백인, 사우디아라비아와 UAE의 부유층의 자녀를 중심으로 만화 소비가 크게 늘어나고 있다. 이러한 경향으로 인하여 2013년 중동·아프리카의 만화시장은 전년대비 7.5% 증가한 2,800만 달러로 집계되었다. UAE와 사우디아라비아를 중심으로 스마트폰, 태블릿이 빠르게 증가하고 있어 디지털 만화시장은 급격히 성장할 것으로 보인다. 이에 따라 중동·아프리카지역 만화시장은 2018년까지 연평균 10.4%씩 성장하여 4,600만 달러 규모의 시장을 형성할 것으로 전망된다.

[표 10-6] 중동·아프리카지역 만화시장 규모 및 전망, 2009-2018

[단위 : 백만 달러, %]

구분	2009	2010	2011	2012	2013p	2014	2015	2016	2018	2018	2013-18 CAGR
인쇄 만화	18	21	23	25	26	28	29	31	33	35	5.6
디지털	0	0	1	1	1	2	3	4	7	11	52.1
합계	19	21	24	26	28	30	32	35	40	46	10.4

출처 : ICv2(2014), Barnes(2014), Oricon(2014), PwC(2014), SNE(2013)

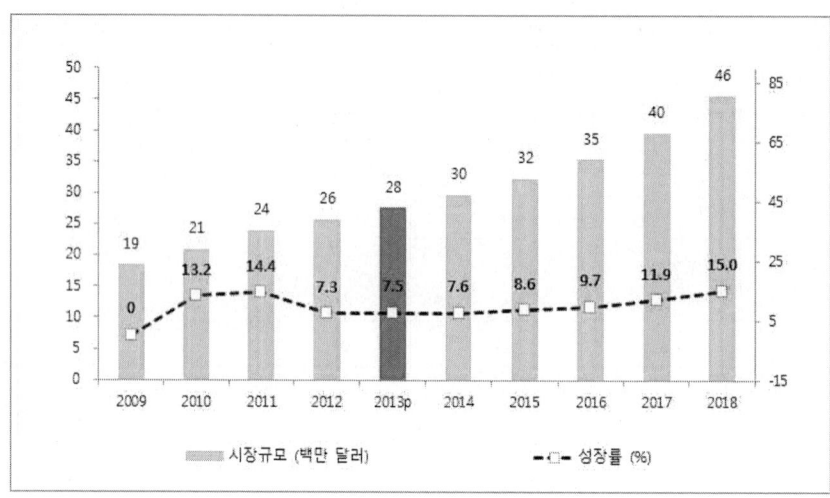

[그림 10-9] 중동·아프리카지역 만화시장 규모 및 성장률, 2009-2018

출처 : ICv2(2014), Barnes(2014), Oricon(2014), PwC(2014), SNE(2013)

2009년 인쇄 만화는 99.8%의 시장점유율을 보였는데 2013년까지 99.8%로 소폭 감소하였다. 2013년 등장하기 시작한 디지털 만화시장은 유·무선 인터넷 발달과 스마트폰 보급에 힘입어 2018년까지 5.0%의 점유율을 차지할 것으로 예상된다.

[그림 10-10] 중동·아프리카지역 만화시장별 비중 비교, 2009 vs. 2013 vs. 2018

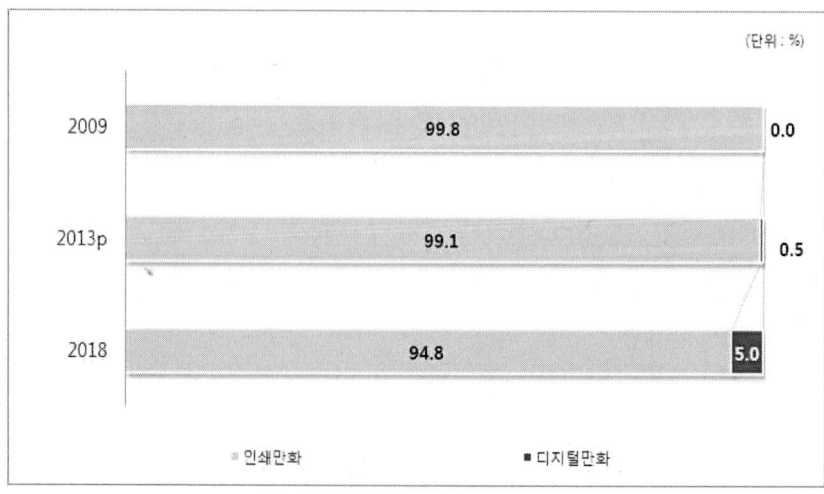

출처 : ICv2(2014), Barnes(2014), Oricon(2014), PwC(2014), SNE(2013)

가. 인쇄 만화

2013년 중동·아프리카의 인쇄 만화시장은 전년대비 5.9% 성장한 2,600만 달러를 기록하였다. 이는 UAE, 사우디아라비아의 경제 규모에 비하면 작은 수치로, 충분한 지불 여력이 있음에도 불법복제물이 유통되고 있음을 반증하기도 한다. 향후 중동·아프리카의 인쇄 만화시장은 5.6%의 성장률을 바탕으로 3,500만 달러까지 커질 전망이다.

[그림 10-11] 중동·아프리카지역 인쇄 만화시장 규모 및 성장률, 2009-2018

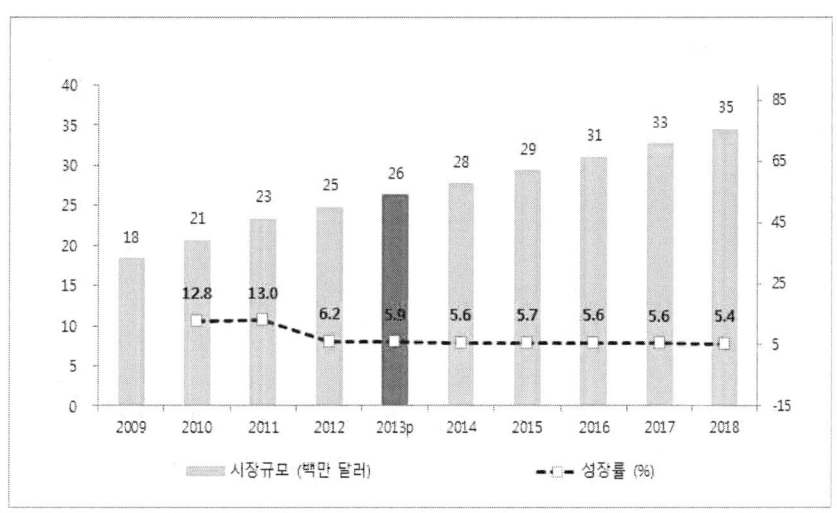

출처 : ICv2(2014), Barnes(2014), Oricon(2014), PC(2014), SNE(2013)

나. 디지털 만화

2013년 중동·아프리카의 디지털 만화시장은 수요가 크게 증가하고 있기는 하지만 시장 규모 자체가 매우 작은 편이어서 전년과 동일한 수준인 100만 달러의 시장으로 집계되었다. 그러나 디지털 만화시장의 성장률이 매우 높기 때문에 2018년까지 52.1%의 성장세를 보이며 1,100만 달러의 규모로 커질 전망이다.

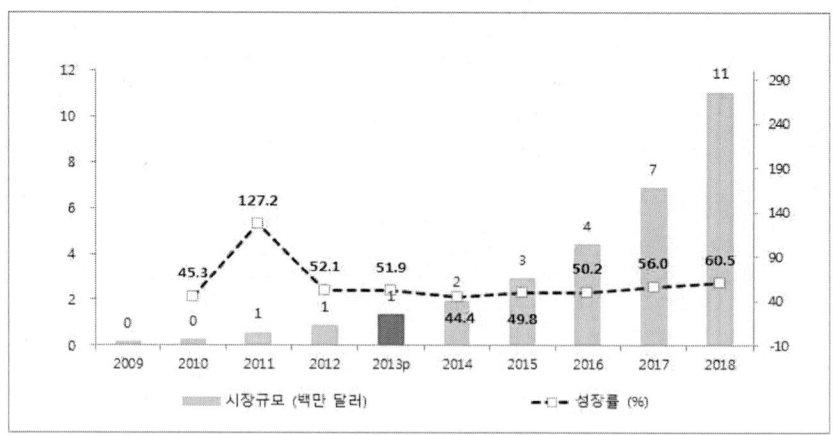

[그림 10-12] 중동·아프리카지역 디지털 만화시장 규모 및 성장률, 2009-2018

출처 : ICv2(2014), Barnes(2014), Oricon(2014), PwC(2014), SNE(2013)

(3) 음악

중동·아프리카 음악시장은 불법복제물 거래로 오프라인 음반, 디지털 음원의 유통이 심각한 상황이다. 이에 따라 2013년 중동·아프리카의 음악시장은 전년대비 3.0% 하락한 2억 3,000만 달러로 집계되었다. 오프라인 음반시장의 규모가 빠르게 축소되고 있지만 디지털 음원의 성장세가 빠른 편이라서 향후 디지털 음원의 매출이 오프라인 음반의 매출 하락을 모두 상쇄할 것으로 전망된다. 2018년까지 중동·아프리카의 음악시장 규모는 0.1%의 성장세를 보이며 2억 3,100만 달러까지 성장할 것으로 전망된다.

[표 10-7] 중동·아프리카지역 음악시장 규모 및 전망, 2009-2018

[단위 : 백만 달러, %]

구분	2009	2010	2011	2012	2013p	2014	2015	2016	2018	2018	2013-18 CAGR
음반	182	168	150	137	124	109	98	90	83	77	△9.1
오프라인 음반	172	158	139	125	105	84	71	60	50	42	△16.7
디지털 음원	10	12	12	12	19	23	28	31	33	37	14.3
공연 음악	82	89	95	101	107	115	123	132	142	154	7.6
[합계	263	258	245	237	230	222	220	222	226	231	0.1

출처 : PwC(2014)

[그림 10-13] 중동·아프리카지역 음악시장 규모 및 성장률, 2009 - 2018

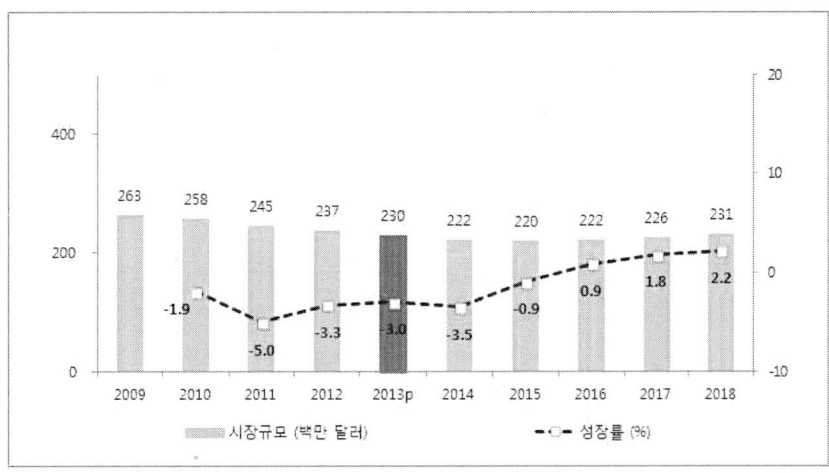

출처 : PwC(2014)

2009년 중동·아프리카 음악시장에서 가장 큰 비중을 차지한 것은 오프라인 음반시장으로 65.4%의 점유율을 나타냈다. 오프라인 음반시장은 디지털 음원시장의 성장으로 축소되어, 2013년 45.7%의 점유율을 차지하여 디지털 음원시장에 선두자리를 내주었다. 오프라인 음반시장은 2018년 18.2%까지 축소될 전망이다.

[그림 10-14] 중동·아프리카지역 음악시장 분야별 비중 비교, 2009 vs. 2013 vs. 2018

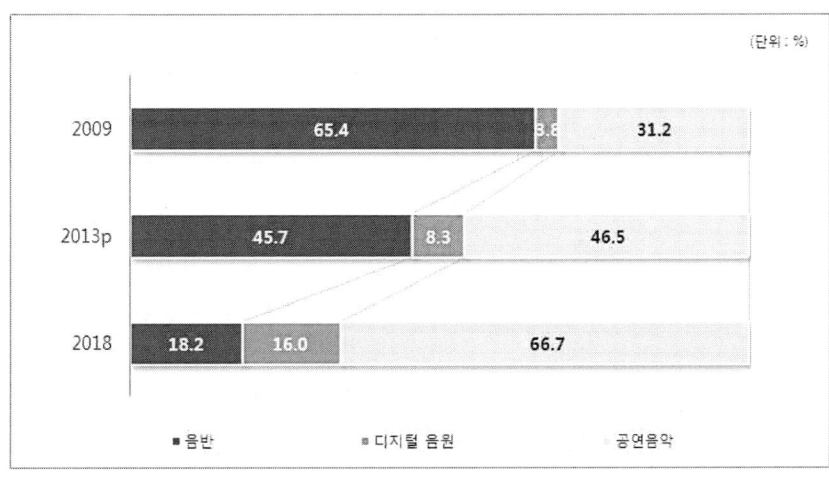

출처 : PwC(2014)

반면, 중동·아프리카의 소비자들이 스웨덴의 스포티파이(Spotify)나 프랑스의 디저(Deezer)와 같은 스트리밍 플랫폼을 본격적으로 수용하기 시작하여 디지털 음원시장은 2018년 66.7%의 비중으로 커지며 음악시장을 선도할 것으로 보인다. 한편, 공연 음악시장은 2009년 3.8%의 점유율에서 점점 확대되어 2018년 16%로 성장할 것으로 전망된다.

가. 오프라인 음반

지적재산권에 대한 인식 부족으로 불법복제물의 유통이 만연한 중동·아프리카지역 오프라인 음반시장은 2013년 전년대비 16.0% 하락한 1억 500만 달러로 집계되었다. 향후 이 같은 추세가 계속되어 2018년 시장 규모는 연평균 16% 하락한 4,200만 달러 규모로 축소될 전망이다.

[그림 10-15] 중동·아프리카지역 음반시장 규모 및 성장률, 2009 - 2018

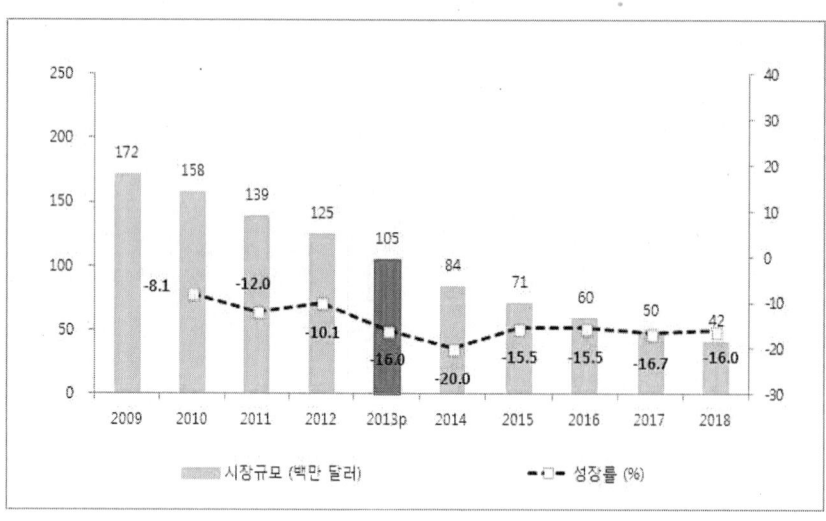

출처 : PwC(2014)

나. 디지털 음원

중동·아프리카의 디지털 음원시장은 유·무선 인터넷망의 발달과 컴퓨터와 스마트폰 보급에 힘입어 급격한 성장을 보이고 있다. 2013년 중동·아프리카의 디지털 음원시장은 전년대비 58.3% 성장한 1,900만 달러로 집계되었다.

[그림 10-16] 중동·아프리카지역 디지털 음원시장 규모 및 성장률, 2009 - 2018

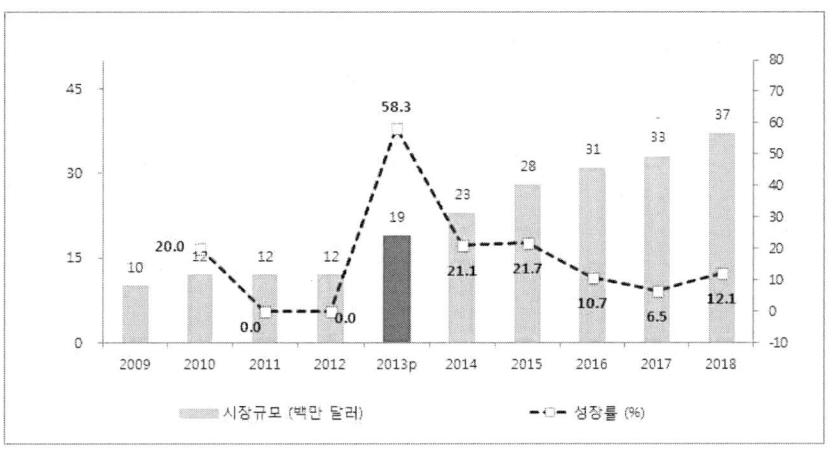

출처 : PwC(2014)

아이튠즈(iTunes), 디저(Deezer), 스포티파이(Spotify)등의 글로벌 서비스업체가 진출하면서 음원 다운로드시장이 급격히 성장하여 중동·아프리카의 디지털 음원시장은 2018년까지 연평균 14.3%씩 성장하여 3,700만 달러의 시장으로 확대될 전망이다.

[표 10-8] 중동·아프리카지역 디지털 음원시장 규모 및 전망, 2009-2018

[단위 : 백만 달러, %]

구분	2009	2010	2011	2012	2013p	2014	2015	2016	2018	2018	2013-18 CAGR
다운로드	1	1	1	2	9	13	17	20	23	24	21.7
스트리밍	1	3	3	2	2	2	2	2	2	2	0.0
모바일	8	7	8	8	8	8	9	9	9	9	2.4
합계	10	12	12	12	19	23	28	31	33	37	14.3

출처 : PwC(2014)

다. 공연 음악

소득수준이 높아지면서 스트리밍 음원의 청취보다 직접 공연을 관람하는 소비 행태가 정착화되었고 사우디아라비아의 'DXB music festival'과 남아프리카공화국의 'RAMfest'와 같은 공연 음악의 수요가 늘어났다. 2013년 중동·아프리카 공연 음악시장은 전년대비 5.9% 증가한 1억 700만 달러로 집계되었다.

[그림 10-17] 중동·아프리카지역 공연 음악시장 규모 및 성장률

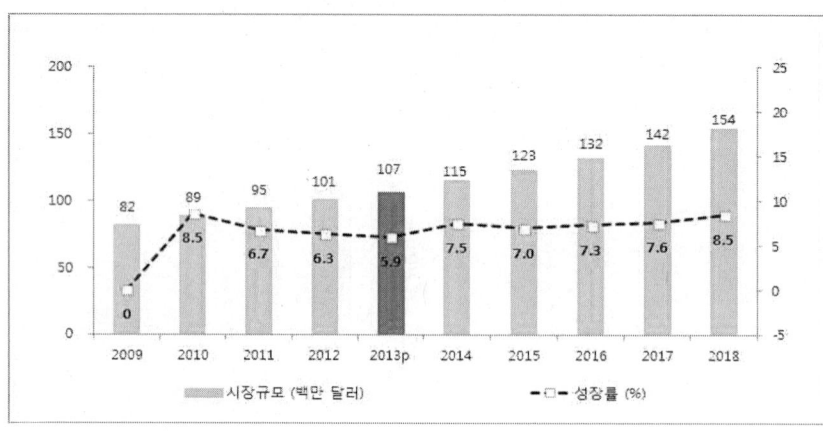

출처 : PwC(2014

향후 공연 음악에 대한 소비자들의 수요가 증가할 것으로 보여 2018년까지 연평균 7.6%의 성장률을 보이며 1억 5,400만 달러의 시장으로 성장할 전망이다.

[표 10-9] 중동·아프리카지역 공연 음악시장 규모 및 전망, 2009-2018

[단위 : 백만 달러, %]

구분	2009	2010	2011	2012	2013p	2014	2015	2016	2018	2018	2013-18 CAGR
후원	17	21	21	22	23	25	27	29	31	34	8.1
티켓판매	64	69	73	79	84	90	96	103	111	120	7.4
합계	82	89	95	101	107	115	123	132	142	154	7.6

출처 : PwC(2014

(4) 게임

2013년 중동·아프리카 게임시장은 UAE, 사우디아라비아와 같은 경기의 흐름을 타지 않는 국가를 중심으로 게임에 대한 소비가 늘어나 전년대비 14.2% 성장한 4억 100만 달러의 규모로 집계되었다. 향후 남아프리카공화국과 이집트의 중산층 확대가 전망되어 게임 이용자가 대폭 증가할 것으로 보여 중동·아프리카 게임시장은 연평균 13.2%의 성장률로 2018년까지 7억 4,600만 달러 규모로 확대될 것으로 보인다.

[표 10-10] 중동·아프리카지역 게임시장 규모 및 전망, 2009-2018

[단위 : 백만 달러, %]

구분	2009	2010	2011	2012	2013p	2014	2015	2016	2018	2018	2013-18 CAGR
게임 광고	1	2	2	3	3	4	4	5	5	6	14.9
콘솔 게임	126	140	152	164	179	197	222	253	292	335	13.4
디지털	-	-	-	5	10	15	21	30	41	53	39.6
패키지	126	140	152	160	169	182	202	224	251	282	10.8
온라인 게임	5	7	14	22	32	40	49	58	67	77	19.2
PC 게임	55	61	66	73	79	84	93	102	111	122	9.1
디지털	-	-	-	2	7	11	15	18	19	20	23.4
패키지	55	61	66	71	72	73	78	84	92	103	7.4
모바일 게임	37	49	66	88	109	128	148	166	185	207	13.7
합계	223	257	300	351	401	454	514	585	660	746	13.2

출처 : PwC(2014)

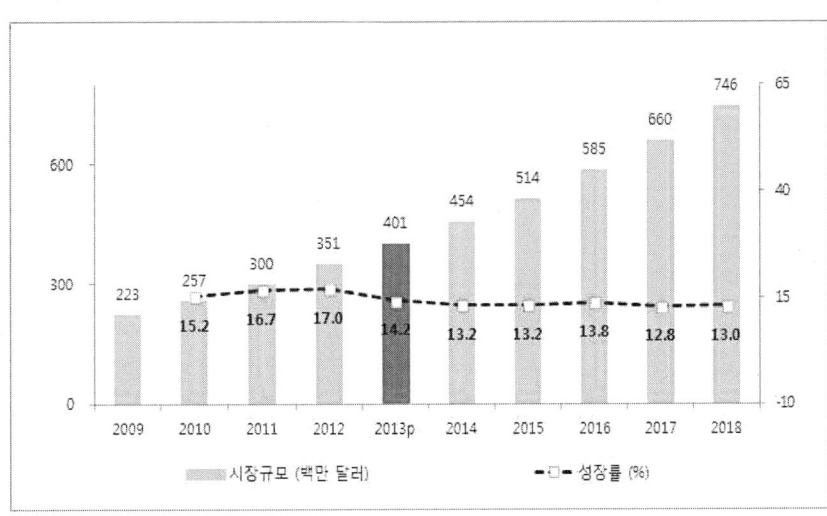

[그림 10-18] 중동·아프리카지역 게임시장 규모 및 성장률, 2009 - 2018

출처 : PwC(2014)

중동·아프리카 게임시장에서 가장 큰 비중을 차지하는 것은 콘솔 게임시장이다. 콘솔 게임시장은 2009년 56.5%의 점유율로 시장을 리드하지만 모바일 게임시장의 성장으로 그 비중이 줄어들어

2013년에는 44.6%의 점유율을 보였다. 그러나 PC 게임시장의 축소로 2018년에는 44.9%의 비중으로 소폭 확대될 것으로 보인다.

온라인 게임시장과 모바일 게임시장은 2009년 각각 2.2%, 16.6%의 점유율을 보였는데, 지식정보산업의 발달로 2018년까지 그 비중이 커져 각각 10.3%, 27.7%의 점유율을 차지할 것으로 보인다. 한편, PC 게임시장은 2009년 24.7%의 점유율에서 점점 축소되어 2018년에는 16.4%의 점유율을 차지할 것으로 전망된다.

[그림 10-19] 중동·아프리카지역 게임시장 분야별 비중 비교, 2009 vs. 2013 vs. 2018

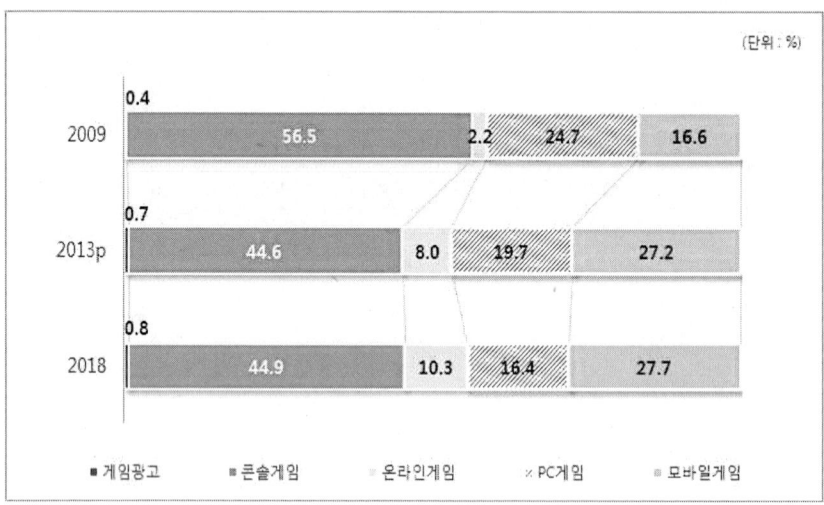

출처 : PwC(2014)

가. 콘솔 게임

남아프리카공화국의 백인 층과 UAE, 사우디아라비아의 부유층 자녀, 그리고 중산층을 중심으로 콘솔 게임 구매가 높아지면서 2013년 중동·아프리카 콘솔 게임시장은 전년대비 9.1% 증가한 1억 7,900만 달러로 집계되었다. 모바일과 온라인 게임의 수요가 증가하고 있지만 한 동안 콘솔 게임의 영향력은 강세를 보일 것으로 전망된다. 2018년까지 콘솔 게임시장은 연평균 13.4%의 성장세를 보이며 3억 3,500만 달러 규모로 확대될 것으로 전망된다.

[그림 10-20] 중동·아프리카지역 콘솔 게임시장 규모 및 성장률, 2009 - 2018

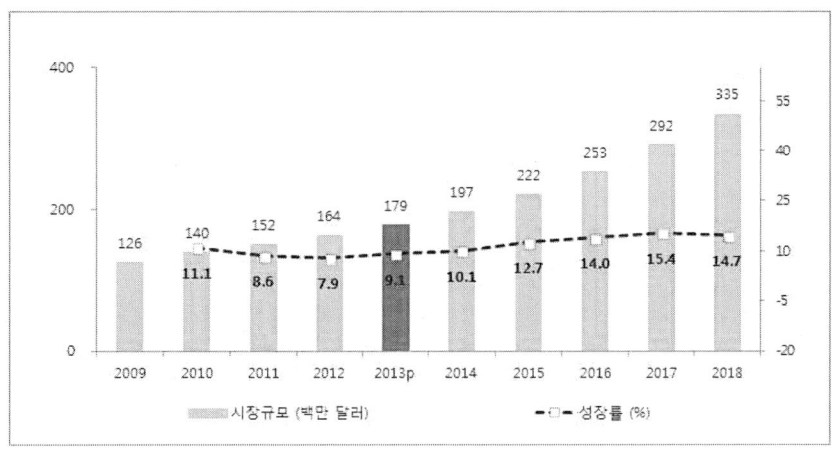

출처 : PwC(2014)

나. 온라인 게임

2013년 중동·아프리카 온라인 게임시장은 전년대비 45.5% 증가한 3,200만 달러 규모로 집계되었다. UAE는 게임과 문화콘텐츠의 육성을 위해 스타트업기업을 지원하는 정책을 내놓았고 자국의 팔라펠 게임즈(Falafel Games)를 지원한다.

[그림 10-21] 중동·아프리카지역 온라인 게임시장 규모 및 성장률, 2009 - 2018

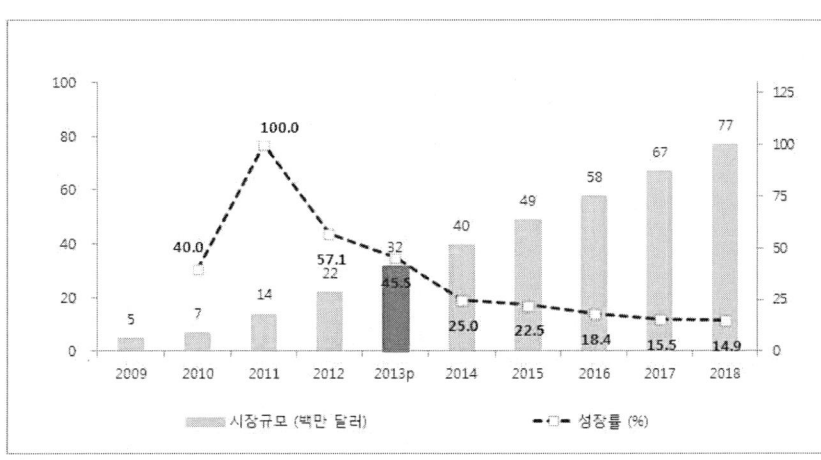

출처 : PwC(2014)

지원을 통해 만들어진 아랍 스타일의 MMO 전략 시뮬레이션 게임 '나이츠 오브 글로리(Knight of Glory)'를 현재 서비스 중이다. 이렇게 온라인 게임에 대한 인기가 증가하면서 지원 정책도 나오고 있어 중동·아프리카의 온라인 게임시장은 2018년까지 연평균 19.2%의 성장률을 보이며 7,700달러 규모의 시장으로 급속히 성장할 것으로 전망된다.

다. 모바일 게임

무선 네트워크의 발달과 스마트폰의 보급률 증가에 힘입어 2013년 중동·아프리카 모바일 게임시장은 전년대비 23.9% 성장한 1억 900만 달러 규모로 집계되었다. 무선 네트워크의 보급률과 스마트폰 보급률이 꾸준히 증가하고 있어 중동·아프리카 모바일 게임시장은 향후 5년간 연평균 13.7%씩 성장하여 2018년에는 2억 700만 달러 규모를 형성할 것으로 전망된다.

[그림 10-22] 중동·아프리카지역 모바일 게임시장 규모 및 성장률, 2009 - 2018

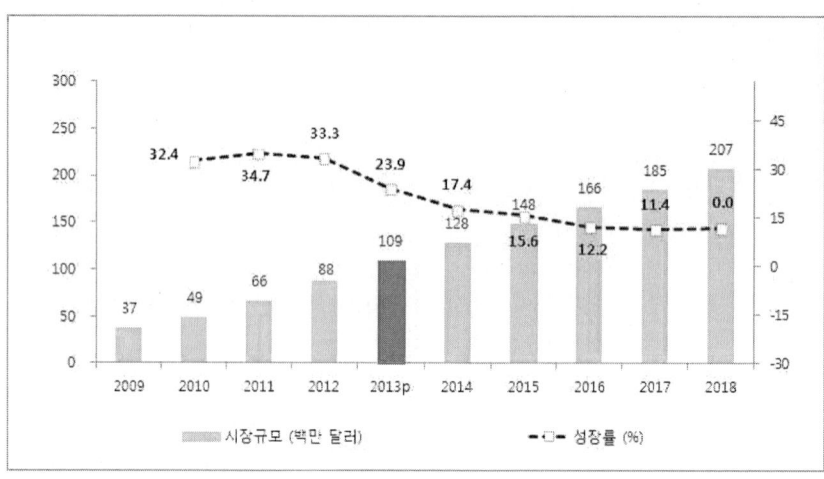

출처 : PwC(2014)

라. PC 게임

PC 게임시장은 이집트와 남아프리카공화국이 불법복제 유통으로 소폭 하락세를 보인 반면 사우디아라비아와 UAE의 오프라인 게임 구입 증가로 성장세를 보이고 있다. 이러한 상황에 의해 2013년 중동·아프리카의 PC 게임시장은 전반적으로 성장세를 보여, 전년대비 8.2% 성장한 7,900만 달러로 집계되었다. 향후 중동·아프리카지역의 PC 게임시장은 2018년까지 연평균 9.1%씩 성장하여 1억 2,200만 달러 규모가 될 것으로 전망된다.

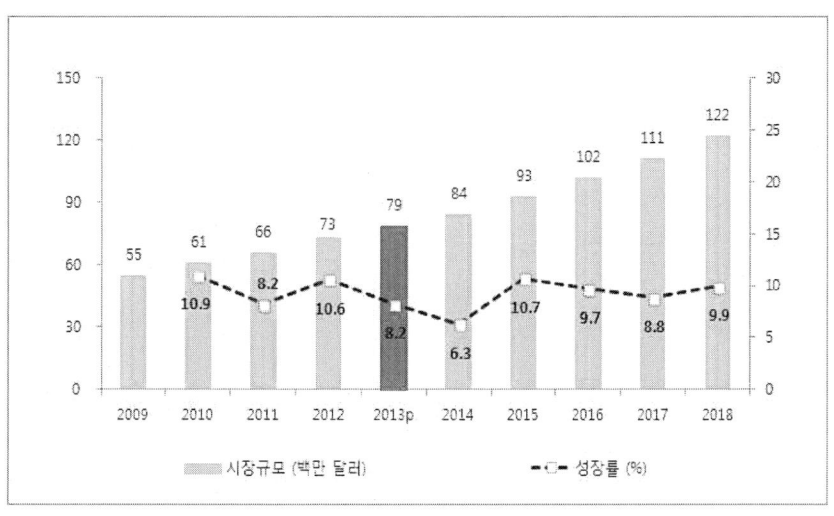

[그림 10-23] 중동·아프리카지역 PC 게임시장 규모 및 성장률, 2009 - 2018

출처 : PwC(2014)

(5) 영화

2013년 중동·아프리카 영화시장은 홈비디오 판매를 제외한 전 분야에서 고른 성장률을 보여주어 2012년 보다 3.2% 성장한 4억 4,600만 달러로 집계되었다. 박스오피스시장이 좋은 지표를 보여주고 있고 디지털배급시장이 폭발적인 성장을 보여주고 있어 중동·아프리카 영화시장은 2018년까지 연평균 9.8%씩 성장하여 7억 1,200만 달러 규모가 될 것으로 전망된다.

[표 10-11] 중동·아프리카지역 영화시장 규모 및 전망, 2009-2018

[단위 : 백만 달러, %]

구분	2009	2010	2011	2012	2013p	2014	2015	2016	2017	2018	2013-18 CAGR
극장	157	169	203	207	217	229	248	263	276	289	5.9
박스오피스	113	120	138	137	142	149	162	172	181	187	5.7
극장광고	44	51	66	70	75	81	85	90	97	102	6.3
홈비디오	193	193	167	155	145	138	136	130	127	121	△3.6
대여	17	18	16	15	14	15	15	14	14	14	0.0
판매	176	175	151	138	130	124	122	117	111	108	△3.6
디지털배급	41	43	60	70	84	101	124	160	227	302	29.2

[단위 : 백만 달러, %]

구분	2009	2010	2011	2012	2013p	2014	2015	2016	2018	2018	2013-18 CAGR
OTT/스트리밍	-	-	-	-	1	6	14	37	90	151	172.8
TV 구독	41	43	60	70	83	94	110	122	137	152	12.9
합계	391	406	429	432	446	468	507	552	630	712	9.8

출처 : PwC(2014)

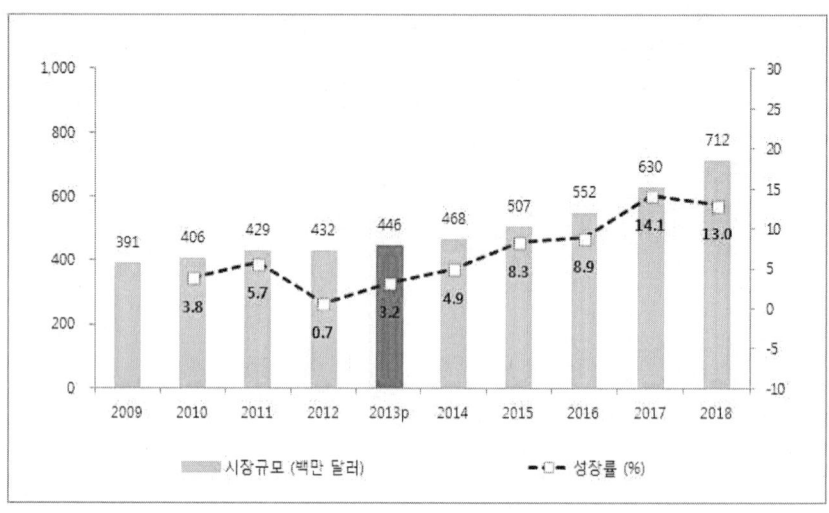

[그림 10-24] 중동·아프리카지역 영화시장 규모 및 성장률, 2009 - 2018

출처 : PwC(2014)

　　중동·아프리카 영화시장은 박스오피스시장이 2013년 31.8%의 점유율을 보였지만 2018년까지 26.4%로 하락할 전망이다. 홈비디오 판매시장은 감소율이 더욱 급격할 것으로 보이는데 2013년 29.1%였던 비중이 15.2%로 대폭 하락할 것으로 예상된다. 반면 디지털배급시장은 중동·아프리카의 충분한 구매력을 바탕으로 2018년까지 21.3%의 비중으로 증가할 전망이다.

[그림 10-25] 중동·아프리카지역 영화시장 분야별 비중 비교, 2009 vs. 2013 vs. 2018

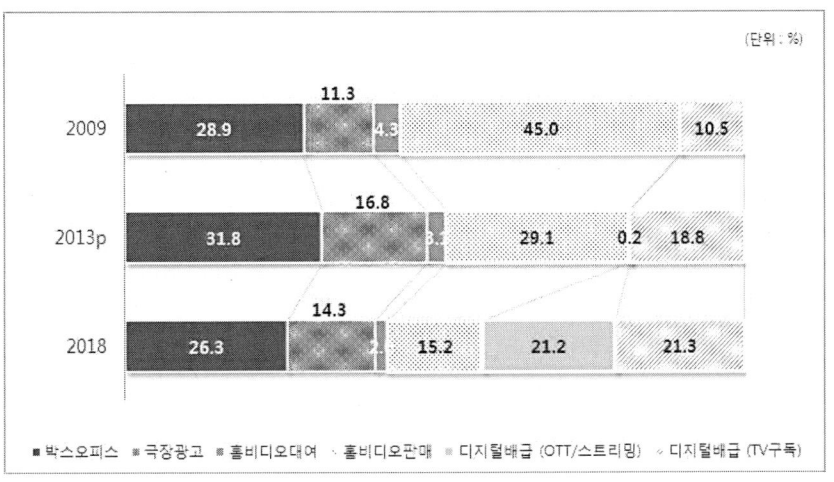

출처 : PwC(2014)

가. 박스오피스

2013년 중동·아프리카의 박스오피스시장은 영화 소비 증가에 힘입어 전년대비 3.6% 성장한 1억 4,200만 달러로 집계되었다.

[그림 10-26] 중동·아프리카지역 박스오피스시장 규모 및 성장률, 2009 - 2018

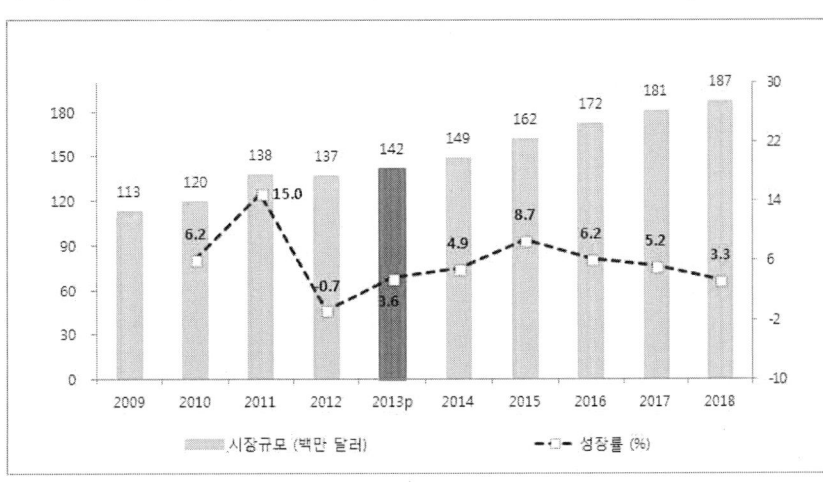

출처 : PwC(2014)

사우디아라비아는 영화관이 공식적으로 전무한 까닭에 다수의 사우디아라비아 국민들은 영화 관람을 위해 인근 국가인 바레인, UAE 등으로 여행을 떠나기도 한다. 이에 따라 UAE의 최대 쇼핑몰을 방문하는 절반이 영화 관람이 목적인 사우디아라비아 사람들인 것으로 알려져 있다. 향후 2018년까지 중동·아프리카의 박스오피스시장은 매년 5.7%씩 성장하여 1억 8,700만 달러의 시장으로 커질 전망이다.

나. 홈비디오

중동·아프리카 홈비디오시장은 유·무선 인터넷의 발달로 판매 서비스가 지속적으로 감소하고 있는 경향을 보이고 있다. 이러한 감소세로 인하여 2013년 중동·아프리카의 홈비디오시장은 전년 대비 6.5% 하락한 1억 4,500만 달러로 집계되었다. 사우디아라비아의 경우 영화관이 없는 대신 홈비디오 산업이 발달했는데 현재는 위성방송이나 유튜브(Youtube) 등을 통한 영화시청이 늘어나고 있다. 이러한 환경의 변화로 중동·아프리카 홈비디오시장은 2018년까지 연평균 3.6%의 하락세를 보이며 1억 2,100만 달러의 시장으로 축소될 전망이다.

[그림 10-27] 중동·아프리카지역 홈비디오시장 규모 및 성장률, 2009 - 2018

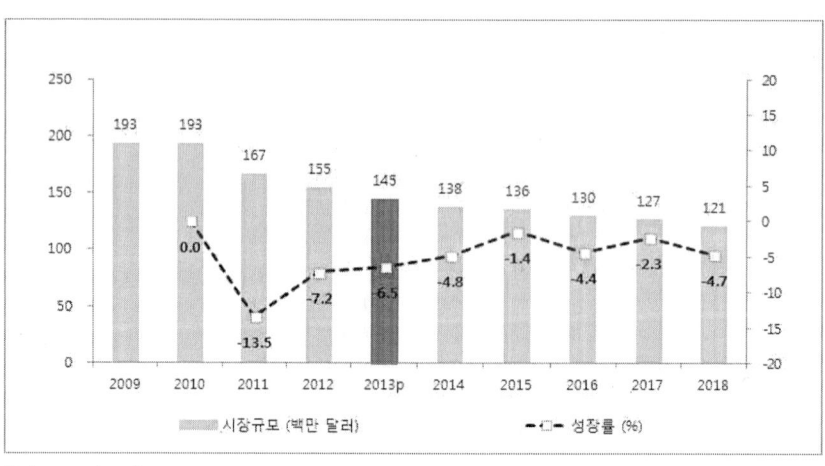

출처 : PwC(2014)

다. 디지털배급

2013년 디지털배급시장은 인터넷을 이용한 OTT 서비스가 활성화 되면서 전년대비 20.0% 성장한 8,400만 달러로 집계되었다. 남아프리카공화국은 디스커버 디지털(Discover Digital)을 통해 스포츠 콘텐츠를 OTT로 서비스하기 시작했고 UAE의 에티살랏(Etisalat)은 무료로 브로드밴드 서비스 속도를 2배 개선하는 사업정책을 발표하여 더욱 빠른 콘텐츠의 공급을 약속했다. 이에 중동·아프리카의 디지털배급시장은 2018년까지 연평균 29.2%의 성장률로 3억 200만 달러의 시장으로 성장할 전망이다.

[그림 10-28] 중동·아프리카지역 디지털배급시장 규모 및 성장률, 2009-2018

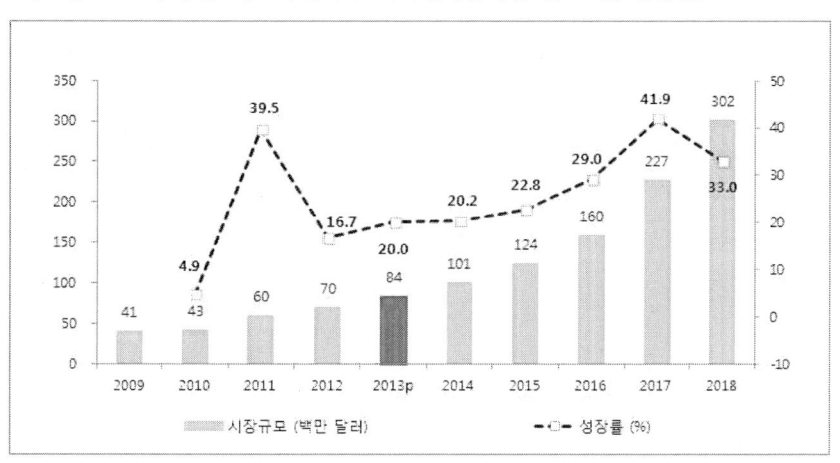

출처 : PwC(2014)

(6) 애니메이션

2013년 중동·아프리카 애니메이션시장은 전년대비 12.5% 성장한 4,500만 달러 규모로 집계되었다. 남아프리카공화국의 경우 애니메이션을 포함한 영화 진흥 정책을 실시하여 자국의 문화콘텐츠 육성을 시도하고 있으며 UAE는 두바이 미디어 시티를 통해 영화 애니메이션 진흥을 위한 노력을 기울이고 있다. 이러한 국가 진흥책에 힘입어 중동·아프리카의 애니메이션시장은 2018년까지 연평균 13.5%씩 성장하여 8,600만 달러로 규모로 확대될 전망이다.

[표 10-12] 중동·아프리카지역 애니메이션시장 규모 및 전망, 2009-2018

[단위 : 백만 달러, %]

구분	2009	2010	2011	2012	2013p	2014	2015	2016	2018	2018	2013-18 CAGR
영화	9	9	11	13	14	16	18	20	22	22	9.2
극장광고	3	4	5	6	8	9	10	10	12	12	9.9
디지털배급	0	0	0	0	1	2	4	11	18	182.0	

[단위 : 백만 달러, %]

구분	2009	2010	2011	2012	2013p	2014	2015	2016	2018	2018	2013-18 CAGR
방송	3	3	5	6	8	10	12	14	16	18	16.7
홈비디오	15	15	14	14	15	15	15	15	15	15	-
합계	30	31	36	40	45	50	57	64	76	86	13.5

출처 : Box Office Mojo(2014), Digital Vector(2013), The-Numbers(2014), PwC(2014)

[그림 10-29] 중동·아프리카지역 애니메이션시장 규모 및 성장률, 2009 - 2018

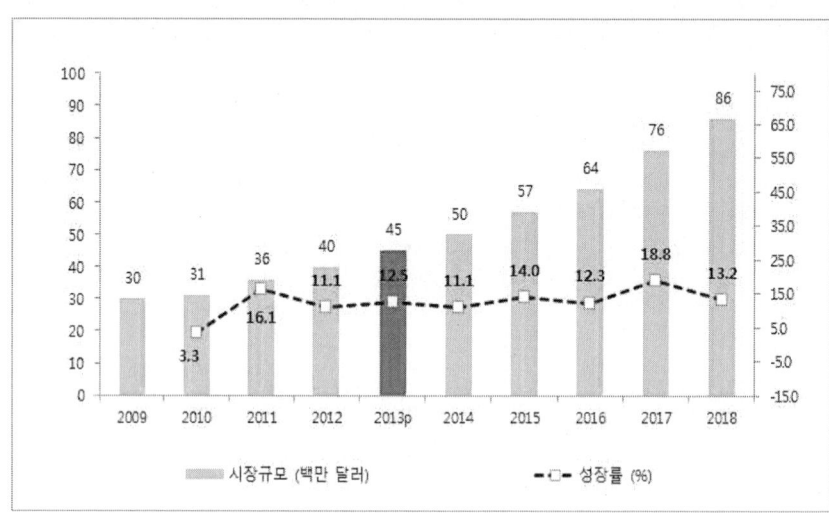

출처 : Box Office Mojo(2014), Digital Vector(2013), The-Numbers(2014), PwC(2014)

중동·아프리카지역 애니메이션시장에서 가장 큰 비중을 차지하던 홈비디오시장은 2009년 50.0%라는 높은 시장점유율을 보인데 반해 2013년 33.3%로 대폭 하락하였다. 향후 디지털배급 애니메이션시장의 성장으로 2018년에는 17.4%로 그 비중이 더욱 줄어들 것으로 보인다. 홈비디오시장 다음으로 큰 비중을 차지한 영화 애니메이션시장은 2013년 31.1%의 점유율로 2009년보다 다소 비중이 증가하였으나 2018년에는 25.6%로 크게 하락할 것으로 전망된다.

반면, 방송 애니메이션시장의 성장이 두드러지게 나타나는데, 2009년 10%의 점유율을 보이던 방송 애니메이션시장은 2018년에는 20.9%의 점유율을 보일 것으로 전망된다. 한편, 2013년까지 시장이 형성되지 않은 디지털배급 애니메이션시장은 2014년 이후 조금씩 성장하여 2018년에는 20.9%의 시장점유율을 나타낼 것으로 기대되고 있다.

[그림 10-30] 중동·아프리카지역 애니메이션시장 분야별 비중 비교, 2009 vs. 2013 vs. 2018

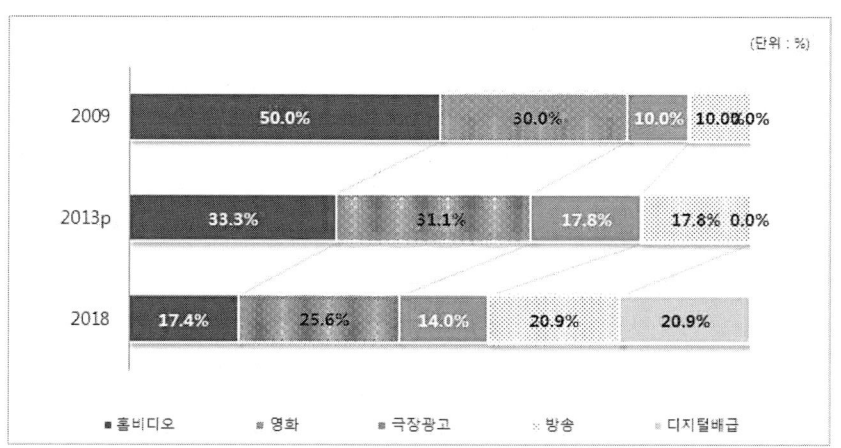

출처 : Box Office Mojo(2014), Digital Vector(2013), The-Numbers(2014), PwC(2014)

가. 영화 애니메이션

2013년 중동·아프리카 영화 애니메이션시장은 소비심리가 살아나면서 전년대비 14.1% 증가한 1,400만 달러로 집계되었다. 2013년 중동·아프리카 시장에도 '슈퍼배드 2', '몬스터 대학'과 같은 할리우드 애니메이션의 인기가 높았다.

[그림 10-31] 중동·아프리카지역 영화 애니메이션시장 규모 및 성장률, 2009 - 2018

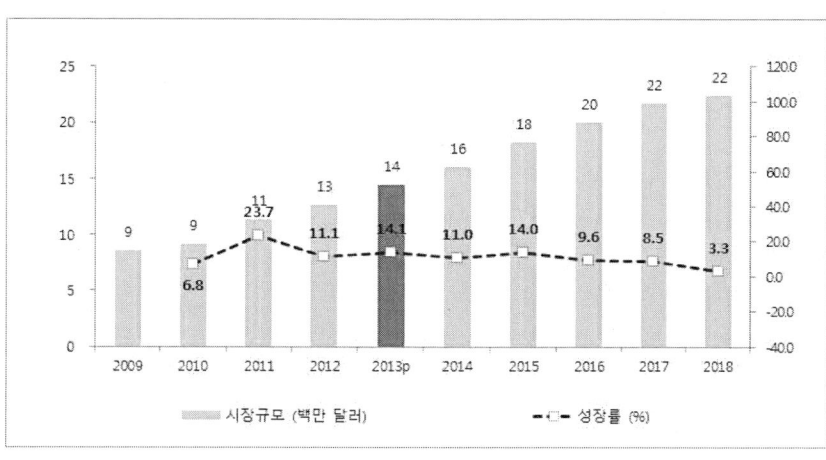

출처 : Box Office Mojo(2014), Digital Vector(2013), The-Numbers(2014), PwC(2014)

이러한 추세가 계속될 것으로 보여 중동·아프리카 영화 애니메이션시장은 2018년까지 연평균 9.2%씩 성장하여 2,200만 달러의 시장으로 커질 전망이다.

나. 방송 애니메이션

2013년 중동·아프리카의 방송 애니메이션시장은 전년대비 30.5% 성장한 800만 달러로 집계되었다. 중동·아프리카 방송 애니메이션시장은 UAE, 사우디아라비아의 아동 층을 타겟으로 성장할 것으로 보여 향후 5년간 연평균 16.7%의 성장률을 통해 2018년까지 1,800만 달러의 규모로 커질 것으로 전망된다.

[그림 10-32] 중동·아프리카지역 방송 애니메이션시장 규모 및 성장률, 2009 - 2018

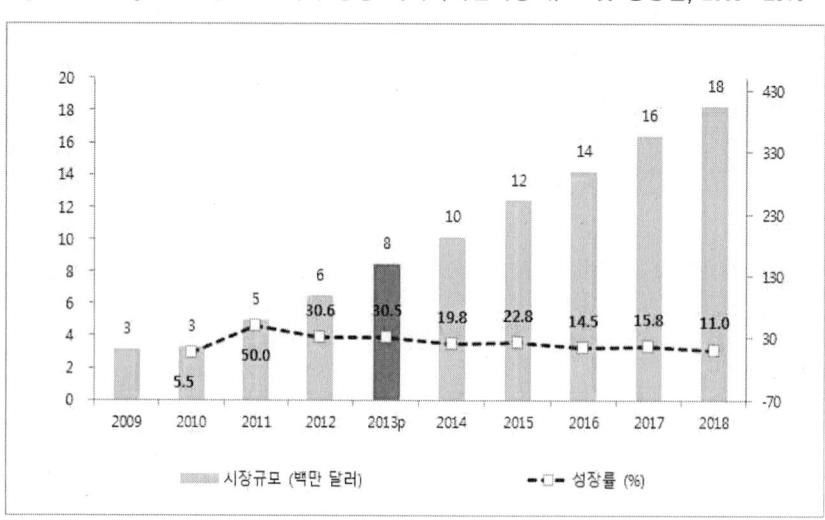

출처 : Box Office Mojo(2014), Digital Vector(2013), The-Numbers(2014), PwC(2014)

다. 홈비디오 애니메이션

2013년 홈비디오 애니메이션시장은 전년대비 7.1%의 성장률을 보이며 1,500만 달러로 집계되었다. 하지만 지적재산권에 대한 인식이 낮은 편인 소비층들로 인해 중동·아프리카지역 홈비디오 애니메이션시장은 더 이상 성장세를 보이지 않고 2018년까지 1,500만 달러 규모의 시장을 유지할 것으로 보인다.

[그림 10-33] 중동·아프리카지역 홈비디오 애니메이션시장 규모 및 성장률, 2009 - 2018

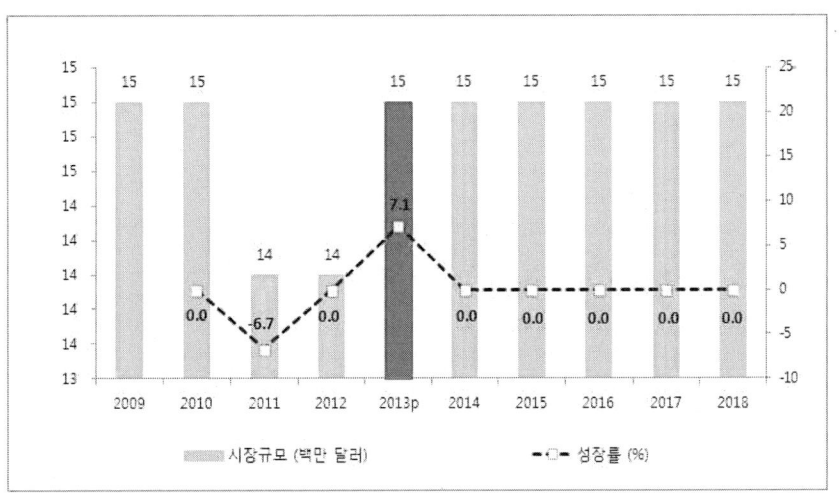

출처 : Box Office Mojo(2014), Digital Vector(2013), The-Numbers(2014), PwC(2014)

라. 디지털배급 애니메이션

중동·아프리카의 디지털배급 애니메이션시장은 아직까지 시장을 형성하기에는 미미한 수준이다.

[그림 10-34] 중동·아프리카지역 디지털배급 애니메이션시장 규모 및 성장률, 2009 - 2018

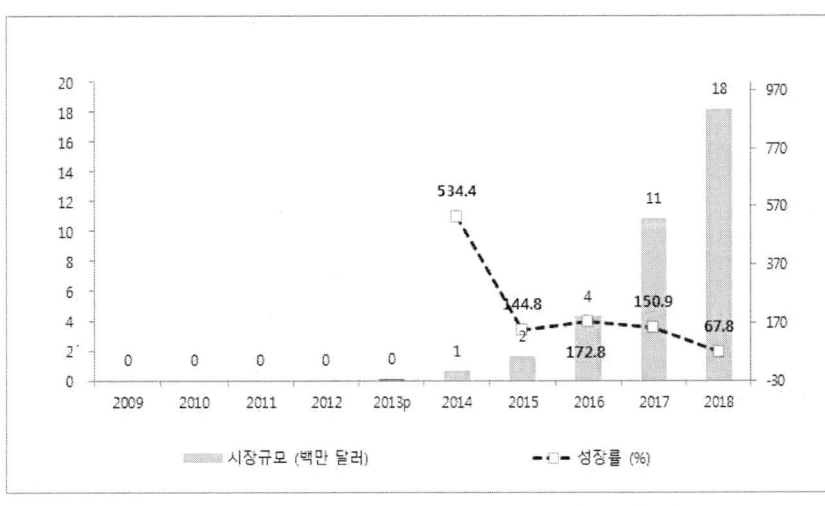

출처 : Box Office Mojo(2014), Digital Vector(2013), The-Numbers(2014), PwC(2014)

하지만, 국가차원의 디지털 정책과 디지털 단지 구축, 그리고 중동·아프리카에 진출해 있는 다수의 글로벌기업들이 OTT 서비스와 기타 스트리밍 서비스를 개시할 것으로 전망되어 2018년까지 연평균 182.0%의 높은 성장률로 1,800만 달러 규모의 시장을 형성할 것으로 보인다

(7) 방송

2013년 중동·아프리카의 방송시장은 전년대비 7.1% 성장한 45억 9,300만 달러로 집계되었다. 남아프리카 공화국은 비교적 양호한 경제 환경과 아프리카 최대의 유료방송시장으로서 각 분야가 비교적 골고루 성장하였고 아랍에미리트는 풍부한 자금력으로 고성장을 이루내 전반적으로 성장세를 보이고 있다. 이집트는 정치적 혼란으로 인하여 방송시장이 적지 않은 타격을 받았지만 중동·아프리카지역은 전반적으로 고른 성장세를 보여주고 있다. 중동·아프리카의 방송시장은 향후 5년간 연평균 7%의 성장세를 보이며 2018년에는 64억 5,400만 달러의 시장으로 성장할 것으로 전망된다.

[표 10-13] 중동·아프리카지역 방송시장 규모 및 전망, 2009-2018

[단위 : 백만 달러, %]

구분	2009	2010	2011	2012	2013p	2014	2015	2016	2018	2018	2013-18 CAGR
TV 수신료	1,975	2,079	2,190	2,323	2,495	2,650	2,827	3,023	3,214	3,429	6.6
공영방송	92	92	92	95	99	105	105	108	111	113	2.7
유료방송	1,883	1,987	2,098	2,229	2,396	2,545	2,722	2,915	3,103	3,315	6.7
TV 광고	949	1,218	1,268	1,411	1,495	1,629	1,724	1,849	1,957	2,102	7.1
다중 채널	50	73	92	116	140	175	213	253	294	343	19.6
지상파	900	1,146	1,176	1,295	1,355	1,452	1,508	1,593	1,661	1,754	5.3
온라인	-	-	-	-	-	1	1	2	4	5	49.5
라디오	373	422	471	553	603	664	724	788	853	923	8.9
광고	373	422	471	553	603	664	724	788	853	923	8.9
공영 라디오	-	-	-	-	-	-	-	-	-	-	-
위성 라디오	-	-	-	-	-	-	-	-	-	-	-
합계	3,297	3,719	3,929	4,287	4,593	4,943	5,275	5,660	6,024	6,454	7.0

출처 : PwC(2014)

[그림 10-35] 중동·아프리카지역 방송시장 규모 및 성장률, 2009 - 2018

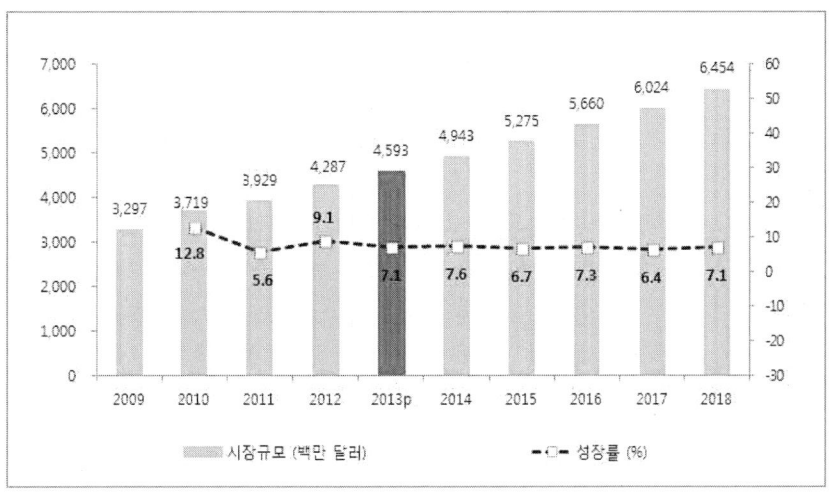

출처 : PwC(2014)

중동·아프리카지역 방송시장에서 가장 큰 비중을 차지한 것은 TV 수신료시장으로 2009년에는 59.9%의 높은 시장점유율을 보였다. 그러나 TV 광고시장과 라디오시장의 성장으로 2013년에는 54.3%로 비중이 감소하였다.

[그림 10-36] 중동·아프리카지역 방송시장 분야별 비중 비교, 2009 vs. 2013 vs. 2018

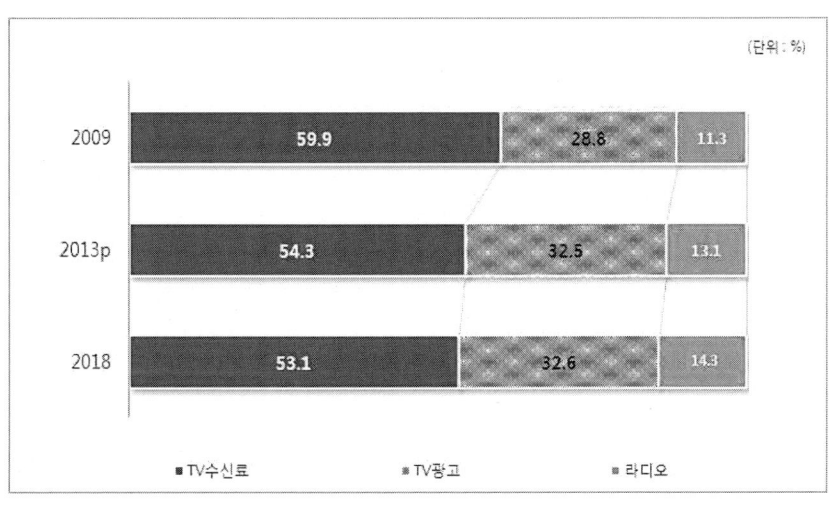

출처 : PwC(2014)

이러한 추세는 계속되어 2018년에는 53.1%로 비중이 줄어들 것으로 전망된다. 반면 TV 광고시장은 2009년 28.8%였던 비중이 증가하여 2018년에는 32.6%의 점유율을 보일 것으로 전망된다. 라디오시장 역시 2009년 11.3%의 점유율에서 2018년 14.3%로 비중이 증가할 전망이다.

가. TV 수신료

2013년 중동·아프리카의 TV 수신료시장은 전년대비 7.4% 성장한 24억 9,500만 달러로 집계되었다. 남아공은 아프리카 최대의 유료방송시장을 가지고 있는데 지역사업자 'Multicohoice'가 가장 높은 시장점유율을 보이고 있다. 아랍에미리트는 유료TV 가입가구 비율이 2013년 말 전체 TV 시청가구 중 65%를 차지할 정도로 높은 비율을 차지하고 있다. 이처럼 중동·아프리카지역의 주요 국가들이 높은 비율의 TV 수신료시장을 형성하고 있어 2018년까지 6.6%의 성장세를 보이며 34억 2,900만 달러로 TV 수신료시장의 규모는 커질 전망이다.

[그림 10-37] 중동·아프리카지역 TV 수신료시장 규모 및 성장률, 2009 - 2018

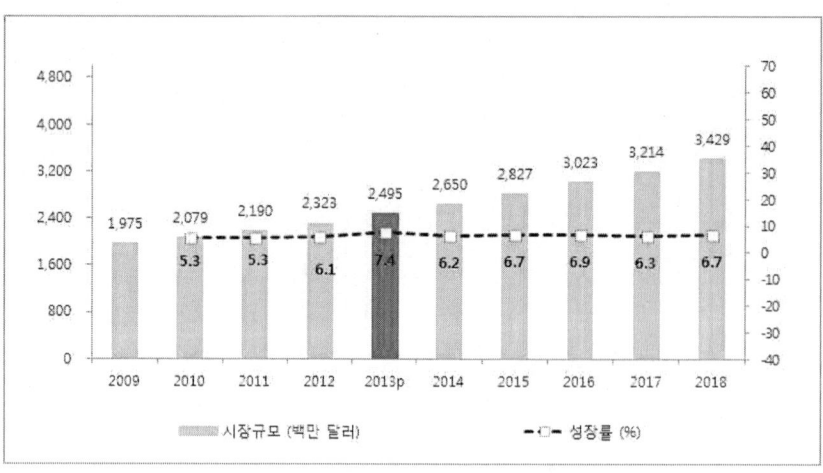

출처 : PwC(2014)

나. TV 광고

2013년 TV 광고시장 규모는 전년대비 6% 성장한 14억 9,500만 달러로 집계되었다. 중동·아프리카지역 광고주들은 지역 TV 방송국에 많은 관심을 보이고 있고 투자를 단행하고 있어서 전반적으로 TV 광고시장 규모는 성장할 것으로 예상되고 있다. 중동·아프리카 TV 광고시장은 2018년까지 7.1%의 성장률을 보이며 21억 200만 달러로 규모가 커질 전망이다.

[그림 10-38] 중동·아프리카지역 TV 광고시장(방송) 규모 및 성장률, 2009 - 2018

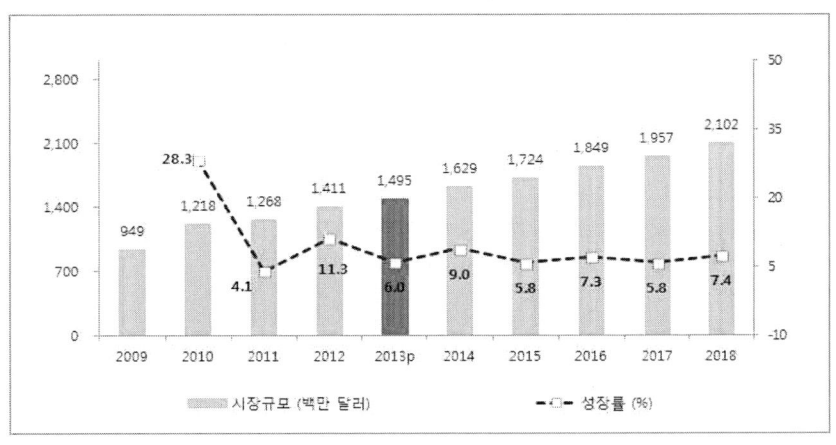

출처 : PwC(2014)

다. 라디오

2013년 중동·아프리카의 라디오시장은 전년대비 9.0% 성장한 6억 300만 달러로 집계되었다. 전통적인 정보 전달 매체로서 가치가 높은 라디오는 클래식 광고 투자자들로부터 여전히 많은 관심을 받고 있고 특히 패션과 미용에 관심이 많은 여성들에게 저자극성 광고 매체로서의 역할을 톡톡히 하고 있다.

[그림 10-39] 중동·아프리카지역 라디오시장 규모 및 성장률, 2009 - 2018

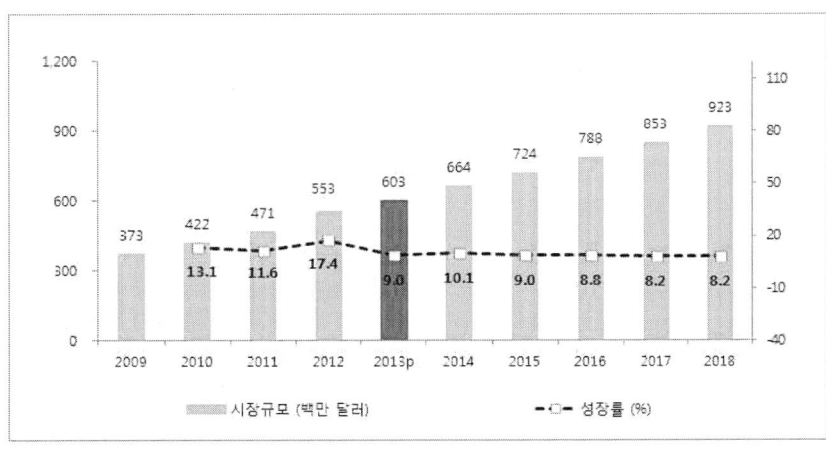

출처 : PwC(2014)

중동·아프리카 라디오시장은 2018년까지 연평균 8.9%의 성장률로 9억 2,300만 달러의 시장을 형성할 것으로 전망된다.

(8) 광고

2013년 중동·아프리카 광고시장은 전 분야에서 고른 성장률을 보여 주었다. 특히 인터넷 광고와 신문 광고는 아주 높은 성장률을 보이며 전체 시장의 성장을 이끌었다. 이처럼 전 분야에서 성장하고 있는 중동·아프리카의 광고시장은 전년대비 7.5% 성장한 57억 9,600만 달러를 기록하였다.

[표 10-14] 중동·아프리카지역 광고시장 규모 및 전망, 2009-2018

[단위 : 백만 달러, %]

구분	2009	2010	2011	2012	2013p	2014	2015	2016	2018	2018	2013-18 CAGR
디렉토리 광고	128	129	129	144	156	173	191	206	222	232	8.3
디지털	22	21	20	32	42	54	69	82	98	106	20.3
인쇄	106	109	111	112	116	120	124	125	124	126	1.7
잡지 광고	417	413	415	437	447	455	465	476	493	503	2.4
디지털	-	-	2	6	8	11	17	24	35	52	45.4
인쇄	417	413	413	430	439	443	448	452	458	452	0.6
산업잡지 광고	51	53	58	63	67	70	73	76	78	80	3.6
디지털	-	-	1	3	4	6	9	12	17	22	40.6
인쇄	51	53	57	60	62	64	65	63	61	58	△1.3
극장 광고	44	51	66	70	75	81	85	90	97	102	6.3
신문 광고	1,750	1,723	1,751	1,788	1,854	1,879	1,924	1,973	2,026	2,083	2.4
디지털	11	14	20	26	37	51	70	98	137	189	38.6
인쇄	1,739	1,709	1,731	1,761	1,817	1,827	1,854	1,876	1,889	1,894	0.8
라디오 광고	373	422	471	553	603	664	724	788	853	923	8.9
TV 광고	949	1,218	1,268	1,411	1,495	1,628	1,723	1,849	1,958	2,103	7.1
다중 채널	50	73	92	116	140	175	213	253	294	343	19.6
지상파	900	1,146	1,176	1,295	1,355	1,452	1,508	1,593	1,661	1,754	5.3
온라인TV	-	-	-	-	-	1	1	2	4	5	0.0
인터넷 광고	91	184	287	449	610	787	1,019	1,344	1,654	2,063	27.6

313) 산술합계에는 디렉토리 광고, 잡지 광고, 산업잡지 광고, 신문 광고의 디지털 광고와 온라인TV

[단위 : 백만 달러, %]

구분	2009	2010	2011	2012	2013p	2014	2015	2016	2018	2018	2013-18 CAGR
모바일	7	18	38	74	130	211	339	553	761	1,049	51.8
유선	83	166	246	375	481	577	680	791	893	1,013	16.1
옥외 광고	417	456	491	539	577	613	649	684	713	740	5.1
디지털	-	38	11	13	81	102	123	150	177	207	20.6
오프라인	417	419	481	525	495	511	524	535	536	534	1.5
게임 광고	1	2	2	3	3	4	4	5	5	6	14.9
산술합계[313]	4,221	4,651	4,938	5,457	5,887	6,354	6,857	7,491	8,099	8,835	8.5
합계	4,188	4,616	4,895	5,390	5,796	6,231	6,691	7,273	7,809	8,462	7.9

출처 : PwC(2014)

중동·아프리카 광고시장은 인쇄산업잡지 광고의 지속적인 하락세에도 불구하고 2018년까지 전반적인 성장세를 보여 향후 5년간 7.9%의 성장률로 2018년까지 84억 6,200만 달러 규모로 확대될 것으로 전망된다.

[그림 10-40] 중동·아프리카지역 광고시장 규모 및 성장률, 2009 - 2018

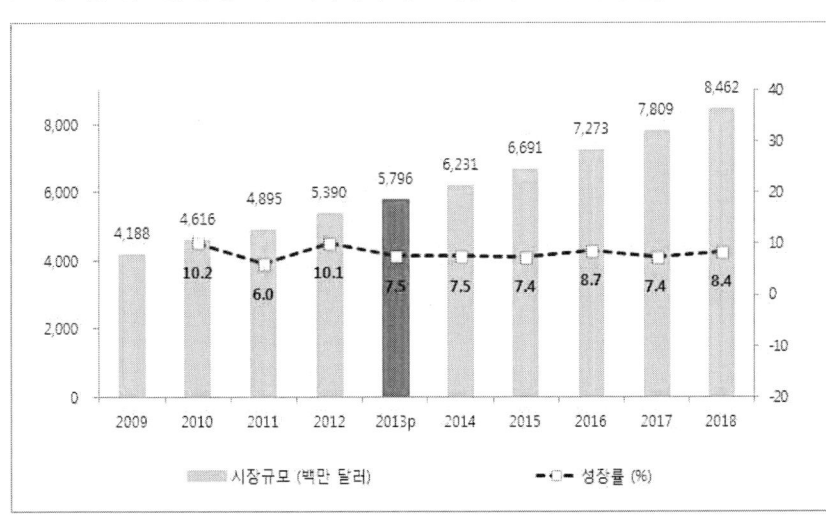

출처 : PwC(2014)

광고, 지상파 라디오 온라인 광고가 인터넷 광고시장 규모에 포함되어 있어 합계에서는 중복되는 부분을 제외함 중동·아프리카 광고시장에서 가장 큰 비중을 차지한 것은 신문 광고시장이었다. 2009년 신문 광고시장은 41.5%의 점유율을 보였으나 2013년에는 31.5%로 점유율이 하락했다. 이러한 하락세는 계속되어 2018년에는 23.6%의 점유율을 보일 것으로 전망된다. 신문 광고시장 다음으로 큰 비중을 차지한 TV 광고시장은 2009년 22.5%의 점유율을 차지했으나 그 비중이 늘어나 2018년에는 23.8%의 점유율을 보이며 가장 큰 비중을 차지할 것으로 전망된다.

한편, 옥외 광고시장을 비롯해 잡지 광고, 기타 광고시장은 2009년 이후 그 비중이 지속적으로 축소되었는데 그러한 추세는 향후에도 계속될 것으로 보인다.

[그림 10-41] 중동·아프리카지역 광고시장 분야별 비중 비교, 2009 vs. 2013 vs. 2018

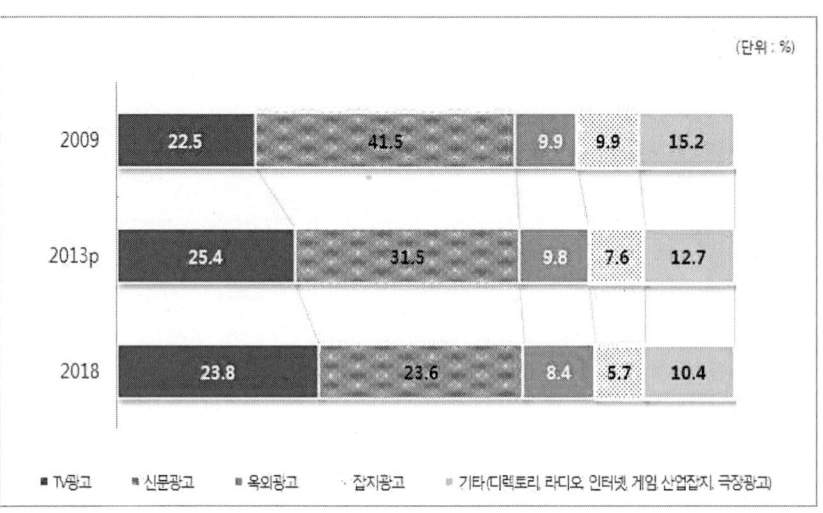

출처 : PwC(2014)

가. TV 광고

중동·아프리카 TV 광고시장은 2013년 14억 9,500만 달러로 전년대비 6.0%의 성장률을 기록하였다. 중동·아프리카 TV 광고시장은 그 동안 강세를 보인 유료TV 가입자 수가 증가할 것으로 전망되어 향후 2018년까지 7.1%의 성장률로 21억 300만 달러 규모까지 성장할 전망이다.

[그림 10-42] 중동·아프리카지역 TV 광고시장 규모 및 성장률, 2009 - 2018

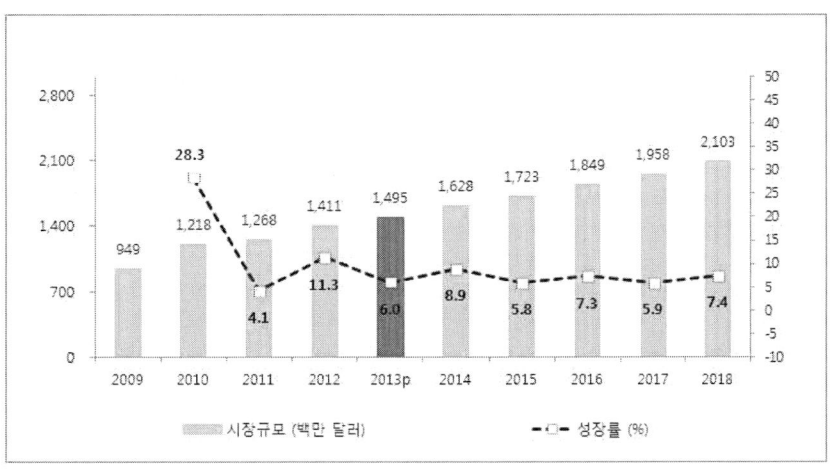

출처 : PwC(2014)

나. 인터넷 광고

2013년 중동·아프리카의 인터넷 광고시장은 전년대비 35.9% 증가한 6억 1,000만 달러를 기록하였다. 스마트단말기를 이용하는 이용자가 증가하면서 모바일 광고시장이 폭발적인 성장세를 나타내고 있다.

[그림 10-43] 중동·아프리카지역 인터넷 광고시장 규모 및 성장률, 2009 - 2018

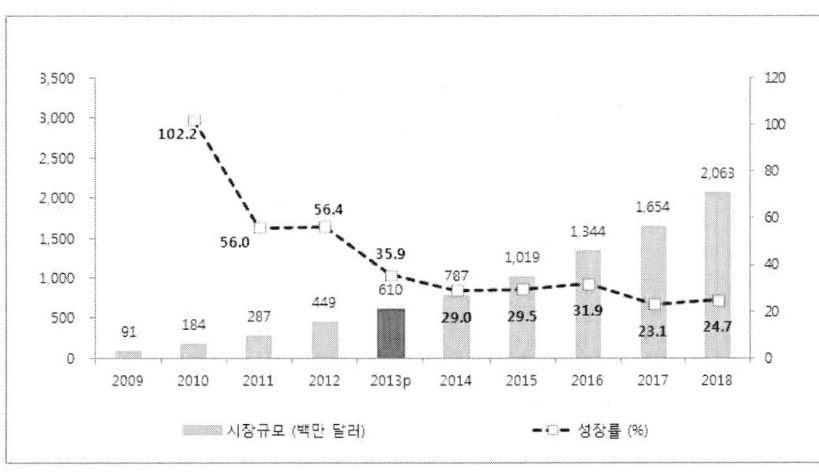

출처 : PwC(2014)

검색·디스플레이에 대한 광고주들의 관심사도 증가하고 있어 중동·아프리카의 인터넷 광고시장은 2018년까지 연평균 27.6%의 고성장세를 유지해 20억 6,300만 달러로 확대될 것으로 전망된다.

[표 10-15] 중동·아프리카지역 인터넷 광고시장 규모 및 전망, 2009-2018

[단위 : 백만 달러, %]

구분	2009	2010	2011	2012	2013p	2014	2015	2016	2018	2018	2013-18 CAGR
모바일	7	18	38	74	130	211	339	553	761	1,049	51.8
유선	83	166	246	375	481	577	680	791	893	1,013	16.1
안내광고	13	21	26	38	50	64	78	94	110	126	20.3
디스플레이 광고	38	95	138	215	264	299	339	376	409	446	11.1
비디오	1	3	3	8	14	18	27	42	59	82	42.4
유료검색	30	48	78	114	153	194	237	278	316	359	18.6
합계	91	184	287	449	610	787	1,019	1,344	1,654	2,063	27.6

출처 : PwC(2014)

다. 신문 광고

중동·아프리카의 광고시장은 광고 플랫폼이 다양화되면서 노출빈도가 높은 TV 광고와 인터넷 광고시장 쪽으로 많은 광고주들이 이탈하는 경향을 보이고 있다.

[그림 10-44] 중동·아프리카지역 신문 광고시장 규모 및 성장률, 2009-2018

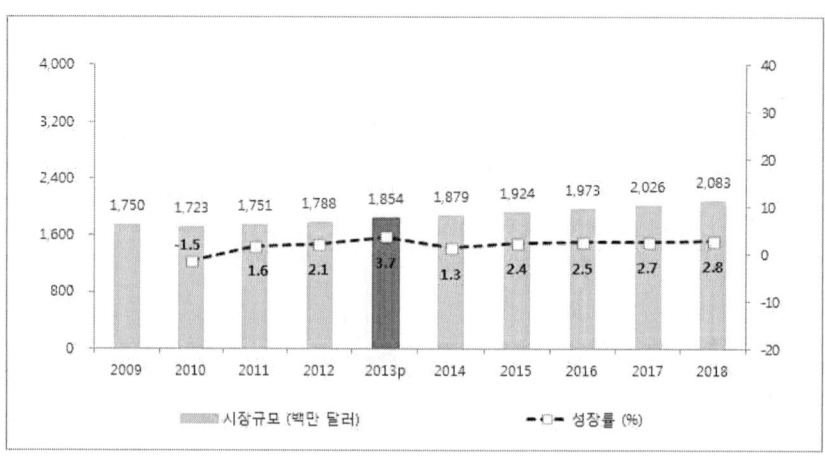

출처 : PwC(2014)

그러나 전통적인 정보 전달 매체로서의 가치가 높은 신문 광고시장이 여전히 중심을 잡고 있어 2013년 중동·아프리카 신문 광고시장은 전년대비 3.7% 증가한 18억 5,400만 달러로 집계되었다. 신문 광고시장은 2018년까지 연평균 2.4%의 성장률로 20억 8,300만 달러 규모로 꾸준히 성장할 것으로 보인다.

(9) 캐릭터·라이선스

중동·아프리카지역의 캐릭터·라이선스시장에서는 종교, 정치적인 특성으로 인해 해외 캐릭터보다 중동·아프리카에서 생산된 캐릭터 소비가 높다. 2013년 중동·아프리카지역의 캐릭터·라이선스시장은 TV와 영화 애니메이션을 통해 노출된 상품의 판매가 증가해 전년대비 4.3% 성장한 7억 2,000만 달러 규모로 집계되었다. 향후 2018년까지 연평균 6.9%의 성장세를 나타내며 캐릭터·라이선스시장 규모는 10억 600만 달러에 도달할 것으로 예상된다.

[그림 10-45] 중동·아프리카지역 캐릭터·라이선스시장 규모 및 성장률, 2009-2018

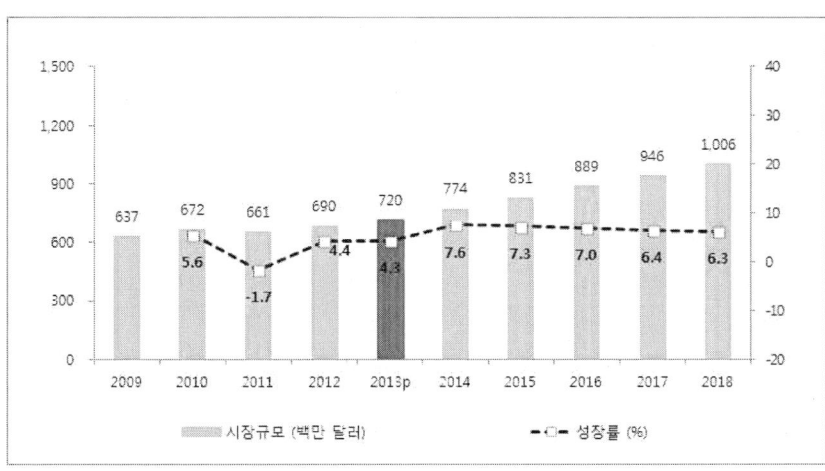

출처 : EPM(2013, 2014), PwC(2014)

[표 10-16] 중동·아프리카지역 캐릭터·라이선스시장 규모 및 전망, 2009-2018

[단위 : 백만 달러, %]

구분	2009	2010	2011	2012	2013p	2014	2015	2016	2018	2018	2013-18 CAGR
캐릭터·라이선스	637	672	661	690	720	774	831	889	946	1,006	6.9

출처 : EPM(2013, 2014), PwC(2014)

중동·아프리카의 분야별 라이선스 비중은 엔터테인먼트·캐릭터가 2011년 37.1%로 가장 높은 비중을 보여주었고 패션이 32.7%의 비중을 보여주었다. 2013년 대부분의 시장 규모는 2011년과 큰 변동이 없었는데 스포츠 분야가 2011년 4.1%의 시장 규모에서 2013년 2.7%로 하락하였다.

[그림 10-46] 중동·아프리카지역 분야별 캐릭터·라이선스시장 비중, 2009 vs. 2011 vs. 2013

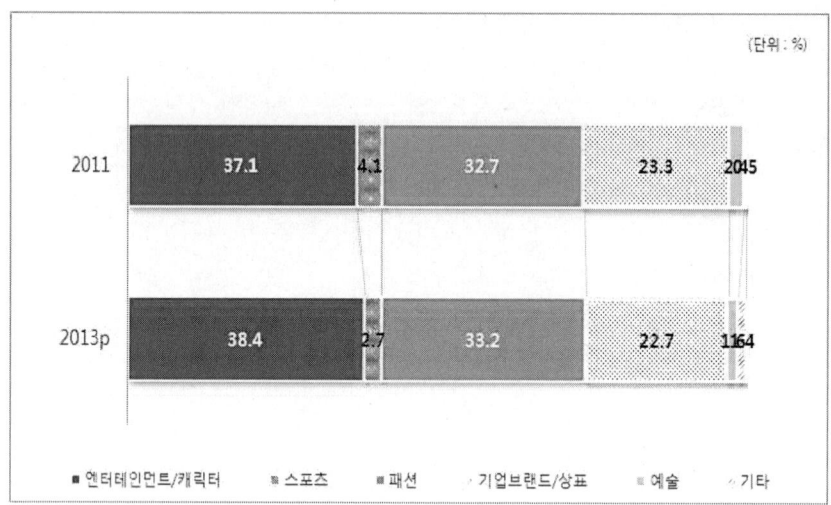

출처 : EPM(2013, 2014), PwC(2014)

[표 10-17] 중동·아프리카지역 캐릭터·라이선스 분야별 시장 규모, 2009–2013

[단위 : 백만 달러, %]

구분	2009		2011			2013		
	시장 규모	비중	시장 규모	비중	증감율	시장 규모	비중	증감율
엔터테인먼트/캐릭터	110	37.9	130	37.1	14.6	142	38.4	9.0
스포츠	10	3.5	10	4.1	14.1	10	2.7	4.5
패션	90	31.0	110	32.7	29.9	123	33.2	11.5
기업브랜드/상표	60	20.7	80	23.3	28.2	84	22.7	12.2
예술	10	3.45	10	2.4	△4.9	6	1.6	5.0
기타	10	3.45	0	0.5	-	5	1.4	-
합계	290	100	340	100	19.3	372	100	9.4

출처 : EPM(2013, 2014), PwC(2014)

2009년 엔터테인먼트/캐릭터시장은 가장 큰 비중을 보여주었는데 2011년과 2013년에도 비슷한 수준을 유지하였다. 기업브랜드의 경우 2011년과 2013년 사이 가장 높은 증감률을 보여 글로벌 국가들이 중동·아프리카 캐릭터·라이선스시장에 큰 관심을 보이고 있다는 것을 예상할 수 있다. 패션 부문은 부유층이 많은 UAE, 사우디아라비아 국가들을 중심으로 많은 소비가 이루어지고 있어 2011년 대비 11.5% 증가한 1억 2,300만 달러의 규모를 형성하였다.

[표 10-18] 중동·아프리카지역 제품별 캐릭터·라이선스시장 비중, 2009 vs. 2011 vs. 2013

[단위 : 백만 달러, %]

구분	2009		2011			2013		
	시장 규모	비중	시장 규모	비중	증감율	시장 규모	비중	증감율
의류·신발·잡화	140		130	39.3	△1.5	152	40.9	17.2
게임·완구	20		20	7.2	2.1	20	5.4	△2.2
출판	20		30	7.6	5.1	31	8.3	2.2
가정용품·가구·침구	0		5	1.3	△7.9	5	1.3	2.0
문구·제지	20		20	5.3	1.0	19	5.1	△4.8
선물	10		9	3.7	0.2	9	2.4	1.2
식음료	0		7	1.7	15.5	7	1.9	6.9
건강·미용	20		20	7.0	2.2	21	5.6	7.2
기타	60		99	26.9	-	108	29.0	-
합계	290		340	100				9.4

출처 : EPM(2013, 2014), PwC(2014)

2013년 중동·아프리카지역의 제품별 캐릭터·라이선스시장 비중을 살펴보면 의류·신발·잡화가 40.9%로 시장을 주도하고 있는 가운데 출판이 8.3%, 게임·완구가 5.4%, 건강·미용이 5.6%로 나타났다. 의류·신발·잡화 라이선스시장은 명품브랜드의 소비가 증가하고 있어 2013년 시장 규모가 1억 3,200만 달러로 2011년 대비 17.2% 증가하였다. 게임·완구 라이선스시장은 중동지역에서 생산되는 어린이용 오락시장의 소비가 감소하면서 2013년 시장 규모가 2,000만 달러로 2011년 대비 2.2% 감소하였다.

(10) 지식정보

2013년 중동·아프리카 지식정보시장은 경제성장 및 인터넷접근시장의 폭발적인 성장세 덕분에 전년대비 19.3% 증가한 107억 300만 달러 규모로 집계되었다. 사우디아라비아는 디지털 도시를 설립하여 지식정보산업의 발전을 도모하고 있고 UAE는 인터넷접근성 향상으로 전자상거래에 카드 결제 시스템을 도입하고 있다. 이러한 추세가 계속되어 중동·아프리카 지식정보시장은 연평균 13.2%의 높은 성장률로 2018년까지 198억 8,100만 달러 규모로 성장할 것으로 보인다.

[그림 10-47] 중동·아프리카지역 지식정보시장 규모 및 성장률, 2009-2018

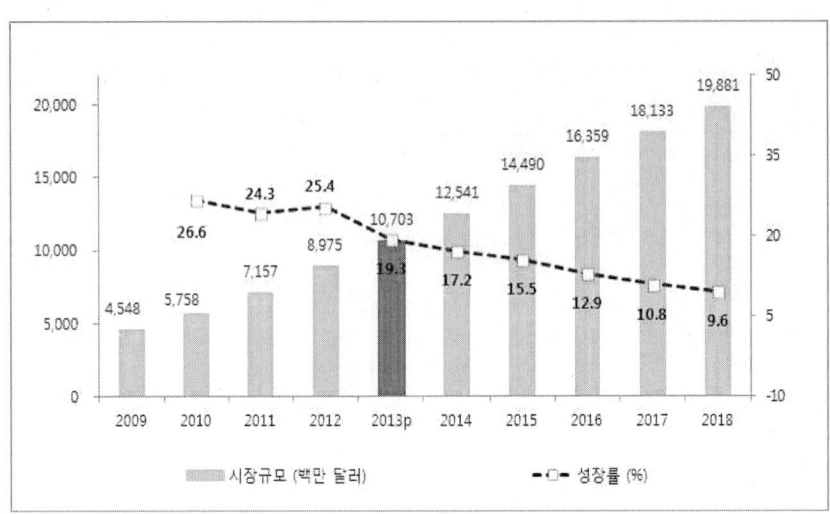

출처 : PwC(2014)

[표 10-19] 중동·아프리카지역 지식정보시장 규모 및 전망, 2009-2018

[단위 : 백만 달러, %]

구분	2009	2010	2011	2012	2013p	2014	2015	2016	2018	2018	2013-18 CAGR
비즈니스 정보	353	454	460	497	513	535	560	588	622	660	5.2
디렉토리 광고	128	129	129	144	156	173	191	206	222	232	8.3
디지털	22	21	20	32	42	54	69	82	98	106	20.3
인쇄	106	109	111	112	116	120	124	125	124	126	1.7
전시회	261	327	322	360	367	384	405	429	456	480	5.5
전문서적	27	28	29	32	32	34	36	41	49	61	13.8
전자	-	-	1	1	3	5	8	11	20	32	60.5
인쇄	27	27	28	29	29	29	28	29	30	30	0.7
산업잡지	71	75	78	84	89	93	97	101	105	108	3.9
광고	51	53	58	63	67	70	73	76	78	80	3.6

[단위 : 백만 달러, %]

구분		2009	2010	2011	2012	2013p	2014	2015	2016	2018	2018	2013-18 CAGR
	디지털	-	-	1	3	4	6	9	12	17	22	40.6
	인쇄	51	53	57	60	62	64	65	63	61	58	△1.3
	구독	20	21	20	21	22	23	26	26	27	27	4.2
	디지털	-	-	-	-	-	-	2	2	3	3	14.5
	지면	20	21	20	21	22	23	23	24	23	24	1.8
인터넷접근		3,708	4,745	6,139	7,858	9,546	11,322	13,201	14,994	16,679	18,340	14.0
모바일		1,904	2,553	3,502	4,835	6,214	7,615	9,086	10,542	11,956	13,399	16.6
고정 브로드밴드		1,806	2,191	2,636	3,022	3,332	3,708	4,116	4,452	4,723	4,941	8.2
합계		4,548	5,758	7,157	8,975	10,703	12,541	14,490	16,359	18,133	19,881	13.2

출처 : PwC(2014)

중동·아프리카 지식정보시장은 2013년 인터넷접근시장이 89.2%로 시장을 주도해가고 있는 가운데 2018년까지 92.2%로 점유율이 증가할 것으로 보인다. 반면 비즈니스 정보와 전시회, 산업잡지에 대한 수요는 감소할 것으로 보여 2018년에는 인터넷접근을 제외한 모든 부문이 10%이하의 시장점유율을 보일 것으로 전망된다.

[그림 10-48] 중동·아프리카지역 지식정보시장 분야별 비중 비교, 2009 vs. 2013 vs. 2018

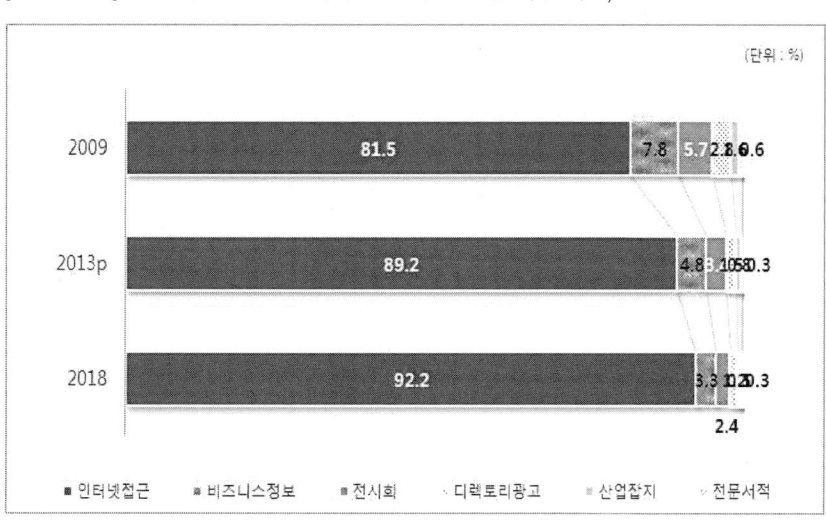

출처 : PwC(2014)

가. 인터넷접근

그 동안 중동·아프리카지역은 각국의 사막 환경 때문에 유선 네트워크 설치가 어려웠다. 하지만 무선 통신망의 확충과 스마트 단말기의 보급 덕분에 2013년 인터넷접근시장은 전년대비 21.5% 성장한 95억 4,600만 달러로 집계되었다. 사우디아라비아의 경우 자국의 90만 세대를 광섬유 통신망(FTTH)로 연결하는 계획을 발표하였는데 2013년에는 16개 도시 600곳을 연결하여 세계 최대의 광섬유 통신 인프라를 갖춘 국가가 되었다. 이처럼 정부의 브로드밴드 확충 진흥정책에 힘입어 중동·아프리카지역 인터넷접근시장은 2018년까지 연평균 14.0% 성장하여 183억 4,000만 달러 규모가 될 것으로 보인다.

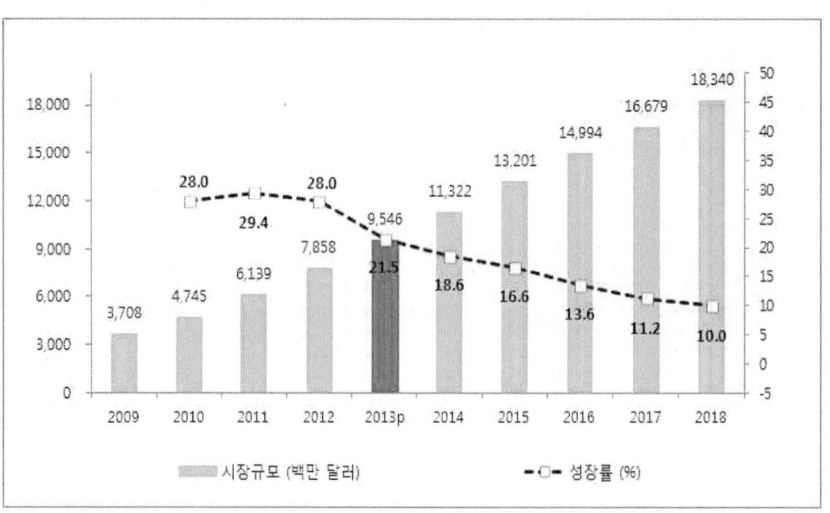

[그림 10-49] 중동·아프리카지역 인터넷접근시장 규모 및 성장률, 2009-2018

출처 : PwC(2014)

나. 전문정보[314]

중동·아프리카 전문정보시장은 중동·아프리카의 경제성장에 따른 전문정보의 수요가 전 분야에서 영향력을 미쳐 디렉토리 광고와 산업전시시장이 높은 성장률을 기록하였다. 디렉토리 광고가 높은 수준의 성장률을 보인 데에는 해외로부터 노동력을 수입하는 경제구조와 맞물려 있는데 그 만큼 경제성장률이 좋다는 뜻이기도 하다. 이처럼 많은 기업들이 신규 사업을 위한 광고에 투

---

314) 전문정보시장은 인터넷접근을 제외한 지식정보시장(비즈니스 정보, 디렉토리 광고, 전문서적, 산업잡지, 전시회)을 의미함

자를 하고 있어 2013년 중동·아프리카의 전문정보시장은 전년대비 3.6% 성장한 11억 5,700만 달러로 집계되었다. 향후 전문정보시장 전 분야가 고른 성장률을 올릴 것으로 예상되어 2018년까지 5.9%의 성장률을 보이며 15억 4,100만 달러까지 성장할 것으로 전망된다.

[그림 10-50] 중동·아프리카지역 전문정보시장 규모 및 성장률, 2009-2018

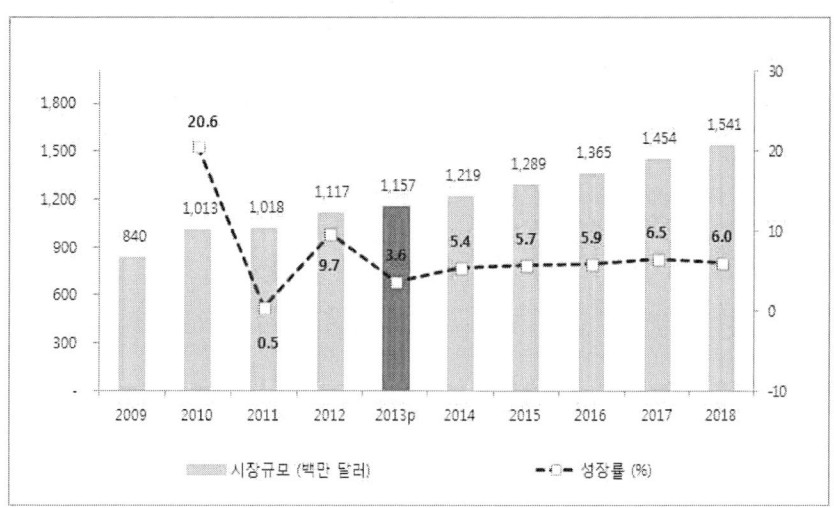

출처 : PwC(2014)

3) 주요 이슈 및 트렌드

가. 남아공, 스포츠콘텐츠 공급권 확보로 OTT 서비스 공략

디스커버 디지털(Discover Digital)은 2014년 중 OTT 서비스를 출시하여 자사 콘텐츠 역량을 강화하기 위한 일환으로 남아공 프리미어 모터사이클 레이싱 경기의 온라인 공급 계약을 체결하였다. 이번 계약에 앞서 디스커버 디지털은 아일랜드 소재 디지소프트.TV (Digisoft.TV)로부터 엔터테인먼트 및 교육용 VOD 플랫폼 제공 협약을 체결한바 있는데 이 파트너십을 통해 양사는 남아공 원격지 및 빈민촌을 대상으로 한 교육 및 엔터테인먼트 콘텐츠 전송용 OTT 비디오 플랫폼 개발과 제공에 공동 협력키로 하였다.

나. 남아공, 정부 부처갈등으로 디지털 방송 전환일정 지연

남아프리카공화국의 디지털 방송전환 시한이 불과 8개월 정도 남은 상황에서 관계부처 장관들의 불화로 인해 관련 정책 내용이 표류하고 있다는 관측이 제기되었다. 일각에서는 2015년 6월 최종마감 시한을 준수하기 위해 통신 및 포털 서비스 담당 장관인 시아보나 크위리(Siyabonga Cwele)와 통신부 장관 페이스 무담비(Faith Muthambi)의 불편한 관계 개선이 필요한 때이며 긍정적인 발전을 위해 부처 간의 적절한 업무 할당이 급선무라며 우려를 표명하였다.

남아공은 기존에 2011년 11월 1일까지 디지털 지상파 방송 전환 완료일로 결정했으나, 2009년 9월 일정이 촉박하다고 판단한 독립통신청(ICASA)은 2013년으로 연기하였다.[315] 현재 남아공은 2013년까지 디지털 지상파 방송으로의 전환 완료를 목표로 하고 있는데 디지털 지상파 방송 개시가 예정보다 늦춰져 이와 더불어 아날로그 방송 종료 시점도 늦춰졌다. 늦춰진 디지털 지상파 방송의 진흥을 위해 자국의 SABC 채널, e. TV 채널, M-Net 채널, TBN 등의 디지털 방송 및 디지털 인센티브 채널을 제공하였고 남아공의 저소득층에게 셋톱박스 비용 700랜드(93달러)의 70%까지 보조금을 지급하였다. 한편, 남아공 정부는 난민 층을 대상으로 무리한 보조금 지원 때문에 2013년 12월까지 완료하지 못할 수 있다는 우려를 나타냈다.[316]

다. 남아공, 사이버범죄 증가로 국가 보안 자문의회 설립

사이버 문제가 크게 사회적 이슈로 대두되자 남아공 정부는 2013년 10월, 사이버 보안 강화를 위해 국가사이버보안자문의회(National Cyber Security Advisory Council, NCAC)를 출범시켰다. 정보보안 매체인 MD Wolfpack Information Risk에 따르면, 2012-2013년 기준 남아공의 사이버 범죄에 따른 피해 규모액이 6억 6,200만 랜드에 달한 것으로 조사되었다.[317] 해당 매체에 의하면 남아공의 사이버 범죄에 대한 처벌의 강도가 매우 약하여 같은 범죄가 반복적으로 나타나고 있기 때문에 사이버 범죄는 중형 범죄로 분류하여 처벌 강도를 강화해야 할 필요성이 있다고 하였다.

실제로 2012 Norton Cyber Crime Report에 의하면 남아공의 사이버 범죄로 인한 피해는 5억 5,600만 건으로 증가하였고 대부분의 사이버 범죄는 이메일 또는 악의적인 웹사이트 접속을 통해 일어나는 것으로 나타났다.

---

315) CONEX, 국가별 정보통신방송 현황 2013 - 중동·아프리카, 2014.
316) CONEX, 국가별 정보통신방송 현황 2013 - 중동·아프리카, 2014.
317) CONEX, 국가별 정보통신방송 현황 2013 - 중동·아프리카, 2014.

라. UAE, 게임, 문화콘텐츠부문 스타트업 지원확대

UAE지역에서 MMO게임을 개발하고 있는 팔라펠 게임즈(Falafel Games)가 아부다비 문화콘텐츠 지원 정부기관인 투포피프티포(twofour54)로부터 게임개발을 위한 신규 투자를 유치하였다. 팔라펠 게임즈는 아랍식 MMO 전략 시뮬레이션을 개발하였고 아랍의 문화적 특성을 살린 MMO 나이츠 오브 글로리(Knight of GLory)를 서비스 중인데 이번 정부기관의 지원을 받아 아랍의 문화를 알리는 새로운 게임 제작에 들어갔다. 팔라펠 게임즈는 현재까지 정부기관과 MBC Ventures와 Middle East Venture Partners(MEVP)로부터 약 200만 달러의 투자금 유치에 성공하였다.318)

마. UAE 아부다비, 글로벌 영화 촬영지로 부상하기 위해 인센티브 제공

UAE의 아부다비는 글로벌 영화 및 미디어 콘텐츠 촬영지로 발돋움하기 위한 노력의 일환으로 아부다비에서 촬영되는 글로벌 영상 제작 프로젝트에 대해 제작비의 30%를 환급해주는 파격적인 인센티브를 제공하기로 하였다. 이번 금전적 인센티브의 제공은 미국 할리우드와 인도 발리우드의 영화 제작사도 포함되는 것으로 알려졌다. 현재까지 아부다비의 미디어 담당기구인 투포피프티포(twofour54)의 노력으로 할리우드의 '스타워즈 에피소드 7(StarWars: Episode VII)'의 촬영팀을 성공적으로 유치하였고 할리우드 영화 '분노의 질주 7 (Fast & Furious 7)', '뱅뱅(Bang Bang)', '인보카머스(Deliver Us from Evil)' 등을 촬영하였다.319)

바. 사우디아라비아에 영화관의 재등장

사우디아라비아에는 1970년대까지 영화관이 존재했었으나 1979년 이슬람 보수 세력의 모스크 함락사건 이후 사우디 정부는 이들을 무마하는 과정에서 극장을 폐쇄하였다. 이후 공식적인 영화관 운영은 금지되었다.

최근 사우디의 아랍어 인터넷 경제지 마알(maaal)에 따르면, 지난 화요일 한 투자가 시청각 매체를 전담하는 시청각 미디어 위원회(General commission of audiovisual media)에 사우디 내 영화관 설립을 위한 면허 발급을 공식적으로 요청했는데, 시청각 미디어 위원회는 기존의 방침과 달리 원칙적으로 반대하지 않았으며 투자자에게 구체적인 실행계획안을 제출하라고 요구한 것으로 알려졌다. 또한, 사우디 노동부가 최근 영화 제작사들에게 지금까지 금기시된 영화산업을 시작하기 위한 직원 채용을 허가했으며, 영화업 면허 취득과 관련한 정보를 노동부 포털 사이트에

---

318) Emirates247, Arabic online games developer 'Falafel Games' gets Abu Dhabi funding, 2014. 8. 12
319) Gulf Business, Abu Dhabi: A Star In The Making?, 2014. 7. 27

공개한 것으로 알려졌다. 이는 사우디 투자가가 영화관 설립을 위한 면허발급을 공식적으로 요청한지 3개월만의 일이다.320)

세계에서 거의 유일하게 공식적으로 운영되는 영화관이 없는 사우디는 영화관이 없는 대신 위성방송이나 유튜브(Youtube), 오프라인 저장매체를 통해 가정에서 영화를 즐기는 문화가 자리를 잡았지만 디지털 영화의 관람을 위해 UAE, 바레인, 이집트, 두바이 등 가까운 해외로 영화 관람 투어를 떠나는 사람들의 수가 점점 늘어나고 있다.

사우디가 영화산업을 본격적으로 허용하게 될 경우 사우디 젊은이들의 잠재적인 창의성을 영상으로 옮길 수 있는 무대 제공을 통한 새로운 취업기회 확대 및 업계 활성화에 따른 극장이 문을 열어 영화 관람을 위해 해외여행을 떠나는 사람들의 발길을 줄이는 등 다양한 경제적 이득이 발생할 것으로 기대하고 있다.321)

사. 취약한 저작권 보호 정책

최근 지적재산권과 관련된 신규 법령이 제정되는 등 지적재산권 보호를 위한 움직임이 조금씩 발생하고 있으나, 영화와 음악, 소프트웨어 등 주요 콘텐츠 분야에서는 여전히 90%에 달하는 불법복제물이 생성되고 있으며 해외 밀수 등도 활발하게 이루어지고 있는 상황이다. 이에 IIPA는 2013년 미국무역대표부에 사우디아라비아를 지적재산권 보호 감시대상국에 포함시키는 것을 권고하는 보고서를 제출하기도 했다.

아. 이집트, 무슬림 모독 영화게시 명목으로 유튜브 30일간 차단

이집트 법원은 이집트계 미국인이 제작한 영화 '무슬림의 순진함(Innocence of Muslims)'을 게시했다는 이유로 2013년 2월에 유튜브(Youtube)에 대한 30일 간의 활동 중단을 명령했다. 영화 '무슬림의 순진함'은 2012년 전 세계적으로 많은 인명 피해를 초래한 반 이슬람 동영상으로 이슬람과 예언자 무함마드를 모독하는 내용 때문에 전 세계 무슬림들의 큰 분노와 함께 격렬한 시위를 촉발한 바 있다.

한편 유튜브 측에서는 공식 성명을 통해 표현의 자유를 누리며 함께 공감하고 즐길 수 있는 동영상을 제공하려 노력하고 있지만 나라에 따라 일부 내용이 불쾌하게 받아들여질 수 있기 때문에 인도, 인도네시아, 리비아, 그리고 이집트 등의 국가에도 해당 동영상을 차단하기로 발표하였다.322)

한편, 독일과 러시아 등 서방국도 반 이슬람 영화 '이슬람의 순진함'(Innocence of Muslims)

---

320) Highbeam Research, Lights, Camera, Action: Kingdom Opens Up to Cinema Industry, 2014. 9. 19.
321) Al Arabiya News, Cinemas to open in Saudi Arabia?, 2014.06.05
322) 조선일보, 이집트, 한달간 유튜브 접속차단, 2013.02.10

상영금지를 검토하는 등 이슬람 예언자 무함마드를 모독한 영화를 차단하는 지역이 확산하고 있다. 이란 등 이슬람국이 서방국에 해당 영화의 상영금지를 촉구한 데다 이 영화에 대한 이슬람권의 반감이 서방국 전체로 확산할 조짐을 보이고 있는 데 따른 것이다.323)

반이슬람 영화를 확산한 구글 웹사이트 유튜브는 이슬람권인 리비아, 이집트, 인도, 인도네시아, 말레이시아에서 이 영화에 대한 접근을 차단했다.

자. 코카콜라, 남아공에 자판기 무료와이파이 제공

코카콜라와 BT 글로벌이 남아공의 움타타(Umtata)와 넬스프루이트(Nelspruit)지역에 무료 인터넷을 제공한다. 상대적으로 부족한 인프라, 지역 간의 빈부 격차가 큰 남아공의 빈곤한 부족을 위해서 인터넷을 제공하게 되며 모바일기기 소지자가 코카콜라 자판기에 부착된 와이파이(Wi-Fi)에 접속하여 무료로 인터넷을 이용하는 방식이다. 파일럿 프로젝트이기 때문에 남아공의 전역이 아닌 일부지역에서 서비스 된다.324)

4) 콘텐츠 소비 실태 및 동향

(1) 디지털 인프라 환경 및 소비 행태

가. 디지털 인프라 환경

① 남아프리카 공화국

2013년 남아프리카공화국의 스마트폰 보급률은 29.9%로 전년대비 6.8%p 증가하였다. 남아프리카공화국은 열악한 고정 브로드밴드 시장으로 인하여 무선 인터넷 서비스에 많은 투자를 하고 있어 스마트폰 소비가 빠른 속도로 증가하고 있다. 게다가 4G LTE 망을 이용한 서비스를 시작하면서 4G LTE 스마트폰의 판매가 크게 늘어나고 있어 2018년경에는 스마트폰 이용자들이 59.9%에 이를 것으로 보인다.

모바일 인터넷 보급률은 2013년 28.3%로 전년대비 7.8%p 증가하였다. 남아프리카공화국의 모바일 인터넷은 주요통신사들이 4G LTE 서비스를 경쟁적으로 확장하고 있고 기존의 3G 네트워크 확장도 병행하고 있어 남아공의 모바일 인터넷시장은 상당기간 높은 성장률을 보일 것으로 전망된다.

---
323) 국제신문, 반이슬람 영화 '이슬람의 순진함', 獨·러시아 등 상영 차단지역 확산, 2012.09.18
324) TeleGeography, Vodacom to invest ZAR1bn per year in fibre; BT, Coca-Cola to provide free Wi-Fi, 2014. 9. 24.

이에 남아프리카공화국 모바일 인터넷 보급률은 2018년까지 64.4%까지 증가할 것으로 전망된다.

[표 10-20] 남아프리카공화국 유·무선 인터넷 보급률 및 전망, 2009-2018

구분	2009	2010	2011	2012	2013p	2014	2015	2016	2017	2018
스마트폰 보급률(%)	-	-	-	23.1	29.9	36.3	42.6	48.7	54.6	59.9
전년대비증감(%p)	-	-	-	-	6.8	6.4	6.3	6.1	5.9	5.3
모바일 인터넷 보급률(%)	8.7	10.4	14.6	20.6	28.3	36.6	45.5	53.3	59.5	64.4
전년대비증감(%p)	-	1.7	4.2	5.9	7.8	8.3	8.9	7.8	6.2	4.9
고정 브로드밴드 보급률(%)	8.7	10.2	12.0	12.5	13.3	14.2	15.7	16.9	17.8	18.5
전년대비증감(%p)	-	1.5	1.8	0.5	0.8	0.9	1.5	1.2	0.9	0.7

출처 : PwC(2014

한편 남아프리카공화국의 고정 브로드밴드 보급률을 보면, 2013년에 13.3%로 전년대비 0.8% 증가하였다. 남아프리카공화국은 지역과 인종에 따른 빈부격차가 상당하여 백인 거주지역은 고정 브로드밴드 보급률이 높은 반면 타지역은 보급률이 열악하다. 물론 남아프리카공화국 정부의 브로드밴드 활성화 정책으로 시장은 확대되겠지만 그 속도는 느려 2018년까지 현재 수준보다 조금 늘어난 18.5%가 될 것으로 전망된다.

② 사우디아라비아

2013년 사우디아라비아의 스마트폰 보급률은 61.1%로 전년대비 8%p 증가하였다. 사우디아라비아의 소비자들은 구매력이 높고 얼리어답터들의 전자기기 친화적 성향이 강하여 애플은 자사의 '아이폰 6'를 할부요금 적용 없이 무료로 제공하는 등 파격적인 프로모션을 진행하였다. 하지만 최신 스마트폰의 사용 선호에 비해 기기의 교체 주기가 상당히 길어 성장률이 둔화될 것으로 예상되어 2018년에는 약 84%의 보급률을 보일 것으로 전망된다.

모바일 인터넷 보급률은 2013년 33.2%로 전년대비 8.3%p 증가하였다. 사우디아라비아의 주요 이동통신사업자인 사우디 텔레콤(Saudi Telecom Company: STC)이 사우디의 메카(Mecca)와 메디나(Medina)지역에서 4G LTE 서비스를 위한 기지국 3,224개를 구축하며 42Mbps 데이터 전송 속도를 보장함에 따라 모바일 인터넷을 이용한 데이터 통신량이 폭발적으로 증가할 것으로 보인다. 이에 2018년까지 사우디아라비아의 모바일 인터넷 이용자는 65.3%에 이를 것으로 예상된다.

한편, 사우디아라비아의 고정 브로드밴드 보급률을 보면, 2013년에는 54.2%로 전년대비

3.1%p 증가하였다. 사우디아라비아 정부는 브로드밴드 활성화 정책에 따라 지원 사업을 하고 있으며 브로드밴드사업자들은 무선통신 커버리지 확장 및 서비스 개선을 위한 대규모 투자를 실시하는 추세이다. 하지만 간편한 무선통신 단말기 사용으로 인하여 성장률이 조금씩 둔화될 것으로 보여 고정 브로드밴드 보급률은 2018년까지 63.3%에 그칠 것으로 보인다.

[표 10-21] 사우디아라비아 유·무선 인터넷 보급률 및 전망, 2009-2018

[단위 : %]

구분	2009	2010	2011	2012	2013p	2014	2015	2016	2017	2018
스마트폰 보급률(%)	-	-	-	53.1	61.1	68	73.5	77.9	81.4	84
전년대비증감(%p)	-	-	-	-	8.0	6.9	5.5	4.4	3.5	2.6
모바일 인터넷 보급률(%)	5.5	11.3	17.8	24.9	33.2	40.2	48.3	55.8	61.0	65.3
전년대비증감(%p)	-	5.8	6.4	7.1	8.3	7.0	8.0	7.5	5.2	4.3
고정 브로드밴드 보급률(%)	31.0	38.0	45.5	51.1	54.2	56.7	59.3	61.2	62.5	63.3
전년대비증감(%p)	-	7.0	7.5	5.6	3.1	2.6	2.6	1.9	1.3	0.9

출처 : PwC(2014

③ 아랍에미리트

2013년 아랍에미리트의 스마트폰 보급률은 57.1%로 전년대비 3.3%p 증가하였다. 아랍에미리트의 에티살랏(Etisalat)은 중동사업자들 중 최초로 LTE 서비스를 도입하였으며 중동 전체지역의 LTE 서비스 확대에 큰 공헌을 하였다. 게다가 삼성전자의 '갤럭시 S4 LTE', '블랙베리 Q5', 애플의 '아이폰 5' 등을 LTE 단말기로 적극 제공하고 있어 2018년까지 아랍에미리트의 스마트폰 이용자는 69.9%에 이를 것으로 보인다.

모바일 인터넷 보급률은 2013년 29.8%로 전년대비 9.2%p 증가하였다. 모바일 인터넷시장은 자국과 외국사업자들로부터 포화된 고정 브로드밴드 시장의 대안이자 새로운 투자처로 급부상하였다. 아랍에미리트의 후발주자인 'du'는 4G LTE 상용 서비스를 개시하여 신규 가입자 유치에 적극적으로 나서고 있고 1위사업자 에티살랏(Etisalat)과 본격적인 경쟁을 시작할 것으로 보인다. 이에 아랍에미리트는 2018년까지 모바일 인터넷을 이용하는 인구가 53.1%에 이를 것으로 전망된다.

한편, 아랍에미리트 고정 브로드밴드 보급률을 보면, 2013년에는 96.6%에 이르러 전년대비 0.3%p 증가하였다. 아랍에미리트는 기술무역 자유지대를 통해 본격적으로 고정 브로드밴드 보급에 앞장서며 인터넷 시티, 지식 마을 등을 설립하였다. 이러한 환경으로 인하여 아랍에미리트는 정보통신과 비즈니스 허브로 성장하면서 외국사업자들의 좋은 시장이 되었다. 고정 브로드밴드 보급은 이미 95%가 넘는 포화 상태여서 성장률은 둔화되고 있다. 2018년에는 97.6%의 아랍에미리트인들이 고정 브로드밴드를 이용할 것으로 예상된다.

[표 10-22] 아랍에미리트(UAE) 유·무선 인터넷 보급률 및 전망, 2009-2018

[단위 : %]

구분	2009	2010	2011	2012	2013p	2014	2015	2016	2017	2018
스마트폰 보급률(%)	-	-	-	53.8	57.1	60.9	64	66.4	68.3	69.8
전년대비증감(%p)	-	-	-	-	3.3	3.8	3.1	2.4	1.9	1.5
모바일 인터넷 보급률(%)	6.7	8.3	13.1	20.5	29.8	35.0	40.5	46.5	49.9	53.1
전년대비증감(%p)	-	1.6	4.9	7.4	9.2	5.2	5.6	6.0	3.4	3.2
고정 브로드밴드 보급률(%)	76.3	86.2	93.9	96.3	96.6	96.8	97.0	97.2	97.3	97.6
전년대비증감(%p)	-	9.9	7.6	2.4	0.3	0.2	0.1	0.2	0.1	0.3

출처 : PwC(2014

④ 이집트

2013년 이집트의 스마트폰 보급률은 21.7%로 전년대비 5.5%p 증가하였다. 비록 2G, 3G 통신이 주류를 이루고 있고 4G 통신 서비스는 시작되지 않았지만 이집트의 국가통신 규제청이 발표한 국가 브로드밴드 계획으로 인하여 보다폰 이집트(Vodafone Egypt), 모비닐(Mobinil), 에티살랏(Etisalat)이 경쟁을 통해 커버리지 확장을 지속하고 있어 2018년에는 이집트인 53.2%가 스마트폰을 사용할 것으로 보인다. 이집트 모바일 인터넷 보급률은 2013년 12.3%였고 전년대비 5.4%p 증가하였다. 최근 이집트의 텔레콤 이집트(Telecom Egypt)가 모바일 인터넷시장에 진출함에 따라 가입자 유치를 위한 마케팅과 네트워크 투자가 이루어질 것으로 전망된다. 이에 따라 이집트 소비자들에게 양질의 모바일 인터넷 서비스가 제공될 것으로 기대되어 2018년에는 약 47.5%의 이집트인들이 모바일 인터넷을 이용할 것으로 예상된다.

한편, 이집트 고정 브로드밴드 보급률을 보면 2013년에는 12.2%로 전년도에 비해 2.3%p 증가하였다. 이집트의 인터넷은 신흥시장 단계에 머물러 있어 512kbps급 브로드밴드 서비스가 18달러, 4Mbps 서비스는 70달러의 비싼 가격으로 제공되고 있지만 장기계약 할인과 용량제한의 저가 서비스가 있기 때문에 인터넷접근은 용이한 편이다.

[표 10-23] 이집트 유·무선 인터넷 보급률 및 전망, 2009-2018

[단위 : %]

구분	2009	2010	2011	2012	2013p	2014	2015	2016	2017	2018
스마트폰 보급률(%)	-	-	-	16.2	21.7	27.5	33.8	40.4	47	53.2
전년대비증감(%p)	-	-	-	-	5.5	5.8	6.3	6.6	6.6	6.2
모바일 인터넷 보급률(%)	1.3	1.9	3.8	6.9	12.3	18.0	26.4	34.7	42.2	47.5
전년대비증감(%p)	-	0.6	1.9	3.2	5.4	5.7	8.4	8.3	7.5	5.3
고정 브로드밴드 보급률(%)	5.1	6.7	8.2	9.9	12.2	15.2	18.2	20.4	21.8	22.8
전년대비증감(%p)	-	1.6	1.5	1.7	2.3	3.0	3.0	2.2	1.5	0.9

출처 : PwC(2014)

나. 디지털 소비 및 이용 행태

① 남아프리카공화국

2013년 5월 Ipsos MediaCT에서 남아프리카공화국인 16세 이상 1,000명을 대상으로 스마트폰 이용 행태를 조사한 바에 의하면 남아프리카공화국 사람들은 1개의 모바일기기를 소유한 층이 63%였다.

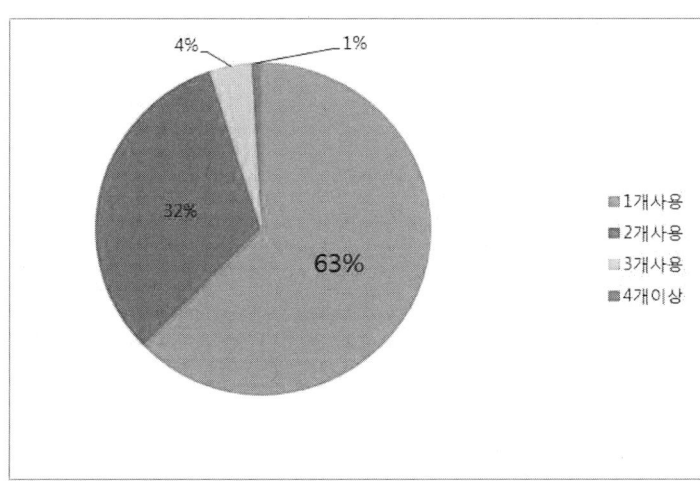

[그림 10-51] 남아프리카공화국인들이 이용하는 모바일기기 개수

출처 : Ipsos MediaCT, Google mobile planet

가) 인터넷 이용 행태

Ipsos MediaCT에서 남아프리카공화국 사람들을 대상으로 인터넷 이용 행태에 대해 조사한 바에 의하면 응답자들의 73%는 하루에도 자주 스마트폰과 컴퓨터를 이용하여 인터넷을 이용하는 것으로 나타났다. 그 다음으로 스마트폰 이용자 중에 인터넷을 이용하는 사람은 한 주 동안 몇 차례가 12%, 하루에 1번이 9%로 조사되었다.

[그림 10-52] 남아프리카공화국인들의 인터넷 사용 빈도

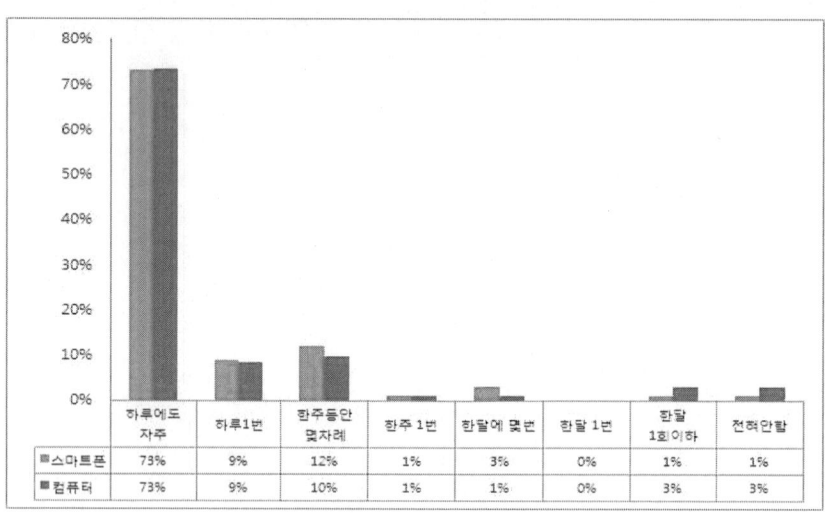

출처 : Ipsos MediaCT, Google mobile planet

나) 스마트폰 이용 행태

2013년 5월 Ipsos MediaCT에서 남아프리카공화국 시민 16세 이상 1,000명을 대상으로 스마트폰 이용 행태를 조사하였다. 응답자들의 특성을 보면, 여성이 49%, 남성이 51%였으며, 18세~24세 응답자가 37%로 가장 많은 것으로 나타났다. 지역적으로는 도시지역 거주자가 48%로 가장 많았으며, 응답자의 48%가 미혼자인 것으로 조사되었다.

[그림 10-53] 남아프리카공화국 스마트폰 이용 행태 조사 응답자 특성

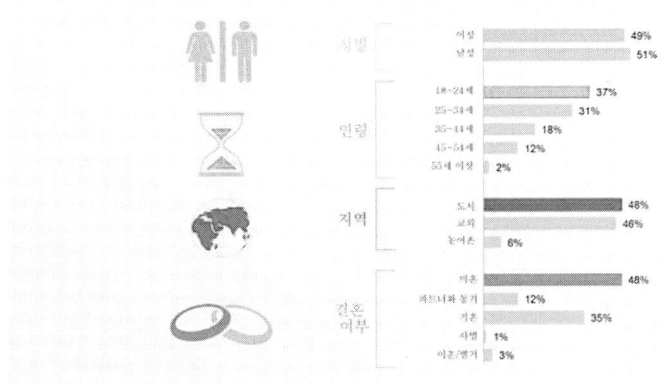

출처 : Ipsos MediaCT, Google mobile planet

먼저 스마트폰을 주로 이용하는 장소로는 97%가 집에서, 87%가 이동 중에, 84%가 직장에서 사용하고 있는 것으로 조사되었다. 특히 전체 응답자의 70% 이상이 상점이나 사교활동 중에 스마트폰을 사용하고 있는 것으로 나타났으며, 대중교통 이용 시 이용하는 경우는 61%로 조사되었다.

[그림 10-54] 남아프리카공화국인이 스마트폰을 가장 많이 이용하는 장소

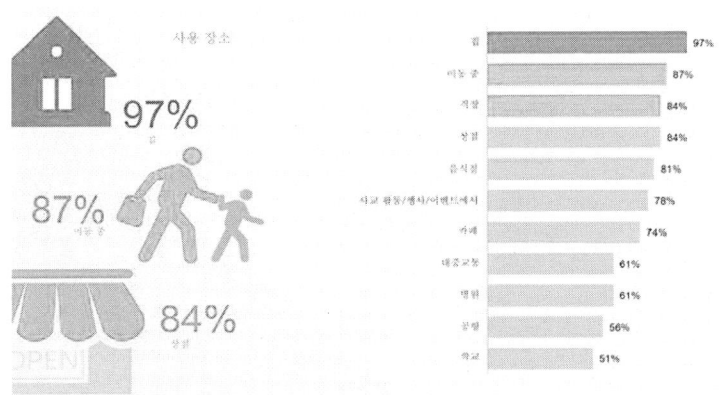

출처 : Ipsos MediaCT, Google mobile planet

스마트폰 이용 시 주로 하는 행동에 대하여 살펴보면 인터넷 검색이 6.3%로 가장 높았고 사진 촬영이 6.2%, 이메일이 6.0%, SNS이용과 검색엔진사용이 5.8%, 앱이용이 5.8%, 음악청취가 5.4%, 지도·위치확인이 5.1% 등의 순으로 조사되었다.

[그림 10-55] 스마트폰 이용 행태

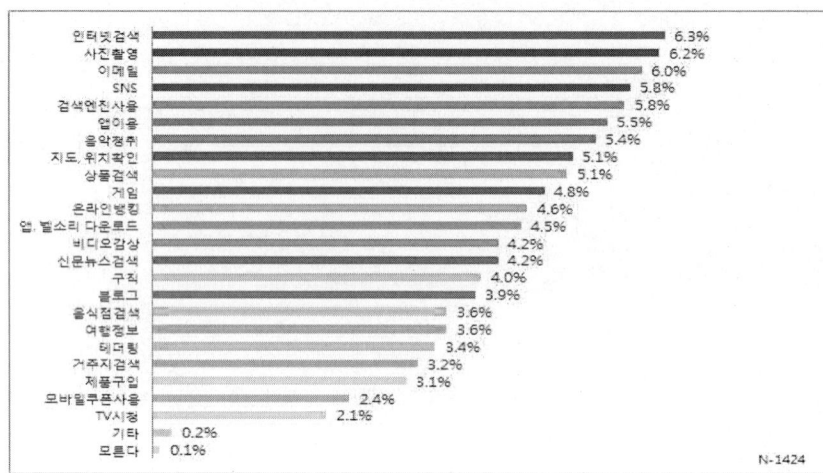

출처 : Ipsos MediaCT, Google mobile planet

응답자들이 오프라인으로 광고를 보는 비중을 보면, TV가 71%로 가장 높았으며 그 다음으로 상점/업체가 69%, 잡지가 67%, 포스터/옥외 광고가 62%의 순으로 나타났으며, 응답자의 81%는 오프라인의 광고 노출 후 모바일로 재검색을 실행하는 것으로 나타났다.

[그림 10-56] 오프라인 광고 노출 후 모바일로 검색을 실행하는 비율

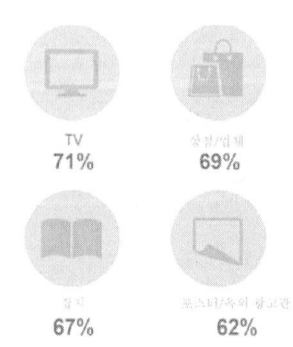

출처 : Ipsos MediaCT, Google mobile planet

남아프리카공화국의 소비자들이 스마트폰에서 모바일 광고를 보는 곳을 보면, 62%는 온라인 매장 등 웹사이트에서, 50%는 검색엔진을 이용하는 동안, 39%는 모바일 게임이나 앱 안에서, 24%는 소매 매장에서 광고를 보는 것으로 조사되었다. 반면, 동영상 웹사이트에서 광고를 접하는 비중은 19% 미만으로 나타났다.

[그림 10-57] 남아프리카공화국 사람들이 스마트폰에서 모바일 광고를 보는 위치

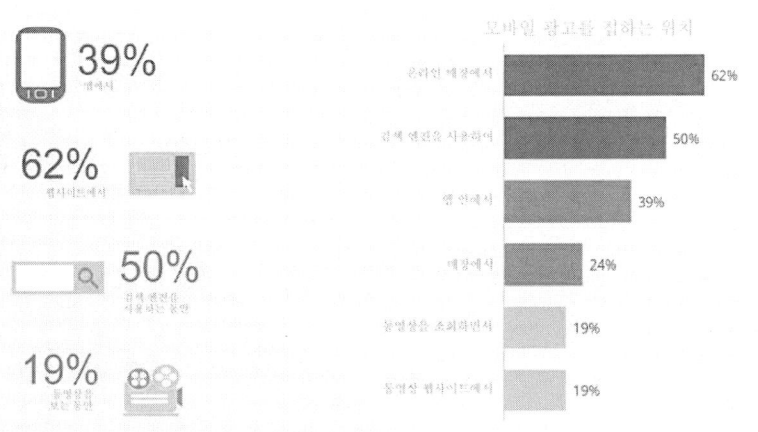

출처 : Ipsos MediaCT, Google mobile planet

② 사우디아라비아

가) 스마트폰 이용 행태

2013년 5월 Ipsos MediaCT에서 사우디아라비아 시민 16세 이상 1,000명을 대상으로 스마트폰 이용 행태를 조사하였다. 응답자들의 특성을 보면, 여성이 40%, 남성이 60%였으며, 25세~34세 응답자가 39%로 가장 많은 것으로 나타났다. 지역적으로는 도시지역 거주자가 95%로 가장 많았으며 응답자의 50%가 기혼자인 것으로 조사되었다.

[그림 10-58] 사우디아라비아 스마트폰 이용 행태 조사 응답자 특성

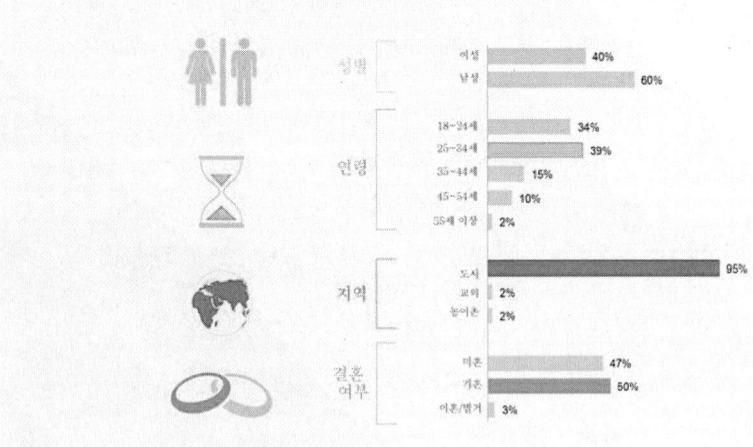

출처 : Ipsos MediaCT, Google mobile planet

먼저 스마트폰을 주로 이용하는 장소로는 97%가 집에서, 80%가 직장에서, 80%가 음식점에서 사용하고 있는 것으로 조사되었다.

특히 전체 응답자의 70% 이상이 카페에 있을 때나 이동 중에 스마트폰을 사용하고 있는 것으로 나타났으며, 학교에서 이용하는 경우는 56%로 조사되었다.

[그림 10-59] 사우디아라비아인이 스마트폰을 가장 많이 이용하는 장소

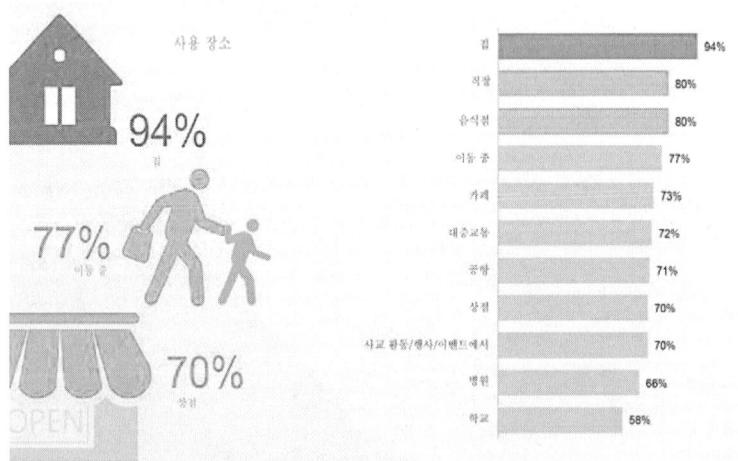

출처 : Ipsos MediaCT, Google mobile planet

응답자들이 오프라인으로 광고를 보는 비중을 보면, TV가 80%로 가장 높았으며 그 다음으로 상점/업체가 74%, 포스터/옥외 광고가 69%, 잡지가 67%의 순으로 나타났다. 응답자의 72%는 오프라인의 광고 노출 후 모바일로 재검색을 실행하는 것으로 나타났다.

[그림 10-60] 오프라인 광고 노출 후 모바일로 검색을 실행하는 비율

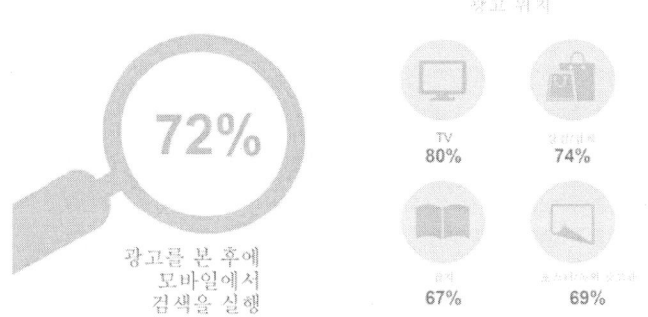

출처 : Ipsos MediaCT, Google mobile planet

사우디아라비아의 소비자들이 스마트폰에서 모바일 광고를 보는 곳을 보면, 50%는 온라인 매장 등 웹사이트에서, 42%는 모바일 게임이나 앱 안에서, 33%는 동영상을 조회하면서, 29%는 검색엔진을 이용하는 동안 광고를 보는 것으로 조사되었다. 반면, 동영상 웹사이트에서 또는 소매 매장에서 광고를 접하는 비중은 17% 미만으로 나타났다.

[그림 10-61] 사우디아라비아 사람들이 스마트폰에서 모바일 광고를 보는 위치

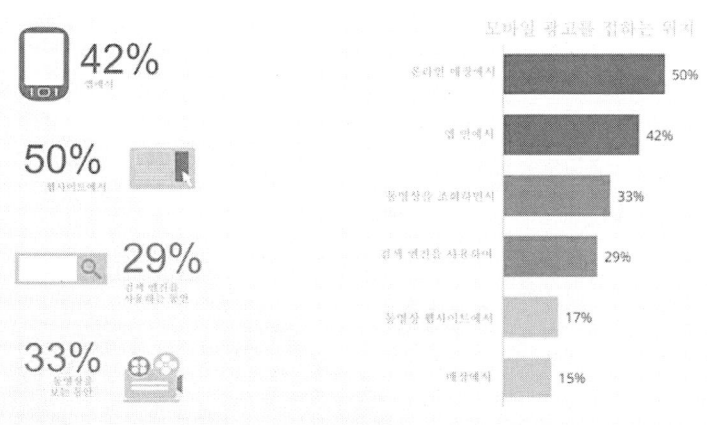

출처 : Ipsos MediaCT, Google mobile planet

사우디아라비아의 모바일기기 이용자들의 84%는 스마트폰을 이용하는 동안 다른 활동을 동시에 하는 것으로 나타났다. 설문에 응답한 사람들의 49%는 인터넷을, 42%는 스마트폰을 사용하면서 TV를 시청하고, 40%는 영화 감상을, 39%는 음악 감상을 동시에 하고 있는 것으로 조사되었다.

③ 아랍에미리트

2013년 5월 Ipsos MediaCT에서 아랍에미리트 사람들 16세 이상 1,000명을 대상으로 스마트폰 이용 행태를 조사한 바에 의하면 아랍에미리트 사람들은 1개의 모바일기기를 소유한 층이 50%였고 스마트폰과 피처폰 두 가지 모두 소유하고 있는 사람들은 43%, 스마트폰, 피처폰 그리고 기타 모바일기기를 소유한 사람들은 6%에 달했다.

[그림 10-62] 아랍에미리트인들이 이용하는 모바일기기 개수

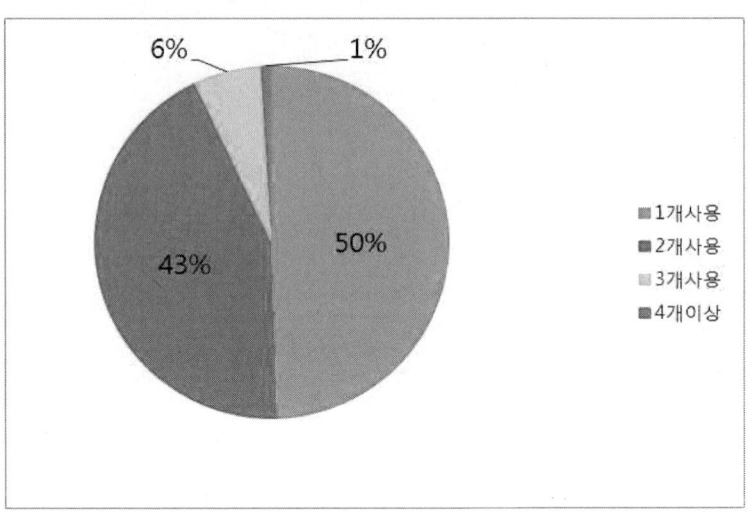

출처 : Ipsos MediaCT, Google mobile planet

가) 인터넷 이용 행태

Ipsos MediaCT에서 아랍에미리트인들을 대상으로 인터넷 이용 행태에 대해 조사한 바에 의하면 응답자들의 66%는 스마트폰을 이용하여 하루에도 자주 인터넷을 이용하는 것으로 나타났다. 그 다음으로 하루 1번 11%, 한 주 동안 몇 차례 10% 등의 순으로 조사되었다. 마찬가지로 응답자들의 72%는 컴퓨터를 이용하여 하루에도 자주 인터넷을 이용하는 것으로 나타났고 하루에 1번이 15%, 한 주에 몇 차례가 5%, 전혀 인터넷을 사용하지 않는 경우도 4%로 조사되었다.

[그림 10-63] 아랍에미리트인들의 인터넷 사용 빈도

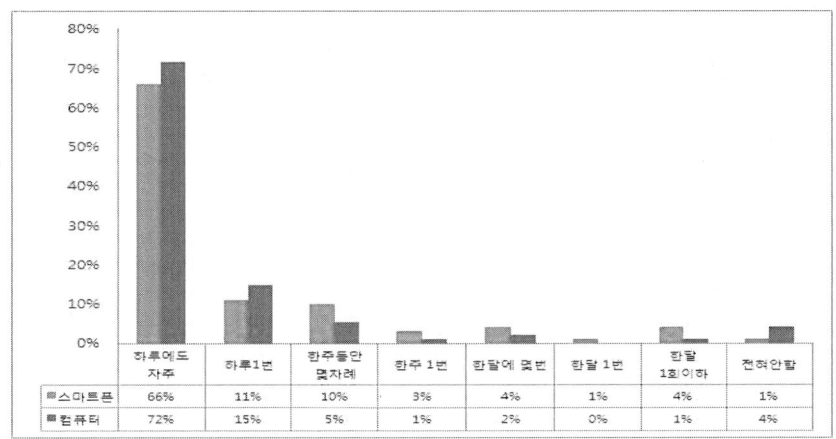

출처 : Ipsos MediaCT, Google mobile planet

나) 스마트폰 이용 행태

2013년 5월 Ipsos MediaCT에서 아랍에미리트 시민 16세 이상 1,000명을 대상으로 스마트폰 이용 행태를 조사하였다. 응답자들의 특성을 보면, 여성이 29%, 남성이 71%였으며, 25세~34세 응답자가 43%로 가장 많은 것으로 나타났다. 지역적으로는 도시지역 거주자가 78%로 가장 많았으며, 응답자의 60%가 기혼자인 것으로 조사되었다.

[그림 10-64] 아랍에미리트 스마트폰 이용 행태 조사 응답자 특성

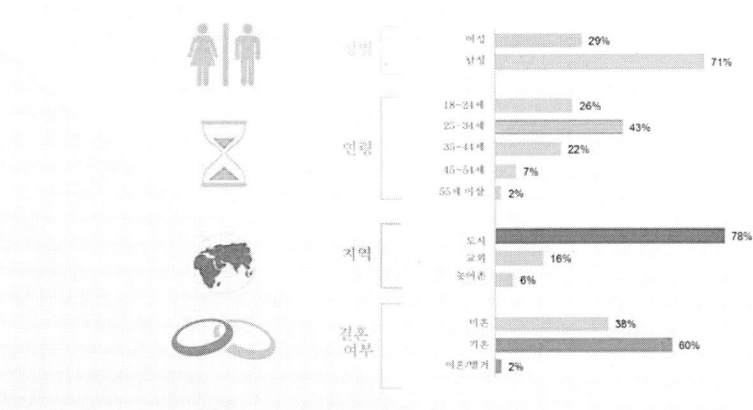

출처 : Ipsos MediaCT, Google mobile planet

먼저 스마트폰을 주로 이용하는 장소로는 93%가 집에서, 78%가 직장에서, 71%가 음식점에서 사용하고 있는 것으로 조사되었다. 학교에서 이용하는 경우는 44%로 조사되었다.

[그림 10-65] 아랍에미리트인이 스마트폰을 가장 많이 이용하는 장소

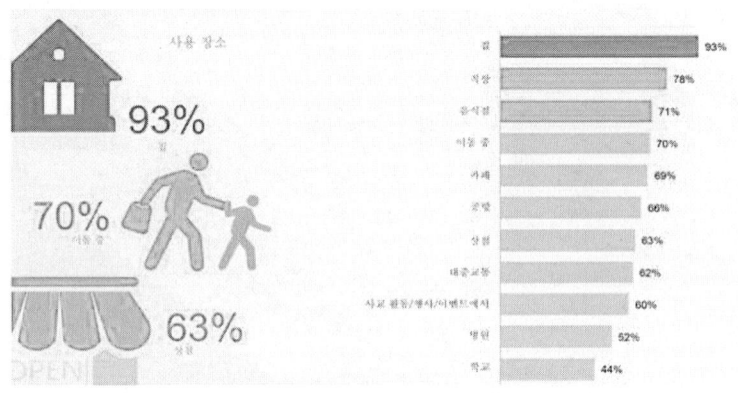

출처 : Ipsos MediaCT, Google mobile planet

스마트폰 이용 시 주로 하는 행동에 대하여 살펴보면 사진촬영이 5.8%로 가장 높았고 인터넷검색이 5.7%, 이메일 확인이 5.6%, 음악청취와 SNS 이용이 5.3%, 게임이 5.2%, 비디오감상과 검색엔진 사용이 각각 5.0%, 4.8% 등의 순으로 조사되었다.

[그림 10-66] 스마트폰 이용 행태

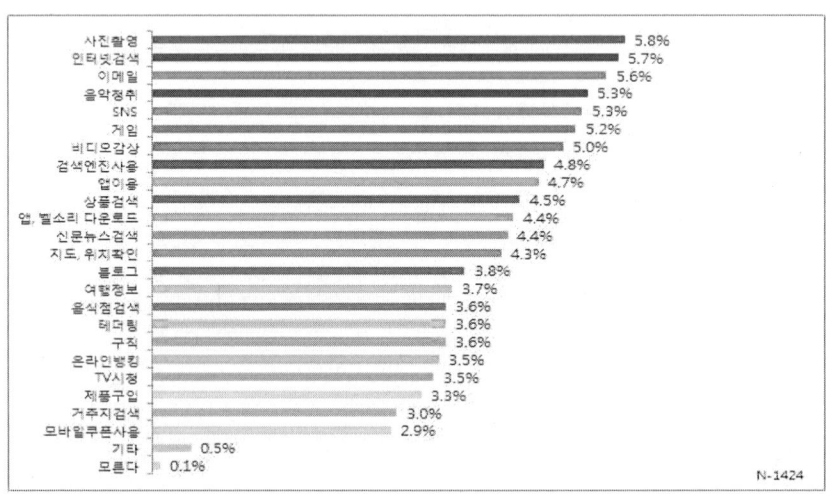

출처 : Ipsos MediaCT, Google mobile planet

응답자들이 오프라인으로 광고를 보는 비중을 보면, TV가 74%로 가장 높았으며 그 다음으로 잡지 69%, 상점/업체 68%, 포스터/옥외 광고 63%의 순으로 나타났다. 응답자의 81%는 오프라인의 광고 노출 후 모바일로 재검색을 실행하는 것으로 나타났다.

[그림 10-67] 오프라인 광고 노출 후 모바일로 검색을 실행하는 비율

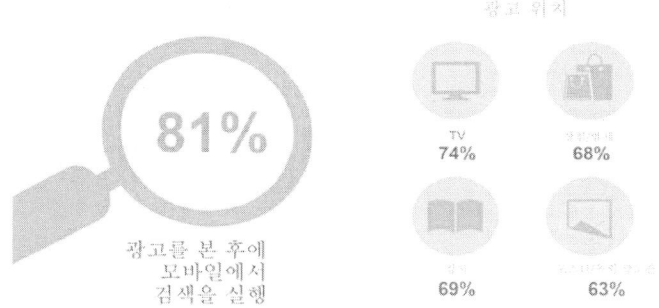

출처 : Ipsos MediaCT, Google mobile planet

아랍에미리트의 소비자들이 스마트폰에서 모바일 광고를 보는 곳을 보면, 52%는 온라인 매장 등 웹사이트에서, 39%는 검색엔진을 이용하는 동안, 37%는 모바일 게임이나 앱 안에서, 36%는 동영상을 조회하면서 광고를 보는 것으로 조사되었다.

[그림 10-68] 아랍에미리트 사람들이 스마트폰에서 모바일 광고를 보는 위치

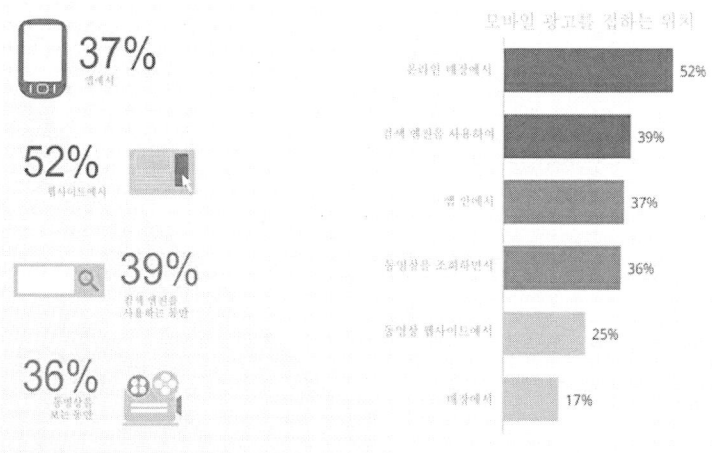

출처 : Ipsos MediaCT, Google mobile planet

아랍에미리트의 모바일기기 이용자들의 90%는 스마트폰을 이용하는 동안 다른 활동을 동시에 하는 것으로 나타났다. 설문에 응답한 사람들의 61%는 음악 감상을, 45%는 인터넷을, 44%는 스마트폰을 사용하면서 TV 시청을, 39%는 영화감상을 동시에 하고 있는 것으로 조사되었다.

[그림 10-69] 아랍에미리트인이 스마트폰을 이용하면서 다른 활동을 하는 비율

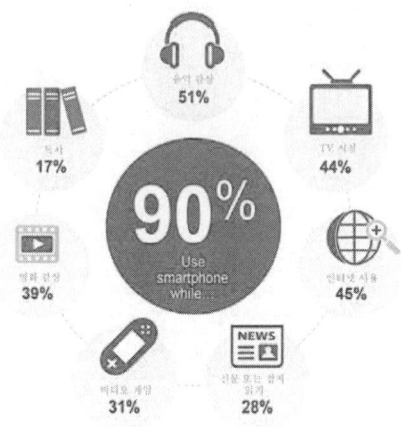

출처 : Ipsos MediaCT, Google mobile planet

다. 동영상 스트리밍 이용 실태

① 남아프리카공화국

컴퓨터와 스마트기기를 통한 비디오 시청 횟수 조사[325]에서 남아프리카공화국인은 스마트폰으로 비디오를 전혀 시청하지 않는다는 경우가 27%로 가장 높은 것으로 나타났다. 스마트폰으로 한 달에 1회 이하 시청이 18%, 한 주에 여러 번 시청하는 경우가 17%로 조사되었으며 한 달에 몇 번 정도 비디오를 시청하는 경우가 12%, 하루에 여러 번 시청하는 경우는 10%로 나타났다.

한편, 컴퓨터를 이용하여 비디오를 시청하는 경우는 한 주에 여러 번 시청하는 경우가 22%로 가장 높았고 하루에 여러 번 시청이 18%로 뒤를 이었다. 한 달에 1회 이하 시청 내지는 전혀 시청하지 않는 경우도 13%로 조사되었다.

---

[325] 2014년 3월 Consumer Barometer with Google 조사

[그림 10-70] 남아프리카공화국인의 기기별 온라인 비디오 시청 횟수

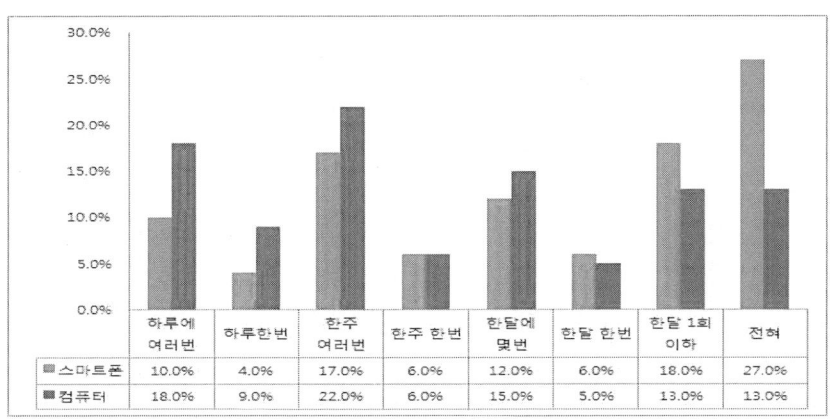

출처 : Ipsos MediaCT, Google mobile planet

② 아랍에미리트

컴퓨터와 스마트기기를 통한 비디오 시청 횟수 조사[326])에서 아랍에미리트인들은 스마트폰을 이용하여 하루에 여러 번 비디오를 시청하는 경우가 37%로 가장 높은 것으로 나타났다. 그 다음으로 하루에 한 번은 18%, 한 주에 여러 번이 17%로 그 뒤를 이었다. 뒤이어 한 달에 몇 차례 정도 비디오를 시청하는 경우와 전혀 안보는 경우도 9%나 되었다.

[그림 10-71] 아랍에미리트인의 기기별 온라인 비디오 시청 횟수

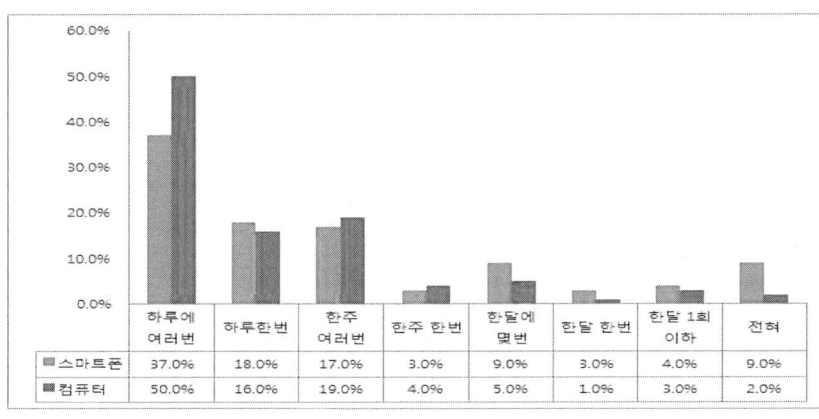

출처 : Ipsos MediaCT, Google mobile planet

---

326) 2014년 3월 Consumer Barometer with Google 조사

라. 주요 콘텐츠별 선호 장르

카타르의 노스웨스턴 대학(Northwestern Univesity)은 2014년 1월에서 2월 사이에 중동 6개 국가 18세 이상 성인 6,000여 명을 대상으로 엔터테인먼트 미디어 이용에 관한 설문조사[327]를 실시했다. 조사 결과에 따르면 중동 주요국 중 MENA 국가에서 제작된 영화를 가장 선호하는 국가는 이집트(100%)로 가장 높았고 자국 영화(99%), 터키영화(28%) 감상도 이집트가 가장 높은 비중을 보인 것으로 조사 되었다. 사우디아라비아는 조사 국가 중 아시아영화(18%) 관람을 가장 선호하는 나라로 조사되었다. 뒤이어 UAE는 조사 국가 중 미국영화(49%), 유럽영화(27%), 인도영화(52%)의 선호도가 가장 높은 것으로 나타났다.

[표 10-24] 중동지역 선호 국가(지역) 영화 조사

권역	국가	MENA	자국	미국	유럽	인도	터키	아시아
중동	이집트	100%	99%	29%	15%	25%	28%	2%
	사우디아라비아	85%	57%	43%	19%	26%	11%	18%
	UAE	57%	40%	49%	27%	52%	15%	7%

출처 : Northwestern University in Qatar Media

조사 국가 중 선호하는 영화 장르에 대한 설문에 의하면 이집트는 코메디(75%), 드라마(57%), 종교(19%) 영화들이 가장 선호하는 장르로 조사되었다. 사우디아라비아는 조사 국가 중 아동·가족영화(20%), 다큐멘터리(14%), 스포츠(14%) 등이 가장 인기 있는 장르였고 UAE는 로맨스(31%), 애니메이션(9%), 인도영화(21%), 공포·스릴러(29%), 전쟁(4%) 장르의 선호도가 높은 것으로 나타났다.

[표 10-25] 중동지역 선호 영화 장르 조사

권역	국가	코메디	액션	드라마	로맨스	애니메이션	인도영화	아동가족영화	다큐멘터리	공포스릴러	뮤지컬	공상과학판타지	종교	스포츠	전쟁
중동	이집트	75%	48%	57%	23%	5%	6%	12%	1%	19%	8%	3%	19%	11%	2%
	사우디아라비아	55%	53%	45%	20%	4%	9%	20%	14%	17%	8%	10%	14%	14%	2%
	UAE	52%	47%	34%	31%	9%	21%	16%	7%	29%	7%	10%	10%	4%	4%

출처 : Northwestern University in Qatar Media

[327] 이집트, 레바논, 카타르, 사우디아라비아, 튀니지, 아랍에미리트 6개국 총 6,035명을 대상으로 2014년 1월에서 2월 사이에 실시한 엔터테인먼트 미디어 이용 행태 조사

TV 방송을 시청할 때 '선호하는 국가의 방송' 설문에 의하면 이집트는 MENA(100%), 자국(100%) 영화를 가장 선호하는 것으로 조사되었고 사우디아라비아는 마쉬레크(69%), 마그레브(30%), 아라비아 반도(43%), 아시아(13%)의 방송콘텐츠를 선호하는 것으로 나타났다.

[표 10-26] 중동지역 선호 국가(지역) TV 방송 조사

권역	국가	MENA	자국	마쉬레크 (중동)	마그레브 (아프리카 북서부)	아라비아 반도	아시아
중동	이집트	100%	100%	4%	1%	3%	0%
	사우디 아라비아	85%	73%	69%	30%	43%	13%
	UAE	57%	47%	35%	3%	22%	5%

출처 : Northwestern University in Qatar Media

선호하는 TV 장르에 대한 설문조사에 의하면 이집트는 조사 대상 국가들 중 코메디(68%), 드라마(45%), 뉴스(42%), 연속극(32%), 스포츠(20%) 장르에 대한 선호도가 가장 높은 것으로 조사되었다. 뒤이어 사우디아라비아는 아동·가족(26%), 토크쇼(28%), 음식(19%) 다큐(15%), 홈데코(15%), 게임쇼(12%) 장르의 선호도가 가장 높았다. UAE는 조사 국가들에 비해 역사드라마(11%)의 장르 선호도가 높은 것으로 조사되었다.

[표 10-27] 중동지역 선호 TV 장르 조사

권역	국가	코메디	드라마	뉴스	스포츠	연속극	아동 가족	토크쇼	다큐	게임쇼	역사 드라마	홈데코	음식	음악
중동	이집트	68%	45%	42%	20%	32%	11%	15%	3%	6%	6%	3%	15%	11%
	사우디 아라비아	52%	43%	26%	15%	14%	26%	28%	15%	12%	9%	15%	19%	14%
	UAE	60%	44%	28%	11%	22%	23%	13%	14%	11%	11%	4%	10%	14%

출처 : Northwestern University in Qatar Media

소셜네트워크의 사용 빈도를 조사한 설문에 의하면 사우디아라비아는 페이스북 이용률이 94%, 트위터(79%), 인스타그램(31%) 등이 조사국들 중 가장 높은 것으로 조사되었다. 이집트는 구글+의 이용률이 39%로 조사국들 중 가장 높게 나타났다.

[표 10-28] 중동지역 선호 SNS 서비스 조사

권역	국가	페이스북	트위터	인스타그램	구글+
중동	이집트	90%	37%	3%	39%
	사우디 아라비아	94%	79%	31%	38%
	UAE	92%	57%	24%	38%

출처 : Northwestern University in Qatar Media

온라인 비디오를 시청할 때 선호하는 장르에 대한 설문에 이집트는 코메디(49%), 뉴스(41%), 음악(34%), 스포츠(31%)를 선택 국가 중 가장 선호하는 것으로 조사되었다. 사우디아라비아는 온라인 비디오 시청 시 아동·가족(22%), 드라마(29%), 토크(13%), 다큐멘터리(17%), 역사드라마(11%), 연속극(20%)을 조사 국가들 중 가장 선호한 것으로 나타났다. UAE는 홈데코(14%), 실황방송(15%), 종교(18%) 장르를 가장 선호하는 것으로 조사되었다.

[표 10-29] 중동지역 선호 온라인 비디오 장르 조사-1

권역	국가	아동 가족	코메디	드라마	토크 쇼	다큐 멘터리	게임쇼	역사 드라마
중동	이집트	12%	49%	19%	11%	5%	17%	3%
	사우디 아라비아	22%	39%	29%	13%	17%	17%	11%
	UAE	14%	36%	23%	9%	14%	17%	10%

출처 : Northwestern University in Qatar Media

[표 10-30] 중동지역 선호 온라인 비디오 장르 조사-2

권역	국가	홈데코	음식	음악	뉴스	실황 방송	리얼리 티쇼	종교	연속극	스포츠
중동	이집트	5%	15%	34%	41%	8%	8%	11%	12%	31%
	사우디 아라비아	12%	17%	30%	20%	11%	14%	7%	20%	21%
	UAE	14%	25%	29%	29%	15%	18%	18%	10%	14%

출처 : Northwestern University in Qatar Media

[표 10-31] 중동 유료 온라인 비디오 서비스 이용률 조사

권역	국가	영화	TV	스포츠	음악	비디오 게임
중동	이집트	15%	9%	27%	16%	24%
	사우디아라비아	61%	59%	64%	49%	59%
	UAE	41%	24%	27%	33%	36%

출처 : Northwestern University in Qatar Media

온라인에서 즐기는 대화 소재에 대한 설문에 의하면 이집트는 자가생산 콘텐츠(24%)에 대한 이야기를 가장 즐기는 것으로 조사되었다. 뒤 이어 사우디아라비아는 TV에 대한 내용(35%), 리얼리티쇼(29%), 영화(28%), 온라인 비디오(27%), 스포츠(27%), 새로운 이야기(16%)에 대한 이야기를 온라인에서 즐기는 것으로 나타났다.

[표 10-32] 중동지역 온라인 상 대화 소재 조사

권역	국가	새로운 이야기	TV	온라인 비디오	리얼리티쇼	스포츠	자가생산 콘텐츠	영화
중동	이집트	13%	8%	25%	10%	11%	24%	10%
	사우디아라비아	16%	35%	27%	20%	27%	18%	28%
	UAE	13%	15%	16%	12%	10%	13%	17%

출처 : Northwestern University in Qatar Media

평균 비디오 게임을 플레이하는 시간을 조사한 결과 이집트는 10시간, 사우디아라비아는 5시간 UAE는 평균 한 주당 4시간의 게임을 즐기는 것으로 나타났다.

[표 10-33] 중동지역 평균 비디오 게임 플레이 시간(주당) 조사

권역	국가	시간
중동	이집트	10
	사우디아라비아	5
	UAE	4

출처 : Northwestern University in Qatar Media

엔터테인먼트 소비에 영향을 미친 요소를 조사한 결과 사우디아라비아 사람들의 엔터테인먼트 소비에 영향을 미친 것들은 기업 웹사이트(66%), 대화(61%), 리뷰(59%), 새로운 기사(55%), 문자·이메일(65%)등이 조사 국가들 중 가장 높은 것으로 조사되었다. UAE는 광고(70%), 전문리뷰(66%)가 조사 국가들 중 엔터테인먼트 소비에 영향을 가장 크게 미친 것으로 조사되었다.

[표 10-34] 중동지역 엔터테인먼트 소비에 영향을 미친 요소

권역	국가	광고	기업 웹사이트	대화	리뷰	영화 예고편	새로운 기사	전문 리뷰	SNS	문자/ 이메일
중동	이집트	44%	25%	50%	53%	31%	20%	33%	25%	14%
	사우디 아라비아	63%	66%	61%	59%	55%	55%	61%	68%	65%
	UAE	70%	65%	56%	58%	55%	53%	66%	68%	62%

출처 : Northwestern University in Qatar Media

5) 콘텐츠 유통 현황

(1) 주요 유통 플랫폼 현황

UAE와 사우디아라비아는 이슬람 문화권답게 비교적 높은 경제적인 수준을 갖고 있음에도 불구하고 폐쇄적이다. 현재 이용이 가능한 서비스는 아이튠즈와 디저(Deezer), 믹스라디오(MixRadio)에 불과하며, 이들과 경쟁 가능한 자국 내의 로컬서비스는 전무한 실정이다.

[표 10-35] UAE와 사우디아라비아 디지털 음악 플랫폼 현황 (2014)

구분	음원다운로드형	유료가입형	광고지원형	혼합형
글로벌 서비스	• iTunes • MixRadio	• Deezer	• 없음	• 없음
로컬 서비스	• 없음	• 없음	• 없음	• 없음

출처 : Pro Music

이집트의 경우, 다른지역에 비해서는 발전 상태가 미미하지만, 이슬람 문화권 내에서는 비교적 디지털 음악시장이 형성된 편이다. 글로벌업체로는 아이튠즈, 디저, 유튜브가 진출해 있고, 로컬업체들 또한 '알람 엘 판(Alam El Phan)', '얄라 뮤직(Yala Music)', '앙가미(Anghami)' 등이 현지 음악을 중심으로 서비스를 제공하고 있어, 글로벌업체들과 비교해 나름의 경쟁력을 갖추고 있다.

[표 10-36] 이집트 디지털 음악 플랫폼 현황 (2014)

구분	음원 다운로드형	유료가입형	광고지원형	혼합형
글로벌 서비스	• iTunes	• Deezer	• Yotube	• 없음
로컬 서비스	• Alam El Phan	• 없음	• Yala Music	• 음원다운로드, 유료가입 : Anghami.com

출처 : Pro Music

남아프리카 공화국은 아프리카지역에서는 가장 디지털 음악 서비스가 발전된지역으로 아이튠즈, 유튜브, 마이스페이스, 비메오(Vimeo), 디저(Deezer), 믹스라디오(MixRadio), 알디오(Rdio) 등 다수의 글로벌업체들이 진출해 경쟁하고 있다. 반면, 로컬 디지털 음악 서비스업체는 음원 다운로드 서비스를 제공하는 엠티엔 플레이(MTN Play) 정도로 매우 취약한 상태이다.

[표 10-37] 남아프리카공화국 디지털 음악 플랫폼 현황 (2014)

구분	음원 다운로드형	유료가입형	광고지원형	혼합형
글로벌 서비스	• iTunes • MixRadio	• Deezer • Rara.com • Rdio	• MySpace • Vimeo • Youtube	• 없음
로컬 서비스	• MTN Play	• 없음	• 없음	• 없음

출처 : Pro Music

(2) 기타 주요사업자

가. 출판

남아프리카공화국의 주요 출판사는 'Caxton/CTP', '미디어24(Media24)' 등이 있으며, 세부 사업 분야는 다음과 같다.

[표 10-38] 남아프리카공화국 주요 출판사

기업명	설명
Caxton/CTP	• 1902년 William Gindra와 Edward Green에 의해 설립, 초기 Caxton이라는 이름하에 문구, 인쇄업으로 시작 • 1947년, Dr HJ van der Bijl가 회장으로 취임하면서 회사가 빠르게 확대, 발전하며 같은해 Caxton Ltd.로 명칭 변경 • 1961년, Eagle Press가 Caxton을 인수 후, 이어서 신문사 South African Jewish Times도 인수하며 요하네스버그로 사업장 이전 • 1978년부터는 주간지, 격주지, 월간지 등 9종에 이르는 다양한 형태와 주제의 잡지를 출간하기 시작 • 1985년, 인쇄업체인 CTP (Cape and Transvaal Printers) 인수, 이로 인해 신문, 잡지 출간의 신속화가 가능해짐 • 현재 약 5,500명의 직원을 고용하고 있는 남아공 최대의 퍼블리싱기업 중 하나로 총 88종에 이르는 도서, 잡지, 신문을 비롯해 상업 광고물 등의 출판, 인쇄 등이 주요 사업이며, 부가적으로 문구 제품도 생산
Media24	• 글로벌 미디어기업인 Naspers의 자회사로, 인쇄 출판 미디어를 담당. 본사는 요하네스버그에 위치 • 1915년, Nasionale Pers 설립, 같은 해 De Burger(現 Die Burger)를 최초로 출간 • 2000년, Naspers가 자사의 뉴스 및 인쇄사업을 브랜드화시키기 위해 Media24 설립 • Huisgenoot, Drum, YOU, Weg!, FINWEEK, Men's Health (남아공판), Top Gear (남아공판) 등 20여개의 잡지와 Daily Sun, Die Burger, Rapport, Volksblad 등 7개의 신문 및 Hermanus Times, District Mail 등 6개의 로컬 신문 등을 출간에 관여 중 • 신문, 잡지 사업 이외에도 디지털 퍼블리싱, 인쇄, 배급, 도서 출판, 온라인 서비스, e-커머스 등 다양한 분야에 관심

출처 : 각사 홈페이지

나. 음악

남아프리카공화국의 주요 레이블로는 '갈로 레코드 컴퍼니(Gallo Record Company), '마운틴 레코드(Mountain Records)' 등이 있으며, 세부 사업 분야는 다음과 같다.

[표 10-39] 남아프리카공화국의 주요 음악기업

기업명	설명
Gallo Record Company	· 1926년, Eric Gallo에 의해 설립된 레코드 레이블로 현재 남아공 최대 규모 · 現 Times Media Group(前 Johnnic Communications and Avusa)의 자회사로, 요하네스버그에 본사가 위치해 있음 · 현재의 Gallo Record Company는 자국 내에서 1940년대부터 1980년대까지 라이벌 관계에 있던 양대 레이블인 Gallo Africa(1926 - 1985)와 G.R.C.(Gramophone Record Company, 1939 - 1985)가 합쳐진 형태로, 1985년 Gallo Africa가 G.R.C.를 인수하며 탄생 · 2006년, Warner Music International의 남아공 지부와 합작 형태로 Warner Music Gallo Africa를 만들고, Gallo Record Company의 모든 음원을 최초로 디지털화해 서비스 · 현재 모든 장르의 음악을 취급하고 있으며, 남아공에서 제작되는 음반 가운데 75% 이상을 차지하고 있을 정도로 절대적인 위치에 있음 · 대표 아티스트 : Ladysmith Black Mambazo, Mahlathini and the Mahotella Queens, Miriam Makeba 등 다수 · 내수시장은 Gallo Music South Africa가, 해외 시장은 Gallo Music International/Warner Music이 배급 담당
Mountain Records	· 1980년 Patrick Lee-Thorp에 의해 케이프 타운에서 설립된 레코드 레이블. 본사는 현재 케이프 타운에 위치. · 대부분 남아공 현지 음악을 취급하고 있으며, Basil Coetzee, Robbie Jansen, Jonathan Butler 등의 음반을 제작하며 소위 '케이프 재즈(Cape Jazz)의 고향'으로도 알려져 있음 · 설립 초기 David Kramer, Robin Auld 등의 아티스트들에 힘입어 성공을 거둠 · 1990년대 중반부터 유럽에 진출해 기반을 구축하기 시작. 1996년에 독일 함부르크에 지부 설립하고, 미국, 브라질 등 남아공 이외지역 출신 아티스트들의 음반도 유럽 지부를 통해 발매하기 시작함

출처 : 각사 홈페이지

다. 게임

남아프리카공화국의 주요 게임개발사로는 '루마 아케이드(Luma Arcade), '셀레스티얼 게임즈(Celestial Games)' 등이 있다.

[표 10-40] 남아프리카공화국의 주요 게임기업

기업명	설명
Luma Arcade	• 2006년 Luma Studios의 부서 중 하나로 설립된 남아공의 독립 게임개발사. 본사는 현재 샌프란시스코와 요하네스버그에 위치 • 설립 초기의 목적은 PC/비디오/모바일 등 게임에 집중된 창조적인 인터렉티브 디지털콘텐츠 제작에 있었음 • 2007년 레이싱 게임인 Mini #37 (윈도우 플랫폼)을 처음으로 개발 • 그외 작품 : 퍼즐게임 'Marble Blast Mobile(2008)'과 'Flipt(2009)', 액션 'RPG The Harvest(2010)', 레이싱 게임 'REV(2009)'와 'Racer(2011)', 액션 슈터 'Bladeslinger(2012)' 등
Celestial Games	• 1994년 설립된 남아공의 독립 게임개발사로 現요하네스버그에 본사 위치 • 설립 초기, 'Nick McKenzie'과 'Travis Bulford', 'Caleb Salsbury' 등을 중심으로 1년 반에 'Toxic Bunny'를 완성. 당시 남아공에서 7,000개 이상, 전 세계적으로 15만 개 이상이 판매되며 성공을 거둠 • 이후, SF 액션 롤플레잉게임(RPG)인 'The Tainted'을 야심차게 개발했으나 발매는 늦어지고 판매 실적도 저조. 이로 인해 재정 상황이 악화되고 외부적 환경도 어려워지자 2001년 회사가 문을 닫게 됨 • 2007년, 'Travis Bulford'와 'Nick McKenzie'는 'Toxic Bunny'의 코드를 Java에 옮기기로 결정하고 이를 시행하는 과정에 가능성을 인지. 2010년 'Celestial Games'를 리오픈해 'Toxic Bunny HD'를 제작에 돌입해 2012년에 'rAge Gaming Expo'에서 첫 선을 보임

출처 : 각사 홈페이지

라. 애니메이션

남아프리카공화국의 주요 애니메이션 스튜디오 및 배급사로는 '트리거피시 애니메이션 스튜디오(Triggerfish Animation Studios)', '버그박스 애니메이션 스튜디오(Bugbox Animation Studios)' 등이 있으며, 세부 사업 분야는 다음과 같다.

[표 10-41] 남아프리카공화국 주요 애니메이션 스튜디오 및 배급사

기업명	설명
Triggerfish Animation Studios	• 1996년, Jacquie Trowell과 Emma Kaye가 케이프타운에 부티크 스톱-프레임 애니메이션 스튜디오 형태로 설립. 현재 아프리카 최대의 애니메이션 스튜디오 중 하나로 성장 • 설립 초기, 남아공 현지의 광고 에이전시들과 함께 다수의 상업 광고 제작 • TV 광고 업계에서의 성공을 기반으로 2001년 남아공 버전의 세서미 스트리트(Sesame Street)인 'Takalani Sesame' 프로젝트에 참여해 6개 이상 현지에서 3개 시즌, 미국에서 4개 시즌 제작 • 2006년부터 장편 영화로 사업 역량을 집중하기 시작 • 최근 Triggerfish의 첫 3D 장편 애니메이션인 'Adventures in Zambezia(2012)'와 'Khumba(2013)'을 제작, 월드와이드 개봉. 두 영화 모두 현지 및 국제 영화제에서 다수 수상을 하며 작품성을 인정받음 • 현재 각각 2016년, 2017년 개봉을 목표로 'Here Be Monsters'와 'Seal Team'을 제작 중
Bugbox Animation Studios	• 2003년, 요하네스버그에 설립된 애니메이션 제작 스튜디오 • 설립 초기, 코카콜라, 캘로그, 네슬레, 레고 등을 고객사로 현지의 광고 분야에서 명성을 쌓기 시작 • International Christian Film Festival에서 최우수 작품상을 수상한 애니메이션 DVD 시리즈 'The Adventures of Toby'을 제작해 인정받음 • 현재는 2D 및 3D 애니메이션을 전문으로 하는 남아공의 정상급 애니메이션 스튜디오로 입지 구축

출처 : 각사홈페이지

6) 주요 지원 제도 및 정책 동향

(1) 콘텐츠 관련 중장기 계획

가. 남아프리카공화국

① 디지털 전략 2009-2012(Strategic Plan 2009-2012)

남아공 통신부(DOC)는 2009년 6월 중기 전략인 '디지털 전략 2009-2012'를 발표하고 인프라, 보안, 인력양성, 기업육성 등을 목표로 설정했다. 그리고 디지털 전략의 일환으로 '브로드밴드 정책', '콘텐츠강화 정책', 'ICT통합법 구축', '사이버 보안', '중소기업 역량 강화' 등을 포함시켜 집중 지원하기로 했다. 이 중 브로드밴드 정책은 2010년 6월 정부의 승인을 받았으며, 통신부는 범정부적인 브로드밴드 위원회를 설립했다. 이를 통해 적절한 가격에 안정된 브로드밴드 서비스를 보급하는 것을 목표로 정책을 추진하고 있으며, 이는 2020년까지 추진된다. 해당 정책을 통해 서비스 취약 지역에서의 보다 안전한 브로드밴드 서비스 이용이 가능해지고, 이를 통해 소비자의 콘텐츠 등 앱에 대한 접근성이 향상될 것으로 예상된다.

남아공 정부는 2011년 8월 디지털 전략의 중간 평가 개념으로 남아공의 디지털 지표 '이-바로미터(e-Barometer)'를 공개했다. 남아공 통신부(DOC)는 브로드밴드 보급 활성화 정책을 통해 2020년까지 브로드밴드 보급률 100%를 달성하는 것으로 목표로 한다.

나. 이집트

① 이집트 정보통신전략 2012-2017 (Egypt ICT Strategy 2012-2017)

이집트 통신정보기술부(MCIT)는 2013년 2월 정보통신산업 발전을 통해 세계 수준의 정보통신 강국으로 도약한다는 목표를 바탕으로 '이집트 정보통신전략 2012-2017'을 발표했다. 해당 계획은 단기계획으로 수립된 2013-2014계획과 2013-2017의 중기계획으로 구분되는데, 2013-2014 계획의 경우 현재 GDP의 총 3.2%를 차지하는 ICT 분야의 시장 규모를 GDP의 4.1% 수준까지 높이는 것을 주요 골자로 하고 있다. 또한 이후 중기계획으로는 국가 내 경쟁력을 강화, 외국인 직접투자를 확대하는 전략 등이 언급되고 있다.

이와 더불어 MCIT는 해당 정책을 통해 2015년까지 초고속 인터넷 가입자 1,300만 명을 확보하고 3G 모바일 서비스 커버리지를 98%까지 확대, 관련 인프라를 확충할 것임을 밝히기도 했는데, 더 나아가 2021년에는 모바일 인터넷 가입자 수와 4G 모바일 서비스 커버리지를 각각 1,400

만 명과 90% 수준까지 확대할 계획도 제시하고 있다. 한편, '이집트 정보통신전략 2012-2017'은 현재 민주주의 전환 지원과 디지털 시민권 및 정보사회 추진, 지속가능 개발 추진, 국가경제 강화라는 4가지 비전하에서 운영되고 있는데 각 서비스 인프라 별 세부 프로젝트는 다음과 같다.

[표 10-42] 서비스 인프라 별 세부 프로젝트 운영 개요

분류	민주주의 전환 지원	디지털 시민권 및 정보사회 구축	지속가능 개발 추진	국가경제 강화
우정통신 서비스인프라	분야별 협력 증진 프로그램 구축	우편네트워크 효과 증진 프로그램 구축	환경보호 및 성장 프로그램 지원	국가 동맹 증진
	디지털보안환경 구축	우편 생산 및 서비스 프로그램 현대화		국가 브로드밴드 이니셔티브
		국가 브로드밴드 이니셔티브	ICT기반 우편서비스 향상 인프라 구축	우편서비스 프로그램 다양화 및 현대화
		그린IT 이니셔티브		
정부의 ICT 인프라 서비스	디지털 독자성 운영 프로그램 구축	전자서명 인프라 확충	헬스케어 서비스	국가 브로드밴드 이니셔티브
			교육서비스	
		이커머스 인프라 구축	건축서비스	아랍 디지털 e-Content 구축
		디지털교육 인프라	이커머스상용서비스	
		그린IT 이니셔티브	재무서비스 개발	이커머스 상용화
			업무환경 개선	
		아랍 e-Content 구축	교통시스템 향상	전자교육 인프라구축
			문화부 시스템 향상	
인적재원 개발	문맹 근절을 위한 ICT 이니셔티브	올림피아드 전문기관 프로그램 구축	ICT 장학회 개설	인적개발 프로그램
		IT서비스 훈련 프로그램 인프라 구축		이집트 올림피아드 정보화 구축
		장애인을 위한 ICT 기술 개발 추진		교육개발 프로그램
				인적개발훈련 과정
		IT트레이너 프로그램	가정용 기술 프로그램 구축	훈련 프로그램 특화
디지털 시민권	정보보급 및 프로그램 구축	장애인을 위한 ICT 권한 관련 인프라구축	디지털 운영 이니셔티브	-
			ICT 기반 지역도시화	
	ICT 관련 민관 협약	인터넷 보안	장애인 대상의 ICT 권한 부여	
			ICT 통한 시민사회 조직 지원 프로그램	
	국가 브로드밴드 이니셔티브		가정용 기술 프로그램 구축	

출처 : 한국인터넷진흥원2013)

다. 사우디아라비아

① 제 9차 개발계획 2010-2014 (9th Development Plan 2010-2014)

2010년 8월 승인된 '제 9차 개발 계획 2010-2014'는 통신정보기술위원회(CITC)가 그 구체적인 실행을 담당하며 2014년까지 총 3,850억 달러의 예산이 투입될 예정이다. 실제로 지난 2012년 11월, 해당 정책의 일환으로 발전설비 부문의 글로벌기업 ABB가 사우디아라비아의 전기사업자 SEC와 1억 7,000만 달러 규모의 계약을 체결한 바 있는데, 이는 해당 정책의 세부 시행 정책에 정보기술산업 분야에서의 외국인 직접투자와 관련된 내용이 포함되어 있기 때문이다.

통신정보기술위원회가 설정한 해당 정책의 구체적인 실행 내역은 다음과 같다.

- 정보통신 분야의 규제 완화를 위한 지속적인 노력
- 브로드밴드 네트워크의 보급 확대
- 필수 정보통신 서비스 제공을 위한 기금 활용
- 학교, 대학, 정부기관 등 공공시설 대상의 브로드밴드 및 초고속 인터넷 서비스 제공
- 주파수 대역의 효율적 활용
- 정보통신 장비와 설비승인 절차의 개발 및 장비 표준의 지속적 업데이트
- 정보기술산업 분야에서의 외국인 직접투자 유치 및 인센티브 확충
- 각 기업내 IT활용 장려 및 이용 능력의 향상

② 전자정부 프로그램 'YESSER'

사우디아라비아정부는 공공서비스의 질적 향상을 목적으로 2006년부터 전자정부 프로그램 'YESSER'를 추진해 오고 있다. 해당 프로그램은 그 계획에 따라 2단계로 구성되어 운영되고 있는데, 먼저 인프라 구축과 설계, 전자 서비스 및 앱 프로젝트 등의 세부 시행 항목이 포함된 1단계 계획의 경우 지난 2006년 본격적으로 개시되어 2010년 종료되었다. 한편 2단계 계획은 2012년부터 2016년까지 추진될 예정인데, 여기에는 1단계에서 구축한 인프라환경을 바탕으로 인적자본과 커뮤니케이션, 매니지먼트, 전자서비스 및 앱, 시민참여 유도와 기관 프레임워크 등 보다 본격적인 활동이 포함되었다.

[표 10-43] 'YESSER' 프로그램의 세부 운영 계획

구분	프로젝트 명	세부 계획
1단계	인프라 구축	• 전자정부 네트워크 구축 및 통합 인프라 생성 • 전자정부 포털 및 인트라넷 포털 구성과 서비스 데이터 확보 • 상호 운영 프레임워크 수립 • 시행 일정: 2006-2008
	인프라 설계	• 구축된 인프라의 배열 및 역할 확립 • 시행 일정: 2007-2010
	전자서비스	• 전자정부 서비스 대상 3단계 테스트 시행 • 시행일정: 2008-2010
	앱	• 공공서비스 대상 앱 개발 및 제공 • 관련 데이터베이스 구축 • 시행일정: 2007-2010
2단계	인적자본 및 커뮤니케이션, 매니지먼트	• 전자정부 캠페인 및 관련 리소스 제공 • 이용 방법 교육 • 실행 효과 보고 • 시행일정: 2012-2016
	전자서비스	• 정부기관 대상 관련 서비스 보급 • 이용 최적화 실현과 서비스 인식 확대, 지원 채널 확장 • 시행일정: 2012-
	앱	• 프레임워크 표준화 시행 • 앱 관련 데이터 베이스 구축과 플랫폼 확대 • 시행일정: 2012-
	인프라	• 품질 향상을 보장하는 인프라 구축 및 관련 표준 수립 • 메시지 및 이메일 게이트웨이 실행과 데이터 센터 구축 • 클라우드 기반 서비스 모델 개발 • 시행일정: 2012-
	시민참여 유도	• 소셜미디어와 커뮤니티, 온라인 창구 구축 및 피드백 수집 • 시행일정: 2012-2016
	기관 프레임워크	• 전자정부 서비스 센터를 통한 민관협력 증진 • 공공서비스 제공과 법적 피드백 수집 • 시행일정: 2012-

출처 : YESSER

라. 아랍에미리트

① 미디어, 엔터테인먼트 스타트업 지원

UAE는 2008년 정부기관 투포피프티포(twofour54)를 설립, 영화와 방송, 음악, 디지털미디어, 게임 등 아랍권 내 미디어와 엔터테인먼트 콘텐츠의 발전을 지원하고 있다. 현재 BBC와 CNN, 파이낸셜타임즈, 카툰네트워크 등 200여 개 이상의 기업과 파트너 관계를 체결, 아랍지역 MMO 게임 설계 및 제작업체인 팔라펠 게임즈(Falafel Games)를 비롯, 타하디 게임즈(Tahadi Games), Jawaker, SAE Institute 등 13개 벤처 스타트업 및 콘텐츠 제작 프로젝트에 투자를 진행하고 있다. 이와 더불어 최근에는 스타트업 활성화 후원조직인 Flat6Labs와 제휴를 체결하고 사업 활동을 위한 시드머니 지원과 전략 멘토링 등의 컨설팅활동을 진행하고 있다.

② 국가미디어위원회, 미디어 분야의 총괄 관리

2006년 UAE 정부개편을 계기로 구성된 국가미디어위원회(NMC)는 방송규제 및 미디어 관련 라이선스 발급과 미디어 기관들의 관리, 통제를 담당하고 있다. NMC가 최종적으로 추구하는 목표는 자국 내 미디어사업의 투명성 확보와 국제표준 수준의 규제환경 구축, 국내 미디어의 해외사업 지원 등이며, 이를 위해 국립 미디어 기관과 로이터, AP, UPI 등 국제 뉴스 기관들과의 네트워크 강화, twofour54 등의 단체, 교육기관 등과의 파트너십을 체결했다.

[표 10-44] NMC 서비스 영역

서비스 영역	내용
미디어 라이선스	▪ 미디어 및 통신활동과 관련된 라이선스 발급 및 갱신 ▪ 신규 파트너 추가
미디어콘텐츠 모니터링	▪ 미디어콘텐츠 유통 및 생산 활동 모니터링 ▪ 미디어 라이선스 및 미디어 활동 권한 취소
언론인에 대한 관리	▪ UAE에 본사를 둔 외국 언론인과 기자에 대한 관리
뉴스서비스	▪ SNS와 웹을 통한 홍보활동 ▪ 단체 및 개인에 대한 메일링 서비스

출처 : NMC

(2) 콘텐츠산업 지원 제도

가. 남아프리카공화국

① Mzansi 골든 경제전략(Golden Economy Strategy)

남아공 예술 및 문화부는 경제성장 분야로 예술, 문화 및 유산 분야를 설정하고 이를 강화하기 위해 음잔시(Mzansi) 골든 경제전략을 시행하고 있다. 주요 프로젝트로는 문화 행사(Cultural events), 문화 구역설정(Cultural precincts), 학교 내 예술교육(Artists in Schools) 등을 들 수 있다.

나. 이집트

① 예술 정규직 대상의 지원 프로젝트

이집트 문화부는 문화 부문 제작자들이 직면한 사회적, 경제적 분야에서의 장벽을 해소하고 이들의 창작 환경을 개선, 관련 시장을 확대하기 위해 재정적인 지원을 시행하고 있다. 지원자는 매년 3월 첫째 주에 모집하며, 전문 기술위원회의 심사를 거쳐 일정 금액의 지원금을 지급받게 된다.

② 이집트 교육구상(EEI, Egyptian Education Initiative) 출범

2013년 출범한 국가 교육 과정의 개혁과 ICT 기반의 창조적 교육활동 지원을 위해 출범한 EEI 역시 지속적으로 활동 영역을 넓혀가고 있다. 해당 정책은 세계 경제포럼의 IT 회원공동체, 다국적기업 등의 민관 파트너십을 통해 운영되고 있으며, 대표적으로 인텔(Intel)이 해당 프로젝트에 참여하여 디지털 리터러시 프로젝트 지원에 적극 나서고 있다. EEI는 현재 2,000여개 공립학교에 인터넷을 연결하는 등 이러닝(e-larning) 환경 조성을 위한 인프라 확충을 진행하고 있으며 이를 대학 네트워크 인프라로도 확대 진행하고 있다.

③ 정보부와 통신정보기술부, 문화부의 복합적 업무구조

현재 이집트의 방송산업 및 방송사업자 관련 관리와 규제, 방송정책 수립과 시행을 담당하는 핵심 기관은 정보부(MoI)로, 해당 기관은 산하에 국영 방송사업자 ERTU(Egypt Radio Television Union)를 두고 그 운영권을 직접 관리하고 있다. 또한 통신정보기술부(MCIT)와 문화부 역시 문화 관련 정책에 직접적으로 관여하는데, 통신정보기술부의 경우 정보통신 관련 정책의 수립과 인프

라 개발, ICT 기반의 콘텐츠 제작 지원을 담당하고 있으며, 문화부는 문화 예술과 도서에 관한 지원 정책을 수행하고 있다.

이들 각 부서는 국가의 문화적 정체성 유지와 경제 및 사회차원에서의 문화적 발전, 민주주의와 인권문제 해결 등을 기본 원칙으로 문화 정책을 수립 및 시행하고 있으며, 이외에도 유관기관인 국가통신규제청(NTRA)과 문화발전기금 등이 원활한 정책 집행을 지원하고 있다.

다. 사우디아라비아

① 유튜브 대상 콘텐츠 규제 강화

사우디아라비아 정부는 유튜브(YouTube) 서비스 이용량 증가와 함께 정부와 왕족을 비판하는 콘텐츠가 증가하고 있다는 점을 바탕으로 2012년 9월 시청각미디어종합위원회(The General Commission for Audiovisual Media)를 구성하고 자국 내 제작콘텐츠와 유튜브콘텐츠에 대한 규제를 강화하고 있다. 해당 위원회는 음주와 흡연, 신체 노출, 성적 표현 등에 대해 세부적인 가이드라인을 제시하고 이를 기준으로 모니터링을 진행하고 있는데, 현재로서는 인쇄·출판법에 의거해 콘텐츠 제작업체에 대한 면허를 발급하는 방식 등의 규제가 이루어지고 있다.

② 민족문화 강화 위한 지원 정책

사우디아라비아 문화정보부는 아랍문화 및 자국문화의 전파를 위해 민족예술 진흥정책과 문학장려금의 두 가지 정책을 실행하고 있다. 첫 번째는 도서전, 사막축제, 문화유산 전시회 등의 다양한 민족예술 진흥정책으로, 이러한 행사를 직접 개최하거나 지원함으로써 젊은층을 대상으로 국가에 대한 자긍심과 자국 문화의 콘텐츠 파워 강화를 도모하고 있다.

두 번째 정책은 매년 극작가와 저자를 대상으로 기금을 지원하는 문학장려금으로, 선정위원회가 일정 기준을 바탕으로 평가한 작품을 대상으로 문학적 가치에 따라 차등적으로 기금을 지원한다.

참고문헌

<해외 보고서>

Accelerate Animation, Accelerate Animation, 2013.11.22
Accenture, The Boom in Global Fintech Investment, 2014.03.26
Accenture, Video-Over-Internet Consumer Survey 2013
British Film Industry, Statistical Yearbook 2013
British Film Industry, Statistical Yearbook 2014
Barnes Report - Worldwide Barnes Report 2014.
Budde Comm, Global Digital Media - Mobile and Online Entertainment Trends, 2014.04.30
CNC, le marché de l'animation en 2013, 2014.06
CINETEL, Cinetel Dati Cinema 2013
Deloitte, Media Consumer 2014
DFC Intelligence, Online Game Market Forecasts 2014, 2014.05
DigitalTV Research, ConnectedTV Forecasts 2014 edition, 2014.09
DigitalTV Research, European OnlineTV & Video Forecasts 2014 edition, 2014.08
Digital Vector, Global Animation Industry Strategies, Trends & Opportunities, 2013
EPM, International Licensing - A Status Report 7th Edition, 2013
EPM, International Licensing 2013 Supplement to the 7th Edition, 2013
EPM, International Licensing - A Status Report 8th Edition, 2014
European Commission, Eurostat yearbook, 2014.09.26
FGEE[328], Comercio Interior Del Libro En Espana 2013, 2014.10.14
GSMA, The Mobile Economy 2014
Highbeam Research, Lights, Camera, Action: Kingdom Opens Up to Cinema Industry, 2014.09.19.
ICv2s, Internal Correspondence 85, 2014.07.17
IFPI, Recording Industry in Numbers 2014, 2014.04.01
IFPI, Digital music report 2014, 2014.11.25
Ipsos MediaCT, Our Mobile planet - Understanding the mobile Consumer, 2013.05
Joga, JOGAオンラインゲーム市場調査レポート2014, 2014.07.18
KPMG, Film Financing and Television Programming, 2012.01.01
LIMA, Licensing Industry Survey 2014, 2014.06.18
LUND University, Film Financing, Production, and Distribution in Sweden, 2012
MDRI, 2012年のアニメ市場は2300億円台に回復 1970-2012, 2013
Newzoo, 2014 Global Games Market, 2014.06
OECD, Competition Issues in Television and Broadcasting 2013
Ofcom, The Communications Market 2014, 2014.08.07
Ofcom, The Communications Market: Digital Radio Report, 2014.09.25
PwC, Global Entertainment and Media outlook 2014-2018, 2014.06.05

PwC, Global Survey on Books & 전자책s: Europe, Latin America and Canada 2013
Plunkett, Entertainment and Media Industry, 2014.02
Reuters Institute, Reuters Institute Digital News Report 2014, 2014.06.30
RECMA[329], Overall ACTIVITY [Billings] volume 2013, 2014.07
Rüdiger Wischenbart Content and Consulting, Global 전자책 report 2014, 2014.11.11
SNE, Repères statistiques 2013
Svenska Filminstitutet, Filmåret i siffror 2013
University of Glasgow, Do television and electronic games predict children's psychosocial adjustment? Longitudinal research using the UK Millennium Cohort Study, 2013.03.25.
University of Lisbon, A Survey About Media Content Consumption in Social Network Platforms, 2013

<국내 보고서>

CONEX, 국가별 정보통신방송 현황 2013 - 남아프리카공화국, 2014.03.06
CONEX, 국가별 정보통신방송 현황 2013 - 독일, 2014.03.06
CONEX, 국가별 정보통신방송 현황 2013 - 러시아, 2014.03.06
CONEX, 국가별 정보통신방송 현황 2013 - 사우디아라비아, 2014.03.06
CONEX, 국가별 정보통신방송 현황 2013 - 스웨덴, 2014.03.06
CONEX, 국가별 정보통신방송 현황 2013 - 스페인, 2014.03.06
CONEX, 국가별 정보통신방송 현황 2013 - 아랍에미레이트, 2014.03.06
CONEX, 국가별 정보통신방송 현황 2013 - 영국, 2014.03.06
CONEX, 국가별 정보통신방송 현황 2013 - 이집트, 2014.03.06
CONEX, 국가별 정보통신방송 현황 2013 - 이탈리아, 2014.03.06
CONEX, 국가별 정보통신방송 현황 2013 - 터키, 2014.03.06
CONEX, 국가별 정보통신방송 현황 2013 - 프랑스, 2014.03.06
CONEX, 2014 중동 IT시장 전망, 2014.04.25
KCA, 영국TV 및 AudioVisual 산업과 시청자 동향, 2014.10
KOTRA, 유럽 유통망 진출전략 설명회, 2013.10.06
KOTRA, 2014 세계 시장 진출전략 설명회, 2014.01.07
KOTRA, 주요국의 서비스 규제조치 현황 -8대 수출유망산업을 중심으로-, 2013.11.29
대외경제정책연구원, 주요국의 창조경제 추진사례와 시사점, 2013.07.22
명지경제연구소, 콘텐츠 수출 실무 멘토링북 -게임분야-, 2014.10
명지경제연구소, 콘텐츠 수출 실무 멘토링북 -방송/애니메이션분야-, 2014.10
영화진흥위원회, 독일 2013년 영화산업 결산, 2014.03.10
영화진흥위원회, 독일 2014년 상반기 영화산업 결산, 2014.09.29
영화진흥위원회, 러시아 2012년 상반기 영화산업 결산, 2012.09.17

---

328) Federación de Gremios de Editores de España
329) Research Company Evaluating the Media Agency Industry

영화진흥위원회, 스페인 2014년 상반기 영화산업 결산, 2014.08.14
영화진흥위원회, 영국 2013년 영화산업 결산, 2014.02.28
영화진흥위원회, 영국 2014년 상반기 영화산업 결산, 2014.08.18
영화진흥위원회, 프랑스 2013년 영화산업 결산, 2014.02.28
영화진흥위원회, 프랑스 2014 상반기 영화산업 결산, 2014.08.18
정보통신정책연구원, 모바일 광고시장의 전망 및 동향, 2014.06.16
정보통신정책연구원, 전자책시장현황 및 전망과 도서 출판시장의 가치사슬 구조변화, 2014.05.01
한국정보진흥원, 창조경제 실현을 위한 ICT의 새로운 역할과 과제, 2013.03
한국지식재산연구원, 국가별 연간 지식재산 정책분석, 2013.12.31
한국출판문화산업진흥원, 출판이슈 2013년 1월~12월호
한국출판문화산업진흥원, 출판이슈 2014년 1월~12월호
한국출판문화산업진흥원, 도서 저작권 수출 가이드-기초편, 2013.11.29
한국콘텐츠진흥원, 글로벌 게임산업 트렌드 2013년 4월~12월호
한국콘텐츠진흥원, 글로벌 게임산업 트렌드 2013년 상·하반기 보고서
한국콘텐츠진흥원, 글로벌 게임산업 트렌드 2014년 4월~12월호
한국콘텐츠진흥원, 글로벌 게임산업 트렌드 2014년 상반기 보고서
한국콘텐츠진흥원, 방송 애니메이션 유럽 동향 (유럽 콘텐츠산업동향 6호), 2013.04.09
한국콘텐츠진흥원, 2013 유럽 대중음악 페스티벌 현황 (유럽 콘텐츠산업동향 7호), 2013.04.22
한국콘텐츠진흥원, 디지털 시대 영국 및 유럽 창조산업 (유럽 콘텐츠산업동향 12호), 2013.07.03
한국콘텐츠진흥원, 캐릭터 라이선싱 유럽마켓 동향 (유럽 콘텐츠산업동향 14호), 2013.08.01
한국콘텐츠진흥원, 유럽 HDTV 채널 사용 (유럽 콘텐츠산업동향 17호), 2013.09.13
한국콘텐츠진흥원, 2013 유럽 콘서트산업 현황-티켓 & 공연장, (유럽 콘텐츠산업동향 17호), 2014.01.14
한국콘텐츠진흥원, 유럽 코믹스 출판시장 동향 (유럽 콘텐츠산업동향 '14년 4호), 2014.03.11
한국콘텐츠진흥원, 유럽 게임시장 이슈 (유럽 콘텐츠산업동향 '14년 5호), 2014.08.05
한국콘텐츠진흥원, 유럽 영국 방송 동향 (유럽 콘텐츠산업동향 '14년 7호), 2014.08.06
한국콘텐츠진흥원, 영국 핵심 음악산업의 규모 (유럽 콘텐츠산업동향 '14년 8호), 2014.08.06
한국콘텐츠진흥원, 영국 음악산업 2013년 결산 및 2014년 전망, 2014.10.16
한국콘텐츠진흥원, 영국 창조산업 국제 전략, (유럽 콘텐츠산업동향 '14년 10호), 2014.10.16
한국콘텐츠진흥원, 영국 저작권법 개정의 주요 쟁점 (유럽 콘텐츠산업동향 '14년 15호), 2014.10.16
한국콘텐츠진흥원, 영국 라이선스 동향 (유럽 콘텐츠산업동향 '14년 18호), 2014.11.03
한국콘텐츠진흥원, 유럽 음악산업 동향 (유럽 콘텐츠산업동향 '14년 19호), 2014.12.04
한국콘텐츠진흥원, 영국 게임산업의 세금감면 제도(유럽 콘텐츠산업동향 '14년 20호), 2014.12.04
한국콘텐츠진흥원, 콘텐츠산업 해외진출 가이드 유럽 주요국편, 2014.05.20
한국콘텐츠진흥원, 애니메이션 중동시장 진출전략 보고서, 2014.10.06
한국콘텐츠진흥원, 영국 문화예술 디지털 R&D 펀드 현황과 사례(이슈분석보고서 '14-2호), 2014.11.14
한국콘텐츠진흥원, KOCCA포커스 '13-08호, 2013.12.05
한국콘텐츠진흥원, KOCCA포커스 '14-03호, 2014.07.15
한국콘텐츠진흥원, KOCCA포커스 '14-10호, 2014.12.15
한국콘텐츠진흥원, 2013 방송영상 산업백서, 2014.03.17
한국콘텐츠진흥원, 2013 콘텐츠산업백서, 2014.09.12
한국행정학회, 주요국 콘텐츠산업 진흥정책 비교 연구(춘계학술발표논문집), 2013

<웹페이지>

Advaced Telecision, www.advanced-television.com
Animation World Network, www.awn.com
appleinsider, www.appleinsider.com
BBC News, www.bbc.co.uk
Billboard, www.billboard.com
Bloomberg, www.bloomberg.com
Box Office Mojo, www.boxofficemojo.com
Brandora, www.brandora.net
BroadbandTV News, www.broadbandTV news.com
CalvinAyre, www.calvinayre.com
Cartoon Brew, www.cartoonbrew.com
China Culture, www.chinaculture.org
ChinaDaily, www.chinadaily.com.cn
Cineuropa, www.cineuropa.org
Dailymail, www.dailymail.co.uk
Deutsche Telekom, www.telekom.com
Digital Book World, www.digitalbookworld.com
DigitalTV Europe, www.digitalTV europe.net
Distimo, www.distimo.com
DN.DEBATT, www.dn.se/debatt
EDRi, edri.org
El Confidencial, www.elconfidencial.com
EL PAIS, www.elpais.com
eMarketer, www.emarketer.com
Emirates247, www.emirates247.com
Fierce Wireless Europe, www.fiercewireless.com/europe
FreeWheel, www.freewheel.TV
Global License!, www.licensemag.com
GlobeNewswire, globenewswire.com
Gulf Business, www.gulfbusiness.com
Hollywood Reporter, www.hollywoodreporter.com
IMDb, www.imdb.com
Index Mundi, www.indexmundi.com
Jones Day, www.jonesday.com
Key4Communications, www.key4communications.com/www/key4/en

Kidscreen, www.kidscreen.com
Le Figaro, www.lefigaro.fr
Legislation.gov.uk, www.legislation.gov.uk/browse
LEXOLOGY, www.lexology.com
LIAF, www.liaf.org
LightReading, www.lightreading.com
LSE Network Economy Forum, blogs.lse.ac.uk/nef
MARCA, www.marca.com
Marvel, www.marvel.com
Metro, metro.co.uk
National Public Radio, www.npr.org
New Media Knowledge, nmknew.wordpress.com
Online newsmagazine about animation, www.skwigly.co.uk
Pro Music, www.pro-music.org
PublishingPerspectives, publishingperspectives.com
Radical.FM, w.radical.fm
Raise Smart Kid, www.raisesmartkid.com
RAJAR, www.rajar.co.uk
RapidTV News, www.rapidTV news.com
Re/Code, recode.net
Roskino Russian, roskino.org/about?lang=en
RUS@SOFT, russoft.ucoz.net
Russia Beyond The Headlines, rbth.com
Russian search Marketing, russiansearchmarketing.com
Russian search Tips, www.russiansearchtips.com
Softonic, www.softonic.com
Statistics, www.statistics.com
TBI Vision, tbivision.com
Telecompaper, www.telecompaper.com
TeleGeography, www.telegeography.com
The Calvert Journal, calvertjournal.com
The Guardian, www.theguardian.com
The Local, www.thelocal.se
The Moscow Times, www.themoscowtimes.com
The New York Times, www.nytimes.com
The Telegraph, www.telegraph.co.uk

The Wall Street Journal, online.wsj.com
The-Numbers, www.the-numbers.com
Variety, www.variety.com
VentureBeat, venturebeat.com
Virtual Toys, www.virtualtoys.net
Vocativ, www.vocativ.com
WAN-IFRA, www.wan-ifra.org
Xda, www.xda-developers.com
게임동아, game.donga.com
게임메카, www.gamemeca.com
글로벌윈도우, www.globalwindow.org
더 게임스, www.thegames.co.kr
동아사이언스, www.dongascience.com
아이뉴스, www.inews24.com
연합뉴스, www.yonhapnews.co.kr
인벤, www.inven.co.kr
전자신문, www.etnews.com
비즈조선, biz.chosun.com
중앙일보, www.joongang.co.kr
한국경제, www.hankyung.com
한국과학기술정보연구원, www.kisti.re.kr
한국저작권위원회, www.copyright.or.kr
한국출판문화산업진흥원, www.kpipa.or.kr
AD Stars, www.adstars.org
Conex, www.conex.or.kr
ITWORLD, www.itworld.co.kr
This is game, www.thisisgame.com
weiv, www.weiv.co.kr

<기관>

국제 출판협회
국제무역센터
국제지식재산권연맹
남아프리카공화국, 음악 저작권 협회
독일, 방송연맹
독일, 음반산업협회
독일, 음악 저작권 협회

독일, 인터넷산업협회
독일, 프로듀서 얼라이언스
독일, 필름
러시아, 국영방송사
러시아, 연방문화부
스웨덴, 게임산업협회
스웨덴, 음악 저작권 협회
스페인, 엔터테인먼트 소프트웨어 협회
스페인, 영화 제작자 연맹
스페인, 출판사 연맹 (FGEE, Federación de Gremios de Editores de España)
영국, 게임개발자협회
영국, 문화미디어 체육부
영국, 영화등급분류위원회
영국, 영화협회
영국, 예술위원회
영국, 오프컴(OFCOM)
영국, 인터렉티브 엔터테인먼트 협회
영국, 장난감 및 취미 협회
영국, 지질 연구소
유럽, 출판연맹
이탈리아, 비디오게임개발자협회
이탈리아, 영화산업협회 (ANICA)
이탈리아, 음악 저작권협회
터키, 음악 저작권 협회
프랑스, 문화통신부
프랑스, 영화 협회 (AFCAE, Association Française des Cinémas d'Art et d'Essai)
프랑스, 출판협회 (SNE, Syndicat National de L'Edition)
프랑스, 국립영화센터 (CNC, Centre National de la Cinématographie)

집필진

한국콘텐츠진흥원

감　　수　이기현 (정책연구실 실장), 윤호진 (산업정보팀 팀장)
연구진행　정미경 (산업정보팀 수석연구원)
　　　　　신영경 (산업정보팀 주임연구원)

외부기관

연구책임자　장중혁 (애틀러스 리서치앤컨설팅 부사장)
참여연구원　이상은 (애틀러스 리서치앤컨설팅 책임연구원)
　　　　　　김수진 (애틀러스 리서치앤컨설팅 선임연구원)
　　　　　　이상민 (애틀러스 리서치앤컨설팅 연구원)
　　　　　　전유미 (애틀러스 리서치앤컨설팅 연구원)
　　　　　　김가영 (애틀러스 리서치앤컨설팅 연구원)

2014 해외콘텐츠시장 동향조사 3. 유럽·중동·아프리카

초판 인쇄 2015년 04월 20일
초판 발행 2015년 04월 22일
저자 한국콘텐츠진흥원
발행처 진한엠앤비
주소 서울시 서대문구 독립문로 14길 66 210호
　　　(냉천동 260, 동부센트레빌아파트상가동)
전화 02) 364 - 8491(대) / 팩스 02) 319 - 3537
홈페이지주소 http://www.jinhanbook.co.kr
등록번호 제313-2010-21호 (등록일자 : 1993년 05월 25일)
ⓒ2015 jinhan M&B INC, Printed in Korea

ISBN 979-11-7009-032-8 (93600)　　[정 가 : 55,000원]

☞ 이 책에 담긴 내용의 무단 전재 및 복제 행위를 금합니다.
☞ 잘못 만들어진 책자는 구입처에서 교환해드립니다.
☞ 본 도서는 「공공데이터 제공 및 이용 활성화에 관한 법률」을 근거로
　 출판되었습니다.